发现教育的美好

逄凌晖 刘亚琳 著

新 华 出 版 社

图书在版编目（CIP）数据

教师如何练就好课.4，发现教育的美好/
逄凌晖，刘亚琳著
北京：新华出版社，2025.7.
　ISBN 978 - 7 - 5166 - 8009 - 4

Ⅰ.G451.2

中国国家版本馆 CIP 数据核字第2025UD4381号

发现教育的美好

著　　者：逄凌晖　刘亚琳
责任编辑：蒋小云　丁　勇
出版发行：新华出版社有限责任公司
　　　　　（北京石景山区京原路8号　邮　编：100040）
印　　刷：天津融正印刷有限公司

成品尺寸：170mm×230mm　1/16　　印张：13　字数：216千字
版次：2025年8月第一版　　　　　印次：2025年8月第一次印刷
书号：ISBN 978 - 7 - 5166 - 8009 - 4　定价：49.80元

前　言

美有什么？

美有着无比辽阔且深入人心的力量。没有什么能够阻挡一个人对美的追求，也没有什么能够阻挡美在心灵与心灵之间的传递。

教育是美的。教育的本质是激发人们对真善美的追求，美是教育的起点，也是教育追求的目标。教育之美，归根到底是一种"生命—实践"之美，教育与生命须臾不可分离，教育始终是为了生命，教育之美由此而来。教育之美不是不可触摸的想象之美、玄妙之美和空幻之美，而是实践之美、平实之美，它不是抽象的，而是具体的，具体到每一个日常的教育细节中。

教育真的很美，它是一次没有尽头的旅行。教育是一首诗，它值得我们为此付出爱心和激情。温馨的校园、活泼可爱的孩子，使校园充满人性之美；开学典礼上，一张张稚嫩的面孔，怀揣着梦想，认真听着师长对自己的勉励，充满了对未来的憧憬，对知识的渴求，这是理想之美，是一幅追梦的画卷；教师站在讲台上，神采飞扬地讲课，营造出灵动的课堂，学生专心学习，这是求知之美，是一幅充满创造价值的画卷；体育场上，学生生龙活虎，朝气蓬勃，飒爽身姿随处可见，这是青春之美，是一幅展示力与美的画卷；舞台上，学生声情并茂，或独唱，或合唱，或弹奏，或翩翩起舞，他们用声音和动作表达着对生活的热爱，这是音乐之美，是一幅艺术的画卷；毕业典礼上，一批批学生离校开始新的生活，青春学子充满了希望，充满了追求，勇往直前，这是成长之美，是一幅希望的画卷。

教育真的很美，它是一场知识的饕餮盛宴，让我们接触到了各种各样的知识，从自然科学到人文艺术，从历史地理到数学语言。让我们拥有了更广阔的视野，能够更好地理解和把握世界。在知识的海洋中，我们不断地探索、学习和思考，不断丰富自己的内涵。教育还让我们学会了自我反思和自我管理，学会了制定目标和规划未来。在与自我的对话中，让我们逐渐明确了自己的人生价值和追求的方向，为自己的成长和发展奠定了坚实的基础。

教育真的很美，它是一场润物细无声的心灵之旅。泰戈尔说："天空没有留下翅膀的踪影，而我已飞过。"教育培养了我们的团队合作精神和沟通能力，让我们学会了如何与他人和谐相处，还让我们学会了面对困难和挑战时保持积极乐观的态度，学会了勇敢地追求自己的梦想和目标，让我们在人生的思考与选择中，逐渐成为独立自主、有担当的人。

教育之美无处不在，课程之美、课堂之美、校园之美、家庭之美、社会之美，无不承载着教育之美。教育之美在于塑造人们高尚的灵魂，它是一种长久沉淀出来的美，教育之美成就着家庭、社会、国家的未来，这种美是一种恒久的沉甸甸的美。教育之美在于其不露痕迹、春风化雨，留给我们的是自然流畅之感，在师生的人格感染中、心灵碰撞中、理解倾听中、真诚激励中，润物无声地完成教育的使命，达到一种真水无香的境界。

教育之美无处不在，但它并不会自发产生，更不会自发转化为教育的力量，变成教育的内在基石，它需要教育者的自觉珍视、创生与呵护。

呵护教育之美的首要责任者是教育者。要想激发、创生并呵护教育之美，教育者首先要成为美的教育者。能否成为美的教育者，取决于教育者对待生命和人性的态度。最美的教育者，是能呵护人性、尊重人性，并善于挖掘、转化人性的教育者，是对人的生命具有悲悯、仁慈和爱心的教育者。这种对生命和人性的态度构成了教育之美的温床。教育之美绝不止于操作和活动等外显之美，它始终与人性、灵魂等与人的内在品质有所关联。教育者的使命就是"成人之美"，成就人性之美。

呵护教育之美的前提，在于教育者要明白人性美的内涵和教育美的标杆或标准，能持守教育之美的立场。理想的教育之美认定：教育之美，是成长之美，美在真实、健康、主动地成长。无须教育者的存在和教育的力量，人依然会成长，教育者的责任就是为学生确立成长的标杆，营造适合成长的氛围，让每一个学生都拥有"生命自觉"，让学生的生命活出自我、自主成长。这是人性的一部分，每个人都只能自己去活，而不能被替代着活，人具有主动成长和发展、主动向善求善的潜能，这也是人性之美的源泉和根基。学生在主动去活的过程中将逐渐丰富自身的成长体验。

呵护教育之美的关键是践行。它需要教育者在日常的教育教学中用行为细节来创造和展现教育之美。美在行动，美在细节，这是对教育之美为实践之美的最好诠释。如此一来，教育之美就不只是书本中的美、黑板上的美、只供思想者玄想清谈的美，它最终要落到教育实践的土壤之中开花结果。美的曙光因此而在教育世界中徐徐展现，美与教育成就了永不分离的"大事之姻缘"。

教育是美的，教育更是一场向美而行的遇见，在这场美好的人生旅程中，我们遇见了知识、自我、他人、美和人生。这些遇见让我们不断成长和完善自己，让我们变得更加自信和有力量去面对未来的挑战。

教育是美的，教育之美需要我们用心去感受、用心去聆听、用心去寻找，在思考与发现中体验人生最值得回味的精彩！用心去感受其中的美好和意义，让教育成为我们人生中最美丽的风景。

目　录

专题一　慢慢来，先努力做个好教师

做个好教师，需要慢慢来。只有慢下来，才会严谨，才会小心，才会潜心探究、深度体验；只有蹲下来，才会读懂学生，发现学生眼中的美好，懂得学生的隐蔽痛点，知心教心；只有及时"充电"、定期"加油"，才能做到传道者自己先悟道，授业者自己先精业，解惑者自己先无惑。

专题二　心有风景，眼里有光

要努力成为一名心有风景、眼里有光的教师。充满自信，使自己乐在其中，去感染学生，发现教育的美好。用自己的慧眼去发现学生、看见学生，用行动去尊重学生、相信学生，用自己的教育智慧去点燃学生的心灯，不断激发他们的无限潜能，创造生命发展的奇迹。

专题三　让每个学生都各美其美

通过构建多元化、包容性的学习环境，提供多样化的教育资源和课程，关注学生的心理和情感发展，争取强社会各界的合作和支持，为学生创造一个自由、平等、公正的教育环境，让他们在这个环境中各美其美、自由成长、充分发展，最终实现自己的价值和梦想。

专题四　好关系就是好教育

教育的本质是人影响人、人感染人的"关系"过程。良好的师生关系是教育的出发点，能让学生情感上认同、心灵上依赖、精神上乐于亲近，从而实现师生心灵的共振，有利于调动学生学习的积极性和创造性，有利于形成轻松愉悦的教学气氛，提高教学的质量。

专题五　用灵魂唤醒灵魂

教育就是用生命感动生命：触动学生的生命体验，使他们在情感上得到滋养和成长；影响和感染教师，使教育成为一个相互成长、相互启发的过程。教育也是用灵魂唤醒灵魂：开启学生的精神力量，激发他们的求知欲和创造力；感知和回应教师的精神力量，使教育成为灵魂与灵魂之间的深度交流。

专题六　用心陪伴，静待花开

教育是一种需要沉淀的技艺，必须给予充分的耐心与时间，并且应该保持一种从容的步调。眼中有光，心中有爱，以"心"为引，静静等待花儿绽放，在"让每个孩子都有所成就"的教育目标指引下，与孩子们一同前行。静待花开，就是教育最美好的情怀。

专题七　教育是一场向美而行的修行

教育是一场美好的修行，是一场爱与被爱的修行，修的是孩子，更是教师自己；教育是一场温暖的修行，应该让教育回到每一个施教者的内心，在清明、澄澈的心境里，获得教育的智慧；教育是一场漫长的修行，这条路上，有你、有我，也有他们。

专题一

慢慢来，先努力做个好教师

做个好教师，需要慢慢来。只有慢下来，才会严谨，才会小心，才会潜心探究、深度体验；只有蹲下来，才会读懂学生，发现学生眼中的美好，懂得学生的隐蔽痛点，知心教心；只有及时「充电」、定期「加油」，才能做到传道者自己先悟道，授业者自己先精业，解惑者自己先无惑。

教师，"一个肩膀挑着学生的未来，另一个肩膀挑着民族的未来"，承担着立德树人的重任，是中华民族"梦之队"的筑梦人，是实现中华民族伟大复兴梦的硬核力量。

"一个人遇到好老师是人生的幸运，一个学校拥有好老师是学校的光荣，一个民族源源不断涌现一批又一批好老师则是民族的希望。"置身百年梦想照耀下的新时代，呼唤更高质量的基础教育，亟须更多笃定"立德树人"事业，有信仰、有学识的好教师。

请把我们的关注点转移到"做个好教师"上来，做个好教师需要慢慢来，不为功利、世俗、浮华所累。只有慢下来，才会严谨，才会小心，才会潜心探究、深度体验；只有蹲下来，才会读懂学生，发现学生眼中的美好，懂得学生的隐蔽痛点，知心教心。只有及时"充电"、定期"加油"，才能不断增长学识、拓宽视野，做到传道者自己先悟道，授业者自己先精业，解惑者自己先无惑。如此，师者才有尊严，教育方有底气。

慢下来，就是要尊重教育发展的规律，摸准孩子成长的脉搏，让自己与孩子的成长、发展更有节奏感，此所谓"知止而后有定，定而后能静，静而后能安，安而后能虑，虑而后能得"。

主题 1

从读懂学生开始

读懂学生是教师的一门必修课，宋君老师的《读懂学生》一书令人深思，并产生强烈的共鸣。学生的眼神或者言行，便能带你了解他的世界，让学习变得更轻松融洽，让教育变得更幸福充实，这是读懂学生的魅力所在。

作家、特级教师张丽钧曾经说过，"教育"这两个字，永远是值得人捧在掌心的，你断不可以苟且。因为，在教育的天空中，每个孩子都是一颗闪闪发光的星。作为教师，要用一颗体察孩子的心，感受学生的感受，理解学生、关爱学生、读懂学生。于是那天空中的群星就会熠熠闪光，即便是其中最小的那颗，也一样会发光。苏霍姆林斯基说："一个好教师意味着什么？首先意味着他热爱孩子，感到跟孩子交往是一种乐趣，相信每个孩子都能成为一个好人，善于跟他们交朋友，关心孩子的快乐和悲伤，了解孩子的心灵，时刻都不忘记自己也曾是个孩子。"从读懂学生开始，当我们以欣赏的眼光看待他们，发现孩子的闪光点，尊重并呵护孩子，教育的意义才能体现出来，学习的意义也由此开始。

一、尊重学生的行为与感受

尊重和理解是教育成功的重要前提，一个教师，倘若能尊重学生的感受、理解学生，无异于为学生打开了人生的一扇门，也教会了他们战胜命运的方法，赋予他们成功的力量。

1. 读懂学生的课堂行为，关爱学生

美国心理学家爱德华·霍尔曾说："无声语言所展示的意义要比有声语言多

得多。"可见体态语言在人类传递信息的过程中所处地位之高。教师需要体态语言来辅助教学和交流情感。反过来，教师也可以通过读懂学生的体态语言，对学生的学习状态进行判断，调整教学方法。当看到学生喜悦的眼神、微笑的嘴角，就知道学生对所学知识认真思考，及时给予肯定；当看到学生胆怯的眼神，红脸低头，就懂得学生可能学得不扎实，就要帮助学生建立学习自信心；面对学生疑惑的神情，教师要在课堂上适当放慢脚步，给予学生思考的时间和空间；当学生出现散漫的眼神，或者无所事事，就说明需要加大课堂知识密度，以问题撬动学生的思考。

钟启泉先生的《读懂课堂》一书，向我们提出了要读懂课堂，首先要读懂学生。要让学生站在课堂的中央，要给学生充分的自由和空间。在课堂上面对学生错误或者另类的回答时，教师的言语、面部表情和说话的口气一定不要透露出对学生回答问题的不满。要知道，启发和引导每一个学生，语言发挥着不可或缺的作用。学生的语言是其潜在的内心世界的表达，教师要站在学生的立场上，充满爱心地去思考问题。这样我们就能倾听学生的声音，站在学生的角度去感受他们的情绪和情感表达，从而对学生的问题进行正确的引导和理性的分析。

世界上最柔软的路是情感之路，是爱之路。作为教师，面对的是各种各样的孩子，他们当中的每一个人都需要得到尊重，得到关爱。对任何一个孩子的忽略，都有可能对孩子造成不可弥补的甚至是终生的损伤。所以教育更需要教师的付出与奉献，这就是教师的人生意义。

2. 理解学生的感受，尊重学生

作为教师，有一个字特别能契合当下对学生的爱护和尊重，那就是"蹲"。这个"蹲"，不单指身体的蹲下，更指的是放下教师的架子，与学生平等地交流，真正爱上自己的学生，真正去理解学生，真正走进学生的内心。

中国当代著名作家包利民写过一篇他和老师之间的故事，意味深长：

我（作者）写字极其潦草，当时教我作文的王老师要调走，年轻的林老师接收了我们这个班。当我的作业本发下来时，我才发现我的三页作文被撕掉了，而且全班就我一个人被撕掉了。当我把重新写好的作文交上去又发下来后，我在作文后面看到一句鲜红的批语："你的作文是班上写得最好的，所以我把前一篇撕下来，留作纪念了！"那一瞬间，我心里猛然一暖，再也没有了怨恨和不满，眼睛一下子濡湿了！我跑去办公室，只有林老师在，她说："王老师已经调走了。"王老师留在作文本上的那句话，久久地温暖了我的学生岁月，在我的生命里开出永不凋谢的花朵。多年以后，我在县城邂逅林老师，提起曾经在我作文本上写下的那句话，她却笑着说："其实，那句话是我写的。王老师走了，我怕你对她有抱怨，我怕你因此对任何人失去信心，所以……"在七月的阳光下，读到这里的我，眼睛刹那间也濡湿了。

教师的一言一行都影响着学生，作为教师，要从每一件小事上去读懂学生的心灵，要给学生找到一条光明、灿烂的路，还要给学生以人格尊严，这是道德底线，更是人格力量的升华。爱的出发点在于引路。引路，是一种智慧，更是一种心地坦荡的大爱！

二、理解学生的个性与闪光点

每个孩子都是有个性的、鲜活的生命个体，教师要读懂孩子，就要走近每个孩子，真正地了解每个孩子的特殊性，理解他的个性，发现他们的闪光点。

1. 走进学生的家庭，理解学生的个性

乔治·穆尔说："走遍天涯觅不到你自己所想，回到家你发现它就在那里。"而中国古人则推崇"欲治其国者先齐其家"。家是个人通向外界的重要桥梁。家天然带有一种温度，它不仅是我们身体修行的地方，更是我们心灵停靠的港湾。

学生对家的依恋更是不言而喻。家能生发出无尽的爱，孕育着崭新的希望。但并不是所有的学生都拥有一个温馨幸福的家庭。所以，要想读懂学生，就要先了解学生的家庭，尤其是特殊学生的家庭。

有这样一个真实的故事：

那天，张老师正在上课，忽然听见有笑声。扭头一看，原来是刘颖，只见她双目游离，明显是在走神儿，脸上还挂着笑容，不知道在想什么。她是令初一年级所有教师都头疼的"名人"！不写作业，上课说笑，顶撞教师，甚至考试都缺考。面对这样的问题学生，张老师非但没有追究刘颖，反而让她起来点评同学们的问题，在同学们的帮助下，她的回答比较圆满，张老师不失时机地表扬了她。后来刘颖给张老师写信，说从小到大，没人真心赞美过她，没人理解她，所以才形成了现在的性格。张老师带着疑问进行了家访，原来刘颖的父母在外打工，她从小跟奶奶生活，在家也没有好的生活习惯，不爱劳动，对家长的教育也是爱搭不理的。后来，张老师听说她的父母回来了，不失时机地再次家访，目的是告诉刘颖的父母，陪伴才是对孩子最好的爱。那天，刘颖的母亲搂着刘颖的肩膀，说以后他们不出去打工了。张老师看见刘颖低下头，一颗亮晶晶的泪珠滚落下来，忽然明白过来，这些年孩子有多孤单。不知道一滴泪掉下来之前，在她心里奔涌了多久，从现在开始，一个美丽的生命，如含苞待放的花蕾，又变得鲜活生动起来。

其实，改变有时只是一瞬间的事，有时只是一件小小的事。当真正走近孩子们，去触动孩子的心灵，瞬间改变就发生了。在教育的过程中，有时教师需要的就是把握那一瞬，发现那一瞬，懂得那一瞬，然后让孩子的心花开放，生命变得鲜活。

2. 发现学生的闪光点，点亮生命之灯

著名青年画家王贞虎回忆小时候老师对他画画的鼓励，特别感动。当他把戴

着眼镜、鹰钩鼻子、笑嘻嘻的人头像画在黑板上时，年过半百的班主任老师非但没有批评他，而是拿起粉笔，在人头漫画的嘴角处加了一道笑纹，立即，一个笑容可掬、形象更生动的人头像出现了。在同学们的掌声中，班主任老师说，鱼儿在水里才能遨游，小画家的漫画应该在学校的墙报上、漫画家的著作上，画在黑板上会影响环境美，我得擦掉它。十八年后，当王贞虎的画作真的出现在画作上时，王贞虎说，是老师那擦不掉的鼓励，让他实现了画家梦。

教师的智慧是能独辟蹊径地发现学生的闪光之处，及时鼓励学生，从而为学生点亮生命历程中的一盏明灯，引领学生走向成功。

三、关注学生的成长与未来

"再弱的种子，也要发芽；再嫩的幼苗，也渴望长大！"每个学生都希望自己可以成长，拥有美好的明天。作为教师，只有读懂了学生，才能关注每个学生的成长，公平地对待每个学生。教育成功的真谛在于关注每个学生，尤其是那些需要关注的学生，让他们都拥有发芽的机会，从而生机勃勃地成长，活出自己的精彩人生。

1. 走进学生的内心深处

著名作家、中学美术教师徐慧芬讲过一个特别暖心的故事：

一位男生期期艾艾地到徐老师的办公室请求徐老师给他 65 分的画多加 5 分。徐老师看了他的画后笑着问，为什么要送他 5 分呢？老师应该公正。男孩说，期中考试成绩不理想，挨了父亲的揍，便对父亲夸口，说自己的美术能考 70 分。于是徐老师拿出一张宣纸，让他重画一幅，并在他的画上写上了醒目的"70"。出门时，孩子向徐老师鞠躬，又轻轻问了一句："老师不会告诉其他同学的，对吗？"多年以后，徐老师在地铁上遇见了这位学生，当知道他已经是一家计算机软件公司的老板时,徐老师说:"你过去数学好像不怎么好的,怎么选了这一行?""老师,您还记不记得,那次在您办公室里您对我说的一句话?您说,像你这么聪明,想得出讨分数的人怎么可以数学不及格?"就是因为徐老师的一句话,他一直记得,并为此改变了自己。而这就是教师当初读懂了学生晶莹剔透的心。

在教师的教育生涯中,会遇到不同性格的学生,他们无论是调皮还是沉静,无论是勤奋还是懒散,都拥有一颗颗剔透的心,都是一颗颗即将萌芽的种子。也许教师无意中的一句话、一个动作就成为打开生命之门的那股清泉,从而改变学生的一生。

2. 呵护学生的创造力

教育的最高境界是理解和保护,用一颗宽容的心理解学生的行为,用一颗理解的心保护学生的创造力。于是教育会结出丰硕的果实,学生会获得长足的发展,这就是读懂学生的魅力,也是教育创造的奇迹。

美术教师米多夫在教授学生画苹果时发现,刚从西伯利亚转到班里的学生优卡画的苹果又长又圆,蒂部尖尖的,并且涂上了梨黄色。可以说,他画的根本就不是苹果。"你画的是苹果吗?""是苹果。""我看到有些像梨。""是的,老师,有些像梨的苹果。"于是教师希望学生画出他说的那种苹果,学生却执意说,在西伯利亚大森林里,一棵苹果树和一棵梨树各自被雷劈去了一半,两棵树紧紧靠在一起长成了一棵树,上面结的就是这种像梨一样的苹果。然而教师要求学生要么拿出他说的苹果,要么就乖乖地画老师说的苹果。第二天孩子交上比别的学生画得更好的苹果作品,只是每个圆润鲜艳的苹果边都洒满了斑斑点点的泪渍。这些泪渍深深地印在了教师的心上。

有一天,米多夫风尘仆仆地赶到了一千公里外的莫斯科。园艺家为他的故事，为他身上的尘土，为他令人尊敬的痛苦与他一次次干杯。三年之后的秋天，园艺家披着厚厚的尘土走进了他们的教室，手里握着两个神奇的金黄金黄的苹果，并讲解了采用嫁接术获得梨苹果的经验。米多夫再次神气地站在讲台上，小胡子快活地抖动着："同学们，让我们再画一次苹果，要画出不一样的苹果。优卡同学，请务必再画一次梨苹果。"优卡画好的苹果作品上，又一次洒满了泪渍，这次却是米多夫不小心弄上去的。

学生的成长，从来就不是一蹴而就的，犹如真正的爱恋，漫长而充满等待。只有用心去读懂学生，才会有一种"学生若只如初见"的感觉。因为我们知道，孩子并不是产品，教育并不是战争，而是一次美好的跋涉；一次让你难忘的劳作和耕耘；在春天，你播下一粒种子，给它浇水、施肥，然后静静地穿越时光，等待着它生根发芽，开花结果。

对待每一个孩子，都要有好的教育心态。当我们以欣赏的心面对孩子，哪个孩子不可爱呢？教师会因为学生的存在而感到幸福，学生会因为教师的欣赏而感到快乐。如此，我们不也就读懂了学生，我们不就是学生生命中重要的人了吗？

主题 2

蹲下来，发现学生眼中的美好

孩子们眼中的世界是清澈、透明、美好的。蹲下身子，是平视而不是俯视，站在与孩子平行的角度去看世界，看到的风景是不一样的。作为一名教师，要想进入学生的内心世界，就应当关注学生所关心的一切。学生眼里的风景，新奇而又美好，教师蹲下身子可以更快地了解学生的内心、学生的需要，从而更快地找出正确的引导方法，留住这份美好，使他们养成一生受益的品格，有一个快乐的学生时代。

一、保护孩子的好奇心

苏霍姆林斯基说："求知欲、好奇心——这是人永恒的、不可改变的特性。哪里没有求知欲，哪里便没有学校。"每当我们走进教室看到学生那一双双渴求知识的眼睛时，首先想到的是一定要武装自己，储备足够的知识来引导他们，帮助他们。这是学生最纯真的东西，作为教师应该保护好学生的好奇心，倾囊相授。那么，如何保护学生的好奇心、调动学生的求知欲呢？怎样发展学生的思维、培养他们的想象力呢？

1. 创设问题情境，激发学生的好奇心

创设育人的问题情境要有趣味性，要用富有情趣的儿童语言，使问题情境能激起学生的好奇心理，引发兴趣。问题情境还要有探索性、挑战性，让学生经历体验、探索才能完成。

（1）创设生活情境

教师要从学习目标出发，创设生活情境，通过设计问题，让学生在教师的引导下主动参与课堂活动，使教学内容从课内延伸到课外，从生活中来、到生活中去。教师要将学生的知识、技能、体验融为一体，培养学生用所学知识解决实际生活问题的能力。比如学习"花钟"时，教师创设问题：不同的花有不同的开放时间，生活中你观察到哪些花是什么时间开放的吗？这一下子激起了学生的好奇心、求知欲，争相介绍自己观察到的花开放的时间，教师顺势引导学生查阅资料来验证自己观察得是否准确。学生都带着极强的探索心理开始了查阅证实，好奇心促使学生增长了知识。

（2）创设故事情境

学生喜欢故事化的内容，教师要创设故事化的情境，将问题情境变成小故

事，使学生产生身临其境的感觉，增加课堂教学的趣味性。这样更容易实现学生的情感共鸣，激发他们的好奇心，有利于学生更好地认知所学内容，还利于学生的全面发展和个性发展。

（3）创设信息情境

学习不是被动接受知识，而是主动建构知识的过程。教师要合理创设信息情境，以提问的方式给出一部分信息，再给学生提供素材和信息，激发学生的好奇心，让学生在预设的信息环境中把握文章，这样更有助于培养学生的探究和思维能力，使学生真正体会到学习的乐趣。

2. 加强师生交流，营造良好的教学气氛

在教学中，当有同学说出自己的见解而不符合教师的期望时，教师是给予鼓励还是直接打断呢？当孩子提出自己质疑的声音时，教师是重新分析问题还是按照自己说的做？当学生高兴地提出与众不同的想法时，教师是否会因为想法不切合实际或觉得不必要太浪费时间而武断地拒绝呢？这些都会直接将学生的好奇心和求知欲扼杀在摇篮里。所以应加强师生交流，鼓励学生说出自己的想法，营造和谐、民主、平等的对话氛围。

比如，在我们学习"呼风唤雨的世纪"一课时，教师鼓励学生畅想：未来科技还会给我们的生活带来哪些变化？学生产生了强烈的好奇心和求知欲。所以，课堂教学一定要为学生的自由想象提供和谐融洽的气氛，无论学生的问题正确与否，想象多么稀奇古怪，教师都应正确引导学生积极地去思考，鼓励学生勇敢发表自己的见解，让学生想说、敢说，这样才能激发学生的好奇心，激活学生的思维，开发创造潜能。

3. 评价多元化，激发学生的兴趣

（1）不要轻易否定学生，要善于引导

学生或许会有突发的奇想，教师可以引导学生去尝试，还可以和学生一起探寻，查资料、做实验，在探究过程中让学生获得认知，得到收获。

（2）对学生要多一份耐心和鼓励

有时面对学生五花八门的想法，教师要善于从不同的角度去看待问题，多给予学生积极性的语言鼓励，从而激发学生探索求知的兴趣，保护学生的好奇心。用建议的方式代替直接回答，多一些耐心、多一些等待，给学生思考探索的时间，引导学生自己去发现答案。

好奇心是学生学习的动力和内驱力，是学生探索世界的阶石，也是学生不竭创造力的源泉。所以要家校协作，保护、引导、激励和培养学生的好奇心，为他们好奇心的发展营造良好的环境。

二、在尊重平等的关系中相处

我们知道，学生最喜欢民主型的教师，这种类型的教师会平等公正地对待每一位学生，能够在学生中树立威信；遇到问题会单独找犯错误的学生，先倾听学生的心声然后找到问题所在并及时解决。只有在这种尊重、平等的关系中师生才会相处得融洽和谐，学生才会真心想和教师分享他的内心世界。

1. 尊重每一位学生

每个人都希望得到别人的尊重。苏霍姆林斯基说过："教育的核心，就其本质来说，就在于让学生始终体验到自己的尊严感。"现在的大多数学生是在爷爷奶奶、爸爸妈妈的宠爱里长大的，学生把人格看得尤为重要。尊重学生的人格是教师开展教育工作的前提，学生天真、纯洁、朴实，容易受到伤害，其自尊心和人格在家人、教师的正确教育和呵护下，才能健康地发展。作为教师，即使学生犯了错误，对学生进行批评教育时，也应尊重学生的人格，谆谆教导，才能取得良好的教育效果。对学生尊重，会使师生关系更为融洽。

2. 平等地与学生进行交流

沟通是处理问题最好的办法，如果学生不与教师沟通，对教师的说教不理不睬，教学效果一定会很差。而沟通的前提是与学生平等地交流，走进学生的心里，只有这样才能达到完美的教育效果。从本质上看，教师与学生在人格上是完全平等的。因此，教师对学生的关爱和尊重不是"控制学生"，也不是施舍、怜悯，更不是训斥、打骂，而是表现为尊重和信任，尊重学生的人格和自尊，相信学生的潜能，与学生平等地交流。

在课堂上，历史教师讲到了孔子的有教无类，它体现的是教育公平，公平是相对的不是绝对的。有一个学生突然发问：什么是绝对公平？教师没有立即回答，扫视了一下全班，这时，一个学生"腾"地站起来说："绝对就是百分百，相对可能是百分之八十！"同学们对他报以热烈的掌声。

如果在课堂中能平等地交流，会打造一种和谐融洽的关系，在这种自由宽松的氛围中学生才会勇于表达自己的想法。你会发现，孩子们身上有很多美好的东西值得我们去学习和发现。

3. 给学生更多的关心与鼓励

作为教师如果能关心鼓励学生，很容易得到学生的认同。如果学生不认可教师，就算教师说得再有理，学生还是听不进去。但反之，效果就不一样了。凡事多为学生着想，不管是生活上还是学习中多关心照顾他们，他们就会信任这个教师，会出现让你意想不到的诸多惊喜和进步。

三、在活动中寻找美好

赞科夫说："儿童的全面发展，只有在具体的、内容丰富而形式多样的活动中才有可能。"活动是拉近师生关系的桥梁，寓教育于生动有趣的活动之中，对学生的影响和带动远胜于单纯的说教。学生优良的品质、坚强的意志、顽强的毅力，团结合作、公平竞争的生存意识，自尊自信、自强自立的人生信念，对集体的归属感和认同感，都离不开丰富多彩的活动的加持。

1. 元旦晚会

新年的钟声即将敲响，时光的车轮又留下了一道深深的印痕，伴随着冬日里温暖的阳光，满怀着喜悦的心情，元旦如约而至。幸福17班所有学生开展了精彩纷呈的元旦晚会！看学生的演出异彩纷呈，笑声弥漫在教室的各个角落。表演的节目形式多样，有舞蹈、课本剧、古筝弹奏，掌声笑声不断，孩子们脸上洋溢着自信、天真和乐观，在此刻让我看到了孩子们最真实的一面，最纯真的笑脸，最清澈的眼神，是那么的迷人，这才是中学生应该拥有的东西。真的希望时间永远定格在这一刻，留住这份美好。

2. 研学活动

为了继承和发扬抗战精神，新城中学1000多名师生远赴沂蒙革命老区，开启了一日红色研学之旅，重走红色遗迹，传承红色文化。整个爬山的过程，大家的心情就像当天的天气一样美好，每个人的脸上都洋溢着喜悦之情。同时，此次活动也使学生深深地懂得了遇到困难要迎难而上，坚持到最后的人才是王者。这样的活动，让教师看到了学生的另一面，看到了他们坚韧不拔、永不服输、勇往直前的毅力，是一支坚不可摧的队伍，同时也认识到了只有走近孩子才会发现不一样的美好。人生就像攀登山峰的过程，有时候需要坚持和努力，才能到达顶峰；有时候需要勇往直前，才能突破困难。但只要我们敢于尝试、敢于面对、敢于坚持，就一定能在人生的旅途中留下难忘的回忆和经历。

3. 歌唱比赛

学校为了缓解紧张的学习气氛，丰富学生的校园文化生活，展现学生的才华和个性，并且让学生能够在轻松愉快的氛围中热爱学习，初三年级开展了以"唱响青春，逐梦未来"为主题的歌唱大赛。在这次比赛中，孩子们不仅展现了集体的力量是强大的，也让我们看到了他们身上所闪耀的自信的光芒。通过合唱，孩子们懂得学习就是一个培养诸如主动选择、积极努力、展现特长、团结协助、自我提升、学习他人等美好品质的过程。而作为最大赢家的班主任，更是货真价实地收获了一个更加坚强、更加温暖、更加团结的班集体。

主题 3

为学生发展计深远

"父母之爱子，则为之计深远"这句话出自《战国策》的《触龙说赵太后》，意思是天下之大爱就是父母爱孩子的那种爱，他们为孩子的长远考虑，把孩子的未来都考虑好了。真正优秀的教师，要为学生的长远考虑，不仅要关注这一学期，还要关注这一学年或者这一学段。既要关心学生的学习，也要培养学生优秀的品格，发展他们的各种能力，在潜移默化中使学生成为真正优秀的人，真正具有能力的人，让学生成长为成功而且快乐的人。

学生的长远发展应考虑以下两点：一是采用各种办法培育和塑造学生的良好品格；二是教给学生除学习外的各种能力，如自主学习的能力，与人交往的能力、尝试解决问题的能力等。其实这也契合了《国家中长期教育改革和发展规划纲要》中"坚持全面发展，全面加强和改进德育、智育、体育、美育……促进德育、智育、体育、美育有机融合，提高学生综合素质，使学生成为德智体美全面发展的社会主义建设者和接班人"的精神，把"为学生终身可持续发展奠基"作为教师教育的终极目标，并为实现此目标不遗余力和持之以恒地努力奋斗。

一、培养学生品德，树立优秀人格

1. 发挥正向激励和引导作用

每天认真观察班里发生的事情，抽 5 分钟总结班级的整体情况，就各种小的进步进行表扬，多表扬少批评，如"某位同学拾金不昧""某位同学上课听讲认真""某位同学卫生打扫干净"等，并且及时通报到家长群，让家长知晓学生在校的情况和点滴进步；在每次月考或者期中、期末考试后，大张旗鼓地表扬学习标兵、单科状元和"进步之星"，充分发挥榜样和标兵的模范带头作用，多表扬少批评甚至不批评，充分发挥正向激励和引导作用，推动整个班级的进步。

2. 针对某一件小事随时随地召开班会

很多时候，班主任的工作态度很大程度上决定了一个班级的发展水平。发现问题立刻引起重视，接着召开小的主题班会解决，如发现餐桌浪费现象立马找材料教育学生珍惜粮食，杜绝浪费，实行餐桌桌长制和值日生负责制；发现两个同学发生矛盾甚至吵架、打架，查明原因后立刻处理和反馈，给每人适当的惩戒。

3. 家校合作，携手共育

学生的教育不是教师、家长或者社会单方面的责任，需要三方相互配合，携手共育。而且学生与家长相处的时间更长，受到潜移默化的影响也更大。那么如何加强与家长的配合呢？一是及时把学生在校的表现通报给家长，以便家长了解孩子的行为表现和思想动向，周末进行针对性的教育；二是通过各种方法了解学生的性格、家庭情况和爱好等，如微信和电话沟通、家访和家委会、家长会等，形成合力，家校合作，携手共育。

二、提升学生能力，适应未来社会

未来是不确定的，我们应该把培养学生的能力作为首要任务，培养学生适应变化并拥抱"不确定性"的态度、善于解决真实情境中复杂问题的高级能力、勇于承担个人选择后果并履行他人和社会义务的责任感，提升核心素养成就学生适应未来发展的能力。

1. 亲身示范，学会做事

好的教育就是亲身示范，言传不如身教。比如，面对初一新生，利用各种时间教学生在初中阶段的一些行为规范和生活学习习惯，如怎样叠好被子、怎样摆放床底下的物品、怎样扫干净和拖干净地、怎样上下床等，事无巨细，一样一样地挨个教，学生看懂了，也就很快学会了。学习也是一样，不仅要提出要求，更多的是亲身实践，比如怎样进行课前准备、上课怎么听讲、怎么记笔记、怎么阅读和规范写字，等等。这不仅是好的学习习惯和生活习惯的逐步养成，也是在锻炼和提升学生的各种能力。

2. 以生教生，学会合作

魏书生曾向班级学生提出了让"人人有事做，事事有人做"，其核心是为了树立学生的合作意识，让每一位学生认识到自己的价值。班队活动是对学生进行思想品德教育的基本途径。一次精心设计的班队活动所起到的教育作用远胜于一百次空洞的说教。要想让学生具有正常的合作交往能力，喜欢与人交往、乐于合作，拥有良好的人际关系，开展主题班队活动不失为一种行之有效的方法。充分发挥优秀学生的带头示范作用，比如举行读书交流会；调桌时学优生和学困生搭配，先进带动和帮助后进，以使整个班级逐渐形成一种积极向上和浓厚的学习风气。事实证明，学生之间进行合作交往，享受合作带来的快乐，有利于学生健全人格的养成。

3. 教给方法，学会学习

以历史学科为例，从第一节课就要思考怎样提升学生的历史素养，激发学生的历史兴趣，而不仅仅关注知识的讲授或一时的成绩。为了给学生高中甚至大学学习历史奠基，从初一就要通过各种方法教会学生如何预习、如何勾画课本、如何记忆、如何分析材料，以及各种题型的不同做题方法等。布置分层作业和实践性作业，如观看历史纪录片和阅读历史书籍，写观后感和读后感；自主构建不同课时和单元的知识体系和知识树，择优展示交流；上课补充学生感兴趣的历史小故事和歇后语；等等。这样不仅学生的学科能力有所提升，其学习历史的兴趣也逐渐高涨起来。

三、关注长远发展，唤醒学生的自信

教育工作的目的不在于教师教给学生多少知识，而是引领学生在求知的过程中享受学习的快乐，并实现长远、健康的发展。除要培养学生必备的品格，教会学生需掌握的能力外，教师还要努力提升学生的上进心，唤醒学生的自信心，提高学生的创造力。

1. 细心引导，不要让学生失去信心

如做作业的目的是巩固所学知识，让学生将知识内化为能力，从而建构起自己的认知结构。作业往往能暴露学生知识上的不足和学习习惯上的缺点，教师通过批改作业能够及时发现诸多问题，比如审题粗心、书写潦草、不按教的方法做等。教师可以针对这些问题及时与学生进行沟通，让他们明白良好的学习习惯在于平时的培养。当学生认识到好习惯的重要性时，就会努力约束自己，在一点一滴中实现进步，也能逐渐培养起乐于学习的兴趣。因此，教师应树立长远发展的眼光，不能只注重学生的考试成绩，而应着眼于学生学习能力、兴趣和领悟能力及道德品质等方面的培养。

2. 以爱教育，让学生保持一颗真心

陶行知先生说过："真的教育是心心相印的活动，唯独从心里发出来的，才能打动心的深处。"因此，教师在教学过程中要始终以一颗爱心对待学生，用深厚的爱感染、激励学生。教师对学生的爱是一种神奇而伟大的力量，是师生之间彼此沟通交流的桥梁。教师的爱可以引导学生产生巨大的内动力，从而自觉、主动地沿着教师指引的方向努力。教师只有以真挚的爱对待学生，给学生以亲近感、信任感、期待感，学生才会对教师产生依恋、仰慕的心理，才能向教师敞开心扉。在教学过程中，面对比较特别的学生，他们或调皮任性，或内向拘谨，教师只有用爱唤醒他们的自信，用爱激励他们成长，真正以学生的生命成长和长远发展为本位，才能达到教书育人的目的。

3. 敢于放手，释放学生的创造力

在教育工作中，教师不仅要关注学生当下的表现，而且要以其长远发展为目标，在知识传授、品德培养、能力锻炼中使学生的能力达到整体提升。

有这样一则寓言故事：

一只鸭子在辽阔的平原上练习飞翔，它天天想象着能够像老鹰一样展翅飞翔在天空，可是它一次次地摔倒，仍旧没有飞起来。树上一只小鸟问母亲：那不是一只鸭子吗？它为什么拼命地想飞呢？母亲告诉孩子：那就是一只鸭子，但它总认为自己是只老鹰。

寓言讽刺得很恰当，它告诉我们不要做无谓的选择，那对改变命运是无济于事的。可是，如果寓言继续下去，或许我们就不会这样认为了：

主人准备把这批鸭子卖掉，所有的鸭子都被捉了起来，当主人试图去捉那只练习飞翔的鸭子时却没能捉住它，因为那只鸭子动作很敏捷，最终逃脱了厄运，

成为一只自由的鸭子。想飞的鸭子看似异想天开，它的努力尽管一时发挥不了作用，但以后的某一天，或许就真的能派上用场。

这则寓言提示我们：教育要着眼于学生长远的发展，而不能只为了应付单纯的考试，不能只关注学生一时的成绩。

因此，在教学工作中，教师应积极探索崭新的、可以激发学生创造力的教学方法。既要调动学生的学习热情，激发学习兴趣，也要拉近学生与教师的距离，让学生对教师产生亲近感，从而爱上学习。最重要的一点是，挖掘学生在其他领域的潜质，为其长远发展奠定基础。

主题 4

知心才能教心

人民教育家于漪曾说："知心才能教心，差不多现象的背后有差得多的原因，找到了差得多的原因，你认识它了，然后因材施教，这样就能取得良好的教学效果。"知心才能教心，一方面，我们要与学生"交心"、交朋友，做学生的良师益友，进而用自己的真心去感化学生。另一方面，要教心，不仅要教知识，还要注重教学生的内心涵养，教学生的思想品德，教会学生做人做事的道理。

一、为什么要先知心

教育是一门艺术，面对一批有思想、有感情、心智尚未成熟的学生，我们必须从实际出发，注意观察学生的个体差异，对每个学生都做到全面细致的了解。对教师来说，教学方法固然重要，但更重要的是把握学生的思想动态，掌握学生的心理，了解学生。

1. 从学生的成长规律来看，知心是学生成长路上的甘霖

每个学生都是独一无二的生命体，每个孩子都是一颗种子，只不过每个学生的花期都不同，有的花，一开始就灿烂绽放；有的花，需要漫长的等待。作为教师，不要看着这朵花怒放了、那朵还没有动静就着急，要相信所有的花都有自己的花期。细心地呵护所有的花，陪着他们栉风沐雨。也许有的种子永远不会开花，但他能长成参天大树。每个生命体都有自己的风采，需要教师们倾注汗水与心力，用知心教心的态度去耕耘，用不疾不徐、尊重学生个性的态度静候花蕾绽放。

董老师班里的体育委员工作认真负责，每次跑操都把队伍带领得整齐有序。他的体育很出色，喜欢打篮球，但是数学成绩很差。董老师和他交流时说："你的篮球打得好，不仅仅是靠天赋，更主要是靠拼搏，靠团队精神。如果你能把拼搏精神用到数学学习上来，也一定很出色的。"自此之后，他把很多精力转移到数学学习中来，遇到一些上课不理解的问题，他也主动去问数学优秀的同学。过了一段时间之后，他的月测数学成绩终于有了提高，对接下来的学习更有信心了。

所以，在教育发生的过程中，作为教师要做到知心，对学生充满爱心，鼓励每一位学习上遇到困难的学生，不放弃每一个在学习上暂时落后的学生。

2. 从教师的专业素养来看，知心利于教师素养的提高

要成为一名素养高、懂教育的教师，首先要懂学生，做懂学生的专家。教学过程表面上看，是教师对专业知识的传授，但无论哪个阶段的教育，其发生最终都需要学习者的配合，所以，教育的根本在于学生的认知程度。教师工作的独特性在于工作的对象是成长中的人，其有很大的变化性和可塑性。教师一方面要学习教育学、心理学，与学生交心，与学生知心；另一方面要知学生的心，也利于提高教师教育的效果。教育要想真实有效，教师就要懂学习规律，要充分了解学生的认知过程、学习过程、遗忘规律，多与学生交流，弄清学生在学习过程中的难点，争取做到因材施教。

3. 从教育的实践效果来看，知心才能真正走进学生内心

学生的世界是丰富多彩的，他们的想法千奇百怪，有时候在大人们看来甚至有些荒诞与叛逆，我们不能用同一套模式、同一个方法、同一套说辞教育每一个学生，哪怕这个模式在部分学生身上可能取得了一些效果。对学生的教育，要春风化雨，走进学生的心里，让学生心悦诚服、心甘情愿。即使犯错误的学生，也不能一味地严厉批评，甚至当众呵斥，这会伤害学生的自尊心和自信心，而且我们要始终铭记：教师和学生在人格上是平等的。对学生来说，教师越是信任他，他越能产生强大的学习动力，学习就越勤奋。对学困生的教育应注意，我们所谓的学困生更需要知心教育，与学生交心，而且对于学困生，不管是在谈心时还是在平时的闲聊中，总是注意给他们心理暗示：老师觉得你行，你还有潜力，老师相信你能取得好成绩。这样学生和教师很容易沟通。所以，知心才能教心，知心是取得良好教育效果的保证。

二、怎样才能做到知心、教心

"教者先育己，育人先知心。"教育事业是爱的事业，作为教师，做好教育不仅是本职工作，而且关乎国家的未来和希望，因此教师责任重大。做好这份事业，需要教师孜孜耕耘，不断探索，其中能做到知心是重要的一环。

1. 做到知心需要教师热爱教育事业，充满爱心

作为教师，要有责任心，要对我们教的学生负责，记住自身的一言一行都在影响着他们，身教重于言教；作为教师，要有爱心，要爱每一位学生，要看到他们的优点，每个学生都有自己的亮点。"教师的最大幸福是把一群群学生送往理想的彼岸。"在教师漫长的职业生涯中，唯有真正热爱教育事业的教师，才能始终把学生的发展放在最重要的位置；才能在面对性格多样、顽皮吵闹的学生时，用发展的眼光看待学生；才能心中有目标，眼中有方向，带给学生无穷的正能量。

时代楷模张桂梅同志坚守初心、响应党的号召，毅然到云南支援边疆建设，跨

越千里、辗转多地，无怨无悔。她创办免费女子高中，帮助数千名山区女孩改变命运，为国家输送了一批又一批莘莘学子。为了不让一名女孩因贫困失学，张桂梅坚持家访 11 年，遍访曾经的贫困家庭 1300 多户，行程十余万公里。她长期拖着病体工作，超量的工作透支了赢弱的身体，却换来女子高中学生学习的好成绩。

在张桂梅身上充分体现了教师潜心育人的敬业精神和立德树人的使命担当，充分体现了人民教师以德施教的仁爱之心和至善至美的师者大爱。

2. 做到知心需要教师因材施教

教师要有敏锐的眼光，善于发现学生身上的闪光点，善于赞赏学生，用鼓励的眼光对待每一位学生，能根据学生的特点施教。天不生仲尼，万古如长夜。伟大教育家孔子的故事历历在目。

有一次，孔子讲完课，回到自己的书房，学生公西华给他端上一杯水，这时子路匆匆走进来，大声向孔子讨教："先生，如果我听到一种正确的主张，可以立刻去做吗？"孔子看了子路一眼，慢条斯理地说："总要问一下父亲和兄长吧，怎么能听到就去做呢？"子路刚出去，另一个学生冉有悄悄走到孔子面前，恭敬地问："先生，我要是听到正确的主张应该立刻去做吗？"孔子马上回答："对，应该立刻实行。"冉有走后，公西华奇怪地问："先生，一样的问题你的回答怎么相反呢？"孔子笑了笑说："冉有性格谦逊，办事犹豫不决，所以我鼓励他临事果断。但子路逞强好胜，办事不周全，所以我就劝他遇事多听取别人的意见，三思而行。"

可见，知心需要针对学生的不同特点，采取不同的教育方式，才能取得良好的效果。

3. 做到知心需要有共情心、同理心

在与他人交流时，能进入对方的精神境界，感受到对方的内心世界，能将心

比心地体验对方的感受。有这样一个案例：

新年开学后第一天上课，教室里热闹非凡、有说有笑，上课铃声响了，学生置若罔闻，教师来上课，却被无视。下课后，这位教师一直在思考这个问题，为什么学生身上会出现这些问题？十六七岁的少年，应该是人生最美好的花季，而繁重的学习压得他们喘不过气，学生在学习、学习再学习的氛围中压抑着。作为一名教师，需要去理解孩子，理解他们的心情。但是理解他们并不代表认同他们的行为。在后面的教育教学中，这位教师处处倾听学生的声音，关心学生的真实感受，教育的效果迥然不同。

学会接纳和共情在一定程度上会拉近教师和学生的距离，从而使师生关系越来越好，教师处理问题也会迎刃而解，这就是所谓的"知心教心"。

总之，育人先育心，知心才能教心。教育工作既是一门科学，也是一门艺术。教育之路并不是一帆风顺的，需要教师在实践中不断反思，善于总结，才能不断增长教育机智，不断提高教育智慧。知心教心的教育，能春风化雨，在润物无声中达到育人的目的。

主题 5

做不太像教师的教师

在传统的教育模式中，教师通常被当作权威的"施教者"，而学生则被认为是被动的"受教者"。正是教师太像教师了，学生太像学生了，课堂太像课堂了，导致师生之间总是沟壑当道，隔阂丛生。从长远发展的角度看，教师应尽自己所能在自己和学生的有限时空里，打破传统的"规矩"，把自己打扮成"不太像教师的教师"。放下执教者的身段，脱去职业色彩浓厚的外衣，"看起来不像个教师"，学生会认为教师是可以当作朋友相交的，这样可以提高他们的自尊心和自信心。

一、少些说教，多些倾听，做学生的"垃圾桶"

法国著名思想家伏尔泰曾经说过，"耳朵是通向心灵的路"。学会倾听是一个人必备的技能，也是教师的基本素养。倾听是一种沟通，更是一种尊重。如果教师学会了倾听，也就打开了与学生沟通的心灵之门。倾听学生的学习问题，倾听学生的交往困惑，倾听学生的心理需求，倾听学生的生活困境，倾听学生的各种吐槽……甘当学生的情绪"垃圾桶"。学生在成长过程中会面临各种挑战和困扰，有时候他们需要的并不是解决问题的答案，而是一个能够倾诉的对象。作为教师，我们需要给予他们足够的理解和关怀，让他们感受到自己不是孤独的。当学生感受到教师对他们的肯定和鼓励时，会更加自信，更有动力去克服困难，提高自己的学习成绩。

有一位工作多年的班主任老师，讲过这样一件事：

这位教师的班级里有一位学生，纪律表现非常差，教师也经常在班会上当着所有学生的面批评该生，这导致两人的师生关系越来越差。一次期中考试教师让成绩差的学生写出深刻反思，这位学生在反思中写道："你作为班主任老师，就只知道对我们指责谩骂，没有一点儿鼓励的话，我们的数学成绩只会更差、越来越差。"看到这里，这位教师很尴尬，并开始反思自己。在此后的时间里，这位教师更多的是向他解释为什么这样做不对，也会问他为什么会这样做，慢慢地这位学生变得懂事了，有时也会主动向教师承认错误、说出自己的想法了。

这个案例可以很好地体现倾听与理解的作用，作为教师，要学会改变，换一种形象，往往能够避免误会，解开疑惑，柳暗花明。

二、少些怀疑，多些信任，做学生的"知心姐"

教师就像"克格勃"，学生只要一回头，就可以发现站在教室后门窗口的老师正往里窥探。这可能是许多学生毕业后，第一时间想到的对班主任老师的基本印象。看似是个笑话，其实，从深处反映的是师生之间的不信任。作为教师，特别是班主任，想要成为学生的朋友，与学生建立信任是至关重要的，要让学生知道，他们所面对的教师不仅仅是一个严厉的评判者，更是一个可以信任和依靠的伙伴。只有建立了信任，学生才会更加勇敢地表达自己的想法和感受，才会更加愿意接受教师的帮助和指导。

建立信任不是一件容易的事情，需要教师相信学生有自主解决问题的能力。

王老师在做班主任时，有一次看到两位学生发生争吵，周围有一群学生在围观，看到王老师走过来，学生的目光自然而然地转向王老师，想看王老师如何制止，但是他并没有去，而是一直等到两位学生争吵结束。事后王老师说："如果我当时上前劝阻，矛盾只是暂时被压下了。可是，谁都无法保证两人能冰释前嫌，隐患可能也因此埋下。他们也觉得不解气，可能会在校外约一个地方打架，到时候，作为班主任该如何管控？所以，让他们把对对方的怨气释放出来，等双方冷静下来之后再对其进行批评教育，问题反而能够得到更好的解决。"后来通过谈话，王老师了解到两位学生就是因为一些鸡毛蒜皮的小事争吵起来的，王老师像老大姐一样笑了，问他俩："你们的气消了吗？"这样就把争吵化解到无形之中了，还消除了存在的隐患。

教师要认识到，无论学生是否能够自己解决问题，都要给学生施展的空间，相信他们可以，待到解决不了的时候再出手也不晚。所以，学会相信学生，少些怀疑主义，少些经验主义，是与其建立信任的基础。

教师要有像大海一样宽广的胸怀，遇到学生犯错时，首先要做的是接受现实，学生解释时不要怀疑。不要火冒三丈，不相信学生所说的话，或直接对其批评或者罚站等。总之，对学生要少怀疑、多信任，通过平常事建立信任感，让学生感受到，你像他的"老大姐"，是可以亲近的。

三、少些指责，多些关爱，做学生的"暖宝宝"

教师不仅是知识的传授者，更是学生人生发展的引路人。教师要在学生的成长道路上给予他们更多的关心和关怀，并不仅限于学业上的成绩，还包括学生的生活、情感和人生规划等方面。了解学生的家庭背景、兴趣爱好、梦想和困扰，可以让教师更好地为他们提供个性化的支持和指导，帮助他们在成长的路上更加坚定和自信。

教师要有爱心。教育部原基础教育司司长王文湛曾告诫社会各界教育工作者，要时刻牢记两句话——"假如我是孩子""假如是我孩子"。这两句话很形象地说出了教师要摆正自己的位置，学会换位思考，考虑学生的意见和感受，要把学生当作自己的孩子一样去爱。

沈阳的段老师就是位爱岗敬业、爱生如子的教师，身为小学教师，她经常组织学生一起做游戏，带孩子们走进大自然；同时，她经常以妈妈的角度来关心学生，经常问他们吃早饭了吗、衣服够厚吗等一系列问题。有一次，段老师发现班里有位小女孩整天无精打采的，眼睛里没有属于这个年纪的光，经过了解得知这位小女孩生活在留守家庭，父母常年在外打工，爷爷奶奶身体也不好，导致她不善于交流。于是段老师有意无意地找她聊天，跟她聊喜欢的动画片、电视剧，聊她擅长的写作、美术，为她梳头发，送她漂亮的发卡，鼓励她参加各种活动，渐渐地，小女孩的眼中有光了，变得开朗了。

教育的目的不仅是追求学习成绩，应该担负更多的立德树人的社会责任。教师要帮助学生充分挖掘自己的潜力，让学生知道自己的长处是什么，让学生找到适合自己的未来。在教育的过程中，爱和包容可以解决大部分问题，要将这两句话谨记，做事之前先考虑一下学生的感受，将学生当作自己的孩子一样给予爱，相信关爱可以感化、改变一些学生。

要成为学生的朋友，做不太像教师的教师，需要付出一定的努力和时间。首先，多些倾听，走进学生。教师应该通过倾听或者走进学生等方式，主动与学生建立联系，积极参与学生活动和学生的生活。通过与学生建立更多的接触和互动，教师可以更好地了解学生的兴趣爱好和需求，从而更好地指导他们的学习生活。其次，多些信任，相信学生有能力做好一些事情，相信学生做一些事情是有他的原因的，不要冲动，在理解学生的做法之后再去评判学生所为。再次，多些包容，教师应该关注学生的个体差异，尊重每个学生的特点和需求。每个学生都是独一无二的，教师应该以包容的心态对待每个学生，不能一概而论。又次，多些关爱，牢记"假如我的孩子，假如是我孩子"的教诲，多给学生一些关爱，让师生关系更加融洽。最后，在日常生活和教学活动中，努力成为学生的榜样！

心有阳光，岁月温暖，当学生感受到教师对他们的关心和支持时，当教师不仅是良师，更是益友时，学生会更愿意与教师建立深厚的情感纽带，从而更加积极地参与学习，能够更加全面地发展自身。

专题二

心有风景，眼里有光

要努力成为一名心有风景、眼里有光的教师。充满自信，使自己乐在其中，去感染学生，发现教育的美好。用自己的慧眼去发现学生、看见学生，用行动去尊重学生、相信学生，用自己的教育智慧去点燃学生的心灯，不断激发他们的无限潜能，创造生命发展的奇迹。

矢志不渝地努力成为一名心中有景、眼中有光的教师。这心中之景，是对教育事业如诗如画的美好憧憬，是勾勒出学生茁壮成长、绽放光彩的绚丽蓝图。眼中之光，则是对每一个学生独一无二的珍视，是对教育征途上无限可能的坚定信念。

满怀自信地投身于教育事业，宛如一位指挥家陶醉在激昂的乐章中。在课堂上，凭借幽默风趣的讲解、激情四溢的表达，将知识的火种传递给学生，让他们也沉浸在学习的快乐里。用自身的热忱如春风化雨般感染学生，引导他们去主动探寻教育那无尽的美好之处。

拥有一双敏锐的眼光，犹如拥有了一把能开启学生心灵之门的钥匙。在课间的嬉笑打闹中，在课堂的专注神情里，去洞察学生的内心世界。关注每一个学生的细微变化，尊重他们独特的个性与想法，不将任何一个学生边缘化。坚定地信任学生，相信他们都潜藏着巨大的能量等待释放。

凭借自身深厚的教育智慧，如同在黑暗中为学生点亮一盏明灯。在学生迷茫困惑时，给予恰当的引导；在学生遭遇挫折时，送上温暖的鼓励。持续不断地激发他们的无限潜能，让学生在知识的海洋里乘风破浪，缔造出属于他们生命发展的独特魅力，让每一个学生都能书写出属于自己的华彩篇章。

主题 1
创造生命发展的魅力

中国著名教育家叶澜教授认为，不能把基础教育改革的希望都寄托于高考改革，育分和育人不是简单对立。教育的魅力不只是要求好教师，而且是每个教师都要坚信自己所从事的事业要求你去创造。教育的魅力是创造的魅力，是创造生命发展的魅力。所以，教师要跳出仅把自己当作知识传递者的窠臼，把自己当作生命发展的创造者。

一、重视道德教育，对人的一生负责

身为教育工作者，"立德树人"便是其使命，同时也是广大教师义不容辞的责任。教师在育才的同时，更要注重对学生的道德教育，这一点很多教育工作者在工作过程中没有意识到，特别是一些教师在教学的过程中将讲授课程内容与对学生的思想道德教育割裂开来，认为道德教育是思想品德教师和班主任的任务，因此在教育教学活动当中，没有把思想教育作为人才培养和学生成长发展的重要组成部分，更未将其作为教学目标中的情感、态度、价值观这部分目标来对待，没有将其进行有机结合，不考虑其内在联系，只是进行生硬的捆绑。对待思想品德教育如此牵强附会，不仅不能引起学生的兴趣让其接受，也不能提高学生的思想道德水平，甚至可能让学生反感和排斥。

事实上，由于长期以来教育工作者忽视了道德教育的使命以及职业的根本使命，给我们的人才建设事业带来了极大困扰。一部分学生在被培养的过程中成为"精致的利己主义者"，尽管拥有高智商，却世俗、老到，善于利用体制达到自

己的目的。因此造成的结果便是，很多留学生学成后不愿归来报效祖国，更有留学生在外网发表辱华言论。因此，作为教育工作者，要从历史和现实两个角度来认识自己身上肩负的两种使命，并且将认识转化为实践，彰显在具体的教育教学活动中，在教育中对学生的人生观、世界观、价值观进行方向引领。

教育是一个生命影响另一个生命。在教育的过程中，我们要启发学生学会独立思考、独立判断，进而达到独立行动，成为一个心灵博大、精神坚强的人。教育始终要有一个基本贯穿线，就是"一切为学生的生命成长负责"，在我看来，这是"真正的教师"最重要的标准与标志。

二、教育的魅力应从交流中去寻找

教育，归根结底是一种师生之间的交流，也是一种生生之间的交流。只有好的交流才有好的教育效果，没有交流的教育是无效的。

1. "春风化雨"般的交流影响价值判定

教师对学生思想品德的影响发生于日常的师生交流中，师生之间没有交流就没有影响。许多学生描述教师对自己影响大的情境都发生在交流交往当中，交流的内容主要涉及日常学习和学业的指导，大多体现在耐心、坚持、自律的品格和观念方面。

"我们班主任不上课的时候就会在办公室用摄像头监视我们上课，有时上自习的时候会通过摄像头提醒我们坐姿、纪律等问题，有时候感觉我们老师也挺不容易的，白天上班都这么累了，空余时间还要继续监督我们学习，我们除了要遵守纪律之外，更没有理由让自己放纵了。"

"我们历史老师对我影响也比较大，上课的时候感觉自己听讲挺认真的，上复习课的时候也背得很认真，但是每次做题的时候就不会，或者材料题回答不到点上，导致失分、扣分。每次带着问题去询问老师的时候，老师总是会耐心地给我解答，通过老师的点拨，我有一种茅塞顿开的感觉。从她身上，我学会了做事情、思考问题的时候要慢慢来，切勿过于心切。"

"我的个性比较毛躁，有时候不等老师说完问题我就着急地说出答案，大多时候没有经过深思熟虑，有时准确率很低，但是老师总是'看破不说破'，她从来没有因此打击我，没有挫伤我的自信心，而是对我进行恰当的暗示与鼓励，让我认识到了自己的问题，并在以后的课堂上慢慢改正。正是因为她这种比较缓和又不伤我自尊心的教育方式，让我平稳地度过了青春期。"

通过以上的案例可以发现，这些教师都是通过"非直接可见交流"的方式对学生成长中的问题采取了宽容的态度。除此之外，也有很多教师谈到了教师的日常形象、气质、品格以及他们为人处世的态度都对我们产生了或大或小的影响。

2. 提供有效帮助更能影响学生的具体行动

学生在成长的过程中总是会面临许多问题，如果教师能够对学生有针对性地提供帮助，往往会产生不错的育人效果。有时学生身上出现问题，相比于对学生进行一味的批评，更有效的办法应该是告诉学生解决问题的方法，为学生提供有效帮助，这样往往会对学生产生良好的育人效果。通过调查发现，站在学生的角度，教师能够为其提供的有效帮助可以概括如下：

（1）摆事实、讲道理

对于学生来说，如果教师的道理是有逻辑、能践行且令人信服的，那便是影响学生选择和判断的重要因素。"我现在的班主任，她总强调我们首先要做好的就是自己的事情，不要去打扰别人，我们也不跟那些不如自己的或者比自己好很多的人比，就跟自己比，做好自己，坚持做能让自己变好的事情。"因此，在学习生活中，如果教师能够说到那些关于自我、他人、人生价值的道理，恰好能够说进学生心里又被学生认可和接纳，那么育人效果也能够随之产生。

（2）提供有效帮助

有学生提到自己的烦恼：我有的时候会同时面临好几个需要解决的问题，不知该从何下手。老师了解了我的情况后，跟我说用四象限法，列出"着急需要立刻解决的""不着急但需要立刻解决的""着急但不需要立刻解决的""不着急也不需要立刻解决的"这四类问题，并将其按照1、2、3、4的顺序排列，然后按照顺序一件件地去完成就好了。这对我来说很有帮助。我想，不论是在学习中还是以后的工作、生活中，都是很有意义的。

（3）基于情感和行动支持

中考和高考是一名中学生要面临的重大问题，许多学生提供的回忆都与考试密切相关。一般来说，当考试越重要，成绩越不理想的时候，学生越能记住教师对待他们的方式。

"有一次考试考砸了，我以为老师要批评我，但是他没有，而是找我谈心，询问我的家庭情况和日常生活，通过各种方式关心我，没有放弃我。这一次的经历让我知道了老师并不是只关心我们的学习，他也关心我们的身心是否健康。"

这一事例源于教育工作者对学生的情感支持，正如杜威所说："道德知识是通过情绪上的敏感性提供的。"除此之外，学生也在行动层面获得了教师的帮助，这些帮助不在于行为本身，而在于学生从中得到了自己需要的帮助。

3. 教师保持情绪稳定并尊重学生

情绪稳定的教师，对待问题的处理方式收放自如，能够对学生产生积极的影响。有学生说："有一次我违反了纪律，老师没有批评我，反而是语气温和、心平气和地跟我说明问题，寻找原因。"通过调查，在学业上，学生往往最为感激那些能够遇到问题保持耐心、就事论事，能够冷静处理相关问题，并且能够尊重自己的教师，而不是那些不允许学生犯错的教师。

三、生命是不能割裂的，教育也一样

使人成为真正的人，是教育的本质。将情感、态度与价值观作为三维目标当中的首要目标，是对教育功能的认识以及教育的本质的理性回归。

教育问题上关于"成人与成才""教书与育人""成己与成物""仁与智""科学与人文关系"的阐释，都与教育的本质问题密切相关。只有将教育的本质厘清，才能对教学的终极目标有更科学的确认。《说文解字》中这样理解教育："教者，上所施，下所效也。""育"是"养子使作善也"，它意在强调教育的目标是人性向善，教育的方式是教育工作者要行为规范。在古代，学者通常把教育理解为"教化"，也就是"知书达理"，即让人明白做人的道理，使人成为真正意义上的人，能够为社会、为他人贡献自己的一份力量。传统教育当中的"君子不器"这一思想，就是强调不要把学生当作学习的机器，而要把学生当作人去培养，不一定要培育成专门的人才。

在教育中教学，就是要求教育回归人的本性。"见物不见人"的教育方式，背离了教育的本质，这种教育方向是十分危险的，如果不对其加以纠正，会后患无穷。学习的过程，不是谋生之学，而是生命之学，这就说明中国古代的教育者早早将个人乃至天下一步步完善作为教育的根本目标。这与君子的理想人格——修身、齐家、治国、平天下是一致的。

在教育学生方面，知识只是一种工具，如果要真正成为一个"人"，则必须具备真诚、责任感、坚韧等品质，在育人问题上，知识只是物化的工具，而要真正成为"人"则必须具备最起码的道德、信义、真诚等品质，以及独立判断、思考、创造、生存的能力。否则，再多知识也没有价值。

主题 2
懂得学生的隐蔽痛点

　　"教师"，顾名思义，是指专门从事教育工作的专业人士。教师不仅是知识的传授者，更要通过言传身教，积极引导学生树立正确的人生观、世界观、价值观。

　　古代科举制下，学子十年寒窗苦读；对现代学生来说，可能是小学到高中的12年，甚至是更长。在这十几年里，中学阶段是人一生中关键而有特色的时期，是人一生中黄金阶段的开始。初中三年学习生涯起到承上启下的转接作用。在这个阶段，学生朝气蓬勃，风华正茂，在各方面表现出积极向上的趋势，心理也表现出种种特点。也正是由于多方面的特点，在中学生身上会产生诸多的问题。成年人的世界都有自己的心酸和困惑，何况心智尚未成熟的孩子！大部分学生表面看起来开朗、阳光，情绪相对稳定，但是他们内心的真实想法我们或许不易察觉，这些难以察觉的情绪也许就是孩子难以诉说的"隐蔽痛点"。我们习惯性把"教书"当成重点工作，或许我们更应该以教师的职业敏感和教师的教育自觉去发现他们的隐痛，共情他们的心灵，守护他们的尊严。

一、学业压力之痛

　　初中生在中学以前处于小学阶段，是真正的幼稚时期。小学阶段更多地依靠成年人的照顾，独立性、自觉性较差。小升初后，在校的时间增加，大部分同学由住家到住校，是独立走向社会生活的起始阶段。在小学阶段，学生的主要科目是语文、数学、英语三大科，进入初中增加了政治、历史、地理、生物。并且还出现了一种常见的现象：有的孩子本来小学成绩很优秀，但是进入初中之后反而平平无奇；有的孩子资质平平，升入初中后反而异军突起。其实，只要抓住几个关键点，维持小学相对优异的成绩也不是件困难的事。

首先，改变学习习惯，由小学阶段的家长督促、陪伴学习转变成自己主动学习。初中学习科目增多，学习难度增加，并且失去了家长朝夕相处的陪伴，需要学生具备自主的学习能力，从"要我学"变成"我要学"。初中生在校的学习时间较长，增加了早晚自习，如何利用好早晚自习，也是学生能力的体现。自律性强的学生，会将自习划分时间段，完成基础学习后会有提升性学习，自习的忙碌程度远远高于白天的正课。成绩是自律开出的花朵，越努力越幸运。

其次，平衡学科之间的关系，在时间与力度上都要结合自己的实际有所侧重。在小学阶段，家长接触或辅导的课程主要是语文、数学、英语；进入中学阶段，新增的四科没有引起学生和家长的重视。经过半学期的学习，学生也意识到四科的重要性，无论哪一科偏颇总体成绩都会受影响。语文、数学、英语课时较多，功夫用在平时；政治、地理、历史、生物课程较少，任务也相对较轻，平时重在梳理知识，构建知识体系。既要扬长避短，也要扬长补短，学习反而会成为一种乐趣。

最后，重视阅读。在当今教育背景下，无论文理题目，都以情境为切入点，并且加大了题干的阅读量，因此阅读的能力就显得尤为重要。知识是人类进步的阶梯，阅读是理解人生、获取知识的重要手段和最好的途径。孩子通过教材习得的仅是课本知识，难免造成知识结构的单一性。阅读有益的课外书不但可以增长见识，做到不出家门而知天下事，不出国门而理解世界各地的历史文化、风土人情，而且有助于开阔视野、培养广泛的兴趣爱好、学会为人处世等。读书百遍，其义自见；造烛求明，读书求理。

二、缺失家庭关爱之痛

对于正在成长中的青少年而言，家庭对他们的培养和教育至关重要，父母是孩子的第一任老师，子女从父母那里学会如何做人，如何与他人相处，如何处理人与人之间的矛盾，同时也将传承他们的各种行为。

随着现代社会的不断发展，由于方方面面的原因，支离破碎的家庭一天天增多，不完整家庭所占的比例也随之上升。生活在破碎家庭中的孩子，在心理情感上表现为：情绪低落、不合群、烦躁冷漠，要么过分胆小怕事，要么固执粗鲁，具有过分强烈的攻击性，在思维方式上过分敏感偏执。更为严重的是，在孩子最需要父母关怀呵护的时候，却残忍地让他们失去了应有的关爱，因此孩子可能丧失了生活的信心，甚至怀疑人间一切美好事物，造成"反社会行为"，成为社会不稳定因素。为他们提供帮助服务和支持是当代人民教师的重要职责，我们要主动了解缺失家庭关爱孩子的心理状态，尽量减少对孩子的伤害，帮助家庭教育功能不健全的孩子走上健康之路。

在班级中有一位女孩小红，其父亲常年家暴，父母关系紧张。孩子长期处于支离破碎的家庭环境中，已出现抑郁倾向，甚至有割腕等极端行为。小红心疼母亲，害怕父亲，在父母身上感受不到亲情的温暖，造成与父母缺少情感沟通，心理上的迷惘得不到及时指点，内心的欲望和需求得不到满足，心理上得不到慰藉。孩子在这样的家庭环境中，逐渐变得胆小自卑，对他人有很大的戒备心。

发现上述情况后，班主任分别与其父母和孩子本人进行了交流，通过聊天，慢慢地深入小红的内心，获得了小红的信任，通过相关的引导和关注转移了小红的内心需求，积极鼓励小红参加班集体组织的各项活动和社会活动，并有意识地把活动中的任务交给小红，培养其自信心和责任感，小红的情绪逐渐稳定，自我认同感逐渐增强，成绩也在一步步提升，教师们也期待她的健康成长。

三、过度攀比之痛

随着时代的发展变迁，人们更加追求生活的质量而不是数量。大多数父母会因为自己小时候的生活困苦，当自己成为父母时，便努力满足孩子的一切物质要求。然而，大部分青少年没有形成正确的价值观、人生观，往往会被周围同龄人的吃穿用度所吸引，一味地追求别人羡慕的眼神和夸赞，过度攀比，完全不顾父母赚钱的艰辛和不易。这种攀比心理普遍存在于初中生中，他们更加关注自己的外在形象，忽略了内在的本质精神层面的问题。

小王的父母是普通工人，因为小王是独生子，所以在物质方面，父母对小王尽量满足，从玩具到吃喝，在自己的能力范围内给他最好的，这些东西成了小王在小伙伴面前炫耀的资本，小王也享受着同学们羡慕的目光。有一次，同宿舍家庭富裕的同学小明买了一双1500元的球鞋，小王感觉自己的"荣光"被小明夺走了，于是趁活动课偷偷溜进宿舍，对小明的鞋子进行破坏，导致这双球鞋报废。

初中的学生好胜心强，这时我们要引导学生把物质上的攀比转变为精神上的攀比。班主任告诉小王，下次可以比谁跑得快、谁学习好、谁劳动积极，把好强心用来提升自己。此后，小王在学习上更加积极，还获得了"进步之星"的荣誉称号。

对于陷入攀比境地的学生，扭曲的价值观已经让他们陷入沮丧、焦虑、挫败的情绪中。父母与教师应多与学生交流，及时发现问题，及时纠正其不正确的思想，并加以引导，树立正确的价值观和消费观，使学生朝着正确的目标和未来前进，避免攀比之风给学生带来的痛苦。

懂得是一切关系改善的基础，也是解决问题的钥匙。唯有深深懂得，尤其懂得学生的隐蔽痛点，才能破译他们的心灵密码，打开他们的心锁，解开他们的困惑，助力他们的人生旅程。让每一个学生成为最好的自己，让每一段人生成为美好而精彩的故事，这也是教育者永恒不变的追求。

主题 3

努力发现学生心中那根"独特的琴弦"

世界上没有两片相同的树叶，同样地，也没有相同的两个人。每个人都有自己的特点，每个学生也有自己的特点，他们都有着自己的个性、梦想与情感。在教育教学过程中，我们要学会理解、鼓励、引导他们，帮助他们发现自己的特长，让他们成长得更好，实现自己的价值。德国著名哲学家雅斯贝尔斯曾经说过："真正的教育是用一棵树去摇动另一棵树，用一朵云去推动另一朵云，用一个灵魂去唤醒另一个灵魂。"在实际的教育过程中，教师要根据学生的特点，有针对性地进行教育，帮助学生做更好的自己。作为教师，要真正走进学生的内心，走进学生的世界，才能找到真正适合学生成长的方法。

学校教育在学生的发展过程中具有举足轻重的作用，是学生世界观、人生观、价值观形成与学生身心发展的关键期，教师要帮助学生找到最真实的自己并助力学生发展。每个学生都是独一无二的个体，他们有着各自不同的性格、兴趣、天赋和潜力。教师要针对学生的特点帮助学生。当我们用心去发现和了解每个学生的特点时，就能更好地满足他们的需求，提供个性化的教育方案。这样一来，学生就能在学习中更加自信、快乐和充实，也更容易取得学习成果。发现学生的特点还有助于培养他们的创新精神和实践能力，通过发掘学生的潜力和兴趣，我们可以引导他们探索新的领域，挑战自我，实现自我价值。

一、热爱学生是发现学生的前提

热爱学生，是每一位教育工作者的职责。当我们真心热爱学生，就能为他们创造一个良好的学习环境，促进他们的全面发展。

1. 了解学生

热爱学生意味着要深入了解他们。每个学生都是独特的，需要我们用心去理解。我们要通过日常的交流、观察和互动，了解他们的性格特点、爱好、学习需求以及成长困惑。只有真正了解他们，才能走进学生的世界，给他们提供恰当的指导。

2. 相信学生

生活中并不缺少美，而是缺少发现美的眼睛。其实，每个学生身上都有闪光点，我们要发现学生的优点，相信学生可以做得更好。有一个信任游戏：在地上摆上一些障碍物，其中一个学生蒙起眼睛，教师扶着他穿过障碍物。刚开始的时候，蒙眼睛的同学觉得有点儿害怕。在教师的引导与帮助下，成功穿越了障碍物，他说我能穿越障碍物的最大法宝是信任。学生与学生之间、教师与学生之间能够做到相互信任，可以实现教育效果的更大化。

3. 赞美学生

赞美可以增强学生的自信心，当他们得到肯定时，会觉得自己被重视，这会让他们更有动力去探索和学习；赞美可以激发学生的潜力，当他们知道自己的努力和才能被看见和赞赏时，他们才会更加投入地学习，挑战自我，以追求更好的成绩；赞美可以加强教师和学生之间的关系，当教师对学生的努力和成就表示赞赏时，学生会感到被理解和尊重，从而更加信任和尊重教师；赞美是一种正向反馈，可以鼓励学生继续做出积极的行为。

郭老师任教初三毕业班，班里前排坐着一个女生，课前总是帮教师发一些材料，渐渐地，师生越来越熟。后来，她的每项任务都完成得很好，郭老师在班里表扬她，这样就形成了一个良性循环，她在课堂表现得越来越好，成绩也越来越好。毕业的时候，她告诉郭老师，以前我和班级的其他同学都不太说话，正是因为你经常表扬我，让我学会了相信自己，渐渐地变得开朗。

在这一刻，我们发现原来成绩并不是最重要的，通过我们的教育，帮助学生找到最好的自己，才是我们教育教学的最大成功。

4. 尊重学生

热爱学生首先要尊重学生，我们要尊重学生的个性和差异，尊重他们的选择和决定。我们要相信每个学生都有自己独特的价值和潜力，鼓励他们勇敢地追求自己的梦想和目标。在课程选择、时间安排等方面，我们要尊重学生的选择，让学生结合自身的特点，选择适合自己的课程，制订学习计划，助力学生生命成长。

二、提高教学水平是发现学生的关键

教学是教育目的规范下的教师的教与学生的学共同组成的一种教育活动。人文主义强调教学具有个人参与性质，学习是自我发起的，学习是渗透性的，学习是由学生自我评价的。教师是学生学习的促进者，上课之前教师要充分了解学生学习中存在的疑问，站在学生的角度设身处地地思考学生的疑惑，用学生可以接受的方法来解决问题，而不是用教师的标准解决问题。教师是学生学习的促进者，要通过多种方式提高自身的教育水平，助力学生发展。

1. 激发学生学习的主动性

作为学生，学习是他们的职责，教师要通过自己的准备，帮助学生实现学习效果的最大化，让他们有成就感，更好地成长。教师通过精心设计的教学计划和课程安排，引导学生逐步掌握知识、技能、方法与规律。在教学过程中，教师不仅传授知识，更要培养学生的思维能力和创新精神，鼓励学生提问、思考和探索，激发学生的学习兴趣和主动性，让他们找到自己的特长，更加深入地学习，使学生在学习中找到价值、找到目标。

2. 指导学生学习方法

学生的学习情况不同，有些学生没有找到适合自己的学习方法，教师要指导学生如何学习才能有更好的学习效果。学习上要学会预习，预习不是简单地读课本，而是要记住课本中的内容并厘清因果，找到自己的疑问，课堂上才能更好地跟上学习的节奏，解决自己的疑惑。课堂上要有良好的听讲习惯、记笔记习惯、巩固落实习惯，课下自己要清好底子，保证每天的学习效果。如果每天进步一点点，时间长了，就会有很大的进步。每个学科都有自己独特的学习方法，教师要指导学生找到该学科的学习方法，从学科中找到自己的增长点，制定恰当的学习目标，更好地实现成长。

3. 学会运用信息化手段

在信息化时代，学生获取信息的途径很多。同样地，我们可以通过多种途径教会学生学习。教师需要不断更新教育观念，掌握新的教学技术和方法，指导学生学习。教师要帮助学生学会自主学习、合作学习和探究学习，提高学生的综合素质和适应能力。课堂上要恰当运用课件、视频、音频、投影等多种学习方式，激发学生学习的动力。同时，教师还可以教给学生如何制作相关素材，给予学生探索未知领域的机会。在此过程中，教师要让学生发现自己的兴趣点，既可以是学科学习的，也可以是关于信息技术的。只要给予学生展示的机会，学生就会给我们一个奇迹。我们可以给学生安排实践性任务，让学生自己运用信息化手段展示自己的成果，在此过程中，学生不仅学到了知识，锻炼了自己，同时也会发现自己，找到更好的自己。

4. 引领学生价值观的形成

教师不仅是学生学习的指导者，还是学生价值观形成的引路人。在教育过程中，教师不仅要传授知识，更要关注学生的品德修养和价值观的形成。教师要通过自身的言行和榜样作用，引导学生树立正确的世界观、人生观和价值观。教师要关注学生的全面发展，为学生未来的成长奠定坚实的基础。教师是学生学习的促进者，他们在学生的学习过程中发挥着举足轻重的作用。作为教师，应不断提高自身的素质和能力，更新教育观念和方法，为学生的全面发展提供有力支持。

三、尊重学生的个性发展是发现学生的归宿

人的发展，包括身体和心理两个方面的发展。人的生理发展与心理发展是紧密相关的，生理的发展是心理发展的物质条件，心理的发展也影响着生理的发展。

1. 适应学生身心发展的特点

人的身心发展特点对教育有制约作用，为了更好地实现学生身心健康的发展，必须从学生的身心特点出发，适应他们的教育发展规律。第一，教育要适应学生发展的顺序性，遵循量力性原则，不要太超过学生的实际水平，循序渐进地促进学生的发展。第二，教育要适应学生发展的阶段性。对于不同阶段的学生，要有不同的方法，在教育的内容和方法上要有差异。第三，教育要适应儿童身心发展的个别差异性，做到因材施教。教学中要注意分层教学，不能"一刀切"。

第四，教育要关注学生身心发展的不平衡性，促进学生的身心健康发展。遵循教育发展的特点，并不等于迁就学生现在的水平，而是要制定学生"跳一跳够得着"的目标，基于"最近发展区"，实现学生学习水平的更大提升。

2. 提供丰富的活动课程

每个学生的特点不同，兴趣爱好也不同。为了帮助学生成长，教师可以提供丰富的活动课程，让学生针对自身的特点自由选择，在活动的过程中实现自己的发展。开设丰富的活动课程，不仅有音乐、体育、美术、书法、信息、手工类课程，还有摄影、学生领导力、辩论等社团，让学生结合自己的特点与需求选择适合自己的课程，发现特长并培养。同样地，课堂上要多种学习方式相结合，包括自主学习、合作学习、分享交流等，让学生在不同的学习阶段调整自己的学习方式，实现学习效果的最大化。

3. 鼓励学生表达

学生的不同点需要通过活动展现出来，才能被发现，教师要鼓励学生勇于表达自己的想法和观点。每个人都有自己独特的思考方式和见解，应给予他们充分的表达空间。上课之前或者在课堂上，教师可以通过演讲让学生表达心声；学生每参加完一项活动，让他们发表自己参加完活动后的感受；假期归来，让学生分享他们在假期里的活动或者收获，让学生之间有所了解，更让教师对学生加深了解，可以针对学生的特点进行指导。

经济决定今天，政治决定明天，教育决定未来。教育对整个国家的发展具有十分重要的作用。学生作为教育的主体，需要我们帮助他们发现自己、成长自己，积极扬长，让自己的一生成为一个精彩的故事，而不是走他人的路。努力发现学生心中那根"独特的琴弦"是一项长期而富有意义的工作，我们要继续坚持，帮助学生实现生命的健康成长。

主题 4

培养一颗"大心脏"

2024 年 3 月，新加坡大满贯赛女单 1/4 决赛，王曼昱在 0：2 落后的情况下完成了大逆转，以 4：2 的成绩击败伊藤美诚，晋级四强。这场比赛，伊藤美诚给王曼昱制造了很大的麻烦，王曼昱赢得很困难……

绝地逆转，这场比赛的含金量非常高。不但淋漓尽致地展现了乒乓球比赛中技术、力量、速度、旋转的魅力，也让我们认识到了心理素质过硬的重要性。通过比赛，我们看到了王曼昱的成熟，她技术实力全面，拥有一颗"大心脏"，关键外战，关键局，关键分，韧性十足，赢得很漂亮。

不论是赛场还是日常的生活，我们一生中总会经历大大小小的困难和挫折，挑战无处不在。教育孩子培养一颗"大心脏"，帮助他们应对人生更多的挑战，是多么的重要！当学生脱离家长、教师的庇护时，能否及时调整心态，积极并合理地应对各种竞争与挑战，适应飞速发展的未来社会？怎样才能使我们的学生拥有一颗"大心脏"呢？

一、不要轻易否定学生

我们经常听到家长这样抱怨："当我们对孩子说你这样不行时，他就会发很大脾气，撒手躺倒不干，劝都劝不住。""当遇到困难，我们告诉他难度，并建议他如何实操时，虽然每次嘴上都说知道了，但他就是没行动！"……

我们不禁要问，学生为什么会变成这样？为什么开始还是天真烂漫的，后来变得沉默寡言、唯唯诺诺起来？问题究竟出在哪里？作为家长、教师，都需要深入地思考这个问题，我们教育的方法是不是错了？所谓打铁还需自身硬，作为父母、教师，要让学生在积极的状态下成长，对学生进行正确的引导，勇于承担起教育学生的责任。

赏识教育要求我们不要轻易否定学生。家长、教师也要走出自我的圈子，避免用成年人的观点和标准去评判孩子的对错，不要轻易地对学生的行为下结论，不要用别人家的孩子来激励自己的孩子。否则，反而会适得其反，使学生产生自卑心理，形成懦弱、阴暗的性格。所以，我们要俯下身去，观察学生、了解学生、倾听学生、理解学生，让学生感觉到"我是被爱的，我是被理解的，我是有价值的，我是能够做得更好的"。让学生拥有健全的人格和良好的人际关系是至关重要的。

成长中的学生总会犯各种各样的错误，教师要接受学生"就是在不断犯错中成长"的观念，面对他们的错误，尽量心平气和，把看到的事情或者问题描述出来，可以给他们一个机会，帮助他们解决问题。陶行知先生说过："教育学生的全部秘密在于相信学生和鼓励学生。"学生在成长的过程中难免会遇到挫折和失败。为了让学生能够更好地发展，教师就需要起到相应的作用。教师在学生出现困难的时候，应该在背后支持鼓励学生，让学生对学习生活更加充满信心。不过教师该如何鼓励学生呢？

在小学算术课上，教师提出了一个极为简单的加法："3+5"等于几？教师点名一个小男孩来回答这个问题，这个学生犹豫再三，回答等于7。面对这样的低级错误，作为教师的你该怎样解决呢？

这位教师鼓着掌，快步走到这个男孩的身边，摸了摸他的头，又按了按他的肩膀，然后示意他坐下，说了一句："你真了不得，你离成功就差一小步了。"而这个男孩在这句话的鼓励之下，受到了暗示，他又举手了，这次他是主动举手的，他站起来回答："'3+5'不等于7。'3+5'大概等于8。我答对了吗？"

我们在为这个男孩鼓掌的同时，更应该为这位教师点赞，他用他的智慧和耐心为学生创造了一个温馨的教育环境，提供了一个发现自己、超越自己的舞台，在这样的课堂中上课，学生不是如坐针毡，而是如沐春风的。教育学生不能是一味地批评和指责，那样如锤击打只会迸出愤怒的火花。教育学生应该多些爱心、耐心，像水一样，温润甜美，轻松愉悦。教育学生要放大学生的优点，缩小缺点，赏识学生，这样的教育方式容易让学生接受，不会伤到学生的自尊心。

二、接纳学生"逆"的存在

从心理学角度来讲，抗逆力是指当一个人处在困难、挫折、失败等逆境时，他的心理协调和适应能力。抗逆力，未必是与困难硬碰硬，而是像一种"心理免疫力"，面对各种各样压力与挫折也无所畏惧。

其实，消极情绪、挫折困难也有其价值所在，它既是一种机会，也是一种财富。如果我们采取合理的方法，利用这个契机去觉察和思考情绪背后的问题，并且通过尝试解决问题，推动自身改变促进成长，也是与学生共同成长的过程。家长、教师要接纳学生的短板，允许"逆"的存在。纪伯伦曾讲过"你的孩子，并不是你的孩子"，他们是独立的生命体，有自己的特点和喜怒哀乐。接纳学生"逆"的存在，是提升抗逆力的第一步。

1. 注重引导学生的情绪

由于学生发育尚未成熟或者正处于青春期，情绪不稳定，缺乏处理问题、人际交往的能力，遇到挫折时常常不知道如何自控，他们的第一表现经常是愤怒、悲伤、恐惧、焦虑、绝望、抑郁、嫉妒等消极情绪，这时他们急需家长、老师、同伴的帮助，当学生身处逆境时，需要的是同情、鼓励、帮助，当我们在潜意识中否定学生的消极情绪时，身处逆境的学生则会承担巨大的压力，甚至无法发泄，这时，别人的否定会带来叠加的更为挫败的情感体验。这对他们来讲无疑是雪上加霜。开明的家长、教师，总是允许学生有情绪，接纳学生"逆"的存在，但不是放任自流，任由情绪随意释放，而是要问清情况，分析情绪起源并妥善采取措施，处理情绪，引导并给学生提供发泄情绪的机会。

2. 培养学生的自理、自立能力

随着科学技术的发展、经济条件的改善，以往学生与生俱来的自理、自立的天然环境消失了，学生像温室里的幼苗。当他们进入社会接触到陌生复杂的环境时，缺乏免疫力。因此，为了能够打下坚实的生活基础，培养学生强大的自理、自立能力应该得到更广泛的重视。从自理到自立，会减少很多不必要的生活、学习麻烦，也能让他们养成规律有序的习惯，形成相对平和的心态，树立有责任、有担当的社会意识。因此，要让学生学会自己做一些力所能及的事情，增加成功的体验感，学生做到了，要积极鼓励。对于困难任务，不要打击学生的自信心，在适当的时候帮助学生一起完成，不仅仅关注结果，更重要的是关注过程，共同体验成功。

3. 鼓励学生积极参加体育运动

良好的身体素质是学生顺利完成学业的重要支持。鼓励学生参加自己感兴趣的体育运动，会产生神经递质，让他们的情绪更积极、注意力更集中。积极运动和伏案学习交叉进行，还能够促进学习效率的提升。通过有针对性的运动，还可以纠正学生不良的性格弱点，在游戏与运动中形成乐观向上、积极进取、迎难而上、勇于担当的性格。在游戏中，他们扮演角色，并理解游戏规则，经历竞争、合作、成功、失败、挫折，体验帮助别人和受到帮助的乐趣，这是课堂和书本中难以体验到的。

三、培养学生的坚强意志

易卜生说："不因幸运而故步自封，不因厄运而一蹶不振。真正的强者，善于从顺境中找到阴影，从逆境中找到光亮，时时校准自己前进的目标。"当今的青少年，意志力薄弱，承受挫折能力差，已是家庭、学校、社会共同关注的问题。培养学生的乐观精神和坚强的毅力是教师的责任，那么如何培养是我们需要思考的。

培养学生坚强的意志，需要引导学生向那些在逆境中成长的人学习。在生活中，有许许多多在逆境中拼搏成长的人，他们就是我们的榜样，他们身上有一种力量可以影响到我们。

尼克·胡哲天生没有四肢，只在左侧臀部以下有一个带着两个脚趾的小"脚"。虽然身体残疾，但父母并没有放弃对他的教育，教他学习打字、写字。他曾想在浴缸中淹死自己，但没能成功。他曾给学校打电话推销自己的演讲，在被拒绝了52次之后，终于获得了一次5分钟的演讲和50块的薪水，从此开始了自己的演讲生涯。

尼克·胡哲靠着自己顽强的毅力成为当代年轻人心中自强不息的榜样。这是我们可以学习的榜样，他的力量能支撑我们在困境中前行。

泰戈尔说："上天完全是为了坚强我们的意志，才在我们的道路上设下重重的障碍。"一切逆境绝非没有希望，每一次挫折都会让我们成长。在人生的每个阶段，遇到困难在所难免，教师要做一个好的陪伴者和引导者，在生活中不断锻炼和培养学生的意志，让学生有适应社会的能力和面对困难的勇气，成为生活中真正的强者。

逆境、困难、挫折并不可怕，人人都会经历，甚至是一个人成长中的常态。我们强调赏识教育，不是排斥挫折。所谓挫折教育，是针对学生普遍脆弱的心理表现和极端的行为表现提出的，它不是故意制造挫折，把孩子丢进深渊，任其自我发展，而是家长用爱心、耐心与孩子一起面对成长路上的各种挑战，一起做些有趣、有挑战性的事情，帮助孩子平稳度过困难期，爬坡过坎，翻越高山。

作为教育者，我们无法代替学生承受生命中的种种变故和挫折，但是，我们可以培养孩子拥有一颗"大心脏"，增强他们的自我免疫力、抗压能力、解决问题的能力，扫清他们成长道路上的重重障碍。作为教育者，我们更应该把眼光放得长远一些，可能有些选择在当下并不是很好，甚至要付出一定的代价，但是这段经历对孩子的未来起着重要的作用，最终会成为个人成长的"财富"。

主题 5
心有多大，舞台就有多大

"心有多大，舞台就有多大"，指的是人生要有更高的目标、梦想、追求，是一种鼓励人们积极拓展自己的思维和视野的理念。作为教育者，要教育学生树立远大的理想、崇高的追求。俄国作家列夫托尔斯泰说："理想是指路明灯，没有理想就没有坚定的方向；没有方向，就没有生活。"理想指向未来，是我们在学业成就、未来职业、道德人格、家庭生活等方面追求的目标，代表着对生命的一种期盼，反映了我们对学习生活的积极态度。"心有多大，舞台就有多大"昭示我们，学生的成就往往取决于他们的雄心壮志和决心，而非外部环境。那么，如何扩大学生的"心"和"舞台"呢？

一、大胆同梦想握手

鲁迅先生说过，"伟大的成绩和心酸的劳动是成正比的，有一份劳动就有一份收获，日积月累，从少到多，奇迹就可以创造出来"。引导学生树立积极、高远的志向是教师的职责所在，我们的教育要使学生眼中有光，迈开前行的脚步，坚定到达最美的远方。如果学生不敢面对挑战，不敢放下眼前的舒适和安逸，终究无法得到永久的幸福。一旦学生给自己设限，摆烂躺平，他的人生可能就会黯然失色。唯有破除心灵的樊篱，一步步走出自我的小天地，去开拓人生的大舞台，他们才能活得出彩。

诺贝尔奖获得者居里夫人在演讲时说："人类需要梦想家。"因为梦想，她从一个因家庭贫困而被迫辍学的小姑娘，经过刻苦学习，最终以第一名的成绩毕业于巴黎大学物理系。因为梦想，她从实验室外的观望者变成开发放射性理论、发现新元素、获得诺贝尔奖的伟大科学家。如果教师希望学生成长为一个真正优秀的人，那就要引导学生拥有梦想，在学生心中种下榜样的力量，让榜样的力量引领他们前行。要相信学生始终有勇气同梦想握手，百折不挠的性格也会在这个过程中得到锻炼。

要给孩子立标杆，树榜样是一个非常有效的方法，因为榜样的力量无穷。

法国足球队有一个非常厉害的小伙子叫姆巴佩，当年只有18岁，被所有媒体疯狂报道：打败了C罗，送走了梅西，一人独进两球，带领法国队获得世界杯冠军。姆巴佩为什么才18岁就获得了这么大的成就？原来，姆巴佩从小的偶像就是C罗，对C罗崇拜得不得了，卧室的床上、墙上全是C罗的照片；因为喜欢C罗，所以喜欢足球，去踢足球，后来进了国家队，再到后来成为职业运动员。姆巴佩说，没有C罗对"我"的影响，就没有"我"的今天。

姆巴佩的成功，得益于多个榜样力量的引领。所以，一定要给孩子立标杆、树榜样，唯有榜样可让孩子一往无前。每个人小的时候都有自己的梦想，我们经常被问到："长大后，你的理想是什么？"那时候，我们基本上是受心中榜样、偶像的影响的，因为崇拜周总理，他的理想是做能为人民服务的人；因为崇拜爱因斯坦，他的理想是做个科学家；因为崇拜雷锋，他的理想是做个解放军战士；因为崇拜自己的老师，他的理想是做个人民教师……但是，到了初中、高中就很少有人这样问了，问得最多的是你的理想是考哪个学校。很多梦想随着时间烟消云散了，走着走着就渐行渐远了。或许我们还有梦想，但不是所有人都有实现梦想的勇气。

在现实的教育中，教师要通过各种形式教给孩子人生的道理，其中梦想教育非常关键。梦想的存在能够给人希望，支撑孩子的成长。每一个孩子都需要梦想，那么教师、家长要做的就是不限制孩子追梦，让他有机会自由地去探索、去追求。

二、放飞学生的创新思维

培养学生的思维能力是一个重要的教育目标，也是实现学生在更大舞台上发展的关键。我们常常在思维中设定界限，认为自己无法达到某个目标或做某件事情。这种自我设限会限制学生的行动和成长。因此，要有意识地拒绝设定界限，相信自己的能力和潜力。为此，教师要引导学生进行思考，让他们从不同的角度看待问题，开拓学生的思维，提高解决问题的能力；还要注重培养学生的批判性思维和独立思考能力，让他们成为具有创新精神和创造力的未来人才。

1. 创造开放式问题，鼓励学生质疑

教师可以使用开放式问题来引导学生思考，这些问题的答案可能因人而异，但能鼓励他们积极思考并尝试不同的解决方案，并给予学生充分的思考时间。例如，"如果这个问题是另一种情况会怎么样"，或者"你有什么不同的想法来解决这个问题"。让学生提出自己的疑问是培养思维的重要方式。教师可以通过提供适当的引导和帮助，鼓励学生自主探索和发现问题的答案，培养他们的自主学习能力和解决问题的能力。教师也可以通过鼓励学生对教材、作业或课堂内容提出疑问，让他们主动思考并寻找答案。

2. 创设开放的问题情境，引导学生思考

教师可以为学生创设与实际生活相关的情境，让他们通过角色扮演或问题解决等方式进行思考和探索。这样的情境有助于激发他们的学习兴趣和动力，促进他们的思维发展。教师可以通过设置具有启发性的问题情境，引导学生思考和探索，帮助他们从多个角度思考问题，培养他们的思维能力和创造力。

3. 组织讨论和辩论，培养批判性思维

批判性思维是一种重要的思维能力，它可以帮助学生在面对问题时进行独立思考和分析。并不是教师所讲的话就是真理，教师也不要害怕自己的权威受到挑战，可以在课堂上组织讨论和辩论，鼓励学生质疑，表达自己的观点和想法，并与其他同学进行交流和讨论。这样的活动可以激发他们的思维活跃性，培养他们的批判性思维和沟通能力。

4. 注重实践和体验，开拓学生的视野

实践和体验是培养思维的重要方式。教师可以通过生动有趣的教学内容、多样化的教学手段和互动性的课堂氛围，激发学生的好奇心和求知欲，引导他们主动参与学习过程。教师可以通过组织实践活动或项目，让学生在实际操作中发现问题、解决问题，从而提高他们的思维能力。

三、让失败成为成长的阶梯

每天迈出一小步，学生就会离梦想越来越近，梦想也会像灯塔一样照亮学生前进的路。要鼓励学生相信自己的能力和潜力，不要害怕挑战和失败，要勇于接受挑战并付诸行动，帮助他们走向更美好的人生。

1. 换一种角度看待失败

任何伟大的创新背后，往往伴随着无数次的尝试与失败。特斯拉和 SpaceX

创始人埃隆·马斯克曾精辟地指出："失败是创新的必要组成部分，如果你害怕失败，那么你就不会成功。"这句话深深地揭示了人性对于风险与成功的本质认知，以及在追求创新道路上应持有的态度，也就是通常所说的"失败是成功之母"。在当前的社会环境下，随着全球化和技术革新的加速推进，竞争越发激烈，创新的重要性日益凸显。在此背景下，我们不仅要培养学生敢于创新的精神，更要树立正确的成败观，即不怕失败，敢于尝试，让失败成为人生成长的阶梯。

2. 提供"脚手架"式的帮助

不论是教师还是学生，都需要在试错中成长。如果我们眼光长远，不再执拗于一时的错误，把失败当成进步的阶梯，就更容易从中汲取经验、及时调整。所以，只是转换了看待失败的角度还不够，我们还要给学生适当的帮助，提供必要物资、教给一定方法、大说一声鼓励，让他们像爬梯子一样，爬坡过坎，一点点提高。很多时候学生一下子还达不到自己的预期目标，甚至相差甚远，这可能与学生的认知有关，也可能与学生的能力有关，还可能与做事的方法有关，等等。如果我们理解了，就会更好地接纳，接纳了就会更好地帮助。

3. 学习是实现逆袭的关键

学生要摆脱失败，走向成功，需要学习，需要改变。首先，需要学会从失败中吸取教训。失败并不可怕，可怕的是重复错误。应该分析失败的原因，找出问题所在，然后采取措施改进。其次，需要学会适应变化。在这个快速发展的世界中，需要不断学习新知识和技能。成功往往需要长时间的积累和努力，只有持之以恒，才能收获成功的果实。通过不断学习和努力，才可以提升自己的能力，改变自己的命运。正如美国著名作家本杰明·富兰克林所说："唯有痛苦才能带来教益。"用学习来化解痛苦，实现从失败到成功的逆袭。

"心有多大，舞台就有多大"。让梦想成为学生一生的动力，激励学生奋发向前。当学生怀揣着心宽广如大海的理念，无惧困难，积极追求梦想，就会展现出自己的才华和潜力。相信自己的能力，坚持不懈地追逐梦想，即使在逆境中也能坚持并超越自我。只要心怀梦想，勇敢追逐，舞台就会无限辽阔，为他们的人生带来更多的可能性；只有拥有一颗心，宽广如大海，才能真正体验到人生的精彩与壮丽。

专题三

让每个学生都各美其美

通过构建多元化、包容性的学习环境，提供多样化的教育资源和课程，关注学生的心理和情感发展，争取社会各界的合作和支持，为学生创造一个自由、平等、公正的教育环境，让他们在这个环境中各美其美、自由成长、充分发展，最终实现自己的价值和梦想。

让每个学生都各美其美，这不仅是教育的核心理念，也是推动社会进步的重要力量。在现代教育背景下，如何让学生能够在多元化、包容性的环境中充分发挥自己的潜能，实现自我价值，已成为教育者和社会各界共同关注的重要课题。

让每个学生各美其美，这无疑是一个美好得令人憧憬的愿景，但同时也是一项极具挑战性的艰巨任务。要达成这一目标，绝非一人之力可为，需要教育工作者以及整个社会携手共进、齐心协力。比如在营造多元化、包容性学习环境方面，学校可以组织各类文化交流活动，让不同背景的学生分享各自独特的文化，增进彼此理解；提供丰富多样的教育资源与课程也至关重要，涵盖艺术、科学、体育等多个领域，满足学生不同兴趣；关注学生心理及情感发展，意味着配备专业心理辅导老师，及时化解学生内心困扰。

当我们强化社会各界的协作与支撑，就能为学生打造一个自由、平等、公正的教育空间。在这样的空间里，学生如同茁壮成长的幼苗，能够自由舒展、充分发展，最终达成自身价值与梦想。唯有如此，我们才能够切实推动教育公平，促进教育多元化发展，为社会源源不断地输送多元人才，进而稳步推动社会迈向更高层次的进步。

主题1

让光亮照进生命

　　"光亮"代表着一种积极向上、充满希望和活力的心理状态。它让学生在面对困难和挑战时能够保持冷静和理智，用更加乐观、坚韧不拔的精神去应对生活中的种种问题。一个拥有"光亮"的学生，不仅能在学业上取得好的成绩，更能在社交、情感以及未来职业发展方面展现出更加出色的能力。因此，我们需要从多个方面入手，全面关注学生的心理健康，让"光亮"真正照进他们的生命。

一、积极心理对学生的成长极其重要

　　学生积极心理的重要性不容忽视，它对于学生的健康成长和全面发展具有深远的影响。积极心理不仅有助于塑造学生健康积极的人格品质，还能增强学生的心理韧性，开发他们的智慧潜能。

1. 积极心理有助于塑造学生健康积极的人格品质

　　学生时期是人格形成的关键时期，积极心理能够引导学生正确地看待自己和他人，树立积极向上的价值观。通过积极心理学的教育和引导，学生可以更加自信地面对困难和挑战，以乐观的心态去应对生活中的种种压力。同时，积极心理还有助于培养学生的合作精神和社会适应能力，使他们能够更好地融入社会，与他人建立良好的关系。这种健康积极的人格品质将成为学生未来发展的重要基石，让他们在各种情境中都能够自信、坚定地面对挑战。

2. 积极心理有助于增强学生的心理韧性

在学生的成长过程中，难免会遇到各种困难和挫折。面对这些挑战时，拥有积极心理的学生能够更好地调整心态，勇敢地面对问题并寻求解决方法。他们不容易被困境所打败，而且能够从中汲取经验教训，不断提升自己的心理韧性。这种心理韧性不仅能够帮助学生渡过眼前的困难，还能让他们在未来的生活中更加从容地应对各种挑战。

3. 积极心理还有助于开发学生的智慧潜能

在教育过程中，通过激发学生的积极心理，可以让他们更加自信地展现自己的才能和智慧。积极心理能够帮助学生打破负面思维定式，敢于尝试新的方法和思路，从而激发他们内在的创造力和创新能力。同时，积极心理还有助于提高学生的学习效率和学习兴趣，让他们在学习过程中更加积极主动，取得更好的成绩。这种智慧潜能的发挥将为学生未来的学术成就和职业发展奠定坚实的基础。

学生拥有积极心理不仅有助于塑造学生健康积极的人格品质、增强心理韧性、开发智慧潜能，还能够为学生的全面发展提供有力支持。在教育实践中，我们应该充分关注学生的心理健康和积极心理的培养，为他们提供更多的支持和帮助。只有这样，我们才能培养出更多健康、积极、有才华的学生，为社会的进步和发展做出贡献。

二、实际教育案例与心理健康的培养

教育的世界充满无限可能，其中每一个学生都犹如一颗独特的种子，等待被温暖的阳光照耀，茁壮成长。而这道温暖的光，正是心理健康。它不仅是学生成长道路上的指路明灯，更是他们面对困难时的坚实后盾。以下的教育案例及深入分析，将为我们揭示心理健康对学生成长的重要性。

从沉默寡言到勇敢表达

小明是一名性格内向的初中生，总习惯把自己藏在班级的角落。课堂上，他几乎不发言；课间，他也鲜少与同学交流。这样的性格，致使他在集体中显得尤为孤独，仿佛他与这个世界有着一道无形的屏障。他的内心世界对于他人来说是一个未解之谜，这也阻碍了他的个人发展。在一次在心理健康课上，教师设计了一个名为"心声传递"的活动。这个活动鼓励学生通过小组合作，勇敢地将自己的心声分享给他人。一开始，小明对此充满抵触，觉得这是对他的挑战。但在小组成员的耐心鼓励和引导下，他逐渐放下了心中的防备，开始尝试表达自己的想法和感受。

他讲述了自己的成长经历，如何因为害怕被人嘲笑而选择了沉默；他分享了自己的梦想，希望有一天能够站在舞台上，自信地展现自己。他的声音虽然微弱，但却充满了真挚和勇气。这次经历成为小明生命中的转折点，他开始勇敢地表达自己，与同学建立起深厚的友谊。

小明的故事不仅揭示了心理健康教育在培养学生自信心和表达能力方面的重要性，还强调了教育环境的重要性。在一个充满支持、鼓励和理解的环境中，学生能够更加自信地表达自己，进而实现个人成长。因此，教育者需要营造一个包容、和谐的学习氛围，让每个学生都能够勇敢地展现自己，实现自我价值。

让光亮照进学生的生命，关注学生的心理健康，是教育工作的重要一环。通过具体的教育案例和深入分析，我们可以看到心理健康教育在培养学生自信心、表达能力和抗挫能力方面的积极作用。因此，教育者应该注重心理健康教育的实施，创造一个安全、和谐的学习环境，让每个学生都能够在关爱和支持下健康成长，挖掘自身潜力实现自己的梦想。同时，教育者还需要不断学习和探索，以更加科学、有效的方法关注学生的心理健康，为他们的成长保驾护航。

三、培养健康心理的措施和建议

培养学生健康的心理是一项全方位且深入细致的工作，需要从多个方面加以着手，并在长期的教学与日常生活中不断实施和调整。以下是对培养学生健康心理的措施和方法的进一步扩充。

1. 加强心理健康教育课程设置

心理健康教育课程是学生获取心理健康知识和技能的重要途径。学校应将心理健康教育纳入课程体系，开设专门的心理健康教育课程。这些课程应涵盖心理健康的基本概念、心理问题的识别与应对、情绪管理、压力调节、人际交往等多个方面。通过系统的课程学习，学生可以更好地了解心理问题产生的原因、表现和应对方法，提高自我认知和自我调节能力。

2. 开展丰富多彩的心理健康教育活动

除了课堂教学，学校还可以通过开展各种形式的心理健康教育活动来增强学生的心理健康意识。例如，可以组织心理健康讲座，邀请心理学专家为学生普及心理健康知识；举办心理剧表演，让学生通过角色扮演来感受和理解不同的心理情境；开展心理拓展训练，帮助学生提高自我认知和团队合作能力。这些活动可以让学生在轻松愉快的氛围中体验、感悟和成长，进一步提高他们的心理健康水平。

3. 加强师生沟通

师生之间的有效沟通是培养学生健康心理的关键。教师应加强与学生的沟通，了解他们的心理需求和困惑，及时给予指导和帮助。同时，教师应注重自身心理素质的提升，以良好的心态和言行影响学生。例如，在日常教学中，教师可以多与学生互动，鼓励他们表达自己的想法和情感，为他们创造一个健康、愉快的学习环境。

4. 培养学生的健康心理需要多方面的努力和配合

学校应建立健全心理健康教育体系、加强心理健康教育课程设置、开展丰富多彩的心理健康教育活动、建立心理健康档案、加强师生沟通、营造积极向上的校园文化氛围以及与家庭教育配合等。同时，还需要社会各方面的支持和参与，共同为青少年的健康成长贡献力量。

光亮不仅代表着知识和技能，更代表着希望、信念和勇气。当我们为学生点亮心中的那盏灯，他们便能在人生的道路上勇往直前，面对挑战和困难时保持坚定的信念。因此，教育工作者应当承担起这一神圣使命，用关爱、智慧和激情点燃学生的生命之光。相信每一个学生都能在生命的道路上找到属于自己的那束光，绽放出属于他们的光彩。

主题 2
在学生心灵里成长

以人为本，把学生的发展成长放在首位，以学生自由、充分、全面、和谐地发展作为学校教育基本的价值取向。教育教学的一切出发点都是为了学生，为了一切学生，为了学生的一切，以此为出发点和终点目标，建立起一种和谐的师生关系，让每个学生都能找到属于自己的成长道路，从而体会到教育的美妙，实现学生个体价值与社会价值的统一。

一、让"润心"和"育人"紧密结合

俗话说，养树养根，养人养心。"以心灵唤醒心灵，以心灵滋润心灵"的教育，就像滋润心田的及时雨，让学生感受到温暖和安宁。而"教育之道，道在心灵"则强调要把握住教育的本质，让学生在追求高品质的同时，也能够从"以心灵唤醒心灵，以心灵滋润心灵"中获得精神上的满足。

根据学生的心理发展规律，以及他们的个体差异需求，教师应尊重他们的内心体验，并将"润心"和"育人"紧密结合，营造出一种育心氛围，帮助他们用纯净的心灵去感知生活，激发他们的积极情绪，让教育绽放出智慧的花朵，培养他们的心灵，让他们在这片美丽的土地上成长。主要从构建和谐的师生关系、亲子关系、家校社关系三个方面为抓手来开展。

1. 构建和谐的师生关系

教育者应该以真诚的心态来关怀学生，深入了解他们的心理，并且关注他们当下的情况和需求。因此，我们建立了全员育人导师制度，让每个人都能够发挥自己的作用，以高素质的专业技能和人文修养共同探索学生的需求，用智慧指导他们的心灵健康成长，从而更好地完成立德树人、润心育人的新使命。

学生也要积极参与到心灵成长的过程中：

学校采取了四人小组制，每个班级4人组成一个小组，由值日班长每天对小组的整体表现进行评估，并在小组内部进行交流总结，以加强小组间的竞争性和合作精神。学生在这个过程中逐渐学会独立思考问题，勇于表现自己，善于合作探究。通过参与活动，学生不仅可以激发思维，还可以进行心理交流，深入了解彼此的内心世界，激发他们积极构建自己的成长环境的潜力。

2. 构建和谐的亲子关系

家长是学生心灵成长的第一位教师，家长应该参与学生的教育过程，提供关爱与支持，通过自身合理的言行举止潜移默化地影响孩子。家庭是学生成长的重要场所，家长应该尽其所能让学生感受到家庭的温暖和安全感。与孩子建立亲密的亲子关系，关心他们的外在和心理状态，帮助他们解决困难。家长应营造一种积极向上、和谐融洽的家庭氛围，让孩子在轻松愉快的氛围中健康成长。

3. 构建和谐的家校社关系

家校共育合作为"在学生心灵里成长"提供了重要支持。学校应该营造一种爱党爱国、积极向上、学生各美其美的氛围，让学生感受到成长与进步的快乐和价值。社会也应为学生的心灵发展提供丰富的教育资源和实践机会。家长应该给予学生心理上的支持，以促进他们在道德、智力、身体和精神方面的全面成长。

"在学生心灵里成长"是一个综合性的过程，需要教育者、学生、学校、家长和社会共同努力。通过建立三种和谐的人际关系，我们为学生的心理健康提供一个有利的环境。在这个过程中，学生也培养出了如何创造一个有利于他们心理成长的良好环境的能力。我们才能真正地培养出具有健全人格、独立思考能力和社会责任感的各美其美的青少年。

二、每一个学生都会发出独特的光芒

每一个学生都有自己独特的才华和潜力，他们就像一颗颗独特的星星，各自发出不同的光芒。这些光芒可能在学习成绩、艺术天赋、领导能力、创新思维、体育技能等方面展现出来。

作为教育工作者，教师的任务之一就是发现并培养这些"独特的光芒"。教师要为学生提供多样化的学习和发展机会，让他们能够展现自己的特长和兴趣。同时，教师也要鼓励学生探索未知领域，尝试新事物，从而激发他们的潜力。

赞美学生并不仅仅是对他们已有成就的肯定，更是对他们未来可能性的期许。当教师赞美学生时，也是在告诉他们：你们每个人都是独一无二的，你们的价值不仅仅在于你们的成绩或表现，更在于你们自己的独特性和潜力。

当我第一次踏足农村，成为一名初中教师，负责教七年级4班。当我走入学校时，眼前的景象令人震惊：桌椅乱糟糟的，"见面礼"的书页被撕得粉碎，学生不仅把说脏话当成了正经事，还把自己的行为当作不尊敬的表现，比如殴斗、恶搞、侮辱别人，等等。9月底的运动会，当别的班的孩子们欢呼雀跃，而"七（4）七（4），倒数第一"的"起跑线"却被一群来自本班的孩子们打破，这让我这位新任教师感受到了极大的压力。因此，第三天的课堂，虽然我的嗓音已经变得嘶哑，但仍然无法用语言来形容此时的心情。

深入学生的内心，将会成为提升整个团队凝聚力的第一个关键点。我决定参加音乐课，和孩子们一起学习节奏感和合唱。在体育课上，我和他们一起做运动并玩游戏。在美术课上，我与他们讨论颜色和线条的搭配方式。在班会上，我还向他们讲述了游戏中的英雄人物的真实故事。随着时间的推移，孩子们对我的认知越来越深入，他们认为我拥有超凡的知识和技能，并且对我的潜力充满好奇。因此，许多孩子都乐于主动和我交谈，相处的气氛也变得越来越融洽。

在建立起充满融洽的氛围之后，我决定把"太阳花班"作为班级的标志，就像《太阳花》里所描述的那样，即使它看上去并不华美，它仍旧能够在恶劣的环境下坚持生存。在我的努力下，两个月后的拔河比赛开始时，全班53名学生都聚集在一起，为比赛加油助威。当决赛进入白热化阶段时，操场上响起一阵激昂的口号："七（4）七（4），历史性的第一！"……

三、帮助学生实现心灵的成长

学生心灵的成长是一个长期而复杂的过程。该怎样帮助学生实现心灵的成长呢？

1. 用爱去感化学生的心灵

"教育是植根于爱的。"教育的成功之道在于如何用爱心来培养孩子。作为教师，我们需要建立一座沟通的桥梁，以便让孩子感受到我们的爱和期望。鲁迅先生曾经说过："爱是教育的基础。""动之以情，晓之以理。"致力于通过关怀、温暖和情感来激发学生的潜能，让他们在心灵上得到成长和改变。我们希望通过我们的努力，能够打开学生的心门，让他们真正感受到我们的爱。

2. 用宽容来鼓励学生上进

如果学生能够从教师的言谈举止中感受到真挚的宽容，他们将会竭尽全力地爱护自己，并且以最佳的方式回馈教师。特别是对于那些被认为有缺陷的学生，教师应该给予更多的关怀、支持和宽容。转化问题学生的工作艰苦细致，但能成功转化一个问题生是我们做教育者最大的幸福。教育者应该关注学生的兴趣、特长和潜能，给予学生更多唤醒、赏识和引导，鼓励他们积极参与各种活动，挑战自我，激发学生的内在动力，培养他们的自信心和自主能力。

3. 用努力来成就自我发展

学生应该在参加活动和小组合作中培养独立思考的能力，勇于探究创新，不盲从他人，锻炼自己的批判性思维和创新精神。学生应该学会关注自己的内心世界，扪心自问，倾听内心的情感和需求，通过反思、冥想等方式，培养自我认知和自我调节的能力。学生有责任去培养和谐的社交环境，并且要懂得如何去尊敬、支持和关爱别人。通过参与校内外的团队活动、志愿服务等方式，激发学生心灵深处的合作精神和创建和谐社会的责任感。

4. 用环境来塑造学生成长

作为一部深刻而又宝贵的词典，责任心与爱心对于我们来说至关重要。而学校则是这一词典的核心，它不仅是一个传授知识的地方，更能为学生创造一个充实的环境，以便他们能够从中获得更大的收获，并且能够体验到成功的喜悦与自我实现的喜悦。

在学生心灵的成长过程中，需要教育者、学生和环境等多方面的共同参与，形成教育合力帮助学生实现心灵的健康成长。作为教育者，我们要不忘初心，牢记使命。中小学生的内心是充满活力的，只要我们用正面、积极、勤奋的种子去播撒，就能让"大树"的种子发芽，长出茂密的枝叶，最终实现"大树"的梦想。我们要做好他们心灵健康成长的引路人，对待学生做到眼里有光、心中有爱，用爱心和耐心去关爱学生，用智慧去管理学生，善于发现学生的闪光点——让每个学生各美其美，静待他们冲破泥土，向阳而生。

主题 3
帮助学生找到可以"伟大"之处

"优点"，对学生来说是沙漠中的绿洲，是夜航中的明灯，帮助学生找优点是为学生树立信心，点亮明灯。詹姆士曾指出："人类最强烈的渴望是被认可，这是人类本质中最深层次的需求。"教育的美好就是帮助学生找到可以"伟大"之处——把学生心中最美好的东西唤醒，能够各美其美。

一、以欣赏的眼光看待每一个学生

"尺有所短，寸有所长。""扬长教育"旨在帮助学生发掘自身的优势，以欣赏的眼光去发掘他们的潜能，并且激发他们内心深处的自信和自强意识，让他们在"伟大"中发挥自身的潜力，从而提升学生的整体素质。尽管"山重水复疑无路，柳暗花明又一村"的细节可能很微小，但如果能够恰当地使用，它就可以激发学生的自信，唤醒他们内心深处沉睡已久的潜力，为教育带来全新的可能性。

1. 找到学生的优点，发扬 "伟大" 之处

教育要 "以人为本"，就是要求教师给予学生尊重、爱护和信任。在教学中，教师要给予学生充分的关爱和关注，采用 "多点激励" 的原则，对学生进行有效欣赏，挖掘他们身上的闪光点，激发学生内在的学习动力，让学生在欣赏的环境下自主学习、自觉学习，从而提升学生的核心素养，促使学生进步。每个学生都有自己的优点和长处，教师要学会用放大镜发现学生身上的 "伟大" 之处，多表扬、激励学生，让他们发现自身的优点，增强自信心，进而促进个性发展。

2. 运用欣赏教育，实施分层教学

分层教学法可以让教学目标适应学生的现状，从而使教学更有针对性。在实施分层教学方法时，教师可以运用欣赏教育法为学生提供激励机制，以提高教学效率。一是在分层教学法中运用欣赏教育，教师必须充分了解每个学生的真实情况，包括他们的性格、知识能力等，然后才能找到激励的方法。二是为了有效促进教育质量和学习效率，教师还可以设计多项班级荣誉称号，对学生进行激励，以提高学生的学习动机，丰富教育形式。

3. 借助榜样作用，实施激励效力

教师运用欣赏教育法可以借助榜样的力量，以起到一定的激励作用，并鼓励学生形成良好的学习技能。其一，教师应该以自己的行为来树立榜样，成为学生的良师益友，激发他们的学习热情，让他们更加积极地投入学习中。其二，教师还可以在学生中寻找榜样，这样既能增加学生的学习动机，又能让学生更直接地受到激励。其三，充分发挥课本中英雄模范人物的榜样作用，引导学生学习他们

的优秀品质和高尚情操。欣赏教育中借助榜样，不仅可以引导学生的思想教育，促进其学习进步，还可以起到良好的激励作用，最终达到促进学生共同进步的教育目的。

二、每一个学生都渴望被看到

每个学生都渴望被看到、被理解、被认可。他们希望自己的存在感和价值感得到重视，希望自己的努力和成就被看见。对于学生来说，被看到不仅是被注意到，更是一种被理解、被接纳和被尊重的感觉。当他们感到被看到时，他们会感到被关心和支持，这会给他们带来安全感和满足感。

作为教育者，我们应该努力看到每个学生独特的闪光点，去认可他们的努力和成就，去鼓励他们追求自己的梦想。我们应该创造一个积极、支持性的环境，让学生感到自己的存在是有价值的，自己的努力是被看得见的。同时，我们也应该教会学生如何看到自己，如何认识自己的优点和不足，如何接纳自己的不完美。这样一来，他们才能真正地感受到自己的存在感和价值感，从而自信地面对人生的挑战。

在我的教学生涯中，"三字男生"是一个令人印象深刻的话题。当我提出问题和讨论时，学生的回答总是简单明了："不知道""不晓得""不明白"……

当"三字男生"的学生拒绝上课、不完成作业、不称呼老师、不愿与人交流时，我感到非常困惑。正当我陷入绝望的时候，突然有一个想法浮现：让几个孩子悄悄地探索"三字男生"的优势，并帮助他们发现"伟大"的潜力。不久之后，一个学生首先发现"三字男生"的优点，并且悄悄地向我透露，"三字男生"对网络技术非常熟悉，实际上是"游戏达人"的延伸。

因此，当我在制作课件或者在使用计算机电子白板时遇到技术问题时，"三字男生"便会提供帮助。他的表现出色，让我和学生们都十分欣赏。

"三字男生"在班上的地位越来越高，他的性格也变得更加开朗活泼，而且对学习也更加热情洋溢。更让我惊讶的是，"三字男生"竟然能够自觉地完成古诗文背诵。

"原来，这就是赏识教育的力量！""三字男生"的"伟大"给予了我一次重新审视"伟大"的机会。这次改变，使我第一次真正意识到，赞扬的力量无穷无尽，它激发着我对一个人抱有更多的关注和期待。

每个学生都渴望被看到，我们应该尽力去满足他们的这种渴望，让他们感到被关心、被理解、被尊重。这将有助于他们建立积极的自我认知，成为更加自信、自主、有创造力的人。只有通过对别人的肯定和认同，才能够激发出一种源源不断的动力，去追求更高层次的成长和进步。

三、赏识是教育最大的力量

教师是学生的领路人和人格榜样，可以帮助学生找到"伟大"之处，这要求教师必须与学生建立正面的关系，不能将学习成绩当作师生关系的唯一要素，并且要对学生出现的正面行为予以肯定和奖励。

1. 建立师生正面关系，强化学生的正面行为

教师要多元化地看待学生，应该关注每个学生的优点，无论是学习方面还是生活方面，让学生感受到自己的优点得到认可和鼓励，从而激发他们的自信心和积极性。

教师应该对学生的正面行为进行及时的激励和奖励，如学生课堂表现良好时予以肯定或突发事件予以及时正面的评价并引导，让学生明确知道哪些行为是被认可和鼓励的，从而促进学生逐渐形成积极、向上的行为习惯。教师应该与学生

建立富有亲和力的关系，让学生感受到教师是一个愿意倾听、关注和帮助他们的人，从而增强学生的安全感和归属感，促进学生的主动参与和积极表现。教师应该为学生树立榜样。教师要以积极的态度、耐心和真诚的心态与学生交流互动，让学生愿意并主动接受教师的指导和帮助。

2. 通过集体活动，挖掘学生的优点

班级是一个集体，每个学生都有其特点和优点。通过参加集体活动，学生不仅能够感受到团队协作的重要性，还能发现自己的长处。教师在管理过程中要充分了解学生的个性、兴趣爱好、性格特征以及与其他学生之间的差别，并根据不同情况因材施教，使之成为全面发展的人，这样才能更好地完成教书育人工作。教师应该通过开展有益的活动，鼓励学生发挥自身的特长和创造力，参与学校的各种比赛和活动，从而通过获得成功的经验和成就感，积极主动地投入学习和生活。在一些集体活动中，可以让学生根据自己的特点和优点负责某些任务。在分组后可以将学生的特点、技能进行相互了解和交流，让他们分享自己的优点和特长，然后合作完成任务。这样可以激发学生的团队合作精神，而且可以让他们更深刻地了解自己和他人的优点，从而使赏识教育拥有奖励和赞美的着力点。

3. 经营学生的长处，放大学生的优点

在教学活动中，要发挥评价的激励功能，让学生"放大"优点。给学生一个真诚的微笑、一句激励的话语，就能给学生以信心，给学生以无穷的力量，学生会因此不断地努力，直至成功。教师应该充分发挥每个学生的潜能，重视每个学生的特色，鼓励他们的每一次进步，认可他们的探索与实践，而非仅依靠考试分数来评判他们的表现。应该积极利用各种机遇，帮助学生发掘潜能，提升他们的核心竞争力。通过激励和奖赏，学生可以培养出良好的语言表述技巧。例如，通过一次优秀的阅读体验，可以激起他们对阅读的热爱；通过一次优秀的作品，可以提升他们的阅读理解和表现。同时，通过奖赏和激励，可以激励他们拥抱挑

战，并且可以提高他们的阅读理解和表现。经营学生的长处，让每个学生都感受到成长的快乐。通过发掘学生的优点，我们可以更好地理解他们的内心世界，并在班级这片土地上培养出优秀的人才。

卡耐基先生早已指出，在一个普遍的观念下，80%的个体具备显著的潜力和能力，但也存在一定的不足之处，其占比仅为20%。改变缺点不能带来成功，发挥优点才可能促进成功。我们应该尊重、理解和欣赏学生的优点，并帮助他们找到"伟大"中的优势，让他们的优点像鲜花一样绽放在校园里，成为他们健康成长的原动力。

主题 4
为教育注入新的积极元素

人民对美好生活的向往，是我们的奋斗目标。教育是美好生活的第一要务，对美好教育的追求，是教育发展的动力源泉。怎样满足人民对美好教育的追求？根本途径在于全面深化教育改革，实现教育治理的现代化，激发每所学校的活力，发挥社会力量的作用，把全社会的智力资源和财力资源源源不断地引入教育，让教育更有活力。

一、为教育注入积极的新质生产力

教育的先导性，决定了其创新发展不可能是一个短期的目标，而是一个长期的过程。创新已是当今世界国家竞争的核心，教育的创新发展就是要激发教育活力，为教育发展注入新的元素、新的动能，只有不断发展新质教育生产力，才能培养更多服务于创新型国家建设的人才，才能为中华民族的伟大复兴发挥关键的支撑作用。如何为教育注入更加积极的新质生产力？

1. 破解教育资源分配不均问题

教育资源分配不均表现在以下三个方面。首先，城乡之间的教育资源差距明显。在很多地区，城市学校往往拥有更好的师资力量、教学设施和教育资源，而农村学校则相对落后。这种差距导致城乡学生在教育机会上的不平等，致使农村学生难以获得优质的教育资源。其次，不同社会经济背景的学生之间也存在教育资源分配不均的问题。这种不平等不仅限制了贫困学生的发展潜力，也加剧了社会阶层固化的问题。最后，解决教育资源分配不均的问题还需要重视教育公平和教育的全面发展。

2. 缓解学生学习压力过大的困境

面对繁重的学习任务和各种考试压力，学生背负巨大的精神负担，许多学生甚至出现焦虑、抑郁等心理问题。这不仅影响了他们的身心健康，也阻碍了他们的全面发展。为了缓解学生的学习压力，我们需要从多个方面入手。首先，学校和家长应该树立正确的教育理念，关注学生的全面发展和个性特点，不要过分追求高分和升学率。其次，学生自身也需要学会调整心态，积极面对学习压力。可以通过参加各种兴趣小组、运动队、社会实践等活动，丰富自己的生活，培养自己的兴趣爱好，增强自信心和抗压能力。此外，学生还可以寻求心理教师的帮助，通过心理咨询和治疗来减轻心理压力和焦虑情绪。

3. 弥补创新能力培养不足的短板

缺乏有效的创新培养机制，这会导致学生缺乏创新的机会和资源，无法充分发挥自己的创新潜力。因此，需要加强师生、家校、校社之间的交流与合作，促进创新思维和知识的共享。总之，创新能力培养不足是一个普遍存在的问题，需要学校高度重视。只有通过建立起开放的文化环境和完善的创新培养机制，才能充分激发学生的创新潜力，推动组织的创新发展。

二、重塑教育模式与学生成长的新路径

全球化、数字化、网络化强化了全球的互联和相互制衡，世界充满了不确定性、模糊性、复杂性和多变性。因信息化革命和人工智能，社会行为和规范，包括人们的学习和生活方式、社会形态等发生颠覆性变化，会诱发各类范式革命及社会转型或重塑，全球教育也迎来了一个重塑的时代。如何捕捉机遇？如何重塑教育模式与学生成长的新路径？

1. 实施创新教育方法和手段

创新教育方法和手段需要注重学生的个性化需求。每个学生都有自己独特的学习方式和兴趣爱好，教育者应该根据不同学生的特点，采用不同的教育方法和手段。创新教育方法和手段在当今的教育领域中扮演着越来越重要的角色。为了满足学生的个性化需求，教育者必须不断尝试新的教学策略和工具，如开展项目式学习。项目式学习是一种以学生为中心的教学方法，它鼓励学生通过实际操作和解决问题来获取知识。在这种模式下，学生可以根据自己的兴趣和特长选择适合自己的项目，并在教师的指导下进行深入研究。这种个性化的学习方式不仅满足了学生的个性化需求，还培养了他们的创新能力和团队合作精神。

创新教育方法和手段需要注重学生的个性化需求。通过智能学习平台、项目式学习和混合式教学等方式，可以为学生提供更加个性化、高效和有趣的学习体验。这将有助于培养学生的创新精神和实践能力，为他们的未来发展奠定坚实的基础。

2. 加强学生的心理健康教育和辅导

加强学生心理健康教育和辅导要从多个方面入手，以形成全方位的心理健康

支持体系。首先，重视心理健康课程的设置。学校可以在课程表中专门安排心理健康课程，指定学校专职心理教师来授课。课程涵盖情绪管理、压力应对、人际关系处理等方面的内容，帮助学生建立正确的心理观念，提升自我认知和自我调节能力。其次，加强心理健康辅导的个性化，应该根据学生的个体差异进行个性化定制。再次，营造积极的校园文化氛围也是加强学生心理健康教育和辅导的重要途径。学校通过举办心理健康讲座、心理剧表演、心理健康周等活动，营造积极向上的校园文化氛围，让学生感受到关爱和支持。最后，家校携手，共同关注学生的心理健康问题，形成家校共育的良好局面。

3. 拓展学生的实践能力和社会经验

学校可以加强实践教学环节，将理论知识与实践相结合。例如，学校以"传承红色基因，实施爱国教育"为主线，开设红色政治课程，结合实践活动，一是开展主题队日活动，组织学生前往烈士墓地，听教师讲述革命烈士的英雄事迹，引导学生铭记历史，继承先烈革命传统。二是组织学生到红色廉政文化教育展馆接受"四史"教育，引导学生的情感认同，培养家国情怀。三是开展红色印记的主题教育研学活动，走进德日建筑群爱国主义教育基地，在耳濡目染中共忆峥嵘岁月，在行动中思考历史、寻找真理，汲取奋进力量。

此外，学生还可以通过参加各种竞赛、比赛等活动，提高自己的实践能力和综合素质。这些活动不仅可以锻炼学生的专业技能，还可以培养学生的团队合作、创新思维和解决问题的能力。通过不断的参与和实践，学生可以不断提高自己的综合素质，为未来的职业生涯做好充分的准备。

三、为教育注入新的积极元素的实际策略

1. 教师角色的转换与提升

现代教育观念强调学生的主体性和参与度，教师的角色也需要相应地发生变

化。从传统的知识传授者转变为学生的引导者，意味着教师不再是单方面地灌输知识，而是引导学生主动探索、发现和思考。在这个过程中，教师需要具备丰富的学科知识和灵活的教学方法，以激发学生的学习兴趣和思维能力。同时，教师还需要成为学生的促进者，关注学生的个性发展和学习需求。此外，教师还需要与学生建立合作伙伴关系，共同参与教育活动。

2. 课程体系重构与创新，对现有的课程进行全面的梳理和分析

通过对课程的设置、内容、教学方法等方面进行深入的研究，对课程进行有针对性的调整和优化，使其更加符合现代教育的需求。同时，我们也需要鼓励学生发挥创新精神，积极参与课程的学习和实践，从而培养他们的创新能力和实践能力。应密切关注社会的需求和变化，及时调整课程的内容和方向。通过与企业、社区等机构的合作，可以更好地了解社会的需求，同时也为学生提供更多的实践机会和职业发展路径。

3. 学生评价方式的变革与完善

每个学生都是独一无二的个体，他们具有不同的兴趣爱好、学习方式和才能特点。应该充分考虑到学生的个体差异，注重个性化的评价，以便更好地激发学生的潜能和特长。注重过程性评价，关注学生在学习过程中的表现、进步和反思，以便更好地指导学生的学习和发展。建立科学的评价体系。科学的评价体系应该具有客观性、公正性和可操作性，能够全面、准确地评价学生的综合素质和能力。

为了实现教育目标并注入新的积极元素，需要从多个方面入手，包括教师角色转换与提升、课程体系重构与创新以及学生评价方式的变革与完善。只有这样，我们才能更好地适应现代教育的发展需求，培养出更多具有创新精神和实践能力的人才，为社会的进步和发展做出更大的贡献。

主题 5

让成绩多些温度

孩子只有分数，赢不了未来的大考。让幼儿园的孩子养成整理东西的习惯，远比早识字重要；让孩子多读书，远比做阅读理解题重要。教育要有态度，更要有"温度"。基于人性之上的教育，必须有温度，必须用富有温度的教育温暖教育的天空，温暖孩子的成长，温暖他们未来的人生。

一、更加理性地对待成绩评价的现状

1. 什么是传统成绩评价方式

成绩评价在教育领域中一直是一个备受关注的话题。它不仅是衡量学生学习成果的重要手段，也是评估教师教学效果的重要依据。然而，传统的成绩评价方式往往只关注学生的分数和排名，忽略了学生在学习过程中的表现和发展。这种评价方式不仅容易让学生产生挫败感，也难以真实反映学生的实际能力。随着教育理念的不断更新，越来越多的教育工作者开始关注成绩评价的问题，开始尝试采用更加全面、科学的评价方式来评估学生的学习成果。比如，通过课堂表现、作业完成情况、小组合作、学校活动参与程度等来综合评估学生的表现，这样不仅可以更加全面地了解学生的学习情况，也能更好地激发学生的学习动力和积极性。

成绩评价需要关注学生的学习过程和进步。传统成绩的评价方式关注学生的成绩，注重学习的成果。学生的成长是一个长期的过程，不能仅通过一次考试的成绩来评判他们的表现。因此，评价者需要关注学生在学习过程中的变化和进

步，多角度、多维度地进行过程性评价，并且给予学生及时的反馈和指导，帮助他们更好地发挥自己的潜力。

2. 传统成绩评价方式对学生成长的影响

（1）传统成绩评价方式影响学生的综合素质和创新能力的提高

传统成绩评价方式的缺陷已经逐渐暴露出来，它过于注重学生的分数和排名，而忽略了学生在其他方面的发展。这种评价方式容易导致学生产生功利心态，追求高分而忽视了对知识的掌握和应用能力的培养。在学生的培养上，我们应该注重学生的全面发展，不仅关注他们的分数和排名，还要考虑他们在创新能力、团队协作能力、沟通表达能力等方面的表现。这样可以更好地评价学生的综合素质和能力。

（2）传统成绩评价方式缺乏个性化和灵活性

传统评价方式采用成绩评价的方式，具备"一刀切"的特点，无法充分反映学生的特点和优势。成绩评价需要考虑到不同学生的特点和需求，不同的学生有不同的学习方式和兴趣爱好，评价方式也应该因人而异。我们应该尊重学生的差异，为他们提供不同的评价标准和方式。例如，对于语文成绩较差的学生，可以更多地关注他们在课堂上的表现和口头表达能力；对于数学成绩优秀的学生，则可以更加注重他们在解决复杂问题时的思维能力和创新能力。同样，对于某些学生来说，成绩不够突出，但实践能力和动手能力却比较强；而对于另一些学生来说，理论知识的掌握和应用能力则更加关键。

（3）传统成绩评价方式影响学生的心理健康

在教育的广阔天地中，成绩评价犹如一根指针，它指引着学生的学习方向，也反映出教师的教学成果。然而，当我们深入探讨这个话题时，不禁发现传统的成绩评价方式在某些方面已经显得捉襟见肘。它过于倚重单调的数字和刻板的排名，关注数字、数据和标准化测试，而忽视了对学生个性、情感和潜能的关注。这种过于机械化的评价方式如同冰冷的机器，缺乏人文关怀的温度，致使部分学生出现了心理问题。

二、探索新的考试评价方式

考试与评价改革是新一轮基础教育课程改革的重要内容之一，探索新的考试与评价方式，促进学生的全面发展，实现课程改革的目标，是值得探讨和研究的问题。

1. 重视学生的个性化差异，实行差异化评价

实行差异化评价，是现代教育评价理念的重要组成部分。实施差异化评价，是重视学生个性化评价，是根据学生的特点和需求制定不同的评价标准和方式。强调根据学生的个性、兴趣、能力和学习需求，采用不同的评价方法和标准，以更全面地反映学生的综合素质和发展潜力。

在某小学五年级的数学教学中，数学教师发现学生的数学水平存在较大差异。有的学生对基础知识掌握得很好，能够迅速完成课堂练习；而有的学生则基础薄弱，对于新知识理解较慢，常常无法跟上教学进度。

针对这种情况，数学教师采用个性化评价和差异化评价的策略，这种方法可以更好地满足学生的学习需求。首先，数学教师根据学生的数学水平和学习特点，将学生分为不同的层次。对于基础较好的学生，数学教师会设置更高层次的数学题目，以挑战他们的思维能力和解题技巧，做到能力的提升和拔高。同时，数学教师还会关注这些学生的创新思维和解决问题的能力，给予他们更多的自主探索和发现的机会。对于基础薄弱的学生，数学教师则会采取更多的个别辅导和课堂讲解，帮助他们逐步掌握基础知识。同时，数学教师还会通过多元化的评价方式，如作业展示、小组合作等，激励学生的学习兴趣和自信心。这些评价方式不仅关注学生的数学成绩，还注重学生的合作能力、表达能力等综合素质的提高，促进了学生的全面发展。此方法提升了学生的合作能力、表达能力等方面的素养。

2. 强化评价过程中的人文关怀

注重学生在学习过程中的表现和发展，注重他们的学习态度、方法、进度等方面。通过观察学生在课堂上的互动、参与度以及他们在小组合作中的表现等，以便更全面地评价学生的学习状态。如以下案例：

在一所中学，正在读初三的小王成绩中等，他腼腆、内向、低落，常常自己待在一个角落里，很难被教师注意到。面对小王，班主任郭老师不再只是看学生的成绩，忽略了孩子的其他方面，而是开始尝试一种全新的评价方式——将学生的成绩与他们的学习过程、态度和努力相结合，更加关注学生在学习过程中的表现，以及他们为了取得好成绩所付出的努力。

通过这种方式，郭老师发现，学生的成绩不再是冷冰冰的数字，而是充满了温度。郭老师反复找小王沟通谈话，细致观察他在校的学习生活，并且鼓励他主动交流，表扬他努力、认真、细致、心思细腻等优点。于是小王开始打开内心，有困难时主动寻求帮助，积极和教师探讨问题。郭老师评价学生不再是单纯地看学生的成绩，无视孩子的其他方面，在评价过程中，也看到了小王为了一道难题而反复尝试的坚持，看到了他在小组讨论中的积极参与，看到了他在课后主动寻求帮助的决心。这些都被郭老师纳入评价的范围之内，使得评价成绩更加全面、真实、充满人文关怀。

当把成绩与学生的学习过程、态度和努力相结合时，成绩就不再只是冷冰冰的数字，而是充满了温度和情感，也让教育更加贴近人心。

3. 加强家长、教师和学生之间的沟通

家长、教师、学生之间的沟通，不仅能增强学生的学习动力，还能帮助教师更准确地评估学生的学习水平和能力。

发现教育的美好

在某所小学，有一个班级以其出色的家校合作和学生成绩而闻名。这个班级的班主任王老师深知，家长、教师和学生之间的有效沟通是班级成功的关键，是提高学生成绩的必要手段。因此，她积极采取措施，加强三者之间的沟通，营造了一个和谐、积极向上的学习氛围。

首先，王老师定期举办家长会，邀请家长到学校与教师面对面交流。让家长能够更好地了解学生在学校的学习和生活情况，同时也能为班级的发展出谋划策。其次，王老师利用现代科技手段，建立了班级微信群和在线学习平台，教师们可以及时发布通知、分享学习资源和教学心得，家长也能方便地查看学生的作业情况和学习进度。此外，王老师还鼓励学生与家长共同参与课外活动，如户外拓展、文艺表演等。这不仅增强了学生的团队合作精神和综合素质，也让家长有机会近距离了解学生的成长和进步。

三、让学生的成绩更有温度

评价的改变，会让学生在学习过程中展现出更多的积极性和创造力，激发他们主动寻求学习机会，乐于与他人交流合作，对未来充满信心。这一切的变化，都缘于评价方式的改革和人文关怀的加强。这也让我们深刻地认识到了成绩温度化的重要性。当成绩不再是冷冰冰的数字，而是融入了学生的学习过程、态度和努力时，它就具有了温度和情感。这样的成绩不仅能够真实地反映学生的能力水平，还能够激发学生的学习动力和创造力。

学校、家庭和社会各界都应该关注成绩评价问题，推动评价方式的改革。在评价过程中，应该更加注重人文关怀的重要性，关注学生的全面发展，而不仅仅是单一的学业成绩。同时，也应该加强家长、教师和学生之间的沟通，建立有效的沟通渠道，共同推动学生的成长和发展。

让我们共同努力，让教育更加贴近人心，让成绩充满温度和情感。相信在这样的教育理念下，我们的学生将会更加自信、阳光、全面发展，为我们的社会和国家贡献更多的力量。

专题四

好关系就是好教育

教育的本质是人影响人、人感染人的『关系』过程。良好的师生关系是教育的出发点，能让学生情感上认同、心灵上依赖、精神上乐于亲近，从而实现师生心灵的共振，有利于调动学生学习的积极性和创造性，有利于形成轻松愉悦的教学气氛，提高教学的质量。

从其本质而言，教育绝非简单的知识单向传输，而是一个复杂且充满温情的人影响人、人感染人的"关系"构建过程。在这一过程中，教师与学生并非孤立的个体，而是相互交织、相互作用的存在。

良好的师生关系，宛如稳固的基石，承载着教育这座大厦的重量。当师生之间建立起这样积极的关系，奇妙的变化便会悄然发生。在情感层面，学生能真切地感受到教师的关怀与尊重，从而达成对教师的认同；在心灵深处，教师的引导与陪伴让学生产生依赖，这份依赖成为学生探索知识海洋的勇气源泉；在精神维度，师生因共同的追求和价值观而乐于亲近，彼此分享思想与感悟。由此，师生心灵实现同频共振，恰似琴瑟和鸣，和谐而美妙。

这种积极的师生关系，具有极为显著的益处。对于学生而言，能够充分激发他们学习的积极性与创造性。学生不再将学习视为枯燥的任务，而是在教师的鼓励下，主动去挖掘知识的乐趣，大胆地提出疑问、探索未知。在课堂上，积极的师生关系营造出轻松愉悦的教学氛围，欢声笑语与思维碰撞的火花交织在一起。教师能够更加顺畅地传授知识，学生也能更高效地吸收，最终对提升教学质量产生极大的推动作用，让教育真正发挥出塑造灵魂、启迪智慧的力量。

主题 1
好关系就是好教育

"亲其师，信其道。"良好的师生关系是教育的出发点，学校是建构良好关系的场所，如果将教育比喻成一棵参天大树，那么好的关系就是这棵大树的根，根稳固，则枝叶繁茂。因此，做好教育工作这篇"大文章"，必须固本培元，建立良好的师生关系。

一、良好的师生关系是促进教育发展的良方

师生关系不仅深刻地影响教师的工作态度和行为，增强教师工作的效能感和工作满意度，而且影响着学生的学习行为和学习结果。进一步来讲，甚至还会对学生正确三观的形成产生重要而深远的影响。如果师生之间能够建立良好的师生关系，那么学生就能从教师的一言一行中感受到教师对自己的认可、支持与理解，从而放下抵触的心态和不良的情绪，主动走出狭小的自我圈子，积极地接受教师的教育教导，并对教师的付出心生感恩之情，愿意袒露心扉，与教师进行心与心的沟通，进而发生灵魂与灵魂的碰撞。能够真正实现"一朵云推动另一朵云，一个灵魂唤醒另一个灵魂"。而这段良好的师生关系也会对学生以后的学生生涯与人生旅程产生广泛而深远的影响。

建立一段良好的师生关系受诸多因素的影响，主要集中在以下三个方面：一是教师的专业水平和教育理念，教师对青少年身心发展的规律认识是否深刻；二是学生受性格、家庭教育的影响，个性上有着不同的差异；三是特殊家庭问题导

致部分学生出现心理障碍，也会影响师生关系。

如何才能建立好的师生关系呢？首先，一段好的师生关系的建立需要教师投入充沛的教育热情，教师和学生在课堂教学与课外活动中要彼此坦诚相待、主动交往，以充足的信任感来加持。尤为重要的是，教师要学会合理、有效地调节情绪，我们常提醒家长不要把外界情绪带回家，教师也应不把生活中的烦恼带到学校。教师作为成熟的成年人和施教者，要懂得调节情绪。在与学生交往的过程中，要保持谦和、理性，处理事情公正客观，不迁怒别人。心平气和地解决班级事务，和学生一起"好好过日子"。

二、用真心和爱陪伴种子扎根、萌芽和开花

学生信任、敬佩教师，教师关爱学生，成为学生的"引路人"，教师对学生好习惯的培养和积极向上价值取向的引领才会真正实现。冰心说："世界上没有一朵鲜花不美丽，没有一个孩子不可爱。"作为一名教师，要始终坚信每粒种子都能化成美好的春天，要投入极高的教育热情去尽心、尽力地培养良好的师生关系，用真心和爱陪伴种子扎根、萌芽、开花。

2016 年的盛夏，王老师怀揣着一颗激情澎湃的心开启了教师职业生涯，同时也担任起班主任的工作。初来乍到，比起教学，学生的教育问题最为困扰他。

有天早上，王老师正忙着批改作业，突然响起急促的喊叫声："王老师，小苏和班长打起来了！"他疾步赶到教室。一进教室，就看到小苏两手握拳，满脸冷漠地站在那里，任课教师站在小苏旁边在向他说着什么，班长捂着脸站在一边，满脸的愤怒和委屈。通过了解，王老师终于弄清了事情的原委：小苏在今天语文默写检测时偷偷翻书，但教师没发现还表扬了他进步较大，但是班长却和语文教师说他偷抄。一下课两个人就因为这件事发生了冲突。

谈话时，小苏一再地告诉王老师：他默写时，确实有翻开书，但没有偷抄。当然，王老师明确地跟他说：因为他的行为，可能会让同学们误会，他应该用自己的实力，而不是暴力重新赢回信任，这种做法不仅不能证明自己，还会破坏同学间的感情。

温情可以暖化内心，家访后王老师和小苏的距离更近了。小苏看王老师的眼神也不像以前一样冷冰冰的，时常还会在课间时来到王老师身边，跟王老师分享他最近读过的书。

三、用心做一名良好师生关系的建立者

好的师生关系是良师益友、民主平等、教学相长、心理相容。好关系的建立对教师提出了更高的要求，需要教师以爱育爱，用自己的人格魅力感染学生，同时教师要有过硬的专业素养、丰富的管理经验、巧妙灵活的教育方法、正确的三观以及独特的人格魅力，其中最重要的是对待学生的一颗真心。

在良好的师生关系中，教师和学生在人格上是平等的，在交流中是民主的，在相处中是和谐的，在情感上亲近、悦纳。教师要做一个令学生信服的人，与学生一起探讨探索知识的方法，润物无声地引导学生学会学习、学会思考、学会创造性解决问题，并致力于不断自我突破。良好的师生关系应是一种师生共同感受世界、体验生活的关系，是言传身教、教学相长、共同分享和进步的关系，是相互发现、相互促进的关系，具有民主、专业、发展的特点。良好的师生关系要注重民主。教师不仅要利用自己的知识、技能和阅历为学生的成长服务，更重要的是建立平等民主的师生关系，平等接纳、情感融洽、互助合作，形成教育与成长的合力。

苏霍姆林斯基曾说："教师的责任首先在于发现并扶正学生心灵土壤中的每一株幼苗，让它不断壮大，最后排挤掉自己缺点的杂草。"好的师生关系有助于教师充分发现学生心灵本来就有的善良的萌芽，顺应他们的本性，并使善良越发

凸显。教师拥有一双善于发现的眼睛，就能挖掘学生的闪光点，自然就会有许多意外的收获。依据学生的闪光点确立明确而长远的育人目标，从而推动教育向纵深方向发展。师生关系是学校教育教学活动中最基础的人际关系，在很大程度上影响着教育质量、教学效果、课堂氛围、教师教的状态以及学生学的状态等。师生之间的距离拉近了，自然能更了解学生，融入情感，用真情打动学生的心灵，建立并激活师生之间的情感纽带，回归到教育的本质，回归到"人"的教育。捕捉每一个教育契机，目光落到每一位学生身上，把关心投注到每一位学生身上，一个鼓励的眼神，一句关心的话语，都会给学生带来不同的感受。

教育的效果与师生关系的状况如何有着最为直接的关系，好关系就是好教育。因此，在教育教学过程中，一定要建立良好的师生关系。教师作为良好师生关系的建立者、主导者，要提高职业道德素养，以平等为基础，尊重、理解、信任学生，让师生关系的建立成为教师生涯中的重要课题。

主题 2

深切地理解学生

自新课标颁布以来，教育改革不断走向深处，学生作为教育的主体，地位越来越重要。深切地理解学生，不仅是对学生个体差异的尊重，更是教育活动中人文关怀的体现。

一、深切地理解学生的内涵

1. 理解学生的个体差异

理解学生的个体差异是教育过程中的一项基本而关键的任务。深切地理解学生，首先要认识到每个学生都是独一无二的，他们拥有不同的背景、兴趣、才能、学习方式和发展速度。这种差异不仅体现在学生的认知能力上，还包括他们的情感、动机、社会交往等多个方面。

学生的个体差异源于多个方面，包括遗传因素、家庭环境、社会文化背景、教育经历等。这些因素的共同作用，使学生具有独特性。例如，先天性基因的不同可能影响学生的智力、性格和兴趣爱好；家庭环境和社会背景甚至自然环境则塑造了学生的价值观、信念和学习习惯；而学生所接受的教育经历、教师的教育教学将直接关系学生的知识储备和学习方法。

在 2024 年两会中，全国人大代表，长沙市雅礼中学党委副书记、校长王旭在采访中讲道："孩子之间没有差距，只有差异。让喜欢射箭的孩子射箭，让喜欢下棋的孩子下棋，尊重差异，相信孩子，激发每一个孩子的天赋、潜能和梦想，才能鼓舞每一个孩子的希望。"因此，理解学生的个体差异对于教师和学生的发展至关重要。

2. 理解学生的情感需求

理解学生的情感需求是教育工作中不可或缺的一部分。情感是学生个体发展的重要驱动力，对学生的认知、学习、行为和心理健康等方面都有着深远的影响。

什么是理解？简单来讲就是换位思考。人本主义心理学的发起者之一卡尔·罗杰斯说：理解力是指体验别人内心世界的能力，体会他人的内心世界，犹如自己的内心世界一般。作为教师，很难以学生的处境去感受学校的学习生活，无法与学生感同身受、"同病相怜"。因此，理解学生并不一定必须有与学生相同的体验，我们试着从学生的角度来考虑问题，这就是所谓的换位思考。

教师作为一个心智成熟的个体，并且经历过学生时代，一般来讲很容易理解学生的所思所想所求。所以教师应该积极与学生进行情感沟通，倾听学生的心声，关心他们的情感体验，提供必要的支持和安慰，体现对学生的尊重、理解和包容，建立起良好的互信关系，深入了解学生的内心世界和需求。学生只有在一个充满宽容、尊重和关爱的学习环境中，才能充分发展自己的潜力，获得全面的成长。

因此，要深切地理解学生，需要关注学生的情感变化和需求，提供情感支持和引导，帮助学生建立积极的情感态度和健全的人格，以促进学生的全面发展。

3. 洞察学生的发展潜力

洞察学生的发展潜力是教育过程中的一项重要任务，它要求教师不仅关注学生的当前表现，还要深入了解学生的潜能和未来可能达到的高度。

作为教师，应该注意观察学生对不同活动和学科的反应，从而发现他们的兴趣和热情所在，这些兴趣和热情往往是学生发展潜力的指示器，可以为他们未来的学习和职业发展提供方向。我们可以通过课堂表现、作业、测试和项目等多种方式，评价学生在不同领域的能力和技能水平，这些评价不仅有助于了解学生的当前状态，还可以预测他们在未来可能达到的高度。

此外，可以鼓励学生尝试新的活动和学科，探索未知的领域，这种尝试和探索有助于学生发现自己的潜力和兴趣，同时也可以培养他们的适应能力和创新能力。深切地理解学生，要求教育者用发展的眼光看待学生，发现并激活学生的潜能，促进其全面发展。

二、深切地理解学生的意义

1. 构建和谐师生关系

师生关系直接影响着教育教学质量和学生的成长发展。深切理解学生，意味着教师能够尊重学生的人格和差异，包容他们的缺点和不足，以平等、公正的态度对待每一个学生，由此更易获得学生的信任和尊重，从而建立起一种和谐、亲密的师生关系。在和谐的师生关系中，学生更愿意向教师请教问题，分享心事，教师也能更有效地对学生进行指导和帮助，形成良性的教育互动。

2. 提升教育质量

深切理解学生是提升教育质量的基础。教育不仅是传道授业解惑，更重要的是培养学生的思维能力、创新精神和人文价值。理解学生意味着了解他们的学习需求、兴趣爱好和认知特点，从而能够因材施教，设计出更符合学生实际情况的教学方案。通过多样化的教学形式和内容，激发学生的兴趣，提高他们的效率，进而提升教育质量。

3. 促进学生的全面发展

学生的全面发展是现代教育的核心目标之一。深切理解学生，不仅要关注学生的知识水平，还要关心他们的身心健康、情感态度和社交能力。教师应该通过观察、交流和评估，全面了解学生的各方面情况，为他们提供多样化的学习机会和发展空间。这样一来，学生才能在知识、技能、情感、态度等多个方面得到全面的提升，成为既有知识又有品德和能力的现代公民。

三、深切地理解学生的实现路径

深切地理解学生是教育工作的核心要求，也是教育人文关怀的重要体现。通过班级教师会、观察与交流、倾听与共情，以及持续反思与调整等路径，教育者可以逐步实现对学生的深切理解，进而提升教育质量，促进学生的全面发展。

1. 班级教师会：集体智慧的碰撞

在实践这一理念的过程中，班级教师会是一个不可或缺的平台。通过定期的会议，教师可以共同讨论学生的学习进度、行为表现和心理状态，从而更全面地了解每一个学生。这样的集体讨论不仅能够帮助教师发现可能忽略的问题，还能够促进教师之间的合作，更加深刻全面地了解学生，形成教育合力。此外，班级教师会还是教师交流教育方法和策略的重要场所，有助于提升教师队伍的整体素质。

2. 观察与交流：行为背后的故事与心灵的对话

观察是理解学生的重要手段。学生的言行举止往往能反映出他们的情绪状态、学习困难和社交技能。教师应该具备敏锐的观察力，通过细致入微的观察，发现学生行为背后的原因和需求，从而及时调整教学策略，提供必要的帮助。

有效的交流是建立师生信任关系的桥梁。教师应该创造轻松的氛围，鼓励学生表达自己的想法和感受。在交流中，教师要耐心倾听，避免过早打断或评判，以真正了解学生的内心世界。通过交流，教师可以更好地把握学生的兴趣、能力和动机，为个性化教育奠定基础。

3. 倾听与共情：留意"沉默的声音"

倾听是一种艺术，也是教育中的一项重要技能。很多时候，学生的问题和困惑并不总是通过语言直接表达出来的。他们可以通过沉默、犹豫或微妙的非言语信号传达信息。教师需要学会倾听这些"沉默的声音"，捕捉那些容易被忽视的细节，以更全面地理解学生。

倾听与共情是建立良好师生关系的基础。当学生感受到自己被理解和尊重时，他们更有可能开放自己的心灵，分享内心深处的想法和困惑。因此，教育者需要培养自己的共情能力，设身处地地理解学生的处境和感受。当学生遇到困难或挫折时，一位善解人意的教师可以提供及时的支持和帮助，这对学生的健康成长至关重要。

深入理解学生是一个长期而复杂的过程，需要教师的耐心、细心和智慧。通过观察与交流、倾听与共情等多样化的形式和方法，我们可以更加贴近学生的心灵，为他们的成长提供最有力的支持。这一过程既富有挑战性又充满成就感，它要求教育者不断地学习和成长，以便更好地满足学生的教育需求。同时，这也是一个充满人文关怀的过程，它让教育不仅是知识的传递，还是心灵的交流和生命的成长。让我们共同努力，创造一个更加和谐、包容和有爱的教育环境。

主题 3
师生之间彼此和谐、相互成全

随着时代的发展，传统的教师角色和知识的传授模式已经不能适应教育的需要，学生不再盲目地唯师是从，也开始有自己的思考，会反驳教师的观点，会据理力争。面对教育的新形式，师生之间应该如何相处成为当务之急。戴圣在《礼记》中提出："学然后知不足，教然后知困。知不足，然后能自反也，知困，然后能自强也。故曰：教学相长也。"教学，是师生双方在教与学的过程中，相互交流，相互沟通，相互启发。从中不难理解，良好的师生关系不是安详恭敬，也不是无微不至，而是彼此和谐相互成全。

一、以尊重促进师生彼此的和谐

1. 尊重与喜爱

苏霍姆林斯基提出："教育成功的秘密在于尊重学生。"教师要尊重学生的个体差异，不区别对待学生；要尊重学生的兴趣和意愿，给予他们发挥的空间。教师的尊重可以赢得学生的喜爱，"亲其师，信其道"，学生的情感是影响教学效果的主要因素之一。面对自己喜爱的教师时，学生的课堂状态是精神饱满、热情高昂的；与教师的关系也不再是"猫鼠关系"，而是亦师亦友。尊重收获喜爱，喜爱激励学习，最终互相成就。

2. 沟通与合作

沟通不仅是信息的直接交换，更是心灵的间接碰撞。"如果学生不愿意把自己的欢乐和痛苦告诉老师，不愿意与老师开诚相见，那么谈论任何教育总归都是可笑的，任何教育都是不可能的。"这是教育家苏霍姆林斯基对教师的忠告。教师在和学生进行语言沟通时要遵循"言之有理、持之有据"的原则，切忌废话连篇、逻辑混乱。师生之间加强有效沟通，有助于拉近彼此的距离，增进师生之间的情感，学会换位思考，加强合作与配合，从而实现共赢。

3. 宽容与理解

雨果说过：世界上最宽阔的是海洋，比海洋更宽阔的是天空，比天空更宽阔的是人的胸怀。作为教师，应该用宽容之心对待学生，学生难免会粗心、犯错，宽容不是庇护与放纵，也不是无视与放弃，而是给他们自我反省与改正的机会，有时宽容引起的道德震撼比惩罚更强烈。正所谓：宽容别人就是在善待自己，教师在宽容学生的同时也会获得学生的理解，达到事半功倍的效果。

二、用交流架起师生关系的桥梁

交流是建立和维护良好师生关系的关键要素，它可以架起一座坚实的桥梁，连接教师和学生，促进双方的理解和合作。

1. 建立信任

信任是一切关系的基础，包括师生关系。教师应该通过言行一致、公正公平、关心学生等方式来赢得学生的信任。同时，学生也应该尊重教师的专业知识和经验，愿意向教师敞开心扉。教师应该保持开放的心态，接纳学生的不同意见和观点。这有助于建立一个安全、宽松的学习环境，鼓励学生自由表达自己的想法，促进师生之间的深入交流。

2. 积极倾听

教师应该积极倾听学生的想法和感受，不打断、不评判，而是给予他们足够的空间和时间去表达自己的观点。学生也应该愿意分享自己的想法和感受，与教师进行深入的对话。通过认真倾听，教师可以更好地理解学生的需求、困惑和期望，从而向他们提供更加有针对性的指导和帮助。

3. 明确沟通

在交流过程中，教师应该使用清晰、明确的语言表达自己的意图和要求，避免使用模糊或含糊不清的表达方式，这有助于减少误解和冲突，提高交流的有效性。学生也应该在理解教师的要求后，给予明确的反馈和回应。

4. 尊重差异

每个学生都是独一无二的个体，他们有着不同的背景、兴趣和能力。教师应该尊重这些差异，提供个性化的指导和帮助。学生也应该理解并尊重教师的专业知识和经验，愿意向教师学习。

三、用真情促进师生的情感

1. 情感投入是基础

情感投入是建立和谐师生关系的基础。只有教师与学生之间的氛围是和谐融洽的，才可能将教育效果发挥到极致。师生之间情感的建立需要教师扮演好多重角色，既要做传道授业解惑的教师，又要扮演好"管如严父，爱如慈母，亲如朋友"的三重角色，在学生遇到不同情况的时候发挥不同角色的作用。比如，学生因为成绩气馁的时候，教师应扮演慈母的角色，给予学生关心和安慰；学生违背学校规章制度时，教师就要扮演严父的角色，对他进行批评和教育；学生面对青春期的迷茫时，教师又要像朋友一样学会倾听和出谋划策。不同角色的转化，实际就是以心换心、以诚对诚，学生会感受到教师浓厚的爱意，教师也会收获学生的崇敬之情。

2. 有效沟通是关键

有效的沟通是师生相互成全的关键。沟通是心灵的桥梁，师生通过良好的沟通，可以更好地理解彼此。而有效的沟通始于倾听，敬于真诚，终于理解。首先听是有效沟通的桥梁。学会倾听学生的想法，就是走进学生的心灵。在倾听中寻找合适的教育方式；教师要"蹲下身子"，与学生平视，从学生的角度去看待问题，学会与学生商量，共同商讨最适合的方法；学会倾听，要积极回应学生，让学生真正感受到重视和尊重。教师在与学生沟通时要做到耐心引导，真诚对待，让每一个学生都能勇敢大胆地表达自己。要换位思考，当学生犯错时，第一时间不是批评和教育，而是先思考一下他为什么这么做，如果是我会怎么做，再与学生进行沟通，让他讲述这样做的缘由，并以此为契机进行教育。换位思考，不是为了给学生开脱，而是为了寻求最好的方案去解决问题，将心比心更容易沟通，也更能互相理解。

3. 尊重理解是根本

尊重理解是师生相互成全的根本。教育学强调尊师爱生，尊师与爱生是相互促进的两个方面。教师通过对学生的尊重和关爱换取学生发自内心的尊敬与信任，而学生对教师的尊重与信任又会激励教师努力工作，不断完善自己，积极主动地为学生营造良好的学习环境。教师对学生的尊重理解可以转化为学生的内在动力，学生对教师产生深深的认同感，从而建立和谐的师生关系，互相成就最好的彼此。

好的教育，就是师生之间的相互成全。师生同在教育的沃野里自由成长，和谐相处，彼此成全，各自成为最好的自己，收获各自的魅力人生，这就是教育的大美。

主题 4
尊重学生独立的"江湖"

什么是江湖？有人的地方就叫江湖。每个人都有一个属于自己的"江湖"，在这个"江湖"里，你会有自己的定位，有自己的规矩，也会有自己的习惯。站在不同的角度，你可以赋予它任何含义。从学生的角度来说，"江湖"是个性、是灵性，更是本性。

一、尊重学生独立的个性差异

尊重学生独立的"江湖"就是尊重学生独立的个性。个性是独属于自己的精神面貌或心理面貌，是一个事物区别于其他事物的个体差异。不同的学生来自不同的家庭，不同的经历造就学生不同的个性。因此，没有任何一套标准可以适用在所有学生身上，教师更不能要求所有的学生做到完全统一。

例如，做题时，大多数学生习惯按照顺序进行，但也有个别同学喜欢反向操作，从最后一题开始；讲课时，有的学生边听边记，也有的学生先听后记。无论是哪一种，教师都不能对其行为进行评价，他们没有是非对错之分，正如教育心理学强调：学生是独特的人，每个学生都有自身的独特性，都有属于自己的个性。这种个性可能是区别于传统的特立独行，也可能是行为怪异，还可能是对待同一事件与众不同的见解。所以教师在教育学生时不能简单粗暴地强制统一，要注重培养学生的主观能动性，尊重学生独立的个性，因材施教，促进学生的全面发展。

二、尊重学生独立的灵性、本性

1. 学会尊重学生独立的灵性

灵性的本意是指人天生的智慧和聪明才智，教育上强调的灵性更多的是学生的灵动与睿智，是思维的开创与探索。马克思强调：教育绝非单纯的文化传递，教育之为教育，正是在于它是一种人格心灵的唤醒。唤醒什么？唤醒学生生命中的灵性，这种灵性可能表现在课堂上的"刨根问底"，也可能是对学校某一规章制度的质疑，无论是什么，对于学生灵性的展现，教师切忌批评制止，应该给予尊重和引导，将其合理转化为学习的推动力。因为灵性不仅有助于提高认知度，使学生站在更高的层面去思考学习；还有助于激发创造力，帮助学生开阔视野，拥有更深刻的学习体验。尊重学生独立的灵性，让每一个学生都能成为一个有思想、有活力、有创造性的社会接班人。

2. 学会尊重学生独立的本性

人的本性是什么，很难简单的界定，但对于处在生长发育期的青少年学生，他们的本性被公认为：好奇、空想、无穷的求知欲和无限的表现欲。这些本性都是学习生涯中珍贵的思维品质，是发散思维的核心，是创新意识的源泉。教师如果在教学中能尊重学生独立的本性，并加以适当的引导和积极的鼓励，爱惜和重视学生的本性，学生的能力就会取得飞跃式提升，教育也会达成本来的目的。

三、尊重学生独立的"江湖"

1. 立下规矩是前提

《孟子》中强调：没有规矩不成方圆。尊重学生独立的"江湖"并不意味着放任不管，"江湖"本身就存在"正邪"两股势力，如果没有足够的约束力，就会引起"腥风血雨"。苏联教育家马卡连柯说："假如你们的孩子仅仅受到实现自己愿望的训练，而没有受到克制那种愿望的训练，他是不会有最大的意志的。"处于青春期的学生如果没有规矩的约束，完全遵循自然的发展可能会变得叛逆、易怒、暴力、无底线，所以教师不能放任学生野蛮生长，需要给学生立下明确、细致的规定：思想可以天马行空，但是行为严禁触犯底线，释放天性要以不触犯法律和学校规章制度为前提，要对自己的行为有准确的判断和较强的自控力。一个拥有自控力的学生，他的天性才不会偏离轨道，教师才能尊重和理解。

2. 鼓励允许是关键

在学生独立的"江湖"里，教师不是主宰一切的王者，只是自己人生的配角和观众，学生需要教师发挥的作用是给予鼓励、赞美、保护和支持。

第一，鼓励学生自我表达。每个学生都有自己独特的看法，教师不能因为与自己的要求不相符就盲目否定，从而扼杀学生的天性。教师要鼓励学生分享自己的观点，给予学生足够的时间和空间，表达自己对某一事物的看法，不管是一道题、一首诗还是学习中的任何一件事，都要让他们畅所欲言。学生的表达既能释放自己的个性，又能让教师了解学生的特性，这样才有助于因材施教，促进学生发展。

第二，允许学生大胆试错。学生天生就有求知欲和探索欲，这种欲望经常会随着教育的进行而逐渐减弱，直至消失。因为教师在教育学生时经常强调的是：

这个不要出错；那个不能做、不允许、不行，学生总是接收到否定的信息，久而久之就会认为自己不具备探索的能力，所以会逐渐麻木。教师需要给学生一个安全稳定的试错空间，让学生可以通过自己的大脑去思考为什么不行；用自己的双手去证明为什么错误。只有自己亲自感受过、实践过，他才会竭力避免。正所谓：读万卷书，不如行万里路。所以，允许学生大胆地去试错吧，让他们在自己的"江湖"里尽情驰骋。

第三，正确引导是根本。正所谓：教育不是管理，是引导和示范。教师是学生学习的促进者，在课堂教学中学生自动生成的问题是独立思考的体现，也是发散思维的关键，但如果任由学生天马行空地联想，则会适得其反，严重干扰自身的学习效果，所以就需要教师的正确引导，既不能让学生陷入思维怪圈，也不能打击学生深入探究的积极性。教师的正确引导既达成了课堂目标，又推动了学生学习知识，还让学生不被课本知识锁住，去更广阔的天空遨游。

要想打造一个温馨的教育环境，构建良好的师生关系，教师必须做到尊重学生独立的"江湖"，给学生成长的空间，只有在这样的环境下，才能实现教育的真正目标，培养出优秀的人才，推动社会进步与发展。

主题 5

珍惜和学生相处的每分每秒

师生关系的和谐与否，直接影响着教育教学的质量。教育不仅是知识的传递，更是情感的交流、人格的塑造和价值观的培育。在这个过程中，教师和学生之间的关系显得尤为重要。一位优秀的教师，应当懂得珍惜与学生相处的每一刻，因为在这"每一刻"中，都蕴藏着教育的无限可能。

一、师生相处的好关系：筑牢教育的基石

1. 信任与尊重

信任和尊重是良好师生关系的基础。当学生感受到教师的关心和尊重，信任教师时，他们更愿意敞开心扉，分享学习和生活中的想法和感受、疑问和困惑。当教师信任学生时，他们会更倾向于给予学生更多的自主权和责任，将学习、成长的主体回归到学生身上，从而培养学生的独立性和责任感。这种相互信任关系有助于营造一个积极、开放和包容的学习氛围，使师生之间能够真诚地交流、合作与成长。

2. 互动与交流

通过互动与交流，师生之间可以更加了解彼此的想法、观点和需求，激发学生的学习兴趣，促进学生认知的进步和社会交往能力的发展，同时增进彼此的了解，形成良好的师生合力。

3. 共同成长

学生是学习的主体，教师在教育教学中也是不断学习进步的主体，两个不同角度的主体在教育、学习过程中相互学习、相互促进，实现各自的发展目标，实现知识、情感和价值观的升华，增强师生之间的情感联系和信任基础。

二、珍惜每一秒：教育实践中的情感投资

1. 倾听与理解

倾听与理解是建立深厚师生关系的基础。学生不仅需要教师传授知识，更希望教师能听到他们的声音，理解他们的需求和感受。教师在课堂上或课后，都应

留出时间，耐心倾听学生的想法和疑问，以同理心去理解他们的世界。这样不仅能增强学生对教师的信任感，也能帮助教师更精准地满足学生的学习需求。

2. 积极参与

积极参与学生的学习和生活是十分必要的。无论是课堂上的讨论，还是课后的活动，抑或晚自习结束后学生的宿舍生活，教师都应全身心投入，与学生一起探索、一起发现、一起成长。通过积极参与，教师不仅能为学生提供更多的校园学习机会，也能更加深入地走到学生中，与他们建立更紧密的情感联系。

3. 创造有意义的学习体验

教师应该努力创造有意义的学习体验。学习不应该只是枯燥的知识灌输，而应该是充满乐趣和探索的旅程。教师可以通过设计有趣的学习活动，创设贴近生活的应用场景，或者激发学生的创造力和批判思维，让学习变得生动有趣，充满挑战性。例如，设计综合性实践作业、项目化研究作业，或者开展课堂中的问题研讨会、辩论会。在探究与自我展现中迸发思维，释放天性，拉近学生彼此间的关系，增进友谊，静静地关注学生的成长。

4. 给予鼓励和支持

给予鼓励和支持是学生成长过程中不可或缺的力量。教师应该时刻关注学生的成长，及时给予肯定和表扬。当学生遇到困难或挫折时，教师也应该及时给予鼓励和引导，帮助他们建立自信，找到解决问题的途径和方法，更加勇敢地面对问题和挫折，更加勇敢地去追求目标，实现梦想。

5. 记录美好瞬间

记录美好瞬间也是珍惜与学生相处时光的重要方式。学生的成长和进步是转瞬即逝的，教师应该用心记录下那些令人感动的瞬间、那些充满智慧的发言、那些展现勇气的行动。这些记录不仅是教师教育生涯的宝贵财富，也是学生成长历程的珍贵见证。

三、让学生在爱心传递中成长

有一位老教师在退休时写过一篇文章《有多少爱可以重来》：

参加完学校为我举行的退休欢送会，我慢慢地走出会议室的大门，独自一人在校园里漫无目的地溜达。

走进甬道旁边的花园里，这个时节，花草树木一片衰败。梧桐和柳树的叶子已经落尽，光秃秃的枝干在风中呼啸。月季的花朵早已经凋零，残香全无，像一个可怜的老人，瑟瑟发抖。

以前，这里浓阴如盖，郁郁葱葱，阳光调皮地穿过枝叶的缝隙，洒落在地面。花朵五彩斑斓，芳香脉脉，蜂蝶飞舞，追逐嬉戏，一个多么生机盎然的世界啊！

树下的座椅上空空的，三五片枯叶静静地躺在上面。往日，我经常在这里小憩，倾听燕雀醉人的叫声，享受幽林和煦的春风，欣赏书页悦目的文章。如今，这些都成了梦中的影像。

走到操场上，这里空无一人，只有几只喜鹊无忧无虑地飞过。我仿佛又看到了运动会的热闹情景。跑道上，我班的运动员们生龙活虎，你追我赶。跑道外面，学生的呐喊声此起彼伏，都为运动员们加油助威。还记得跳高的同学身轻如燕，潇洒地飞过竹竿。跳远的同学也不甘示弱，从我眼前一跃而过。

回到教室，只有整齐的课桌站在那里，默不作声。钟表嘀嘀嗒嗒地响着，转瞬又把我带回到难忘的课堂上。忘不了给同学们上课的情景，同学们听着精彩的朗诵，看着优美的画面，我们都深深地陶醉了。忘不了我和学生为了一个问题，争论得面红耳赤。忘不了学生上课时叽叽喳喳，被我严厉训斥的情形……过去了，都过去了，我再也不能给他们上课了！我再也不能训斥他们了！

发现教育的美好

最后，我回到办公室，静静地坐下，收拾自己的物品。忽然，我发现了一张卡片，上面签着我们班全体学生的名字，上面是这样写的：老师，您好！我们知道您要退休了，感谢您对我们贴心的关怀，感谢您对我们无私的付出！我们曾经惹您生气，曾经给您起外号，曾经把您的教鞭偷偷藏起来……我们错了！希望您退休后心情愉快，保重身体，不要生气。我们抽时间会去看您！

我眼睛湿润了，趴在桌子上，泪水浸润了带着温情的卡片……

忽然，铃声响了，学生该上课了，我也该离去了。

今朝同砚唱离歌，霜落青丝又奈何。芳岁依依成旧梦，早来迟暮悔蹉跎。

教师的言语中流露着不舍和怀念。读到它的每一个教师虽然无法感触离开讲台时的心情，但是在与学生的接触中，的确感受到他们每天的变化和成长，由此会更加珍惜与出现在自己生命中的学生在一起的每一分每一秒。他们会越来越注重课堂的质量与互动性，将 45 分钟的课堂利用交流、思想碰撞达到教学效果最大化。鼓励学生提出自己的疑问和观点，让课堂成为一个真正的思想碰撞的场所。通过设计小组讨论、角色扮演等多样化的教学活动，让学生在参与中感受学习的乐趣。

教育的道路永无止境。为了更好地珍惜与学生相处的每一分每一秒，教师还需要不断地学习和提升自己的教育理念和教学方法，积极参加各种教育培训和学术研讨会，与同行交流经验和心得。同时，也要关注学生的需求和变化，及时调整自己的教学策略，让教育更加贴近学生的实际需求。

教育不仅是为了传授知识，更是为了培养学生的品格和能力，帮助他们成为有思想、有情感、有责任感的人。在时光的长河中，与学生相处的每一分每一秒都如同璀璨的星辰，照亮了教师前行的道路。这些时光是珍贵的，珍惜与学生相处的每一分每一秒，是教师对学生最真挚的情感投资，也是提高教育质量、促进学生全面发展的关键所在。让我们共同努力，以爱育爱，以心传心，构筑起美好的师生关系和教育未来。

专题五

用灵魂唤醒灵魂

教育就是用生命感动生命：触动学生的生命体验，使他们在情感上得到滋养和成长；影响和感染教师，使教育成为一个相互成长、相互启发的过程。教育也是用灵魂唤醒灵魂：开启学生的精神力量，激发他们的求知欲和创造力；感知和回应教师的精神力量，使教育成为灵魂与灵魂之间的深度交流。

教育，绝非仅仅是知识的传授，它更是一场以生命触动生命的神圣旅程。当教育真正发生，教师如同春风化雨，深入学生的生命体验之中。在每一堂精心准备的课程里，在与学生每一次真诚的交流中，情感的养分缓缓注入学生心田。或是通过一个感人至深的故事，让学生领悟到人性的美好；或是在学生面对挫折时给予的鼓励，滋养其内心的坚韧，助力他们在成长之路上稳步前行。与此同时，学生们独特的视角和蓬勃的朝气，也反作用于教师，影响并感染着教师，让教育不再是单向的输出，而是师生相互启发、携手共进，共同成长的精彩过程。教育，亦是一场用灵魂唤醒灵魂的深刻变革。教师凭借着自身的智慧与热情，去唤醒学生内在潜藏的精神力量。可能是在一次科学实验中，激发了学生对未知世界强烈的求知欲；可能是在一场文学创作中，点燃了学生的创造力之火。而教师并非独自在这条道路上前行，学生们展现出的对知识的渴望、对世界的好奇，同样能让教师敏锐地感知到，并给予积极的回应。如此一来，教育便自然而然地化作灵魂与灵魂之间深度的对话与交流，在这一过程中，师生双方的灵魂都得到了升华，教育的意义也得以淋漓尽致地彰显。

主题 1

开展有灵魂的教育

　　"灵魂"和"教育"之间的关系也是老生常谈的话题了，无论是要"赋教育以灵魂"也好，还是"追求触及灵魂的教育"也罢，细细回想，也到了凡谈教育必提灵魂的程度。我觉得，即便是这个"有灵魂的教育"的话题已经谈论很长时间，但仍不过时。这似乎是一个很有意思的逻辑：为什么这个话题已经这么多年了还没过时，因为这么多年过去了我们仍在谈论它。

　　当我们说出"教师是人类灵魂的工程师"的时候，其实也强调了教师不只是一个单纯的知识传播者，更是人类灵魂的塑造者。

一、以爱心对德育

　　立德树人，这无疑是整个教育过程中的头等大事，即使追根溯源，《说文解字》里也写着："教，上之所施，下之所效，育，养子使作善。"所以教育先育人，育人先育德。而这个育德首先则是"师德"。

　　我们总说教育是"一个灵魂唤醒另一个灵魂"，但慢慢地我们发现似乎忘记说是什么样的灵魂去唤醒什么样的灵魂了。这可能在某些人看来是一句不待蓍龟的话："自然是一个高尚的灵魂去唤醒一个高尚的灵魂。"然而，随着时间的推移，教师队伍的扩大、信息的迅速传播，我们发现，原本是默认每个从事教育行业的人都应该具备的基本要求——"师德"，却因为一些人员在这个方面的缺失，在社会舆论上对整个教师队伍产生了不小的负面影响。在看到那些沸沸扬扬的事件时，我们希望其他教育同人不仅能有对当事人的唾弃和不齿，还有对自身的工作的警醒。

这就是为什么要重新声明师德重要性的原因，教师的一言一行都会潜移默化地影响到学生，无论我们身处何处。也许多年之后，学生不记得你何时教给他那个至关重要的考点，但他永远会记得你最常做的表情、最震撼的言论、最正直的态度。这也就是人们常说的"身正为范"。

我们在这里讨论的"爱心"，包含的内容有很多，并不只是空讲"爱学生"那么简单。这种"爱"是复杂的，有尊重、有信任、有理解。

爱要尊重每一个学生，给学生心理上的平衡。在与学生相处的时间里，我们总会时不时有一种"以成绩论成败"的心理，只要学生成绩优秀，那么就放宽很多其他方面的要求；只要学生成绩稍差，那么就对其在其他方面的优异表现也熟视无睹。将学生的德育和"成绩"挂钩是简单、直接、"一刀切"的表现，其实是没有尊重学生。有着一定工作经验的教师经常会发现，即便是班级中甚至在年级里都数一数二的学生，也不一定就是品学兼优的；即便是班级中甚至在年级里落在后面的学生，也不一定就是一无是处的。我们要在优秀生违反纪律的时候一视同仁，对其教育和训斥；我们也要在不经意的小事里见到普通生闪光之处的时候不偏不倚，对其表扬和夸奖。

爱就是要相信每一位学生，激发学生的学习内驱力。一些教师，特别是班主任，在工作中经常习惯性地大包大揽，事无巨细，然后焦头烂额，身心俱疲，最后还伤心低落："为什么我都做了这么多了学生还是没有改进？"这就是没有信任学生，不认为学生可以作为一个单独的个体完成一项单独的任务。在我看来，这种做法除了感动自己没有任何作用。要信任学生，信任他可以在你有着明确要求和指导意见下独自完成；要信任学生，信任他可以在你提供条件下能独自思考；要信任学生，信任他可以真正地融入课堂；要信任学生，信任他也能对班级和学校的一草一木爱护有加。

爱就是要体谅每一个学生，把学生看作有思考能力的人。每个人在社会中所起的作用是不同的，在人生中所起的作用也是不同的。有活泼开朗的，自然就有沉默寡言的；有大大咧咧的，自然就有羞羞答答的；有小心谨慎的，自然就有调皮捣蛋的。而我们要做的，并不是把所有的学生的性格按照同样的模子雕刻出来，假设一个班级一个学校里的学生都是安静的、沉默的、小心翼翼的，那这样的班级和学校何来生气和活力呢？

二、以细心对智育

关于智育，我们似乎从一个极端走到另一个极端，从之前必谈如何提分、提成绩、考试，到现在对知识的教授逐步讳莫如深。在我看来，智育是要提的，而且可以大大方方地提，"传道，受业，解惑"缺一不可，但绝不能再回到之前一直说的"唯分数论"的弊病里。正如苏霍姆林斯基所认为的：智力教育应该依赖于知识的传授，这样学生才能塑造出科学的世界观，智力才能得到提升。由此可知，重点应落脚在世界观的培养和智力的提升上。而在这一过程中，其最为重要的，就是要时刻做到细心对待。

这里提到的细心也包含多个方面，其中既有对学生的细心、对课堂的细心，也有对知识本身的细心。

对学生的细心是教师在日常教学中最容易体现的：

她是一名语文教师，语文教学中古诗文的背诵一直是一个重要环节，所以默写也是常用的一种检验方法。她的严厉是出了名的，有一句写错的就要将整个诗文抄写十遍，然而期末的时候，我对她有了巨大的改观。

临近期末的某天晚上，由于我忘记带钥匙，中途回到办公室拿，本以为会是漆黑一片的学校，没想到办公室的灯还亮着。我好奇地走了进去，看到她用着不太熟练的手法在电脑上敲着什么，仔细一看才发现，原来是这个学期班级里的每个学生在每次古诗文默写中哪一篇有问题的汇总。她说，现在临近期末，时间紧任务重，这样列出来，到时候每个学生都可以直观地看到自己的问题所在，这样就可以让他们能更好地有针对性地复习和整理了。

看着她密密麻麻地记录着每次默写时都有谁出现的错误，我想，以这样的一次不落的细心和持之以恒的耐心而进行的教育，怎能无法深入学生的灵魂呢？

对课堂的细心是我们有时会在教学中忽视的。有时，我们会为了追求课堂的完整性、效果的流畅性，忽视了课堂里的一些小细节。这些细节可能毫不起眼：也许是某个突然空出来的学生座位，也许是上节课遗留下的板书，也许是在你讲得尽兴时一个学生的举手，也许是你提问之后的一阵沉默……这种不起眼的"小事"有很多，但却不应该被我们忽视——那个突然空出的座位的学生去了哪里，同学和班主任是否知晓去处？那块遗留下的板书有没有特别突兀，有没有吸引一些注意力不集中的学生？打断你在兴头上讲授的学生只是单纯地对讲解的知识出现疑问而举手，还是因为自己身体的突发情况？问题提出后的那一阵沉默，是学生的哪个认知环节出现了问题？

这些小事，如果仅仅是关乎知识的教授，那影响还是比较小的，但如果关于学生的安全呢？如果说课堂是教学中最具有魅力的场所，那它最大的魅力就是有着各种"牵一发而动全身"的细节。也只有注意到这些不易令人察觉的细节，才能让我们的智育可以更流畅地、更广泛地、更全面地辐射到每个人。

对知识本身的细心是我们经常在日常教学中忽略的。学期的安排、学校的安排、课程的安排都可以成为我们在知识教授时进行"走马观花"式教学的原因。不过正所谓"食不厌精，脍不厌细"，在对知识本身的追求上，我们也应该有着这样的一种态度，"若要给学生一杯水，自身要有一桶水"。知其然，也知其所以然。这就要求我们要在有限的教学时间里，进一步提高学生由"学了"到"学会"的转化能力。备课时，不能仅仅浮于表面，深层次的知识内容也应该在我们力所能及的情况下有所涉猎，以"点—线—面"的方式将知识与知识之间、课程与课程之间，甚至学科与学科之间相结合。在课堂上，提高教学质量，注重能力培养，摒弃"一言堂""满堂灌"的教法，通过自主思考、集体讨论、成果分享等多种方式，真正形成科学有效的学习方法和能力，使学生真正在课堂上形成有较强竞争力的教学方法和教学能力，真正做到学有所成。在课后，以活动探究代替传统书面作业，通过让学生真正地深入自然、生活、劳动，让课堂中的书面知识成为生活中的实际运用，学以致用的同时也提高学生对知识的兴趣和对后续学习的好奇。

三、以用心对美育

对美的追求存在于人类百万年的进化过程中，从四万年前猛犸象骨制成的象牙吊坠，到古典时代雕刻力量，再到现当代艺术的发展。教育中的一个重要环节——美育，就是帮助学生"感受美、发现美、创造美"。不过随着教育教学工作的压力的增加，"美育"在教育中也逐渐被边缘化了。有些则是直接将美育和"艺术生培养"挂钩，和"参加比赛"挂钩，和"技能技巧"挂钩。而这种要么不重视，要么功利化的审美教育，对学生的全面发展是不利的。所以即便是在美育这一环节上，我们也应该做到用心去对待。

首先，要把学生看作一个完整的人，而不是一个只需要学习知识的机器，承认并尊重学生的"精神需要"，以某种感性的力量感化学生，以某种感性的教化使他们的心灵得到启迪，从而在情感、道德、情操等方面加强修养。其次，我们要面向全体学生，"艺术生"可以是我们在教育中对某些学生群体的划分，但是美育和美学的塑造却不仅仅与这些学生有关。既然我们的基础教育是面向全体学生、面向所有人的，那我们的美育自然而然也是面向所有人的。只有打破它受教群体的特殊化，才能使美育实现"去精英化""大众化"。再次，对美育的实践要与生活相交融，不应只认为阳春白雪才是美育，下里巴人中也蕴含着情趣和内涵。生活中的物品、风俗、礼仪无一不以自身的力量塑造着美的结构和形态。最后，要注重道德美的培养，将美育和德育紧密地结合，改变德育的枯燥感，弱化德育的强制感，把优秀的道德品质和思想人格化、情节化、具体化，激发学生的模仿天性，从而使自身的行为举止和思想品质发生潜移默化的转变。

其实，我们对教育的期望值是越来越高的，随着时代的发展变化，对教育的要求也越来越高。但如果真的是可以触及"灵魂"的教育，我反而更加认可两千年前的孔子和苏格拉底的讲学——那种相互交流、分享，相互鞭策、激励，将教育活动融入人与人的互动之中，最终在彼此之间达到成全的活动。自然，若把这种教育照搬到现在的教育中根本就是不合实际的，但我们也应该明白，这种模式也许就是教育的本原。"有灵魂的教育"关键在"灵魂"，是学生的灵魂、教师的灵魂、知识的灵魂、学校的灵魂，它应该是纯净的、是多彩的、有光的。至少，它不是如牛负重的学生、行色匆匆的教师、枯燥乏味的知识和毫无生气的校园。

主题 2

探究教育的智慧

　　教育，是我们毕生追求的、充满智慧的专业境界的漫漫征途。教师在实践的过程中，逐步形成了一种尊重自我和他人生命、实现自由和创造力的智慧，这种智慧就是教育智慧。教育之路，唯有与智慧同行，才能让教师的工作充满诗意与激情，同时又保证专业与科学。那么，教育智慧来自哪里呢？

一、来自对学生真挚的爱

"一切最好的教育方法，一切最好的教育艺术，都是在老师们那颗炽热的心里产生的，那是对学生无比热爱的！"教师首先要有的爱，就是最大的教育智慧——心中有爱，眼中有学生。像爱护自己的孩子一样爱护学生，真诚地做学生的贴心人、学生依赖的人。

1. 爱，要细心体察

学生的每一个细微的表情都被教师细心地捕捉和解读，并从中揣摩出他们对教师的期望。当你踏上讲台，一张张稚气未脱的小脸，一双双圆溜溜的大眼睛，饱含着对教师的好奇，学生们翘首以盼，呼唤着，等待着你张开双手，带着他们走向那美丽的远方……当你真正打破自我中心，把学生当作亲人和朋友去亲近、去倾听、去关心、去体会，你才会真正理解为人师表的内涵。

2. 爱，要善于倾听

学生犯错误的时候，少一些严厉的指责，多一些倾听，多一些宽容。

李凯经常在班级里打打闹闹，触犯学校的纪律，屡教不改。经联系其父母得知，其父亲常年在外地打工，李凯基本上是和妈妈相依为命。孩子叛逆，每次妈妈批评李凯都会被他反过来顶撞，李凯常常紧闭房门，不让妈妈进入。李凯在校的表现只是他生活的缩影，为了改变他，我先从了解他的生活方式开始。我把他叫到办公室，让他坐在我的身边，先交流了一些比较轻松的话题，他说了很多家里生活上的事情。我看时机到了，就问他："你为什么排斥你的妈妈呢？"他告诉我，妈妈常常不分青红皂白就打他，性格非常暴躁，说完就泣不成声。这一哭，仿佛哭出了自己所有的委屈。

教师只有从心里接纳学生，学生才会对教师放下戒备，打开心扉，与教师心心相印。没有哪个学生是生来就让人厌恶的，问题的背后一定有缘由。只有学会倾听，解决学生的心理问题，才能解决他们表现出来的问题。

3. 爱，要善于发现

优点，每个孩子身上都有，这就要求教师及时发现，并加以正确的引导。

我们班的小峰同学，学习成绩不是很好，但是打扫卫生却格外认真，因此我经常表扬他。也许是这个孩子从中找到了自信，学习也比以前认真了，期末成绩从原来的十几分一下子提高到四十几分，进步确实是挺大的，我想这应该就是爱和鼓励的语言在教育中所起的作用吧！作为教师，评价学生，不能只看成绩，更要在学生迷茫无助时，化为一盏明灯，指引他前进。赏识和鼓励远远比批评和惩罚更有效。

学生最基本的心理需求是爱，这是他们成长和发展所需要的原始动力。没有爱的教育，就如同丢了灵魂；没有爱的教师，也只能是"教书匠"，不能成为教育家。陶行知最能诠释师爱之处："捧一颗心来，不带半根草去！"有爱心，才会有教养。

做一名学生喜爱的教师，我们深信：教育，从爱开始，当我们感到迷茫时，只要我们铭记爱的力量，就会有无限的动力去爱学生，用自己的爱去点燃他们的希望，帮助他们达到目标，实现价值。

二、来自对班级管理的灵活与创新

班级管理是教育目标达成的重要试验场。班主任的工作琐碎繁杂，要想让琐碎的事变得有感觉，让简单的事变得有深度，把平凡的事变得别致，就需要对创意进行一次又一次的挖掘。正是源于课堂管理的灵活创新，才有了教育智慧。

1. 建章立制，提高自我"约束力"

苏霍姆林斯基说："只有能够激发学生进行自我教育的教育，才是真正意义上的教育。"教师只是班级管理的辅助者，班级工作由学生做主，而学生自我管理的实现，离不开班规的约束，更离不开班干部的率先垂范。

根据班级自成立以来发现的班级迟到、打骂、垃圾过多等问题，我用表格做了罗列，课上征求学生解决的方法，通过小组讨论、代表发言、集中交流、汇总公示这些环节制定了《班级公约》。公约分为课堂表现、作业完成、考勤情况、活动文明、卫生打扫、志愿服务等8个项目。班级管理采用积分制度，每个学生一周按10分计入基础积分。班级每月推荐5位监督员，每天对表现优秀及违规情况进行播报，由一名学生在班级日志本上做好记录并汇总，每周一下午，公布"明星学生"和"待改进学生"名单，按照公约进行奖惩。

2. 活动育人，提高班级"凝聚力"

古代兵法家孙武告诉我们："上下同欲者胜。"人与人之间，应像群星一样彼此照耀，使团队里的每一个人都发光发热，达到"1+1>2"的效果。针对班级学生缺乏自信心、集体观念淡薄的现状，以活动为载体，引领学生走向"舞台"中央，激发他们自我展示的欲望，并提高团队合作意识。

开展"小手拉大手·雷锋精神代代传""守好红色根脉，争当时代先锋""衣襟带花，梦想起航"等班队活动，既有特色，又有成效；既能提升班级凝聚力，使学生养成良好的道德品质；又能树立正确的人生观和价值观。"新闻联播""共读一本书""共吟一首诗""读书沙龙"等读书学习活动，在浓郁的书香中提升核心素养，深受学生喜爱。体育课上，我们会通过拔河比赛、小球不落地、翻山越岭、相信同伴等趣味运动，培养学生的团结意识，增强凝聚力。

3. "五会"召开，激发集体"成长力"

为了更好地了解学生关注的话题，便于及时进行干预，教师在班级中要注重开好"五个会"，即晨会、辩论会、总结会、表彰会、家长会，努力做到了解学生心中所想，帮助他们发现自身的闪光点，实现自身全面和谐发展。

在晨会上，通过秀作业、看励志小视频、齐读经典语录、诗朗诵等多种形式来激活学生的思维，开启学习的一天。比如，班级针对"手机""校园霸凌"等问题展开大讨论，以学生为主体，通过辩论的形式，在提高学生收集信息、整合处理信息能力的同时，也使他们学会理性看待社会问题，在讨论中明辨是非。

家长会是家校共育的重要内容之一，已由传统的以学业成绩为主的会议形式转变为以学生健康成长为目的的交流会。针对实实在在的教育话题展开讨论并进行有的放矢的教育指导，促使家长对学生的教育更加上心，使学生的幸福指数得到很大的提升，因此起到了很好的促进作用。

亲其师才能信其道。在教育教学工作中，为了给学生创造更多的成长与发展的机会，教师有时需要转变思路，给学生制造一点儿小惊喜，做一位富有创意的教师，这样在学生成长的同时，也会遇见更好的自己。

三、来自对自身工作的探究与反思

教师要有科学家的精神，要有不断研究的心态。在教育教学的道路上，要勇于探索，勇于实践，经常反思，汲取经验教训，在不断反思中逐步成长，在不断提高自身素质、促进自身业务发展中，用批判的眼光分析问题、解决问题、提高素质。

是否反思，是"教书的人"和"育人的人"的区别。教书匠，目的仅仅是营生，更多的是不思进取的人。而优秀的教师却时常反思，他们把"反思"作为前进的动力，变成一种自觉行为、一种习惯，用"反思"激励自己积极进取，不断探索。

1. 反思是一项基本功

如果一个教师只满足于在大学里学到的东西，不能跟随时代的步伐，去探索、去改变，那么他将一直停留于新教师阶段。教师要反思，自己的知识储备有多少，教学环节的设置是否合理，学生是否一直处于学习状态，班级管理是否存在问题等，应日日反思。

2. 反思知得失

"教然后知困。"有经验的教师讲一堂课，或者解决一个问题，往往从多个角度进行分析，事先做好预案，准备充分，事后反思，并记录在案。每节课必反思：教学目标是否明确？教学过程是否达到目标？本节课对未来学生的发展有何价值？存在哪些问题？在此基础上，不断地修改教学设计，采用最优的教学策略，这样学生学起来不费力，成绩才会更好。

3. 反思提升自我

教师不仅要反思，更要超越自我。"反思"本身就是对过去的大胆质疑，否定过去，眺望未来。教师对自己教学工作的反思，反思自己的课堂、自己的班级，不断探索实践，批判继承前辈们的经验，调整创新，形成自己的风格及管理模式。教师要树立终身学习的理念，不断学习，坚持在实践中掌握最新的教育思想、教学方法，尝试探索班级管理专业知识、教育理论、教育读本。

教育智慧源于不断的探究和反思，教师要通过不断的反思和实践提高自己的教育教学水平和实践能力，把探究和反思作为一种重要的工作方式和人生态度。

四、来自与家长的及时沟通和指导

"孩子所有问题的根源都在家庭。"新时代的教师，尤其是班主任，离不开家庭教育，怎样给学生创造一个适合学习的环境，怎样培养学生的学习兴趣，怎样让学生养成良好的学习习惯，怎样处理好亲子关系等，都是教育智慧的重要体现，一个合格的教师，应该在家庭教育方面给予具体的指导。

教师能对每个学生的生活背景、家庭情况、成长环境以及各方面的情况，如性格特点、兴趣爱好等进行全方位的了解，做到有的放矢，制订出适合自己的教学计划和策略，使教学效果得到更好的发挥。此外，教师还应主动与家长沟通，共同关注学生在成长中出现的问题，让学生感受到来自教师和家长的关心和支持，从而对教师更加信任和尊重，在学习活动中更加主动地参与进来。所以，教师和家长的良好沟通，能够促进学生的成长和发展，同时促进学生和教师之间的良好关系。

父母对孩子的教育起决定性的作用，他们是孩子的启蒙老师，对家长的开导可以帮助他们对孩子进行更好的教育。由于家长所处的环境不同，接受教育的情况也不一样，所以在教育理念、教育孩子的方式上，也是有所区别的。教师通过对家长进行专业指导，可以更有效地促进孩子的成长，帮助家长更新教育理念，科学育娃，避免矛盾的产生。

积极做好家校交流工作，使家长在教育方面有正确的观念和认识，建立良好的合作关系，形成教育合力，对学生的成长起到积极的促进作用。

教育是一门以实践为基础的艺术，它要求在实践中不断地去摸索，在摸索中不断地开拓自己的创造性。教育以智慧为先导，以培养学生成为教育智者为目标，以背起智慧的行囊来开拓人生为要务。在教育中，我们要有探索者的心态，在探寻教育智者的成功之路上，去演绎教育的智慧人生。

主题 3
教育的本质在人格

教育的本质是一个深刻的命题。教育不仅仅是传授知识，更是塑造人的过程，其核心在于培养个体的独立人格。教育承载着传承文化、知识和智慧的重要使命。它是社会发展的重要基石，传递历史经验和人类智慧，使得后代能够站在前人的肩膀上继续前行。教育的过程不仅仅是知识的灌输，更是思维方式、价值观念和生活技能的培养。它旨在帮助个体建立正确的世界观、人生观和价值观，为他们未来的生活和社会参与奠定基础。

一、教育中的自尊培养

自尊，作为个体自我认知的核心组成部分，对学生的健康成长与未来发展具有深远影响。在教育实践中，教育者扮演着至关重要的角色，他们通过鼓励和肯定，帮助学生建立起坚实的自尊基础，进而在学业和生活中展现出更加积极、自信的面貌。他们注重在日常教学中捕捉学生的闪光点，及时给予肯定和鼓励。当学生在课堂上积极发言、完成作业表现出色时，教育者会毫不吝啬地表达赞赏和认可，让学生感受到自己的价值被看见、被尊重。同时，作为一名教育工作者，还应注重在学生遇到困难和挫折时给予支持和帮助。耐心倾听学生的困惑和烦恼，用温暖的话语和关爱的行动来安慰和鼓励学生；引导学生正确看待失败和挫折，让他们明白这些经历是成长过程中必不可少的，而每一次的挫折都是通往成功的必经之路。

在这样的教育环境下，学生的自尊得到了有效的培养。他们会更加自信地面对学习和生活中的挑战，敢于尝试新事物、接受新挑战。同时也逐渐认识到自己的价值和能力，不再轻易否定自己或受到他人负面评价的影响。

小丽是一个性格内向、学习成绩平平的学生，她常常因为自己的不足而感到自卑和沮丧。然而，在她的成长过程中，她遇到了一位懂得鼓励和肯定的教育者——李老师。李老师发现小丽虽然学习成绩一般，但她的绘画天赋却非常出众。于是，李老师鼓励小丽参加学校的绘画比赛，并为她提供了专业的指导和帮助。在比赛过程中，小丽遇到了很多困难和挑战，但她始终在李老师的鼓励和支持下坚持下来。最终，她的作品获得了一等奖，这让她感到无比自豪。这次经历让小丽开始重新审视自己，她发现自己并不是一无是处，而是有着独特的才华和价值。她开始更加努力地学习，积极参与各种活动，逐渐展现出自己的风采。她的自尊心也得到了极大的提升，她变得更加自信、开朗和阳光。

在一定程度上，教师要帮助学生建立起坚实的自尊基础，让他们在成长的道路上更加自信、坚定和勇敢。

二、教育中的自信塑造

在教育的过程中，自信的培养是至关重要的。一个自信的学生往往能更积极地面对挑战，更勇敢地追求梦想。而教育者，作为学生成长道路上的引导者，有责任为学生创造展现自我、培养自信的机会。在日常的课堂教学中，应注意培养学生的自信。鼓励学生积极参与课堂讨论，发表自己的观点和看法。即使学生的回答并不完美，也应给予肯定和鼓励，让学生感受到自己的思考和表达是被尊重和认可的。在这样的教育环境下，原本胆小内向的学生也能逐渐变得自信起来。

小明曾是一个胆小、内向的学生，他害怕在众人面前讲话，总是默默地坐在角落里。然而，在一次学校组织的朗诵比赛中，小明被老师和同学们鼓励着报名参加了。比赛前，小明紧张得几乎无法开口。但是，他的语文老师耐心地指导他，帮助他挑选合适的朗诵材料，并一遍遍地陪他练习。在老师和同学们的鼓励下，小明鼓起勇气走上了舞台。虽然他的声音有些颤抖，但他还是顺利地完成了朗诵。当他走下舞台时，掌声和喝彩声响起。小明惊讶地发现自己的表演得到了大家的认可。这次经历让小明意识到，原来自己也可以做得很好。他开始积极参与学校的各种活动，逐渐变得自信起来。他的学习成绩也因此有了显著的提高。

教育者提供的展现自我的机会对于培养学生的自信至关重要。通过参与各种活动，学生可以挑战自我、超越自我，逐渐发现自己的潜力和价值。同时，教育者的鼓励和认可也是学生自信成长的重要动力。

三、教育中的自制训练

自制力，作为人格培养的重要一环，对学生的全面发展起着至关重要的作用。在教育实践中，教育者要通过规则教育、时间管理等方式，有针对性地培养学生的自制力，帮助他们更好地应对生活中的各种挑战。规则教育在自制力培养中占据重要地位。学校会通过制定明确的校规、班规和家规，让学生明白哪些行为是允许的，哪些行为是禁止的，从而建立起对自我行为的约束意识。

在规则教育的过程中，教育者要注重引导学生理解规则背后的意义和价值，让他们真正从内心接受并遵守规则。这样一来，学生在面对诱惑和挑战时，能够自觉地用规则来约束自己的行为，提高自制力。此外，教育者还要注重通过引导学生处理冲动等不良情绪提升自制力。他们教授学生情绪调节的技巧，如深呼吸、冥想、积极暗示等，帮助学生在面对负面情绪时能够保持冷静和理智。同时，教育者还应该让学生认识到冲动行为的后果和危害，从而学会在面对诱惑和挑战时保持克制和冷静。

小杰曾是一个容易冲动、情绪化的学生。他在学习中经常因为一点儿小事就分心，导致学习效率低下；在人际交往中也因为情绪不稳定而得罪了不少同学。

然而，在接受了教师的引导和帮助后，小杰开始努力提升自己的自制力。

首先，他严格遵守学校的规章制度和班级的纪律要求。在面对诱惑和挑战时，他能够自觉地用规则来约束自己的行为。同时，他也开始注重时间管理，制订详细的学习计划并严格执行。他学会了在规定的时间内完成学习任务，避免拖延和浪费时间。在情绪管理方面，小杰也取得了显著的进步。他学会了在面对负面情绪时保持冷静和理智，通过深呼吸、冥想等方法来调节自己的情绪。在与同学相处时，他也能够控制自己的情绪，避免因为小事而发脾气或与人争执。

随着时间的推移，小杰的自制力得到了明显的提升。他的学习成绩逐渐提高，成为班级里的佼佼者；在人际关系方面，他也赢得了同学们的尊重和信任。

小杰的成功经历充分证明了通过规则教育、时间管理以及情绪处理等方式来培养自制力的重要性和有效性。

四、教育中的自省引导

自省，作为个体成长的重要驱动力，在教育过程中扮演着举足轻重的角色。教育者通过反思性教学、讨论等方式，巧妙地引导学生培养自省能力，使其能够在成长道路上不断审视自我，修正错误，实现个人成长。

反思性教学是一种有效的自省引导方式。教育者在教学过程中，不仅要关注学生的知识掌握情况，还要注重引导学生对自己的学习过程进行反思。例如，在完成一项任务或学习一个知识点后，教师要组织学生回顾自己的学习历程，思考自己在学习过程中遇到的问题、采用的策略以及取得的成果。通过这样的反思，学生能够更加清晰地认识自己的特点和不足之处，从而进行调整。

小华曾是一个固执己见、不愿接受他人意见的学生。他总是认为自己的观点是正确的，对别人的看法不以为然。然而，在一次课堂讨论中，小华的观点受到了同学们的质疑和挑战。他感到十分不满和愤怒，甚至与同学们发生了争执。

课后，教师耐心地与小华进行了沟通。教师首先肯定了小华敢于表达自己的观点的勇气，但同时也指出了他在讨论中存在的问题，如缺乏倾听、不愿接受不同意见等。教师鼓励小华对自己的行为进行反思，思考在未来应当如何与同学们交流和合作。在教师的引导下，小华开始对自己的行为进行深入的反思。他意识到自己在过去的讨论中确实存在很多问题，如过于固执、缺乏同理心等。他开始尝试改变自己的态度和行为，学会倾听他人的意见，尊重不同的观点。在接下来的讨论中，小华逐渐变得开放和包容，他的观点也变得更加成熟和全面。

通过这次自省经历，小华不仅改正了自己的错误，还实现了个人成长。他学会了如何与他人有效沟通，如何在不同意见中寻求共识，如何在挑战中不断提升自我。这些宝贵的经验将伴随他走过未来的学习和生活之路。

自尊、自信、自制力和自省，这四大要素在人格培养中占据着举足轻重的地位，它们共同构成了个体健康成长的基石。自尊、自信、自制力和自省在人格培养中具有不可替代的作用。教育作为塑造健康人格的关键力量，必须注重对学生这些方面的培养，为其全面发展奠定坚实基础。教育者应充分认识到这些要素的重要性，并在教育实践中注重培养学生的这些能力。只有这样，我们才能为学生的全面发展奠定坚实的基础，培养出具有健康人格的优秀人才。

主题 4

千教万教，教人求真

陶行知先生曾说，"千教教万教教人求真，千学万学学做真人"，这体现了陶行知先生对教师的要求，也为教师的发展指明了方向。想要成为一名优秀的教师，必须达到引导学生"求真"的目标。教师必须做到下"真功夫"、做"真学问"、树"真品格"、教"真本事"，才能引导学生树立"求真"意识。

一、下"真功夫"，读懂学生

课堂教学是学生和教师在一起的必备环节，创建一个学生喜欢的课堂是每一位教师追求的目标。如何上好课成为一些青年教师步入教师队伍的第一个难题，为了解决这一难题，一些青年教师选择向有经验的老教师学习，但他们学到的往往只是教学流程和表面文章，无法达到老教师的教学效果。为什么同样的教学设计，教学效果却是截然不同呢？造成这种现象的原因，可能是年轻教师的学习只停留在教学技巧，而真正的教育不仅仅是教书的教，更多的是对学生的态度、品德、理念等品格引领的育。

如何让我们的课堂由教书走向教育呢？

1. 理解学生

理解学生是教书育人的基础，我们只有对自己所教的学生有全面深刻的了解，才能根据学生的特点设计出适合自己学生的课堂。要了解学生，首先心中要装着学生，而且要遵循学生生理和心理发展的规律。作为教师，要对自己所教学生的智力和心理当下所在的水平、通过教育希望学生到达的水平有一个清晰的认知。比如历史课堂，不仅仅是把课本知识教给学生，把题目做出来，更重要的是要注重历史核心素养的培养，注重历史思维的获取，注重学习方法的获取，注重培养学生的家国情怀。所以我们要学会读懂学生，从学生的角度去设计教学方案，对学生目前的知识水平、生活阅历、思维习惯，尤其是学习过程中可能遇到的障碍和问题，要有充分的了解。教师只有真正了解学生、读懂学生，才能让学生在中学的课堂上有所收获，才能真正做到知书达理。

2. 理解学科

每一位教师都应该对自己所教的学科有深刻的理解，才能设计出符合自己学科要求的课堂。进行教学设计时一定要遵循该学科的教育规律，注重新旧知识之间的关联，帮助学生构建知识结构。了解学生的方式除了做好课前准备之外，还包括课下对学生作业的批改。

全国教书育人楷模姜伯驹院士在他从教的 50 多年里一直坚持在教学第一线，哪怕后来被评为中科院院士，但他仍然坚持亲自批改学生作业。当别人问他为什么要坚持亲自批改学生的作业时，他说："这样才能找出共性问题，才能真正明白学生的软肋在什么地方，才能调整完善教学内容。"50 年如一日坚持批改作业，亲力亲为也成为他改作业的习惯。

姜伯驹院士身上这种乐下真功夫，将教书育人作为自己第一要务的精神，值得每一位教师学习。如今许多教师更多地将精力放在课堂教学上，而不重视课前备课和课后总结。殊不知课前备课和课后总结才是一位教师真功夫的体现。45分钟的课堂内容，可能需要我们一天、两天甚至更长时间的打磨，这个过程必然是痛苦的，但这也是一位教师成长的必经之路。只有下"真功夫"，才能得"真本事"，最终成为"真老师"。

二、做"真学问"，传授学生

曾经有人问道：什么人可以称为教师呢？子曰："三人行，必有我师焉。"韩愈说："师者，传道受业解惑也。"当然现在更多的人认为，教书的就是教师，但教师仅仅是照本宣科吗？其实不然，作为一位教师必须要有扎实的学识，而不能单纯依靠迷信权威，人云亦云。具备独立探究和思考的能力，做"真学问"，是一位教师专业成长的必备素养。

发现教育的美好

1. 向专家和老教师学习

作为一名年轻教师向专家和有经验的老教师学习，是其快速适应教师身份、走上课堂传授知识的捷径。但是，课堂上的随机应变能力是学不来的，这就要求青年教师必须不断学习教育知识，必须有自己的独立思考和探究能力，充分发挥教育机智，解决课堂生成问题，达到育人效果。而且，虽然专家和老教师教学经验丰富，但是随着时代的进步和科技的发展，教学方式和教学内容也应该随着时代的脚步不断地前进。

2. 学做学问、教做学问

教师不仅自己要学做学问，而且要教会学生如何做学问。教师学习做学问一定要做到多读书、多思考、多实践、多写作，不断探究自己所教学科的本质。以历史教学为例，当下历史考试更多地考查学生对史料的理解与分析，而不是仅仅拘泥于某一种答案。这就要求历史教师在课堂授课时一定要教会学生分析史料的能力与方法，培养学生历史学科的核心素养，而不是单纯地教授课本知识。因此，教师首先要有做学问的本领，才能指导学生怎样做学问。而学生学会了做学问就可以将教师解放出来，但这也同时对教师的能力和素养提出了更高的要求，督促教师不断进步。

总之，教师要教授学生，自己必须有真学问。做学问，既要做知识的学问，也要做学生的学问，不能让学生成为应试的机器，而是努力让学生成为国家所需要的创新型人才。

三、树"真品格"，引导学生

教师是人类灵魂的工程师。教育的本质首先是育人，其次才是教书。所以作为一名教师，必须要做到目中有人，才能培养出未来社会所需要的高素质的人才。教师不仅面对学生的现在，更要为学生的未来服务，因此教师要树立良好的品德才能引导学生树立正确的价值观。品德的培养，身教往往大于言传。教师的品德是衡量一个教师师德的根本。

1. 高尚品德

教师要具有高尚的品德。中学生正处于价值观建立的关键时期，而教师在其中扮演着重要的角色。教师是众多学生心中的偶像，是学习的榜样，教师的价值观在潜移默化中影响着学生。

2. 职业道德

教师要有良好的职业道德。一个优秀的教师在自己工作的过程中应该充满热情，主动关心爱护自己的学生，不能体罚、侮辱、嘲讽学生，才能受到学生的爱戴和尊敬。而且教师要爱岗敬业，尽职尽责，对待自己的工作也要细致入微，精益求精。

3. 言谈举止文明

教师在教给学生正确的行为习惯之前，首先要以身作则，以自己的行动对学生起到潜移默化的作用。所以教师一定要注重自身的修养和言行，走在前，作表率。著名教育家张伯苓先生，在他的教育生涯中，最重视的就是以身作则。他以身作则戒烟的事迹，更是广为流传。

张伯苓老师在南开中学讲授"修身"一课时，曾观察到一位手指发黄的学生，显然是长期吸烟的缘故。上完课，他问学生："你的手指头是吸烟熏的吧？""吸烟有损健康，你应该戒掉！"而这位学生面对他的说教，居然反问道："你不也抽烟吗？"这让张伯苓顿时语塞起来，先是一愣，回过神来立马把烟杆折成两截，并郑重地对学生说："我以后不抽了，你也不要抽了！"然后，他将烟叶也取了出来，并当众将这些烟叶销毁。学生看到张伯苓先生的行为，既感动又愧疚，当即承诺自己一定会戒烟。

张伯苓先生的事迹深刻地向我们展现了身教的意义，值得每一位教师学习。所以，判断一位教师是否有"真品格"，不仅要体会他内在的精神世界，也要观察他外在的言谈举止。

四、教"真本事"，培养学生

当今社会发展到底需要什么样的人才？作为教师要教给学生什么真本事才能让其适应未来社会的需要？这是教师应该不断思考的问题。

1. 激发求知欲，把真本领教给学生

好奇心是每个学生的天性，教师要找到学生求知欲的最佳触点，在教学过程中不断引导学生进行思考，激发学生学习的内驱力，引导他们主动学习。在教学过程中也要注意因材施教，善于发现学生的天赋。在教学过程中要给每一个学生提供多次尝试的机会，在尝试的过程中能够发掘出每一位学生的禀赋，帮助学生成为更好的自己。

2. 不断启发学生的智慧

教给学生真本事，应该不断启发学生的智慧。通过教师的点拨，学生可以学会独立学习，可以掌握终身学习的方法。教会学生学习，就要对教师提出更高的要求。只是照本宣科，死记硬背，对启发学生的聪明才智并无益处。这样不但不能使学生爱上学习，反而会使学生产生厌学情绪，对开展教学工作不利。教会学生学会学习，其实就是培养学生发现问题、分析问题、解决问题的能力，教会学生学会学习的能力。教师的教育工作应该围绕这一目标开展，为国家的发展和社

会的进步培养人才。

3. 帮助学生树立志向

帮助学生树立远大志向，把实实在在的本领传授给学生。教师在教育的过程中应该引导学生关注社会，了解社会，并能尽快融入社会，帮助学生树立家国情怀，树立为社会服务的远大志向。因此，这也要求教师不能将目光仅仅停留在学生的分数和短期目标的实现上，而是将更多的精力放在对学生的未来发展服务上，才能真正地体现教师职业的意义。

正如张桂梅先生在《张桂梅写给女孩们：有理想，更要有力量》这一篇文章中说道："理想是美丽的，没有理想的人生是苍白的。不管我们今后是成长为一朵花、一棵树还是一座山，只要我们奋斗过，我们的人生便已无悔，我们的青春便无遗憾。"通过张桂梅先生的这段话，我们能够感受到理想的重要性，也能够体会到作为一名教师应该帮助学生树立起自己的理想，这样在他未来的人生道路上才能走得更加有力量。张桂梅先生一直致力于山区女子教育问题，她将自己的半生都奉献给了大山中的女孩们，只要听到学生告诉她将来要为社会做贡献，她就觉得自己所做的一切都是值得的。她要培养的是为社会服务的人才，而不是单纯为家庭而服务的主妇。所以她希望她的每一位学生都要有自己的理想，在自己未来的人生中贡献出自己的力量。

总之，教育是需要教师付出真心的工作，它既是一份工作也是一份责任。真教育最突出的就是"真"这个字，只有教师在教学中求真、在学生中求真、在育人环境中求真、在良好的环境中求真、在有爱的环境中求真，才能培养出国家和社会所需要的真正的人才。

主题 5

把自己教成学生

在实际生活中最受学生欢迎的教师往往是比较年轻的教师，因为他们进入这个岗位的时间比较短，而且他们还在不断地汲取知识，在双向的适应和交流中积极地和学生沟通。在这一过程中，他们会将学生当作同龄人或者年龄差距不大的弟弟妹妹，和学生的交往也大多比较平等，很少存在专制的情况。学生在他们的身上除了看到初具雏形的威严影子外，还看到了和他们交流"小秘密"的可能性，学生觉得这个教师似乎可以发展成伙伴，因此在课堂上对这位教师表示出极大的兴趣。就这样，教师会慢慢地走进学生的心里。将心比心，以学生的视角去看待问题，从学生的角度去沟通交流。

一、做学生的伙伴

每个人身上都有学生气的一面，也都有一些和学生共同的东西，比如有些教师喜欢吃甜食，一般来说学生也大多喜欢吃甜食，这就是在饮食上共同的方面。生活上喜欢看同类型的书籍，在周末做运动或参加爬山之类的活动，以及喜欢看同一个题材的电影或电视剧等，这些是我们能够与学生产生共鸣，也是我们能够从学生那里找到共同点的地方，从中得到愉悦与启发。

即使我们已经为人父母或者为人师表，但从小养成的行为习惯却没有得到改变，使我们始终保持着作为学生的一面。所以，在日常的教学中，不妨将自己从教师这一角色中短暂脱离出来，然后在平等、自如地与学生交流的同时，自由地舒展一下自己稚嫩的一面吧！

特别是在目前的教育环境下，不管是学生还是教师，都会感到压力越来越大，学生在不停地努力学习，不同的兴趣班、辅导班等也会在课下开展，教师在教学、教研和各种教学比赛中面临的考验也越来越严格。在这样的情况下，如果还时刻保持认真的心态，不但教师的心理会出问题，与学生的正常相处也会受到影响。

再者，没有家长希望自己的学生拥有一个情绪不稳定的教师。

某高校一件真实案例：

有一名班主任无论是教学还是做事情，他不仅会"玩"，而且特别会"教"。有一年冬天，天寒地冻，还下过一场雪。隔壁班的几个学生按捺不住好奇心，争相在下课后从窗户里探出头来，可没过多久，就被教师们一顿批评。

就在大家对上体育课不抱希望时，班主任来了。他对学生说：和体育教师商量了一下，既然外边的雪还没有堆积得很深，也没有结冰，那我们就继续去操场上，不过大家要穿好衣服，戴好手套。听到这话，大家发出兴奋的尖叫声，然后快速穿戴好保暖衣物，跟着班主任一起走向了操场。在操场上，他们一起玩雪、打雪仗，班主任还给他们布置了一个小任务，就是让他们把一个个小雪人堆在一起，按照他们的设想，几个人一组，20多分钟后，他们的小雪人堆成了一个个正常的小人儿模样，还有一些造型奇特、造型别致的"小玩意儿"，尽管堆得并不好看，但他们却乐此不疲。当然，班主任也加入了这个集体中，和几名学生一起，把一个雪人堆了起来。之后，班主任带着他们又打了一场雪仗，这场雪仗打得酣畅淋漓，由班主任牵头，全体学生参加。

下课后，大家依然沉浸在快乐的情绪中，这时班主任又来告诫他们说，在能玩的时候，就要尽情地玩；但学习的时候，就要认认真真地去学。保持学习和玩耍的态度一致，才能在任何时候都能始终如一地学有所成、玩有所得。所以，玩耍时，心态要放松，放开手脚去玩；学习时，就要全身心地投入学习中，做到学以致用。这样一来，才能在学习的时候有所得，在玩的时候有所成。

教师要站在学生的角度，用大人的经验引导学生，使他们在玩耍的时候既能传授道理又能潜移默化地影响学生。教师在与学生的沟通互动中，将关爱同学的理念贯穿始终。学生的成长与发展，不仅靠课堂上的知识传授与课下的训练与督促，更需要教师与学生之间在思想境界上的相互影响与促进。

二、做学生的知音

成为学生的小伙伴不难，难的是如何成为他们的知音，做他们的贴心朋友。对一些学生而言，陪伴是他们所需要的，也是他们所渴望的，但是家人和朋友很少能真正走进他们的内心深处。

中学阶段的学生处于青春期，身体和心理都在快速地发育，由此产生了大量的烦恼，随着青春期的推进而逐渐显现。虽身体已接近成年人，但心理仍为儿童，社会阅历所限致使他们无法从大人的角度看待世界和问题，因而看待事物的角度仍多以自我中心为主。

而且有的学生性格比较内向，跟同学缺乏交流，对于这类学生来说，缺少中学关键期的朋友陪伴，也没能把快乐和烦恼及时说给其他人听。长此以往，他们的身心一定会产生反作用。

所以，教师不仅要做学生学习上的引导者，更要做学生的心灵导师，引导他们把烦恼说出来，陪伴学生一起解决烦恼，真正做学生的知心朋友，做学生学习上的知心朋友。

那么，如何知道学生的想法呢？如果仅仅是把学生叫到办公室，直接问他，他会不会跟大家说呢？不可以，而且这样的做法也可能让他们变得警惕性更强，不愿意跟教师交流。

一位教师针对这一问题，做了一次非常好的实践。

她在班上放了一个只有她自己能够打开的忧愁盒子，盒子上边还用纸条写着几个字：我是快乐盒子，就把你的忧愁交到我的手上吧！刚开始实施的时候，这个盒子里根本就没有放纸条。后来有一两张纸条出现在盒子里，后来慢慢多了起来。而这位教师也在学生放学回家之后，悄悄地把盒子打开，阅读学生的烦心事。

第二天到学校以后，她会跟学生讲，我已经把你们的忧愁收了，你们就不忧愁了。当然，这位教师也会找相应的学生谈心，她站在这些学生的角度，把自己当作烦心事的主人，跟学生谈心，然后把自己的想法说出来，再一步一步地引导他们把事情解决好。

过了一段时间，烦心事盒子里的纸条渐渐多了起来，学生都积极地往盒子里扔纸条、扔烦心事，再由这位教师帮着整理、解决。又过了一段时间，即使没有烦恼盒，学生也能积极地找这位教师进行交谈，无论是班级里的事情，还是生活中的事情，他们都会和这位教师说。经过这件事，这位教师真正了解了学生的想法，也成为他们的"知音"。

三、做"学生气"的教师

每一位教师都是从学生时代走过来的，他们也大多经历过和现在的学生一样的学习生涯，能够深入浅出地了解学生内心深处的所思所想。

其实，不管多大年纪的教师，他们的内心深处都有属于自己幼稚的一面，尽管从学生转型为教师后，为了向学生展示属于成年人的成熟一面，他们也被迫隐藏了幼稚的一面。

如果让学生选择的话，他们可能更愿意上能够和自己交流、对话的教师的课，也更喜欢富有幽默感和"学生气"的教师。

当然，并不是说教师一定要幼稚，而是教师能够足够了解学生的想法，和学生以平等的姿态交流，而不是高高在上，既充满威严感又充满专制与独裁。

某实验中学的王老师平日里不苟言笑，对待学生说一不二。在他的班级中，很少有学生敢说话，也几乎没有学生敢做小动作，所以他教的几个班成绩总是很好，而他当班主任的那个班名次也不错。

王老师有个缺点，就是在做决定的时候，几乎不考虑同学的意见，而且只要有同学跟他在班级里顶撞，他就会火冒三丈，甚至会因此情绪暴躁影响正常上课。同学们平时不大愿意与他沟通，背地里也会骂他，说他是"暴君"。

这让王老师在愤怒之余感到十分难过，为何平日里兢兢业业、尽职尽责，学生却认为他不好？

其实王老师和学生的沟通方式是不对的，虽然专制的师生关系会在短期内培养学生的服从性，让学生很快完成任务，但这都是以较短的时间为前提的，如果教师长期在这种模式下与学生相处，学生就会产生逆反心理，慢慢地就会产生不服从教师命令的情绪，进而与教师产生矛盾。而这也是学生在背后偷偷骂王老师的原因之一吧。

所以，教师在与学生相处时，还是要保留一些属于自己的"学生气"，进而严慈并济，严格检查学生的作业，严格控制课堂纪律，下课后宽容对待学生，和他们成为朋友，进而成为受学生信任的老师。

在当今的教育环境下，教师不能只盯着学生的成绩，而要更多地关注学生的身心全面发展，关注学生的人格培养和学生的道德养成，只有这样，才能让学生成为对社会真正有益的人。

　　所以，要培养这样的学生，单凭原来的单纯教育是不够的，我们还需要积极地和学生沟通、交流，和他们成为好友、挚友，关怀他们的学习与生活，也让自己成为学生，把自己教成学生。如此一来，才能适应当下的教育模式与人才培养机制。接下来，就让我们试着变成学生，成就学生吧！

专题六

用心陪伴，静待花开

　　教育是一种需要沉淀的技艺，必须给予充分的耐心与时间，并且应该保持一种从容的步调。眼中有光，心中有爱，以「心」为引，静静等待花儿绽放，在「让每个孩子都有所成就」的教育目标指引下，与孩子们一同前行。静待花开，就是教育最美好的情怀。

教育绝非一蹴而就，而是一门精妙绝伦的"慢"艺术。在这条育人之路上，需要教育者投入源源不断、足够深厚的耐心。每一个孩子都是独一无二的个体，成长节奏各有不同，这就要求我们给予他们充足的时间去探索、去领悟。教育的推进，应秉持从容不迫的节奏，不疾不徐，稳步向前，既不揠苗助长，也不消极怠惰。

身为教育者，眼中要饱含希望之光，这光芒能穿透孩子成长的迷雾，给予他们自信与勇气；心中更要满溢关爱之情，这份爱如同春风化雨，滋润着孩子们的心田。以真诚之心陪伴在孩子身旁，时刻关注他们的喜怒哀乐、点滴进步。就像守护一朵含苞待放的花朵，我们要耐住性子，静静等待花朵绽放的那一刻。

在"让每个孩子都有所成就"这一熠熠生辉的教育目标引领下，我们与孩子们手牵手、肩并肩，一同踏上成长的征程。途中或许会有坎坷，或许会有波折，但只要我们耐心守望，静候花开，终能见证每一个孩子绽放出属于自己的独特光彩。这种耐心与期待，便是教育最美好、最动人的姿态，它承载着对生命成长的尊重，对未来无限的期许。

主题 1

看见真实的学生

　　自古以来，教育始终是社会发展进步的核心动力，它犹如指南针，指引着我们前进的道路。然而在这个过程中，学生常常被赋予各种各样的标签和期待，致使他们真实的声音和面貌被忽视。在这样的背景下，教师应多维度、多角度地探索学生的内心世界，展现他们的真实面貌。

　　作为学生，他们不仅承载着家庭的期望，也是国家未来的栋梁。他们拥有丰富的情感和梦想，面临着成长的困惑和挑战。在这个过程中，他们需要被理解、被关注、被支持。因此，教育者、家长和社会各界要更多地关注学生的内心世界，关注他们的情感需求，给予他们更多的支持和鼓励。让我们共同创造一个宽松、包容的环境，让学生可以自由地表达自己的想法和感受，成为真实、健康、独立的人。那么，教师应该如何看到真实的学生呢？

一、了解学生的个性与特点

　　在学生的成长过程中，个性与特点发挥着至关重要的作用。每个学生都是独一无二的，他们的性格、兴趣、才能和学习方式各不相同。这些个性与特点不仅影响着学生的学习效果，还塑造着他们未来的人生。因此，作为教师，了解并关注学生的个性与特点，是教育过程中的一项重要任务。

　　不同的个性与特点对学生的学习和成长产生不同的影响。例如，外向的学生可能在社交和团队合作方面表现突出，而内向的学生则可能在独立思考和深入研究方面有所优势。了解这些差异，有助于教师因材施教，为每个学生量身定制合适的教育方案。

　　教师在日常教育过程中，应通过多种方式来关注和了解学生的个性与特点。首先，可以通过观察学生在课堂和课间的表现，了解他们的行为习惯和学习方式。其次，通过与学生的交流和互动，了解他们的兴趣爱好和内心世界。此外，还可以通过与家长的沟通，了解学生的家庭背景、成长经历等。

　　了解学生的个性与特点后，教师应根据他们的特点制定有针对性的教育策略。例如，对于性格内向的学生，教师可以提供更多的独立思考和表达的机会，鼓励他们展现自己的才能；对于性格外向的学生，教师可以引导他们更好地发挥团队合作和社交能力。

　　总之，作为教师，主动地认识和关爱每一个学生的独特之处，对于他们的未来发展至关重要。通过了解学生的个性与特点，教师可以为每个学生量身定制适合的教育方案，帮助他们发挥优势、弥补不足，实现更好的成长。同时，家长与教师的共同努力和沟通合作，也将为学生的成长创造更加有利的条件。

二、关注学生的情感需求

　　在教育的过程中，学生的情感需求常常容易被忽视，但实际上，情感需求对学生的成长和发展有着不可估量的影响。作为教师，不仅要教授知识，更要关注学生的内心世界，满足他们的情感需求。

　　情感需求是学生健康成长的重要组成部分。每个学生都希望得到关爱、尊重和理解。当他们的情感需求得到满足时，他们会更加自信、开朗、积极，更有可能形成健全的人格和良好的人际关系。相反，如果学生的情感需求长期得不到满足，他们可能会感到孤独、焦虑、自卑，甚至出现行为问题。因此，教师在关注学生的情感需求时应做到以下三点：

　　一是建立信任关系。教师应与学生建立亲密、信任的关系，让他们感受到教师的关心和支持。在日常教学中，教师可以通过微笑、鼓励、赞扬等方式，让学生感受到温暖和肯定。

二是倾听与理解。教师应耐心倾听学生的想法和感受，理解他们的情感需求。当学生遇到问题或困扰时，教师应给予关心和支持，帮助他们解决问题。

三是关注个别差异。每个学生都有独特的情感需求。教师应关注学生的个别差异，了解他们的兴趣爱好、性格特点等，从而更好地满足他们的情感需求。

总之，关注学生的情感需求是教育过程中不可忽视的一部分。作为教师，我们应充分认识到情感需求对学生成长的重要性，通过建立信任关系、倾听与理解、关注个别差异等方式，满足学生的情感需求。同时，我们还应与家长紧密合作，共同为学生的健康成长提供支持和帮助。只有这样，我们才能培养出既具备知识技能又拥有健全人格的未来一代。

三、尊重学生的多样性

每个学生都是独一无二的，他们拥有自己的个性、才能和兴趣。作为教育者，尊重学生的差异性和多样性是至关重要的。这不仅有助于满足学生的个性化需求，还能促进他们的全面发展，激发他们的创新精神和创造力。

尊重差异和多样性，首先是坚持促进公平教育。每个学生都应该被平等对待，不论是他们的背景、能力还是表现。尊重差异和多样性意味着为每个学生提供适合他们的教育路径，确保他们都有机会获得成功。其次是鼓励个性发展。尊重差异性和多样性有助于培养学生的个性和创造力。当学生在安全、包容的环境中自由地表达想法和感受时，他们更有可能成为有独立思考能力和创新精神的人。最后是增进社会和谐。尊重差异和多样性有助于建立一个多元、包容与和谐的社会。学生在学校中学会尊重他人的不同，将来在社会中也能更好地与人相处，减少偏见和冲突。

要尊重学生的差异性和多样性，还应做到持续的专业发展：教师应定期参加关于多样性和包容性的专业发展课程，以增强他们对这些概念的理解和应用能力。应坚持家校沟通交流：教师应与家长建立紧密的合作关系，共同支持和促进学生的个性化发展。通过定期家访、家长会和在线沟通等方式，向家长传达尊重差异性和多样性的教育理念和方法。应不断反思和调整：教师应定期反思自己的教学实践，检查是否存在不公平或歧视性的行为。同时，他们应根据学生的反馈和需求不断调整教学策略和方法，以确保每个学生都能得到公正和有效的教育。

看见真实的学生不仅是教育工作的需要，也是对学生个体尊重的体现。在教育实践中，我们应该通过倾听、观察、合作等方式，深入了解学生的内心世界和成长历程，为他们提供更加个性化和有针对性的教育支持。同时，我们也应该不断完善教育评价体系，关注学生的综合素质发展，促进教育公平。展望未来，我们期待更多的教育工作者能够关注学生的真实需求，发挥他们的创造力和潜力，共同推动教育事业的发展。

主题 2

看见学生的三重境界

宋代的禅宗大师青原行思曾提出参禅有以下三重境界：参禅之初，看山是山，看水是水；当参禅有悟时，看山不是山，看水不是水；参禅彻悟时，看山仍然是山，看水仍然是水。这句话反映了人们在认知世界时的三个不同阶段：初识世界时单纯直接，对事物的认知是直接的和表象化的；随着视野的开阔和经验的增长，对事物的认识更加深入，能够看到事物的多重性与复杂性，对世界多了一份理性与现实的思考；经过深度思考和不断反省对事物的认知由表及里，逐渐认识到世界的复杂多变，最终返璞归真，回归事物的本质。

禅宗修禅有三种境界，作为一名教育者，每天和学生在一起，在培育学生的过程中应具有哪三重境界呢？回看自己近三十年的教育成长历程，就是在不断追问和思考如何真正让教育发生这一教学管理本源问题的过程中，经历着"只见问题，不见学生""看见问题，浅尝辄止""情真意切，学生本位"三个阶段。

一、始境——只见问题，不见学生

这句话表达了一种在处理问题或者与学生沟通时的初始阶段常见的心态或者状态。在这个"始境"中，人们往往过于关注问题的表面现象，以致忽略了问题背后的人，特别是学生本身的感受和需要。他们可能将注意力集中在问题的定义、分类和解决方案上，而忽视了学生的情绪、想法和个性。

这种心态可能导致沟通不畅，甚至加剧问题的复杂性。如果教育者只关注问题本身，而不是关注学生的内心体验，可能导致学生感到被忽视或者不被理解，从而增加他们的抵触情绪，致使问题的解决变得更加困难。

因此，在处理问题时，我们不仅要看到问题的表面，更要看到问题背后的人。我们需要关注学生的情绪、需要和感受，通过理解和支持他们，帮助他们更好地应对问题，实现自我成长和发展。

有个叫晓明的学生，在课堂上他的注意力经常出现不集中的情况，并且喜欢在课上做小动作，特别喜欢在教师讲课的过程中接教师的话茬；在作业方面，总是没做或没带，总之，你要多少理由，他就有多少理由；班级的集体活动，如运动会、歌唱比赛等他也表现得很消极，似乎与他无关。

他是班级管理的"刺儿头"，几乎所有的班级扣分都与他有关。在他眼中没有校规班规的概念，他成了教师眼中的"问题学生"。对于他的问题，最初教师还比较耐心地跟他讲事实摆道理，但他面对教师的教导总是用左耳进右耳出的态度对待，然后第二天依旧我行我素。最后，教师决定使出撒手锏——约见家长。

第二天一早，教师按计划见了他的家长，列举了晓明所有需要改正的坏习惯，并且要求家长密切配合学校工作，严格监督学生。直到晚上7点多，晓明的爸爸才在他们隔壁单元的楼道里找到晓明。看到他躲在墙角瑟瑟发抖的样子，教师的心里后悔极了。

以上是这位教师反思当时的情境。因为刚参加工作，他带着对工作那份美好的憧憬，希望所有遇到的学生都规规矩矩，努力学习。现实是每一个学生都是一个个鲜活的个体，他们有各自不同的原生家庭、不同的成长环境，怎能做到整齐划一！而每当遇到有管理难度的学生，总是想如何将问题快速处理掉，而忽视了问题背后掩盖的错综复杂的原因。几乎没有和学生共情的想法和能力，只见问题不见学生，导致问题得不到有效处理，甚至激化师生矛盾。这种一叶障目、不见泰山的做法实在要不得。

二、又境——看见问题，浅尝辄止

这句话描述的是在处理问题或与学生沟通时的另一个阶段，即虽然能看到问题的存在，但只是浅显地尝试解决，没有深入探究问题的根源或采取持续的努力。在这个阶段，人们可能已经开始意识到问题背后的学生，也尝试去理解他们的需求和感受。然而，当他们遇到一些困难或挑战时，可能选择放弃或只采取一些表面的解决方案，而不是深入地研究和处理。

浅尝辄止的态度可能导致问题没有得到根本性的解决，只是暂时得到缓解。随着时间的推移，问题可能再次出现，甚至变得更加严重。此外，这种态度还可能让学生感到失望和沮丧，认为他们的需求和问题没有得到真正的关注和解决。

因此，在处理问题时，我们需要持续深入地研究和努力，直到找到问题的根源并采取有效的解决方案。这需要我们保持耐心和毅力，不断与学生沟通和交流，了解他们的真实需求和感受，并采取积极的行动来帮助他们解决问题。只有这样，才能真正实现问题的根本性解决，促进学生的成长和发展。

有个孙同学，是全年级的"明星"学生。课堂上不遵守纪律，作业不完成，最严重的是为点小事就和同学拳脚相向。听说他的爸爸是位博士，是某国企的高级工程师。可是，为什么博士的儿子却有这样的表现呢？

有一次，因为在楼梯口与一个初一的同学相撞，他二话没说就给了人家一拳。班主任当天立即请来了他的妈妈。只听班主任说："这个学生真是让人操心啊。"话音刚落，这位母亲就扯开嗓子哭喊了起来："这辈子真是倒了血霉了，生了你这么个不让人省心的东西。"根本不管办公室里有那么多正在备课的教师。

后来，从这位孙同学的班主任处了解到，虽然他的父亲是博士，但他的家庭教育观就是棍棒解决所有问题。有时是妈妈打，有时是爸爸打，有时是男女"双打"。从初一开始，孙同学的母亲几乎每个月都要被教师请来学校一次，各任课教师轮流和她谈学生的学习和打人的问题，给她提了很多建议都无济于事。学生的问题依旧存在。

虽然班主任和任课教师均和家长进行了沟通，但由于家长的教育观念和行为习惯都是多年形成的结果，不易改变，所以家校沟通的效果在短时间内很难落实到学生的教育中。有时，即使是开始落实了，家长也很难坚持到底，难以避免问题的重复出现。而作为教师，在家校沟通中，只能针对问题提出自己的解决办法与建议，具体到家庭生活中，家长是否采纳、执行，主要还是看家长的意愿。

面对这种学生，教师看似进行了家校沟通，但因为这种沟通缺乏家庭有效的落实，往往都是浅尝辄止，事倍功半，效果并不理想。如何用典型的教育案例来做支撑，引起家长的共鸣，用智慧的教育方法来引领家长，定期反馈跟踪指导来巩固教育成果，最终实现预期的目标，是值得每一位教育工作者深思的问题。

三、至境——情真意切，学生本位

这句话描绘了教育或指导的最高境界。在这一境界中，教育者和学生的关系不再单纯是知识和技能的传授者与接受者的关系，而是基于真挚情感、深入理解和相互尊重的伙伴关系。

发现教育的美好

"情真意切"指的是教育者在与学生交流、教授知识和技能时，全身心投入，充满真挚的情感和意图。他们不仅关注学生的学习成绩，更关心学生的个人成长、情感需求和心理健康。他们愿意倾听学生的声音，理解他们的困惑和难题，并尽自己所能提供帮助和支持。

"学生本位"则强调在教育过程中，学生的需求和发展被放在首位。这意味着教育内容和方法不是单向灌输，而是根据学生的兴趣、特长和发展阶段量身定制的。教育者尊重学生的个性差异，鼓励他们发挥自己的优势和潜能，同时也关注他们的弱点和不足，并提供适当的指导和帮助。

在这一境界中，教育不再是一种单向的、机械的过程，而是一种双向的、互动的过程。教育者和学生共同成长，相互启发，相互成就。学生不仅能够学到知识和技能，还能够得到情感上的支持和关怀，实现全面而健康的发展。

这种"至境"虽然难以轻易达到，但它是教育工作者不断追求和努力的方向。只有当教师真正关注学生的需求和发展，用心去理解他们、支持他们，才能实现教育的真正意义和价值。

新学期开学后，学生小彤的厌学情绪特别严重，对学习没有兴趣，对个别任课教师善意的点拨与批评也显得很厌烦，慢慢地开始消极应付作业，上课也没有精神，容易走神，学习成绩下滑严重。

教师及时跟她进行了沟通，她也将苦恼向教师诉说。毕业班的升学压力太大了，父母对她的要求让她喘不过气来，明明自己觉得已经尽力了，可成绩仍然不理想，父母觉得她还是努力程度不够。她实在看不到自己的出路在哪里，心情苦闷到极点。

教师意识到了事情的严重性，便立即跟学校的心理咨询教师预约。又联系小彤的父母，和小彤的父母做了长时间的交流和沟通，让家长不要再给小彤过多的压力，和学生多沟通，常交流；多表扬，少批评；在教育方法上，应避免简单粗暴的方式，更不能使用暴力手段，更多地以鼓励、理解和信任为主，全面关注小彤的综合健康发展，不要求小彤做到最好，但要求她能够做得更好！为小彤的学习提供舒松、和谐的家庭环境。

此外，教师还试着让个别任课教师同小彤进行了单独的交流和谈话，对小彤进行了学习方法的指导，让小彤树立起学习信心，并对小彤周围的同学进行了个别叮嘱，让他们帮助小彤走出心理阴影，树立交往信心。最终，小彤走出了厌学情绪的困扰，树立了学习和生活的信心，各方面都步入了正轨。

著名教育家马卡连柯曾经深刻地指出："爱是教育的根基，缺少爱就无法谈论教育。"因此，教育的重要性在于建立在爱的基础之上。在教育过程中，教师的责任不仅仅是传授知识，更要学会用心和关爱去启发学生的潜能，引导他们朝着积极向上的方向发展。爱心是教育的灵魂，是激发学生学习兴趣和潜能的关键。没有爱的教育就像没有阳光的花园，无法绽放出美丽的花朵。教育者肩负着塑造学生未来的伟大使命，他们的爱心和关怀是培养学生品格和智慧的基石。在这个伟大的事业中，教师的热爱和奉献精神是不可或缺的支柱，他们的爱是学生成长道路上最坚实的后盾。教师所面对的是一群性格各异、充满情感的活生生的生命，因此教师需要运用爱心来教育和感染学生，引导他们走向光明的未来。

主题3

学会为学生"留白"

留白，顾名思义指的是为学生在学习中还有生活里留有一定空间，给学生一定的自由，让学生多一些自主性。有时候学生在宿舍或餐厅犯了错误，教师可以学着不去追根问底，给学生留些"面子"；有时在课堂上有些知识点，教师详细而深入讲解，有些则是点到为止，甚至留白，故意放过，学生能够顺着教师的思路去研究这块"留白"的知识点，越研究越感兴趣，最终在能力上有所提升。恰当地为学生"留白"是教师教育智慧的体现。

一、给学生一个能够独立思考的"留白"

在教育过程中，给予学生一个能够独立思考的"留白"是非常重要的。这个"留白"指的是在教育和指导过程中，为学生留出一定的空间和机会，让他们能够独立思考、探索和创新。

首先，给予学生独立思考的"留白"有助于培养他们的批判性思维和问题解决能力。学生在面对问题时，如果没有立即得到答案或指导，他们就需要自己思考、分析和寻找解决方案。这样的过程能够锻炼他们的思维能力和创造力，使他们更加独立和自主。

其次，"留白"能够激发学生的学习兴趣和动力。当学生有机会自由探索自己感兴趣的话题或领域时，他们会更加投入和专注。这种自主性的学习能够让他们更加享受学习的过程，同时也能提高他们的学习效果和成就感。

此外，"留白"还能培养学生的情绪表达和自我认知能力。当学生在独立思考过程中遇到困惑或挫折时，他们有机会表达自己的情绪和感受。这样的过程能让他们更加了解自己，认识自己的情绪和需求，从而管理好自己的情绪和行为。

小华是我们班的"小机灵鬼"，精力相当充沛。一天在宿舍里，小华和他的舍友小刚因为宿舍值日问题吵了起来，而且声音越来越大，吵得整个宿舍的学生都围在一块儿，恰巧我从宿舍门前走过，悄悄挤进宿舍，看见小华正在抹眼泪，委屈地辩解："今天不是我值日，凭什么扫掉宿舍角落这么大堆垃圾，小刚是今天的值日生，应该他干啊。"小刚说："你是昨天的值日生。垃圾是昨天留下的，你没干啊，理应你去干。"宿舍其他成员起哄着支持小刚，小华更委屈了："你们就是合伙欺负我，我要告诉老师，你们在宿舍欺负我。"

我悄悄把宿舍长小强叫到走廊，询问事情的缘由。其实这件事情小华和小刚都有责任。我没有去找小华，而是让小强以宿舍长的名义开个宿舍会议，议题就是如何解决垃圾未清理导致扣分，问题如何合理解决，责任如何明确，让众人都能心悦诚服。会议上，小强详细说了事情的经过，小刚和小华作为值日生在衔接上出现了问题，宿舍长监督不力；小华未在晚间熄灯前完成垃圾清理，属于值日生未尽职到位；小刚早上也因走得仓促未清理，其他宿舍成员对宿舍垃圾视而不见，并且起哄让事件变得更加复杂。小强分析得很正确，让在场的所有人都心悦诚服，此时宿舍一片沉寂，我指出问题的焦点是小刚和小华的矛盾如何化解，宿舍扣分事实已成，我不想刻意去追究小华、小刚还是小强谁应该负责，我们要的是宿舍出了问题不要推诿扯皮，而是敢于承担自己的责任，并杜绝下次再出现扣分，我们得及时在制度上完善。在会上我没有提出解决方案，也没有去追究是小强、小刚还是小华的责任，意想不到的是下午起床后，垃圾不翼而飞。

第二天我的办公桌上有两张纸条：一张是小华写的，另一张是小刚写的，是他们和好的纸条。上面写道：因垃圾未清理扣分既是你的责任，也是我的责任，我们争吵就是逃避了责任，损害了宿舍和班级的荣誉。宿舍是我家，卫生靠大家，垃圾应由我们两个共同清理，其他宿舍成员也为自己起哄向小华道歉。我很欣喜此次"留白"让学生独立思考整个过程，并做出正确判断。

当然，在给予学生"留白"的同时，教育者也需要给予适当的引导和支持。他们需要确保学生有足够的资源和知识来进行独立思考，同时也需要关注学生的学习进展和困难，及时给予帮助和指导。

总之，给予学生一个能够独立思考的"留白"是教育过程中非常重要的一环。它不仅能够培养学生的思维能力和创造力，还能够激发他们的学习兴趣和动力，促进他们的全面发展。

二、让学生在"留白"中进步和成长

让学生在"留白"中进步和成长，是一种教育理念。它强调在教育过程中给予学生一定的空间和自由，让他们能够独立思考、探索和创新，从而实现自我提升和成长。

在"留白"中，学生有更多的机会去发现问题、分析问题和解决问题。他们不再是被动的接受者，而是主动的参与者。他们可以在这个过程中培养自己的批判性思维、创新能力、情绪表达和自我认知能力。他们可以在探索中找到自己的兴趣和激情，发现自己的优点和不足，从而更好地认识自己，规划自己的未来。

同时，让学生在"留白"中进步和成长也需要教师的引导和支持。教师需要为学生创造一个安全、积极、自由的学习环境，让他们能够自由地表达自己的观点和想法。教师还需要关注学生的学习进展和困难，及时给予帮助和指导，确保学生在"留白"中不会迷失方向，而是能够稳步前进。

餐厅里一群学生围在一起，小华和小林扭打在一起，餐盘里的饭菜撒了一地。小华一边哭着一边说着"对不起"，小林不依不饶。打架这种恶性事件竟然出现在实验班，让我始料不及。

我匆匆赶过来，拉开了扭打在一起的小华和小林。回到教室，我让他们分开坐下冷静，过了一会儿，我询问争执起因，原来小华打上饭后往回走不小心撞到了小林身上，大量菜汤溅到小林的裤子上，小林急了，小华也不退让，小事情引起了大争端，导致影响极坏。

如何处理？我没有刻意批评他们，只是说："不管谁先动手，一方只要还手，就是都有责任，也不要因为被打肿了脸而委屈，只能说明我们遇到事情时化解冲突的能力很差，矛盾用拳头是解决不了的，化解后言归于好才是大智慧。"接着是沉默，小林想辩解，小华也情绪难平。"你们好好考虑下冲突解决方式。"我没有指定他俩必须怎么做，怎么去惩罚他俩，只是要求他们换位思考，如何通过自己的努力去化解对方的委屈，具体怎么做，他俩自己去协商。

过了一天，小林和小华拉着手到办公室向我承认错误，并叙述了他们和好的经过：小华主动向小林道歉，承认了自己的莽撞，小林也为自己的不依不饶而后悔，各退一步完满解决。我想学生从自己的冲突中冷静下来，认识到自己的不足，这就是一种成长、一种进步，我欣喜于这种进步和成长。

当然，让学生在"留白"中进步和成长也需要家长的配合和支持。家长需要给予学生足够的自主权和信任，让他们在家庭中也能够享受到"留白"带来的自由和空间。家长还需要与学生保持良好的沟通和交流，了解他们的需求和困惑，给予他们适当的鼓励和支持。

总之，让学生在"留白"中进步和成长是一种重要的教育理念。它不仅能够培养学生的思维能力和创造力，还能够激发他们的学习兴趣和动力，促进他们的全面发展。同时，它也需要教师、家长和学生的共同努力和配合，才能真正实现教育的目标。

三、让"留白"成为每个学生成长的沃土

让"留白"成为每个学生成长的沃土，意味着将独立思考、自我探索的空间视为学生成长的必要条件和宝贵资源。在这个理念下，教育者需要精心设计教育环境，确保"留白"不仅存在，而且能够发挥最大的教育价值。

首先，教育者要认识到每个学生都是独一无二的个体，他们有自己的兴趣、特长和发展节奏。因此，在教育过程中，教育者应该尊重这些差异，为每个学生提供个性化的教育路径，让他们能够在适合自己的"留白"中自由成长。

其次，教育者要教会学生如何利用"留白"。这意味着不仅要给予学生独立思考的机会，还要教会他们如何面对挑战、解决问题和与他人合作。通过这些经历，学生可以逐渐培养自己的学习能力、社交能力和心理素质，为未来的生活做

好准备。

此外，教育者还需要在"留白"中为学生提供必要的支持和引导。这包括提供丰富的学习资源、搭建安全的学习环境以及给予适时的反馈和建议。当学生在探索过程中遇到问题时，教育者要鼓励他们勇敢面对、积极解决，并在必要时给予适当的帮助。

现代社会节奏很快，学习也很紧张，学生间彼此竞争得激烈。学生之间、学生与家长之间也因繁重的工作和学习变得焦躁，一些不起眼的小事情可能会变为恶语相加，甚至成为"宿舍或餐厅内战争"和"家庭内部的战争"。作为教师的我们，一味去责备一方，照顾另一方的情绪，不能有效解决问题，唯一能做的是让冲突缓下来，给家长和学生"留白"：让彼此换位思考，多想想自己的不足，多思考对方的不易，不要老强调自己的委屈，退一步海阔天空，给冲突双方留下充分的思考空间（在充分考虑到对方的不易后，设身处地为他人考虑再去思考解决方法，问题就会变得简单易行），如果双方都理解对方，我想学生之间和家长及学生之间会更加和谐。

为了更好地缓解学生间的冲突和化解学生的矛盾与纠纷，在学生回到学校后，我在班会中安排了这样一个环节：给父母写一封信，内容可以是我最想对父母说，父母对自己的不理解，我对父母想说的悄悄话，在学习上我如何做得更好，让父母放心，这封信我会收起并在合适的时机转给学生的父母；给我的同学一封信，信里可以诉说同学之间误会，化解同学之间的矛盾，或让同学偷着交给对方，或在信封上写上"×××收信"放到班级信箱里，然后让学生自己去领取，让学生多一分沟通的机会。

家长和教师，无论是在家里还是在学校对学生的学习要求都很急迫，务必给学生留一片自由空间，让学生经营好自己的这片领地，我们应该相信学生是纯真的，都希望自己的学习认真，成绩不断进步，不要对学生要求苛刻，唠叨学生应该做什么，不应该做什么，学生应该有选择权，我们需要做的是在学生休息或空闲的时候，和他们聊聊天，送去一个微笑，轻轻拍拍学生的肩膀，多去谈论学生的进步，或者谈论从自己的角度认为学生进步的方式或可行建议，不要去强求学生，相信经过学生的判断他一定选择好的建议，以自己的方式完善自己，让自己变得更加优秀。

诚然，让"留白"成为学生成长的沃土，还需要家长、学校和社会的共同努力。家长要给予学生充分的信任和自主权，支持他们在家庭中也能够享受到独立思考和探索的乐趣；学校要为学生创造更多自由探索的机会和空间；社会也要营造一个宽容、鼓励创新的环境，让学生在成长过程中能够得到更多的支持和鼓励。

让"留白"成为每个学生成长的沃土，是一种具有深远意义的教育理念。它不仅能够促进学生的全面发展和健康成长，还能够培养出更多具有创新精神和实践能力的人才，为社会的进步和发展做出贡献。

主题 4

潜心教育，让生命美好

在这个瞬息万变的世界中，教育始终承载着推动社会进步、培育未来人才的重任。我们深知，教育不仅仅是知识的传递，更是对生命的尊重和启迪。因此，作为教师应潜心于教育，让每一个生命都能绽放出美好的光彩。

一、师爱当先，润泽生命

自古以来，教育被视为社会进步的灵魂和人才培育的摇篮。而在这个崇高的事业中，"师爱"则是其核心和精髓，它是润泽学生生命之源的不竭之力。我们深信，只有以师爱为先导，才能让学生的生命得以苗壮成长，焕发无尽的光彩。

发现教育的美好

师爱，如同阳光般温暖，如同雨露般滋润。它不仅是教师职业道德的体现，更是对学生无私关爱的表达。当教师以爱心去拥抱每一个学生，以真情去感化每一颗心灵，他们便能激发出无尽的潜能和创造力，成为社会的栋梁之才。

在教育领域，许多杰出的教师用自己的实际行动诠释了"师爱当先，润泽生命"的真谛。下面是一个生动的案例，展现了师爱如何深深地影响和润泽了学生的生命。

在一所乡村小学里，有一个名叫李清的学生。李清家庭贫困，父亲长期患病，母亲则为了支撑家庭不得不去外地打工。因此李清成为一名留守儿童，缺乏父母的陪伴和关爱。在学校，他性格内向，不善言辞，一直成绩平平。

张老师是李清的班主任，她发现李清的情况后，决定用师爱去温暖这个学生的心。她主动与李清建立了深厚的师生情谊，经常关心他的生活和学习情况。在课堂上，张老师特别留意李清，鼓励他大胆发言，参与讨论。除了学业上的关心，张老师还非常注重培养李清的综合素养。她鼓励李清参加学校的各种兴趣小组和活动，帮助他发展自己的兴趣和特长。在张老师的引导下，李清逐渐变得开朗起来，成绩也有了明显的提高。

在张老师的关心下，李清的生命得到了润泽。他不仅在学习上取得了显著的进步，还学会了关心他人、乐于助人。在一次班级活动中，他主动帮助有困难的同学，受到了大家的称赞。李清的父母也感受到了学生的变化，他们十分感激张老师对李清的关爱和付出。

这个案例充分说明了师爱的重要性。只有当教师以爱心去对待每一个学生，他们才能真正地润泽学生的生命，帮助他们茁壮成长。让我们向张老师这样的众多优秀教师致敬，为他们的无私奉献和崇高精神点赞！

师爱当先，润泽生命。这不仅是我们的教育理念，更是我们的责任和使命。让我们以师爱为引领，让教育的光芒照亮每一个学生的人生道路，为社会的进步和发展贡献自己的力量。

二、学无止境，耐心耕耘

叶圣陶先生曾说过："教育是农业而不是工业，需要耐心等待，静心教育，静待花开。"在教育的广袤田野上，每一位教师都是一位农夫，耐心地耕耘着知识的土地，期待着丰收的喜悦。而学无止境，既是农夫对土地的敬畏，也是他们自我成长的追求。

对于教师而言，学习永远在路上。随着时代的发展，知识的边界不断扩展，教育的理念和方法也在不断更新。教师要保持与时俱进，必须保持一颗永不满足的求知心。教师不仅要深入研究学科知识，还要掌握先进的教育技术，了解学生的心理需求，不断提升自己的专业素养和教育能力。

教育不是短期的冲刺，而是一场马拉松。教师需要耐心地耕耘，用时间和爱心培育每一个学生，要了解每个学生的特点和需求，因材施教，引导他们发现自己的兴趣和优势。同时，教师还要培养学生的自主学习能力和终身学习的意识，让他们在未来的道路上能够持续成长。

教师的学无止境和耐心耕耘不仅促进了自身的成长，也为学生的进步提供了有力的支持。当教师不断学习、提升自我时，他们的教学方法和策略会更加丰富多样，能够更好地激发学生的学习兴趣和潜能。而当教师耐心耕耘、精心培育时，学生的成长之路也会更加顺畅，他们会在教师的引导下逐步走向成功。

学无止境，耐心耕耘，这是教育者的信仰和追求。一个教师真正的成长在于内心的觉醒，树立终身理念，用心过好每一天，"问渠那得清如许，为有源头活水来"，读书是最好的备课，要从读写实践中汲取前辈与同人不同的智慧，提升自己的教学素养，成为学生喜欢的教师。

三、潜心钻研，勇于创新

在 21 世纪的今天，教育的重要性日益凸显。它不仅是国家和民族的根基，也是个体发展的阶梯。随着科技的发展和社会的变迁，传统的教育方法和模式已经不能完全适应新时代的需求。因此，我们必须"潜心钻研，勇于创新"，不断探索更加有效、更适应现代社会的教育方式。

潜心钻研，意味着我们需要深入了解教育的本质、目标和任务。我们要对各个年龄段的学生有深入的了解，掌握他们的心理特征、学习需求和成长规律。同时，我们还需要对教学内容、教学方法、教育评价等方面进行深入的研究，探索更加科学、更加高效的教育方式。只有这样，我们才能为学生提供更好的教育，帮助他们更好地成长和发展。

勇于创新，是教育发展的不竭动力。在信息技术飞速发展的今天，传统的教学方式已经不能满足学生的需求。我们需要勇于创新，探索新的教育模式和方法。例如，利用互联网和大数据技术，我们可以实现个性化教学、智能化评价，为学生提供更加精准、高效的学习支持。同时，我们还需要培养学生的创新精神和实践能力，让他们成为具有创新精神和实践能力的新时代人才。

要实现潜心钻研和勇于创新，我们需要做到以下四点：

一是加强学习，不断提高自己的专业素养和教育理念。只有不断学习，才能掌握新的知识和技术，为创新提供动力。二是勇于尝试新的教育模式和方法。在教育实践中，我们要敢于尝试新的方法和技术，不断探索更加适合学生的教学方式。三是加强与同行的交流和合作。通过交流和合作，我们可以分享经验、碰撞思想、激发创新灵感。四是关注学生的需求和反馈。学生是教育的主体，他们的需求和反馈是改进教育的重要依据。我们要密切关注学生的需求和反馈，及时调整和改进教育方式。

总之，"潜心钻研，勇于创新"是每一位教育工作者都应该秉持的理念。只有不断深入研究教育、勇于创新实践，我们才能为学生提供更好的教育服务，推动教育的不断发展和进步。让我们携手努力，为培养更多优秀的人才贡献自己的力量。

四、善于反思，厚积薄发

在人的一生当中，最完美的状态，不是你从不失误，而是你从未放弃过成长。没有人能把你变得越来越好，时间和精力也只是陪衬。支撑你变得越来越好的，是你坚强的意志、修养、品行以及不断的反思和修正。

在教育这条道路上，每一位教师都肩负着培养下一代的重任。而在这条道路上，教师的反思能力显得尤为重要。反思，不仅是对过去的教学进行总结，更是对未来教学的规划和改进。善于反思的教师，能够不断地积累经验和知识，实现厚积薄发，为学生提供更加优质的教育。

反思是一种自我审视和自我提升的过程。在教学过程中，教师会遇到各种各样的问题和挑战。通过反思，教师可以深入剖析这些问题产生的原因，寻找更好的解决方法。同时，反思还可以帮助教师总结经验教训，避免重复犯错，提高教学质量。

潜心教育，是一种致力于挖掘学生内在潜能、关注其全面发展的教育理念。它不仅仅是一种教育方法，更是一种对于教育本质的追求，是塑造人才、引领未来的关键。在我看来，潜心教育在个人成长和成功中具有至关重要的地位。教育是一个静心陪伴的过程，只要我们有十足的准备，能研究、有爱心、常反思；只要我们怀有"黄沙百战穿金甲，不破楼兰终不还"的决心，就一定能够"直挂云帆济沧海"。

主题 5

鼓励式教育，静待花开

在学校，教师总会遇到各种各样的问题：有的学生考试后看到成绩灰心丧气，也有的学生课堂上对于教师提问的问题不置可否，还有的学生周末作业没有完成或干脆没做……作为教师，遇到这些情况的第一反应是血压飙升，怒火中烧，疾言厉色的说教只会使学生流泪或无动于衷，这令我们更加暴怒，但事后想起，总觉得学生依然如旧。我们感叹教育无力，感叹学生不可理喻，为何在我们的年代屡试屡成的"严师出高徒式"失去效力？是我们的学生"变坏"了，还是我们需要调整教育理念？既然严厉说服式教育不起效力，为什么不换一种方式，用一种柔风细雨的方式，用一种鼓励式语言，多看看学生身上的闪光点和进步，去润化学生的心灵，设身处地给学生的学习和生活提供可行性建议或具体改进的方法，可能会取得好的教育效果。

一、寻找每个学生的闪光点

每个学生都是独特的，拥有自己的优点和潜力。作为教师或家长，我们的任务之一是寻找并培养学生的闪光点，让他们的独特之处得到发挥和发展。

首先，要给予学生充分的关注和观察。只有我们真正了解学生，才能发现他们的特长和兴趣。在日常互动中，要注意学生的言行举止，发现他们的独特之处。同时，我们也要和学生进行深入的交流，了解他们的想法和感受，从而更好地发现他们的闪光点。

其次，要给予学生充分的机会去尝试和体验。每个学生都有自己的兴趣和爱好，让他们尝试不同的活动和领域，有助于发现他们的闪光点。同时，也要鼓励学生多参与集体活动，与同龄人互动，从中发现他们的优势和潜力。

最后，要给予学生积极的反馈和鼓励。当学生取得进步或表现出色时，要及时给予肯定和赞扬，让他们感受到自己的价值。同时，也要鼓励学生在面对困难时保持勇气和信心，帮助他们克服困难，进一步发掘自己的闪光点。

一天放学后，我走进教室，看到小宇头也不抬地写英语作业。我走过去轻轻拍了下他的肩膀，笑笑说："嘿，小宇该吃饭了，不然因为没有吃饭脱离队伍会给咱们班扣分的。"小宇说："老师，我还有一点儿作业就完成了，让我写完了好不好啊？"我严厉地说："不行，吃饭要紧，决不能给班里扣分，不然我就要告诉你的家长了。"小宇噘着嘴离开了教室，当我离开教室后，他转了一个弯又回到教室。不出意外，小宇被学生会检查不吃饭脱离队伍扣 2 分，顿时我火冒三丈，把小宇叫到办公室大声呵斥了一顿，严令他写 800 字的检讨，并通报家长，此后小宇情绪低落，上课走神儿，在我不注意的时候，他又给班里扣了 5 分，期中考试班里退步十名，级部退步四十名。

为什么？明明是为了他好，严师出高徒这句千古不变的真理怎么就失灵了？我咨询学校的心理教师，与学校的老教师探讨这个问题，同时也反思自己，觉得自己应该做出改变，需深彻改变自己的教育理念：我试着用鼓励式语言来做贴心教育，让学生变得自信，在温暖和笑容中成长。

在以后的日子，我总是在宿舍、餐厅、教室更多地寻找小宇身上的闪光点和进步。一次在餐厅，同学们在排着队看书，小宇独自在餐厅座位上做题，我轻轻走过去，坐在边上看着他，等他做完，我拿起他的作业本，惊喜地说："小宇这次书写很认真，进步很大啊！"我认真地给他批改作业，又详细地给他分析错题的原因，帮他规范答题步骤，用红笔单点讲解错题应注意的方法和技巧，那次小宇听得很认真，我讲完后，他向我笑笑转身去打饭了。我想教师的认真付出对小宇已经产生了作用，我也相信小宇也会出现好的转变。

此外，教师还要与学生一起制订个性化的成长计划。根据学生的兴趣和特长，制订适合他们的成长计划，帮助他们进一步发掘自己的闪光点。同时，也要关注学生的全面发展，注重培养他们的综合素质，让他们在未来的学习和生活中更加出色。

寻找每个学生的闪光点是一项重要的任务。通过关注、尝试、反馈和计划等步骤，我们可以更好地发现学生的独特之处，并帮助他们发展成为更好的自己。

二、为每个学生的转变而欢呼

为每个学生的转变而欢呼，是教育者和家长应该持有的重要态度。这种态度体现了对每个学生的尊重、关注和鼓励，能够激发学生的自信和积极性，促使他们更加努力地追求进步和成长。

每个学生都是独特的，他们有着不同的性格、兴趣和天赋。在成长的过程中，每个学生都会经历各种挑战和困难，也会经历一些转变和成长。这些转变可能是学习上的进步，也可能是个性上的变化，或者是情感上的成熟。无论是什么样的转变，都值得我们为他们欢呼和庆祝。

为学生的转变而欢呼，可以让他们感受到自己的努力和付出得到了认可和肯定。这种认可和肯定能够增强他们的自信心和自尊心，激发他们的学习动力，发掘他们的成长潜力。同时，欢呼和庆祝也能够让学生感受到教育者和家长的关爱和支持，从而建立更加紧密和积极的师生关系和亲子关系。

在为学生的转变而欢呼的同时，我们也需要给予他们具体的指导和帮助。我们需要帮助他们分析取得进步的原因，总结经验教训，为未来的成长打下更坚实的基础。我们还需要关注他们在转变过程中遇到的困难和挑战，给予他们适当的支持和鼓励，帮助他们克服障碍，迎接更大的挑战。

学校要举行班歌比赛，同学们三三两两地练习班歌，争取为班级在学校的舞台上展示最精彩的风采。小宇却跑来跑去，说这个同学唱歌跑调，又说那个同学记不住歌词，惹得同学一片厌恶。小宇又趁机说："我们别努力了，人家三班和一班肯定拿冠军，你看我们的班歌到现在还没有唱流利，这差别也太明显了。"

我找到小宇，笑着问："那我们怎么办，班歌比赛还有一个月，你作为班里的文娱委员，应该积极带领大家排练，把那些不会唱班歌的同学教会，帮那些跑调的同学正过调，让全班同学唱得更整齐。你应该鼓励大家去练习，怎么能……是吧？""他们不信任我，我怎么带领大家练习呢？"小宇争辩道。我轻轻拍着他的肩膀说："这就看你的领导力了，你看你老说这个跑调、那个不会唱，大家都不理你了，你怎么能领导大家呢？你唱歌好听，给大家示范下，给不太会唱的同学单独指导，和咱们班长、体委、纪律委员配合好，把你的唱歌天赋发挥出来，我们一定会超过一班和三班的，去做一下，不要去嘲笑咱们班同学好吗？"小宇点了点头。

接下来我看到小宇在班里忙碌的身影，帮着体委安排队伍，还帮着班长找音乐伴唱，又帮着纠正跑调同学的声调……忙得不亦乐乎。班歌表演那天，小宇还非常热心地提醒大家："同学们，我们练班歌这么长时间，我觉得大家已经唱得非常好了，我还想提醒大家班歌比赛需要入场前整理着装，入场后开始唱之前必须保持安静，在唱歌时咱们班四十个人无论谁唱错了，或唱跑调了，都不要互相责备，班歌最需体现的是我们的昂扬向上的风貌，加油，我们一定能成功！"天哪，没想到小宇做得这么棒，把我的台词都抢了，我上前拍拍小宇的肩膀，带头为小宇鼓掌，那天我们的班歌超常发挥，虽然也有唱错、跑调的，但我们班获得了一等奖，我为小宇的改变而欢呼。

为每个学生的改变而欢呼是一种积极的教育态度。它不仅能够激发学生的自信和积极性，还能够建立更加紧密和积极的师生关系和亲子关系。

三、学会包容，静待学生成长的欣喜

学会包容是教育者和家长在陪伴学生成长过程中的一项重要能力。每个学生都有自己独特的成长轨迹和速度，而学会包容则意味着我们能够接纳他们的不同，给予他们足够的时间和空间去发展、去成长。

首先，包容意味着尊重。每个学生都是一个独立的个体，他们有自己的想法、感受和需求。学会包容就是要尊重他们的独特性，不轻易地对他们的行为或思想进行评判或否定。只有当我们真正地尊重学生，他们才会感到被理解和被接纳，从而更加自信地探索世界。

其次，包容意味着耐心。成长是一个漫长的过程，尤其是对于学生来说。他们可能需要花费更多的时间去理解新的知识、掌握新的技能。学会包容就是要耐心地等待他们的成长，给予他们足够的时间和机会去尝试、去探索。只有当我们有足够的耐心，才能看到他们一点一滴的进步和成长。

再次，包容意味着接纳错误和失败。在成长的过程中，学生难免会犯错误或遭遇失败。学会包容就是要接纳他们的错误和失败，不因此而过度批评或指责他们。相反，我们应该鼓励他们从错误和失败中学习、吸取经验教训，并勇敢地面对未来的挑战。

最后，包容也意味着给予学生支持和帮助。当学生遇到困难或挑战时，学会包容就是要给予他们积极的支持和帮助。我们可以为他们提供指导、建议和资源，帮助他们克服障碍、实现目标。同时，我们也要相信他们的潜力和能力，鼓励他们不断挑战自己、超越自己。

快到期中考试了，我翻开小宇的数学作业，看看学期初他的作业写得潦草，错题连篇，看着自己在小宇作业本上批改的点点滴滴，错题边上写着错因提醒、错题修改建议、步骤纠正方法和技巧调拨，一页一页翻过，小宇书写得越来越认真，步骤越来越规范。"小宇做得不错！""小宇这道题你做得很好了，可是还有更简便的方法，你再尝试下好吗？""小宇，这道题你解题步骤还能再简练些。""小宇你这道题能讲出来真的不错，班里讲出这道题的人不多啊，我相信你数学学习很有天赋！"……进步和欣喜在小宇身上不断发生。

期中考试结束了，成绩出来了，一阵欢呼。我抬头一看，小宇又蹦又跳，数学成绩班里排名第三，总成绩进步八十名，成为班里的"进步之星"。

此刻的我发现了教育的真谛，从小宇的进步中我看到了一种力量，鼓励式教育的力量；一种包容，一种教师在真心付出后静待花开的欣喜。

与我们的那个年代相比，新时代的学生有自己的想法，有着自己的认知，更有着自己的自尊。当我最初用严厉和命令的语气、用写检讨告家长的方式去硬性教育时已经显示教育的失败。如何赢得学生的信任和喜欢？如何开启新时代下学生教育和转变的历程？此时显得尤为重要。

教师应该去营造和谐、温馨的教育环境，其间通过真心无私的付出，细雨般地润化学生那颗对抗的心，静待学生的进步，我想教育奇迹会发生的。

学会包容是教育者和家长在陪伴学生成长过程中的一项重要能力。通过尊重、耐心、接纳错误和支持帮助，我们可以为学生创造一个更加宽松、自由、充满爱的成长环境，让他们更加自信、勇敢地面对未来的挑战。

专题七

教育是一场向美而行的修行

教育是一场美好的修行，是一场爱与被爱的修行，修的是孩子，更是教师自己；教育是一场温暖的修行，应该让教育回到每一个施教者的内心，在清明、澄澈的心境里，获得教育的智慧；教育是一场漫长的修行，这条路上，有你、有我，也有他们。

冰心说过："爱在左，同情在右。走在生命路的两旁，随时播种，随时开花，将这一径长途点缀得香花弥漫，使穿枝拂叶的行人，踏着荆棘，不觉得痛苦，有泪可落，却不是悲凉。"泰戈尔也说："不是铁器的敲打，而是水的载歌载舞，使粗糙的石块变成了美丽的鹅卵石。"这就是修行。

教育是一场美好的修行，是一场漫长而幸福的修行，是一场爱与被爱的修行，修的是学生，更是教师自己。教育如水，它能使棱角分明的顽石渐臻完美；教育如修行，它能让一丝柔软，从心间蔓延至每一个鲜活的个体。

教育是一场温暖的修行，我们追溯教育的本质和教育的外在效应，但更重要的是，教育需要向内，我们应该让教育回到每一个施教者的内心，在清明、澄澈的心境里，获得教育的智慧。修行，即修"心"，作为一名教师，应该通过修炼自己的内心，不断地让自己增长智慧和善心，成为更好的"人"，并因此将这样一种温暖、一份感动、一些感悟传达给学生，培养"真、善、美"的一代代新人，这便是教育的真谛。

教育是一场漫长的修行，这条路上，有你、有我，也有他们。这幅画卷是恢宏大气，是细水长流，也是鲜花遍野。在教育这条路上，我们意气风发地出发，我们深知：最有价值的东西从来都是看不见的——对学生浓浓的爱。无爱者，寸步难行；怀爱者，处处生机。

主题 1
让自己成为一个美好的人

"教育，是一项向美而生的事业。"

如果说教育就是成长，那么教师在力所能及的情况下，为学生成长提供一个良好的环境，就是教师的职责。什么是良好的环境呢？那就是美好的教师自身。只有当教师成为学生学习、生活、成长的"教材"时，教育才能实现其真正的价值。

不可否认，每一位教师身上都有一种无形的气质，这种气质能够长久地影响学生，更能熏陶、浸染学生的心灵世界。可以说，教师本身就是一门课程，学生是教师的精神后代。教师的某种精神基因，也会在日常生活中得以传承。所以，教师要想让学生往好的方向发展，首先自己要做一个好的榜样，带领学生往前走。

教师要想把优秀的学生教育出来，首先要把自己培养成一个佼佼者。而一位优秀的教师，必须具备以下三个方面的修炼。

一、要具备品行端庄的形象美

教师在学生成长过程中扮演着至关重要的角色，他们不仅是知识的传授者，更是学生品德和行为的楷模。因此，教师应该具备品行端庄的形象美，这既是他们职业形象的要求，也是对学生产生积极影响的需要。对形象进行修饰，使之保持清爽，这一过程是发现自我的过程，也是悦纳自我的过程，还是滋养自我的过程。

1. 体现了教师的职业道德和品质

教师应该具备高尚的品德、严谨的治学态度和良好的行为习惯，这些都会通过他们的言行举止传递给学生。一个品行端正、举止得体的教师，会让学生感受到尊重和信任，从而更加愿意接受他们的教育和引导。

2. 有助于塑造积极的课堂氛围

教师的形象和气质会直接影响学生的情绪和学习态度。一个面带微笑、和蔼可亲的教师，能够营造出轻松、愉悦的学习氛围，激发学生的学习兴趣和积极性。相反，一个形象邋遢、举止随意的教师，可能让学生感到压抑和不安，影响他们的学习效果。

3. 是教师自我修养的体现

教师应该注重自己的形象塑造，不仅要有得体的着装和整洁的仪表，更要有内在的修养和素质。通过不断提升自己的专业素养和人格魅力，教师可以更好地发挥自己的教育作用，对学生产生深远的影响。

4. 有助于提升教师的社会地位和影响力

教师作为社会的一分子，他们的形象和气质代表着整个教育行业的形象。一位品行端庄、形象得体的教师，不仅能够赢得学生和家长的尊重和信任，也能够提升整个教育行业的形象和社会地位。

综上所述，教师应该具备品洁端庄的形象美，这不仅是他们职业形象的要求，也是对学生产生积极影响的需要。通过注重自己的形象塑造和内在修养，教师可以更好地发挥教育作用，为学生的成长和发展做出积极的贡献。

二、要保持高雅的气质

气质，就是人的精神长相。一个人如果精神粗糙、气质俗气，即使妆容精致，衣着光鲜，也会显得俗不可耐；反之，一个人若品位高雅、心境明丽，纵然没有过多的装饰点缀，依旧能养出一份旷日持久的清丽，美得令人心旷神怡。

世上的一切表象都不是独立存在的，而有着深刻的内在缘由，人的长相也是如此，这就是所谓的"相由心生"。影像上的美，能唤起一个人散发优雅从容气质的更大自信。塑造美，不能只在表象上下功夫，还要从内在做改革，用隐性的气质来支撑显性的悦目。

一个优秀的教师，必定是由内而外散发出高贵与典雅的气质，且独具个性。可以说，他读过的书，他所有的人生经历，都有可能参与他的精彩。

一个优秀教师的气质里，要有一种书香的气息。爱读书是教师应有的习惯，一切言之有物的读书，都是有力的教育依靠。书是教师自我提升的途径，读一本有质感的书，就像与哲人对话，在心灵上可以滋养出万千气象，使人与美好的自己相遇。有质感的书看多了，表面看不出痕迹，但气质包含其中。

"学高为师，身正为范。""学高"和"身正"是教师教书育人的基本规范。我们都知道，作为教师，要想教给学生一杯水，就要有一桶水。但是，随着社会的发展，许多教学技术不断更新、教学软件不断出现，一桶水已经满足不了学生的需求，教师应该是一片汪洋。要想成为一名优秀的教师，就必须做到与时俱进，不断更新自己的教育观念。作为教师，要想让学生喜欢你的课堂，就得用丰富的知识俘获学生的心，唯独这样，学生才会信服你，才会跟着你的脚步走。

好教师的气质里，应该包含生活气息。一个真正有素养的教师，能从内而外散发出一种从容不迫的气质，这种气质源于内心的自在与洒脱。平时生活中面对较多的琐事，仍能把日子过精致，有条不紊地处理好日常生活中的小事。无论是对待工作还是对待人生，对每时每刻都抱着虔诚的敬意，全身心地投入工作中；对待生活中的种种起伏和变化，也能做到从容不迫地享受生活的阴晴圆缺。在对待工作和人生的态度上把握好度，使工作与人生本身成为诗与远方，如此沉淀出来的教师气质必然具有从容不迫的优雅。所以，好的教师一定是个懂得把握生活情趣的人。

好教师的气质中，也要蕴含着高雅之气，并透着一种非同一般的审美观。诗人木心曾说过：如果一个人没有审美力，那这个人就是精神上的绝症，即使是知识也救不了他。要想提升自己的审美品位，我们可以走进广阔的天地，因为天地有大美，能培育出敏感的性灵；可以走进博物馆，其中的收藏品是人类生存、发展的物证，传承着文化的血脉；可以走进歌剧院，接受美的熏陶。

见过美的人，很容易滋养内在的情趣，从而即使在平凡的岗位上，也能有一种儒雅之气。

三、要具备高贵的灵魂

对于教师而言，做人要厚道，思想要充实，灵魂要高洁。因为教育是心灵的事业，教师的一举一动都有其人格的介入，对学生会有一种无痕的浸润，这种浸润虽然表面上看不出痕迹，但是内在的力量是没有痕迹的。

教师的内在底蕴，立足于其心地的善良。柏拉图说，至善方能至美。一位慈祥慈悲的教师，本身就具有一种强大的力量，能够像温暖的阳光照耀在学生的身上，并且让我们时常耕耘自己心灵的土地，让心灵保持柔软，然后把慈祥的种子播撒下去，让这片土地焕发出勃勃生机，成为花香浓郁的果园，绽放出浓墨重彩的诗篇。

我们认为，学生仍然是学生。学生需要更多的关心和照顾，而不是一味的严加管教。对学生要厚道，要做他们信得过的朋友，成为他们寻求安慰的家长，这是我们为人师表的追求。学生到你这里来寻找安慰、寻求帮助，是因为觉得只有你懂他们、爱他们。为人师表，要常修性情、常修品格，并切实运用到教育教学中去。

教师内在的底蕴，来自思想的丰富。人生的高度取决于思想的高度。对教师来说，其思想的高度不但决定了自己的人生高度，还会影响到学生的精神高度。

只有教师自身思想丰富，他的学生才有可能思想丰盈；反之，如果教师自身思想孱弱，他的学生多半精神懦弱。

思想丰富的教师，本身就是一部活教材。要想思想丰富，必须经过深思熟虑。思考是一种艰巨的、复杂的甚至是痛苦的创造性劳动，同样，伟大的思想无不经历思考的阵痛。作为教师，不一定有了不起的思想，但一定要有独立思考的能力和素质，否则难以真正担负起启迪学生心智的责任，更难以促进他们精神的主动成长。

教师内在的底蕴，根植于教师高尚的灵魂深处。因为美是从心灵深处散发出来的，世间再也找不到比人的灵魂更有价值，比人的灵魂更高贵的东西。没有高贵的灵魂，就没有高远的境界，就难成大器，所以，我们要坚守自己的内心信念，面对任何考验都坚忍不拔。

灵魂上的高贵，不能因为他人的要求和看法而刻意追求，而是通过内心的省察、理性的思考而自觉拥有，它是美好之心的自然流露。藏于中，形于外，这样的品格才是丰盈动人的。

教师在教育学生的过程中，首先要使自己成为一个优秀的人，这是教育的起点，也是教师在某一阶段的终点，这个过程是需要汗水甚至泪水的，但欣慰和喜悦终究会有收获。所以凡是慕名而来的人，都会追求更美、更好的生活，发出"生而为人，不负众人"的感叹。

只要选对了方向，就不怕路途遥远，而这一过程，也是教师精益求精的过程。相信经过自己不懈的努力，以后再回头看看，一定会发现自己收获的是更优秀的自我。

让自己做个美好的人，把更多的人用美好的东西照亮。

主题 2
要懂得成人之美

"成人之美"出自《论语·颜渊》。子曰："君子成人之美，不成人之恶。小人反是。"这句话的一种理解是，君子要胸襟宽广，与人为善，善于帮助他人实现美好愿望，对他人的进步多看一眼，这样才是上进之道。"成人之美"，在现代社会还是很有社会价值的，它体现了人与人之间的相互尊重、理解和帮助。在日常生活中，通过成就别人的好事，既增进了彼此间的尊重与信任，同时也推动了全社会的和谐与进步。我们每个人的成长，都需要别人的支持和鼓励。当看到周围的人都在努力成长、不断进步的时候，就应该给他们最诚挚的支持和鼓励。这样的支持不仅可以使他们走下去的决心更加坚定，更可以激发自身的潜能和内驱力。

一、成人之美：一种高尚的道德情操

在纷繁复杂的当代人际交往中，我们常常会面对各种各样的挑战。其中，如何做到"成人之美"，既是道德情操，也是我们成长过程中至关重要的一环——人生的一种智慧，缺少了美，人就少了许多幸福，就变得俗不可耐，社会也就变得淡漠、势利。我们一个和蔼的眼神，一句温暖的话语，往往能在别人遇到困难的时候，带给人无比坚强的力量。要学会站在别人的角度去体谅别人的苦衷和不易，在力所能及的情况下，给别人以支持和鼓励。这样的行为，既可以使人与人之间的距离拉近，又可以使社会充满更多的温暖和正能量。

2020 年 6 月 1 日，厦航 MF872 首尔—厦门航班比原计划推迟 7 个小时起飞。

当日在所有乘客登上飞机后，客舱响起雷鸣般的掌声和欢呼："感谢厦航！这是一次暖心的延误。"

原来，当日大韩航空洛杉矶—首尔航班延误12小时起飞，这直接导致我国96位同胞准备从首尔转机厦门的计划被打乱，陷入无法回国的困境之中。在当时"五个一"政策下，回国机票一票难求，费尽周折买到的中转机票却无法按时登机，每周从首尔到中国的航班屈指可数，机票也早已售罄，留学生能否顺利回国成为一个未知数。面对这一窘境，他们只能尝试向厦门航空求助，没想到的是，仅仅过了三个小时，厦门航空便同意了这一"不情之请"，主动从中午延误至晚上，为同胞们预留了登记时间。"感谢厦航，让我们从绝望变惊喜！"许多留学生的家长激动地感慨道。其实受时局影响，航班的延误给基础检疫带来很多不便，但厦门航空积极协调，各单位协同配合，为留学生顺利回国保驾护航。一时间，留学生群里欢呼雀跃，把群名改为"感谢厦航 safe flight"。

在当今社会，经济文化迅速发展，这种成人之美的做法更是难能可贵，大家更懂得在自己的能力范围内去成全、促进一件好事。看到别人需要帮助，我们就应该做一些力所能及的事情，伸出援手，出一份力。这种乐于助人的精神，恰恰是"成人之美"的重要体现。我们在践行成人之美的善举中，也会获得莫大的满足与美好。

二、成人之美：一种人生态度与智慧

在人际交往中，不强行干涉或施加压力，尊重大家的个性和选择。要在别人有美好愿望或美好目标的时候，给予别人实现理想的支持和鼓励。每个人都有自己的梦想，都有自己的追求，或许微不足道，或许波澜壮阔。但不管大小轻重，都是追求最真实的个人内心。与人交往要学会尊重别人的选择，对别人的梦想不要轻易贬低。因为，每一个梦想都令人肃然起敬，付出的每一分努力都值得喝彩。成人之美，是气度之美，也是智慧之美。

发现教育的美好

《后汉书·班超列传》中讲到了班超投笔从戎的故事。班超从小家境贫困，靠为官府抄书挣钱补贴家用，班超有一次感叹道：大丈夫应该像张骞那样出使西域立功，封侯晋爵，不能长期围绕在笔墨之间忙碌。当时，旁人都嘲笑他，班超却说：小子怎么能了解壮士的志向呢！在日复一日的抄书中，班超日渐坚定了自己的理想，毅然投笔从戎，成为我国历史上第一个从文转武的人。班超出身文学世家，但军事才能同样优秀。班超的胆识和勇敢得到了朝廷的认可，他用自己的智慧和战略使西域再次归附大汉的统治，东汉重新设置了西域都护府。班超在西域经营三十一年，最终让西域五十多国归附汉朝，为我国的统一与安定做出了重要贡献。

在当今社会也有很多成人之美的故事。2023 年，海南成美慈善基金会秘书长刘英子女士，荣获"中华慈善奖"慈善榜样称号。刘英子曾是一位优秀的新闻工作者，曾荣获海南十佳青年、第四届海南省十佳优秀新闻工作者等荣誉称号，在繁忙的工作之余，她也在海南宁养院默默做了多年义工，为临终老人带去了温暖的慰藉。2010 年，事业如日中天的刘英子毅然放弃记者这一职业，投身公益慈善事业，筹备成立海南成美慈善基金会，出任秘书长，基金会名称寓意"成人之美、大爱无疆"。刘英子投身公益事业时，正值我国公益事业的冰河期，面对大家的不理解与质疑，其中的心酸不言而喻。在筹备时期，刘英子承担多种角色，加班也是常事，很多人怀疑一个闪闪发亮的女主播转型默默无闻的公益人，她究竟能坚持多久？时间证明一切，这十余年间，从海南到全国，谁也不知道这条路她付出了多少艰辛，在日复一日的公益事业中，她坚持透明公开与创新改革，她的慈善事业涉及扶贫济困、健康医疗、教育、社会创新等多个领域。

2018 年"情系少数民族女孩"项目获得民政部颁发的"中华慈善奖"，这也是海南地区的慈善行业首次获得该殊荣。在这一项目中，十多个贫困地区（当时的称谓）及多民族地区共六千余名贫困女孩得到了免费的职业教育，她们从面黄肌瘦到神采飞扬，生活教育水平都得到了极大提高，刘英子带领女孩们开拓视野走上了更大的舞台，到现在为止，许多女学生已经长大成人，但这些温暖依旧在发光发热。当然，这一项目仅仅是成美慈善基金会成立后发起的二百余个项目之一。截至2022年底，成美慈善基金会支出善款共计4.98亿元，慈善项目二百七十余个，直接受助人达八十余万，间接受益人三百余万，遍布全国32个省份，甚至辐射周边的国家，真正做到了"成人之美，大爱无疆"。

各成其美，美美与共。在爱心人士的带领之下，每一个携手前行的爱心之举，都凝聚了无限力量，它可以战胜贫困，克服困难，抗击灾害。

三、成人之美：一种宽广的胸怀

"成人之美"既是生活态度，又是实际行动的表现。当我们在生活中遇到需要帮助别人的情况时，就应该毫不犹豫地伸出援手，不管是物质上的帮助还是精神上的扶持。只要以真心实意去帮助别人，就一定能够让他们体会到社会的温暖与善意，从而得到心灵的感悟。

2008年，在我国首都北京举行了夏季奥林匹克运动会。8月9日，奥运会的第一场比赛——女子10米气步枪在北京射击馆举行。一大早，场馆前聚集了很多群众，这时一位美国小伙高举着一块牌子"高价跪求奥运射击门票"。小伙名叫凯特尔，是我国射击名将杜丽的忠实粉丝，他千里迢迢从美国赶到北京，但是奥运会的门票卖得太过火热，他费尽心思也没有买到，凯特尔不得已想出来这样一个办法。这时观众陆陆续续进场，场外同样围满了许多没有买到票的观众，此时，一位白发苍苍的老人来到凯特尔面前，把手中的门票给了他，凯特尔特别兴奋，从包里拿出美元递给老人，老人摆了摆手示意他赶紧进场。原来老人也是特意从贵州赶到北京观看奥运会的，并且这张门票是老人的儿子好不容易买到的，老人也盼望了很久，但是当他看到凯特尔的诚恳举动时，做出了慷慨行为。在场的许多人都为老人的成人之美行为点赞，老人淡淡地说道："成人之美是我们中华民族的传统美德，我们中国人应该这样做！"

在与人交往时，学会站在别人的角度思考问题，理解别人的处境和需要，不仅可以显示出一个人的修养和风度，还可以赢得别人的尊重和感激，进而获得更好更广泛的人际关系，为成功、获得快乐和满足感的交往之路奠定基础，从而在成就美好事物的过程中获得成功。

四、成人之美：一种成全和理解

与人交往时，难免会有意见不合或产生冲突的情况。但面对此情此景，应多一份宽容与谅解来对待他人，切不可斤斤计较。当面对问题和疑虑的时候，要能转换心态，多从沟通与协商的角度出发共同寻求解决问题的最佳办法。要多一些包容和体谅。

乾隆二十八年，秦大成考取状元，乾隆对秦大成这个名字有所耳闻，听说过他"盛德让妻"的故事：1759 年秦大成考取举人后，妻亡续弦。在成亲那天，见新媳妇独自落泪，秦大成问道："今日佳期，你为什么总是哭呢？"新媳妇答道："我自幼许配人家，父母嫌弃夫家穷，毁了婚约将我嫁到你家。"秦大成听后马上派人招来贫家子弟，成全了二人之间的婚约，这便是"盛德让妻"的故事。乾隆看到前十名的名单十分高兴，点了秦大成为第一名。

这个故事深刻体现了秦大成宽广的胸怀与气度，懂得与人为善，成全他人之美。成人之美，美在雪中送炭的良善之心，美在锦上添花的宽广之心。在人与人的相处过程中，我们永远要存有一颗良善之心，真心待人，共同创造一个和谐美好的社会！

主题 3
让学生遇见美好，让成长变得纯净

"教育的本质是一棵树摇动另一棵树，一朵云推动另一朵云，一个灵魂召唤另一个灵魂。"没有一朵花，一开始就是花。真正的教育，从来不是点石成金、立地成佛的功力，而是用智慧和柔软春风化雨，静待花开。

一、长风万里，遇见独特的你

有香味的不止玫瑰一种。玫瑰热情、绚丽；兰花淡雅、高洁；仙人掌个性、坚强；苔花清新、自由。教育，是悦纳差异、向美而生的过程。每一个学生都是一株独特的花，丰富的情感和个性差异成就了个体独特的"美"。作为一名教育者，面对与众不同的他们是幸福的，它的美丽在于花园里不只玫瑰绽放，还有其他花儿的芬芳与肆意。

1. 认识独特的我，悦纳自己

每个人都有自己的优点和不足，但每个人又都是独一无二、无可替代、不可复制的。教师要引导学生思考自己身上的特性，发现自己的特色，鼓励学生与自己对话，用文字写下对自己的认识，并根据个人的外形、性格、特长等，亲手制作一份"自画像"。通过个性自画像，学生获得"这就是我，我愿意接受真实的自己"的自我认识，认可自己的"美"，并接受独特的自己。

2. 展示精彩的自我，尊重差异

每个学生都具备各种潜能和特长，这些都是他们与生俱来的独特之处，有人称之为基因，有人把它叫作天赋。每个学生都是不同的花，每朵花都有自己的颜色和香气，而我们需要的是细致入微地观察、不带偏见地记录，尊重差异。"百家小讲坛"，个性大舞台，每个学期，那些让学生勇敢展示自己的特长和兴趣爱好的平台，那些爱好相同的同学伙伴，让他们展现出精彩的自我，也学会了交流和共享。尊重差异，展示才华，既张扬个性悦纳自己，又接纳他人彼此包容，既不夸大自我也不妄自菲薄。

3. 成为更好的自我，向美而立

一百朵花有一百个开花的时间，也有一百种开花的姿态。有的花急着盛开，有的花静静吐蕊，有的花独自美丽，有的花挨挨挤挤。我们要用不同的养花方式，引领他们绽放自己独特的美。

小刚成绩落后，性格又孤僻，躲在角落里快被世界遗忘。那天一缕阳光照在了那个特别的他身上，让我对他有了格外的注意：操场上吃苦耐劳，挥汗如雨；运动会上不甘放弃，负伤也要坚持到底为班级赢得荣誉。我当众表扬他，夸他是一个优秀的学生。他很羞涩，但更多的是意外于我的赞美。一直以来他都认为自己是个学困生，没有同学和教师的欣赏。我说，你不该被定义，优秀不是只有一种表现方式，每一个人都是优秀且有潜能的人，只不过每一个人优秀的方面不同而已。你在羡慕他人思维敏捷，他人何不在感叹你的身体矫健。你们只是有差异，而不是有差距。我的鼓励与欣赏让他逐渐成为更好的自我。

最好的教育者是尊重差异，向美而立。有的花昙花一现，刹那芳华；有的花月月绽放，芬芳交替。或早或晚，或快或慢，他们都在自己的花期里准时绽放。作为花园的守护者，我们必须读懂每一朵花的与众不同，理解每朵花的需求，欣赏每朵花的美丽，用不同的养花方式，引领他们绽放自己独特的美。

二、日月只有一个，星星也会发光

都说花要全开，月要圆。可花开一半，弯弯月亮向山腰走去，虽有疏漏，却也很好看。好的教育是让学生接受不完美的自己，从而做更好的自己，而不是做完美的别人。

　　回忆起我带班的学生，他们性格不同，能力不同，唯一的共同点就是他们都不完美。上课开小差、作业交不齐、喜欢吵闹、卫生脏乱……随着我将目光放在他们的闪光点上，对他们多点耐心、宽容，发现他们善良、可爱，个个都很了不起。每一个人都不是完美的，更何况是正在成长的学生。以正面的教育眼光，发现他们的闪光点，平等宽容地对待学生，这些都是我们应该做的。

　　比如小明天性调皮，与同学打闹不注意分寸，还时不时导致同学受伤。但他热情，爱劳动，喜欢帮助别人，这个看似粗鲁的男生，却能细心地捡起楼道里的一片纸，每次都以最快的速度冲上来主动接过我手里的重物。每当发现他的闪光点后我都及时表扬，带着欣赏的眼光，让他不断向善向上。小王因为讲话时口齿不清，语言表达能力比较弱，朗读表达时总是紧张得说不出话来，但是他努力、认真，书面表达顺畅，作业总会让人眼前一亮。我每次都给他创造机会，让他把自己的功课展示出来，让小伙伴看到他的过人之处，让他更加自信。

　　陶行知说过：你的教鞭下有瓦特，你的冷眼里有牛顿，你的讥笑中有爱迪生。没有一棵树一开始就是树，它首先是种子，经受过寒冬暑热才变得枝繁叶茂，长成一棵树。没有一朵花一开始就是花，它首先是绿芽，承受过风吹雨打才这般篱蕊开遍，成为一朵花。

　　学生的成长和成功没有统一的标准。接纳不完美，尊重差异，多鼓励表扬他们，让他们融于班集体这个温暖的大家庭中，在充满宽容和鼓励的气氛中，从容给予成长的时间。

　　教育的美好在于教育就是用放大镜找优点，用望远镜看未来。时刻注意发现学生身上的闪光点，让我们的学生少一分自卑，多一些自信；少一点指责，多一些欣赏；少一点挑剔，多一些合作，从而走向人格独立、身心健康的理想彼岸。

三、让花成花，让树成树

"大蒜长不成水仙，如果硬要把大蒜的种子按照水仙的期待去养，要么自己失望，要么大蒜遭殃。"学生是一朵花，是一棵树，有自己的生长节律，更有自己独特的魅力。你不能指望向日葵迎着月光盛开，也不能让月见草在烈日下蓬勃绽放。

追求高分和名校，唯分数论定义着学生的好坏，这种功利化的教育方式让教育一直被狭义地误解。真正的教育，从来不是培养千篇一律的模具，不是为了追求功名利禄，去顺从别人的期望。万事万物的发展，都自有它的规律。教育的美好在于用智慧、耐心和温情，努力为学生提供个性化的成长方案，唤醒学生成长为完整的自我，让花成花，让树成树，从而帮助每个人都成为最好的自己。

从小喜欢画画的小贝，文化成绩不是很好。进入中学后，她每次画画，家长都极力反对，并将成绩落后的原因归结到画画上。这样多次的矛盾及冲突，严重影响了小贝的学习成绩和亲子关系，也让她长期处于抑郁情绪之中。看到闷闷不乐的小贝，我多次与她交流，了解到她的兴趣爱好和理想后，我还特意为小贝的升学咨询了专业美术教师。后来，我与家长进行了多次沟通。三百六十行，行行出状元。用学习成绩证明能力未必就是最佳方式。禀赋不同，才能不同，爱好不同，特长各异，每个人都可以成长为社会所需要的人才。教育从来不是以爱的名义，把学生培养成世俗定义下的优秀。小贝终于在中考艺术报名截止之前顺利报名。高考时他的成绩理想，大学毕业后走上了自己喜欢从事的事业之路。

"苔花小如米，也学牡丹开。"教育的目光别老盯着园中那朵耀眼的牡丹花，更要看到苔花的努力。每个学生都有自己独特的才华和潜能，都具有与生俱来的天赋与热爱，都有自己的闪光点，教育者不能轻易否定他们。最好的教育就是对学生潜能的发现、挖掘和开发，让每个学生发现自己的天赋秉性，唤醒他们心中的潜能和闪光点，让每个学生在自己擅长的领域发挥最大的潜能，成为学生前进的起点，帮助他们攀上人生巅峰，让每个学生都成为最优秀的自己。

四、每一朵花都有盛开之时

教育就像养花，除每个人的花期不同外，每个学生都是花的种子。有一些花，会在一开始绽放得非常灿烂；有些花，需要漫长的等待。各花各有盛期，各有生长规律。不管它们是迎春而笑、凌寒而开还是含苞待放，花朵的绽放需要过程，教育是一场心怀梦想的坚守，我们要耐心，静待花开。

1. 教育不能揠苗助长

不求一时之快，不求一时之效，不以当下的表现对学生品头论足，而是尊重学生的成长规律，根据学生的发展特点，主动引导、主动帮助、主动陪伴。一个知识在你眼里是浅显易懂的，可是学生却不能理解。你在责备和埋怨他们的时候有没有想过，你是不是太急于求成了，忽略了学生的接受能力，没有考虑到学生的年龄特点，更谈不上多一点耐心的引导了？对于内容相对枯燥的知识，如果我们改进教学方法，少一些急躁，用耐心对待学生的学习过程，用包容允许学生尝试错误，用欣赏尊重学生的学习结果，即使学生第一次没有达到预定的目标，但只要他们的态度是认真努力的，都要给予肯定。作为教师，"等待"见证成长的过程。

2. 教育是慢的艺术

"慢"，不是在时间上慢，而是尊重每一个学生的不一样。性格不一样，爱好不一样，精神不一样，学生的人生就不一样。在课堂上即使我们用同样的时间、同样的方法教授同样的知识，学生也不会取得同样的成绩。我们要做的，是倾听学生成长的声音，是尊重学生生命的节拍。每一朵花都有开的时候。学生没有尖子生、差等生之分，只有"快等生""慢等生"这两种情况。对学生，要以赞许的眼神、鼓励的微笑、关切的言语娓娓道来。以关注取代封闭、以理解代替责骂、以分享代替说教、以关心代替冷落，允许他们慢慢来，等待每一个属于他们花开的季节。

3. 赐以优言，问所好尚，励短引长，莫不恳笃

静待花开，不是放任自流地"躺着花开"，而是用辛勤和汗水当引路人，浇灌出一朵朵美丽的花朵。期待、等待、追寻，才是教育的意义所在。每个学生都像花儿一样，有个性，有才华，有潜能。让大家带着欣赏的目光，因材施教，循循善诱，用心关注，用耐心和恒心的爱去挖掘，让每个学生都充满期待。学习成长蜕变的过程是不断积累和沉淀的，对学生的唤醒和激励不是一蹴而就的。我们不能期望他们在短时间内成绩斐然，要有足够的耐心陪在他们身边，给他们关心、照顾、支持，用心去引导，用心去修炼，静心去等待花开。

莫疑春归无觅处，静待花开会有时。教育是一项细致入微的工作，是日积月累的付出，是一种潜移默化的过程。让我们用心耕耘，精心呵护，耐心等待，期待花朵在未来的日子里绽放得更加绚烂。

主题 4

善于捕捉教育中的"小美好"

春生夏长，秋收冬藏。在生命长河的每一年里，记忆的年轮被我封存，不曾翻阅。昨夜梦中，我踏上了开往 2018 年的列车，往事历历在目，如同泡沫般的小事在向我招手。

一、遇见一束光，滋养一棵树

又是一年开学季，空气清新，如洗的天空，绿树成荫，沁人心脾。刚刚大学毕业的我如愿踏入憧憬已久的教师行业，那天是我入职的第一天，心情特别激动，便早早地来到了自己的岗位上。学校任命我为八年级一班班主任，由于身份的转变，我的内心也有些许慌张，但此刻的热血完全冲洗了内心的慌张。打开我的工作簿，我开始对人生新角色大展宏图。

开学时的教师总是忙碌的，学生是兴奋且充满好奇的，因为新学期分到了新班级。"王二牛——"远处传来一阵呼喊声，初来乍到的我对学校的学生非常陌生，但是这个学生的声音吸引了我。呼喊声似乎传了很远的路，来到我这里时音调被拉长了许多。学生熙熙攘攘，一时间很难判断是哪位同学的声音，这一下子激起了我的好奇心。于是我走出教室，环顾四周，顿时感到呼唤声变大了，一截一截地飞跃过来。

"王二牛——王二牛——"

一位长相英俊的男生出现在我眼前，礼貌地喊了声"老师好"。我站在门口，有一种自己既是教师又是学生的错乱感。但是很快我就把这种感觉隐藏了，我清了清嗓子说，"同学们，很高兴认识大家，新的一年由我带领大家一起完成本学年的学业"。话音未落，底下窃窃私语，站在讲台的我有些许底气不足，眼前的画面跟我想象中的完全不一样，我立刻感到接手的八年级一班不一定好带。

作为一名新班主任，尽管从开学到现在感觉并不是很好，但我的工作热情还是很高的。早读跟班，晚自习陪读，感觉忙得颇有成就感。可是一个月之后证明这样的工作状态并不能长久，于是我向前辈请教，幸运的我遇到了工作生涯中的第一位贵人——张老师，他身上有一种老黄牛精神深深地吸引了我。他就像黑暗中的一抹亮光，让我看清楚了方向。

张老师是一位资深班主任，身经百战。这天一次偶然的机会，我有幸和张老师一起外出学习，回来的路上我主动和张老师交流，过程中萌生了想要拜他为师的念头，于是我鼓起勇气向张老师表达了我的想法并顺利成为张老师的小徒弟。平常时不苟言笑的他这天格外健谈，虽然他年长我许多，但是我在交谈的过程中丝毫感受不到长辈架子。

这一年来，我从张老师那里"拜师学艺"。他鼓励我多听课，把别人课上的东西变成自己的，这就需要一堂课经历多次磨课。有困难时他总是给我及时讲解、支招。这一年我感觉在教学上好像没那么吃力，吃力的是班级学生如何管理。

王二牛这个名字从开学初就给我留下了挥之不去的印象：长相颇有几分帅气、学习中等偏下，物理、数学比较突出，性格活泼中有点执拗。他总是和后排的学生形影不离，课间顺着班里乌烟瘴气的一群"熊学生"看去总会少不了他的影子，令我很是头疼。我就询问我的师傅："这样的学生怎么办呀？班级氛围太难调动了。"张老师说："这个学生脑子聪明但是心思不在学习上面，青春期的学生多好玩，家长和老师不多管教就很容易走偏了，你和家长了解过情况吗？初一时这个学生是什么学习水平呢？"一连串的问题给我问蒙了，开学一个月了，我竟然没想过主动和家长联系了解学生的情况。我不知所措，此时窗外下起了雨，身旁的张老师说："我带你去家访吧！"我还没反应过来就已经跟随张老师上车了，张老师家就是学校附近的，路况比较熟悉，在他的打探之下我们来到了王二牛的家中。

通过家访，我了解到王二牛小时候父母离异，他跟着爷爷奶奶生活，在爷爷奶奶的口中孙子非常听话懂事。回校的途中，张老师就和我分析："王二牛可能是缺乏父母的关怀，在家里乖巧懂事，在学校可能把自己当大人，通过这种行为来引起你的注意，好好引导他还很有潜力的。"一时间，我豁然开朗，今天恰逢月考结束出成绩，是个约谈的好机会。一进教室我就表扬了他一番，他非常诧异，可能觉得自己在班主任眼中没有优点，很意外但也能感受到他的开心，于是我"乘胜追击",开始"攻心计",继续鼓励他:"这次月考成绩虽然不是很理想,但你的优势科目却依然屹立不倒,说明你非常聪明,只是平时的习惯不好,爱玩儿,如果你能减少和同学嬉笑打闹的话,你的实力远不止于此。敢不敢和我赌一把?"男学生总归是有自尊心和好胜心的,加上王二牛的性格,他很快就答应了。

在接下来的学习中,他一点点变好,说话积极主动,而我对他的表扬也从不吝啬,任课教师也都说最近我们班整体变化很大,我感到欣慰。张老师见状也对我点赞,其实这都是师傅的指点,在教师生涯的第一年不知所措的暗黑时刻出现了这束光,给了我方向,让所谓"熊学生"迎来了自己的春天。从初见时对他头疼不已,到再见他时茁壮成长。

前路漫漫,张老师就像一束光,照了进来,让我这棵树开始有了自己的枝丫。虽然张老师已经退休,但这束光一直在滋养我这棵正在成长的树。

二、成为彼此的光

有人说:"师生一场,就是结伴而行,一起寻找更好的自己。"有人说:"教育是一次快乐的相遇,也是一次爱与被爱的修行。"还有人说:"教师就是不完美的人,带着不完美的学生,向着完美的远方前进。"

列车缓缓而行到了 2019 年,当时的心声"如果不能再做学生,那就当教师吧,目之所及皆为青春"在脑海中反复出现。因为我想重走一次青春,所以走进了他们的青春。过程虽然艰辛,但仍然保持内心的热爱。今天是周四,微风习习,天空像一封深蓝色的情书,阳光也很温柔。对了,今天是三八女神节。

按照惯例校长组织学校女教师出去踏青游玩,学校的教学任务被帅气的男教师揽下。游玩半天归来还有晚自习等我来上,课间课代表李彬来到办公室:"老师女神节快乐呀!但是老师怎么兴致不高?是不高兴吗?"

"这么明显吗?"

发现教育的美好

"嗯嗯，挺明显的。"

"那……老师下节课在办公室休息吧，我带同学们通一通重点。"话音刚落，我还没来得及回答他就回教室了。我去接了杯开水，回来发现桌子上有一堆糖果和一张纸条——

To 老师：

"可能这张纸条来得有点突兀，但是没办法我的情绪已经烘托到这儿了。记得第一次上您的课，我上课迟到且忘记带笔记本！事后我跟您说明情况并得到了谅解。从那时起，我从您身上学到了"信"字。嗯……其实那会儿是怕被罚站忽悠老师的，但是您却选择相信我，自此我再也没有一次迟到和落东西。还有老师您讲课的时候很像大朋友一样，很幽默，感觉您很棒！我想这样的情绪不只像瞬间烟火，它会沉淀下来……祝老师节日快乐。"

看到纸条，疲惫的感觉瞬间消失，我心里不禁涌起一阵暖意，学生正用他们的方式表达着对我的牵挂，一时间被学生纯真的真诚所感动，在意外的温暖和惊喜中再次体会到教师职业的幸福。一阵轰鸣的火车声带我走进了我的学生时代，在同学们的千呼万唤中，我看到了我的高中时代，那时我还是个成绩平平的高一学生，但班主任老师经常找我谈话，鼓励我，他的每一个举动，都走进了我胆怯的心里。

转眼间来到了毕业，我带的第一届学生毕业了，仿佛昨天还是气得我跳脚的淘气鬼，今天他们一个个都那么明媚耀眼，看着学生都朝着自己希望的方向变好。让我始终相信"爱出者爱返，福往者福来"，这一刻我懂得了教育的意义，这一刻我明白了教育的意义，当初我的老师们站在讲台上给我讲的道理，这一年里我也在学着老师的样子，想把所有的知识、道理都讲给我的学生，这一刻我走出了自己的青春，站在他们的青春路上尽我所能。

愿我的学生继续兴致盎然地与世界交手，一直走在开满鲜花的路上，我亦将保持热爱奔赴下一场山海。是我的第一批学生，也将会是我教师生涯中记忆最深刻的一批学生，初为人师的慌乱与青涩，是你们陪我成长；教师的初心与幸福，是你们陪我体验。毕业是结束也是开始，愿今后的日子里，所到之处皆为热土，所遇之人皆为良人，愿你们一生平安喜乐，万事顺遂。最好的师生关系是共同成长，相互成就。教师成就了学生的前程，学生成就了教师的情怀，相濡以沫、相亲相爱……

三、走入学生的心灵世界

有结束就会有开始，四季轮回，又是一年秋冬春夏。新的班级新的学生，这一年我有那么一丝得心应手。一场春雨和煦而下，芳草也有了一副长大的样子。日子一天天过去了，最近好像没有什么大事发生，学生上课，教师备课，看似井然有序但我却感觉有暗流涌动。

这天我正在看魏书生的相关文字："心灵的大门不容叩开，可是一旦叩开了，走入学生心灵世界去，就会发现那是一个广阔而迷人的新天地，许多百思不得其解的教育难题，都会在那里找到答案。"看到这里，班里的平静让我内心总有一点不安，好像有点反常。都说小孩特别安静通常情况下都在作妖。以我对他们的了解也差不多该出岔子了。果然不出所料，德育处通报我班一男生抽烟。

那天恰逢学校运动会，教师学生都沉浸其中。起初，我想肯定是后排的学困生，但看到通报的那一刻我惊呆了，是班里的第二名，不出所料的同时又出乎意料。运动会结束后我立刻对他进行盘问，他闭口不谈，无奈之下我给他的家长打电话，意外得知他的父亲半年前出了车祸，下肢瘫痪，做手术花去了家里的大半积蓄，身为顶梁柱的父亲倒下了，他又是家里唯一的学生，不自觉压力大了起来。他的父亲跟我说明情况后，我即刻到他家进行看望，并将此情况向学校做了汇报，为他申请贫困补助。第二天我又找他约谈，旁敲侧击地问："最近是不是初三了学习压力太大了？"他摇头。"那么是家里有什么变动？"

谈到家里触及了他的内心，他的脸色变得凝重了些。"没关系，老师想听你说，上学期我记得你很开朗而且处变不惊的，今年你的变化让我有点不知所措。"慢慢地他开始吐露心声，交代了家里的情况，打开了他的内心。我安慰道："家庭变故让本是学生的你感受到了生活的重担，说明你是懂事的，但是抽烟解决不了什么，如果你因此意志消沉成绩一落千丈，父母会更伤心，他们的生活更看不到希望，你的寒窗苦读也将付之一炬。你可能觉得你现在身处黑暗看不到未来，但是熬过去就是前程万里，这个时候谁也救不了你。你应该强大起来，接受现实，然后继续向前走，前路可能很远很暗，但是不怕的人前面才有路，未来学业上的学费以你优异的成绩都可以拿到补助，不用过分担心，要振作起来!"从这之后，男孩很快调整好状态投入了最后的中考冲刺中，毕业后如愿进入高中。

他高中毕业后给我传来喜讯："我考上上海交大了，感谢老师当年对我的教诲，没有让我这棵小树苗长歪。"身为他人生中的过路人，让花成花、让树成树是我们的责任，而当初的他一切看似末日的种种，最终被证明这些都是他成功上岸的必经之路。

此时列车到站"未来站"。我在站台拨开云雾继续前行……

主题 5

美好自己，成全学生

在教育的世界里，教师既是引领者，又是学习者。我们努力追求自身的美好，以期能够成全每一位学生的成长。

一、纵使弯路也坦然行之

真实的教学工作与我们过往所想象的样子几乎大相径庭。教育的复杂性注定教师将遇到各种各样的问题，这些问题致使教师常常陷入迷茫，甚至自我怀疑。统一的教学方式越来越无法满足学习能力、兴趣爱好和性格特点都不尽相同的学生的需求，因此平衡不同学生的需求，确保每个学生都能在课堂上得到适合自己的教育，就成为教师需要深思的问题。

学生的行为问题是复杂多变的，有些学生可能由于家庭背景、社会环境或心理问题等因素，表现出不良的行为习惯或学习态度。比如，有的学生在课堂上频繁喧哗，影响了其他学生的学习；有的学生缺乏学习兴趣，经常旷课，迟到的情况也时有发生。教师在面对这些问题时，为了改变学生的不良行为，需要花费大量的时间和精力去和学生进行交流、引导、教育。同时，家长和社会对教育的期望值也在不断提高，要求教师不仅要传授知识，还要培养学生的综合素质和创新能力，这些压力使得教师在满足各方面期望的同时，需要在工作中多加小心，多加用心。另外，教育改革、课程更新等方面的挑战，也是教师需要应。

虽然种种问题难以应付，但不必惧怕。因为当我们读过古人的故事就会知道，即使是孔子也曾被自己的弟子多次冒犯。

年轻的子路粗鲁好斗，他曾经十分瞧不起孔子。当孔子提醒他以其能力，再加上学问，一定无人能及时，子路却反驳说："南山有一种竹子很直很硬，只需砍下后当箭用，就可以直接射穿皮革，何需什么学问？"面对冒犯，孔子不仅没有生气，而是对子路说了这样一句话："如果在这根箭的一端束上羽毛，在另一端加上金属的箭头，岂不是能射得更远更深。"在孔子用礼乐仪式慢慢对子路加以引导之后，子路穿上儒服，带着拜师礼，求拜孔子为师，成为弟子中侍奉孔子时间最久的人。

最清晰的脚印一定印在最泥泞的路上，所以学会坦然处之，用良好的心态和饱满的热情，积极面对并寻找解决方案，克服这些困难，走过那些痛苦且难熬的日子，你会发现所收获的将是足以丰富人生的财富。

二、"教学"二字，至深至远

教育具有长期性和滞后性。近期，"多年前的子弹此刻正中眉心，教育此刻完成闭环"成为网络热语。"子弹正中眉心"这句话出自孙立哲的《想念史铁生》：

"一个人十三四岁的夏天，在路上捡到一支真枪。因为年少无知，天不怕地不怕，他扣下扳机。没有人死，也没有人受伤。他认为自己开了空枪。后来他三十岁或者更老，走在路上听到背后有隐隐约约的风声，他停下来转过身去，子弹正中眉心。"

初读，确实不好理解，但与教育相联系时就变得很好理解。当长大后的我们开始规劝晚辈好好学习时，才真的懂得《送东阳马生序》的劝学之意；当谈恋爱时才真的读懂了《氓》，爱不是奋不顾身，而是双方博弈，你退他便进；当升学考公时才终于懂得一穷二白的范进，顶住各种嘲笑与压力，苦熬三十年的不易；当找工作的时候才懂得孔乙己脱不下的长衫又何尝不是本科生、研究生下不来的学历高台。

我们在学生懵懂之际为其灌输思想，这边是打出的子弹，在他们拥有阅历醍醐灌顶、茅塞顿开的那一刻，便意味着教育完成了闭环，这也意味着教师和那些知识，才真正意义上完成了任务。所以教学的意义，从来不是简单的表面知识，更不仅仅是体现在卷面上的分数，其之深之远可以贯穿每个学生的一生与一身。

因此，我们必须明白教学是争先更是求滔滔不绝。不是一朝一夕之功，需要日积月累。教师在教学过程中需要不断反思自己的教学实践，总结经验教训，不断完善自己的教学方法和策略。同时，教师也需要不断学习新的教育理念和教学方法，以适应教育环境的不断变化和学生的需求。这种长期的沉淀和积累，能够使教师的教学水平不断提高，为学生服务的教育质量也会更高。"求也退，故进之；由也兼人，故退之。"两千多年前孔子提出因材施教，面对犹豫不决、胆怯畏缩的冉有，孔子激励他使之勇敢、奋进；而面对激进逞强的子路，孔子则抑制他使之谦和、从容。在学生的个性更加突出的今天，如果想深入教学，长期教学，培养学生的思维能力、创新能力和实践能力，让他们在面对问题的时候能够独立思考，勇于探索，勇于实践，就应该更加关注每一个学生的个性化发展，从而帮助学生找到适合自己的道路，能够向纵深发展，甚至能够在某一方面成为社会上的人才，为国家出一份力。

三、追光而遇，沐光而行

师者如光，微以致远。优秀的教师，不仅是传道授业解惑的良师，更是拨开前途迷雾、照亮心灵成长的引路人。

我们不可能是"完人"，但必须是"有温度"的人，特别是教师，更应该有温度。首先，我们要认真倾听、了解学生，每个学生都是家世不同、成长经历不同、性格特征各异的独特个体。在与学生的相处中，我们应该耐心倾听他们的想法和感受，理解他们的困惑和烦恼。只有这样，我们才能真正走进学生的内心世界，发现他们的闪光点，给予他们最合适的引导和支持。关心学生不仅仅体现在言语上，更体现在行动上。我们要时刻关注学生的学习和生活状况，及时发现他们的问题和困难。对学习中遇到困难的学生，我们要给予辅导，并给予耐心解答，做到心中有数；学生遭遇挫折的时候，我们要给予他们温暖的呵护和鼓励。这种实质性的关心，可以让学生感受到我们的真诚和用心，从而在教师和学生之间建立起一种信任，建立起一种依赖。

其次，鼓励学生也是与学生相处中不可或缺的一部分。每个学生都有自己的优点和特长，作为教师要善于发现和夸奖这些优点，使学生在自信和快乐中成长起来。在学生有进步的时候，及时给予肯定和奖励；鼓励他们在挑战面前，勇敢尝试，不畏惧失败。这些正面的激励，会促使学生在学习中激发动力、激发潜能，从而在学习中获得更好的发展。在关心学生、鼓励学生的同时，也要把主要精力放在对学生自主能力的培养上。要引导学生学会独立思考问题，自己动手解题，让他们在成长的过程中逐渐形成自己的人生观和价值观，从而在帮助学生成长的过程中，也使自己不断成长。

最后，还应注意学生的心理健康，以及人格的健全发展，以帮助他们建立起健康的人际关系和良好的心理素质。作为与学生交往的人，教师应该成为一个温暖的人，能够以平和、包容的心态与他们相处。同时，还要学会包容学生的缺点和不足之处，以引导他们走向成熟与成功，并在爱与智慧中帮助他们成长，同时也要注意学生学业成绩的提高。

《孙子兵法》中有一句话是"用兵之道，攻心为上，攻城次之"。一切有效的教育，都是触动学生心灵的教育。相信只要我们用心去做，一定能够成为学生心中那个温暖的人，为他们的成长和未来贡献自己的力量。

四、笃行不怠，奔山赴海

"烂漫的山花中，我们发现你。自然击你以风雪，你报之以歌唱。命运置你于危崖，你馈人间以芬芳。不惧碾作尘，无意苦争春，以怒放的生命，向世界表达倔强。你是崖畔的桂、雪中的梅"。这是 2020 年央视《感动中国》栏目为张桂梅写的颁奖词。2008 年在张桂梅的努力下，全国唯一一所免费女高——华坪女子高级中学成立，自此她以"甘入苦海"的精神，选择在最贫困的地方工作，将生命中所有的颜色和清香奉献给山区的学生。即使身患多种疾病，但她仍以惊人的毅力克服病痛折磨，坚守在工作岗位上，甚至将自己的工资、奖金和社会各界捐助她治病的钱全部投入教育事业。这样长期拖着病体工作以及超负荷地付出，换来的却是华坪女高几千名女生走出大山，重新开启人生。

在辽宁鞍山有一个叫梦想之家的地方，这是由一名普通的体育老师创办的一个特殊的家庭，这里汇聚了众多他收养的孤儿和贫困学生。创办人柏剑 28 年收养了 276 个学生，为了学生以后的出路同时也为了磨炼他们的意志，每天凌晨三四点柏剑就会带着学生出门训练。他曾经说过"练跑步是背水一战的选择。穷人的学生只有两条腿。体育很公平，一分汗水一分收获。只要肯练，都能练出来"。这二十多年的坚持，梦想之家取得了很多成就：2001 年，在第 15 届大连国际马拉松的赛场上，"柏家军"获得女子和男子马拉松接力冠军，同时包揽女子小马拉松前三。2010 年北京国际马拉松，柏剑率领运动队代表鞍山第二中学参赛，队里的王晓苏拿到国际第三的成绩；11 岁就来到梦想之家的朱洪伟，成为国家一级运动员，高考那年，她收到清华、北大和西安交大 3 所高校的录取通知书。除了朱洪伟，梦想之家还有 16 名马拉松专业运动员。从带着学生们住帐篷，每天负债累累，到如今住进明亮舒适的屋子，不必再为债务忙碌，柏剑不仅为学生提供了一个遮风挡雨的住所，更是以父亲的身份，用爱心和耐心引导他们成长，帮助他们实现自己的梦想。

也许在教育的路上我们会遇见很多问题，时常想着放弃，躺平摆烂，但是总有人一直在践行着自己的教育理想，并且从未懈怠，诸如张桂梅校长和柏剑"老爸"的例子还有很多。在感动中国人物近十年的评选中，几乎年年都有教育工作者入选。如果一定要追根溯源，我想一定有一个原因是当他们看着学生一步步走向成功，变得更加自信和勇敢，敢于面对挑战和困难，勇于追求自己的梦想时深感欣慰和自豪，那种深深的满足感是多少物欲都换不来的。

我始终相信，只要我们用心去发现，用心去引导，用心去鼓励，每一个学生都是潜力无限、可能性无限的，都可以创造属于自己的辉煌。在今后的日子里，我将与我的学生一道，在前进的道路上，继续坚定育人的理想，奋勇拼搏。我相信，只要用心去爱、用心去教、用心去导，就一定能培养出更多的优秀人才，为社会的发展和进步贡献自己的一份力量。

每个学生都是一块闪耀的宝石，可能现在看起来灰蒙蒙的，不是那么光彩照人，但是相信大家用心雕琢之后，都会变得熠熠生辉。而我们作为教师，也在过程中体味到了美丽，体会到了快乐。

后　记

　　在撰写本书的过程中，我们借鉴和参考了国内外一些知名专家的著作和研究成果，引用了一些教师的案例和文章，在此向所有专家、教师致以衷心的感谢！受沟通渠道所限，我们未能与所有作者都取得联系，敬请相关作者与我们联系。电子邮箱：taolishuxi@126.com。

这样表扬很有效：
一线表扬50例

王晓波 著

新华出版社

图书在版编目（CIP）数据

教师如何练就好课.5，这样表扬很有效：一线表扬 50 例/
王晓波著.
北京：新华出版社，2025.7.
　ISBN 978-7-5166-8009-4

　Ⅰ.G451.2

中国国家版本馆 CIP 数据核字第2025GV8785 号

这样表扬很有效：一线表扬 50 例

著　　者：王晓波
责任编辑：蒋小云　丁　勇
出版发行：新华出版社有限责任公司
　　　　　（北京石景山区京原路 8 号　　邮　　编：100040）
印　　刷：天津融正印刷有限公司

成品尺寸：170mm×230mm　1/16　　印张：13　　字数：205 千字
版次：2025 年 8 月第一版　　　　印次：2025 年 8 月第一次印刷
书号：ISBN 978-7-5166-8009-4　　定价：49.80 元

前　言

在当今竞争日益激烈的教育环境中，每一位教师都在寻找能够激发学生潜力的有效手段。在课堂内外，教师的一言一行都有潜在的力量，而表扬，作为一种正面的反馈方式，具有极其重要的作用。正确的表扬不仅能够提升学生的学习动力，还能够增强他们的自我价值感，培养积极的学习态度。因此，深入了解表扬的艺术，掌握其背后的心理学原理，对于任何一位致力于提升教育质量的教师来说都是至关重要的。

本书正是为了帮助教师更好地理解和应用"表扬"这一方式而编写。通过一系列专题的深入讨论，我们集结了教育专家的研究成果和资深教师的实践经验，提炼出了有效表扬的细节和方法。每一种表扬方式都植根于对学生心理的深刻洞察与真挚关怀，旨在为教师在教学过程中提供明确的指导和支持。

本书共包含六个专题，每个专题下设5~8种表扬方式，每种表扬方式都是基于丰富的教育实践和行业经验总结而来，从不同的角度探讨了表扬的方法和策略：

专题一：表扬让教学焕发生机。在这个专题中，深入研究不同类型的表扬，如期待式表扬、鼓励式表扬、确切式表扬等，探讨它们在唤起学生学习内驱力、保护学生求知欲、让学生获得成就感等方面的作用。通过学会正确表扬，教师能够在教学中焕发生机，激发学生更积极地投入学习。

专题二：表扬让作业提质增效。这个专题聚焦于如何通过表扬的方式提高学生的作业质量和效果。挖掘性表扬、主题性表扬、制造型表扬等不同方法将在本专题中得到详细剖析。教师通过正确的表扬方式，不仅可以鼓励学生，还能够指导学生在学业上不断进步。

专题三：表扬让活动充满魅力。活动是教学过程中的重要组成部分，而正确的表扬方法能够为活动注入更多的魅力。前瞻性表扬、过程性表扬、总结性表扬等形式将在这个专题中得到详尽讨论。通过学会巧妙运用表扬，教师能够使各类活动更具吸引力，激发学生的参与热情。

专题四：表扬让关系更加融洽。建立良好的师生关系对于教学至关重要，而表扬是构建这一关系的有效工具。弥补性表扬、书面型表扬、私人表扬等方式将在这个专题中得到深入分析。通过正确表扬，教师不仅能够表达真诚，还能拉近师生之间的距离，从而提升教学效果。

专题五：表扬让问题化解于无形。表扬不仅仅是对学业成就的奖励，更是对学生品德、行为的一种引导和肯定。在这个专题中，我们将探讨暗示性表扬、低期望表扬、品格表扬等形式的表扬。通过巧妙运用表扬，教师能够引导学生积极改变、提升素养，从而更好地应对问题和挑战。

专题六：表扬让家校沟通更顺畅。家校沟通是教育过程中不可或缺的一环，而表扬可以成为加强师生、家长之间联系的桥梁。曲线型表扬、变频型表扬、同伴式表扬等方式将在这个专题中得到详细阐述。通过巧妙运用表扬，教师能够在家校合作中取得更顺畅的沟通效果，共同促进学生的全面发展。

通过本书，教师将学会如何掌握表扬的艺术，从而成为一名更具影响力的教育工作者。从期待式、鼓励式，到具体的制造型、委任型，再到强化学生信心的类比式和呼应式表扬，书中记录了丰富的案例和实操技巧。我们的目标不仅仅是提高教学质量，还包含如何通过表扬这一积极手段，提升学生的自我价值感，塑造他们的品格，并在学习、活动和师生关系中投射出无形的正向影响。

在编纂本书的过程中，我们特意邀请了多位心理学家和教育学者与一线教师进行深入的交流和讨论。从理论到实践，我们力求打造一本集合智慧精华、实用性强的指导手册，为教师在表扬这一方面的技能提升提供支撑。

我们衷心希望本书能成为教师教学工作中的得力助手，帮助他们准确地使用表扬，激发学生的进步和成就，营造积极向上的教育氛围。希望通过本书的指导和实践，每一位教师都能够用表扬之光点亮学生的心智之路，共同迎接更加灿烂的明天。

目　录

专题一　表扬让教学焕发生机

在教育的世界里，赞美和表扬的力量不容忽视。表扬作为一种积极的教育手段，能够极大地激发学生的内驱力、保护学生的求知欲、提升学生的自信心，引导他们向正确的方向前进。教师要善于运用表扬的艺术，为学生的学习之路增添更多的色彩和可能性，使教学焕发出无限生机。

专题二　表扬让作业提质增效

　　在教育过程中，表扬是一种强大的工具，它不仅可以增强学生的自信心，还能激发他们的学习动力和改善作业质量。通过巧妙运用这些方法，教师可以在教学过程中更好地引导学生，促使他们更加专注、努力和有效地完成作业，提高作业质量，从而实现学习效果的优化。

专题三　表扬让活动充满魅力

表扬是激励学生进步的利器。教师可以在教学实践中灵活运用各种表扬形式，让教学活动更加有趣和动人，以激发学生的学习热情，助力其取得更优异的成绩，获得更全面的发展。持续不断地对表扬策略进行优化和运用，可以创造一个充满魅力的学习环境，激励学生成为更好的自己。

专题四　表扬让关系更加融洽

表扬可以激励学生的积极性，挖掘学生的成长潜力，是对学生优秀表现的肯定，更是在教育过程中传递情感、建立情感联系的重要途径。借助不同的表扬方式，教师可以在日常教学中更好地与学生建立密切联系，促进师生之间的互信和理解，激励学生在温暖和尊重的氛围中茁壮成长。

专题五 表扬让问题化解于无形

教师经常面临各种教学问题，如学生学习动力不足、自信心不足、行为习惯不良等。而表扬作为一种无形的教学手段，可以化解这些问题，激发学生的正能量，赋予他们更强的学习动力和信心。教师要有效地运用表扬这种方式，使每个学生都能在受到肯定与鼓励的同时不断进步。

专题六 表扬让家校沟通更顺畅

当今社会，家庭教育与学校教育紧密联系已成为共识。在这种紧密联系中，沟通的过程与效果直接关系到孩子的成长和发展。表扬作为一种重要的沟通工具，能够帮助家长和学校建立良好的互信和合作关系，让每个学生在家庭和学校中都能得到充分的支持和鼓励，从而走向更加美好的未来。

绪　论
看清表扬的奥秘

在教育的道路上，表扬是一颗闪耀的明星，照亮了学生的成长之路。然而，要使表扬发挥最大的功效，教师需要深入了解其背后的奥秘。表扬不仅是简单的口头夸奖，更是一种深刻的教育策略。其能够塑造学生的品格，激发他们的潜力，促使他们形成积极的学习态度。因此，理解表扬的本质和心理学原理，掌握表扬的有效方法，对于教育工作者来说至关重要。

一、表扬与教育

在教育的舞台上，表扬是一把神奇的钥匙，它能打开学生内心的大门，激发无限的学习潜能。然而，要让表扬成为教育的真正利器，我们必须深入了解它的奥秘，认识到它与教育的紧密联系。

其一，激励学习动机。激发积极动力：及时的表扬不仅是简单的称赞，更是对学生积极行为的一种认可和肯定。这种正面反馈可以激发学生的内在动力，让他们感受到自己的努力受到了重视，从而更有信心和动力克服学习中的难题。引导学习方向：表扬不仅可以激发学生的积极性，还可以帮助他们发现自己的兴趣和优势。通过对学生优秀表现的肯定，教育者可以引导学生更加关注自身的优势领域，从而更明确地选择适合自己的学科或职业方向，为未来的学习和发展奠定良好的基础。

其二，增强自信和自尊。建立认可感：适时的表扬能够给予学生肯定和认可，增强他们的自信心。当学生感受到自己的努力和成就得到他人的认可时，他们会更有自信地面对困难和挑战，从而敢于展现自己的能力和才华。鼓励接受挑战：学生在得到表扬后，会更愿意接受挑战并尝试新的事物。这种自信心的增强使他们不再害怕失败，而是将失败视为学习和成长的机会，从而更积极地投入学习和探索。

其三，塑造行为和习惯。内化为习惯：适时的表扬可以激发学生良好行为和学习习惯的养成。当学生的积极行为得到表扬时，他们会觉得这种行为受到了重视和认可，从而更有动力将其内化为自己的日常习惯，并在未来持续保持。明确期望：表扬不仅是对学生良好行为的奖励，更是一种引导机制，其能够帮助学生明确理解和认同哪些是期望的行为。这种明确的期望有助于学生建立正确的行为观念，养成良好的行为习惯。

其四，促进教师与学生的关系。建立互信基础：表扬是教师与学生之间建立互信基础的重要手段。当学生感受到教师对他们的认可和关爱时，他们会更加信任教师，并愿意与教师建立良好的师生关系，从而更积极地参与课堂活动和学习中。增进情感联系：积极的表扬不仅可以增进师生之间的信任，还能够增强彼此之间的情感联系。当学生感受到教师的关怀和支持时，他们会更加情愿地与教师进行沟通和交流，从而促进更加良好和深入的师生关系的建立。

其五，提高课堂积极性。营造良好氛围：适时的表扬可以营造一个积极的学习氛围，激发学生的学习热情和积极性。当学生感受到自己的努力和成绩得到认可时，他们会更加愿意参与课堂讨论和活动，积极主动地投入学习。激发学习动力：积极的表扬能够激发学生的学习动力，让他们更加专注和认真地对待学习。

这种积极的学习态度和动力有助于提高学生的学习效果和成绩，推动他们在学业上取得更好的成就。

通过深入探讨表扬与教育的关系，教师不仅可以认识到表扬在教育中的重要性，更能够领略到它在塑造学习环境和促进学生发展方面的卓越价值。表扬不仅仅是一种简单的称赞，更是一种教育者与学生之间建立联系的纽带，是激发学生内在动力的关键。

二、表扬的心理学原理

表扬如同一束明亮的聚光灯，照亮了学生的成就、努力和潜力。然而，这种简单的肯定之词所蕴含的深刻心理学原理远远超出了表面的赞美。教师不仅仅是在夸奖一份出色的作业或一次出色的表现，更是在挖掘学生心灵深处的潜在动力。表扬的心理学原理错综复杂包含以下多个重要理论：

其一，操作性条件反射。斯金纳的操作性条件反射理论强调行为与后果之间的联系。在表扬的情境下，正向强化是关键。当一个学生表现出期望的行为，比如完成作业或参与课堂讨论，教师给予表扬，这种积极反馈会增加该学生重复这种行为的可能性。换言之，表扬通过增加行为与愉快后果之间的关联，促进了学生积极行为的形成。

其二，社会学习理论。班杜拉的社会学习理论着重强调观察学习。在教育环境中，学生不仅从教师的表扬中受益，还会通过观察同学受到表扬的情况来学习。当一个学生看到同学因为某种行为而得到表扬，他更有可能模仿这种行为，期待获得相似的积极反馈。这种社会学习的过程加强了表扬的效果，使其成为一个强大的激励手段。

其三，认知评估理论。认知评估理论是自我决定论的一部分，它强调了外部因素对个体内在动机的影响。适当的表扬可以被视为一种外在激励，但它与过度奖励的效果是不同的。当表扬与个体的能力和努力相匹配时，它会增强个体对自身能力的认知，从而加强内在动机；反之，如果表扬过度或不恰当，个体可能将成功归因于外部因素而减弱内在动机。

其四，归因理论。归因理论探讨了个体对于成功或失败的原因的解释，以及这种解释对于后续行为的影响。当一个学生因为自己的努力和能力而受到表扬时，他们更可能将成功归因于内部因素，如个人能力和努力。这种内部归因会增强个体的自信心和动机，使他们更愿意去尝试和挑战新的任务。

其五，基本人类需求理论。弗洛姆的基本人类需求理论强调尊重和承认是基本的人类需求之一。在教育环境中，表扬可以满足学生的这种需要，使他们感受到自己的价值和重要性。当一个学生因为在学业或社交方面的成就而受到表扬时，他们会感受到被尊重和被认可的情感满足，从而增强自尊和学习动力。

其六，成长心态理论。德韦克的成长心态理论强调个体对能力和智力的信念对于学习和努力的影响。在表扬的过程中，其应强调学生的努力和策略，而非固有的才能来促进成长心态的形成。当一个学生因为付出努力而受到表扬时，他们会认识到自己的努力是取得成功的关键，从而用更积极的态度面对学习和挑战。

通过深入研究表扬的心理学原理，教师不仅更好地理解了为什么表扬能如此有效，还发现了表扬背后隐藏的深刻力量。从满足基本人类需求到激发内在动机，表扬的心理学原理是教育者在引导学生成长过程中的关键工具。通过运用这些心理学原理，教师可以更加有针对性地、更加有效地运用表扬这一方式，从而帮助学生实现自身潜力的最大发挥。

三、表扬不能不说的几件事

表扬作为一种强有力的交流工具，能够瞬间点亮人心，激发无尽的潜力与动力。然而，并非所有的表扬都能达到预期的效果。从真诚的赞赏到具有洞察力的认可，表扬的艺术在于细节的驾驭和在合适的时刻捕捉到的机遇。

其一，真诚性。教师的表扬需要真诚地传达对学生努力和成就的认可。当表扬发自内心时，它不仅仅是一种口头上的称赞，更是一种情感上的联结，让学生感受到自己在教师眼中是被珍视和尊重的。这种真诚性能够增加师生之间的信任和亲近感，从而提升学生的学习动力和自信心。

其二，具体性。教师的表扬应该具体指出学生在哪些方面做得出色，以便他们清楚地知道自己的优点和成就。通过明确指出学生的具体表现，如解题的方法、观察实验的细节或者参与讨论的贡献，可以帮助学生更好地理解自己的优势和成功之处，从而鼓励他们在这些方面继续努力。

其三，及时性。教师的表扬应该及时给予，以强化学生积极行为与正面反馈之间的联系。在学生取得进步或者展现出色表现的时候，教师应该立即给予表扬，让学生能够立刻感受到自己的努力和成就得到了认可，从而增强他们对学习的积极性和投入度。

其四，适度性。教师的表扬应该适度，既不能过于频繁，也不能过于吝啬。过度的表扬可能导致学生对表扬产生麻木感，降低表扬的价值和意义；而过少的表扬则可能使学生感到被忽视或者丧失动力。因此，教师需要根据学生的表现和情况，恰当地给予表扬，使之成为一种激励和鼓励的力量。

其五，鼓励性。教师的表扬应该具有鼓励性，以激发学生进一步发展和改进的欲望。除了简单地称赞学生的成就之外，教师还应该表达对他们未来潜力的信心，并鼓励他们继续努力和探索。这种积极的表扬可以帮助学生建立起自信心和自我效能感，使其更好地应对学习中的挑战和困难。

其六，个性化。教师的表扬应该根据学生的个性和偏好进行个性化调整，以确保其有效性和针对性。不同的学生可能对表扬有不同的反应和需求，有些学生可能更喜欢公开的表扬，而有些学生可能更喜欢私下的认可。因此，教师需要了解并考虑每个学生的个性和情感需求，以选择合适的表扬方式和时机。

其七，平衡性。教师的表扬应该平衡公平，确保每个学生都有机会得到认可和鼓励。在班级环境中，教师应该注意到每个学生的成就和努力，并给予相应的表扬和支持，以形成团结、平等和包容的学习氛围。

通过表扬，学生能够感受到他们在学习中的成功和成就，从而增强对自己能力的认知和信心。要想让表扬发挥最大的效果，教师需要注意真诚性、具体性、及时性、适度性、鼓励性、个性化、平衡性等几个方面。只有在这些原则的指导下，教师的表扬才能真正地触及学生的内心，激发他们的潜能，促进他们的全面发展。

专题一

表扬让教学焕发生机

在教育的世界里，赞美和表扬的力量不容忽视。表扬作为一种积极的教育手段，能够极大地激发学生的内驱力、保护学生的求知欲、提升学生的自信心，引导他们向正确的方向前进。教师要善于运用表扬的艺术，为学生的学习之路增添更多的色彩和可能性，使教学焕发出无限生机。

主题1

期待式表扬——唤起学习内驱力

在教育的舞台上，表扬不仅仅是简单的肯定，更是一种力量的传递，一种鼓舞学生内在潜能的引领。期待，是希望和信念的结合，它如同一束光，在学生的心灵深处闪耀，引导他们朝着成功的方向前行。期待式表扬的魅力不仅在于赞扬已有的成就，更在于对学生未来的预期和信任，以激励学生不断追求更高的目标，使其释放出内心潜藏的学习动力。

范例01　未来发展趋势测验

罗森塔尔效应源于一个世界权威的"谎言"。

1968年的一天，美国心理学家罗伯特·罗森塔尔来到一所小学，他们从一年级至六年级各选了3个班，对这18个班的学生进行了"未来发展趋势测验"。

之后，罗森塔尔以赞许的口吻将一份"最有发展前途者"的名单交给了校长和相关教师，并叮嘱他们务必要保密，以免影响实验的正确性。8个月后，罗森塔尔和助手们对那18个班级的学生进行复试，结果奇迹出现了：凡是上了名单的学生，个个成绩有了较大的进步，且性格活泼开朗、自信心强、求知欲旺盛，更乐于和别人打交道。

然而，事实的真相却是：名单上的学生都是随机挑选出来的，根本没有做任何的挑选！

范例02　迫不及待的"约定"

自短期约定背诵到三天约定，再到一周约定，6名学生分别完成了背诵目标，表现积极努力有期待，有成功后的小喜悦。

4月2日，我乘机和他们约定一个月后再背诵同一内容。李熙非常果断地同意接受了这个挑战。一件事记住一个月是需要很大的毅力的。其他8名男生也欣然地同意了。

有个男学生当时就说："老师，如果我一个月后还会背，是不是成绩就好了。到时考不好怎么办？"你发现没有，这样的孩子想法就有问题，把所有的责任都推给别人，丝毫没有想到学习是自己的事，一副学习不好都是别人的错的样子，这是受了谁的影响？

我当即告诉他，投机取巧的心态要不得，学习要踏踏实实，这只是锻炼你的坚持品质及坚持做一件事的能力。你会背了这一部分，会默写了，也只是这一个知识点。语文的知识点千千万万，每一个知识点都要这样坚持不懈地去记忆，才可能成功。

这次我想改变原来的方法，不再时时刻刻督促，只是在约定一两周后简单提醒一下。第一周还有两名男生回应，但明显有畏难情绪。其实背诵的内容就三句话，很简单，这5名男生都是学习困难户，其中一个较好。只有一个女生李熙念念不忘。

4月30日，李熙遗憾地跟我说，约定背诵的时间快到了，可时间刚好是5月2日，那时候是假期，怎么找我背诵呢？我告诉她可以到开学时间来找我背诵。

5月5日开学，她立刻跑到我面前，迫不及待地要背诵约定的内容，我很敬佩她的记忆力和坚持的能力。她背诵得非常流利清晰，我相信在这件事上她是下了功夫的。

什么是期待式表扬呢？

期待式表扬是教育心理学上常见的一种积极激励方式，即通过明确的期待和肯定，激发学生内在的学习动力和自我驱动力。这种表扬方式注重对学生未来潜力的肯定和期许，要求教师在赞扬学生的同时，传递出对他们能力和表现的信任。期待式表扬不仅关注已有的成就，更重要的是营造出对学生积极发展的预期，激励他们超越自我，追求更高的目标。

第一，期待式表扬可以为学生树立明确的学习目标。

通过期待式表扬，传递出对学生能力和潜力的肯定和信任。这种正面的期待能够激发学生内在的学习动力，增强他们的自信心，促使他们更加努力地学习和成长。学生在受到期待式表扬时，会感受到教师对自己的重视和期待，从而更加努力地去实现这些期待，展现出自己的潜力和能力。

第二，期待式表扬能有效帮助学生建立积极的学习心态和态度。

通过教师的期待和肯定，学生学会珍视自己的努力和成就，培养自信和自律的品质，从而更好地适应学习和生活的挑战。期待式表扬能够激发学生的学习兴趣和激情，让他们在学习过程中保持积极向上的心态，持续地进步和成长。

范例01中的"罗森塔尔效应"告诉我们，当教师对学生有更高的期望时，他们往往会表现得更好。这并非因为他们是天才，而是因为教师对他们的期望更高，给予了他们更多的关注和鼓励，激励他们发挥更大的潜力，促使他们更加努力地追求目标。

那么，教师该如何运用期待式表扬唤起学生的学习内驱力呢？

在实践中，教师可以巧妙运用以下期待式表扬的原则，激发学生的学习内驱力，从而促使他们更积极地投入学习过程，让学生在追求知识的过程中获得更多的成就感和满足感，帮助他们发展自主学习的能力。

原则一：明确的期望和期许。

与学生一起设定明确的学习目标，并明确表达对他们的期望和期许。确保目标具体、可衡量，并让学生了解目标的重要性和意义。这样做可以激发学生的内驱力，因为他们知道自己是被期待着实现这些目标的。

原则二：提供挑战性的学习任务。

给予学生具有一定挑战性的学习任务，使他们能够在学习过程中面对一些困难。挑战性的任务能够唤起学生的求知欲，激发他们的学习兴趣和内在动力。同时，给予学生适当的支持和指导，以确保他们能够克服困难并取得进步。

原则三：内在动机的激发。

帮助学生找到自身内在的学习动机和兴趣，引导他们对学习的目标产生内在的驱动力；鼓励学生积极参与学习过程，给予他们自主学习的机会和空间，培养他们的学习自觉性和主动性；强调学习的意义和价值，让学生认识到学习本身就是一种成就，从而激发他们持续努力的热情。

在范例 02 中，教师设定明确的背诵目标，给予学生具有挑战性的学习任务，激发学生的内在动机，之后学生主动完成背诵。通过期待式表扬，学生能够更好地认识到自己的优点和长处，进一步激发自身内在动力和积极性。这有助于学生实现自我价值和自我成长，成为更自信、更有能力的个体。

总的来说，期待式表扬是一种有效的教育手段，能够激发学生的内在学习动力，使其树立积极的学习态度，促进学生的全面发展。教师在实践中应该善于运用期待式表扬，为学生营造出正面的学习环境，激发他们的学习热情，推动其取得更好的学习成绩，实现个人成长。

主题 2
鼓励式表扬——保护学生的求知欲

在教学过程中，适当的表扬是激发学生学习兴趣和保护他们求知欲的重要方法之一。鼓励式表扬不仅是一种简单的奖赏或赞美，更是一种细致而充满温暖的引导方式。通过给予学生积极的反馈和肯定，能够建立学生的自信心，增强他们的学习动力和主动性。当学生感受到教师对他们的支持和认可时，他们更愿意积极参与学习并保持对知识的求知欲。

范例 03　曾老师兑换小店

曾老师深信每个孩子都有自己独特的世界，他们都拥有自己的光芒。为了让这些光芒闪耀，她建立了一个特别的奖励系统——"曾老师兑换小店"。在这里，每个孩子都可以通过乐于助人和努力学习来获得一次盖章。当奖章达到一定数量时，就可以兑换奖品。比如，10 个章可以换取一支巨能写笔；20 个章就能换取作业减半的优惠；积攒 30 个章，可以享受一次作业免完成的权利……

曾老师对孩子们说："欢迎光临曾老师的奖章兑换商店，商品可随意挑选，选到自己喜欢的商品后可到曾老师的办公室'付款'下单。如果想'买'到更多自己喜欢的商品，请乐于助人、努力学习，赚取更多的奖章吧!"曾老师的话语像魔法一样，激发出教室中积极向上的气氛。孩子们的眼神中闪耀着期待与兴奋，每个孩子都期待在"曾老师兑换小店"中兑换到自己心心念念的奖品。一枚小小的奖章仿佛成了他们努力学习的动力源泉。

杜小妮是曾老师班级里的一名学生，她是兑换小店的常客。她成绩优异，总是乐于助人，喜欢与同学分享自己的学习心得。她的奖章本里收集了100多个奖章，她常能兑换到自己心仪的奖品。然而，她并不是为了奖品而这样做，她真正在意的是通过不懈努力逐渐积累成果的过程。

每当学期末来临，孩子们的期待感便更加强烈。因为在这个时候，曾老师会启动"期末刮刮抽奖"的活动。每个孩子都有机会参加，每个孩子都有可能成为幸运儿。中奖者将有机会和曾老师进行一次特别的"约会"。这个"约会"对他们来说，不仅是更深入地了解曾老师的机会，更是让曾老师深入了解他们的时刻。

上个期末，有4个学生幸运地抽中了约会券。他们与曾老师开展了一次"围炉煮茶"约会：悠闲的周末，学生与教师如朋友般聚在一起，分享自己最近看的好书；在棋盘上尽情"厮杀"；画下自己当时的心境。他们一起谈天说地，学生迫不及待地和曾老师分享他们的世界，而曾老师也倾听着学生的心声，带着真诚和关爱，陪伴他们在学习的道路上探索和前行。①

鼓励式表扬是一种积极的教育方法，通过给予学生肯定和认可来激发他们的学习动力和内在动机。这种表扬方式注重真诚和细致，让学生感受到自己的努力和成就得到了重视和肯定。鼓励式表扬的力量在于它建立在学生的积极性和自尊心之上，可以帮助他们保持学习的热情和动力。

---

① 案例来源：微信公众号：彭山区第四小学。

这样表扬很有效：一线表扬50例

其一，激发学生的学习动力。鼓励式表扬可以激发学生的学习兴趣和动机。当学生感受到他们的努力和成就受到认可和赞赏时，他们会更有动力去克服困难，提高自己的学习水平，并保持对学习的兴趣和热情。

其二，增强学生的自信心。通过鼓励式表扬，学生可以建立对自身能力的信心。这种肯定和认可帮助他们相信自己可以做到，并鼓励他们去追求更高的目标和挑战。自信的学生更容易面对困难并克服挫折，有助于他们取得更好的学习成果。

其三，培养学生的积极心态。鼓励式表扬有助于培养学生的积极心态和学习态度。通过赞赏学生的努力和进步，他们会认识到持续努力和积极思维对于成功的重要性。积极心态可以让学生更乐于接受挑战，迎接新的学习机会，并以积极的态度面对学习中的挫折和难题。

鼓励式表扬作为一种有效的教学工具，可以帮助学生建立积极的学习态度，增强学习动力，促进个人成长与发展。通过对学生表现的积极肯定和认可，教师可以激发他们内在的求知欲和好奇心。正是这种积极、鼓舞人心的反馈，让学生感受到自己的努力和成就得到了重视，从而增强了他们对学习的自信和热情。那么，教师该如何运用鼓励式表扬保护学生的求知欲呢？

第一，真诚地赞赏和认可学生。

当学生展示出积极的学习动力和求知欲时，及时给予真诚的赞赏和认可，表达出对他们的努力和成就的欣赏，让他们感受到自己的努力没有被忽视，使其对知识产生更大的兴趣。通过表达对学生努力的欣赏和认可，教师可以激发学生对知识的渴望，保护他们的求知欲。

第二，教师要提供积极的反馈。

在学生完成任务或取得进步时，教师应给予积极的反馈，指出他们做得好的方面，并鼓励他们继续努力。这种反馈可以增强学生的自信心，让他们相信自己有能力去学习和掌握更深入的知识。同时，教师也可以给予建设性的反馈和建议，帮助学生改进和提高，进一步保护他们的求知欲。

第三，使用丰富的鼓励机制。

成绩奖励：这是一种常见的奖励方式，即对在考试或学习成绩中表现优异的学生进行奖励。奖励可以包括颁发奖状、奖章或奖学金等形式，以鼓励学生继续取得出色的成绩。

勤奋学习奖励：这种奖励的目的是激励学生保持乐观的学习状态和积极上进的态度。教师可以通过发放学习奖章、书籍奖励等方式对勤奋学习、自我学习能力突出的学生进行表彰和奖励。

表现表彰：教师可以通过颁发优秀学生干部、优秀团员、优秀学生等荣誉称号，对在班级、学校或社区中表现突出的学生进行表彰和奖励，充分肯定他们的积极努力及其对集体的贡献。

课堂参与奖励：这种奖励方式旨在鼓励更多的学生积极参与课堂教学活动。教师可以给予活跃参与课堂讨论、回答问题、分享见解的学生表扬、加分或其他奖励，以提高学生的课堂参与度和学习效果。

礼物或礼券奖励：这是一种直接的奖励方式，即可以通过给予学生书籍、小礼品、购物券等作为奖励；也可以用积分兑换的方式进行，教师可以设定各种各样的奖励项目，涵盖学生的不同兴趣和需求，学生可以用自己通过努力和表现所获得的积分去兑换奖励或特权，比如学生可以用积分去兑换一本自己喜欢的书、一次特殊的学习体验，或者一些特权（如更长的休息时间、选择学习内容等）。通过这种方式，学生将感受到自己被认可和赞赏，他们的求知欲将得到积极保护和激发。

在范例03中的教师为了激发学生的潜能，保护学生的求知欲，创建了一个奖励系统——"曾老师兑换小店"，让学生通过努力和良好表现获得奖章，然后用奖章兑换心仪的奖品。通过兑换小店的运用，学生将感受到自己被认可和赞赏，他们的求知欲将得到积极保护和激发。

综上所述，鼓励式表扬是一种能够积极影响学生学习动机和积极性的重要手段。适时、真诚地表扬学生的努力和进步，能够有效激发他们的求知欲和学习热情，从而促进他们全面发展和取得更好的成绩。教师应该运用恰当的方式和时机对学生进行表扬，让他们在受到认可和肯定的同时培养自信心和独立思考能力。只有在鼓励和支持的氛围中，学生才能更好地发掘自己的潜力。

主题3

确切式表扬——让学生获得成就感

在教育教学中，表扬是激励学生、促进学习进展的重要手段之一。然而，要让表扬真正发挥积极的作用，我们还需要掌握一种精准而确切的表扬方式，即确切式表扬。确切式表扬能够让学生获得更深刻的成就感，激发他们的学习动力，从而为教学注入更多的生机与活力。

范例04　李强，你真是好样的

"读书破万卷，下笔如有神。"读一读别人的好文章，我们可以学习别人的好方法。"于是，我带着学生学习了一篇《二十年后的家乡》范文。我们边读边从题目、开头、中间和结尾这四个部分进行赏析，引导学生谈收获或启发。最后，学生开始列提纲，并当堂反馈。

有个学生的提纲中间部分是这样的——

环境的变化：河水清澈，空气清新，无污染。

交通的变化：四通八达的街道，汽车无人驾驶。

住房的变化：都住着别墅，里面有机器人管家。

我投影在黑板上。学生李强发现了问题。他说道："四通八达的街道和汽车无人驾驶，我们现在已经实现了，这里没有体现 20 年后的巨变。"

如何才能避免这样的问题呢？我告诉学生："如果能运用对比，将 20 年后的样子与现在进行比较，就不会出现上述同学的问题了。"学生连连点头，且对所列提纲进行修改。

我很郑重地表扬了李强："李强同学思维敏捷，观察能力犹如他的名字——强！他善于捕捉并发现问题，真是好样的！"他脸上笑开了花。从这次以后，李强在我的课上表现活跃，回答问题也常常比其他学生更深思熟虑一些。[1]

确切式表扬，顾名思义，是一种精确、具体、有针对性的赞美方式。与一般的空泛表扬不同，确切式表扬要求教师清晰地指出被表扬对象的具体行为、成就或表现，而不是笼统地进行赞美。通过确切的描述和肯定，被表扬者能够更清晰地了解他们为何受到表扬，从而增强他们的成就感和自我认知。

确切式表扬的核心是将表扬内容具体到细节，并准确地描述出学生所取得的成就。这种表扬不仅是简单地说"做得好"或"很棒"，而是通过指明学生在哪个方面做得好、具体为什么值得表扬，来细致地赞美和认可学生的努力和成果。例如，可以说"小明，你在课堂上积极思考问题，提出了独到的见解，这展示了

---

[1] 案例来源微信公众号：彭文峰会。

你优秀的分析能力和深度思考的能力，真是很出色！"

合理运用确切式表扬颇有益处，具体如下：

其一，可以强化学生的自我肯定。确切式表扬通过具体、详细地描述学生所取得的成就，可以让学生清晰地认识到自己的努力和进步。这种明确的肯定和赞扬使学生更加自信，相信自己的能力，在学习和生活中都充满积极的自我肯定。当教师能够准确地指出学生所取得的进步之处，例如学生在解决数学难题时运用了新的方法，或者在团队项目中展现了卓越的领导力，学生会更清晰地认识到自己的能力和价值，从而提升自信心，坚定自我认知。

其二，能有效激发学生的自主学习动力。确切式表扬可以激发学生的学习动力和积极性。当学生意识到自己的努力会被认可和赞赏时，他们会更有动力去努力学习和超越自己。教师可以通过具体的表扬方式，如指出学生在复习过程中制订了有效的学习计划，或者在阅读理解方面取得了明显的提高来激发学生的学习动机。这种肯定和激励可以让学生更加主动地参与学习活动，培养他们的学习自觉性和独立学习能力。

其三，培养了学生的自我评价能力。使其通过确切式表扬，学生能够辨别自己哪些方面的努力和表现得到了肯定和赞赏。这有助于学生发展自我评价能力，能够准确地认知和评估自己的学习成果，进一步提高学习效果和目标达成度。教师可以通过具体的表扬方式，帮助学生更好地评价自己的学习方法和效果，指导他们建立正确的自我认知和学业规划。这种自我评价能力的培养有助于学生形成独立思考和自我调节的能力，提高他们的学习自觉性和自主性。

在教学中，教师应注重运用确切式表扬，对学生在学习中的具体成就给予准确的肯定和赞扬，将学生的学习置于积极的轨道上，为他们创造获得更多的机会和环境，助力学生在学习中不断获得成就感的喜悦和动力。那么，如何运用确切式表扬，让学生获得成就感呢？

第一，注意观察学生的表现。

教师需要持续观察学生在学习和课堂活动中的表现，这包括观察学生的学术成绩、参与度、贡献等方面。例如，一个教师可能注意到学生在课堂上积极回答问题、主动参与小组讨论、主动寻求帮助或良好的课堂纪律，这些都值得给予确切式表扬。

第二，表扬时要具体描述成就。

当教师给予确切式表扬时，应尽量提供具体描述，以突出学生的成就。例如，可以指出学生在某个学科的某场具体考试中取得了很高的分数，或者是通过投入大量时间和努力完成了一项优秀的作业。通过具体描述，学生可以更清楚地了解自己在哪些方面取得了成功，并将这种成功形成记忆，他们会因得到鼓励而继续努力。

第三，表扬中要肯定学生的努力和过程。

除了关注结果，教师还应该注意肯定学生的努力和过程。这包括学生在完成任务、解决问题或克服困难的过程中所付出的努力。例如，教师可以表扬学生在研究一个难题时所表现出来的耐心、坚持不懈和创造性思维，即使在最初的尝试中失败也继续努力。这种肯定可以帮助学生认识到跨过困难的过程也是值得赞赏的，并鼓励他们继续挑战自己。

当然，运用确切式表扬，教师可以丰富其应用方向，具体如下：

学习成就：教师可以使用确切式表扬来肯定学生在学习方面取得的成就。例如，当学生获得好成绩时，教师不仅可以表扬他们获得的分数，还可以关注他们付出的努力和采取的学习策略。教师可以指出学生针对学科的难点进行了大量的自主学习，或克服了某个特定问题，改进了自己的学习方法。这样的确切式表扬有助于增强学生对自己学习能力的自信，并激励他们继续取得进步。

积极参与：对于学生的积极参与，教师可以使用确切式表扬来鼓励他们。例如，当学生在课堂上积极提问、分享意见或参与小组活动时，教师可以指出他们发言的清晰度、逻辑性和对主题的深入理解。教师还可以肯定学生在志愿服务活动中表现出的责任感和积极性，以及在学校社团中展示的领导能力。这样的确切式表扬可以增强学生的参与感，提高其社交技能，激发他们在各个领域积极发展。

社交技能：教师可以使用确切式表扬来促进学生的社交技能发展。例如，当学生显示出良好的沟通技巧、友善与他人合作或解决冲突的能力时，教师可以具体描述他们的行为，并鼓励他们继续保持和发展这些技能。教师还可以提供反馈，指出学生在交流过程中所展示的支持性言辞、倾听和尊重他人的表现。通过确切的肯定，学生将感受到自己在社交技能方面的优势，进而更自信地与他人互动和建立良好关系。

创造性思维：对于学生的创造性思维，确切式表扬也可以发挥作用。当学生展现出独特的想法、创造性的作品或解决问题的能力时，教师可以具体描述他们的创意，并表达对他们创造性思维的认可。教师可以提供积极的反馈，指出学生在发展创造性解决方案时的冒险精神、独立思考和多样化思维。确切式的表扬将鼓励学生继续发展自己的独特观点和创造性思维方式。

在范例04中，学生在学习范文《二十年后的家乡》时，一个学生在提纲中描述了环境、交通和住房方面未来的变化。学生李强及时发现了问题，指出现在已实现的交通和住房描述没有体现20年后的巨变，教师给予了学生确切的表扬："李强同学思维敏捷，观察能力犹如他的名字——强！善于捕捉并发现问题，真是好样的！"这种确切式表扬，是一种富有智慧和力量的教育手段，它不仅能够激发学生的内在动力，提高他们的学习效果，还能帮助他们建立积极的学习态度和自我驱动力。

因此，作为教育工作者，我们应该充分认识到确切式表扬的重要性，并将其融入日常教学。只有这样，我们才能更好地激发学生的潜力，培养出更多优秀的人才。

主题 4
透支性表扬——让学习找到目标

透支性表扬作为一种精准而有效的教学工具，不仅可以激发学生的内在动力，还能够引导他们找到清晰的学习目标和方向。通过深入挖掘学生的优点，透支性表扬不仅承认了学生的成就，更重要的是帮助他们认识到自己的潜力，激发他们对学习的热情与渴望。这种表扬方式是教学中的灵感之火，点亮了学生的学习之路。

范例 05 把明天的夸奖给今天的他

由于疫情，学生待在家里的时间很长，又加上网课，我们班小齐整天手机不离手，玩游戏玩得入迷。在家也不听家长的话，不让玩手机就和家长闹矛盾。家长无计可施，多次交流也没有效果。自新学期开学以来，小齐的周末作业也经常不能按时完成，他的成绩下降很多。

面对这种情况，作为班主任的我也很着急。眼看就要中考了，成绩还不见提高。我也想好好夸奖他一番，以缓和我和他的关系，但是他的表现实在不能令人满意。有一次，我偶尔看到一篇文章，深受启发：如果实在找不出夸奖学生的理由，那就把明天的夸奖透支给今天的他吧！

有天晚上值班的时候，我把小齐叫到办公室和他聊天。我告诉他："前几天我做了一个梦，梦见你成绩很好，尤其是英语，能考到90多分。醒来后，老师坚信只要你努力，一定能在下次模拟考试中考出优异成绩的！如果不能利用中考前的时间加紧努力，如果不去尝试，你就永远不知道自己有多大能力。如果我们在考试中考出了优异的成绩，爸爸妈妈就会觉得原来我的孩子是有能力考好的；同学们也会觉得，小齐看着好像不够认真，其实他很努力、很能拼；老师们也会觉得一定要多关注你，让你越来越优秀！"

和小齐交流完的几周后，我发现他各学科都有所进步，尤其是英语进步很大。原来的他自暴自弃，觉得自己无药可救；谈完以后，他的心理压力减轻了，包袱卸掉了。小齐也表示，以后他一定加倍努力，争取以后的考试越考越好。

如果今天对某位学生找不到夸奖的理由，那就请把明天的夸奖透支给今天的他吧。因为鼓励学生的本质就是对他明天的欣赏和期待。①

透支性表扬是指对个体的赞扬超出其实际能力或表现的程度，强调的是提前对学生成就和努力的评价和肯定，鼓励他们超越自身的潜力和期望，以促进其积极地学习、成长和发展。这种表扬方式旨在激发学生的自信心、自我肯定和行动力，帮助他们充分发挥潜力，找到学习目标，实现更高水平的成就和进步。透支性表扬有如下的作用：

其一，透支性表扬可以帮助学生设置更具挑战性的目标。通过超越实际能力

---

① 案例来源：微信公众号：张秀红省级优秀班主任工作室。

的表扬，学生可以被激发出追求更高目标的动力。例如，一个学生可能在一门科目上取得出色的成绩，然后得到了透支性表扬，表扬他的能力和努力。这种表扬可以激发他去追求更高的学习目标，更努力地学习，更深入地理解和探索相关知识。

其二，透支性表扬能够增强学生的自我效能感，即相信自己能够成功完成任务的信念。当学生得到透支性的表扬时，他们会从表扬中感受到自己的能力和成就得到了认可。这种认可会增强他们对自己能力的信心，让他们相信自己在面对新的学习任务时也能够应对和取得好成绩。

其三，透支性表扬可以促使学生持续投入学习。得到透支性的表扬后，学生往往会感到自豪和鼓舞，这样他们会更愿意保持努力，不断提高自己，追求更大的成功。他们会对学习产生持续的兴趣，并持续朝着更高的学习目标前进。这种持续的学习动力将推动学生不断学习，进一步发展和成长。

教师应深刻理解透支性表扬对于学生发展和学习目标的重要作用，并通过运用透支性表扬，为学生找到明确的、具有挑战性的学习目标，并通过适时的表扬来激发他们的内在动机和学习兴趣。如何运用透支性表扬让学生的学习找到目标呢？

第一，目标设定和期望表扬。

在与学生共同设定学习目标时，教师可以详细解释为什么这个目标重要，以及学生如何通过努力和专注实现目标。提前表扬学生的能力和潜力，并传达对他们能够取得成功的信心和期望，让他们相信自己能够克服困难、取得进步并实现目标。

第二，任务和项目表扬。

教师可以事先回顾学生在之前类似任务中取得的成功经验和表现，可以具体指出他们展示出的学习态度、创造性思维或团队合作精神，并指出他们表现良好的行为和习惯。通过透支表扬行为激发学生的热情，让他们相信自己能够在新任务中取得成功，增强他们的自信心和积极性。

第三，努力和持久力表扬。

强调学生的努力和毅力对于达成目标的重要性。教师可以通过故事或案例分享，展示成功背后的付出和坚持，鼓励学生在面对困难和挑战时不轻言放弃，而是坚持努力；鼓励学生设定小目标并逐步实现，逐步培养他们的自我激励能力和坚持不懈的品质。这种透支表扬有助于激发学生的内在动力，帮助他们克服挑战，实现个人成长。

第四，创新和问题解决表扬。

在透支表扬学生展现创新和解决问题的能力时，可以鼓励他们独立思考，提出独特见解和解决方案。教师可以给予学生挑战性问题和任务，激发他们的思维活力和创造性，让他们尝试新颖的做法和方法。通过透支表扬学生的创新能力和解决问题的才智，促进他们的思维发展和学习成长。

在范例05中，教师通过与小齐同学聊天，提前预支了对他的赞扬和鼓励。即使小齐目前的表现并不出色，但教师相信他的潜力和能力，鼓励他充分发挥自己的才能。这种透支性表扬可以帮助小齐消除顾虑，减轻心理压力，激发他加倍努力的决心。

综上所述，透支性表扬作为一种积极的教育策略，能够给予学生积极的心理暗示，让他们相信自己能够取得更好的成绩或有更好的表现，帮助学生确立明确的学习目标，激发他们积极的学习动力和自我效能感，为他们提供支持和指导，培养其内在动机和兴趣，从而促使学生更好地实现自身的学习目标和成长。

主题 5

类比式表扬——提升学生的信心

在教学过程中，表扬不仅是一种肯定和鼓励，更是激发学生自信心和学习热情的重要方式之一。类比式表扬作为一种引人深思的表扬方式，能够将学生的表现与身边的成功故事或伟大人物联系起来，从而提升表扬的效果，激发学生的内在动力和信心。

巧妙地运用类比式表扬，可以让学生在获得肯定的同时感受到他们和榜样之间的共通之处，进而激励他们不断努力、追求卓越。

范例 06 你就是下一个童第周

本学期的作文活动——"考状元"。"考状元"前，先考"探花""榜眼"。

这次，3名学生考了"状元"，4名学生考了"探花"。而小吴同学，只考了"探花"，有学生发出了不屑的"切"声。

这，我预料到了。探花，本学期的第一个称号。

"一个人的起点低一点，晚一点，不要紧。要紧的是，你有发奋的决心。昨天，吴某拿积分来换'探花'，我从他的眼神里，看出他发奋的光芒。"随后，我讲了科学家童第周的故事。

初三，童第周的成绩全班倒数第一。

不久，童第周所在的寝室传出了"童第周不顾学习，经常谈恋爱到深夜"的谣言。一天深夜，陈老师办完事情回到学校，发现昏黄的路灯下，有个瘦小的身影在晃动。深更半夜的，谁还不回寝室睡觉呢？陈老师带着疑问走过去一看，是童第周正借着路灯演算习题呢。"这么晚了，你怎么还不回寝室呢？""陈老师，我要抓紧时间赶上去，我不要当倒数第一名。"陈老师望着童第周瘦小的身躯，劝童第周回去休息。可刚走出不远，童第周又站在路灯下捧着书本读了起来。

第二天，陈老师当着全班学生的面郑重辟谣："我明确地告诉大家，童第周是一个勤奋好学的人！我目睹了熄灯后，童第周还在昏暗的路灯下，专心致志地演算习题的画面。他太辛苦，太勤奋了！""不错，童第周曾经是全班成绩最差的，但一个人的成绩不能仅仅用一次考试分数来判定。衡量一个人的知识和能力，最终要看他如何走自己的奋斗之路！"

期末考试了，童第周成了全校关注的对象。最终，他通过自己的刻苦努力，各科平均成绩都达到了良好水平，几何得了满分，这引起了全校的轰动。到了高三，童第周的总成绩全班第一。校长也无限感慨："我当了多年校长，从来没有看到过进步这么快的学生！"

后来，童第周成了著名的科学家。

为表彰小吴同学"发奋的决心"，我奖励他一张"优先刊用卡"，并和他合影留念。给小吴同学的"探花"的奖状上，我写着：

吴×同学，祝贺你成了"作文·探花"。你不声不响地追赶，管老师看在眼里，喜在心里。期待着你发奋，阅读积分、写完本子积分、佳句积分、名言积分、发表积分。我相信，只要你永不放弃，朝着下一个目标奋进，你定能很快获得"作文·榜眼"的称号。你就是下一个童第周！期待着你辉煌时刻的到来！①

---

① 案例来源：微信公众号：中山小语。

　　类比式表扬的概念基于认知心理学中的"类比思维"理论，即将不同事物之间的相似之处联系起来，帮助人们更好地理解和学习。在教学中，类比式表扬将学生的表现与著名人物、成功故事或特定情境进行相似比较，以强化表扬的效果和意义。这种表扬方式旨在激励学生，向学生传达他们也拥有与成功者相似的品质和潜力，以增强他们的自信心和激发内在动力。

　　其一，激励学生。类比式表扬可以激励学生跨越自身的局限，认识到自己所具备的潜力和能力。比如，通过将学生的勤奋与爱迪生相类比，教师可以让学生意识到自己的努力会带来积极的成果，从而激发他们的学习热情和自信心，坚定其前行的决心。

　　其二，强化正面反馈。类比式表扬不仅是简单的赞美，更是对学生积极行为的肯定和展示。通过引用成功者的例子，学生更容易理解自己的价值和表现，进而更有动力持续努力。这种正面反馈不仅是短期的鼓励，更是长期建立自信和自尊的过程。

　　其三，塑造榜样效应。将学生与成功者相比，可以在潜移默化中影响学生的行为和态度。成功者的光辉事迹会激励学生追求卓越，不断挑战自我，形成勇往直前的榜样效应，推动学生在学业上不断超越自我的局限。

　　其四，提升学习意义。类比式表扬让学生在收到赞美的同时，懂得自己的努力和付出是值得的。通过将学生的表现与成功者的生平故事相对比，学生会更深刻地体会到自己为何而学习，明确目标并为之努力，从而更有动力和目标感地投入学习。

　　教师在实践中需要注重细节、真诚赞美，并与学生的实际表现相类比，从而让表扬更加有针对性和有效性。通过将学生的表现与成功者相类比，赋予学生积极的认同感和自我肯定，鼓励他们勇敢追求自己的目标和梦想。这种肯定性的反馈不仅可以增强学生的学习动力，还可以培养他们的自尊和自信，使他们在面对挑战和困难时更加坚定和乐观。那么，如何运用类比式表扬提升学生的信心呢？可以参照以下做法：

第一，学习成绩表扬。

类比式表扬可以在学生取得优异学习成绩时起到积极的激励作用。通过将学生的成绩与知名学者或科学家的成就相类比，教师可以引导学生认识到自己的潜能和努力所取得的成就。例如，当学生在数学考试中取得好成绩时，教师可以比喻他们的数学能力就像数学天才阿基米德一样，鼓励他们持续努力，坚信自己的潜力，提升学习动力和自信心。

第二，课堂表现表扬。

在课堂上，学生积极参与讨论、提出问题、帮助同学等行为都值得教师的表扬和肯定。通过将这些积极表现与成功的领袖、社会活动家等相类比，教师可以激励学生融入课堂、勇于表达、互助合作。例如，教师可以将学生积极参与讨论的行为比作未来社会领袖的素质，让学生意识到自己的影响力和价值，进而更加积极地投入学习和互动。

第三，品德行为表扬。

品德行为同样值得教师的肯定和表扬。当学生表现出助人为乐、诚实守信等品质时，教师可以将他们与伟大的慈善家、人道主义者进行类比，以强调优秀品德的重要性和影响力。这种表扬不仅增强了学生的自信和自尊，更培养了他们的社会责任感和良好品格，促进了整体素质的提升。

第四，才艺表现表扬。

对于展现出优秀才艺的学生，教师可以通过类比式表扬激励他们不断探索和发展自己的特长。比如，将学生在音乐、舞蹈、绘画等方面的表现与享有盛誉的艺术家或运动偶像进行对比，让学生意识到自己的潜力和天赋，鼓励他们坚定自己的艺术梦想，勇敢追求自己的兴趣和热爱。

第五，解决问题表扬。

鼓励学生展现创造性思维和解决问题的能力是教育的重要任务之一。当学生展现出独特见解和解决问题的能力时，教师可以将他们与发明家、创新者进行类比，强调他们的智慧和独特性。这种表扬能够激发学生的求知欲和创造力，培养他们解决问题的能力和自信心，帮助他们在未来面对挑战时更加勇敢和坚定。

在范例06中，教师通过著名科学家童第周的故事做类比，"童第周曾经是全班成绩最差的学生，但通过自己的努力，最终取得了全校第一的好成绩，成为一位著名的科学家"，表扬小吴同学发奋的决心，鼓励学生树立信心，永不放弃，朝着自己的目标奋进。

综上所述，类比式表扬不仅是一种赞美，更是一种启示和激励。当将学生的表现与著名人物、成功故事进行类比时，就不仅是简单赞扬，更是在向学生展示：他们所展现的优秀品质和努力不仅是可贵的，更是与成功者共享的特质。通过类比，学生可以看到自己潜在的能力和可能性，建立起更加坚定的信心和决心，从而勇敢地面对挑战，追求梦想。

主题6

呼应性表扬——让学生见贤思齐

在教育中，呼应性表扬是一种强有力的教学工具，它能够激励学生积极向上并塑造他们的行为标准。当教师表扬某个学生的积极行为时，其他学生也会受到启发和引导，纷纷效仿，形成"见贤思齐"的良好风气。这种班级中积极扩散的正向反馈机制，将使整个教学过程焕发出生机和活力。

范例07　为我们的30天"中奇迹"鼓掌

7点50分进教室，学生几乎全来了。钮子周转过身，要对唐宇帆说什么。唐宇帆将食指指尖放在嘴唇上，做了个噤声的动作。

"大家创造了一个小小的奇迹。早上如此安静，要么有小老师在，要么有大老师在。没有大、小老师，而能如此，真不多见。"

"管老师，怎样才算大大的奇迹呢？"一学生问。

"将今天早上的'小小的奇迹'，保持一个月，就创造了一个'中奇迹'；一个学期里，有50个这样的早上，那就创造了一个'大大的奇迹'。"

教室里静静的，我夸道，"我们班有这个潜力、潜能，我期待着大家创造一个大大的奇迹。以后，管老师教其他班，我会告诉他们，我以前带的班，没有老师也能做得如此出色，就是——"

我一个个地找班上的学生，"就是钮子周的班，就是吴凡的班，就是陆锦丰的班，就是姬天璇的班，就是季力雨的班……"

奇迹在继续。第二天 7 点 45 分，我进入教室，教室里依然十分安静。8 点交作业，也没什么声响。小组长做他的事，课代表做他的事，井然有序。其他学生交了作业，依然看自己的书。安静中，有序中，交作业，只用了两分钟。

"我的眼光没错，你们，就是你们，有创造'大大奇迹'的潜力、能力。让奇迹继续！"

早上，没有小干部管理，没有教师到场。安静阅读一天，我们就在黑板上的一角，将数字往上升"1"。升到"30"的那一天，我庄重地喊："全体起立！请为我们的 30 天，中奇迹，自豪地鼓掌！"

我带头鼓掌。我不停，大家也不停。手都拍红了，也不停。①

呼应性表扬，是指一种通过教师的正面肯定和鼓励，激发其他学生产生共鸣、效仿和学习行为的表扬方式。这种表扬形式强调的是通过教师的引导，使其他学生能够自觉地认同和效仿被表扬学生的优秀品质和良好行为，形成一种正向的、积极的学习氛围和价值观导向。

其一，树立正确的价值观。呼应性表扬通过肯定和赞赏学生的积极行为和态度，可以帮助他们树立正确的价值观。通过表扬学生对他人的关心、友善、助人或其他正向行为，教师在实际行动中强调了这些价值观的重要性。这使学生意识到良好行为所带来的积极影响，并促使他们去追寻和坚持这种正确的价值观。

其二，强调积极行为的重要性。呼应性表扬通过明确认可学生的积极行为，强调积极行为的重要性。这包括提醒学生关注和尊重他人，以及表现出友善、诚实、勤奋等良好品质。通过正面反馈，学生会更加意识到积极行为对个人、他人

---

① 案例来源：微信公众号：我和我可爱的学生们。

和社会的积极影响，并激发他们去坚持和展示这些行为。

其三，建立正确的榜样模范意识。呼应性表扬将少数学生的优秀表现展示给全班学生，进而引起其他学生的关注和认同。这些被表扬的学生成为其他学生学习和模仿的榜样。他们的积极行为和态度成为其他学生树立正确的榜样模范意识的例证。通过这种方式，整个学生群体会逐渐形成正确的价值观和行为准则。

其四，促进班级团结。呼应性表扬能够激发其他学生的共鸣和效仿行为，从而形成一种正向的、积极的学习氛围和班级文化。这有助于增强班级的凝聚力和向心力，促进班级内部的团结与和谐。

在实践中，教师在运用呼应性表扬时可以通过巧妙引导和激励，让学生看到优秀榜样的价值和意义，引导他们向优秀榜样学习，从而在潜移默化中影响并激发学生的自我提升和发展。那么，如何运用呼应性表扬让学生见贤思齐呢？

第一，观察和发现。

教师在观察和发现学生优秀表现时，除注重学习成绩外，还要更加关注学生在课堂和校园中的行为举止、与同学相处方式等方面。通过观察学生的全貌，可以更准确地发现潜藏着优秀品质和积极态度的学生，为他们的表现做出积极的回应。

第二，及时肯定。

及时的肯定和表扬是呼应性表扬的关键。除了口头表扬，教师还可以利用班级公告、嘉奖证书等方式展示学生的优秀行为，让全班学生都能看到这种积极的示范；同时，教师还可以与学生交流，询问他们对表扬的感受和回应，以加强正面反馈，提高学生对表扬的认同感。

第三，示范效应。

被表扬的学生会成为班级的榜样，他们的行为和品质会对其他学生产生示范效应。教师可以通过分享榜样学生的成功故事和经验，引导其他学生向他们学习，并明确呼应性表扬的重要性和影响力，激励更多学生朝着积极向上的方向发展。

第四，鼓励机制。

教师在鼓励其他学生向榜样学习时，可以通过设立奖励机制或者组织集体活动来加强鼓励和激励的效果。同时，教师可以通过个别辅导、鼓励学生制订学习计划等方式，使更多学生受到榜样的启发，找到适合自己的努力方向，实现自我提升。

第五，持续关注。

持续关注并表扬学生是呼应性表扬的关键环节。教师可以定期与学生交流互动，了解他们的近况和进步。对于受到影响并展现良好表现的学生，要不断给予支持和关注，让他们在面临挑战时感受到教师和同学的支持，持续保持积极向上的状态。

在范例 07 中，教师从发现"小小的奇迹"开始，表扬了学生的良好行为，并逐步引导学生探索"中奇迹"和"大大的奇迹"，赋予他们期许和动力。随着学生的呼应和坚持，教师再次表扬他们的努力与成就，激励着更多学生受到感染并跟随榜样，建立积极的行为习惯。从而形成良性循环，引领整个班级向更高的目标迈进。

综上所述，呼应性表扬作为一种积极的教育方式，不仅能够增强学生的自信心和动力，还能够激发学生向优秀学生看齐的愿望和行动。通过及时的肯定和鼓励，教师可以将学生的优秀品质和行为转化为班级的榜样力量，引领整个群体朝着共同的目标努力。通过呼应性表扬，教师不仅塑造出更积极向上的学习氛围，也培养出更多具有领导力和影响力的榜样学生，为班级的整体发展和提升打下坚实的基础。让学生见贤思齐，不仅是一种行为模仿，更是一种内心追求。在呼应性表扬的引领下，学生将在共同的努力中达成自身的成长与价值。

主题 7

持续性表扬——激发学生的潜能

在教学中，持续性表扬是一种强大的工具，可以激发学生的潜能并让整个教学过程焕发生机。通过持续性表扬，教师能够在学生的学习过程中不断给予肯定和鼓励，从而使他们增强自信心，提升积极性，提高参与度。这种表扬方式不是单一的一次性奖励，而是一种持久而有效的教育策略，可以促使学生持续努力、追求进步，并释放出他们的无限潜能。

范例 08　给表扬的内容做一个规划

表扬还要讲究持续性，如一节课、一周、一个月，给表扬的内容做一个规划。

我对学生的要求是课上都能坐端正，但现实是不少学生只能坚持 10 分钟、20 分钟，能从头到尾坚持 40 分钟的不多。以往我会归结为学生低年级时没有养成良好的习惯，或者家长没关注孩子的坐姿等基本习惯。那现在既成事实，习惯好的、差的不同的学生就在你的班里，作为教师，我们能做什么呢？我该如何在课堂上管理好学生的坐姿，帮他们纠正不良习惯呢？

通常在坐姿方面，女生的整体表现优于男生，被我表扬的大多数是女生，而男生有的把脚伸到外面，有的把脚搭在桌子前面的杠子上，有的甚至把脚垫在屁股下面，很不雅观。难得看到一个男生坐姿端正挺拔的，我就像发现金子一般赶紧表扬。但是很奇怪，今天是这个男生坐姿端正，明天是那个男生坐姿端正；刚上课时是这个男生坐姿端正，快下课了又是那个男生坐姿端正。很少是同一个人保持到最后。我意识到了我的表扬缺乏持续性。

做任务二时，坐倒数第二排的赵彦博就像棵挺拔的松树，身板挺得直直的，和后面趴着做作业的张弛形成了鲜明的对比。我立马表扬了赵彦博的坐姿，并顺势扶直了后座张弛的背。等我巡视完一圈回来，我特地再次看看赵彦博的坐姿，有点下去了，而张弛居然还是我走之前的坐姿。以往，我基本表扬过一次坐姿后，便不再关注了，这次我改变了。

等任务二时间一到，我站在张弛旁边，"张驰同学一开始是趴着写作业的，当老师调整他的坐姿后，他能保持到任务二时间结束，让我看到了他的坚持。我相信接下来张弛都会坐端正，也期待更多的同学写字的时候能想想自己的坐姿，做风度翩翩的君子。来，我们一起给张弛掌声。"接下来的任务三、任务四，不管是读还是写，我都会关注学生的读书姿势、写字姿势。不良习惯的纠正需要时间，教师的关注要有持续性。当学生的姿势端正了，你就会发现他们开小差、走神儿的概率也降低了。

由于坐姿端正，他们的手没有空去闲玩。写字的时候，左手压书，右手写字；拿书的时候，两手握住书本各一侧。由于坐姿端正，写字也减少了歪歪扭扭的现象。不趴着写字，字的大小也能更清楚地看到，不会小得像蚂蚁，也不会大得超出了书写范围。小小的一个坐姿映射出的是学生的学习习惯，而小学阶段的良好习惯能影响孩子的一生。①

---

① 案例来源：微信公众号：家常课。

这样表扬很有效：一线表扬50例

从心理学的角度来看，持续性表扬符合正面强化的原理。根据行为心理学的观点，行为的出现是由其所带来的后果决定的，如果后果是积极的、愉快的，那么这种行为就有可能被增强或重复。在教育中，教师给予学生的持续性表扬就是一种正面的强化，其核心概念是持续地给予学生正面的反馈和肯定。相比于一次性的奖励或表扬，持续性表扬更注重长期有效地激发学生的内在动力和积极性。

其一，增强学生的自信心。持续性表扬可以提高学生对自己能力的认知和信心，让他们相信自己具备发展潜能。通过对学生努力和进步的持续肯定，他们能够建立起积极的自我形象，更愿意尝试新的挑战和克服学习的困难。这种自信心是激发潜能的关键，学生在自信心的推动下更有勇气和动力去探索、尝试和创新。

其二，激发内在动机。通过持续性表扬，学生可以体会到自己的努力和付出得到了认可和赞赏。这种内在动机可以促使学生主动追求更高的学习成就和个人发展。持续性表扬激发了学生内心的积极意愿，使他们愿意投入更多时间和精力发展自己的潜能。

其三，建立学习兴趣和热情。持续性表扬可以培养学生对学习的兴趣和热情。当学生感受到他们的努力和成就受到认可时，他们会更加愿意去探索和学习新的知识、技能和概念。学生对学习的兴趣和热情的提高将激发他们的学习潜能，使他们更加投入、专注和有创造力地面对学习任务。

其四，推动个人发展。持续性表扬能够帮助学生发现自己的优点和潜力，引导他们进一步发展和利用自身的才能。通过准确的观察和认可，教师可以及时发现学生在各个方面的长处，并为他们提供适当的机会和挑战，以使他们展示和发挥自己的潜能。这种个人发展的推动有助于学生实现自身价值和成为更好的自己。

通过在教育实践中有效地应用持续性表扬，教师可以为学生创造一个积极的学习环境，增强他们的自信心，激发内在动力，培养学习兴趣，以最大限度地激发学生的潜能，并推动个人发展。那么，如何运用持续性表扬激发学生的潜能呢？

第一，进行肯定反馈。

持续性表扬的关键是不断对学生表现出来的积极行为或成就进行肯定性的反馈。教师可以详细说明为什么这个行为或成就是值得表扬的，如何体现了学生的才能、努力或品德素质。同时，可以与学生讨论这种行为的重要性，并引导他们认识到这种行为的价值和持久影响。

第二，要建立奖励机制。

为了持续性地表扬学生，教师可以建立一个奖励机制，以激励学生持续表现出优秀的行为或成就。这个机制可以包括一系列里程碑奖励，例如积分系统、勋章或证书等，使学生能够持续性地追求更高的目标。同时，可以根据学生的兴趣和喜好，确保奖励的多样性和个性化，以提升学生的参与度和动力。

第三，制订成长计划。

与学生一起制订个人成长计划，明确目标和行动计划，并在实现每个阶段时持续性地表扬。这个计划包括学业、技能和品德发展等多个方面。通过定期的目标设定和评估，教师可以及时发现学生的进步，并在学生成功实现里程碑目标时给予持续的肯定和表扬，激励他们在未来继续努力。

第四，定期回顾和强调。

定期回顾学生的进步和成就，强调之前受到表扬的行为对他们的学习和成长的重要性。教师可以与学生讨论他们的成长历程，共同回顾之前取得的成功和表现出色的方面。通过回顾和强调成功经验，教师可以激励学生保持努力和积极态度，并提醒他们这些积极行为对未来的持续性发展是有益的。

在范例 08 的情境中，教师发现学生在课堂上的坐姿问题，并采取了表扬的方式加以纠正。然而，教师意识到自己的表扬缺乏持续性，导致效果并不持久。为了解决这个问题，教师决定在接下来的时间里持续关注学生的坐姿，并及时给予表扬和鼓励。这种持续性的表扬不仅帮助学生保持了良好的健康习惯，还激发了学生的学习热情和自信心。

持续性表扬是激发学生潜能的重要手段之一。通过持续性的肯定和赞扬，学生能够持续感受到自己的成就和价值，建立起自信心和积极的学习态度。这种表扬不仅鼓励学生在已取得成绩的领域继续努力，也激发他们在其他领域不断拓展和挑战自我。同时，持续性表扬还促使学生形成积极的学习习惯和行为，从而推动他们实现全面的发展和潜能的最大化。教师在运用持续性表扬时应注重个性化和具体性，确保学生深度理解自己的优点和成长点，并能够在鼓励中不断追求卓越。通过持续性表扬激发学生的潜能，教师可以营造出积极、有创造力的学习环境，为每个学生实现个人成功奠定坚实基础。

专题二
表扬让作业提质增效

在教育过程中，表扬是一种强大的工具，它不仅可以增强学生的自信心，还能激发他们的学习动力和改善作业质量。通过巧妙运用这些方法，教师可以在教学过程中更好地引导学生，促使他们更加专注、努力和有效地完成作业，提高作业质量，从而实现学习效果的优化。

主题 1

挖掘性表扬——发现闪光点

在教育的道路上，引导学生迈向成功之旅的关键之一就是肯定他们的优点和闪光点。然而，表扬并不只是简单的赞美与奖励，而是一种巧妙的策略，其能够激发学生对自己的理解和发展的深入思考。通过挖掘性表扬，教师可以用更为细腻的眼光，发现学生在学习过程中所展现的独特才能、光辉瞬间和个人亮点，让学生感受到肯定与关爱，更能激发他们的潜能，使他们在作业中提升质量、提高效果。

范例 09　从紊乱的书写或思路中发掘闪光点

问题学生的作业、试卷往往是一塌糊涂。作为老师，我从未大笔一挥轻易打上红叉或敷衍地打上半勾，而是沙里淘金，从紊乱的书写或思路中发掘其闪光点进行表扬。

小娜的作文有时虽然文理不通，但有一两句话或一两个词或一两处标点用得好，我就抓住这个闪光点，换个角度讲她如何巧用修辞将抽象的事物具体化、形象化，如何准确使用成语表情达意，如何活学活用冒号、引号，将对话描写写得生动传神。小华作文中的言语表达很差，常常辞不达意。一旦有新颖的见解或构思，我就帮助他整理，让学生顺着他的立意或构思一起组织材料，润色语言，使之成为优秀作文。

事实证明，当教师不断发现学生身上的闪光点，并及时给予表扬和鼓励，学生的学习热情就会越高，进步成长就会越快。①

范例 10　你真是老师的好帮手

我们班小明精力特别充沛，整天活蹦乱跳的，即使上课也不消停，不是玩小玩意儿就是扭转身逗后面的同学讲话，又或者钻到桌底。他又是个很聪明的孩子，当他偶尔听课了，教师提问的问题他都懂。但他不会安静地先举手后回答，而是站起来或离开座位举着手大声嚷嚷："老师，我会！老师，我会！"直到教师叫他回答为止。教学常因为他的闹嚷而中止。课后，他常常不愿意好好写作业。

我一直在想，如何才能让他配合跟着学习、做作业呢？我注意到他属于寻求关注型，于是我计上心头。

这天，小明和另外四个学生又没有完成作业。我便跟他说："小明，你可以帮老师督促这四个同学完成作业吗？"他一听，两眼发亮说："好！"我接着说："但你自己还没有完成作业，他们会不会不听你的呢？"他马上说："老师，我立刻做。"很快他就把作业补完让我批改。这是自开学以来他第一次那么乐意、那么迅速地完成作业。我表扬了他："噢，完成得真快，且写得也比较工整。你看，你一认真写，是不是很快就可以完成作业了？"他很开心地说："老师，我现在去督促那四个同学写作业！"当督促其中一个学生完成后，小明马上拿那学生的作业给我。我开心地说："小明，谢谢你的帮忙。"小明愉悦地说："我继续督促另外三个去完成。"

---

① 案例来源：陈召彬. 语文教学应如何对待"问题学生". 考试·教研. 2009（06）。

课间，小明没有再乱蹦乱跳，一直在督促那三个同学做作业。中午放学了，他像个胜利将军一样高举着那三个本子高兴地跑来交给我并说道："老师，我督促他们完成作业了！"我夸奖他道："小明，今天你不但自己完成作业了，还帮老师督促同学完成了作业。你真是老师的好帮手！"之后的一周，小明缺交作业的次数少了，即使有时没按时完成，一提醒他，他也会很乐意地去补做。①

挖掘性表扬是一种注重发现学生优点和特长、肯定个体价值并激励学生进步的表扬方式。教师发现学生在作业中展现出的独特才能、亮点和优势，并通过表扬来肯定和激励他们，从而激发学生更好地投入作业，以提升作业质量和效果。

挖掘性表扬不仅停留在简单的赞美上，而是深入挖掘学生的优点和闪光点，帮助他们认识到自己的潜力和价值。通过挖掘性表扬，教师在批改作业时可以重点关注学生表现出色的部分，不仅指出其优点所在，还要强调其重要性和价值，增强他们对作业的投入度和积极性，从而促使他们更加努力地提高作业的质量和效果。

其一，发现学生的闪光点和潜力。挖掘性表扬关注学生在作业中的优点、特长和潜在才能。通过认真观察和评价学生的作业，教师可以发现学生在哪些领域表现出色，或在哪些地方展现出创造性和独特的思维方式。这样的发现可以帮助教师更好地了解学生，发现他们的潜力和闪光点，从而在作业中有针对性地支持和引导他们的发展。

其二，增强学生的自信心和动力。挖掘性表扬以积极的方式反馈学生的优点和成就，使他们意识到自己的价值和能力。这种肯定和认可可以帮助学生建立自

---

① 案例来源：微信公众号：清远市梁海勤名班主任工作室。

信心，并激发他们在学习中付出更多努力。当学生感受到自己的努力得到认可时，他们会进一步投入学习中，追求更高的质量和效果。

其三，提高作业的质量和效果。挖掘性表扬通过关注和激励学生的优点和潜力，引导学生更好地理解和应用知识，提升作业质量的提高和效果。当学生意识到自己在某些方面的优势和潜力时，他们会更有动力去探索、深入思考和改进作业。这种自主性的学习和思考过程将有助于提高作业的质量和产出。

教师要灵活运用挖掘性表扬，发现并引发学生的闪光点，发掘学生的优点和潜能，并为其提供适当的支持和指导，以帮助他们在作业中实现更高的质量和效果。那么，如何运用挖掘性表扬发现学生的闪光点呢？

第一，详细观察和评价作业。

教师在审查学生的作业时，除了关注作业的表现与结果外，还应着重观察学生在作业中展现出的特点、技能和态度。这包括是否有深入思考、创造性解决问题、独立思考的能力等，以及是否展现出对所学知识的理解和应用。通过细致观察与评价，可以更准确地发现学生的闪光点。

在范例09中，教师采取了"沙里淘金"的方式，从学生混乱的书写或思路中发掘其闪光点，并对其进行表扬。对于文理不通的作文，教师抓住了学生使用修辞、成语、标点等细节上的优点，并加以肯定和鼓励。同时，对于语言表达能力弱但有新颖见解或构思的学生，教师也给予了及时的指导和支持，帮助学生将立意或构思转化为优秀的作文。这种做法不仅提高了学生的学习热情和自信心，也促进了学生的进步和成长。

第二，个别反馈和肯定。

在给予学生反馈时，教师不仅要关注作业中需要改进之处，更要突出并个别性地表扬学生在作业中的优秀表现。通过明确指出学生的闪光点，并给予积极肯定与认可，在潜移默化中激励学生持续努力，提升其学习动力和能力。

在范例10中，教师在小明完成作业后及时地给予了表扬和肯定。即使是微小的进步，如完成作业的速度、书写工整等，小明都得到了教师的肯定和赞扬。这种正面的反馈让小明感受到了学习的乐趣和成就感，从而激发了他的学习热情。

第三，设定有挑战性的任务。

为了发掘学生的潜力和优势，教师可以为学生设计具有挑战性、可引发其思考的任务。这些任务能够激励学生展现才华，促使他们在作业中表现出色。挑战性任务的设定可以激发学生的学习兴趣和热情，促使他们在学习过程中迸发潜力。

总之，通过挖掘性表扬，教育者可以为学生创造一个积极的学习环境，可以培养他们的自尊心和自信心，激发他们发挥潜力，从而提高学业水平。这种表扬方式不仅关注学习的成果，更注重学生的个人发展和成长，促使学生在作业中不断挖掘自己的潜能，发掘自的闪光点，实现提质增效的目标。

主题 2

主题性表扬——指明努力方向

在提高学生作业质量和效果的过程中，表扬的作用不可忽视。主题性表扬作为其中的一种形式，能够指明学生努力的方向，激励其持续进步。当教师有针对性地表扬学生在作业中展现出的努力和成就时，不仅能够增强学生的自信心，还可以为他们提供清晰的学习方向和目标。

范例 11 微主题班会设计：我的作业这样做

把"主题性表扬"设计为班级每周一次的微主题班会。指导思想结合当今国家倡导的立德树人、五育并举、生命教育等来展开。具体设计如下表所示。

班会主题：我的作业这样做

作业要求	说　明
今日事今日毕	每天的语文作业必须在放学前完成上交。教师会在每天下课前布置当天作业 完成者作业过关（加1分）；未完成者（一次扣2分）
页面工整	用黑色水笔统一书写，追求质量而不求速度，慢慢写！一笔一画地书写，作业无涂改，排版工整，有笔锋等为优秀 （作业优秀者，即拿A+的一次加2分，拿A的一次加1分；作业马虎者，即拿到C及以下等级扣1~2分，视马虎程度酌情扣分） 特别说明：作业不允许用涂改液、涂改带之类的东西，下笔请谨慎
及时订正	作业发下去后，错题利用课间及时订正，放学前上交 注意：订正统一用蓝色笔在错题旁边写上"订"字。订正认真且书写较好、正确者加1分
跑到作业前面	鼓励根据自己的学习情况提前做题，前提是一些可以不用教师讲解，可以自学就会的题，提前做，且正确率高的加1分 特别注意：杜绝为了提前而提前、不懂装懂的学生；错误率较高的学生将倒扣1分
特别小惊喜——作业归零日	每周五前完成所有作业，扣分清零；如果拖到下周一，要全对才能清零，否则扣分依然
送给同学们的话：消灭作业，就像消灭敌人，越快越好，越快越乐	

主题性表扬是基于特定主题或方面对学生进行表扬的一种形式。与简单地称赞学生的整体努力或成果不同，主题性表扬将焦点放在学生在某个特定主题或某

方面的努力和取得的成就上。主题性表扬的目的是针对学生在特定领域的优点、能力或进步进行明确的肯定和赞扬。这种表扬形式通过具体而有针对性的赞扬，鼓励学生继续在该主题或方面上努力和进步。例如，在作业质量和效果方面，主题性表扬主要针对学生提升逻辑思维能力、增加细节描述或加强语言表达等方面的努力进行表彰，主要特点如下：

其一，强调个体优势。通过主题性表扬，教师可以发现学生在特定主题或方面的优势和才能，并提供有针对性的肯定和鼓励。这种正面反馈不仅可以增强学生的自信心和学习动力，还能帮助他们在作业中充分发挥自己的优势，从而提高作业的质量。例如，对于擅长写作的学生，可以表扬其在表达观点和内容组织方面的能力，鼓励他们在作文或研究报告中展现更高水平。

其二，促进自主学习。借助主题性表扬，学生将更加注重自身在特定主题或领域上的努力和成果，从而培养自主学习的态度和能力。学生在得到积极反馈的同时，也会更加自觉地投入学习，寻求提高作业质量的途径。通过鼓励学生主动探索、思考和学习，他们将更有可能创造出高质量的作业成果。

其三，引导学习方向。主题性表扬有助于引导学生关注和发展自身的学习方向，进而提高作业质量。通过肯定学生在特定领域中的努力和进步，教师可以指导他们在这个方向上持续努力，以取得更好的成绩。这种有针对性的指导和鼓励可以帮助学生明确目标，集中精力，从而提高作业的水准和效果。

教师要在实际教学中巧妙地运用主题性表扬，为学生指明努力方向的关键要点，使其明确学习目标，激发学习动力，取得更优秀的作业成果，从而实现作业提质增效的目标。那么，如何运用主题性表扬帮助学生指明努力方向呢？

第一，明确表扬主题。

明确表扬的主题，即明确要表扬的特定方面或技能。这包括创意思维、问题解决能力、批判性分析、逻辑推理、细节把握等方面。通过明确的表扬主题，学生能够更清楚地知道自己在哪些方面可以得到肯定和表扬。例如，可以将罗列观点的准确性、论证的逻辑性等作为表扬的重点。

第二，针对性表扬。

教师应根据学生在作业中的表现，针对不同的主题进行表扬。这些主题可以是作业的关键要素或重点领域。在表扬中应强调学生在特定主题方面的优秀表现，如批判性思维、创作技巧、数据分析等。这样的表扬可以引导学生将精力集中在重要方面，促使他们在该主题中提升作业质量。

第三，建立正反馈机制。

及时给予积极肯定，鼓励学生在作业中的优秀表现。这可以通过有针对性的表扬、口头或书面的赞美等方式实现。同时，提供建设性的反馈和指导，帮助学生认识到自己的不足之处，并指明改进方向。例如，当学生在论证逻辑上有出色表现时，可以表扬其条理清晰的思维方式，并指出可以通过更多的实例或统计数据来强化论据。

范例11中，教师通过今日事今日毕、页面工整、及时订正、跑到作业前面、作业归零日五个主题，运用微班会的形式，对学生进行主题性表扬。这样的表扬方式可以激发学生学习的热情和动力，使他们更加专注和投入，从而提高作业质量，完成目标。

借助主题性表扬，教师可以明确指明学生在作业上的努力方向，并引导他们在这些方面进行提升。通过以具体的主题为重点进行表扬，教师可以帮助学生更好地明确自己的优势和潜力，并激发他们学业上的热情和动力。此外，主题性表扬还能够营造积极的学习氛围，增强学生的自信心和学习意愿。通过持续的正向反馈和建设性的指导，学生能够清楚地了解自己在哪些方面已经做得很好，在哪些方面还需要继续努力，最终不断提高作业质量，并取得更好的学习成果。

主题 3
制造型表扬——肯定学生的进步

在学生的学习过程中，表扬是一种强大的肯定工具，能够激励他们不断进步和提高。然而，并非所有学生都能够平等地获得表扬，有些学生可能常常被忽视或被遗漏。因此，制造型表扬应运而生。制造型表扬强调的是教师主动去寻找和发现学生的进步，以更加针对性和定制化的方式肯定他们的成绩和努力。

范例 12　这样的学生，我们班也有

7点15分，我到校门口，钱程已经在等着开大门了。我对钱程招招手，他随我一起进了校门。

我去办公室，钱程去教室。开了窗，通了风，烧了水，我也去教室。钱程将书包丢在一边，在玩着什么东西。

"你比别人多出来的时间，要用好。"钱程的基础不太扎实，该背的、该默写的都有点儿小问题。钱程听了我的话，拿出语文书来。我叮嘱道："给后到的同学做个好样子。一会儿我来，你还这么认真看书，你就是管老师眼里的'金子'。"

表扬课了，我回到教室，钱程还是在很投入地看着语文书。

我展示了一张照片，一个学生在空旷的教室里，忘我地看着书。

大家都不认识这个人。

"隔壁班的同学。早上我看到的。"大家弄不懂我葫芦里装了什么药，我转入正题，"我们班，也有这样的学生。"

我讲了钱程第一个到校，认真看书的事儿。

钱程乐呵呵的。

第二天早上，钱程又很早就到了，还像昨天那样。我走上去，拍了拍他的肩膀，朝他竖了个大拇指。

范例 13　一个我有意制造的表扬

这一期的班级作文周报没有放"佳作选票"，因为版面太满，放不下了。不放也好，我来看看哪些同学依然选了佳作。

哪些人呢？

宋溢鸿、戴文品、浦佳舟、杜新雨、卢熙来、陆洁、吕思敏、沈睿宸、吴晨、杨皓文、张文涛、张艺菲。

我一张张展示他们的"周报"，他们都找了个空地，选了佳作。有的在报纸的上端，有的在报纸的底部，有的在左边，有的在右边，有的在好作文的题目上打了个五角星。

"'周报'上的选票，是培养良好读报习惯的一根拐杖。"我说，"拿掉这根拐杖，还能这么做，才算真有了好习惯。"

教了 20 多年的书，我当然知道，一个班级 50 来个学生，没有放"选票"，不可能一个人也不选。只要有人选，就有可表扬的事儿。

这样表扬很有效：一线表扬50例

这表扬，我有意制造的。①

制造型表扬是有意识地创造、塑造和强调学生在作业中的进步和努力，在这种表扬方式下，教师会特别关注学生在作业过程中所展现的积极因素，并选择性地给予肯定和赞赏，以激励学生的学习动力和自信心。通过细致观察和及时反馈，教师能够发现学生在作业中的积极变化和努力，进而有针对性地给予肯定和表扬。这种制造型表扬能够激发学生的自信心，增强他们对作业的投入和积极性，进而促使他们向着更高的目标努力。

其一，激发学习动力。制造型表扬能够鼓励学生关注作业质量的改进和提升，激发他们的学习动力和积极性。通过故意塑造和突出学生在作业中的进步和努力，学生会感到自己的付出得到了肯定和赞赏，从而可以更加有动力、投入更多的精力和创造力提高作业质量。

其二，培养自信心。制造型表扬通过赞赏学生在作业中的优点和进步，帮助他们建立自信心。学生会意识到自己的努力和改进是被教育者所认可和重视的，从而增强了他们对自己能力的信心，使其更有勇气去追求卓越和挑战自我。

其三，培养学习能力和素质。制造型表扬关注学生在作业中的具体进步点和优点，通过指出学生的改进之处，让他们意识到自己的问题和不足，激发他们改善和提升的动力。学生在教师的鼓励和指导下，不断提升自己的学习能力和素质，提高作业的质量和效果。

其四，转变对作业的态度和思维方式。通过制造型表扬，教师可以鼓励学生尝试新的方法、接受挑战并勇于面对困难。当学生在作业中付出努力并取得进步

---

① 案例来源：管建刚. 一线表扬学（七）. 班主任之友. 2014. NO. 11。

时，教育者可以通过积极而具体的肯定来增强他们的信心和动力。逐渐地，学生会理解到作业不仅是追求完美成果的过程，而且是一个培养技能、发展潜力和提高自我的机会。

在实践中，教师要探索如何运用制造型表扬，让所有学生平等地获得表扬。教师可以结合学生的具体情况和表现，精准选择合适的表扬方式，使制造型表扬真正发挥出肯定学生的进步的作用。那么，到底该如何运用制造型表扬，肯定学生的进步呢？

第一，积极寻找优点和长处。

在批改学生的作业时，教师要积极寻找学生的优点和长处，并明确指出这些方面。教师可以赞赏他们的观点、逻辑清晰，用词准确性等，要使用肯定的语言来表达对学生作业的赞赏。例如，"你的论证非常有说服力，你对这个主题的理解很深入"。

在范例12中，教师先提醒钱程用好早到的时间，给同学做榜样，后在表扬课上当众表扬了钱程第一个到校并读书认真这件事。这样的表扬方式不仅鼓励了钱程继续保持这种良好的习惯，同时也激励了其他学生向他学习。

第二，将负面转化为正面。

当教师指出学生作业中的问题或错误时，不仅要指出具体问题所在，还要提供详细的解释和建议。例如，如果发现学生在论证中存在逻辑错误时，教师可以适时给予指导，让学生明白正确的论证方式，并鼓励他们尝试改进。

第三，挖掘潜力和积极方面。

教师除了指出学生已有的优点和长处之外，还可以帮助学生挖掘潜力，发现学生其他积极的方面；鼓励学生尝试新的写作技巧、调整结构、加强论证等，以提升作业质量，并提供相应的指导和资源。

第四，关注努力和进步。

教师除了关注学生的作业，也要关注他们在提高作业质量的过程中的表现和所付出的努力。例如，可以表扬学生在撰写作业前进行了充分调研、使用了多种参考资料、积极修改稿件等行为，以及他们在反馈和指导下的改进过程中的进步。

在范例13中，在这次班级作文周报的活动中，教师通过精心设计，成功地表扬了积极参与、认真阅读并诚实地选择佳作的学生。这种表扬方式不仅富有创意，而且有效地督促了学生养成良好的读报习惯，在班级营造出积极向上的学习氛围。

综上所述，制造型表扬不应该仅仅是简单地赞扬学生的成果，更重要的是关注他们的努力、进步和潜力。通过积极寻找学生的长处、将负面转化为正面、挖掘潜力和提供具体的反馈和建议，教师能够有效激发学生对自己的学习过程及作业的兴趣和投入，帮助他们树立积极的心态，并实现持续的进步。

主题 4
委任性表扬——提升学生的信心

委任性表扬作为一种有力的表扬方式，在教育领域中愈加受到重视。其核心思想是通过赋予学生更多的责任和自主权，让他们参与决策和承担责任，他们会感到受到被重用和被肯定，从而培养出更强的自信心和自尊心。这种赋权的行为旨在激发学生的积极性和探索精神，让他们感受到被信任和被看中的重要意义。

范例 14　给别人当小老师的感觉，不错吧

开学初，要给新作业本写名字。

这个事我不干，理由有三个：第一，我的字写得不好；第二，几百个作业本都要写校名、姓名、班级和科目名称，很费时间；第三，这活儿交给写字好的学生，他们有荣誉感、使命感，字也会写得更好。

我向前任语文教师请教，又翻看了暑假作业，找来沈彧、朱曦岚、张文涛，请他们帮老师在作业本上写名字。他们既兴奋，又奇怪："管老师，我们才认识，你怎么知道我们的字好呢？"

"你们的字，早就声名远播啦。"我笑道。

到了高年级，字写得不好的，很难纠正过来。写字，要一对一、手把手地辅导。要看着他写，哪里写得好了，给予肯定；哪里写得不好，立刻纠正，改写。可教师都忙忙碌碌的，哪有那么多"一对一"的时间。怎么办？

男生的字普遍比女生的差，比较糟的有七八个。我找来朱曦岚、沈彧、张文涛说："我的字不如你们。我教，还不如你们教呢！班上有八个男生需要你们教。你们三个，再找一个，共四个人做师父，每人教两个学生，私下商量各自认领哪两个徒弟。"

他们找来了第四位写字小老师——杨皓文。朱曦岚负责吴晨、季力雨，沈彧负责赵逢琛、戴文喆，张文涛负责陆锦丰、金俊昊，杨皓文负责朱文波、姚俞扬。

"我给你们每人找了一个小老师，每天帮你们批改写字作业。他们会圈出你们写得好的，指出写得不好的。"我找来那八个徒弟，说："为了你们，小老师把本可以玩、做自己喜欢的事的时间都放弃了，你们总得表示一下。准备一个小

礼品，一块糖果、一支笔什么的，都行。明天举行拜师仪式。"

表扬课上，我们举行了隆重的"拜师仪式"：

1. 向师父鞠躬。

2. 向师父送礼。

3. 师父代表发言。

4. 徒弟代表发言。

我拿出专用的练字本，交给小老师说："徒弟每天练多少字，怎么批，怎么指导，你们定。你们要做名副其实的小老师！"

眼保健操结束后，我公布了预习做得好的同学，分别是王子越、吴晨、吴振一、姬天璇、卜潜毅、卢熙来、沈睿宸、孙令仪、戴文喆。

按规矩，接下来检查大家的预习效果，抽默 15 个词语。

"这次，抽默词语的大权交给吴振一，吴振一免默写。"这么多人，预习得都很好，为什么选吴振一呢？我回答了大家心里的疑问，"因为预习中，吴振一默写的词语错了三个。"

大家糊涂了。

我接着说："错了三个，他自己批改、订正了。默写错词语不是好事，然而，吴振一将不好的事做好了，将不好的事变成了好事。他有资格当今天的小老师。"

我也委任学生，帮我听"快读"，帮我听学生背诵课文，帮我查阅作业本是否交齐，等等。张至远在我的办公室当小老师，听同学背课文。学生背不好的地方，他以自己的经验告诉他们应该注意什么，怎么背记得快、记得牢。

给别人当小老师的感觉，不错吧!?[1]

---

[1] 案例来源：管建刚. 一线表扬学（四）. 班主任之友. 2014. NO. 11。

委任性表扬是一种肯定学生的表现与潜力的表扬方式。教师在委任性表扬中扮演辅助角色，他们将学生视为合作伙伴和问题的解决者，通过赋予学生更多的自主权和责任，让他们在完成作业的过程中发挥自己的能力和创造力，以提升作业的质量和效果。

其一，提升学生的责任感和自主性。委任性表扬通过赋予学生更多的自主权，让他们参与作业的决策和规划过程。这种参与可以激发学生对作业的责任感，使他们更加主动地承担起完成作业的责任。学生在自主选择任务和制订计划的过程中，更容易发现自己的兴趣点和擅长领域，从而提高作业的质量和效果。

其二，培养学生解决问题的能力和创造性思维。委任性表扬鼓励学生独立思考和自主解决问题，培养他们解决问题的能力和创造性思维。在完成作业的过程中，学生需要面对各种挑战和问题。他们通过自主选择解决方法和策略，不断尝试和实践，从而提升解决问题的能力，并提高作业的质量和深度。

其三，促进学生的成长和自信心，为学生提供一个实践和展示自己才能的平台。通过让学生参与作业的决策和完成过程，使他们有机会展示自己的成果和能力。通过积极鼓励和认可学生的努力和进步，可以建立起他们的自信心和自尊心，激发他们对自身能力的认同和信心。这种自信心将促使学生更积极地面对挑战和困难，在作业中呈现出更好的表现，从而提高作业的质量和成果。

委任性表扬对于提升学生的责任感、自主性和创造性思维有一定作用，教师要学会在教育中运用这种表扬方式来激发学生的学习兴趣和动力，培养他们解决问题的能力，以促进他们的成长和自信心。那么，如何运用委任性表扬提升学生的信心呢？

第一，学生参与目标设定。

委任学生参与制定作业的目标和标准。教师可以与学生共同讨论作业的目的和预期结果，并根据学生的实际能力和兴趣，鼓励他们给出自己的目标设定。这样的参与能够让学生感受到自己对作业质量的责任，增强他们的自信心和对作业的投入度。

第二，提供选择权和自主性。

在让学生选择作业的主题、方式或方法时，教师可以委任学生承担更多的决策权力，让他们真正成为作业的主导者。通过委任学生进行选择，不仅可以激发他们的学习兴趣和主动性，还能够让他们感受到被信任和被重视，以提升他们的责任感和学习动力。这种委任形式不仅能够增强学生的自信心，还能培养他们独立思考和解决问题的能力，进而提升作业质量和效果。

第三，鼓励创造性思维。

委任学生在作业中展现创造性思维和解决问题的能力。教师可以给学生一定的空间，让他们在作业中独立思考和发挥想象力，提出自己的创意和见解。委任学生发挥创造性能够激发他们的学习动力和创新意识，有助于提高作业质量和增进学生对自身能力的信心。

第四，鼓励合作与分享。

通过委任学生之间的合作和分享，教师可以促进学生之间的互相支持和共同成长。委任学生自发组建学习小组，并合作完成作业，可以让他们共同探讨问题、分享经验、互相督促和支持。在合作中，委任式的互助和合作能够增强学生的团队精神和集体责任感，激发他们提高作业质量和效果的合作动力和信心。

在范例14中，教师通过委任学生担任小老师，让他们承担一些原本属于教师的任务，比如写名字、批改作业、听学生背诵课文。这种委任性表扬法让学生感到被重视和被信任，从而培养他们的责任感和自主性，进一步激发他们的学习热情和动力。

委任性表扬在提升学生信心方面发挥着重要作用。通过赋予学生更多的自主权和责任，让他们参与作业目标的设定、选择作业方式和作业的批改等，可以激发学生的学习动力和自信心，提高他们对自身能力的信心和认可感。教师在运用委任性表扬时，应注重个别指导与反馈，帮助学生发挥潜力，不断提升作业质量和效果。

主题 5
指引性表扬——表达对学生的期待

在教育领域中，表扬是一项强有力的工具，可以激励学生提高作业质量和效率。然而，仅停留在表面的称赞或简单的夸奖，往往难以达到预期的效果。为了更好地引导学生的学习和发展，指引性表扬应运而生。指引性表扬不仅关注学生的具体行为或作业成果，更注重背后的价值和期望。通过指引性表扬，教师可以向学生传达对他们未来发展的期待，并激励他们朝着更高的目标努力。

范例 15　"道高一丈"的作业免写卡

下午第一节课，我按时出现在化学课的窗外。

化学教师李老师正在评讲上一次的作业。她拿出了一张记录得非常详细的表格，上面列出了全班每一个孩子的姓名以及每一次作业的完成情况。与众不同的是，李老师将全班划分为几个学习小组。划分学习小组的办法很常见，许多教师都通过划分学习小组来实现学生间的相互帮扶、相互竞争、制定学习任务的监督者。总而言之，划分学习小组发挥了学生学习的合作性、竞争性、有序性。

但是李老师的分组明显"道高一丈"。原来，她根据近两次作业的完成情况，为每个组计算全组人员的总分，经过相互比较评选出了"进步最快小组"，并给予这个小组以"最高奖励"，即一张"作业免写卡"。

结果宣布后，获胜的一组欢呼雀跃。快乐的情绪感染了窗外的我，让我暂时忘记了临考的焦虑。对于李老师的这个举措，我感到非常钦佩。作业"免写卡"不是她的原创，但她的做法更具智慧。一来，她把评比的对象设定为全组人员总分，这其实灌输了一种集体意识，唤醒了团队合作意识，堪称"学习命运共同体"；二来，化学课上获得的作业"免写卡"是"通用型"的，是可以任意使用的，这其实是教师给予每个孩子的信任。此外，也是教师传递给学生的一种态度，她是在告诉孩子们，既然学会了学懂了，就不需要做无用功，哪怕考试就在明天。因为学习的最高境界就是把每一次作业当作考试，把每一次考试看作作业。①

指引性表扬是一种特殊的表扬方式，旨在向学生传达老师对他们的期待。相对于简单的赞美或奖励，指引性表扬注重引导学生思考作业的本质和目标，并鼓励他们超越自我，追求更高的标准和质量。在指引性表扬中，教师充当着引路人的角色，其利用自己的经验和洞察力，从学生的作业中挖掘出内涵和价值，然后将这些价值传递给学生。通过明确表达对学生的期待，教师帮助学生理解作业的真正目的，并激发他们对于作业的热情和投入。

其一，明确标准和期待。通过指引性表扬，教师可以详细解释什么是一份优

---

① 案例来源：微信公众号：南大附中。

秀的作业，包括内容的深度、结构的合理性、表达的清晰度等方面。这样的明确标准和期待可以帮助学生知道应该朝着哪个方向努力，从而确保作业质量得到提升。教师可以提供具体的例子和案例来说明什么样的作业符合标准，以及如何通过不同的方法和技巧实现作业质量的提高。

其二，激励学生深入思考。通过指引性表扬，教师可以针对学生作业中的亮点和创新之处进行肯定和赞美，鼓励学生继续挖掘和发挥自己的想象力和创造力。教师可以提出开放性的问题，引导学生深入思考作业中的主题和内容，从而促使他们不断提升作业的深度和内涵。

其三，提升自我认知和反思能力。通过指引性表扬，教师可以帮助学生更全面地认识到自己作业中的优点和不足之处，促使他们进行深入的自我反思和自我提升。教师可以鼓励学生自评和互评，让他们从多个角度审视自己的作业，及时发现问题并加以改进，从而提高作业质量。

其四，引导学生实现持续改进。通过指引性表扬，教师可以帮助学生建立持续改进的意识和习惯，让他们明白作业质量的提升是一个持续的过程。教师可以与学生一起设定阶段性的目标和计划，以帮助他们逐步提高作业的水平，并及时进行指导和反馈，以确保作业质量不断提升。

通过有效的指引性表扬，教师可以明确向学生传达标准和期待，激励他们深入思考作业的主题和内容，提升自我认知和反思能力，引导他们在持续改进中不断提高作业质量。那么，该如何运用指引性表扬表达对学生的期待呢？

第一，明确标准。

在指引性表扬中，明确作业的标准和要求非常重要。教师可以与学生详细地讨论并共同制定作业评价标准，以便学生能够清楚地了解期望的目标和要求。这些标准包括作业的内容深度、逻辑性、结构合理性、语言表达准确性等方面。通过详细解释每一项标准和给予实例，学生能够更全面地了解要求，并能够将这些标准应用到自己的作业中，以提高作业的质量。

第二，提供范例。

提供优秀作业的范例可以帮助学生直观地了解作业的期望水平。教师可以选择一些具有代表性和启发性的范例作业，与学生一起分析和讨论。在这个过程中，教师可以指导学生发现范例作业中的优点和特点，如清晰的逻辑结构、深入的分析、创新的观点等。通过引导学生仔细观察和比较范例作业与自己作业之间的差距，激励他们更加努力地追求高质量的作业。

第三，指导与反馈。

在指引性表扬中，及时给予学生具体的指导和反馈是至关重要的。教师通过详细的评论和建议来帮助学生了解他们作业中存在的问题和改进的空间。教师可以指出学生作业中的优点和亮点，同时针对不足之处提出具体的改进建议。这些建议包括如何增加论证的深度、如何进一步扩展思考、如何提高语言表达的准确性等。通过细致入微的指导和反馈，学生能够更好地理解并改进自己的作业，从而提高作业的质量。

第四，设置奖励。

在指引性表扬中，设置奖励机制是激励学生提高作业质量的有效方式之一。教师可设立一些具体的奖励措施，如表扬信、奖状、小礼物或特别的机会，以鼓励学生积极参与和努力提升作业水平。奖励可以根据作业完成的质量、创新性、努力程度等方面进行评定，让学生感受到自己努力付出和提高的成果得到认可和鼓励。通过设置奖励机制，可以激发学生更强烈的学习动力和自我要求，进而提高作业的质量。

在范例15中，在化学课上，教师通过精心设计的分组策略和奖励机制，对作业完成情况进步最快的小组奖励一张"作业免写卡"，还给予学生充分的信任，让他们自主选择如何使用"免写卡"。这种指引性表扬方式传递给学生一种期待，可以激发学生的学习热情和团队合作意识，并培养学生正确的学习观念和良好的学习习惯。

　　综上所述，指引性表扬不仅是对学生成长过程中的肯定和支持，更是对学生进步和努力的一种认可，其能更好地促进学生的学习动力和自我发展。通过指引性表扬，教师可以以明确的目标和标准提供范例和指导反馈，同时设置奖励机制，从而引导学生不断提高作业质量，使其认识到作业背后的深层价值，并不断超越自我，实现个人的成长与进步。

主题 6

批评式表扬——先抑后扬有奇效

　　在教育中，我们经常强调正面的反馈和表扬的重要性，因为它们能够使生学生树立自信心和积极的学习动力。批评式表扬是一种独特的方法，这种方式不是为了挫伤学生的自尊，而是通过批评的方式，首先指出学生存在的问题和不足，然后以建设性的方式提供反馈和指导。这种表扬方式旨在激发学生自我审视和反思的能力，从而促使他们对自己的作业进行改进和提高。

范例 16　给批评"穿上"表扬的外衣

　　这学期，我们班转来了一个叫武汉森的学生。

　　转来没几天，我们学校有很多教师都认识他了。因为他总是调皮捣蛋，惹是生非，学习还不上心，字写得用他奶奶的话说就像画的大螃蟹，根本看不懂，而且作业从来都不写。

他的家庭较特殊，父母离异，他跟着爷爷奶奶生活。当时看到他这种情况，我特别心疼他，也特别想改变他。所以不管是在生活上还是学习上都特别照顾他。由于他基础差，每天下课或者放学我都会把他叫到身边给他辅导功课。本以为我的付出会改变他，谁知他不但没有改变反而更变本加厉。班长告诉我，只要我不盯着，他的作业就乱涂乱画，甚至不写。我听了之后非常生气，在班里狠狠地批评了他，还给他讲了一大通道理。结果第二天上课，他踪影全无。我给他奶奶打电话，他奶奶说这孩子说老师批评他了，伤了他的自尊，不愿意来上学了……那一刻，我真的崩溃了、迷茫了，现在当个教师怎么这么难。现在的孩子真是管不得，说不得，批评不得。

但我们都知道，没有批评的教育是不完美的。如果我给批评穿上表扬的外衣，孩子是不是更易接受呢？

于是，当他奶奶把他送到教室的时候，我在全班同学面前表扬了他："武汉森今天虽然不太舒服，但还坚持来上课，这种精神值得我们学习哦！"当他把写得乱七八糟的作业交上来的时候，我表扬他："武汉森同学，虽然作业写得不是很工整、完美，但他能够按时完成，同学们把掌声送给他，好不好!?"当他和同学发生矛盾被叫到讲台前时，我表扬他："武汉森虽然违反班规班纪，和同学发生矛盾，但他敢于承认自己的错误，知错就改的精神还是值得肯定的!"……

就这样，在我的表扬下，他每天都能按时交作业了，虽然字体还是不够工整，但对于他来说已经有了很大的进步。一段时间下来，他的成绩由原来的20多分，也考到了50多分。虽然还是不及格，但我还是奖励了他两个棒棒糖。看到他拿着老师奖励的棒棒糖露出久违的喜悦和自信时，我坚定地认为表扬真的就是神奇的催化剂：它可以让每粒种子都能破土发芽，让每株幼苗都能茁壮成长，让每朵鲜花都能自由开放，让每个果实都能散发芬芳，让每个孩子都能抬起头来！①

批评式表扬是一种反馈方式，旨在通过指出学生作业中的问题和不足之处，以引导他们改进提高。与传统表扬不同的是，批评式表扬更侧重于通过批评的方式激发学生的自我反思能力。其不仅是批评，而是在批评的过程中融入肯定和鼓励。教师可以指出学生作业中存在的错误或改进空间，同时强调学生已经取得的进步和努力，激励学生继续努力提升。这种渐进而有针对性的表扬方式能够让学生感受到教师的关怀和期望，促使他们更有动力去改进作业、拓展思维，并提高作业的质量和效果。

其一，起到先抑后扬的作用。通过先指出存在的问题和提出建议，再结合肯定和鼓励，批评式表扬能够起到先抑后扬的效果。这种表扬方式使学生既意识到自己的不足和改进空间，又感受到了成功的喜悦，激发了他们积极改进的动力。

其二，激发自我反思和改进能力。批评式表扬能够让学生深入思考和分析作业中存在的问题，帮助他们建立正确的自我认知，同时明确改进的方向和方法。这种反馈方式促使学生不断提高自我检查和自我调整的能力，从而让作业质量得到提升。

其三，培养自我学习和发展意识。批评式表扬强调学生的成长过程，通过指出错误和提供建议，激励学生面对挑战，主动寻求改进的机会。这种表扬方式能够培养学生的主动学习意识和解决问题的能力，帮助他们在作业中展现更好的能力。

---

① 案例来源：微信公众号：河南省马丽名班主任工作室。

教师要在表扬时通过指出问题，肯定学生的努力，并以提出建议的方式激励学生的改进和进步，以确保在表扬的过程中呈现出平衡、建设性的反馈。通过指导与肯定相结合，激发学生的自我反思能力和成长动力。那么，如何运用批评式表扬，以达到先抑后扬的效果呢？

第一，指出具体问题。

在批改作业时，教师要尽可能具体地指出学生作业中存在的问题和错误，例如错别字、语法错误、逻辑不清等。只有这样，学生才能清晰地认识到自身作业中的不足之处，并有针对性地进行改进，从而提高整体作业质量。

第二，批评时给予理性分析。

在进行批评时，教师要做到客观、理性，避免过于情绪化。通过对问题进行深入的分析和解释，帮助学生理解问题的根源，引导他们进行有针对性地思考和改进，以提升解决问题的能力和思维水平。例如，在批评逻辑不清时，可以分析具体的逻辑错误之处："在论证过程中，第二点和第三点之间的关联性不够明确，导致整个论证步骤有些紊乱，建议在展开论述时要注意衔接逻辑关系，使文章结构更加严谨。"

第三，强调改进和学习机会。

在批评中，教师要强调错误和不足是一种提升机会，而非单纯的批评和责备。通过这种方式，激发学生的学习动机和自我改进的意识，让他们从错误中学习、成长，不断完善自己的作业水平。比如，当指出学生概念理解不清时，可以说："虽然你对这个概念存在一些误解，但这也是一个学习和成长的机会，通过学习更多相关知识和思考，你可以逐渐掌握这个概念，提升自己的学术水平。"

第四，肯定学生的努力与进步。

在表扬学生时，教师要具体指出他们付出的努力和取得的进步。强调学生在改进作业过程中所展现出的勤奋和进步，让他们感受到自己的努力是被看到和被肯定的，从而更有动力继续前进。比如，在指出学生的错别字时，教师可以这样反馈："这篇作文中有几处拼写错误，需要注意字词的准确性。不过，你的写作思路清晰，表达流畅，文章结构合理，展示了较强的语言表达能力。继续保持努力，你会取得更大的进步。"这种方式可以让学生意识到自己的不足之处，同时也给予了肯定和鼓励，激励其保持优势并改进不足。

在范例16中，教师运用批评式表扬的方法，给批评穿上了表扬的外衣，用"虽然""但是"这种学生更容易接受的表达方式，激发了一个调皮捣蛋学生的学习动力，使之有了很大的进步。其不仅能按时提交作业，成绩也有了很大的提高。

综上所述，批评式表扬是一种既能指出问题又能激励提升的反馈方式，适当的批评是必要的，但关键是如何以一种让学生接受的方式表达出来。通过批评式表扬，教师可以更有效地传达批评的信息，使学生在认识到自己的错误的同时，也感受到教师的关心和鼓励。通过有针对性的批评和及时的表扬，教师可以引导学生从错误中学习、成长。在实践中，通过将批评与表扬相结合，并运用先抑后扬的方法，可以更有效地激发学生的学习动力和改进意识，帮助他们不断提升作业质量。

主题 7

比较式表扬——肯定学生的进步

通过比较式表扬来肯定学生的进步是一种有效的教学策略。通过将学生现在的表现与其过去的表现或他人的表现进行比较，可以更加明显地展示学生的进步和努力所取得的成就。这种比较不仅可以激励学生持续努力，还能够帮助他们建立自信和自我认可感，从而更加积极地参与学习过程。

范例 17　"真厉害，你比老师读得都好"

我们班有个叫范伟强的学生，他学习很差，但语言模仿能力很强。

一天，我在讲《狼和小羊》这篇课文。当要求学生分角色朗读课文时，我有意识地请范伟强朗读狼说的话："伟强，我知道你模仿别人说话特别像。你敢不敢来试一试，扮演狼的角色来朗读课文？"明显地，我看到伟强身躯一震之后，开心地笑着答应了。

当他把狼那种蛮不讲理，凶狠的语言读得活灵活现时，学生都报以热烈的掌声。我从讲台上走下来，温柔地摸摸他的头夸他说："真厉害，你比老师读得都好！"

从此以后，无论是在课堂、还是在课外，我都给他更多的表现机会，使他充分发挥自己的聪明才智，树立"我能行"的信心。可喜的是，增强他的自信心后，他的学习成绩也稳步地提高了。①

比较式表扬是将学生现在的表现与过去的表现或与他人的表现进行对比，凸显其进步之处，从而肯定学生的努力和成长。这种表扬方式强调学生相对于自身过去的表现或他人的表现的进步，从而促进学生的自我认知和自我激励，帮助他们树立、明确目标并使其持续得到提升。

其一，激发学生的积极性和自信心。通过将学生现在的表现与过去的表现进行比较，可以让其清晰地看到自己的进步，从而感受到自己的努力得到了认可和肯定。这种肯定和鼓励有助于学生树立自信心，让他们相信自己的能力，积极面对挑战和困难，进而更有动力地努力学习。在教育过程中，用比较式表扬来激发学生的积极性，不仅可以增强他们的学习动力，还有助于培养其乐观向上的心态，从而使我们更好地适应学习和生活中的各种挑战。

其二，强化学生的学习动机。通过将学生的表现与他人进行比较，可以让学生清晰地意识到自己与他人之间的差距或进步，激发学生内在的竞争欲望和求胜心态。这种比较刺激了学生的学习积极性和动力，让他们愿意更努力地去追赶并超越他人，从而取得更好的学习成绩。这种积极的竞争氛围有助于激发学生的学习热情和探索精神，促使他们积极参与学习过程，不断提高自身的学习水平。

其三，提升学生的自我认知能力。通过比较式表扬，学生可以更清晰地了解自己的学习状态和表现与他人之间的不同，从而激发学生主动寻求改进的意愿。这种自我认知能力的提升有助于学生建立正确的学习态度和方法，使其更好地把握自己的学习方向和目标，为持续进步奠定基础。

---

① 案例来源：微信公众号：武平教育。

在课堂和作业中，教师巧妙地运用比较式表扬，可以帮助学生树立正确的学习态度，建立明确的目标，并持续努力提升自己的表现，实现个人潜力的最大发挥。那么，如何运用比较式表扬来肯定学生的进步呢？教师可以采用以下五种方法：

第一，与学生的过往表现进行比较。

鼓励学生将当前的作业成绩与之前的作业或考试成绩进行比较，让他们看到自己的进步。这种比较可以帮助学生制订学习计划和目标，督促其定期检查和评估自己的表现。当学生取得进步时，教师及时给予肯定和表扬有助于激励学生保持努力和持续提高，建立自信心和增加学习动力。

第二，与同学的表现进行比较。

将某学生的作业成绩与其他学生的成绩进行比较，但要强调比较的是进步而非排名。指出学生在哪些方面取得了进步，鼓励他们互相学习、共同进步，以此激发学生的竞争意识和学习动力。通过与同学的比较，学生可以看到自己的努力成果，从而激发学习积极性，促进团队合作和共同进步的氛围。

第三，与明星学生的表现进行比较。

将学生的作业进步与课堂上表现突出的学生进行比较，让学生看到他们还有提升的空间；同时激发学生的学习潜力，提高学生的自我要求。在肯定学生进步的同时，提出更高的标准，鼓励他们不断努力追求更好的表现。与明星学生的比较可以激励学生不断超越自我，让其树立远大目标，努力实现个人发展和成长。

第四，与学习目标进行比较。

将学生的作业表现与学习目标和标准进行比较，让学生清楚自己的差距和进步空间。通过比较式表扬，引导学生认识到自己的努力是值得的，激发他们为提升作业质量而努力学习的动力。与学习目标比较可以帮助学生确立自己的学习方向和目标，使其明确努力方向，从而提高学习的有效性和成效。

第五，与教师进行比较。

将学生的作业表现与教师的专业知识水平和丰富经验进行比较，让学生意识到自己在学习过程中所取得的进步和成就。通过比较式表扬，让学生感受到教师的认可和支持，以激发他们努力学习，提高作业质量，并向教师学习，不断提高自己的能力和水平。

在范例17中，教师有意识地请一位学习较差但语言模仿能力很强的学生朗读课文，并通过将学生的表现和教师自身的表现进行比较来表扬学生"比老师读得都好"。通过不断地鼓励和表扬，学生逐渐树立起"我能行"的信念，其自信心得到了增强，学习成绩也有了明显的提高。

综上所述，比较式表扬作为一种有效的教育方法，通过将学生的表现与过往、同学或学习目标甚至教师进行比较，可以激励学生以更积极的态度面对学习，自我激励，并不断努力提升。这种肯定方式不仅可以帮助学生建立自信，树立目标，同时也促进了学生的学习进步与成长。通过恰当运用比较式表扬，教师可以在教育教学中创造积极向上的学习氛围，激励学生不断超越自我，实现个人潜力的最大化，为学生的成长和发展提供有力支持。

专题三
表扬让活动充满魅力

表扬是激励学生进步的利器。教师可以在教学实践中灵活运用各种表扬形式，让教学活动更加有趣和动人，以激发学生的学习热情，助力其取得更优异的成绩，获得更全面的发展。持续不断地对表扬策略进行优化和运用，可以创造一个充满魅力的学习环境，激励学生成为更好的自己。

主题 1

前瞻性表扬——帮助学生树立目标

在诸多教育方法中，表扬无疑是一种富有魔力的教学手段。它不仅能够调动学生的积极性，更能使教学活动充满魅力。而前瞻性表扬，更是这一手段中的点睛之笔，它如同灯塔般为学生指明方向，在学生的学习过程中注入更多的动力和期许，帮助他们建立积极的学习目标，让他们在学习的海洋中不迷失、不懈怠。

范例 18　汪强的 NBA 梦

六年级学生汪强特别不想上学，一提到学习就头痛，班主任、家长都无法说服他。

新接手的班主任丁老师通过一番了解，知道他对学习有厌烦情绪，只喜欢打篮球，以后想做职业篮球手。恰好学校要组织一次篮球比赛，丁老师就安排汪强参加。汪强在比赛中的表现确实很出色，丁老师趁着他比赛后的兴奋劲，和他聊了起来。

"我的偶像就是姚明，而且我将来也想成为像姚明一样的 NBA 球星。"汪强带着无限的向往说。

"哦，这是非常好的想法，如果你真的成为像姚明一样的职业明星，你会有什么感受？"丁老师反问。

汪强双眼发亮，神采飞扬地说道："成为 NBA 球星，当然开心啦，特兴奋、骄傲与满足。"

"要达到你认为最理想的状态，你认为需要具备什么样的能力与素质呢？"丁老师继续问。

"要够高。姚明有两米多，我要增加营养，加强锻炼。还有，我听说晚上早睡可以长得更高，我要早些睡！"汪强坚定地说。

丁老师再问："非常好。还有吗？"

汪强思考了一下："我要找一个好的篮球老师，争取加入本市的篮球队；还有，打篮球需要合作，我要学会与同学团结合作；成为 NBA 球星要到国外去打球，我要学好英语；记者采访时要会说话，口才要好！"

丁老师开心地说："嗯，很好，如何才能让自己的口才好起来呀？"

汪强笑了笑，有些尴尬："我需要好好学语文……"

就这样，汪强明确了自己应该做什么、怎样做、有什么资源，开始对自己的将来充满信心。

在丁老师的帮助下，汪强不但参加了本市的一个篮球训练班，其成绩也得到了较大的提高。

前瞻性表扬是肯定和激励学生的一种方式，是指在实际行为发生之前，根据学生展现的潜力、预期和目标对其进行肯定和鼓励。与传统的事后表扬不同，前瞻性表扬侧重于提前对学生的努力、行为或表现进行肯定，以促使他们朝着预期目标努力前进。

其一，激励学生。前瞻性表扬可以激励学生充分发挥自身潜力，尤其是平时表现较为低调或缺乏自信的学生。通过提前的肯定和鼓励，他们会感受到自己的价值和能力，从而更加积极地参与学习活动，提升学习动力。

其二，塑造积极的学习氛围。通过前瞻性表扬，可以在班级或学习团队中营造一种积极向上的学习氛围。学生在得知自己将会受到表扬和认可时，会更倾向于积极合作、互相支持，从而形成相互学习、共同成长的氛围。

其三，促进目标的设定和达成。提前对学生进行表扬可以帮助他们建立明确的学习目标，并激发他们朝着目标努力。学生会因为对未来的肯定而更有信心去追求自己的目标，提高执行力和毅力，更好地达成预期的目标。

其四，增强自信心。前瞻性表扬有助于增强学生的自信心，保护学生的自尊心。当学生感受到教师对他们的认可和信任时，他们会更加相信自己的能力和潜力，从而更勇敢地挑战困难，并从中获得成长和进步。

前瞻性表扬作为一种有效的教育策略，不仅可以激励学生、营造积极的学习氛围，还有助于促进学生的设定目标和达成。通过提前对学生进行表扬，教师能够更好地引导学生的成长和发展，促进他们自我激励、目标设定和积极学习，从而实现教育的双赢局面。那么，如何运用前瞻性表扬帮助学生树立目标呢？

第一，创造期待和神秘感。

在教学活动之前，教师可以使用前瞻性表扬来创造学生对未来的期待和神秘感。比如："下周我们将会进行一项有趣的活动，我相信每个人都会有所收获！"这种方式可以激发学生的兴趣，让他们期待并积极参与到即将到来的活动中。

第二，设定明确的目标。

在前瞻性表扬中，教师可以明确向学生展示目标，并给予积极的肯定和期待。比如："相信下周的任务，每个同学都能充分发挥自己的创造力和想象力，创作出令人印象深刻的作品！"通过明确目标，学生可以更清晰地知道自己努力的方向。

第三，展示学习成果的可能性。

通过前瞻性表扬，教师可以向学生展示学习活动的潜在成果和可能性。比如："相信下次的任务会让你们收获很多新知识和技能，为未来的学习打下坚实的基础。"这样的表扬可以激发学生学习的动力，让他们明确目标并为之努力。

第四，强调学习的挑战和成长。

在运用前瞻性表扬时，教师可以强调学习的挑战和成长过程，鼓励学生勇敢面对困难，努力实现目标。比如："相信下次的挑战会让你们成长，无论遇到什么困难，我们都会一起克服！"这种积极的表扬方式可以激发学生的学习热情，让他们充满信心地面对学习任务。

在范例18中，丁老师灵活地运用前瞻性表扬，为找不到目标的学生明确了努力的方向，继而通过一系列的引导使其清楚如何实现目标、自己具备怎样的资源，从而让他充满信心和力量，以此激发他的学习兴趣，并在明确的目标指导下更加主动地参与到各项有益身心的活动中。

综上所述，前瞻性表扬在教学活动中具有不可替代的作用。通过前瞻性表扬，教师可以在学生的学习过程中注入更多的动力和期许，帮助他们建立积极的学习心态和自信心，树立明确的目标。这样有助于学生明确自己的学习方向和努力方向，激发其内在的学习动力和探索欲望，为教学活动注入新的活力。

主题 2
过程性表扬——提供推力持续进步

在教学过程中，表扬是一种强大的工具，能够有效地激励学生，增强他们的学习动力，让教学活动充满魅力。特别是过程性表扬，即针对学生的努力、进步和表现过程中的点滴进展进行肯定和认可，更能提供推力，激励学生持续努力、不断进步。通过细致而持续的过程性表扬，教师可以帮助学生树立积极的学习态度，提高学习效果，让教学活动变得更加富有魅力和意义。

范例19　班级银行，让每个孩子都动力十足

如何让班币发挥最大效度是关键所在。因此，也催生了我一系列的思考。

一、制定规则，奖罚分明

在我们班，班规是我和孩子一起制定的。因此，班币的奖罚自然也是如此。我们约定在纪律、卫生、学习上受到教师或班干部表扬一次（口头和书面均可）得1元班币；违反相关班规，如扰乱纪律、座位下有垃圾、不按时上交作业等则扣1元班币。全班同学在此规则上按下手印，视为同意。

奖罚分明，让班币获得更神圣。

二、科任联动，协同育人

除了有制度加持，我还联动任课教师，一起利用班币协同育人。不仅在我的班级管理中、我的语文课上使用班币，各科教师在管理中都用上了班币。

一段时间后，数学教师告诉我同学们上课举手发言可积极了。在她的课堂上，三次发言可换1元班币，同学们都争着上讲台给其他人当小老师讲题。

英语教师也告诉我，学生学习英语的兴趣比之前浓厚多了。她在课堂上以班级微团队进行比拼。全班5个微团队PK，最终获胜的微团队每人发放班币1元。

与任课教师联动，让班币价值扩大化。

三、班级银行，给予机会

有了奖惩制度后，问题也随即而来。优秀的孩子的钱包逐渐"鼓"起来了，

一些落后的孩子却被扣到入不敷出。如何不打击他们的自信，让他们依然保持对班币的热爱，激发他们努力挣班币的"动力"呢？

于是我们班成立了班级银行。我模仿现实生活中的银行，招聘工作人员（主要是出纳和会计，当然还有我这个"行长"啦!）负责同学们的存、取钱以及利息结算等工作。

一个小小的改变，让优秀的孩子更积极，他们可以赚取存款拿利息；让暂时落后的孩子也相信，只要努力"贷款"也能总能还清而且会"东山再起"。

班级银行，让每个孩子都动力十足。①

过程性表扬是指针对学生在学习过程中展现出的努力、进步和行为进行肯定和赞扬。与结果性表扬不同，过程性表扬并非只关注结果的优劣，而是更侧重于鼓励学生参与学习、尝试新的方法、犯错并从中学习的过程，不断改进自己的学习策略，从而建立良好的学习习惯和积极的学习态度。过程性表扬的作用很大，具体如下所述：

其一，激发学生的积极性和主动性。通过过程性表扬，教师可以及时地认可学生的努力和进步，激发他们学习的积极性和主动性。当学生感受到自己的努力得到认可和被赞赏时，他们更愿意主动参与到教学活动中，并展现出更好的表现，从而让整个教学活动更加充满活力和魅力。

其二，增强学生的自信心和成就感。过程性表扬帮助学生建立自信心，让他们更有勇气面对挑战和困难。当学生意识到自己的付出会得到认可和肯定时，他们会更有信心去尝试新的学习方法和策略，并不断提升自己的能力。这种积极的心态和成就感会让教学活动变得更加有吸引力。

① 案例来源：微信公众号：郭小凤的收纳箱。

其三，增强学生的学习体验和情感投入。过程性表扬可以让学生在学习过程中体验到积极的情感和愉悦感，从而增强他们对教学活动的情感投入和参与度。当学生意识到自己的表现受到了认可时，他们会更加享受学习的过程，从而展现出更高的学习积极性和投入度。这种积极的学习体验和情感投入会使教学活动更加生动有趣，更加吸引学生的注意力和参与度。

教师可以在教学过程中灵活运用过程性表扬，提供推力。教师不仅要关注学生的学习成绩，更要注重学生学习过程中的努力、进步和态度。通过精心设计表扬方式和时机，让每个学生在得到认可和肯定的同时，感受到个性化的关怀和支持，激发他们的学习热情和自信心。教师可以结合学生的个体特点和学习需求，以及教学活动的特点和目标，有针对性地运用过程性表扬，激发学生的内在动力和学习潜力，从而使教学活动充满魅力，引导学生积极参与、探索和成长。那么如何运用过程性表扬，提供推力以保障学生持续进步呢？

第一，夸奖学生的学习态度和努力。

鼓励学生在课堂上积极提问、参与讨论和勇敢表达自己的观点；提倡态度端正、主动探究的氛围；突出强调学生面对困难时勇敢尝试、不轻易放弃的精神，并对他们的勇气和决心进行表扬；强调学生在解决问题时的思考过程和尝试新方法的努力，以及在课外自主学习的热情和耐心。

第二，肯定学生学习过程中的成长和进步。

鼓励学生积极参加课外学习活动和竞赛，在过程中努力学习、积累经验，并将成长与进步分享给同学；细致观察学生的学习行为和态度，及时发现并肯定他们在学习过程中的良好表现，鼓励他们继续努力。

第三，指导学习策略和思维方法。

引导学生探索适合自己的学习方法和思维模式，鼓励他们尝试不同的学习策略，找到最有效的学习方式；鼓励学生展示他们解决问题的思考过程，提倡多角度思考和创新思维，表扬他们在解决难题时的独立思考能力。

第四，制定学习目标并奖励达成目标。

帮助学生设立具体、可达的学习目标，分阶段制定计划和策略，引导他们朝着目标努力。在学习目标达成后进行公开或私下的表扬，同时给予适当的奖励和认可，激励学生持续努力、追求更高的学习目标。鼓励学生在学习过程中不断挑战自我，超越自己，通过完成目标获得成就感和自信心的提升。

在范例19中，教师通过明确的班币奖励规则，表扬学生在纪律、卫生、学习等方面的表现，夸奖他们的学习态度和努力；通过任课教师联动，各科教师对学生的表现给予肯定和奖励，鼓励学生在学习过程中不断成长和进步，建立正向循环，肯定学生在学习过程中的成长和进步；并通过班级银行制度，鼓励学生努力完成学习目标，并根据目标的达成情况给予相应奖励，激发学生的学习动力和学习热情。

综上所述，过程性表扬作为一种有效的激励方式，不仅可以肯定学生的努力和态度，更重要的是能够肯定学生学习过程中的成长和进步，指导学习策略和思维方法。通过合理运用过程性表扬，教师可以为学生提供持续的推动力，激发学生的学习热情，培养学生的自律性和成就感，从而促进学生全面发展并实现个人潜力的最大化。过程性表扬的力量不仅在于奖励学生的每一个步骤的进步，更在于引导学生建立积极的学习心态和有效的学习策略，为其未来的学习与成长提供有力支持和激励。

主题3

总结性表扬——为行为找到归宿

在教育教学中，总结性表扬扮演着极为重要的角色，它不仅可以为学生的努力和成就提供认可和肯定，更重要的是能够让学生的行为找到归宿，让他们意识到通过自己的努力所取得的成果和收获。通过总结性表扬，教师可以帮助学生建立自信、增强自我认知，进而激发他们更强的学习动力和兴趣。

范例20 这样的表彰大会，我喜欢

此次表彰大会设立了优秀学生、进步学生、优秀班干部、文明小标兵、书写之星、阅读之星、表达之星、优秀作业之星、学习之星等多项荣誉称号。

首先，在本学期的学习中，有积极的学习态度，具有学习自信心和自主学习意识，善于合作学习，努力完成学习任务，掌握有效的学习方法，主动预习，认真听讲，善于思考，积极发言，高效完成学习任务，且成绩一直保持优异的学生被评为"校级优秀学生"和"班级学习之星"。

还有几名学生在本学期的学习中进步明显，他们不但能够做到认真听讲、积极回答问题，而且作业完成得很出色，做到了书写工整、正确率高。并且他们在平时的能力测试中取得了优异成绩，所以他们被评为"校级进步学生"和"班级进步之星"。

在班级中，有这样一个小干部团队，他们任劳任怨，一直默默地为同学们服务，为班级的团结进取做出了很大的贡献，使能够教师更好地完成班级管理工作。其中，3 名表现突出的小干部被评为"优秀班干部"。

文明礼仪是中华民族的传统美德，是每个人道德修养的外在体现。在班级中有这样几名学生，他们能够做到积极参加升国旗仪式，爱护公物，保护公共环境节粮，节水节电；能够做到团结同学、尊敬师长、孝敬父母，他们被评为"校级文明小标兵"和"班级文明之星"。

"写好中国字，做好中国人。"能用硬笔熟练地书写正楷字，做到规范、端正整洁；能用毛笔准确地临摹正楷字帖，让人感受汉字的书写特点和形体美。这样的学生，当之无愧地被评为"书写之星"。

乐于用口头、书面的方式与人交流沟通，愿意与他人分享，增强表达的自信，能用普通话交谈，学会认真倾听，听人说话时能把握主要内容，并能准确转述；能清楚地讲述见闻，说出自己的感受和想法，讲述故事力求具体生动。以上是语文课标中对学生表达能力提出的要求，这几名学生就是这样做的，他们被评为了"表达之星"。

作业是检验学生学习效果的载体，从一份份干净整洁、正确率高的作业中，能够看到学生认真的态度、解题的能力以及上课听课的效果。如此出色的表现，让他们被评为"优秀作业之星"。

会后，几个平时表现并不尽如人意的学生对我说："虽然我们并没有获奖，但是这样的表彰大会我们很喜欢！因为我们下次也会有机会获奖的！"①

总结性表扬是肯定和赞扬学生在学习和成长过程中所取得的进步和成就的一种方法。与简单的表扬不同，总结性表扬更注重对学生全面表现的评价和肯定，

---

① 案例来源：微信公众号：中教实验学校。

帮助学生将这些努力与成绩联系起来，为学生的行为找到归宿，让他们可以意识到自己的努力并非无效，而是能够带来实际的成就和收获。

通过综合性的评价和反馈，学生可以更清晰地认识到自己的优点、努力和价值所在。这种形式的表扬不仅停留在对成绩的关注上，更重要的是关注学生在学习、品德、自我发展等方面的全面表现，帮助他们建立积极的自尊心、自信心和学习动力。

其一，为行为找到真正的归宿。通过总结性表扬，教师可以为学生的优点、努力和进步进行总结性评价和肯定，让学生感受到自己的价值和存在意义，让他们更全面地认识到自己的努力和成就，从而在学习过程中持续保持积极的态度和动力。

其二，建立积极的心理联结。通过总结性表扬，学生可以建立起正确行为与获得认可之间的积极心理联结，形成积极的行为模式和心态。学生在得到肯定和赞许后，会更加自觉地践行正确的行为准则，并将其内化为自己的习惯和信念，从而形成持续的积极循环。

其三，鼓励积极行为的持续发展。通过将学生的积极行为与相应的归宿联系起来，教师可以鼓励学生持续发展和巩固这些行为。学生在得到总结性表扬后，会感受到行为带来的回报和认可，进而更有动力地坚持和继续这种积极的行为，使其成为日常生活的一部分。

教师通过总结性表扬，对学生的积极行为进行归纳和肯定，帮助他们建立起正确的行为模式和积极的自我认知。这种正向反馈是激发学生内在动力、增强自信心、塑造积极行为习惯的关键，能为他们找到行为的归宿，指引他们走向成熟和成功的道路。那么，如何运用总结性表扬，帮助学生为行为找到归宿呢？

第一，观察行为表现。

通过观察学生在课堂、学习小组、课外活动等场合的表现，包括积极参与讨论、独立思考、主动帮助同学等方面，全面了解每个学生的表现习惯和特点。进一步关注学生的态度和行为模式的稳定性和持续性，看是否能够持续维持良好的表现，并在日常生活中展现出较高水准的表现。

第二，总结优点和进步。

在总结性表扬中，教师应准确突出学生的优点和进步，如勤奋努力、责任心强、团队意识强等优点，让学生深刻认识到自身优势。细致分析学生的长处并指明其对学习和生活的积极影响，帮助学生更好地认识自己的优势，并促使学生将其转化为学习动力和自信源泉。

第三，具体事例支撑。

使用生动具体的案例和事例支持对学生优点和进步的总结，让学生通过具体事例更直观地感受到自己的优秀行为。通过详细的事例支持，学生能够更深刻地认识到自己的长处和实际表现，从而更有信心并以此为动力不断提升。

第四，与目标对照。

将学生的行为表现与学习目标或班级规范进行对照，强调学生的表现符合学校或班级期望、规范，帮助他们意识到自己的行为符合社会价值观。对照目标帮助学生认清自身表现的实质意义，提醒他们应当以积极的态度行事，充分发挥自身潜力，不断完善自我。

在范例 20 中，教师细心观察学生的表现，总结学生的优点和进步，将他们分为不同类别，如优秀学生、进步学生、优秀班干部等，并详细说明他们所获得荣誉的理由和优点。通过清晰的反馈，为学生提供了明确的发展方向和目标，让学生深刻领悟到自身的价值与潜力，并激励他们持续努力，努力成为更好的自己。

综上所述，总结性表扬作为一种强大的正向激励方式，不仅能够有效肯定学生的优秀表现，也可以帮助他们找到行为和努力的归宿。通过细致观察、具体事例支撑和与未来发展对接，总结性表扬将学生的优点与潜力展现得淋漓尽致，激励他们持续努力、发挥所长，为自己的行为找到更加明确的目标和方向。教师在运用总结性表扬时，应注重个性化、细致化的反馈，引导学生树立正确的人生观和价值观，帮助他们在成长的道路上找到真正的归宿。

主题 4
多方位表扬——促进学生全面发展

在教育领域中，多方位表扬作为一种重要的激励方式，不仅可以激发学生在各个方面的积极性和自信心，还能够促进他们全面的努力和成长。教师对学生进行多方位表扬，不仅可以让学生感受到被全方位关注和支持的温暖，还能促使他们在多个领域不断提升自我，追求综合素质的平衡发展。

范例21 我可以画得比这个更好

美术课结束了，小女孩的画纸上一片空白，她什么也画不出来。教师走过来对她说："随便画个你想画的，比如一条线或一个点，看它能指引你去哪儿。"小女孩拿起画笔在纸上胡乱戳了一个点。教师认真地看了看纸，对小女孩说：

"现在，签上你的名字！"

到了下周美术课，小女孩惊奇地发现自己画的那个点，竟然被教师镶嵌在画框里，挂在墙上。自己的随笔一点，被教师当作一个珍贵的艺术作品！小女孩因为教师这样的鼓励，竟对画画萌生了从没有过的自信和勇气："我可以画得比这个更好！"

于是，小女孩拿出她从没用过的水彩颜料，认真地画了起来。在画出了很多的小点后，小女孩想："如果我能画小小的点，那我一定也能画大个儿的点。"她画的点开始越来越大，这时候的小女孩已经不再像曾经那样什么都画不出来，她的脑海中浮现出越来越多的灵感，不断在尝试中创新。

就这样，小女孩找到了画画的乐趣，对自己越来越有自信了。几个星期后，小女孩的画被拿到学校举办的画展上展览。人们都称赞小女孩是一个有艺术天赋的孩子。

一个小男孩非常羡慕地对小女孩说："我要是也会画画该多好啊！"小女孩对小男孩说："我敢打赌，你也行。"她递给小男孩一张白纸，并让他在纸上随便画一笔。小女孩注视着男孩的画，她说："请签上你的名字！"①

多方位表扬是一种注重多样化、全面性的表扬方式，旨在肯定和激励个体在各个方面的优点和表现。与单一形式的表扬相比，多方位表扬不局限于对学生在学习成绩上的表现进行肯定，而是将注意力扩展到学生的个性特点、情感品质、创造力、社交能力等多个方面。这种表扬方式可以通过多种形式和渠道进行，例如口头表扬、书面表扬、奖励制度、特别活动安排等，以确保每个学生都能在不同的领域和层面受到认可和鼓励。

---

① 案例来源：微信公众号：阿卡索趣玩英语。

多方位表扬能够激发学生的积极性、自信心和学习动力，帮助他们全面发展，并建立积极的学习态度和人生观。

其一，激发学生多方面的潜力。多方位表扬能够帮助个体发现和释放潜在的多方面能力和优点。教师对学生在学术、艺术、体育、社交等不同领域的表现进行肯定和鼓励，会使学生意识到自己身上存在各种潜力，从而更加积极地投入各种活动和尝试新的挑战，进一步开发全面的才华和潜能。

其二，培养综合素养。多方位表扬有助于培养个体的综合素养，这包括认知、情感、社交、创造力等多个方面。通过对学生多个方面表现的认可，学生能够全面发展各种技能和品质，提升综合素养，使其在未来的学习和生活中具备更广泛的能力和适应性。

其三，提升自信心和积极性。多样化的表扬方式可以有效提升学生的自信心和积极性。学生在不同领域得到认可和赞扬时，他们会更有信心地面对挑战和困难，更积极地参与学习和社交活动。这种正面的反馈会激励学生不断努力，实现全面发展。

其四，塑造全面发展的意识和价值观。多方位表扬可以帮助学生形成全面发展的意识和积极的人生态度。通过多方面的肯定和鼓励，学生会意识到成功不仅取决于单一方面的表现，而是要在各个领域都有所建树。这种认识有助于学生树立正确的人生价值观和发展目标，追求全面的成长和成功。

通过恰当运用多方位表扬，教师可以更好地引导学生积极面对挑战，并激发他们全面发展的潜力。教师可以在以下方面巧妙运用多方位表扬，促进学生全面发展。

第一，学术表现。

学术表现是学生在学习过程中展现出的重要方面，通过表扬学生在课堂上正确回答问题、认真完成作业等行为，可以有效激励学生更加专注于学习，提高他们的学术成绩。这种表扬不仅可以强化学生对学习的积极性，还可以帮助学生建立自信心，使学生相信自己能够取得更好的成绩。教师可以通过及时、具体的表扬方式来肯定学生的努力和成就，为学生树立学术上的表现目标，并持续激发学生在学术上的成长动力。

第二，创意思维。

创意思维是培养学生创造力和独立思考能力的关键，通过表扬学生展示出的创意想法和设计作品，可以激发他们的创造力和思维灵活性。表扬学生在解决问题时提出新颖的观点、设计出别具创意的作品，不仅可以拓展学生的思维边界，还可以培养他们在面对挑战时勇于创新的品质。教师可以通过肯定学生的创意表现，鼓励他们保持独立思考的态度，敢于呈现个性化的成果，从而助力他们在思维上的不断创新。

在范例 21 中，教师通过引导学生进行简单的尝试，并肯定他们初步的努力，激发了学生的创造力和艺术表现欲望。通过教师的鼓励和支持，学生敢于挑战自己，不断尝试新的艺术表现方式。

第三，社交技能。

社交技能在学生的综合素质发展中占据重要地位，与人相处和团队合作的能力关乎学生未来的发展和成功。通过表扬学生在社交方面的出色表现，如善于沟通、团队协作良好等，可以帮助学生建立良好的人际关系，提升社交技能。这种表扬不仅可以增强学生的自信心，使其在交往中更具魅力；还可以培养团队合作的意识和能力，为学生未来的人际交往打下良好基础。

第四，情感表达。

情感表达是一个人综合素质中至关重要的一环，表现出同理心、团结友爱等情感特质可以使个体更加善于与他人沟通和协作。通过表扬学生在情感表达上的成长，可以促进他们情感智慧的发展，培养其积极的情绪管理能力。教师可以通过肯定学生具有的情感品质，鼓励他们在日常生活中更加关心他人、体谅他人，提升自身的情感能力和品格修养。

第五，实践能力。

实践能力是学生将知识应用于实践的重要能力。参与社区服务、体育比赛等实践活动，可以锻炼学生的实践能力并丰富他们的人生体验。通过表扬学生在实践活动中展现出的能力和热情，可以激励学生更加积极地参与实践，不断提升实践技能。教师可以通过肯定学生在实践中所表现出的实际能力和才干，鼓励学生勇于尝试、积极实践，从而培养学生的创造力和解决问题的能力。

综上所述，多方位表扬作为教育中重要的激励手段，不仅可以肯定学生的努力和成就，还能激发学生的潜能、提升其自信心、鼓励其挑战突破、培养其领导力和分享精神。通过运用多方位表扬，教师可以有效地促进学生的全面发展，帮助他们在学术、艺术、社交、情感和实践等方面不断成长。这种多维度的赞扬和鼓励不仅能激发学生的自我潜能，也可以为学生的未来发展打下坚实的基础，促使学生在教育的旅程中获得更加丰富和全面的成长体验，迎接更广阔的人生挑战。

主题5

滞后性表扬——强化成就感

在教育的广阔天地中，表扬如春风拂面，为教学活动注入无尽的魅力与活力。通过适时的滞后性表扬，教师能够帮助学生建立起积极的学习态度和信心，让他们意识到自己的努力是值得肯定的。这种正向的激励和强化成就感的方式，能够帮助学生建立自信心，培养自我激励的能力，从而使其在学习过程中不断进步，实现全面发展。

范例22　人，是可以"复活"的

11月11日，作业经常拖拉的陆锦丰、吕琪、牛牧青三人，连续10天"当日作业，当日完成"，我为他们举办了"复活节"。"复活节"后，我和陆锦丰、吕琪、牛牧青约定："我要跟踪你们的作业当日完成情况，两个星期后，为真正成功复活的人，举行隆重的颁奖仪式。"

两个星期里，我没有在班级里夸他们的表现。不表扬，是为了积蓄、汇聚表扬的理由。积蓄、汇聚两个星期后，表扬理由形成奔腾的河流，冲刷掉那位同学以及有类似缺点的同学心中的泥沙。

对"陆锦丰们"来说，前面有一个等待着的表扬和奖励，心中的动力自然比平时更多。当然，这两个星期里，离不了私下的、不公开的鼓励。一个星期后，吕琪坚持不了了；第二个星期的第一天，牛牧青也被刷下了。只剩下陆锦丰了，我鼓励他坚持最后的四天。

两个星期过去了，我拿出"作业记载本"，给前排的孙弘毅、裴容琳看。看谁的呢？看陆锦丰的作业完成情况。

"两个星期以来，陆锦丰的作业一分也没有扣，每天都是当日作业，当日完成的。"说到这里，我问孙弘毅："是不是一分也没有扣？"

孙弘毅和裴容琳都证实了我的说法，大家为陆锦丰鼓起了掌。我拿出事先准备好的奖品——精美笔记本和奖状"复活"第一人。奖状上写着：

陆锦丰同学：

自"复活节"以来，你的作业习惯真的"复活"了。在此，真诚地祝贺你，祝贺你收获了一个优秀的习惯。每个人都可以告别坏习惯，迎来新习惯；迎来新习惯，也就是迎来了新的生命。陆锦丰，现在你要做的是，呵护自己的新习惯，保持自己的新生命！再次祝贺你，陆锦丰！

吕琪和牛牧青看着陆锦丰兴奋、自信的步伐，脸上有点儿不自然。若一天进行一次统计、表扬，就不会有这样的教育效果。

"陆锦丰告诉我，谁都可以做得更好，谁都可以把不可能的事变成现实。"我说道。颁发奖状后，我对陆锦丰说："世界文学巨匠列夫·托尔斯泰有一本世界名著，叫《复活》。将来，你一定要好好看一看。人，是可以复活的。"

陆锦丰用力地点了点头。

沈卓炜的字平时不是一般的糟，这次却很工整，我都没有认出来。我找到他问道："这字是你写的吗？"他很用力地点了点头。

"人和人的差别，很多时候体现在能不能坚持。就一次，我跟李俊涛打赌，他能做到；我跟方家裕打赌，他也能做到。"我没有立刻表扬沈卓炜，而是提了一个中期激励目标："你要能坚持10天，每天的作业都能这样，我给你开庆功会！"

接下来的10天里，沈卓炜都坚持一笔一画、工工整整地写。10天后，我将沈卓炜焕然一新的字拍成照片，做成PPT，给全班学生看，大家都惊呆了。我奖给沈卓炜一个笔筒，这是我在佛山讲课时，那里的教师送给我的。我们看过电影《叶问》，都知道佛山。看到来自佛山的笔筒，同学们仿佛去了一次佛山，看了一次咏春拳。①

滞后性表扬是指在学生完成任务后，通过肯定、赞扬和奖励的方式强化他们的成就感和自信心。与即时性表扬不同，滞后性表扬更侧重于在任务完成后给予学生积极的肯定和反馈，让学生在自己努力及付出之后感受到成就感。这种表扬方式可以对学生的心理产生更深层次的影响，让学生意识到自己的努力受到认可，激励他们继续努力学习，并建立自我激励的能力。

其一，强化成就感。滞后性表扬指的是在某项任务完成之后，或一段时间后再进行表扬。这种方式能够让个体在完成任务后感受到表扬的积极影响，从而强化他们的成就感。学生在得到表扬后会感到自己的努力和成就受到认可，从而提升自信心、积极性和工作动力，有更好的表现。

其二，更有冲击力。与即时性表扬相比，滞后性表扬更具有冲击力和持久性。延迟表扬的时间，可以让表扬更加令人满意和意外，增加其影响力。学生会觉得自己所付出的努力被重视和肯定，这种意外的、有冲击力的表扬会激发个体更多的正面情绪和动力，促使其保持积极的学习态度。

其三，呈现对比的力量。滞后性表扬还能够通过对比的方式带来积极影响。延迟表扬的时间可以让学生更清晰地意识到自己完成任务前后的对比，从而更清

---

① 案例来源：管建刚. 一线表扬学（六）. 班主任之友. 2014. NO. 10。

晰地感受到自己的进步和成长。这种对比能够帮助个体更好地认识到通过自己的努力所取得的成就，激发其更强的学习动机和进步欲望，促使其持续努力提升自己的表现。

在实际情境中，教师通过合理的表扬时机和方式，可以更好地激发个体的自信和努力欲望。有效地运用滞后性表扬可以强化个体的成就感，使其不断追求进步和成长。那么如何运用滞后性表扬，以达到强化学生成就感的目的呢？

第一，设立明确的目标和期限。

在教学活动开始时，设立明确的任务目标和完成期限，并告知学生在任务完成后会得到表扬。这种设定可以激发学生的目标感和动力，激励他们努力完成任务以获得表扬。

第二，制造期待和悬念。

在活动进行过程中，不要立即给予表扬，而是通过制造期待和悬念来增加学生对表扬的期待。教师可以适当地暗示学生可能会受到表扬，但不要立即揭示具体细节。通过暗示和引领，让学生猜测自己是否会被表扬，增加他们的期待感。

第三，延迟表扬的时机。

选择一个合适的时机进行滞后性表扬是至关重要的，比如在某一次课程开始前，教师既可以回顾在上次活动中表现优秀的学生并进行表扬，让他们在新的课程开始时能够感受到自己的成就被认可；也可以在课程结束时，对整体表现优秀的学生进行滞后性表扬，让他们在离开课堂前感受到积极的正面反馈，以增强成就感和自信心。

第四，个性化和具体化表扬。

在进行滞后性表扬时，要个性化和具体化，指出学生在活动中取得的具体成就和进步。这样的表扬更能触及学生内心的需求，增强他们的自尊心和成就感，让他们更加乐于投入学习活动中。

在范例 22 中，教师运用滞后性表扬的策略，通过以下三个方面，有效激励学生提高学习能力，保持良好的行为表现。一是设置目标和期限，通过举办"复活节"活动并约定后续奖励，制造期待和悬念，激发了学生的动力和努力意愿；二是延迟表扬，教师延迟表扬学生，在两周内不公开表扬，形成强大的表扬效应，进一步激励学生的积极表现；三是设置中期激励目标，要求学生持续表现优秀并承诺提供额外奖励，鼓励学生保持良好习惯。

综上所述，滞后性表扬是一种强化学生成就感的教育策略。通过延迟表扬学生的积极表现，起到激励和促进学生成长的作用。在教育实践中，教师可以运用滞后性表扬，为学生创造一个积极、良好的学习成长环境，帮助他们建立自信，使他们充分发挥潜力，从而提升学习动力和表现水平。

主题 6

匿名性表扬——尊重学生的个性

在表扬的形式中，匿名性表扬是一种尊重学生个性、充满魅力的表扬方式。匿名性表扬不仅令学生感受到被关注和肯定，同时也避免了因具名表扬而引发的羞耻或排斥情绪，激发了学生的学习热情和积极性，为教学活动增添了一份神秘感，让表扬更显神奇和魅力。

范例 23　这是谁在表扬我

在六（6）班创建初期，我在班内开展了"我为同学点赞"的活动。我为每

个学生发了一张纸条，上面写着：今天我想赞美_____，因为他（她）____
_____。

这一次，我告诉孩子们既可以在下面写上自己的名字，也可以"匿名"。收上来之后，经过汇总，我再将这些珍贵的"纸条"分发给它的"主人公"，也就是那些受到表扬的孩子们。他们既可以直接带到家里，和家里人分享喜悦；也可以放到自己的书桌上"珍藏"。

例如，徐同菲收到的"匿名表扬"是这样表述的："我想赞美徐同菲，因为她学习优异，乐于助人。有一次，我肚子疼，她就拿起了我的水杯，去水房接了一杯温水。有时她会教我一些我不会的题，她会认真给我讲，哪怕我没听懂，她也会很有耐心。"

有的孩子很细心，观察同班学生平时的言谈举止并且记在了心里；也有更多的班干部被孩子们记录下来；另外，经常被班主任肯定和表扬的学生也成为孩子们记录的"重点"。可见，这种平时的"输"出和"影响"多么重要。

背后的赞美是最真实的赞美，不记名表扬是最感人的表扬。下个月，再搞这样的活动时，我觉得"匿名"效果会更好。学生拿到"匿名"表扬信，心里在想，这是谁在表扬我呢？越想越高兴，越来越努力，不是吗？

相比于教师的表扬，孩子们更加看重自己在同伴心目中的形象。受到表扬的学生肯定会喜出望外，不只收到一张纸条的学生则会喜悦加倍。没有收到表扬的学生也会受到感染，会被"潜移默化"地影响，并默默向优秀学生学习。[1]

匿名性表扬是指在教学过程中，教师不公开表扬对象的姓名或身份，以保持学生匿名状态的方式来表扬学生的积极行为和成就。这种模糊了身份的表扬方式

---

[1] 案例来源：微信公众号：做学生生命中的贵人。

旨在尊重学生的个性，为每个学生提供被认可和肯定的机会，避免学生产生自我意识、社会比较和羞耻等负面情绪。匿名性表扬的作用有如下四点：

其一，平等对待每个学生。匿名性表扬这种方式能够尊重每个学生的个性差异，让每个学生都有机会被肯定和鼓励，而不会受到外貌、性别、学习成绩等因素的影响。这种公平的表扬方式能够平等对待每个学生，让每个人都能在教学环境中感受到被尊重和被关注，不会因为外在因素而受到偏见或歧视。通过这种方式，每个学生都有机会展现自己的闪光之处，得到鼓励和认可，从而激发他们的学习动力和自信心。

其二，引导学生发掘自身优势。匿名性表扬可以让学生更加专注于自身的努力和成就，而不会受到他人的评价或比较的影响。每个学生都有自己的优势和特长，通过匿名性表扬，可以鼓励学生发掘和展现自己独特的个性，提升自信心和自尊感。

其三，避免让学生感到尴尬和压力。有些学生可能不喜欢成为焦点或被公开表扬，他们低调、内敛，不喜欢被他人过分关注。通过匿名性表扬，可以避免让这些学生感到尴尬和压力，让他们在不受外界影响的情况下更自然地展现自己。

其四，营造尊重和包容的学习氛围。匿名性表扬可以建立一种尊重和包容的学习氛围，让每个学生在这个环境中都能感受到被尊重和被接纳。教师和学生不会只关注学生的表面，而是更注重他们的努力和进步，这样的氛围会激励学生更加积极地投入学习和成长。

通过有效地运用匿名性表扬，教师可以更好地尊重学生的个性特点，并促进他们自信心和学习动力的提升。在教学实践中，教师可以利用匿名方式表扬学生的优点和努力，鼓励他们在班级中展示自己的特长和才华。那么，如何运用匿名性表扬，达到尊重学生个性的目的呢？教师可以尝试如下做法：

第一，匿名表扬信箱。

教师可以设置一个匿名表扬信箱，收集学生的匿名表扬建议或赞美之词。教师可以定期查看信箱，选取部分表扬内容进行匿名宣读或在课堂上分享，让全班学生感受到被尊重和被肯定。

第二，匿名表扬特辑。

设计一个匿名表扬特辑环节，例如"匿名表扬周"或"秘密赞赏日"，教师可以在课堂上匿名表扬某个学生在学习、品德或表现方面的突出之处。在这个特辑中，可以使用学生的编号或化名，以保护被表扬学生的隐私，同时增加表扬的神秘感和吸引力。

第三，匿名表扬邮件。

教师可以利用电子邮件系统发送匿名表扬邮件给学生，表扬某个学生在学习、品德或表现方面的突出之处。通过匿名的形式，尊重学生的隐私，同时让学生感受到被重视和被鼓励。

第四，匿名评选活动。

教师可以组织匿名评选活动，让学生匿名投票选出最佳表现、最有创意等评选对象。这种方式可以在保护学生隐私的同时，激发学生的积极性和竞争意识，增强班级凝聚力。

第五，匿名表扬选票。

教师可以准备一些表扬选票，让学生在选票上匿名写下对其他学生的赞美和支持之言。教师收集这些选票后，在适当时机匿名宣读给全班学生听，以激励学生互相尊重和支持。

在范例 23 中，教师通过一项创新活动——"我为同学点赞"，让学生匿名写下对同学的赞赏之词，结果收获了意想不到的效果。当收到"匿名表扬"的孩子们打开纸条，读到那些真挚而细腻的文字时，他们的喜悦和动力被极大地激发。这种背后的赞美和匿名的形式，尊重了学生的个性差异，让学生感受到了最真实的鼓励和认可，同时营造出一种尊重、包容的学习环境。

综上所述，匿名性表扬不仅承载着赞美和肯定的力量，更体现了对每个学生独特性和个性的尊重。通过匿名性表扬，学生可以在被保护隐私的情况下享受到赞美之情，同时也激发了他们展现个性、发挥优点的动力。这种尊重学生个性的做法不仅增强了班级的凝聚力和学生之间的友谊，也培养了学生的自尊心和自信心。通过持续的匿名性表扬活动，教师能够创造一个充满尊重和关爱的教育环境，激发学生的潜力，引导他们积极成长，实现个性化发展目标。

主题 7

公开表扬——肯定学生的表现

在教学过程中，公开表扬作为一种肯定学生表现的形式，不仅能够让被表扬的学生感受到来自教师和同学的认可和鼓励，也能够在班级中营造一种正能量和向上的氛围。通过公开表扬，教师可以让学生更加乐于展现自己的优点和特长，激发他们的学习动力，帮助他们更好地成长和发展。

范例 24　一只漂亮的阳彩臂金龟甲虫

近日，江西宁都 4 名小学生因为一只虫子被警察叔叔点名表扬。

10月9日晚八点，4名小学生来到黄陂镇一个篮球场玩耍。在球场地面上，他们发现了一只很漂亮的甲虫。它的个头儿很大，它的壳在灯光下泛出独特的金属光泽。这激起了大家的好奇心。

这该怎么处理呢？想起之前民警叔叔曾在法制课上宣传的环保知识，大家决定把甲虫交给警察。

为了保护好这个小家伙，大家找来一个塑料餐盒，将甲虫小心翼翼地装了进去，还用路边的树皮、木屑给它搭了个小窝。然后就向派出所走去。

看到眼前的甲虫，值班民警熊超也很惊奇地说："这只甲虫有成年人手掌三分之一大小，长着一对超过体长的前肢，我从没见过这样的虫子。"

考虑到天色已晚，熊超让小朋友们先回家。他拍下甲虫的照片后立即发给县林业部门帮忙鉴定。

当晚，林业专家便给出了鉴定结果：这是一只阳彩臂金龟，是国家二级保护野生动物，也是世界自然保护联盟濒危物种红色名录上的珍稀昆虫。得益于生态环境改善，最近几年偶有发现。

经观察，这只阳彩臂金龟无明显伤痕，生命体征良好，具备放生条件。第二天，熊超和同事们上山认真寻找植被良好的处所，小心翼翼地放生了这只甲虫。

如此珍稀的甲虫为何会出现在篮球场？据当地林业专家介绍，阳彩臂金龟对生存环境要求很高。近年来，当地生态环境不断改善，猴面鹰、苏门羚等珍稀野生动物也纷纷来此"打卡"。发现甲虫的篮球场周围植被丰富，自然环境很好，加之阳彩臂金龟有趋光性，可能是受篮球场灯光的影响所以爬到了附近。

16日下午，民警带着奖状和笔记本等纪念品来到宁都县黄陂镇中心小学，对 4 名学生进行了表扬，他们是廖顺、胡羽翔、谢铭和廖龙勋。①

公开表扬，是指教师在教学环节中公开赞扬和肯定学生的表现或成就，旨在激励和鼓励学生，营造积极的学习氛围。通过公开表扬，教师可以直接向全班展示学生的优秀表现，让被表扬的学生感受到被重视和肯定的温暖，同时也激励其他学生向优秀的榜样学习。这种肯定和赞扬的方式不仅能够增强学生的自信心和自尊心，也可以激发他们对学习的兴趣和热情，让教学活动充满魅力和动力。

其一，激励学生奋发向上。公开表扬可以激励学生保持积极向上的学习态度和努力奋斗的精神。当学生的表现受到公开肯定和赞扬时，他们会感到自己的努力得到了认可，从而激发更大的学习动力，努力提升自己的能力水平。

其二，增强学生的自信心和自我认知。通过公开表扬，学生可以更清晰地认识到自己的优点和长处，增强自信心。这种正面的反馈可以帮助学生建立积极的自我认知，鼓励他们自信地迎接挑战和接受新任务。

其三，树立学习榜样和引领者。公开表扬可以将优秀学生的表现展示给其他学生，让他们成为学习的榜样和引领者。其他学生可以通过观察优秀同学的表现，学习他们的优点和行为，激励大家共同向着更好的方向发展。

其四，营造积极向上的学习氛围。通过公开表扬，营造一种积极、正向的学习氛围。学生会感受到学校和教师对于积极表现的重视和鼓励，从而激发整个班级或学校的向上向善氛围，推动集体的进步和共同发展。

在教育实践中，有效地运用公开表扬可以促进学生的积极行为和学习动力，同时帮助他们建立自信心和自我认知，从而推动个体和集体的不断进步和发展。

①　案例来源：微信公众号：新华社。

那么，如何运用公开表扬，实现对学生表现的肯定呢？

第一，学习成绩表扬。

公开表扬学习成绩优异的学生，可以通过设立学习成绩榜单、在班会上宣布成绩排名等方式来进行。同时，可以安排一些小奖励或荣誉称号作为激励，例如"学习之星"奖项或者颁发优秀学习者证书。这种公开表扬不仅可以激发学生学习的动力，还可以带动其他学生的学习积极性。

第二，优秀作品展示。

将学生的优秀作品在班级或学校的展示板上展示出来，可以搭配一些简短的评语或点评，让更多人了解作品背后的故事和学生的努力。学校可以举办专门的作品展览活动，邀请家长、教师和学生前来观赏，为学生的创造力和努力点赞。

第三，师生互动表扬。

在课堂上进行师生互动表扬时，除了简单地称赞学生外，教师可以结合具体表现进行肯定，例如"小明今天解答问题非常清晰有条理，展示了良好的逻辑思维能力"，让学生感受到被认同和欣赏。此外，可使用实物奖励、表扬卡片等形式，让学生得到实际奖励以及精神上的鼓励。

第四，课外活动颁奖。

在课外活动比赛中进行公开表扬时，可以设置多个奖项，既可以包括比赛成绩突出者，也可以包括团队合作、创意新颖等方面表现突出者。颁奖时，可以通过颁发奖杯、奖牌或小礼物来表彰学生的努力和成就，让他们在众人面前受到赞扬。

第五，特别表彰仪式。

安排特别的表彰仪式时，可以邀请家长或特邀嘉宾参与，从而增加庄重感和正式感。通过表彰演讲、颁发证书、拍摄特别合影等环节，彰显学生的荣誉感和成就感，激励他们继续努力向前。在仪式上，可以设立特别奖项，表彰在学业、品德、体育等方面表现突出的学生，让每个学生都感受到被肯定的重要性。

在范例 24 中，四名小学生在篮球场发现一只珍稀的阳彩臂金龟时，展现了环保意识和责任感，选择将其交给警方处理。警察叔叔对他们的行为给予了高度评价，并发放奖状和纪念品，公开表扬了他们。这四位小英雄不仅为自己赢得了荣誉，更为广大同龄人树立了榜样。

综上所述，在教育教学中，运用公开表扬肯定学生的表现具有重要意义。通过公开表扬，不仅可以激励学生的积极参与和努力，增强他们的学习动力和自信心，还能营造积极的学习氛围和凝聚班级团结力量。公开表扬的实施需要综合考虑学生的个性特点和不同表现形式，要注重公平公正，鼓励全体学生都能努力奋斗、取得成就。认真运用公开表扬的策略可以促使教学活动充满魅力，推动学生健康地全面发展。

主题 8

综合性表扬——提升激励效果

在教育教学领域，综合性表扬的实施不仅注重学生在学习成绩上的优秀表现，更关注学生在品德修养、团队合作能力和创新思维等方面的突出表现。通过全面的肯定和激励，助推教学活动变得更加丰富多彩，让每个学生都在受到表扬的同时得到进一步的成长和发展。

范例25 有仪式感的综合评优表彰

3月6日，镇雄长风中学举行了年度春季学期开学典礼暨颁奖仪式，对初中部上一学年度秋季学期综合考评优秀的331名学生进行表彰奖励。

每个学期开学时，这所中学都会以年级为单位，对综合考评优秀的学生进行表彰奖励，表彰学生数量达到每个年级学生总数的10%。此举不但激励、鼓舞了学生，也在一定程度上帮助部分家庭困难的学生减轻了经济负担和就学压力。

杜慧庆就是获益学生中的一位。他深知父母送自己读书不易，因此更加勤奋努力学习。杜慧庆在去年秋季学期镇雄县统一组织的九年级学业水平测试中，取得了全县第一名的好成绩。学校综合考评，他也理所当然地获得了一等奖。

杜慧庆告诉记者，他特别感谢学校和教师对大家的辛勤培育，自己取得今天的成绩，和老师、学校的用心培育分不开。今后，自己将继续努力，更加勤奋的学习，考上一所理想的高中，进入理想的大学。学有所成后，回报老师、父母，为家乡、为社会、为国家做出新时代新学子的贡献。

和杜慧庆一样，获奖让学生在受到激励和鼓舞的同时，更多的是怀着激动的心情表达了对长风中学的感激之情，并表示将在获奖的基础上，更加勤奋地努力学习，成为有用之才，报效学校、家庭、家乡、国家和社会。

学生陈雅丽说："很荣幸能够拿到长风这次的奖学金，以后我将以更优异的成绩来报答长风中学，我要努力做到：今天我以长风中学为荣，明天长风中学将以我为荣。"

学生高欣妍已经连续两个学期获奖了，她说："又一次获奖，又一次受到表彰，心情特别激动。这是对我的肯定和激励，很感谢各科老师对我们的栽培，以后我一定会一步一个脚印地继续走好每一步，学有所成，建设家乡，报效祖国。"①

综合性表扬是全面评价学生表现的一种方式，旨在根据学生在学术成绩、品德表现、领导能力、团队合作等多方面的综合表现，给予个性化肯定和激励，促进学生全面发展和自信心的提升。通过综合性表扬，教师可以激发学生的内在动力，培养其多元素养，推动其应对未来挑战的能力，让教学活动充满魅力，为学生的成长和发展提供有力支持。

其一，全面发展激励。综合性表扬的全面发展激励涉及多方面的评价标准，包括学术成绩、品德表现、社交技能、创造力等。这种综合性的评价方式有助于激发学生全面素养的提高，鼓励学生在各个方面不断提升自己，实现个人潜能的最大化。

其二，激发自我提升的动力。通过综合性表扬，学生能够清晰地认识到自己的优点和努力所带来的成果，从而增强自我认知和自信心。这种认可和激励可以使学生产生内在动力，使其积极主动地追求进步和成长，持续不断地提升自己，实现个人目标和理想。

其三，建立积极的学习氛围。综合性表扬有助于建立积极融洽的学习氛围，可以鼓励学生之间互相支持、合作和分享。通过相互肯定和激励，学生感受到团队的力量和合作的重要性，从而激发集体凝聚力，共同努力追求共同目标，创造更好的学习成果。

其四，持续性激励。综合性表扬的持续性激励意味着教师不单是在某一时刻或某一成就上进行激励，而是通过持续的认可、鼓励和支持，让学生在学习过程中始

---

① 案例来源：微信公众号：微镇雄。

终感受到被珍视和重视。这种持续性的激励机制使学生保持学习的热情和动力，持续追求卓越，积极应对学习中的挑战和困难，持续提升自己的能力和素养。

在教学实践中，教师可以根据学生的不同情况和需求，灵活运用综合性表扬的方法，提升激励效果，激发学生的学习兴趣、自信心和动力，从而促使学生更好地实现个人成长和发展。那么，如何运用综合性表扬，以提升激励效果呢？

第一，综合考虑不同方面。

在综合性表扬中，教师应该全面考虑学生在各个方面的表现，包括学习成绩、参与度、品德表现、团队合作能力、创造力等。通过全面评价学生的表现，可以更准确地了解其优点和努力之处，从而给予针对性和有力的表扬。

第二，创造性结合表扬形式。

除了传统的口头表扬外，教师还可以创造性地结合不同的表扬形式，如奖励证书、特别表彰、表扬信函、个别会谈等。这样多样化的表扬形式会使表扬更加特殊和有价值，从而激发学生的积极性和成就感。

第三，考虑个体差异。

不同的学生有不同的需求和特点，因此在综合性表扬中要考虑个体差异。教师可以根据学生的性格、学习风格、兴趣爱好等因素，制订个性化的表扬计划。例如，对于内向的学生可以采取私下表扬的方式，而对于外向的学生可以在班级中公开表扬。

第四，联动多方面资源。

综合性表扬的效果可以通过多方资源的联动得到进一步增强。教师可以与家长、同事、学校领导等多方合作，共同为学生提供全方位的支持和认可。这种综合性的表扬机制不仅可以加强学生的自信心，还可以促进家校合作和学校氛围的建设。

第五，整合表扬与反馈机制。

在表扬的同时，教师也应该提供有针对性的反馈和建议，帮助学生进一步改进和成长。通过综合运用表扬和反馈机制，可以促进表扬更具实效性和引导性，使学生在持续的支持和指导下不断提升自我，实现更好的发展。

在范例 25 中，教师对在学业、品德和综合素质上优异表现的学生进行了表彰奖励，这就是综合性表扬。这种综合性表扬在教育领域扮演着重要的角色。它不仅可以全面肯定学生在各个方面的优点和努力，更能激发学生的内在动力、增强自信心、培养积极性格，并推动其不断进步和成长。通过综合性表扬的运用，教师可以创设积极向上的学习氛围，激励学生更好地投入学习活动，全面发展个体潜能。

专题四

表扬让关系更加融洽

表扬可以激励学生的积极性，挖掘学生的成长潜力，是对学生优秀表现的肯定，更是在教育过程中传递情感、建立情感联系的重要途径。借助不同的表扬方式，教师可以在日常教学中更好地与学生建立密切联系，促进师生之间的互信和理解，激励学生在温暖和尊重的氛围中茁壮成长。

主题 1

弥补性表扬——表达教师的真诚

在教育工作中，表扬作为一种重要的沟通方式，扮演着极为重要的角色。而在表扬的众多形式中，弥补性表扬作为一种独特而温暖的表扬方式，不仅能够有效传达教师的真诚和关怀，更能在细微之处展现对学生的理解和肯定。其不仅是一种教育技巧，更是一种富有人情味和温暖的表达方式，能够让师生之间的关系更加融洽、紧密，共同走向教育之美和成就之路。

范例 26　一次开心的自我批评

我下午去了医院，所以一些学生练习册的订正没来得及批改。第二天早上，我看到办公室门口躺着几本练习册，我不由一惊：糟糕，昨天的家庭作业是摘抄练习册上的错题啊。

过了一会儿，张伊宁拿着练习册过来，我边批边问："为什么不把本子放在办公室门口？"

他回答道："管老师，放你那儿了，回家写作业怎么办？"

来到教室，我转述了张伊宁的回答，又拿出门口那几本作业本说道："早上，我在办公室门口看到季力雨、赵逢珠、顾颖颖、朱文波的练习册，既欢喜又担忧。"

大家一听，来精神了。

"喜的是，这些同学昨天做到了当日作业，当日完成；忧的是，他们昨天的回家作业，可怎么做啊？"

没想到，季力雨、赵逢珠、顾颖颖、朱文波都说，昨天他们将错题摘录好了，再放老师办公室门口的。"对不起，老师冤枉你们了。"我对他们说，"你们都是会用大脑做事的人。"

吕琪、吴凡在复习语文书。哦，我想起上午有个第二单元的检测。下课前，我对大家说："我又发现了两个会用大脑做事的人，吕琪、吴凡。马上要检测了，他俩复习起了语文书，做紧急的事。"

有些学生露出了不服的神色。

我故意问："不看语文书的同学，你们昨天复习过了？很有信心了？"一大群学生举起了手。

"对不起，管老师又遗漏了该表扬的人，你们也是会用大脑做事的人。"我开心地做自我批评。①

范例 27　失败的处罚，成功的教育

上周语文课上，小 T 在课堂上前后左右找人小声说话，我提醒了三次都无效。

按我制定的规则，提醒两次以后要站到教室后面。我怒不可遏，让他站到教室后面，同时还责备了他几句。可是他仍旧漫不经心、慢悠悠地走到教室后面。

回家后，我反省此次教育行为的失败之处：一是小 T 并未真正改变；二是我在学生面前的形象大损，情绪有些失控。我琢磨着如何改进。

---

① 案例来源：管建刚. 一线表扬学（四）. 班主任之友. 2014. NO. 6。

这样表扬很有效：一线表扬50例

周末，我给小T的妈妈发了条信息，说在课堂上我批评小T有些严厉，看看他在家的心情有没有受影响。小T妈妈说，小T没事的，他不会放在心上。我心稍安。

今天的课上，我当着全班同学的面说："我很欣赏小T。上周我在课堂上那么严厉地批评了他，他都没有放在心上。今天他还热情地给我打招呼。请大家把掌声送给他，为他开阔的心胸点赞！"

小T依旧是顽劣的小T，但是他认真地交了周末的作业。要知道，他很少交作业的。[①]

弥补性表扬，是指教师在发现学生存在错误、不足或可能受到冤枉时，用肯定、支持和鼓励的方式进行表扬的行为。这种表扬不仅是对学生努力和付出的认可，更是教师意识到自己可能犯下错误或冤枉学生时，通过表扬来弥补自身的失误。弥补性表扬的目的在于修复师生之间的关系，增进互信，促进良好的教学环境和学习氛围。

其一，修复教师与学生之间的关系。弥补性表扬是教师意识到自己可能犯错或误解学生后的一种行动，通过诚挚的表扬来扭转误会，修复师生之间可能因误解而受损的关系。这种行为展现了教师的真诚和宽容，有助于重建师生之间的信任和尊重，使师生关系更加融洽。

其二，增进师生之间的理解和沟通。弥补性表扬的作用还在于增进师生之间的理解和沟通。当教师表现出对学生的诚恳与尊重，重视学生的感受与价值，学生就会感受到教师的关怀和支持，从而增进彼此之间的理解和沟通，拉近师生之间的距离。

---

① 案例来源：微信公众号：芝麻门开。

其三，激励学生的积极参与和发展。通过弥补性表扬，教师可以激励学生的积极参与和发展。当学生感受到被肯定和鼓励时，他们会更有动力参与学习活动，努力进步，从而提升学习成绩和个人发展，为师生之间的关系增添正能量。

其四，营造积极的学习氛围。弥补性表扬有助于营造积极向上的学习氛围，让师生之间充满尊重、理解和支持。在这样的氛围下，学生更愿意参与课堂活动，展示自己的才能；教师也更能发挥其引导、激励的作用，促进教学活动的顺利开展。

弥补性表扬作为一种重要的沟通方式，不仅可以修复误会、强化师生关系，还能够激励学生学习、营造积极的教育氛围。教师在实践中要灵活运用弥补性表扬来表达教师的真诚。那么，如何运用弥补性表扬来表达教师的真诚呢？

第一，诚实承认错误或疏忽。

当教师发现自己犯了错误或疏忽了学生的努力时，诚实地承认错误是展现真诚的第一步。教师可以在课堂上或私下与学生交流时，坦率地承认自己的失误，并表达出真诚的歉意。这种坦诚能够彰显教师的责任感和关怀，让学生感受到教师的诚意，从而建立起更加亲近的师生关系。

第二，立即采取行动进行弥补。

在承认错误的同时，教师也应立即采取行动来弥补。这包括给予学生额外的支持和帮助，制订特殊的学习计划或提供个性化指导，以弥补之前的疏漏或错误。通过积极主动地弥补过失，教师不仅可以展现出自己的重视和关心，同时也让学生感受到自己在意他们的成长和发展。

在范例 26 中，教师一开始误以为学生没有完成回家作业，但后来发现学生们其实已经提前完成任务。教师及时向学生道歉，并称赞他们"都是会用大脑做事的人"。这种及时的弥补性表扬不仅化解了之前的误解，还鼓励了学生继续发挥他们的主动性和积极性。此外，教师还通过表扬其他复习语文书的学生，进一步扩大了表扬的范围，让更多的学生感受到自己的努力和价值被认可。这种弥补性表扬不仅有助于建立良好的师生关系，还能促进学生的自我发展和成长。

第三，倾听和理解学生的感受。

在运用弥补性表扬时，教师要重视倾听和理解学生的感受。通过与学生建立真诚的沟通和互动，了解他们的需求和期待，确保弥补性表扬能够真正触动学生的内心深处，让他们感受到被尊重和关心。这种关心和倾听不仅能够使师生之间建立更加密切的联系，还能够加深师生之间的情感，使师生关系更融洽。

第四，真诚的肯定和表扬。

在运用弥补性表扬时，教师要确保表扬是真诚的、具体的，并与学生的实际表现相符合。通过具体地赞扬学生的努力、进步和成就，让他们感受到被理解和认可。这种真诚的肯定不仅能够激励学生更加努力学习，也让他们感受到教师对他们的肯定和支持，从而促使积极向上的学习氛围的形成。

第五，持续建立信任和互动。

弥补性表扬不仅是应急的修复行为。教师要让学生感受到自己的支持和鼓励，这种持续的关怀和关注将有助于促进师生之间更加良好的沟通，有助于建立起师生之间长久的信任和互动，使师生关系更加紧密和融洽。

在范例27中，教师在课堂管理中遇到挑战，对学生小T进行了严厉的批评并让他站到教室后面。然而，这种处理方式并未达到预期的效果，教师随后意识到自己的教育行为的失败之处。为了弥补这一失误，教师采取了积极的措施，与小 T 的家长沟通，并在全班学生面前对小 T 进行了表扬，以肯定他开阔的心胸。这种弥补性表扬不仅改善了师生关系，还激发了小 T 的学习积极性，促使他认真完成了周末作业。

综上所述，在教育事业中，弥补性表扬是一种极具力量的工具，能够传递出教师真诚的心意，树立良好的师生关系，营造积极向上的学习氛围。通过运用弥补性表扬，教师能够展现出真诚的态度和尊重的精神，帮助学生树立正确的学习态度和自信心，为教育关系注入了正能量。

主题 2
书面型表扬——让学生获得亲近感

书面型表扬作为一种重要的表扬方式，在教育实践中起着至关重要的作用。通过书面型表扬，教师有机会用文字传递对学生的肯定和赞扬，让学生在阅读表扬文字时，感受到师生之间的亲近和信任，感受到教师的用心和认可，从而激发他们对学习的兴趣和热情。

范例 28　多写写这些夸赞孩子的话

夸赞学生作业做得好的这几句话，学生很喜欢。

· 你的计分格，画得最正宗！作文写得真好，我发现了一棵作家苗子！

· 啊，你跑到作业的前面去啦！

· 你的作业真干净，看起来真舒服！

· 你写作业真是令人赞叹，充满了独特的见解，显示了你的才华和努力。

· 你的作业笔记工整，线条流畅，如同整洁的花园般赏心悦目。

夸赞的话，也可以跟作业无关。

· 嗨，你的衣服很有个性哦！

· 早上，看到你的新发型，我很喜欢哦！

· 你的手工制作真漂亮，太有才了！

· 昨天的篮球比赛，你的表现太棒了！

· 你的自信心和决心让我相信，你一定能在未来取得很大的成就。

· 你总是愿意帮助别人，这种品质非常珍贵。

· 你遇到困难总能坚持下去，真是令人敬佩。

· 你的好奇心和探索精神让我感到骄傲，你能发现平凡中的不平凡。

范例29　给学生李梓哉的一封信

李梓哉你好：

今天给你写这封信，是为了表达老师内心的喜悦之情。

前天傍晚，你的作业没有完成，我叮嘱你第二天早点来。你果然在昨天早上第二个到达班级。你说你记住了老师的话，记住了自己答应老师的事。这真让我感动。

李梓哉，你记住了自己的承诺，兑现了自己的承诺。守信用的人一定会受到他人的欢迎，将来也会有出息。

李梓哉，我还了解到，你的作文都是自己输入电脑，自己发送给老师的。家里没有人帮你输文字、发邮件。没有人帮忙，你反而能练出一身的本领。

今天表扬课上，我告诉全班同学要像你一样，自己的事情自己做，不依靠别人，不依靠爸爸妈妈、爷爷奶奶才是有骨气、有真本领的人。但非常遗憾，你生病请假不在现场。所以，我特意写了这封信，要把老师内心的喜悦告诉你！对了，我还要将这封信发到我的博客上，我的博客可有不少家长会看。我相信，这些家长一定会以你为榜样，激励他们的孩子。更多的学生也会将你作为他们的榜样。

加油，李梓哉！期待你带来更多的喜悦和变化！

书面型表扬作为教师表扬学生的一种方式，主要是通过文字记录和书面形式来表达对学生的肯定、赞扬和鼓励。教师可以在便条、卡片、作业批阅、电子邮件等载体上书写表扬的话语，向学生传达积极的正能量和支持。这种书面表扬能够让教师更加准确地表达自己的赞赏之情，让学生感受到被认可和被重视的温暖。在书面型表扬中，教师有更多的时间和空间去精心选择用词和表达方式，使表扬更加具体、生动和有力量。

其一，情感传递和个性化赞扬。书面型表扬能够通过精心选择的言辞和具体的例子，传达教师对学生的真诚赞美和支持。通过书写表扬文字，教师可以更准确地表达对学生的关注和肯定，让学生感受到被个性化赞扬的重要性，从而增强彼此之间的情感联系，促进师生关系更加融洽。

其二，建立积极互动模式。书面表扬为师生之间的情感沟通提供了一个持久、回顾的渠道。学生可以在阅读到教师的表扬文字时，感受到教师的用心和关怀，进而培养出对教师的信任和敬意。这种积极互动模式有助于在师生之间建立亲近关系，使学生更愿意与教师进行深入的沟通和交流。

其三，持久性的正面影响。书面型表扬具有持久性和回顾性的特点，学生在日后翻阅教师的表扬文字时，可以重新感受到那份肯定和鼓励。这种持久的正面影响可以在学生面对挑战和困难时提供支持和鼓舞，促使他们更加坚定自信，增强积极性和动力，从而推动个人成长和发展。

其四，促进学生成长。通过书面型表扬，学生可以感受到教师的赞扬和鼓励，这种正面的情感反馈可以激励学生不断努力、持之以恒。持续性的肯定和支持有助于培养学生的自信心、自尊心和独立性，促进学生的成长和发展。

书面型表扬作为一种重要的教育工具，具有传递赞美和认可的功能。教师要有效运用书面型表扬让学生获得更多的亲近感，从而加深师生之间的情感联系，促进学生的成长和发展。那么，教师在哪些场合可以运用书面型表扬让学生获得亲近感呢？

第一，在批改学生的作业或考试时。

教师在批改学生的作业或考试时，可以采用具体而个性化的方式来赞扬学生的努力和进步。例如，可以针对学生在作业中表现出来的解题思路清晰、语言表达准确等优点进行特别强调，并给予具体的肯定性评价。这种个性化的表扬方式能够让学生感受到教师的关注和真诚，激励他们在学习上持续努力，同时也有助于建立积极的师生互动关系。

教师几乎每天都要批作业，对于作业做得好的、有进步的、态度端正的学生，随手写上一句夸赞的话，就会收到意想不到的效果。

在范例28中，教师通过作业本对学生进行表扬，一句简单的夸赞，就能让学生感受到自己的付出得到了认可，于是学生对作业本有了一份别样的期待。在他们的心目中，期待的不是作业，而是教师的夸赞。可见，教师信手写上的夸赞，可能会给孩子带来一天的好心情。所以，每天都在学生和教师之间奔跑的作业本可以成为表扬的信使，可以让作业的颜色热烈许多。不过需要注意的是，这样的表扬通常话语简短，建议多用感叹号，以传递教师强烈的欣赏之情。

第二，利用班级公告板或在线平台。

利用班级公告板或在线平台发布学生优秀表现的通告，有助于扩大表扬的范围，让更多人见证学生的光荣时刻。在通告中，可以详细描述学生取得的成就或展示出来的优秀行为，鼓励其他学生向他们学习。这种公开表扬不仅可以提升学生的自信心和自尊心，也能激励其他同学努力向上，构建起一个充满正能量和支持的学习环境，从而促使整个班级的师生关系更加融洽，带动整体教学氛围的积极向上发展。

第三，定期写给学生的感谢信或鼓励信。

教师定期给学生写感谢信和鼓励信，是在书面表扬中可以展示关爱和支持的重要途径。在这样的信件中，教师可以用温暖的语言表达对学生的欣赏和感谢，鼓励他们继续努力前行。此外，可以在信件中提及学生在课堂上展现出来的积极态度、品德品质等方面，让学生感受到被理解和被肯定，从而增强师生之间的信任和亲近感。

教师通过一封信，用文字记录学生的成长点滴，用温暖的话语给予学生鼓励和支持。这种深入内心的表扬方式，能够让学生感受到被理解和被关怀，从而激发他们的内在动力，促使他们更加积极地面对生活中的挑战。

总之，书面型表扬作为一种重要的教育工具，在塑造积极的师生关系和促进学生发展方面发挥着不可忽视的作用。通过灵活运用书面表扬方式，教师可以在日常教学实践中展现对学生的关怀和肯定，建立起深厚的情感联系，促进学生的自信心和学习动力。因此，通过精心设计和实施书面型表扬计划，教师可以为学生提供更多鼓励和支持，在师生之间营造一种充满亲近感和理解的教育氛围。

主题 3

私人表扬——告诉学生"你在我心里"

在教育实践中，私人表扬是建立亲密师生关系的关键之一。通过私下向学生表达真挚的赞美和肯定，教师可以传达出"你在我心里"的温暖信息，让学生感受到被认可和被重视的重要性。这种私人表扬不仅可以增强学生的自信和动力，还可以拉近师生之间的距离，建立起更加深厚的情感联结。

范例 30 万万没想到"隐蔽表扬"效果这么好

小伟连续几天都没有迟到，我想在全班同学面前表扬他几句，但又担心他会重蹈覆辙——上次他连续几天没迟到，我头天刚表扬他，第二天他就又迟到，结果成了学生口中的"笑话"！

但对他这段时间的表现，我总得给予正面肯定。于是我将其请到办公室，对他说："你上课不迟到，老师很高兴，你就在办公室坐坐，陪老师说说话。"我搬来凳子请他入座，又给他倒了一杯水。因忙于备课，只聊了几句学习上的事，便歉意地对他说："你回去吧！希望你不要再迟到。"

为解决他迟到的问题，我采取过很多办法，但都没有效果。这次在办公室，我们根本就没谈什么，但这之后，他基本上不再迟到了。万没想到"隐蔽表扬"的效果这么好！

依照此法，一次期末考试前，我先后请了几名学生到办公室，分别对他们说："你这么聪明、有潜力，考试要临近了，注意复习哟。我相信你一定不会辜负'老师的得意门生'这个称号的。"

之后我进行跟踪观察，发现他们的学习态度发生了巨大变化，遇到不懂的问题好问了，上课也非常认真。最终在期末考试中，他们的成绩都有不同程度的进步。其中，一名学生的成绩还从年级第三十一名上升到第二名。

如果我在班上直接这么讲，他们可能会被一些不爱学习的学生孤立、嘲笑，更谈不上促使他们努力学习了。但在办公室单独和他们郑重地交谈，意义就不一样了，他们感受到了教师不一样的认可和重视。

学生的可塑性很强，当他们全力以赴地对待学习时，创造的成绩不仅会超过教师的预期，可能连学生自己都不敢相信！①

私人表扬，是指教师以私密、个性化的方式向学生传达赞美和肯定的信息，目的在于让学生感受到自己在教师心中的重要性，促进师生之间更加亲密和融洽的关系。通过私下细致地观察和了解学生的优点和努力，教师可以选择适当的时机和方式，用真诚的语言表达对学生的肯定和欣赏之情。这种私人表扬不同于公开表扬，其更注重与学生之间的私人情感联系，旨在在个体层面上建立起深厚的互信和理解，从而增强学生的自尊和自信，提升师生之间的亲密度，并推动更加融洽的师生关系的构建和巩固。

其一，建立亲近感和信任。告诉学生"你在我心里"不仅是简单的赞扬，更是教师对学生个体的深刻关注和关心。这种关怀和认可让学生感受到自己在这个教育环境中的独特地位，并建立起一种特殊的亲密关系。学生会感到被尊重和被理解，从而更有信心向教师展示自己的能力和潜力，加深师生之间的互信和

---

① 案例来源：董建华. 单独鼓励也是激励学生的重要方式 [J]. 当代教育家. 2019.（3）。

情感。

其二，激发自我认知和自信。通过教师的言辞，学生被肯定为一个特别的个体，而不是一个普通的学生。这种个性化的赞美和认可有助于促进学生的自我认知，让学生更清晰地认识自己的价值和优点，增强自信心。知道自己在教师心中备受重视，学生会更有勇气去追求自己的目标和梦想，从而展现出更大的成长潜力。

其三，强化学习动力和积极性。当学生感受到来自教师的真诚关怀和认可时，他们会更有动力投入学习。知道自己备受重视和关注，学生会更珍惜学习的机会，更努力地去克服困难和挑战自己。这种正面的激励会激发学生的积极性和学习兴趣，提高学习效率和成绩水平。

其四，增进情感交流和理解。告知学生"你在我心里"可以为师生之间的情感交流和理解打下更为坚实的基础。教师的真诚关怀和肯定有助于拉近师生之间的情感距离，让学生更愿意与教师分享自己的想法和感受。这种深入的情感交流可以促进更加有意义和深刻的教学互动，帮助学生建立更为紧密的师生关系。

其五，促进个性化关怀和支持。"你在我心里"这样的私人表扬方式包含了对学生的个性化关怀和支持，能够让学生感受到教师对自己的真心关爱。这种个性化关怀不仅满足了学生的情感需求，也让他们感到自己被理解和支持。教师的关心和支持会帮助学生建立更积极的心态和情感基础，从而为学习和成长提供更坚实的支持。

那么，如何运用私人表扬，告诉学生"你在我心里"呢？

在实践中，教师可以结合私人表扬的原则和技巧，用心地告诉学生"你在我心里"，让每个学生都感受到自己的独特价值和被认可的重要性，以促进学生的发展和教师与学生之间的情感联结。

第一，建立个性化联系。

教师需要通过细致的观察和倾听，深入了解每个学生的独特性格、优点和需求。可以通过观察学生在课堂上的表现、与同学交往的方式、兴趣爱好等方面来获取信息，以便进行个性化的表扬。这样的努力让每个学生都感受到被个别关注和认真理解的重要性，从而建立起更加紧密的师生关系。

第二，表达真诚的关怀。

在表达真诚的关怀时，教师可以选择与学生私下交流的方式，在适当的时机用真诚的语言表达对学生的关爱和认可。这种私密的交流环境可以让学生更加开心地表达自己的想法和情感。通过深入的交流，学生能够感受到教师的真诚关怀，建立起更加亲密的联系。

第三，扬长避短。

除了表扬学生的优点和成就外，也要尊重并包容他们的缺点和不足。通过私人交流，教师可以在表扬的同时，提出合理建议和肯定改进措施，以帮助学生更好地成长。这种关怀的全面性会让学生感受到教师是真正关心他们的整体发展。

第四，借重日常细节。

借重日常细节是一个不可忽视的方面，教师可以从日常生活中的细微之处展现对学生的关注和重视。记得学生的生日、询问他们的健康状况、关心他们在课外的表现等，这些小细节会让学生感受到教师无微不至的关怀，从而加深师生之间的情感联系，促进更加融洽的师生关系的建立。通过更加详细和贴心的举措，教师可以让学生更全面地感受到自己在教师心中的重要性，从而加深师生之间的紧密联系。

在范例30中，教师对一位经常迟到的学生进行了一次私下简单的办公室对谈，没有长篇大论的训诫，没有喋喋不休的责备，只是几句贴心的鼓励和关心，却让学生感受到了前所未有的重视和认可。这种"隐蔽表扬"不仅让学生改掉了迟到的习惯，更能激发他内在的潜能和动力。同样，期末考试前的私人鼓励也取得了显著成效。几句贴心的话语，让学生感受到了教师的信任和期待，从而激发了他们的学习热情。他们不仅变得好学不倦，而且成绩也有了显著提升。这种私下性的表扬不仅避免了尴尬和误解，更让学生在心灵深处受到了触动。

综上所述，通过私人表扬告诉学生"你在我心里"，不仅可以加强师生之间的情感联系和信任，还能激励学生更加努力地学习，提升自信心和学习动力。私人表扬的真诚和个性化让学生感受到被认真关注和理解的价值，从而建立起更加亲密和融洽的师生关系。通过借助私人表扬，教师可以传递出对学生的真挚关怀和支持，让学生深刻地感受到自己在教师心中的独特性和重要地位，激励每个学生发挥潜力，实现自身的成长和进步。

主题 4

肢体式表扬——传达对学生的肯定

在教育教学过程中，肢体式表扬通过肢体动作和表情来传达对学生的肯定和认可，能够增强师生之间的情感交流，建立更加亲近的关系，增强他们的学习动力，同时也让学生感受到教师的真诚关怀和支持。通过肢体动作和表情的巧妙运用，教师可以传达更直接、更真实的赞扬，使表扬更加生动、深刻，从而建立积极向上的学习氛围和融洽的师生关系。

范例 31　不要吝啬你的微笑

微笑，是最美的表情，是最美的语言，是生命中闪闪发亮的金子。它传递着自信、温暖、关爱、鼓励、赞美……教师传道、授业、解惑，更应该以良好的形象出现在学生面前，要时刻面带微笑，充满亲和力。

我把微笑带进我的语文课堂。让学生们喜欢我，也喜欢我教的语文，感觉学习语文是一种乐趣而不是负担。

对于优秀的学生，我以亲切、赞许的目光微笑地注视他们，轻轻点头，以示肯定。对于不遵守纪律的学生，如果觉得点名批评容易打破和谐的气氛，不妨走到那位学生身边，用眼神悄悄加以制止，鼓励他遵守纪律。对于学习有困难的学生，课堂上，我经常设计一些简单的问题让他们回答。当他们回答正确时，我及时给予赞许的目光、微笑的表情，并对其进行表扬鼓励："你说得真好！""有进步了！掌声鼓励！"让他们也体验到成功的喜悦，从而增强学习的自信心。如果学生一时答不上来或答得不完整，也要尊重他，仍给予微笑，使孩子不灰心、不丧气。我会先表扬他举手发言的勇气，继而向他投以信任的目光，给予鼓励、引导："再想想，你一定能回答的"等，使学生感到教师时刻都在关注自己，从而使他们增加学习的勇气。

这样一来，语文课堂上，不举手发言的学生减少了，主动回答问题的学生日益增多了。①

范例 32　轻拍脑瓜、轻按肩膀和"摸头杀"

关于紧抓早读，提高早读效率，这一问题我的方法就是巡视提醒加"摸头杀"。

---

① 案例来源：叶惠金. 小学语文课堂中表扬的艺术. 课程教育研究（学法教法研究）［J］. 2017.（3）。

这样表扬很有效：一线表扬50例

三年级每周有两个英语早读，每到早读的时候我都会早早进班，对单词和课文进行领读。因为学生年纪比较小，所以注意力容易分散，因此我要求学生一定手指头指着读。但是一部分学生连基本的指读都做不到，很多学生在读的过程中会思想抛锚。所以我在读的过程中不断地变换花样：快读、慢读、齐读、大声读、小声读……

为了防止学生思想抛锚，并且听得真切，我在领读的过程中不断地巡视。我给学生定了规矩：如果老师轻拍你的脑瓜，请你站起来读；老师轻按你的肩膀，你就坐下读。这样就可以在巡视的过程中提醒注意力不集中的学生。除了要提醒注意力不集中的学生，还要对读得好的学生做表扬。如果每次都停下来进行口头表扬，那就太浪费时间了。早读时间很宝贵，本来就很短暂。于是我想起一个"福泽"每个学生的肢体表扬法——摸头杀。路过读得认真、指得认真的孩子身边，我会毫不吝啬地把我的手放在他们的脑袋上轻轻地摸一摸，他们就立马领悟了，读得就更起劲儿了。

这个"摸头杀"的方法，很有效果。[①]

肢体式表扬，是一种通过肢体动作和身体语言来传达对学生鼓励、认可和支持的方式。与传统的口头表扬相比，肢体式表扬侧重于使用身体动作、姿势和表情来表达对学生的赞扬，以增强表扬的真诚度和效果。这种表达方式能够使表扬更加生动、直接且有力量，同时也能够加深人际关系的亲密度和情感交流的深度。

其一，强化肯定信息。肢体式表扬通过身体动作和表情来传达对学生的肯定，例如通过微笑、拍肩或拥抱等肢体动作，可以使肯定信息更加生动和直观。

---

① 案例来源：微信公众号：梦雪老师的成长日记。

这种形式的表扬不仅是口头的称赞，更是通过身体语言传递的积极能量，能够让学生感受到真诚的认可和支持，以增强其自我肯定感和积极性。

其二，增强亲近感和信任。肢体式表扬利用肢体动作和接触来表达对学生的赞扬，能够增强师生之间的亲近感和信任感。师生之间不只有文字或语言上的沟通，更有身体上的互动，亲密的肢体接触能够使师生之间的关系更加紧密，让学生感受到被尊重和重视。

其三，提升学生自尊与自信。肢体式表扬有助于提升学生的自尊心和自信心。当教师用肢体动作和表情来表扬学生时，学生会感受到被肯定和受到重视。这种积极的体验能够激发学生内在的自我认同和价值感，增强其自我肯定和自信心，进而激发学生更积极地投入学习和实践中。

其四，加强情感沟通。肢体式表扬可以加强师生之间的情感沟通。通过肢体动作表达对学生的认可，可以把表扬更具体、更直接地传达给学生，可以增强表扬的真诚性和有效性。这种形式的表扬能够拉近师生之间的距离，促进师生之间更深层次的情感交流，建立起更加温暖和友善的师生关系，为教学活动的开展和学生成长提供更加有力的支持和引导。

通过运用肢体式表扬传达对学生的肯定，教师可以更好地给学生传递正面评价和鼓励，帮助他们树立自信心，激发学习热情，创造更加积极、鼓舞和鼓励的学习氛围。那么，如何正确运用肢体式表扬来传达对学生的肯定呢？

第一，用好肢体接触。

适当的肢体接触可以让学生感受到更深层次的关怀和支持。"拍肩"和"拥抱"是常见的肢体接触方式，但需要根据学生的个人喜好和文化背景来决定是否适合。在给予拍肩或拥抱时，教师应当注意轻柔和自然，避免造成任何尴尬或不适。

第二，学会使用肢体动作。

在表扬学生时，教师可以结合适当的肢体动作来增强表扬的效果。例如，当教师表扬学生取得好成绩时，可以做出一个欢快的跳跃动作或者展示出拍手的动作，让学生感受到更加真诚和热情的肯定。

第三，多用面部表情。

面部表情是情感表达的重要途径之一。教师可以通过微笑、眼神交流和表情变化来传递对学生的肯定和认可。一个真诚的笑容和亲切的眼神可以让学生感受到教师的喜悦和支持，以增强他们的自信心和积极性。

在范例31中，对于表现优秀的学生，教师以亲切、赞许的目光微笑地注视他们，轻轻点头，以表达对他们努力的肯定和赞扬。对于不遵守纪律的学生，教师则用眼神悄悄制止，示意他们自觉遵守纪律。这样既避免了直接的批评，又维护了课堂的和谐氛围。对于学习有困难的学生，教师则通过设计简单的问题让他们回答，当他们回答正确时，及时给予赞许的目光和微笑的表情，表扬他们的进步，增强他们的自信心。

第四，恰当使用肢体姿势。

教师的肢体姿势反映了对学生的态度和重视程度。保持正直的坐姿、注视学生的眼神和微微向前倾听的姿势可以传达教师的关注和尊重，让学生感受到被重视和重要的情感。这种肢体姿势有助于建立起积极的师生互动关系。

在范例32中，教师利用"肢体式表扬"，即"摸头杀"来激励和提醒学生，以提高早读的效率。通过不断地变换阅读方式和巡视班级，教师确保学生的注意力集中，并鼓励表现优秀的学生。当教师轻拍学生的头时，学生站起来读；轻按肩膀学生则坐下读，并对读得认真的学生给予"摸头杀"。这种非言语的表扬方式既节省时间又有效，能够迅速传达教师的认可和鼓励，激发学生的积极性，使早读更加高效。

第五，注意声音的变化。

教师的声音变化也能够增强肯定的效果。适当调整音量可以表达出教师的热情和关注，适时的语速和语调可以让肯定信息更加生动和有感染力，让学生深刻体会到教师对他们的认可和赞扬。

总之，肢体式表扬不仅是简单的动作和姿势，更是展现出真诚关怀和支持的一种方式，能够深深触及学生内心，激励他们更加努力和自信地成长。教师可以通过肢体接触、肢体动作、面部表情、肢体姿势和声音的变化等多种方式，精准而恰当地运用肢体式表扬，传递对学生的肯定和赞许，建立起积极、亲密的师生关系，为学生的学习与成长提供坚实的支持和激励。

主题 5

间接式表扬——提升学生的信任

在教育领域，表扬作为一种肯定和激励的方式，不仅可以提升学生的自信心和积极性，同时也能够促进师生关系的融洽与发展。其中，间接式表扬作为一种巧妙的表扬方式，能够在不直接指向特定个体的情况下，传递出对整个学生群体的肯定和赞许，从而提升学生的信任感和团队凝聚力。

范例 33　最美丽、最幸福的"花臂"

我任教的班中有个孩子，他上课习惯不好，行动自由散漫，总是通过一些举动去吸引教师的关注，让教师十分头疼。

通过分析，我觉得这孩子的举动是缺乏关注缺爱的一种表现。要想改变他，教师和班里的孩子需要给予他更多的爱与理解。因此，我时常去观察他的一举一动。只要看到他表现好的地方，我就抓住一切机会表扬他。

慢慢地，他上课懒散的状态有了一定的改善，但还是时好时坏，随堂测试成绩也很不理想。为了提高他的学习积极性，在一次他考了78分的测试中，我奖励了他一颗平时得100分和日常积分够20分才可以得到的棒棒糖，他在高兴的同时又非常的惊讶。

我知道他在想，"我考这么低的分数，为什么老师还会奖励给我呢？"我什么也没有说，反过来问班里的其他学生："你来说说，老师为什么要奖励给他？"班里的孩子说："虽然是78分，但是他进步了，而且进步很大呢。""他上课不捣乱了。""他现在回答问题很积极，而且对的越来越多了。"……同学们说了好多表扬他进步的话。我也竖起大拇指给了他一个大大的赞。我想他当时吃那颗糖果的时候一定觉得超甜。我隔三岔五地把他一点一滴的进步传达给他的爸爸妈妈，让爸爸妈妈回家也肯定他进步，给予其激励。

从那以后，他跟我越来越亲近。有几次我下课后他跑过来把他好不容易积攒下的奖励贴贴在我的胳膊上。我问他："为什么要给老师贴奖励贴呢？"他说："因为我喜欢你啊，你上课表现得好啊，我要奖励给老师。"我说："你好不容易积攒的，自己留着吧。"他说："没事，我继续争取再得。"我看着胳膊上贴满的奖励贴，感到无比幸福。这一定是世界上最美丽、最幸福的"花臂"。

慢慢地，他的成绩一次比一次高，进步非常大。后来，他每次随堂考试都可以达到 90 多分，期末考试也考了 97 分。[①]

间接式表扬是教师、家长、同学、朋友等通过多方面的正面评价和认可来传递对学生的肯定、欣赏和表扬，旨在提升学生的信任感和自信心。这种表扬方式可以使师生关系更加融洽，从而增强团队合作和凝聚力。

其一，强化学生的自我肯定感。间接式表扬让学生感受到周围人对他们的肯定和欣赏，这有助于提升学生的自我价值感和自信心。当学生感受到自己得到了他人的认可，就会更加肯定自己的能力和价值，从而建立起更为积极的心态。

其二，增强师生之间的信任基础。通过让学生间接得到肯定和表扬，可以培养学生对教师的信任感。学生会觉得教师不仅是指导学习的人，更是关心和支持自己的人。这种信任基础可以更好地促进师生互动和沟通，从而建立起更加融洽的师生关系。

其三，塑造学生的自我认知和发展。间接式表扬有助于学生建立起积极的自我认知和发展。当学生受到积极的肯定和表扬时，会更加自信和乐观，从而更好地应对挑战和困难。这种自我肯定和成长的心态有助于学生在学习和生活中持续进步，建立起健康向上的个人发展模式。

在实际教学中，教师可以结合学生的实际情况，灵活运用间接式表扬，从而提升学生的信任感，促进学生的全面发展。通过肯定学生的努力、成就和行为，营造积极的学习氛围，激励学生不断进步并建立起良好的师生关系。那么，如何运用间接式表扬来提升学生的信任感呢？

① 案例来源：微信公众号：毛毛虫工作坊。

第一，与家长沟通。

教师可以与家长定期沟通学生的表现和进步，特别是在家长会或家长信函中，向家长分享学生的优秀表现和成就。通过家长的肯定和认可，学生会感受到来自家庭的支持和鼓励，进而增强对教师的信任感。

第二，与同学交流。

在班级集会或团队活动中，教师可以通过分享学生的优秀表现，让学生一起对表现优秀的学生进行肯定和表扬。通过其他学生的积极回应和支持，表现优秀的学生会感受到班级集体的认可和鼓励，从而增强对同学和教师的信任。

范例33中的教师对一位上课散漫的学生一直用直接表扬的方式，但效果时好时坏。之后教师改变策略，不再进行直接批评，而是尝试间接表扬。通过其他学生对其进行赞美和表扬，并将学生的进步传递给其父母，该学生有了很明显的进步，并与教师越来越亲近，越来越信任教师。

第三，与校领导合作。

教师可以与校领导合作，推荐学生参加各类比赛或活动，并在取得成绩时向校领导汇报。校领导在公开场合对学生进行表扬和肯定，学生会感受到学校领导的关注和支持，进而增强对学校和教师的信任感。

第四，利用校园媒体。

教师可以利用校园媒体，如校报、校园广播等发表对学生的表扬报道，让更多师生了解学生的优秀表现。通过校园媒体的宣传，学生会感受到来自校园的关注和认可，从而增强对学校和教师的信任。

通过间接式表扬，教师可以在学生群体中树立积极向上的氛围，激发学生的内在动力并提升他们的自信心。通过家长、同学、校领导以及社会团体的肯定与认可，学生将更深刻地感受到支持与关爱，从而建立起对教师和学校的信任。通过这种信任的建立，学生将更加积极地投入学习、成长，从而达到全面发展的目标，为他们的未来奠定坚实的基础。

主题 6
细节式表扬——拉近师生的距离

在师生关系中，细节式表扬起着极为重要的作用。通过细致入微的表扬，教师不仅可以看到学生的进步和努力，同时也能够拉近师生之间的距离，建立起更加亲近和融洽的关系。细节式表扬不仅是简单地称赞学生取得的成绩或表现，更重要的是在日常生活和学习中发现、关注并肯定学生的小细节。这种关注和体贴会让学生感受到教师的关怀与善意，从而促进师生之间的情感沟通和互动。

范例 34 "刻意"的表扬，效果竟然意想不到

今年教的这一届孩子中有一个调皮、爱惹事的男孩，他叫小 A。

从上学第一天，他就跟同学用矛盾，闯下了不少祸。下课了，来办公室告状的学生提到的十有八九都是他，有的是因为他欺负别人的，有的是因为他破坏公共财物。以致后来，我一听到有人来告状，提到他的名字，我头都大了。那段时间，小 A 的问题对我造成了很大的困扰，从来没有哪个学生这么调皮。其间，我也跟他的家长就这些问题沟通过很多次，家长整体上比较配合。但面对这些问题，家长也束手无策。

后来我也反思，是不是我过于关注他的缺点而忽略了其他方面呢？再后来，

我开始有意不太关注有关他的一些事。有学生来告状，我不那么刻意带有情绪，尽可能心平气和地处理。课上，他的一些无关紧要的小问题，我也不死盯不放。

慢慢地，我发现他也是有一些优点的，比如字写得比较工整。于是，我就在写课堂作业的时候，刻意地表扬他的作业，说道："小 A 的字虽然不是书写最好的，但却是最工整的，态度最端正的。"没想到那次小小的表扬使他顺利完成了课堂作业。这让我挺意外的！因为他虽然写得工整，但很慢，有时候还三心二意，往往不能顺利完成，总是拖到最后。可那节课，他还是尽他最大的努力在完成，比以前快了很多。

后来的几周，只要写课堂作业，我就表扬他书写认真，他的作业基本都能完成。①

范例35　这样表扬，学生很喜欢

如果我要表扬某个学生的作文写得好，我不会笼统地说："某某，你的作文写得真好。"我会针对某某的作文本身，抓出其中的亮点来表扬。

比如，"胜在开头"，我会说："文章开头使用比喻句，把抽象深奥的道理一下子就说得通俗易懂，并且文采焕然，蕴含着深刻的哲理，了不得啊！与我同期相比，超出我太多了。我那个时候还不懂得在文章开头来一个比喻句，只知道概述，干巴无味！"

又如，我要表扬某个学生在扫教室时打扫得很彻底。我就不会笼统地说："哇，你扫得真干净。"我会说："某某扫地时，你看他拿扫帚的姿势就知道他懂物理的杠杆力学；还有扫地的方向，以及扫帚毛压地的幅度，都很熟练，很专

---

① 案例来源：微信公众号：张晶晶名班主任工作室。

业，所以教室地面特别干净，我看着真的很舒心。"①

细节式表扬，是指教师通过观察、发现和强调学生在学习、生活中的小细节，以一种细致入微、个性化的方式来肯定和赞美学生的表现、努力或品质。细节式表扬的核心在于关注和欣赏学生的独特之处，通过发现和称赞学生的小细节，表达对学生的善意、关怀和认可，从而建立起亲近、真诚的师生关系。这种表扬并非简单地停留在成绩或表现的表面，而是更多地关注学生的内在特质和优点，为学生树立积极的自我认知和自信心；同时，促进师生之间的情感联系和沟通，构建更加融洽、亲密的师生关系。

其一，增强师生认同。通过细心观察学生在学习和生活中的表现，教师能够及时发现学生的亮点和努力，这种肯定可以给予学生信心和动力。基于学生的个体特点进行表扬，可以显示出教师对学生的个性化关注，能够让学生感受到被理解和被认可。这种正面积极的表扬能够使师生之间建立正向的互动模式，培养出稳定的信任基础，促进师生关系更好地发展。

其二，促进师生情感联系。细节式表扬能够增强师生之间的情感联系，让学生感受到教师的关怀和支持，使师生之间形成一种真挚的情感联结。通过细致入微的赞美，教师能够传递出对学生的独特欣赏和尊重，从而拉近师生之间的情感距离，建立更加亲密和真挚的师生关系。学生在受到细节式表扬后，会更加愿意与教师分享自己的想法、感受和困难，从而促进师生之间更深层次的交流和理解。

其三，促进师生沟通和理解。通过细致入微的表扬，教师能够更深入地了解

---

① 案例来源：微信公众号：钟杰班主任实践智慧。

学生的需求、喜好和困惑，为了更好地指导和关注学生提供有效的信息依据，有助于师生之间建立起更加真诚和开放的关系，增强彼此的理解和尊重。使师生之间的关系更加平等、开放，更加融洽和有效地沟通。

教师可以在日常教学中贯彻细节式表扬的理念，通过细心观察和肯定学生的表现，有助于建立更加紧密和富有温度的师生关系，从而营造出温馨、亲密的教学氛围。那么，如何运用细节式表扬拉近师生的距离呢？

第一，细致观察学生的表现。

当教师细致观察学生的表现时，可以通过多种方式了解每个学生的个性特点和学习情况。这包括密切关注学生在课堂上的表现，观察他们的学习态度、参与程度和与同学之间的互动。此外，教师还可以通过与学生建立良好的沟通关系，了解他们的兴趣爱好、家庭背景等方面的信息，从而更全面地认识学生，为后续的细节式表扬提供更有针对性的支持。

第二，精心选择表扬对象。

精心选择表扬对象意味着教师不只是关注学习成绩优秀的学生，也要关注一些细节方面有所进步或努力的学生。这种平等对待可以使每个学生感受到被看见和被重视，从而建立起积极的自我认同感和学习动力。教师公平而全面地关注所有学生，可以促进班级的整体氛围，增强团队合作精神和积极向上的学习氛围。

第三，注重细微之处。

细节式表扬要注重细微之处，可以是学生在课堂上发言的表现、对作业的用心程度、帮助他人的善举等。即使是小小的进步和努力，也值得教师给予肯定和表扬，让学生感受到自己的付出得到了认可。

范例34中的教师在面对问题学生时，由于暂时忽略了他的诸多缺点，尝试从细节中找寻他的闪光点——一次作业的字迹虽然不是最好的，但却是最工整的，态度也是最端正的，并加以表扬，结果那次表扬让学生在课堂作业中表现出了前所未有的专注和努力。这正是细致观察学生表现后表扬的效果。

第四，个性化定制表扬方式。

个性化定制表扬方式意味着教师需要根据学生的性格特点和喜好，选择合适的表扬方式。有些学生可能更喜欢公开表扬，因为这能够激励更多人注意到自己的努力；而有些学生可能更为内向，更喜欢私下受到教师的鼓励。这种细致、个性化的关怀方式可以更深刻地触动学生的内心，使他们感受到被理解和支持。

在范例35中，教师对学生进行表扬时，在注重细节的同时，也注意体现个性化，比如在表扬学生打扫教室彻底时，是在观察其打扫过程后指出其扫地的姿势专业，显然了解杠杆力学的知识，且扫地的方向和幅度都恰到好处，因此能够将教室打扫得如此干净整洁。这样的表扬凸显了学生的优秀之处，这种极具个性化的情感化表达不但让学生感受到教师对他的赞赏，而且促进了师生之间的情感联系。

综上所述，在教育教学过程中，细节式表扬作为一种个性化、具体化的肯定方式，不仅能够有效激发学生的学习动力和自信心，更重要的是通过细致入微地观察和赞赏学生的优秀表现，拉近了师生之间的距离。教师在细节式表扬中不仅关注学生的行为和结果，更注重发现学生的闪光点，并情感化、真诚地表达对学生的赞赏之情。这种表扬方式不仅促进了学生的进步和成长，也使师生之间建立起更加亲密和融洽的关系。

主题 7

重复性表扬——强化正向行为

在教育教学中，表扬作为一种重要的正向激励手段，有着激发学生潜能、促进学习进步的作用。特别是重复性表扬，其能够有效强化学生表现出的正向行为，帮助他们树立自信、树立正确的学习态度，从而推动教学活动更加生动有趣，学生的成长更加全面均衡。在教学中，教师通过重复性表扬，不仅可以加深学生对自己优秀行为的认知和体验，还能够巩固他们与教师的情感，使其"爱其师，信其道"，由此激发他们在学习中持之以恒、不断进步的动力。

范例 36　表扬、表扬，再表扬

我最常用的表扬手段就是给高分。

曾有朋友为此说我的手太松——手为什么要那么紧呢？分数又不用花钱买，何况它能让孩子们开心，并可能因此而对习作产生兴趣，何乐而不为？再说，我评判的只是学生的一次练习而已。在小学阶段，他们不知道要进行多少次这样的练习，我们没有必要也不应该求全责备。

我们班学生习作的分数由基本分和附加分两部分组成。每次练习，我只给学生打一个基本分，附加分由他们自己算——习作上每被我圈画一处就可以加5分。所以，我们班的孩子拿到作文本不会只扫一眼就丢到一边，他们要数一数被圈画了几处，算出附加分和总分并写到得分栏里——这是孩子们一天中最兴奋的时刻。每当此时我总能听到他们抑制不住的欢呼，看到他们细细回味自己的习作或者与同学交换欣赏。这样的场景我百看不厌，很是让人欣慰。

发表是最好的表扬。

我总是在第一时间向报刊推荐学生的优秀习作、日记。收到样刊、稿费单，我一定会举办一个仪式，哪怕只用两三分钟的时间——我要让发表习作的孩子骄傲，我要让其他孩子羡慕。我相信，这份骄傲和羡慕一定会转化为学生习作的兴趣和动力。

但能够发表习作的只是少部分学生，绝大部分孩子并没有这样的机会。于是，我就定期请学生把他们的得意之作，用统一的稿件纸誊写好贴到黑板报上，甚至贴在走廊里。我相信，路过的教师、学生哪怕只朝这些稿子看一眼，对小作者来说也是莫大的鼓励。

跟十几年前相比，现在"发表"一篇习作非常容易——公众号、朋友圈、QQ群都是最好的媒体。所以，我总是以最快的速度把学生的习作配上照片推送出来，而且要求家长尽量转发，让"七大姑八大姨"去点赞、评论——每一个赞、每一个评论，都会在孩子的心海泛起层层涟漪。

习作被读对孩子来说也是一种发表。

每天批改作业的时候（我们班的孩子天天练笔），我都会把优秀的作业折起来，中午或者放学之前读给全班学生听，时间充裕就读整篇，时间少就读片段。很多时候，被折的作业都来不及读。所以，我们班的孩子只要发现自己的作业被折了，即使没有被读，他们也会很开心。[1]

---

[1] 案例来源：孙小冬. 表扬、表扬、再表扬. 小学语文教学 [J]. 2019. (28)。

重复性表扬的概念基于行为心理学中的条件强化理论。根据这一理论，通过给予正向的反馈和奖励，可以增加特定行为的概率，使其变得更加频繁和稳定。重复性表扬是指反复强调和肯定学生的积极行为，并增加这些行为的频率和持续性。它是一种教育策略，旨在强化学生的正向行为，并鼓励他们在学习和生活中持续展示这些行为。

其一，强化正向行为。重复性表扬通过频繁地肯定和赞扬学生的积极行为，进而巩固和强化这些行为。当学生感受到频繁的正向反馈和奖励时，他们会对自己的行为产生积极的情感认知，进而更有动力继续展示这些行为。例如，如果一个学生在课堂上表现出积极参与、提出问题和帮助同学的行为，教师可以反复强调这些行为的重要性，并表扬学生在课堂中展现出的积极态度和合作精神。这样一来，学生会认识到自己的行为受到认可，并且会愿意继续展现这些积极行为。

其二，提高自信心。重复性表扬对学生的自信心和自尊心有着积极的影响。当一个学生得到重复的肯定和赞扬时，他们会认识到自己的能力和价值，从而提高自信心。这种肯定和认可能够激发学生的内在动力，使他们更愿意面对挑战并相信自己能够成功。例如，当一个学生在一项任务中取得了出色的成绩，教师可以反复地肯定学生的努力、才能和成就，并告诉学生他们是能够克服困难并取得成功的。

其三，培养学习动力。重复性表扬可以激发学生的学习动力，使他们对学习目标保持持续的努力和投入。当学生的良好表现得到反复的肯定和赞扬时，他们会认识到自己的努力和付出是被重视和肯定的。这种认可激发了学生的内在动机，使他们愿意继续努力并追求更高的学习成就。例如，当一个学生在一项任务中展现出持续的专注和努力时，教师可以反复表扬他们的毅力和努力，告诉他们努力会带来更好的结果，从而激发学生坚持不懈地学习。

其四，形成良好习惯。重复性表扬可以帮助学生形成良好的学习习惯和行为模式。通过反复的肯定和赞扬，学生能够认识到哪些行为是被认可和鼓励的，并逐渐将这些行为转化为自己的习惯。例如，当一个学生在课堂上展示出良好的时间管理和组织能力时，教师可以重复强调这种好的习惯，并鼓励学生坚持下去。通过持续的重复性表扬，学生可以形成并巩固这些良好的学习习惯，并将其带入自己的日常学习生活中。

重复性表扬是一种有效的教育策略，它通过反复肯定和强化学生的积极行为，可以在教育环境中产生积极的影响。教师要深入探讨和运用重复性表扬，将重复性表扬转化为实际教学方法和培养学生的工具，以促进他们的正向发展。那么，如何运用重复性表扬强化正向行为呢？

第一，确定目标行为。

明确想要强化的正向行为是重复性表扬强化正向行为的第一步。这意味着指定具体的行为标准，如积极回答问题、主动提供帮助、有效的沟通和协作等，通过明确的目标行为，学生将更容易理解和遵循，同时也为教师提供了明确的参考标准，以便提供准确和有针对性的表扬和强化措施。

第二，及时捕捉和反馈。

教师应该积极观察学生在课堂和学习中展现的积极行为，并迅速捕捉到这些行为，这需要敏锐的观察力和耐心。教师可以在课堂上、小组活动中或其他学习场景中寻找机会来观察学生的积极行为，并在适当的时机，及时给予学生肯定和表扬。例如，如果一个学生在小组活动中展示出团队合作精神，在活动结束后，教师可以立即称赞那位学生，并表达对他积极参与和合作精神的赞赏之词。

第三，频繁重复表扬。

为了强化正向行为，重复性表扬需要频繁地进行。教师应该在学生表现出积极行为时不惜赞美他们，不断重复强调他们的优点和成就。这种重复的表扬有助于加强学生对自己能力的认知，并鼓励他们持续展示这些行为。

在范例36中，教师在教授学生写作文时，采用了多种形式的重复性表扬，包括高分表扬、发表表扬、朗读表扬。这些表扬形式不仅让学生感到被认可和重视，还激发了他们的学习兴趣和动力，提高了他们的自信心和创造力。

综上所述，重复性表扬作为一种肯定和鼓励的方式，不仅可以增强学生的自信和自尊，还能强化正向行为，培养良好的行为习惯。通过反复强调和肯定学生所展示的目标行为，可以巩固他们对这种行为的理解，并使他们更可能在将来重复展示这种行为。这种肯定性的反馈可以促进学生的学习和成长，让每个学生都能展现出他们的最佳潜力，从而实现个人发展和学习目标。

专题五

表扬让问题化解于无形

教师经常面临各种教学问题，如学生学习动力不足、自信心不足、行为习惯不良等。而表扬作为一种无形的教学手段，可以化解这些问题，激发学生的正能量，赋予他们更强的学习动力和信心。教师要有效地运用表扬这种方式，使每个学生都能在受到肯定与鼓励的同时不断进步。

主题 1

暗示性表扬——改变学生心理

在教育教学中，暗示性表扬作为一种隐晦而有力的表扬方式，具有改变学生心理的神奇效果。当学生受到暗示性的赞扬时，他们往往会在潜意识中增强自信和自尊，从而更自觉地投入学习并展现更出色的表现。通过巧妙地应用暗示性表扬，可以改变学生的思维方式和行为表现，化解学生心理上的困惑和问题，促进他们的健康成长和全面发展。

范例 37　你也可以进一班

这些年的教育生涯，我主要负责小学高段教学。这些孩子处于青春期，对外界有自己的认识和判断。在跟他们接触的过程中，想知道他们的想法不难，但要真正地走入他们的内心却不容易。

班上曾有一个学生，他很腼腆，不善于跟人交往。这是我初见他时他给我的第一印象。后来在渐渐的接触中，尽管我想尽一切办法想和他进行沟通，但他都是一副无所谓的样子。在他的眼里，我根本看不到一个 12 岁孩子的活力，他的眼神空洞，生活没有目标。每天我都在为了他的不听课、不完成作业发愁。

正当我无计可施时，机会来了。当时我正在批改作业，只听到一个声音问我："老师，你知道朱宇豪吗？他进了一班呢！"这语气里充满了羡慕。我一愣，他能主动跟我说话，很难得，我一定要把握住这次难得的转化机会。他口里的朱宇豪是我去年送出去的一名六年级学生，他的成绩很一般。我问他："你想进一班吗？"他先是沉默了一下，然后肯定地点点头。我告诉他："你也可以进一班，甚至以后可以进更好的班，上更好的学校。老师相信你。"我用坚定的目光看着他。他沉默了一下，说："老师，我不行！""你行，你一定行！只要你肯努力，老师相信你。"在得到我的肯定之后，他开始好好听课，早自习不再坐在那里发呆。每天进教室，我看到的都是他拿着课本在认真地朗读，甚至比成绩好的学生还认真。

我再一次感受到心理暗示对孩子成长的重要性。①

范例38　只要走过，就会留下你的痕迹

一位教师为了鼓励在班级中处于"中间地带"的学生积极参加比赛，说："你们从楼上俯视过农贸市场吗？那可真是人山人海。看上去没有落脚的地方，但是你只要走过去，就会有你的位置。到市场不一定非要买东西不可，但至少可以看看商品，了解了解行情。我们参加比赛也是如此，老师不是强求你们都报名，都得第一名，而是希望你们利用这次机会锻炼自己。只要你走过，就会留下你的痕迹！"说完我特意看了看身边的"中间地带"学生——丹。

丹受到鼓舞勇敢报名，而最终，几乎所有的学生都参加了比赛。②

在教育领域中，暗示性表扬是一种旨在改变学生心理的表扬方式，其目的是化解学生在生活、学习中面临的问题，并激发他们的学习动力和自信心。与直接

---

① 案例来源：微信公众号：娜姑小教。
② 案例来源：微信公众号：北仑区灵山书院。

外显的表扬方式不同，暗示性表扬通过更间接和隐晦的方式，改变学生的心理状态和行为表现，有效地化解学生的心理问题，引导他们克服困难，激发学习兴趣，提高学习动力。

其一，解决心理障碍。通过暗示性表扬，教师可以帮助学生培养积极的自我认知。对于自卑感强烈或焦虑的学生，这样的肯定和鼓励能够帮助学生认识到自己的价值和能力，减轻他们的心理压力，并促使他们更好地应对学习困难。使其通过与教师的互动和积极的心理暗示，学生能够逐渐摆脱自卑，建立起自信心，克服学习中的心理障碍。

其二，激发学生的内在动力。巧妙的暗示性表扬可以激发学生内在的学习动力和热情。学生在感受到被肯定和鼓励时，会更加积极主动地投入学习。这种内在动力比外部的压力更持久且有效，能够帮助学生克服学习困难，积极解决学习中的心理问题。

其三，塑造积极的学习态度。暗示性表扬有助于塑造学生积极的学习态度和心态。通过暗示性表扬，学生可以建立正面的认知和态度，发展良好的学习习惯和学习信念。暗示性表扬可以帮助学生更乐观地对待学习中的挑战和困难，从而化解学习问题。学生从积极的角度去看待自己的学习经历，更愿意接受新的挑战，从而克服困难，改善学习心理状态。

暗示性表扬作为一种有效的心理引导手段，被广泛运用于改变学生的学习心理和提升其学习动力。当教师能够运用暗示性表扬来改变学生的心理状态时，可以创造一个积极、支持性的学习环境，引导学生进行自我反思和自我肯定，从而积极应对学习困难并实现个人成长与发展。那么，如何运用暗示性表扬来改变学生的心理状态呢？

第一，引导性赞扬。

通过在学生的表现中寻找可赞美的方面，教师可以运用引导式的赞扬，暗示学生的潜力和价值。例如，当学生在课堂上展现出解决问题的创造性思维时，教师可以说："你的思考方式很独特，这种创造力在解决难题时会很有帮助。"这样的暗示性表扬，能够让他们相信自己有能力解决问题。

第二，比较暗示。

通过巧妙地与其他学生进行比较，教师可以暗示性地表扬学生的优点和进步。例如，当一个学生有了进步时，教师可以说："你在这个问题上的进步真的很大，让我们一起看看其他同学有什么不同的地方吧。"这种比较暗示可以让学生意识到自己的进步，并增强他们的自信心。

在范例37中，教师在面对一位不听课、不完成作业及缺乏动力和目标的学生时，运用比较暗示的方法，鼓励他相信自己就能取得优秀的成绩。经过这次交流，他逐渐转变了态度，开始认真听课、努力学习。

第三，导向性鼓励。

教师可以使用导向性的鼓励，暗示学生意识到自己的优点和潜力。通过暗示性的提问和思考，让学生发现自己的长处和价值，从而改善他们的学习心理状态。

在范例38中，教师巧妙地运用导向性表扬，鼓励在班级中处于"中间地带"的学生勇敢参与比赛。他不仅比喻了市场的热闹和机遇，还表达了对学生的信任和期待。这种含蓄而有力的表扬，最终激发了学生的勇气和热情，带动了整个班级的积极参与。这种微妙而深远的影响，正是暗示性表扬的魅力所在。

综上所述，暗示性表扬作为一种有效的教育方法，不仅让学生感受到被理解和认可，还能引导他们树立积极的自我形象和价值观，从而潜移默化地改善他们的心理状态和行为表现。通过精心设计和巧妙运用暗示性表扬，教育者可以激发学生的内在动力，培养他们的积极心态，更好地实现教育目标。

主题 2
低期望表扬——减轻心理压力

在教学过程中，表扬是一种极为重要的教育手段。良好的表扬方式能够激发学生的内在动力，增强其信心和自尊心，使其更好地完成学习任务。但是，在现实教学中，我们过于频繁的表扬可能会引发学生的依赖心理，使其产生心理压力，从而产生负面效应。因此，我们需要掌握低期望表扬的方法，这样既能够减轻学生的心理压力，又能够达到良好的教育效果。

范例 39　跳多跳少都没关系

二年级的一次跳绳课上，有一个学生上课从来不带跳绳。我让学生分组跳绳过关时，他所在组的小组长反映他没带跳绳，于是我就让过了关的学生把跳绳借给他。没想到拿到绳他也不跳，我询问他原因时，他可能觉得我会责怪他、批评他，所以就一直不吭声。

我把他单独叫到一边，笑着说："你跳一下让我看看，跳多跳少都没关系。"他看我在笑着说，就开始跳了。跳了 7 个就中断了，然后他像做错事的孩子一样低头不语。我一下就被逗乐了，我是有多么吓人，才让他这般表现。可是班级明明还有那么多学生在我面前一直都很调皮呀！

于是我对他说："你已经很棒了，你看你现在跳了7个，如果再稍微坚持一下就是10个，这样慢慢进步，就会越来越多。"我接着说，"你争取下节课的时候能跳到10个，那你就是这节课咱们班进步最大的学生了。"他点了点头还是不说话，跑到一边练习去了。

下课前点评的时候，我没有问他能不能一次性跳够10个，而是直接当着全班学生夸他进步很大，并且练习得很认真。

在我为他所在的班上第二次课的时候，他主动找到我说："老师，你看，我带跳绳了。"并且一直对我傻笑。我说："你不仅主动带了跳绳，而且这节课也表现得好棒啊！老师希望这节课你还能有很大的进步呢。"

课上到一半的时候，他跑过来告诉我他能连续跳30个了。这让我特别惊讶！①

低期望表扬是一种教育策略，其核心理念是通过在学生中间设置一个较低的期望，并在学生实现该期望后给予表扬，来激发学生的积极性和主动性，达到课堂教学的最佳效果。这种方法旨在通过适度的表扬来减轻学生的心理压力，从而降低其焦虑情绪，提高其学习兴趣和专注力，同时也帮助他们树立正确的成就观念，使其不断提高自身的自信心和自我价值感。

其一，降低学生的焦虑。低期望表扬降低了学生对自身能力的过度焦虑。在这种表扬方式下，学生不必承受过高的学习压力和期望，能以更加轻松的状态面对学习任务，从而减轻了他们的心理负担。这有助于学生更好地处理学习挑战，

---

① 案例来源：微信公众号：运城市明远小学。

保持积极的学习状态。

其二，增强学生的自信心。教师可以在学生能够轻松完成任务的基础上给予其表扬，这种低期望表扬可以增强学生的自信心。当学生感受到他们的努力和表现受到认可和赞扬时，他们会更有动力去面对新的挑战，相信自己能够克服困难。这种积极的心态能够帮助学生更好地发挥自己的潜力，减轻心理压力。

其三，培养学生的自我驱动力。低期望表扬鼓励学生在一个低压力的环境下勇敢尝试和探索，从而培养他们的自我驱动力。学生逐渐意识到不需要完美，只需要努力尝试和不断进步，就可以获得肯定和表扬。这种教育方式能够激发学生内在的学习动力，让他们更加自主地追求知识的积累和技能的提升，减轻外在和内在的心理压力。

随着社会对心理健康这一问题的日益重视，减轻学生心理压力的重要性也日益凸显。低期望表扬并非降低对学生的期望，而是在适当的范围内激发学生的自信心和学习动力，使他们能够更好地应对挑战和取得成功。如何通过低期望表扬，以减轻学生生活与学习的心理压力呢？

第一，设定简单的目标。

在设定学习目标时，教师可以考虑学生的实际水平和能力，并根据他们的需求和差异性制定相对简单的目标。简单的目标可以是学会一个新的单词、理解一个简单的概念或掌握一个基本的技能。通过将目标设定得足够简单，学生可以更轻松地达到目标，获得成功的感觉，从而减轻他们的心理压力。

第二，强调毫不费力的肯定。

当学生达到设定的最小期望目标时，教师可以通过低期望表扬的方式来肯定他们的努力和成就。这种肯定应该是简单、直接、积极的，教师可以用肯定的语气表达："你已经掌握了这个基本概念，做得很好！"这样的表扬可以让学生感受到被认可和肯定，从而可以增强他们的自信心，减轻他们的心理压力。

第三，鼓励学生从小事开始。

教师可以帮助学生专注于小的成功和进步，让学生逐步积累成功经验，建立起自信和动力。例如，在阅读理解方面，可以从阅读简单的短文开始，理解其中的关键信息；在数学方面，可以从解决一道简单的计算题开始。当学生完成这些小任务时，教师可以通过低期望表扬，让他们意识到自己的进步和成就。

第四，提供支持和指导。

尽管目标设定为最小期望，但教师仍应提供支持和指导，帮助学生克服困难。包括个体化的指导、提供示范或解释，并鼓励学生运用自己的方式解决问题。通过对学生的实际需求和困惑的了解，并提供相应的支持和指导，可以使学生感到被关心和支持，从而减轻他们的心理压力，并激发自我动力。

在范例39中的跳绳课上，教师在私下单独与学生交流，以积极、友好的方式表达了对他的肯定和鼓励，并设定10个的跳绳目标，这样的期望降低了学生的压力。在点评环节时，教师公开表扬学生的进步，着重强调他的认真练习，成功地激励了这位学生的参与和努力，促使他逐渐展现出更多的进步和自信。

综上所述，通过对学生的低期望表扬，可以有效减轻学生的心理压力，树立他们的自信心和动力。教师的积极肯定可以促进学生在学习和成长中展现更多的潜力；而将期望设置在合理可达的范围内，有助于降低学生的焦虑和紧张感。通过运用低期望表扬的方法，教师能够为学生营造一种支持性的学习环境，帮助他们更好地应对挑战和压力，从而促进他们的心理健康和积极发展。

主题 3

行为表扬——促进学生行为改变

在教育领域，表扬作为一种积极的激励方式，有着深远的影响力。行为表扬不仅能够促进学生的积极行为和学习动力，更能够引导学生进行积极的行为改变。通过仔细观察学生的表现并给予针对性的肯定，教师可以在潜移默化中影响学生的思想、行为和态度，从而创造更加积极的学习氛围。

范例 40　五个寝室没有一个是亮着灯的

我当班主任那年，带的是高三年级，很多人吃了晚饭后早早来到教室学习，很多时候寝室里空无一人，但灯却亮着（寝室里的灯统一到 18：00 才关），资源十分浪费。我曾经在班级讲过几次，让最后离开寝室的人把灯关了，但效果不是很明显。

有一天上晚自习之前我在教室里转，无意中发现413寝室的灯关了（在教室里能看到我们班的男生和女生寝室）。当时我灵机一动，马上在班级里说："大家可以看一下咱们的男生寝室。413的学生做得很好，来教室之前能把寝室的灯关了，既能节约资源，也符合我们国家提倡的节约型社会的要求。要是每个学生都能像他们那样做就好了，我们的国家肯定能节约很多资源！"

我第二天又观察了一下，发现除了413寝室以外，414寝室的灯也关了，女生中的510寝室也没有亮。我马上又在班里进行表扬。第三天，意料中的事就出现了，男生女生五个寝室没有一个是亮着灯的。

这种好的习惯，一直保持到他们毕业。①

教师对学生的行为表扬，是指教师针对学生的积极表现、良好行为或进步所做出的肯定、赞扬和认可，引导学生改变消极行为、提升学习态度和改进学习方法的过程。这种表扬应当是公平公正、有针对性、积极激励的，旨在帮助学生建立积极的学习态度，促进学生的成长。

其一，引导学生理解正确的行为方式。通过行为表扬，教师可以针对学生的具体行为进行肯定性的反馈，让学生更清楚地认识到何种行为是理想的和受欢迎的。这种肯定性的反馈不仅是简单的表扬，更是对学生行为的引导和激励，使他们能够在未来自发地选择正确的行为方式。

其二，促进学生养成良好的习惯，形成正确的价值观。通过行为表扬，学生会逐渐认识到良好的习惯和价值观对他们未来的发展至关重要。这种认可和激励能够引导学生自觉地调整自己的行为和思维方式，从而培养出更加积极的习惯和正确的价值观。

其三，增强学生的责任感和自律性。通过行为表扬，学生会感受到自己在学习和生活中的努力得到了认可，从而培养出对任务的责任感和自律性。他们会意识到只有通过持续的努力和表现才能获得肯定，进而改变原有的懒惰或消极态度。

其四，鼓励学生参与课堂和社交活动。当学生在课堂或社交场合得到表扬时，他们会意识到自己的付出是值得的，从而更加积极地投入学习和社交活动。这种积极性不仅可以改善学生的学习状态，也能够提高他们在集体中的凝聚力和积极性。

---

① 案例来源：袁美莹. 表扬与良好行为习惯的养成. 中国科教创新导刊［J］. 2010（09）。

行为表扬在教育中具有引导学生正确行为方式、促进学生养成良好习惯，形成正确的价值观，鼓励学生参与课堂和社交活动等多重作用。教师要选择合适的时机和方式表扬学生，精准地表扬特定的行为，建立积极的学习氛围来促进学生的改变。

第一，肯定积极的行为。

教师应该积极注意并捕捉到学生展现出的积极行为，并及时给予表扬。这个表扬既可以是口头上的称赞，也可以是书面上的奖励，例如表扬信、奖状等。学生的积极表现被肯定，他们就能够意识到自己的努力和行为是被认可的，从而有动力继续保持这种行为。

第二，指明改进方向。

当学生采取了不符合期望或不良行为时，教师应以富有建设性的方式指出错误之处，并给出改进建议。通过这种方式，学生可以了解到正确的行为期望，并知道如何改进自己的行为。同时，教师还应提供支持和资源，帮助学生成功地改变他们的行为。

第三，强调正能量。

教师应该注重表扬学生所做出的努力和正能量的行为。这些行为可以是帮助他人、积极参与课堂讨论、提出创新的观点等。通过肯定他们的积极行为，学生会更加自信，有更强的动力保持这种积极性，同时还会鼓励其他学生效仿。

第四，培养责任感。

通过行为表扬，教师可以鼓励学生承担更多的责任，并认识到自己的积极行为对整个团队或班级的影响。例如，当一个学生主动帮助其他同学解决问题，教师可以表扬他们的善于合作和团队精神，从而激励学生继续承担更多的责任和积极参与。

在范例 40 中，教师通过表扬一个寝室的良好作息习惯来鼓励其他寝室的学生，让他们也开始养成灯关的良好习惯。行为表扬提供了正向榜样，让其他学生可以模仿，最终带来了学生的行为改变。

综上所述，行为表扬在促进学生改变方面发挥着重要作用。首先，通过肯定和赞扬学生的积极行为，可以建立正向的学习氛围，激励学生持续展现积极行为。其次，通过指明改进方向、强调正能量、平等对待和培养责任感的方式运用行为表扬，教师可以引导学生逐步改变和提高他们的学习态度和行为习惯。因此，教师在日常教学中要善于发现和及时表扬学生的优秀行为，在不断地表扬中引导和激励学生积极改变，从而促进学生的全面发展。

主题 4

品格表扬——提升学生的品行素养

表扬作为一种强有力的工具，可以将教学中的问题转化为无形，激励学生积极进取。特别是当涉及提升学生的品格和素养时，表扬更是一种重要的手段。通过品格表扬，教师可以引导学生树立正确的人生观、价值观和道德观，培养学生的综合素养和社会责任感。

范例 41　树品格，离不开这五类表扬

表扬学生的诚实。

诚实是中学生最核心的价值观，是指内心与行为一致，不虚假；其也是和人打交道最基本的原则。所以当班级里学生有外显的诚实表现时要表扬。"老师，我的这道题是错的，可能老师没有看清，给我算对了，应该扣掉5分才对！""老师，我们的小组积分有误，某某同学周三的语文作业没有得优，所以不应该加分。""老师，昨天晚上宿舍里是张军说小话，不是李明。作为寝室长，我也有责任！"这种行为我们要公开表扬，给学生讲明，诚实是做人的基本要求，一定记好要实事求是。

表扬学生的守信。

"这次的考场布置任务完成得特别好，能按照学校的要求按时到学校，并高质量地完成，你办事，我放心！""原定的下午3点30分到齐，今天雨下得这么大，你还这么准时到，你真是一个守信用的人，我太开心了！""这个事我都忘了，没想到一年了，你还记着，真是厉害，大家肯定都特别愿意跟你交往！"当学生有这种良性行为时候，也要及时表扬，以便让学生都将守信作为为人处世的原则。

表扬学生的团队意识。

"这次运动会，咱们的团体跑之所以能拿第二名，就是因为你的参与。你的身体没恢复好就坚持参加，这是对咱们集体负责的意识，老师为你这种大局意识感到很欣慰！""你是怎么将你们小组带得这么优秀的，我听同学们说，你们有自己的小组公约，这个真不错，我喜欢！""今天我们班虽然输了拔河比赛，但我们赢得了团结。看到大家都那么用力，我感觉输赢都没那么重要了，努力即优秀！"只有让大家现在能够为自己的团队着想，将来才会对自己的小家负责，才能谈上爱国；同时让大家正确面对输赢，参与比赛的过程才是最大的收获。

表扬学生的耐心。

"谢谢你愿意等我。你是一个很有耐心的人。你来找我，刚好赶上我手边有要紧的事处理。你没有烦躁，拿了本书在这儿边看边等我。你的耐心让我踏实，谢谢你。我现在忙完了，我们聊聊吧。""你给你徒弟辅导实验时，一遍遍地教他，不急不躁，这对你徒弟是多么大的鼓励呀，你的徒弟也太幸福了吧！"

表扬学生的正直。

"这次考试，你考了98分，我很为你的进步高兴。但是在给你颁发奖状前，你来告诉我，这次考试之所以考得好，是因为你在考试的时候偷偷携带小抄。你主动要求撤掉给你的奖励。虽然考试作弊是大忌，但是你能够诚实、正直地站出来告诉老师事实，老师非常开心。同时，老师也看到了你想考个好成绩的愿望。我们今天来讨论一下，怎样才能帮你提高成绩，好吗？"相信有了这样的表扬后，孩子就不会因为担心成绩差而选择抄袭了。[1]

品格表扬是指教师以积极、肯定的方式，对学生所展现出的良好品质给予肯定和鼓励，以达到引导学生形成积极品格的目的。通过品格表扬，教师能够以精准、有针对性的方式引导学生，帮助和激发他们自我认知、自我控制、积极进取的意愿，进而促进学生的全面发展。

其一，引导学生形成积极的品格特质。通过肯定学生展现出的诚实、正直、勇敢、宽容等品质，教师可以树立良好的榜样，引导学生向着这些积极品格特质发展。当学生感受到他们的积极品格被认可和重视时，他们更倾向于持续表现这些品质，从而在日常生活中持续发展和强化这些积极特质，为其思想道德素养的

---

① 案例来源：微信公众号：河南省杨福伟名班主任工作室。

提升打下坚实基础。

其二，增强学生的自信和自尊。品格表扬不仅是对学生表现的肯定，更是对他们内在优点和价值的认可。当学生被表扬时，他们感受到自己的价值和成就，从而增强了自信心和自尊心。这种自信和自尊并非仅停留在个人层面，而是逐渐渗透到他们的学习和社交中。有了自信和自尊，学生更愿意参与学习活动，积极表现，从而推动自身全面素养的提升。

其三，激发学生的内在动力。品格表扬能够激发学生内在的学习和生活动力。当学生感受到来自教师的肯定和鼓励时，他们会更加努力地去发掘自己的潜能，并且更加积极地参与课堂和社会活动。这种内在动力的激发不仅促进了学生的个人成长，也为其综合素养的提升奠定了坚实的基础。

其四，塑造良好的学习态度和习惯。品格表扬有助于学生树立正确的学习态度，培养良好的学习习惯。当学生的品格受到表扬时，他们会意识到良好品格与学习成绩之间的关系，从而更加努力地投入学习。这种积极的学习态度和习惯不仅有利于学生的学业提升，也为其未来的学习和生活奠定了坚实的基础。

品格表扬在塑造学生积极品格特质、提升自信与自尊、激发学习动力等方面发挥着重要作用。教师要学会如何在教育实践中运用这一手段，从而为学生的全面发展提供更有力的支持。

第一，鼓励品德表现。

教师可以通过表扬的方式来激发学生体现正直、诚实、勇气等品质。例如，表扬学生在课堂上说出真实的想法，表扬学生在考试中没有作弊，表扬学生在表现自己的想法时表现出勇气，表扬学生在解决问题时不怕犯错等。这些表扬有助于学生树立起正向的品德导向，可以帮助学生提升良好的品德素养和价值观带来自信心。

第二，关注学生之间的关系。

当一个班级的学生相处融洽时，学习气氛也会得到改善，从而有助于提高学生自身的素养水平。教师可通过表扬的方式来强调团结、包容和关爱等品质，使学生体验到班集体的力量，从而激励他们健康的社交交往。例如，表扬一个学生能够主动帮助另一个学生解决问题、帮助别人完成任务的行为。

第三，提升学生的自我管理能力。

自我管理能力是学生提高自身素养的关键环节。教师可以通过表扬激发学生强调时间管理、自我约束、自我督导等方面的能力。例如，表扬学生按计划完成任务，表扬学生遵守规则和条例等。这样的表扬可以提高学生的管理能力和自我反省意识，增强学生的学习能力，提高他们的学习素养和品质。

第四，强调尊重和关爱。

同一个班级的学生也存在各种各样的差异，教师可以通过表扬来体现尊重、关爱等品质。例如，表扬学生对他人言行尊重，表扬学生关心别人，帮助别人解决问题等。这样的表扬可以更好地促进班级中良好的人际关系，减少冲突和矛盾的发生。

范例41展示了教师如何通过表扬来激励学生展现正直、诚实、守信、团队意识和耐心等品质。这种表扬不仅是对学生积极行为的认可，也是对他们品德成长的引导和肯定。通过这种正向的激励，可以建立起积极向上的学习氛围，增强学生的自信心和责任感，培养他们健康的人格特质。

综上所述，品格表扬可以引导学生保持积极向上的品质，这可以为他们未来的成功奠定坚实的基础。通过及时的肯定和鼓励，教师可以激发学生的积极性，塑造其良好的品格导向，从而提升其素养水平。这种正向的反馈循环不仅是对学生行为的认可，更是对其品德成长的引导和肯定，能够促进教育的全面发展。

主题5

直接表扬——让学生获得成长动力

直接表扬是教育中一种极为有效的策略，能够激发学生的成长动力和积极性。通过及时、明确的肯定，教师可以在学生中建立起一种积极的学习氛围，鼓励他们不断进步。直接表扬不仅是对学生所做之事的肯定，更是一种积极的反馈，为学生提供了积极向上的学习导向。在教学过程中，深入理解和灵活运用直接表扬的技巧，将有助于教师化解教学中的问题，激发学生的学习动力，促进教育的全面发展。

范例42　　"高帽子"夸出了大改变

小鹤是这个学期改变最大的学生。

他是一个超级顽皮的学生。有多顽皮呢？刚开学的时候，他嫌自己的桌子挂东西的地方太不方便，便自己偷带了工具，在桌子旁边挖了个大窟窿。他挂东西是方便了，可破坏了公物。还没过两天，他又把这一方法教给了其他学生，我那个气呀，恨不得打他一顿！

他总是给班里带来些稀奇古怪的玩意儿。他把剪刀带到班里，自己管理不好，弄得教室后面满地纸片，很难清扫。有一次我进到班里，一大群男生正围着他的座位，很激动地大喊"正！反！""正！反！"那一瞬间我觉得自己就像进了电视剧里边的赌场一样。我扒开人群一看，他竟然用一个硬币在桌上模仿投骰子，让其他学生猜正反。

要是单单顽皮也就算了，他还是一个"常有理"、一言不合就开启怼人模式的学生。和他说过话的人几乎都被怼怼过，因为他总认为自己是对的，是占理的。作为他的班主任，我也有切身感受。让他认错？哼，想都别想！他总认为自己正确，谁都说不服他！

他简直就是一个无比顽劣的学生。上课不是睡觉就是说话，跟学习有关的事他是一点儿不干。下课了，他就戴着他的小红帽在班里和走廊上晃悠、打闹。

我头疼坏了！

他的转变源于一次"早读背诵光荣榜"的班级活动。

小鹤的记忆力很好，只要他想背，就能在早读以班级前三的速度背下来一篇课文。每逢这时候，我会把他的名字写在"早读背诵光荣榜"的第一位，还会把他的名字发到微信群进行表扬。尝到了被表扬的滋味，小鹤更加用心参加"早读背诵光荣榜"活动。我也毫不吝啬，每次不仅写排名、发微信，还有事没事地遇见他就交口称赞。

几周前，学校举办班级卫生文化评比活动，需要每个班围绕班级核心精神，搞好班级卫生并创设好班级的文化氛围。小鹤有美术特长，他非常积极地举手要负责这件事。于是，我把这个设计工作交给了他。没想到他很专业，也很有效率。当晚在家里就设计好、剪粘好，第二天早读前就放到讲台桌上了。我赶紧表扬，他那得意的小眼神，说明特别享受那些夸奖他的话。

坚持一段时间，他开始变了，变得同学、教师都常常夸他了。

小鹤就是我们常说的"顺毛驴"这种类型的学生，适合赏识教育，越夸越好、越好越夸。也正是发现了他的这个特点，我就以他的热心肠、讲义气、爱画画、会书法等特点，以热心为班级服务的品质为突破口，让他觉得自己是一个品学兼优的优等生。这种"高帽子"戴惯了，他不知不觉地就向着我们所希望的方向改进。[①]

直接表扬是通过明确而直接的方式，表达对学生积极行为或取得成就的肯定和赞扬。这种表扬不仅是简单的奖励，更是一种有力的激励和认可，能够产生深远的影响。直接表扬的形式包括口头表扬、书面表扬、奖励等，旨在强调学生的优点、努力和成就，从而促使他们保持积极的学习态度和动力，其作用有多方面。

其一，激发积极动机。直接表扬提供了一种明确的反馈机制，让学生知道他们的努力不会被忽视。当学生感受到被认可和赞扬时，他们不仅是为了追求奖励而努力，而且是他们真正享受到了学习的过程，因为他们知道自己的成长和进步值得被看到。

其二，增强自信心。直接表扬是建立在学生个人成就和努力上的肯定。当教师直接表扬学生时，他们不仅是在赞美学生取得的结果，更重要的是在肯定学生的能力和付出。这种正面的反馈可以帮助学生建立起对自己能力的自信心，让他们更有勇气去迎接学习中的挑战，因为他们知道自己有能力应对任何困难。

其三，培养良好的学习态度。直接表扬不仅是一种奖励，更是一种教育方式，能够塑造学生积极的学习态度。当学生意识到努力学习和取得进步会得到认可和鼓励时，他们会更加乐意参与学习活动，因为他们知道自己的努力会得到认

---

① 案例来源：微信公众号：内黄县教育局。

可和鼓励。这种积极的学习态度不仅会提高学生的学习效率，还会让他们更享受学习的过程。

直接表扬不仅是一种教学手段，更是一种育人之道，为学生的成长提供了坚实的动力和支持。通过鼓励和认可，学生将更有信心探索新知识，克服学习困难，培养自主学习的能力，为未来的发展打下坚实基础。那么，如何运用直接表扬让学生获得成长动力呢？我们可以从以下四个方面试一试：

第一，实时反馈。

当学生取得进步或表现出良好的学习态度时，实时反馈并给予表扬是非常关键的。这种即时的肯定可以让学生感到自己的努力得到了认可，从而更加积极地投入学习。在课堂上公开赞扬可以让全班学生都感受到表扬的积极影响，从而增强班级凝聚力；而私下里向学生表达赞赏之意，则能更加贴近学生个体，让他们感受到教师的关怀和认可，从而产生更积极的学习动力。

第二，专注于特定行为。

表扬还应该专注于特定行为，而不仅是泛泛的称赞。具体的表扬可以使学生更清楚地知道自己哪些方面做得出色，进而激发他们在这些方面取得更好的成就。例如，不要简单地说"你真棒"，而是要说"你在解决这个数学问题时展现了出色的逻辑思维能力，真棒！"这样可以让学生更加明确自己的优势，增强自信心。

第三，设立奖励机制。

设立奖励机制也是一种激励学生的有效方式。通过设立一些小奖励来鼓励学生，比如优秀作业奖、积极参与奖等，可以增加学生努力学习的动力，让他们积极追求更好的表现。

第四，肯定努力过程。

要肯定学生的努力过程，而不仅是结果。当学生投入大量时间和精力完成一个任务时，要肯定他们的努力，而不仅是成果。这样可以让学生意识到努力本身也是有价值的，激发他们更加积极地投入学习，不怕困难、不怕失败，从而培养他们的毅力和自律能力。

在范例42中，教师通过直接表扬的方式，成功地引导了学生小鹤的转变。首先，教师的实时反馈和肯定了小鹤在早读背诵中的优秀表现，将他的名字写在了光荣榜上，并在微信群中进行了表扬。其次，教师突出了小鹤在美术方面的特长和热情，将班级卫生文化评比活动的设计工作交给了他。小鹤在这项任务中表现出专业和高效的特点，最终取得了成功。教师直接和及时的表扬，让小鹤感受到自己的价值和能力得到了认可，进而更加努力地投入学习和活动。

综上所述，直接表扬不仅是简单的肯定和赞扬，更是一种激励和引导，能够有效地激发学生的内在动力。在教育实践中，发现学生的优点、及时表扬成绩和进步，以及鼓励学生展示自己的成果，都是运用直接表扬的有效方式。借助直接表扬的力量，我们可以激发学生的自信心，增强他们的学习动力，培养积极向上的学习态度，从而引导他们获得更多的成长动力，实现个人的全面发展。

主题 6

逆袭性表扬——让学生看到希望

在教育的道路上，逆境往往成为学生面临的挑战。而教师的责任之一就是激励学生，让他们看到希望，勇敢面对困难。运用逆袭性表扬的力量，能够改变学生对自己的认知，激发他们的内在动力，从而化解教学问题，让学生在困境中找到转机，引导他们走向成功的道路。

范例43　他是一个值得我交的朋友

沈卓炜被我盯上了。作业错得多，订正多，字又潦草，一时改不了，重写也多。

返回的次数多了，我都有点儿不好意思了。他再来办公室批作业，我改了主意，放低了要求，找出他写得还算工整的字说："这样写，算通过。"

对学生来讲，抓好了字迹，往往也就抓好了作业态度。作业本上的字，潦潦草草的，只为早点写完，学习态度能好吗？

一个学生路过沈卓炜那里，惊讶地说道："呀，你怎么还有那么多的订正啊？"

另一个学生也来交作业，顺口问了沈卓炜："你还有这么多啊？"

沈卓炜默默地，不说话。

终于，沈卓炜还了欠下的所有作业。这个阶段，学校启动了"交友护照"，

这样表扬很有效：一线表扬50例

每个孩子都拿着"交友护照"在校园里找朋友，很多孩子想和教师交朋友。

"我想和——"我故意卡了一下，"我想和沈卓炜交朋友。"大家的目光集中到第一排的小不点儿——沈卓炜身上，搞不懂他到底有什么优点，吸引了管老师。

"沈卓炜来我的办公室次数最多，来干吗？批订正作业。订正好，跑过来；错了，再去订正；订正好，再来，又错了。"大家都哄笑起来："管老师，你怎么想跟这样的人交朋友？""订正好，跑过来，错了；回去订正，订正好，再来，又错了……就这么，反反复复，一次又一次。跟沈卓炜接触多了，我发现，沈卓炜是一个值得我交的朋友——他不气馁，一直在坚持。坚持到今天，直到所有的作业，包括暑假里不工整的作业，全订正好了，一个也不拖拉了。我愿意和这样的人交朋友。"

我拿出一颗牛奶糖、一颗巧克力，走到沈卓炜面前："沈卓炜，我愿意和你交朋友，这是我送给好朋友的礼物，你愿意吗？"沈卓炜开心地接过了我的礼物。

一旁的学生眼里充满了羡慕、嫉妒。①

逆袭性表扬的核心，在于在负面情境中变批评为积极的肯定，以激励学生面对挑战并取得成长与动力。力量就在于它能够改变学生对自己的认知，使其从消极的情绪状态中解脱出来，重新找到前进的动力。

想象一下，一个学生在面对教学问题时感到沮丧和无助，他可能因为自己的错误而陷入自责和消极情绪中。这时，教师的一句批评或者无意间的冷漠可能会让他更加失落。然而，当教师用逆袭性表扬来对待这个学生时，一种奇妙的转变发生了。那位原本沉浸在自我怀疑中的学生突然被赋予了一种新的信念——他并不是无能的，他也能够取得成功。这种表扬不仅是对他过去努力的认可，更是给

---

① 案例来源：管建刚. 一线表扬学（三）. 班主任之友. 2014. NO. 5。

予其未来希望的一种力量。就像在寒冷的冬日里突然感受到了温暖的阳光，他会重新找到前行的勇气和动力。

其一，体现教师深度的洞察与关怀。逆袭性表扬并不只是简单地称赞学生的表面成绩，而是通过深度的洞察和理解，揭示出学生在学习过程中所面临的困难和挑战。这种关怀不仅体现在教师对学生努力的认可上，更体现在对学生内心世界的关注和理解上。逆袭性表扬的背后是一种真诚的关怀和关注，其让学生感受到自己不是被忽视的，而是被真正关心和理解的。

其二，改变学生的消极情绪。学生在面对学习困难和挑战时常常会感到沮丧。逆袭性表扬通过正面的肯定和鼓励，能够改变学生的消极情绪，让他们重新获得信心和动力。当学生感受到自己的努力得到认可时，他们会从消极的情绪中走出来，更加积极地面对挑战，为学习进步而努力。

其三，提供希望和动力。逆袭性表扬为学生提供了一种希望和动力，让他们相信在面对挑战和困难时仍然有可能取得成功。当学生意识到自己的努力不被忽视，而是得到了认可和赞赏时，他们会更有动力去克服困难，实现自己的目标。逆袭性表扬为学生注入了一种积极向上的力量，让他们更加勇敢地向前迈进，追求自己的梦想和目标。

逆袭性表扬的价值在于它让学生在困难中看到了希望，为他们的人生注入了新的活力和动力。它不仅是一种教学策略，更是一种给予学生自信和勇气的礼物，让他们相信自己可以战胜一切困难，迎接未来的挑战。那么，如何通过逆袭性表扬，让学生看到希望呢？

第一，转移焦点。

当学生因为某个错误或挫折感到尴尬时，教师可以通过转移班级的注意力，将焦点放在学生的积极表现或特质上。这样做有助于缓解学生的尴尬情绪，并且提升他们的自信心。例如，当一个学生在做某项任务时犯了错误，教师可以说："虽然这次做错了，但是我知道你在其他方面是非常优秀的，比如你的创造力和团队合作能力。"

第二，挑战认知定式。

教师可以帮助学生挑战固有的认知定式，让他们意识到失败或困难并不意味着无法进步。通过与学生讨论成功人士曾经的失败经历，以及他们是如何从中学到知识并最终成功的，可以激发学生逆袭的勇气。教师可以提醒学生，每个人都会经历失败，但是重要的是要从中吸取教训，并且不断尝试和改进。

第三，设立小目标并追踪进展。

将大问题分解为小目标，教师可以帮助学生制订计划。这样做有助于学生分解问题，减轻压力，并且让他们逐步取得成就感。同时，通过定期追踪和评估学生在解决问题过程中的进展，及时给予逆袭过程中的肯定和表扬，可以让学生感受到成长和进步，增强他们的自信心。

第四，引导学生自我分析。

鼓励学生在面对问题时进行自我分析，了解问题的本质和可能的解决途径。教师可以提问引导式的问题，帮助学生从不同角度思考问题，并鼓励他们找到逆袭的方向。例如，教师可以问学生："你认为导致这个问题的原因是什么？你有没有想过其他解决方法？"这样的问题可以帮助学生深入思考，并且找到解决问题的方法。

范例43中的学生原本作业态度不佳、字迹潦草，经常需要重写和订正作业，然而，教师通过逆袭性的表扬方式，逐渐改变了他的学习态度。教师从沈卓炜的字迹入手，先降低要求，找出他写得还算工整的字，并给予肯定；之后转移焦点，强调了学生的不气馁和坚持，让其他学生看到了他的进步和优点。这种表扬进一步巩固了学生的自信和积极性。

综上所述，通过逆袭性表扬，学生能够看到自己的希望和潜力，他们会明白失败并不是终点，而是迈向成功的必经之路。教师的引导和肯定，让学生敢于面对挑战，不断努力奋斗，最终收获属于自己的成功。逆袭性表扬不仅可以激发学生内在的动力，也可以塑造他们积极向上的心态，为他们的未来之路点亮一盏明灯，让他们在前行的道路上充满信心。

专题六

表扬让家校沟通更顺畅

当今社会，家庭教育与学校教育紧密联系已成为共识。在这种紧密联系中，沟通的过程与效果直接关系到孩子的成长和发展。表扬作为一种重要的沟通工具，能够帮助家长和学校建立良好的互信和合作关系，让每个学生在家庭和学校中都能得到充分的支持和鼓励，从而走向更加美好的未来。

主题 1

曲线型表扬——让家长暗生欢喜

随着教育理念的不断演进和家庭结构的多样化，家长与学校之间的沟通也面临着诸多挑战。过去，家长可能感受到自己与学校之间的距离，他们可能觉得自己无法深入了解孩子在学校的表现，或者无法与教师密切合作。然而，随着曲线型表扬的应用，这种情况正在发生改变。曲线型表扬以其独特的魅力，为家长与学校之间的沟通搭建起了一座桥梁，让情感与关怀在无声间传递，让家长在潜心育人的过程中暗生欢喜。

范例 44　你的表扬，一定会从家长那里传递给孩子

（一）

课上，我请学生朗读第 8 小节。徐张一问："我想读第 10 小节，可以吗？""当然可以。"我说朗读第 10 小节时，徐张一非常投入，非常动情。听课的教师鼓起掌来，学生也鼓起掌来。

放学了，我打开"家校路路通"，发短信：

亲爱的徐张一同学，今天课上，你的表现太令人难忘了：第一，你的勇气非常可贵，那么多老师听课，你能提出自己的想法，坚持自己的想法；第二，你的朗读非常好，你是班里的"朗读明星"！

短信是发给家长的。家长收到后，会给孩子看，会问一下缘由。如此一来，

孩子得到了生命中最重要的人——教师和家长的双重肯定。

上午，徐张一来我办公室玩。我没太在意，因为常有同学来玩。中午，徐张一又来。我有点儿在意了。下午，徐张一又来了。想起昨天的短信，看来，转了弯的表扬，效果不一般！

此后，我常用短信夸学生：

尊敬的程凯的家长，请转告程凯同学，他最近的"词语默写过关""课文默写过关"，程凯全都胜利过关，获得"期末考试加分券"。祝贺程凯，希望他用心复习，期末获得优异的成绩！

尊敬的姚俞扬的家长，请转告姚俞扬同学，昨天，他发过来的作文，我收到了，祝贺姚俞扬，作文再次胜出，录用，发表！祝姚俞扬"休闲"和"进步"同行，过一个真正的精彩暑假！

发到家长手机上的表扬，一定会从家长的嘴里、眼神里，传递到孩子的耳朵里。

（二）

千万不要在家长会上告学生的状。如果在家长会上告状，家长肯定心情不好，回到家，孩子就成了出气筒。学生不糊涂，知道是老师捣的鬼。于是，学生不明着跟你斗，也会消极怠工。

在家长会上，教师要多夸学生。家长的心情好了，回家夸孩子；学生不糊涂："啊，老师器重我，我的小进步，老师都记在心里了，我要好好干了，老师会有更好的印象。"于是，家长会前，我会翻看教育日记、表扬课上的PPT，理出代表性的故事，讲给家长听。

陈婧怡参加了开心农场社团，种活了好多的蔬菜。每次收获了蔬菜她都拿给我。收到这样的礼物，我很高兴，比教师节送我贺卡、巧克力都高兴。孩子懂得

171

分享自己的劳动成果，那是多么好的事啊。小凯最怕爸爸家长会后打他，我就专门讲了他主动完成作业，超额完成老师的作业要求这件事。

每个人的心里都有认真的力量，只要这个力量被激活、保持下来，谁都可以了不起。①

曲线型表扬是一种非常特殊的表扬方式，其与传统的直接表扬截然不同。在曲线型表扬中，表扬者并不直接向受表扬者表达赞美，而是通过第三方进行传达。这个第三方可以是家长、教师、同学，甚至是其他社会成员。他们可能以口头、书面或其他形式将表扬的信息传递给受表扬者。

这种表扬方式的特殊之处在于它的渐进性和深度。曲线型表扬通常以一个简单的点滴开始，然后逐渐延伸、丰富，最终深入受表扬者的心灵深处。由于其渐进性和深度，曲线型表扬在受表扬者心中留下的印记更加深刻，其不仅是一时的鼓励，更像一种持续的激励，能够激发受表扬者的内在动力和信心，推动他们不断进步和成长。

其一，增进了家长对学校的信任感。曲线型表扬通过第三方的介入和渐进的方式，向家长传递了对孩子的关怀和认可。这种间接的表扬方式使得家长更加信任学校的教育水平和对孩子的关注程度，从而增进了家长对学校的信任感。

其二，加深了家长对孩子成长的参与感。通过曲线型表扬，家长能够更深入地了解孩子在学校的表现和进步。而这种了解不仅是来自孩子自己或教师的口头表述，更多的是来自学校的第三方评价和认可。这种参与感让家长感受到自己在孩子成长过程中的重要性，从而暗生欢喜。

---

① 案例来源：微信公众号：浚县小语名师工作室一室。

其三，促进了家校合作的深入发展。曲线型表扬为家长和学校之间建立了一种积极的沟通氛围和合作模式。通过这种方式，家长和学校能够更加顺畅地沟通、更深入地合作，共同为孩子的成长和发展努力。这种深入发展的合作关系让家长感受到与学校密切合作的愉悦。

曲线型表扬不仅是一种教育理念的传达，更是家长与学校之间沟通的桥梁，为促进家校合作、加深互信关系提供了有效手段。在实际应用曲线型表扬的过程中，可以通过一系列有序的步骤来确保其有效性，从而让家长在教育中暗生欢喜。运用曲线型表扬让家长暗生欢喜，需要注意以下四个方面：

第一，明确表扬目标和标准。

在制订曲线型表扬计划之前，需要明确表扬的目标和标准。确定哪些方面的成就值得表扬，包括学术成就、品德表现、创造力等多个方面，确保全面关注学生的发展，以及如何衡量这些成就。这有助于确保表扬的公正和合理性，让家长更容易理解和接受。

第二，建立详细的表扬机制。

制订一个详细的曲线型表扬计划，包括何时表扬、如何表扬，确保表扬的公正性和合理性。考虑到学生多样化的才能和努力方向，确保表扬机制不仅关注学生的分数，也要注重其他方面的努力和进步。

第三，强化家校沟通。

建立有效的家校沟通渠道，设立定期的家长会议，提供学校和家长互动的平台，分享孩子在学校的表现。利用短信、邮件等实时沟通工具，及时传递关于孩子的好消息，让家长感受到学校对孩子成长的关注。

第四，利用多样化的表扬形式。

曲线型表扬并不局限于一种形式，可以通过合影、口头赞扬、短信等多种方式进行，以适应不同家庭和学生的喜好。教师应考虑到不同的场合和学科，选择最贴近被表扬者的表扬方式，增加表扬的真实感和亲切感。

在范例44中，教师通过"家校路路通"给家长发表扬短信及家长会的方式肯定学生的表现，内容包括学生的课堂表现、学习成绩、品德表现等方面。这种曲线表扬的效果超乎寻常，不仅引发家长的骄傲与期待，也让学生在教师和家长的双重肯定中找到了自信和动力。

综上所述，曲线型表扬在教育中的应用在家长和学生之间建立了一座连接成功和进步的桥梁。通过巧妙而温暖的方式，教师成功地向家长传递了学生的优点和成就，使得学生在家庭中得到了额外的认可和支持。这种积极的沟通方式不仅激发了学生的内在的动力和自信心，同时也为家长提供了更深层次的理解和参与教育的机会。

主题 2

变频型表扬——促进可持续发展

在这个充满挑战和机遇的时代，教育的本质和方式正在经历着深刻的变革。传统的"一刀切"式表扬往往难以满足不同学生的需求，也无法真正激发他们的潜能。而变频型表扬则提供了一种全新的思路和方法，其以促进学生的可持续发展为目标，注重个体差异，注重适时的调节和反馈。通过调节表扬的"电压"，即表扬的程度和方式，变频型表扬不仅能够激发学生的内在动力，还能在适当的时候对学生施加保护，以确保学生的积极性和可持续发展。

范例45　这样的转折，比直接表扬更好

"前天，程无尽看到我的热水瓶里没有水了。于是他拿起烧水壶打了水，并烧好了水。这一幕很温暖，程无尽真是一个体贴人的男生。"

我晃了晃手里的《第56号教室的奇迹》这本书，转了话题："这本书的作者是雷夫，美国最有名的老师。雷夫老师的学生学习好、人品好，该安静的时候安静，该踊跃的时候踊跃，文明、绅士。"

我顿了顿，接着说："雷夫老师是怎样教育他的学生的呢？有六个阶段——

第一阶段：我不想惹麻烦。教育学生不给家长、老师、伙伴添麻烦，做一个不添麻烦的人。

第二阶段：我想要奖励，即我们要为了奖励而努力。学校举办朗读比赛，参赛的、想获奖的，都是好样的。但有一个小组没推荐同学，白白丢失了奖励的机会，真是可惜。

第三阶段：我想取悦某人。第二阶段的努力，是为了自己的开心；第三阶段的努力，是为了别人，如为班级荣誉而努力，为家长开心而努力，等等。

第四阶段：我要遵守规则。教室里很安静，有些同学可能想，管老师的课，不能乱说话，别让管老师生气。但等到了别的老师的课上，就管不住自己、也不管自己了，那就说明你们还没有进入第四阶段。上课遵守纪律，不随便讲话，这是规则，无论谁的课，都要这么做。

第五阶段：我能体贴别人。程无尽烧水，就是第五阶段。如果全班同学每人都做一次程无尽，管老师将会收获多少的幸福啊。"

听到这里，一些学生忍不住扭头看了程无尽一眼。

"第六阶段：我有自己的行为准则。不管别人怎么说，我有我自己的规则，

我要按照自己的规则去做事——我们班有没有这样的学生，有没有这样的故事呢？有！"

我点击鼠标，出现了卢熙来的照片。

"昨天是无作业日，但卢熙来依然写了'每日素材'。他想早点写完这个本子，拿到500积分。卢熙来有自己的准则，为着自己的准则而做事。"

讲究程无尽的事迹，我故意讲了卢熙来。卢熙来很有人气，是大家公认的学习好也玩得好、有号召力的男生。将他们放一起，无形中抬高了程无尽。[1]

变频型表扬是一种灵活而有针对性的表扬方式，旨在促进学生的可持续发展。这种表扬方法类似于电器中的变频器，根据学生的个体差异和教育的实际需要，调整表扬的"电压"，即表扬的程度和方式，以达到最优效能。与传统的"一刀切式"表扬不同，变频型表扬能够根据不同情境和学生的需求，灵活地放大或缩小表扬的力度，从而激发学生的内在动力，保障其全面成长的可持续性。

其一，个性化激励。个性化激励的重要性在于每个学生的学习方式、兴趣和动机都是独特的。变频型表扬能够根据学生的个体差异和实际表现，采取个性化的激励方式。例如，对于喜欢挑战的学生，教师可以给予其更高难度的任务并在完成后给予特别的表扬；而对于内向的学生，则可以采取更温和的鼓励方式，让他们感受到被理解和接纳。这样一来，每个学生都能够得到有效的激励和认可，更有动力去追求自己的目标。

其二，增进家校合作。家校合作对于学生的成长和发展至关重要。通过及时向家长传递学生的表现和进步，家长可以更好地了解孩子在学校的情况，从而更

---

① 案例来源：管建刚. 一线表扬学（九）. 班主任之友. 2014. NO. 3.

有针对性地支持和指导他们的学习。同时，接受家长对学生的反馈和建议也能够帮助教师更全面地了解学生的需求，从而更好地调整教学策略和表扬方式。这种积极的互动和沟通有助于建立起紧密和良好的家校合作关系，共同关注学生的成长和发展。

其三，促进可持续发展。促进可持续发展是变频型表扬的一个重要目标。这种表扬方式不仅关注学生的短期表现，更注重学生长期的可持续发展。通过持续的、个性化的激励和反馈，可以帮助学生建立良好的学习习惯和自我调节能力，从而实现长期的学习和成长目标。

在教育实践中，通过深入挖掘学生的个性差异，及时了解他们的成长与进步，并在表扬过程中巧妙地运用变频型的"电压"调整，教师将更加有力地促进学生的全面发展和可持续成长。那么，如何实现变频型表扬呢?

第一，个性化观察和反馈。

个性化观察和反馈是教师运用变频型表扬的重要手段之一。通过仔细观察每个学生的学习习惯、兴趣爱好和学习进步情况，教师可以更准确地把握每个学生的需求，从而有针对性地给予表扬和反馈。这种个性化的观察和反馈不仅能够增强学生的学习动力，还能够让他们感受到被理解和认可，从而更有信心地面对学习中的挑战。

第二，灵活调整表扬方式。

教师在运用变频型表扬时，需要灵活调整表扬方式。不同学生有着不同的性格特点和学习需求，因此教师应该根据学生的个性特点和学习情况，灵活调整表扬的方式和强度。对于内向的学生，可以采取温和而细致的表扬方式；而对于外向、爱挑战的学生，则可以给予更多的挑战并在其成功时给予特别的表扬；对容易沾沾自喜的学生减少表扬，以激励他们保持学习的动力和积极性。

第三，与家长密切合作。

与家长密切合作也是教师运用变频型表扬的重要环节。教师应该与家长保持密切的沟通，及时向他们传达学生的表现和进步情况，听取他们的意见和建议。通过与家长的合作，教师可以更全面地了解学生的情况，更有针对性地调整表扬方式，从而更好地促进学生的可持续发展。

第四，持续关注长期目标。

教师在运用变频型表扬时应该持续关注学生的长期发展目标。虽然短期的成绩和表现也很重要，但更重要的是帮助学生建立良好的学习习惯和自我调节能力，实现他们的长远学习目标。因此，教师在给予表扬和反馈时，应该始终关注学生的长期发展需求，引导他们在学习中不断成长、进步，实现自己的人生目标。

范例45中的教师通过个性化观察，运用变频型表扬，将想表扬的学生与另一位学习好、有号召力的学生放在一起表扬，无形中提高了被表扬学生在同学心中的地位。运用这种更灵活、更智慧的表扬方法来与他们互动，可以激发学生的潜能，引导他们不断地成长和进步。

综上所述，变频型表扬是根据学生的不同阶段和需求，及时给予个性化、有针对性的激励，从而促进他们的全面发展和长期成长。这种表扬方式不仅能够增强学生的学习动力和自信心，还可以培养他们的团队合作精神以及独立思考能力。教师和家长应该密切合作，共同致力于营造积极的学习环境，为学生的可持续发展提供更好的支持和引导。

主题 3

间接式表扬——保护学生的自尊心

表扬是一门艺术，更是一种力量。在教学过程中，学生的自尊心是非常需要被呵护的。过度的直接式表扬可能致使学生感到压力，甚至导致自信心的崩溃。而间接式表扬为我们揭示了一种更为细腻、更具人文关怀的表扬方式，其能在保护学生自尊心的前提下，给予他们足够的鼓励和支持。它教会学生看到自己的进步，理解自己的独特性，从而建立起健康、稳定的自尊体系。

范例 46　一条条短信，慢慢改变了她

高一年级，我班招进了一个很是令人头疼的女生：中考总成绩不到 200 分；课堂上根本不学习，吃零食，玩玩具，困了睡觉，课间却精力旺盛，和几个另类男生纠缠在一起，打打闹闹，大嚷大叫；迟到、旷课是家常便饭，学校集体活动不见踪影。

我和她的家长联系了几次，家长每每火冒三丈，但也没有解决问题。犯事儿后无论你怎样批评、训斥，她都不顶撞，不辩解，忽闪着一双水汪汪的眼睛看着你，连声说"错了""下次改正"，有时还垂几滴眼泪。可事后依然故我，变化不大。

我决定慢慢来，保持足够的耐心，寻求合适、有效的方式方法促其转变。

一次，我在班上发现她在抄同桌的数学作业。她见我走近，很机灵地掩盖

住了。我假装没看见，心想，对于她来说，照抄，总比一字不写要好些吧。我便给她的母亲发个短信说："听数学老师讲，孩子的学习态度有所转变，能坚持按时交作业了。希望家长给予鼓励。"后来了解到，她还真基本上能按时交作业了。

又有一次，班上一批学生忙着办教室外墙报，她和其他几个学生在一旁观看。见我走了过来，马上也动起手来。我觉得对这个女生来说，哪怕是当着老师的面装装样子，也是一种进步。我便给她的母亲发个短信说："孩子能积极参加班集体活动了，真让老师高兴！"后来各种班集体活动这个女生很少溜号，有时还真的很积极。

还有一次，她正和几个调皮的男生疯闹着走进校园，远远地看到我后，迅速地和那几个男生分开了，若无其事地走进了教室。看来，这个女生也意识到老师不希望她这个样子。我便给她的母亲发个短信说："孩子成熟了很多，很少再看见她和男生打闹了。请家长给予肯定、激励！"后来这个女生至少在教室里、公共场所比较注意，很少再和男生打打闹闹了，班上秩序也因此大为好转。

只要发生了类似的情形，我都及时地给她的母亲发个短信，借她的母亲之口表达我对她的提醒和期待。这个女生确实把老师的态度当一回事，表明她是有自尊心、荣誉感的，是可以变好的。一段时间过去了，她各方面真的发生了不小的转变。

时机成熟，我决定直接和她面谈一次。我问她："你是不是感觉到，现在老师和同学们已经很喜欢你了？"她忽闪着一双水汪汪的眼睛，咬着嘴唇没有作声。我又说："从你近期的转变来看，你完全能够更优秀。你愿意继续进步吗？"她用欣喜的眼神看着我，点了点头。

我忽然发现，这个女生其实长得很漂亮，很可爱。①

范例47　小威为什么要调班

小威的数理化成绩特别好，但语文很差，一般考试成绩在50分左右。他本人也自我感觉语文基础很差，对语文不感兴趣，完全没有信心学好；一看到语文就头疼，一上语文课就听不下去，就要睡觉。平时从不做语文作业，只看他感兴趣的数学、科学等科目。

在一次考试中，小威的数理化总分在班级名列前茅。我抓住这个机会，在班上当着全班学生的面说："这次考试中，陆×（小威）的数理化很好，但语文稍差一点，如果他的语文能达到平均水平，他肯定能考上高中。"下课后，我又立即找那几个与小威走得较近的学生谈话，要他们在全班营造一个氛围：只要小威语文学上来，他就能考上高中——于是，他成了全班的重点讨论对象。

但没过几天，小威到办公室找我，生气地说："老师，我要调班！"

我心想，不好，看来要失败了，但仍旧若无其事地问："为什么呀？"

小威愤愤地说："我的语文很差，这是公认的。但你却在班上讲只要我的语文学上来，我就能考上高中。搞得班上每个同学都这样说，我觉得这是对我的讽刺。我不想在这个班上了。"

我没想到后果这么严重。如果不及时做好思想工作的话，这次尝试将一败涂地我耐心地说道："你误解老师了。你的数理化很好，能在全班名列前茅，这说明你具有很强的学习能力。虽然学习语文与学习数理化不一样，但你很强的学习能力是可以迁移的，你完全可以把这种能力用到语文的学习上来。你知道班上所

---

① 案例来源：陈永涛. 间接表扬有奇效. 班主任之友. 2014. 9。

有同学都很佩服你吗？当他们面对数理化难题一筹莫展时，而你却能很轻松地解决，而且思路是那么清晰，他们怎能不对你佩服得五体投地！？你是老师的爱徒，更是同学们心中的偶像，实际上我们每个人都在为你加油呐喊呢！"

为了跟进对小戚的教育和鼓励，每当发现小戚在语文学习上的些许进步，我都第一时间分享给他父母。有时，还暗地里与他父母约定，小戚在场时就采用电话沟通，特地让小戚听见。

慢慢地，我发现他学习语文的积极性更高了。他早读课常常第一个到教室，还用我发给他的笔记本摘抄了很多优美的诗词；课间还经常主动问语文学习问题。小戚变了，变得开始喜欢上语文学科了，对语文学习也越来越有信心。

如今，上了初三的小戚，语文成绩已经稳列班级前茅。①

顾名思义，间接式表扬是一种间接、委婉的表扬方式。与直接式表扬不同，它更注重表扬学生的努力过程而非单纯的结果，更关注学生的个性而非与他人比较。间接式表扬并不直接称赞或者表扬特定的个人，而是通过肯定整个团体、群体或者通过其他人尤其是家长，间接地激励和赞扬个别成员。这种表扬方式有助于保护个人的自尊心，避免过度的比较和标签化，同时也能够促进团队合作和激励整体表现的提升。

其一，增强自尊心和自信心。间接式表扬可以让被表扬者感受到来自他人的认可和赞赏，从而建立起自己的自尊心和自信心。这种外部认可的正面反馈有助于被表扬者形成积极的自我认知，增强其对自身能力和价值的信心。自尊心和自信心的提升可以让个人更勇敢地面对挑战，更坚定地追求目标。被表扬者会更愿意尝试新事物，接受挑战，因为他们知道自己的努力和成就会得到他人的认可和

---

① 案例来源：微信公众号：华东师道教师培训中心。

赞赏。

其二，促进个人和班级的发展。通过间接式表扬，个人可以感受到团队或群体的认可和支持，从而增强归属感和凝聚力。在团队中，被表扬者会感受到他人的鼓励和帮助，进而激发团队成员之间的积极合作精神。班级成员之间的互相表扬和支持可以促进知识和经验的分享，推动团队整体的发展。通过共同努力和相互鼓励，班级可以取得更大的成就，实现共同的目标。

其三，增加与父母关系的联结。通过间接表扬，学生可以感受到家人的关注和赞许，从而增强与家人之间的情感联结和信任。当他们感受到家人的认可和支持时，会更愿意与家人分享自己的想法和经历，建立起更加亲密的家庭关系。良好的家庭关系联结有利于个人的成长和发展，也有助于建立积极的社交网络和支持系统。

在实践中，教师应深入研究间接式表扬，并学会运用这一方法来尊重学生、鼓励团队合作，同时保护每位学生的自尊感和自信心。那么，如何运用间接式表扬呢？

第一，肯定整体成绩和努力。

教师可以通过表扬整个班级或小组的表现来肯定每个学生的努力和贡献，避免直接比较和评价个人成绩。表扬整个班级或小组的表现有助于让学生感受到成功的喜悦和成就感，让学生明白集体的成功离不开每个人的贡献。这种方式可以促进学生之间的团队合作意识，培养出积极向上的学习氛围。例如，教师可以说："整个小组做得非常好，大家的合作精神和努力使得我们取得了出色的成绩。"

第二，公开分享成功案例。

在公开场合分享成功案例可以激励整个学生群体，让每个学生感受到团队的认可和支持。在分享成功案例时，教师可以着重强调学生所付出的努力和取得的成就，让学生明白成功并非偶然，而是努力和坚持的结果。这种表扬方式可以为学生树立积极的榜样，激发他们学习的兴趣和动力。同时，通过分享不同学生的成功案例，可以打破"高人一等"的观念，让每个学生感受到自己也有被认可和赞扬的机会。

第三，使用成就墙或荣誉榜。

成就墙或荣誉榜是一种直观的表扬方式，可以让学生通过视觉方式感受到自己和他人的优秀表现。在展示学生的成就时，教师可以注重多样性和全面性，让每个学生都有展示自己特长和优点的机会，避免有过度竞争和排挤的情况。这样的展示方式还可以让学生意识到自己的努力和付出得到了认可，有助于增强他们的自信心和积极性。

第四，利用家长和同学的反馈。

与家长和同学的积极互动可以为学生提供更全面的肯定和支持，让他们在不同环境中都感受到被认可和赞扬。教师可以通过与家长和同学的沟通，了解学生在家庭和同龄人群中的表现和成就，通过家长对学生进行肯定和支持。这种整体性的认可，可以增强学生的自尊心和归属感，帮助他们建立健康的自我认知和自信心。

范例46中的教师在面对令人头疼的学生时，并没有采取直接批评或放弃的态度，而是耐心地寻找合适、有效的方法来促进学生的转变。在交作业、参加集体活动、保持秩序方面，教师通过及时给她的母亲发短信的方式，表扬她的进步及有很大的提升空间。这种间接式表扬的方式不仅激发了女生的自尊心和荣誉感，随着时间的推移也使得学生出现了明显的转变，其不仅能按时交作业，还能积极参加集体活动，遵守班级秩序。最终，在教师和家长的共同努力下，这个女生变得更加优秀，成为一个受人欢迎的学生。

范例47中的"我"，将小威在语文学习方面的点点进步积极分享给家长，借同学"羡慕他的学习能力"和家长鼓励的间接渠道，使小威意识到自己具有很强的学习能力，只是之前没有把这种能力应用到语文学习中。通过这种方式，小威逐渐克服了对语文的恐惧和厌倦情绪，重新点燃了对学习的热情，最终取得了显著的进步。

综上所述，间接式表扬作为一种有效的肯定和激励方式，不仅可以让学生感受到被认可和支持，还能够激发其内在动力和学习兴趣，避免了直接比较和竞争带来的压力和伤害。通过正确地运用间接式表扬，教师可以巧妙地保护学生的自尊心，促进他们的自我认知和积极成长。在教育实践中，教师应当重视间接式表扬的作用，注重肯定学生的努力和进步，引导他们建立健康的自我意识和自信心，共同营造一个积极向上的学习环境。通过持续的关注和支持，每个学生都有机会在尊重和鼓励中茁壮成长，展现出独特的光芒。

主题 4
同伴式表扬——提升家长的信心

在家长和学校之间建立起顺畅有效的沟通渠道至关重要，而表扬作为其中的一种关键元素，更是扮演着不可或缺的角色。同伴式表扬是一种强有力的方式，不仅能够提升学生之间的团队合作精神，还能够为家长提供更全面的视角，使他们更加信任并积极参与孩子的学习旅程。通过同伴式表扬，家长能够更清晰地了解孩子在学校中的社交关系和团队协作能力，从而更有针对性地关注和支持他们的成长。

范例48 巧用"夸夸条"的四个窍门

巧用1：营造隆重的夸赞场合

我不建议夸赞者私下赠送"夸夸条"给被夸赞者，这样做也许省时省力，但效果却远不如公开夸赞。

我是这样做的：如果学生写好了"夸夸条"，可以在上课前两分钟举手示意老师。老师允许后，夸赞者即可当众朗读"夸夸条"。朗读时注意要声音洪亮，带着由衷的钦佩之情，用真诚感染全班学生，用真诚致敬被夸赞者。

随后，夸赞者亲手将"夸夸条"送到被夸赞者手里。全班同学报以热烈的掌声，这掌声既是送给被夸赞者，也是送给夸赞者的。

因为要当众朗读"夸夸条"，其实也是接受全班学生的监督，要发掘那些实实在在有闪光点的同学，而不是随随便便夸人。

巧用2：重视所夸内容

夸人不能太随便。发掘他人的闪光点，这些闪光点既指那些为他人所做的善行，也包括克服自身缺点，明显而持续变好的行为。除此以外，所做之事比一般学生要好，也要着重夸赞。

闪光点不局限于校园。只要有闪光点，就可以给那位同学写"夸夸条"。

"为他人所做的善行"举例：下午轮到第四组打扫卫生，但第四组有三个学生都去田径队集训，于是小A放学后主动留下来，帮助第四组剩余的三个学生打扫卫生。

"克服自身缺点，明显而持续变好的行为"举例：小Q之前在学习上很懒散，成绩较差，但最近能够主动向他人请教。不仅作业质量提高了，课堂小测也进步了。

"所做之事比一般学生好"举例：全班举行"秋日物语"纸盘作画比赛，小×别出心裁画出大树造型，树叶是由一粒粒麦粒粘出来，金黄的树叶，湛蓝的天空，真是惹人喜爱。

巧用3：给夸赞者以优待

那些能发现别人闪光点的人，都是拥有美好心灵的学生。我们也要给予他们足够的优待。

如何给予夸赞者优待呢？我的做法是：每周一次的"一周之星"评选，专门评选出本周内夸赞别人次数最多的学生，授予其"最美眼睛"的称号。

巧用4：与家长分享快乐

学生在校被同学夸赞的同时，教师应该用镜头记录"夸夸条"赠送场面，可以将图片分享到家长群，写几句热情洋溢的话，与家长们分享学校里的快乐瞬间。

这样一来，不仅被夸赞者的家长格外有面子，夸赞者的家长也会为自家孩子自豪，其余家长回家也会指导孩子努力做好事或争取成为"最美眼睛"。

一箭双雕！[1]

在学校里，同伴式表扬是指学生之间相互肯定和赞扬的行为。这种表扬通常基于对同学在学习、社交或其他方面的表现的真诚认可。同伴式表扬不仅可以提高被表扬者的自信心和动力，还可以促进良好的班级氛围和友谊关系，其作用不可低估。

---

① 案例来源：微信公众号：芝麻门开。

其一，增强家长对学生的认知。同伴式表扬让家长更加清晰地了解学生在学校中的表现。家长可能并不总能直接观察到学生在校园里的表现，因此学生之间的互相表扬成为一扇窗户，让家长能够透过其他学生的眼睛看到自己的孩子在学校中的积极行为和成就。这种认知能够增强家长对孩子的信心，让他们更加坚定地支持和鼓励子女。

其二，建立积极的家校沟通氛围。同伴式表扬为家长和学校之间建立了积极的沟通桥梁。当学校通过同伴之间的表扬将学生的优秀表现传达给家长时，家长会感受到学校对学生的关注和重视。这种积极的沟通氛围能够增强家长对学校的信任感，让他们更愿意与学校合作，共同关注和支持学生的成长。

其三，激发家长的支持与参与。同伴式表扬能够激发家长对孩子的支持和参与。当家长知道孩子在学校受到同学的赞扬时，会更有信心地支持孩子的学习和发展。他们会积极参与到孩子的学校生活中，关心孩子的学习情况，与学校和教师合作，共同促进孩子的成长。这种支持和参与不仅能够提升孩子的学习效果，也能够增强家长的满足感和自信心。

同伴式表扬是一种建立信任和增强班级凝聚力的重要方式。通过相互鼓励和赞扬，学生可以共同创造出一个积极向上的学习环境，激发彼此的学习热情和动力，并增强家长对学生的认知，有效提升家长的信心，让他们更加坚定地支持和鼓励孩子，使孩子在学校中取得更好的成绩和发展，从而提高整体学习效果和成就感。那么，如何运用同伴式表扬以提升家长的信心呢？

第一，鼓励学生写表扬信或夸夸条。

鼓励学生写表扬信或夸夸条给其他学生或家长，分享对其积极行为或成就的赞赏和认可。这可以是私下给予或者在公共场合宣读的形式，让被表扬者感受到被肯定的喜悦。通过写表扬信，既能增强学生之间的友谊和团队合作意识，也能增强家长对孩子的认知。

第二，鼓励同伴角色扮演。

在课堂或班会上组织学生间开展角色扮演活动，让他们扮演表扬和被表扬的角色，模拟真实的表扬场景。这有助于培养学生的表扬技巧和同理心，让他们更加体会到表扬对于他人的积极影响，从而更加积极地参与到同伴式表扬中来。

第三，定期组织同伴评选活动。

定期组织学生间的评选活动，如"最佳队友""最有爱心"等，让学生通过投票方式表扬和认可同学的优秀表现。这种方式可以增强学生之间的友谊和团队合作意识，同时也能够培养学生的公平公正意识和民主参与意识，促进学校内部的和谐发展。

第四，将表扬转达给家长。

通过将同伴式表扬活动中获得的成就、荣誉或进步情况转达给家长，家长就可以更直接地了解到孩子在学校或社交圈中的积极表现。这种信息的传递不仅让家长感受到孩子被同龄人认可的喜悦，同时也加深了家长对孩子成长道路上的支持和信心。

范例47中的教师巧用夸夸条，让学生之间互相夸赞，重视所夸内容并营造夸赞的场合，通过互相、公开、真诚的夸赞，不仅让被夸赞者感受到自己的价值，也激励了全班学生追求更好的自我。通过将夸赞的瞬间分享给家长，不仅让家长为孩子的表现感到骄傲，也促进了家校之间的沟通与合作。这种方式有助于形成教育合力，共同推动学生的全面发展。

综上所述，通过同伴式表扬，不仅可以增强学生的信心和学习动力，促进孩子们的成长和发展，还能够增强家长的信心。家长可以更深入地了解孩子在同伴中的表现，从而更加自信地支持他们的成长。通过共同努力，家校联手为学生创造了一个充满温暖和鼓励的成长环境，让每个孩子都能够茁壮成长、展现自我。

主题 5

及时性表扬——让家长感受到学校的用心

及时性表扬不仅是一种肯定，更是一种用心的传达。当家长能够在第一时间得知孩子的进步和光荣时刻时，他们感受到的不仅是孩子的成长，更是学校对孩子的关注和支持。这种用心的表扬不仅加强了家校之间的联系，也让家长更加放心地将孩子交托学校，共同为孩子的未来努力。

范例 49　吴老师的小本子/一封给家长的信

作为一位有着32年教龄、32年班主任经验的老教师，吴老师有一套自己的方法，帮助刚刚入学的孩子迅速适应校园生活。

吴老师有个小本子，时时刻刻带在身上，随时记录着孩子们的一点一滴。等到孩子们放学后，她就回到办公室，对照着本子，把一天遇到的情况一一写下来跟家长们分享。她把孩子们每天的成长，以及需要家长配合的地方，分条写在信里，徐徐道来，细节满满，温暖而坚定。以爱为底色，做有温度的教育。

"我自己也是家长，特别能理解家长们的心情。刚刚迈入小学阶段，家长们大多无所适从，不知道该如何去做。希望能用这一封封家长信，告诉家长孩子在学校的情况的同时，也教给家长一些行之有效、便于执行的小方法，来缓解家长们的焦虑。"吴老师告诉记者，"一年级就是养成教育，培养孩子们上课、听讲、写字的习惯，教给他们与同学们相处的方法。"

吴老师的努力和付出，家长们都看在眼里。"开学第一周，担心我家孩子不适应哭哭啼啼……结果，太出乎意料了，孩子做得很好，一步步成长为一个小学生模样了。老师真的很细心，很感恩遇到吴老师。"①

尊敬的李波家长：

您好，我不能不把今天的好事告诉您。

在今天的英语测验课上，李波同学取得了全班最好的成绩；在中午的英语听力训练中，您的孩子又取得了 20 分满分的好成绩；最可喜的是从这一周开始，李波同学中午再也没有迟到。

我作为班主任真为他的快速进步而高兴，我把这三个好消息第一时间告诉您，请您与我共同分享。我猜想李波同学可能具有学英语的天赋。还有，今天我们的李波被物理教师关心了一下，也是一个好事啊！

从以上的表现中，我们能看到李波同学给我们的希望。请相信他，一定会实现自己的梦想。

真为您有这样的好孩子而高兴！②

及时性表扬是指在学生取得进步、有出色表现或获得成就时，学校及教师能够及时向家长传达肯定和赞扬的行为。这种表扬的目的在于加强家校之间的沟

---

① 案例来源：微信公众号：青岛第五十三中学。

② 案例来源：https://www. diyifanwen. com/fanwen/biaoyangxin/8973585. html 老师写给学生家长的表扬信。

通，让家长感受到学校的用心关怀和认可，进而促进家长和学校之间更顺畅的沟通与合作。

其一，增进信任和理解。及时性表扬能够有效地向家长传递学校关注和肯定孩子的信息，让家长感受到学校及教师的用心和关心，从而建立起更深层次的信任和理解。这种肯定和赞扬可以增强家长对学校的信任，使家长更愿意与学校合作，参与孩子的教育，为家校关系的建立打下基础。

其二，加强沟通与合作。及时性表扬为家长和学校提供了一个良好的沟通平台，通过及时分享学生的优秀表现和成绩，学校可以让家长更加了解学生在学校中的表现，促进双方更紧密的合作。家长可以及时了解到学生在学校的发展情况，学校也能够更好地了解家长对教育的期望和需求。家校双方通过交流合作，共同为孩子提供更好的教育和支持。

其三，激发家长参与度。

及时性表扬能够激发家长的积极性和参与度。当家长看到自己孩子取得优秀成绩或进步时，会更有动力参与到孩子的学习和成长过程中，与学校共同合作。这种积极的参与可以推动家校之间更深入的合作，使得学生能够得到更全面的支持和指导。

通过及时性表扬，家长能够及时了解到孩子在学校中的优秀表现，进而增强家长对学校的信任和支持。这种正面的反馈不仅让家长感到被重视和关爱，也能激发家长更多地参与到孩子的教育和成长中，积极支持学校的工作。那么，教师该如何运用及时性表扬，让家长感受到学校、班级、教师的用心呢？

第一，要及时反馈。

及时反馈不仅是告知家长孩子的成绩或表现，还可以包括对孩子进步的具体描述和肯定。例如，当一个学生在阅读方面有所进步时，学校可以给家长寄一封个性化的信件，详细描述孩子取得的进步，并鼓励他们继续努力。这样的反馈不仅能够让家长感受到学校对孩子的关注，也能够激励孩子保持积极向上的态度。

在范例49中，教师保持每日记录的习惯，随时关注学生的成长，并将其及时和家长分享；通过写家长信，及时将学生的进步表现反馈给家长。这种及时反馈让家长获知孩子的点滴进步，从而促进家校融合，有利于对学生的教育。

第二，家长会上要有表彰。

在家长会或者其他家长参与的活动中，学校可以公开表彰在学习或社交方面取得优异成绩的学生。通过公开表彰，家长不仅可以看到孩子受到重视，也能够加深对学校的信任和支持。

第三，多开展家校合作项目。

学校可以与家长合作举办一些特别的活动，例如学校展览、志愿者服务等。在这些活动中，教师可以重点表扬积极参与并取得成就的学生，让家长亲眼见证孩子的表现，并感受到学校对孩子成长的重视和支持。

在范例49中，教师将对学生进步的表扬用信件的方式及时向家长进行传达。这种表扬方式不仅能够增强学生的自信心和学习动力，还能够缓解家长的焦虑，促进家校之间的良好沟通与合作。

总之，及时性表扬作为一种积极的反馈机制，对于建立学生的自信心和价值感有着不可估量的影响。当这种表扬在家长面前进行时，它不仅展现了学生的成就和进步，也体现了学校对每位学生个性化成长路径的关注和尊重。可以让家长感受到学校的用心和关爱，从而促进家校之间更加顺畅地沟通和合作。

主题 6

传导性表扬——传递家校社情感的纽带

在建立积极的家校合作关系中，传导性表扬具有关键作用。当教师通过学生向家长传递对其孩子的赞扬或肯定时，一种温暖的纽带便被牢牢地系在了家庭与学校之间。这种简单而又深具意义的举动，不仅让家长感受到孩子在学校里的优秀表现，也将教育者的爱与关怀直抵社会、家庭。

范例50 表扬，有了别样的趣味

在顾颖颖的"阅读之星"评比表上，我用红笔画了一个大大的问号——表上写着10本书名，只有2本书家长签了名。

"按规定，没有家长的签名，既不能算有效数字，也不能滚动计入下个月。作废。"我说道。

一些学生无比同情地看着顾颖颖。

是顾颖颖忘记让家长签名了？不是。是她妈妈拒签。那么，为什么拒签呢？顾妈妈说，她没看到顾颖颖读的另外8本书。到底读还是没读？顾妈妈很负责，是个好妈妈。我对顾颖颖说："放学回家，请你转告妈妈，管老师很欣赏她的做法。"

大家都笑了起来。

讨论得出，顾颖颖的问题很好解决——以后读一本课外书，到妈妈面前晃一下，妈妈就知道了。

第二天，我问顾颖颖，转告管老师的表扬没有。她不好意思地点了点头。

顾颖颖去"表扬"妈妈，背后是强化顾颖颖对失误的印象。

失误的印象深了，下次不大会重蹈覆辙。

张智慧的"阅读之星"评比表上，家长也没签字。张妈妈打来电话，解释说："管老师，我问张智慧，书里讲了什么，她讲不出来。这样读书，一点儿效果也没有，我不签。"

张妈妈这样做，以后孩子的课外阅读便不会走过场，至少会记住书中的情节。要想记住情节，读后还要回味一下。回味，往往能产生不一样的阅读效果。

我写了一张纸条，托张智慧带给她妈妈："我很支持您的做法，对孩子要有柔和的爱，也要有严厉。您这样做，对张智慧以后的课外阅读一定会大有好处。同时，我也很欣慰，张智慧明白了您对她的严厉是出于爱。"

张智慧将纸条，也将我的欣赏带给了妈妈，她的妈妈也一定会将我对张智慧的鼓励转达给张智慧。

表扬，有了别样的趣味。[1]

传导性表扬，是通过学生向家长传递对其积极表现的肯定和赞扬。这种表扬方式不仅是单向的赞美，更像一种情感的传递。这种传导的过程不仅是对学生行为的简单肯定，更是一种家校社之间情感联系的强化，能够增进彼此的理解和信任。

其一，增强家长的自信和责任感。当家长收到孩子受到表扬的消息时，他们为自己的教育方式得到了肯定而感到骄傲，从而增强了他们的自信心和责任感。这种正面的反馈会激励家长继续为孩子提供支持和引导，促进孩子的全面发展。

---

[1] 案例来源：微信公众号：中山小语。

其二，加强家庭情感联结。传导性表扬不仅是对孩子的肯定，也是给家庭送去了一种温暖。当家长收到孩子在学校受到表扬的消息时，他们会感受到一种莫名的幸福和满足，从而加深家庭成员之间的情感联系。这种温暖不仅来自孩子的成绩或表现，更是家庭成员间互相支持和认可的体现，让家长感受到温暖和幸福。

其三，促进学校和社会、家庭的紧密合作。传导性表扬能够让家长感受到学校的关怀和温暖，进而促进学校和家庭之间更紧密的合作关系。当家长感到学校不仅关注学科成绩，还注重学生全面发展和品德培养时，他们更愿意积极参与学校的各类活动和项目，与学校形成更紧密的伙伴关系，共同关注和支持孩子的成长。

通过传导性表扬，学校可以传递出一种积极、关爱的教育理念，让家长感受到学校是一个关心学生个体差异、注重学生综合素养的温暖场所。这有助于建立起学校与社会、家庭之间的良好互动，共同为孩子的全面发展而努力。那么，教师该如何运用传导性表扬，建立起家校社之间的情感纽带呢？

第一，识别值得表扬的行为或成就。

在观察学生的表现时，教师应该关注多个方面，包括学业成绩、社交技能、参与课堂讨论、团队合作等。不仅关注高分，也要注意那些在个人成长和班级氛围上起到积极作用的学生。这可能包括提出创新思路、协助同学解决问题、积极参与社区服务等。

第二，记录表扬的内容。

在记录表扬内容时，要确保信息翔实具体，包括学生的姓名、被表扬的具体行为、时间和地点等。这有助于在将表扬内容传达给家长时提供确凿的证据，使表扬更有说服力。

第三，选择适当的时机和方式。

当教师通过学生向家长传达对其孩子的赞扬或肯定时，选择适当的时机和方式同样至关重要。首先，要考虑家长的日常安排，确保他们在接受表扬时能够集中注意力。可以选择在家长会、学校活动或家庭聚会等与家长交流的场合通过学生传达表扬，这样可以让家长感受到更直接的认可和鼓励；也可以让学生回家后进行传达，可以是口头表达，也可以用信件的方式，确保信息能够及时准确地传达给家长。

第四，表达真诚的赞美和肯定。

在表达表扬时，语言要真诚、温暖，充满鼓励和认可的成分。避免过于官方或生硬的措辞，要让家长感受到教师的真心赞赏。同时，强调孩子对整个班级和学校的积极贡献，使表扬更具有深层次的意义。

第五，提供具体的例子和细节。

在传达表扬时，详细说明学生的表现，提供具体的例子和细节。这不仅让家长更清楚地了解孩子的优点，也让表扬更有说服力。例如，如果是学术成就，可以提及具体的课题、作业或考试成绩。

在范例50中的第一个事例中，教师通过学生向她的妈妈传递表扬。教师欣赏学生妈妈对阅读任务的严格态度，并通过表扬学生妈妈来鼓励她对孩子的关注和教育；在第二个事例中，教师用写纸条的方式，通过学生向她妈妈传达了对她的支持和欣赏及对学生的鼓励。

综上所述，在传导性表扬过程中，教师通过表扬学生向家长传递鼓励和认可，不仅激发了学生的积极行为，也让家长感受到了温暖和支持。这种相互传导的正能量，促使家庭、学校和社会之间更紧密地联系与合作，共同为孩子的成长营造良好的环境。

后　记

　　在撰写本书的过程中，我们借鉴和参考了国内外一些知名专家的著作和研究成果，引用了一些教师的案例和文章，在此向所有专家、教师致以衷心的感谢！受沟通渠道所限，我们未能与所有作者都取得联系，敬请相关作者与我们联系。电子邮箱：taolishuxi@126.com。

教师练就好课的
20个关键

主　　编　符赛芬
副 主 编　谢志钊
参编人员　符赛芬 李宁格
　　　　　王金旺 谢志钊

新华出版社

图书在版编目（CIP）数据

教师如何练就好课.1，教师练就好课的 20 个关键/
符赛芬主编；谢志钊副主编.
北京：新华出版社，2025.7.
　ISBN 978－7－5166－8009－4

Ⅰ.G451.2

中国国家版本馆 CIP 数据核字第 2025 DM4557 号

教师练就好课的 20 个关键

主　　编：符赛芬
责任编辑：蒋小云　丁　勇
出版发行：新华出版社有限责任公司
　　　　　（北京石景山区京原路 8 号　　邮　　编：100040）
印　　刷：天津融正印刷有限公司

成品尺寸：170mm×230mm　　1/16　　　印张：13　　字数：205 千字
版次：2025 年 8 月第一版　　　　　　印次：2025 年 8 月第一次印刷
书号：ISBN 978－7－5166－8009－4　　　定价：49.80 元

前　言

课堂教学（上课）是教师的核心工作，也是教师立德树人的主要抓手，是提高教学质量、培养全面和谐发展的学生的基本途径。教师如何练就好课或如何上好课，显得尤其重要。本书主要从"奠定课堂教学的基本功""提高课堂教学的基本素养""提升课堂教学的管理能力""确保课堂教学的有效性""强化课堂教学的课后提升"五大专题20个关键来阐述教师如何练就好课。

专题一：奠定课堂教学的基本功。教师基本功的强弱，直接影响着课堂教学的有效性与课堂教学质量。教师具备一定的教学基本功，是练就好课的基础。主要从"写得一手好粉笔字""说得一口好普通话""画得一手好简笔画""做得一手好课件"等四个关键来探讨教师如何奠定课堂教学的基本功。

专题二：提高课堂教学的基本素养。基本素养，指教师开展课堂教学应具备的基本素质，是练就好课的重要条件。主要从教学语言恰当、肢体语言适当、教学方法灵活、板书设计巧妙等四个关键来探讨教师如何提高课堂教学的基本素养。

专题三：提升课堂教学的管理能力。课堂教学管理能力，是指教师为了完成课堂教学任务、调控人际关系、和谐教学环境、引导学生学习、有效实现教学目标的管理能力，是教师练就好课的重要保障。主要从严格教学纪律、巧用教学机智、改革教学评价、建构良好师生关系等四个关键为教师提升课堂教学的管理能力提供建议。

专题四：确保课堂教学的有效性。课堂教学是提高教育教学质量、促进学生发展的核心。确保课堂教学的有效性，是练就好课的关键所在。教师如何确保课堂教学的有效性呢？这里主要从课堂导入灵活多样、新知传授环环相扣、课堂作业有针对性、课堂总结自主全面等四个关键来探讨。

专题五：强化课堂教学的课后提升。课后提升，相当于帮助学生进一步消化、吸收与升华课堂教学所学知识与技能，旨在促进教学目标真正达成、教育质量真正提升。强化课堂教学的课后提升，是练就好课的有益补充与落实。本专题主要从重视课后反思、管理课后作业、开展课后辅导、优化课后考试等四个关键来探讨教师如何强化课堂教学的课后提升。

"奠定课堂教学的基本功""确保课堂教学的有效性"专题由湖南应用技术学院符赛芬撰写，"提高课堂教学的基本素养"专题由湖南师范大学教科院研究生王金旺撰写，"提升课堂教学的管理能力"专题由湖南师范大学教科院研究生李宁格撰写，"强化课堂教学的课后提升"专题由湖南师范大学谢志钊撰写。全书由符赛芬设计章节、审核、定稿。在撰写过程中，参考和引用了许多专家、学者的有关成果，在此一并深表感谢。

本书在写作目标是，通过阐述奠定课堂教学的基本功、提高课堂教学的基本素养、提升课堂教学的管理能力、确保课堂教学的有效性、强化课堂教学的课后提升等五大专题20个关键，力求为教师练就好课提供理念与方法的引领与启迪，为实际操作提供相关的引导与启示；在写作内容上，本书力求知识性、可操作性与可读性兼备，相关理论、方法与实际操作相结合，相得益彰；在写作形式上，本书根据相应的专题及其关键点进行内容选择与撰写，附有相关的"拓展阅读"，引导教师练就好课，促进教师专业成长。

本书适合广大中小学教师、教育管理人员阅读，适合教育类专业的本专科学生、研究生阅读，有助于引领他们将理论与实践相结合、改变教育教学观念，提高教育教学技能，不断提高专业发展水平。本书也适合关心教育的各界人士阅读。由于编者水平有限，本书若有不当之处敬请广大读者批评指正。

目　录

专题一　奠定课堂教学的基本功

基本功，这里是指教师的课堂教学基本功，是教师履行好教育教学职责、练就好课、上好每一堂课的基本技能。随着时代的发展，教学基本功的内涵与外延也在不断变化，且不同的研究者从不同的视角提出了不同的见解。教师具备一定的教学基本功，是练就好课的基础。

专题二　提高课堂教学的基本素养

基本素养，这里指教师开展课堂教学应具备的基本素质，是练就好课的重要条件。随着时代的发展，教师基本素养的内涵与外延不断变化，不同的学者提出了各自的看法。本专题从教学语言恰当、肢体语言适当、教学方法灵活、板书设计巧妙等四个关键来探讨教师提高课堂教学的基本素养。

专题三　提升课堂教学的管理能力

管理能力，这里指教师的课堂教学管理能力，是教师为了完成课堂教学任务、调控人际关系、和谐教学环境、引导学生学习、有效实现教学目标的能力。提升课堂教学的管理能力，是练就好课的重要保障。

专题四　确保课堂教学的有效性

课堂教学是学校教育教学的中心工作，是提高教育教学质量的核心与统领。一堂完整的课主要包括课堂导入、新知传授、课堂作业、课堂总结等四个基本阶段。确保课堂教学的有效性，是练就好课的关键所在。

专题五　强化课堂教学的课后提升

课后提升，相当于帮助学生进一步消化、吸收与升华课堂教学所学知识与技能，旨在促进教学目标真正达成、教育质量真正提升。强化课堂教学的课后提升，是练就好课的有益补充与落实，能够帮助学生把课堂教学时没掌握的内容弄懂，把听懂的内容加深印象。

专题一

奠定课堂教学的基本功

基本功，这里是指教师的课堂教学基本功，是教师履行好教育教学职责、练就好课、上好每一堂课的基本技能。随着时代的发展，教学基本功的内涵与外延也在不断变化，且不同的研究者从不同的视角提出了不同的见解。教师具备一定的教学基本功，是练就好课的基础。

关键 01

写得一手好粉笔字

粉笔字，可谓教师的"第一书写体"，是教师课堂教学的基本功之一，也是教师最基本、最重要的技能。随着时代的发展与教育的变迁，多媒体教学普及程度不断提高，然而，粉笔字仍然是教学的一个重要手段。教师写得一手好粉笔字，不仅有助于传递教学内容，而且有助于获得学生的崇拜与喜爱。如果粉笔字写得不好，对于从事"粉笔生涯"的教师而言，不能不说是一大憾事。那么，如何写得一笔好粉笔字呢？笔画是基础，结构是关键，书写姿势是条件。

一、把握好粉笔字的八大基本笔画

教师要写得一手好粉笔字，首先要把握粉笔字的八大基本笔画。一般而言，书写汉字，不管是粉笔字，还是毛笔字、钢笔字，都要把握好汉字的基本笔画。点、横、竖、撇、捺、提、折、钩八大基本笔画构成了汉字的基本部件。因此，教师要写得一手好粉笔字，就要把握好各种形态的笔画，这是写好粉笔字最基础、最重要的一步。

1. 写好粉笔字笔画的"点"

粉笔字笔画的"点"，主要有三种。第一种为"右点"，平时用"右点"居多。其写法是左向斜侧落笔，最好与水平方向约成45°，先轻后重向下滑行，迅速停顿回锋收笔，如"泛"。第二种为"左点"，其写法的方向与"右点"相反，是向左斜侧落笔，如"小"。第三种为"撇点"，看起像短斜撇，其写法是向右下 45°落笔，然后转笔向左下 45°迅速撇出，如"只"。教师要写好粉笔字笔画的"点"，重点是把握"虚起笔、渐按下、回笔作收势"。

2.写好粉笔字笔画的"横"

粉笔字笔画的"横"，最能体现"起""行""收"运笔的"三步曲"。粉笔字常用"横"是"平横"，其写法是左向斜侧，一般与水平夹角约 45°，再顿下，行笔略快，收笔往右下顿，这样就能形成中间细、两头略粗的细腰"横"，如"工"。教师要写好粉笔字笔画的"横"，重点要把握"按笔起笔，有藏笔之势，后右行，回笔作收势"。

3.写好粉笔字笔画的"竖"

粉笔字笔画的"竖"有两种，即悬针竖和垂露竖。悬针竖的写法是左向斜侧下顿笔，行笔逐渐上提脱离板面以惯性出锋，形成针尖状，通常于某字或某部分居中插下，如"十"。垂露竖的写法为起笔同悬针竖，行笔均匀用力，收笔时右下略顿，如"不"。不管是写垂露竖还是写悬针竖，教师要注意笔画"竖"要写得不偏不倚。教师要写好粉笔字笔画的"竖"，重点是把握"按笔起笔，有藏笔之势，后下行，或按下回笔作收势呈垂露状，或顺势提笔呈悬针状"。

4.写好粉笔字笔画的"撇"

粉笔字笔画的"撇"，有斜撇、竖撇和平撇。斜撇的写法是起笔向右下，由轻而重，稍顿，随即向左下行笔，先慢后快，由重而轻，逐渐上提撇出，如"生"。竖撇笔画前半程写法同竖画，根据需要可向左下略有倾斜，自中段起需加大向左下的弯度，同时手腕略向内翻转，渐行渐提，直至出锋收笔。整体用笔要流畅，笔画应坚挺有力，如"月"。平撇落笔时与斜撇相同，侧切后，由食指推着笔杆向左平移，起笔效果写出后，立即向内翻动手腕，同时向左行笔，出锋。整体行笔速度应略快，保证笔画的流畅，如"千"。教师要写好粉笔字笔画"撇"，重点把握"按笔起笔，有藏笔之势，左撇出，稍行便顺势提笔"。

5. 写好粉笔字笔画的"捺"

粉笔字笔画的"捺"，主要包括斜捺、平捺。斜捺的写法是起笔轻，行笔时逐渐下按，快要出锋时略顿，再扬起笔依运笔惯性飘出，如"木"。平捺的写法是轻轻起笔，向右稍行，即转笔向右稍偏下行笔，至捺脚，重按稍停，最后向右方提笔，如"道"。教师要写好粉笔字笔画的"捺"，重点要把握"按笔起笔，稍有藏笔之势，后右下行，呈一波三折状，再顺势提笔出锋"。

6. 写好粉笔字笔画的"提"

粉笔字笔画的"提"比较简单，其写法是纵向落笔顿而挫，行笔快提，依运笔惯性斜向右上挑出。笔画"提"包括单独提与竖提。单独提主要有长提、短提、平提和斜提，写法都是起笔向右下顿笔，然后向右上方行笔，由重渐轻，收笔出尖，如"次""孔"。竖提的写法是下笔写"竖"，到适当处略顿笔向右上写斜提，一笔写成，提的收笔处出尖，如"长"。教师要写好粉笔字笔画的"提"，重点是把握"按笔起笔，有藏笔之势，后顺势向右上提笔"。

7. 写好粉笔字笔画的"折"

粉笔字笔画的"折"，看似有两笔，其实是一笔，主要有横折、竖折、撇折等。大部分是横折，大致看起来是笔画"横"与"撇"的简单组合，但其实是一个笔画。其写法是先写一横，于折处顿笔，再写一撇，夹角为45°至60°，如"田"。竖折，则先写笔画"竖"，至转折处向左下稍顿，接着稍向右上方向写"横"，再回笔作收，收笔较重，如"画"。撇折，则先写笔画短"撇"，至转折处，笔不离纸，稍顿，然后稍向右上方写"横"，如"东"。教师要写好粉笔字笔画的"折"，重点要把握"按笔起笔，有藏笔之势，后行笔至折处停笔，再按笔写折后行笔，按下回笔收笔"。教师还要注意，笔画"折"书写时要稍顿，使之折而不断，折处不能写成"尖角"，弯折处一定是方的，不是圆的，应有折角或"肩膀"。

8.写好粉笔字笔画的"钩"

粉笔字笔画的"钩"，要写得短小、尖锐、有力。教师在写"钩"时先用力顿一下，积蓄力量，随后迅速钩出，显得尖锐有力。笔画"钩"，有横钩、竖钩、弧形钩、戈钩、卧钩、竖弯钩等。横钩的写法似"折"，不同的是折后顺势提笔斜出锋，如"欣"。竖钩的写法如"竖"，不同的是在"竖"按下回笔时，顺势向左上提笔出锋，如"示"。弧形钩的写法，其起笔有藏笔之势，后行曲线，边行边转笔至钩处回笔，顺势提笔出锋，如"家"。教师要写好粉笔字笔画的"钩"，重点是把握"钩常常依附在其他笔画上，共同构成笔画形态，运笔出钩前一定要顿挫蓄势，这样钩锋才显得稳健有力"。

二、把握好粉笔字的结构

写好粉笔字，结构是关键。教师在写粉笔字时，不仅要注意每个粉笔字的内部结构，还要注意粉笔字的外部结构。这样，教师写的粉笔字才能搭配合理、美观大方，吸引学生的注意力。

1.注意粉笔字的内部结构

（1）注意保持粉笔字的外形大致呈"方"形

整体而言，汉字是方块字，粉笔字也大致呈现出方块字的形状。因此，教师在写粉笔字时，要有"字为方形"的基本认识，在撰写时恰当地表现出粉笔字为"整体方"的感觉，笔画组合得当，字体严谨美观。方块边缘的笔画及相交于方块边缘的笔画定好位，不靠边的笔画写到位，如"血、巨"。值得注意的是，教师在写粉笔字时，不要刻意地、机械地把每个字都写成"方"形。例如，一个字的笔画"撇"或"捺"要写得比较舒展才较美观。如果"撇"或"捺"写得比较短，那该字就显得比较局促，影响字的整体美感。

（2）注意粉笔字的结构

汉字分为独体字和组合字两种。其中，组合字包括上下组合、上中下组合、左右组合、左中右组合、上下左右组合、里外组合、参差组合。因此，教师在写粉笔字时，要分析组合粉笔字的结构，以及各部分所占比例的大小；采用适当的书写对策，处理好每个粉笔字的结构和比例。针对上下组合的字，不能上下均等，粉笔字要体现出"上紧而不挤满，下松而不空缺，松紧对比适度，构成协调美观"。例如，"架""霄"，上边部分写得要紧凑，下边部分写得要舒展开阔。针对左右组合的字，粉笔字要体现出"左边笔画呈收势，右边笔画较开放"的特征。例如，"礼让"，左边笔画呈收势，右边笔画较开放，凸显字的刚柔之美，力量与飘逸之感。针对里外组合的字，强调内部紧凑、外部舒展，粉笔字要体现出内紧外松，向中心集中，具有凝聚力，从而形成一个整体。例如，"圆""园"，从中心向外发散，到外部很舒展，具有洒脱之感，看起来和谐美观。

2. 注意粉笔字的外部结构

教师写粉笔字时，还应从以下两个方面来把握外部结构。

（1）教师写在黑板上的粉笔字应写得清楚，大小得当

教师写的粉笔字，要让班上所有学生，尤其是坐在教室后排与边上的学生都能看清楚。教师写粉笔字时，要根据有限的黑板位置和需要书写的内容来确定字的大小。如果写的内容不多，粉笔字要写大一点。如果写的内容较多，则粉笔字

要写得小一些。因此，所写的粉笔字的大与小，有一定程度的限制，不得忽视黑板的大小和所需书写内容的多少而随意去写。粉笔字写得太大，占用黑板版面太多，导致频繁地擦黑板，影响教学效果；粉笔字写得太小，后边的学生看不清，也影响教学效果。一般而言，写得大的粉笔字控制在 10 厘米以内，写得小的粉笔字控制在 6 厘米左右。另外，每一行的每个粉笔字，不要都写成一样大。一般来说，笔画较多的字要写得大一些，笔画较少的字要写得小一些，看起来参差错落，具有美感。

（2）教师写在黑板上的粉笔字应写整齐、字行平正、排列有序、行距分明、字距清楚

教师要把握好粉笔字的行距与字距。如果把握不好，就会出现行字距不分，甚至字距大于行距的现象。教师长期以来大多是在有格子的作业本上写字，对格子已经有了一定的依赖性，而面对比作业本大几十倍的无格黑板时，书写姿势、书写工具以及字的大小都发生了很大变化，一时很难把握行距字距的宽窄。这需要教师有一个较长时间的适应和训练过程。一般而言，粉笔字的字距应控制在所写字 1/3 左右或以自然距为宜，行距一般控制在所写粉笔字大小的 1/2 或 2/3 的宽度为宜。另外，教师还要注意，每行粉笔字要排列得行列平直，尽量避免"连绵起伏"，横行不平，纵行不直。

三、把握好粉笔字的书写姿势

毛笔字、钢笔字大多是伏案而书，而站着在黑板前写字，是教师写粉笔字的基本姿势。写得一手好粉笔字，需要正确的书写姿势。如果书写姿势不正确，如伸长手臂远距离书写、用左手把住黑板去写字，都会导致粉笔字歪扭、版面凌乱。由于黑板是固定不动的，教师在写粉笔字过程中，需要两脚不断换步或移

动,同时随着书写过程变化,或直立或屈膝,身体与黑板的距离不宜太近或太远,以手臂书写自如为宜。太近会影响视线,造成行列歪斜;太远则手臂乏力,接触不着黑板面,从而影响书写效果。执笔的右手臂也不应伸太直,宜弯曲,以保证足够的发挥空间。教师写好粉笔字的正确姿势是头平、身正、臂曲、足稳。

1. 头平

教师写粉笔字时,头部不要左歪右斜,与黑板始终保持平行,这样才能保证视线平正,写出的字才能横平竖直、行款整齐。否则,写出的字可能变形。在高处写,头可略仰;在低处写,头可略俯。不管怎样,教师在写粉笔字时,都要保持头部的基本平正。

2. 身正

教师写粉笔字时,身体不要左右偏斜,要保持直立。黑板是固定不动的,因此,教师在写粉笔字时要保持身体正直,随着粉笔字的书写不断平移。如果在书写粉笔字的过程中不能保持身正,则所写的粉笔字就容易出现"上楼梯"或"溜滑梯"的现象。值得注意的是,教师在写粉笔字时,身体不是过于僵硬、呆板的,而是自然、大方、放松,这样才能书写自如。

3. 臂曲

教师写粉笔字时,手臂要自然弯曲,不要过于用力。教师右手执粉笔时,手臂弯曲向上,使臂、肘、腕、指的力量均衡地到达笔端;左手或持教材等,或空手下垂,或轻按黑板。教师执粉笔的手臂,既不能伸得笔直,也不能弯曲无度,否则会造成手臂乏力,行列不齐。右手执粉笔伸向书写位置,右臂微屈,肘略外展,呈环形状。教师站在黑板前写字,需要手臂适当弯曲,才能有一定力度。否则,不仅粉笔字写不好,也容易导致疲劳。

4. 足稳

教师写粉笔字时，两脚要分开站稳。如果两脚平行，可与肩宽相当；如果两脚前后分开，步幅的大小要根据能否站稳而定。足站稳，身体距黑板一尺左右，才能保证身体呈稳定平衡状态，才能保证教师书写的粉笔字端正、平直。如果距离黑板太近，教师易后仰而失去重心；距离黑板太远，易前倾而站立不稳，这两种情况都不宜写好粉笔字。教师还要注意，随着书写位置高度不同，或踮脚，或屈膝，但都要保持身体平稳。另外，教师写粉笔字时，随字数的增加和移行，需要身体随之上下伸曲、左右移动，确保站立平稳，且始终保持最佳书写位置。

【拓展阅读】

教师如何写得一手好粉笔字①

教师如何写得一手好粉笔字呢，甘肃省成县张旗小学李淑花老师总结的多看字帖、多练习、多运用等经验值得借鉴。

1. 多看字帖

选择一本自己喜欢的硬笔字帖或毛笔字帖，放在床头或书桌上，有时间时翻一翻、看一看。考虑硬笔字和毛笔字运笔的方法与粉笔字运笔的方法有别，看字帖时要把重点放在如下两个方面。一是注意字的结构，弄清楚字的布局结构。前人已总结出一些练字的法则。例如，欧阳询的《间架结构三十六法》、黄自元的《间架结构九十二法》等都涉及字的布局结构。教师懂得了字的布局结构的基本规律，有助于把粉笔字安排得合理得体，有良好的视觉效果。二是注意字势。字势对于写好粉笔字而言非常重要，每个人的字都有自己独特的字势，或正或斜，

---

① 改编自 李淑花. 小学教师如何写好粉笔字 [J]. 甘肃联合大学学报（自然科学版），2012（S1）：95.

或飘逸灵活或严谨呆板。通过看字帖，反复对照自己所写的粉笔字在字势上的优劣，加强临摹与仿写，形成良好的字势。

2. 多练习

任何一种技能的熟练掌握，都离不开勤学苦练。要写好粉笔字，同样要在课余勤于练习。练习时要掌握粉笔和黑板的特性，粉笔有软有硬，黑板有光滑的有粗糙的。写时先试一试，软粉笔少用点劲，硬粉笔多用点劲；黑板光滑，写时速度慢点；黑板粗糙，写时速度可快点。教师在练习粉笔字时，要注意以下情况。一是书写时不能用力过猛，用力过猛，粉笔就会折断。二是不能使粉笔和黑板形成垂直角度，粉笔和黑板的角度要小些，有一定的斜度，书写时线条更自如。三是写粉笔字时要根据字的线条，经常转动粉笔，用粉笔头的棱角书写，这样才能充分发挥粉笔的特性，写出的字笔画粗细有致，流利美观。四是应注意执笔和写字的姿势，粉笔执笔以大拇指、无名指、中指三指执笔为好，写字的姿势随写字的位置而调整，一般书写高度比视平线稍高为最佳，这样书写方便，更容易把握字形，使字写得更美观。

3. 多运用

作为教师，只要上课，就要写粉笔字。每次课堂教学写粉笔字时，都要有练字的心态，用心写好每一个字。写粉笔字不仅要求规范，还要求有情感融入其中，把粉笔字写得有精神，让粉笔字形神兼备。另外，教师在课堂教学中写粉笔字时，要写得很熟练，又快又好，边写边讲授，节奏协调配合。

关键 02

说得一口好普通话

普通话是教师的职业语言，也是重要的课堂教学媒介之一，在课堂教学中占有举足轻重的地位。说得一口好普通话，是教师应该具备的基本功。教师的普通话水平不仅影响着课堂教学的效果与质量，也影响着学生的普通话水平和师生情感的交流。可见，教师说得一口好普通话，是提高课堂教学效果与教学质量、促进师生人际交往、提高学生普通话水平的重要途径。本节主要从纠正错误的发音、提高语言能力、学会发音技巧等方面来探讨教师如何说得一口好普通话。

一、纠正错误的发音

1. 针对相应的问题，进行训练

教师应进一步了解、掌握普通话的发音原理，以及元音、辅音各自的发音部位和发音方法，尤其要把容易混淆的声母、韵母及其相关的字词进行辨正。例如，区分好声母"zh、ch、sh"和"z、c、s"的发音，结合发音部位图，了解两组声母的区别主要在于发音部位，前者是舌尖和硬腭前沿成阻，而后者是舌尖和齿背成阻。教师应反复模仿，结合不同的字词训练，如"炸弹""诈骗""河蚌""狭窄""作业""怎样""昨天"等，切实掌握两组声母的发音方法。教师要根据自己的实际情况，弄清在哪些声母或韵母发音上有问题，重点通过对比练习，加以解决与纠正。例如，某教师在说普通话时，难以区分好声母"n"和

"l"的相关字词。同样，教师结合发音部位图，"n"和"l"都要舌尖接触上齿龈，不同点在于"n"的发音，舌面要上升堵住口腔通路，让气流从鼻腔出来；而"l"发音时，舌面下凹，让气流从舌头两边出来。教师单独练习"n"和"l"发音后，再结合大量的含有鼻边音字词句对比练习，从而学以致用。

另外，教师还可借助信息技术，如言鸟普通话 App、畅言普通话 App、普通话测试 App 等相关软件，充分利用这些软件提供的普通话测评功能，检测自己的语音、语调和发音等方面的问题，从而更加有针对性地进行学习与训练。这些 App 可以根据教师的普通话发音，找出发音薄弱的地方，提供相应的视频教学，提高学习效率。还有普通话专项练习，无论是前鼻音、后鼻音、儿化音等问题，都可以通过专项训练来改善、纠正。另外，App 里面的内容较齐全，各种声母韵母的练习、儿化音、绕口令等内容都有，教师可以充分利用其中的资源，进行普通话训练。

2. 针对本地方言与普通话的不同，进行训练

我国每个地方都有其独特的方言。尽管教师已经获得普通话等级证书，但是部分教师在讲普通话时或多或少带点方言特色，也有部分教师的普通话实际水平低于获得的普通话水平证书等级。为了获得普通话等级证书，教师短时间内进行强化训练，没有从根本上改变自身的方言发音习惯，获得证书后出现了"测试一过、方言上课""证书到手、方言出口"等现象。因此，教师尤其应针对本地方言与普通话的不同，对症下药，加强特定音节和词语训练，不断进行发音纠正。教师可以进行专门的音节训练，对声、韵、调进行分解训练；还可以进行词语专项训练，掌握正确的读音。教师进行发音训练的时候，一定要掌握要领，发音务必准确，这样说出来的普通话才能规范流畅。

例如，济源当地的教师，受方言的影响，容易把"每、梅"等字的韵母

"ei"发成"en"；把阴平调"憎、茎、沏"读成去声，把阴平调"潜"等字读成上声等。当教师了解本地方言与普通话的区别后，把握这些字的规范读音，再把这些容易读错的字放在具体的言语环境中进行"环境记忆"，诵读一些古今中外的名篇佳作，可有效地帮助教师长期记住这些字的规范的普通话读音。

教师针对本地方言与普通话的不同，还可以从如下方面进行训练。一是进一步发准声母、韵母、声调，明晰本地方言与普通话的不同，这是学好普通话的根本。二是读准常用字，这是学好普通话的一条捷径。现代汉语中有常用字 2500 个，次常用字 1000 个。它们的运用频率在所有汉字中占 99.48%，教师只要把握它们的规范音，就能基本达到用普通话规范音说话和朗诵的要求，从而尽可能减少方言的影响。三是把握语流音变规律，这是学好普通话必不可少的条件。普通话中首要的音变表象有变调、轻声、儿化、语气词的音变。只有牢固地把握这些在学习中常常用到的基本常识，才能克服方言的负面影响，继而顺畅地进行语音辨正。

二、提高语言能力

强化训练是提高教师语言能力的主要手段，主要从多听、多读、多说等方面入手。听，是教师进行音节、词语的基础训练，如抽时间多听中央人民广播电台、名家朗诵等标准的语音，锻炼自己的听觉，也可以多和普通话好的教师进行交流。读，是教师选择自己感兴趣的文学作品、书籍、报纸等内容大声朗读，培养普通话语感，及时纠正自己的语音、语调、词汇等方面的错误。说，是教师从简单的交谈开始，不断进行说话训练，掌握标准普通话。为了提高语言能力，教师应采用自己感兴趣的多种方式来强化普通话训练，提高训练成效。

1. 开展配音练习

教师给电影或电视剧进行配音，是一种有效地提高语言能力的方式。配音练习集实践性与趣味性于一体，给教师普通话强化训练带来了良好的效果。在挑选影片或电视剧时，教师可选择一些贴近自己生活、符合自己兴趣与审美的影视片。这种新颖的学习训练方式和有趣的学习内容，能充分调动教师的热情，产生强大的动力，有利于发挥他们的主观能动性。配音练习不仅能有效地激发教师的积极性，还是一种全面训练看、听、说等综合能力的有效手段。

为了进行有效配音，教师必须深入了解人物对话内容；为了提高配音的准确性与流畅度，教师必须掌握规范的发音准则并不断训练。这样，在配音练习中，教师的语言能力就得到充分的发展与提升。教师给影视片配音的过程，也是教师在特定情境中运用普通话的过程。在该过程中，教师的普通话训练从静态的单向训练向动态的多维表达转化。这样，教师在特定情境下的语言表达能力得到了有效训练。同时，在配音练习中，教师不再停留在传统的普通话的"听"与"讲"上，而是同时激活脑、耳、眼、口等多种器官的功能，促使他们多方面得到综合性锻炼，有效地提高他们的语言能力。

2. 加强朗诵

（1）多朗读散文与诗歌

朗诵的题材多种多样，诗歌、散文、寓言、故事、小说、戏剧，都可以纳入朗诵的范畴中。一般而言，诗歌、散文被用于朗诵的最多。教师朗诵诗歌、散文时，要注意语气、节奏的变化幅度以及增强其语言的表现力和感染力。例如，很多教师喜欢朗诵《盛世中国——献给伟大的中国共产党建党94周年》：九十四年，沧桑几度、风雨兼程；九十四年，与时俱进、岁月如歌。南湖上的那只红船，冲破惊涛骇浪，承载着民族的希望；长征路上的足迹，跨越艰难险阻，改变了中华民族的命运；改革开放的春风，席卷神州大地，创造了一个强大的盛世中国！九十四年，斗转星移；九十四年，大江东去。中国共产党，告诉你一个世界的惊喜。盛世中国，告诉你一个东方的奇迹。我想约你，行走在彩虹里，那是青藏铁路正在穿越世界屋脊，那是西气东输通向天际的呼吸……

（2）多朗诵绕口令

教师每天重复练习一个或几个绕口令，有助于语音表达更清晰，普通话更标准。例如，绕口令《九月九》："九个酒迷喝醉酒：九个酒杯九杯酒，九个酒迷喝九口。喝罢九口酒，又倒九杯酒。九个酒迷端起酒，咕咚咕咚又九口。九杯酒，酒九口，喝罢九个酒迷醉了酒。"显然，绕口令有助于教师提高学习普通话的兴趣、积极性和成效。

三、学会发音技巧

很多教师上完一两节课后就会觉得嗓子很疲劳，甚至出现嗓子沙哑、说不出话等情况。部分教师说话的音域不广、声音的响度不够、字音的清晰度不高。这些问题，大多是教师没有掌握好科学的发音方法造成的。因此，教师需要学会发音技巧，达到以气托声、以声传情的效果，不仅有助于教师声音变得悦耳动听，而且有助于保护嗓子，提高传递信息的效率，还有助于提高课堂教学质量。

1. 掌握胸腹联合呼吸的技巧

气息是发声的动力，气息是否到位影响着声音的稳定性。因此，教师要掌握气息训练的方法与技巧，加强气息训练。教师在训练初期，大多难以掌握科学的呼吸方式，一般使用胸式呼吸和腹式呼吸的比较多。然而，教师只有掌握胸腹联合呼吸方式的技巧，才能获得足够的发声动力，更好地满足课堂教学的需要。胸腹联合呼吸方式，要求吸气要深入，且合适控制丹田。教师通过强控制、弱控制、慢吸快呼、快吸慢呼等练习，找到丹田控制的感觉，再通过一些绕口令来练习扩大吸气量。另外，教师要熟练掌握补气的方法。很多时候，换气的时机并不好找，需要进行临时补气。教师应学会"偷气""抢气""就气"这几种补气的方法，且在实际中灵活运用。

2. 掌握加强唇舌力量的技巧

如果教师的唇舌力量不够，就可能导致声音不实在、无力，没有足够的亮度和响度。要解决这个问题，教师应通过口部操来练习，掌握唇舌力量加强的技巧。口部操，包括唇的运动和舌的运动，具体有双唇打响、绕唇、撇唇、顶舌、绕舌、捣舌等多种训练方法。唇舌力量加强的技巧，还可以通过练习绕口令来加强其力度和灵活性。例如，练习"伟大祖国""百步穿杨"等力度较大的词组，以及《八百标兵》《白庙和白猫》等响亮的绕口令。

3. 掌握提高声音弹性的技巧

如果教师的声音缺乏变化，没有抑扬顿挫的变化，即缺乏弹性，则需要掌握提高声音弹性的技巧。声音高低、快慢、强弱的变化，就是声音弹性的体现。声音弹性是增强有声语言魅力的重要方法，这样才能更好地体现语言的层次和张力。教师应加强对比训练，包括高与低、快与慢的对比。教师通过练习声音的爬高与降低，如"伟大的民族，伟大的中国共产党"，可以先逐级下降地说，再逐渐升高地说，体会声音的高低变化，丰富声音的层次。教师还可以用不同速度来说同一句话，如"中国屹立在世界的东方"，分别用快速和慢速来练习，领会快与慢的变化以及声音弹性的获得。教师在练习的时候，要注意情声气结合，以情带声，以声传情。教师也可以练习一些包含多种对比和变化的诗歌或者影视剧台词。

4. 掌握正确的共鸣技巧

发音的共鸣技巧以口腔共鸣为主，以胸腔共鸣为基础。因此，教师发音的共鸣练习，主要是加强口腔共鸣和胸腔共鸣。教师学会口腔共鸣的技巧，主要是通过提颧肌、打牙关、挺软腭、松下巴、挂硬腭等方法来调节与加强。教师可练习一些含有韵母"ɑ"的词语和打开口腔的短文。例如，大声朗读《草原上升起不落的太阳》歌词。教师练习胸腔共鸣的技巧，可以通过发出一些夸张的上声，结合阴平、阳平、上声、去声的变化，找到胸部支点的感觉，加强胸腔共鸣，使声音更集中，更加饱满，更有冲击力。

【拓展阅读】

教师如何有效提高普通话水平①

教师如何有效提高普通话水平，说得一口好普通话呢？山西省太谷县教师进修学校甄秋芝老师提出了如下观点，供我们参考。

1. 理论和实践相结合

普通话是以北京语音为标准音，以北方话为基础方言，以典范的现代白话文著作为语法规范的现代汉民族共同语。经过多年的发展、规范和研究，普通话从发音方法到发音部位，从音变到语法语汇都形成了一套完备的理论体系。因此，教师只要有针对性地进行学习，就能收到事半功倍的效果。首先，学习理论，确切领会这些音节的特点，比对和感知自己发音特点与标准音之间的差别，知道如何纠正。然后，教师再模仿训练。通过理论与实践相结合，提高普通话水平。

2. 重点突破楔子效应

在古代阵式中有一种楔子阵，三角形的楔形战阵就像尖刀一样在敌方密集的阵形中撕裂一条口子，从而达到从点到面的全面突破。教师学习普通话也可提倡楔子效应。教师在学习普通话中，选择一两方面作为突破点。从理论学习到实践

---

① 改编自 甄秋芝. 如何有效的提高教师的普通话水平［J］. 成功（教育版），2013（2）：187.

模仿，从字词到句子、语段，从书面阅读到口语交际，做到心到、眼到、口到，达到不假思索就可正确说出读音的境界。可见，教师一旦突破成功，普通话水平就会出现质的飞跃。

3. 专家引领，教师明确自我努力方向

有条件的学校，聘请专业的普通话教师或国家级、省级普通话测评员到学校给教师做现场指导，现场纠正。这些专业人士能较客观、真实、系统地指出教师的普通话存在的错误和缺陷，并提出专业性的指导与开展专业性的训练。同时，教师也应明确自己学习普通话的努力方向和具体的学习方法、策略，从而突破普通话水平的瓶颈。

4. 以考促练

许多获得普通话等级证书的教师，出现了方言回升现象，他们的普通话水平已远远低于当初测试时的水平，达不到一个合格教师的基本要求。因此，应改变当前普通话等级考试"一考管终身"的状况，探索每5年或8年一轮的滚动式测试；或者学校建立常规的考核制度，把教师在课堂、校园运用普通话水平和教师的教学业绩和绩效工资挂钩。通过这样的考核改革，督促教师不断地加强练习，巩固并提高普通话水平。

关键 03

画得一手好简笔画

简笔画是教师的基本功之一，也是课堂教学的一种重要的方式与手段。正如苏联著名教育家苏霍姆林斯基所言，"这种在讲课过程中随手画下来的图画（简笔画）比现成的，甚至比色彩的图画来都有着很大的优点"。教师一边讲课一边辅以简笔画，不仅能创设情境，而且能活跃课堂氛围，激发学生的学习兴趣，有助于提高教学质量。可见，教师画得一手好简笔画，是提高课堂教学效果与教学质量的重要途径。

一、明确简笔画的意义与价值

教师进一步明确简笔画在课堂教学中的意义与价值，为画得一手好简笔画奠定观念上的基础。

1. 有助于丰富教学语言与教学手段

简笔画，简言之，就是用简单的点线符号组合勾勒出特定形象的绘画，用最简单的符号语言来传达图像信息的绘画作品。教师在课堂教学中应用简笔画，能够丰富教师的教学语言和表达方式。课堂上教师边讲边画，口手并用；学生边听边看，视听结合。这种复合式的表达方法，既拓宽了教师传递信息的渠道，也增加了学生获取知识的途径。另外，简笔画还是教师在课堂教学中的一种教学方式或手段，能形象地概括教学内容、直观地表达教学意图、生动地体现教学目标，在完成教学任务中发挥着有效的作用。

2. 有助于活跃课堂气氛

教师在课堂教学中，把生动有趣的简笔画描绘在黑板上，容易激发学生的视觉兴奋点，活跃课堂气氛。在这种轻松愉快的教学情境中，能有效激发学生的学习兴趣和提高他们的注意力。可见，在教学过程中，教师一边讲课一边辅助画以简笔画，不仅能创设情境，而且能活跃课堂氛围，提高教学成效。

3. 有助于突破教学难点

在课堂教学中，有时会遇到难以言喻的抽象概念和头绪纷繁的复杂难题，教师用口头、手势、板书等方式说不清、道不明。如果运用简笔画进行直观教学，变抽象概念为具体形象，变复杂问题为简单图示，不仅有助于积极启发学生思维，培养和提高学生分析问题和解决问题的能力，也有助于教学难点迎刃而解。

4. 有助于提升教学质量

教师在课堂教学中运用简练、概括、直观的简笔画，能在较短的时间内将简笔画所蕴含的主要特征表现出来，为教师的课堂教学过程提供了直观的形象，为帮助学生形象地理解知识与事物提供了广阔的空间。可见，简笔画能形象地概括教学内容、直观地表达教学意图、生动地体现教学目标，从而有效地提高教学质量，在课堂教学中发挥着特殊的作用。

5. 有助于提高教师素质

教师要在课堂教学中熟练自如地描绘简笔画，且边画边说，及时与学生互动，课前必须全面深入地了解教学内容，设计出适合的视觉形象的简笔画，并自然而然地呈现出来。这个过程对教师而言，是一种创造性实践，能有效地提高教师的素质与专业发展水平。教师在钻研教材的基础上，通过思考、设计、比较、筛选，最后在课堂教学中在黑板上一挥而就地完成一幅或几幅简笔画，不仅为学生铺就一条通向知识宝库的道路，而且为自己素质的提高添上了浓墨重彩的一笔。这样的日积月累，教师的素质与专业发展水平必将会不断提升。

二、掌握简笔画的基本技法

简笔画是利用简单的点、线、面等符号语言来表现物象基本特征的一种简练、概括和生动的绘画形式。它既不追求写实画的逼真，也没有图案的工整，但却具有风俗画的情趣和漫画的夸张。简笔画的基本技法主要有线描法与线面法两种。

1.线描法

简笔画最常用的技法是线描法。在简笔画中，线条是最基本、最重要的造型手段和造型语言。从某种意义上说，简笔画就是由线条组成的画。因此，教师要画好简笔画，就要做好常用线条的练习：横线练习（从左到右）；竖线练习（从上到下）；斜线练习（左斜、右斜）；曲线练习；折线练习；弧线练习；综合线练习；等等。教师在练习线条时，要做到轻重适宜、流畅、均匀、清晰，有力度感；要注意线条的粗细、疏密、浓淡、虚实等。教师还要了解不同的线条所表达的不同情感。例如，直线横线表示平稳、刚劲有力；曲线表示优美、活泼而富有变化；折线表示曲折、迂回。此外，线条的粗细、疏密、浓淡、虚实等都能使简笔画产生不同的效果，让人产生不同的感受。

运用线描法，教师就可以描绘简单的单线式简笔画。单线式简笔画，就是使用简单的线条，寥寥几笔勾勒出对象的外形特征、动态特征，并适当加以夸张，使形象更为生动。还可以描绘廓线式简笔画，即用线条勾勒出物体外部轮廓线的造型，比单线性简笔画更加形象生动。还可以描绘单线廓线混合式简笔画，即在简笔画中，同时使用单线式与廓线式两种类型的绘画形式。例如，图 1-1 中鹤的躯体、翅膀使用廓线式，而腿脚与脖颈等部位使用了单线式。

图1-1 单线廓线混合式简笔画

2. 线面法

绘制简笔画的常用技法还有线面法。线面法也称线面结合法，在线条的基础上适当地加上一定的块面以丰富画面效果。该技法用"线"刻画物体结构和特征，用"面"表示物体的立体和空间。它既强调物体丰富的明暗变化，又注重物体严谨的结构关系。线面法突出"线"的表现力，用"线"刻画物体结构和特征，用"面"表示物体的立体和空间。

教师如何用好线面法呢？一是理解好线与面的关系，必须使二者自然地结合，形成统一、协调的画面，而不能过于生硬地把线与面叠加在一起。二是突出重点，明确任何一幅简笔画的表现都有主次之分，才能更好地表现主题。教师在画简笔画时，虚实结合、轻重不同就显得尤为重要了。例如，教师用线面结合技法来画熊猫的简笔画时，先用线条把熊猫的大体轮廓勾勒出来，然后用明暗块面加以补充，在线条与块面的默契配合下，二者相得益彰，使熊猫的简笔画更加生动、饱满、有活力（见图1-2）。

图1-2 线面结合法勾勒的熊猫

三、画好简笔画的小妙招

1. 简化物体

教师用简笔画去表现复杂的物体时，一定要学会概括、简化。教师把平时看到的物体概括为几何形体，如灯管、杯子等是圆柱体，桌凳、冰箱等是长方体。例如，教师画冰箱的简笔画时，就可先画出平面长方形，再加上开门把手、上下门的中间线等个性特征即可。又如，篮球、排球等球类，以及西瓜、苹果等水果，它们的外形可简化为圆形或圆球体。教师在画这些简笔画时，先画出圆形，再加上具体个性特征、个性符号就可以了，如西瓜的条纹，足球、篮球上不同的装饰图案等。

2. 把握静物简笔画的特点

静物简笔画，即保持静止的物体的绘画，可以是椅子、房间、瓶瓶罐罐、容器器皿、水果蔬菜、花卉等静止不动的任何东西。尽管有的静物看上去很复杂，但是仔细分析后可以发现，它们都是由简单的图形和线条组合而成的。静物从外观上可以直观地分为方形、三角形、梯形、圆形、半圆形等不同的形状。教师在绘简笔画时，要比例协调，大小适度，不能悬殊太大。简单的物体用最简练的形状去概括；而复杂的物体，则要学会取舍和增减，抓住重点，用关键部位的线条去概括。

3. 把握风景简笔画的特点

风景简笔画，主要指描绘自然景观以及人工改造后的景色，一般以云天、太阳、树木、流水和倒影、山峦、建筑物等为绘画对象。风景简笔画可以是单一的一个事物，也可以把多种事物在同一画面中进行展现。当多种事物在同一画面中进行展现时，教师要结合整体画面，做到主次分明、重点突出，抓住关键物体和描绘的主体。教师在风景简笔画的取景和构图过程中，要学会提炼、概括和取舍，取景、构图时要大小、高低、远近都适宜。

4. 把握人物简笔画的特点

如何能用最简练的线条高度概括不同的人物形象，这是画人物简笔画应该注意的核心。例如，在人物头像中，不同的脸型可以采用不同的几何图形来表达。通过变换眼睛和嘴巴的形态来描绘不同的表情；通过不同发型的刻画来表现人物的外貌和气质。考虑到部分教师缺乏美术基础，因此在画人物简笔画时，可以使用"火柴棍式人物绘画法"，通过使用长短不同的直线来呈现出躯干、颈及四肢，头部可以用椭圆形，五官可以不用表现，突出人物的动态即可。

5. 把握动物简笔画的特点

教师画在动物简笔画时，尝试用最简单的几何图形去概括、归纳动物的形体。例如，老黄牛的头部看作倒梯形；身体比较粗壮，看作长方形。然后，分析、找出动物的特点，并在简笔画中呈现出来，这样的简笔画才形象。例如，画啄木鸟，嘴是啄木鸟独有的标志，因此，要特别把啄木鸟嘴的特点呈现出来。又如，画老虎，其头部形状很有特点，简笔画要把重点放在老虎的头部。

6. 上色简笔画

画简笔画，也可以对其进行简单上色。色彩对于表现事物有着强烈的视觉效果。教师对简笔画上色，能有效地吸引学生的注意力。教师应注意，上色要简洁、突出主体。例如，画熊猫，应在耳朵、眼睛等部分涂上黑色。此外，还可以给主要物体上色，其他物体不着色，以突出主体。

7. 创编简笔画

教师还可以根据实际需要，创编简笔画，即将一些故事、童话、诗歌等语言文字所描绘的内容，转换为直观的视觉形象，以简笔画的形式表现出来。教师在创编简笔画时应注意：一是要全面深入理解故事或者诗歌的内容，准确把握主题；二是简笔画的构图要符合形式美的规律，背景简明扼要，删除可有可无的形象；三是造型要简化、概括、夸张，主体形象要突出、醒目，从而受到学生喜爱。

【拓展阅读】

简笔画在小学语文课堂教学中的应用①

江苏省昆山市周市华城美地小学谭晓宇老师认为，以简笔画的视觉形象语言辅助教学，可以极大地丰富课堂教学，有利于营造一种轻松、愉快与活跃的课堂气氛，让枯燥无味、艰涩难懂的教学内容变得轻松有趣。下面是他在小学语文教学中应用简笔画的经验，供大家借鉴。

1. 简笔画应用于拼音教学

简笔画运用在小学拼音教学中，有助于小学生的思维过程形象化、具体化，从中获得感性认识，化抽象为具体，帮助教师突破教学难点，引导学生能够在轻松愉悦的课堂氛围中学好拼音，为识字教学奠定扎实的基础。

例如，拼音声母"b、p、q"，是许多小学生容易混淆、难以区别的内容。为了让学生准确地识别，教师把"b"画成一张人的笑脸，并告诉学生"b"是一个大肚皮的大伯；把"p"画成人的哭脸，同时编了一首顺口溜："大肚子伯伯（b）上不了坡（p），爬呀爬呀真生气（q）。"学生觉得非常有趣，课堂洋溢着热烈活跃的学习气氛，学生们很快就掌握了相关内容。

---

① 改编自 谭晓宇. 妙趣横生活力四射——简笔画在小学语文教学中的应用［J］. 读写算，2023（33）：44-46.

2.简笔画应用于识字教学

教师在识字教学中应用简笔画，有助于突出事物特点，将抽象的汉字形象化，便于学生理解记忆。简笔画不仅可以作为教师识字教学的辅助手段，也可以作为小学生学习生字的工具。教师要引导学生应用简笔画的表现形式，利用简笔画对象形字进行描绘，融美术与识字教学于一体。教师还可以用所描绘的象形字来编排故事，一个个形象生动的故事便在学生的心底缓缓流出。

例如，在教象形字"日、月、山、水、木"时，教师根据其象形特点在黑板上画出相对的简笔画，让学生想一想、猜一猜。学生不仅学得起劲，也容易记牢。这些生字变成了一幅幅富于情趣的图画，帮助学生加深了理解和记忆，激发了他们的识字兴趣。

3.简笔画应用于阅读教学

在语文教学中，教师常会遇到这样的尴尬：有些内容，仅凭语言文字的注释说明，学生理解不清或一知半解，即使教师唇焦舌燥，仍感力不从心。这个时候，利用简笔画"化抽象为具体"的直观教学就会事半功倍。

例如，一年级语文上册第七课的《青蛙写诗》是一首轻快、活泼的儿童诗。作者发挥了大胆而丰富的想象，对池塘里的景物"蝌蚪、水泡泡、水珠"进行了拟人化，把它们生动地比喻成一个个逗号、句号与省略号，组合成了一首充满情趣的小诗。在教这篇课文的过程中，教师先在黑板上画上青蛙与荷塘，边画边辅以口语描述：小蝌蚪变成了小逗号，小鱼泡泡变成了句号，而荷叶上面的一个个小水珠则变成了省略号……学生一边听一边认真地看简笔画，很快就掌握了课文内容。

4.简笔画应用于习作教学

在小学习作教学中应用简笔画可以拓展、启迪学生的创造性思维，让他们在欣赏简笔画的过程中，激发写作的灵感，引导学生把简笔画描绘的事物用文字记录下来，提高习作能力。这样，一幅幅简笔画就转化为一篇篇小作文。

例如，三年级下册第八单元的习作就是"看图画，写作文"。教师把李白的七律诗《望天门山》作为学生习作的范本。利用简笔画描绘出一江碧水、两岸青山、一片孤帆与落日，然后引导学生仔细观察，认真思考，用自己的语言说出画中的情景，最后将这些话写出来就是一篇非常好的由古诗改写的小作文了。教师以简笔画的形式实现了"看图画，写作文"预期的教学目标。

关键 04
做得一手好课件

做得一手好课件是教师的基本功之一，呈现课件是课堂教学的一种重要的方式与手段。信息技术的发展正深刻地改变着世界的方方面面，深刻地影响着教育的方方面面，对教师课件制作或开发提出了更高的要求。在当前的时代背景下，课件就是多媒体课件。教师如何制定好课件呢，本节主要从使用合适的课件制作软件、选择合适的音视频剪辑软件、不断优化课件制作等方面来阐述。

一、选择合适的课件制作软件

教师制作课件，需要借助相关的软件。随着信息技术的发展，教学手段越来越现代化，开发课件的软件也越来越丰富多样。当前，常见的多媒体课件制作软件有普罗米修斯、希沃白板 5.0、Focusky 动画演示大师、Articulate、Storyline 2.0、Smart 等等。教师可以根据自己的需要、喜好以及信息技术水平，选择合适的软件来制作课件。下面，具体介绍 4 种常用的软件，供教师选择。

1. PowerPoint 软件

PowerPoint 软件是微软推出的 PPT 演示文稿，功能强大，界面简洁明晰、操作方便快捷，是当前教师最常用的多媒体课件制作软件。PowerPoint 软件应用范围广泛，能够制作出集文字、图形、图像、声音以及视频剪辑等多媒体元素于一体的演示课件，有助于教师根据教学的需要，把所要表达的信息组织在图文并茂的画面中，有效帮助教学演示、内容展示等。PowerPoint 软件最大的特点就是教师做课件十分简单，不用掌握太多知识，制作起来得心应手。其局限性也很明显，即只能通过图片、视频和文字的形式对教学内容进行展示，不能进行信息交互。例如，针对"气候"的教学内容时，教师利用 PowerPoint 软件制作课件，在课堂上通过图片展示不同气候的特点，引导学生积极思考。

2. Flash 软件

当前，Flash 软件已在广大教师中得到较普遍的应用。教师可较轻松地搜索到内容丰富的 Flash 动画和课件材料。通过 Flash 软件做出来的课件，其特点很明显。一是有更具直观的表现力。针对一些相对抽象复杂的教学内容，Flash 课件可以超越 PowerPoint 课件，教师将和教学内容有关联的图表或者案例或者音视频等插入课件中，通过交互的方式将音频信息、动画信息、视频信息和文本信息等多类信息以单一或合成的方式呈现出来，将相对复杂的问题变得简单，学生能够更容易理解学习内容。例如，教师在讲"张骞出使西域"时，教师通过 Flash 课件播放视频或者短片，无须用过多的文字介绍说明，只讲解说明一些细节就可以。二是信息量更丰富，交互性更强。教师可通过超级链接的方式，引导学生了解最新的知识和消息，其强大的信息量，有助于学生快速获取大量的知识。

3. Storyline 软件

Storyline 课件制作软件，能充分发挥互联网信息技术以及多媒体技术的实际应用效果，软件内部包含大量优秀素材，帮助教师更加灵活、巧妙地分析课堂教学的主要流程以及相关教学步骤。Storyline 软件的界面与 PowerPoint 软件界面大致相同，对教师的技术操作要求不高。然而，使用 Storyline 软件制作课件，可进一步优化课件的模板内容，逐步完善多媒体教学的主要过程。教师利用自带的模板，调整具体的教学方法以及相关教学对策。教师利用 Storyline 软件，可直接将相关教学模板下载下来，融入相关教学内容，引入课堂教学实际环节中。教师还可以利用 Storyline 软件，设置不同类型、不同种类的课堂测试题，帮助学生进一步巩固所学知识。另外，利用 Storyline 软件，教师可直接导入 Excel 文本中的具体内容形成课件，有助于丰富教学内容。

4. 希沃白板软件

目前，在课件制作与开发中，越来越多的教师正逐步使用希沃白板软件代替传统的 PowerPoint 课件开发软件。希沃白板是一款针对信息化教学需求而设计的基于账号体系的交互式多媒体教学平台软件。该软件以生成式教学理念为核心，为教师提供云课件、学科工具、教学资源等备授课功能更多地体现交互式功能。它增加了互动功能、思维导图、课堂活动等功能，很大程度地提高了教学效率，使用非常方便。同时，该软件的表现能力非常强大，以具体、生动、形象的方式再现各种事物和场景、活动和过程，而不受时间与空间的限制。它可以将各种知识信息元素与声像媒体包括形状、颜色和动画等整合在一起，可以多方位、多维度地展示事物，让静止的事物运动起来，揭示事物的内部特征。希沃白板课件能够更好地激发学生的感官认识和思维能力，提高学生的参与意识，发挥学生的主体作用，提高学生的学习热情及学习效果。更具体的阐述，请见本关键点的拓展阅读部分。

二、选择合适的音视频剪辑软件

教师在多媒体课件制作中，需要使用音视频剪辑软件，导入、处理以及输出调整好的音视频文件，以丰富的多媒体课件的展现形式与内容，达到增强课堂教学效果的目的，体现多媒体教学带来的优势。常用的音视频剪辑软件主要有 Vegas、Premiere、EDIUS、会声会影、蓝关 MP3 剪切器、爱剪辑、闪电音频剪辑软件等等，其使用要求、优缺点也各有不同。教师可以根据实际需要，选择合适的编辑软件。

1. Vegas 编辑软件

Vegas 是当前受欢迎的专业性影像编辑软件之一，具备剪辑、特效、后期处理、序列和合成等多种功能。该软件不仅操作界面高效，而且广泛应用于广播电视、电影制作、主流媒体等领域。Vegas 编辑软件的优点主要体现在以下四个方面：一是对计算机配置的要求较低，普通的个人电脑就可运行；二是对操作者要求不高，上手操作很快；三是占用的内存较少，功能、界面、操作等方面友好且高效；四是特别适合剪辑各种类型的动画影视 MV 的音视频。该软件的缺点，主要在于视频素材的支持格式较少，尤其在添加字幕的时候，操作较烦琐。另外，该软件有时稳定性不够。

2. Premiere 编辑软件

Premiere 是一款非线性编辑软件，具有非常强大的功能，受广大音视频剪辑爱好者与专业人士的欢迎。该编辑软件应用的范围很广，不但用于添加影视作品后期字幕、加入特效、美化音频、组合和拼接段落以及调色等方面，而且用于剪辑电影、制作广告、家庭娱乐等方面。Premiere 编辑软件的优点很多，具体包括普及率高、兼容性强、效率高、适用范围广、网络教程多、用户群体大、支持多种编码格式导入与输出，等等。该软件的功能全面，且专业性很强。其缺点主要体现在：一是软件内存容量较大，在进行视频输出渲染时，对处理器、内存的占用率比较高；二是对操作者专业水平要求比较高，需要较系统地学习相关教程才能进行音视频剪辑。

3. EDIUS 编辑软件

EDIUS 也是一款非线性编辑软件，其初衷主要是为新闻工作者的广播和后期制作设计。EDIUS 编辑软件凭着实时的输出、多轨道和多格式的混编合成操作同步执行，大大提升了新闻从业者的后期编辑效率，且能够适合大量复杂工作环境，支持多种视频格式输出，还能导出标准的 EDIUS 格式。该软件具备很强的兼容性，能支持所有 DV、HDV 摄像机和录像机。另外，该软件操作简便，适合音视频剪辑初学者使用。

4. 会声会影编辑软件

会声会影，也是对音视频剪辑初学者友好型的编辑软件。该软件拥有 100 多种编制功能与效果，支持多种常见的音视频格式，拥有众多的模板，不仅操作简单易懂，而且界面友好，能够帮助初学者在短时间内创造出优秀的作品，非常适合日常使用。该软件最大优点，是对初学者具有很强的包容性；最大的缺点是难以处理复杂和多项任务，只能处理一些需求简单的音视频剪辑工作。

三、不断优化课件制作

1. 加强课件的相关学习

教师要做好课件，需要加强理论学习，掌握信息技术与学科的融合，为自己制作多媒体课件奠定理论基础。教师要学会如何优化与组合众多的信息技术终端，学会怎么做才能让自己的课件以及课堂教学实现与信息技术的深度融合。另外，教师还要学会相关软件的应用、常态录播设备的应用、希沃等品牌触摸式一体机的应用、手机与教学设备的同屏应用等。

2. 确保课件的教学性

课件，即多媒体教学课件，教师应充分注意其教学性，这是课件赖以生存的基础与生命线。课件如果脱离了教学内容，形式再好也是无效的。因此，教师在制作课件时，应充分考虑到教学内容与教学实际需要，而不是图片、动画或视频音频越多越好。另外，课件中的教学性还体现在教学实用性，这要求教师不仅要考虑课件在教学中的实际使用效果，还要考虑其使用的简洁性与交互性。教师在设计课件时，争取多设计一些交互性界面，给学生多提供参与的机会，更好地调动学生学习的主动性和积极性。

3. 优化课件的结构

一个好的课件，正如文学作品一样有"凤头""猪肚""豹尾"这样完整的结构。在课件的制作中，"凤头"指课件首页，有画面和音乐美感，以期在课堂教学中尽快吸引学生的注意力、激发学生的学习兴趣；"猪肚"是指课件有丰富的教学内容和解决教学中的重点难点、弥补教学中不足的翔实图片文件、视频文件、声音文件或者三维动画等资料；"豹尾"即课件的结尾，概括和总结教学内容，且提出问题，进一步供学生课余补充学习或开展讨论。

4. 搜索并完善课件素材

教师制作课件时用到最多的素材就是文字、图片、视频和音频等等。教师常用的图片搜索是"百度图片""360 图片"，"千库网""昵图网"等都有很多高质量的图片素材。教师一般通过百度音乐、网易云音乐、QQ 音乐、哔哩哔哩等平台进行搜索、试听、下载音频素材。当然，这些下载的素材一般不能直接用于课件中，教师还需利用相关的音视频剪辑软件或图片编辑软件，进行编辑、修改、完善后才能应用到课件中。

5. 完善课件细节

课件制作是一个精雕细琢、不断完善的过程。俗话说"慢工出细活"，教师只有充分考虑、不断完善细节，才能制作出好的课件。例如，教师仔细检查课件内容，杜绝错别字；审视课件风格与形式，确保适合学生的身心发展特征，确保具有一定的艺术美。又如，在特定的场合，在课件中补充旁白与背景音乐，给学生营造轻松愉悦的教学情境，激发他们的学习热情。

6. 及时分享课件

教师还可充分利用希沃白板自带的分享功能，及时通过"手机分享""链接分享""我的学校"，分享到不同的微信群、QQ群、平台，以及学生、学科组、年级组，供需要的人选用，非常便利。

【拓展阅读】

巧用希沃白板 制作交互式课件①

希沃白板软件拥有更加丰富的知识信息元素及媒体素材，灵活多样的学科工具和丰富多彩的趣味活动设计。教师使用希沃白板制作课件，用生动活泼的课堂情境、课堂活动代替抽象、枯燥的知识呈现，有助于课堂教学更加具有互动性、生动有趣、丰富多彩，提高教学质量。那么，如何巧用希沃白板，制作交互式课件呢？

1. 插入多媒体元素

在希沃白板的备课界面选择多媒体工具，教师就能方便地插入图片、音频、视频、表格、图表等各种多媒体元素，同时也能通过右侧的属性面板进行编辑，添加动画，创建超级链接以实现交互，尤其在授课界面也能简单进行编辑操作，教师课堂教学演示非常方便。

2. 制作思维导图

教师在希沃白板的备课界面上点击"思维导图"工具就可以创建出简单、现成的思维导图，在属性中可以选择导图的样式、增减节点、逐级展示等。教师在课堂教学时就可将导图里的内容一级一级分别展示出来，不仅将课程的重点、难点通过图形的形式直观地展现出来，帮助学生更好地理解知识，而且增加了动

---

① 改编自 况爱农. 巧用希沃白板开发交互式课件提升信息化教学能力 [J]. 发明与创新（职业教育），2021（7）：132-133.

态性，给学生留出思考和想象的空间，帮助学生更好地理解知识。

3. 使用学科工具

教师在希沃白板里，可以根据自己所教的学科，巧用学科工具来制作课件。语文教师也可利用里面的汉字、拼音及古诗词工具。例如，汉字工具，用来教学生按笔画写字，既可连续显示笔画，又可分步显示笔画；拼音工具，用来标出生字词的拼音及音标，播放标准的示范发音。数学教师能够利用几何工具、公式工具等数学学科工具来制作课件。例如，利用几何工具，教师很方便地就可绘制直线、线段及几何图形，还可轻松处理角度、旋转、中点、填充等事宜。英语教师能够利用四线三格和英汉字典工具讲解英语单词的读音、注释、词组、近义词及例句等，便于对比和记忆。总之，教师使用希沃白板里的学科工具，给制作课件带来了极大的便利，提高了效率；同时，在课堂教学中使用课件时，有效地激发了学生浓厚的学习兴趣和强烈的求知欲。

4. 设计课堂活动

使用希沃白板的"课堂活动"功能，教师可以创建、设计趣味分类、超级分类、选词填空、知识配对、分组竞争、判断对错等各种丰富多彩的课堂活动，增加教学的丰富性、趣味性、互动性。教师在课堂教学时使用课件，还可以让学生直接到讲台上在一体机上进行分类，答案正确自动吸入相应类别，答案错误则会自动弹出。这样，有助于提高学生学习的兴趣，给学生留下更深刻的印象，学生由被动接收知识变成主动学习，在轻松愉悦的氛围中掌握知识。

5. 巧用知识胶囊

教师使用希沃白板自带的知识胶囊功能录制视频，做课件就简单方便多了。作为专为教师设计的课件制作工具，知识胶囊能够以互动课件、语音识别与录音的方式制作课堂实录。录制的知识胶囊最终生成精美海报，保存在云端，方便分享，为教师减轻负担，提高教师的工作效率。这种操作简单，在手机上即可进行，登录希沃后，直接在软件界面点击"知识胶囊"，再选择要录制的课件即可进行录制，录完后自动保存。同时，在手机上也可以方便地利用微信、QQ等平台将胶囊分享给学生观看。

6.创设互动评价情境

教师利用希沃白板配置的"班级优化大师"，创设及时有效的互动评价情境，不仅及时进行课堂评价，而且及时地给家长反馈评价的结果，以便家长参与学生的课堂管理。它不仅反映学生的评价结果，而且反映学生在课堂上的表现过程，结合了过程性评价和总结性评价的优点。

专题二

提高课堂教学的基本素养

基本素养，这里指教师开展课堂教学应具备的基本素质，是练就好课的重要条件。随着时代的发展，教师基本素养的内涵与外延不断变化，不同的学者提出了各自的看法。本专题从教学语言恰当、肢体语言适当、教学方法灵活、板书设计巧妙等四个关键来探讨教师提高课堂教学的基本素养。

关键 05
教学语言恰当

教师的教学语言，是教师在课堂教学中向学生传递教学信息的语言符号系统，把教师自己明白、内化的知识转化为具有规范的语法结构，且能为学生理解的语言形式。教学语言恰当，是教师提高课堂教学的基本素养之一。可见，教学语言是教师向学生赖以教授知识、传递思想的重要媒介。从广义上说，教学语言包括教师教的语言和学生学的语言，包括书面语言、口头语言、肢体语言，是教师与学生之间相互交流、反馈的媒介。从狭义上说，教学语言仅指教师教的口头语言，是教师在课堂教学过程中，向学生传授知识、启迪智慧、丰富情感、循循善诱的主要工具与媒介。这里的教学语言，采用狭义的含义，仅指教师的口头语言，肢体语言在下个关键另有详细阐述。

一、教学语言的类型

教师教学语言的类型不同，其结构、属性、功能也各不相同。每一种类型的教学语言都有着独特的语用功能。教师要想在课堂教学中灵活使用各种不同类型的教学语言，发挥其最佳效果，就要明晰其所要发挥的功能。教师要根据不同教学语言的功能，灵活使用开课语、提问语、解析语、辅导语、结课语。

1. 开课语

开课语，也称为课堂导入语，是教师教学语言的重要组成部分。什么是开课语呢？简言之，就是"课堂教学的开场白，是教师在正式讲新课之前，用来引入新课、启发诱导的话"。开课语虽然不是课堂教学的主要内容，却是与教学内容紧密相关的一种重要的教学语言；是在一堂课开始的时候，教师所使用的调动学生积极参与课堂教学的导入性语言；是在课堂的起始环节激发学生积极性与主动性的关键因素；是教师在正式上课之前，以教学目标、教学内容，以及学生心理特点为依据，精心设计的一段简短而精练的语言。

一段看似简短的开课语，在课堂教学中却起着不容忽视的作用。开课语主要是教师为课堂教学的新知传授做准备的，教师希望通过这段简短而精练的开课语，将处于下课状态的学生的分散思维尽快聚拢起来，将学生的注意力尽快集中到课堂教学活动中。

教师如何使用开课语呢？不同的教师在不同的情境中采用不同的开课语方式。

（1）采用"开门见山型"开课语方式

直接点题是常用的开课语方式，可以避免不必要的累言赘语，避免绕圈子，让学生一目了然，快速引导学生投入课堂教学内容中去。例如，在上《孟子》这堂课时，一位教师采用这样的开课语："我国古代有四书五经，四书指《论语》《大学》《中庸》《孟子》。今天，咱们就一起探讨孟子其人及其《孟子》吧。"

（2）采用讲故事的开课语方式，尽快吸引学生的兴趣与注意力

例如，同样在教授《孟子》时，另一位教师采用这样的开课语："大家都听说过'孟母三迁'的故事吗？我们一起来回顾一下这个故事……"

（3）采用设置课堂学习任务的开课语方式，尽快聚焦学生的注意力与精力

例如，同样在教授《孟子》时，还有一位教师采用这样的开课语："孟子是

主张性善论还是性恶论？与孔子的观点有什么不同？请大家带着这两个问题一起来学习今天所要学习的《孟子》。"

（4）结合时事热点或生活中的事情来设计开课语方式

例如，在学习"权利和义务"这堂课时，一位教师以一件社会时事新闻作为开课语："一位76岁的老人，有三个孩子，却出现了无人赡养的情况。老人将三位子女告上法庭，最终赢得了官司，但他没有感到幸福。父母子女的权利和义务到底体现在哪些方面呢？"

教师设计、使用开课语时，要遵循针对性、启发性、知识性和趣味性等基本原则。教师具体采用什么开课语，应以学生的实际情况、所教内容为出发点，激发学生的学习兴趣，调动他们学习的积极性，引导学生尽快投入新知识的学习中。这也是教师使用开课语的目的所在。

2. 提问语

提问语，是教师根据教学要求和学生的实际提出问题，促进学生思考钻研、加深理解的教学语言形式，是教师教学语言的重要组成部分。提问语本质上是根据课堂教学任务的需要向学生抛出问题，是特殊形式的课堂练习和反馈方式。教师根据学生的回答或其他反馈及时判断学生学习、理解、运用知识的程度，及时调节后续的课堂教学安排。

教师的提问语，具有以下几种功能。

（1）有助于课堂教学的有效推进

学生在听讲时难免出现注意力分散的情况，需要教师通过合适的提问语来吸引、保持学生的注意力。教师根据授课的内容，用一句句由浅入深、循序渐进的提问语来吸引学生的注意力，紧紧钳住学生的思维，激发他们的学习兴趣与学习动机，确保良好的教学效果。教师一般在上课之前就设计了大部分的提问语，一环扣一环，引人入胜，以便及时了解学生的学习情况，调整学生的听课状态。

（2）有助于课堂教学及时查漏补缺

提问语可以帮助学生完善知识的理解，尤其在学习一些概念、公式或规律时，教师借助提问语，帮助学生解决一些似懂非懂的问题。好的提问语还可以激发学生不断提出新的问题，以及加强师生、生生之间的互动，从而加深学生对知识点的理解、运用，提高课堂教学的有效性与教学质量。

（3）有助于加强学生的课堂参与

教师的提问语是吸引学生积极参与课堂活动的引导索。例如，教师在做实验的过程中，采用边做边提问让学生回答的方法，培养学生的观察能力、想象能力和语言表达能力；还可以引导学生运用所学内容和各方面的知识和经验，融进自己的思想感受和价值观念，进行独立思考与回答问题。

总之，教师如何使用好提问语是一门学问。教师想要使用好提问语，要在备课和课堂教学中多思考、多观察。教师使用提问语，应尽量照顾每一个学生，体现全体性原则；教师使用提问语，应循序渐进，注意每个问题的难度和与其他问题的联系；教师使用提问语，不是问了就一了百了，还应对学生的回答及时反馈，多鼓励学生，提高学生的自信心。

3. 解析语

解析语，也称讲解语，是教师为了完成教学任务，根据具体情况对知识、规律、定理、例题等进行讲解分析的教学语言，是教师教学语言的重要组成部分。使用恰当的解析语，教师应做到简约清晰、通俗易懂和严谨正确。在讲解重点时，语调抑扬顿挫，使学生"如沐春风"般享受课堂教学，激发学生更深入地思考。解析语是教师教学语言的基石，是传道授业中最基础的教学语言。解析语的目的各异，方式和作用亦有不同。

（1）解析语可以用来解释概念

教师解释概念时不能照本宣科，应充分理解概念的内涵，把握主客体之间的逻辑关系，用准确的语言清晰地揭示概念的本质。例如，教师在课堂教学中解释光合作用，可使用这样的解析语："光合作用，通常是指绿色植物（包括藻类）吸收光能，把二氧化碳和水合成富能有机物，同时释放氧气的过程。其主要包括光反应、暗反应两个阶段，对大自然的能量转换具有重要作用。"教师不仅在解析，还应对绿色植物、光能、二氧化碳和水等方面重点强调。

（2）解析语可以借助举例说明的方式进行

举例说明是教师在解析过程中常用的教学语言。通过举例子，有助于教师对繁杂的知识点拨云见日，有助于学生更直观地理解知识的本质。有些概念、术语、规律、公式或定理较抽象，难以清晰地传达给学生，难以让学生理解。在这样的情境下，教师通过举例子的方式进行解析，更加直观地联系学生生活，有助于将抽象概念具象化，增加说服力，使学生更容易理解和掌握。例如，教师在物理教学中讲解热胀冷缩原理时，拿出温度计，用温度计作为例子来解析。温度计内部的液体随温度上升而上升，这就是由于液体的热胀冷缩性质所致。学生一听一看就明白了。

（3）解析语应引发学生积极地思考

单纯的"交代式"或"讲授式"解析语，难以激发学生的思考。教师应从更高层次的视角来审视自己的解析语，在解析语上下功夫，借助解析语逐步激发学生思考，引导学生积极探索所学知识。

4. 辅导语

辅导语，是教师在引导学生思考、做练习和小组合作等场合时使用的辅导或帮助性质的教学语言，是教师教学语言的重要组成部分。教师通过辅导语，提示学生了解自己目前的任务进度，及时调整方向，帮助学生顺利完成任务。辅导语并不是教师简单地纠正错误，更不是看到学生错了就随意打断学生的思考。辅导语的使用要根据教学任务的性质来决定，有面向全体学生的辅导语，也有面向个体学生的辅导语。

教师如何把握使用辅导语的时机？使用辅导语，教师应该根据课堂教学安排灵活应变。如果学生在开展竞争性的小组任务时，教师应减少或避免辅导语的使用；如果学生在共同思考教师所提出难题时，教师可使用面向所有学生的辅导语，提示学生哪里有"坑"；如果学生在完成课堂作业这种个人的任务时，教师走到学生中间去"巡逻"了解学生的答题情况，可使用面向个别学生的辅导语，及时提醒学生存在的错误，帮助学生简单回顾课堂教学的知识。

总之，尽管辅导语仅占教学语言的一小部分，但是细节决定成败。教师应该认真打磨辅导语的每一句、每一词，且及时把握使用辅导语的时机。

5.结课语

结课语，是在一堂课即将结束时教师用以回顾整堂课所学内容，强调重点和布置课后作业的教学语言，是教师教学语言的重要组成部分。结束语是一堂课的结尾，又是下一节课潜在的开始，与开课语首尾呼应。教师在使用结课语时应该把握关联性、新颖性和人文性等特点，每堂课可以使用不同的结课语形式。

（1）以布置作业作为结课语

这种布置作业的结课语形式，可以是书面作业，也可以是口头作业。例如，学完鲁迅的《狂人日记》，教师采用这样的结课语："今天的作业，是在课后模仿鲁迅先生的《狂人日记》的写作方式，任选一个主题，仿写一篇作文。"

（2）以评价作为结课语

一节课即将结束，教师可以评价学生学习本节课的情况。这样的结课语，教师尽量多表扬、多鼓励，同时指出学生需要改进的地方，说话要掌握分寸，保护学生的自尊心。例如，学完鲁迅的《狂人日记》第一课时后，教师采用这样的结课语："今天，同学们大部分掌握了鲁迅及其《狂人日记》的时代背景、字词、语句等基本内容，尤其是小明同学，今天表现非常突出。另外，有两位同学讲小话。老师期待下次课，大家更精彩的表现。"

（3）以拓展知识作为结课语

教师使用该种结课语来引导学生进一步在课后思考与学习，拓宽课堂教学内容。例如，学完《守信》，一位语文教师采用这样的结课语："今天，我们学习了宋庆龄奶奶小时候诚实守信的故事。请同学们课后想一想，在日常生活中，我们还有哪些诚实守信的小故事呢？我们如何做到诚实守信呢？"

二、教学语言的特点

教学语言是教师在课堂教学中使用的专业语言，主要具有科学性、简洁性和可接受性等特点。教师在使用教学语言时，应充分把握好教学语言的特点，发挥教学语言的功能。

1. 科学性

教学语言的科学性，体现在准确、规范、精练和逻辑性上，确保教学内容的正确性，使用准确的学术术语，提供清晰的信息，便于学生理解和吸收。如果教师使用的教学语言在表述上含糊不清，且有歧义，就容易误导学生。由于学生心智不成熟，具有较强的模仿力，在学习语言和知识的过程中，模仿教师的教学语言是重要的途径之一。因此，教师不能使用带有歧义的教学语言，确保表述的科学性。

2. 简洁性

教学语言的简洁性，是教师在讲课的时候，既要通俗易懂，又要言简意赅，精练而不含糊，避免言不及义或不断反复，避免过多使用口头禅，强化专业术语。如果是需要反复强调的定义、定理、规律，教师的教学用语一般应定型，即教师第一次讲的和第二次、第三次讲的内容应该一致，便于学生做笔记与记忆。教师一定要注意，教学语言既不像书面语言那样文绉绉，也不同于日常生活语言那样随随便便；教学语言切忌啰唆唠叨、烦琐冗长、前后不一。

3. 可接受性

教学语言还具有可接受性的特征。学生处于心智未成熟的发展阶段，对于知识、语言和思想的可接受性有限。因此，教师在使用教学语言传道授业时要充分考虑学生的年龄特点和发展阶段，保证教学语言的可接受性，即能被学生所接受或理解。教师应注意通过详细解释或生活化实例，恰当运用适合的语言词汇，帮助学生学会、掌握难以理解的教学内容。

三、使用好教学语言的技巧

教学语言的重要性，决定了教师必须使用好教学语言。使用好教学语言不只是在"说话"上下功夫，而且是在整个课堂教学设计上和教学语言遥相呼应。教师的职业特点决定了教师的教学语言是一种独特的语言艺术。适当的教学语言，犹如一股清泉，叩开学生的心灵之门；犹如一把钥匙，打开学生的智慧之门。

1. 把握教学语言的缜密逻辑

教学语言要有缜密的逻辑联系。教师讲授知识时，不仅应从学生的知识基础和理解水平出发，注意新旧知识的内在联系，而且应注意教材整体与局部的联系、各章节内容的联系。教师应该抓住知识的内在联系，在知识点之间用一些过渡语句，将知识整体地呈现给学生，帮助学生建立逻辑严谨的知识架构。教师要深入钻研和细致分析每堂课的教学内容，掌握其确切的含义和规律，精心组织教学语言。良好的导入语可激发学生的学习兴趣，准确的解析语可提高授课实际效果，适当的辅导语可以帮助学生思考，有意义的提问语可激发学生注意思考，提纲挈领的结课语起画龙点睛作用。

2. 发挥教学语言的人文智慧

教师如何发挥教学语言的人文智慧呢？可以通过以下两种方式。

（1）教师的教学语言要诗意化

例如，在讲授《长相思》时，王老师用诗一样唯美的教学语言，包括煽情的话语、深情的引读，把学生带进了诗情画意的世界。

（2）教师的教学语言要智慧化

教师犹如智者，用智慧的语言去点燃学生思维的火花，用教学语言处理课堂上的意外生成。例如，在讲授《我的战友邱少云》时，孙老师充分鼓励学生提出尚不理解的问题。一个学生提出了一个意料之外的问题："课文这样写着，漫山遍野响起了激动人心的口号'为邱少云报仇'，其他人是怎么知道邱少云牺牲的呢？"孙老师机智地说："你的问题提得真好，是认真思考的结果。你提的问题，我也答不出。大家一起来讨论讨论这个问题。"老师的话音一落，学生们就认真地讨论起来。

3. 注重教学语言的艺术表达

教师如何加强教学语言的艺术表达呢？可以通过以下三种方式。

（1）要注意教学语言的语调适当，避免歧义

例如，"孔乙己是个很复杂的人"，用平调读，表示判断；用升调读，表示

疑问；用降调读，表示感叹；用曲调读，表示反语讽刺。因此，教师的教学语言，应根据教学内容所蕴含的感情来正确使用语调。

（2）要注意教学语言的声音大小适当，声音不宜过大

有的教师认为声音大有助于学生听得更清楚，有助于学生集中注意力。其实，教师的声音过大，容易造成学生听觉疲劳，甚至让学生烦躁不安，甚至有的学生戏称这种教学语言是"咆哮体"。

（3）要注意教学语言的语速适当，不宜过快，也不宜过慢。

【拓展阅读】

优秀教师的教学语言范例[①]

好的教学语言，不仅能活跃课堂教学气氛，而且能提高教学质量。优秀教师有哪些经典的教学语言呢？

1. 鼓励学生听的经典教学语言

（1）谢谢同学们听得这么专心。

（2）同学们对这些内容这么感兴趣，真让我高兴。

（3）××同学专注听讲的表情，使我快乐，给我鼓励。

（4）我从同学们开心的笑脸上感觉到，很高兴，你们都听明白了。

（5）我不知道我这样说是否合适。

2. 鼓励学生说的经典教学语言

（1）谢谢××同学，你说得很正确，很清楚。

（2）虽然你说得不完全正确，但我还是要感谢你的勇气。

（3）××同学很有创见，这非常可贵。请再响亮地说一遍。

---

① 改编自优秀的教师课堂用语．[EB/OL] https：//wenku．baidu．com/view/7aea236326c52cc58bd6 3186bceb19e8b8f6ecf3．html.

（4）××说得还不完全，请哪位同学再补充一下。

（5）老师知道××同学心里已经明白，但是嘴上说不出，我把你的意思转述出来，然后请你来说一遍。

3. 鼓励学生读的经典教学语言

（1）"读"是我们学习语文最基本的方法之一。古人说，读书时应该做到"眼到，口到，心到"。我看，同学们今天达到了这个要求。

（2）同学们自由读书的这段时间里，教室里只听见琅琅书声，大家专注的神情让我感受到什么叫"求知若渴"，我很感动。

（3）经过××同学这么一读，这一段文字的意思就明白了，不需要再说明什么了。

（4）请××同学读一读，将你的感受从声音中表现出来。

（5）××同学读得很好，听得出你是将自己的理解读出来了。特别是这一句，请再读一遍。

4. 鼓励学生提问的经典教学语言

（1）"学贵有疑"，问题是思考的产物，同学们的问题提得很好，很有质量，这是善于思考的结果。

（2）××同学的问题很有价值，看来你读书时是用心思考的。

（3）这里××同学提出了这样一个问题，请大家认真思考是否有答案。

（4）××同学现在真能问，能问在点子上，能抓住要点来提问。

（5）我们同学的思想变得很敏锐，这些问题提得很好。

5. 鼓励学生写的经典教学语言

（1）同学们养成了良好的学习习惯，作业本很干净，书写也端正。我很高兴，感谢大家。

（2）请同学们看（用手扬起一大沓本子），我今天要表扬这么多同学，让我来介绍他们的名字。……这些同学的作业字迹端正，行款整齐，很少有错别字，文句通顺，进步很大。

（3）同学们写下了自己的所见、所闻、所思。我也写了一点，现在我念给大家听，希望大家能喜欢。

（4）写文章的目的是与别人交流，将自己的感情和思想用文字表达出来，让别人了解。我们的作文也应该有读者，有读者群。我建议大家互相交流。看完后将自己的体会用一两句话写下来，目的是互相鼓励。

（5）优秀的作文是全班的财富，应该让同学们来共享，来出出主意，如何使这些财富充分地发挥作用，让每一位同学得益呢？

关键 06

肢体语言适当

肢体语言，又称作身体语言、体态语言，这里指教师在课堂教学中用身体相关部位进行交流、表达、传递信息的一种无声语言，具有生动、直观、形象的特点。肢体语言恰当是教师提高课堂教学的基本素养之一，不同的教师或同一个教师在不同情境下的肢体语言大不相同。适当的肢体语言有助于教师在不同的情境中表情达意。教师用自然、恰当、得体的肢体语言辅助教学，有助于调动学生学习的积极性，引导他们更主动地参与课堂活动，提高学生的学习效果与质量。

一、肢体语言的类型

教师的肢体语言，根据肢体的不同部位，分成多种类型。

1. 头部肢体语言

头部肢体语言，包括教师点头或者摇头，表示对学生活动或行为或语言做出赞成或者不赞成反馈的头部动作。要发挥好头部肢体语言的作用，教师头发要干净、有型，发型美观大方。教师尽量避免社会上一些过于前卫、时髦的发型或五颜六色的染发。男教师不宜留长发或夸张的卷发，发型要简单、庄重、得体。

每节课开始时，学生起立、敬礼。教师回礼时，身体前倾，点头回礼，尽量避免回礼时，身体直挺，头部象征性点了一下。在课堂教学过程中，教师应抬头挺胸，给学生以胸有成竹的自信感。学生回答问题时，教师除了要用口头语言反馈"正确""错误"以外，还要用头部肢体语言来反馈。例如，点头表示"同意""赞成""正确"，摇头表示"不同意""不赞成""错误"。

2. 脸部肢体语言

脸部肢体语言，即教师的脸部表情，是教师心情的晴雨表。教师脸部表情的好与坏，直接影响着课堂教学气氛。教师在课堂教学中的主要表情应该是面带微笑，且教师的这种笑应是发自内心的、自然的笑。

部分教师在走进教室之前，面带微笑。然而，一进教室，马上就换上一副非常严肃的面孔，其目的是让学生怕自己，保持课堂纪律。不可否认，教师一副非常严肃的面孔，有助于课堂纪律的维持，但会抑制课堂教学气氛的活跃程度，直接影响课堂教学效果。如果课堂犹如死水一潭，那么师生互动难以实施与开展，课堂教学效果可想而知。

教师脸部肢体语言，更多地用于课堂教学的实施过程中。教师一进课堂就进入角色，脸部表情要随着教学内容、教学情节、师生互动的变化而变化，或高兴、或沮丧、或真诚、或好奇、或愤怒、或惊讶等等。

3. 眼部肢体语言

"眼睛是心灵的窗户""教师的眼睛会说话"，就是指教师的眼部肢体语言。教师在教学中运用得较多的肢体语言就是眼神，眼神是师生交流的主要方式。

有经验的教师进入教室后，不是马上开始上课，而是眼神环视全班学生一周。这样，部分在讲话、搞小动作、注意力不集中的学生就会安静下来，集中注意力准备听课。

教师在课堂教学过程中，善于用亲切和蔼的眼神来巡视课堂。那些认真听讲的学生从教师的眼神中得到"肯定与赞扬"，那些胆小不敢发言的学生获得"鼓励"，积极参与到课堂教学中来。当学生回答问题时，教师带着"欣赏"的眼神给学生鼓励与力量。当学生违反纪律时，教师的眼神与学生的眼神交流，"某某同学，你讲小话了，请马上改正"，起警告或警示作用；学生在教师的眼神警示下，回归到课堂教学中。这样，教师用眼神警告学生，既没有中断教学，又没有伤害学生的自尊心。

4. 手势肢体语言

手势肢体语言，即手势语，作为一种信息传递媒介，不仅在人们日常生活、交往中应用很常见，而且在教师课堂教学中应用普遍。一般而言，教师在课堂教学过程中，不宜双臂交叉放在胸前，不宜"打背手"（双臂放身后）；按传统礼仪，不宜用手指学生，不能若有所思时抓鼻子、挠耳朵，更不能在愤怒时敲桌子、摔东西。

教师在使用手势肢体语言时，要注意多种多样的手势表达各种不同的意思，各有讲究。在具体的情境中，教师要运用适当的手势肢体语言。当教师请学生回答问题时，应用邀请的手势来请学生回答问题。教师在课堂教学中善于用手势表达对学生的肯定、欣赏。当教师巡视时，发现学生的课堂作业做得很正确，可轻轻拍拍学生的肩膀，或轻轻摸摸学生头等。当教师表扬学生时，可以伸出右手或左手，竖起大拇指，指尖向上，指腹面向被夸奖的学生。在某些特殊的场合，教师还可以用鼓掌的手势来表扬学生。

5. 身姿肢体语言

教师恰当地运用身姿肢体语言，不仅能够起到良好的沟通作用，而且有助于展现教师的形象美，以及气质和风度。不当的身姿肢体语言，会影响教师的威严及其在学生心中的形象。

学生回答问题，教师身体稍向前倾，表示自己在认真地倾听，最好不要直挺挺地站在学生身边昂首挺胸地听。这种身姿肢体语言显示教师居高临下，令学生反感。另外，教师在讲课时，不宜斜靠在门框、窗户、墙壁、讲桌上，不雅观。

二、肢体语言的作用与功能

教师的肢体语言在课堂教学中的作用与功能，主要体现在如下几个方面。

1. 辅助课堂教学

美国著名的教育社会心理学家班尼指出："在课堂教学中，动作和姿势等肢体语言是替代词语表达的一种有效又经济的辅助手段。"教师上课要讲做结合、声情并茂，才能吸引学生，收到良好的效果。

教师的肢体语言可以增强教学内容的生动性，有助于学生对知识的理解和记忆。在课堂教学中，学生主要是通过听觉、视觉来获取教学信息。这两个渠道是否畅通，直接影响着学习质量与成效。根据研究成果，学生对形象、具体的肢体语言更加敏感。在课堂教学过程中，如果教师善于使用适当的肢体语言，则有助于学生实现视、听感官的全面刺激，确保通过听觉、视觉两个渠道来获取信息，引起并保持大脑皮层的兴奋，增大信息的摄入量，获得清晰、准确的知识，从而有效提高学习效率。如果教师仅仅采用言语形式进行课堂教学，没有肢体语言，学生听起课就会感到平淡乏味，容易产生疲倦感，信息获取量受限。

2. 促进师生情感交流

在情感交流上，无言的肢体语言往往比有声的语言更传情。教师的肢体语言具有鲜明的外显性、直观形象等特点，有助于师生在课堂教学中搭起情感交流的桥梁，激发学生参与课堂教学的积极性与主动性。根据心理学研究成果，学生学习过程中的情绪状态影响着智力潜能的发挥。在课堂教学中，学生的情绪变化受教师面部、眼神、身姿、手势等肢体语言的制约，教师的一举一动、喜怒哀乐，每时每刻都对学生的情绪产生一定的暗示性和感染力。

例如，教师在课堂教学中举手投足得体自如、神采奕奕、目光敏锐，给学生以美的享受，能够有效地调动学生的学习积极性。教师在课堂教学中语调亲切、和颜悦色、面带微笑，常用点头和期待、赞许的目光给学生以精神上的鼓励，可以激发学生产生更高的学习热情，获得更好的情绪体验。著名的心理学上的皮格马利翁效应，正是学生感受到从教师的语气、眼神等肢体语言中流露出来的期望、肯定、激励而产生的奇妙现象，有效地发挥了肢体语言的情感信号功能。可见，教师肢体语言适当，有助于引起学生情感上的共鸣，促进师生情感交流，帮助学生开启智慧之门。

3. 组织和控制学生的课堂行为

课堂教学活动能否顺利进行，取决于教师对教学的有效调节和控制。在课堂教学中，与有声语言相比，肢体语言提供的信息更加简洁明了。教师的肢体语言不需要经过中间环节，就可表现为肯定或否定、接纳或排斥等为学生所熟知的信号，传递的信息更加快速、有效。根据相关研究成果，有经验的教师组织与控制学生的课堂行为中 90% 是借助肢体语言来完成的。

例如，在课堂教学中，当教师发现某个学生在搞小动作而没有认真听讲时，有经验的教师一般不会直呼其名批评该学生。因为这样做不仅会伤害这个学生的自尊心，而且分散其他学生的注意力，还会让正在进行的课堂教学临时中断。碰到这种情况，教师一般借助肢体语言来解决。教师可用眼神与学生对视发出警示信息；如果教师站在学生附近，还可轻轻敲敲学生的桌子。教师借助肢体语言，虽然彼此无言，但都心领神会，学生立即停止搞小动作，集中精力听讲。这种方式既纠正了学生的不良行为，又维持了课堂教学的正常秩序，效果比口头提示语言更好。

三、恰当使用肢体语言的策略

教师使用肢体语言要准确恰当、适度、自然得体，符合学生的心理感受。那么，教师如何才能做到肢体语言恰当呢？这里主要探讨如下几个策略。

1. 突出学生主体

学生是课堂教学的主体。在课堂教学中，教师采用什么样的肢体语言，归根结底要符合学生的身心发展特征，调动学生的主动性与积极性。教师采用的肢体语言应突出学生主体，为学生发展服务。

教师分析所教学生的实际情况，重点分析学生的心理、年龄以及兴趣、爱好等方面，采用合适的肢体语言与学生交流。例如，针对低年级的小学生，教师的肢体语言应尽量简单有趣，这样有助于学生能立刻分辨以及调动学生积极性；教师的肢体语言还要尽量保持一致，同样的意思使用同一种肢体语言，避免使用多种肢体语言干扰学生，致使学生不知所措。又如，针对高年级的小学生，由于他们有了一定的知识储备，对情感的表现和接受能力有所提高，教师就可使用更加丰富和多样化的肢体语言。

2. 符合教学内容的需要

教师的肢体语言，服务于教学内容的学习、教学目标的完成，以及学生有更好的学习体验。肢体语言影响着学生心理和接受知识的效率。教师使用肢体语言，不是为使用肢体语言而使用肢体语言，更不是随心所欲地使用肢体语言。也就是说，教师使用肢体语言，要符合教学内容的需要，为了更好地配合教学内容的表达。与教学内容无关的肢体语言是毫无意义的，甚至还会给学生的学习造成不好的影响。以这样一种教学方式，教师可以有效地完成教学任务，实现教学目标，让学生乐在其中。

有经验或优秀的教师，注重结合教学内容来选择使用肢体语言，激发学生的主动性与积极性。例如，教师讲解重点难点内容或者表达慷慨激昂的情感时，配合恰当的手势来振奋学生的精神，提示学生应该注意的重点难点内容，增强课堂教学的动态感与氛围，教学过程更加生动活泼。因此，教师若想恰当使用肢体语言，就要考虑肢体语言如何与教学内容相结合，如何更好地帮助学生掌握教学内容。

3. 避免一些"坑"或"雷区"

不同教师采用的肢体语言不同，同一个教师在不同情境下采取的肢体语言也不同。在课堂教学中，教师在使用肢体语言时，要尽量避免一些"坑"或"雷区"。

例如，针对脸部肢体语言，教师尽量避免常常皱眉头，常常板着一张脸，常常对学生表现灰心、失望的神情。这样会大大降低学生学习的欲望，打击学生信心，导致部分学生自暴自弃。教师最好的脸部肢体语言是微笑，它有助于增进师生之间的和谐，有助于给学生提供无言的鼓励与支持。教师带着笑容和颜悦色地上课，能够带动学生的快乐情绪，收到良好的学习效果。因此，教师脸部肢体语言最好是常带微笑，且专注、用心、真诚、亲切，让学生感受到亲和力。

又如，针对手势肢体语言，教师要尽量避免如下雷区：一是手势动作不自然、夸大、做作；二是手势变化太过频繁，让学生眼花缭乱；三是抠鼻子、摸鼻子等习惯性的不雅动作。

4. 逐渐形成自己风格

教师的肢体语言，一旦形成，一般不要随意变化，这样才能不断地在长期教学中形成自己独特的肢体语言风格。对教师而言，肢体语言风格要尽量保持一致与统一，以免让学生产生误解。例如，王老师是一位比较严肃的教师，突然在一次课堂教学上改变自己原来的风格，使用"搞笑"的肢体语言。学生感到非常诧异，导致情绪不可收拾，影响了课堂教学的继续进行。

什么样的肢体语言使用最顺手，只有教师自己知道。教师还可以尝试着自创"独门秘籍"的肢体语言。教师从自己的个性和表达的目的与内容出发，创造一些特有的代表性肢体语言，体现自己的独特的风格，让肢体语言真正成为特定情境下的富有个性的自然流露。当学生一提到某教师，就能记起该教师的标志性的肢体语言。教师应该尤其注意，在课堂教学中，自己一个富有个性风格的简单肢体语言，对学生而言，能胜过千言万语；对教师而言，会成为该教师独特的标志和名片。

【拓展阅读】

优秀教师的课堂教学肢体语言表达艺术①

优秀教师使用肢体语言自如，呈现出艺术美。这里重点阐述三种最常用的肢体语言表达艺术。

1. 脸部语言表达艺术

教师的脸部语言，主要通过脸部表情表达出来，体现了教师的思想、素养、风格和能力，以及对学生的情感投入。教师的脸部表情亲切和蔼、平易近人，这是对教师脸部表情的基本要求。无论在课堂内还是课堂外，教师都应保持这种脸部表情，在具体的情境下，向学生传达不同的意蕴。当学生犯错误时，教师用微笑的方式来教育学生比"横眉冷对"地对学生大发雷霆的教育效果要好得多。当学生取得成绩时，教师向学生报以微笑，好像在暗示学生："做得好，继续努

① 改编自 高霞，李岑虎. 课堂教学肢体语言的表达艺术［J］. 教育艺术，2010（9）：76-77.

力。"而当学生缺少勇气时，教师将微笑传递给学生，给学生以勇气和力量。教师一旦将感情变化展示完后，脸部表情就应慢慢地回到平和的状态中。教师的脸部表情变化应注意分寸和场合，不宜变化过多过频，因为这样会让学生觉得教师在挤眉弄眼，缺少庄重。

2. 手势语言表达艺术

教师的手势语言，有助于在教师和学生之间架起一座联系情感的桥梁，如同乐队指挥棒一样，指挥学生的一举一动、一言一行。教师无论使用哪种手势语，都要做到优美、文雅、自然、适度。教师的手势不可牵强附会，要在具体的情境中恰到好处地传达不同的意义和情感。例如，当教师将手心向上时，可表示教师对学生的期待和热情或表示请学生站起来发言，手心向下时可表示请学生坐下。教师还要注意，使用手势语言的频率、速度等要适度。频率过高或者速度过快难以起到良好的教育作用。高频率、高速度的手势语言会让学生目不暇接、眼花缭乱，有失庄重。教师还应当追求手势语言的优美、文雅。少数教师喜欢用食指指着学生，这会导致学生产生一种"老师在训我"的感觉或对学生不尊重。久而久之，学生会厌烦教师。可见，教师优美适当的手势语言，有助于引导学生学习，有助于师生情感的互动，有助于增强课堂教学的效果。

3. 眼神语言表达艺术

教师通过不同的眼神，表达出内心深处丰富多彩、惟妙惟肖的思想感情，这就是眼神语言表达艺术。教师使用眼神肢体语言时，应注意以下两个方面。一是教师要扩大眼神扫视范围，做到关注每一个学生。例如，在课堂教学中，教师的目光不能老盯着某几个学生，而应不断变换、扩大视区，让所有的学生都感受到教师的眼神所在，从而从中感受到教师对自己的关怀或关注。二是教师要通过不同的眼神来教育、引导不同的学生。例如，对溜号的学生，教师的眼神应具有警示性；对听讲认真的学生，教师的眼神应饱含赞许；对于那些想回答问题却又不敢回答问题的学生，教师应投以信任的眼神，鼓励他们举手回答；当学生回答得不准确或者不到位时，教师要投以鼓励或谅解的目光，而不应该流露出不满和责备的目光。总之，在课堂教学时，教师要巧妙地使用眼神肢体语言，练就一双"会说话的眼睛"。

关键 07
教学方法灵活

教学方法，是教师为了完成课堂教学任务，引导学生掌握知识技能、获得身心发展而采用的方法，包括教师教的方法和学生学的方法。教法和学法是矛盾的统一体，如同一枚硬币的正反两面。教师如何灵活地选择、使用教学方法？主要从以下三个方面进行探讨。

一、传统教学方法与现代教学方法的比较

正如赫尔巴特所言，"教师可以任意地摆布学生，学生对老师要绝对地服从"。传统教学方法重视教师的"教"，倡导师道尊严，强调教师在教学中的专制地位。传统教学方法有利于发挥教师在教学中的主导地位，有利于系统知识和技能的传授，确保课堂教学规范化，并在一定程度上保证教学质量。传统教学方法是侧重教师向学生的单向灌输的方法，过分重视发挥教师的主导作用，导致学生处于被动地位，难以全面实现教学目标。可见，传统教学方法忽视了学生的主体地位和个别差异，导致教学活动单调，学生很容易出现"机械学习，呆读死记"的情况。传统教学方法是传统教育"教师中心、教材中心、课堂中心"在教学方法上的体现，过分注重知识的灌输，轻视学生能力的培养，忽视学生的非智力因素的养成，压抑学生创造能力的发展。

现代教学方法，最早由美国著名实用主义教育家杜威提出。杜威在其教育思想基础上提出的"五步教学法"，就是最早的现代教学方法。与传统教学法相

比，"五步教学法"强调以"活动"为中心和学生在做的过程中发现问题的真实性和有效性，突破了传统教育的"教师中心、教材中心、课堂中心"，转变成现代教育的"儿童中心、经验中心、活动中心"。由于教学活动的复杂性，迫切需要现代教学方法在师生、生生之间的互动与交流。可见，现代教学方法是在批判传统教学方法的基础上发展起来的，通过师与生、生与生之间的交流，形成立体的信息交流网络，有利于调动学生学习的积极性，充分发挥学生在教学活动中的主体地位，达到增强教学效果与提高教学质量的目的。

二、各种教学方法的基本情况

教学有法，教无定法。教师了解各种教学方法的基本情况，知晓每种教学方法自身的优点与缺点，有助于灵活选择、应用教学方法。这里重点介绍四种教学方法。

1. 讲授法

讲授法，是指教师主要通过口头语言向学生系统传授知识的教学方法，包括讲述、讲解、讲读、讲演等，是教师最常用的教学方法。该方法几乎适用于所有学科课程的课堂教学，要求教师具有较强的语言表达能力。该方法的优点是，能充分发挥教师的主导作用，学生在较短的时间内获得大量的、系统的间接知识，有助于节省教学时间、提高教学效率。该方法的缺点是，容易造成教师"满堂灌""一言堂""独角戏"，难以调动学生的学习积极性与参与性，导致学生过于被动，缺乏自主学习的机会，容易产生依赖思想和惰性。

教师在使用讲授法时，一要注意教学语言的准确性、严密的科学性、逻辑性；吐字清楚，音调适中，抑扬顿挫，速度及轻重适宜；有感染力，语言表达得生动形象，有感情投入。二要注意控制讲授的时间，中间适当穿插一些师生互动或活动，讲中有导，讲中有练，引导学生随着自己的讲解或讲述开动脑筋思考问题，聚焦学生的注意力，激发学生的学习兴趣、积极性与主动性。

2. 讨论法

讨论法，是指在教师的指导下，学生以小组为单位，围绕教学内容的中心问题和观点，各抒己见，进行讨论或辩论活动的教学方法。该方法的优点主要体现在：有助于教学内容、教学信息由教师到学生的单向传递转变为生生之间的互动传递；有助于充分发挥学生小组、学生个体的能动作用，改变学生的被动地位，激发学生的主动性、创造性，有效提高学习效果与教学质量。该方法的缺点主要在于：花费的时间较长；要求学生有一定的知识储备，否则，只能做"南郭先生"；要求教师具有较高的把控、组织、支持学生讨论的能力，否则，讨论会成为"走过场"或"放羊"而达不到应有的目的。

教师使用讨论法，应注意以下几个方面。一是注意讨论的问题要有吸引力，具有讨论的价值和意义。二是注意讨论的时机。讨论主要用于课堂中某一环节，而不是整节课都使用。当教师认为学生经过讨论能对教学内容有更深刻的认识时，才可尝试让学生进行讨论，探讨问题的答案，深入学习。三是讨论前要指导学生做好充分准备，如教师应在课前布置讨论的题目、讨论的具体要求以及收集阅读有关资料或进行调查研究。四是注意讨论时启发、鼓励、引导学生围绕中心问题，联系实际，自由发表意见，让每个学生都有发言机会；同时引导学生在讨论中学会相互理解、求同存异、达成共识的好品质。五是注意讨论结束时，教师应概括讨论的情况，总结讨论的结果，得出正确的答案，引导学生获得正确的观点和系统的知识，进一步提出后续讨论的改进建议。

3. 直观演示法

直观演示法是指教师常用教学方法之一，是教师通过展示各种实物、标本、模型、图片、视频（电影、电视、录像片段）、实验等载体进行直观演示，学生通过观察直观演示获得感性认识的教学方法。该教学方法一般与讲授法等教学方法组合在一起使用。直观演示法的优点主要包括如下两个方面。一是具有直观性与形象性，为学生学习提供丰富的感性材料，能激发学生的学习兴趣，更好地引导学生直观地感知事物获得感性知识。二是有助于学生把理论知识与感性知识联系起来，加深对新知的印象。然而，教师不能忽略直观演示法存在的一些局限性。例如，直观演示法可能使学生过于关注直观现象，掩盖知识的本质和核心概念，忽略了本质的东西；直观演示法还可能让学生过于依赖外部的直观刺激，限制学生的想象力、抽象思维能力和创造力。因此，教师使用直观演示法时，应根据教学的实际需要，有目的、有针对性地使用，不能单纯地为学生兴趣或博取学生眼球而演示。

教师在课堂教学中使用直观演示法时，要注意如下方面：其一，教师精心选择直观演示的合适的载体，可以是实物或标本，也可以是模型或挂图，还可以是视频或 PPT；其二，教师在上课前应预演一遍，确保课堂演示时能顺利实施；其三，教师要注意，是否全班学生都能看清演示活动，是否学生使用多种感觉器官认真观察演示活动；其四，教师不是简单地把载体呈现在学生面前，而是应把直观演示与讲授或其他教学方法相结合，边演示边讲解，学生边看边听边思考，这样才更有效；其五，在直观演示中，教师应细心观察学生的面部表情和反应，增强师生之间的互动和交流；其六，直观演示后，教师应及时总结，引导学生把观察到的现象与所学知识联系起来，挖掘现象背后的本质，形成正确的认知。

4.任务驱动教学法

任务驱动教学法，是指教师给学生布置探究性的学习任务，学生围绕着该任务开展自主学习，再选出学生代表反馈、汇报学习成果，最后由教师总结的教学方法。任务驱动教学法，可以以小组或个人的形式实施。学生在完成教师布置"任务"的过程中，培养分析问题、解决问题的能力，培养独立探索及合作精神。作为一种较新颖的教学方法，任务驱动教学法具有结构性，由教学目标、信息输入、活动方式、师生角色、教学环境等要素组成。任务驱动教学法的优点在于，师生或生生围绕着所要解决的任务进行自主学习、充分沟通与思考，有助于学生积极参与到教学过程中，充分发挥学生的主动性与积极性，发展学生自学能力、思维能力等。其缺点主要是，花费时间较长；教师难以调控学生自主学习过程，导致"放羊"或走过场，直接影响学习效果。

教师在运用任务驱动教学法时，应注意以下几个方面。一是教师布置任务时要明确具体，具有一定的挑战性，能有效激发学生自主学习与积极思考，切忌模糊不清，避免学生不知怎么办。二是教师要掌控并积极引导学生在任务前、任务中、任务后三个阶段的行为。例如，在任务后，教师应及时总结提炼，回顾整个任务的执行效果，提高和巩固教学效果。三是教师尽量避免出现偏离任务主题的现象，及时肯定学生的做法与看法，推动学生任务驱动活动的深入开展。

三、选择教学方法的技巧

教学方法没有好与坏之分，只有合适与不合适的区别。教师在选择教学方法时，切忌盲目模仿别人的"先进"教学方法，不加改造地生搬硬套，无异于东施效颦；切忌一个模式或"一刀切"，而应该实事求是、因地制宜、因材施教。教师在选择教学方法时，要思考如下问题：该教学方法是否有助于促进教学目的的达成？是否适合学生的身心发展特点？是否适合教学内容的性质？是否满足客观教学条件的需求？是否适合教师自身的特长与优势？这些技巧有助于教师选择合适的教学方法。

1. 促进教学目标的达成或实现

每堂课都有其特定的教学目标。教师在选择教学方法时，首先要考虑该堂课要达成的教学目标是什么以及如何达成目标。不同的教学目标需要采用不同的教学方法，适当的教学方法有助于提高教学目标的达成与实现。例如，教师在教学"圆柱和圆锥的体积"时，教学目标之一是"掌握圆柱和圆锥体积的计算方法"。如果教师选择单纯的讲授法，可能难以达成教学目标。如果选择直观演示法、练习法等教学方法，则能有效促进学生达成预期的教学目标。一般而言，实现学生掌握新知识的教学目标，可选择讲授法、直观演示法或其他教学方法的组合；实现学生掌握技能技巧的教学目标，可选择练习法；实现提高学生逻辑思维能力和口头表达能力的教学目标，可选择讨论法与探究法；等等。

2. 适合学生的身心发展状况

教师在选择教学方法时，要适合学生的年龄特征、生活经验、知识基础与智力发展水平等身心发展状况。也就是说，学生的身心发展状况影响教师选择教学方法。教师选择教学方法，要仔细分析学生的身心发展状况，有针对性地选择和运用相应的教学方法。如果学生对某事物有丰富的感性认识，教师只要用讲授法进行描述，学生就可以理解；如果学生对某事物或教学内容缺乏感性认识，教师最好结合直观演示法，更直观地帮助学生理解学习内容。如果学生处于小学低年级，因他们的学习注意力易分散、理解能力不强，教师则最好选用直观性较强的教学方法；如果学生处于高年级阶段，他们的抽象思维能力得到一定的发展，教师则可多用讲授法或讨论法或探究法，提高教学效率。例如，教学《黄河》，如果所教学生是地地道道、土生土长的黄河边人，很熟悉黄河，教师选择讨论法，或学生个人自主学习、自主展示的方法，说一说自己心目中的黄河，比用视频形式直观展现黄河的教学方法，教学效果会更好。

3. 适合教学内容的性质

不同科学课程及其教学与学习要求不同。因此,教师在选择教学方法时,要依据教学内容,不同的教学内容选择不同的教学方法。

(1) 教师在选择教学方法时,要考虑所教学科课程特色,每门学科课程都有一些独特的教学方法

例如,语文、英语等学科课程常常采用讲授法、朗读法、故事续编法或角色扮演法;数学学科课程常用图片、实物结合讲授法、练习法;物理、化学、生物等学科课程常用实验法,以及讲解与其他直观演示相结合的方法;音乐、美术、体育学科课程多用模仿练习法;等等。教师在备课选择教学方法时,要考虑所教课程的特色。

(2) 同样的学科课程,不同的教学内容,教师选择不同的教学方法

针对语文的文言文教学,如《孟子三章》,采用朗诵的练习法,教师引导学生多朗读,结合注释,学生自然而然地掌握了古文中的"生于忧患死于安乐""得道多助失道寡助""鱼我所欲也"的内涵与启示。针对语文的古诗教学,例如,教师在教学《望天门山》时,用多媒体直观演示的教学方法,通过视频或动画,再结合教师讲授与学生分组讨论,具体地展现诗人李白舟行江中顺流而下远望天门山的美妙绝伦风景,天门山的雄奇壮观和江水浩荡奔流的气势;感受到李白初出巴蜀时乐观豪迈的情感,以及自由洒脱、无拘无束的精神风貌。

4. 满足客观教学条件的需求

教师要注意,教学方法的选择不是随意的,要基于现有的客观教学条件,满足客观教学条件的需求。例如,如果教室没有多媒体设备,则不能用多媒体直观演示法。如果没有相应的仪器设备、材料,则不能用实验法来演示。因此,教师在选择教学方法时,要在客观教学条件允许的情况下,最大限度地发挥客观教学

条件的作用。教师在选择教学方法时，要避免陷入"巧妇难为无米之炊"的尴尬境地。当学校不具备相应的客观条件时，教师要尽可能地因地制宜、因陋就简，选择其他适当的教学方法。例如，当教师得知学校这几天检修网络，原计划选择的多媒体教学方法就不能使用，可以改成图片展示或学生课前查找资料、课堂小组汇报等教学方法。

5. 适合教师自身的特长或优势

任何一种教学方法，只有适应教师自身的特长或优势，才能被教师理解和驾驭，才能更好地发挥其作用，收到好的教学效果。因此，教师在选择教学方法时，应了解自己的特长和优势，扬长避短。这样，教师所选择的教学方法才能在实际教学活动中有效地发挥作用。有的教师擅长信息技术，则可多选择多媒体信息技术类教学方法；有的教师擅长语言表达，则多使用以语言为主的讲授法；有的教师擅长音乐，则多使用歌曲或朗朗上口的快板、顺口溜等教学方法；等等。另外，尽管教师在某些方面不擅长，也要主动学习一些新的教学方法。例如，对于多媒体教学方法，尽管有的教师不善于信息技术，但该方法是信息时代常用的教学方法，教师应该积极学习，熟练使用该教学方法。

【拓展阅读】

两种值得教师关注的教学方法①

1. 情境教学法

情境教学法，是教师有目的地引入或创设具有一定情绪色彩的、以形象为主体的生动具体的情境，引发学生一定的体验行为，从而帮助学生理解教学内容、发展能力的教学方法。情境教学法的核心在于建构情境，激发学生的情感。教师

① 改编自 王向华，王向红. 新教师快速成长的22个关键 [M]. 北京：新华出版社，2024.

如何使用好情境教学法呢？重点在于通过多种途径创设合适的情境。

一是通过生活展现情境。教师从学生日常生活中选取某一典型场景，作为学生观察的客体，鲜活地展现在学生眼前。二是通过实物演示情境。教师设置一定的背景，以实物为中心，以演示某一特定情境，如"大海上的鲸""蓝天上的燕子""藤上的葫芦"等，激发学生丰富的联想或想象。三是通过图画再现情境。教师以课文插图、特意绘制的挂图、剪贴画、简笔画等图画，作为展示形象的主要手段，再现相关教学内容的情境，实际上就是把教学内容形象化。四是通过音乐渲染情境。教师利用音乐特有的旋律、节奏，塑造出音乐形象，把学生带到心驰神往的意境中，给学生丰富的美感。教师用音乐渲染情境，除可以播放现成的乐曲、歌曲，自己的弹奏、轻唱以及学生表演唱、哼唱也都是行之有效的办法。值得教师注意的关键，是选取的乐曲与教学内容在基调上、意境上要对应、协调。五是通过语言描述情境。情境教学法非常重视直观手段与语言描绘相结合。在情境出现时，教师伴以语言描绘，提高了学生感知的效应，情境会更加鲜明，更好地作用于学生的感官，从而激起情感，促进自己进入特定的情境之中。随着学生身心发展的不断成熟，直观手段逐渐减少，单纯运用语言描述带入情境增多。

2. PBT 或 PBL 教学法

PBL 教学法（Problem-Based Learning）或者 PBT 教学法（Problem-Based Teaching），被称为基于问题的教学法。该教学法以问题为基础，教师把学习过程置于复杂的、有意义的问题中，以学生为中心，以小组讨论和课后自学的形式，让学生自主合作来解决问题的自我导向式学习，培养学生自主学习和终身学习的意识和能力。

与传统的以教师为中心的教学方法不同，这是一种以教师为主导、以学生为主体、以问题为基础的教学方法。首先，教师围绕课程标准与教学内容的知识点，向学生提出开放性问题，引导学生对问题进行思考。其次，教师将学生分为不同的学习小组，学生以小组为单位围绕教师提出的问题进行资料收集和信息整合，小组成员进行讨论后发表自己的意见。最后，由组长进行总结并得出结论，以小组为单位解决问题。这样以问题为基础的教学方法，有助于学生在解决问题的过程中发展学习能力、思维能力以及团队协作能力。

关键 08

板书设计巧妙

板书，这里指课堂教学板书，是教师根据课堂教学的需要，在黑板或白板或其他教学媒介板（后文统一用"黑板"）上以书面语言或符号进行表情达意、教书育人的活动。板书是教师在课堂教学中集中体现教学内容的艺术，是课堂的眼睛、教学的灵魂，是教师深入钻研教材、精心设计出来的艺术品。随着现代化教学手段越来越多地在课堂教学中使用，教师应改变板书可有可无的片面认识。在任何情况下，板书都是课堂教学中的有机组成部分，是教师提高课堂教学的基本素养之一。教师应如何巧妙设计板书呢？

一、板书设计应少而精

板书贵在"少而精"，正如古人所云"少则得，多则惑"，不是教师把一堂课所有的教学内容都写到黑板上。教师板书设计不仅要做到"少书""精书"，而且要书在点子上、书在关键处，起到"画龙点睛""提纲挈领"的作用。一堂课的教学内容很丰富，教师没有必要将所有的教学内容都搬到黑板上。教师要想在有限的黑板上呈现出丰富的、重要的教学内容，就必须对所设计的板书进行细致推敲；又加之，包罗万象、事无巨细的板书不利于学生对于知识点的理解记忆。因此，教师要对教学内容进行概括与凝练，板书设计要做到少而精，只涉及一些关键性的词语。这些少而精的板书内容，是教师在吃透教材的基础上提炼概括而成的，起到"牵一发而动全身"的妙用。少而精的板书设计，有助于节省更多宝贵的课堂教学时间，留下的"空白"也有助于促使学生思考，激发学生学习的主动性和探究问题的浓厚兴趣，引导他们借助联想、判断、分析、推理填补板书外的"空白"。板书设计贵在"少而精"，不仅有助于节省更多的时间，而且有助于学生更多地思考。

教师如何设计出少而精的板书呢？

1. 教师在板书时，充分利用主板书和辅助板书

主板书应放在中央显著位置，辅助板书应放在边角作为教学补充。一般而言，主板书主要用于系统板书课堂教学的核心内容；辅助板书则可灵活机动，常用于书写需要提示的字、词、概念和与本节课有关的旧知识之用。一般情况下，一节课可不擦黑板，板书够用。黑板写满了，课也结束了。下课后，学生一看黑板就一目了然，知道该节课所授的教学内容。

2. 教师对教学重点难点做到心中有数，有的放矢

教师在上课前，系统分析教学目标、教学内容、学生基本情况，全面把握教学内容的重点难点，才能有助于板书设计虚实结合，不仅呈现核心的教学内容，而且引导学生自己思考与推演"空白"或"留白"。可见，如果板书过多，或太杂，抑或太繁，如同开杂货铺一样，教师板书时费时费力，学生也不胜其烦，效果不佳。只有少而精的板书设计，才能充分发挥教师主导作用与学生的主体作用。

二、板书设计应字迹清晰与规范

教师板书，应书写规范，字迹清晰且正确。教师在书写板书时，整体应做到精益求精，具体应做到字体结构合理、笔画正确、排版有美感。

教师练就好课的20个关键

1. 教师在板书时，笔顺要正确，书写要清楚、美观、整齐

汉字是方块字，讲究间架结构美观和气势神韵。教师板书时要考虑到每个字的重心、平衡、统一、对称、协调和呼应诸因素，这样才能给学生视觉上以美感。不仅是汉字书写要美观规范，而且书写英语单词、数学公式、物理公式、化学公式也要做到美观工整。另外，教师板书的字体应力求规范化，力求工整，不要生创简化字，一般不写草书，字迹也不能潦草，确保学生能辨认。

2. 教师应高度重视，在板书时切忌出现错别字

板书时出现错别字，不是一个简单的小问题。如果教师在板书时出现错别字，会带给学生不好的印象与影响。万一教师在板书时出现错别字，需要教师有好的教育机智来灵活处理。当然，教师也可以在板书时故意写错来提醒学生注意。例如，教师故意把平方写成立方，然后提问学生是否正确，或看学生是否及时发现错误，并进一步根据错误进行提醒与讲授，以巩固学生的认识。

3. 教师在板书时应注意字迹清晰、大小适宜，学生能清楚看到

教师一般根据教室大小、学生人数多少来决定字体的大小，确保旁边与最后一排的学生都能看清。还可以针对教学的重点和难点，教师板书时可对核心词组或内容加粗、换不同颜色的粉笔来书写，以引起学生的重视或集中注意力，一目了然地掌握核心内容。

另外，考虑到越来越多教师使用多媒体课件教学，板书和课件应相互配合。教师同样要注意，课件上的字迹应清晰与规范，切忌出现错别字。

三、板书设计应灵活多变

如果教师的板书千篇一律，则难以激发学生的学习兴趣，这就要求教师打破固定模式，根据课堂教学的实际，设计出活泼多样、灵活多变的板书。教师在设计板书时，切忌呆板、一成不变。板书有很多样式与方法。例如，有摘录教材富有标志性的中心句、段中主句或关键词句而形成的提纲摘录法；有用简洁的语言抽象教材内容、归纳教材知识的概括归纳法；有用符号、线条、图形，配以简要文字示意教材内容，变抽象为具体、变深奥为浅显的图形示意法；还有用对比的手段确定事物异同关系的思维过程的比较对照法；等等。

教师所设计的板书外在形式各有千秋、各种各样，并不存在哪种板书方式绝对的好与不好。一般而言，教师应根据教学目标、教学内容、学生情况、教师自身特长等方面来设计板书。

1. 教师的板书设计要适合教学目标的达成

包括板书在内的一切教学手段都是为教学目标服务的。板书作为一种最常见的教学手段，必须围绕教学目标而展开，服务于教学目标的达成，服务于教学任务的完成。

2. 教师的板书设计要适合教学内容及其性质

教学内容是知识信息有意义、有规律的排列组合，教师借助板书，帮助学生"解读"抽象而深刻的教学内容，便于学生理解与掌握。因此，教师所设计的板书要因教学内容的不同而不同。

3. 教师的板书设计要适合学生的特征

学生因年龄、民族、地域、受教育程度的不同而千差万别，他们爱好不同、心理不同、性格不同、思维不同、水平不同。因此，教师设计板书时要考虑学生的实际情况，采用不同的板书方式。例如，李老师在教学《坐井观天》时，根据学生的身心发展特征，在板书时别出心裁地用了一幅简笔画，直观生动地画出课文的主要内容，再辅助简单的文字进行描述。教师运用图画的方法设计板书，增强了学习的趣味性和板书的表现力，有强烈的艺术感染力和审美价值，深受学生的欢迎，加深了学生对教材内容的印象。

4.教师的板书设计要适合自身的兴趣爱好或特长

教师有不同的兴趣爱好、不同的特长，可根据自身的实际情况，充分发挥自身的特点，扬长避短，采用不同的板书方式，让自己的板书尽善尽美。例如，有美术特长的教师在设计板书时，可采用图文并茂的板书方式。因此，教师在平时备课、上课时要对板书设计多加思考、多加练习，多设计符合自己个性特长的板书，在此基础上形成自己独特风格的板书。

四、板书设计应逻辑严密和系统

好的板书设计，不是简单重复教师的讲解内容，而是基于讲解内容的分解、综合、归纳、演绎，把课堂教学内容进行深化和浓缩。这样的板书才能有助于教学内容更加提纲化、系统化，并形成知识网络。可见，板书设计是教师对教学内容的深入理解、加工提炼的体现或展现。教师板书的书写逻辑、顺序、排版就是教学内容的思路与逻辑，在很大程度上影响着学生的思路和逻辑的发展。教师如何在板书设计时，做到逻辑严密和系统呢？

1.教师要在上课前提前做好板书设计

教师在备课时，就要认真思考和进行板书设计，将每节课的重点内容如概念、法则、定理、公式、结论及例题的演算等合理布局与设计，不能在课堂教学时随意写板书。有经验的教师一般在深入钻研教材、认真备课的基础上，结合学生的实际情况，提前预设一个切实可行的"板书设计"，为课堂教学的板书做好充分准备。

2.教师要做到板书的"生成性"

如前所述，尽管教师的板书在备课时就提前设计好了，但并不是教师在课堂教学时将预设的板书直接书写到黑板上就可以了。教师应注意，板书的"生成性"是教师在课堂教学中一步一步地"推导"出来的。也就是说，教师在讲授知识或演示时，一边讲解教学内容，一边书写板书，当教师讲完相关内容后，相关的板书也随之"生成"或"推导"出来。这样，教师的讲解与板书之间不会产生明显的割裂感，就不会出现教师一段热情洋溢的讲解后，转身背对学生书写板书的"冷场"。可见，教师在课堂教学时，要对板书内容做到心中有数，讲解与板书相互配合，更加井井有条。对于学生而言，教师有序的板书也是一种潜移默化，学生在不经意之间不断地进行逻辑的训练，培养思考推演的习惯，突出板书的重要作用。

3.教师要做到板书体现知识"网"或知识"链"

教师在板书设计时，要根据具体的教学内容，根据知识间的纵横关系，将零碎的知识"串联"成"网"，或者按教学内容的先后顺序把知识点组成"知识链"。例如，《田忌赛马》一课，教师根据田忌以自己的上、中、下马对齐威王的中、下、上马，从而智胜齐威王的故事，通过网络图谱的方式把板书展示出来。又如，《书的故事》一课，教师根据鲁迅先生关怀青年、向青年赠书的故事，把鲁迅印书、托售，青年买书、钱不够，鲁迅慷慨赠书，青年感激鲁迅的过程这个知识链通过板书鲜明地展示出来。

【拓展阅读】
新课程背景下小学语文板书设计的策略①

在新课程背景下，小学语文板书设计是提升教学质量的重要一环。板书不仅是传递知识的媒介，更是启迪思维、激发想象力的工具。陕西省安康市汉滨区江北小学王清勇老师总结了小学语文板书设计策略，供大家参考与借鉴。

---

① 改编自 王清勇.新课程背景下小学语文板书设计 [J].读写算，2024（2）：11-13.

教师练就好课的20个关键

1. 直观形象，图文并茂

板书是一种视觉形象，是学生感知美、欣赏美的窗口。板书设计要考虑到不同年龄段小学生的认知水平和需求，但总体原则是直观、有趣、形象、美观。为使板书更生动、形象，教师可以画一些简笔画、贴一些小图片或剪纸等。无论板书如何设计，教师都要始终保证重点突出，引导学生加深对课文的印象。

在板书设计中，教师可将传统板书的直观性和现代技术手段的多样性相结合，进一步提升学生的学习兴趣和效果。一些重点、难点的内容，教师可采用传统板书进行详细解读和演示。教师还可以利用现代技术手段的动态性、交互性和多样化的特点，通过交互式电子白板，邀请学生参与板书设计，师生共同完成板书绘制，学生的课堂主体地位得到充分显现。教师在设计板书时，应结合具体的教学内容和目标，选择合适的表现形式，使传统板书与现代技术手段相得益彰，共同服务于学生的学习和发展。

2. 简洁扼要，重点突出

在备课时，教师基于对教材的全面研读，领会课文的重点、难点。上课时，要在板书设计上充分体现出哪些是教学重点，哪些是教学难点。另外，教师在设计板书时，还要注意简明扼要，即以简练的语言把丰富的知识信息条理化、脉络清晰化，保留主干去枝叶，做到详略得当。

例如，在《落花生》这一课的板书设计中，教师确定"种花生—收花生—吃花生—议花生"这条课文主线贯穿全文。在板书中，以"种、收、吃、议"四个字概括该过程，不仅方便了学生记忆和理解，而且板书更加简洁明了。为了更好地突出"议花生"这一重点，教师在板书中将"议花生"部分放大并放在中心位置，然后围绕这一中心展开其他部分的内容。这样的板书设计，学生可以更加直观地看到"议花生"在文章中的重要地位，并对其有更深入的理解。教师还利用箭头、线条等元素，将各个部分之间的关系清晰地标示出来。这样的板书更加直观、形象，有助于学生清楚把握课文的逻辑结构和各部分的联系。

3.突出风格，不断创新

不同的教师的板书设计风格也有所不同。教师应当充分发挥自身的优点，挖掘自身的特长，通过设计不同风格的板书，不仅有助于学生感知教师的魅力，而且有助于板书设计更加生动有趣，更具吸引力。例如，有的教师擅长简笔画，则在板书设计中融入简笔画元素，有助于板书更加形象生动，更加激发学生学习兴趣；有的教师善于运用色彩和线条的变化来突出重点，则在板书设计中就可注重色彩和线条的搭配，有助于板书更加醒目美观，更加吸引学生注意力。

教师还要不断创新板书设计。一成不变的板书设计会导致学生产生视觉疲劳，降低学习的兴趣。因此，教师在课堂教学过程中要不断尝试新的板书形式，不断推陈出新。例如，可尝试使用不同颜色的粉笔来区分重点和非重点内容；可尝试用不同的符号或图案来表示约定俗成的特定意义；可尝试使用"总分总"或"对比"等不同的结构形式来组织、设计板书内容等。这些板书创新为课堂增色添彩，让学生保持新鲜感和学习热情。值得教师注意的是，创新并不是盲目和随意设计板书，也不是照搬和套用别人优秀的板书设计。板书创新的前提是遵循教学规律和学生的认知特点，让板书设计真正为教学服务、为学生服务。

专题三

提升课堂教学的管理能力

管理能力，这里指教师的课堂教学管理能力，是教师为了完成课堂教学任务、调控人际关系、和谐教学环境、引导学生学习、有效实现教学目标的能力。提升课堂教学的管理能力，是练就好课的重要保障。

关键 09

严格教学纪律

　　教学纪律是教师课堂教学管理的重要内容，也是组织教学的重要环节。严格教学纪律有助于保障课堂教学顺利开展与焕发活力，提高教学效率和教学质量。掌握教学纪律管理技巧，不仅有利于教师形成教学风格和特色，而且有利于及时干预并纠正课堂问题行为，培养学生良好的行为习惯。严格教学纪律是教师提升课堂教学管理能力的重要方面。教师如何严格教学纪律呢？这里主要探讨树立良好威信、制定并执行课堂教学规则、采用榜样激励、增强自我管理能力等四个方面。

一、树立良好威信

　　教师如何树立良好的威信呢？主要从以下三个方面入手。

1. 留下良好的第一印象

　　在人际交往中，第一印象会给他人留下深刻印象，且不容易改变。这种现象，就是心理学中众所周知的"首因效应"。学生对教师的第一印象，直接影响着教师威信的树立以及后续教学工作的开展。因此，教师在最初接触学生时，应利用好"首因效应"，不仅体现严肃果断，而且体现和蔼可亲。例如，教师在与学生接触的第一次课堂教学上，面对扰乱教学纪律的学生时，机智、果断但不呆板地予以处理问题；在表扬与鼓励学生时，热情洋溢，展露真情。这样的第一印象，有助于学生对教师形成良好的"首因效应"。

2. 亲近学生

树立良好的第一印象固然重要，但更为重要的是，教师能够亲近学生，缩短师生之间的距离感。教师应注意以下两个方面：一是在日常课堂教学中及时关心学生动态，做学生真诚的倾听者，建立良好的师生关系；二是成为良好的沟通者，在交流对话过程中，教师采用交互式的沟通技巧，体现师生之间的平等、互信的关系，有助于提高课堂纪律管理效率，减少违纪行为的发生。教师亲近学生，不仅方便教学工作的开展，而且能让学生从内心深处认同教师，对教师的教导和管理产生积极的心理，愿意按照教师的要求或规则的要求来规范自己的课堂行为，在课堂上愿意自觉地遵守纪律并服从纪律管理。这样，教学纪律才会成为一种人文管理，才会真正得到贯彻，学生才会积极主动参与到课堂教学活动中，实现严格教学纪律的目的与功能。

3. 展现个人魅力

为了更好地严格教学纪律，教师还需展现个人魅力，树立威信。教师的威信源于教师个人内在的人格魅力，而非专断式的外在压迫或威胁。人格魅力，简言之，就是教师的性格、教学能力和道德品质对学生的感染力。具有个人魅力的教师，更能引导学生自觉遵守课堂教学纪律与规则，自觉跟随教师的步伐，主动参与到课堂教学的各阶段、各环节之中。

教师可从以下三个方面提升自己的个人魅力。一是不断加强自身道德修养。教师的一言一行时刻影响着学生，要不断提高自身的职业道德与修养，树立正确的世界观、人生观、价值观，做好学生的表率与榜样。二是学会控制情绪。教师不要将个人情绪带到课堂教学中，对待学生要细心、耐心和有爱心，以轻松、幽默的方式化解问题。三是提升自身的专业水平。教师要与时俱进，不断学习先进的教育教学理念，根据学生的身心发展特点、教学内容与教学情境采用适当的教学方式，逐渐形成自己的教学风格。

【拓展阅读】

教师印象管理策略①

印象管理是戈夫曼采用戏剧理论的方法，将人们的社会互动类比成戏剧表演，划分了前台与后台两个表演区域。对教师而言，同样存在相对应的前台和后台。课堂教学是教师展现教学技巧、专业修养的"前台"，而教师办公室则是教师的"后台"区域。

1. 完善教师的"前台"印象

教师可以运用以下印象管理技巧来塑造自己专业的"前台"印象。

（1）强化第一印象

教师应有清晰的自我概念，不同类型的教师对自己扮演的角色有不同的界定，如"权威者"的形象、"合作者"的形象、"指导者"的形象或者"大朋友"的形象，等等。

（2）展示理想的自我

教师以适当的形式在学生面前充分展示自己的长处、自我特色和人格魅力，进一步在学生心目中树立教师丰富多彩的立体形象。当然，教师应注意的是，切忌过分表现自己，及时关注学生的反应，适可而止。另外，教师应尽量避免失误，把控教学过程的环环相扣与科学性。

（3）及时调整自己的行为

在课堂教学中，当教师出现不被学生接受的言行时，学生也会呈现某种行为暗示。教师应敏锐地感受到学生的暗示，及时调整自己不适当的教学行为。

2. 维护教师的"后台"印象

教师的"后台"形象，会对"前台"形象具有正反两种效应。

---

① 改编自 陆少颖. 课堂教学中教师印象管理的策略探寻［J］. 职业圈，2007（22）：147-148.

（1）保持整个学校教师的团结一致

教师与教师之间的矛盾或冲突不应呈现在学生面前。整个学校的所有教师，都应表现出忠于教师这个职业的职责与义务，以及对学生的热爱和期待。

（2）修复消极印象

当教师认为给学生留下了消极的印象时，就要及时采取道歉、说明、补偿性自我呈现等积极举措，以修复学生心目中的消极印象，重塑积极印象。

二、制定并执行课堂教学规则

课堂教学规则，是师生在课堂教学中必须遵守的行为准则，是实现教学目标、维持教学秩序、规范学生行为的有力武器，能够帮助教师有效管理课堂教学。

1. 共同制定课堂教学规则

课堂教学规则，一般由师生双方共同参与制定，师生共同遵守，这样才能有助于课堂教学规则发挥作用，内化为学生的纪律意识，促进学生自我管理，提高课堂教学成效。

教师在学校规章制度和中小学生行为守则的指导下，利用班会由师生共同讨论制定课堂教学规则。学生积极参与讨论，教师尊重并采纳学生的正当建议。这种做法有助于学生主动承担规则责任，提高遵守规则的自觉性，提升学生的参与感和认同感。在制定课堂教学规则时，教师应依据具体情况，选择不同的制定方法，如自然形成法、引导制定法、参照制定法、移植替代制定法，等等。

课堂教学规则的具体内容，一是应做到明确、合理、必要、可行。例如，"注意自己的行为""双手放在背后""不允许上厕所"等规则，存在不明确、不合理、不可行等问题。教师在制定课堂教学规则时，应避免这些问题。二是应做到少而精。课堂教学规则是师生对课堂教学最简明的、最基本的要求与规范，不能动辄50条、100条。三是应做到以正面引导为主。课堂教学规则尽量多用积极或肯定的语言，少用"不准……"或"禁止……"之类的表达。

2. 执行好课堂教学规则

课堂教学规则制定后，教师和学生在课堂教学过程中就要严格遵守与执行。教师应引导学生将自己的课堂行为表现与规则相对照，反思自己的课堂行为表现，促进学生自律能力的发展与自我管理。教师应如何执行好课堂教学规则呢？

（1）应公平一致

在执行课堂教学规则时，教师对全体学生一视同仁，不因学生成绩，或其家庭条件，或自己爱好而区别对待。如果教师区别对待学生，会致使学生质疑课堂教学纪律的严肃性和公平性，导致规则难以真正执行与落实。值得教师注意的是，教师对所有学生公平一致，不是机械刚性地执行规则，而应兼顾学生的个体差异性，在确保公平公正的基础上，在具体方式上呈现弹性与个性化对待。

（2）应注意奖罚强化

正强化是教师对学生的良好课堂行为进行肯定与奖励，负强化则是教师对学生消极的行为进行某种惩罚。奖罚两种强化都有助于引导学生良好行为的发生，帮助他们纠正不良行为，形成良好的学习行为习惯。教师在执行课堂教学规则时，应注意以下三个方面。一是尽量多采用奖励等正强化方式；二是不能滥用惩罚等负强化方式，更不能体罚学生；三是因人因事而异，选择奖罚两种强化方式，维持课堂教学规则的权威性。

【拓展阅读】

某校课堂教学规则示例①

1. 预备铃响，学生迅速进入教室，将本节课相关的书本和文具放在桌子左上

---

① 改编自 学生课堂常规要求. [EB/OL]. https://wenku. so. com/d/df8e5695c44a89f539f0e000f8cd68fe.

角，在规定的座位上坐直，保持安静。体育课时，由体育委员在运动场上集好队，静候教师上课。

2.上课铃响，教师进入教室说"上课"，班长即发令"起立"，学生立正站好，待教师回礼后，班长下令"坐下"。下课时，教师宣布下课，班长喊"起立"，教师回礼后，学生离开座位。课代表协助教师整理教具等。

3.学生及时到校与上下课，不得无故或借故旷课、请假。教师认真组织教学，点好名，做好考勤记录。学生迟到进教室时，须喊"报告"，经教师允许后才能进入教室。学生如有事离开教室，须征求教师同意后方可离开。

4.尊重教师的劳动，严肃认真，专心听讲，积极思考，认真做好笔记和课堂练习；不做小动作，不喧哗，不瞌睡，不做与本节课无关的事；学生认真完成教师安排的学习任务，及时上交作业。

5.回答教师提出的问题先起立，声音清晰，完毕后再坐下；向教师提出问题时，要先举手，经允许才起立发言。

6.学生在测验、答卷时，必须严格遵守考风考纪，不得翻书、翻笔记、偷看答案，不得互相提示与作弊。

7.到电脑室、实验室等功能室上课，要按规定位置坐定，保护好功能室的设施设备，按教师要求规范操作，不准随意乱拿乱动；上体育课必须穿校服或运动服、运动鞋，按规范使用器械，安全上课。

8.学生有权利和义务共同维护课堂安宁、文明及祥和，并积极配合教师的教学活动，有效完成课堂教学任务；教师有权批评或采取正确措施进行教育惩戒。

三、采用榜样激励

榜样激励，是以他人的先进思想、高尚情操、模范行为影响、感染、教育学生遵守课堂教学纪律，其特点是形象、生动、具体、可信。对于身心处于发展中、具备较强模仿能力的学生来说，榜样示范或激励是培养学生自律意识、遵守课堂教学纪律的有效方法。教师通过唤起学生对榜样的学习和模仿，及时鼓励与强化学生向榜样学习，从而减少课堂教学问题行为的出现，增强课堂教学纪律的管理效果。

1. 选择合适的榜样

不同学生之间的差异性，在很大程度上影响着学生对榜样的接受，影响着榜样的教育效果。教师在选择榜样时，不能简单了事，应根据学生特点与需求来选择合适的榜样，遵循因材施教的原则，确保榜样的先进性、认同性和科学性。榜样有很多类型，如社会价值型、生活型、兴趣型等等。合适的榜样会增强学生对榜样的认同感，有助于学生依照榜样的行为来规范自我。例如，针对一个数学成绩不好的学生小斌，数学教师王老师经过分析，发现其主要原因是上课做小动作、不认真听讲。同时，王老师也发现他的一个好朋友小京数学成绩好，上课认真，积极思考与回答问题。于是，王老师在与小斌的私下沟通中，就以小京为榜样，引导他上课遵守纪律。一段时间后，小斌的课堂行为不断改进，能更好地遵守课堂教学纪律，学习成绩大有进步。

2. 教师以身作则

正如布鲁纳所言，"教师不仅是知识的传播者，而且是模范"。教师是帮助学生健康成长的引导者，正因为其身份特殊，是学生最真实、具体的榜样。教师的榜样作用不可替代。

在课堂教学纪律管理中，教师以身作则是最具体、形象、有说服力的示范与直观教材。教师要发挥自身角色的积极作用，严格遵守共同制定的课堂教学纪律规则。这样更有利于增强学生规则意识，依照规则要求来不断规范自己的课堂行为。在思想上，教师要注重自身素养，不断提升道德修养；在言行举止上，教师要保持良好的外在形象，着装得体，谨言慎行，做好学生表率。"其身正，不令而行；其身不正，虽令不从。"教师这种以身作则的榜样作用，因其潜移默化地熏陶，会对学生遵守课堂教学纪律产生深远、积极的影响。

四、增强自我管理能力

苏霍姆林斯基说："真正的教育是学生的自我教育。"在素质教育和新课程改革的背景下，仅靠教师来管理课堂教学纪律是远远不够的，更重要的是培养学生的自我约束能力和责任意识，增强学生自我管理能力。有效的课堂教学纪律应是学生的自我管理，把教师的课堂教学要求内化为学生的自觉自律行为，才会取得较好的课堂教学纪律效果。

1.学生参与管理

增强学生自我管理能力，首先让学生参与包括课堂教学纪律在内的班级管理，促进班集体的良好和谐发展，增强班级凝聚力。教师培养学生自主管理能力，不是将课堂教学纪律等班级所有事务都交给学生，而是充分肯定和尊重学生的主体地位，把学生当作管理的主人，调动与发挥学生的积极性，参与包括课堂教学纪律在内的班级管理事务。教师引导学生个体、学生小组充分发挥作用，严格课堂教学纪律，增强自我管理能力。

（1）针对学生个体的实际情况，采取不同的举措，引导他们参与管理，提高自我管理能力

例如，李老师发现小明喜欢英语，但小明管不住自己，上课讲小话、做小动作。经私下沟通，李老师请小明担任班级英语小组长，明确了小组长的职责，引

导他做好小组的榜样。不久后，小明的自我管理能力不断增强，成绩也越来越好了，成为英语进步之星。教师针对具有一定自我管理能力、能够遵守课堂教学纪律的学生，要及时进行表扬与激励，及时强化。另外，教师还要重点关注自我管理能力不强的学生，加强与班主任、家长的沟通，加强正确引导，培养学生良好的行为习惯。

（2）根据学生小组的实际情况，引导他们提高自我管理能力

教师合理组建学生小组，选拔自律能力强、有责任感、热情的学生为小组长，引导他们以身作则，严格要求自己，做好表率。学生小组的良好发展，是每一个学生共同参与、共同努力的结果。通过小组的自我管理，带动小组每个成员的自我管理，同时每个成员的自我管理能力发展了，又促进小组的发展，形成良性循环。

2. 培养学生自控能力

学生的自我约束、自我管理是课堂教学纪律的终极目标。增强学生自我管理能力，有助于促进课堂教学管理从"他律"向"自律"转化。在课堂教学过程中，教师要转变管理观念，帮助学生进行"自律"实践，增强学生自控能力，促进学生自我管理能力的提高。

在管理课堂教学纪律的主体上，由教师主体向学生主体转变。教师要在思想上、观念上认可学生的主体地位，并在实际教学过程中实践与应用；要凸显学生的主体身份，构建师生平等对话的格局，部分课堂教学纪律管理的权力要向学生倾斜。例如，学生上课迟到、早退等管理权限，可分配给值日生。

在管理课堂教学纪律上，由教师统领或专制向学生民主转变。在管理组织上，强化学生自我管理，如设置班级自治委员会。在管理成员的任命上，如课代表，由教师指定转向学生推举或竞选。学生推举或竞选更能凸显民主，在进行课

堂教学纪律管理时，更能得到学生的认可与信服。

【拓展阅读】

课堂教学纪律管理的 10 种策略①

1. 聚焦

教师在开始上课之前，一定要把所有学生的注意力都集中在自己身上。只要还有学生没安静下来，就一直等下去。有经验的教师的做法是，在所有学生都完全安静下来之后，停顿三五秒钟，再开始用低于平时的音调讲课。

2. 向学生交底

教师在每节课一开始要就明确地告诉学生，这节课要做什么，以及每个环节大约需要多少分钟。为使学生积极配合教师完成课堂教学任务，教师可让学生的心中有一个"盼头"，告诉他们"如果上课进展顺利，还有几分钟和同学聊聊天或做做其他自己喜欢做的事情"。学生很快意识到，教师等待他们的时间、抓纪律的时间越长，他们在课堂结束前的自由时间就越少。学生很快意识到，应尽量减少纪律管理时间与教师等待时间，他们的自由时间才会更多。

3. 实时监控

教师进行课堂教学时，应轻轻地在教室里走动、巡视。例如，当学生做课堂作业时，教师应在教室里巡回走动，检查他们做作业的情况：是否所有学生都开始做作业了，是否所有的作业都做正确了；还可根据实际情况，对需要帮助的学生提供个性化的辅导。

4. 以身作则

教师在课堂教学中，为学生做出榜样，做到不迟到、不早退，彬彬有礼、行

---

① 改编自 李茂. 课堂纪律管理的 13 种策略［J］. 当代教育家，2022（7）：53-54.

动果断，有耐心、有条理。

5. 非语言提示

教师在课堂教学中，根据学生的年龄和自己的喜好，可以多使用面部表情、身体姿势、手势等非语言提示。教师事先跟学生约定俗成，这些非语言提示是什么意思，需要学生怎么做。

6. 低调处理

很多严重的纪律问题，往往都是由小事引起的。因此，遇到纪律问题时，教师的干预应低调，尽量把问题解决在悄无声息之中，就会避免很多冲突。在课堂教学中，教师密切关注学生的行为表现，发现问题后，根据教学实际情况，把学生的名字带进去，学生就会自然而然地得到提醒，而不会影响其他学生。例如，"请同学们把书翻到第 25 页，都翻到了吗？小明，你也翻到了吗？"小明听到自己的名字后，就会尽快改正自己的不良行为。

7. 照章行事

使用这种策略时，教师需要引导学生一起制定明确的课堂教学规则，且严格执行，并伴随着表扬、奖励等措施。

8. 传递正面信息

教师在面对有行为问题的学生时，应明确地表达希望学生怎么做。教师应把重点放在所希望的行为上，而不是学生的问题行为上。例如，最好用"我希望你认真听讲……"，而不是"你不要再讲小话……"。"你不要再……"的表达，容易引发学生的否认与对抗，不利于问题的解决，反而导致矛盾升级。

9. 不要吝啬表扬

教师一般喜欢表扬优秀的学生。教师还要注意，对于那些经常出现纪律问题的学生，要特别留意在他们表现好的时候及时给予表扬。表扬可以是口头的，也可以是点头、微笑或竖大拇指。

10. 把课上好

最后一点，也是最重要的一点，是教师一定要把课上好，把课上得吸引人。一节课尽量做到动静结合，避免学生产生倦怠感。尤其是以讲解为主的课堂教学，教师应该避免用词不利于学生理解、逻辑性不强或不连贯、单独讲解的时间过长等问题。

关键 10
巧用教学机智

教学机智，既是一门科学，又是一门艺术。从表面上看来，教学机智是教师在课堂教学中"一闪即过"如"灵感"般的机智行为；从本质上看来，教学机智是教师一种可塑的教学管理能力。教学机智不是教师为了"救场""化解尴尬"的雕虫小技，而是秉承学生发展的教育理念、创造性地挖掘课堂教学资源，创造出有活力的课堂，提高教学质量的重要管理举措，具有引导性、预设性、互动性、情境性等特征。教师会因时、因人、因情不同而采用不同的教学机智方式。这里主要阐述教师处理教学失误、处理学生失当行为、处理教学环境突变、处理学生意外回答等不同机智以及提升教学机智的对策。

一、处理教学失误的教学机智

课堂教学是一种非常复杂的精神劳动，也是一门遗憾的艺术。尽管教师认真做好全面而充分的准备，但仍有可能在课堂教学中出现一些意想不到的失误。对教师而言，在课堂教学中出现失误并不奇怪，也不能完全避免。当出现教学失误时，教师不能视而不见，不能紧张与不知所措，不能牵强附会进行苍白无力的解释，更不能恼羞成怒。重要的是，教师如何随机应变，如何采取适当的教学机智，正确地对待和处理教学失误。

教师的教学机智不是预设的，不可能提前演练与提前准备，而是在具体情境中的临场发挥。教师在课堂教学中随时都可能遇到不同的教学失误情况，需要以不同的方式去机智应对。教师在教学过程中要巧妙把握时机，以完成课堂教学任务与促进学生发展为主要目标，灵活应变，不墨守成规。

例如，吴老师在政治课上讲公有制的主体地位时，一时口误，把公有制的"主体地位"说成了"主导地位"。吴老师说完后，发现一些学生面露疑惑，马上意识到自己讲错了，但她没有立刻去纠正自己错误的说法，而是问学生："老师刚才这一说法有问题吗？"有的学生回答"有"，有的学生回答"没有"。吴老师进一步追问："如果有问题，是什么问题呢？"学生指出具体的错误。吴老师予以表扬后，再追问："老师说错了，为什么有的同学没有察觉呢？这说明有的同学对这一易错点的理解存在问题。因此，没有发现老师的错误。"吴老师趁热打铁，引导学生进一步比较公有制的主体地位与国有经济的主导地位，学生通过二者的区分，更准确、更深刻地理解了知识。从上可知，吴老师的教学机智，是将自己的教学失误转变为帮助学生区分容易混淆知识的良机。这样，既可以引导学生当堂检验是否区分易混知识，又可以帮助学生准确地把握知识。

二、处理学生失当行为的教学机智

学生失当行为，表现为起哄、互相吵闹、打架、摔文具等，还表现为在文具盒中放入苍蝇或虫子、在同学起立时挪开凳子、往前座同学背上贴纸捉弄人等"恶作剧"。面对学生这样、那样的失当行为，教师要教学机智，切忌大声苛责、体罚，要镇定从容、迅速果断地采取合适的对策化解矛盾与冲突，摆脱窘境。

下面看一个案例：

伴着上课铃声，语文课即将开始。王老师走到教室门口，教室里仍然一片喊叫和混乱，后排几个学生还在打打闹闹，旁边还有学生在大声起哄。王老师稳了稳神，如往常般走到讲台前。班长喊过"起立"后，王老师没有像往常一样让学生立即坐下，而是说："刚才教室里乱哄哄一片，我错过了你们最热闹的一幕。请用一个生动的句子来描述一下刚才的场景后，才能坐下。"很快，有学生说："同学们吵吵嚷嚷，教室里就像菜市场一样。"有学生说："教室里乱成了一锅粥。"王老师问："这两个句子用了什么修辞手法？"学生答："运用了比喻，把'教室'比作'菜市场''一锅粥'。"王老师继续提要求："能换一种修辞手法吗？"学生思考片刻，陆续回答："教室里吵得简直要把楼顶掀翻了！""教室里声音很大，震得楼板都快要倒塌下来了！""教室里的吵闹声，十里之外都能听得到。"……一个比一个说得夸张！王老师根据学生刚刚学过的修辞手法，巧用教学机智后，把一个学生闹哄哄的课前失当行为，采取"用带修辞手法的语言还原场景"的"处惩"手段，引导学生将所学到的修辞手法在具体的语言环境中迁移运用。

另外，教师面临学生失当行为时，还可采取暂时克制、忍耐、等待、不注意等教学机智。这是一种相对消极的教学机智方式，但在某些具体的教育情境中却是最合适的。例如，在上语文课时，有个学生故意发出狗的汪汪叫声，该学生在其他课上也是如此。很多情况下，任课教师不得不停下正在上的课来处理，该学生不以为耻，反而觉得自己很厉害。语文教师听到该学生的汪汪声却装作没听到，继续上课。几次后，该学生在语文课上再也不发出汪汪声了。这种教学机智，是用适时的克制和忍耐去解决学生失当行为，并非真的不去关注、不去解决问题。

三、处理教学情境突变的教学机智

教学情境是师生在教学过程中的物理环境以及师生所营造的心理或精神环

境，包括教室的各种硬件和软件设施以及这些设施的陈设与布置以及师生的情感、情绪以及学风等方面。教学情境突变，指外来偶然干涉事件导致教学情境不协调，或者由学生、教师突发事件引起教学情境不协调。教师处理这类事件，同样需要运用教学机智。

课堂教学的开展不能脱离具体的教学情境，教师要应对教学情境变化的复杂性，就必须敏锐地洞察、感知教学中出现的问题、学生状态的变化、自身对课堂执行的程度等教学情境突变的变量或事件，这都需要教学机智。教师不仅要保持对教学情境及其变化的敏感与好奇，而且要关注和理解学生的每一个动作和变化，才能更好地巧用教学机智，应对复杂的教学情境及其变化。尤其值得教师注意的是，随着多媒体设备在课堂教学中的应用越来越广泛，多媒体设备在教学过程中出现故障也是常见现象。教师应时刻关注教学情境的变化，做出准确的判断，巧用教学机智，调整自身的情感、态度和应对行为策略，以免影响课堂教学的正常进行。

例如，一位音乐教师在引导学生欣赏《春天在哪里》时，突然断电了，多媒体设备播不出音乐，学生立刻炸锅了。有的学生大声地说："放不出音了，怎么办呢？怎么办呢？"有的学生趁机与同桌讲起话来。教室里顿时乱糟糟的。音乐老师不慌不忙，没有立刻跑出教室去查找电源故障在哪里，也没有制止学生"叽叽喳喳"，就像没发生突变一样，立刻拿出手机，播放起《春天在哪里》，还随手打起节拍来。学生听到音频、看到音乐老师打节拍，马上停止了讲话，开始随着节拍跟着手机音频一起唱。跟唱一遍歌曲后，音乐老师说："大家都会唱了吗？我们分两个小组来 PK 吧，看哪个小组唱得更好。"全班学生都表示同意。于是，第一小组学生唱完后，第二小组学生纠错，提出改进的建议；第二小组学生唱完后，第一小组学生也进行纠错。尽管教学情境因断电发生了变化，但在这堂课上，学生更加用心地学习了歌曲。可见，当教学情境突变时，教师不要局限于思维定式，要积极运用教学机智，迅速找到合适的对策，充分利用有限的课堂时间，为学生发掘出一堂别开生面的课。

四、处理学生意外回答的教学机智

课堂的迷人，很大程度源于其意外性与动态生成性。学生思维活跃，视野开阔，会在课堂教学中提出一些教师意想不到的问题。这些意外回答，有的更深层次地指向本节课的教学目标，有的反映出心智不成熟的学生的认知状况，有的映射出学生相关知识的真实学情。这就要求教师具有良好的知识修养，具备灵活地运用知识、机智地处理意外问题的能力；还要求教师有一双善于发现的眼睛和一颗智慧转化的头脑，在巧妙引导、机智转化中，真正实现学生主体和以学定教。

教师如何机智地处理学生意外回答呢？教师要拥有学生视角，掌握真实学情，把握教学目标，把握好学生意外回答行为的意向性，以共情为基础，让学生感受到教师是在用理解包容的姿态接纳他、理解他，才能催生教师的教学机智，促进学生的自我表达、自我探索，最终达成双方深度交流的目的，妥善化解突发问题。

一是教师要学会换位思考，全面了解学生需求，营造一种无拘无束、和谐宽松的教学氛围。二是教师要建构一种问题在场、多元互动的"愤悱"状态。教师引导学生深入学习与思考，促进学生真实的理解和认知表达，以及学生之间、师生之间的相互交流与互动。三是教师要敏锐地识别并权衡这种学生意外回答的课堂现象，哪些是可利用和转化的课程资源，并迅速而机智地通过追问、引导、重组等多种方式做出回应。

例如，张老师在《我的人际圈》一课中的"谁和我一样"游戏中，一个男生说道："我喜欢白嫖，和我一样的请举手！"话音刚落，很多学生发出了哈哈大笑的起哄声，高高举起双手并附和道："谁不喜欢呢。"张老师快速思考，回应道："为什么喜欢白嫖呢？"该学生回应道："有吃有喝多好呀！"张老师继续追问："你知道，被你白嫖的同学是否愿意呢？"该生回应道："分享使人快乐。"张老师继续追问："主动分享使人快乐。然而，被动分享就让当事人苦恼了。"学生回应道："张老师，准确地说，我们是相互白嫖！"张老师抓住这个契机，紧接着回应道："哦，原来不是白嫖，是相互白嫖！朋友间相互的帮助和馈赠会让交往更加长久。那除了相互帮助，还有其他什么方法可以使我们的人际交往更加顺畅和长久呢？"可见，张老师利用教学机智，不但澄清了学生"白嫖"的意外回答，又分析了学生"白嫖"的意外回答背后的思考，更重要的是，还自然巧妙地把话题过渡到提高人际交往方法这个该节课的教学目标上。

五、提升教学机智的对策

教师不断提升自身的专业发展水平，有助于教学机智的发挥。

1. 总结经验与积极反思

显然，教学经验丰富的教师，其教学机智明显高于经验不足的年轻教师。经验丰富的教师，能机智地把握住课堂教学中学生的思维闪光点，或灵活地化解各种意料之外的教学困境，避免出现手忙脚乱的状况。教学中的纰漏、意外、突发事件等，是教师成长最好的素材，也是发展教学机智的最好素材。范梅南教授认为："充满智慧的反思能够发现事物，而未经反思的行动是缺乏智慧的，是没有机智的。"因此，教师及时地总结经验，进行积极的反思，是教学机智得以丰富和提高的重要途径。

教师应及时对教学过程进行中存在的问题进行梳理，或将教学过程录像反复观看并找出缺点加以改正，撰写教学反思，为教学机智的生成积累经验，提供借鉴。教师还可以多观摩优秀教师的课堂教学，激发教学灵感，促进教学机智生成。教师对这些具有经验意义的问题，进行理解与反思，以此为基础，教师就能理解或接近理解在那个经历中所隐含的意义体验，从而在未来的教育情境中能更加机智地、富有思想地采取行动。

2. 优化知识结构

教师的知识结构，包括知识储存量、广度、深度、系统性以及各种知识的联系，对教师在课堂教学中广征博引、深刻论证、感化育人提供了依据，决定着教学机智的层次。高层次的教学机智要求教师具有高水平的专业知识、广博的文化知识和深厚的教育教学理论。这些知识有助于教师在复杂多变的课堂教学情境中及时发现并读懂教学中存在的突发或偶发现象或问题，并及时做出机智有效的处理。可见，教师丰富的知识和经验以及优化的知识结构，是教学机智形成的基础。教师只有自己变得智慧，拥有完善知识体系，才能更好地指导学生，在课堂中更快地捕捉灵感或教学机智的"闪念"，为教学机智的激发和展现奠定丰厚的沃土。

3. 提高品德修养

教师的人格魅力、高尚的品德、对教学工作的热情和责任、对学生的热爱和关心等，对教学机智起着积极的催化作用，且有助于提升教学机智的品位和格调。高品位、高格调的教学机智，要求教师尊重学生的主体性，坦诚对待每一个学生的经历，接受每一个学生的缺点，关心爱护每一个学生的成长。范梅南教授认为，教师应该履行"替代父母"的角色，才能有助于教学机智的能动发挥。也就是说，教师行使替代父母的权利和责任，关心学生、爱护学生、引导学生，用高尚的品德感染每一个学生，与学生保持平等、开放、相互尊重、相互理解的关系，学会理解学生的生活体验，理解学生内心生活的心理和社会意义，在共情的基础上自然而然地"生长"出教学机智，促进所有学生在教学中得到关注、得到发展。

【拓展阅读】

巧用教学机智，应对课堂教学的偶发突发事件①

1. 区分情况，灵活处理

课堂教学中的偶发突发事件多种多样，教师要根据不同事件的性质和场合采取不同的教学机智。例如，学生趴在桌上睡觉，但无鼾声，这种内向性偶发行为对课堂教学和其他学生影响不大。教师不宜中断教学进程，对其公开指责，可以采用走近警示或轻敲课桌等"隐蔽""温和"的"无痕"方式，既不影响教学进程，也易被学生所接受，更能收到"此时无声胜有声"的效果。又如，当课堂出现学生大声喧哗、相互争吵等外向性偶发时，教师也要具体情况具体分析，具有一定的教学机智，而不是简单粗暴地批评与制止。如果是教师自身原因导致的，如课前准备不充分、教学方式呆板、教学水平低下等，教师应从自身找原因，不能把气撒在学生身上，更不能动辄大怒或大声指责，以免产生不良后果。如果是学生的原因导致的，教师应采用适当的方法，及时制止，引导学生真正认识自己的错误。

---

① 改编自 何小霞. 发挥教学机智，应对教学中的偶发突发事件 [J]. 教书育人，2019 (17)：42-44.

2. 因势利导，借题发挥

教学中的偶发突发事件，如果教师巧用教学机智，则可转化为有效的课程资源，为教学服务。例如，一位身材矮小的李老师，第一次走进教室与学生见面，明显感受到部分学生的目光或脸上流露出不屑和嘲笑。但他没有表现出不快，而是因势利导，借题发挥，微笑着说："同学们，很荣幸，我们第一次见面我就能博得大家开心一笑，说明我们之间的感情交流已迈出可喜的一步。在今后的教学中，我会取你们之长来弥补我之短，不断提高自己！"李老师幽默轻松的话语，不仅化解了自己的尴尬，也让那些表现出不屑与嘲笑的学生深感自责，对李老师充满敬意。从此以后，学生都较好地配合李老师的课堂教学。

3. 顺水推舟，砌阶立点

有的偶发突发事件，教师巧用教学机智，可顺水推舟，为学生理解知识搭桥铺路，成为学生思维中的支点、理解知识的台阶。例如，一位教师正在教《游园不值》，突然，"砰"的一声，一个学生破门而入。教师就顺水推舟，用诗句问学生："'小扣柴扉久不开'，这里为何用'小扣'，而不用'猛扣'或'猛推'来表述呢？"有的学生答："因为是去拜访朋友，用力敲朋友的门，会显得失礼。"也有的同学答："因为诗人有教养、懂礼貌。"还有的同学答道："在这里用'小扣'二字，与当时的情境、与这首诗所塑造的氛围是相适应、相协调的，若用'猛扣'一词，就显得不和谐、不协调了。"这时，教师再轻声问破门而入的学生："你认为大家说得对吗？"该学生自知错了，羞愧地低下了头。教师巧妙地借用该学生的失礼行为作为支点，铺路搭桥，为学生的思维引路，既教育了当事学生，还让班上所有学生更好地理解了诗的内涵，起到了一箭双雕的作用与效果。

4. 暂时悬挂，淡化处理

一般而言，课堂教学中出现偶发突发事件，教师不应回避和置之不理，而应及时处理。但凡事不能"一刀切"。有的偶发突发事件就宜搁置，让其淡化；或暂时悬挂，待课后再处理。例如，课堂教学中学生突发争吵，互不相让，若教师立即处理，就可能会打断教学进程，导致教学任务无法完成。又如，师生发生冲突，如果学生不服，可能导致矛盾激化。再如，有的学生严重违纪，且个性倔强、一根筋，如果教师当场处理，可能使学生难以接受，甚至产生严重的逆反情绪。教师面对这样的突发情况，要冷处理或暂时搁置，留待课后处理，避免出现课堂失控、矛盾激化。在这种具体的情境中，冷处理或暂时搁置就是教师最好的教学机智。

5. 将错就"错"，变"害"为利

教师在教学中或因课前准备不充分，或一时口误，或理解上出现偏差，或疏忽，或没看清内容等，出现偶发突发的错误，需要教师及时采取有效的教学机智举措，否则就会损害教师的形象，带来消极影响。教师及时且敏锐发现自己的错误后，借助教学机智，有效地将错就"错"，变"害"为利，不仅不会损害教师形象，反而会赢得学生的尊重与敬佩。

例如，李老师在教学《古朗月行》这首诗的时候，板书"古朗月行"时，把"朗"错写成了"郎"。学生指出错别字。李老师脸带微笑，表扬指出错字的小明既认真又勇于表达，希望其他学生向他学习。同时，把正确的字"朗"用红色粉笔大大地写在了错字"郎"上面，并在"郎"字下面打"×"。接着说："没有指出错误的学生，是不是不够细心、不够认真呢？这是大家容易写错的字，大家引以为戒。"接着，李老师进一步强调了字形以及"朗""郎"两个不同偏旁部首的含义与区别。李老师的教学机智，有效地解决了一次危机。从此，学生们学会了借助偏旁部首的含义区别形似字以及挑错字、写正确字的好习惯。

关键 11

改革教学评价

教学评价，即课堂教学评价，是对课堂教学过程及其结果进行价值判断的活动，也是教学活动的组成部分之一，具有管理、诊断、导向、调控和发展等功能。改革教学评价是教师提升课堂教学管理能力的重要方面，有助于提升课堂教学质量，促进学生全面、多样化发展。教师要如何改革教学评价呢？

一、教学评价理念的发展性

教师要改革教学评价，首先要转变传统的评价观念，树立发展性评价理念。教师要了解评价改革的相关文件，用先进的教育教学理念指导教学评价实践。学生正处于身心成长发育期，可塑性强，是不断发展中的人。教师改革教学评价，不仅要关注学生当前的现实表现，更重要的是要引导学生未来的发展，促进学生在已有水平的基础上不断发展与提高。

教师要改变过去教学评价过分强调甄别与选拔的做法，而应充分发挥评价的激励、导向和促进发展的功能，使评价的过程成为促进学生发展与提高的过程。教师改革教学评价时，要从注重"过去"和"现在"转向注重"将来"和"发展"，为学生的发展服务。也就是说，教师要用发展的眼光看待学生，不仅要看到学生现有的水平，还要看到学生潜在的发展可能性，通过教学评价来激发学生主体自我发展的意识，让不同水平的学生都能发挥其潜能，各得其所地获得发展。

随着从传统的教学评价观向发展的评价观转变，教师在评价标准与内容、评价方式方法、评价技术与工具、评价反馈等方面突出教学评价的发展性功能。教学评价改革强调从侧重选拔性功能转向侧重发展性和激励性功能、从侧重终结性评价转向侧重过程性评价、从侧重量化评价转向侧重量化与质性评价相结合、从侧重一元性评价转向侧重多元化评价、从侧重学生的智育评价转向侧重"五育"并举的评价，注重评价的综合性、情境性，关注学生成长型思维的发展。

另外，教师还要以发展的眼光来看待教学评价自身。随着时代的发展，教学不断改革，知识不断更新，课程标准不断变化，学生的发展状况也不断变化。因此，教学评价也要随之不断调整、完善、优化。教学评价的目的、方式方法、标准与内容、流程、方案等都不是静止、一成不变的，而是一个动态发展的过程。

二、教学评价方式的多样化

教学评价方式的多样化，指教师进行教学评价改革时，从学生发展的多样性、动态性、水平的差异性出发，与课堂教学活动紧密结合，多视角、多维度、多层次、多侧面、多渠道收集课堂教学信息，杜绝单一评价方式，根据教学评价目标和评价内容选择恰当的多样化评价方法，从而更好地实现教学评价的目的与功能。

1. 教学评价方式的分类

教学评价按照不同的分类标准，可以分为不同的类型与方式。根据教学评价的作用，可分为诊断性评价、形成性评价和总结性评价；根据教学评价的参照标准，可分为常模参照评价、目标参照评价和个体内差异评价；根据教学评价是否量化，可分为定性评价和定量评价；根据具体的教学评价方法，可分为纸笔测验或书面作业、课堂行为观察、课堂回答、口头表达或口试、成长记录袋、表演或演示、做实验，以及教师即时表示默许、认可、赞同、否定等手势、眼神、微笑等肢体语言评价方式。

2. 教学评价方式改革的基本要求

（1）将过程性评价与终结性评价相结合

在实际教学评价中，教师往往偏重终结性评价方式，如注重以期末考试来评价教学质量或学生发展状况。终结性评价方式，侧重于分等、甄别或奖罚。过程性评价方式是以发展的眼光看待学生的，对教学过程的课前学习、课堂教学、课后练习、课外学习、日常检测评价等各环节的教学活动进行评价。教学评价不仅关注结果，更要通过行为观察、情景测验、成长记录等评价方式关注学生的成长过程，有机地把终结性评价与过程性评价结合起来，使学生的学习过程、学生成长的过程成为评价的重要组成部分。这样，通过教学评价，能有效地调控课堂教学过程，从而达到督促和鼓励学生学习，促进学生发展，修正和改进课堂教学的作用与功能。

（2）将质性评价与量化评价相结合

定量评价方法，是把教学评价指标量化，采用数学统计方法得出一个具体分数的价值判断方法。定性评价方法，则是根据学生在课堂教学中的表现、现实状态或观察和分析，做出评语、等级等定性的价值判断。教师借助纸笔测验或书面作业等量化评价方式，能够了解到学生掌握知识的情况，方便教师及时进行教学调整。但这种量化评价方式往往根据学生的分数来排名，形成"考考考，教师的法宝；分分分，学生的命根"的弊端，无形中会给学生带来焦虑、压力。因此，在教学评价中，教师应尽量多采用观察法、成长记录袋、演示、评语等质性评价方式，及时了解学生的学习状况，充分肯定学生的进步，为学生提供改进与提升的建议，帮助学生不断进步与发展。

3.教学评价方式改革的具体实施

在教学过程中，教师根据教学任务的性质、评价内容的特点、学生身心发展状况来选择不同的评价方式，如纸笔测验、量表评价、观察法、表现性评价、口头评价、成长记录袋评价，等等。

例如，在小学语文课堂教学评价中，注重口头评价和书面评价的结合。在传统的书面作业或纸笔测验之外，教师通过口头提问、讨论和主题报告等方式来考评学生的语文表达能力和理解能力。教师安排学生复述故事、口头分析或评论文学作品，不仅能够考查学生的口头表达能力，而且能评价他们的理解和分析能力。教师还可以通过观察学生在实际操作中的表现，全面地了解学生的学习状况。借助小组合作，学生共同完成一个故事的创作，不仅可评价学生的写作能力，还能考查他们的团队合作能力、创新能力与思维水平。

另外，教师还可以合理利用信息技术，如学校搭建的评价平台或相关的 App 软件等，对学生的评价数据进行整理分析。例如，教师利用智学网 App，对学生每次考试，包括单元测、月考、期中考试、期末考试的相关数据进行分析，让学生、家长及时了解学生自己每门课程在班上或学校的排名情况、每次考试的进步或退步情况、试卷分析等等，形成综合评价。

三、教学评价主体的多元化

进行教学评价时，应明确评价主体的多元性，改革教学评价仅仅以教师为评价主体的局限性，要引导家长、学生、学生同伴、专业评价人员等其他主体都参与到教学评价中来，并进一步整合他们的评价结果，按一定的权重，得出一个总的评价结论。多元化评价主体的教学评价，评价结论更科学，有助于教师更全面客观地了解教学质量与学习质量，有助于学生、家长更全面客观地了解学习质量与教学质量。从评价主体的多元化来看，教学评价应包括学生自评、学生互评、家长评价、教师自评、教师互评、专家点评等等，教师、学生、家长、专家是教学评价的主体。

学生参与教学评价，成为评价主体之一，能更好地帮助其了解自我，发现自己存在的问题，有利于学生自我反思能力的发展。教师需要注意的是，应根据学生的发展特点，决定学生自主评价在整个教学评价中的比重。家长参与教学评价，成为评价主体之一，有利于开展家校协同共育工作，家长能更好地理解和配合学校和教师的工作；有利于家长更好地了解孩子的学习状况。当然，值得教师注意的是，家长成为教学评价主体之一，应培训家长，引导家长进行正确评价，提高教学评价的有效性。专家参与教学评价，成为评价主体之一，不仅有助于教学评价更为科学客观，还有助于促进教学评价的发展，为教学评价的理论与实践发展奠定基础。

教师、学生、家长作为教学评价的主体，需要他们彼此之间有效沟通。通过反馈沟通，教师、学生和家长共同讨论课堂教学情况及其评价结果，不仅有助于教师、学生和家长更好地了解学生的学习状况，有助于教师、学生、家长获得宝贵的反馈，更好地改进优化教学评价，还有助于教师更好地优化改进课堂教学。

例如，教师完成阅读教学以及学生完成相关的故事改编后，可引入学生自我评价和学生互评。自我评价有助于激励学生自我反思和自我提升，更好地了解自己的优缺点；学生互评，则有助于培养学生的批判性思维和相互学习的能力。教师还可以把课堂教学视频发到家长群，请家长参与教学评价。同时，教师也参与对此的评价。最后，教师整合这四种主体对阅读情况的评价情况，得出更客观的评价结论。

四、教学评价内容的全面性

教学评价内容的全面性，不仅包含对学生的评价，而且包含对教师的评价。

对学生的评价，则将学生看作"完整的人"，注重教学评价内容的全面性，关注学生的知识与技能，过程与方法，情感、态度、价值观等整体和谐发展，而不是仅仅关注知识与技能。也就是说，教学评价，不仅要评价学生学业发展，而且要评价学生其他方面。教师进行教学评价改革时，要突破原来只重视学生的学习成绩的弊端，拓宽评价内容，要对学生的思想品德、学习能力、创新能力、实践能力等多方面潜能进行评价，还对学生的学习方式进行评价。

对教师的评价，主要包括对教师的专业素养、教学水平、教学成效等方面进行评价。对教师专业素养的评价，包括评价教师对各种教学技巧方法的掌握与灵活运用程度、教学语言的运用、仪态的展示及教学组织能力、教学内容的处理等方面。例如，对教师教学内容处理的评价，从侧面体现了教师对教材和学生发展特点的了解，主要包括教师是否深入了解教材、掌握重点难点、考虑学情，在此基础上对教学材料进行合理编排；教学内容的选择、教学重点难点是否有利于学生的科学知识、实践能力和人文素养综合提升；教学内容呈现方式及其加工是否合理；教学内容科学性和思想性的体现情况是否有利于培养学生的情感、态度和价值观；等等。

教学评价内容的全面性，请参考本关键点的拓展阅读，在此不赘述。

五、教学评价对象的差异性

教学评价改革，在评价内容、方法、标准等方面既要注意对评价对象（学生）的统一要求，又要尊重、关注学生的个体差异以及发展的不同需求，用"多把尺子"衡量学生，为学生的个性、特色发展提供一定的空间，引导每个学生都能各得其所，获得发展和提高。

教师在改革教学评价时，要关注评价对象——学生的多样性与差异性。学生来自小学、初中、高中不同学段；即使是同一个学段，还存在不同年级的区别；即使是同一个年级同一个班级的学生，也存在优良中差等不同层次，还有着不同的发展需要、意愿、倾向、优势和可能性。可见，不同学段、不同年级、同一班级的不同学生在认知能力、心理成熟、身体发育状况、学习情况等方面都存在较大的差异。因此，教师在改革教学评价时，评价内容、评价方式、评价标准等方面也不应相同。不能用初中教学评价指标体系去直接评价小学教学情况，当然也不能用小学教学评价指标体系去直接评价高中教学情况。教师在教学评价时，要根据自己所教学生的学段、年级、班级的实际情况，使评价更精准、更具体、更有针对性。

例如，评价一年级的课堂教学，要考虑到一年级学生刚入学，身心发展不成熟，学生好动，不能长时间安静，需要在课堂中有更多具体形象的活动，教师也不宜讲授得过多。针对一年级学生的教学评价，就要符合学生的这些特点。如果用同样的评价标准去评价不同层次的学生，去评价各具特色的学生，是不科学的，难以发挥评价的督促、引导、管理与激励等功能。教师开展教学评价，应该充分考虑学生的特点，在评价内容、方法、标准等方面从学生的实际出发，因人而异，不能"一刀切"。

【拓展阅读】

新课程改革背景下课堂教学评价的六个关注重点①

1.关注教学目标的达成度

知识与技能、过程与方法、情感态度与价值观三维教学目标，体现了新课程改革的价值追求，是各学科课程的课堂教学评价中必须首先予以关注的。在课堂教学中，教师根据课堂教学目标和教学内容，把知识与技能、过程与方法、情感态度与价值观有机地整合起来，贯穿整个教学过程。在课堂教学评价中，要关注教师对章节知识的理解是否深透，是否抓住重点、难点及各章节知识之间的联系，并采取有效措施，被学生所理解、掌握。当前，尤其要关注教师对学生在情感、态度、价值观方面的培养是否与教学内容、教学方法有机地结合，追求"随风潜入夜，润物细无声"的教学效果。

2.关注教师对教学资源的开发和整合

在新课程理念下，教材是教学资源的重要来源，但不是唯一来源，教学资源由单一转向多元。教师在选择和处理教学内容时，要多方面地开发和整合各种教学资源。学生的学习兴趣、生活实际、知识基础和思想状况是资源；教学设施、教学手段是资源；教师的知识储备、各种相关的信息等也是教学资源。课堂教学效果很大程度上取决于教师对这些资源的开发、利用和整合。因此，在课堂教学评价时，要关注教师是否以教材为主线，有机地整合各类教学资源，收到最佳的课堂教学效果。

---

① 改编自 课堂教学评价的基本策略有哪些. ［EB/OL］. https：//wenda. so. com/q/1482435750721836.

3.关注教师教学方式的变革

新课程改革要求教师冲破"满堂灌""一言堂"的教学陈规，寻求多样化的教学方式，创造性地运用"讨论式"教学、"合作式"教学、"探究式"教学等各种教学方式。因此，在课堂教学评价上，一要关注教师是否尊重和信任学生，是否对学生热情与宽容，是否保护和鼓励学生的自信心和好奇心，是否创设民主宽松的教学氛围以引导学生大胆发言、提出问题。二要关注教师是否从自己思想或教学预设转移到学生发展或生成目标上来。三要关注教师采用的教学方法是否符合教学内容、适合学生的需要。

4.关注学生学习方式的转变

转变学生的学习方式是新课程改革的焦点。转变学生的学习方式就是要改变传统的单一、被动的学习方式，提倡和推动自主、合作与探究的学习方式。因此，课堂教学评价要关注学生的学习状态和学习方式的转变。其一，关注学生是否全体参与了学习的全过程，是否全身心地投入了学习的全过程。其二，关注师生、生生之间是否有较多的合作，以及信息交流与反馈。其三，关注学生是否敢于质疑，思维是否活跃，是否主动思考。其四，关注学生是否有愉悦感，能否自我控制与调节学习的情绪。其五，关注学生是否能自主生成预设内容与非预设内容。

5.关注教学过程的流畅程度

教学过程的流畅程度能够反映教师教学设计与教学实际的吻合程度和教师课堂教学的驾驭能力。在正常情况下，课堂教学中经常出现与课堂教学设计不相吻合的偶发事件，对这些偶发事件的处理，体现了教师教育思想、教学方法、教学机智、教学艺术以及教学调控能力。因此，在课堂教学评价中，要关注教师的教学设计与教学实际的吻合程度，同时关注教师处理课堂教学偶发事件的理性程度。

6.关注教师对学生的评价

教师对学生的评价是影响学生个性成长的重要因素。课堂教学上教师对学生的评价不仅表现为一些鉴定性的语言式的评价，更多地表现为教师的一种手势、一个眼神、一种默许、一种认可、一种赞同、一个微笑等等，以此给学生以激励和赞许。因此，在课堂教学评价中，要关注教师对学生的评价，以激发学生强烈的学习欲望，保持旺盛的学习精神，提高自我发展的信心。

关键 12

建构良好师生关系

师生关系是教育教学过程中最重要、最基本的关系，也是教师课堂教学管理的基础、支撑和保障。建构良好师生关系是教师提升课堂教学管理能力的重要方面，对课堂教学活动的顺利进行，完成课堂教学任务、达成教学目标、提高教学质量、促进学生发展起着重要的作用。教师要如何建构良好的师生关系呢？

一、了解师生关系的类型，提高建构良好师生关系的认知

一般而言，主要有传统型、合作型、友好型、导师型等四种类型的师生关系。不同类型的师生关系各有特色。教师应根据自己的风格和学生的需求，选择适合的师生关系类型，并进行建构。

1.传统型师生关系

传统型师生关系，通常体现为一种权威和尊重的结构。教师在这种师生关系中，因拥有一定的教育教学经验和丰富的知识，成为当仁不让的权威人物；学生因身心发展不成熟，而不得不尊重教师的权威，接受教师的指导。这种传统型师生关系反映到课堂教学中，教学成为由教师到学生的单向传授，以教师及其"教"为中心，学生被动记忆和消化教师所教授的知识。传统型师生关系，也是传统教育的"教师中心""教材中心""教室中心"在师生关系上的体现。这种传统型师生关系，一直诟病很多，受到社会各界的批评。因此，应改变这种师生

关系，建立更为平等和互动的师生关系，激发学生的主动性、积极性，使他们更好地参与课堂教学过程，提高教学质量。

2.合作型师生关系

合作型师生关系，则强调师生之间的平等、互动和共同合作。在这种师生关系中，教师和学生都是课堂教学上的伙伴，共同参与知识的认知、构建和分享。基于合作型师生关系的课堂教学，教师更多充当引导者和激发者的角色，鼓励、引领学生独立思考、提出问题和参与课堂讨论；学生不仅积极主动表达自己的观点、分享经验，而且与教师合作，共同探讨问题。基于合作型师生关系的课堂教学，强调师生合作，师生、生生共同探究、解决问题和实际应用，并不仅仅是教师到学生的单向传递知识；课堂教学氛围更加开放和互动，鼓励学生提出问题、发表意见。可见，合作型师生关系重视学生参与和合作的积极作用，促使他们更主动地参与课堂教学过程，有助于培养学生的批判性思维、团队合作能力和自主学习能力。

3.友好型师生关系

友好型师生关系，强调师生之间建立积极、支持性的人际关系。这种师生关系强调彼此之间相互尊重和理解，教师和学生之间的互动更加轻松、亲切。友好型师生关系通常建立在相互信任和共鸣的基础上，教师愿意倾听学生的需求和意见。基于友好型师生关系的课堂教学，教师不仅仅是知识传授者，还扮演着学生的理解者和支持者等角色，鼓励学生积极表达自己的观点，关心学生的身心发展。在课堂教学过程中，教师采用更加灵活的方法，促使学生自信地表达自己的想法。可见，友好型师生关系有助于营造积极的学习氛围，促使学生更乐于参与学习，还有助于培养学生的自尊心、社交技能，以及对学习的积极态度。

4.导师型师生关系

导师型师生关系，强调教师对学生的个别指导和关心，强调密切的师生互动，类似于研究生导师与学生之间的关系。在这种师生关系中，教师被视为学生的导师，教师致力于了解学生的兴趣、目标和学习风格，不仅传授学生学科知识，还对学生的个人发展和未来发展生涯提供相关建议和指导。在这种师生关系中，学生通常有更多机会与教师进行一对一的交流，讨论个人的兴趣爱好、发展目标、未来发展规划等。可见，导师型师生关系需要教师付出更多的时间与精力，有助于促进学生个性发展与全面发展。

二、全面客观了解学生，奠定构建良好师生关系的基础

正如伟大的教育家卢梭所言，"作为一个好的教师，首先必须要了解和研究自己的学生"，教师建构良好师生关系也是如此。教师全面客观了解学生，为构建良好师生关系奠定基础。

教师应通过多种途径全面、客观地了解学生。

1.查阅现有资料

教师结合学生的《素质报告手册》或综合素质评价平台，了解、分析学生的表现，从而初步掌握学生的身体状况、品德表现、家庭情况以及学习活动等基本情况。

2.善于观察学生

教师通过观察掌握学生第一手材料。教师要了解学生，尤其是其内心世界，需要长期不动声色地观察与相关验证或比对。教师对学生观察时，要注意有目的、有计划、有针对性地进行，切忌主观臆断，盲目地对一个学生下结论；切忌

伤害学生心灵，影响他们学习和身心的健康发展。值得教师注意的是，教师在观察学生行为时，要学会透过现象看本质，深入分析学生行为背后的需求与原因，读懂并分析隐藏在学生行为后面的"密码"。

3. 做好家访或与家长联系

学生在学校的表现，难以全面客观地表征自己。因此，教师还要通过家访或跟家长打电话沟通，才能更深入、更全面地了解学生。教师通过家访或与家长沟通，还可以及时发现学生的问题并加以解决；同时，也让学生、家长体会到教师的关心和爱护，从而促进良好师生关系的形成。

通过各种途径，教师全面客观地了解学生，为建立良好的师生关系打下坚实的基础。教师应重点了解学生如下方面：一是学生的学习情况，如总成绩、单科成绩、优秀科目、不擅长科目等；二是学生的家庭情况，如父母从事的职业、是不是留守儿童、是和父母居住还是和爷爷奶奶或外公外婆居住等；三是学生的基本情况，如思想意识、道德品质、知识水平、学习态度与方法、个性特征、身心健康、兴趣爱好、特长、不良倾向等状况等；四是特殊学生的情况，如离异家庭学生、留守学生、单亲家庭学生、心理疾病学生、身体疾病学生，或多或少地影响着这些学生的学习与心理状况，影响着师生关系。

三、关爱学生，提供建构良好师生关系的情感联结

正如高尔基所言，"谁不爱孩子，孩子就不爱他；只有爱孩子的人，才能教育孩子"，关爱学生是教师的天职与美德。教师只有关爱学生，学生才能"亲其师，信其道"，为建构良好师生关系提供情感联结。也就是说，只有当学生从心里深处认可教师、亲近教师时，才会在感情上悦纳教师，才有可能建构良好的师

生关系。如果学生从内心深处排斥某教师，就会疏远该教师，则不可能建构良好的师生关系。

1. 教师要有亲和力

亲和力，是指一种亲切和谐的力量，包含着教师对学生人格的尊重、个性的关爱、情感的维系，从而促进师生关系良好和谐。可见，良好师生关系的建构，需要教师的亲和力去激发、促进与实现。教师要让学生真正"亲其师"，就应放下"师道尊严"，在充分尊重学生天性的基础上，真诚地对待每位学生，走到学生中去，融到学生中去，用激励的话语、赞赏的眼神、充满爱的宽容微笑，幽默诙谐的点滴渗透，对学生进行科学合理的指导，学生才会愿意亲近教师。

2. 教师要欣赏学生

几乎所有教师都深有体会——"好孩子是夸出来的"。莎士比亚有句名言："赞美是照在人心灵上的阳光。"教师给学生多一些欣赏或赏识，让赏识成为学生不断奋进的动力，帮助学生找回自信心、树立自信心。教师要善于发现并赏识学生的闪光点、优点，并及时给予恰当的肯定和激励，激发学生学习的自信心，有助于形成良好的师生关系。

3. 教师要博爱学生

正如苏霍姆林斯基所言："好的孩子人人爱，爱不好的孩子才是真爱。"因此，教师要改变偏爱品学兼优学生的弊端，应博爱班上所有的学生。对教师而言，聪明、活泼、可爱的学生要爱，学困生、顽皮捣蛋的学生、毛病很多的学生更要爱，且更要亲近他们，给他们提供更多的关怀与帮助，激发他们的上进心。教师对所有学生的博爱，是一种巨大的教育力量，是沟通师生心灵的一条通道，是建构师生关系的金钥匙。

4. 教师要尊重学生

教师与学生任何一方缺位，无论有多么高级的教育设施设备，无论有多么先进的教学思想、教育方式方法，都不可能建构师生关系。也就是说，师生双方都是良好师生关系建构的主体，二者在人格上、地位上是平等的。这对教师而言，尤其要注意尊重学生。教师切忌把自己的想法强加给学生；切忌一切以自己的意志为主，不考虑学生的需求；切忌用强迫式方法、命令式态度。如苏霍姆林斯基所言"让每个学生都抬起头来走路"，也正如马卡连柯所言"高度尊重与严格要求相结合"，都体现着新教师应尊重学生，把他们当作一个完整的、发展的、具有个性特征的"人"看待。

5. 教师要善于和学生沟通

教师要营造和学生沟通的宽松氛围，引导学生切身体会到教师和蔼可亲的一面，教师是他们的良师益友。教师以坦诚的态度对待学生，让学生感觉到教师是可以信任的、可以交心的。"赠人玫瑰，手有余香。"当学生从与教师沟通中得到关爱，获得良好的情感体验时，有助于学生学会如何处理好人与人之间的关系，当然也有助于建构良好的师生关系。

四、提高自身素质，赋能良好师生关系的建构

从某种意义上而言，构建和谐师生关系的关键在于教师自身素质的高低。在师生关系建构中，教师无疑起着主导作用。任何学生在主观愿望上，都想和教师搞好关系，都想得到教师的关爱和青睐，都想得到教师的肯定和表扬。教师自身的素质是影响师生关系的核心因素。因此，教师要努力提高自身素质，做到德高为范、学高为师，时刻牢记自身的使命和宗旨，注意为人师表，加强师德修养，

提高职业道德水平。这样的高素质的教师，学生自然而就会敬佩、主动亲近，主动拉近师生关系，从而有助于良好师生关系的建立与发展。

教师提高自身素质，可以从以下几方面入手。一是树立崇高的理想，不断提升思想修养，树立科学的世界观、人生观、价值观。二是完善自己的知识结构，加强学习和研究，使自己更具有智慧，渊博的学识更能吸引学生。三是树立正确的学生观。教师以平等的态度与学生交流、相处，以积极乐观和宽容的态度，对待学生发展中不可避免出现的问题；尊重、理解学生，与学生相处时要把握好"度"，与学生建立友好但不过度亲密的师生关系。四是培养广泛的兴趣爱好，或适当分享一些个人经验和故事，有助于教师与学生打成一片，缩短师生之间的距离。五是教师不断学习，不断更新教育教学理念；虚心向资深教师请教师生关系建构与发展的有效方法，学会处理一些棘手的师生关系问题，不断提高自身素质。

【拓展阅读】

英语教师建立良好师生关系的三大策略①

英语教师建立良好的师生关系，涉及方方面面，如教师自身的知识水平、教学方法、沟通技巧和幽默感，以及学生对教师的态度，等等。这里重点探讨英语教师建立良好师生关系的三大策略。

1. 沟通了解

英语教师与学生沟通、了解学生是建立良好师生关系的前提。只有通过与学生沟通，充分地了解学生的个性特点、兴趣爱好、英语基础、语言潜能、学习风格等，英语教师才能因材施教，做到对优秀生爱得严格，对中等生爱得温和，对

---

① 改编自 蒋小青. 英语教学中建立良好师生关系的策略 [J]. 教育探索，2004（11）：58-59.

学困生爱得细腻。与学生进行沟通、了解学生的渠道或方式很多。例如，英语教师通过阅读学生的档案材料；访问学生原来的英语教师或同学；引导学生填写一个包括英文名、生日、兴趣爱好、课堂上最希望英语教师讲什么、是否喜欢英语教师提问等内容的基本情况调查表；通过课内交流和课余时间与学生聊天，或网上聊天；等等。英语教师与学生沟通时，所用的语言尽可能用英语，也可根据实际情况，用英汉相夹的"三明治"式的语言。这样，既有助于与学生轻松交谈，增进彼此了解，加深情感，又有助于学生练习或复习英语。

另外，英语教师在与学生沟通、了解学生时，要注意以下几个方面。一是记住学生姓名。亲切地喊出学生的姓名，有助于唤起学生幸福愉悦的心情，为建立良好师生关系起到铺路搭桥的作用。二是注意用肢体语言交流。师生之间通过面部表情、眼神、手势等肢体语言进行交流，微笑的面容、和蔼的表情和亲切的态度是引起师生情感共鸣的桥梁，使师生之间配合默契，达到心理相容。

2. 真诚相待

真诚相待，是师生情感关系的灵魂，是师生关系建立的重要因素。英语教师真诚对待学生，至少应做好以下几个方面。

一是英语教师承认自身的局限性与不足。英语教师对于自身思想、知识、观点等方面的局限性与不足不必遮遮掩掩，而应坦诚相告。这不仅不会损害英语教师的形象，反而会赢得学生的尊重与信任，有助于良好师生关系的建立。

二是英语教师给学生真诚的关爱。英语教师关心学生，是培养师生情感与师生关系的关键。英语教师尤其要有足够的耐心和爱心，特别要关心那些生活或学习有困难的学生，除了向他们提供无私的帮助外，还要指导他们学习方法，教会他们学会学习。当学生没有完成作业时，要了解原因，分析是否需要给学生提供帮助。当学生取得进步时，哪怕是微小的进步，都要给予表扬。英语教师还要关心学生的未来，关爱学生的健康，关注学生的情感。

三是英语教师给学生真诚的话语。英语教师针对学生的进步或"闪光点"给予真诚的赞扬。在一些特别的日子或场合，英语教师对学生表示衷心的祝愿或祝贺。当学生取得进步时，真诚地说一声："Congratulations on your progress！" 当有学生过生日时，真诚地说一声："Happy birthday！"

3. 理解宽容

英语教师理解宽容学生，是融洽师生情感与建立良好师生关系的重要因素。罗杰斯把理解分为评价性理解和移情性理解，评价性理解表现为"我理解你的错误之处"；而移情性理解则是从对方的立场去理解其思想、感情及对客观世界的态度。显然，比起只包含认知因素的评价性理解而言，移情性理解有着更为丰富的情感成分，能消除师生之间的心理距离，对学生起着"情感反射"式的推动作用。

英语教师通过多种渠道和方法了解学生，有助于站在学生的角度去理解学生的思想、情感和行为，避免用自己的思想和行为来代替学生的思想和行为；有助于宽容学生在学习中出现的错误，耐心对待学生一次又一次的发问，细心呵护学生的每一点进步。

英语教师应认识到，学生是在克服错误中前进的，错误是学习过程中不可避免的。纠错的时间和方式，要根据错误的类型、学生的成绩和个性特点区别对待，英语教师要讲究纠错的艺术，如先表扬后批评等；千万不要责备埋怨、挖苦讽刺，以免对学生造成伤害。

总之，英语教师对学生能移情理解，对学生的错误能宽容谅解。这样，才有助于师生间良好关系的建立。

专题四
确保课堂教学的有效性

课堂教学是学校教育教学的中心工作，是提高教育教学质量的核心与统领。一堂完整的课主要包括课堂导入、新知传授、课堂作业、课堂总结等四个基本阶段。确保课堂教学的有效性，是练就好课的关键所在。

关键 13
课堂导入灵活多样

"好的开始是成功的一半",好的课堂导入犹如乐曲的"引子"一样,开启了一堂精彩的课堂教学,直接影响一堂课"学习场"的构建,为吸引学生注意力,搭建旧知与新知、知识与生活、理论与实践、教师与学生之间的有机桥梁,以及为确保课堂教学的有效性、提高教学质量奠定良好的基础。好的课堂导入,贵在灵活多样。课堂导入有法,而无定法。只要适合学生的身心发展特征,适合教学内容,适合所教课程特色,都是好的课堂导入。受篇幅的限制,这里主要阐述四种常用的课堂导入方式。

一、结合学生生活实例进行课堂导入

教师进一步明晰,"生活是学生最好的老师"所蕴含的哲理。无独有偶,新课程标准也明确提出:"学生首先接触的是生活世界而不是科学世界,学生生活在生活世界之中,而不是生活在科学世界之中。"因此,课堂导入要以学生为本,教师充分尊重和关注学生的生活,引导课堂教学回归生活,解决生活中的问题。教师要结合学生生活实例进行课堂导入,是为了实现课堂教学的目标,充分利用与学生生活相关的人物、事件或信息等作为教学资源进行加工,并以此为主要内容进行课堂导入。可见,教师根据某节课的教学内容与教学任务,贴近学生生活世界与生活经验,关注学生身边发生的事情,选取学生在实际生活中的经历或学生的生活经验进行课堂导入,帮助学生在即将学习的教学内容和自己已有的直接

经验或经历之间建立联系，调动学生的学习热情，引发学生的共鸣，使学生迅速进入学习状态，这样就自然而然地开启了新知识的学习。

例如，一位物理教师在教学"摩擦力"的时候，从学生生活入手，寻找生活中体现摩擦力的场景，通过这样的课堂导入，把摩擦力的概念引入课堂中。在课堂导入环节，教师说："同学们，刚才上课铃响了，我看到小明非常快地从操场跑回教室，在自己的座位附近'急刹车'。请大家好好思考，是什么'力量'让小明同学停下来的？还请大家想一想，我们坐在车上，碰到红灯时，正在行驶的车，是什么力量让它在斑马线前停下来呢？再请同学们想一想，下雪或下雨时，我们走路容易滑倒；而晴天，我们走路，很少滑倒。这又是为什么呢？另外，有同学的校服拉链拉不动了，妈妈在拉链上打点油，马上就拉得很顺畅了。这又是为什么呢？"

显然，这位物理教师的课堂导入，不仅贴合学生的生活实际，而且能顺利地引入新课"摩擦力"的学习，也给学生提供了思考探究的机会，帮助学生构建物理知识与实际生活的桥梁。这位物理教师重视面向学生的生活世界，重视学生的生活经验，通过这样的课堂导入，帮助学生走向教材内容，再从教材内容解决生活问题。

二、存疑设问进行课堂导入

"学贵在疑""学起于思，思源于疑"等名言，都彰显着好的问题是激发学生思维的催化剂，可成为一堂课的支点，也可成为一堂课的起点。教师以问题为抓手进行课堂导入，有助于调动学生的主观能动性、拓展学生的思维空间、打开学生的学习思路。存疑设问进行课堂导入，是指教师紧扣教学内容、学生实际，有针对性地提出问题，诱发学生的学习动机，提高学生积极参与课堂学习的一种课堂导入方式。该导入方式，不是教师随意提几个问题，而是所提的问题是驱动性问题，需要教师在课堂教学前认真钻研教材，根据教材内容和学生的学习情况，结合学生实际来设计、选择问题。另外，教师选择的问题要有针对性，能够激发学生思考，顺势导入该堂课的新授知识，这样才能达到课堂导入的目的。

例如，于老师教学《孔乙己》时，用如下三个问题进行课堂导入：

"鲁迅为什么说他最喜欢《孔乙己》？"

"孔乙己究竟是一个怎样的艺术形象？"

"鲁迅是怎样运用鬼斧神工之笔精心塑造这个形象的？"

显然，于老师通过存疑设问进行课堂导入，用以上三个问题串起整堂课。这三个问题聚焦了教学目标以及教学重点难点，而且三个问题环环相扣，由浅入深，将学生的思维引向了文本深处，为下一步的学习做好了铺垫。这三个问题的设置引人入胜，耐人寻味。通过存疑设问进行课堂导入，架起了学习文章的梯子，学生顺着这架梯子走向文章的内核，体悟文章的内容。可见，通过好的问题进行课堂导入，犹如一粒石子投入平静的湖水，使整节课在课堂导入时就有了涟漪，在学生的心湖激起层层浪花。这样的驱动型问题，才能有效达到课堂导入的目的。

三、搭建新旧知识连接进行课堂导入

学习的过程，就是利用大脑中的原有知识加工新知识的过程。学习新知识必须与原有旧知识建立联系。只有新旧知识建立联系，大脑才能建立新的神经连接，学习才有成效。因此，通过搭建新旧知识连接进行课堂导入很重要，也是一种常用的导入方式。教师运用该课堂导入方式时，需要解决的重点就是根据该堂课新授知识去寻找学生已经学过的旧知识，并搭建起新旧知识的连接或桥梁。教师在课堂导入时，引导学生回顾和温习已学过的知识，为学习新知识提供支架与基础，唤醒他们对新知识的渴望和联系。旧知识是基础，是学生学习新知识的平台和支架，将两者有效结合起来，无疑是一种高超的课堂导入艺术。

例如，一位语文教师在教学郁达夫的《故都的秋》时，是这样进行课堂导入的：对于秋天，不同的人有不同的看法与感受，"落霞与孤鹜齐飞，秋水共长天一色"，是王勃少年壮志的展现；"月落乌啼霜满天，江枫渔火对愁眠"，是张继忧国伤己情思的流露；"空山新雨后，天气晚来秋。明月松间照，清泉石上流"，是王维清静无为境界的写照。那么，大家心中的秋天又是怎样的呢？今天，我们一起走进郁达夫笔下的《故都的秋》，看看故都的秋天是一个怎样的情景呢？与王勃、张继、王维对秋天的描绘有什么不同呢……

显然，这位语文教师的课堂导入，加强了新旧知识在教学内容上的联系，注重引导学生用已掌握的知识去导入新知识，为学生架起"旧知"与"新知"的桥梁。因此，在课堂导入环节，教师要抓好这个契机，找到新旧知识的最佳结合点，帮助学生建立新旧知识间的关联，从以前学过的知识中提取与新知识之间的关联点，让学生了解新的学习内容，从而高效地帮助学生把新知识和旧知识串联起来，形成一条系统的知识链。

四、构建情境进行课堂导入

随着新课标的推行，教育教学理念发生了深刻的变化。越来越多的教师通过构建一个或充满挑战、或激发兴趣、或模拟真实场景、或实验等情境进行课堂导入。教师根据学生的实际情况，全面归纳教学内容，创设一定的情境，借助情境问题、情境任务启发学生思考，促使学生主动地参与到课堂学习中，从而有效实现课堂导入的目的。

在创设情境的过程中，教师尤其要注重情境的合理性、目标性以及探究性。所建构情境的合理性，体现教师尊重学生的认知规律，突出学生的主体地位，情境不仅要满足学生的兴趣特点，还要便于学生理解和接纳。所建构情境的目标性，体现教师基于教学目标的指引创建情境，不是随性而为、随意建构。所建构情境的探究性，体现教师在情境的指引下组织学生探究，如积极发言、合作讨论、书写运算等等，引导学生在情境中动起来，勤思考、多练习，为后续的新知识传授提供良好的条件。这里主要介绍利用多媒体、角色扮演等途径，创设课堂导入的情境。

1. 利用多媒体，创设课堂导入的情境

教师利用多媒体技术，突破时空限制，运用音乐、图片、动画、影视等手段，设计一个符合教学内容需要的虚拟情境，进行课堂导入。利用多媒体，创设课堂导入情境，有助于为学生提供身临其境的实践机会，弥补学生生活实际经验的缺陷；有助于强化学生感知，提供多样化的外部刺激，加深学生对情境的感受和理解，进而为学习新知识奠定基础。在语文课堂导入上，教师利用虚拟现实技术模拟古代文化的相关场景，引导学生深入理解古代文化的深刻含义；在科学课堂导入上，教师利用游戏化教学软件，把学生变成一群勇敢的科学家，激发学生的好奇心，探索未知的世界，更好地理解科学的奥秘。

例如，一位语文教师在教学《黄河颂》时，考虑到学生没有见过黄河，且对抗日战争历史还不甚了解，在设计课堂导入时，用多媒体课件通过从展示黄河实景、介绍历史背景等方面来创设情境，帮助学生感同身受。可见，利用多媒体创设课堂导入的情境，即使学生没有见到真的黄河，但是通过多媒体的展示，学生也能真切地感受到黄河的魅力，提高语文学习的兴趣，有效完成学习任务。

2. 利用角色扮演，创设课堂导入的情境

教学情境是由师生教与学的情绪、情感、态度、行为、环境等因素共同作用下形成的综合状态。在课堂导入中的角色扮演，是通过学生扮演相关角色，获得运用和解释有意义的知识的能力，从而了解社会上的各种行为习惯和规范，实现教学目标。教师在设计课堂导入时，结合学生的特点，创设轻松的角色扮演情境，引导学生主动、大胆、愉快地参与教学活动，在角色扮演中学习，在学习中创造，在创造中思考，促进师生之间、学生之间的互动交流，鼓励他们大胆质疑，探讨解决问题的不同方法。

例如，一位小学数学教师教学"圆角分及其计算"时，其课堂导入就是将教学情境设计成一个商店，让学生彼此扮演顾客与售货员。每个学生都对自己喜欢的文具（商品）标上价格，通过手中的学具人民币，以合理的价格出售，还可适当讨价还价。如一个铅笔盒标价为 8 元，一支铅笔标价为 2 元，一块橡皮标价为 0.5 元，等等。通过学生角色扮演导入课堂教学，学生很快就了解了圆角分的兑换关系，以及简单的计算。可见，通过角色扮演的情境导入课堂教学，有利于帮助学生尽快了解当堂课的学习内容、激发学习兴趣、打开思维、进入新知识学习等，还有利于帮助学生构建数学知识与实际生活的桥梁，突出课堂导入情境的趣味性，有效达到课堂导入的目的。

【拓展阅读】

课堂导入应遵循的基本原则①

教师要做好课堂导入，应遵循如下基本原则。

---

① 改编自 王向红，王向华. 新教师快速成长的 22 个关键 [M]. 北京：新华出版社，2024.

教师练就好课的20个关键

1.课堂导入的针对性原则

虽然课堂导入方式方法、手段很多，但是教师不能随心所欲地选用课堂导入方式。教师进行课堂导入时，应遵循针对性原则，根据具体的教学目标、教学内容、学生实际情况来选择适当的导入方式。这就要求教师在上课前全面了解教学目标、教材内容、学生掌握知识的实际情况以及年龄、性格特征，有针对性地选择合适的课堂导入方式。

2.课堂导入的趣味性原则

兴趣是最好的老师。教师进行课堂导入时应遵循趣味性原则，激发学生的学习兴趣，提高学生参与教学的积极性与主动性。教师可采用猜谜语、讲故事、放视频、唱歌等方式实施课堂导入。值得教师注意的是，不能一味追求课堂导入的趣味性，而脱离当时的教学内容，把学生的注意力转移到与新课无关的内容上，这样的课堂导入是毫无意义的，甚至会影响课堂教学的正常开展。也就是说，课堂导入的趣味性原则要建立在更好实现教育目的、学好教学内容的基础上。从某种意义而言，课堂导入也是教学内容的重要组成部分，或者至少是教学内容的必要补充。

3.课堂导入的关联性原则

教师在课堂导入时，要遵循关联性原则。其一，教师在课堂导入中要注意新旧知识之间的联系，引导学生构建自己的知识体系，有利于促进学生知识的提取和应用，使学生既复习了旧知又联系了新知，顺利完成新旧知识的过渡与衔接。其二，教师在课堂导入中要注意学生与知识的关联性，充分调动学生的积极性，引导学生主动参与到课堂学习中，引导学生自主学习知识。

4.课堂导入的简洁性原则

教师实施课堂导入，要遵循简洁性原则。教师在课堂导入时，要认识到课堂导入仅仅是课堂教学的"前奏"，真正的核心环节是后续的新知传授，要分清主次。教师尤其应注意，课堂导入环节应短小精悍，一般控制在3-5分钟就要转入新知传授这个正题。课堂导入如果过于烦冗就会喧宾夺主，从而适得其反，学生不知道该节课到底要做什么。因此，教师在课堂导入时，不要绕来绕去，有的放矢才能立竿见影，在有限的时间内，用最简单直接的方式、最简练精准的语言或手段达到预期的目的。

5.课堂导入的多样性原则

教师在课堂导入时，要遵循多样性原则。课堂导入方法多种多样，有提问导入、复习旧知识导入、设置悬念导入、讲故事导入、演示小实验导入，有建构情境导入、开门见山导入、热点新闻导入、猜谜语导入，还有分析典型案例导入、相关歌曲导入、结合生活实际导入、联系其他学科内容导入，等等。教师要避免长期使用同一种课堂导入方式，或避免每一堂课都使用同一种导入方式，要根据不同情况，灵活采用不同的课堂导入方法。每一堂课有不同的课堂导入方式，不同学科课程有不同的课堂导入方式，不同的教师有不同的课堂导入方式，不同年龄特征的学生适合不同的课堂导入方式。一是教师要根据不同的教学内容，不断地创新和摸索新的课堂导入方式，给学生带来新鲜感与兴趣。二是教师要根据不同的课型采用不同的课堂导入方法。例如，新授课的课堂导入注意温故知新、架桥铺路或前后照应、承上启下；复习课的课堂导入要注意分析比较，归纳总结。最好不用新授课的导入方式去讲复习课，也不用复习课的导入方式去讲新授课。三是教师要根据不同学生的身心特点，选择不同的课堂导入方法。例如，针对小学低年级的学生，教师一般采用更生动、活泼、具体的课堂导入方法，如猜谜语，看动画或图片、听音频等。总之，课堂导入的方式多种多样、丰富多彩，教师要主动探究，不断总结，不断形成自己的课堂导入风格。

关键 14
新知传授环环相扣

　　课堂导入后，课堂教学就进入新知传授阶段。新知传授是课堂教学最重要、最核心的部分，也是师生时间、精力投入最多的部分。新知传授是否环环相扣，决定着一堂课的得失成败，决定着教学质量的高低。教师实施好新知传授的各环节，使用一些小妙招，促进新知传授环环相扣，确保课堂教学的有效性。

一、实施好新知传授的各环节

　　新知传授，作为课堂教学最重要、最核心的部分，由多个小环节分步实施。"环节"这个概念源自生物学，指生物身体结构中相互连接、可伸缩的部分。这里的"环节"，是其引申义，指相互连接的事物中的一个或同一事物中彼此接续的各部分中的某一部分。可见，新知传授各环节及其环环相扣，可以理解为在新知传授过程中的多个组成部分，以及各组成部分之间前后衔接、相互贯通，共同作用于新知传授，实现新知传授的目标。

　　鉴于不同学科课程的新知传授各环节、不同教学内容的新知传授各环节呈现出不同的特色，且各环节有大小的区别，下面以上海市嘉定区教师进修学院孙琪斌老师的一次公开课"多边形的内角和"为例，来探讨新知传授的各环节。

1. 新知传授第一个环节：基础知识或基础概念的讲授与认知

　　教师在课堂教学中，除翻转课堂以外，新知传授大多从基础知识或基础概念的讲授与认知开始。万丈高楼平地起，在大多数情况下，基础知识或基础概念的讲授与认知成为新知传授的第一个环节。不同学科课程的基础知识或基础概念在新知传授中呈现出不同样态。例如，语文课程、英语课程，其基础知识主要是分析字词句、语法等；数学、物理、化学课程的基础知识主要是相关概念、规则、定理、规律的解读与明晰。

例如，在孙琪斌老师的公开课中，新知传授的第一个环节，就是了解多边形的有关概念，包括三角形与多边形、n边形。在具体实施中，孙老师进一步把该环节分成如下 5 个小环节，且各小环节层层递进。

（1）从三角形到四边形、五边形。

用橡皮筋演示从三角形到四边形、五边形的过程，揭示三角形、四边形、五边形之间的联系与发展。

（2）类比三角形的概念，尝试给多边形下个定义。

三角形：由不在同一条直线的三条线段首尾相连组成的封闭图形叫作三角形。

四边形：在同一个平面内，由不在同一条直线的四条线段首尾相连组成的封闭图形叫作四边形。

多边形：在同一个平面内，由不在同一条直线的一些线段首尾相连组成的封闭图形叫作多边形。

（3）看见不一样的多边形，以小组为单位，在图 4-1 中寻找多边形。

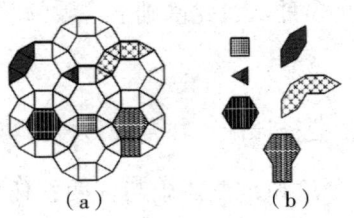

（a）　　　　　　（b）

图 4-1　看见不一样的多边形

（4）看图说话：如图 4-2，一个多边形，如果把它任何一边双向延长，其他各边都在延长所得直线的同一旁，这样的多边形就是凸多边形。试参照上述表述，结合图4-3，尝试给凹多边形下个定义。

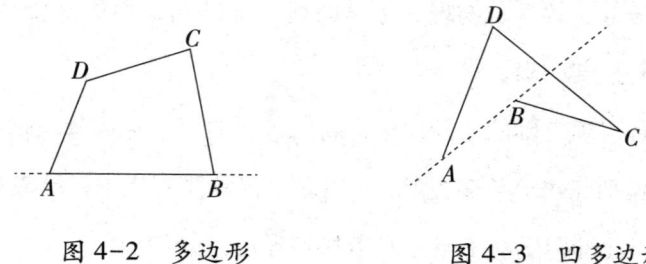

图4-2　多边形　　　　图4-3　凹多边形

（5）三角形与多边形的联系与区别；n 边形与三角形的联系与区别。

2. 新知传授第二个环节：学会思考，尝试探究

经过教师新知传授第一个环节，学生基本掌握了相关基础知识或基础概念，开始进入第二个环节。即在教师的引导下，学生利用所学的基础知识或基础概念，独立思考，尝试探究，拓展与运用相关的知识。在这个环节中，教师要把相关的要求说清楚，给学生留白，给他们留一定的独立思考时间，初步完成探究。学生在这个环节出现问题时，教师不要急躁，更不能越俎代庖，应耐心引导。在该环节，教师一般在教室里巡视，认真观察学生的不同的解答，选择一两个学生分享其解答，尤其要选出与教师预设解答不一样的、较有探究意义的、能够激发学生学习热情、提升其思维能力的解答。这样的解答可以是对的，也可以是错的；可以是一种，也可以是多种。在此基础上，教师总结学生的解答，并分享自己的独特的解答。

例如，在孙琪斌老师的公开课中，在新知传授的第二个环节，就是运用三角形的内角和研究四边形的内角和，去猜想与证明：任意一个四边形的内角和都是360°。

方法1：过四边形的一个顶点构造对角线，将四边形的内角和转化成三角形的内角和。

方法 2：在任意一个四边形的内部任意取一点 B，分别连接点 B 与四边形的各个顶点，以此为策略，将四边形的内角和转化为三角形的内角和。

在该环节，学生思考与探究时，孙琪斌老师进行巡视，认真观察学生的不同的解法，选择了一个学生分享其解法，增强了学生学习数学的信心。然后，孙琪斌老师总结并提出了自己不同的解法。

3. 新知传授第三个环节：进一步探究与引导，突破教学重点难点

经过了新知传授第二个环节，学生大致可运用基础知识或基础概念。在教师的指导下，学生进一步探究，以自己的已有知识经验为基础进行主动建构，突破重点难点。教师一般以问题驱动、问题串的形式来引导学生进一步探究与思考，促进学生从原有的认知基础出发建构新的高度，一步一步地引导学生不断发展。这种以问题驱动、学生主动探究、解决问题为载体、培养能力为目的的新知传授，正是新课程改革所倡导的。

例如，孙琪斌老师进入新知传授的第三个环节，其任务是"从特殊到一般，类比四边形的内角，并探究多边形的内角和与外角和"。在具体实施中，孙琪斌老师进一步把该环节分成如下 3 个层层递进的小环节。

（1）类比四边形的内角和是 360° 的证明方法，选择一种你最喜欢的方法，探究五边形、六边形，……，n（$n \geq 3$ 的整数）边形的内角和，完成表 1 与表 2。

表 1　运用 n 边形（$n \geq 3$）的对角线分割多边形的角度

	三角形	四边形	五边形	……	n 边形（$n \geq 3$）
过一个顶点的对角线的条数	0	1	2		$n-3$
过一个顶点的对角线分割成三角形的个数	0	2	3		$n-2$
多边形的内角和					

表2　运用 n 边形（$n \geqslant 3$）内任意一点与顶点构成的三角形归纳推导 n 边形的内角与外角和

	三角形	四边形	五边形	……	n 边形（$n \geqslant 3$）
多边形内部一点与顶点构成三角形的个数	3	4	5		N
多边形的内角和					

（2）归纳推导多边形内角和公式。探讨 n 边形的内角和是（$n-2$）·180°的最佳说理方法与记忆方法。

（3）对于 n 边形而言，n 边形的内角和（$n-2$）·180°，随着 n 变化而变化，在这个变化过程中，有没有不变的东西呢？引出"多边形的外角和永远是360°，是不变的"，如图4-4所示。

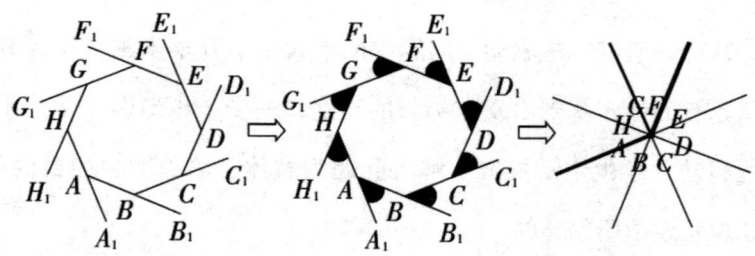

图4-4　多边形内角和

二、促进新知传授环环相扣的小妙招

1. 整合教学三维目标或核心素养目标，促使新知传授的各环节融通渗透

知识与技能、过程与方法、情感态度与价值观是新课程提出的三维教学目标，人文底蕴、科学精神、学会学习、健康生活、责任担当、实践创新是新课程提出的六大素养目标。教师在新知传授中，不能孤立地看待其中任何一个维度的目标或素养目标，去设置相对独立的教学环节。其理由是，三维教学目标或核心素养目标本身就是三位一体的或多位一体的，没有必要在新知传授部分去设置独

立的小环节来实现。教师唯有设计贴近学生认知规律和符合学科特点的新知传授各环节，并促使新知传授各环节融通渗透，通过合适的教学内容与教学方法载体，才能整体实现三维教学目标或核心素养目标。

2. 设计驱动性问题及其问题链，促使新知传授的各环节环环相扣

教师在新知传授过程中，设计出一个驱动性主问题及其由此引发的相关问题，共同形成一个有机的问题链，有助于新知传授的各环节思路清晰、环环相扣。例如，在本专题的拓展阅读中，教师在《猫是老虎的先生》新知传授过程中，把"为什么说猫是老虎的先生"这个问题作为统领新知传授的驱动性主问题，并由此设计"作为先生的猫教了老虎哪些本领；老虎是怎样对待它的先生的；面对老虎的歹意，猫又是如何应对的"等三个具体的小问题形成问题链。这样，探讨驱动性问题及其问题链的过程，新知传授各环节自然而然就环环相扣了。

3. 明确教学重点难点，促使新知传授的重点环节突出

每堂课都有既定的教学重点和难点。突破教学重点和难点是教师在新知传授过程中必须解决的问题。因此，教师要明确教学重点和难点，且在新知传授过程中突破教学重点和难点。教师在新知传授的具体过程中，要集中时间与精力，重点探究教学重点和难点的突破。在新知传授的过程中，如果其他环节费时太多，就会影响教学重点和难点的突破。可见，教师在进行新知传授时，应进一步把新知传授过程分解为多个环节，使教学重点和难点对应新知传授中的重点环节，并凸显出来。

4. 做好时间分配，促使新知传授的各环节经济实效

包括新知传授在内的课堂教学，是在课堂规定的有限时间内进行的活动，串联和聚合林林总总的各种课堂教学的各阶段、各环节的时间不能超过一节课的时间，即小学40分钟、初高中45分钟。因此，教师应做好时间分配。首先，大致分配好课堂导入、新知传授、课堂作业、课堂总结四部分的时间。其次，对新知传授各环节的时间进行再分配。教师必须保证新知传授各环节耗时最省、效果最佳。为了能够实现该目标，教师在新知传授过程中灵活调整各个环节的时间分配，根据学生在课堂上的学情，灵活做好时间的加减法，把有限的教学时间投入最能解决学生学习疑难和整体提升学生能力的环节。

5. 激发学生的主动性，促使新知传授的各环节顺利实施

教师新知传授过程离不开学生的积极参与。离开了学生的参与，新知传授寸步难行。学生是一个能动的有感情的生命体，是学习的主体。教师采取有效举措，激发学生的主动性与积极性，有助于新知传授的各环节顺利实施。在新知传授过程中，教师平等对待学生，尊重学生的人格，激发学生的主体意识，引导学生通过质疑、回答问题、小组讨论等方式，主动掌握知识、发展能力、体验情感。在新知传授过程中，其教学内容、教学活动都围绕着激发学生的主体性、促进学生的全面和谐发展而组织起来。教师及时反馈有关学生的信息，及时调节新知传授的教学节奏，激发学生积极参与新知传授各环节的学习以及其他活动。教师具体组织、适当调整教学内容，激发学生的兴趣，引导学生积极思考，确保在新知传授中突出重点、突破难点，完成新知传授任务。

【拓展阅读】

一节小学语文课新知传授各环节优化的实践探索①

上海市教育科学研究院胡庆芳老师探讨了一节小学语文课（阅读课）新知

---

① 改编自 胡庆芳. 优化课堂教学环节的实践策略研究——以一节小学语文新授阅读课为例［J］. 教育理论与实践，2011（26）：56-58.

传授环节优化过程，其经验对我们很有启示。该课文选自上海教育出版社出版的九年义务教育课本《语文》小学三年级第七单元的《猫是老虎的先生》。

1. 第一次试讲的新知传授环节出现的问题与改进建议

教师为本堂课确立了4个教学目标：认识课文中出现的"趾、爪"等10个生字词；发挥其想象力讲述该故事；通过学习该故事学会自我保护；激发学生阅读鲁迅等名家名篇的兴趣。通过新语篇的学习、整体感知、课文研读和综合提高等4个新知传授环节展开教学。

教师在试讲中存在如下问题：新知传授环节的主次不够突出，各环节的时间分配不尽合理，教学计划的目标没有完成。具体而言，体现在教师虽注意运用了问题驱动策略，但课堂上没有形成核心的问题，所有的问题之间缺乏主线贯穿的脉络与联系。课堂上学生的学习活动比较松散，主题突出不够集中。整体感知环节耗时较长，用了10分钟；新语篇的学习环节，没有顾及学生的学情，如在学生课前已经预习的情况下，教师仍按照教生字的方法来教读音与教意义，从而影响学生理解语篇。有的教学目标的设计不太现实，以致落实有困难，形同虚设。

针对以上存在的问题，提出以下相关改进建议：一是压缩新语篇的学习与整体感知语篇环节的时间，以教师检查指导学生认识生字词、读通长句和了解语篇大意为主。同时，教师应注重朗读示范、落实阅读指导和增进整体感知。二是教师根据语篇内容，确立"为什么说猫是老虎的先生"这个主问题，然后设计由一个个小问题组成的问题链，使教学环节环环相扣。三是积极鼓励学生广开言路，教师正确引导学生理解"善良做人又要自我保护"价值取向。

随后，教师进行了两轮试讲与修改。

2. 第四次试讲的新知传授环节优化

第四次试讲时，教师把新知传授部分分解成新语篇学习、整体感知、细致研读和综合提高等 4 个环环相扣的环节。具体体现如下。

（1）新语篇学习环节，没有独立实施，而是与其他环节整合在一起。在整体感知环节，增加了示范朗读的活动；在细致研读环节结束后，增加了学生齐读环节，且为后续综合提高环节里的故事复述做了必要的铺垫。

（2）在整体感知环节里，教师新增了通过阅读获得感受以及融进感受进行阅读的任务。例如，教师提问"老虎又是怎样对待它的先生的呢""我们可以看出这是一只什么样的老虎"等。课堂上先后有 4 个学生分别说出了"阴险狡诈""忘恩负义""凶猛""可怕"。教师分别让这 4 个学生把他们各自认为的那种老虎的感觉读出来，激发了学生阅读的兴趣和对语篇的理解，很好地促进了学生对猫与老虎两个角色的认识。

（3）细致研读环节中，教师以"猫为什么是老虎的先生"为主问题，依次设计了"作为先生的猫教了老虎哪些本领；老虎是怎样对待它的先生的；面对老虎的歹意，猫又是如何应对的"三个密切联系的问题链来引导学生细致研读语篇，引导学生对语篇的理解环环相扣。

（4）在综合提高环节，有两个任务。一是领悟故事寓意，教师引导学生真正体会到猫逃过一劫纯属是偶然，很惊险。从学生的表达可以看出，他们对于故事寓意的领悟与体会非常鲜活真实。二是故事复述活动，教师以角色扮演的形式让每三个学生进行情景化的故事剧表演，真正体现了寓教于乐，学生积极融入角色扮演的课本情景剧之中，享受课堂，全身心地体验阅读带来的快乐，掀起了课堂学习的高潮。

关键 15
课堂作业有针对性

课堂作业是教师在课堂教学中帮助学生巩固当堂课所学新知，反馈教学效果的重要阶段。课堂作业有针对性，体现了因材施教的教学思想，是落实"双减"政策、促进课堂教学减负增效的有效举措。教师应按照学生不同的学业水平，设计与布置内容、形式、难度不同，有针对性的课堂作业，满足不同学生的发展要求，让每个学生都能够完成与自身能力相符合的课堂作业，提升课堂教学有效性，促进学生的发展。

一、了解课堂作业的功能，为其针对性奠定认知基础

课堂作业是教师依据新课程标准，根据学生的不同特点和知识水平，根据不同的课堂教学内容，为更好地完成课堂学习任务，及时巩固和提高相关知识与技能，培养情感、态度、价值观，在课堂教学时布置，由学生单独或者合作完成的工作和活动的总称。教师要设计与布置有针对性的课堂作业，首先应了解其功能，为其针对性奠定相关的认知基础。一般而言，课堂作业的主要功能包括如下几个方面。

1. 体现教学目标是否达成的标志之一

课堂作业应体现新课程"知识与技能、过程与方法、情感态度与价值观"三维教学目标或核心素养目标，及其相互交融、相互渗透。例如，促进学生相关课程知识的积累；发展学生的学习能力、实践能力、综合思维能力等多种能力；

培养学生的情感、态度、价值观，促进学生全面发展。

2.诊断课堂教学问题

通过课堂作业，教师可以诊断课堂教学中存在的问题，包括教师"教"的问题以及学生"学"的问题，进一步确定教学过程中需要巩固和加强以及需要改进与提高的环节。根据课堂作业对教与学的诊断结果，教师在后续的教学过程中有针对性地调整教学策略，更好地达成教学目标，完成教学任务。

3.调控课堂教学的进程

教师根据学生课堂作业情况的反馈，及时调整课堂教学情境与氛围，控制课堂教学进程，尽可能地实现教学目标。

4.教会学生学习，提高学生学习的积极性

通过课堂作业，引导学生在运用知识的实践中，体验学习的乐趣。课堂作业还是教师对当堂课的教学状况和学生在当堂课的学习成果的即时评价。这种即时评价，对教与学有积极的引导作用，有效激发了学生参与教学活动的主动性和积极性。

二、全面客观了解学生情况，做好课堂作业针对性的准备

相对于整齐划一的课堂作业而言，课堂作业有针对性，更符合不同学生的不同学习需求。因此，教师在设计与布置有针对性的课堂作业前，应全面客观了解学生情况。这对教师的专业水平提出了更高的挑战与要求。学生不仅是完成课堂作业的真正主体，也是影响教师设计课堂作业的主要因素之一。教师全面客观准确地了解学生情况，科学合理地划分学生的层次与类别，为课堂作业有针对性做好必要的准备，使有针对性的课堂作业适合不同水平的学生，引导每个学生都能

在课堂作业中获得成就感，促进学生不断进步与发展。

1. 根据学生不同的学业水平，确定课堂作业的不同难度

作业的难度是影响学生在课堂作业中参与度的重要因素。如果课堂作业难度过高，则普通水平的学生"吃不了"，且容易自信心受挫；如果课堂作业难度过低，则高水平学生"吃不饱"，不利于激发学生内心寻求发展的欲望。因此，教师要以科学的教育理念为指导，尊重学生个体差异，因材施教，根据学生不同的学业水平，把班上学生划分合理的三个层级，分三个层次设计、布置课堂作业。

第一个层次的课堂作业为基础类作业，完成课堂教学所涉及的基础知识，难度较低，以基础为主，与例题相近，便于学业水平不高的学生学习与掌握，增强他们的自信心。第二个层次的课堂作业为提高类作业，主要针对大多数的中等程度的学生。这类课堂作业以基础知识与基本技能为主，通过变式练习和综合练习提高学习能力，实现教学目标。第三个层次的课堂作业为拔高类作业，主要针对班上的优秀学生。这类课堂作业以综合性与创新型为主，题目灵活多变，培养学生分类、归纳、总结的能力，拓宽学生的知识面，发展学生的综合能力。

教师通过设计不同难度的课堂作业，充分调动每个学生的积极性，引导每个学生在原有的基础上有所进步、有所提高与发展。当然，值得教师注意的是，学生的学业水平是动态发展的，要针对学生的不同发展情况灵活调整课堂作业的难度与要求。

例如，一位数学教师，新授完"探索与发现：三角形的内角和"以后，布置了以下难度层次不同的课堂作业，供不同学业水平的学生选做。

第一个层次的作业（难度不高）：

（1）在一个三角形中，$\angle 1 = 45°$，$\angle 2 = 55°$，求 $\angle 3 = ($　　　$)$。

（2）在一个三角形中，$\angle 1 = 65°$，$\angle 2 = 55°$，求 $\angle 3 = ($　　　$)$。

（3）在一个三角形中，∠1=75°，∠2=45°，求∠3=（　　　）。

第二个层次的作业（难度中等）：

（1）∠1、∠2、∠3分别是一个三角形的三个内角。其中，∠1=120°，∠2=35°，求∠3。

（2）一个等腰三角形的顶角是60°，它的一个底角是（　　　）。一个直角三角形的一个角是30°，另外两个角分别是（　　　）和（　　　）。

第三个层次的作业（难度较高）：

在一个△ABC中，已知∠A=60°，∠B比∠A小20°。请问，∠C是多少度？

在一个△ABC中，已知∠B：∠A：∠C=1：3：5，请问，∠B，∠A，∠C各是多少度？

2. 结合学生的不同兴趣，设计课堂作业的不同形式

作业形式，是教师设计课堂作业有针对性需要考虑的因素之一。不同的学生因受到自身思维方式、认知水平、学习习惯的影响，对课堂作业的形式有不同的偏爱。教师应尊重学生的喜好，设计学生易于接受、乐于参与的不同形式的课堂作业，引导学生积极参与课堂作业。因此，教师要仔细分析班级学生的年龄特征、个性特点等，充分了解班级学生的喜好，按照相似的喜好进行科学归类，设计不同形式的课堂作业，尊重学生个体差异性，为学生提供不同形式的课堂作业，满足每个学生的内在需求，引起学生参与课堂作业的兴趣，强化学生在课堂作业过程中的体验。这样，学生在自身喜好的驱使下，有助于提高完成课堂作业的品质，获得自身的发展与提升。

例如，一位语文教师新授完《我们的梦想》后，根据学生的不同喜好或兴趣，布置了不同形式的课堂作业。针对喜欢并擅长画画的学生，其课堂作业是"画一幅你未来想从事职业的画"；针对喜欢并擅长口语表达的学生，其课堂作业是"谈一谈你未来想从事的职业";针对喜欢并擅长书面表达的学生,其课堂作业是"写一篇你未来想从事的职业的小短文"。

三、解析课堂教学目标,明确课堂作业针对性的标准

课堂作业的最终目的是实现课堂教学目标。课堂教学目标是教师设计课堂作业有针对性的根本依据之一。教师要明确且全面地解读课堂教学目标,分析学生现有水平与课堂教学目标之间存在的差距,把课堂作业作为检验课堂教学任务是否完成的一种途径。课堂教学的知识性、能力性目标直接影响着课堂作业内容与形式的设计。只有符合知识性、能力性的课堂作业才能达到其目的。教师设计有针对性的课堂作业时,要根据课堂教学目标,确保课堂作业的针对性及其实施成效。

教师参照课堂教学的知识性的目标,设定作业内容,可以增强课堂作业的针对性。科学合理的知识目标,也为有针对性地设计课堂作业提供了重要参照。教师根据课堂教学目标,结合学生知识学习存在的不足,分门别类地设计课堂作业内容,引导每个学生通过课堂作业,完善自身知识结构中的薄弱环节,构建知识体系,夯实基础。

能力提升是新课标的重要教学目标,也是教师课堂作业设计与布置的重要根据与目标之一。能力的形成以及程度水平,需要学生在完成课堂作业的过程中才能实现与展现。教师应按照课堂教学的能力目标,依据学生现有的能力基础,设定不同的课堂作业要求,设计与布置有针对性的课堂作业,引导不同学业水平的学生都能取得应有进步。

教师要根据课堂教学的知识性目标、能力性目标,设计和布置有针对性的课堂作业。教师应有针对性地设计相应的知识型课堂作业、能力型课堂作业、应用

型课堂作业。知识型课堂作业，情境简单、熟悉，答案直接、明确、无歧义，一般为单项选择题或填空题的形式。能力型课堂作业，情境较复杂，需要学生从多个角度分析问题，多为填空题或简答题的形式。应用型课堂作业，情境复杂、特殊，需要学生从多个角度综合分析问题，多为论述题或复杂题的形式。教师要根据课堂教学目标，设计知识型、能力型、应用性课堂作业，在能力层次、情境复杂程度、题型等方面都有所不同，体现课堂作业的针对性。

例如，一位地理教师新授完"喀斯特地貌"后，布置了如下课堂作业，供不同学业水平的学生选做。

知识型课堂作业：

①溶洞是喀斯特地貌吗？（　　　）

A．是　　　　　　　　　　　B．不是

②下列地貌与形成喀斯特地质作用类似的是（　　　）。

A．风化壳　　　　B．海蚀崖　　　　C．新月形沙丘　　　　D．冰碛丘陵

能力型课堂作业：

阅读图文材料，回答下列问题。贵州水城天生桥景区位于六盘水的干河流域，境内喀斯特地貌广泛发育。水城天生桥为世界最高的可行驶汽车的公路天生桥，是河道洞穴坍塌后残留洞段，具有重要的研究价值。请说出喀斯特地貌的形成条件，简述喀斯特地貌广布对当地的影响。

应用型课堂作业：

阅读图文材料，回答下列问题。新疆拜城县地处天山中段南麓、塔里木盆地北部。塔里木盆地在远古时期曾是一片汪洋大海。2019年5月，地质学家在距离新疆拜城县城西北23千米处的山区里发现了一处全国罕见的盐溶喀斯特地貌。该地貌发育在主要成分是石盐（$NaCl$、KCl）的盐岩地层中。盐岩是由

蒸发海水或湖泊作用沉淀而成的一种沉积岩。研究发现该盐岩地层中还夹杂着泥岩和钙质砂岩。盐溶喀斯特地貌的主要形态为盐岩天坑和盐溶洞。盐溶洞里面一般有许多盐钟乳。据研究，形成一根长 80 厘米左右的盐钟乳仅需要 8-10 年的时间，比石灰岩地区的喀斯特地貌的石钟乳要快得多。请说出该县盐岩地层的形成过程；与我国西南石灰岩地区相比，指出拜城盐钟乳能够快速形成的自然条件。

四、借助多媒体智能平台，创新课堂作业针对性的途径

随着教育信息技术的不断发展，教师还可充分利用多媒体工具或平台，依托智能化平台，获取大量优质的课堂作业资源，帮助学生实现自主、高效地学习。

例如，"Ai 学·智慧教育平台"是将大数据、人工智能解题、图文识别等核心技术与教学教研深度融合，能够为教师和学生提供个性化、智能化的教与学的方案，对学生实施个性化教育的信息化平台。教师在"Ai 学·智慧教育平台"的选题来源包括平台题库、校本题库和个人题库，可通过章节选题和知识点选题两种方式搜索选题。另外，根据学生做题的得分情况，"Ai 学"平台可自动标记每道试题的难度系数，并标注容易、较易、一般、较难和困难等难度级别。无疑，教师借助这样的多媒体智能平台，为设计有针对性的课堂作业提供了便捷，提高了效率。又如，教师常用的希沃白板，其中有个"课堂活动"功能，也可帮助教师布置有针对性的课堂作业。使用希沃白板的"课堂活动"功能，可以创建、设计很多有趣的课堂活动，其中的选词填空、知识配对、分组竞争、判断对错等活动，教师可将其改组成课堂作业练习。

另外，教师还可充分利用各种便捷的信息技术工具，依托网络平台强大的互动优势，即时检测、评价课堂作业，对学生完成课堂作业情况进行适时反馈，帮

助学生认识课堂作业中的优点和不足，寻求改进的方法，优化作业效果。

【拓展阅读】

提高小学数学课堂作业针对性的策略①

安徽省阜阳市阜纺小学陶俊杰老师总结了如何提高小学数学课堂作业针对性的经验，供参考与借鉴。

1. 以多样化课堂作业设计为基础，让学生的"见识"更为丰富

教师在小学数学课堂作业设计中要遵循"多样设计"的基本思路，让学生有机会接触更多题型与内容。多样设计，就是课堂作业内容不能够偏向某一个知识要点，而应该统筹兼顾；不能偏向新知识，而应该关注新旧知识的高度整合。教师从综合视角出发进行课堂作业设计，有助于学生充分利用有效的时间进行丰富的课堂练习，规避他们知识掌握不均衡、不全面的情况。这种综合性的、具有"校本色彩"和"个性色彩"的课堂作业节约了时间，同时也可减轻学生的作业压力。

2. 以个性化课堂作业设计为导向，关注学生不同的诉求

小学数学课堂作业的设计，应该打破"千篇一律"的套路。无论学生处于什么样的学习水平，无论学生的基础能力如何、兴趣喜好如何，教师所设计的数学课堂作业如果没有任何差异，势必直接降低学生的数学学习兴趣，直接影响到学生数学素养的提升。因此，教师要想数学课堂教学活动变得更顺畅，要想学生更好掌把握数学的公式、定理等关键的知识要点，就要进行个性化课堂作业设计，让不同能力的学生各得其所地获得相应发展的机会。教师要充分关注每一个学生的个性喜好，关注每一个学生在数学能力提升过程当中的基本诉求，并以此

---

① 改编自 陶俊杰. 小学数学分层作业设计策略［J］. 安徽教育科研，2023（34）：45-46+69.

为依据开展不同的课堂作业内容的划分和设定，这比起"千篇一律"的作业设计方式而言更能取得良好的作业效果。

例如，"一元一次方程"是小学数学中的一个重点和难点，教师设计了"三个层次"的课堂作业：第一层次的课堂作业，针对数学学习基础扎实的优秀学生，教师进行"分配问题"和"水流逆行问题"的专项练习设计，注重作业的"灵活性"和"探究性"。第二层次的课堂作业，针对数学学习基础较扎实的学生，作业设计上注重"适当拔高性"。第三层次的课堂作业，针对数学学习基础相对比较薄弱的学生，教师重点关注简单的一元一次方程的求解，注重"基础性"和"适量性"。

3. 以学生之间的相互评价为推手，引导学生成为课堂作业的"主人"

在小学数学课堂教学活动中，评价是一个涉及多个内容的综合性工作。教师要引导学生成为课堂作业的评价"主人"，让学生有机会评价他人的课堂作业，有机会了解他人对自己作业的评价，积极地发挥"连帮带"的优势作用，在整个班级内部营造协同并进、互相帮助、优化竞争的氛围，让每个学生都对自己的数学课堂作业负责，引导学生获得更多的满足感和成就感。

关键 16

课堂总结自主全面

课堂总结是课堂教学的组成部分之一。巧妙的课堂总结就如一曲乐章的尾声，达到"课虽终，思未了，趣不尽，情更浓"的境界，产生掷地有声、余音缭绕、回味无穷、提炼升华之感。俗话说，"编筐织篓，全在收口"。课堂总结，对教师的教、学生的学以及整个课堂教学效果产生积极的影响。教师如何才能做好课堂总结呢？

一、课堂总结要自主

课堂总结是指课堂教学将要结束时，师生共同对本堂课所学的知识与技能进行的归纳总结。课堂总结能促进学生对知识的巩固、扩展、延伸与迁移，从而使新知识有效地纳入学生已有的知识结构中。因此，教师在课堂总结时，一定要注意，不能由教师包办代替，而应充分发挥学生的自主性与积极性，让学生充分参与到课堂总结中。学生自主参与课堂总结，不仅有助于他们全面地理解课堂所学的知识，而且有助于提高他们的语言组织能力，促进学生逻辑思维能力的发展。

在课堂总结环节，教师不仅要发挥自身的主导作用，而且要充分发挥学生的主体作用。如果教师自己包办代替学生总结课堂教学内容，学生参与总结归纳的主动性、积极性就会降低或缺失。因此，教师在课堂总结环节，多引导学生参与课堂总结，教师则根据实际情况做适当的补充与升华。另外，教师还可以根据学生课堂总结的情况，及时了解学生掌握教学内容的好坏，及时发现课堂教学的不足，并在后续课堂教学中不断地改善和优化。

教师引导学生自主进行课堂总结，其优势主要体现在如下两个方面。一是有助于学生构建知识体系。学生通过对该节课的教学内容的梳理、总结归纳，有利于激发他们探索新知的欲望与动机，将新知构建到自己原有知识体系中，完善自己的知识体系，促进新旧知识的衔接，帮助学生迁移和运用知识。二是有助于教师检验学生的学习效果以及知识的掌握情况，教师可根据学生的反馈情况来衡量自己教学的有效性，并在后续教学设计和具体课堂教学中注意补齐短板，提高教学效果与教学质量。

教师如何在课堂总结时充分发挥学生的自主性与积极性呢？一是要善于提前埋伏笔，启发学生积极思考。教师在课堂教学过程中要时刻关注学生的反应，对于教学中的有些问题和内容要预设伏笔，让学生产生兴趣或疑问，最后通过课堂总结形成首尾呼应，调动学生积极参与课堂教学，启发学生思考，提高课堂教学质量。二是要善于引导学生积极参与课堂总结。学生参与课堂总结，有助于学生进一步梳理和概括教学内容，是前后知识深度整合、构建系统知识框架的必要环节，促使学生思维逐步发散、走向深入，促进知识系统更加全面，思维更加灵活。当然，必要时教师要对学生的课堂总结进行讲评、补充与升华。三是教师要善于调动学生的激情。毋庸置疑，课堂教学的主体是学生，然而，学生学习的兴趣和热情需要教师去引导。在一堂课快要结束时，有的学生会产生厌倦疲惫的心理，教师要合理利用学生的心理反应，充满激情地带动课堂总结的学习氛围，点燃学生的激情，激励学生积极参与到课堂总结中来。

二、课堂总结要全面

好的课堂总结不仅简练易懂，而且目标性、针对性、引导性、趣味性非常明确。更重要的是，课堂总结应该全面，对课堂教学内容进行全面的总结归纳。这种全面的课堂总结，既是教师对"教"的一种回顾，回顾本节课的教学目标是否达成、重点是否突出、难点是否突破，又是学生对"学"的一种反思与升华，反思所学新知与已掌握的知识技能之间的联系与区别，通过对比、分析、重组、联想等思维活动，构建知识系统框架，为后续学习做好延伸和铺垫。

教师要明确，课堂总结是把一节课的相关教学内容、知识提纲挈领、加工重组、形成体系，使之由"繁而杂"变成"少而精"，由"散而乱"结成"知识网"。课堂总结还要保证所总结的教学内容重点突出，反映相关概念规律间的联系与区别，展现知识网络，并力求简明扼要、一目了然。因此，教师在课堂总结时，要通过对知识与方法的归纳总结，使知识整体化、有序化、条理化、系统化、结构化、网络化、形象化，有助于学生理解、记忆与应用。

教师在课堂总结时，应全面总结一节课所讲授的主要内容，尤其是重点和难点内容，包括相关规律、概念、知识点及其的内在联系，运用尽可能简明、醒目、形象的形式，以构建相应的知识体系和方法体系。教师可通过对以下问题的自问自答，帮助自己全面总结归纳课堂教学内容：本节课的主要教学内容是什么？主要解决的重点难点是什么？还遗漏了哪些主要教学内容？本节课的总结归纳是否实现了总结或升华本堂课主要教学目标？如果没有实现该目的，其原因是什么？如何改进？等等。

利用思维导图来做课堂总结，有助于全面总结归纳教学内容。因为思维导图自身就是一种对知识点的总结学习，采用图文并茂的形式，基于一个中心主题，把各级主题内容之间的关系用相互隶属与相关的层级图呈现出来，帮助学生更有效地理解、总结、记忆。教师采用思维导图，有助于提高课堂总结的成效。思维导图直观形象、灵活方便，有助于引导学生把主要精力集中在关键的知识点及其联系上，进一步引导学生积极主动思考。教师利用思维导图做课堂总结，不仅可用于在课堂教学结束时对整个课堂教学内容进行总结，而且可用于在课中重点内容讲解完，引导学生及时小结。借助思维导图，课堂总结更加高效，同时帮助学生更好地掌握所学新知，培养学生养成及时总结的良好学习习惯。

例如，一位语文教师上完《春》进行课堂总结时，引导学生制作的思维导图，就全面包括了本堂课所有的教学内容，如图 4-5 所示。

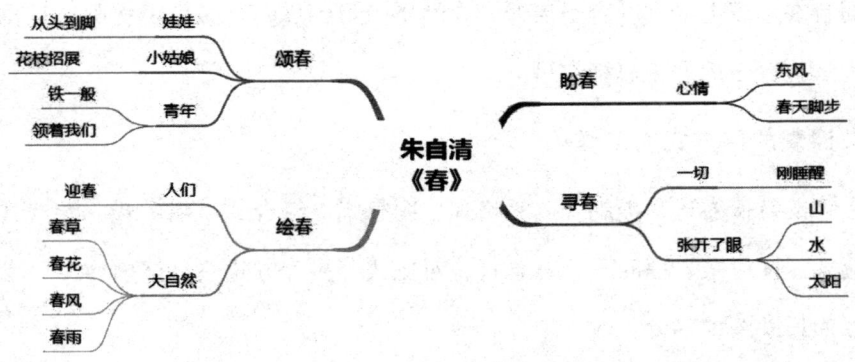

图 4-5　《春》的思维导图

三、课堂总结要多样化

课堂总结要多样化，主要涉及其类型与方式的多样化。

1. 课堂总结类型的多样化

课堂总结有巩固型、融会贯通型、开掘拓宽型、诱导激趣型、渗透升华型等多种类型。一是巩固型课堂总结，指教师在课堂总结阶段，把本节课的要点提纲挈领地拎出来，加深学生的印象，便于学生巩固记忆，收到事半功倍的效果。二是融会贯通型课堂总结，即教师在课堂总结时，根据一定的内在线索，引导学生将知识融会贯通，既强调了本节课所教知识要点，又贯通了前后知识的联系，以便学生条理化、系统化地把知识信息储存到大脑中去。三是开掘拓宽型课堂总结,是指教师在课堂总结时,多角度总结,拓宽知识视野,培养学生扩散型思维能力,增强思维的严密性和完备性,提高学生素质。四是诱导激趣型课堂总结,指在课堂总结中激发学生兴趣,诱发学生内生动力与内在潜力,引导他们为实现目标而奋力攀登,不懈努力。五是渗透升华型课堂总结,指课堂总结在于促使课堂教学内容进一步升华,帮助学生完成由表象向本质的思维转换,不仅学到知识,而且在思想上受到教育与启迪,在情感上得到熏陶与感染。教师应根据实际情况,选择合适的课堂总结类型。

2. 课堂总结方式的多样化

常见的有摘要式、提纲式、表格式、图解式、综合式、唱歌式、游戏式、首尾呼应式、探讨式、提问式、悬念式、对比式等多种方式。具体内容,可参见本关键点的拓展阅读部分。

教师根据本节课剩余时间的多少以及教学内容、学生情况等方面决定课堂总结采用什么具体的类型与方式。为了帮助教师采用合适的课堂总结类型与方式,可以通过自问自答以下问题:"本节课的教学内容通过哪种类型与方式进行课堂总结归纳更合适?还有哪些课堂总结的类型与方式也合适?采用这种课堂总结的类型与方式的原因主要是什么?如何更好地实施这种合适的课堂总结类型与方式呢?其他课堂总结类型与方式的不合适的原因是什么?如何改进这种不合适的课堂总结类型与方式呢?等等。"

【拓展阅读】

小学数学课堂总结的主要方式①

宁波市江东区教委教研室陆晓平老师认为,课堂总结的方式主要由教学内容

---

① 改编自 陆晓平. 课虽终思未了——课堂总结的方法 [J]. 学科教育,2002 (8):15-18.

与任务、学生的实际情况、教师自身的教学风格来确定。他总结了如下小学数学课堂总结的主要方式。

1. 提问式的课堂总结

在课堂教学即将结束时，教师可通过提问的形式进行教学课堂总结，引导学生把新旧知识纳入同一系统，形成知识网络，便于学生记忆，并掌握知识之间的区别。例如，课堂教学"乘除两步计算式题"结束时，教师提出这样一个问题："在一个数学式子里，在什么情况下，按照从左到右的顺序进行计算？"当学生回答后，教师进一步引导学生："加减是一对好朋友，乘除也是一对好朋友，当好朋友在一起时，就按照从左到右的顺序进行计算。"通过提问式的课堂总结，进一步引导学生加深了"在一个式子里，只有加减法，或只有乘除法，就按照从左到右的顺序进行计算"的认识与理解。

2. 讨论式的课堂总结

在课堂教学即将结束时，教师根据本堂课的目标和要求，请学生围绕着相关问题进行讨论与总结。例如，在"分解质因数"的课堂总结阶段，教师请学生带着如下问题进行讨论与总结。（1）什么叫质因数？举例说明质数和质因数有什么区别？（2）什么叫分解质因数？分解质因数通常按哪几步进行？在具体分解质因数时，特别要注意什么问题？学生同桌或四人小组讨论后一一进行总结。这样的总结，既能培养学生的概括能力、抽象思维能力，同时也能锻炼学生的语言表达能力，还能形成互帮互学、互相评价的氛围。

3. 板书归纳式的课堂总结

一般而言，课堂教学结束时，板书已具有完整性。教师可以结合板书整理归纳，进行课堂总结。例如，《乘法的初步认识》的课堂总结，教师请学生看黑板板书共同总结这节课所学内容：求几个相同加数的和，可以用加法计算，也可以用乘法计算，但加法算式书写和计算都较为烦琐，而乘法的书写和计算却很简便。以后碰到求几个相同加数的和时就用乘法计算。此时在"相同"两字下画上着重记号。也可以引导学生重温板书，自我对照："通过这一节课的学习，你知道了什么？理解了什么？掌握了什么？"还可进一步引导学生质疑问难，或发表独特见解。

4. 图示表格式的课堂总结

教师指导学生用图示或列表的方法归纳总结出当堂课所学的主要知识，还可与原来学过的知识相结合，揭示与旧知识的区别和联系。例如，"带分数乘法"的课堂总结，为了帮助学生弄清带分数加减法与乘法两者之间的异同点，可借助表格形式，如表4-1。

表4-1　带分数加减法与乘法的异同点

算式	计算过程			计算结果
带分数加减法	不化成假分数	不同分母通分	不约分	能约分的要约分，是假分数的要化成带分数或整数
带分数乘法	化成假分数	不通分	化后约分	

5. 延伸式或扩展式的课堂总结

这种方式的课堂总结，是教师在归纳总结的基础上，加以引申、拓宽，提出较深入的问题让学生思考，拓展知识视野。例如，教师在"梯形的面积"课堂教学总结时，这样引导："这节课我们从平行四边形面积的计算公式推导出梯形面积的计算公式。现在，想一想，能否用分割的方法来推导梯形面积的计算公式呢？还有其他方法吗？请在课后进一步思考。"

6. 梳理式的课堂总结

这种方式的课堂总结，重在把本节课的主要教学内容做一番梳理，把重点、难点再突出强调一下，把知识结构与脉络理清，引导学生再一次明确本节课学了些什么。该方式能迅速指明要点，一般适用于概念较多的教学内容。例如，"数的整除"第一课时，一下子出现整数、自然数、倍数、约数等概念，这些概念间有联系，易于混淆。在课堂总结时，需着重全面梳理一遍：自然数和整数有什么区别，又有什么联系？整除与除尽又有什么区别和联系？倍数与几倍有什么区别？等等。

7. 设疑激思式的课堂总结

该方式重在教师引导学生进行课堂总结归纳时，有意设置一个悬念，促使学生积极地去思考。例如，在"除数是整数的小数除法"的课堂总结时，教师出示一道 3.22÷0.14 的除法算式，学生用刚才所学的知识迁移过去，看谁能够有办法解决。这样可以引起学生积极地思考以及对预习后续内容的兴趣。

8. 游戏式的课堂总结

寓教于乐是根据学生心理特点决定的。课堂教学结束时，学生有点疲倦，注意力难集中，用游戏结束，使课堂教学结束气氛热烈，特别适合于低年级数学课，通常采用摘苹果、红花配绿叶、送信、小兔回家、"放鞭炮"等游戏。在游戏中适当开展比赛与竞争，更符合小学生好胜和乐于表现自己的心理。例如，"异分母分数大小的比较"结束时，可让学生开展分组比赛的游戏，比较分数的大小。

此外，小学数学课堂总结方式还有儿歌式、活动式、首尾呼应式、异峰突起式、感染式、评价式、音乐式等等。教师要在教学实践中不断总结经验，创造出更多富有新意而又有实效的课堂总结方式。

专题五

强化课堂教学的课后提升

课后提升，相当于帮助学生进一步消化、吸收与升华课堂教学所学知识与技能，旨在促进教学目标真正达成、教育质量真正提升。强化课堂教学的课后提升，是练就好课的有益补充与落实，能够帮助学生把课堂教学时没掌握的内容弄懂，把听懂的内容加深印象。

关键 17
重视课后反思

教师完成课堂教学任务后，及时对该堂课的教学情况进行反思或回头看，以总结教学中的长处，发现问题，找出原因及思考解决问题的办法，并在后续课堂教学中加以优化与改进。课后反思是教师课堂教学后的一种内在的、自觉的课后提升行为，对提高教学有效性与教学质量、促进教师专业发展具有积极的意义。

一、课后反思的内容

这里的课后反思内容，主要指教师对课堂教学以及与课堂教学密切相关方面的反思。主要从以下三个方面来探讨课后反思的主要内容。

1. 反思课前准备情况

课堂教学的重要特点是具有目的性和计划性。课前准备越充分，教师的课堂教学越游刃有余、得心应手。因此，教师在课后，根据课堂教学的实际实施，反思课前准备情况。主要反思课前准备情况的如下内容：是否全面客观地分析了学生情况，是否充分把握了教材内容，三维教学目标或核心素养目标的设计是否适当，教学方法的设计是否符合学生身心发展特征与教学内容，课堂导入、新知传授、课堂作业、课堂总结等教学过程的设计是否精心准备。

2. 反思课堂教学主要阶段的实施情况

课后反思，主要是教师在课堂教学后反思课堂导入、新知传授、课堂作业、课堂总结等四个主要阶段的实施情况。这是教师课后反思的核心内容。

（1）教师主要反思课堂导入阶段的以下内容

其一，反思本次课堂导入是否实现了自身的预期目的。如果没有实现课堂导入的目的，其原因是什么，如何改进。其二，反思是否控制好课堂导入的时间。如果课堂导入的时间太长或太短，其原因是什么，如何改进。其三，反思本次课堂导入的方式以及课堂导入的内容是否适合本堂课的教学内容，或者是否适合学生身心发展特点。如果出现偏差，其原因是什么，如何改进。

（2）教师主要反思新知传授阶段的以下内容

其一，反思本次新知传授有哪些做得好的经验。其二，反思本次新知传授是否实现了预期的教学目标，是否突破了教学难点与重点。如果没有，则其原因是什么，后续如何改进。其三，反思新知传授是否有计划地按预期设计的教学计划分步实施。如果没有按计划预期实施，其原因是什么；实际实施的情况与预期实施的情况，哪种更好，后续如何改进。其四，反思是否在新知传授中及时对教学中出现的突发情况进行反馈、教学节奏控制是否及时得当，是否根据实际情况及时调整自身的教学行为。是什么原因导致出现不好的情况，后续应如何改进提升。

（3）教师主要反思课堂练习阶段的以下内容

其一，反思本次课堂练习有哪些做得好的经验。其二，反思本次课堂作业是否实现其目的。如果没有实现该目的，其原因是什么，后续如何改进。其三，反思本次课堂练习效果如何。如果学生在课堂练习中出错较多，其原因是什么，后续如何改进。其四，反思本次课堂作业是否体现了分层、有针对性。如果存在偏差，其缘由是什么，后续如何改进。其五，反思本次课堂作业的题型是否合适，是否还有更合适的课堂作业形式。其六，反思本次课堂作业中教师是否针对作业存在的问题及时反馈。如果没有，其理由是什么，如何改进。

（4）教师主要反思课堂总结阶段的以下内容

一是反思本堂课的课堂总结有哪些做得好的经验。二是反思本堂课的总结是否实现了课堂总结的目的。如果没有实现该目的，其原因是什么，如何改进。三是反思课堂总结的方式是否适当。如果不是很适当，其原因是什么，采用哪种方式更合适，如思维导图式、表格式、歌谣式等等。四是反思课堂总结的内容是否全面，囊括了本堂课的主要内容，尤其是重点。如果内容不全面，后续如何改进。五是反思课堂总结的时间是否控制好。如果时间太短了，其原因是什么，后续如何改进。六是反思课堂总结是否引导学生积极参与其中。如果没有，后续如何改进。

3. 反思教师对课堂教学的特别关注

不同的教师对课堂教学有不同的关注点。这些不同的关注点，成为教师课后反思的重点内容之一。

例如，某位教师近段时间非常关注课堂板书，则课堂板书自然而然成为其课后反思的主要内容之一。该教师主要从如下方面对课堂板书进行课后反思。其一，反思本次课堂教学中板书做得好的方面。其二，反思板书是否实现了预设的目的。如果没有，其主要原因是什么，后续如何改进。其三，反思板书字迹是否规范、清楚大方、美观整齐、简明扼要。如果存在一定的问题，后续如何改进。其四，反思板书的内容是否体现教学内容的系统性，条理是否清晰，层次是否分明，重点是否突出；板书的分量是否少而精，是否起了"画龙点睛""提纲挈领"的作用。如果存在一定的问题，后续如何改进。

例如，某位教师正在开展教学方法改革的探索，则教学方法自然而然成为其课后反思的主要内容之一。该教师主要从如下方面对教学方法进行课后反思。其一，反思本次课堂教学中教学方法做得好的经验。其二，反思本次课堂教学中所用的教学方法是否与达成教学目标相适应，是否与课程性质及教学内容相适应，或是否与学生身心发展水平相适应。如果存在问题，是什么原因导致的，后续如何持续改进。其三，反思本次课堂教学中使用的主要教学方法是什么，学生在其中的参与情况如何，在具体实施中是否出现偏差，其使用效果如何，后续如何改进……

二、课后反思的方式

课后反思的方式，是指教师对课后反思内容进行思维加工时所采用的表达方式。教师常用的课后反思方式主要有如下几种。

1. 课后记录

课后记录，简言之，是教师对自己课堂教学后的小总结，也是对自己课堂教学行为和体验的自我评价与分析，是教师自主改进教学策略、积累教学经验、提升教学水平的课后反思方式。这种课后反思方式，一般是教师基于一定的教育理念和教学策略，对课堂教学的教学目标、教学流程、教学手段、教学方式与方法、教学氛围与效果等方面，进行的反省与总结。课后记录可长可短，长可达千言，短可近百字；可总结经验，可探讨补救与改进措施，还可捕捉课堂教学上的机智与亮点等。教师在做课后记录时，要做到及时、客观。

2. 反思日志

反思日志，是指教师把自己课堂教学中的所见、所闻、所思，用记日志的形式记录下来的一种课后反思方式。写反思日志，有助于教师"能够自己和自己对话，是一个人成长的重要法宝"。苏联的霍姆林斯基，就是从写反思日志开始，成为著名教育家的。教师撰写反思日志，不是简单地罗列课堂教学的实施情况，也不是记流水账，而是不断发现课堂教学优点、总结经验、发现问题、分析问题、解决问题、改革优化。

3. 教育随笔

教育随笔，是指教师记录观察到的课堂教学现象以及自己的感受和思考的一种课后反思方式。教育随笔，是教师从自身课堂教学实际出发，写自己的心思、体验与感悟。教育随笔，属于散文体裁的文章，篇幅短小，表现形式灵活自由，可以抒情、叙事或评论。著名学者李镇西是这样评价教育随笔的："对于普通教师，甚至应该提倡这种表达——教育理念可以朴实地阐释，教育情感可以诗意地抒发，教育过程可以形象地叙述，教育现象可以激情地体现。"总之，通过课后反思写出来的教育随笔，有助于教师反思课堂教学实践，促进教师情感的升华、推进教学改革。

4. 教育叙事

教育叙事，是指教师在课堂教学结束后的一种批判性反思，把课堂教学中的故事加以延伸与扩展、思考与提升的一种课后反思方式。教师在课堂教学结束后的叙事性反思的教育叙事，有两种方式。其一，夹叙夹议式，是一种在叙事中穿插反思的方式，其结构是叙述课堂教学情节、进行反思判断、找出经验教训、提炼教学意义。其二，感想式，是一种在课堂教学叙事基础上通过反思产生感想的方式，其结构是课堂教学叙事、整体反思、书写感想。

无论教师采用哪种课后反思方式，大多反思并记录如下方面：一是反思并记录课堂教学中的优点，或好的做法、有效策略、"灵感"；二是反思并系统梳理教师在课堂教学中出现的失误、偏差与不足之处，并分析其原因；三是反思并探讨优化后续课堂教学的改革对策，如改进后续课堂教学目标、教学内容、各环节、方法手段、师生互动等，以期不断提高教学质量。

三、课后反思应规避的雷区

1. 应规避课后反思的形式化

课后反思是教师课堂教学后的一种内在的、自觉的课后提升行为。课后反思是教师立足于自己的教学情感、智慧、学生现状及对教材的理解，联系相关教育教学理论，批判性思考自身教学方式、学生学习方式等课堂教学实践情况，以期不断改进课堂教学、提高教学质量、实现教学效率最优化的一种过程。不能把教师进行课后反思作为一种外在任务强加在教师身上，更不能把课后反思与量化考核与奖惩挂钩。部分学校明文规定，教师每学期至少应写多少篇课后反思，甚至规定每篇课后反思不少于多少字，把本应自觉自在、充满生机的课后反思过程简单地"物化"、机械地外在强加任务，反而削弱了教师进行课后反思的主动性和积极性。可见，当前部分学校这种外在的、行政化的要求，导致教师课后反思成为形式化的活动，导致课后反思缺乏教师基于实际课堂教学问题的探索与自身的真情实感的融入；导致课后反思不再是源于教师对自身丰富教学实践和师生、生生学习与互动的探索，从而被异化为从"文本"到"文本"的复制与粘贴，或者被异化为从"网络"到"文本"的复制与粘贴，或者被异化为新课程改革、新课标改革的各种时髦名词的罗列与堆砌。

课后反思，应该是教师对自己课堂教学充满个性的教学实践的潜心研究和细致揣摩，不能游离于教师自身课堂教学的实践之外，更不能成为无源之水或无本之木。可见，真正意义的课后反思，是教师教学智慧的一种自觉、自主的表现形式，是教师一种个性化很强的行为。不同的教师，其课后反思的内容和层次不同，反思方式、反思的方法和策略也不相同。例如，有的教师喜欢将课后反思集中写在某个专门的反思本上；有的教师则喜欢把课后反思写在教案的"教学反思"板块上；有的教师喜欢反思教学方法，有的教师倾向于反思整个课堂教学过程的方方面面；有的教师侧重于反思学生的参与情况；等等。因此，教师应规避课后反思的形式化，应把课后反思内化为一种自觉、自主的教学行为，从而不断提高教学质量与自身专业化发展水平。

2. 应规避课后反思的封闭性

教师在开展课后反思时，要改变"课后反思是教师个人的事情"，学会与其他教师相互讨论、共享。教师应改变课后反思的自我封闭、独自苦思冥想的现状。尽管每个教师都是自己课后反思的自我负责者，每个教师都是自己专业发展的主人，但应持开放的心态，与专家、教师同行、学生合作与交流，更好地做好课后反思。教师在课后反思时，积极主动地对其他教师的课堂教学进行参照、比较、借鉴，并在此基础上创新。这样，在课后反思时，教师才能改变视域狭窄、层次肤浅等弊端，从而促使探究的问题视野更广、层次更深，有助于深入探索教育教学方式、教育价值和态度价值观等多层面。

教师应改变封闭性、孤立性的课后反思，其原因是这种反思难以促进课堂教学的改革与提升。新课程改革倡导的课后反思应是开放性的，而不是封闭性的，不仅面向专家、教师同行、学生全方位地开放，而且强调与不同背景、不同层次、不同学科的主体一起探究课后反思活动，从而拓宽反思活动的结构层次以及对话空间，有助于从专家、教师同行、学生等多角度去认识和理解课后反思，增强反思的合理性、科学性和有效性。

3. 应规避课后反思缺失专业支持性

从教师课后反思的实践中发现，相当多的教师虽然坚持在课后不断反思自己的课堂教学，但是受到自身学理层面的限制或制约，且缺乏外部专业支持，课后反思仅仅停留在表面，如就事论事，导致难以促进课堂教学实践的有效改进，教学改革、教学质量提升难以得到应有的突破与创新。

　　尽管课后反思不是新事物，自有教育教学活动起，教学反思就存在。然而，课后反思真正作为教师的一种专业性行为，是新课程改革以来才得到重视与关注的事情。部分教师缺乏关于课后反思的专业知识、基本理论与基本方法，纯粹靠摸着石头过河的探索，难以在课后反思上有质的飞跃，难以实现课后反思的目的与功能。这就需要一些专业人员深入学校、课堂，加强对课后反思进行的理论研究与实践研究，提出一些建设性的指导和反馈意见。因此，学校要积极组织相关讲座与培训，为教师课后反思提供专业支持；教师要加强自我学习、主动参与培训，提高自身的教育教学理论水平。通过加强课后反思的专业支持，有助于提高教师课后反思能力，有效解决反思过程中产生的各种问题，持续推进课堂教学的改革与发展。

【拓展阅读】

课后反思的四要素①

1. 及时

　　教师及时进行课后反思，有助于加深自己对本堂课教学情况的印象，有助于全面准确地记录本堂课的实施情况和存在的问题。因此，教师反思课堂上的得失、教学经验要"趁热打铁"，尽量上完课后立即回顾课堂，开展课后反思。

2. 坚持

　　教师坚持不懈地进行课后反思，能将平时教学过程中的点滴经验汇集起来，促进个人教学水平不断提升。因此，教师争取做到课课反思、日日反思，并从大量的反思材料中归纳出自身的教学经验和存在的问题，且在完善教学经验的同

---

① 改编自 张秋宪. 浅谈课后反思四要素［J］. 陕西教育（综合版），2023（6）：52.

时，重点解决教学中存在的问题，力求后续课堂教学精准流畅。教师应坚信，坚持就是胜利，不可半途而废。

3.深入

教师的课后反思不能包罗万象，也不能记"流水账"。课堂反思应该包含充实、有深度的教研内容，为后续教学起到积极的借鉴和指导作用。教师应特别注意对教学重点和难点的反思，要举一反三、融会贯通，提出切实可行的教学改进意见或案例。

4.创新

课后反思不同于教学笔记，是教师对自己教学实践及潜在教学观念的重新探究与"回头验证"。课后反思不能只记录课堂上发生的情况和问题，不能只停留在原有经验和教改措施的落实上，应通过反复思考、深入分析，去粗取精、去伪存真，完成由实践到认识的升华。这样，教师才能在以后的教学中创新教法，扬长避短，形成个人独特的教学风格。

关键 18
管理课后作业

课后作业是课堂教学质量的检阅与体现，是课堂教学的延伸和补充，是强化课堂教学课后提升的重要举措。为了更好地帮助教师实现课后作业"减负提质"的目标，这里主要从课后作业的设计、布置、批改、反馈等四个方面来阐述如何管理好课后作业。

一、课后作业的设计

教师要设计好课后作业，就要明晰设计课后作业的依据、主体、结构、形式等基本问题。

1. 设计课后作业的依据

设计课后作业，不能随意，要遵循一定的依据，才能确保课后作业设计的科学性与合理性。设计课后作业的主要依据是：以新课程标准为依托，以落实知识与技能、过程与方法、情感态度与价值观或核心素养为目标，以课堂教学内容为中心，以学生全面发展与个性发展为宗旨。教师遵循这些依据，不断明确课后作业设计的目的、了解课后作业设计的原理，剖析课后作业设计的结构与形式，不断提高课后作业设计质量，设计符合学生年龄特点和学习规律、体现三维目标与核心素养目标导向的课后作业，充分发挥作业的诊断、巩固、学情检验等功能。教师应从课堂教学的内容出发，贴近学生发展的需要，精心设计课后作业，促进教学质量的提升。

2. 设计课后作业的主体

课后作业的设计主体一直以来都是教师。不妨换一个思路，学生也可以成为课后作业的设计主体之一，成为课后作业设计的有益帮手与积极的参与者。教师可以选择一些主题，激发学生的主动性与积极性，引导学生自己设计课后作业。当然，教师要有心理准备，刚开始时，学生设计课后作业可能做得不能达到教师的预期，但经过多次尝试、锻炼与努力后，学生课后作业设计就会逐渐进入佳境。例如，当学习了三角形面积与周长后，引导学生思考自己日常生活中碰到过哪些三角形；进一步引导学生思考，怎样计算这些日常生活中的三角形面积与周长；或者已知三角形面积与一条边的长度，怎样得出其对应的高度长度；等等。

教师引导学生成为课后作业设计的主体，联系学生自己的生活经验与所学新知识，设计相关的课后作业，是值得探索的。学生设计课后作业，是一个难得的创造与巩固提升的过程。可见，学生成为课后作业的设计主体，不仅有助于激发学生学习的积极性与自我成就感，而且有助于促进学生的思维培养、素养提升。

3. 设计课后作业的结构

当前，教师设计课后作业的结构主要涉及以下两种。

（1）"难度分层式"的课后作业结构

根据不同学业水平的学生，教师一般设计三个不同难度层次的课后作业：难度较低的课后作业，主要针对课堂教学中的基本知识、概念、规律、公式等方面，帮助学生把基础打牢；中等难度的课后作业，主要针对根据课堂教学内容，利用知识进行应用，达到学以致用的目标；难度较高的课后作业，主要针对适度拔高，需要学生综合利用知识解决复杂问题，具有一定的挑战性。

（2）"自助餐式"的课后作业结构

教师在设计上秉持"主食+配菜"的结构，通过"主食"的课后作业帮助学生检查课堂教学主干知识、重点和难点知识的学习与掌握情况；通过"配菜"的课后作业赋予学生更广阔的作业选择空间，如探究型作业、制作型作业、调查型作业等。教师通过设计"主食+配菜"的"自助餐式"课后作业，在学生必须掌握的知识、发展的能力与素质以及学生的个性发展之间寻求平衡点。

4. 设计课后作业的形式

教师应改变课后作业主要以抄写、背诵、做练习题等形式单一、老旧的弊端，设计多样化的课后作业形式。教师要根据课堂教学内容与学生实际，设计灵活性与多样性的课后作业。

设计阅读类课外作业，如阅读教材、参考书或其他课外书籍等。设计口头类课外作业，如朗读、背诵、口头问答、演讲等。设计抄写类课后作业，一般以语文、英语等课程较多，其他课程该类型的课后作业较少。设计书面类课后作业，这是最常用的课后作业类型，涉及各课程各种书面作业。设计活动类课后作业，如参观访问、讨论、制作、看影像视频资料等。设计研究类课后作业，如实验、设计、调查研究、专题研究等。设计开放型课后作业，例如教师上完《乌鸦与狐狸》一课，设计这样一道课后作业："通过学习课文，我们明白了乌鸦上了狐狸的当，到口的肥肉反倒成了狐狸的美餐。请同学们进一步思考，乌鸦怎样做才能不被狐狸把肉骗走呢？"这样开放型课后作业，有助于激发学生积极主动思考问题，开阔学生的视野与思维。

二、课后作业的布置

教师布置课后作业时，应改变作业布置得越多越好的传统观念，摒弃"题海战术"。教师要充分发挥课后作业的目的性与针对性，在布置课后作业时，注意以下方面。

教师练就好课的20个关键

1. 注意课后作业布置的统筹规划

教师布置课后作业，首先要遵循中共中央办公厅、国务院办公厅颁行的《关于进一步减轻义务教育阶段学生作业负担和校外培训负担的意见》，对布置的课后作业的数量、质量、结构以及完成时间等方面做到心中有数。另外，教师要加强与年级组、学科组教师的沟通，统筹规划课后作业的布置，合理调控课后作业，确保学生各科课程的课后作业不失衡。教师统筹各门课程的课后作业量与完成时间，确保小学一、二年级不布置课后书面作业，可适当安排口头类、时间类巩固练习；小学三年级至六年级的课后书面作业平均完成时间不超过 60 分钟，初中课后书面作业平均完成时间不超过 90 分钟。

2. 注意所教课程课后作业的量与时间

教师在布置所教课程的课后作业时，要加强课后作业布置的分层、弹性和个性化，克服无效作业，杜绝重复性、惩罚性课后作业，避免太多、太杂的课后作业。教师根据课堂教学的重点难点，精选适当、适量的课后作业布置给学生做，力争通过课后作业，引导学生尽可能在短时间内巩固课堂教学内容，提高学习质量。例如，在学习完某数学公式后，布置两三道相关应用题，以实现巩固新知的目的。

另外，教师要尽量少布置抄写类课后作业，杜绝每个新字或新英语单词动辄抄写几十遍甚至上百遍的现状。抄写类课后作业，不在于学生抄写多少遍，更重要的是引导学生掌握新字、新单词，以及引导学生书写规范、记忆准确、使用灵活。教师还要尽量避免同类型的作业重复布置，重在引导学生总结课后作业的经验与方法，触类旁通，举一反三。

3. 注意课后作业布置的选择性

教师在布置课后作业时，可采用以教师为主导、以学生为中心的"必选＋自选"的方式。必选作业，是班上每个学生都必须做的课后作业。教师主要是通过学生完成的必选课后作业情况，了解学生知识掌握情况。同时，也帮助学生了解自己必须掌握的知识情况以及存在的学习漏洞。自选作业，是学生根据自己的实际情况，如必选作业的完成情况、学业水平、学习能力等方面，进行自主选择的一种课后作业方式，也是因材施教、作业分层的主要体现。自选作业包括基础型课后作业与拓展型课后作业，引导不同水平的学生通过完成不同的自选课后作业，促进自身的发展。

4. 注意课后作业布置的动态调整

在当前新课程改革以及减负增效的背景下，分层课后作业的布置成为常态。然而，学生是发展中的人，即使是相对稳定的差异性特征也在一定的条件下发生变化，何况是学生的学业水平呢？因此，教师在布置课后作业时，不仅要关注学生之间的学业水平的差异性，而且要关注学生的发展性。教师应基于学生的发展性，动态调整分层课后作业的布置，在一定程度上实现从静态分层到动态分层的转变，从而促进学生在完成课后作业的过程中实现自身层次的提高与发展。

三、课后作业的批改

教师在布置课后作业、学生完成课后作业后，还要批改课后作业。教师如何做好课后作业的批改工作呢？

1. 课后作业批改及时

教学任务繁重，教师要承担多个班级的课程教学任务或多门课程的教学任务，导致部分教师难以及时批改课后作业。因此，教师要尽可能地不拖延时间，尽量及时高效地批改完课后作业，这样才能尽快引导学生及时做好作业订正、查漏补缺。一般而言，教师应在第二次课上课之前，把前一次课后作业收集并完成批改。教师及时批改课后作业，有助于提高学生的学习效率，及时巩固所学的知识，充分发挥课后作业应有的作用。

2. 课后作业批改多样化

大多数教师采用课后作业全批全改方式。新课程改革倡导的多元化评价方式可应用到课后作业批改中来。根据研究结果，学生自批课后作业与学生互批课后作业对学生的学习更有成效。因此，教师要根据课后作业的不同性质、类型与内容，采用多样化的批改方式，有助于提高课后作业的成效。

一是教师全批全改方式，以期全面客观了解学生对所教知识掌握与运用情况，有助于下次课堂教学根据作业反馈调整教学的内容、指导学生修正错误。二是学生相互批改方式，主要针对一些语文或英语抄写类题目，或一些基础知识类课后作业，或一些客观性题目（如填空、选题、判断），或一些应用基本概念、公式定理类的课后作业。该批改方式，不仅有利于学生与学生之间增进友情，还有利于学生在互批课后作业中学习其他学生的优点。三是学生自批自改的方式，一般针对一些知识点、非综合性的课后作业。在学生自批自改前，教师提前公布课后作业答案，提醒学生在自我批改时的注意事项。该批改形式有利于发挥学生的积极性与主动性，及时发现自己作业中的错误并及时更正与改进。

3. 课后作业批改人文化

部分教师批改课后作业时，一页作业就画上一个大大的"√"或"×"或对钩上打一点表示有瑕疵，或在作业上写上"已阅""查"，或标个"ABCD""优良中差"等级，意味着学生的作业已批改。这不是一种好的表示方式。

教师在批改课后作业时，应注意人文性，把课后作业批改看作与学生沟通交流、互动、对话的一种方式。教师提前与学生确定一些在课后作业批改时所用的

"约定俗成"的符号，如"笑脸""哭脸""加油""有进步""真棒"等符号，在课后作业批改时就采用这些特定的符号，并用红笔醒目地标出学生作业错误或需要思考的地方等，代替简单用"√"或"×"等符号来批改作业。同时，教师在批改课后作业时，还可采用"评语"形式，多给学生一些鼓励和引导，有助于增强学生信心，促进学生的发展。

四、课后作业的反馈

教师批改完课后作业后，并不意味着课后作业管理工作已经完成，还要把课后作业的情况及时反馈给学生，尽可能在第二次课上课时对上一次课课后作业情况向学生进行反馈与分析，有助于学生在第一时间知晓对错，进而"趁热打铁"、查漏补缺、巩固提高。教师分析课后作业完成情况，了解学生课后作业中存在的问题，分析学生产生错误的深层次原因，为下一次课堂教学、作业设计与布置以及学生反馈做好充分准备。教师要重点关注，从以下两个方面进行课后作业反馈。

1. 集中反馈课后作业中的共性问题

教师在作业批改中，发现学生共性的、典型的课后作业错误，集中反馈课后作业中的共性问题。教师针对学生错题中所涉及的共同知识点，收集典型例题、汇总，并集中讲解同类典型题目，加深学生理解运用相关知识，加强学生对知识完整、全面的掌握，促进学生形成较为完整的知识体系。

2. 单独反馈课后作业中的个性问题

课后作业反映的问题，除了部分共性问题以外，不同学生的作业反映不同的个性问题。教师要针对不同学生课后作业中的个性问题，尽量抽出时间给学生进行单独指导和反馈，与学生进行积极沟通，帮助学生分析错误的内在原因，帮助学生查漏补缺，并提出建设性的意见和解决办法。教师单独给学生反馈课后作业中的个性问题，不仅有助于增进师生之间的交流与沟通，构建和谐的师生关系，而且有助于学生掌握与运用知识，增进学生学习的热情和信心。

【拓展阅读】

初中历史多元化课后作业设计的探索①

多元化的课后作业设计，为学生提供了更多的学习机会，有助于学生打下坚实的基础，激发他们的学习热情，更好地实现课后作业的目的与功能。

1. 设计层次性课后作业，激发学生学习的积极性

教师致力于设置层次性的课后作业，以尊重学生的不同学习个性。通过设置层次性作业，为学生提供了更多的选择和自主性，鼓励他们在合适的难度下挑战自己，从而激发他们的学习的积极性和主动性。

例如，教学完七年级上册第二单元"夏商周时期：早期国家与社会变革"后，教师设计层次性课后作业。根据学生的不同学习能力和兴趣，提供多个层次选项的课后作业。一是基础层次的课后作业：学生选择一个早期国家，总结其产生和发展过程。二是中等层次的课后作业：学生选择两个不同的早期国家，比较两者的产生和发展过程，分析相似之处和差异。三是拓展层次的课后作业：学生选择一个早期国家，深入探讨其政治、经济、文化等方面的发展，展示其影响和重要性。这样，这些不同层次的课后作业，引导不同学业水平的学生深入了解了早期国家的产生和发展，培养了学生对历史事件的批判性思维、问题解决和合作能力。

---

① 改编自 袁启梅. 初中历史多元化课后作业设计例谈［J］. 中学政史地（教学指导），2023（12）：69-70.

2. 设计任务型课后作业，提高学生反思总结意识

在初中历史多元化课后作业设计中，任务型课后作业是一个强有力的工具，不仅有助于学生获取知识，而且有助于他们把所学知识应用于具体的任务或问题解决中。

例如，教学完七年级下册第一单元第3课"盛唐气象"后，教师设计如下任务型课后作业：学生以小组形式，每个小组选择一个盛唐时期的重要事件或人物，要求他们根据所学知识，设计一个手抄报，展示他们对该事件或人物的理解。学生进行小组讨论，收集相关信息，深入了解盛唐时期的历史，有助于培养对历史事件的批判性思维和反思总结意识。

3. 设计探究型课后作业，发展学生创新探究能力

教师设计探究型课后作业，要求学生主动提出问题，并通过深入研究和调查来解决问题，有助于学生巩固所学知识，以及培养学生的独立思考能力、解决问题能力和创新能力。

例如，教学完七年级下册第三单元第20课"清朝君主专制的强化"后，教师设计如下探究型课后作业：学生以小组形式，每个小组选择一个与清朝君主专制有关的问题，要求他们进行探究，并提出解决方案或提出新问题。

关键 19

开展课后辅导

课后辅导是课堂教学的延伸和补充，是因材施教的重要途径，旨在查漏补缺与拔高提升，是强化课堂教学的课后提升的重要举措，是提高教学质量的重要保证。为了更好地帮助教师开展课后辅导，主要从改变传统观念，提高课后辅导的科学性；活用方法，提高课后辅导的多样性；精选内容，提高课后辅导的针对性；借助信息技术，提高课后辅导的便捷性等方面来阐述。

一、改变传统观念，提高课后辅导的科学性

课后辅导是一件费时费力的事情，但又不可替代，必不可少。教师的课堂教学任务本来就重，再利用业余时间去开展课后辅导，对教师的教学能力、心理素质、道德修养等方面都是很大的考验。教师需要改变传统观念，形成正确的课后辅导观，提高课后辅导的科学性。

1. 课后辅导是课堂教学的补充与延伸

课堂教学是学生学习知识、发展技能、形成素质的主渠道与主战场。课堂教学时间短，在短时间内难以掌握所有的知识，从而出现这样或那样的问题。如果这些难点或问题不及时解决，就会越积越多，成为学生学习路上的"绊脚石"。可见，仅仅通过课堂教学，部分学生难以全面掌握课堂教学应该掌握的知识、应该发展的能力与应该形成的素养。因此，在课堂教学之外，就需要借助课后辅导去补短板或加强提升。可见，借助有效的课后辅导，能够解决好学生的疑问，提高学生的能力；更重要的是，能够提高学生的自学能力，引导学生掌握更多的新

知识和新方法，更好地应对学习的多样性与内容难度的多层次性。

2. 课后辅导是因材施教的有效手段

受制于时间固定、班级学生固定等多种因素的影响，课堂教学在因材施教方面难以取得明显的好效果。而课后辅导则可突破课堂教学的局限性，有效解决不同层次学生的学习问题。课后辅导，采用个别化的辅导内容、多样化的辅导方式，对不同的学生进行有针对性的教学与引导，是因材施教的有效手段。教师应分析参与课后辅导的每个学生情况，并针对不同的学生采取不同的辅导内容与辅导方法，不能搞"一言堂""一刀切"。

3. 课后辅导的基本目的是"查漏补缺"与"拔高提升"

课后辅导要有的放矢，教师要把握好"抓两头、促中间"的基本理念，把"查漏补缺"与"拔高提升"落实到位。例如，针对成绩不好的学生，课后辅导就是学生哪里有不足就补哪里，以尽快提升学习效果；针对成绩优秀的学生，则在新知识、新思维、新能力、综合解决问题等方面加以拔高与提升。

4. 课后辅导的主体包括教师与学生

课后辅导的主体不仅仅是教师，还包括学生。教师要充分发挥学生的主动性与积极性，成为课后辅导的主体。学生成为课后辅导的主体，有两个内涵。一是学生，尤其是优秀学生，通过与学习困难的学生结对子，或学生与学生之间相互答疑，研讨解决学习上的问题。二是课后辅导不能由教师满堂灌，应激发学生的主动性与求知欲，引导学生积极参与到课后辅导的活动中来，引导学生自主学习，提高自我。"教是为了不教。"课后辅导就是为了帮助学生解决学习问题，引导学生独立学习。

二、活用方法，提高课后辅导的多样性

课后辅导方法不是一成不变的，也不是单一的。为了提高课后辅导的效率与

质量，教师要根据课后辅导的内容、学生层次、教学进度、学生需求等方面，灵活选择、运用课后辅导方式方法，提高课后辅导的多样性。当前，教师常用的课后辅导方法主要有集体辅导、一对一辅导、学生互助辅导和分层辅导等。教师不论选用哪种课后辅导方法，都需要精心安排、细致实施才能更有成效。

1. 集体辅导

教师针对课堂教学或课堂作业、课后作业批改中发现学生普遍性、共性的典型问题，汇总这些共同的问题，并针对这些共同问题所涉及的共同知识点或关键学习内容，搜集或设计典型例题，通过集体辅导的方式，集中讲解这些典型例题，加深学生理解运用相关知识，引导学生掌握知识，促进学生形成完整的知识体系。

2. 一对一辅导

这种课外辅导方式针对性最强，成效显著。为了更好地落实因材施教的理念，充分尊重每一个学生，教师在课后辅导中可选择一对一辅导方式。一对一辅导，主要针对基础特别差或者成绩特别好的学生，当然也针对成绩中等的学生，其具体做法有当面批改作业、个别补课等。例如，教学完"一元一次方程的应用"后，教师从学生的课后作业完成情况发现如下问题：小兵不会设未知数，不会列方程式；小明不能根据已知条件找出等量关系。教师针对这两个学生的不同问题，开展一对一辅导。针对小兵的课后辅导，重点对解题的步骤进行指导，归纳出一元一次方程的解题步骤：设、列、解、答，强调设未知数是列方程解题的第一步。针对小明的课后辅导，则重点引导他反复读题，并对已知条件进行标记，凸显已知条件，引发思考，建立等量关系。

3. 学生互助辅导

这种课后辅导方式，是在教师的指导下，由学生自主结对，形成互助学习小组，开展课外辅导活动。互助学习小组，一般由不同学业水平的学生结对组成，可搭配一对一，也可多对一或一对多。还可以在学习互补性较强的学生中建立双向互助学习小组。例如，一个互助学习小组中，有的学生数学很强，有的学生语文或英语很强，有的学生物理、化学很强，这样学生彼此之间可相互提供帮助或辅导。这种课后辅导方式有助于挖掘学生资源，调动学生的积极性，由学生来解答学生的问题，教师及时给予鼓励和评价，激发互助学习小组成员的学习兴趣，强化学习效果。

4.分层辅导

教师根据学生学习成绩或学业水平进行分层，将每个层次的学生集中在一起，开展课后辅导。由于每个层次的学生学习水平大体相当，因此，便于教师开展小范围的课后辅导，有助于提高课后辅导的成效。

三、精选内容，提高课后辅导的针对性

课后辅导的目的要么是"查漏补缺"，要么是"拔高提升"，其内容一定要有针对性，符合不同学生的需求。因此，教师要根据学生的需求，精选课后辅导的内容，提高辅导成效。"查漏补缺"与"拔高提升"是课后辅导的工作重点，应根据学生的不同特点制订不同的辅导方式和辅导计划，选择不同的辅导内容。

1."拔高提升"的课后辅导，其对象是"学优生"或"尖子生"

这些成绩优秀的尖子生，现有的课堂教学内容难以满足他们的学习需求。因此，课后辅导内容的难度与广度要超越现有的课堂教学内容，增加更多的新知识、新方法、新思维，引导优秀学生去探索、成长，获得更高更好的发展。例如，上完《爬山虎的脚》这节课，给"学优生"或"尖子生"的课外辅导内容是"观察生活，写一篇作文。其要求是找到和爬山虎类似的植物，挑选其中一种自己最喜欢的植物，通过多种描写方法写出其特点"。

2. "查漏补缺"的课后辅导，其对象是普通学生或学习困难的学生

课后辅导内容主要针对课堂教学没有掌握的基础知识、基本技能，并分析学生没有掌握的原因，整理、设计相应的辅导内容对学生进行辅导。例如，同样是上完《爬山虎的脚》这节课，给普通学生的课外辅导内容则主要是"进一步复习、巩固文章中的生字、词语；进一步思考作者是如何描写爬山虎的，仿写一篇小作文"。

3. 课后辅导还可以针对不同学生群体，有针对性地选择不同的辅导内容

例如，针对学困生，课外辅导内容侧重于相关学科的基础知识与基本技能，以及心理辅导与学习习惯的辅导。根据相关研究成果，学习心理与学习习惯是影响学困生的重要原因。因此，课后辅导应及时解决学困生的心理问题与学习习惯等问题，要调适他们的不良心态，帮助他们纠正不良习惯，引导他们进入正常的学习轨道。

4. 课后辅导还可以根据所教学科课程特点与学习要求，辅导学生相关学科课程的学习方法

课后辅导内容不能仅仅局限于相关知识与技能的辅导与培训，还应重视学科课程学习方法的辅导。例如，教师开展数学课外辅导时，需要结合数学课程学习特点和思维方式，教给学生学习代数、几何的学习方法，做到以小见大、见微知著，注重培养学生的自主学习能力。又如，地理学科的特点表现为空间性、区域性和综合性，因此，其学习方法很有特色，突出表现在利用地图和图像图表等工具来学习地理概念、规律和原理，并联系实际与生活，解决现实中的复杂问题。在地理学科课后辅导时，应该把学习地理学科的方法作为辅导内容之一，教会学生学习方法，提高学习能力。

四、借助信息技术，提高课后辅导的便捷性

信息技术的快速发展与普及应用，为线上课后辅导创造了有利的条件，极大地提高了课后辅导的便捷性。传统的面对面课后辅导方式，需要教师大量的时间与精力，还受限于一定的时间、空间的限制，导致大规模的课后辅导难以铺开。因此，教师应主动突破传统课后辅导的局限性，充分借助信息技术，利用网络交流平台，拓展课后辅导的时空，随时随地给学生提供课后辅导支持与帮助，为学生解决学习上的困难，提高学生的学习能力与学习质量。

1. 常用的线上课后辅导

教师常用的线上课后辅导方式，一般根据学生在学习中遇到的问题，有针对性录制一个或几个小视频，上传到班级 QQ 群、微信群或钉钉群，供有需要的学生学习。例如，教学"一元一次方程的应用"后，根据学生在课堂作业与课后作业中出现的问题，教师分析其中的原因，针对这部分内容的重点难点，设计制作了三个微视频，分别对工程问题、路程问题进行详细的解析，并且总结了列方程、解应用题的一般步骤。教师把这三个微视频发到学生群，引导学生运用微视频进行课后辅导与自学，组织学生在群里讨论，教师也在群里进行辅导答疑，及时有效地帮助学生解决了"一元一次方程的应用"问题。

2. 教育平台上的课后辅导

教师还可以利用一些教育资源丰富的平台，开展线上课后辅导活动。例如，利用省教育资源平台，能有效地、高质量地开展课后辅导。那么，如何使用省教育资源平台进行课后辅导呢？教师注册班级平台，学生、家长注册所教班级的学生、家长账号，熟悉平台，重点熟悉如何在平台上提交作业，并与教师进行沟通。通过平台，教师与学生之间可以随时沟通与讨论，对存在疑虑的问题开展辅导答疑，问题尽快得到解答，能有效提高课后辅导质量。

【拓展阅读】

基于习题微课的同伴互助型课后辅导的探索①

北京市丰台区丰台第七小学胡晓菲老师探索了一种基于习题微课的同伴互助型课后辅导方式。教师通过习题微课引导学生进行同伴互助学习，这是课后辅导的一种新积极探索。

1. 构建同伴互助的学生学习共同体

构建互帮互惠的同伴互助的学生学习共同体，是基于习题微课的同伴互助型课后辅导的第一步。学业水平较高的学生思维非常敏捷，喜欢积极表达他们的想法。他们非常愿意参与习题讲解。教师将学业水平较高的学生作为指导者，其余学生作为学习者，构建学习共同体，引导他们相互帮助、互惠互促、共同发展。

2. 选取课后辅导平台

"蓝墨云课班" App 界面交互性强，支持建群，允许上传视频等多种格式的学习资料等，具备网盘功能。因此，教师可以把这个 App 作为同伴互助型课后辅导的平台。学生能够随时随地通过该平台观看学习习题微课，还可以在线相互讨论、答疑。

3. 制作习题微课

课后辅导难以面面俱到，没有必要把课堂教学内容全部重复。教师一般选择重点难点知识以及学生出错较多的习题，专门对学生（主要是优秀学生）进行培训，指导他们讲解习题，包括引导他们讲解时应注重解题思路，将所学知识与题目已知条件和解题方法联系起来，找到解决问题的方法，进行分析、总结、应用。教师将讲解过程录制成习题微课，成为课后辅导的主要内容。每个学生都可以根据自己的需求，选择不同的习题微课进行学习。

---

① 改编自 胡晓菲. "双减"背景下信息技术助力小学课后延时答疑辅导——基于习题微课的同伴互助策略探究［J］. 中小学数字化教学，2023（3）：41-44.

4. 整理与存放习题微课资源

教师使用"蓝墨云课班"App课外辅导平台的库管理功能，按章节进行整理与存放习题微课资源。例如，"第一单元——小数乘法"，就以此为习题微课资源的命名，以便学生检索与下载观看。

5. 开展有效的互动交流方式

习题微课上传到"蓝墨云课班"App课外辅导平台后，学生就可自主观看、自主学习。通过该课后辅导平台，学生以多种形式进行同伴互助。信息技术的应用改变了传统的"师生"与"生生"之间的互动方式，学生获取知识的来源更加广泛。在平台讨论答疑的过程中，每个学生都可以畅所欲言。学生学习习题微课后，如果有疑问或者质疑，可以在讨论区提问，愿意解答的学生可以应答。学生不仅可以采用语音交流，还可以采取文字形式交流。教师采取奖励经验值的方式，奖励积极参加讨论的学生。

6. 评价与反馈

开展多元化评价与反馈是教师检验学生课后辅导与学习效果的手段之一。教师积极探索评价主体、方式及内容的多元化，促进学生积极学习。在辅导过程中，教师积极引导学生自评、互评，评价内容涉及互动情况、学习效果情况等等。教师建立奖励机制，对讲解习题的学生，每月组织一次微课评奖，评出最受欢迎的习题微课；对积极观看、学习习题微课的学生以及参与讨论、答疑的学生给予奖励，评出"互动之星"，调动学生的积极性。

关键 20

优化课后考试

课后考试不仅是检验学生学习效果与质量的一种重要方式，也是检验教师教学质量的一种重要手段。课后考试是教师强化课堂教学课后提升的重要途径。这里主要通过阐述提高课后考的试命题质量、上好课后考试的讲评课等两个方面来优化课后考试，更好地发挥课后考试的作用与功能。

一、提高课后考试的命题质量

课后考试，根据考试内容的范围与时间，可分为单元考试、期中考试、期末考试、周考、月考等主要类型；根据考试的方式，可分为笔试、口试、调查报告、表演、实验操作等多种方式。不管是什么类型或方式的课后考试，最关键的就是确保课后考试命题的科学性，提高命题质量。

1. 遵循课后考试命题的基本依据

教师进行课后考试命题时，主要根据课程标准、三维教学目标或学科核心素养目标以及各科课程内容或教学内容。

教师进行课后考试命题时，首先要根据课程标准。课程标准是以纲要的形式规定有关学科课程教学内容的标准性文件，是课程计划的具体化，规定了学科的教学目的与任务，知识的范围、深度和结构，教学进度以及有关教学法的基本要求。它体现了国家对每门学科教学的统一要求，是编写教科书和教师进行教学的直接依据，也是衡量各学科课程教学质量的重要标准。课程标准作为教材编写、教学、评估和考试命题的依据，具有可评估性、可理解性、可完成性和可伸缩性等性质。可见，课程标准不仅是教师学科课程教学的基本依据，也是衡量学科课程教学质量的基本依据。因此，教师的课后考试命题，应该基于课程标准。

教师进行课后考试命题时，要根据三维教学目标或学科核心素养目标。各学科课程的每堂课、每（大）单元、每学期、每年段、每学段都有明确的三维教学目标或核心素养目标。知识与技能、过程与方法、情感态度与价值观的三维教学目标就是国家对基础教育质量指标所作的基本规定，是新课程标准为描述学生学习行为变化及其结果所提出的三个功能性的基本要求。而"核心素养"指学生应具备的适应终身发展和社会发展需要的必备品格和关键能力，分为文化基础、自主发展、社会参与三个方面，综合表现为人文底蕴、科学精神、学会学习、健康生活、责任担当、实践创新六大素养，具体细化为18个基本要点。在核心素养的基础上进一步分解为相关的学科核心素养。例如，语文核心素养主要包括文化自信、语言运用、思维能力、审美创造；数学核心素养主要包括数学抽象、逻辑推理、数学建模、直观想象、数学运算、数据分析；物理核心素养主要包括物理观念、科学思维、实验探究、科学态度与责任。可见，三维教学目标或学科核心素养都是对学生学习行为变化及其结果的基本规定，即对教育质量的基本规定。因此，教师的课后考试命题，应该基于三维教学目标或学科核心素养。

教师进行课后考试命题时，要根据课程内容或教学内容。教学内容不仅包括教师与学生、学生与学生相互作用过程中达成的动态生成的素材及信息或有意传递的主要信息，还包括师生、生生互动的知识和技能、思想和观点、培养的习惯和行为等的总和。静态的教学内容主要体现在教材内容或课程内容上。因此，在教师进行课后考试命题时，不仅要依据课堂教学中动态生成的素材与信息，还要依据静态的教材或课程内容。

2. 确保课后考试试题内容的科学合理

教师在课后考试命题时，还要确保考试内容科学合理，不得随意编制或复制一些题目就草草了事。教师在命题时，要确保课后考试试题内容科学合理，需要注意以下三个方面。

（1）确保课后考试试题覆盖所规定的教学内容

例如，单元考试试题内容，至少要覆盖所考单元的主要教学内容，当然，也可增加少量与该单元内容相关的试题。月考考试试题、期中考试试题、期末考试试题，其至少要覆盖该月或半学期、整个学期学过的主要教学内容，尤其是重点内容不能遗漏。

（2）确保课后考试试题有一定的难度和区分度

如果所出的试题太容易或太难，则课后考试试题内容不科学，需要增加难度合适、区分度适中的试题，这样才有助于达成课后考试的目的。

（3）采取多种方式进行命题

一是教师平时多注意收集、整理一些质量较好的题目，可作为以后命题的优秀素材。二是教师改编教材或习题册上的经典题目，成为考试试题。三是教师基于考查的目的与教学内容，创编部分题目，经论证，成为考试试题。教师通过多种方式，确保课后考试试题命题的准确性、科学性，真正起到反映教师的"教"与学生的"学"客观尺度的作用。

3. 优化课后考试题型和分数结构

教师在课后考试命题时，要确保试卷题型与分数结构的优化。一是教师采用多样化的试题题型。一般而言，填空题、选择题或判断题等题型，主要用来测评学生的基础知识、基本技能是否掌握好；应用题、论述题、综合题、辨析题、作文题等题型，主要用来考查学生综合运用知识的能力。二是教师给各题型分配适合的分数。

例如，一位初中语文教师，出了一套初二的课后考试试题，其题型与分数结构如下：该试卷包括选择题、填空题、翻译题、简答题和写作题等题型，具体包括积累与运用、阅读与鉴赏、写作三个部分。其中，积累与运用6题，20分；阅读与鉴赏14题，50分，其中现代文阅读约24分，古诗文阅读约18分，名著阅读约8分；写作1题，50分。卷面满分为120分。

又如，一位小学英语教师，出了一套六年级的课后考试试题，其题型与分数结构如下：该试卷包括听力、阅读、语言运用、读写综合等四个部分。听力部分共20道选择题，每题1分，共20分。阅读部分共15道选择题，每题2分，共30分。语言运用部分包括完形填空和语法填空，完形填空共10题，每题1.5分，共15分；语法填空共10题，每题1分，共10分。读写综合部分包括简答题和作文，简答题共5题，每题2分，共10分；作文1题，15分。卷面满分100分。

另外，还值得教师注意的是，做完课后考试命题后，要进一步审查所命的试题，确保不出现失误，确保命题自身的科学性。还要做好配套的课后考试试卷的标准答案与评分标准，不仅有助于教师进一步分析命题自身的科学性、合理性，而且为后续评阅试卷的客观性、公正性奠定基础。

二、上好课后考试的讲评课

教师上好课后考试的讲评课，需要综合利用各种因素，促进课后考试价值最大化，不仅有助于学生知识技能的查漏补缺，而且有助于学生情感、态度与价值观的升华。

1. 做好课后考试讲评课的准备

教师在上考试讲评课之前，应做好如下充分准备。一是根据学生考试情况，分析考试试卷题目的难易程度，以及全面分析试卷得分和失分情况，从而为确定讲评课的重点内容做好准备，这样才能做到有的放矢、事半功倍。二是尽快把已批阅的试卷和标准答案、学生错题统计表发给学生，引导学生根据标准答案，在课前自行订正，进一步引导学生通过自己修改、自学的方式掌握错误的基础类型的题目，减轻讲评课的负担；学生根据自己的错题情况，分析自己的考试情况，填写并提交错题统计表。三是确定重点讲评的题目。这是教师在讲评课之前做准备的重点所在。教师切忌在课后考试讲评课中讲评每一道题，应放弃平时反复训练或强调的题目，重点讲评平时没有强调的问题以及重点难点题目。

2. 讲评课环节一：整体分析班级成绩及其问题和对策

教师在该环节，全面介绍班级学生整体成绩分布、平均分、进步等情况，尤其要强调班级进步情况，表扬成绩优异的和进步较大的学生，增强学生的自信心，引导学生明晰一分耕耘一分收获。同时，实事求是地指出学生客观存在的问题，如少数学生学习态度不好、在学习上不求甚解、对自己不严格要求，有抄作业现象，不重视基础知识和基本概念的了解和运用，等等。

教师请一两位学生代表，对自己的课后考试情况进行自我分析。通过学生自我剖析，总结前段时间自己在学习方面的好经验以及存在的问题，反思在后续的学习中应如何改进和弥补。当然，教师应根据学生的自我剖析进行总结、鼓励鞭策，激励学生进步和发展。

教师结合以上情况，给学生提出后续学习的要求。例如，端正学习态度，严格要求自己；上课认真，积极思考，做好笔记；课后及时复习巩固，做好课后作业，尤其要强化基础知识和基本概念的了解和运用；学生之间彼此虚心请教，多合作、多交流，等等。进一步引导学生基于本次课后考试，规划下一次课后考试的达成目标，激发学生学习热情，下定争取下次进步的决心和信心。

3. 讲评课环节二：讲解并解决重点题目

课后考试试卷中的部分基础题目或相对比较简单的题目，已经在准备阶段，通过学生自我修改订正的方式得到解决。因此，该类题目不再在讲评课上讲解。教师只讲解少数重点题目，如平时没有强调的题目、重点难点题目、多数学生做错的题目、失分较多的题目……

在课后考试讲评课上进行讲评的重点题目，教师可根据实际情况，采取多样方式进行讲评：

其一，针对平时强调多，但失分较多的题目。该类错题本身不难，解决起来也不难，可充分调动学生的自主性、积极性来解决。教师在讲评课上，结合原来练习过的题目引导学生自主解决。例如，针对以上这种类型的错题，教师给每一道错题都提供一道或两道曾经学习或做过的相似习题，引导学生再现当时对该知识点的学习和思考过程，在复习的过程中掌握和解决错题。

其二，针对平时没有强调的题目、重点难点题目。该类错题本身较难，需要教师全面深入地讲解才能解决。在讲解过程中，教师也可请学生上台讲解，还可借助小组讨论分析。如果能讲解正确，则教师主要做总结和提升。另外，教师还要把该类错题进行重点拓展，不仅向学生分析错题的原因，而且分析不同错题应采取相应的有效解决对策。

4. 讲评课环节三：针对重点错题实施迁移练习

重点题目讲解完后，为了进一步巩固对错题的记忆，教师还要对错题实施迁移练习。教师可给大部分错题有针对性地配套一两道课堂练习题，让学生在课堂上练习。在练习过程中，学生之间可以讨论、互动和交流，教师要引导学生清晰地对错题进行区别和纠正。如果发现仍有少数学生出现错误，教师就耐心指导和点拨。教师借助该环节，不仅有助于学生真正掌握、解决错题，而且有助于培养学生在思维上的迁移能力、学习能力。

【拓展阅读】

一次生物期中考试情况分析与启示[①]

海南省三亚市逸夫中学的周绍文老师对八年级生物期中联考进行了考试情况

---

① 改编自 周绍文. 一次生物期中考试的结果与启示［J］. 新课程，2021（2）：206-207.

分析，供大家借鉴。

1.考试成绩分析

本次生物期中联考，四个班级180名学生参加考试。考试成绩如下：最高分85分，最低分10分。80-89分：4人；70-79分：9人；60-69分：31人；50-59分：51人；40-49分：30人；30-39分：31人；29分以下：24人。

优秀2人，优秀率1.11%；良好8人，良好率4.44%；及格44人，及格率24.44%；低分24人，低分率13.3%。

平均分：八（1）班34.98分；八（2）班46.33分；八（3）班61.57分；八（4）班49.87分；年级平均分48.36分。

以上数据表明，本次期中考试成绩很不理想，没有85分以上的学生，低分很多。及格率太低，但是50-59分数段有51人，占28.30%，这部分学生有较大的提升潜力和空间。

2.试卷命题分析

从试题命题来看，试题的难度比例（难：中：易）为：1.3：7.1：1.6，难度0.48；信度0.85；区分度0.4。试题稍难，容易的题少，中等程度的题多。试卷主要由两道大题组成，即单项选择题和非选择题。单项选择题共35道小题，共70分；非选择题共4道小题，共30分。试卷满分100分。试卷的题型、题量和形式均符合生物中招考题模式，试题命题规范，考点覆盖面广，符合课程标准要求。

3.学生卷面答题情况分析

试卷得分情况为：单项选择题最高分60分，最低分10分。非选择题最高分25分，最低分0分。非选择题得0分的人不少，甚至少数试卷的非选择题全部空白、一字不写。

从学生卷面答题情况来看，主要存在以下问题。

没有掌握探究实验题。说明学生对实验内容不够重视，接触显微镜少，不能正确认识显微镜的结构和正确使用显微镜进行实验操作。实验操作的学习需要加强。

没有掌握生物的基本知识、基本概念及其图形，如有关食物链的问题、生物多样性的问题、微生物的问题，等等，说明相当多的学生平时不认真，观察图片的能力较弱。即使在单项选择题部分，很多简单的题目也做错了，说明部分学生真的不懂，随便填了一个答案上去。

没有认真审题、析题、答题。部分学生不认真找出题干中的关键词，不管题目问什么，总习惯去选包含正确观点的选项，而不少题目需要回答的是"不正确""错误""不对""不属于""不利于"的选项。

4.原因分析

部分学生学习基础差、学习态度差。我校是一所农村初中，大部分学生的学习基础差，学习接受能力较低，对学习提不起兴趣，没有上进心，不爱学习，自主学习意识不强。

课堂纪律不尽如人意。部分学生不认真听课，爱说话；部分学生爱开小差，听课时注意力不集中；部分学生上课爱睡觉；甚至个别学生在考试时还睡觉。

不认真完成作业和复习。相当多的学生为应付任务，直接找作业帮的答案来抄，或抄其他同学的作业。课后不及时做练习和复习，甚至测试题、练习题发下来后第二天，有些学生就找不到了。

不认真上实验课。部分学生实验操作技能低，看着实验设备和材料束手无策。有些学生不严格按实验步骤和要求操作，不会观察现象，不会归纳结论，不会正确填写实验报告。

5.整改和改进对策

一是加强学生的思想道德修养教育，加强课堂纪律管理，营造良好的学习氛围。优化班主任工作，加强家校联系和共育，打造良好的校风、学风、班风，培养学生热爱学习、积极向上的优良品质。

二是提高课堂教学水平。教师提高教育教学能力，要认真备好课，写好教学设计，认真组织教学，重视讲练结合，加强课后辅导，激发学生的兴趣，重视学生参与，提高教学质量。

三是重视生物实验教学。教师多引导学生自主地去操作、去观察、去领悟，引导学生正确使用显微镜、学习制作动植物临时装片并观察等，培养学生在探究实验中提出问题、设计问题、实施实验、观察现象、得出结论的能力。

参考文献

［1］易国文. 谈课堂教学粉笔字书写技巧［J］. 湖南科技学院学报，2017（8）.

［2］马春海. 粉笔字书写之技能［J］. 潍坊学院学报，2019（1）：56-58.

［3］张永贵. 浅谈高师学生练习粉笔字的方法与步骤［J］. 河西学院学报，2011（6）：119-121.

［4］袁丽. 普通话推广实践路径探索［J］. 赣南师范大学学报，2023（5）：136-140.

［5］武龙飞. 播音发声训练中常见的问题及矫正方法［J］. 戏剧之家，2016（19）：206+208.

［6］侯伟. 师范专业简笔画课堂教学与训练方法研究［J］. 文化产业，2021（21）：138-139.

［7］武新文. "教学简笔画"在教师教育中的意义及有效训练方法［J］. 学理论，2009（29）：140-142.

［8］张金峰. 高校学前教育专业简笔画课程教学探索［J］. 河南教育（高教版），2021（2）：48-50.

［9］童文坚. 试论"教学简笔画"的功能及学生能力的培养［J］. 龙岩师专学报，2003（S1）：144-146.

［10］张利龙，殷学丰，杨凇麟. 多媒体课件制作中使用视频剪辑软件的技巧［J］. 中国新通信，2022（5）：93-95.

［11］马俊香. 小学英语多媒体课件的制作和应用［J］. 当代家庭教育，2022（12）：174-176.

［12］黄秋生. 谈谈多媒体教学课件制作中的几个问题［J］. 中国电化教育，2002（7）：45-47.

［13］陈文梅. 希沃白板 5 课件制作案例剖析［J］. 家教世界，2023（21）：33-34.

［14］杨世军. 教师肢体语言的课堂效用［J］. 南昌高专学报，2010，25（5）：92-93+104.

［15］王刚，唐永旺. 教师运用良好的课堂教学语言的几点建议［J］. 河南教育（高教），2018（5）：77-79.

［16］高霞，李岑虎. 课堂教学肢体语言的表达艺术［J］. 教育艺术，2010（9）：76-77.

［17］靖凤红. 小学语文课堂中优化教师肢体语言的策略［J］. 青少年日记（教育教学研究），2019（8）：40.

［18］赵鑫，李森. 我国教学方法研究 70 年变革与发展［J］. 课程. 教材. 教法，2019（3）：14-21.

［19］何克抗. 建构主义的教学模式、教学方法与教学设计［J］. 北京师范大学学报（社会科学版），1997（5）：74-81.

［20］钟启泉. 教学方法：概念的诠释［J］. 教育研究，2017（1）：95-105.

［21］彭小明. 教学板书设计论［J］. 教育评论，2005（6）：69-72.

［22］郭晓光. 多媒体教学与板书教学的再认识［J］. 中国教育学刊，2014（2）：71-74.

［23］张迪. 智慧教育背景下教师课堂管理能力研究［J］. 教学与管理，2023（33）：11-14.

[24] 刘家访. 课堂管理中纪律的问题与运用 [J]. 教育理论与实践, 2002 (4)：49-52.

[25] 陈时见. 课堂规则的制定与执行 [J]. 基础教育研究, 1998 (5)：29-31.

[26] 白秀云. 教师的"榜样示范"对学生思想的影响 [J]. 教学与管理（理论版）, 2003 (33)：69-70.

[27] 时显群. 课堂教学中的"激励"艺术 [J]. 教学与管理, 2008 (30)：135-136.

[28] 胡晓洋. 课堂管理从"他律"到"自律"的机制转变 [J]. 教育理论与实践, 2019 (2)：25-27.

[29] 靳莹, 姜雪莹. 教学机智的内涵、特点及启示——基于化学优质课例的观察研究 [J]. 中国多媒体与网络教学学报（上旬刊）, 2023(5)：177-180.

[30] 费洁. 关注主体：名师教学机智观察与解读 [J]. 上海教育科研, 2017 (10)：68-70.

[31] 李森, 郑岚. 促进质量提升的课堂教学评价改革 [J]. 课程. 教材. 教法, 2019 (12)：56-62.

[32] 卢怡. 中小学英语教学评价体系的反思与构建 [J]. 求知导刊, 2021 (16)：6-7.

[33] 朱尊尊. 中小学教学评价机制现状及改进措施初探 [J]. 教学管理与教育研究, 2023 (09)：127-128.

[34] 孙琪斌. "多边形的内角和"的教学预设与课后反思 [J]. 中国数学教育, 2017 (Z3)：8-13+25.

[35] 李俊堂. 从教学环节看生成性教学的实现 [J]. 教育学术月刊, 2017 (12)：100-108.

[36] 黄凤金. 基于 Ai 学·智慧教育平台的高中地理分层作业优化研究 [J]. 中

学地理教学参考，2023（25）：49-53.

［37］杨毅恒. 课堂教学中的课堂总结［J］. 西部素质教育，2019（4）：193.

［38］樊绍堂，王克松，韩如茂. 课堂总结的技巧及类型探微［J］. 教学与管理，1995（4）：23-24.

［39］安富海. 教学反思：内涵、影响因素与问题［J］. 河北师范大学学报（教育科学版），2010（10）：80-84.

［40］陈华忠. 教学反思三维度：方式、时机、内容［J］. 教育科学论坛，2012（11）：24-25.

［41］柳亚洲. 双减背景下初中物理课后作业设计探究［J］. 学周刊，2024（6）：59-61.

［42］杨玉凤. 双减背景下对初中英语课后作业优化的研究［J］. 试题与研究，2023（34）：78-80.

［43］陈国霞. 基于核心素养下初中生物课后作业的分层实践研究［J］. 学周刊，2023（26）：90-92.

［44］林虹. 关注课后辅导提升教学实效［J］. 高中数学教与学，2022（10）：42-43+51.

［45］蔡鸿卫. 省教育资源平台在小学信息技术课后辅导的研究与实践路径探究［J］. 考试周刊，2021（87）：1-3.

［46］余水. 一次期中考试讲评课的反思［J］. 试题与研究，2023（6）：130-132.

后　记

在撰写本书的过程中，我们借鉴和参考了国内外一些知名专家的著作和研究成果，引用了一些教师的案例和文章，在此向所有专家、教师致以衷心的感谢！受沟通渠道所限，我们未能与所有作者都取得联系，敬请相关作者与我们联系。电子邮箱：taolishuxi@126com。

大单元教学
实施难点与对策

马乐爱 著

新华出版社

图书在版编目（CIP）数据

教师如何练就好课.2，大单元教学实施难点与对策/
马乐爱著.
北京：新华出版社，2025.7.
ISBN 978-7-5166-8009-4

Ⅰ. G451.2

中国国家版本馆 CIP 数据核字第20255G4D43号

大单元教学实施难点与对策

著　　者：马乐爱
责任编辑：蒋小云　丁　勇
出版发行：新华出版社有限责任公司
　　　　　（北京石景山区京原路8号　邮　编：100040）
印　　刷：天津融正印刷有限公司

成品尺寸：170mm×230mm　1/16　　印张：13　字数：232千字
版次：2025年8月第一版　　　　印次：2025年8月第一次印刷
书号：ISBN 978-7-5166-8009-4　　定价：49.80元

前　言

2014年教育部印发了《关于全面深化课程改革落实立德树人根本任务的意见》，提出研究制定学生发展核心素养体系，回答"培养什么人、怎样培养人"的问题，明确学生应具备的适应终身发展和社会发展需要的必备品格和关键能力。2016年9月，中国学生发展核心素养研究成果发布，标志着我国的教育目标体系由过去的"双基目标""双力目标""三维目标"，向"核心素养教育目标"转型。颁布的2021年版义务教育各科课程标准，基本延续了此前2017年版高中课程改革方案和课程标准的理念与宗旨，核心素养教育时代已经来临。

核心素养教育的基本理念主要有四点：素养为本，加强整合，强化实践，情境任务驱动。"素养为本"指今后的教育将以核心素养教育为目标，培养学生在真实情境中灵活运用知识和技能的关键能力。"加强整合"指要打破过去的分科教学和单一技能训练的模式，重视课程内容的结构化统整，突出课程内容的动态更新以及与学生生活的联系；重视学科实践及跨学科学习，推动课程及教学过程的实践性、综合性、实用性。这是由生活的完整性和人的生命发展的完整性决定的。过去那种烦琐的知识教学和机械技能训练，已经不再适合社会发展的需要。如何凝练并构建新的课程知识体系，梳理学科大概念，精选并活化知识，实现课程内容结构化统整至关重要。"强化实践"指要让学生学会学习、学会创造与实践，积极倡导"做中学""用中学""创中学"，设计学生喜闻乐见的学科实践活动，使学生通过运用知识的活动，经历知识产生和素养形成的过程。而这一切都要依赖真实的"情境任务"驱动和保障。

我国确立了素养为本的教育政策，积极倡导教育教学方式的变革。其中，"大单元教学"鉴于各种条件相对充分、相对方便易行，成为一线教师较为推崇并积极实践的新型教学理念。大单元教学是一种以核心素养为基础，通过整合和重组学习内容来达成高质量教育目标的教学策略。大单元教学设计与实施不仅提高了教学的针对性和有效性，还促进了学生的全面发展，是现代教育发展的重要方向。

本书所呈现的内容共有五个专题。

专题一，理解大单元教学。大单元教学作为一种具有整合取向的课程开发和实施活动，与传统的单元教学在学习目标、知识形态、教学方式、情境任务设计、课程资源利用等方面迥然不同。大单元教学最明显的特征体现为课程内容、教学材料或资源"更多"，用"大观念"进行内容统摄，具有情境驱动特征。大单元教学的基本要素包括情境任务、统整内容、课程活动、动态评价。它们与传统课程要素相比，内涵有了新的变化。

专题二，大单元教学设计的难点与对策。大单元教学设计的难点主要在于如何围绕核心素养，将整个教材单元转化为有机整合的教学单元，并在此基础上设计出能够促进学生迁移应用的大作业和评价体系。一线教师在理念的转变、内容的结构化、目标的设定、学科核心素养的落实等方面，存在很多困惑。在实操层面要明确设计愿景、确定大主题或大概念、创设真实情境、进行系统规划等。通过这些对策，教师可以更好地应对大单元教学设计中的难点，实现高质量的教学改革，促进学生的全面发展。

专题三，大单元教学课堂实施的难点与对策。大单元整体教学在实施过程中遇到了很多问题，比如如何处理单元大观念和小观念之间的联系，多模态教材资源用多少、怎样运用才能实现教学目标，怎么评判学生是否具有结构化、开放的思想内核，等等。那么，在新课标指引下，教师将以课堂为阵地，以单元整体教学设计为抓手，整合运用多模态语篇教材，设置旨在提升学生核心素养的教学评一体化活动，促进学生深度学习。

专题四，大单元教学评价的难点与对策。大单元课堂教学评价，是指评价主体按照一定的价值标准，对大单元课堂教学诸因素及发展变化进行的一种价值判断活动，要发挥评价的教育功能，促进学生在原有水平上的开展，应立足于学生开展和教师教学水平的提高。课堂教学评价标准不只是从几个大的维度着手，更重要的是一种评价思想。它从宏观层面、从课堂教学的共性出发，对课堂教学评价起到一定的导向作用。

专题五，大单元作业设计的难点与对策。大单元作业设计要确保作业设计的科学性与针对性、目标与作业的一致性及层次性与趣味性的结合，提升思维能力，表现性作业任务设计，等等。大单元作业设计通过明确目标、科学规划、趣味激发、层次分明以及团队合作等，包含足够的思维容量，帮助学生发展批判性和创造性思维；通过设置真实的问题解决情境和表现性任务，关注过程性评价，提高作业设计的质量和实施效果，关注其学习过程和全面发展。

本书从以上五个专题对新课标理念下的大单元教学实施难点与对策进行了比较全面的阐述。既有理论指导，又有教学案例，相信能为读者在新课标和"双减"背景下的大单元教学实施提供有益的借鉴和思考，期望能为一线教师落实新课标、进行大单元教学设计与实施、促进学科整合、促进深度学习、落实核心素养、提高教育质量和促进学生全面发展，起到一定的借鉴作用。

受时间和教学实践的限制，也因编者水平所限，本书中的观点和案例可能有偏颇之处，欢迎读者提出批评和改进意见！

目　录

专题一　理解大单元教学

大单元教学作为一种具有整合取向的课程开发和实施活动，最明显的特征体现为课程内容、教学材料或资源"更多"，用"大观念"进行内容统摄，具有情境驱动特征。大单元教学的基本要素包括情境任务、统整内容、课程活动、动态评价。它们与传统课程要素相比，内涵有了新的变化。

专题二 大单元教学设计的难点与对策

大单元教学设计的难点主要在于如何围绕核心素养，将整个教材单元转化为有机整合的教学单元，并在此基础上设计出能够促进学生迁移应用的大作业和评价体系。在实操层面要明确设计愿景、确定大主题或大概念、创设真实情境、进行系统规划等。

专题三　大单元教学课堂实施的难点与对策

　　大单元整体教学在实施过程中遇到了很多问题，比如如何处理单元大观念和小观念之间的联系，多模态教材资源用多少、怎样运用才能实现教学目标，怎样评判学生是否具有结构化、开放的思想内核，等等。那么，在新课标指引下，教师将如何实施大单元课堂教学呢？

专题四　大单元教学评价的难点与对策

大单元课堂教学评价，是指评价主体按照一定的价值标准，对大单元课堂教学诸因素及发展变化进行的一种价值判断活动。课堂教学评价标准不只是从几个大的维度着手，更重要的是一种评价思想。它从宏观层面、从课堂教学的共性出发，对课堂教学评价起到一定的导向作用。

专题五　大单元作业设计的难点与对策

　　大单元作业设计要确保作业设计的科学性与针对性，实现目标与作业的一致性，注重层次性与趣味性的结合，同时要着力提升学生的思维能力，做好表现性作业任务设计，等等。大单元作业设计应包含足够的思维容量，帮助学生发展批判性思维和创造性思维；作业设计应关注过程性评价，关注其学习过程和全面发展。

专题一

理解大单元教学

大单元教学作为一种具有整合取向的课程开发和实施活动，最明显的特征体现为课程内容、教学材料或资源「更多」，用「大观念」进行内容统摄，具有情境驱动特征。大单元教学的基本要素包括情境任务、统整内容、课程活动、动态评价。它们与传统课程要素相比，内涵有了新的变化。

主题 1

大单元教学的内涵及特征

新时代教学变革，新课标、新教材、新高考、新评价"四新"背景下的"新教学"，其中很重要的一点就是素养本位的大单元教学。如何改变落后的教学和学习方式，使学习由浅层走向深度，是教育教学改革的核心问题，也是教师所面临的重要教研课题。

一、大单元教学的概念及内涵

大单元教学是一种以核心素养为基础，通过整合和重组学习内容来达成高质量教育目标的教学策略。以下是大单元教学的几个关键点。

（1）核心素养导向：大单元教学强调以学科核心素养为导向，这意味着教学内容和方法都应该围绕培养学生的关键能力和素质来设计。

（2）大主题或大概念：教学设计以一个大主题或大概念为中心，这有助于学生更好地理解和吸收知识，同时也能够提高学习的连贯性和深度。

（3）分解课标：教师需要根据课程标准，将教学内容进行分解和整合，确保教学活动与课程目标相符合。

（4）驾驭教材：教师要能够灵活运用教材，根据学生的实际情况对教材内容进行调整和补充。

（5）了解学情：要了解学生的学习情况和需求，以便更好地满足他们的个性化学习目标。

（6）设计大任务：通过设计具有挑战性的大任务，激发学生的学习兴趣和动力，促进他们主动探索和解决问题。

（7）创设真实情境：在教学中创造接近真实的学习情境，帮助学生将所学知识应用到实际中去。

（8）思维迁移：鼓励学生将在某一领域学到的知识和技能迁移到其他领域，

发展他们的批判性思维和创新能力。

（9）结果反馈：通过有效的评价和反馈机制，帮助学生了解自己的学习进展情况，并指导他们如何改进。

（10）作业分类设计：根据学生的学习情况和能力水平，设计不同层次的作业，以满足不同学生的需求。

总的来说，大单元教学的目标是通过这些综合的教学设计，实现对学生全面、深入的教育，帮助他们构建知识体系，发展关键能力，并在未来的学习和生活中取得成功。这种教学方法与传统的课程教学相比，更加注重学生的主动参与和实践能力的培养，以及知识的综合运用。

二、为什么要开展大单元教学

当今我们正处于一个在复杂的社会环境中培养复合创新型人才的新时代。过去那种靠简单的专业知识技能就可以应付的农业经济和工业社会场景，已经被信息技术飞速发展、各种学习资源无处不在、需要不断学习创造的后现代社会场景所代替。知识经济成为主要形态，对人才的要求发生了根本变化。教育要从传统的以知识和技能为本向以能力和素养为本转变。

2014 年教育部印发的《关于全面深化课程改革　落实立德树人根本任务的意见》，提出研究制定学生发展核心素养体系，回答"培养什么人、怎样培养人"的问题，明确学生应具备的适应终身发展和社会发展需要的必备品格和关键能力。2016 年 9 月，中国学生发展核心素养研究成果的发布，标志着我国的教育目标体系由过去的"双基目标""双力目标""三维目标"，向"核心素养教育目标"转型。2021 年颁布的义务教育各科课程标准，基本延续了此前2017 年版高中课程改革方案和课程标准的理念与宗旨，这一切标志着核心素养教育时代已经来临。

核心素养教育的基本理念主要有四点：素养为本、加强整合、强化实践、情境任务驱动。"素养为本"指今后的教育将以核心素养教育为目标，培养学生在真实情境中灵活运用知识和技能的关键能力。"加强整合"指要打破过去的分科教学和单一技能训练的模式，重视课程内容的结构化统整，突出课程内容的动态更新以及与学生生活的联系；重视学科实践及跨学科学习，推动课程及教学过程的实践性、综合性、实用性。这是由生活的完整性和人的生命发展的完整性决定的。过去那种呆板的知识教学和机械的技能训练，已经不再适合社会发展的需要。如何凝练并构建新的课程知识体系，梳理学科大概念，精选并活化知识，实现课程内容结构化统整至关重要。"强化实践"指要让学生学会学习、学会创造与实践，积极倡导"做中学""用中学""创中学"，设计学生喜闻乐见的学科实践活动，使学生通过运用知识的活动，经历知识产生和素养形成的过程。而这一切都要依赖真实的"情境任务"驱动和保障。

正是基于这样的社会背景，我国确立了素养为本的教育政策，积极倡导教育教学方式的变革。鉴于"大单元教学"各种条件相对充分、相对方便易行，成为一线教师较为推崇并积极实践的新型教学理念。

三、大单元教学热潮出现的原因

单元，作为课程开发的基础单元，源于19世纪赫尔巴特学派的戚勒，之后美国发展出基于思维过程组织教材单元的编制原理（泰勒原理等），开发了项目单元、问题单元、课题单元、作业单元、活动单元、经验单元（杜威等）等多种单元。近几年来，我国掀起单元教学的热潮，有以下几个关键因素。

1. 素养时代培养人才目标的需要

大单元教学是一种以大的课程单元为基本教学单位，进行长周期、宽口径、综合性的教学活动。它强调课程内容的整合和联系，注重学生的主动参与和实践操作，有利于培养学生的综合素质和能力。

在素养时代，教育的目标不再仅仅是传授知识，更重要的是培养学生的综合素质和能力，包括思维能力、创新能力、实践能力、合作能力等。大单元教学正好可以满足这些需求。

首先，大单元教学强调课程内容的整合和联系，可以帮助学生形成系统的知识结构，提高思维能力。其次，大单元教学注重学生的主动参与和实践操作，可以培养学生的创新能力和实践能力。最后，大单元教学通常需要学生进行团队合作，提高学生的合作能力。

因此，大单元教学是素养时代培养人才目标的需要。

2. 改善教师教学实践问题的需要

大单元教学是一种教育方法，旨在通过整合课程内容和教学活动来提高教学效果。以下是大单元教学的几个关键要素。

（1）整合性：大单元教学强调将相关知识点和技能整合在一起，形成一个完整的学习体验。这有助于学生更好地理解和应用知识，而不是孤立地记忆事实和概念。

（2）目标导向：教师需要明确大单元教学的目标，这些目标应该与核心素养和学生的学习需求紧密相连。目标的设定有助于指导教学活动的开展和评价学生的学习成果。

（3）情境任务设计：在大单元教学中，教师设计的任务应该能够激发学生的学习兴趣，同时提供真实的学习情境，使学生能够在实际操作中学习和应用知识。

（4）教学方式的创新：传统的教学方式可能过于依赖书本和讲授，而大单元教学鼓励教师采用更多样化的教学方式，如项目式学习、探究式学习等，以促进学生的主动学习和深度思考。

（5）评价方式的改革：大单元教学要求教师改革传统的评价方式，采用更加全面和多元的评价方法，如同伴评价、自我评价等，以全面评价学生的学习过程和成果。

（6）教师角色的转变：在大单元教学中，教师的角色从知识的传授者转变为学习的引导者和协助者。教师需要不断提升自己的专业素养，以适应新的教学模式。

（7）学生主体性的强化：大单元教学强调学生的主体性，鼓励学生积极参与学习过程，自主探索和解决问题，从而培养学生独立思考和创新的能力。

总之，大单元教学是改善教师教学实践问题的需要，其不仅有助于提升教学质量，还能促进学生全面发展。通过实施大单元教学，教师可以更好地应对新时代教育的挑战，实现教育教学现代化。

3. 大观念视角下的教学需要

杜威在 1902 年提出，教师应把学科知识"心理学化"，从而形成大观念，摆脱传统教学中的事实和观点。怀特海也在 1929 年提出"大观念"，他认为，应该在儿童教育中引入少而精的主要思想，并尽可能将它们相互关联起来。

大观念已经成为落实学科核心素养的重要抓手，强调从知识点学习转向对内容和方法的学习，从碎片化学习转向整合关联的结构化学习。因此，大观念视角下的教学需要单元整体教学设计与实施。

新版课程标准重视以学科大概念为核心，使课程内容结构化，以主题为引领，使课程内容情境化，促进学科核心素养的落实。

四、大单元教学的本质特征

刘微教授认为，我们所说的教材单元，更关注的是内容上的关联性。教材单元是将单元学习的目标定位于学习内容，而不是立足于发展素养。而大单元教学是学习单元，针对学生的真实问题，以学生学习为锚点，收集整理学习资料、研读教材、确定目标、设计课堂大问题和大任务、教学评三位一体的单元教学设计与实施。

大单元教学的本质特征主要体现在以下几个方面。

（1）课程内容的统摄性：大单元教学通过"大观念"来整合和统摄课程内容，确保教学材料或资源的丰富性和多样性。这种方法有助于学生从更高的层面理解和掌握知识，而不是孤立地记忆事实和概念。

（2）情境驱动：大单元教学强调在真实或模拟的情境中进行教学，这样的情境任务能够激发学生的学习兴趣，提高他们的参与度和学习效果。

（3）学习者经验的统整性：大单元教学注重学生经验的整合，鼓励学生将新知识与已有经验相联结，促进知识的深层次理解和应用。

（4）课程内容的结构化：通过对教学内容的重构，大单元教学实现了课程内容的结构化，帮助学生构建系统的知识体系

（5）教学程序的逆向性：与传统教学的顺序性教学不同，大单元教学可以采取逆向教学的方式，即从目标出发，反向设计教学过程，以达到预期的学习成果。

（6）学习成果的生活化：大单元教学强调学习成果的应用价值，鼓励学生将所学知识和技能应用到实际生活中，实现学以致用。

（7）核心素养的培养：大单元教学基于核心素养设计和实施教学活动，旨在培养学生的关键能力和素质。

（8）相对独立的整体性：每个单元是相对独立的整体，教学在一段时间内连续进行，有助于学生集中精力深入探究主题，实现深度学习。

总之，大单元教学是一种以学生为中心，注重知识整合和应用，以及核心素养培养的教学模式。它通过情境化的学习、结构化的内容安排和逆向的教学设计，旨在提高学生的综合能力，使其能够更好地适应未来社会的需求。

主题 2

大单元教学的设计理念及愿景

一、大单元教学的设计理念

在大单元设计理念上，要聚焦核心素养，以学习为中心，运用系统思维，指向概念性理解，建构有联系的意义课程生活。大单元教学的设计理念主要体现在以下几个方面。

（1）聚焦核心素养。大单元教学强调以学生的核心素养为中心，这意味着教学设计不仅仅是传授知识，更重要的是培养学生的关键能力和素质。

（2）以学习为中心。教学活动围绕学生的学习需求和兴趣展开，确保学生在学习过程中的主体地位。

（3）系统思维。运用系统思维来构建教学内容和过程，这包括从整体上规划课程，以及在教学中考虑各个部分之间的相互关系和影响。

（4）概念性理解。追求学生对知识的深层次理解，而不仅仅是表面的记忆。这要求学生能够理解和掌握知识背后的原理和联系。

（5）建构有联系的意义课程生活。旨在创造一个有意义的学习环境，使学生能够在真实的、有意义的情境中学习和成长。

（6）清晰的目标达成线索。设计时要有明确的教学目标，并通过合理的任务设计和规划来达成这些目标。

（7）基于标准的教、学、评一致性。确保教学活动、评价标准与课程标准相一致，形成有效的教与学的闭环。

（8）师生共同成长。在大单元教学设计中，教师和学生都是学习过程的参与者，共同创造有意义的学习经历。

（9）从碎片走向整合。通过确定大主题或大概念，将学科中的零散知识点串联起来，形成结构化的知识体系，促进知识的深入理解和应用迁移。

（10）逆向设计。从预期的学习成果出发，反向设计教学活动和评价方法，确保教学活动能够有效地支持学生达到学习目标。

（11）重构单元教学目标、内容、过程和评价。对传统的教学单元进行重新设计，以适应新的教学理念和学习需求。

（12）新时代教学变革。大单元教学设计是新课标、新教材、新高考、新评价"四新"背景下的"新教学"，旨在改变落后的教学和学习方式，推动教育教学改革。

总之，大单元教学的设计理念是为了适应新时代的教育需求，通过创新教学方法和设计理念，促进学生的深度学习和全面发展。这种设计理念要求教师在教学过程中不断创新，寻找更有效的教学方法，以满足学生的学习需求。

二、大单元教学的设计愿景

大单元设计，要有清晰的目标达成线索，有逻辑分明的核心任务设计及层次递进的子任务规划；基于标准的教、学、评一致性，可以看见如何创造师生共同成长的教室意义课程生活。大单元教学的设计愿景是促进学生的深度学习和全面发展，具体如下。

（1）学生核心素养的全面提升。设计愿景强调学生的核心素养培养，包括学科素养、关键能力和综合素质。通过大单元教学，学生能够在解决问题、创新思维、团队合作等方面得到全面提升。

（2）知识与技能的深度整合。大单元教学旨在打破传统教学中知识点零散、孤立的现状，实现知识的系统化和结构化。这有助于学生深入理解知识，并能够将所学知识应用于实际情境中。

（3）学习方式的转变。设计愿景鼓励学生主动学习、探究学习和合作学习。学生在学习过程中不再是被动接受知识的对象，而是成为积极的参与者和探索者。

（4）真实情境的学习体验。大单元教学注重在真实或模拟的情境中进行教学，使学生能够在具体的语境中理解和应用知识，增强学习的实用性和有效性。

（5）跨学科的综合能力培养。通过整合不同学科的知识，大单元教学旨在培养学生的跨学科综合能力。这种综合能力有助于学生在面对复杂问题时能够从多角度进行分析和解决。

（6）教师角色的转变。在大单元教学中，教师的角色从传统的知识传授者转变为引导者、协助者和评价者。教师需要引导学生进行自主学习和探究，同时提供必要的支持和反馈。

（7）评价方式的创新。设计愿景还包括对评价方式的创新，强调多元化、形成性的评价方法。除了传统的笔试和考试，还应该采用项目作业、口头报告、实践操作等多种形式来评估学生的学习成果。

（8）教育公平的实现。大单元教学关注所有学生的全面发展，致力于为每个学生提供平等的教育机会。这有助于缩小学生之间的差距，促进教育公平的实现。

（9）持续的教育改革与创新。大单元教学的设计愿景还包括对教育系统的持续改革与创新。通过不断地探索和实践新的教学理念和方法，以适应时代发展和社会需求。

（10）培养未来公民的素质。大单元教学关注培养学生作为未来公民所应具备的素质，如全球意识、责任感、创新精神等。这有助于学生更好地适应未来的社会环境，并成为对社会有贡献的公民。

总的来说，大单元教学的设计愿景是为了适应新时代的教育需求，让"有教学、无评价"成为过去时。当下的教学一定是嵌入评价量规，即评分标准，在思维障碍处、学生困难处搭建"问题解决"或"活动规则"评价支架，引导学生高质量"做事"。在真实情境中开展知识迁移、思维进阶的大活动，遵循"学、展、评"的学习链，遵循"提出问题—组织学习—成果呈现—交互反馈—梳理归纳"的问题解决流程，通过创新的教学方法和设计理念，促进学生的深度学习和全面发展。这种设计理念要求教师在教学过程中不断创新，寻找更有效的教学方法，以满足学生的学习需求。

三、大单元设计应遵循的原则

1. 基于课程标准，体现规定性

课程标准反映了国家对学习者学习结果的基本要求，是国家意志在课程领域的具体体现。它规定着学科教育的方向和学业质量考核的标准，明确了学习者学习该学科课程后应达成的正确价值观、必备品格和关键能力，是纲领性教学文件。因而，必须遵循课程标准的基本要求，深入理解课程标准，明确教学目标和要求，确保教学内容与课程标准相一致，并将课程标准细化为可操作的教学目标，以便在教学过程中具体实施。这是大单元设计的基础和前提。

2. 切中学习者需求，体现基础性

大单元学习的主体是学习者，这就必然决定了单元设计要充分考虑学情。要熟知学习者已有的知识基础，关注学习者已有的经验，明确学习者的"最近发展区"。切中学习者需求，读懂学情，深入了解学生的学习情况，包括他们的基础知识、学习兴趣和个性特点，以便更好地满足学生的学习需求，学习者的学习才有兴趣，探索才有动力。

3. 准确定位主题，体现导向性

选择能够贯穿整个教学单元的主题或概念，作为教学的核心内容。学习大主题或大概念的定位，要体现立德树人的教育观，注重理论与实践的结合，注重与学习者的生活实际、真实世界的联系，要关注与人类生存、社会发展密切相关的重大问题，要以唯物史观、家国情怀等核心素养为引领，发挥主题学习的正确导向作用。

4. 突出教学重点，体现针对性

学习主题即单元的教学重点、核心问题。主题的确立不能"剑走偏锋"，更不能跑偏，要紧紧围绕学科的主干知识、核心的学科概念设计学习主题。

5. 合理整合资源，体现整合性

教师应能够灵活运用教材，驾驭教材，根据学生的实际情况进行适当的调整和补充。通过整合相关教材内容，形成结构化的知识体系，对学习资源进行个性化的利用、挖掘，进而达成主题学习目标，帮助学生建立跨学科的思维框架。

6. 精选课程资源，体现典型性

供学生自主学习的课程资源浩如烟海，选取课程资源时要紧紧依托学习主题，精心挑选经得住推敲、经得住检验、能反映最新学术研究成果、有正确价值导向的典型资料，而不是猎奇，更不能编造；应多从著名学者、研究专家的经典中选取，而不是采纳百度查找一些正误不分、观点和主张模棱两可的文章。

总的来说，通过创设真实情境，设计大任务，开展大活动，作业分层分类，基于核心素养，实现思维大迁移，结果全反馈，旨在确保大单元教学设计能够高质量地育人，帮助学生全面发展，同时也为教师提供了一个清晰的教学设计框架。

四、大单元教学的意义

简单地说，大单元教学的意义可以概括如下。

（1）有利于学科核心素养的落地。大单元教学在核心素养的统摄下，通过整合不同学科的内容，帮助学生在多元化的学习情境中全面发展个人能力和素质，以大概念的形式呈现，有利于学科核心素养的达成。

（2）实现课程内容的有机整合。通过确定大主题或大概念，大单元教学将相关学科的知识点联系起来，形成系统化的知识体系，有利于实现知识的整合，强化知识间的关联性，联结个人生活、学校生活和社会生活。

（3）推动教育改革和教学发展。大单元教学是一种创新的教学模式，它强调教学内容与现实生活的紧密联系，鼓励学生主动探究，满足新时代教育的需求。

（4）强化学生的主体地位。在大单元教学中，学生不再是被动接受知识的容器，而是通过参与设计的教学活动，如大任务、大活动等，主动构建知识，培养自主学习和解决问题的能力。这有利于教师正确理解学生与学习的关系，确立"以学习者为中心"的理念。

（5）提升教学质量和效果。大单元教学注重从整体出发，实施系统性的教学设计和评价，有助于提高教学的连贯性和深度，促进学生深度学习。这也有利于教师改变着眼点过小过细以致"见书不见人"的习惯做法，明白"大处着眼易见人"的道理。

（6）优化教学评价方式。大单元教学倡导动态评价，即在整个教学过程中不断反馈学生的学习情况，帮助学生及时调整学习策略，有利于转变教与学的方式，促进学生深度学习，实现持续进步。

（7）适应多样化学习需求。通过作业分层分类设计，大单元教学能够满足不同学生的学习需求，确保每个学生都能获得适合自己的教育资源和支持。

总之，大单元教学通过其独特的教学模式和设计理念，旨在培养学生的核心素养，提高教学效果，是现代教育改革和发展的重要方向。

主题 3

大单元教学的设计思路

一、大单元设计的内涵理解

基于理念、愿景和思路，再看大单元设计的内涵理解。大单元设计的内涵理解涉及以下几个方面。

（1）围绕核心素养。大单元教学设计的核心目标是培养学生的核心素养，即不仅关注知识的传授，更重视学生能力的培养和素质的提升。

（2）整合学科内容。通过整合不同学科的内容，构建跨学科的知识体系，帮助学生建立系统的认知框架，促进知识的综合运用。

（3）创设真实情境。设计与现实生活紧密联系的学习情境，使学生能够在真实的语境中学习和运用知识，增强学习的实用性和有效性。

（4）实施大任务。通过设计具有挑战性的大任务，激发学生的学习兴趣，促进学生主动探索和实践，培养解决问题的能力。

（5）促进高阶思维。大单元设计鼓励学生进行高阶思维，如分析、评价和创造，从而在整体层面上形成系统科学的认知方式。大单元结构化是一种高阶思维的呈现样态，所折射的是一种整体层面的、系统科学的认知方式。用这样的观念对大单元学习活动进行结构化的设计，有着积极的意义。

（6）系统整体规划。在大单元设计中，需要基于课程标准和大单元内容，提炼出大主题或大概念，以此作为教学活动的统领，实现教学活动的条理化和纲领化。这不仅是知识、技能的结构化，更是教学活动的结构化，是基于核心素养，在大主题或大概念、大情境、大任务的统领下，整个大单元教学活动的条理化、纲领化。

总的来说，大单元设计不仅是教学内容的简单叠加，还是一种教育理念和教学模式的创新，它要求教师在教学设计时，从宏观的角度出发，综合考虑学生的学习需求和发展趋势，实现教育教学的深层次变革。

二、大单元教学设计存在的实践困境及问题

1. 实践困境及对策

大单元教学在实践中可能遇到一些困难和挑战，大致包括以下几个方面。

（1）理念与实践的落差。尽管大单元教学旨在通过整合课程内容来培养学生的核心素养，但在实际操作中，教师可能对如何提取大概念、创设大情境和大任务缺乏清晰的指导和操作路径。这种不确定性可能导致教师在实践中感到困惑和不适应。

（2）教师专业能力的挑战。部分教师可能缺乏开展大单元教学所需的专项教学能力和经验。习惯了传统教学方法的教师可能需要时间来适应和掌握大单元教学设计的新要求。

（3）资源和支持的不足。大单元教学的实施需要相应的教学资源和管理支持。在资源有限或支持不足的情况下，教师可能难以有效实施大单元教学设计。

（4）评价体系的不完善。传统的评价体系可能无法全面反映大单元教学的目标和成果，因此需要开发与之相适应的评价方法。大单元教学需要基于大概念完成大任务，若落不到实处容易有"凌空蹈虚"之感，因此要设计可观测的评价任务和有效的评价量表。基于以上困境，大单元教学的实施要遵循提取大概念—凝练教学目标—设计教学评价—开展教学活动的基本逻辑理路。

（5）学生适应性的问题。学生也需要时间来适应大单元教学设计带来的学习方式变革，特别是在培养高阶思维和解决问题能力方面。

（6）整体化与碎片化的矛盾。如何在保持学科知识系统性的同时，避免教学内容过于碎片化，是大单元教学设计中需要注意的问题。大概念的提取以及大情境、大任务的创设，缺乏具体翔实的操作路径作指导，对教师开展大单元教学提出了挑战，实践中要警惕过碎过散的教学活动消解大单元的统整性。

（7）课时安排的困难。大单元教学设计是一个完整的学程设计，以语文学科的自然单元为例，一个单元应该进行不少于9课时的整体性设计，这需要教师在备课时就处理好各部分的课时安排，大单元教学并不排斥课时教学，但大单元并不等于课时的简单叠加。将大单元设计的思想渗透到具体的分课时教学中，确保每个课时都围绕大单元的主题或大概念进行，也是一个挑战。

为了应对这些困境，可能需要采取以下策略。

（1）加强专业培训。为教师提供关于大单元教学的专业培训和实践指导，帮助他们提升专项教学设计能力。

（2）建立支持系统。学校和教育部门应提供必要的资源和政策支持，鼓励教师尝试和实施大单元教学设计及实施。

（3）完善评价体系。开发与大单元教学相适应的评价体系，以更好地反映学生的学习成果和能力提升情况。

（4）促进实证研究。加强对大单元教学效果的实证研究，以便更科学地论证其价值和意义。

（5）鼓励教师创新。鼓励教师在教学中创新，尝试不同的教学方法和策略，以适应大单元教学的要求。

总的来说，通过这些措施，可以逐步解决大单元教学在实践中遇到的困难，推动教育教学的深层次变革。

2. 大单元教学设计中存在的问题

大单元视角下课堂教学出现的以下新问题，是传统教学可能没有重视的。

（1）大单元设计的思想如何渗透到分课时实施中，并让分课时教学围绕大单元的主题或大概念（整体化、结构化、关联性、递进性、反馈性）开展素养为本的高站位育人活动？

（2）大单元设计下的分课时实施与传统教学的新授课、讲评课、复习课等课型的区别和联系是什么？甚至有人在思考，大单元设计有没有必要设计课型？它的课型与传统课型的区别和联系又是什么？

（3）大单元目标与分课时目标的关系是什么？大单元目标如何统领分课时目标？分课时目标如何统领每个课时分任务的目标？

（4）大单元目标的达成评价如何围绕单元目标，保证目标达成，避免目标与教学"两张皮"现象的出现，同时对任务活动设计起到引领作用？

（5）大单元的大情境、大任务、大活动设计与分课时的小情境、分任务、小活动设计是否能聚焦学生发展，聚焦学生真实情境的迁移应用能力培养？另外，其中"大"和"小"的关系是什么？

（6）教师能否做到依据学习内容跳出教材，增、减运用适合的、具有丰富性的课程资源，满足不同学生的学习选择需求？

教材是一批优秀的、资历很深的教育工作者编出来的精华，是非常有权威性、代表性的。我们要想删减，就要走近它、驾驭它，只有跳出教材，才能整合教材，运用丰富的课程资源，满足不同学生的学习选择需要。所以大单元教学设计一定是丰富的，因为丰富，才能体现"以学生为主体"的理念。传统教学中是没有选择的，所有学生跟着教师学的是一种学习内容，使用的是一种学习方法。大单元正是要规避这些，突破这些。

（7）课时的检测在大单元教学中的地位和作用是什么？检测评价与教学内容和作业的方法与难度是否具有一致性？

（8）大单元作业设计与分课时教学内容、当堂检测题、课后作业的关系是否具有一致性？作业是当下的一个热点，如果按照传统的留作业的方法，不可能减负，只有站在大单元的高度，才有可能统筹作业，减轻负担，提高质量。

三、大单元教学的设计思路

1. 提取大概念

大概念是对教学有统摄作用的少而精的概念，提取大概念是开展大单元教学设计的第一步。大概念在不同层面上有不同的统摄意义，如单元大概念、学科大概念、跨学科大概念。大概念也有不同的形式：一个词、一个短语、一个句子或是一个问题、一个正式理论。提取大概念主要有以下两条路径。

路径一：从课程标准、教材、学科知识和专家文本中进行自上而下的提取。尤其要重视文本中反复出现的，对学科知识理解具有重要作用的概念。比如每个单元的人文主题，必备知识与关键能力，都可以作为大概念。

路径二：结合学情和教师特点，经过集体讨论，自下而上地生成大概念，这样的大概念往往具有地方课程特色。但在生成过程中要经过集体协商，以提高大概念的科学性。

以统编高中语文教材必修下册活动类单元"信息时代的语文生活"为例，结合课程标准里的"跨媒介阅读与交流"任务群对"关注当代网络文化，坚持正确的价值导向，提高语言、文学的鉴赏能力"的要求，也基于学生对中国科幻电影《流浪地球2》的关注现状，将该单元教学大概念提炼为"信息时代的科幻电影鉴赏"。该大概念指向"科幻电影鉴赏能力"的培养，结合课标对跨媒介阅读的要求，以电影、网络媒介、文学文本等为载体，在真实的语言环境中，进行语言运用与科技反思。

当然，以上大概念是单元层面的大概念。如果要进行单元之间的统整，还可以跨媒介的形式，构建一个可以充分互动、体现阶段性阅读体验的教学时空，解决线下集中教学不能解决的长时阅读问题，提取单元之间的大概念。

2. 基于大概念凝练教学目标

大概念确定了教学锚点，但是还要有具体的教学目标指引教学评价和教学活动的开展。大单元教学目标要能对标学科核心素养，还要能指导教学活动的具体开展。

例如，以"信息时代的科幻电影鉴赏"一课，结合课程标准对"跨媒介阅读与交流"的学习目标与内容定位，可以凝练以下四个教学目标。

一是了解常见电影宣传媒介的语言表达特点，学习运用多种媒介展开有效的表达和交流——指向认识多媒介，对标"语言建构与运用"核心素养。二是能辨识媒体立场，多角度分析问题，形成独立判断——指向辨别媒介信息，对标"思维发展与提升"核心素养。三是比较不同国家的科幻电影所反映的民族文化心理，能鉴赏科幻电影中的中国式审美——指向善用多媒介，对标"审美鉴赏与创造""文化传承与理解"核心素养。四是建设跨媒介学习共同体，通过共同体形成对科技与人类文明发展的辩证思考——指向善用多媒介，对标"语言建构与运用""思维发展与提升"核心素养。

有必要强调的是，教学目标是一个统一体，分而述之的形式只是为了对教学目标进行全面的表征。在具体教学过程中，不可机械地分割为相互独立的教学活动，因此要有统整性的教学大情境与大任务。

3. 设计教学评价方式

大单元教学实施的效果如何，最终要靠教学评价来测评。因此，结果导向的大单元教学要紧随教学目标考虑教学评价的设计，即将教学评价置于教学目标和教学活动之间，既能体现学习结果与教学目标的黏合度，又能让学生在开展学习活动之前知道"要到哪里去"，从而提高教学效率。

大单元教学评价设计的原则有两个方面：一是评价方式多元化，即过程评价和结果评价、表现性评价和形成性评价相结合；二是评价主体多样性，即自我评价与他人评价相结合，师生互评与生生互评相结合。这样的评价方式能充分体现学生的主体地位，也能促使学生在教学活动中形成紧密相关的学习共同体。

据此，对"信息时代的科幻电影鉴赏"设计一个评价任务——争做最佳影评人，即选择一个媒介，以视频、文字、音频（文字量不少于800字）等形式将对电影的最终评价发布——介入社会评价，采用网络"点赞""评论"等评价手段。一周后进行成果分享，综合过程评价和网络结果评价评选出班级最佳影评人。

以上评价任务有极强的生活价值，指向具体问题的解决，是可观察与可测量的。

4. 设计并组织教学活动

有了教学目标和教学评价，教学活动的设计水到渠成。但是在进行具体的教学活动设计之前要创设具有统整作用的大情境和大任务。

例如，在"信息时代的语文生活"这个案例中，为了体现育人的整体性和大概念的统摄性，以实现大单元之大，将大情境设计为：《流浪地球2》成为近期热映的电影，请从你的角度给该电影打分并撰写一句话影评。该情境涵盖的大任务为"给电影《流浪地球2》打分"。这是一个非常聚焦的问题情境，落脚点很小，但涵盖的媒介素养和语文学科核心素养很多，是以电影为载体的语言表达、审美表达、价值观念的综合性评判。

为了高质量地完成这个任务，需要调动以下语文学习活动：（跨媒介）阅读与鉴赏——观看电影《流浪地球2》；表达与交流——尝试从自己的观影体验给电影打分并撰写一句话影评；梳理与探究——浏览并精选不同媒介、不同媒体对《流浪地球2》的评价；表达与交流——开展班级交流会，评选观影指南；梳理与探究——对上一环节中的争议性话题开展探究，该环节需要教师提供许多跨媒介的支架性材料供学生思辨；表达与交流——开展班级辩论会；表达与交流——形成结论，修改自己的打分及评论；表达与交流——形成深度影评，自选媒介，以文字、视频、音频形式进行发布。

总之，基于大概念的大单元教学设计，需要让大概念经历解构到建构的过程。大概念不是直接灌输给学生的专家结论，而是教师在开展教学之前脑海里的知识图式，该图式在学生脑海里形成的过程便是大概念的习得过程。在"信息时代的科幻电影鉴赏"这个案例中，学生所接收到的显性任务是完成对《流浪地球2》的评价，在解决这个问题的过程中建构起信息时代所应该具备的电影鉴赏力，这样的建构比记住一些知识的表征更有意义。

四、大单元教学的设计特点

大单元教学不是对传统单元教学的颠覆，而是批判性地继承了传统单元教学的课程知识取向及以单元组织教学的理念，通过对传统教学的目标重构、内容重构、程序重构，最终实现价值重构，因此具有学习者经验统整性、课程内容结构化、教学程序逆向性、学习成果生活化等特点。

1. 目标重构——学习者经验统整性

教学目标是大单元教学的逻辑起点。新课程改革以来，教学目标经历了由"双基目标"到"三维目标"再到"核心素养"的演进。核心素养时代的大单元教学，呈现了从知识为本到素养本位的目标重构，实现学习者经验统整，体现在以下两个方面。

一是知识的传授与人的发展的统整。"三维目标"在知识与技能的基础上加上"过程与方法""情感态度价值观"，使之具有人本主义理念，是对双基教学目标的超越。核心素养着眼于学生发展，引导教学由关注育分向关注育人转变，学习者的发展受到前所未有的重视。

二是核心素养对人的整体发展的统整。"双基目标"和"三维目标"的弊端在于它们要建立在分而习之的原子式学习的基础上，原子式学习隐藏着整体等于各部分之和的基本假设而难以照映出整个世界的真实情况。而核心素养是一个育人统一体。

例如，《义务教育语文课程标准（2022年版）》指出：核心素养是学生通过课程学习逐步形成的正确价值观、必备品格和关键能力；是学生在积极的语文实践活动中积累、建构并在真实的语言运用情境中表现出来的，是文化自信和语言运用、思维能力、审美创造的综合体现。核心素养是个综合性目标，这促使教师在教学实践中开展整合的教学设计，培养完整而非割裂的人。

2. 内容重构——课程内容结构化

怀特海将"仅为大脑所接受却不加以利用，或不进行检验，或没有与其他新颖的思想有机地融为一体"的知识称为惰性知识。这样的惰性知识充斥于各科教学乃至学校教育中，是造成学校教育与社会生活脱节的主要原因。随着人工智能的诞生和知识大爆炸时代的到来，知识本身执行着意识形态的新控制功能，扮演着对人的理性、批判、否定与创造性的压抑角色，进而造就了"单向度的人"。

新的危机迫使教育重新审视课程内容。为促使学生能够调动学校知识解决真实世界的现实问题，学校课程需要被激活，通过知识点的联结促使其结构化是激活的主要途径。因此，以统编教材为载体的大单元教学在内容的编排上做了重大调整，主要通过以下几个步骤的整合实现课程内容结构化。

——确定大单元主题。首先，确定一个具有广泛联系和多学科特性的大单元主题。这个主题应该能够涵盖多个学科的重要概念和知识点，为整合不同学科内容提供一个统一的框架。

——分析学科间的关联。深入分析各个学科之间的内在联系，找出它们之间的共通点和相互影响的部分。这有助于确定哪些内容可以整合到一起，以及如何构建跨学科的知识体系。

——构建知识框架。基于大单元主题，构建一个知识框架或图谱，将不同学科的内容有机地串联起来。这个框架应该能够清晰地展示各个部分之间的关系和层次结构，形成一个整体的视角。

——设计整合性学习活动。设计能够涵盖多个学科内容的学习活动或项目。这些活动应该能够让学生在实际操作中应用所学知识，并理解不同学科之间的联系。例如，可以设计综合性的项目作业、口头报告、实践操作等。

——采用跨学科教学方法。运用适合多学科整合的教学方法，如项目式学习、探究式学习等。这些方法能够促进学生主动探索和实践，帮助他们建立跨学科的知识体系。

——优化评价方式。评价方式也应该体现跨学科的特点，例如通过综合性的项目作业、口头报告等方式来评估学生的表现。这有助于鼓励学生从多个角度思考问题，培养综合分析能力。

——持续反馈与调整。在教学过程中，及时收集学生的反馈信息，并根据反馈结果对教学内容和方法进行调整。这有助于确保教学设计的有效性和适应性。

——教师合作与共享。鼓励不同学科教师之间的合作与共享，共同开发和实施跨学科教学活动。这有助于打破学科壁垒，促进教师之间的交流与合作。

——专业发展支持。为教师提供跨学科教学的专业发展支持和培训，帮助他们掌握必要的知识和技能。这包括如何确定核心概念、如何设计整合性学习活动以及如何进行跨学科教学等。

——强调学生主导的学习。鼓励学生主动参与学习过程，让他们自己探索和发现不同学科之间的联系。这有助于培养学生的自主学习能力和跨学科思维。

通过上述步骤，大单元教学能够实现课程内容的结构化，将不同学科的知识和内容整合在一起，形成一个有机的整体。这不仅有助于学生更好地理解和掌握知识，还能培养他们的跨学科综合能力和创新思维。

3. 程序重构——教学程序逆向性

建立在大概念基础上的大单元教学，不要求着眼于碎片化的知识教学，而是要以问题解决的学习结果为导向，才能实现大单元之大。大单元教学程序的逆向性正是问题解决的结果导向。传统教学的一般程序是：设计教学目标—开展教学活动—进行教学评价。这样的教学往往由于学生不了解学程终点而处于被动学习状态，效率低下。大单元教学首先要明确学习的终点在哪里，可采用威金斯和麦克泰格的逆向教学程序：确定预期结果—确定合适的评估证据—设计学习体验和教学。评估证据是对预期结果的具体量化，知道学程终点和证明方式对学生具有重要的激励作用，这也是将评价融入教学过程的方式，这种以终为始的教学程序更能促使学生专注于教学过程。

4. 价值重构——学习成果生活化

铂金斯和所罗门按照任务的相似性区分了两种迁移：当新任务与原任务相似时，称为"低通路迁移"；当新任务与原任务不相似时，称为"高通路迁移"。大单元教学的价值是促使学生对学习内容的深度理解，以实现对生活的高通路迁移，亦即学习成果生活化，这是大单元教学的价值追求。怀特海认为："教育只有一个主题，那就是多姿多彩的生活本身。"多姿多彩的生活是教育的出发点与归宿，不应该被大量的知识符号所蒙蔽。大单元教学有更高的课程内容情境化的要求，以解决生活中复杂多变的问题，培养专家思维。这正是价值重构的过程。大单元教学打破课内与课外、学科与学科、学校与社会、线上与线下的壁垒，实现教学的时空转化，追求基于理解的高通路迁移。因此，大单元赋予了教学超越学校教育的生活价值。

五、大单元教学的设计创新

大单元视角下的课堂教学创新，没有标准答案，但有共同的追求，就是以学生发展为本，以提升学生核心素养为宗旨。找到了大单元教学设计下的问题点，就要围绕这些问题点进行创新、发展。

大单元教学实施难点与对策

1. 目标创新

从关注传统的"双基目标""三维目标",转变为关注课程核心素养。虽然现在新课标还没有颁布,但是有些专家已经对此进行了交流分享,我们一定要做居安思危者,基于现阶段能接触到的最新理念、思想,基于自身当下的情况,及时弯道超车。关注课程核心素养,不仅要关注具体的学科核心素养,还要关注更上位的学生发展核心素养,更加关注育人价值。

2. 内容创新

选择什么样的内容来达成目标?要实现从关注学科概念到关注核心概念、跨学科概念或大概念的转变。

3. 活动创新

通过什么样的教学活动完成教学内容?从关注探究转变为关注探究与实践。探究是要解决"是什么"和"为什么"的问题,而实践是要解决生产、生活中需要解决的实际问题。在重视探究的同时,也要重视实践。也就是说学以致用,用于自我的成长。

4. 方法创新

在情境创设上,要实现从关注作为导入环节的情境设计到关注作为问题解决型学习任务的真实情境的转变。教师对于情境教学都不陌生,但传统的情境要么是为了导入而导入,要么是教材为了讲解一个知识点而创设,都是零碎的、不成体系的。大单元设计下真实情境的学习要完成线上与线下的挑战,只有线上线下交互式的混合学习,才能极大地突破传统教学的局限,与时俱进地提升学生的学习能力和必备素养。

5. 评价创新

要从关注评价的促进学习功能,转变为关注评价的育人功能。按照课程核心素养的要求,逆向设计,评价先行,更加关注评价的育人功能,通过评价达到育人的目的。

6. 作业创新

从课时作业走向大单元视角下的整体作业分布实施,将大单元目标、评价、任务、情境、活动、作业、资源等进行系统思考，做好作业和目标、教学、评价等的相互关系的处理，共同发挥作业与教学、评价等的协同作用，而不是将作业孤立地进行设计。

　　大单元视角下的课堂教学创新，要基于对新课标的分解、对新教材的整合、对新学情的理解（这三点都是教师的基本功），提炼大主题或大概念，叙写大目标及达成评价。传统的目标就是教材目标，但是今天的目标要高于教材目标。产生的大问题不仅来自教师，更多来自学生基于目标产生的疑惑，问题有共性问题和个性问题；同时，融入大情境，由更多关注学科的逻辑，走向真实的生活情境。只有情境才会有关、有趣、有用。分解大任务，开展大活动，通过线上线下智能系统，助力学生的知识迁移、思维进阶。通过作业设计，总结反思，形成大成果，落实核心素养，提升育人质量。

专题二

大单元教学设计的难点与对策

大单元教学设计的难点主要在于如何围绕核心素养，将整个教材单元转化为有机整合的教学单元，并在此基础上设计出能够促进学生迁移应用的大作业和评价体系。在实操层面要明确设计愿景、确定大主题或大概念、创设真实情境、进行系统规划等。

主题 1

厘清单元学习主题

"单元"是指学科课程实施的单元，通常以主题为中心。学习单元可以按教材内容组织，也可以按学科学业发展和学科核心素养发展的进阶来组织，还可以按真实情境下的学习任务跨学科组织。"单元学习主题"是指依据课程标准，围绕学科某一核心内容组织起来，体现学科知识发展、学科思想与方法深化或认识世界的方式方法，能够激发学生深度参与学习活动，促进学生学科核心素养发展的主题。所以在教学中，需要提炼单元学习主题，进行单元主题改革。

从单元整体着眼，围绕主题构建学习内容体系，使学习内容围绕一个主轴展开，层层推进，使学生通过学习，认知逐渐得到完善和提升，避免学科知识的碎片化教学，实现教学设计与素养培养目标的有效衔接。通过提炼单元学习主题，明晰单元核心概念，落实学科核心素养。

一、什么是单元学习主题

单元学习主题是围绕核心概念或问题组织的一系列教学活动，旨在全面提升学生的核心素养。具体来说，单元学习主题强调以下几个方面。

（1）整体性。单元学习主题将教学内容组织为一个有机整体，各个环节紧密相关并相互支持，形成不可分割的教学单元。

（2）目标导向。在设计单元学习主题时，教师需要明确教学目标、内容、过程和评估标准，确保学生的核心素养得到全面发展。

（3）阶段性。根据学生的不同年级和发展阶段，确定具体的教学目标，使单元学习主题与学生的实际水平和需求相匹配。

（4）关键能力培养。单元学习任务是指向核心素养的实践活动，通过这些活动培养学生的关键能力，如分析问题、解决问题的能力等。

（5）系统化学习目标。单元学习主题强调学习目标的系统性，从"割裂"走向"系统"，形成一个以学生发展为核心的系统化目标体系。

单元学习主题通过整合教学内容，设计以学生为中心的教学活动，帮助学生建立知识体系，发展关键能力，并在实践中形成正确的价值观和必备品格。这有助于改变传统的以知识点为中心的教学方式，促进学生的全面发展。

二、确定单元学习主题的依据

单元学习主题是教育领域中为了更好地满足学生发展需求而采用的一种教学策略。可以依据以下几个方面确定单元学习主题。

1. 课程标准是确定单元学习主题的第一依据

课程标准是国家课程的纲领性文件，规定了每个学科的课程性质、课程目标、课程内容、实施建议和评价建议等。课程标准反映了基础教育课程改革所倡导的基本理念、基本规范和质量要求，是国家对学生学习该学科课程后应达成的价值信念、必备品格和关键能力结果的期望。

2. 教材是确定单元学习主题的重要依据

教材是国家落实育人目标的具体措施，教材的编写要兼顾全国各地的情况，处理好教学内容的思想性与科学性、理论与实际、知识和技能的广度与深度、基础知识与当代科学新成就的关系，精选学科内容。

教材内容是教师选择教学内容、组织教学活动的重要依据。学科教材是确定单元学习主题的重要依据。根据本校学生情况，最大限度地使用好教材，使课程内容情境化，这是课程实施的关键。

3. 构建核心素养目标体系

单元学习主题应当围绕学生发展的核心素养进行设计，这包括正确的价值观、必备品格和关键能力。这些核心素养是学生在学习过程中应当达成的目标，它们构成了学科或课程的核心素养。

4. 要符合学生的实际情况

单元学习主题不是唯一的，适合学生的就是最好的。不同地区、不同学校、不同学段、不同群体、不同学习环境的学生情况差异很大，他们在知识基础、能力基础、思维方法、专注程度、认知结构、学习习惯、学习动机及时间统筹和自我管理能力等方面都会存在差异。单元学习主题的确定应当考虑学段目标，确保内容适合学生的认知发展和学习阶段。还应当尽可能地与学生的生活经验、兴趣相结合，激发学生的学习动机。根据差异，可以调整学习单元的大小、学习任务的解构程度和学习时间的安排。

5. 要关注社会议题

社会所关心的议题与人类发展息息相关，能帮助学生了解社会、适应社会生活。单元学习主题的确定应当考虑社会的需求和未来的发展趋势。例如，生命教育、法制教育、能源教育、安全教育、环境教育、国际教育、性别教育等，都应成为学生涉猎的公共议题。社会议题也是单元学习主题的来源，单元学习主题可以学科内容为基础，融入社会议题，升华为与学生密切相关的问题。

6. 考虑学科特点及跨学科需要

每个学科都有其独特的知识体系和思维方式，单元学习主题应当体现学科特色，帮助学生深入理解学科内涵和思维方式。单元学习主题可以跨越不同学科，整合多方面的知识和技能，以培养学生的综合能力。

总之，确定单元学习主题是一个综合考虑多方面因素的过程，需要教师根据具体的教学目标、学生特点以及社会需求等因素来综合决策。通过这样的方式，可以确保单元学习主题既有针对性又有实践价值，有助于学生的全面发展。

三、如何确定单元学习主题

确定单元教学主题的方法——第一步：明确核心概念，构建知识结构框架。第二步：挖掘核心知识承载的学科核心素养。知识只是素养的一个构成维度，同时要挖掘知识背后承载着哪些学科核心素养。第三步：寻找能承载核心知识的实际问题或任务。第四步：调研学情、学生学习需求，从而确定单元学习主题。

1. 明确核心概念，构建知识结构框架

核心概念构成特定知识体系的基本框架，这个框架是具有文件夹功能的概

念、具有统摄思维功能的概念、具有迁移价值的概念，位于学科知识结构中一般概念的上位，是一种规律性的认识。核心概念具有统摄一般概念和事实性知识的作用，因为一般概念更接近于事实性知识，而核心概念则是超越具体、事实性知识的认识。根据新版课程标准及教材，绝大部分"章"的知识是围绕核心概念来编写的，其设计的框架也有利于学生掌握核心概念。教学中核心概念往往不是一节课就可以形成的，通常需要多节课甚至更长时间和多角度的学习才可以形成的认识。

例如，初中历史七年级下册第二单元"辽宋夏金元时期：民族关系发展和社会变化"，这一单元的核心概念是民族关系从并立到碰撞再到交融，社会变化包含了政治、经济、阶层、文化的变化。明确了这一核心概念，就很容易构建知识结构框架。

2. 挖掘核心知识承载的学科核心素养

教师要研读课程标准，分析课程标准中的内容要求及学业要求，通过分析内容要求，确定所承载的学科核心素养的内涵，通过分析学业质量要求，确定评价核心素养的标准及要求。

《义务教育化学课程标准》明确指出，"金属"这一单元所属的学习主题是"物质性质与应用"。摘取它学业要求中的三条描述。

（1）能举例说明和描述常见金属的性质，并用化学方程式表征。

（2）能应用物质的性质一般思路和方法，从物质类别视角依据金属活动性顺序，设计实验方案，分析解释实验现象事实，证据推理，得出结论。

（3）能基于真实情境，依据物质的性质，初步分析和解决综合问题。能基于物质的性质和用途，从辩证角度初步分析和评价物质的实际应用，对社会性议题进行讨论，参加综合实践活动。

学业要求就是考试要求，是学生毕业需要达到的基本要求。第三条要求尤其值得关注，它提出，要"基于真实情境"，解决"综合问题"，评价物质的"实际"应用，对"社会性议题"进行讨论。还有第二条提到的"证据推理"，这是理科教学的核心素养之一。

大单元教学实施难点与对策

根据对课程标准的研读经验，在学业要求中尤其要关注一些突出的动词，比如"说明和描述""设计""分析解释""证据推理"，等等。

不同的研究者对学科核心素养的解读是不同的。北京师范大学王磊教授提出了"问题情境认识对象"，她把情境按照不同的分类层级分别分为"直接/间接""熟悉/陌生"。王磊教授把化学学科能力分为了三个层级：学习理解、应用实践、创新迁移。在日常教学中，我们首先要培养学生的学科能力。王教授提出来的学习理解、应用实践、创新迁移，代表着学生学科能力的不同发展层级，也体现着学生的素养发展水平。

比如，对照课程标准，如果学生能"举例说明和描述常见金属的性质，并用化学方程式表征"，他仅仅达到了学科能力的第一个层级——学习理解，即可以辨识、记忆一些内容。只有当学生能基于真实情境去分析、解决综合性的问题时，才表示他达到了很高的素养水平。所以，学科核心素养的发展一定离不开特定的情境。

那么，如何挖掘核心知识承载的学科核心素养？可以基于对课程标准的分析，从学科事实、思路方法、观念素养、学生发展核心素养来分析学科承载的学科核心素养到底是什么。

知识有不同的层级，前面提到的化学知识结构框架包含的知识，属于事实性知识，不具有迁移价值。对这类知识的记忆对学生而言，价值是有限的。我们要通过对事实性知识的学习，研究它背后承载的思路方法性的知识是什么，我们也把它叫作程序性知识。

比如，在"金属"单元，它的事实性知识有"金属与合金""金属的化学性质""金属的冶炼与防护"，它背后承载的思路方法是什么？实际上，一旦进入对"金属"单元的学习，我们对物质的认识就打开了一个新的视角。之前的学习，都是学习典型的代表物，比如氧气、二氧化碳，我们要求学生形成的是研究单个物质性质的思路方法。而金属是日常生活中经常用到的"一类"物质，金、银、铁、铝都属于金属。所以，学生需要掌握研究一类物质性质的思路方法，需要预测物质的性质。

以前，学生仅仅知道，镁可以在氧气中燃烧，铁可以在氧气中燃烧，而在学完"金属"单元后，学生要有"分类"的思维，既然这两种金属都有这样的性质，学生能不能预测，其他金属是不是也有这样的性质？基于预测，再做实验并观察，得出解释和结论。这个过程可以进一步发展学生的科学探究和证据推理素养。

除了事实性知识和程序性思路方法，我们更要关注学生的认知性知识，也就是观念和素养层次。这一单元对发展学生全学科的核心素养到底有着怎样的功能和价值。在实际教学中，我们也要从这四个维度来落实和发展这些内容。所以，"金属与金属矿物"单元的功能价值在于提升学生运用金属知识解决实际问题的能力；在复杂、真实的情境中转化为化学问题的能力；建构研究一类物质的基本思路和方法；发展科学探究、证据推理与模型认知、科学态度与社会责任素养。

3. 寻找承载核心知识的实际问题或任务

如何寻找承载核心知识的实际问题或任务？要基于功能价值分析，将事实知识与生活实际建立关联，重构教学内容，从而寻找实际问题或任务。

仍然以"金属"这一单元为例。如果我们细细品味它的知识框架，会发现它和后续重构的教学内容是有关联的。之前的知识框架，主要包括金属的性质、制备和防护。而经过在现实生活中寻找，我们发现，实际上，我们在日常中使用的是金属材料，比如不锈钢盆。也可以说，我们日常使用的是金属制品，它由金属材料制作而成。

建立这一关联之后，我们会发现，事实性知识和学生的日常生活是密不可分的。金属的性质决定着金属材料的性能，金属在制备过程中会产生成本，成本来自原料来源、金属制备、材料加工和环保措施。金属来自自然界中的金属矿物，在进行开发、储备、冶炼时也会产生成本。在使用金属材料时，要注意防腐措施、安全环保和回收利用。

当与生活实际建立关联，重构教学内容，教学线索就变成了两条，一条为知识线，另一条为实际问题的解决线。重构的教学内容不再局限于事实性知识，同时也蕴含着来自学生现实生活中的一些问题。比如，如果想使用金属制品，选择哪些金属材料制备金属制品更恰当。当给核心知识包装上了情境，之后的教学肯定也不同于以往简单的知识教学。

4. 调研学情和学生学习需求

建构知识框架，挖掘知识承载的功能和价值，结合生活实际，并且调研学情。这些环节共同构成了单元教学主线的选择策略：采纳教科书中的学习单元，以学生面临的生产、生活中的真实问题为背景素材，将裸露的知识进行再包装。这样就形成了真实问题解决类型（项目式）的单元教学。

我们可以实施调研问卷，在设计问卷时，主要关注以下几个问题：在调研形式上，可以采用调查问卷和学生访谈的形式；在调研内容上，我们要看学生的核心知识掌握得怎么样，有没有掌握一定的思路方法和关键能力，还要看他的态度是怎样的。

四、确立单元学习主题的原则

确立单元学习主题大小要适当。为了确保单元学习设计的科学性和有效性，以下是确立单元学习主题的原则。

（1）学科整合原则。在确立单元学习主题时，应考虑跨学科的内容整合，将不同学科的相关知识融入同一主题中，帮助学生建立跨学科的思维框架。

（2）情境贴近原则。单元学习主题应与学生的真实生活情境紧密联系，让学生能够在实际生活中运用所学知识，增强学习的实用性和有效性。

（3）核心素养导向原则。单元学习主题的设计应以培养学生的核心素养为导向，注重学生能力的培养和素质的提升。

（4）高阶思维发展原则。单元学习主题应挑战学生的高阶思维能力，如分析、评价和创造等，促进学生的认知发展。

（5）灵活性与适应性原则。单元学习主题应根据学生的年级、发展阶段和个体差异进行调整，确保教学设计能够满足不同学生的需求。

（6）实践性原则。鼓励学生通过实际操作、探究体验来学习，强调学生的主动参与和实践经验的积累。

（7）评价多元化原则。单元学习主题的评价方式应多元化，不仅包括传统的考试和测验，还应包括项目作业、口头报告、实践操作等多种形式。

（8）全面发展原则。单元学习主题应关注学生的全面发展，包括知识技能、过程方法、情感态度与价值观等方面。

（9）持续改进原则。教师应根据实际教学效果和学生反馈，不断调整和改进单元学习主题的设计，以提高教学质量。

以上原则旨在指导教师科学地确立单元学习主题，实现教学目标，促进学生的全面发展。

主题 2

明晰单元核心概念

单元核心概念即单元大概念，是一个单元教材阐述的中心。每个单元必然有每个单元的核心概念。核心概念对整个单元具有统领作用，整个单元教材内容也都是围绕核心概念展开的。只有深度分析单元教材的核心概念，才能准确把握核心概念的内涵，进而准确把握整个单元的有关内容。从单元核心概念的视角出发，是深度教材分析的有效途径。

一、单元核心概念的核心理念

单元核心概念的核心理念是以学生的核心素养发展为目标，通过聚焦思维能力的培养来实现有意义的课程生活。概念是知识的核心，是学科知识的基础，也是知识整合和综合的基础。掌握和理解概念的本质和特点有助于学生形成系统的学科知识结构，提高学习效果。具体内容如下。

（1）素养为本。教育的目标转向培养学生的核心素养，这涉及学生在真实情境中灵活运用知识和技能的能力。整个单元教学的设计应旨在培养学生的核心素养，使他们能够在未来的学习和生活中取得成功。

（2）强化整合与实践。教学设计应注重跨学科的整合，帮助学生建立起知识之间的联系，形成统一的理解框架。通过实践活动，学生可以将学到的知识应用于实际情境中，这样的学习更加深刻和持久。

（3）情境任务驱动。教学活动应围绕核心概念展开，以情境任务的形式激发学生的学习兴趣和主动性。

（4）概念性理解和系统思维。重视对核心概念的理解，而不仅仅是记忆事实和数据，这有助于学生形成深层次的理解和长期的记忆。运用系统思维来指导教学设计，确保学生能够在更大的知识体系中理解单个知识点的意义。

（5）意义课程生活。意义课程生活（Meaningful Curriculum Life）是一种教育理念，强调在教学过程中创造有意义的学习体验，让学生在学习过程中感受到知识的价值和生活的意义。教育应当关注学生的全面发展，培养学生的核心素养，使他们具备适应未来社会的能力和素质。通过创造有意义的课程生活，学生能够更好地理解学习的价值和意义，更加积极地参与到学习过程中来。

（6）反映专家思维。大概念教学是一种以学生的核心素养发展为目标的教学方式。它要求教师不仅传授知识，更要引导学生理解知识背后的深层含义，培养他们解决问题的能力，并激发他们的学习主动性。通过这种方式，学生可以逐渐形成类似专家的思维模式，能够在未来的学习和生活中更加有效地运用所学知识。

二、单元核心概念的特点

单元核心概念是围绕学生核心素养的发展而设计的，旨在通过结构化的教学活动实现整体大于部分之和的教学效益。具体特点如下。

（1）指向核心素养。单元核心概念关注学生的长期发展，强调学生的主动参与和自主学习，强调通过教学活动落实学科核心素养和培养学生的关键能力。

（2）内容结构化。它倡导将知识点整合成有机的整体，使学生能够在大概念、大任务的引领下理解知识之间的联系并形成网络化的知识结构。

（3）情境驱动。真实且富有意义的学习情境能够激发学生的学习兴趣，促进知识的深度迁移和应用，帮助学生建立正确的价值观和必备品格。

（4）学科交叉性。大概念教学不仅仅着眼于某一门学科的概念，它还强调跨学科整合，使学习内容更加丰富并与实际生活紧密相连，旨在提高学生的综合素质。

总之，单元核心概念是一种以学生发展为本的教学设计理念，它不仅着眼于知识的传授，更重视学生能力的提升和素养的培养，体现了现代教育对学生整体发展的关注。

三、怎样提炼单元核心概念

提炼单元核心概念的过程涉及对学科本质的深入理解和对学生学习需求的准确把握。以下是提炼单元核心概念的一些方法。

（1）基于学科视角。首先要深入理解学科的本质，明确学科的核心问题和基本概念。这通常涉及对学科知识的广泛阅读和研究，以确保提炼出的概念能够反映学科的精髓。

（2）基于课程标准。参考课程标准和教材，了解学科的教学要求和目标。这有助于确保所提炼的核心概念与教育部门的标准和学生的学习目标相一致。

（3）基于学生需求。考虑学生的发展需求，构建以大概念为核心的知识层级结构。这意味着要从学生的角度出发，思考哪些概念对他们的学习最为关键，以及如何组织这些概念以促进学生的理解和应用。

（4）转化核心问题。将提炼出的大概念转化为学生可以探究的核心问题，这些问题应该能够激发学生的思考并贯穿整个单元的学习过程。

（5）设计核心任务。为了帮助学生深入理解核心概念，设计一系列的核心任务，这些任务应该能够促进学生的实际操作和反思，从而加深对概念的理解。

（6）整合评价设计。在提炼核心概念的过程中，还需要考虑如何通过评价来检验学生对概念的理解程度。这包括设计各种形式的评价，如项目作业、测试题和自我评价等。

（7）知识的可持续更新。随着学科知识和教育理念的不断发展，核心概念也可能需要更新和调整。因此，教师需要保持对新知识的敏感性，并根据实际情况调整教学内容。

四、确立单元核心概念的原则

（1）价值性。单元核心概念应当具有实用价值，即学生能够在实际问题解决中应用所学知识和技能。这要求教师在设计课程时，应确保学生能够理解知识的用途，避免所谓"惰性知识"，即那些学生不知道如何、何时以及为何使用的知识。

（2）结构性。单元核心概念应该是结构化的，意味着它们不仅仅是孤立的事实或信息，而是建立在基础知识和技能之上的规律性认识、策略、规则和模型。这种结构化的知识有助于学生形成网络化的思维模式，更好地理解和记忆知识。

（3）层次性。在组织教学内容时，应遵循从简单到复杂、从具象到抽象的原则。这有助于学生逐步建立起对概念的理解，从而更深入地掌握学科知识。

（4）整合性。围绕核心概念的教学设计应整合课程内容，通过核心概念联结不同的知识点，形成连贯的学习体验。这种整合性有助于学生看到不同知识之间的联系，促进深层次的学习。

（5）迭代性。大概念教学应以"素养指向、学为中心"的教育理念为基础，体现整体性，并具有循环迭代的特点。这意味着教学设计应当是动态的，能够根据学生的反馈和学习进度进行调整和优化。

（6）目标导向性。确立单元核心概念时应结合宏观和微观两种思维方式确定目标，这有助于确保学习目标既具有全局视角又能够关注具体细节。

（7）评价引导性。在推进单元整体教学时，应强调"学习性评价"，即评价不仅仅是对学生学习成果的检测，更是学习过程的一部分，帮助学生了解自身的学习进度和不足，从而促进学习的深入。

总之，确立单元核心概念，要求教师在设计教学时，应考虑概念的价值性、结构性、层次性、整合性和迭代性，同时以目标为导向，并通过评价来引导学生的学习。这些原则有助于创建一个以学生为中心，注重深度学习和发展学生核心素养的教学环境。

主题3

准确制定单元目标

准确制定单元学习目标，需要准确解读课程标准，深刻研读整合教材，全面了解学生情况，明确核心素养、分析学科特点、提炼关键词、设定具体目标，并使用清晰的行为动词，学会叙写单元目标，还要明确条件和程度，保持目标的简洁明了，并根据反馈进行修订。通过这些步骤，可以确保单元学习目标的准确性和实用性。单元整体目标是针对所选定的学习单元，从整体上确定学生发展的目标，要指向学生的发展，指向学科的思想方法，指向学生的高阶思维。

一、准确解读课程标准

在制定单元目标时，课程标准解读可遵循如下整体框架进行：行动准备—寻找关键词—解读关键词—撰写知能目标—确定大观念及其学习要求—反思并形成最终解读结果。

环节一：行动准备。对课程标准的解读实质上是一个创造的过程，这一过程的实现基于教师自身的知识储备，在对课程标准进行详细分析前需进行一系列的行动准备，包括如下内容。

（1）理解课程标准的含义，以能用自己的语言说明为具体的检验指标，否则不宜进行该条课程标准的解读；鉴于理解结果并非统一，应通过某种公开的方式，促使教师团队共同参与课程标准的讨论，以便从语义、逻辑关系及指涉范畴三个方面检视诠释内容的正确性并建立共识。

（2）教材分析，对教材编排意图、教学内容等进行充分了解，便于选取相适应的标准。

（3）学情分析，对学生学习现状进行必要的把握，了解学生的学习特点、学习方法、习惯等，必要时可以先对学生进行前测，了解学生的学习情况。

环节二：寻找关键词。从所选课程标准中圈出描述学生应做到的有关技能的动词，划出描述动作所指的学生应该知道的知识与概念的名词及起修饰作用的形容词、副词等。

环节三：解读关键词。对上述关键词进行解读，对于一些复杂的关键词特别是动词，要揭示其基本内涵，分析其隐含的内容，并对其进行扩展，可以将其分解为更有针对性的动词，以匹配特定的名词（相关解读结果见表 2-1 的第一、第二、第三列与行）。

环节四：撰写知能目标。通过上述结构表，学习目标可基本确定，并对其进行目标分类，可以用修订后的布鲁姆教育目标分类法、韦伯的知识深度理论或者马扎诺的教育目标分类法表示。撰写的知能目标为表 2-1 的第二、第三行，以

"情境+所能+应知"的组合来描述，如"在历史、科学或技术文本中，解释事件、过程、思想或概念中的特定信息"。

环节五：确定大观念及其学习要求。在地位上，大观念居于学科的中心位置，集中体现学科课程特质的思想或看法；在功能上，有助于设计连续聚焦一致的课程，有助于发生学习迁移；在性质上，大观念具有概括性、永恒性、普遍性、抽象性。从认知要求来看，大观念可以是理解或创造性的应用等，大观念的学习要求可作为单元总目标，环节四解读出的目标可作为单元分目标。至于如何寻找大观念，限于篇幅，本书不展开探讨，有兴趣的读者可参考相关文献。在本案例中，大观念及其学习要求呈现于表2-1第四行。

环节六：反思并形成最终解读结果。至此，课程标准解读者一起回顾反思整个行动过程，并最终形成表2-1中的结果。

表2-1　单元导向的课程标准解读结构表及例示

所能	应知	情境	目标分类 （布鲁姆目标分类）
解释	事件、过程、思想或概念中的信息	包含在历史、科学或技术文本中的	记忆
解释	为什么会发生某些事情（基于事件、过程、思想或概念中的特定信息）	包含在历史、科学或技术文本中的	理解
大观念及其学习要求	关键信息的寻找与沟通策略；使用策略识别文本中的关键信息，并有效地与他人进行沟通		

通过以上环节，教师可以更准确地解读课程标准。单元教学设计往往涉及若干条内容标准，在解读过程中需要教师从整体高度来统整单元教学目标。具体来说，需要教师看到这些课程标准所包含的大观念，把大观念的学习要求作为单元总目标，进而解读出更为具体的单元分目标。

二、深刻研读分析教材

大单元内容本质分析，这里的"教材分析"不是对文本内容的简单说明和介绍，而是对学习内容的本质理解，需要阅读多个不同版本的教材，进行横向和纵向梳理，把握来龙去脉。还需要对教材内容进行课时重组、调整和简化。通过研读整合教材，进行"单元整合、课时重组"，从而准确制定单元目标。

例如，统编高中历史必修教材以通史的方式编排，旨在让学生掌握中外历史的大势，但是其知识容量大，理解掌握所有知识不大可能，也不符合新课程改革的要求。只有厘清每个单元的大概念或主题，使整个单元的学习围绕一个中心开展，才能形成对历史系统的整体认识。

在教学《中外历史纲要（下）》第五单元"工业革命与马克思主义的诞生"、第六单元"世界殖民体系与亚非拉民族独立运动"时，首先认真研读历史课程标准这两个单元的要求。课标的要求是：通过了解工业革命带来社会生产力的极大发展和生产关系的深刻变化，理解工业革命对资本主义世界体系的形成及人类社会生活产生的深远影响；理解马克思主义产生的时代背景、基本原理及世界意义；了解西方列强建立对亚非拉的殖民扩张、世界殖民体系的建立以及亚非拉人民的抗争，理解世界殖民体系的建立及殖民地半殖民地民族独立运动对世界历史发展的影响。

统编高中历史教材共设置了四课，分别是第10课"影响世界的工业革命"、第11课"马克思主义的诞生与传播"、第12课"资本主义世界殖民体系的形成"、第13课"亚非拉民族独立运动"。通过对课标的研读和对这四课教学内容的分析，我们发现这两个单元之间存在内在的逻辑联系，第10课主要是讲18世纪中后期到20世纪初，欧美等国相继发生两次工业革命，工业革命极大地提高了生产力，不仅改变了人们的生产方式和社会面貌，还深刻地影响了世界历史的发展。第一次工业革命以后，世界出现了三大历史潮流，即资本主义发展、社会主义运动的发展、民族解放运动的发展。通过分析可知，后面的三课实际上是第10课工业革命的影响。这样我们在教学设计时就可以把第五、六单元作为一个大单元进行整体设计，把这个单元的主题确立为"工业文明影响下的世界"，将单元内容重新整合，打乱教材内容的编排顺序，分四个课时进行教学：第1课时：开启世界变革的引擎——工业革命的产生与发展；第2课时：发展中扩张——资本主义世界体系的形成；第3课时：斗争中觉醒——亚非拉民族独立运动的兴起；第4课时：困顿中憧憬——马克思主义的诞生与传播。这样就可以让学生对两次工业革命的影响有一个整体的认知。

三、全面了解学生情况

为了帮助学生达到学习的深层水平，对学生进行预估是非常重要的。进行单元整体学情分析能更好地了解学生的背景知识，可以采用多种方式收集有关学生学习这个单元内容的重要信息，再基于这些信息决定从哪里开始，用什么样的策略帮助学生进行深度学习。一般来说，我们可以采用课前访谈、问卷调查、课堂观察以及课前测验等方式对学生的学习情况进行分析。要关注学生的知识积累，考虑学生的年龄和发展阶段，确保制定的单元目标适合学生的认知水平和学习能力。只有全面了解学生对知识要点的掌握情况，才能架起学生探索新知的桥梁，制定科学的单元目标，有的放矢地撰写教学预案，有效突出整体性。

小学阶段的数学内容一般分为数与代数、图形与几何、统计与概率、实践与综合运用。教师在深入研读教材时，要从学段教材到年级教材，再到单元章节教学内容进行研究，实现整体理解。特别是在研读所任教的教材时，首先要把本册教材目录认真地浏览一下，整体感知每个单元所属的知识领域范畴、前面单元学了哪些知识、后面单元又有哪些内容、哪些知识是教学关键、应注意什么问题等。同时，还要研究学生在自主学习、探索新知活动中所需的知识要点。

如"小数乘整数"，从教材例题编排来看，是结合现实生活的具体量教学小数乘整数。例1基于学生已有的知识和生活经验，可根据"元""角"之间的进率，将"3.5元×3"小数的元转化为"35角×3"整数的角来计算；还可根据小数加法列竖式计算。这为例2探究小数乘整数转化成整数乘整数计算方法做铺垫。而这个铺垫需要学生有"元""角"之间的进率、整数乘整数的计算方法等基础知识才能解决。例2在例1学习的基础上，把"0.72×5"转化为"72×5"，即小数乘法转化为整数乘法。在转化过程中运用因数和积的变化规律这一知识，在计算完成后，根据小数的基本性质，用最简方式写出积，即将小数末尾的"0"去掉。例3是对例2的知识延伸，学生根据例2学习的经验，自主学习解决问题。例4"小数乘小数"则是例3的知识发展，即利用小数点移动引起小数大小的变化，在积的前面用"0"补足小数位数。

数学是研究数量关系和空间图形的学科，具有严谨性、逻辑性等特点，数学教材的编排，是前后知识间相互联系的，是一环紧扣一环呈交替螺旋式上升的。教师在研读教材时，要全面了解学生情况，做到"瞻前顾后"，了解知识结构，疏通新旧知识的联系，以便为探究新知识内容找到迁移的落脚点、衔接点。

四、立足学科核心素养

核心素养的培养是教学的出发点和落脚点。单元目标的叙写需要教师聚焦素养培育，将课标中的课程目标要求、学段目标和内容要求，落实在具体的教学目标之中。在教学实践中，我们认识到学科的五大核心素养是一个不可分割的整体，根据具体的教学内容，既要关注对某一方面学科核心素养的培养，也要注意从整体上培养学科核心素养。因此，我们在制定单元教学目标和每一个具体课时目标时，都要紧紧围绕单元和课时的教学内容，从学科核心素养的总体和每一个具体方面落实素养培养目标。

这需要我们审视已有的教学观，深化对教学设计规划过程和目标统一性的理解，厘清教学目标叙写的内涵要求、要素结构和个体转化过程，从而明晰教学目标叙写的要义；从课程一体化建设的视角整体把握课程标准对教学目标的具体要求，将核心素养（要素或方面）置于教学目标的最前端，实现与话题、主题的有机整合，从而建构教学目标叙写的基本模式；以更高的站位把握教学目标制定的基本原则，处理好三维目标与核心素养目标、整体目标与学段目标、共性目标与个性目标之间的关系，从而形成凸显课程功能的教学目标叙写的基本框架；反思教学目标叙写的价值追求，从"结果表达""技术理性"走向"过程思维"养成和技术与价值有机共融，从而在"对标"与"反刍"的多次论证与迭代中形成新的目标叙写思维方式与行动惯例；以"教—学—评一致性"衔接素养目标与教学内容，借助单元学习任务的提炼、分类细化，预设学习成果，适切分类教学目标，探索"具体、适切、具有可操作性"的教学目标叙写流程，助力核心素养形成。

道德与法治教师要以整体培育的思路，理解"政治认同""道德修养""法治观念""健全人格""责任意识"的教学落实。统编道德与法治教材采用一个单元一个教育主题的编写方式，提示单元育人目标和重点学习内容，这为提炼学习任务做出了指引。以"我们在公共场所"单元为例，本单元由"这些是大家的""我们不乱扔""大家排好队""我们小点儿声"四篇课文组成，通过对"公共财物""公共卫生""公共秩序""公共文明修养"四个方面的重点引导，旨在帮助学生养成公共场所需要的文明行为习惯，并在其中融入社会主义核心价值观教育。

基于本单元的目标和教材内容，对课程标准中课程目标的素养要素进行对应梳理、罗列，从而明确本学段的目标。具体而言："政治认同"旨在让学生"知道社会主义核心价值观"。"道德修养"重在引导学生学会"爱护公物，遵守公共秩序；知道健康生活、卫生习惯的基本常识和要求；爱护家庭、学校和公共环境卫生"。"法治观念"重在学会"遵守学校纪律，维护课堂秩序；了解生活中的规则，知道在生活中人人都应遵守规则，具有初步的规则意识"。"健全人格"旨在学会"热爱生命，懂得自我保护，远离伤害；感知并学习适应环境的变化；能够表达自己的感受，学习倾听他人的意见"。"责任意识"重在学会"热爱学校和班集体，积极参与学校和班级活动，有集体荣誉感，能够关心和帮助他人"。

这一梳理和罗列着重强调了教学目标的制定要聚焦核心素养培育，引领道德与法治教师摆脱机械落实教学内容的习惯。通过深入理解课程目标和学段目标，并将其落实在单元目标之中，从而与教材内容实现有机联系。如此，明确素养导向的单元教学目标的育人方向，并提示了核心的教学活动。在此基础上，指向不同的素养要素，在学段目标的统领下，立足该单元教材的具体课时内容，我们提炼、设置具体的学习任务。

五、学会科学叙写目标

科学合理的教学目标设计是实施有效教学的重要策略。而一些教师在教学目标设计的描述上往往出现了笼统、模糊、大而空，即"行为主体混乱、行为动词不具体、行为条件不明确、行为表现程度不确切"等现象。怎样才能准确表述单元学习目标？它需要我们紧紧抓住"四个要素"，准确叙写目标。

1. 围绕"四个要素",准确叙写目标

单元学习目标的表述,目标主体应该是学生、学习内容、学习方法,学习程度或学习结果用表现性行为表述,即应用什么能够完成什么任务,这样的目标是可实现、可检测的。针对不同地区不同发展水平的学生,目标可以微调。

(1)行为主体。表述学生的学习行为而不是教师的教学行为,如"使学生……""让学生……""提高学生……""培养学生……"等描述,需要改变为"能认出……""能解释……""能设计……""能写出……""对……做出评价",或"根据……对……进行分析"等描述,要清楚地表明达成目标的行为主体是学生。

(2)行为动词。根据"课程标准"的要求,教学具体目标应采用可观察、可操作、可检验的行为动词来描述。而传统应用的"了解""掌握"等几个笼统、含糊的,难以观察到的,仅表示内部心理过程的动词,往往难以测量,无法检验。而"认出""说出""描述""解释""说明""分析"等词则是意义明确、易于观察、便于检验的行为动词。

(3)行为条件。需要表明学生在什么情况下或什么范围内完成指定的学习活动,如"用所给的材料探究……""通过合作学习小组的讨论,制定……""通过自行设计小实验,体验……"等。

(4)表现程度。指学生对目标所达到的表现水准,用以测量学生学习的结果所达到的程度。如"能准确无误地说出……""详细地写出……""客观正确地评价……"等表述中的状语部分,便是限定了目标水平的表现程度,以便检测。

2. 确立总体目标,引领课堂教学

教学目标是教学设计的关键一环,它关系到课堂教学模式的选择、教学策略和教学媒体与环境的合理组合和运用及对教学结果的评价,也关系到课程目标的实现和国家基础教育培养目标的落实。因此,我们制定了这一单元的总体教学目标为(以历史某单元为例):

(1)通过分析两次工业革命发生的历史背景以及工业革命对资本主义世界

体系的形成、亚非拉民族独立运动的兴起及马克思主义的诞生的影响，培养学生运用唯物史观进行历史解释的能力。

（2）通过绘制历史表格、大事年表或历史事件时间轴，梳理两次工业革命的进程、世界殖民体系形成的过程、亚非拉民族独立运动的概况等，厘清历史事件的发展脉络，培养时空观念和历史解释的素养。

（3）借助史料，创设情境，分析工业革命对社会各个方面产生的影响；对比空想社会主义与科学社会主义，认识科学社会主义理论的正确性；通过分析西方列强进行殖民扩张的必然性，辩证认识殖民扩张和世界殖民体系形成对世界历史的影响；分析亚非拉民族独立运动兴起的原因等，培养学生的唯物史观、时空观念、历史解释等核心素养。

（4）运用不同史料全面认识工业革命的影响；通过史料让学生感受殖民扩张对亚非拉人民带来的影响，认识殖民侵略的历史进步性和罪恶性；通过史料分析亚非拉独立运动的影响；培养学生的史料实证和家国情怀。

这种单元教学目标的制定以发展学生学科核心素养为落脚点，通过对工业文明的出现及对世界历史产生的深刻影响的分析和认知，落实学科核心素养的培养。当然，单元教学目标的实现还需要在课时教学目标中具体实现。课时的教学目标也应该围绕核心素养培养来制定，但可以有所侧重。

主题 4

切实落实核心素养

核心素养指的是学生应该具备的适应终身发展和社会发展所需要的必备品格和关键能力。自中国学生发展核心素养研究成果发布，各学科也陆续提出了学科核心素养的要求，明确了学生在学科学习过程中要形成的、体现学科本质的、具有一般发展属性的品质与能力。只有将学科核心素养的落实与学科教学很好地融合，才能使教育成为润物无声的育人艺术。这一过程，需要我们站在学科育人的高度，借助学科知识、超越学科知识，关注学生未来发展和未来社会发展的需要。需要我们更加注重深层的学科方法、思维和价值，强调知识点从了解、识记、理解到应用，重视知识点之间的联结和运用。

一、出发点：教学目标设计

教学目标设计，是培养核心素养的出发点。教学目标是课堂教学活动的出发点，而教学目标的设计则直接关系到学生核心素养的培养与发展。教师在设计教学目标时，要深刻领会本学科核心素养的内涵，仔细研读课程标准，把握好本学科核心素养的具体目标及其之间的内在联系，并要充分认识到，学生核心素养的培养与发展是一个循序渐进、不断深化的过程，不是所有的核心素养目标都能在一节课中实现。

《中外历史纲要（下）》第五、第六单元，"开启世界变革的引擎——工业革命的产生与发展"的教学目标可以这样制定。

1. 通过指导学生绘制历史表格、年代尺等方式，说出两次工业革命的进程和发明成果，归纳两次工业革命的特点，培养时空观念和历史解释的核心素养。

2. 借助史料和教材内容，全面分析工业革命发生的历史背景和对社会产生的深刻影响，培养唯物史观和历史解释的核心素养。

3. 通过运用不同史料，全面分析工业革命对资本主义世界体系形成和人类社会生活的多方面影响，培养历史解释和史料实证的核心素养。

4. 通过创设情境，设置问题，分析工业革命与人类社会发展的关系，树立"科学技术是第一生产力""可持续发展"等理念，形成人文追求和家国情怀。

这一课时目标的制定既关注了历史学科的五大核心素养，又突出了唯物史观、历史解释的培养。

二、切入点：问题情境创设

问题情境创设，是培养核心素养的切入点。创设问题情境能够激发学生探究问题和解决问题的积极性和创造性，真正促进学生变被动学习为主动学习，由"学会"向

"会学"的学习方式转变，是实现培养与发展学生核心素养的有效手段。在教学中，教师要找准"问题情境"这个切入点，创设形式多样的问题情境，挖掘学生的潜能，以提高学生对问题探究的内驱力，培养学生的求异思维和创新精神。

以"抗日战争"一课为例，在电视和网络上有很多抗日题材的影片，可选择《亮剑》《傻儿师长》等较为贴近史实且以真实历史人物为主要角色的经典剧作，节选合理片段创设问题情境，吸引学生的好奇心和学习主动性，丰富历史课堂吸引力，激发学生爱国情，让学生从内心深处愿意去了解更多抗日战争的史实。同时，教师也要带领学生通过历史知识的学习，以理论为指导，理性看待并客观评价史实，通过问题情境的创设，培养学生的核心素养。

三、着力点：倡导合作探究

倡导合作探究，是培养核心素养的着力点。创新精神和实践能力是学生重要的核心素养，人才竞争的核心主要是综合文化素养和创新思维能力。在教学中，教师应抓牢"合作探究"这个着力点。

所谓"合作探究学习"，就是从学科领域或社会生活中选择和确定研究主题，在教学中创设一种探究的情境，通过学生分工、合作、阅读、思考、讨论、交流等活动形式，获得知识、技能、情感态度与价值观的发展，培养学生的探索精神、创新能力和实践能力的学习方式和学习过程。因此，学科核心素养的培养必须建立在学生学习课程的基础上。

四、立足点：实现情感体验

实现情感体验，是培养核心素养的立足点。从学科教学的角度来看，核心素养的形成不仅需要知识与技能的习得，更需要习得过程中的体验和感悟，并内化为优秀的品格，外化为崇高的行为。

可见，教学过程是一个知识与情感相互交织的学习和体验过程，但情感教育不是在朝夕之间便可速成，而是一种"情动—体验—理解—内化"的过程。因此，教师在课堂教学中必须运用多种行之有效的方法将情感态度与价值观无痕地渗透到历史课堂教学中，陶冶学生的情操。

学习"张骞出使西域"这部分时，可以引导学生进行如下体验。

想象张骞第一次出使西域遇到了哪些困难和险阻。学生可能会想到：把汉武帝结盟月氏部落的书信送往月氏，意味着3000多公里的漫漫旅途，沿途不仅有重山阻隔，还有茫茫沙漠，随时可能被沙尘暴吞没，土匪、匈奴人的拦截和常年扣押，时时有杀身之险，食物短缺，且人烟稀少，死亡随时伴随着他。

但是，张骞依然前往，不辱使命。他身上有哪些值得我们学习的精神品质呢？学生会想到：忠于祖国、坚持不懈、为事业坚定决心、百折不挠、不畏艰险的精神和勇气、不忘初心等。我们的课堂就是在这样的情感体验中，达到"润物无声"，渗透家国情怀。

五、支撑点：构建多元评价

构建多元评价，是培养核心素养的支撑点。教学评价是课程改革的一大难点，也是培养学生核心素养的一个支撑点。为了促进学生全面发展，教师要建构一种多元化的评价模式：评价目标的多元化、评价主体的多元化、评价方式的多元化等。

评价目标的多元化，是指在对学生学习某一课程的评价时，既要重视学生对该课程知识的理解与技能的掌握，又要重视对发现问题和解决问题能力的评价，更要重视学生情感态度与价值观的形成和发展的评价；评价主体的多元化，指要充分重视学生在评价过程中的主体地位，不仅仅是教师评价学生，还应该有学生自我评价、相互评价，甚至家长参评等；评价方式的多元化，是指要以过程性评价为主，既要看学生对知识掌握的结果，更要看学生在学习过程中是否有所体验、有所感悟。

以对秦始皇的评价为例，其分析应基于全面广泛的史实学习。

秦灭六国，开拓疆域，结束了连年战争民不聊生的混乱局面，建立了我国历史上第一个统一的多民族封建国家政权，带来了经济的复苏和社会的稳定，可谓顺应历史潮流，实现人民共同愿望，这是秦始皇最重要的"功"。

同时秦始皇也是一位伟大的政治家，创立了中央集权制和地方郡县制，对历代王朝行政制度发展有着深远的影响；统一货币、文字和度量衡，实现了文化广泛交流和发展，适应了国家统一需求。

但是人性都是立体的而不是片面的，秦始皇当政时实行繁重的赋税徭役，损害了社会生产关系和农业发展，残酷的兵役和法律更是给平民以灾难性的打击，尤其是焚书坑儒残害思想文化，最终使秦走向灭亡。

所以，在评价秦始皇时，要引导学生以历史的眼光、置于特定的历史环境去理解和探寻，要多角度多层次地评价秦始皇的"功"与"过"。指导和启发学生在多元化分析评价中树立健全的人生观和价值观，使学生形成强烈的家国情怀和社会责任感，最终实现历史核心素养的培育。

主题 5

科学规划学习任务

学习任务的设计是课堂中的重要细节之一。很多时候，学习任务会有所重合，多个学习任务也会同时存在并行，这是课堂常见现象。当我们把课堂须解决的教学问题"嵌入"多种学习任务情境中，以此驱动学生通过学习任务学到隐藏在任务背后的相关知识、技能等，我们便也把课堂还给了它真正的主人。把学生的学习作为中心，以学习任务驱动为动力，立足于学生的发展，提升学生的学习素养，这样的教学才是有效的，才是学生真正所需要的。

一、学习任务设计的步骤

设计学习任务时，有下面几个不可或缺的步骤。

1. 联系生活创设情境，激发学生的学习兴趣

需要创设与当前学习主题相关的、尽可能和学生的学习生活相关联、和他们

的经验相整合的情境。如果设计的"任务"没有实际意义，只是为了追求形式，那样就失去了"任务驱动"的意义。

在讲"Excel 中的公式与函数"这节课时，我设计了一个捐款的学习任务。我是这样进行情境导入的：

我们的国家是一个温暖的大家庭，一方有难，八方支援。当有灾难发生时，全国人民都纷纷向灾区人民伸出了援助之手，有钱出钱，有力出力。下面这个工作表记录了高一年级各班为灾区捐款的情况。这节课大家来帮助老师统计一下捐款情况。随后给出本节课应完成的三个具体任务：（1）计算各班捐款金额；（2）计算全年级捐款总额；（3）统计各班捐款人数。

利用学生亲身经历的事来进行"任务"驱动，能激发学生的学习热情。尝试在教学中，教师以针对教学内容，联系生活实际，设计一些难度适宜的任务，让学生自主合作去完成。例如，我们可以在课堂上提出一些与本节课内容有关的问题，也可以让学生完成一个作品，并通过自主探究解决在完成任务中遇到的问题。在他们自学的过程中，教师可以适当给予提示，激活学生原有的认知结构中有关的知识、经验及表象，从而使学生利用有关知识与经验去"同化"或"顺应"所学的新知识，发展能力，使学生能顺利完成教师布置的任务。

2. 让学生了解本节课要学会的基本知识和基本技能

在"Excel 中的公式与函数"这节课中，让学生了解和掌握信息技术基本知识和技能也是中小学信息技术课程的主要任务。所以在情境导入本节课任务后，屏幕上会显示出本节课要学会的基础知识和基本技能，让学生在任务的完成过程中，有针对性地获取自己需要的知识，保证教学效果。

本节课基本知识：（1）Excel 中数学运算符。（2）函数参数类型：①数值常量（如89.5）；②单元格引用（用单元格名称来代替单元格中的数）；③单元格区域引用（如B3：D6 表示左上角单元格为 B3，右下角单元格为 D6 的连续区域内的所有数）。

本节课基本技能：（1）公式的使用方法。（2）函数的使用方法：①连续区域的计算；②不连续区域的计算。

3. 完成任务过程中教师应强调学生的自主学习、协作学习，以培养学生的自学能力

传统教学模式的主体是教师，教学时往往是教师讲学生听，学生被动地接受学习，这种做法难以调动学生的积极性。因此，在教学中要鼓励学生独立思考，勇于提出自己的见解，而不是由教师直接告诉学生应当如何去解决面临的问题，教师只向学生提供解决该问题的相关线索或资源。面对学生提出的这样或那样的问题，鼓励学生定下问题，独立解决问题，发挥学生的主动性，达到事半功倍的效果。但对有共性的问题要进行点拨。同时，倡导学生之间的讨论和交流，通过不同观点的交锋，补充、修正，让每个学生对当前问题的解决方案了然于心。

在"Excel 中的公式与函数"这节课中，教师只简要讲授公式与函数的使用方法，而针对具体运算过程中涉及求和函数及计数函数的使用，由学生自学完成。尤其是前面计算出每个班级的捐款金额（也就是参数是连续区域）的前提下，让学生通过自主合作探究来完成对不连续区域的计算。

二、学习任务设计的策略

课堂效果不是取决于教师"讲得好不好"，而是取决于学生"学得好不好"。怎样让学生在一节课中有更高的认知和情绪投入，成为教师关心的核心问题。很多时候，教师给学生提出一些好的学习任务，引导学生自己主动去获取、检索、应用知识，效果会更好。怎样才能设计出好的学习任务，从而促进学生的学习呢？

1. 设计学习任务须有全局观

所谓全局观，即我们需要在更高的层面设计某个具体的学习任务。绝大部分学习任务是具体呈现在某节课或者某个单元中的，所以我们在设计学习任务时不能只是为了设计而设计，而是首先要弄清楚某节课甚至某个单元的重点和结构，然后从这样一个结构中来设计某个具体的学习任务。设计时需把握整个教学背景。

首先，要明确这节课在整个单元甚至整个学期中的地位和作用是什么。有些课如果我们单独来看，似乎学习要求不高，学生只要基本了解即可。但事实上，如果这节课的内容学生没有深入掌握，后续学习就会无法进一步深入。所以，我们就需要在一些看似没有必要的地方下大量的功夫，设计相对深的、费时的学习任务，让学生对于这个问题进行深度学习。相反，有些课单独看，貌似内容很多、很深，其实重要的知识点都扎根于其他课上，我们也就不一定非要在这节课上把学习任务设计得深奥复杂。

其次，这个学习任务，其相关教学内容的分布情况和难度又是怎样的？一般来说，一节课教材的内容大致可分为三类：难以理解的内容（学生探究，教师讲解）；原有知识拓展加深的重点内容（学生探究，教师点拨）；非重点内容（学生自学为主）。我们掌握了这节课这三类内容的分配情况，就可以大致知道，某个具体的学习任务需要设置成怎样的难度，需要的时长大致是多少。

以《生活与哲学》中"在实践中追求和发展真理"的教学内容为例，教学内容可做如下分类：真理的客观性，属难以理解的内容；认识的反复性、无限性和上升性，属原有知识拓展加深的重点内容；真理的含义，属非重点内容。

基于这种情况，可对教学做如下安排：关于真理的含义及特征，可设置简单问题作为学习任务，由学生看书自行解决；其中难点教学"真理的客观性"则由教师通过材料设置学习任务并加以引导和讲解；而知识拓展和加深的内容，则围绕"改革开放以来，依法治国路线图"为主题，设计三个核心学习任务，让学生合作完成。任务一：绘制改革开放以来，依法治国路线图。任务二：从党的十一届三中全会提出的"有法可依、有法必依、执法必严、违法必究"到党的十八届四中全会将"依法治国"定为会议主题体现了人们认识活动有什么特点，并说明理由。任务三：我们是否完成了对"依法治国"的最终认识？请说明理由。

2. 设计学习任务应有目标感

课堂教学中学习任务的设计是促进学生进行有效学习的需要，是提高学生自主学习、培养探究能力的重要前提。它既能展现知识目标，也能体现能力和情感态度与价值观目标，学生通过参与互动、交流合作，提升了自身的认知能力和创造能力，将"学为中心"的教学理念展现无遗。

我们的教学，如果要想获得高质量，就必须要有目标意识，不能为了任务而任务，也不能觉得哪个任务很有意思就用哪个任务，而是要围绕着叙述的学习目标。在设计学习任务时，课程标准应是最基本的依据，此外也应根据学生实际情况做出具体调整。

教师在设计任务之前，一定要明确：我们设计这个任务的目的是什么？总体而言，是要学习的过程还是结果？是让学生经历一种体验，让一个看似浅显的知识真正内化，还是学会或者熟练一种知识技能？

当然，在操作中，学习任务也可进一步具体化，即设计这样的学习任务是希望具体解决什么问题，是解决兴趣问题，还是为了使学生将知识与现实结合起来；是从现实问题中提炼出理论问题，还是将两个易混的概念弄清晰；等等。

学习任务的设计不能仅限于课堂，也要延伸到课堂之外，不要局限于教材，还要给学生想象和创新的空间。周期也可以无限拓展，可以是一天、一星期甚至一个学年，这样学生才会有更多的自我发展空间。教师在设计学习任务时，也应时刻关注人文性。政治学科是极具人文性的学科，对学生世界观、人生观、价值观的培养是本学科孜孜不倦的追求。教师所选择的学习任务应尽量与学生的生活方式、价值观念等文化背景相关，这有益于学生对人文的理解，也能够提高学生的综合素质，提升学生的情感态度与价值观。

3. 设计学习任务应有结构意识

相信所有教师都一样，通过自己的教学实践，或者通过观摩别人的课堂，或多或少都积累了一些比较好的学习任务。但又经常遇到这些问题，那就是真正在课堂上的时候，又经常想不起来用，或者想起来了也不知道怎么用。看到人家用了，觉得挺好，但就是奇怪自己当时怎么就想不到。

造成这个问题的原因有很多，其中一个很重要的原因就是我们没有把自己所知道的这些常用的任务设计以及相应的实用情况进行总结梳理，没有形成一个结构，都是零散的。这就如学生学习一样，知识点都清楚，但就是不会用，关键就是学生头脑中没有形成知识结构，没有把这个结构与已有的内容联系起来。

所以，我们需要建立这样一个知识结构。而知识结构建立的最简单方式就是分类，也就是说，虽然具体的学习任务是无法穷尽的，它必须根据具体情况做出调整变化，但我们要努力梳理清楚的是，它大概会有几类情况。这个分类情况不一定要全面覆盖，甚至不一定要求准确，但我们先要有这样一个属于自己的分类结构，再随着经验的增长，把这个结构加以完善。因为一旦我们有了这个分类结构后，就可以更好地记住这些具体的学习任务，就可以帮助我们提高教学的敏感性。当我们在教学中遇到某些相似的情境的时候，就可以更快地反应过来，这种情况可以采用哪种类型的学习任务。

三、学习任务设计的类型

学习任务的设计形式多样，常见的类型有以下几类。

（1）列举型学习任务。所谓列举，是指罗列一个以上可不进行深入解析的例子或对象。这类学习任务主要应用于掌握浅显易懂的基础知识时，多由学生自己完成。

（2）比较型学习任务。比较，是指对比几种同类事物的异同和高下。这类学习任务主要是让学生找出事物或现象的相同点和不同点，增加其对教学内容的理解。在学习理解相似的概念时，设置此种学习任务颇有效果。这类学习任务要求学生有细致的观察力、缜密的思维能力和出色的口头表达能力，学生在完成学习任务的同时，也就经历了一次锻炼和发展自己能力的过程。

（3）创造型学习任务。创造是在创新的基础上制造新事物，产生新想法，它具有探索性和开放性的特点。不同的学生对相同的事件或现象会有不同的看法，这类学习任务能充分发挥学生的想象力，锻炼其思维能力。

（4）合作型学习任务。合作是要求学生通过讨论、协商后达成基本一致的意见，这类学习任务通常是针对一些学生难以理解的、无法独立解决的教学问题而设计的。

（5）实践型学习任务。实践型学习任务，就是要求学生根据自己的知识和能力，用学科知识解决现实生活中可能遇到的问题。这种学习任务既锻炼了学生的能力，又在实际解决问题的过程中由学生自己完成情感态度与价值观的提升。

四、学习任务设计的原则

1. 根据差异和知识特点，开展分层教学

教师在设计任务时既要考虑学生的差异，又要考虑知识特点和难易程度，这符合分层教学、因材施教的原则。一般可按基本任务和探索任务两种要求来设计：基本任务要求十分明确，它包含了要学的基础知识和基本技能，初步掌握了任务中所包含的新知识、新技能。这个基本任务一般是任务中较为简单的，大家容易掌握和完成的，而且要求学生必须完成。探索任务是为那些学有余力的学生准备的有发挥空间的任务。

"Photoshop 文字工具"这节课中，让学生设计一个商铺的招牌，要求有背景图片、有文字、有文字效果（这是本节课的基本要求），其内容和版面完全由学生自由发挥。在保证学生完成基本学习任务后，还要给学生充足的发展空间，要加强两个方面的操作：一个是技术方面，考查学生对 PS 软件的运用程度；另一个是艺术方面，发挥想象，做出色彩搭配合理、有创意的图片。

2. 依据学科特点，培养学生能力

科学处理"双基目标"与能力目标的关系。信息技术学科需要在关注"双基目标"的基础上，向能力目标倾斜。在完成任务时，要注意引导学生从各个方面去解决问题，用多种方法来解决同一个问题，防止思维的绝对化和僵硬化。同时，培养能力、领会思想方法重在"渗透"和"潜移默化"，不应该把方法当作知识向学生灌输。因此，教学中让学生完成的"任务"，要注重讲清思路，厘清来龙去脉，在不知不觉中渗透处理问题的基本方法。学生掌握了基本方法后，能够触类旁通，举一反三，开阔思路，增加完成类似"任务"的能力，提高自主学习能力，能够尽可能多地产生学习迁移。

在"制作电子贺卡"这节课上，教师没有限定贺卡的形式和内容，仅仅提供完成任务所需的素材，这就为学生发挥想象力和自由创作留下了充分的余地。

从学生内容丰富、形式多样、没有雷同的作品中，可以看出他们不但掌握了教师要求掌握的内容和方法，而且在很多操作细节上还能举一反三、灵活变化、自由发挥，真正实现教师"授人以渔"，鼓励学生大胆创新的教学目标。

新课改强调发挥学生的主体作用。在课堂具体操作中，学习任务驱动能有效促进学生进行主动学习。设计恰当又有效的学习任务，激发学生的求知欲，从而将被动学习转变为主动学习。

总之，带着"任务"去学习，可以改变传统的教学模式，激发学生的学习兴趣，使学生真正成为学习的主人，让信息技术课堂教学充满民主、充满个性，为每一个学生思考、探索、发现和创新提供了开放的空间。

主题 6

有效设计教学活动

教学目标的制定为开展教学活动提供了方向，教学目标的实现需要在教学过程中实现。新课程改革要求教师确立新的认知观、教学观，教师要从"教教材"转变为"用教材教"，有效设计并组织教学活动。

而课堂中最重要的是帮助学生完成"从知到信""从信到行"的两次转化。而这两次转化仅仅靠道德说教和卷面考试是做不到的，教师要有效设计对学生生命生长具有促进作用的教学活动，让学生能知、能信，更能行。

一、教学活动设计存在的主要问题

根据课堂观察，当前课堂教学活动设计有以下三类问题。

1. 将教学活动"窄化"和"虚化"

课标指示，教学活动的形式要多种多样；时间可以根据校情、班情、学情灵活调整；要让学生参与到生活和社会实践当中去，在活动中提升品德。然而，许多教师认为师生互动的场景就是活动。其实，这是一种将教学活动"窄化"的理解。课堂教学活动中，教师很重视包含师生互动内容的教学环节的设计，而忽视其他环节和策略的设计，有的教师甚至出现为活动而活动的现象。

与此同时，活动还出现"虚化"现象，即过度依赖多媒体和网络。很多课堂教学活动局限于上网搜索资料并共享。虽然信息技术的引入开拓了课堂的时空，但真实的交往活动、考察活动、动手制作活动等都被间接的虚拟活动代替了。这些现象的存在，表明教师对活动本身的理解存在误区。

2. 教学活动设计与教学目标不匹配

从课堂实践来看，活动与教学目标不匹配的现象主要呈现为下列两点。

其一，活动与教学环节的阶段目标不匹配，没有围绕教学目标性质来设计活动。比如，为了让学生对"生物"这个概念有基本认识，教师设计了复杂又耗时的活动：带来动物让学生触摸，鼓励胆小的学生去触摸，还有和动物对话，学生之间互相谈感受，半节课过去了还没有涉及教学重点。诸如此类的教学活动喧宾夺主，不符合本阶段的学习目标。

其二，活动与教学目标达成的阶梯不对应。一节课的教学目标的达成是阶梯递进的，通常记忆、理解的目标达成在前，运用、分析、评价和创新的目标达成在后，据此，活动的设计也应该与目标的阶梯顺序相对应。但有的课堂一开始就设计了调研活动的汇报，把"是什么、为什么、怎么做"的问题一股脑儿地倒在学生面前，教师再择重点铺开。教学活动脉络混乱，最终导致学生思维混乱。

3. 不同类型教学活动的关键要素不凸显

新课程倡导四种活动方式：体验学习、探究学习、问题解决学习、小组学习。这四种活动方式所培养的能力点是不同的。然而，在课堂教学实践中，体验活动中学生体验不够充分，探究活动中的探究问题悬而未决甚至没有探究问题。

体验学习的关键是引导学生体验，再由交流评价实现互补与共享，从而促进知识内化。然而，有的教师在此环节提供的学生差异性体验分享不够，只要有了自己想要的答案，活动便戛然而止；或者引导体验的语言空洞、形式化，致使学生丰富的体验在教师问题面前无从开口。

探究学习的关键是探究问题：以发现问题为起点，以分析问题为关键，以解决问题为目的，以发现新的问题来开始新一轮的探究。学生在这个过程中要有充分的自由表达、质疑、探寻、讨论问题的机会。有的教师认为在教材中寻找现成的答案就是探究，在网上搜索资料填写表格就是探究；有的探究活动缺少问题，整个活动以教师的提问为问题。

以上这些现象的原因都在于没有理解不同学习活动方式的真谛，据此设计的教学活动的有效性大打折扣。

二、教学活动设计要体现学科要素

大单元教学活动设计要围绕学科教学要素展开。准确把握单元学习重点、获取教材文本训练资源、采用具体教学策略的方向，优化课堂教学。

1．解读学科要素，把握教学目标

统编教材单元篇章页中的学科要素，是教师解读文本内容与制定教学目标的指南针。教师要深入解读学科要素，在此基础上，准确、具体地制定教学目标。

阅读教学是教师、学生、编者和文本之间对话的过程。教师不仅要与学生、文本进行对话，还要领会编者意图，与编者进行对话，才能准确制定教学目标。

三年级语文上册第一单元由《大青树下的小学》等三篇课文组成，单元语文要素之一是"阅读时，关注有新鲜感的词语和句子"。从这三篇课文的内容来看，要达成本单元的语文要素，必须让学生在阅读时找出有新鲜感的词句，并想象句子描写的画面。基于此，教师在解读课文时，必须紧扣课文中有新鲜感的词句，教师可以先让学生说说有新鲜感的词语有哪些，然后引导学生想象，让学生深入体会词句，让阅读语句与想象画面相统一。

这样，教师就可以结合具体内容，切实将语文要素与课文内容有效对接，促进学生语文核心能力的发展。

2．关注学科要素，分解整合并用

每一个学科要素的落实与学科能力的形成都不是一蹴而就的，需要设计循序渐进的教学活动逐步推进。同时，落实一项学科要素时，也要注意整合其他学科能力开展综合实践。教学时，教师可以将不同的学科要素或学科能力整合在一起，让学生在大量的学科实践活动中展开学习，更全面地提升学科素养。

教学三年级语文上册《总也倒不了的老屋》一课时，教师可以从课后思考题入手，引领学生思考老屋给自己留下了什么样的印象。教学分三步推进：首先，从教材插图入手，让学生思考这是一座什么样的老屋。其次，让学生初读课文，提取关键性信息，并用自己的话说说这是一座什么样的老屋，完成最初的语言建构。再次，让学生再读课文，一边读一边预测，并顺着故事情节去猜想后面可能发生的事情。再次，让学生小结预测的方法有哪些，如对题目的预测、对插图的预测、对故事内容的预测等。最后，再让学生运用学到的预测方法对接下来的故事发展进行大胆预测。

在这样的教学中，教师将自主阅读、预测猜想和语言表达等语文实践能力融入同一教学情境中，让学生语文实践更加丰富，并在深度语文学习中提升语文素养。

3. 聚焦学科要素，实施整体教学

教师在寻找、设置和落实学科要素的过程中，可能遇到各种各样的问题。在教学中，教师要针对学科要素，精心研制教学策略，实施整体教学，帮助学生更好地落实学科要素。

教学四年级语文下册《记金华的双龙洞》一课时，有位教师为了将"了解课文按一定顺序写景物的方法"这一语文要素落实到位，安排了以下活动。活动一：默读课文，按照路线图厘清作者游双龙洞的顺序。活动二：再读课文，说说在游览过程中哪个景物特别吸引你（如外洞和内洞之间的孔隙），为什么吸引你。活动三：细读印象深刻的部分，体会作者是怎样把这部分的特点和作者的感受写清楚的（如孔隙的狭小）。活动四：利用"初试身手"，让学生模仿作者的写作方法，根据示意图按顺序说一说参观植物园的过程。

这样的教学，教师不仅让学生充分参与到教学活动中，还重新建构了文本和语文要素之间的关联，提升了教学效果。

总之，紧扣学科要素，树立单元整合的教学理念，对单元教学内容进行重构、整合，实施单元整体备课，可以有效提高学生的学科能力和学科素养。

三、有效教学活动设计的基本思路

美国著名的教学设计专家马杰指出，教学活动的设计依次由三个基本问题组成。首先是"我去哪里"，即教学活动目标的制定；其次是"我如何去那里"，即学习者起始状态的分析、教学内容的分析与组织、教学方法与教学媒介的选择；最后是"我怎么判断我已到达了那里"，即教学的评价。教学活动设计是由目标设计、达成目标各要素的分析与设计、教学效果评价这三个方面所构成的有机整体。依据以上三个基本问题，有效设计教学活动的基本思路呈现如下。

1. 围绕教学目标制定活动目标

开展教学活动之前必须有明确的活动目标。教学活动目标无疑是服务于教学目标的，更具体地说，每一个活动都是有针对性地服务于该教学环节的阶段教学目标，让学生在活动中形成或加深对知识的理解，或在活动中形成运用知识的能力，促进教学目标的达成。因此，要确定教学活动目标，首先要确定"我去哪里"，即制定教学目标，再围绕教学目标来制定活动目标。

2. 依据活动目标和学情设计开展教学活动

活动目标确定之后，需要思考"我如何去那里"。这部分要求教师分析学习者的起始状态，依据活动目标和学情组织教学内容，并恰当选择教学方法和媒介。

值得注意的几个问题：活动的主题内容要贴近学生的生活；活动的形式要因地制宜，因生制宜；活动的推进要以概念为基础并要多角度地反复运用知识；活动过程要凸显不同类型活动的特征。

活动方式的选择尤其重要，一定要契合教学需求。要锻炼学生的求知与尝试精神，可选择探究式活动；要引领学生的感知体悟，可选择体验式活动；要锤炼学生知识的综合运用能力，可选择解决问题式活动；要熏陶学生的合作与分享精神，可选择小组合作式活动。总之，所设计的活动方式要契合教学内容。

最后，活动的过程组织管理要契合活动方式的性质。

3. 迅速及时进行活动评价和反馈

最后要做好"我怎么判断我已到达了那里"，即教学评价。对活动的评价是教学评价的一部分，可以在活动之后马上开展，也可以在其他课堂环节中开展，因为评价结果的反馈有利于学生自信心的建立和自我反思。开展活动评价的关键是对评价结果做出合理的解释，帮助学生准确了解自己的学习状况。

下面结合首都师范大学版《小学品德与生活》一年级下册"一年之计在于春"的两个教学活动设计案例来做分析。两个案例都以"知道要珍惜时间，养成珍惜时间的好习惯"为教学目标。

案例一的教学活动目标是：体会少年时期是学习的最佳时期。教师让学生先后使用新、旧两种复写纸写字，并引导提问："新、旧两种复写纸上的字迹有什么不同？新、旧复写纸如果如同人的大脑记忆的话，你想到了什么？你得出什么样的结论？"由此让学生体会：少年的头脑好比新复写纸，学的东西印象最深，要珍惜年少时光。

案例二的教学活动目标体现为三级进阶式：初步感知要珍惜时间；体验时间的宝贵；进一步感悟一分钟的用处，不浪费一分一秒。为达到这三个活动目标，教师分别设计三个活动：①讲布谷鸟的故事，引导学生思考故事蕴含的道理；②闭眼一分钟聆听秒针的嘀嗒声，引导学生交流感受；③让学生动手，看一分钟能写多少字，画多少张画，算几道题等，引导学生交流自己都做了哪些事，并结合前面的活动谈自己的体验。最后评价阶段，梳理学生的感悟，提炼关键词，教师对学生的观点表示认同并强化。

从活动目标来看，两个案例的活动设计均体现了对教学目标的理解。案例二能够结合学生的学习落实珍惜时间的行动，全面贯彻了教学目标的指向。

从活动的过程来看，两个案例的活动设计均符合学生的特点和实际生活。案例一通过对清晰与模糊的体验，迁移到体会少年时期的宝贵，紧紧扣住了"珍惜时间"的主题。第二个案例能够结合一分钟的对比让学生具象地体会到时间的宝贵，体验活动的特质比较突出。

从活动的引导问题来看，两个案例的问题指向清晰，问题属于理解和应用的层次，符合活动目标的层级；问题的类型属于开放型问题，有利于引导学生差异性的体验和交流。

从活动的反馈来看，第二个案例关于活动评价的设计比较完整；从活动的有效特征来看，活动简便易行，效率趋高，精力节约。总体来说，两个案例的活动设计均有效。后一个案例设计层次更为丰富，体验活动层层递进，学生由感知到感受、感悟，体验是较为深刻的，对教学目标的理解应该更到位。

活动对于发挥"品生""品社"课程的德育作用的效果是不言而喻的，非真实的事对学生未来的生活具有完全真实的意义，教师应主动关注和研究学生生活中典型、敏感和棘手的问题，有效设计教学活动，让学生在课堂教学活动的参与体验中，对道德概念完成从知到信、从信到行的转化，最终能在生活中自觉地将道德意识落实为道德行动。

四、有效教学活动设计的基本策略

1. 设置问题链条，驱动教学过程

教师可以把教材当作学材，通过设置一系列的"问题链条"引导学生利用教材自主学习，主动思考，初步理解把握教学内容的基本脉络。

在教学高中历史"开启世界变革的引擎——工业革命的产生与发展"时，可以针对教材中"工业革命的背景""工业革命的进程"设置以下问题链。

问题一：什么是工业革命？工业革命为什么会首先发生在英国？问题二：英国工业革命取得了哪些成就？工业革命何时扩展？扩展向何地？问题三：19世纪中后期，第二次工业革命深入开展的有利条件有哪些？取得了哪些突出成就？问题四：两次工业革命各有什么特点？

大单元教学实施难点与对策

这些问题围绕教学的主要内容，层层推进。学生通过对这些问题的解决，掌握了知识，发展了思维，形成了对两次工业革命的总体认识。

也可结合教材内容，借助补充的材料设置问题链，引导学生在把握基本知识的同时，进一步深化对历史史实的理解和认识。比如在教学第2课时"发展中扩张——资本主义世界体系的形成"第三子目"西方列强瓜分非洲"时，可以结合该子目的教材内容补充以下材料设置问题链。

材料：20世纪70年代以后，苏伊士运河开始通航了，西非和南非先后发现了新的金矿和钻石产地，许多经济作物也种植成功，这就大大提高了非洲在整个世界政治、经济和战略上的重要地位。正是在这一形势下，帝国主义列强掀起了争夺和瓜分非洲的狂潮。到20世纪初，除了埃塞俄比亚和利比里亚保持独立外，整个非洲已被帝国主义列强瓜分完毕。

——刘宗绪《世界近代史》

问题1：概括19世纪中叶之前，西欧国家侵略非洲的特点。

问题2：概括19世纪中叶之后，西欧国家侵略非洲的特点以及英法等国对北非侵略和争夺的概况。

问题3：指出19世纪后期西方列强瓜分非洲的原则和特点是什么？说明什么问题？

问题4：根据教材和上述材料，分析西方列强为何在19世纪后期才能把非洲瓜分完毕？

通过这一递进式问题链，学生既能掌握列强侵略现实，又能深入理解殖民扩张的原因。

问题链的设置，推动了教学过程的开展，有利于引导学生自主思考，调动了学生学习的积极性，也培养了学生的历史思维能力。

2. 合理创设情境，培养核心素养

创设情境是培养与发展学生学科核心素养，实现教学目标的有效手段。在课堂教学中，教师既要结合学生生活实际创设多元化的学科情境，增强学生对问题探究的动力，培养学生的学科思维能力；又要有意识地引导学生关注材料情境所呈现的时空，学会把事件、现象放在特定时空的大背景下去认知、理解和解读，从而正确认知并解读。

在学习"开启世界变革的引擎——工业革命的产生与发展"时，为了让学生全面认识工业革命的影响，可以通过材料创设以下情境。

材料一：城市日益发展和膨胀，成为经济、政治、文化、教育等的中心，在文明的发展中起着火车头的作用。似乎世界的发展，就是由一些城市带动、驱使、决定的，而广大的农村的作用日益减弱，甚至被人们一块块无情地抛弃。过去由法律规定和根据血统、门第形成的社会分层已经逐渐消失，政治上的平等渐得实现，不过经济上的不平等依然困扰着广大的人类。在各文明内部，政治结构都在酝酿改变，或者正在改变，或者已经改变，民主成为人类政治的最大诉求，各文明均为之付出了艰难困苦的努力，并且取得了许多成果。

——马克垚《世界文明史》导言

材料二：由于工业革命的开展，大批工人进入工厂工作。很多棉纺织厂不仅没有新鲜的空气，还有大量的飞絮和尘埃，以致工人到 40 岁就丧失了劳动能力。更为严重的是大量的童工进入工厂，干着成人的活拿着低廉的工资。到 1830 年，英格兰的大城市中没有一个完全安全的饮用水供应，最为典型的是泰晤士河，河流被污染后散发出的臭气，导致河边议会大厦的窗户都不敢打开。

——吴雪《回眸工业时代开端——浅析工业革命影响》

探究问题：根据材料并结合所学知识，谈谈你对工业革命影响的认识。

两则材料分别从不同角度叙述了工业革命的影响，通过创设这样的历史情境，可以引导学生客观地认识工业革命的影响。18 世纪 60 年代开始的工业革命极大地提高了生产力，促进了城市化进程，改变了人们的生活方式和社会面貌，深刻影响了世界历史的发展进程，直至今日，日新月异的科技进步仍然在改变着我们所处的世界。当然，在这个过程中也带来了环境污染、疾病、童工等社会问题，但这些问题与工业革命相对于给人类社会带来的进步来说是微不足道的，从而客观、全面地认识了工业革命的影响。

学生在对这一历史问题探究认识的过程中也培育了学生唯物史观、史料实证、历史解释等核心素养。同时，学生也会感悟到科技在改变世界的同时，也给人类带来负面影响，所以，在我们创造、享受科技的新成果时更应关注人与人、人与社会、人与自然的和谐，从而培养学生家国情怀的核心素养。

专题三

大单元教学课堂实施的难点与对策

大单元整体教学在实施过程中遇到了很多问题，比如如何处理单元大观念和小观念之间的联系，多模态教材资源用多少、怎样运用才能实现教学目标，怎样评判学生是否具有结构化、开放的思想内核等问题。

那么，在新课标指引下，教师将如何实施大单元课堂教学呢？

主题 1

大概念是大单元的核心和灵魂

单元设计与实施最上位的理念是大概念，这是单元教学的核心和灵魂。单元教学的最终目的就是要帮助学生理解大概念，学会像专家一样思考，落实核心素养。如何在大单元教学中设计并实施有价值的问题，帮助学生理解大概念，是教学中要探讨和解决的重点。

"大概念"，主要聚焦涉及学科单元的概念性理解。大单元的整体设计，实际上就是让学生在探究中形成概念性理解的过程。但在此之前，作为设计者的教师，首先要明确何为概念性理解。在一个单元里，如何抽取出概念性理解是一个难点。

一、正确理解大概念

大概念（big idea），也有学者将其译为大观念。

首先，是"大"，大概念的"大"不是"庞大"，也不是指"基础"，而是指"核心"，它联结学科内部的各种概念，达成学科内知识的融会贯通，从而具有更强大的迁移价值。

大单元中的大概念相当于整个单元的"魂"，或者说承担着"寓意"的核心所在。教育学者威金斯和麦克泰格认为："大概念就是一个概念、主题或者问题，它能够使离散的事实和技能相互联系并有一定意义。"从学习内容的角度看，大概念实际上是跨学科或学科核心的概括性知识。大概念分为两类：一类是跨学科或超越单元主题的，属于综合性理解；另一类是关涉学科及单元主题的，属于主题性理解。按照威金斯和麦克泰格所提设计标准的要求，大概念的理解必须用完整的语句表述，而这种完整的语句，其实指的就是概念性的理解。

综观整个大单元设计，基于大概念，进行逆向学习内容设计，把一个内容单元变成一个基于大概念的有意义的结构化的学习单元，目的就是真正实现学生思维的生长、知识的夯实、素养的落地。如人教版数学三年级下册"小数的初步认识"单元的大概念是小数源于计量的需要，是十进位制计数向相反方向的延伸。用这样的思维去设计教学，将整数的表达、关系及其运算等原则进行高通路迁移，促进深度理解小数。

其次，是"概念"，用的是"idea"而不是"concept"。威金斯和麦克泰格（Grant Wiggins & JayMeTighe）在《追求理解的教学设计》中提出，大概念是处于课程学习中心位置的观念、主题、辩论、悖论、问题、理论或原则等，大概念可以表现为一个词、一个短语、一个句子或者一个命题。例如，第二学段"图形运动"大单元的大概念，我们认为是一种学习观念或思维方式，即在图形变化过程中，存在不变的元素和变化的规律。

据于此，大概念视角下的单元教学设计、探索在教学中落实学科核心素养，具有较强的现实意义。

二、单元大概念的提取策略

以大概念为中心的单元教学设计覆盖和服务于整个单元，帮助教师聚焦要点，助力学生形成"大"学习观，促进高通路迁移的发生。但因为大概念往往是高位的、隐性的、聚合的、跨界的，准确地确定和提取有较大的困难。以下是几种行之有效的提取策略。

1. 寻找任务的核心

大概念居于学科的中心位置，体现学科的结构和本质，单元内容或系列知识学习的核心任务可能就是这个单元的大概念。理解和运用它，就能使教师和学生沿着清晰明确的线索进行教学和学习。

"图形的运动"是重要内容，主要有轴对称图形、图形的平移、图形的旋转，分别在人教版数学教材二、四、五年级的下册依次呈现。那么，这部分内容的大概念是什么呢？平移是在相同方向，移动了相同距离；旋转是转动相同的角度；轴对称变换其实是翻转运动，虽然是立体的，但也是转动相同的角度。这三种运动变换后，得到全等图形。这种图形运动也叫图形的刚性运动，即全等变换。

因此，"图形运动"研究的核心任务，就是发现"在变换过程中不变的性质"，教学中可以把这个核心任务作为大概念，即围绕"在变化过程中，存在不变的要素和变化的规律"进行"图形运动"单元设计，并围绕"在运动过程中，什么变了，什么没有变""为什么运动后图形的大小和形状不变"这些基本问题开展图形变换的教学。

2. 剖析教材主题概念

教师应当主动结合课程教学标准制定教学规划，其中包括围绕学生当前发展需求进行内容整合，在教学中利用多样化教学手段将单元重点内容结构化，根据新课程标准进行教学内容的取舍。教师在大概念下进行单元教学，应当立足于教材本身，根据课标具体要求进行整体把握，教师利用问题设计带领学生梳理知识体系，挖掘单元教学重点概念，以此实现单元教学目的。

教师在进行部编版高中历史教科书《中外历史纲要（上）》第六单元"辛亥革命与'中华民国'的建立"一课的教学时，其中新课程对本单元的教学标准有明确要求，要求学生了解"面对列强侵略中华人民为挽救国家都做出了什么努力，在该事件中我国存在哪些局限性"。通过该内容的呈现，教师充分了解本单元教学重点内容，引导学生掌握本单元主题概念，围绕"旧民主主义革命"展开讨论，学生在问题中积累历史经验，间接提升学习效率。

3. 结合知识结构

大概念教学理念开始在课堂中逐渐应用，该种教学形式主要结合学科性质整合具有教育价值的知识内容，其中教师要想深入挖掘其中存在的概念理论，应当主动结合单元内容进行结构化的制定。

教师围绕某单元重点知识进行思维导图的设计，让学生根据不同分支问题进行回忆，在保证课堂教学时间充分利用的基础上扩大知识学习领域，主动将重点知识内容进行连接，在学生掌握该单元核心概念的基础上进行问题设计，以此活跃学生逻辑思维。通过正迁移的形式，运用概念知识进行问题解决，增加学生课堂学习体验，不断提升课堂教学效率。

在进行部编版高一历史必修《中外历史纲要（上）》第一单元"从中华文明起源到秦汉统一多民族封建国家的建立与巩固"的教学时，结合本单元知识内容，可以让学生围绕"统一多民族封建国家的建立原因"展开探究。历史单元内容烦琐复杂，可以发现其通常是按照时间线进行知识联系，其中教师可以让学生按照时间顺序分为四个时期，围绕早期国家、诸侯纷争、秦朝统一、西汉与东汉进行思维导图的创设，其中按照本单元核心问题依次进行知识整合，通过此种方式把握本单元重点内容。

4. 追溯知识的本原

知识产生都有一定的背景，回归知识本原，也是提取单元大概念的一个重要方法。例如，小学数学五年级下册"2、5、3 的倍数特征"单元中，2、5 的倍数特征只要看个位，3、9 的倍数特征要看各个数位之和……这些特征好像彼此孤立、偶然所得，但追本溯源，就能比较好地提取这些学习内容的大概念，发现知识之间的逻辑关系和体系，从而帮助学生构建舒张性认知。

我们知道，2、5 的倍数特征只要看个位，因为自然数都可以看成（以四位数为例）$1000 \times a + 100 \times b + 10 \times c + d$ 的形式，除个位 d 之外其他每一位都是 10 的倍数，已经是 2、5 的倍数。3 的倍数特征要看每一位，是因为各个数位上的数字，就是除以 3 以后的余数，最后只要考查余数的总和是不是 3 的倍数……依照这样的原理，可以提炼这部分知识的大概念就是"倍数特征与相关数位上的数字紧密相关"。

5. 发现共同的结构

长度、质量、面积、体积等计量单位表示物体不同的特性，如果用"阶梯"表示同种计量相邻单位之间的进率，就可以发现每个"阶梯"内部都有一个共同的结构，相邻单位的进率都是相同的，即"等比"递进结构（见图 3-1）。具体实践中，教师可依据"相邻单位进率都是一致的"这一大概念，开展"你认为更大的第四个、第五个、第六个单位是什么"的学习讨论，利于学生在学习其他单位时，用"相邻单位进率都是一致的"大概念去思考、探究。

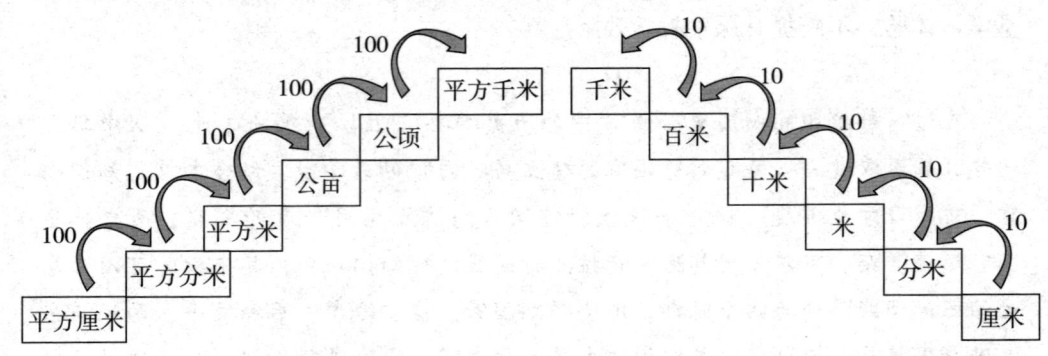

图 3-1   "等比"递进结构

这样做也非常好地体现了皮亚杰的观点："全部数学都可以按照结构的建构来考虑，而且这种建构始终是完全开放的……这种结构或者正在形成'更强的结构'，或者在由'更强的结构'来予以结构化。"

6. 提炼相应的素养

核心素养是课程目标的集中体现，是思维品质、关键能力以及情感、态度、价值观的综合体现。大概念可以帮助学生在学习和应用过程中逐步形成和发展相应的素养。

例如，小学数学五年级上册"可能性"单元中，通过抽签、摸棋子、投硬币、掷骰子等活动，逐渐引导学生学会用分数描述事件发生的可能性（概率）。从数学核心素养视角以及为后续学习准备来看，就可以将"用数据定量分析、表达现实问题更有说服力"作为大概念。

再如，依照分数的等价关系，像 $[1/2] = [2/4] = [3/6] = [4/8]$ ……相等的可以分成一类，这些分数虽然相等，但是面貌却不相同。通分、约分本质上就是在运算过程中，选择一个合适的"代表"进行表示或参与。因此，五年级下册"分数的意义和性质"的大概念就是"在不同的情境中，需要选择一个相等且合适的分数"。这个大概念相当于一个能把车轮等零件组装在一起的车轴，将琐碎、零散的知识横向发生联结。

三、大单元核心问题的设计与实施原则

1. 抓住灵魂定问题

根据刘徽对大概念的解析，大概念教学可以帮助学生更好地理解知识，提高举一反三的能力，大概念是大单元设计的灵魂。

如何在大单元设计中提取大概念，根据以下大概念统领下的大单元设计模版（见表3-1），可从事实性知识技能、一般概念、核心概念三个角度，层层深入，从而归纳出单元大概念。

表3-1 示例："足球基本技术与运用"单元大概念提取思路

概念层级	概念内容
事实性知识技能	触球部位、支撑脚站位、踢球的位置、发力方式、重心控制
一般概念	快速、准确、稳定、节奏
核心概念	进攻
大概念（大观念）	通过速度、方向、力量的控制，可以提高传控球的准确性、节奏感、稳定性，实现个人基本的足球进攻能力，创造得分机会

该大单元主要以球性练习、脚内侧运球、脚背外侧运球、脚内侧传接球技术为主要学习内容，这些技术相对简单，实用性较强，是足球的基本技术。

事实性知识技能：指的是要学会这些技术，需要从哪些方面进行学习，要学什么。例如，触球部位、支撑脚的位置、踢球的位置等。

一般性概念：指能帮助学生提高技术能力的概念，要思考学会技术以后，如果在比赛中运用这些技术，需要达到什么样的程度。例如，快速、准确、稳定地去做这技术动作。

核心概念：指技术间的共性概念，该单元所学的技术是帮助学生提高个人的传球与控球能力，为比赛中进攻得分而创造条件，核心概念就是进攻。

通过对核心概念以及一般概念的梳理，大概念能够串联核心概念和一般概念，该单元的大概念可概括为通过速度、方向、力量的控制，可以提高传球与控球的准确性、节奏感、稳定性，实现个人基本的足球进攻能力，创造得分机会。

大概念需要从实际的比赛情境中去提炼，并能运用到问题的解决当中，从而培养学生的核心素养。

2. 给依据推问题

大单元教学中使学生理解大概念是单元问题设计的关键，单元的核心问题是统领性问题，要以单元大概念为依据。例如，结合"足球基本技术与运用"单元中的大概念，如何帮助学生提高个人的足球基本进攻能力，创造进攻机会，是单元问题的核心。为了解决这个问题，可从多个角度分解出如控制速度、方向、力量的方法有哪些，准确性、节奏感、稳定性在比赛中的意义是什么等子问题，最终解决单元的核心问题。

四、单元大概念提取存在的问题

单元大概念的提取，为组织落实单元整体教学提供了一种新的可能，但在教学实践中，还有诸多事项有待解决。

首先，目前实践的只有部分单元，大概念提取策略还是存在偏颇和不足，需要进行持续不断的思考和总结。其次，大概念本身不是一个确切的答案或事实，没有最好，只有更好，有必要不断地探索改进，以期符合教师教学和学生学习的需求。最后，以大概念为视角，并不否认单元教学设计的多样化及其他方式的重要性。大概念与教学设计、学科素养等方面的关系还需更深入地思考和探索。

单元问题设计的核心在于落实大概念，大概念是大单元最上位的设计理念，是单元核心问题的依据，教学关键问题需要通过课堂基本问题引出，而基本问题又需要由子问题来落实。因此大单元的问题设计需要围绕大概念去设计，落实到课堂教学中，层层推进，最终帮助学生理解大概念，提升核心素养，提高学生在真实情境中解决问题的能力。

主题 2

从学科核心素养出发实施教学

基于核心素养的大单元教学，"不是单纯知识点传输与技能训练的安排，而是教师基于学科素养，设计以人为本目标与主题为导向的探究活动，目的是创造优质的教学"，"这种教学单元以一定主题的教学内容单元作为教学设计的基本单位，基于学科核心素养来安排和设计课堂教学，形成结构化的教学单元"。

一、基于核心素养的大单元教学实施特点

1. 从核心素养出发处理教学内容

全面、整体地解读单元（专题）教材，把课程（教材）中一定主题下（可能涉及教材中的一个章、节或若干个章、节）的显性和隐性的教育内容融合起来，相互渗透，从学科核心素养出发，把握处理教学内容。

2. 关注多维目标的达成

改变只从学科知识本位出发，仅关注学科的基础知识和技能传承的教学设计，优化教学策略和方法。要关注知识技能学习目标的达成，重视知识间的内在关系，重视知识形成过程的体验和学习方法的指导，重视情感态度与价值观的教育。

3. 以相关主题和任务为主线整合、重组教学内容

从学科核心素养培养的主旨出发，按照学科知识的逻辑结构、学生学习的顺序，以相关主题和任务为主线整合、重组教学内容，组成若干个相互衔接的教学阶段，由这些教学阶段，有机组合成基于学科核心素养培养的结构单元。

4. 从单元整体出发分析内容的内在关系

各课时的教学具有很强的关联性、结构性。在教学中，注意从单元整体出发

来看待、分析和处理教学内容，把各阶段、各节的课时教学置于整个单元系统中，注意揭示并帮助学生体会各部分教学内容的内在关系，有利于学生整体理解、把握学习内容，自主建构知识系统。

例如，对于电解质溶液的教学，要在剖析和梳理其中蕴含的化学学科核心素养培养要素的基础上，从培养学生学科核心素养的主旨出发，依据电解质溶液知识的逻辑体系和学生认识发展的顺序，可以建构形成结构化的四阶段教学单元，通过各个阶段、各个课时教学达成学科核心素养的培养目标。

第一阶段：从宏观现象入手，运用想象并借助微粒运动模型和化学语言描述，建立强（弱）电解质（酸、碱、盐）及其电离的概念，为学习酸碱盐溶液的性质和相关反应奠定基础。

第二阶段：通过实验和运用实验探究的方法，形成离子反应的概念，并能用于解释、描述或预测电解质溶液中的常见离子反应。

第三阶段：应用有关电解质溶液的原理知识，运用科学探究方法，并借助理想化模型分析原电池反应与电解反应，难溶电解质的沉淀溶解和转移、简单配离子的形成与电离及其在溶液中发生的离子反应，进一步培养运用电解质原理知识探究、分析和解决问题的能力和应用意识。

三个阶段的学习内容是电解质溶液原理的核心知识，是帮助学生从原子分子（离子）水平，分析研究电解质在溶液中的行为（运动、变化和反应），也是培养学科核心素养的关键阶段。要注意设计多样的学习活动，创设问题情境，让学生通过参与式、体验式的学习，掌握知识，培养意识，形成观念，提高关键能力和必备品格。

第四阶段：综合应用电解质溶液的知识，尝试分析或解决在陌生的或相对复杂的情境下的化学问题，如实际上生产生活中应用的电解质溶液组成的定性、定量分析；判断或预测不同电解质溶液间可能发生的离子反应；解释说明有关酸（碱）性废水、废液中铜等重金属离子的处理、化学电源以及电解、电镀工作原理等，加深对电解质溶液的有关原理的理解，培养运用化学原理知识和化学方法进行科学探究，分析解决实际问题的能力和实践能力，体会化学科学的价值，提高社会责任感。

这四个教学阶段构成了相互衔接的以学科核心素养培养为目标的电解质溶液教学单元。从科学认知维度上看，结构单元的学习内容要点、学习顺序与传统的以知识传授为目标的教学（包括平时和单元复习）设计类似，都遵循知识本身逻辑结构和学生认识发展的顺序。但结构单元中的每个学习阶段都蕴含着学科核心素养的培养要素，而且核心素养的水平要求随着学习内容的扩展、深入也逐步得到提升。

二、基于核心素养的大单元教学实施策略

1. 提炼单元教学主题

大单元教学突出的是"单元"，要求以单元为单位进行教材内容的梳理和整合，提炼出单元教学的主题，并由主题拓展出若干个分论题，再设计具体问题，进而开展相关教学活动。每一个单元的课程内容，可以大致分为以下紧密联系的三个部分：课程内容的具体结构、课程标准的具体要求、学科核心素养的具体落实。

根据中国社会性质、革命任务、指导思想的变化和时代变迁，教师可以把《中外历史纲要（上）》第五单元至第八单元这4个单元整合为一个主题为"中国近代的危与机"的大单元，以西方资本主义侵华史、中国人民的抗争探索史为线索，引导学生从近代中国半殖民地半封建社会沉沦和民众积极救亡图存两个方面进行思考，明晰近代中国"危险"来自谁，表现是什么；思考在生死存亡的关键时刻，中国的出路在哪里，机遇是什么。

"两次鸦片战争"是大单元"中国近代的危与机"的第一课，也是十分重要的一课。两次鸦片战争打开了中国的大门，让中国滑向半殖民地半封建社会的深渊。学生在初中阶段虽然已基本掌握了两次鸦片战争的主干知识，但对一些细节问题，如两次鸦片战争之间的关联是什么、两次鸦片战争对中国近代社会发展的影响是什么、战争背景下中国的出路在哪里等掌握得不够深入。因此，在进行教

学设计时，教师可以基于课标要求对"两次鸦片战争"的重点内容进行建构，着重阐述两次鸦片战争的起因和两次鸦片战争对中国社会各方面的冲击，以及厘清两次鸦片战争中中国社会各阶层的反应。

2. 构建单元课程体系

大单元教学的实施方式和其他教学方式有所不同，其更注重构建单元课程体系，以"主题"为线串联单元各个知识模块。

在"中国近代的危与机"这个大单元的课程体系构建中，教师可以确定两个分论题。一是"危"，列强侵华和中国逐步沦为半殖民地半封建社会的屈辱史；二是"机"，中国各阶级救亡图存的抗争探索史。

这里又以第二个分论题为教学重点，突出中国先进阶级带领人民追求民族独立和国家发展的奋斗史。通过分论题确定、内容设计、教学实施、课后评价等环节的推进，学生清楚地认识到，伴随西方列强侵华的加剧，中国人民抗争的形式与内容也在不断变化。例如，将两次鸦片战争的背景、过程及对中国的影响进行比较，推导出"第二次鸦片战争是第一次鸦片战争的继续与扩大"这一观点，使学生更好地了解两次鸦片战争对中国产生的全方位冲击，以及林则徐、魏源等地主阶级"开眼看世界"的尝试。

通过"中国近代史的危与机"这个大单元的学习，学生能够明白，在近代中国救亡图存的斗争中，各个阶级进行了不同形式的探索，但最终能拯救中国的只有中国共产党。

3. 融合学科核心素养

教师应该经常思考大单元教学与学科核心素养有效融合的方式，将学科核心素养分别融入具体的教学环节。例如，历史教学中，可以让学生在已有历史知识的基础上，加强史料研读，从而培养学生的史料实证和历史解释素养；让学生分析两次鸦片战争的历史进程及它们对中国历史的深刻影响，从而培养学生的时空观念素养；运用文字、地图等学习材料，以史料为依据，以问题为导向，使学生了解两次鸦片战争是如何促进中国社会结构变迁的，并辩证分析两次鸦片战争给中国社会带来的巨大冲击，从而提高学生的唯物史观和历史解释素养；通过介绍关天培、陈化成、陈连升等爱国将领与英军殊死搏斗、英勇献身的史实，培养学生的家国情怀素养。

4. 引发学生课堂共情

在大单元教学设计中，教师应该加强对学生家国情怀的培养，引发学生的课堂共情。

例如，历史学科中，教师可以借助丰富的史料，借助历史学科"以史为鉴""鉴古通今"的特点，让学生明白鸦片战争爆发后近代中国人在抵抗外来侵略的过程中萌发了向西方学习的思潮，积极寻求强国御侮、救亡图存之道，这为之后的洋务运动提供了一定的理论依据。洋务运动的目标是维持封建统治，而不是改变封建体制，所以无法突破阶级和时代的束缚。以林则徐、魏源为代表的地主阶级主张向西方学习，显示出近代中国人逐步突破"闭关锁国"的思想，重新审视这个世界，并开始寻找抵御外侮的方法。这是中国人向西方学习的开端。教师在引领学生学习上述历史事件时，可将爱国主义思想渗透其中，以培养学生的爱国情怀。

三、以学生为中心培养学科核心素养

2022 年版《义务教育新课程标准》提出："落实立德树人根本任务的重要课程，注重培养学生核心素养。"根据课程标准的要求，教师要转变教学理念、改进教学方法，从以学科为中心的知识本位转变为以学生为中心的素养本位，将学生对知识的学习过程转化为发展核心素养的过程。

1. 从学生认知特点出发，整合教学内容

例如，历史课程教学内容时空跨度大、史实史料多，学生运用历史材料辨析历史、认识历史的难度较大。教师要根据学生的认知特点，优化教学结构，采取先整体认识再局部探究的方式，将教学内容的总体框架构建出来，带领学生先认识整体，再深化细节，从而提升学生对历史发展规律、历史发展趋势的认识。在"鸦片战争"教学时，可以按照鸦片战争概况、重点问题探究、历史的启示的逻辑整合教学内容。

2. 从学习规律出发，创设教学情境

例如，可以通过呈现历史材料、构建思维导图、排演历史剧等方式创设教学情境，带领学生身临其境地感知、体会历史，进而帮助学生发现历史、理解历史、掌握方法、解决问题。在"香港和澳门回归祖国"教学时，可以设计走进祖国统一展览馆的情境，将教材中"香港的回归""澳门的回归""一国两制方针的确立"整合成展览馆的三个展厅，让学生置身于生活化的学习情境、开放的学习氛围之中探究历史。

3. 从学习效果出发，激活课程资源

从学生学习效果的角度来看，凡是有利于课程目标实现、能够服务于立德树人的一切资源都可以作为课程资源。例如，历史教师要增强历史课程资源意识，充分激活其中蕴藏的历史教育元素，发挥课程资源育人的功能。纪念馆、博物馆、展览馆、名人故居等都是丰富的历史课程资源，教师可以带领学生走进这些场馆，在直观感受历史、理解历史、解释历史的过程中加深对历史的认识，培养核心素养。

四、基于核心素养的大单元教学的实施原则

1. 创设可感知、可理解、真实性的问题情境

课堂教学要密切联系自然、社会生产生活实际或热点问题，创设学生可感知、可理解的真实性的问题情境，让学生在尽可能真实的情境中展开学习，从生活经验、自然、生产实际中走进课堂，再从课堂走进自然和生产、生活实际。

2. 课堂教学要以学生的学习活动为线索

设计让学生在教师激励、引导和组织下开展形式多样的学习活动的课堂。课堂学习活动的设计最终表现为学习任务的设计，学习活动可以围绕某个问题的探究、某项任务的完成来设计、组织，采用教材或学习资料阅读、参观考察、调查研究、质疑、交流讨论、实验探究、学习成果展示等形式。

3. 课堂教学模式应该多样化

要服从于教学需要。要依据教学内容、学生的学习基础和能力，乃至学校的

教学条件、教师的教学特点来选择。不要把课堂教学模式化。课堂上，既要有学生的独立学习，又要有学生之间的合作学习、师生之间的对话和情感交流，使课堂充满活力、富有创造性。

4. 依据学情建立学习共同体

教师在课堂上要依据学生的基础、学力水平等学情，在观察学生的学习活动中，在聆听学生交流讨论的对话中，了解学习活动的动态，依据需要给予鼓励、支持、帮助、指导，通过对话、评析、答疑、补充讲解或活动调整，发挥教师主体作用，发挥协同学生学习的作用，从而建立起共同学习、探究的学习共同体，在共同体中有思想、感情、价值观念的交流碰撞。这样的课堂教学，才能使基于核心素养培养的单元教学收到预期效果。

五、基于核心素养的大单元教学的意义与价值

1. 落实新课标理念，利于促进学生的全面发展

新课标提出，课程教学设计要依据主题组织，提升课程教学的整体性。而在核心素养目标下推进以明确、完整、具体、可操作性较强的大单元教学，是对学科教学要求的具体诠释。教师要把握学情，立足教学内容，考虑知识间的前后联系、逻辑关系，让学生掌握其中的知识，培养他们分析、解决问题的能力，推动学生认知方式的发展。应以合适的切入点实现知识的跨越，培养学生的综合能力，有利于促进其全面发展。

2. 重构课堂新形态，利于打造灵动丰富的课堂

开展大单元教学，实现了知识的迁移、延伸，培养了学生分析问题、解决问题的能力，成为数学课堂转型的重要抓手。整合分布在教材中互相关联的知识，让学生"由点到线到面"地把握知识、理解知识、思考知识，实现知识的跨越，同时也锻炼了他们的思维能力，实现了灵动、丰富、全面、多样的数学课堂重构。

3. 师生共同进步，利于实现教学相长的愿景

在融合核心素养与大单元教学方式的过程中，各教师大显神通，集思广益，

逐步形成了统一的教学理念与认知，更对新课程与教材内容有了更深刻的理解，教学能力得到明显提升。在这样的教学方式下，学生在整个思考过程中也会发散思维、生成知识，学科核心素养也自然而然得到了提升，实现了师生共同成长的目标。

大单元教学中，教师扮演着设计师和向导的角色，因此要加强对课程标准、教材教法、学情学法的研究以及对教辅资料的综合学习。大单元教学模式相较于传统的教学模式，强调整体融合、条理清晰、逻辑严谨。大单元教学模式下，教师依据课程标准、结合教材内容，确定大单元教学的主题，构建整体关联的单元教学课程体系，从而实现对学生学科核心素养的培育与提升。

主题 3

用大任务驱动单元整体教学

培育核心素养，需要引导学生将知识通过高阶学习内化为自己的认知结构，并上升为有意义的行为运用能力。运用知识首先要转化知识，教师应当借助真实情境，设计具有更高位视野的大任务并以之统领全程，驱动学生的内在学习动力。

基于生活情境以大任务驱动的单元整体教学可采用三个路径，即"聚焦核心概念，确定单元目标；观照生活情境，提出驱动大任务；实施单元教学，落实并激活评价"，而明确其特点，更有助于培育学生的核心素养。

一、以大任务驱动的单元整体教学的特点

以大任务驱动的单元整体教学，主要凸显以下三个方面的特点。

1. 注重项目式的深度学习

单元整体教学既要涉及前端的教学内容设计，又要涉及中端的整个学习过程，还要涉及后端的素养目标是否达成的实践验证。也就是说，单元整体教学要

"瞻前顾后"，注重设计和实施的完整性。这就像一个基于生活情境的、完整的、故事性的项目学习。项目式学习需要教师具备深层次的前端设计能力，能选择恰当而有关联的阅读材料辅助项目设计，帮助学生提升逆向思维能力，补给生活运用能力。这同时也为学生打开了跨文本阅读的视野，让学生领略文本与文本、时代与时代、文本与生活的跨越，进而从文本走向文化、从学习手法走向审美内涵、从历史走向未来。

2. 串联多个真实生活情境

根据"最近发展区"理论，为学习铺设台阶，能够促进学生对核心知识点的理解。因此，将情境大任务分解成多个情境小任务，并将小任务串联起来形成任务链，有助于学生达成单元目标。例如，传统的说明文教学课堂停留于单篇阅读或拓展阅读，之前在教学《中国石拱桥》时，提供《桥之美》进行补充；将《蝉》与名著《昆虫记》中的一些篇目结合；教学《梦回繁华》时，则补充课外文章《〈清明上河图〉的故事》。其缺点显而易见：由于缺少驱动性任务，学生普遍缺乏学习积极性，而知识教学仍然没有结构化，这就导致说明文的学习失去了学以致用的根本使命。

3. 评价贯穿整个单元学习

在单元整体教学中，如果没有一个完整的大任务来驱动，它们就不能组织成一个围绕目标、内容、实施与评价的"完整"的学习事件，就不能成为单元概念。学生的能力从最初的"按图索骥"，逐步达成自主的"伐竹取道"，怎样进行过程性评价呢？越是复杂的任务，就越需要真实评价的跟踪管理，以便在问题情境中适时给予指导。

课堂教学并不排斥生活本身，这种接纳不是要将教育置于生活的真实场域中，它只意味着课堂教学对生活的开放，对学生在日常生活中所获得的经验与体验的包容。整合后的单元架构，将文本的人本化和文本的生活化相融合，让学生充分懂得作者指向生活的学习意图。例如，学习语文还要学会运用语言文字，至于怎样运用、怎样创造，需要各种环境的支持，而具备表达的真实情境则是其中的基础环境。当一个又一个的学科大概念不断积累于学生思维中时，学科核心素养才会看得见，学生才能在学习中发现立体的世界、发现自己。

二、以大任务驱动的单元整体教学的实施路径

1. 聚焦核心概念，确定单元目标

提取核心概念时，需要先厘清单元的核心概念或者说大概念。威金斯认为，大概念通常可以表现为概念、主题，还可以是结论或观点、论题。埃里克森有一张关于大概念和小概念的研究图谱，他认为区别这二者的标准在于大概念是抽象的日常概念，它有高于小概念的生活价值的特点。

语文八年级上册的说明文单元，所选课文是《中国石拱桥》《苏州园林》《蝉》《梦回繁华》。单元目标要求学生：了解文章是如何使用恰当的说明方法来增强语言缜密性的，从而增强思维的条理性和严密性，然后在此基础上感受前人的非凡智慧与杰出的创造力。也就是说，学生不仅要能够理解性地读懂文章，还需要与自己的实践联系起来，综合性地运用说明文的阅读方法来建立并表达自己的认知理解、思维逻辑。

根据说明文的特点和教材特质，将相关的核心概念阐述如下：（1）不同的说明方法可以展现事物的特征；（2）不同类型的阅读文本具有共性的审美阅读指向；（3）说明方法是一种思维严密且富有逻辑的认识事物的表达方式。这三个核心概念属于同一层级，经过意义统整，可以提炼出它们的上位大概念"根据表达目的综合性地运用不同说明方法"。然后，结合语文八年级上册说明文单元的教学目标，确定三者之间的关系。

提取单元大概念，可以帮助学生把握整个单元的学习任务。同时，大概念又统摄并观照三个下位概念及学习目标，三者之间相辅相成。

2. 观照生活情境，提出驱动大任务

还是以说明文教学为例。实用文是为解决实际问题而产生的功能性文本。《义务教育语文课程标准（2022年版）》在语文学习任务群"实用性阅读与交流"中对教学提出了明确的要求，即"应紧扣实用性特点，结合日常生活的真实情境进行教学"。《普通高中语文课程标准（2017年版2020年修订）》对

"实用性阅读与交流"这一学习任务群的学习目标也有明确要求，即要求学生能够"介绍比较复杂的事物，说明比较复杂的事理"。说明文是实用文的一种，新课标多次指出教师在教学中应注重真实情境的运用，意在让学生掌握如何根据表达目的来使用恰当的说明方法。

那么我们要如何做到这一点呢？教师可以将说明文知识置于生活情境中，引导学生通过理解性阅读、操作性阅读和研究性阅读，建立起理解性思维和探究性思维，将课本认知和生活情境中的说明对象特征关联起来，做深层次探究。同时，深层次探究需要匹配高阶学习任务，因此，笔者将单元的驱动性大任务作为导向，将三个下位概念融于大任务中，建立一个完整的生活学习故事，让学生在知识习得的过程中运用知识。

（1）提出单元驱动性大任务

围绕语文八年级上册说明文单元的大概念"根据表达目的综合性地运用不同说明方法"，结合生活情境，设计驱动性情境大任务。

情境大任务：杭州第19届亚运会即将召开，在新的期盼中，你作为一名校园里的杭州市民，将怎样向外国友人及全国人民介绍并宣传美丽杭州的优秀历史文化呢？

这是一个带有探究性思维的驱动性大任务，它有三层含义：第一，表达目的是"向外国友人及全国人民介绍并宣传美丽杭州的优秀历史文化"；第二，隐含的任务，即需要综合性地运用不同说明方法来介绍并宣传，凸显说明文的文体特征；第三，学生的身份已经明确，是"校园里的杭州市民"，这本身也体现了真实的生活情境，是知识迁移的环境。

提出驱动性大任务后，学生已经有了完成大任务的学习情境，但如何"介绍并宣传好"，非常考验学生探究性的高阶思维，因此需要设计下位小任务并搭建学习支架。

（2）分解下位的学习小任务

整合语文八年级上册说明文单元的四篇课文，其难度在于说明对象的类型差异很大，有古代的桥，有中国古典园林，有动态的昆虫，还有静态的图轴，择取同一主题的难度较大，故可以另辟蹊径，创设如下三个小任务。

任务1：古运今晖。

杭州市人民政府官方网站内"走进杭州"栏目下设的"历史文化名城"板块，是展示杭州的一个窗口。请你登录网站阅览学习，然后以图文并茂的形式设计一份题为"运河上的桥"的介绍性文案，学校将选择优秀作品向相关网站投稿。

任务2：匠心笔墨。

学校公众号是对外展示校园文化的通道。为迎接亚运会，学校将开辟一块区域建造美丽的园林。请你根据《苏州园林》《日本庭园》等文章，结合学校文化，设计一份具有杭州特色的园林方案，为其绘图、命名，并以文字介绍园林的特征。学校将选择5份优秀作品在公众号上展示并投票。

任务3：绿色杭州。

杭州是一座风景旅游城市，包容万物，绿色和谐。杭州市生态局开展"绿色亚运·保护环境"主题公益活动，邀请你围绕"绿色杭州因何而绿？绿在哪里？"撰写宣传文稿，向大家介绍美丽杭州的某一昆虫或动物、植物。

为提高学生的任务完成效度，课堂教学中，分阶段对三个任务的设计意图进行了解读，并带领学生深入情境进行探究。下面分任务进行说明。

1. "古运今晖"任务解读及实施

《中国石拱桥》选自《桥梁史话》，是以"桥"为说明对象的事物性说明文，作者茅以升是桥梁专家，但文章的写作对象不是做工程科学研究的专家，而是普通大众，因此文章语言通俗易懂。此外，说明文的文体性质又决定了文章中重要语句表达的严密性，体现了作者思维的条理性。这些都是要学习的重点。那么，学生在学习这篇课文后，要如何"转述"理解的程度呢？笔者以迎亚运、宣传杭州的真实情境小任务为驱动，让学生设计一份题为"运河上的桥"的介绍性文案。学生自行搜集史料，转换输出方式，乐学其中、活学其中。

为了提高学生的积极性，告诉学生杭州市人民政府官方网站上只刊登过一篇有关"坝子桥"的文章（截至 2021 年 12 月 31 日），希望大家找到更多运河上的古桥或现代桥梁，提高稿件被录用的可能性。由于我们学校隶属于拱墅区，学生马上联想到运河上的拱宸桥，它是著名的运河古桥，而且有许多楹联、古诗，还有拱宸漕运的绘画，这些都能展示古桥这一带的历史文化。学生的积极性更高了，班里几乎大半小组都选择介绍拱宸桥。

2. "匠心笔墨"任务解读及实施

《日本造园心得》（作者枡野俊明，中国建筑工业出版社出版）是一本专业且详细记载日本庭园制作管理的书籍，"任务 2"中提到的篇目《日本庭园》是其中的一篇文章，主要介绍了日本庭园的特征。就文体特征来说，它属于说明文；就内容来说，它是对日本园林体系的介绍。学生学习了《苏州园林》，在了解中国园林的审美意义后，对人类历史中其他民族的园林艺术可作一定的拓展了解。

布置"任务 2"后，在课堂里又做了一个过渡性的学习设计。

（1）阅读《日本庭园》后，请根据《日本庭园》所展示的日本庭园的特点，用思维导图的形式呈现你的认识。

（2）请你根据这两篇文章，思考中国园林与日本园林的异同点。

通过两篇文章的比较阅读，学生更深入地理解了园林在世界不同国家的多样审美意义。在此问题完成后，再让学生完成"任务 2"，并引导学生明确：为迎接亚运会做好宣传，学校的微信公众号也是一个对外交流渠道；每年学校的景观都需要进行改造美化，这是真实情境。在这一任务中，打造一处校园式的园林并进行公众号投票，可激发学生的学习兴趣；校园如何设计小小园林也很有探究性，可考查学生如何将学校文化和世界文化联系在一起。这一任务最吸引学生的是它十分贴近学生的生活情境，因为校园每天都与学生相伴，设计美丽园林，让学生更有一份自我获得感与认同感，有利于学生在设计中表达自己的真实见解。

3. "绿色杭州"任务解读及实施

法国昆虫学家法布尔的《昆虫记》，以充满趣味性的方式介绍昆虫知识，《蝉》就节选自这部书。由于昆虫是生态环境保护的一部分，学生很自然地就联系到杭州是如何进行生态环境保护的。而学生并不是科研人员，语文的学科属性也不同于自然科学，因此，学生可以尝试从语文学科角度写一篇说明文，以法布尔介绍"蝉"的方式来介绍杭州的某一种昆虫或动物、植物，并将杭州市生态局邀请撰写亚运生态宣传文稿作为生活情境。

在下达这一任务的时候，班里有学生马上举手回答说，他要写西湖边常常出现的"友好嘉宾"小松鼠，他甚至兴奋地介绍小松鼠是如何在游客面前自由自在地跳来跳去，甚至从他手中取走食物的。它们与世界各地来杭州的游客和谐相处，这样的说明介绍就很有说服力。另一个学生举手说，他参加的学校科学百乐园社团有过蝴蝶这一类小昆虫的观察作业，他希望能够将科学的相关知识与语文说明文要素结合起来，并介绍学校在环境保护方面的特色。这也是一种微观的宣传视角。

构建上述三个情境小任务以匹配单元情境大任务，将说明文的碎片知识结构化，使学生进行深层次的探究性学习。这种探究性的学习由生活情境视域下的任务所驱动，最终能够帮助学生实现情境中的大概念，即"根据表达目的综合性地运用不同说明方法"的掌握。这是因为只有明确了表达目的，学生才能合理地运用说明方法。

4．实施单元教学，落实并激活评价

单元整体教学以大任务为统领，在推进过程中主要采用表现性评价。单元整体学习往往课时量大，少则几课时，多则延续几周，若学习过程管理及评价不当，学生就容易倦怠，学习效果也无法监测，因此必须设计单元评价项目。

在语文八年级上册说明文单元第一课时，教师就带领学生一起制作表现性评价量表。第一课时是整个单元的起始课时，出示大任务及三个小任务后，就让学生根据任务条件设计评价量表。要确保在接下来的课时学习和完成任务中达到相关标准，学生共同制作评价量表就必不可少。

温·哈伦认为："获得不同想法的最好来源是对其他不同的想法进行讨论，而不是期待学生个别地去独自发展他们的概念（个体的建构）。鼓励讨论和辩论，以社会交往的形式来发展概念将更富有成效。"由于该单元的三个学习任务是多个语文核心素养的综合体现，可以在活动过程中让学生小组合作探究，并在

评价部分采用小组评价、教师评价与社会评价相结合的方式，比如在公众号上投票这个任务就需要社会评价的参与。

三、以大任务驱动大单元学习的结构设计

崔允漷认为："一个单元就是一个完整的学习故事，就是一种课程，或者说微课程。譬如语文教材中一个单元主题下的四篇课文，如果不是一个完整的学习方案，没有学习任务的驱动，就只是内容单位。"在教学中，我们可以将不同知识领域的知识通过某一主题性任务，组织成新的学习单元。以主题任务驱动大单元学习的结构设计大致有链式结构、辐射结构、树状结构、嵌入结构等联结方式。

1. 主题任务驱动大单元学习的链式结构

主题任务引领的大单元设计的链式结构特点是，学生的学习在主题任务的驱动下沿着内在逻辑线或外在情景线循序渐进，形成一种链式的套构关系，环环相扣、步步递进，引导学生不断走向知识的深处或故事的结局。

（1）着眼核心概念设计大单元主题性任务

脑科学研究发现，人类学习的本质是以模块的方式进行复杂学习。"模块"，通俗地讲就是"概念"，就是以概念为核心生长出各种各样的知识联结。由此，我们可以把核心概念或基本原理设计成主题性任务，由此生长成一条联结各个"亲缘"知识的流水线，由此延伸出大单元学习。

例如，乘法解决了相同数相加的书写简便问题，乘法口诀则解决了相同数相加的计算快捷问题，当学生明白了知识原理，就可以此为核心理念构造知识，依次把2~9的乘法口诀编写出来。教师只要把起始课作为"种子课"上好，学生就可以在迁移知识的同时迁移学法，按照相同的"知识图纸"把后续乘法口诀创造出来。此时的单元看似还是原来的单元，但它已不再是要靠教师的"教"来推动的"内容单位"，而是学生在学会方法后主动创造内容的学习单元。这样，学生就不会出现以前那种"单元结束，思考也就结束"的封闭状态，而是会继续思考"为什么学到9的乘法口诀就结束了"，进而把多位数乘法等多个知识单元收入同一学习单元，引发后续学习。

（2）着眼生活场景设计大单元主题性任务

对学生而言，熟悉的衣食住行就是他们的生活，我们可以由此设计"与孩子的现实生活充分联系"的主题性任务，把原来不同领域的知识联结起来，构建学习大单元。

小学数学五年级编排有"负数的初步认识""多边形的面积""小数的意义和性质""小数加法和减法""小数乘法和除法""统计表和条形统计图""解决问题的策略""用字母表示数"8个单元。除了"小数的意义和性质""小数加法和减法""小数乘法和除法"外，其他单元相对独立。但如果把它们放置于衣食住行的"真情境"，那么这些内容单位就建立了联系，可以统整于以"小明的农家乐"为主题任务情境的学习大单元："负数的初步认识"可以与购物的收支联结，"小数的意义和性质""小数加法和减法""小数乘法和除法""统计表和条形统计图"可以与购物的标价、计价和比价联结；而"多边形的面积"可以与生活中的种植联结，如果镜头切换到种花，则可接续到"解决问题的策略"单元中"怎样围长方形花圃面积最大"问题。当然，"小数乘法和除法"单元也可以置身于这一情境之中。至于"用字母表示数"单元，一位教师采用微信红包开启知识大门：由小明做家务后妈妈奖励微信红包5.20元引出"用具体的数表示已知数"，由未点击的微信红包引出"用字母表示未知数"，由"第三个红包比第二个红包多80元"引出"用字母式表示未知数"……

2. 主题任务驱动大单元学习的辐射结构

主题任务引领的大单元设计的辐射结构特点是，以任务主题为中心，向知识空间或生活空间的四面八方伸展开去，从多方面、多角度、多层次丰富素材，丰富认识，最终圆满完成任务目标。

（1）转换探究视角设计大单元主题性任务

主题性任务应该是美国康奈尔大学教授乔治·J.波斯纳在《学程设计》所说的"中心问题"，综合布鲁姆、加涅、马扎诺等人，以数学课程标准的表述为例，课程可将中心问题整合为技能、鉴赏、探究、创造、实践五种单元导向。

五年级数学"圆的认识"一课，学生对教师引用诗人但丁"圆是最美的图形"这一表述颇感兴趣也深感困惑："为何这么说?"我们就以此为中心问题进行辐射拓展，设计以鉴赏性为导向的主题任务，构建大单元学习：

①走进知识圈，展开"圆的认识"的知识教学；

②走进生活圈，利用教材新授之后编排的"你知道吗?"上半部分图片，通过欣赏自然现象中大量存在的圆形事物，引导学生体会到上帝创造的圆形的美；

③走进心理圈，辐射拓展到心理学，介绍生活中"人更喜欢圆形物体"的心理学原理；

④走进艺术圈，利用教材新授之后编排的"你知道吗?"下半部分图片，通过欣赏艺术领域中大量存在的圆形事物，引导学生体会到上帝创造的圆形的美；

⑤走进文学圈，辐射拓展到文学，组织学生阅读爱默生的散文《圆》……

（2）转换应用范围设计大单元主题性任务

生活处处有数学，同一种事物，不同的观察角度、应用范围、研究方式都可能联结不同单元、不同领域，甚至不同学科的知识。也就是说，通过知识载体应用范围的转换也能设计主题性任务，构建大单元学习。

例如，我们设计的主题为"纸的学问"的探究任务，通过折、卷、转、叠等操作引出长方体、圆柱体等立体图形，将"长方体和正方体"与"圆柱和圆锥"单元联结成大单元学习；转换应用范围，通过纸张长和宽的比以及纸的规格联结"比和比例"单元，转入数与代数领域的学习；如果再次转换应用范围，就可以通过对折联结到有理数乘方的中学数学知识……

3. 主题任务驱动大单元学习的树状结构

主题任务引领的大单元设计的树状结构特点是，以任务主题为根，在生长出的每一个知识节点上不断生长出新的知识"枝叶"，由此建构的学习单元越来越大，学生的认知背景越来越丰富，思想收获越来越多。

（1）基于知识原点设计大单元主题性任务

学生的学习越是回到知识的源头，对知识的理解就越深刻，也更能清楚辨明知识的发展方向。所以，从知识的原点设计大单元主题性任务，不仅有助于教师提高教学站位，还有助于学生看到知识的生长起点和结构化过程。

例如，"十进制"的产生很大程度是因为人有 10 根手指，它把原本分属两个领域的计数单位与计量单位联结起来，把小数的产生与学过的整数联结起来，把长度单位与学过的货币单位联结起来。随后，在纵向生长的一些知识节点上，又可以通过横向生长进入新的知识板块，如相邻面积单位之间的进率是 10×10，相邻体积单位之间的进率是 10×10×10，与学过的长度单位联结起来。这样联结而成的学习单元的体量将会越来越庞大，知识之树也越来越枝繁叶茂。

（2）基于生活常识设计大单元主题性任务

教学不只是让学生学习陌生的知识，还应通过拓展性学习让学生看到知识的实用性，获得更多的感悟，学到更多的本领。学生的学习除了解决问题，还可以解释问题甚至预测问题。而其中的问题又不只是学科问题，很多还是与学科应用密切相关的生活问题。由此，我们把传统教学的"学以致用"逆向设计成"用以致学"，通过知识的生活应用设计主题性任务，构建新的学习单元。

例如，把"为什么生活中自行车架、空调支架都做成三角形的"这一生活常识作为"多边形的认识"单元的任务主题，学生为了能够完成解释这一问题的任务，就有了学习"三角形的认识"的需要，学完之后得到的结果还无法让人信服，于是为了寻找对比，又踏上了由"平行四边形的认识""梯形的认识"到一般四边形直至五边形、六边形等多边形的学习之旅。如此，原本"多边形的认识"这一单元的内容便不再孤单，而在完美解释生活问题的主题任务引领下不断地伸展和拓展。

4. 主题任务驱动大单元学习的嵌入结构

主题任务引领的大单元设计的嵌入结构特点是，在知识学习进程中，遇到障碍引进必要的技术支援，而所需知识位于其他单元，由此整合成大单元，或为帮助学生学得更好，引进必要的工具支持，而所列知识位于其他单元，由此聚合成大单元。

（1）引进关键技术设计大单元主题性任务

教材有时会把知识分解成独立的内容或单元，学生学习这些先行知识时茫然不知其为何用。为了避免这种割裂式学习，我们待到学生需要时才引进必要的知识技术，嵌入相关知识单元的学习，从而整合成一个学习大单元。

例如，在"因数和倍数"单元，学生艰涩、迷惑地学习"通分"，直至转入

"分数加减法"单元"异分母分数加减",才明白通分是其关键技术。为了让学生一开始就明明白白学习,我们先教学"分数加减法"单元,在遇到"怎么把异分母分数转化成同分母分数"时才引进"分数的基本性质"的教学,之后在进一步思考"怎么可以快速地把异分母分数转化成同分母分数"时再引进"最小公倍数"的教学,这样在完成"异分母分数如何加减"这一主题性任务中实现"分数的基本性质"与"因数和倍数""分数的加法和减法"等单元的统整。

(2)引进辅助工具设计大单元主题性任务

除了着眼核心概念,我们还要着力关键能力,设计大单元主题性任务。其中,学会利用思维工具助力知识学习也是一种关键能力。

手是人身上最便携的"学习工具",在每一次知识教学时,我们想一想是否可以借助手帮助学生理解和记忆知识,最终归结到"利用手的构造做学问"和"利用手的运动做学问"两种辅助方式。此中,通过手把原本散落于各个单元看似并无关联的众多知识聚集在一起。我们让学生在学习时,以"如何把知识'手到擒来'"为任务主题,采用知识树或手抄报等形式,把这些内容单位联结成学习大单元,如此学生对学过的语文课文《人有两个宝》有了更深的体会,实现数学学科与语文学科的整合。

四、以大任务驱动方式实施单元教学的意义

以任务驱动的方式进行教学,将"活动""探究"单元进行划分,化整为零。从学习难度或者学习内容上,将整个单元分成多个部分,设置成多个学习任务,带领学生按照一定的顺序,一步一步地去学习,去完成这些任务,从而逐渐掌握整个单元的知识,完成单元学习目标。

美国教师帕克·帕尔默在《教学勇气》一书中写道:"(优秀教师)能编织一个复杂的网,这张网联结着学生、课程以及他们自己。只有这样,学生才能学会为他们自己编织出一个世界。"我们期望通过主题任务驱动的大单元学习,来编织能够联结课内与课外、科内与科外的一个复杂的网,让学生能够为自己编织一个更广阔、更美好的世界。

主题 4

从学科融合角度实施单元教学

2014 年，《教育部关于全面深化课程改革落实立德树人根本任务的意见》指出，"要充分发挥学科间综合育人功能，开展跨学科主题教育教学活动"。2022年，教育部颁发的《义务教育课程方案（2022 年版）》（以下简称"新课程方案"）进一步明确提出，"加强课程内容与学生经验、社会生活的联系，强化学科内知识整合，统筹设计综合课程和跨学科主题学习"。打破学科壁垒，实施跨学科主题学习，成为当前课程与教学回归育人价值在课程设计和教学方式革新方面的必然要求，也是世界范围内学科课程改革的必然趋势。跨学科学习在我国从个别区域和学校的先导探索，上升为国家层面在课程实践创新上的整体要求和系统推进。

一、大单元学习中跨学科学习的内涵价值

现实生活中，学生面对任何一个具体情境问题的解决，都不会只是运用单一学科的知识技能。在特定的情境中，学生需要运用关于价值、态度、知识、技能、社会等方面的综合资源应对复杂的问题。尤其是当下，在建设教育强国的进程中，把学生培养成担当民族复兴大任的时代新人，更需要中小学校准确识变、主动应变，加强培养学生创新型思维、综合型实践能力以及发现和解决问题的素养和能力。

基于此，学生的学习仅依赖于知识本位的学科记忆型、单一性学习是远远不够的。这就需要教育者从学生学习的相关要素构成的学习机制中，站在学生学习的视角，以落实立德树人、素质教育、核心素养导向的新课改为追求，对教学的实践本质进行重新思考，变革学习方式，建构以学习者为中心的学习目标、内容、方法以及学校治理生态体系，促进学生以探究性、协同性、反思性学习活动为主的跨学科学习。

从中小学校具体实践看，跨学科学习是以发展学生某一方面或多方面核心素养为目标，在学生阶段身心发展特点和个体差异性特质经验基础上，融合相关学科的学习视野、思维方式、知识、技能和方法，以及地方性、世界性学习资源，从整体性理解和把握层面，促进学生在解决问题或完成任务的主题性深度学习中，发展其核心素养，培养未来人才的过程。

跨学科学习在大单元学习中的内涵价值体现在以下几个方面。

（1）促进知识的综合运用。跨学科学习鼓励学生将不同学科的知识综合起来，解决实际问题。这种学习方式有助于学生理解知识的实用性和相关性，使学习更加贴近生活，提高学习的实践性和应用性。

（2）培养创新思维。通过跨学科的方式，学生可以在不同领域之间建立新的联系，这有助于培养他们的创新思维和解决问题的能力。学生学会从多个角度思考问题，对于未来的学术研究和职业发展都是非常宝贵的能力。

（3）增强学习的深度和广度。跨学科学习能够让学生在学习过程中接触到更广泛的知识领域，这不仅增加了学习的广度，还能够通过深入探讨某一主题，增加学习的深度。

（4）提升学生的自主学习能力。在跨学科学习中，学生需要自己探索和整合不同学科的信息，这有助于提升他们的自主学习能力和研究能力。

（5）适应未来社会的需求。未来社会需要的是能够跨领域工作、具备多元文化背景和综合解决问题能力的人才。跨学科学习正是为了适应这一需求，培养学生的综合素质。

（6）实现课程的综合化。跨学科学习是实现课程综合化的有效手段。它要求各门课程用不少于10%的课时设计跨学科主题学习，这样可以打破学科间的界限，促进学科间的融合与交流。

（7）响应新课程标准的要求。《义务教育语文课程标准（2022年版）》等新课程标准对跨学科学习提出了明确的要求，这是对传统教育模式的一种改革，旨在通过跨学科学习培养学生的综合素质。

跨学科学习不仅是教育改革的趋势，也是培养未来社会所需人才的重要途径。教育工作者应当对跨学科学习有清晰的认识，并在教学实践中积极探索和实施，以满足当下基础教育课程领域的现实要求。

二、跨学科学习实施的现实困境

素养导向的跨学科学习旨在培养新时代新型人才，这对长期依赖学科教育教学范式的学校教育的方向、内容和方法都提出了很大的挑战。实践中，学校具体实施跨学科学习还面临一些现实问题。

一是教师专业发展方面。传统教师培养体系和工作体制均具有明显的学科建制特点，如何使学科专业出身的教师突破特定学科的研究范式和思维惯性？教师在跨学科教学中可能需要具备更广泛的知识和技能，以及能够整合不同学科内容的能力。这要求教师在专业发展上投入更多的时间和精力，以适应跨学科教学的需求。

二是资源和支持方面。中小学校课时长短与作息安排大多为统一固定的单学科编排，如何使整齐划一的被动管控转变为弹性差异的自主管理，支持综合性、灵活性的跨学科学习？实施跨学科学习可能需要更多的教育资源和支持，包括教材、设备、时间安排等，这对于学校和教育系统来说可能是一个挑战。

三是课程设计方面。跨学科学习要求不同学科之间的知识和技能能够有效整合，这在课程设计和实施上是一个挑战。需要教育者创造性地设计课程，以确保学生能够在跨学科学习中获得连贯和综合的教育体验。但是，中小学国家课程的教材以分科为主，有相对独立的学科知识体系。如何在保质保量落实国家教材的前提下，科学整合形成适切的跨学科学习内容？

四是教学方式方面。如何减少以单学科知识讲授为主的教学方式比重，增加基于复杂性问题解决和结构化知识理解的发现学习、探究学习等的比重，构建多元互动的教学生态？学生可能习惯了传统的学科学习方式，对于跨学科学习的新方法可能需要一段时间来适应。这要求教育者在引导学生时要采取恰当的策略，帮助他们理解和接受跨学科学习的价值。

五是理论与实践的差距方面。虽然跨学科学习在理论上具有显著的价值，但在实际操作中可能会遇到诸多困难，如缺乏有效的实践策略和案例指导等。在跨学科主题学习中，也存在学用割裂、"只学不用""只用不学"和"先学后用"的问题。这些问题表现为教师在教学过程中可能过于注重知识的传授，而忽视了学生素养的培养，尤其是实际应用知识解决问题的能力。

六是学生评价方面。传统的评价体系可能无法全面反映跨学科学习的成效，因为跨学科学习强调的是学生的综合素养和实际应用能力，而不仅仅是学科知识的掌握程度。传统的纸笔测试难以评价学生在跨学科学习中的实践、创造、合作等能力，如何以更具有情境性和真实性的表现性评价，监测和促进学生跨学科学习能力发展？

总之，学生是跨学科学习实施的关键因素。在"学科+"范式中，存在将学科作为"跨"的起点的知识本位惯性，容易陷入内容的表面叠加、简单拼凑，难以触及不同学科背后育人价值的聚合。而核心素养导向的跨学科学习以上位目标为统领，能促进各要素在"跨"中发生内在联系和真正融合。从学习机制来看，学校的外部环境、学习空间、课程内容、时间分配、师生关系等都会影响学生学习过程中的认知建构、风格偏好、情绪体验、学习节奏等，从而产生不同的学习效能。

三、跨学科学习的实施策略

针对跨学科学习的实施难点，结合影响跨学科学习的关键因素，以学生核心素养培育为出发点，整合学生个性化特质经验，融合各学科学习视野、内容、方法，以及地方性、世界性学习资源等一切适合的要素，为孩子们提供适切的跨学科学习情境、内容与方式，发展跨学科学习能力、应用能力、实践能力、研究能力等，优化学生学习方式、学校育人方式和治理方式，构建学校高质量育人生态，形成学生学习"低负担、高质量"的群体特质。跨学科学习可以考虑以下主要实施策略。

1. 提升教师的跨学科课程设计和教学能力

要培养具有跨学科学习能力的学生，需要一支具有跨学科教学素养的教师队伍。优化教师岗位设置、教研培训等，促进教师观念更新，提升教师指导跨学科学习的专业能力。

首先，突破学科本位设置教学与管理岗。通过以班级、年级、年段为单位设置教学、管理岗，打破教师局限在学科教学中的桎梏。设立单班任教岗位，结合个人意愿和专长，兼任其他学科或社团活动教师，有助于教师突破学科壁垒。设立年级、年段教学管理岗位，在以原有学科组为单位管理的基础上，设置年级组长、年段组长，负责协同本年级、本年段各学科教师，基于不同年龄学生特点更有针对性地开展年级、年段教研，研发实施跨学科学习项目。设立以不同学科教师作为成员的名师工作室，设立由党员教师牵头、不同学科教师组成的跨学科党员工作室，成为跨学科学习和实践的载体。

其次，班主任岗位不限学科，人人可担任。开展跨学科学习，需要学生、教师从思想上重视每门学科的学习，破除学科偏见。每周开展班级教研，由班主任召集各学科教师，聚焦班级学生学习情况，统筹调配各学科学习内容、时间与方式等。

最后，开展跨学科多领域教研培训。建立跨学科学习实践专业发展共同体，依靠团队智慧不断缩小盲区、扩大已知和攻克未知。一是跨学科教研。以跨学科项目设计为载体，增加跨学科教研比重，促进不同学科教师常态化开展基于合作设计课程的跨学科教研。二是全学科培训。邀请各学科专家做培训，其他学科教师全体全程参与学习。三是多领域研修。注重邀请不同领域专家做培训，带领教师到全国各地参加综合性培训，引领教师站在经济、文化、时局发展等宏观背景中拓宽学科理解。

2. 拓展跨学科学习的时间和空间

建立与跨学科学习的性质、特点相适应的时间安排机制，通过弹性时间管理，优化学生在校一日生活流程，学生从被动管理走向自我管理，促进跨学科学习过程中的学生的自主建构与探究。

首先，弹性设置学科课时，提供灵活的跨学科学习时间。在跨学科学习过程中，基于不同学科性质和学习内容特点，为学生提供弹性的学习时间。一是实行半日制课程。上午主要是学科课程，下午主要是活动课程，如社团活动、专题活动等，为跨学科学习提供专项时间保障。二是长短课相结合。根据学科特点，采用长短课相结合的方式，为开展跨学科学习提供更灵活的时间。

其次，整合学校场地功能，提供丰富的跨学科学习空间。阅览室、实验室、功能室全开放，校园随处设置非正式学习区，为学生随时以自主的、小组的、合作的、探究的方式开展跨学科学习提供条件。不同年级教室、功能室穿插安排，形成混龄式学习空间，让不同年龄学生之间的生活经验差异、认知水平差异、学习能力差异等成为跨学科学习的资源。

最后，优化校园生活流程，延展真实的跨学科学习场域。跨学科学习强调创设情境，让学生面对和克服不确定的困难，在问题解决中让学习真正发生，尽力还原学生真实的社会生活场景。

3. 开发跨学科学习的内容资源

以跨学科学习为载体，重构学科知识在真实世界中与世界的多维立体关系。坚持"一切有积极影响的元素都是课程"，以"核心素养"为导向的跨学科学习整体思路，集合影响学生学习和核心素养培育的相关要素，整合学生个性化特质经验，各学科中可能的适当的学习内容，以及地方性、世界性学习资源，建构跨学科学习内容。

第一，基于核心素养的基本要点，分年段研发跨学科主题活动。结合青少年的年龄特点和认知、情感、社会性等发展水平，从学生核心素养中选取适切的要点，将其设计为主题活动，围绕该主题活动整合本年级各学科相关的学习内容。比如，根据"国家认同"这一核心素养基本要点，在八年级设计"探究中国特色社会主义制度的优势"这一主题活动中，地理学科开展"地形与贫困"学习活动，让学生深刻理解地形对经济发展的影响，以及我国为脱贫攻坚做出的努力和取得的历史性成就，感受社会主义制度的优越性；道德与法治学科开展"假如我是人大代表"学习活动，理解全过程人民民主的制度优势，树立制度自信；历史学科开展"探寻'老干妈'风味食品崛起的奥秘"学习活动，体验在中国经济体制改革中，把计划经济和市场经济相结合，走出了一条具有中国特色的社会主义经济道路。在小学低年段，结合幼小衔接需求，以一周一次半日活动的方式开展跨学科主题活动。

第二，基于学生核心素养的内涵价值，整合地方性生活资源、世界性发展成果。真实的生活性学习内容，可以激发学生主动思考、主动参与问题解决过程，提升好奇、质疑、创造等素养。需要基于核心素养的内涵价值，在跨学科教学中整合地方性生活资源和世界性发展成果。例如，学习科学"种植"一课，基于孩子们审美情趣、勇于探究、问题解决等素养的培育，教师带领孩子们在校园里开展栽种主题、养护主题、采摘主题、烹饪主题等学习活动，关联多门学科，开展跨学科学习。又如，在情绪生活（心理健康教育）学科"生命"单元学习中，教师整合"生命的起源"纪录片、"日本福岛排放核污染水"新闻事件等，引领学生理解世界上万千生命彼此关联，发展人文情怀、生命关切、社会责任等核心素养。

第三，基于学生核心素养的整体要求，各学科协同促进学生发展。教师在开展学科教学的时候，打破学科本位，立足学生成长，观照核心素养发展。例如，在四年级数学"条形统计图"教学中，教师调查孩子们对学校自助午餐菜品的喜爱程度，现场生成数据作为学习资源，在这个教学环节中，教师带着孩子们根据统计数据绘制条形统计图，一起辩论"炸鸡腿是孩子们最喜欢吃的菜品，学校能不能每天提供炸鸡腿"。在这个过程中，学生不但掌握了统计的知识，还发展了有理有据表达观点的能力，培养了健康生活、信息意识、批判质疑等核心素养。

4. 创新跨学科学习的方式方法

以项目式、任务式、主题式等为主要方式的核心素养导向的跨学科学习，成为从教师中心知识本位到学生中心素养本位转型的良好载体，促进从新课标到新课堂的落地转化，从灌输的知识量的堆积，转为理解知识的内涵形成，以及运用知识、技能、资源进行合作，促进学生形成解决具体复杂问题的实践创新能力。

首先，选择适切的学习路径。跨学科学习旨在促进课堂教学更好地与现实世界相联结，培养孩子们适应未来的核心素养。因此，启发式、探究式、体验式、互动式等教学方式更有助于学生进行跨学科学习。教师可通过项目探究、实验操作、小课题研究、体验模拟等方式，激发学生个性化学习和主动性思维。例如，重庆谢家湾学校基于多样化学习路径建议，编写1~9年级《学科学习建议》，基于跨学科学习实践形成"谢家湾学校课程教学改革经验20条"。

其次，强化多主体互动教学。学生面对的社会生活是完整的，学校也应为学生提供完整的学习方式和生活方式。学校在跨学科实践中，强化多主体互动式教学，让孩子们在与自我、与文本、与材料、与同伴、与教师等多主体多形式的对话中展开学习，让学生以社会一分子的身份进行学习，学得鲜活、丰富。

最后，实施动态化分层走班。当学习任务适配学生"最近发展区"，才能激励学生乐学、善学。为了找到每个孩子的最佳生长点，谢家湾学校在小学部、初中部均设置分层动态走班，学生根据本阶段本学科自己的学习基础、学习进度、学习能力等自主选择进入相匹配的班级。如八年级英语学习，分别由 5 位不同教学特点和优势的英语教师任教 5 个班级。全年级所有孩子自我评价后选择进入更适配的班级，在更适宜的学习节奏和学习方法中，找到学习的成就感。

5. 发挥跨学科学习过程性评价的育人功能

有什么样的评价，就有什么样的跨学科学习样态。通过评价牵引，才能保障跨学科学习的育人价值。

首先，强化评价意识。对学生在校生活表现进行全方位、全过程关注与即时反馈，才能促使孩子们的思维、行动随时随地得到调整优化。例如，谢家湾学校基于学生表现，把评价视野从终结性的正式评价，转换到即时性的非正式评价。把近视率、肥胖率、校外补课率、睡眠和运动充分度、矛盾发生率等作为权重高达 50% 的教师评价范畴，设立跨学科教学实践奖、教学研究引领奖、分层教学示范奖等奖项，促进教师专业研究。师生在一直被激励、从未被判定的评价赋能中持续成长。

其次，前置评价设计。在进行跨学科学习之前，教师即优先考虑学生需要达成的评价标准，使评价成为连接跨学科学习目标和过程的重要桥梁。通过前置评价标准，使学习目标具体化、可视化、可测化，保障学生在跨学科学习中学得扎实、学得有效。

最后，整合任务情境。表现性评价需要设计更多情境化的表现性任务。例如专题活动"辩论"，在辩论赛这一真实情境中，现场观众从语言表达、逻辑思维、临场应变等角度进行即时评价。这样的评价设计激励学生在准备过程中，进行大量阅读积累、调研访谈、模拟演练等实践学习。

四、跨学科单元教学的实施原则

1. 教师必须具有综合素质

教师只有具有较强的综合素质，才能够持续推进跨学科主题教学活动开展的进程。跨学科主题学习并不是单一地将其他学科拼凑在一起，而是注重学科之间存在的内在联结关系，找出学科融合的切合点，并且要求教师立足于每一门学科的特殊性，全面看待每一门学科价值。教师是课程的开发者和研究者，教研活动要注重跨学科的联合教研或重新组建新的教研共同体，让不同学科、不同思维进行相互碰撞，以此来提升跨学科思维、能力和素养。

2. 要秉承综合育人初心

任何一门课程的学习都不能一蹴而就，需要依靠不同课程所具备的学科属性以及核心素养的支撑，寻求学科之间知识整合的基点，实现"五育"融合、综合育人。这是跨学科主题学习的初心。跨学科主题学习，是恰当合适的"跨越"，绝不能为了"跨越"而"跨越"，不能让跨学科的教学偏离了教学的初衷和主题，失去了应有的教学意义。跨学科主题学习，应发挥学科之间所具有的共性，全面有机地把握好学科间教学的最佳契合点，实现两者有机结合，相互补充渗透。

3. 避免"形式化"

跨学科主题学习是一种综合性的学习，在设计跨学科主题学习时，必须立足学科核心素养，结合学生已有知识及生活经验来设计跨学科主题学习内容，而不是教师的主观臆断。要找准学科之间联系的共同点，丰富跨学科主题学习的内容资源，避免生搬硬套。

4. 关注评价

在教学活动中，除了要对学生进行参与实践过程的核心素养进行评价，还要对其在学习活动中的表现和成果进行评价。教师需要在课堂中综合评价学生的学习情况，如观察记录学生在其活动当中的具体表现情况，针对学生的学习成果进行综合性评价，保障其评价的实效性，重点评价学科之间核心知识的学习和综合运用，等等。

学生应具备的核心素养是综合性的，这就决定了我们在教学中应淡化学科边界，打破学科藩篱，合理重组课程内容，将多学科的知识背景、思维方式、学习能力、操作技能等方面进行有效融合，构建更完整的知识体系，内化学生核心素养，创造性地分析和解决问题。归根结底，跨学科主题学习的本质是促进人的发展和学生核心素养的提升。

主题5

构建认知体系，引导深度学习

深度学习关注学生的自主探究过程，是一种更加适合学生发展和社会要求的学习形式。课堂教学中教师引导学生不断将旧有知识与新知进行关联架构，通过新知的学习激活先前知识，并在批判反思的基础上重新搭建，重组完善属于自己的新的认知结构。我们一般通过确立高阶教学目标、创设深度学习思考环境、整合联结知识内容的课堂教学策略，开展深度学习。

一、认识大单元下的深度学习

现代教学理论中把深度学习定义为与孤立记忆和非批判性接受知识的"浅层学习"相对的一种学习方式，它以高阶思维为核心特征。在布鲁姆教育目标分类学认知过程中，记忆、理解两个层面为浅层学习，应用、分析、评价和创造则为深层学习。

在大单元教学中，深度学习的"深"，指的是学生对学科核心知识的深度理解和加工。过去我们太强调对知识的记忆和复制，而不是理解和加工。

深度学习的"深"，还体现在学生学习方式的调整上。要引导学生从简单记忆走向深度思考，从单纯的、封闭式的、缺乏挑战性的活动走向复杂的、具有挑战性的学习任务的设计上，这种挑战性的学习任务与现实是结合的，是探索性的，是开放的。

深度学习还体现在从个体学习走向共同学习、合作交流中的学习。深度学习不是个体单独的学习，而是有互动的、合作的、共享的学习。

二、大单元深度学习课堂的特点

大单元教学中的深度学习是以学科的核心内容为载体，围绕具有挑战性的学习主题，引导学生积极参与到学习中来，通过体验成功来获得意义的学习过程。深度学习课堂注重学生的深层次理解和高阶思维能力的培养，其特点可以从以下几个方面进行阐述。

（1）经验与知识的结合。在深度学习课堂中，学生被鼓励将已有的经验与新知识相结合，通过经验调取、概念失稳、概念解构、意义建构、重构概念网络等环节，实现对知识的深入理解，注重学生对所学知识的批判性理解。

（2）核心素养的培养。深度学习不仅仅是知识的积累，更重要的是培养学生的核心素养，如自我管理、时间管理、自主性、适应性、执行力等，这些非认知技能对于学生的长远发展至关重要。

（3）信息的自我转换。深度学习强调学生将所学内容有机地整合运用；深度学习的关键在于信息的自我转换，学生需要实现加工信息、理解信息、评价信息、应用信息以反思自己的学习，这些都是深度学习过程中的重要环节。

（4）真实情境的问题解决。深度学习强调在学习过程中针对所学知识进行重新建构与反思；强调基于真实情境的问题解决能力，通过将知识与技能应用于解决复杂问题，形成能力和道德，从而提升学生的核心素养。

（5）情感驱动的学习。与传统的认知型学习相比，深度学习更加强化情感驱动的非认知学习，这种"社会—情感性学习"与"认知性学习"紧密相关，但性质不同，对于学生的核心素养体系极为重要。

（6）高阶思维活动。深度学习重视学生对各个知识点及各学科的知识的迁移运用，并将其用于发现问题、解决问题过程之中，从而使学生通过深度学习，达到思维拓展的目标。深度学习课堂鼓励学生进行理解性的学习、深层次的信息加工、批判性的高阶思维、主动的知识建构和知识转化、有效的知识迁移及真实问题的解决，这些过程涉及学生对知识的应用与创造。

总的来说，深度学习课堂旨在通过上述特点，促进学生的全面发展，不仅仅局限于知识的掌握，更重视学生能力的提升和个性的发展。这有助于学生在未来社会中成为有能力、有责任感的个体。

三、大单元深度学习课堂的构建策略

1. 确立高阶思维发展目标，引导学生深度理解

突破以"记忆、理解和简单应用"为导向的"三维目标"分类陈述的限制，转向将培养学生高阶思维能力作为教学的首要目标设定，并将其作为教学目标的一条暗线始终伴随课堂教学。无论是知识与技能方面、过程与方法方面，还是情感态度与价值观方面，都要始终将批判和创造作为教学目标的重点关注对象。

2. 整合联结学习内容，引导学生批判建构

以往的教学中学生多采用教师提供的孤立的信息，以零散、碎片式学习通过记忆、模仿等方法机械地解决问题。由于知识的学习过程没有在新、旧知识之间建立联结，新知识没有进入学生原有的认知结构，就会出现解决问题的效率低、效果差的现象。

深度学习要求教师深研教材，挖掘知识间的内在联系。打破教材的壁垒，指导学生不断将旧有知识与新知进行关联架构，通过新知的学习激活先前知识，并在批判反思的基础上重新搭建，重组完善属于自己的新的认知结构。

3. 创设深度学习情境，引导学生深入体验

这里所说的情境并非虚拟生活场景的介入，而是指教学环境下的关联性问题情境，即学生在解决新知时所处的知识、策略层面。只有把握了情境的关键要素，才可弄清差异，对新情境做出"举一反三"、准确明晰的判断，从而实现顺利迁移运用。因此创设深度学习情境，引导学生辨析自己所处的问题情境则变成研究的基本保障。

4. 注重活动设计，引领学生深度学习

一是设计多样化的活动。多样化的活动可以激发学生的兴趣和好奇心，提高他们的参与度和学习效果。例如，可以采用游戏、角色扮演、演讲、写作等多样化的活动形式。

二是设计具有挑战性的活动。具有挑战性的活动可以激发学生的思维和创造力，促进他们的深度学习和理解。例如，可以采用项目式学习、探究式学习等具

有挑战性的活动方式。

三是设计与实践相结合的活动。这样的活动可以提高学生的兴趣和学习动机，同时也可以促进他们的应用能力和创新精神。例如，可以采用社会实践、实习、志愿服务等与实践相结合的活动形式。

四是设计具有反思性的活动。具有反思性的活动可以促进学生的思考和自我评价，提高他们的元认知能力和学习效果。例如，可以采用反思日志、反思讨论等具有反思性的活动形式。

五是设计具有合作性的活动。具有合作性的活动可以促进学生之间的交流和合作，提高他们的社交能力和团队协作能力。例如，可以采用小组讨论、小组展示等具有合作性的活动形式。

5. 提供高质量的学习资源和支持，引领学生深度学习

教师通过鼓励学生主动探究、思考、创新和合作，从而帮助学生获得高层次思维能力和终身学习的能力。

一是创设真实问题情境，激发学生解决问题的欲望，促进学生深度学习。二是给予学生充分的时间与空间，让学生能够进行深度思考。三是引发学生的认知冲突，促进学生进行深度学习。四是鼓励学生进行批判性思维，从而促进学生的深度学习。五是教师可以引导学生多维度思考问题，从而促进学生的深度学习。六是教师可以指导学生对知识进行深度加工，从而促进学生的深度学习。七是开展小组合作学习，促进深度交流。小组合作学习可以促进学生对知识进行深度交流。

通过以上策略，深度学习关注学生的自主探究过程，是一种更加适合学生发展和社会要求的学习形式。在深度学习研究中，教师获得长足的进步。课堂教学结构由教师主导转向学生主导，教学不再是专注于教会学生认识世界和按图索骥地执行任务，学生将以积极的情绪体验去探寻未知的领域。老师可以引导学生进行深度学习，促进学生高阶思维能力的发展。

四、构建大单元深度学习课堂的意义

1. 有助于构建学生的知识体系

学习是一个整体、动态的过程，随时都有可能遇到新的变化和新的问题。若学生在学习时只停留于浅层学习，所获得的知识就会是孤立、片面的，这会使学生在面对复杂多变的学科问题时感到无能为力。而深度学习不是教师教得越深越好，而是精准地教学，教得到位，在该研究的地方深挖。基于学生对学科的认知情况，对新知识主动筛选、处理和加工，使新知识融入学生已有的知识体系中，这有助于学生知识体系的构建，可以使他们在面对学科问题时能灵活运用新、旧知识。

2. 有助于提升学生的思维品质

思维始于疑问，疑问则能引导学生进行思考，从而开始找寻解决问题的方法。构建深度学习课堂，可将学生置于特定的问题情境中，使学生对学科问题进行自主分析、探究和总结，从而找出最有效的问题解决策略。只有经历深度学习，学生才能够有效提升问题分析能力、信息处理能力、自主学习能力等，才有利于提高学生的学科思维能力。

3. 有助于提高学生核心素养

教师在课堂教学中通过引领学生开展深度学习，使他们透过问题的浅层和表面，发现更为深层和内在的知识和规律，激发他们的学习兴趣和动机，激活他们的学科思维，形成学科技能，从而使他们的学科素养和学科水平得到有效提升。

总之，深度学习课堂的构建，是师生共同经历的一场旅行，旅行的终点是让学生获得自主学习的能力，具备适应新时代发展的创新能力。因此，要根据学生的认知能力、教材的深度层层递进，引领学生走进深度学习状态。

主题 6

渗透学科思想，把握学科本质

学科思想是指由学科专家总结提出的对学科的学习和发展最具影响力的规律、思想和见解，是一个学科的灵魂。教育家裴斯泰洛齐说："教学的主要任务不是积累知识，而是发展思维。"新的课程改革带来教与学的根本转变，核心素养的提出与实践，必将引导教师注重学科思想的渗透和学科探究能力的培养。学科知识、学科能力、学科思想构成了学科体系。

教师通过对文本的理解，将最精髓的、最本质的思想渗透于教学设计和教学实践中，让学生通过课堂活动来感悟，形成知识结构网络和学科思维网络，这对提高学生学科素养、培养综合解决问题的能力、培养核心素养具有重要意义。

一、什么是学科思想

学科思想包含对学科最具影响力的基本观念和见解，这些观念和见解能够深刻影响学科的发展方向和学习方法，它体现了该学科的独特性和本质。

例如，在数学中，学科思想可能包括化归思想、数形结合思想等，这些思想帮助人们理解数学概念并解决数学问题。在化学中，守恒思想和动态平衡思想等是学科的基础理念，它们指导着化学反应的理解和实验的设计。化学学科思想有顺向探究思想、对比思想、控制变量思想、定性定量思想、化隐为显思想、宏微结合思想等。

在教学中，基于学科思想的教育被认为是更有"灵魂"的教学。这种教学方式强调让学生在学习知识的同时，深入理解学科方法和能力，促进学生的全面发展。学科思想不仅是学科教学的核心，而且对学生的知识积累和能力发展有着深远的影响，它有助于学生在未来的学习、生活和工作中更好地运用所学知识和技能。

学科思想位于学科知识的更高层次，涵盖了学科方法的应用和理论知识的综合。例如，物理学不仅涉及物理知识，还包括通过这些知识解释自然现象和社会技术关系的方式。

学科思想对于把握学科本质至关重要，它不仅指导我们理解和探索学科的核心问题，还帮助我们形成对学科的全面和深入的理解。通过学科思想的指导，我们可以更好地设计教学活动，落实核心素养，促进学生全面发展。

总之，学科思想是构成学科核心和精髓的观念体系，它不仅反映了学科的内在逻辑和发展规律，还为学习者提供了理解和应用学科知识的框架。因此，掌握一个学科的思想意味着深入理解了该学科的本质，这对于学术研究和实际应用都是至关重要的。

二、渗透学科思想的意义

建构主义学习理论认为，学习是个积极主动的建构过程，学习的效能取决于学习者建构意义的能力。强调学生对知识的主动探究和主动发现，特别关注学生对所学知识在原有经验基础上的有意义的生成。

1. 扩展学生思维

学科思想的培养能够扩展学生的思维，让学生全身心地去探索学科知识，通过举办相应的建模活动能够提高学生的参与意识，鼓励他们自主参与到学科知识的学习中去，能够强化学生自主探索的能力。在传统学科教学中，教师都是进行机械化的传输，教师教、学生学的模式容易让教学显得枯燥无味。而运用学科建模思想，学生能够对书本知识进行自主探索，在探索的基础上尝试着去理解，进一步强化学习体验，而在体验的基础上才能更为深刻地理解学科知识点。

2. 激发学习兴趣

在课程中，通过让学生亲自设计与实践，增强学习兴趣和黏合性，建立模型的"实践导向"工作坊，可以提高学生的学习兴趣，增强知识的黏合性，促进知识的关联感。这种实践导向的学习方法有助于学生更深入地理解学科内容，培养学生的创新能力。在科学研究范式发生深刻变革的背景下，学科间的相互交叉与渗透日益明显，这要求未来的人才必须具备跨学科的知识和能力。渗透学科思想有助于培养学生的跨学科思维，为他们将来在多变的职业环境中取得成功打下基础。

3. 培养学生想象力

在实际教学中，一部分学生是通过直觉产生对某个知识点的兴趣，之后进行假设、猜想等方式来验证自己的猜想是否正确。例如，在学习三角形的相关知识时，学生能够看出来两边之和大于第三边，之后可以通过摆设木棒的方式来验证这种猜想的正确性。通过发现问题、领域问题总结数学规律，这就是我们前面所说的建模过程。通过这个过程让学生提出自己的意见和见解，在跟同学交流与合作过程中感受各个知识点之间的联系。

4. 适应教育改革趋势

课程标准的研制和修订是基础教育改革的引擎和支点。渗透学科思想有助于适应这一改革趋势，更新教育理念，提高教育质量。

因此，在教学中要渗透学科思想，引导学生主动建构。在课堂教学中培养学生主动发现和探究，发展学生思维，提高学生综合能力，发展学生核心素养。在素质教育背景下，渗透学科思想有着重要的意义。

三、渗透学科思想的有效策略

学科思想是经过分析、抽象、提炼，形成的对学科发展和学科学习最具有影响力且能够迁移的一些观点、思想和见解；是根据学科内在的规律和特点，总结归纳出的思维方法、研究方法和学习方法等。学科思想与方法的渗透是新课程改革的一个新的视角。新教材蕴含着许多学科思想与方法，因此，在教学中，应根据学生的认知水平适当地、巧妙地渗透基本的学科思想与方法。

1. 在钻研教材中挖掘学科思想

如果课前教师对教材内容适合渗透哪些思想方法一无所知，那么课堂教学就不可能有的放矢。由于受篇幅的限制，教材只能较多地呈现结论，而对结论中所隐含的学科思想与方法，往往在教材里没有明显地体现。在备课时，教师不应只看见直接写在教材上的基础知识与技能，而是要认真挖掘蕴含在知识中的学科思想,有意识地把掌握知识和渗透学科思想方法整合到教学目标之中,并把学科思想与方法恰当地融入教学的各个环节。

因此,教师要深入钻研教材,努力挖掘教材中蕴含的学科思想方法,对每节课的课堂教学中可以渗透哪些学科思想与方法,应做到心中有数。例如,在教学"圆的面积"这节课时,先把圆分成相等的两部分,再把两个半圆分成若干等分,然后把它剪开,再拼成近似于长方形的图形。如果把圆等分的份数越多,拼成的图形越接近于长方形。这时长方形的面积就越接近圆的面积了。这部分内容应让学生体会用"无限逼近"的方法来求得圆的面积,这样,既有机地渗透了"极限思想",也渗透了"转化思想"。

由于学科思想与方法是以具体内容为载体,又高于具体内容的一种指导思想和普遍适用的方法,因此,在分析教材时,应挖掘隐藏在学科知识中的学科思想与方法,明确所要渗透的学科思想方法。

2. 在探究体验中渗透学科思想

学科思想方法渗透于教学活动过程中,要着重引导学生领会与感悟。在探究活动中,教师要创设情境,营造民主氛围,让学生主动参与学科教学活动过程,并依据学生的亲身体验,逐步领悟学科思想方法。

(1)在概念形成过程中感悟学科思想

在概念教学时,"引导学生对新概念的形成过程、结论的推导过程"等,这些都是向学生渗透学科思想和方法的极好机会。例如,教学"三角形分类"一课时,教师预先给学生提供了许多三角形学具,放手让学生在小组合作中尝试对三角形进行分类,学生从关注三角形的角与边的特征入手,借助学具操作,通过看一看、比一比、量一量、想一想、议一议、分一分等手段,寻找它们的特征、共性,在比较中将具有相同特征的三角形归为一类,在分类中抽象出图形的共同特征。这样让学生经历了三角形分类的过程,丰富了分类活动的经验,形成了分类的基本策略,也有机渗透了分类、集合的思想。

(2)在教学过程中感悟转化学科思想

教学往往是把新知转化成旧知,并借助旧知来学习新知。例如教学"除数是小数除法"一节课时,其关键就是把除数是小数的除法"转化"成除数是整数的除法进行计算,知识基础是除数为整数的除法计算法则,教学中只要将除数是小数转化为整数，问题就迎刃而解。因此，新课前教师先引导学生回顾"商不变性质"，完成除数是小数的除法转化成除数是整数的除法有关铺垫练习。再出示例题："奶奶编'中国结'，编一个要用0.85米丝绳。有7.65米丝绳，可以编几个'中国结'?"首先让学生读题，分析题意并列出算式，然后放手让学生独立尝试，学生探索时发现算式中除数是小数，这种除法没有学过，怎么办？学生思路受阻。这时教师适当进行点拨：能否根据以前学过的知识解决现在的问题呢？学生从前面的复习中很快地感受到只要把除数转化成整数就可以进行计算了。

新知识看起来很难，但只要将所学的新知识与已学过的知识联系起来，并运用正确的学科思想方法，就能顺利地解决问题。这种解决问题的方法就是数学的转化思想，转化就是未知的向已知的转化、复杂的向简单的转化，从而让学生感悟到转化思想的作用。

（3）在教学过程中感悟转化学科思想

小学数学有关图形的学习，是先学习直线型图形，如长方形、正方形、平行四边形、三角形、梯形以及长方体等，再学习曲线型图形，如圆、圆柱等。在学习曲线型图形有关知识时，就可利用转化方法，将曲线型图形转化为直线型的图形，利用直线型的相关知识和经验进行解决。例如，教学"圆面积的计算"一节课时，首先，教师可以引导学生回顾以前学习过的平行四边形、三角形、梯形面积的计算的推导过程，让学生思考这些图形的面积计算方法是怎么推导出来的；其次，教师引导学生猜想此时所学习的圆能否也转化为以前学过的图形来推导出它的面积计算公式，让学生在旧知的驱动下积极地思考如何转化；最后，教师放手让学生动手操作，可以将圆转化为什么图形，怎么转化，通过剪一剪、拼一拼、议一议，让学生进行小组合作交流，通过讨论交流得出结论：将圆分割成若干等份，拼成近似的长方形或平行四边形，由圆的半径与面积的关系转化为长方形的长、宽或平行四边形的底、高与面积的关系，再由长方形或平行四边形的面积公式，推导出圆的面积公式。在圆的面积公式的推导过程中，学生经历化生为熟、化难为易、化曲为直、化繁为简的探索过程，感悟到数学的转化、极限思想。

（4）在解决问题过程中感悟学科思想

在"问题解决"教学时，引导学生动手操作，合作交流，自主探究，并用图表、教具、学具、课件展示等，让学生逐步感悟学科思想与方法。

在教学"植树问题"时，教师先出示"在 200 米公路一侧植树"的现实问题情境："若两端都种，每 5 米种一棵，能种几棵？"面对这一挑战性的问题，学生纷纷猜测，有的说"能种 40 棵"，有的说"能种 41 棵"，还有的说"能种 39 棵"。

教师继续启发学生思考："到底能种几棵？你们有什么好办法呢？"随着教师的质疑，学生提出："我们可以试着种一种，就知道谁说得对了！"教师及时肯定了学生的回答，接着利用课件演示："每隔 5 米种一棵，每隔 5 米种一棵，一棵一棵不停地种。同学们有什么想说的？"伴随着课件演示教师质疑，学生纷纷回答"很麻烦""要用很长时间"。

教师针对学生的回答提出问题："那怎么办呢？"有的学生说："我们可以将 200 米换成 20 米。"还有的学生说："换成短一点的距离，进行探究。""好！我们先来研究 20 米的种树规律，再用所得到的规律去解决其他复杂的问题，这是一个好的办法，那么大家愿意自己来试试看吗？"这样就自然而然地渗透了化繁为简的学科思想。

然后，学生通过摆一摆、画一画、议一议，发现了在两端都种时棵数和间隔数之间的数量关系（棵数＝间隔数＋1），并顺利地解决了问题。教师又将问题改为"只种一端、两端都不种时种的棵数又是多少"，学生运用同样的方法兴趣盎然地找到了答案。

以上问题的解决过程，给学生体会到当遇到复杂问题时，不妨退到简单问题，然后从简单问题的研究中去寻找规律，再利用规律去解决复杂问题，从而让学生感悟"数形结合、数学建模"等学科思想。

3. 在知识迁移中运用学科思想

巴甫洛夫指出："任何一个新的问题的解决都是利用主体经验中已有的旧工具实现的。"也就是说，各种新知识都是从旧知识中发展出来的。知识的学习是一个整体，前后教学内容都有一定的内在的必然联系，新知识往往是旧知识的延伸和补充。根据心理学的迁移规律，通过对旧知识的复习，特别是对新、旧知识密切联系的问题加以概括，从新、旧知识的紧密联系中，抓住新旧知识的不同点，合乎逻辑地导出即将研究的问题，实现知识的正迁移。从而在知识的迁移过程中，引导学生掌握学科思想方法，运用思想方法解决问题。

例如，教学"梯形的面积"时，学生可以借助"三角形的面积计算公式"推导的方法，把计算梯形的面积转化为已学过的计算平行四边形的面积，这就是渗透学科思想方法——"转化思想"的大好时机。在小学数学教材中，平面图形的面积计算公式都是通过原来的图形转化成已学过知识推导出来的。转化的思想在小学数学教学中有广泛的应用，将原图形通过旋转、平移、割补等途径加以"变形"，使新知转变成旧知，"求解"也水到渠成。

4. 在练习训练时完善学科思想

任何一种学科思想方法的学习和掌握，绝非一朝一夕的事，它需要有计划、有意识地进行训练，通过训练这一途径来渗透学科思想方法，应属于我们教师的创造性劳动。

一位教师在学生学习了分数解决问题之后，设计了这样的练习题，组织学生进行训练。即：养鸡场分三次把一批肉鸡投放到市场，第一次卖出的比总数的 2/7 多 100 只，第二次卖出的比总数的 3/7 少 120 只，第三次卖出 320 只。这批鸡共有多少只？

这道题的特点是分率后面还有个具体数量，给我们的思考带来难度。可以假设没有后面的具体数量，去零为整，这样便于思考。假设第一次正好卖出总数的 2/7，把多的 100 只放在第三次卖出，即第三次要多卖出 100 只；假设第二次正好卖出总数的 3/7，那么少的 120 只需要从第三次取来，即第三次要少卖出 120 只。这样，第三次多卖出的只数是 320+100－120＝300（只）。由此可求出这批鸡共有 300÷（1－2/7－3/7）＝1050（只）。

训练则是在形成技能的基础上向能力转化，提高学生运用知识解决实际问题的能力，发展学生的思维能力，同时也渗透学科思想方法。在练习训练中不仅要有具体知识、技能训练的要求，而且也要有明确的学科思想方法的教学要求，从这两道练习题中，至少渗透了数形结合、抽象、类比、极限以及假设等学科思想。

5. 在归纳总结时提炼学科思想

在课堂教学进行小结或总结时，可以对所渗透的学科思想方法进行适时概括和提升。这样，不仅使学生从学科思想方法的高度把握知识的本质和内在的规律，而且使学生感悟到学科思想方法对于学习的重要性。

例如，在几何形面积教学中运用转化思想，将原图形通过割补、分割、平移、翻折等途径加以"变形"，把未知的面积计算问题转化成已知图形的面积计算问题，可使题目变难为易，求解也水到渠成。教材中，除了长方形的面积计算公式之外，其他平面图形的面积计算公式都是通过变换原来的图形得到的。即：平行四边形通过割补、平移转化成长方形，三角形和梯形也都可以转化成平行四边形来求出面积。圆也可以通过分割转化成长方形。因此，在总结时，引导学生回顾这节学习过程应用到哪些数学的思想与方法，这些思想与方法对于今后数学学习都是经常用到的。这样，不仅使学生明确不同图形面积计算的方法，而且领悟到比面积计算公式更重要的东西，那就是数学的思想与方法。

四、加强学科思想渗透的原则

学科思想是对学科方法和学科知识的本质认识，是对学科规律的理性认识。如果把学科知识比作一幅设计精湛、内容复杂的蓝图，那么学科思想就相当于这张蓝图，涵盖着这张图上所有的内容，是整张设计的灵魂所在。

1. 提高渗透的自觉性原则

作为一线教师，首先，需要转变观念，加强对在学科教学中渗透学科思想的重视，把学科思想的渗透纳入基本的学科教学中。在教学环节要有意识地渗透学科思想。其次，深入了解、钻研教材，努力挖掘教材中可以进行学科思想渗透的因素。教师对每一章节的教学，都要细心考虑怎样结合具体的教学内容和教学目标进行具体学科思想方法的渗透。在进行课堂教学前的备课中，要把如何渗透学科思想作为备课的重要内容之一，考虑怎样结合具体的教学内容进行学科思想方法的渗透，怎样渗透，渗透到什么程度，都应该有一个总体设计，并合理安排在不同教学阶段。

2. 注重渗透的渐进性和反复性原则

学科思想方法是学生在学习知识的过程中逐渐形成的，教师只是在对学生进行引导环节中发挥关键作用。因此，在具体教学过程中，教师要注重解决问题后的总结、反思环节，因为总结反思是渗透学科思想的最重要环节。例如在进行概念的总结归纳、结论的推导、思路的探索、规律的揭示教学中，在得出结论后，及时进行反思，对相应的学科思想方法用语言文字的形式呈现出来。另外，学科思想的形成不是一朝一夕就能完成的，要注意渗透的长期性，切忌急功近利，要给学生一个体会、接受的空间。

3. 把握渗透的可行性原则

学科思想是抽象的，必须通过具体的教学加以实现，因此，要及时抓住可以进行学科思想渗透的良好机会，如在进行规律的揭示、结论的推导过程中可以及时地渗透相关的学科思想。同时，在进行教学中，要注意自然渗透，潜移默化地启发学生，而不能有和盘托出、生搬硬套、脱离实际等适得其反的做法。教学中，让学生亲身经历、感受、体验和领悟学科思想方法，才能真正让学科思想方法在与知识能力形成的过程中共同生成。

专题四 大单元教学评价的难点与对策

大单元课堂教学评价，是指评价主体按照一定的价值标准，对大单元课堂教学诸因素及发展变化进行的一种价值判断活动。课堂教学评价标准不只是从几个大的维度着手，更重要的是一种评价思想。它从宏观层面、从课堂教学的共性出发，对课堂教学评价起到一定的导向作用。

主题 1

指向核心素养的单元教学评价

开展大单元教学评价时，以核心素养发展为基础对学生进行评价，确保学科教育的指向性与针对性。在实际操作中，需要关注评价主体、评价内容、评价方式等多方面因素，以实现评价的最优化。指向素养发展的大单元教学评价对于学生、教师、学校和教育评价改革都具有重要意义。指向素养发展的大单元教学评价分析有助于提高学生的学科素养，培养他们的综合能力，为未来进一步学习打下坚实的基础。

一、指向核心素养的单元教学评价的意义

指向核心素养的单元教学评价，强调教学、学习和评价三者紧密结合，以确保学生能够在学习过程中全面发展必要的品格和关键能力。这种评价方式具有重要的意义。

1. 促进目标导向的教学，实现教学评一体化

通过将评价与教学目标相结合，教师可以更有针对性地组织课堂教学活动，确保教学活动围绕培养学生的核心素养进行。将评价贯穿于教学全过程，不仅监测教与学的过程，还能够通过评价结果来调整教学策略，实现以评促教、以评带学的目的。

2. 支持双减政策，落实高效课堂

在当前教育改革背景下，指向核心素养的单元教学评价有助于减轻学生课业负担，提高教育质量，支持双减政策的落地实施。通过单元教学评价，可以更好地实现课程目标、学业质量和任务活动的一致性，提高课堂教学效率和效果。

3．联结学科内容与核心素养，适应终身发展需求

核心素养是指学生应具备的能够适应终身发展和社会发展需要的必备品格和关键能力，单元教学评价能够帮助学生在这些方面取得实质性进步。通过核心概念做桥梁，将学科内容与学生核心素养紧密联结起来，使学生的学习更加深入和系统。

4．加强学生的主动学习

在教师的指导下，学生积极参与学习活动，通过评价来检测自己的学习成果，这样的过程有助于学生发展自我监控和自我调节能力。

总之，指向核心素养的单元教学评价对于构建一个高效目标导向、以学生发展为中心的教育体系至关重要。通过这种评价方式，可以更好地激发学生的学习潜能，培养其终身学习的能力，并为未来的个人发展和社会参与打下坚实的基础。

二、指向核心素养的单元教学评价的内容

大单元教学评价可以帮助教师及时发现教学中的问题，从而调整教学方法，优化教学过程。通过对学生的作业、测试、课堂表现等方面的评价，教师可以掌握学生在学习时遇到的难点以及学习进度，从而为每个学生提供个性化的教学支持。大单元教学评价能够给学生提供及时的反馈，帮助他们了解自己的学习进度和成绩。通过分析评价结果，学生可以明确自己的优点和不足，调整学习方法，提高学习效果。指向核心素养的单元教学评价包括以下几个方面。

一是教学内容评价。主要评价大单元教学内容的选择、安排与呈现，是否紧密结合课程标准，是否符合学生的认知特点和需求。

二是教学过程评价。主要评价教师在授课过程中是否遵循教学原则，科学并合理地运用有效的教学方法，教会学生如何自主学习。

三是教学效果评价。主要评价学生的学习效果，包括知识掌握、技能提升、问题解决能力等方面的进步。

四是教师教学反思评价。在教学过程中，教师要学会自我反思，包括教学策略调整、作业布置、教学反馈等方面。

五是学生评价。主要评价学生在学习过程中的参与度、积极性、合作精神等方面的表现。

三、指向核心素养的单元教学评价的原则

大单元教学评价是一种具有重要价值的教学评价方法。通过实施大单元教学评价，教师能够更好地了解学生的学习需求，提高教学质量，为学生学业的成功以及终身学习打下扎实的基础。指向核心素养的单元教学评价的原则包括以下几个方面。

第一，整体性原则。大单元教学评价应关注整体教学效果，而非单一环节或知识点。

第二，目标导向原则。评价应以课程标准为依据，围绕大单元教学目标进行，以确保教学效果的实现。

第三，发展性原则。评价应关注学生的成长与进步，以引导与鼓励为主要内容，让学生的学习信心以及兴趣可以得到激发。

第四，多元化原则。评价应采用多种方法，如测试、观察、访谈等，了解每一个学生的实际学习情况，并评价教学效果。

第五，互动性原则。评价应关注师生互动，鼓励学生、教师和家长共同参与评价过程，以提高教学效果。

通过大单元教学评价，教师可以反思自己的教学实践，总结经验，吸取教训，努力提升教学质量与水平。评价结果也可以为教师提供有关课程设计、教学方法等方面的有效建议，有助于教师的专业发展。大单元教学评价关注学生在各个大单元教学中的表现，为教育改革提供有力的数据支持。教育决策者可以根据评价结果，调整课程设置、教学方法等方面的政策，提高教育质量。可以提供有关学生表现的详细信息，帮助家长了解孩子的学习情况。还可加强家庭以及学校的有效合作，促进学生的成长。

四、指向素养发展的大单元教学评价对策

指向素养发展的大单元教学评价倡导以人为本、关注学生全面发展的理念，有助于推动传统教育评价的改革，实现教育评价的多元化、个性化。为教师提供

学生的信息，以便更好地因材施教。评价不仅关注学生的学习结果，更关注他们在学习过程中的情感、态度、行为习惯等。

1. 落实大单元教学评价目标

大单元教学评价目标的制定，需要依照大单元教学目标、大单元活动进行设计，从而确保所制定的评价目标更加具有针对性、具体性。从大单元评价目标的设计出发，保证整体的评价任务贯彻到教学活动当中，呈螺旋式阶梯状不断上升，确保评价目标的实现。

在教学人教版"圆"这一单元时，教师要设计大单元目标与活动，落实大单元教学评价目标。

第一，明确教学目标。

了解圆的定义，掌握圆的基本性质；理解圆心、半径和直径的概念，能够准确画出圆的图形；掌握圆的周长和面积计算公式，能够运用公式进行简单的计算；学生的观察能力、分析能力、总结能力都能得到有效加强，提高学生的综合运算能力。

第二，制定教学评价档案。

课堂评价：设置一些课堂练习，以提问或讨论的方式，了解学生对圆的概念的理解程度以及他们是否能熟练运用公式进行计算。

作业评价：通过批改学生的课后作业，了解他们对所学知识的掌握程度以及他们是否能灵活运用所学知识解决实际问题。

大单元测试：通过设置大单元测试试卷，全面了解学生对于"圆"大单元知识的掌握情况，以及他们是否能够将所学知识与实际生活联系起来。

项目评价：让学生以小组为单位，完成一个与圆相关的项目，如设计一个圆形花坛、计算圆形操场的占地面积等。通过项目评价，了解学生对于圆的综合运用能力。同时，还可以通过实物展示、动画演示等形式，引出圆的概念，激发学生的求知欲。

在此基础上，教师需要为学生介绍圆的定义、圆心、半径和直径的概念，通过板书和课件展示圆的基本性质，讲解圆的周长和面积计算公式，设置一些与圆相关的练习题，让学生通过练习，巩固所学知识；介绍一些与圆相关的数学知识，如圆周率、圆的对称性等，拓宽学生的知识面。在开展大单元的教学评价时，一定要关心学生的个体差异，采取多样化的评价方式，学生的学习积极性和兴趣才能得到良好调动。

2. 设计大单元教学评价任务

教师需要结合评价目标与教学内容来设计评价任务。而评价任务的完成情况还要从不同的评价方式出发，从而进行诊断反馈。

在教学"圆"这一单元时，设计的习题带有针对性，学生可以更好地复习之前学过的知识，提高解题能力。

例如，给出一些实际问题，让学生计算圆的周长和面积。学生需要掌握圆的基本性质，如圆的定义、半径、直径、周长和面积的计算。了解圆与其他平面图形的区别和联系，运用学过的关于圆的知识来解决现实中遇到的各种问题。通过圆的学习，培养学生归纳、类比、转化等数学思维方法；创设实际问题情境，引导学生分析和解决与圆有关的问题。在学习这部分内容过程中，教师一定要多鼓励学生，让他们大胆尝试，培养他们的学习兴趣和主动性。还要引导学生体会数学与生活的紧密联系，增强对数学价值的认识。设置一些需要合作完成的任务，要求学生在小组内讨论并开展有效沟通，提升合作能力。

例如，让学生以小组为单位，互相讲解圆的性质和应用。设计有针对性的作业，既要关注基础知识的掌握，又要注重学生思维能力的培养。又如，要求学生用所学的圆的知识解决一个实际问题，并写出解题过程。

通过这样的教学设计，学生将在学习圆的过程中，掌握知识、技能，培养解决问题的能力，同时还可以提升数学思维。教师要关注学生的个体差异，实施差异化教学，以满足不同学生的需求。

3. 选择合适的大单元教学评价工具

在明确大单元活动任务之后，还要落实对应的工具来组建大单元教学评价活动。大单元教学评价工具是一种用于评估学生在某个大单元的学习成果和表现的数字化工具。这些工具可以帮助教师了解学生的实际学习状态，以便调整教学计划和教学方法。选择合适的大单元教学评价工具，需要根据所教年级和教学内容合理选择。例如，对于低年级的学生，可以选择较为简单的评测方式，如选择题、填空题等；对于高年级的学生，可以选择较为复杂的评测方式，如应用题、解决问题等。

明确评价目标，如评价学生的基础知识掌握程度、问题解决能力还有思维水平等。不同的评价目标需要不同的评价工具来体现。根据学生群体的特点选择合适的评价工具。例如，如果学生群体学习能力较强，可以选择有一定挑战性的评测方式；如果学生群体学习能力较差，可以选择较为基础的评测方式。

教师可以选择以下几种大单元评价工具。

课堂小测验：这是一种较为简单的评价工具，通过课堂随机小试验，掌握学生的学习情况。

作业评价：通过学生作业情况，了解他们实际掌握的情况，例如作业的完成程度、正确率等。

大单元测试：在大单元教学结束后，通过大单元测验，了解学生对这个单元的掌握情况。

项目评价：让学生通过完成某个项目（如解决实际问题、制作数学模型等）来展示自己的数学能力，从而进行评价。

同伴评价：让学生通过互相评价来了解对方的学习情况，从而进行自我评价与反思。选择合适的评价工具时，需要综合考虑，并结合教学实际进行调整。

4. 完善大单元教学评价过程

大单元教学评价，并非单纯对学生开展学习方面的评价，更为关键的是对大单元整体设计、实施的评价。

在"角的初步认识"中，大单元教学评价的主要目标是了解学生对角的认识程度，包括对角的概念、角的分类、角的度量等方面的掌握情况以及对角的简单运算的熟练程度。评价的内容是：掌握角的定义，知道角是一个点引出的两条射线组成的图形；了解不同角的分类以及性质和特点；掌握使用量角器测量角的方法，能够正确读出角的度数；掌握角的简单运算，包括角的和、差、倍和半。同时，要关注学生在学习中所表现出的价值观以及学习态度。关注学生在学习中的积极性和主动性，是否乐于探究、善于合作，培养良好的学习习惯和数学素养。

大单元教学评价可以采用多种评价方式，包括纸笔测试、实际操作、课堂观察和作业评价等。在开展教学时，教师一定要观察学生的实际学习情况以及参与程度、合作能力等方面的表现，对学生的学习过程进行评价。通过批改作业，教师能更好地了解学生对所学知识的理解程度、学习习惯和学科素养。教师还需要在教学过程中，针对学生的表现，对存在的问题及时进行纠正和指导，制订个性化的辅导计划，提高学习效果。

主题 2

指向大概念的单元表现性评价

表现性评价，是指在现实或模拟现实的情境下，对学生运用知识解决问题、完成任务的过程表现及能力做出评判。可以立足单元整体教学，以素养为导向，确定单元表现性评价目标；注重诱发学生的表现，设计单元表现性评价任务；强调激励进阶，设计单元表现性评价规则，实现准确检测学生的素养发展情况，更促进其素养水平的有效提升。

一、什么是表现性评价

表现性评价，也被称作基于表现的评价或实证评价等，是指在现实或模拟现实情境中，对学生在运用知识解决问题、完成任务过程中的表现及能力做出评判。它要求以核心素养目标为指向，以任务激发学生相应的行为表现，以相应的评价规则对学生的表现进行判断。

表现性评价的三个基本要素为评价目标、评价任务和评价规则。"在实际的课堂教学中，将想要评价的素养具体化到适合在单元中落实的程度比较合适，因为单元是课程的最小单位，代表着一个完整的学习事件。"基于此，我们可以立足单元整体教学，关注学生知道什么和能做什么，以素养为导向，确定单元表现性评价目标；注重诱发学生的表现，设计单元表现性评价任务；强调激励进阶，设计单元表现性评价规则。

二、指向大概念的单元表现性评价的意义

表现性评价是"在尽量合乎真实的情境中，运用评分规则对学生完成复杂任务的过程表现或与结果做出判断"。它跳出传统的静态评价视域，关注学习中思想方法的应用、活动经验的内化及大概念或核心概念持久理解的水平。

传统的评价以"二元对错"为判断依据，以关注基础知识、基本技能和学习结果的纸笔测验为主要形式，已经不能满足单元整体教学改革的需求。单元整体教学中，不同的预期结果应该匹配不同的评价方法（见表4-1），多维度、多视角地开展评价。因此，关注学生学习过程发展和变化的研究尤其必要。

表4-1　"Unit 4　Hobbies 任务4"表现性评价规则

评价维度	评价标准		
	一星	二星	三星
书写	书写不够认真，字迹潦草	书写认真，但字迹不够工整	书写认真，字迹工整
表达	拼写、标点、大小写存在3处以上错误；有2个以上语句不通顺；存在2处以上语法错误	拼写、标点、大小写存在2~3处错误；有1~2个语句不通顺；存在1~2处语法错误	拼写、标点、大小正确，语句通顺，没有语法错误
内容	内容不够完整，只写出不到3句话；只从1~2个方面介绍爱好；没有说明兴趣爱好的意义与价值	内容不够完整，只写出不到4~5句话；只从1~2个方面介绍爱好；能够说明兴趣爱好的意义与价值	内容完整，全文不少于6句话；能够从 what/how/why3个方面介绍爱好；能够说明兴趣爱好的意义与价值

三、指向大概念的单元表现性评价的操作步骤

1. 确定单元评价目标

表现性评价需要学生通过运用所学知识，创造性地解决问题来证明自己的学习过程或结果。因此，与表现性评价相匹配的是复杂、持久的高级目标。大概念是表达学科本质，反映学科知识之间的关联，体现与其他单元、其他学科、生活

观念的一致性，可实现高通路迁移的核心概念。大概念这种独特的结构决定了它对学生的学习和生活都具有整合和关联作用，理解大概念就如同形成"菱形衣架"，可以不断地诠释和同化新观点，并对其进行关联、拓展和迁移。因此，以大概念统领的单元教学，就是以单元大概念为组织逻辑，整合或重构单元教学活动，让学生经历体验、反馈和抽象的学习过程，从而真正理解单元或学科的大概念，构建层次丰富的认知结构，进而发展学生核心素养。

以大概念统领的单元教学采用逆向设计思路，不是在确立目标之后直接设计教学，而是先寻求能够被看作学习成果的评估证据（见表4-2）。也就是说，在设计具体的教学活动之前，要先考虑预期结果中的理解大概念应如何评价，即教师设计什么样的证据和表现可以证明学生已经理解大概念。

表4-2 学习成果评价证据示例

"长方形和正方形" 单元的评估证据	
表现性任务	其他证据
解决真实生活或情境中把"长方形等简单图形分成周长相等的两部分"的任务	作业本、单元测试练习、自我反思

预期结果是教师期望学生能表现出来的学习成果，是设计表现性任务和评分规则的重要依据。但是，不能简单地把大概念和学业要求作为评价目标，指向核心素养的评价目标通常至少满足三个标准：第一，目标应该包含多维度、多样态的学习成果；第二，目标应是可见的、可检测的具体表现；第三，目标应当是单元教学的核心任务。

依据2022年版课程标准和现行教材内容，教师确立了"长方形和正方形"单元的评价总目标：

（1）解释长方形、正方形的特征和区别，阐明什么是图形的周长。

（2）掌握测量计算长方形和正方形周长的方法，领会化曲为直的数学思想。

（3）运用周长概念和图形特征解决实际问题，积累操作经验，发展量感和几何直观。

然后，依据2022年版课程标准中的"课程内容"和"学业要求"，以及与其他学段相关内容的评价目标的相互关系，确立这一单元需要掌握的总体目标和需要理解的大概念（见表4-3）。

表4-3 "长方形和正方形"单元的评价目标

单元评价的总体目标	解释长方形、正方形的特征和区别，阐明什么是图形的周长；掌握测量与计算长方形和正方形周长的方法，领会化曲为直的数学思想；运用周长概念和图形特征解决实际问题，积累操作经验，发展量感和几何直观
单元大概念	周长是绕有限面积的区域边缘的长度积分，即封闭图形所有边界线长度的累加。根据周长与图形要素之间的关系，可以获得常见图形计算周长的公式和特定方法
学科大概念	测量是对图形或物体的长度、角度、面积、质量、体积等属性的大小的刻画。测量的基本方法是同一单位的不断累加。寻找所度量物体的属性与图形要素之间的关系，可以获得常见图形的计算公式
跨学科大概念	测量是对现实生活中事物某些属性的大小的刻画。测量的本质是度量单位的累加。对有规律或特殊要素的事物，往往有特定的计算方法

2. 构建单元评价的表现性任务

构建表现性任务是单元评价设计的关键环节。"好的任务"能让学生在完成任务的过程中，充分表现出他们的学科眼光、语言和思维，以此来评价学生在某单元学习中理解大概念的具体情况。因此，表现性任务需要激发和反映学生的学习表现，使学生能在熟悉的真实情境中综合运用以该单元所学为主的知识，给出相应的解决思路或方案。

教师在构建表现性任务时要着重思考以下几个问题：情境能否真正激发学生解决问题的兴趣和动力？在情境中学生有可能提出或解决哪些问题？学生是否有相关的知识基础和充足的活动时间来解决问题？表现结果是否能展示学生理解相关大概念的水平？

在小学数学四年级"平行四边形和梯形"的单元评价中，可以设计这样的表现性任务：妈妈出差回家，买了若干块长方形的巧克力。巧克力比较大，所以佳佳和弟弟每天要平分一块巧克力。为了公平，弟弟要求分得的巧克力大小和形状都要完全相同，妈妈则要求佳佳每天分巧克力的形状要不一样，但大小要相同。那么，佳佳可能有哪些分法？

表现性任务的情境紧贴学生实际生活，其数学本质就是将长方形分成两个完全相同的图形。这个表现性任务关联长方形、梯形、三角形的特征及它们之间的动态变化关系，渗透了三角形、梯形转化成长方形的思想方法，为学习推导面积计算公式打下基础，让学生感悟到长方形可以由其他基本图形组合或分解而成。

基于"长方形和正方形"单元的评价目标和表现性评价的要求，教师创设了一个"设计桃李园"的真实情境（见表4-4），其本质为"从长方形相对的两个顶点出发，把它分割成周长相等的两个图形"，以此评估学生理解该单元大概念的不同水平层次。

表4-4　"长方形和正方形"单元评价的表现性任务设计

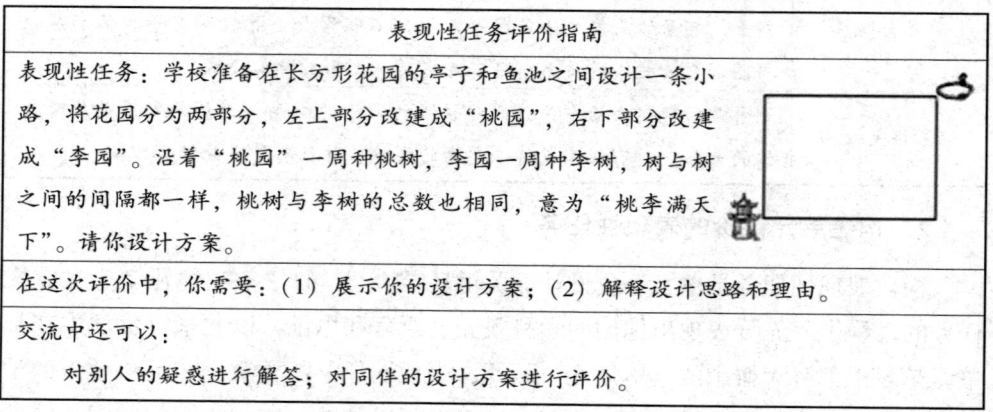

表现性任务评价指南
表现性任务：学校准备在长方形花园的亭子和鱼池之间设计一条小路，将花园分为两部分，左上部分改建成"桃园"，右下部分改建成"李园"。沿着"桃园"一周种桃树，李园一周种李树，树与树之间的间隔都一样，桃树与李树的总数也相同，意为"桃李满天下"。请你设计方案。
在这次评价中，你需要：（1）展示你的设计方案；（2）解释设计思路和理由。
交流中还可以： 　　对别人的疑惑进行解答；对同伴的设计方案进行评价。

为了让学生知道表现性任务是什么、表现性任务的意义、需要呈现怎样的结果，教师还可以撰写指导语，帮助学生更好地理解表现性任务。

3. 编制单元评价的评分规则

在单元评价中，表现性任务具有真实性、复杂性和开放性，使得学生的表现结果呈现出多维度、多样化的情况，其表现水平也具有丰富的层次。为了更好地确定学生的理解水平层次，还需要借助理论模型框架（如 SOLO 分类理论），研制描述不同水平的评分规则，作为教师或学生评判学生任务完成情况的依据。

威金斯和麦克泰格在《追求理解的教学设计》一书中提出了表现迁移能力的理解六侧面理论，六个侧面分别为解释、阐明、应用、洞察、深入和自知。它提供了多元化的评估指标，便于引导评估的选择和设计，以达到理解的目的。同时还提出建议，一个评分规则设计至少要考虑两个不同的侧面指标，一个侧面用于评估"理解"，另一个侧面评估表现的"质量"。

"长方形和正方形"单元的大概念是"度量的本质是度量单位的累加；周长是绕有限面积的区域边缘的长度积分，是对图形特征的进一步刻画；根据周长与图形要素之间的关系可以获得常见图形计算周长的公式和特定方法"，属于概念意义的教学范畴。采用"解释""应用""洞察"三个侧面，可以将评价量规分成下列五个水平层次：

水平0：不能回答或解决方案不符合要求；

水平1：学生依赖已有知识经验完成表现性任务，但没有运用和迁移本单元知识；

水平2：学生应用本单元的概念完成表现性任务，正确解释理由，但不够抽象和概括；

水平3：学生比较快地完成表现性任务，洞察本质原理，证据充分，思路清晰；

水平4：学生高效地完成表现性任务，简洁地利用基本模型，展现跨单元和跨学科的学习能力，对其他学生或自己后续的学习有所启发。

结合"设计桃李园"的真实情境，教师对学生可能出现的五个水平层次进行了具体描述（见表4-5）。

表4-5　"设计桃李园"的评分规则

等级水平	表现行为描述
水平0	不能回答或解决方案不符合要求
水平1	能设计使图形分割面积相等的一种方案，形状完全相同，桃树和李树的棵数相等
水平2	能设计两种及以上的方案。解释桃园、李园的图形周长都是"1长+1宽+小路"，因此它们的总长度相等，桃树和李树的总棵数也相等
水平3	能设计两种以上的方案。洞察小路只要经过花园的亭子和鱼池，桃园和李园的周长就一定相等，桃树和李树的总棵数也就相等
水平4	在水平3的基础上，评价花园是长方形，只要经过对应的两个顶点分割成的两个图形的周长都是相等的。设计方案时会考虑美观、功能等实际问题

显而易见，这是对学生解决问题时体现出的不同水平的描述，指向"长方形分成两个周长相等图形"的任务，是整体的、特定的任务评分规则。在制定评分规则时，为了评价学生表现的多个维度，可以依据需求对每一项要素进行单独评分，即设计分项评分规则（见表4-6）。

表4-6 "数学项目式学习"的评分规则

分类	水平3	水平2	水平1	水平0
任务分析	完全理解内容和要求	基本理解内容和要求	部分理解内容和要求	不理解内容和要求
数学方法	运用数学方法，策略合适，证据完整	运用数学方法，策略基本合理，错误少	运用一定数学方法，但错误较多	没有或完全错误地运用数学方法
计算正确	没有错误	过程有少量错误，但结论正确	过程有部分错误，结论有小错误	过程有明显错误，结论不正确
数学交流	文字解释合理，图式表达合适，逻辑完整	文字解释基本合理，图式基本清晰，存在少量错误	部分符合要求，文字解释模糊，图式不清晰	文字无法解释，图式错误

通过上述三个步骤，就基本完成了单元表现性评价的准备工作。需要注意的是，指向理解大概念的表现性评价不仅仅是利用评分规则来支持专业判断、评价学生学习的结果，更需要利用评分规则来引领和观照教学活动的开展，促进教师精准教学，帮助学生进行自我评估和反思。也就是说，表现性评价不仅评估了学生的学习结果和过程，而且任务本身就是培养学生核心素养的综合性学习内容之一，是发展运用学科知识与方法发现、提出、分析和解决问题等能力的过程。

四、指向大概念的单元表现性评价的设计策略

1. 表现性评价目标：素养导向

目标，即预期的学习成果，是对学生学习的期望，是设计并实施表现性评价的基石。要想实现对学生素养的检测并促进学生素养的综合发展，表现性评价目标的设计应以素养为导向。教师可以从课程目标、学段目标、学业质量、实际学

情等角度出发，整体分析单元内容，明晰素养目标，从而制定科学、合理的表现性评价目标。如此，学生也能够对自己"将去哪里"有一个明确的认识，了解"那里是什么样子"，以便根据学习策略和学习内容，更好地调整学习状态。

以小学英语五年级"Unit 4　Hobbies"为例，这一单元的话题为"兴趣爱好"，隶属于"人与自我"主题范畴。围绕这一话题，教材编排了8个板块，引导学生以"我"的视角代入，了解自己与他人的爱好，深刻体悟爱好的意义与价值，并乐于与他人分享爱好。结合具体学段要求，以及学生的实际学习情况，立足本单元的重点内容，可以设置本单元素养导向的表现性评价目标，包括：

（1）能运用核心词汇 drawing、watching films、dancing、singing 等及核心句型"I like…"描述自己的爱好；

（2）能在看、听、说等活动中了解他人的爱好；

（3）能运用话题词汇 be good at、do well in、also 等及核心句型"What do you like…"询问他人的爱好；

（4）能掌握介绍爱好的基本维度，绘制"爱好卡"及思维导图等；

（5）能从多个层面了解爱好，理性地看待爱好，领悟爱好的价值，从而积极地培养爱好。

这样的表现性评价目标，与《义务教育英语课程标准（2022年版）》中的核心素养内涵基本一致，并以描述个人爱好、获取他人爱好、绘制"爱好卡"等表述给予了学生展示学习证据的机会，相对具体、清晰。

2. 表现性评价任务：诱发表现

评价任务是实施表现性评价的载体，通过诱发学生的相关表现，为评价目标的达成程度提供直接的证据。因此，在设计表现性评价任务时，教师需关注的一个关键点就是"诱发"，也就是通过设计适当的任务或作业，引导学生展示其知识与技能的掌握情况。为了更好地获得学生的表现，教师在设计表现性评价任务时，可将单元内容进行统整，并按照循序渐进的原则，设计具有一定挑战性、进阶性的任务，逐步诱发学生做出相应的表现，同时，也帮助学生进一步巩固知识，掌握技能，发展素养。

大单元教学实施难点与对策

仍以小学英语五年级"Unit 4 Hobbies"为例。综合本单元各板块的内容，我们可以设计四个表现性评价任务，用于展示学生素养目标的掌握程度，同时也构成评估学生素养水平的证据。

【任务1】绘制Mike的爱好卡：学生扮演Mike，阅读Story time板块语篇的第一部分，同时观察图片，并搜集之前学过的有关Mike的知识，整理Mike的爱好，思考这些爱好的形成原因，绘制Mike的爱好卡。

【任务2】绘制同伴的爱好卡：学生小组合作，阅读Story time板块语篇的第2～4部分以及Cartoon time板块的语篇，自主绘制Mike的同伴——Liu Tao、Yang Ling、Su Hai和Su Yang、Sam、Billy等的爱好卡，形式不定。

【任务3】了解同伴的爱好：学生开展班级活动，在规定时间内以英文访谈的形式调查同伴的爱好，记录在表格内，要求信息记录完整，并采访尽可能多的同伴，最后思考：爱好给我们带来了什么？

【任务4】介绍他/她的爱好：学生可以从Story time板块的语篇中选择一位自己喜欢的人物，完成一篇介绍其爱好的短文，也可以从课堂上随机采访的同伴中选择一位，介绍他/她的爱好。要求内容完整，并说明对爱好的认识。

这里的四个表现性评价任务，均能诱发学生的表现。任务1是单元学习的基础，教师带领学生深度学习Story time板块语篇第一部分的内容，掌握与爱好相关的知识。任务2中，教师为学生创设合作、探究的空间，由学生自主阅读、自由绘制，能让学生最大限度地发挥自主性，充分展现其素养水平。任务3是在掌握该单元基本知识的基础上开展的，带有一定竞争性和挑战性，能够激发学生的兴趣，也能让学生汲取他人的优点。"爱好给我们带来了什么"的思考，更是对该单元学习内容的总结与提升，与所设定的单元表现性素养目标一致，有利于学生的素养提升。任务4要求学生综合运用该单元的知识以及理解、分析、评价等思维品质，是更具挑战性的任务。学生完成这些表现性评价任务的过程，也是解决问题的过程，更是素养提升的过程。

3. 表现性评价规则：激励进阶

表现性评价中，由于表现性任务具有开放、综合、复杂等多种特征，学生的表现也呈现出多种样态。因此，我们需要设计出能够对学生的复杂表现做出判断和衡量的评价规则，保证评价的公平与合理。表现性评价可以检测素养目标，更重要的是可以促进素养的形成，表现性评价规则的设计十分重要。我们应在评价规则中体现由浅入深、从简单到复杂的素养提升思路，促使学生能够清楚判断自己当前所处的位置，并且能够通过评价反馈，知道与高一级水平之间的差距，从而明晰提升的方向。因此，在设计表现性评价规则时，教师要紧紧围绕单元素养导向的表现性评价目标，从表现性任务中提取相关要素，依据学生的实际水平，划分不同层级，建立评价细则。

仍以小学英语五年级"Unit 4　Hobbies"为例。在该单元教学中，针对任务4，从书写、表达、内容三个维度出发，设计了表现性评价规则。这样的表现性评价规则，由不同水平和不同维度组成，为学生的自我评价和反思提供了清晰、明确、可供参考的依据。

表现性评价能有效促进"教、学、评"一体化，帮助教师测评教学目标的达成度，提高教学实效性，促进学科核心素养在课堂上落地。

主题 3

建立多元主体共同参与的评价机制

多元评价的主要目的是：让学生感受到教师对自己的关注，激发学生的自主学习性，最终使学生主动投入高效学习。在日常的教学实践中，以多元评价理论为基础的多元评价模式能较好地激发学困生，使学困生认识到自身的价值，体会到教育对自身的促进意义，激发他们的学习兴趣，提高教学效率。多元评价法是高效转化学困生的教育方法之一。

一、大单元多元主体共同参与评价的必要性

大单元多元主体共同参与评价的必要性在于它能够提供一个更加全面、立体的评价视角，确保评价的客观性和公正性。多元主体共同参与评价的必要性表现

在以下几个方面。

1. 全面性与客观性

多元主体评价能够汇集不同角度的观察和意见，包括教师、学生、家长甚至学生自我评价等，这样的全方位评价更能够全面反映学生的实际表现和学习成果。单一评价主体可能存在主观偏见，多元主体共同参与有助于减少个人偏好对评价结果的影响，提高评价的客观性。

2. 互动性与形成性反馈

多方参与增加了评价过程中的互动和沟通，有助于各方了解学生的学习情况，促进教师教学和学生学习的改进。多元主体评价可以提供更多的形成性反馈，帮助学生了解自己的长处和不足，从而在学习过程中不断调整和优化学习策略。

3. 个性化发展与社会适应性

每个学生都有独特的个性和发展需求，多元主体评价能够更好地体现个体差异，为每个学生提供定制化的发展建议。在现实生活中，个人的表现和成果往往需要得到多方面的认可和评价。通过多元主体评价，学生可以提前适应社会的评价机制。

4. 责任分担与家校合作

教师不再是唯一的评价者，评价的责任被分摊到多个主体，这有助于减轻教师的压力，并使评价过程更加民主和透明。家长作为评价的主体之一，可以更好地了解学校的教学要求和孩子的在校表现，促进家校之间的有效沟通和合作。

5. 终身学习

多元主体评价鼓励学生发展自我评价的能力，这是终身学习中一个重要的技能，有助于学生在未来的学习和工作中持续自我提升。

综上所述，大单元多元主体共同参与评价对于提高评价的有效性、促进学生的全面发展以及适应未来社会的挑战具有重要意义。

二、传统评价体系的不足

现行的大单元学习评价体系存在一些不足，直接影响教学的有效性。这些不足主要体现在三个"单一"上。

1. 评价内容单一

当前的考核评价体系中，评价内容过多侧重于学生对概念和术语的掌握、过多地倚重课本上的知识，往往忽视培养学生解决实际问题的能力、创新能力和实践能力，忽视学生良好的心理素质和积极的学习情绪的培养。

2. 评价形式单一

考核方式单一，多以笔试形式考评学生对"知"的掌握情况，学生的学习成绩往往取决书面考试，忽视对学生"行"的能力考核。由于评价过程和教学过程相脱离，因而测量的结果是学生"知晓"什么，而不是学生"能做"什么，所测量的许多内容是被肢解的知识片段，难以评价学生创造力等综合运用知识的能力；另外，由于评价对教学的导向功能，单一的纸笔测验已经对教学产生了很大的负面影响。

3. 评价主体单一

长期以来，教学评价的主体是教师，而作为教学的另一主体——学生，扮演着被评价者的角色，处于次要或者隐性的位置，被动地接受着教师的评价。诚然，教师的评价很重要，也应该是课堂评价的主角，但如果每节课都由教师占据主导地位，则不利于学生主体性的发挥。由于评价主体单一，从而使教育评价活动始终处于消极状态，一方面，造成评价结果不科学、不准确；另一方面，会挫伤学生的自信心，打击他们的学习积极性，不利于学生学习积极性和学习潜能的有效发挥。

三、多元主体共同参与评价模式的现实意义

大单元教学中多元主体共同参与评价模式的现实意义体现在以下几个方面。

1. 有助于形成开放民主的教育评价环境

多元主体的共同参与，如教师、学生、家长等，能够提高评价的参与度和透明度。各方的积极参与有助于形成一个更加开放和民主的教育评价环境。

2. 有利于落实教学评的一致性

大单元教学要求教学目标、教学活动和评价标准保持一致性，这有助于形成完整的教学闭环，确保教学活动的有效性和评价的针对性。

3. 促进学生的持续发展

在核心素养教育的时代背景下，大单元教学设计是实现五育融合、落实立德树人目标的重要途径。多元主体共同参与评价是这一过程中的关键组成部分，有助于推动教育方式和行为的变革。多元主体评价不仅关注学生的现状，更注重学生的潜能和发展过程，有助于激发学生的内在动力，促进其持续成长。

4. 助力核心素养实践落地

在探索育人方式变革的过程中，基于大单元视角构建以素养为导向的教学评价，有助于核心素养教育的实践落地，使教育更加贴近学生的实际需求和社会的发展趋势。

总的来说，大单元教学中多元主体共同参与评价模式，能够提供一个更加全面、公正和有效的评价体系，促进学生的全面发展，同时也为教育改革和教学质量的提升提供了有力支持。通过这种评价模式，可以更好地实现教育的个性化和差异化，满足不同学生的发展需求，最终实现教育的根本目标——培养适应社会发展的高素质人才。

四、如何构建大单元多元主体评价机制

构建多元主体共同参与的评价机制涉及多个步骤和层面，旨在确保评价过程的全面性、公正性和有效性。以下是构建这一机制的关键步骤。

1. 明确评价目标

首先，需要确立清晰的评价目标，这些目标应与学校的教育目标和课程标准

相一致，并能够反映多元主体的期望和需求。

2. 识别参与主体及其持续迭代

确定哪些主体将参与评价过程，这些可能包括教师、学生、家长、学校管理者、社区成员等。评价是一个持续的过程，需要定期回顾和更新。随着时间的推移，可能需要引入新的评价工具和方法，或者调整参与主体的角色和责任。

3. 确定评价标准和工具

基于评价目标，确定具体的评价标准和工具。这些工具应该能够捕捉到各个主体的关注点，并能够全面评价学生的学习和发展。

4. 建立沟通机制及培训和指导

确保所有参与主体之间有有效的沟通渠道，以便于信息的交流和反馈。这可以通过定期会议、在线平台或家校联络册等方式实现。对参与评价的主体进行必要的培训，使他们了解评价的目的、方法和标准，以及如何提供有用的反馈。

5. 实施评价，确保透明度和公正性

在教学过程中实施评价，确保每个主体都有机会参与并提供反馈。评价可以是正式的测试，也可以是非正式的观察和讨论。整个评价过程应该是透明的，所有参与主体都应该清楚评价的标准和过程。此外，应确保评价的结果对所有学生都是公平的。

6. 整合和分析反馈，调整和改进

收集来自不同主体的反馈，并进行整合和分析。这个过程应该能够揭示学生的强项和弱点，以及教学的潜在改进点。根据评价结果，调整教学策略和内容，以提高教学质量和学生的学习成果；同时，也要根据反馈调整评价工具和方法，确保它们能够有效地捕捉到重要的信息。

通过以上步骤，可以构建一个多元主体共同参与的评价机制，这不仅能够提供更全面的学生发展信息，还能够增强家校合作，促进教育的持续改进。

主题 4

把握大单元教学评价的向度与维度

大单元教学要求"教""学""评"做到一致性。因此，基于这三个教学过程整体性、系统性、科学性的要求，作为教学环节中重要一环的"评"必须与教师"教"、学生"学"的向度和维度保持高度一致性、关联性，才能真正落实大单元教学的理念，才能保证"教""学""评"的有效性，更好地达成单元教学目标，正确深入理解大概念，更好地提升学生核心素养。

教学单元是教材和教学活动的基本单位，每个单元都有单元的教学大概念、大目标和大任务。大单元视域下的"教"与"学"都是在具体的课堂实践活动中实现的，教学过程中的"评"要与"教"与"学"保持向度与维度的一致性，不管是过程性评价还是终结性评价，都要围绕大单元教学的教学目标来设定具体的评价目标与标准，在目标导引下实施具体的过程评价或结果评价，以便于了解学生的学习动态，及时调整课堂实践活动中的"教"与"学"，通过"评"的有效性和价值性促进"教"与"学"的深度发生，实现"教""学""评"的融合与生成，真正做到积累知识，培养能力，提升学科核心素养，实现学科大单元教学下的深度学习。

下面以统编教材语文七年级下册第一单元的测试题为例，展示一下单元评价设计的具体思路。

一、设定大单元教学评价的目标

某单元共学习了四篇以写人为主的课文，分别是《邓稼先》《说和做——记闻一多先生言行片段》《回忆鲁迅先生》《孙权劝学》。该单元确定的单元教学大概念是"反衬式对比与比较式对比刻画人物非凡气质"，在大单元教学设计中，要围绕大概念来确定总体的单元教学目标。单元教学目标是整个单元"教""学""评"的指向标，围绕该单元的大概念，再根据具体课文设计具体的单元教学目标，在单元教学目标的导引下进行具体的"教""学"和"评"的教学实践活动。单元教学目标见表4-7。

表4-7 单元教学目标

单元大概念	单元教学目标
反衬式对比与比较式 对比刻画人物非凡气质	学习反衬式对比与比较式对比的艺术手法
	理解体会文本中反衬式对比与比较式对比的运用及表达效果
	学习精读，通览全篇，提炼文章的中心
	把握关键语句或段落，揣摩品味句子的含义和表达的妙处
	透过细节描写，把握人物特征，理解人物的感情

单元评价设计要依据单元教学目标来明确具体的单元评价目标与具体指标。过程性评价渗透在单元具体的课堂教学实践活动中，结果性评价一般在单元学习完成后以纸质检测的形式来评价学生，以便及时了解学生相关知识和能力的掌握程度，关注学生在学习过程中的变化和发展，有针对性地调整教学策略。因此，"评"和"教"一样，都是为了更好地为学生的"学"服务。基于该单元的教学目标，确定表4-8中的单元评价目标。

表4-8 单元评价目标

单元评价目标	学习水平
理解反衬式对比与比较式对比的艺术手法，能举例区分反衬式和比较式对比的区别	B
能理解分析反衬式对比与比较式对比的艺术手法在具体文本中的迁移运用，体会这种手法在具体文本中的表达效果	B
能够在精读文本时，筛选、提取、概括与文章中心有关的关键信息	C
利用文中关键信息，揣摩、品味关键句的表达效果	C
通过分析、比较，体会细节描写在具体情境中的作用，理解人物形象或体会人物情感	C
通过小组交流讨论，理解本单元的大概念、大目标在具体文本中的应用，学会分享与合作，小组自由谈心得	D

单元评价目标指向整个单元教学目标，相对具体文本的目标还是比较大的，在具体的教学实践中要落实到阅读文本中，不同的单元评价目标可以互相渗透、融合，进一步把评价目标细化。

《邓稼先》一文中学习"反衬式对比"的理解应用时，就可以引导学生深入文本阅读，多种评价目标融合运用，细化为具体文本中的评价目标：①阅读"邓稼先与奥本海默"这一部分，筛选、提取两个人的相同点和不同点。②从文本中提炼相关信息，探究体会两人性格不同的原因。③理解反衬式对比手法在文本中的具体运用及表达效果。

这样融合细化的评价目标指向性和针对性更强，更有利于强化"教"与"学"的学习效果。

二、确定大单元教学评价的方式

单元评价目标的具体落实可以用单元评价方案表来完成。以该单元测试题为例，单元评价方案表里除了明确单元主题、单元教学目标和单元评价目标之外，还要把这份测试题分成具体的评价模块，以评价性质、评价形式和评价主体等不同的评价方式来评价测试题（见表4-9）。

表4-9　单元评价方案

单元主题	刻画人物的非凡气质		
单元教学目标	见表4-7		
单元评价目标	见表4-8		
评价模块	评价性质	评价形式	评价主体
基础积累	☐诊断性 ☐形成性 ☑终结性	☑纸笔测试 ☐根据课堂表现认定 ☐根据任务完成情况认定 ☐其他	☐自评 ☑学生互评 ☑师评 ☐家长评

续表

单元主题	刻画人物的非凡气质		
单元教学目标	见表 4-7		
单元评价目标	见表 4-8		
评价模块	评价性质	评价形式	评价主体
现代文阅读	☐ 诊断性 ☐ 形成性 ☑ 终结性	☑ 纸笔测试 ☐ 根据课堂表现认定 ☐ 根据任务完成情况认定 ☐ 其他	☑ 自评 ☐ 学生互评 ☑ 师评 ☐ 家长评
文言文阅读	☐ 诊断性 ☐ 形成性 ☑ 终结性	☑ 纸笔测试 ☐ 根据课堂表现认定 ☐ 根据任务完成情况认定 ☐ 其他	☐ 自评 ☑ 学生互评 ☑ 师评 ☐ 家长评

　　本纸质检测试题是对该单元"教"与"学"有针对性地"评"，以该单元大概念"反衬式对比与比较式对比刻画人物非凡气质"为主线，分为基础积累、现代文阅读和文言文阅读三个模块，从不同的文本、不同的角度来考查学生对单元大概念的理解，在具体的文本阅读应用中提升学生的阅读思维能力。"评"是为了固化、强化学生对大概念的理解，是为了以"评"促进学生的深度学习。

　　纸质终结性单元评价一般设置满分为 100 分，包括基础知识、阅读能力的检测和学生单元学习自我评价。本案例的单元评价是纸质检测，基础字词知识 20 分，现代文阅读理解 42 分，文言文阅读 28 分，单元阅读心得 10 分，共 100 分。这是一份随堂检测用卷，检测时间为 45 分钟。题型主要有填空题、简答题，在确定纸质测试的单元评价目标和评价的具体题量、题型和时间后，完成以下双向细目表（见表 4-10）。

表4-10 双向细目

评价模块		题号	题目目标	学习水平				题型	难度	分值	分值比例（%）
				知道	理解	运用	综合				
基础积累		一	理解掌握字音字形	√				填空	容易	20	20
阅读	单元大概念及应用	二	迁移运用本单元的大目标	√		√		简答	较难	25	25
	现代文	三	1. 关键词的揣摩品味		√			简答	中等	4	4
			2. 提炼中心内容		√			填空	中等	3	3
			3. 反衬式对比迁移运用			√		简答	较难	6	6
			4. 句式赏析		√			简答	较难	4	4
	文言文	四	1. 成语累积	√				填空	容易	4	4
			2. 字词累积	√				填空	容易	8	8
			3. 翻译句子句式训练		√			简答	中等	4	4
			4. 比较式对比思维训练			√		简答	较难	8	8
			5. 对比角度迁移训练			√		简答	较难	4	4
	心得	五	单元大概念的阅读思维				√	简答	较难	10	10

三、拟定大单元教学评价的题目

在纸笔测试的双向细目表中，根据某单元的教学目标和单元评价目标确定了具体的题目目标，题目目标作为测试题的纲，分几个模块来搜集资料，编制纸质的评价题目。该单元的单元大概念是"反衬式对比与比较式对比刻画人物的非凡气质"，在命制试题时一定要以单元大概念为主线来设计评价题目，真正做到知识与技能结合的迁移运用。

模块一是字词的积累检测，也是学生预习自学能力的检测，还是一种有效的基础知识的积累。

模块二是单元大概念的理解和在文本中的具体应用，学以致用的迁移训练会让学生的思维有一个质的变化和提升。

模块三是现代文阅读，从不同角度来考查学生对文本的阅读理解能力，既有对信息的概括提取，也有对关键词的理解把握，还有对句式特点的理解赏析，更重要的一个考查点是从描写的角度理解体会人物形象，赏析反衬式对比在具体描写中的应用。

模块四是文言文阅读，成语和字词句是基础知识积累的考查，最重要的考查点还是单元大概念在文本中的具体运用，从不同角度来考查比较式对比的用法，在具体的文本分析中核验学生对本文大概念的理解应用，对大概念的理解分析和应用中，真正实现学生思维的"大进阶"式突破提升。

模块五是该单元的阅读心得，从大单元的宏观角度和整合一个单元的纵向思维角度来梳理该单元的学习，旨在让学生从基础知识积累到阅读能力提升上都有一个自我反思和自我评价的过程，以促进学生知识性反思、心态性反思、方法性反思、思维性反思等反思习惯的养成。

四、形成大单元教学评价的题目

在完成单元评价的纸笔测试拟题后，还需要对测试题中的每一道题目进行科学的分析，填写具体的题目属性表。表4-11是以《孙权劝学》为例进行的分析。

表4-11　《孙权劝学》纸笔测试题目属性表

题目目标	学习水平	预估难度	预估时间（分钟）
成语、字词积累	D	容易	8
翻译句子句式训练	C	一般	3
比较式对比思维训练	B	较难	8
对比角度迁移训练	B	较难	10

1. 写出本文涉及的4个成语。（4分）

2. 解释以下重点词语。（8分）

当涂：_____　　经：_____　　涉猎：_____　　三日：_____

孰：_____　　益：_____　　卿：_____　　及：_____

3. "蒙辞以军中多务"是个什么句？请翻译这句话。（4分）

4. 同样的目的，同样的言说者，同样的言说对象，言说的结果却大不相同，试从文中认真思考分析，得出你的结论。最少2条。（8分）

141

5. 请从对比的角度，探究分析"卿今者才略，非复吴下阿蒙！"这句话中存在的对比关系及表现人物的作用，最少要从 2 个角度进行分析（4分），多一个角度多得 4 分。

在这一环节中，要对每一道题的题目目标、学习水平及试题难度及完成时间进行预估，然后再整理修订上面环节的双向细目表，再根据修订好的双向细目表来整理调整评价的题目，最后形成评价题目的初稿。

五、检核大单元教学评价的题目

在单元评价题目调整修正以后，还要依据具体的评价点从评价结果、存在问题和修改建议等角度进行试题的检核。任何一份评价测试题都要有科学、合理的评价点，在检核评价试题时，要从大单元视域下"教""学""评"一致性上提前预估评价点的有效性和科学性。

首先，要检核具体的题目目标与单元评价目标是否一致，这也是"教""学""评"一致性的重要参考点。其次，要预估题目的学习水平和难度系数，确保试题考查点的指向性明确，且科学合理。再次，要重新审核题目表述上的科学性和清晰度，选项设置及阐释是否正确或合理。最后，要检核一下试题预设答案及评价标准设定是否合理。做完以上这些检核项目，再对评价的题目进一步反思调整和校对，这才完成了单元评价题目的设计工作。

该单元的单元评价设计是大单元视域下"教""学""评"一致性的教学实践，这样的"评"是大单元教学中"教"与"学"后的迁移运用，是学生"教"与"学"中知识储备和能力提升后学科核心素养的展示。大单元视域下的"教"是在大概念引领下的思维训练，"评"是"教"与"学"后思维能力的迁移训练与提升，"教"与"评"都是促进"学"的手段，都是为"学"服务的，因此，大单元视域下的"教""学""评"是学生思维提升、深度学习的有效状态，只有"教""学""评"是一个完整的、系统的整体，学生才能循序渐进地进入良性循环的学习状态，才能真正实现学生核心素养的有价值提升。

主题 5

大单元教学反馈性评价的内容与思路

反馈性评价是单元教学设计的重要组成部分。单元教学反馈性评价的内容主要包括：通过测查大概念学习的关键点，获取大概念理解的反馈信息；通过应用大思路解决问题，获取大思路掌握的信息；聚焦真实情境中的大问题，全面测查学生的学科素养。单元教学反馈性评价的思路主要包括：依据单元教学目标，确定反馈性评价的内容；设计评价途径与方式，多途径收集评价反馈信息；多角度、多层面分析反馈信息，进行定性与定量诊断并反馈矫正建议。

一、大单元教学反馈性评价的含义

大单元教学反馈性评价是指在一个较大的教学单元结束后，对整个单元的教学效果进行全面评价和反思。具体来说，它包括以下几个方面。

（1）目标一致性。确保教学目标、教学活动和评价标准三者之间的一致性，形成完整的教学闭环。

（2）问题导向。基于真实问题情境、大任务、大活动开展教学，以问题解决为导向，促进学生的深度学习和核心素养的提升。

（3）教学反思。通过对教学内容、方法和学生学习情况的评价，检查教学的有效性，并为教学改进提供依据。

（4）促进发展。评价不仅仅是对学生学习成果的检测，更是推动学生学习发展的重要手段。评价是一个动态的过程，需要不断收集数据、分析数据、进行评价，并提出相应的建议和改进建议，以不断提高教学质量。

（5）多元评价。采用多种评价方式，如自评、互评、小组评价等，以全面反映学生的学习情况。

总的来说，大单元教学反馈性评价强调的是对整个教学单元的全面评价，而不仅仅是对单个知识点的测试。这种评价方式有助于教师从宏观的角度审视教学效果，同时也能够更好地促进学生的全面发展。

二、大单元教学反馈性评价的意义

评价与教学总是紧密相连，党和国家的教育文件也强调反馈性评价在教学中的作用，明确要求"加强考试数据分析，认真做好反馈，引导改进教学"。与单元教学设计相匹配的单元教学反馈性评价，首先是关于单元教学的评价，因此反馈信息的内容应该指向单元教学目标；其次是对于单元教学的评价，因此评价的对象是单元教学过程，包括融入教学过程的教师、学生、教学内容等；最后是为了单元教学的评价，因此反馈信息应该有助于及时调节和控制单元教学活动，提高单元教学的效率。

已有的课堂教学评价是针对课时教学效果的反馈，往往更关注知识点的学习与应用，而缺乏从单元整体的视角设计评价的内容与思路，并不完全适用于对单元教学的信息反馈。因此，在课堂教学实践中推动单元教学设计的同时，应该同步开展对单元教学反馈性评价的研究。

由于单元教学与传统的课时教学相比，在教学目标、内容组织等方面具有明显差异，导致两者在反馈性评价的内容与思路方面具有明显差异。单元教学设计目标对教学过程的规划、策略选择、活动设计、学习评价等若干环节具有统领作用，即单元教学设计的具体环节都围绕实现单元教学目标进行设计。

三、大单元教学反馈性评价的主要内容

单元教学反馈性评价的主要内容是由单元教学目标决定的。但是，单元教学目标往往描述经过学习达到的最终学习结果。因此，从为教学提供反馈信息的角度看，反馈性评价不仅需要诊断最终学习结果，还应从认知过程的角度诊断反馈学习中存在的具体问题是什么，只有如此才能为后续定向矫正提供精准建议。

1. 通过测查大概念学习的关键点，获取大概念理解的反馈信息

单元教学设计通过围绕大概念组织教学内容，实现大概念学习理解的目标。这里的概念包括我们通常所说的概念以及概念之间的联系，即规律。2005 年，美国科学促进会（AAAS）把大概念界定为"能将众多的科学知识连为一个整体

的科学学习的核心"。大概念是相对的，不是一个个孤立的知识点，而是联系到大量的具体概念，也就是说一个大概念其实包括了大量的具体概念。大概念的学习需要通过若干具体概念的学习逐渐深入。

例如，"机械运动"概念可以算作一个相对的大概念，它包括质点、参考系、位移、速度、加速度等大量具体概念。学生对"机械运动"概念的理解也不是一蹴而就的，伴随着学习的进展，通过学习周期、角速度、角加速度等大量具体概念而不断丰富对"机械运动"概念的理解。其实还有比"机械运动"更大的概念，那就是"机械运动与相互作用"概念。

从评价的可操作性角度考虑，对认知过程的评价可以通过评价认知过程中的关键点得以实现，也就是说，评价的基本假设是：学生在认知过程关键点上的具体表现水平决定于其认知过程的学习水平，二者呈现高度相关。概念学习可以分为概念的理解与应用两个相对独立的认知过程，可以通过对这两个认知过程中分解出的关键点的评价，获取对大概念理解的反馈信息。

概念理解是指个体弄清楚事实或者经验与概念，以及概念与原有知识体系间实质性联系的认知过程。因此概括起来，大概念理解的关键点主要包括：①是否能在事实、实验的基础上经历抽象概括、推理论证得出概念；②是否能把大量具体物理概念按一定逻辑线索进行合理整合，形成结构化概念体系；③是否能反省得出概念思维策略，即认识客观事物的方式或者所用到的策略性知识。

概念应用是指应用所学的概念（包括规律）解决情境从熟悉到陌生、从简单到复杂的各种问题的认知过程。因此，概括起来，大概念应用的关键主要包括：①能用物理学概念把实际问题转化为具体、明确、可解决的物理问题，并用物理学语言描述问题解决的目标与已知条件；②能根据目标和条件，运用物理学规律提出问题解决的方案或从整体上规划解决问题的思路；③能根据整体策略与路径规划解决问题，并对结果进行分析讨论或者做出评价，对评价结果的合理性进行质疑、论证或者提出新问题等。

2．通过解决应用大思路解决问题，获取大思路掌握的信息

单元教学反馈性评价应该重点关注学生问题解决大思路的掌握情况。具体说来，大思路是学科知识学习或者应用中所涉及的认识方式、思想方法、跨学科概念等内容的统称。但是大思路不像概念、规律那样可以用语言、图表、公式等清晰地表达出来，而是隐藏在具体概念、规律建立、知识的关联、运用知识的问题解决等过程或者关系中，因此对大思路的反馈性评价具有较大难度。

例如，物理学基于观察与实验、建构物理模型、应用数学等工具，通过科学推理与论证，形成系统的研究方法与理论体系。因此，物理学不仅包括物理概念、规律、原理在内的理论体系，还包括物理学视角的认识方式、基于事实的抽象概括过程与推理论证、科学探究等方法。

所谓物理学认识方式，是指从物理学视角对客观事物的本质属性、内在规律及相互关系的认识过程中，所使用的思维模式（路径）或者信息处理对策。认识方式不同于知识：知识是人类认识自然和社会的成果或结晶，而认识方式则是人类获取认识成果的方式。认识方式也不同于具体的方法，认识方式也可以称为系统化、模式化的思维方法与研究方法。认识方式具体包括问题表征、认识对象、认识角度、认识思路等要素，涉及发现问题、分析问题、解决问题的全过程。

例如，在"静电场"单元中隐藏着语言文字、图像、图形（包括电场线、等势面等）、表达式等表征物理问题的多种手段，各种类型的电场、带电粒子等理想化模型构成的研究对象，从运动与相互作用、能量等不同物理学视角研究问题的认识角度，以及定性与定量、状态与过程、宏观与微观、唯象与机理、猜想与验证等认识思路。这些表征手段、研究对象、研究角度、研究思路等要素共同构成了物理学认识客观世界的方式，而不是仅仅侧重于问题解决某个单一的环节中所使用的方法或者策略。

在物理知识的学习与应用中还蕴含着具有整合性、可迁移的具体方法或者跨学科概念，它们往往是学科核心素养的重要组成部分。例如，电容概念的定义涉及比值定义法，电容器的结构不同，电容大小也不同，体现了"结构决定性质和功能"的跨学科概念，电容器充放电过程还涉及能量的流动与守恒这一跨学科概念。概念建立和解决问题的大思路之中必然包含着一些具体的、碎片化的思想方法，需要从解决问题的过程中整合这些思想方法，从解决问题的大思路高度认识这些具体方法的价值，而不是片面强调这些碎片化的具体方法。例如，等效替代是问题解决的大思路，不仅包括通过物理量的合成与分解的等效替代，还有实物或者过程模型等效替代等；但是"割补法"则是解决某些问题的具体方法或者是小技巧。

3. 以真实情境中问题为载体，全面测查学生分析问题、解决问题的能力

大概念、大思路的形成与发展离不开真实的问题情境；同样地，脱离真实的问题情境的大概念、大思路也将失去其活力。分析问题、解决问题的过程也是大概念、大思路的应用过程。因此，只有通过学生面对真实情境中问题的反映和表现，才能测查学生分析问题、解决问题的能力。影响学生分析问题、解决问题的因素是多方面的，既与问题情境的内容、表达方式等因素有关，又与学生所掌握的大概念、大思路的多少和质量有关。大情境与学生已掌握的知识相关程度高，同时，大情境中的问题解决与学生的认知能力发展水平相关程度也比较高。情境内容的结构化程度越高，情境的描述方式越符合学生认知的习惯和风格，则学生越容易解决问题。学生所具有的大概念统领的具体知识越丰富，这些知识的结构化程度越高，与大概念相联系的情境越丰富多样，则学生越容易解决问题。因此，通过分析、解决真实情境的问题，不仅可以考查学生分析问题、解决问题的能力，还可以考查学生对大概念、大思路的掌握水平。

这就要求单元教学反馈性评价的问题要与情境紧密联系，问题情境尽可能具有一定程度复杂性、真实性、探究性或开放性。通过学生在应对复杂现实情境，参与相应探究学习活动中的外在表现来全面测查学生分析问题、解决问题的能力。

反馈性评价选择的情境可以侧重人类生产生活实践情境和学生学习探索的情境。生产生活情境往往可以体现学科的有用性，也可以通过这类问题情境反馈学生对大自然、生产生活的关注程度。这类情境非常丰富。例如，大自然中与物理相关的自然现象（潮汐、行星运行、彩虹、日食、海市蜃楼等），与生产生活紧密联系的物理问题，特别是与科技前沿或者我国的重大科技工程有关的情境等。学生学习探索情境往往能反映出学生对学业的关注程度，对学习内容深层理解的程度，这类情境也很丰富。例如，物理学史问题情境（光电效应现象、多普勒效应、万有引力定律、库仑定律、折射定律的发现等），学生学习过程中的实际学习情境、科学探究的问题情境等。

四、大单元教学反馈性评价的主要思路

从整体评价思路看，单元教学反馈性评价与课时教学评价、终结性评价并无本质区别，但在评价目标以及与目标相适应的评价工具及内容载体的选择等方面却存在明显的差异。

1. 依据单元教学目标，确定反馈性评价的内容

单元教学目标更加强调知识的结构化，形成围绕大概念的概念体系；更加侧重培养学生在面对真实情境问题时解决问题的大思路。所以，单元教学反馈性评价的目标内容应该围绕这些方面设计问题，以获取与单元教学目标相适应的反馈性评价信息。确定单元教学反馈性评价内容可以概括为以下三个方面。

首先，根据单元教学的大概念确定围绕大概念的具体概念有哪些，并分别厘清这些具体概念得出过程的关键点是什么。例如，在"静电场"单元包括电荷、电荷守恒定律、库仑定律、电场强度、电场线等大量具体概念，电场强度概念得出的关键点至少包括：为什么不同试探电荷放置在电场中同一个位置试探电荷所受力大小 F 与试探电荷 q 所带电荷量之比 F/q 是个常量？为什么用 F/q 可以描述电场强弱？与电场强度的定义方法相类似的物理量还有哪些？

其次，依据单元内围绕大概念的概念体系，分析概念体系中所蕴含的认识客观世界的方式与策略，以及概念之间的关联。例如，静电场单元包括点电荷、匀强电场等模型的建构，利用"场强"和"势"这两个概念来描述静电场，以及利用电场线和等势面形象描述静电场的方法描述电场强弱的认识客观世界的方式；还有点电荷的定义式和决定式的关系、电势差和电场强度的关系等概念关联。

最后，梳理应用大概念分析、解决真实情境问题所使用的思维策略。例如，解决静电场问题，常常需要对静电场的表征在物理图像、数学表达式、数学图形（电场线、等势面）之间进行转换；也常常需要根据问题情境、求解问题与已知条件从运动与相互作用能量等不同角度分析问题。

2. 设计评价途径与方式，多途径收集评价反馈信息

"评价什么""怎么评价"一直是评价研究的核心任务。在评价方式方面，

单元教学的反馈性评价与传统的课时教学评价并没有显著差异。评价任务不同，可采用的反馈性评价包括课堂问答、书面评语、作业批改、自我评价和同伴评价、阶段性测试等多种不同方式。通过试题检测只是获取反馈性评价信息的一种方式。在教学实践中要关注反馈性评价反馈方式被窄化的现象，切忌把反馈性检测试题作为反馈性评价的唯一手段。

反馈性评价不仅要关注学生单元学习的最终结果，还需关注经过单元内容的学习，学生的认识方式是否有所提高。例如，学生对同一问题的认识角度的多与少，认识方式从定性到定量、从宏观到微观、从文字到符号表征的转变程度，认识思路的有序性和自主性，等等。

评价途径与方式的选择需要综合考虑评价内容、学生特点、教学条件等各方面的因素。甚至在确定反馈性评价方式的情况下，问题的设问角度、问题的形式、呈现方式等都是影响收集反馈信息的要素。例如，要评价学生的概念理解水平，显然不能简单从应用概念解决问题的表现来评价，而应该从认知过程的角度，探寻学生是否理解了概念建构的关键点，可以采用二阶测试分别从观点与形成观点的解释两个层面进行评价。

特别需要强调的是，应该加强作业的设计与批改，发挥作业的反馈性评价功能，教师要认真批改作业，强化面批讲解，及时做好反馈。例如，在"静电场"单元学习后，可以布置学生参观科技馆，了解与静电现象有关的实验、装置等展品，并根据所学知识对各种静电现象进行解释说明，甚至改造原有的展品。

3. 多角度、多层面分析反馈信息，进行定性与定量诊断并反馈矫正建议

单元教学评价反馈信息的渠道是多样化的，既可以来自课堂教学中师生、生生的互动，也可以来自课后作业、学习检测等反馈渠道；反馈信息的类型也是多样的，既可以是定性的，也可以是定量的反馈信息。同样地，分析信息的角度也是多样化的，可以从教师、学生、教学方式、教学内容、教学策略等"教"与"学"的要素进行分析；也可以从现象描述、因果解释等不同层面进行分析。在对反馈信息进行充分分析的基础上，可以做出定性或定量的诊断，提供反馈矫正建议。

概括起来，学习诊断可以从以下几个层面进行诊断并提供反馈信息。

首先，从现象描述层面，根据学生的反馈诊断问题。例如，学生问题解答的结果、卷面情况与课题互动等，发现并描述学生在学习过程和结果中存在的知识、技能、方法与策略等层面的具体问题。问题描述应力求具体，从物理概念、规律等知识、解决问题的方法、技能与策略等方面的缺乏或者错误等角度详细描述在哪里出错了，出现了什么错。

其次，从因果解释层面，从学生内隐的（跨）学科观念、认识方式、学科能力、价值观念、学习习惯等学科素养层面寻求产生错误的可能原因。因果解释层面与现象描述层面的区别主要表现在：因果解释更多从学生内隐的素养层面进行挖掘，而问题描述则更多从相对容易外显的知识、方法、技能等层面进行。问题产生的原因往往是多样化的，因果解释需要分析所有可能的原因，而某一位学生可能使其中的一个原因导致错误。需要指出的是，因果解释具有或然性，是对学生出现错误的推测，还需要通过与学生进一步的沟通交流或者其他方式进行验证。

再次，从拓展整合层面，拓展学生在其他内容的学习中可能产生的错误，并把这些可能的错误按照一定的线索（如认识方式、相似的知识特点等）进行梳理整合，概括出不同错误类型。可以从问题情境，解决问题所需要的知识、技能、思想方法、认识方式、能力，以及思维障碍或者易错原因等方面的相似性，对学生可能出现的问题进行拓展整合。

最后，从反馈矫正层面，针对学生学习的具体问题、因果解释及其拓展整合的结果，依据"教"与"学"的规律，对团体（班级、学校、区域的学生群体）或者个体提出"教"或"学"的具体建议。矫正建议具有定向性，可以定向于某一个具体学科问题，也可以定向于拓展整合的一类学科问题，还可以定向于学生的知识、技能、思想方法、认识方式、能力等不同方面。

总之，单元教学设计的各要素构成了一个完整规划方案，其中单元教学目标具有统领作用，学习过程设计、教学策略选择、教学活动设计都是为落实单元教学目标服务的，而反馈性评价则是对教学目标达成度的直接检验，也是衡量学习过程设计、教学策略选择、教学活动设计等有效性的检验。单元教学反馈性评价不仅具有"承上"的作用，而且具有"启下"的作用，反馈结果是对学生认知状况的诊断，可以作为后续教学设计的依据。因此，单元教学反馈性评价不是教学设计中可有可无的环节，而是单元教学设计必不可少的要素。

专题五

大单元作业设计的难点与对策

大单元作业设计要确保作业设计的科学性与针对性，实现目标与作业的一致性，注重层次性与趣味性的结合，同时要着力提升学生的思维能力，做好表现性作业任务设计，等等。大单元作业设计应包含足够的思维容量，帮助学生发展批判性思维和创造性思维；作业设计应关注过程性评价，关注其学习过程和全面发展。

主题 1

彰显学科育人价值

《基础教育课程教学改革深化行动方案》及《义务教育数学课程标准（2022年版）》在理念部分分别提出"坚持立德树人的课程价值观""反映数字时代正确育人方向"，体现出对学科育人价值的重视。聚焦学科育人，关注单元作业设计，是教研需聚焦的课程改革重点性问题。教师在单元作业设计时要突出学科对学生思维品质和理性精神的关注，有效将问题的探究和观点的逻辑辨析融入作业中，让学生有更丰富的作业体验和学习收获。

一、单元作业设计与学科育人价值的关系

作业设计是作业体系的逻辑起点和前提保障，高质量的作业设计是有效发挥作业育人实效的关键。

从本质上讲，作业设计的核心价值在于强化学生对所学知识的认知和理解，培育学生的知识迁移和综合运用能力。因而，作业设计要以学生的全面自由健康发展为根本目的，通过设计贴近实际、层次丰富的作业形式，帮助学生走出书本、走出课堂，走向生活、走向实践，在真实的体验中幸福生活，快乐成长。从这一思维向度出发，作业设计可以分为三层价值向度：第一层是基于知识发展逻辑的作业设计，第二层是基于学生综合素养的作业设计，第三层是基于现实问题解决的作业设计。

单元作业设计的本质，在于从质与量的关系转变上寻求作业设计困境的有效突破，重塑作业的育人价值，增强作业的育人实效。高质量的作业设计与实施至关重要，对学生增加学习兴趣、减轻课业负担、巩固学习内容、发展学习能力、培养学习习惯、提升道德修养等都有明显作用，是促进教育内涵发展、落实立德树人根本任务的有效突破口。

二、学科育人价值视角下单元作业设计策略

1. 对单元作业设计目标进行分解，逐层完成作业设计

学科育人价值视角下，单元作业设计应该以学生为主体，以学科知识为载体，丰富学生学习体验，提升学生学科思维和能力。教师要从学生的身心特点和学科特点出发，从学生主体出发，对单元作业目标进行分层次分解。

在这一方面，教师可以综合性参考学科知识内容、作业量以及知识的融合程度等，将单元作业目标分解为低层、中层和高层。在进行具体的作业布置时，可以针对不同层次的学生布置相对应的单元作业，既尊重学生个体之间的差异，突出学生主体，充分调动学生主观能动性；又能"因人而异"，结合具体作业情况反馈，给予相应学生人群更具针对性的指导和帮助。与此同时，从学科育人价值角度出发，教师在进行单元作业设计时，一定要在作业量方面做出正确的评定，作业难度也要适度把握，确保学生在可控的时间范围内能够高质量地完成相应的作业。

2. 明确同一单元内不同课时的主次关系，统筹作业设计结构

做好单元作业设计结构统筹，是进一步保障单元作业价值和效用发挥的基础。比如，统筹好作业板块，单元的系统性效能将进一步凸显；统筹好作业设计的难易程度，单元作业设计的递进性和积累性效用将进一步凸显；统筹好作业设计内容，能让不同课时教学重点更突出。

所以，教师在做单元作业设计过程中，基础课应该侧重将学科知识作为基础核心，以熟练运用学科知识基本概念为主要方向。强化课应该主要将重点和难点的巩固和突破作为单元作业设计的核心，既为学生夯实单元知识内容学习的基础，又为学生后续进一步拓展和发展相关知识提供方向指引和经验总结。总结性的作业可以引导学生利用思维导图或者架构图等多种方式总结单元内容，体现学生对单元内容的梳理和理解程度。教师要统筹处理好作业间的递减关系，循序渐进地帮助学生洞察出单元内部知识之间的关联性甚至学期内容之间的关联性。

另外，教师可以结合对学生的全面了解以及学生具体掌握学科知识的程度，为学生布置更具创新性和实践性的探究作业；还可以综合个人探究或者小组合作

等形式，帮助学生巩固已经学到的学科知识，为学生提供进一步发展和能力提升的平台。

3. 从单元角度对作业设计进行压缩，提升作业质量，实现"减负"目标

单元作业设计就是要在单元理念下做好作业设计的优化和整合。在"减负"大背景下，学科育人价值视域下的单元作业设计，也要重点关注作业量的压缩和作业内容的整合。

其一，教师可以有意识地降低同一单元内部同一目标，或同一类型反复性操作这一类的作业比例，尽量让学生不去做不必要的作业，减轻学生负担。同时，教师还要有意避开不同内容同类作业的重复，要更突出作业的类型以及作业内容之间的差异性和递进关系，要给不同基础和接受、认知能力的学生预留出足够的思考空间和探索空间。

其二，教师要重点关注单元作业设计的整体优化与整合，逐渐帮助学生绘制完整的知识框架图。完整的学科知识框架，能让学生对该单元的知识联系有更清晰的认识；同时，构建完整知识框架的过程也是学生的学科思维得到进一步锻炼和提升的过程。学生自己能在头脑中形成清晰的思维导图或者单元知识脉络图，能确保学生的学科学习是清晰的、持久的，而不是断断续续、琐碎的。

教师可以结合单元知识之间的逻辑关系，将学科教学与单元作业设计结合起来，帮助学生实现知识的巩固和强化，发挥作业的拓展效能，不断提升学生学科思维能力和个人实践能力。

三、学科育人价值视角下单元作业设计类型

1. 树立单元意识，设计单元整体作业

学科知识本身就有很强的逻辑性，单元作业设计必须从"单元"出发，关注单元标准、教学与评价的一致性，基于标准与学情确定某单元作业设计目标，进而选择、改编或者创编各小节的作业设计。通过单元作业设计，引导学生建构"单元"意识，逐渐形成自己的知识体系和理论框架。

2. 尊重学生主体，设计单元层次化作业

教师从"单元"角度出发设计分层作业，尽可能让班级内部的每一个学生

在完成作业的过程中都能有所收获和提升与发展。应结合不同层级学生的特点设置不同的作业目标，进行不同的作业设计。

3. 联系生活，设计单元探究性作业

联系生活、层层深入的问题能够引导学生不断思索与尝试，学生的思维也更加开阔、更加灵活。这类作业既能体现作业的多样性和实践性，又能进一步达到从学科理论知识方面拓展学生思维的目的。学生只有真正动手操作，将理论与实践联系起来，灵活运用所学知识才能进一步解决问题，巩固基础知识，提升思维能力和实践能力。

4. 关注发展价值，设计单元跨学科作业

让学生切身感受信息技术与学科的结合，从单元作业设计理念出发，既联系了单元内容，又联系了学科的相关内容，能有效帮助学生突破学习难点，构建更完整的理论体系和逻辑关系，拓展学生认知，提升学生的创造能力。

四、学科育人价值视角下单元作业设计原则

学科育人价值视角下，单元作业设计是为了进一步推动学生所学习知识的深化。所以，教师应该从"单元"理念出发，以培养学生的高阶思维能力为目标，切实立足学情，实现单元作业设计从量到质的转变。

1. 以高阶思维和能力培养为目标

高阶思维就是发生在更高层次认知水平上的心智活动和认知能力，它在学科育人价值视角下的具体体现就是分析、综合、评价与创造。教师将更高阶的思维和能力作为单元作业设计的目标，能进一步梳理清楚作业设计的思路，重新对单元内部知识进行梳理和划分，为学生呈现更加明确的学习目标。同时，高阶思维对教师也提出了更高的要求，教师需要完全突破传统的凭经验设计或者搬运教材资料的理念，在作业形态上要求也更加多样、多变、生动。所以，教师既要关注学生静态的做、写、记，又要关注学生的思维活跃程度、学习体验感等。

在作业要求上也要深浅适度，突出重点，既要有关于基础知识的巩固，有对

重点和难点的突破，重点、难点的应用；又要在此基础上有意识地引导学生多角度分析问题、探索问题，逐步实现学生高阶思维的发展。在作业布置方面，要层层递进，有的放矢，既要从学科特点出发，又要符合新的课程目标要求，实现多维目标的协同并进。也就是说，不同层次的单元作业要通过相应的具体内容来呈现，而内容与目标方向又要保持一致。

2. 因材施教，尊重学生差异

单元作业设计始终要以学生为中心开展。具体的教学实施也需要结合教学目标和学情，具体应用到某一个单元，就是要立足学情，明确教学目标。而从教师角度来讲，教师既要尊重学生的身心特点，又要尊重学生个体之间的差异性，结合学生个体实际需求设定层次化的单元作业设计。因为不同基础能力、性格特点和认知水平的学生在学习需求方面是不一样的。

在这种情况下，教师首先要转变教学理念，在了解并尊重学生差异的基础上，从学生实际需求出发进行作业设计。对基础能力相对较差的学生，教师的关注点应该在巩固基础知识方面，逐渐帮助学生形成一定的学科思维；对"偏科"的学生，教师更要在作业设计上下功夫，使学生通过作业设计对学科学习有全新的认知，逐渐消除学生对学科学习的负面情绪和消极心理；对学习能力较强、成绩较好的学生，教师要重点通过作业设计进行潜移默化的思维熏陶，始终保持学生对学科学习的兴趣和探索欲望。

3. 作业设计实现从"量"到"质"的转变

学科育人价值视角下，单元作业设计的重点在于"质"而非"量"，所以，教师在单元作业设计方面也应该转变传统理念，更注重质的提升，而非量的累加。要从"题海战术"逐渐转变为提升作业质量，培养和提升学生的学科综合素养和实践应用能力。

其一，教师要重点关注学生的单元作业完成质量，在一定的作业量内，提升学生的作业完成质量。教师可以有意识地利用短时间作业和长时间作业相结合的方式，关注学生的作业过程，对不同类型作业的完成时间形成预估，尤其是要关注一定周期内长效作业的完成时间预估；逐渐帮助学生不断完善自己的学习计划和方案，引导学生更合理地利用好自己的日常时间。

其二，教师要重点关注单元作业的评价质量。高质量的作业评价才能形成学科教学有效闭环。教师需要意识到作业评价的重要性，并能结合学生日常学习和日常考核加强在单元作业方面的评价，既关注学生的作业质量，又关注学生的作业态度、方法等；既关注学生的作业过程，又关注学生的作业结果以及学生依托作业所实现的能力和意识提升。

综上所述，单元作业设计的核心价值在于强化学生对所学知识的认知和理解，培育学生的知识迁移和综合运用能力，其本质是重塑作业的育人价值，增强作业的育人实效。所以，单元作业设计应该是学科育人价值具体实现的载体。

主题 2

设计中要渗透核心素养

基于核心素养进行单元作业设计，这是让学生从知识学习转向素养形成的重要渠道。

一、基于核心素养的单元作业设计的意义

单元作业一般是指一个单元所有作业的集合。单元作业设计是指教师以单元为基本单位，依据一定的学习目标，重组、改编或自主开发作业的过程。在一个单元下对各个课时的作业目标、作业内容、作业类型、作业时间、作业难度等进行整体设计与统筹分配，可以更好地实现课时作业之间的统整性、关联性与递进性。

探索单元作业的意义何在？这类似于切火腿，学生每天能够获得一小段火腿，但是每天得到的这段火腿都仅仅是整根火腿中的一小部分，学生始终没有看到火腿的全貌，也不了解每天获得的火腿之间的关联。

了解了单元作业设计的概念和重要性，教师应如何设计一份高效且合适的单元作业呢？单元作业设计的流程一般是先结合单元学习目标、课时学习目标以及

学情确定作业目标，然后根据目标选定作业类型，拟定作业内容，最后在学生完成作业后，根据完成情况开展作业评价（见图5-1）。

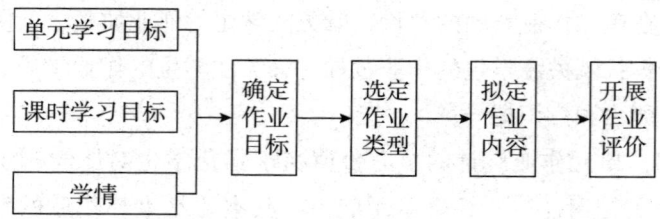

图 5-1　单元作业设计流程

二、基于核心素养的单元作业设计策略

1. 聚焦单元内部结构

以小学数学六年级"长方体和正方体的认识"单元为例。

（1）厘清单元内容。这个单元的内容主要分为以下几个课时：长方体和正方体的认识，长方体和正方体的展开图，长方体和正方体的表面积计算，体积和容积的意义，常用的体积和容积单位，长方体和正方体的体积计算方法，体积、容积单位间的进率以及简单的单位换算。其中，展开图和表面积计算这两个知识点可以融合在一起开展教学，通过观察立体图形的展开图，学生对表面积的概念会有更加清晰的认识。

（2）拟定单元目标。该单元的目标集中在三个方面：第一，掌握长方体和正方体的特征；第二，进一步理解并掌握长方体和正方体的展开图、表面积与体积的计算方法，能进行体积、容积单位的换算，能正确解答相关的实际问题；第三，提高学生解决问题的能力和空间想象能力，让学生感受数学与生活的紧密联系。

（3）设计单元作业。拟定好单元作业目标后，依据实际情况将作业分解到各课时中，或者选取一两个有联系的课时进行融合，并从课时内容、作业目标、作业内容、对应的核心素养、作业类型及评价方式等方面多层次设计单元作业。

在实践过程中，选定三个主题进行作业设计。

第一个主题是"小鲁班奇设计"（见表5-1），意在探秘长方体和正方体的平面展开图。任务是绘制长方体或正方体的展开图，并标注数据信息。学生可加入自己的小创意，制作材料不限，主要是能展现自己的特色。学生在作业纸上写出自己的活动过程，并附上自己的活动感想和精彩瞬间照片。按照多元评价机制，设置了自我评价、组员评价、教师评价三种评价方式。这份单元作业希望达成的目标是巩固学生对长方体和正方体展开图的认识，培养学生核心素养，如抽象能力、几何观念、空间观念、创新意识、数学语言、数据意识、模型意识。

表5-1 小鲁班奇设计

主题	探秘长方体和正方体的平面展开图
准备工作	备好：笔、尺子、纸、剪刀、胶水、胶布等
任务布置	绘制长方体或正方体的平面展开图，并标注数据信息。注：可加入自己的小创意，制作材料不限，要能展示自己的特色
活动过程	步骤一：绘制长方体或正方体的平面展开图 步骤二：制作长方体或正方体的过程
活动感想	
精彩瞬间	（活动照片或活动手绘图）
自我评价	
组员评价	
教师评价	

第二个主题是"我是小小探究员"（见表5-2），任务设置是任选一张纸折成正方体或长方体，求出它的体积。作业目标是巩固学生对长方体和正方体体积的认识。

表5-2 我是小小探究员

主题	探秘长方体和正方体的体积
任务布置	用一张纸制作长方体或正方体，并求出它的体积
活动过程	步骤一：前期准备（制作长方体或正方体） 步骤二：我是怎样算出所折成的长方体或正方体的体积的
活动感想	
精彩瞬间	（活动照片或活动手绘图）
自我评价	
组员评价	
教师评价	

第三个主题是"动手来实践 启迪大智慧"（见图5-2）。该项作业以微型实验报告的形式呈现，让学生任选两个自己喜欢的物体进行实验，比较哪个占的空间大；通过拍照、用文字记录，以图文并茂的形式呈现操作步骤；最后写一写完成实验后的收获，在实验过程中需要注意哪些问题，你是如何解决的，你还有哪些疑问。这项作业的目标是通过对长方体和正方体体积的认识和了解，区分体积和容积的概念。

动手来实践 启迪大智慧

——六年级数学第一单元"体积和容积"实验报告

班级：_____ 姓名：_____

研究主题：（ ）和（ ）哪个占的空间大？

选择自己喜欢的物体进行实验。把实验过程拍下来，并用文字记录下来。

一、实验所需的材料

二、操作步骤（图文并茂地进行说明）

三、通过实验你的收获是什么？在实验过程中要注意哪些问题？如何解决？你还有哪些疑问？

图5-2 动手来实践 启迪大智慧

2．注重单元知识间的关联

单元作业的呈现形式还包括思维导图，引导学生通过单元思维导图的方式，对该单元的知识点进行梳理和总结。在绘制过程中使学生的思维更清晰，知识更立体。在此次单元作业设计活动中采用思维导图的单元作业形式，要求学生自主绘制数学教材六年级上册第二、第三、第五单元中和分数有关的知识的思维导图，力求将单元内容以结构化形式呈现（见图5-3），充分展现学生对第二、第三、第五单元知识内在逻辑的理解。指向深度理解的单元作业倡导知识的纵横关联、前后呼应，突出思想方法的关联性。这样的单元作业设计意在引导学生明白知识迁移的重要性，从现象走向本质，培养学生核心素养，发展学科眼光。

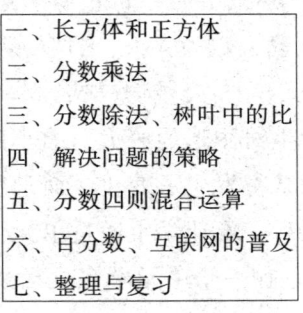

一、长方体和正方体

二、分数乘法

三、分数除法、树叶中的比

四、解决问题的策略

五、分数四则混合运算

六、百分数、互联网的普及

七、整理与复习

图5-3　单元内容结构化呈现

3．以点带面设计作业

下面以苏教版数学教材六年级下册的第四单元"比例"为例。该单元的课时如图5-4所示。

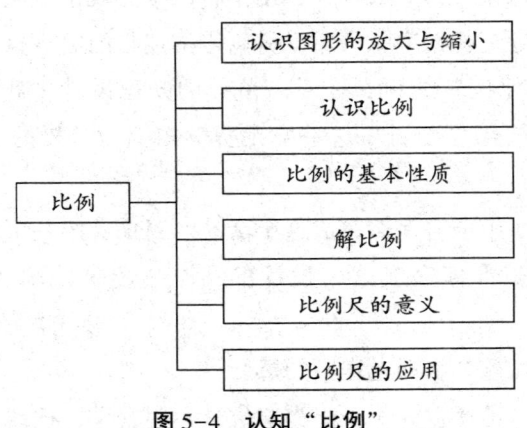

比例

认识图形的放大与缩小

认识比例

比例的基本性质

解比例

比例尺的意义

比例尺的应用

图5-4　认知"比例"

大单元教学实施难点与对策

"面积的变化"是比例单元后面的一个综合实践活动课。结合该单元知识和该课时内容，可以设计一个以"面积的变化"为主题的考查作业，以点带面，在作业中融入该单元相关知识点，进一步加深学生对该单元知识的理解。

此次考查作业设计以课时名称、作业目标和具体作业内容为主要框架，将作业进行分层设计，分别设置小试牛刀、大展身手、勇闯难关栏目。作业目标是探索并能发现平面图形和立体图形在按比例放大或缩小后面积的变化规律，进一步加深对图形放大或缩小的含义以及比例意义的理解。让学生经历由特殊到一般的学习过程，进一步积累观察、比较、分析、概括、归纳等活动经验，感悟归纳的思想和方法，发展数学思维能力。

此班参考人数是45人，小试牛刀栏目正确人数为36人，9人错误，错误率为20%；大展身手栏目正确人数为4人，41人错误，错误率为91.11%；勇闯难关栏目正确人数为20人，25人错误，错误率为55.56%。大展身手这一栏目错误的主要原因在于学生对图形的放大与缩小的含义认识不清，作图的过程中平行四边形和梯形的形状都发生了变化，而学生自己却没意识到。这就告诉我们，在一个单元学习之后，要让学生通过单元作业不断反思，查看单元学习中的"漏网之鱼"，而不是在一个单元学完之后甩手不管，忽视单元整体的衔接。

4. 丰富体验，培育素养

知识来源于生活，又应用于生活。生活中有很多和学科文化有关的素材可以供学生去观察、去探索。为了鼓励学生用学科的眼光观察现实世界，并结合学科思维对现实中的问题进行探究，会用学科语言描述自己的观点，以数学教材六年级下册第四单元"比例"为例，针对该单元的知识设计主题为"小小设计师"的作业，要求学生结合"比例"这一单元所学知识为学校的"半亩良田"劳动基地重新做规划。

想一想：你们小组准备怎么完成这个活动？简单介绍一下你们的计划。

写一写：你们是如何完成这个设计的？详细记录并阐述一下你们的设计意图。

议一议：你们在整个活动过程中的感受。

学生热情高涨，迅速以6人小组为单位，利用卷尺、棉线等工具，合作完成劳动基地的数据测量，并结合比例尺知识点和图形的放大与缩小知识点完成新的设计图稿（图略）。

学生在完成作业过程中，经历了主动学习、合作学习、自主学习的过程，加深了对比例单元知识的理解，明白了图形放大与缩小在生活中的应用，了解了比例尺的意义和价值。当学生学会用学科的眼光去观察校园生活，会用学科思维去思考生活中的事物，会用学科的语言去构造和描绘自己的想法时，那么他们离全面提升核心素养就近了。单元整体作业设计活动，让我们更加明白"课程标准"背景下教学和探索的方向。

三、基于核心素养的单元作业设计原则

第一，进行单元作业设计时，要充分利用教材对单元整体进行统筹规划，注重每个课时知识点之间的衔接与联系。

第二，增加作业的选择性，满足不同学生的需求。每个班都有三类学生，优等生大约占 20%，中等生大约占 70%，薄弱生大约占 10%。不同层次的学生需要不同的作业来进行巩固提高。

第三，作业设计还要联系学生的真实生活。设计真实的情境，可有效鼓励学生解决问题。

第四，鼓励学生自主参与作业设计与实施。

四、单元作业设计的独特价值

1. 有助于教师系统思考单元目标、教学、评价与作业

在以课时为单位进行作业设计时，教师常常将作业设计独立于教学设计之外。由于一个课时的教学内容不多，将作业设计置于教学设计之外，对教学的影响似乎不大。但如果是以单元为单位进行作业设计，就必须从单元的视角系统思考作业与单元目标、教学、评价间的关系，将作业设计纳入教学设计中。进行单元作业设计时，教师势必会考虑：作业是否反映单元目标，能否巩固、反馈、拓展教学内容，是否能评价学生的学习，等等。这种思考可以促进教师对单元目标、教学、评价、作业等进行系统思考，充分发挥作业与教学、评价的协同作用。

2. 有助于增强作业内容的关联性和递进性

进行单元作业设计时，需要统筹思考单元内不同课时的作业内容，关注不同课时作业内容间的关联性和递进性。如此，既可以避免各课时作业间的割裂，也可以避免一些低水平、机械操练类作业在不同课时作业中反复出现。一个单元中的某些知识、技能、态度等目标，通过一个课时的教学难以实现，需要多个课时的教学方能达成；相应地，围绕这些目标，也需要在多个课时中设计相关作业，且作业的难度可以逐步提高。

3. 有助于提高作业的结构性

作业的结构性包括作业所对应的目标、作业的类型、作业的难度、作业的时间等要素的分布，单元作业设计有利于合理安排这些要素在不同课时的分布。就作业目标的分布而言，一方面，不同作业目标应体现在不同的课时作业中；另一方面，有些作业目标在一个课时中难以全部体现，需要合理分布在单元各个课时中。就作业类型、难度、时间等的分布而言，各种类型的作业在单元不同课时中要合理安排；不同难度的作业题数量要比例得当；单元作业时间总量要合适并进行统筹安排，确保每个课时的作业时间处于合适的范围内。

综上所述，教师要重视单元视角下作业的整体设计，通过作业促进学生对所学知识的深度理解，建构联系，实现知识迁移，让学生对知识的理解架构于单元整体之上。教师要根据学情进行科学、合理的安排，不要囿于非本质的细碎的知识点，要立足大单元视角精心设计单元作业，促进学生对核心知识的理解和把握，最终全面发展学生的核心素养。

主题 3

内容要有整体性

单元作业设计的整体性，即在一个单元中，从整体着眼，注重作业内部的相互关联性，注重作业作为学习的过程性、普适性，目标一致、难度适宜、结构合理、类型多样，指向学科核心素养。

一、大单元作业设计整体性的含义

单元作业的整体性，首先是"单元"所赋予的自然属性，同时也是单元作业的应然要求。从系统理论来透视单元作业设计，系统论的核心思想是系统的整体观念。教学设计中的系统观认为，单元作业设计是一个系统，其内部每个要素都处于一定位置，起着特定作用，诸多要素并非孤立存在，而是相互关联，构成一个不可分割的整体。因此，整体性是衡量单元作业质量的重要指标之一。

二、大单元作业设计整体性的实现路径

单元作业设计整体性涉及诸多要素，实施过程需要多措并举、多路径施行。

1. 目标路径：从碎片到体系，形成作业架构

例如，初中语文八年级上册第五单元的单元提示语："学习本单元，要把握说明对象的特征，了解文章是如何使用恰当的方法来说明的；还要体会说明文语言严谨、准确的特点，增强思维的条理性和严密性。"据此，我们可以整理出该单元的教学目标：把握说明对象的特征；了解文章是如何使用恰当的方法来说明的；体会说明文语言严谨、准确的特点，增强思维的条理性和严密性。

根据王月芬博士提出的教学目标与作业目标一致的主张，可以认为，这就是单元作业目标。但是，这样的目标碎片化，内部缺乏关联，无法构成体系。因此，我们将其拆分为阅读目标和写作目标，并将其细化，最终得到该单元作业目标体系（见表5-3）。

表5-3　八年级语文上册第五单元单元作业目标体系

分类	目标描述	对应语文核心素养	认知类型
阅读目标	积累单元课文"读读写写"中的字词，了解本单元中重要作家的作品和文学常识	文化自信	记忆
	能读、会写、懂运用	语言运用	应用
	厘清说明顺序，了解行文思路	思维能力	理解
	体会说明文语言准确、周密的特点，增强思维的条理性和严密性	思维能力	分析
	把握和体味说明对象的特征，增强思辨力和文化自豪感	思维能力	分析
	感受说明文传递出的求真求实的理性精神，激发对社会、自然探索的兴趣	审美创造	评价
写作目标	合理安排说明顺序，抓住特征，运用恰当的说明方法突出事物的特征	语言运用 审美创造	创造
综合性学习目标	了解中华优秀传统文化，学会鉴赏、拓展运用相关内容，丰富积累	文化自信 语言运用 思维能力 审美创造	记忆、应用、理解、分析、创造

这样体系化的作业目标蓝图就成了单元作业整体性的架构。

2. 能力路径：从低阶到高阶，作业功能化

（1）基础性作业设计阶梯化，从记忆到应用，实现作业作为自主学习内化的过程

基础性作业包括记忆应用型作业，是单元作业设计的开端。从记忆到应用，着眼于能力的形成过程，是基础性作业整体化的设计方式。在八年级语文上册第五单元的单元作业中，与课文《苏州园林》对应的作业有两个课时。

在第一课时作业中可以设计以下两道题目：

（1）根据拼音写汉字，注意辨清字形。

轩 xiè（　　　）　　明 yàn（　　　）　　嶙 xún（　　　）　　丝 lǚ（　　　）

shè（　　）影　房 yán（　　）　qī（　　）黑　niè（　　）嚅

lòu（　　）空　zhān（　　）仰　xī（　　）盖　jiàn（　　）赏

（2）文学常识填空。

《苏州园林》是说明文，说明文常用＿＿＿＿、＿＿＿＿、＿＿＿＿、＿＿＿＿等说明方法。

第二课时，在上题的基础上又可以设计两道作业题：

（1）下列加点字的读音全部正确的一项（　　　）。

A. 池沼（zhāo）　　鳞峋（xún）　　镂（lóu）空

B. 轩（xuān）榭　　鉴赏（jiàn）　　依傍（páng）

C. 倘若（tǎng）　　斟酌（zhēn）　　假山（jiǎ）

D. 称心（chèng）　　水磨（mò）　　琢磨（mó）

（2）下列说明方法判断有误的一项是（　　　）。

A. 四扇，八扇，十二扇，综合起来看，谁都要赞叹这是高度的图案美。（列数字）

B. 苏州园林与北京的园林不同，极少使用彩绘。（作比较）

C. 我觉得苏州园林是我国各地园林的标本，各地园林或多或少都受到苏州园林的影响。（下定义）

D. 有几个园里有古老的藤萝，盘曲鳞峋的枝干就是一幅好画。（打比方）

第一课时的两道题，是记忆型作业，让学生积累字词拼音和文学常识，以备运用；第二课时的两道题，是应用型作业，是以第一课时的两道题为基础，并在此基础上进阶，让学生在记忆的基础上学会应用。作业从本质上说是学生自主学习内化的过程。从第一课时的记忆到第二课时的应用，就是学生自主学习内化的过程，同时也是知识建构的过程。这样，第一课时与第二课时的基础性作业就构成了一个整体。

（2）能力型作业设计层次化，从低层到高层，实现作业的普适性

能力型作业的整体性，一定程度上就是作业的普遍适应性，体现在作业的

层次性满足大多数学生整体发展的需求上。因此，能力型作业的设计，要根据学生的实际能力水平，分成一、二、三类，使作业具有普适价值，为不同层次的学生提供适宜的作业，让学生在分层作业中得到整体的发展。例如，在统编教材初中八年级语文上册第五单元的单元作业中，与课文《人民英雄永垂不朽》对应的作业设计如下。

选做题。以下 3 小题，请选做其中 1 题。

1. 对第①段说明顺序的分析，选出正确的一项是（　　　）。

A. 采用空间顺序，从四周到中间，从台阶到碑身，从正面到背面

B. 采用空间顺序，从四周到中间，从台阶到碑身，从背面到正面

C. 采用逻辑顺序，即先四周，后中间；先台阶，后碑身。由主到次，条理清晰

D. 采用时间顺序，先看四周，后看中间；先上台阶，后看碑身；先看背面，后看正面

2. 第②段的说明顺序是什么？列举出来并作简要分析。

3. 第③段的说明顺序是什么？

这是根据学生不同能力水平层级设置的分层作业。低、中、高三个层次的学生都可以在此发挥个人专长。分层作业要注意三点：一是不贴标签，即题面上不分 A 类、B 类、C 类，也不分一、二、三类，避免贴标签后遗症；二是既不按低、中、高的顺序，也不按高、中、低的顺序，按自然顺序即可，让学生不带标签、不站队，自由选择，鼓励挑战；三是避免题与题之间互相干扰、提示。

3. 组成路径：从分散到统整，作业结构化

从作业的组成上研究作业的整体性，要着眼于作业板块内部和作业板块之间的关联。比如，阅读作业、写作作业和综合性学习作业这些板块之间是怎样联系的，阅读作业、写作作业内部又是如何紧密相连的，等等。

（1）阅读作业设计，从单个到多重统整

教材中的一个单元，阅读部分一般由 4~5 篇课文组成，也就是说，阅读目标要通过 4~5 篇课文的阅读训练来达成。因此，阅读作业的设计，其整体性

就着眼于同一个知识点（或能力点）在不同课时作业（分课时的阅读课作业）中的重复。在当前统编教材编排的体制下，单元阅读目标固定，单元阅读材料有多个，可以说，阅读作业设计的技术，就是重复的技术。比如默读这一能力点，从七年级开始，就要在各单元中不间断地进行默读训练，到了八年级，这种训练仍需落实，在统编教材初中八年级语文上册第五单元的单元作业中，默读训练自然不可或缺，而且还要延伸至九年级，乃至初中毕业。当然，默读的速度应该在重复中不断提升，从七年级的 300 字/分钟，到八年级的 400 字/分钟，再到九年级的 500 字/分钟。单元阅读作业的设计，在不断的重复中构成稳固的阅读体系。

（2）写作作业设计，从"小训"到"大练"统整

单元写作作业设计，为了突出其整体性，可以采取"逆向设计"的方式，比如，统编教材初中八年级语文上册第五单元，其写作部分，可以做如下设计。

首先，根据该单元的阅读目标和写作目标拟定大作文，作为该单元写作实践的题目。

大作文 1：选定自己喜欢而又熟悉的一种事物，比如某一动物、植物、特产、美食、建筑、场所等（最好是自己家乡的或家乡附近的），抓住其特征，运用多种说明方法和合适的说明顺序表现其特征，写一篇作文，题目自拟，不少于600 字。

其次，根据该单元五篇课文的特点，将"大作文"拆分成若干个"小作文"，分列于五篇课文课时作业中。

小作文 1：选定自己喜欢的家乡的一种事物，比如动物、植物、特产、美食、建筑、场所等，查阅并下载相关资料，以要点的形式概括它的主要特征。

小作文 2：围绕你选定的家乡事物的某个特征，借鉴《苏州园林》的构段方法，用一个中心句来架构全段，运用适当的说明方法进行说明（100 字左右）。

小作文 3：《人民英雄永垂不朽》一文综合运用了多种说明方法和说明顺序，空间顺序与时间顺序结合兼用逻辑顺序。请借鉴本文的写法，对你选定的家乡的

事物确定说明顺序，列出思维导图。

小作文4：《蝉》一文多处采用拟人的手法，让说明语言生动充满趣味，尝试将你选定的家乡事物的某一特征也用上拟人的手法进行说明（字数为30~50字）。

小作文5：分别阅读本单元五篇文章的开头，比较、体会其引出说明对象的方法。选择你喜欢的一种方法，写一个作文开头，以引出你选择的家乡的某一事物。

最后，在单元综合作业中，再重复设置一个类似的"大作文"如下，以作巩固训练之用。

大作文2：相信你的学校一定很美，在朝夕相处中，你能听懂学校的建筑那凝固的语言吗？请以《我的学校》为题，写一篇说明文，不少于600字。

这样，一个单元写作作业体系就架构起来了，图5-5是写作作业体系流程图。

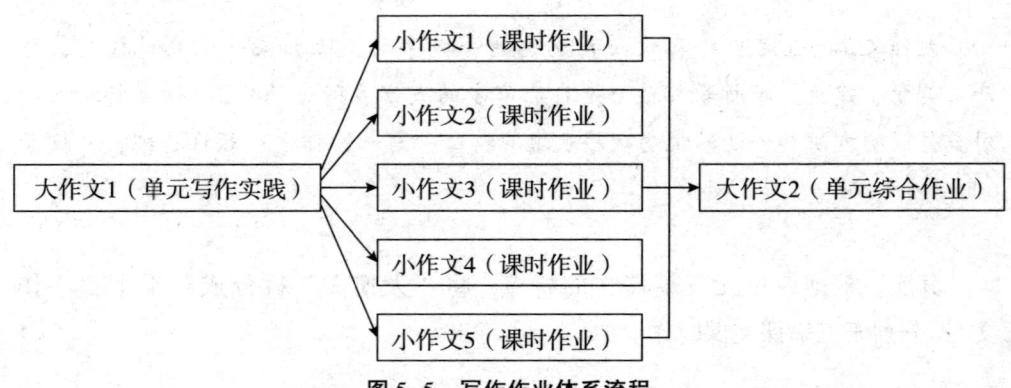

图5-5　写作作业体系流程

在单元作业中，写作作业自成体系。5个小作文分别置于5篇课文之后，从抓住特征、说明方法、说明顺序、思维导图、引出说明对象等细微点切入训练，训练的成果直接代入单元写作实践，5个小作文"叠加"成了一篇"大作文"，最后一个大作文则是前面大作文的重复和巩固。这样，整个写作过程经历了"小作文训练""大作文训练""巩固训练"三个阶段，形成一个主题统一的完整的写作训练过程。

自成体系的写作作业并非孤立存在。在整个单元作业中，阅读目标与写作目标一致，阅读所学即写作所用，学用一致，阅读作业与写作作业互相作用，紧密相连，结成读写共同体，读写互生共赢。

（3）综合性学习作业设计，从独立到融合统整

综合性学习在以阅读写作为主体的自然单元中，是一个相对独立的板块，其作业设计如何突出单元作业的整体性？我们的做法，是将综合性学习作业融入课时作业中。有些单元中并无综合性学习板块，但是，因其综合性和对学生能力培养的不可替代性，仍需在单元作业中融入综合性学习作业。比如，设计统编教材初中八年级语文上册第五单元的单元作业，其中与课文《中国石拱桥》相对应的单元课时作业中可融入综合性学习作业，具体设计如下。

“桥文化”综合性学习作业设计

桥，乃常见之物。桥文化渊源久远，博大精深，丰富多彩。为增进对“桥”的了解，让我们一起参与“探究桥文化”的活动，感受它的艺术魅力。

一、“说桥之名”

请根据提示，说出下列各式各样的“桥”。

1. 用石头砌成、桥洞呈弧形的桥叫作_____。

2. 使道路形成立体交叉的桥称为_____。

3. 传说中，喜鹊在天上搭的桥名曰_____。

4. 雨后彩虹被喻为_____。

二、“赏桥之美”

请展开联想与想象，感受诗句所表现的桥之美。

1. 一桥飞架南北，天堑变通途。美在_____

2. 世间有佛宗斯佛，天下无桥长此桥。美在_____

3. 水从碧玉环中出，人在苍龙背上行。美在_____

三、“写桥之韵”

生活中，有形的桥随处可见。除此之外，还有许多无形的桥，亦如影随形，例如“干部是党联系群众的桥梁”“信任，是架设在人心的桥梁，是沟通人心必经之道”等。请参照示例，写一句话，描写一座无形的桥。

四、"读桥之书"

课外阅读茅以升的《中国桥梁史》，列举若干《中国石拱桥》未介绍过的石拱桥。

这样，在单元作业中融入综合性学习作业，单元作业成为阅读的拓展延伸部分，与阅读一体化。

4. 素材路径：从课内到课外，阅读体系化

单元作业的整体性，还可着眼于阅读素材，即选用课外阅读素材来设计阅读作业，运用"拓展型阅读"来织密阅读体系这张网。何为"拓展型阅读"？即一篇课文的课时作业设计，选用与课文相同、相关或相类似的课外阅读素材来命制阅读类作业，既达到巩固知识的目的，又培养学生的阅读迁移能力。

"拓展型阅读"有利于建构完整的阅读体系。现行的统编教材，是按照"教读—自读—课外阅读"三位一体的阅读教学理念进行编排的。其中"教读"和"自读"在教材中都安排有相关的课文，也就是教读课文和自读课文，可以在课堂教学中即时落实。而"课外阅读"部分，既没有固定的教材，也没有固定的教学时间，只能靠学生自觉。在作业中推行"拓展型阅读"，学生既完成了作业，又拓展了课外阅读，一举两得，是落实"教读""自读"之外的"课外阅读"的良方，有利于建构完整的阅读体系。

单元作业设计的实践证明，从作业目标设计体系化入手，作业设计阶梯化、层次化，从单个到多重、从"小训"到"大练"、从独立到融入整合，推行"拓展型阅读"，就能凸显单元作业设计的整体性。

三、大单元作业整体性设计的具体要求

1. 优化设计，提高作业质量

在全新的教学背景下，教师需要关注作业数量与质量的关系，通过多样化的方式提高作业设计质量。布置作业前，教师应深入分析不同学生的课堂表现，了解学生的知识薄弱点，在此基础上实现主次分明、层次清晰的作业设计。

以小学数学"圆锥体体积"的学习为例，学生对圆锥体体积的推导公式比较陌生，知其然不知其所以然，同时学习圆锥体体积计算知识时容易与前面学过的圆柱体体积计算的内容混淆。因此，教师需要审慎设计作业层次，设计的作业首先要帮助学生完成对课堂知识点的复习，立足知识点的巩固，分析和重构圆锥体体积计算公式的推导过程。

另外，布置的作业要将公式与实践问题有效融合，助力学生实现课堂理论知识向实践应用的迁移。这样的作业设计思路能够使学生在更深入掌握课堂理论知识的基础上，加强对知识的应用，提升解题能力，培养创新思维和创新能力。

2. 创新形式，增强作业趣味性

学生天性好动，单调重复的习题练习只会抹杀他们的天性，无法深入理解课堂知识点，也不利于其学科素养的稳步提升。作业的设计应当优化形式，以趣味为先，将游戏、制作、调研等与教学紧密融合，有效激发学生的学习欲望和完成作业的动力，使其在"学中玩""玩中学"。

例如，在小学数学"可能性"的教学中，教师可拿出硬币让学生猜正反面，引出对应的教学内容，并以此为基础设计实践作业；还可引导学生自行设计"取红白球"的游戏，要求学生自行统计和计算不同结果出现的可能性。合理的趣味性作业设计能有效联动多方主体，并使学生将课内理论知识同课外实践活动有效融合。对于有别于常规的纸面作业，学生对参与和完成作业充满兴趣，在完成作业过程中个人的知识、技能、素养等都能得到不同程度的提升。

3. 关注学情，厘清作业分层性

不同的学生是不同的个体，每个人的生活经历、兴趣喜好等各不相同，学生在认知能力及知识结构等方面呈现出明显差异。教师要客观认知不同学生之间的差异，为学生设计作业时要将学情的差异性考量在内。新课程改革要求教师分析不同的学情，为其设定不同的教学目标，这便是分层教学理念。单元作业的设计也要充分遵循这一理念，根据学生的不同情况，为其进行有针对性的辅导，设定符合其能力范围内的目标与作业，如此才能保障处于不同层次的学生均能够通过完成作业达成既定学习目标，不断进步。

课堂教学结束后，由于学生对随堂教学内容的掌握程度不同，因此，教师在设计课后作业时需要结合课上的教学分析，为处于不同学习层次的学生设计对应的作业。教师可为随堂知识掌握到位的学生设计综合题型作业，使其在进一步巩固学习到的知识的同时，提升举一反三的应用能力；为那些对随堂知识掌握不太充分的学生设计基础题型作业，使其通过基础题型的练习重构课堂知识内容，加强对课堂知识的理解与应用。

4. 着眼整体，落实大单元作业

单元作业整体设计与实施是目前可操作且有效的实施路径。以单元为单位整体设计作业，有助于避免以课时为单位的零散、孤立、割裂等问题，有助于知识的结构化，问题解决的综合化，还有助于核心素养培养目标的落实。

教师基于单元复习的要求为学生设计的作业，不同于以往的纸面作业，而是融合了多样化的作业内容。例如，六年级数学"比例"单元整体性作业可以设计如下细目（见表5-4）。

表5-4　六年级数学"比例"单元作业设计细目（总表）

学科内容			认知维度				题量
			了解	理解	掌握	运用	
数与代数	正反比例	（1）能理解比例的意义、比例的各部分名称及比例的基本性质					11
		（2）能运用比例的基本性质正确解比例问题					11
		（3）认识比例尺，会根据比例尺公式求未知量					16
		（4）体会比例尺产生的必要性和按相同的比扩大或缩小的实际意义					9

四、大单元作业整体性设计的原则

首先，单元作业设计需要体现核心素养要求的单元作业目标，切忌罗列碎片化的知识点。

其次，教师可基于单元作业目标，结合课时安排，通过选编、改编和创编等方式整体设计该单元所有作业。单元作业设计需要关注作业的科学性、作业类型、作业难度、作业时间、作业结构等要素。

最后，教师要确保相关作业题的设计，体现情境性、综合性、开放性等特征，因为情境既是培养学生核心素养的策略之一，也是检测学生素养水平的重要手段。

总之，在"双减"政策背景下，教师需要优化设计课内作业与课外活动，将课外学习活动与课内作业设计有机融合，实现整体学科优化教学。教师要审慎对待作业设计这一关键教学环节，提升作业设计质量，分层次设定学生发展目标，确保作业设计符合"双减"政策要求，实现"减量增效"的教学目标。

主题 4

跨学科设计，体现学科融合

大单元教学是在大任务、大问题的统领下，由某一个主题下的知识板块组成，形成一个围绕目标、内容、实施与评价的指向学科核心素养的教学。跨学科作业是指融合多学科知识背景，调动学生的多重认知以及多种学科关键能力，综合运用所学解决问题的作业。大单元教学视域下的跨学科作业设计注重整体的教学单元，重视真实情境的介入，以任务为驱动，指向学科核心素养，更加注重学习者自主的学习过程，是作业设计改革新的突破口。

一、跨学科大单元作业设计的意义

跨学科大单元作业，是指围绕相同的主题，融合不同学科、不同层次的多元化作业，旨在提高学生的综合素养，培养学生跨学科思维和跨领域融合的能力。在教学中，设计跨学科融合单元作业意义重大。

1. 符合新课标的要求

新课标指出，在教学中应积极促进学科与学科之间的相互渗透和联系。作业的设计既要有利于学生巩固语言知识和技能，又要有利于学生有效运用策略，增强学习动机。正确处理好学科与其他学科的联系，设计多元化、综合性跨学科融合作业，能够促进本学科与其他学科之间相互渗透，既能促进学科教学的发展，也能激发学生的学习积极性。

2. 符合核心素养理念

跨学科作业是符合核心素养理念的。跨学科大单元作业强调的是将不同学科的知识和技能综合运用到解决实际问题中，这种作业设计能够更好地培养学生的核心素养，包括批判性思维、创新能力、沟通能力等，这些都是现代社会所重视的关键能力，使人们能够适应终身发展和社会发展的需要。因此，跨学科作业是现代教育中培养学生核心素养的重要手段之一。

3. 基于多元智能理论

霍华德·加德纳教授提出的多元智能理论认为，每个人拥有言语语言智能、人际沟通智能等八种主要智能。通过跨学科大单元作业设计，能够提升学生的语言、思维、交际等能力，促进学生的多元发展。教师应根据跨学科思维发展的要求，制定明确的教学目标，设计符合学生实际需要的多元化作业。

二、跨学科大单元作业设计的特点及原则

1. 跨学科大单元作业设计的特点

（1）学科的融合性。跨学科作业最鲜明的特点就是"跨"界，新课标明确要求"综合运用多学科知识""结合数学、物理、化学、生物等学科知识"开展学习活动，与之对应的跨学科设计也要求引导学生综合运用多学科知识、多方面能力去解决生活实际问题，有效提高学生"做中学""学中做""学中悟""学中创"的能力。

（2）生活的关联性。跨学科作业设计贴近学生生活经验、情感体验和学科学习基础，依托来自家庭、学校、社会生活中常见且有意义的真实场景，创设新颖、有趣、内涵丰富的情境，设置真实的学习任务，建立知识内部、学生学习与现实生活之间的联系。

（3）形式的多样性。跨学科作业打破纸笔练习藩篱，以多种多样的形式呈现作业，如小报、调查报告、策划书等。

（4）评价的多维性。跨学科作业设计打破单一评价方式，增加了作业评价维度，科学、全面刻画学生作业过程中的能力和表现。

2. 跨学科大单元作业设计的原则

（1）一致性。跨学科大单元作业设计必须有明确的主题引领。在设计过程中，教师要体现主题的一致性，不能一味地为了拓宽学科学习和运用的领域，越跑越远，越跑越偏，最终导致主题变更，这样就违背了单元作业设计的基本要求。以教科版三年级英语上册"Module 5　Toys"为例，教师围绕 Toys 这一主题，设计了"认识玩具""介绍玩具""分享玩具""制作玩具"四个子主题，每个子主题相对独立，但又能紧扣"玩具"这一主题。

（2）典型性。跨学科大单元作业是围绕相同的主题，融合不同的学科设计的作业，由于每个学科具有其学科特点，设计的融合作业都是典型的、不能随便复制移植的。例如，有的作业主题适合与美术学科和劳动学科融合，有的作业主题适合与数学学科和科学学科融合。又如，在 Toys 单元作业设计中，根据主题特点，可以设计融合综合实践学科、美术学科和劳动学科的跨学科大单元作业。

（3）系统性。教师应对单元作业进行系统分析和研究，合理确定作业的类型和内容，分析作业内容与哪些学科可以进行融合，对融合方式和效果进行系统分析，设计出符合学生实际的、能够系统提升学生学习能力和核心素养的大单元作业。例如，在 Toys 单元作业设计中，教师系统分析教材关于 Toys 话题的相关内容，设计探究式、表达式、设计式、制作式等提升学生英语学习能力的单元作业。

总之，跨学科作业设计以发展学生素养为目标，充分发挥作业的育人功能，有效落实"双减"政策，引导学生在阅读与鉴赏、表达与交流、梳理与探究等实践活动中，把静态的知识转化成学生真实而有意义的学习活动，让学生在体验、交流、探究、反思、评价中，逐渐形成学科学习能力和生活必备能力；充分关注单元作业目标的有效落实，通过跨学科作业设计促教、促学，实现真正意义上的"教""学""评"一致性。

三、跨学科大单元作业设计的实施路径

单元作业设计基于整体的视角，通过选编、整合、说明、指导、评价进行系统设计，包括单元规划、目标分析、组织设计、评价反馈等环节。跨学科主题单元以课程目标为主干，结合学生的学习认知与学科兴趣，整合其他课程的知识与方法开展学科学习。作业探究情境要求贴近生活实际，聚焦真实问题，符合学生学情。据此，跨学科主题学习单元作业设计应遵循生产性、育人性、科学性、探究性原则，创设以生产、生活、生态为载体的学科情境，开展综合探究。

1．跨学科主题作业规划

作业规划基于学科核心素养要求，通过多学科知识的整合，开展项目式学习、单元式学习探究。在跨学科主题作业规划中，要坚守学科本质，处理好学科与学科核心素养及知识边界问题。

2．单元作业目标确定

作业目标涵盖知识目标、思维能力目标和素养目标。从知识的维度来分主要是事实性知识、概念性知识、方法性知识及元认知知识。能力的维度体现在观察、记忆、理解、应用、分析、评价、创造。素养维度包含学科素养、其他学科的核心素养及五育融合的学科育人要求。

3．单元作业设计组织

结合学科特性，跨学科主题学习要求运用多学科知识探究真实情境中的不良结构问题。单元作业在融入其他学科后，需要设计基础性的知识作业和应用性、探究性、拓展性的实践活动作业。

4．单元作业评价反馈

单元作业评价是检测学生知识达成情况的有效路径，尤其是具有实践性、探究性的跨学科主题作业，应立足学情，对学习过程和成果进行综合评价。作业评价要基于核心素养运用多种评价方式展开，将过程性评价、终结性评价、自评、师评、互评结合，立足"教""学""评"一体化检测学习效果。单元作业设计还可使用结构化评价方案分层讨论，从逻辑结构、单点思维、多点思

维、关联结构、思路拓展方面建立多层次的思维水平评价指标，检验学生学业水平发展情况。

主题 5

作业类型要多元化

大单元作业的布置，能够让学生及时巩固课堂知识，并对知识的接收情况进行反馈。但传统模式下的大单元作业，其机械性和重复性可能使学生兴趣缺失、思维僵化，从而导致学习效率低下。因此，教师可以设计多元化大单元作业，用更加有创意的方式助力学生提高学习效率。

一、大单元作业多元化设计的意义

1. 有助于提升学生大单元作业的有效性

巩固和拓展学生学习课堂知识，提高学生迁移使用知识的能力是大单元作业的最终目的。教师在教学中会详细讲解单元课程，但是由于学科知识具有一定的系统性和开放性，因此最为关键的应当是培养学生的逻辑思维能力和理解能力。在此环境下，开展多样化设计单元作业有利于学生深层次理解相关知识内容，以此引导学生进入深度学习。与此同时，在多元化设计单元作业的过程中，会不断丰富作业的形式和内容，增加其层次性，这样有利于学生有针对性地进行课后复习。多元化设计单元作业有助于提高作业整体的有效性和实践性，还能够提高复习效率。

2. 有助于促进学生学科学习的主动性

现阶段，在设计大单元作业期间，教师有着多元化的设计形式；与此同时，教师也在不断优化和完善单元作业质量，有效提高了单元作业整体的趣味性和可行性。单元作业多元化设计过程中，应与学生学习规律和发展特征相吻合，能够使学生更深入地了解知识内容，加强其完成作业的积极性和主动性，调动学生学习的兴趣和热情。

3. 有助于培养和发展学生思维的连贯性

开展教学的最终目的是发展和培养学生的学科逻辑思维能力，而并非单纯地讲解相关知识内容。借助多元化的大单元作业设计，能够更好地发展学生的思维连贯性。第一，通过多元化单元作业设计能够强化作业之间的关联性，加强引导学生学习的层次性和阶段性，进而锻炼学生的学习思维；第二，多元化大单元作业设计能够结合课外资源和单元内容，发展学生思维的连贯性，促进单元教学工作的顺利开展。

4. 有助于加强知识学习的整体性

所有的知识内容都不是独立存在的，而是一个有机整体。在课堂有限的时间里，教材将知识分解成了看似较为碎片化、实则存在一定关联的单元，因此要按照课堂知识来设计单元作业。通过单元作业的多元化设计，能够强化作业整体的层次感，重视知识与知识之间的关联，有助于加强学习的整体性。同时，教师能够通过作业第一时间发现学生的各种问题，及时启发引导，从而有效提升学生的综合素养。

二、大单元作业多元化设计的类型

1. 尊重差异，设计分层类作业

学生综合能力的不同，对课堂知识的接收程度也会有所差异。作业作为课堂内容的延伸，其主要目的在于巩固学生的课内所学，强化学生的课外知识运用能力，提高学习效率。在作业设计时，教师应结合学生综合水平的差异，对作业内容实行多元的层级划分，避免千篇一律，真正做到因材施教。

在教学完英语五年级 "Our animal friends" 这一单元后，学生已经对本单元的词汇与语法有了初步认识，但具体的掌握情况并不一样。

对于基础较薄弱，对单词掌握尚不熟练的学生，教师可以布置一些衔接课内的翻译作业。例如，在 "Story time" 中的原句 "It has a big mouth and a long tail"，教师可以对其进行部分改动，然后翻译"它有两只大脚和一条短尾巴"。这样既避免了学生对课文的完全照抄，又帮助学生巩固了 foot、leg 等本单元的重点词汇。

对于基础较好，对单词和语法都掌握不错的学生，教师可以充分利用"Checkout time"，让学生选择图中的一种动物，然后写一段英文小短文，对所选的动物进行介绍。如果部分学生的想象力较为丰富、表达能力更强，教师可以建议这类学生选择性地对自己的"Animal friends"进行写作，然后在课上进行分享。这样，学生的创造力和表达能力将会得到针对性的提高。

2. 寓教于乐，设计表演类作业

传统的作业形式多为抄写、背诵，此类作业与学生活泼的天性并不契合。长此以往，学生可能产生怠惰心理，导致学习效率低下。表演类作业富有创意性和趣味性，可以激发学生的展示欲望，使学生更积极地参与其中。而且可以寓教于乐，激活学生的思维，提高学习效率。

3. 增强互动，设计合作类作业

合作类作业，不仅可以使学生在合作中完善语言表达方式，提升交流技能，还能在互帮互助中培养学生的合作精神，使学生在携手共进中提高学习效率。

合作类作业是充满人情味的"家校携手""生生互助""师生协作"。在合作过程中，学生通过交流与彼此思维间的碰撞，还能在家长的反馈与教师的及时帮助下，迅速提升学科素养。

4. 注重实践，设计手工类作业

手工类作业能使学生全身心地参与，做到既"动手"又"动脑"。学生专注投入手工作业，对知识的记忆会更加深刻，达到事半功倍的效果。

在手工制作的过程中，为了使自己的作品更加精美，学生会主动揣摩制作过程，以达到最好的搭配效果，这也是在无形之中对知识的反复记忆。同时，手工作业是一段需要学生亲身实践的过程，学生的记忆多以画面的形式呈现，这种生动的呈现形式能够使学生对学科知识的印象更加深刻，记忆效率也大大提高。

三、大单元作业多元化设计的策略

1. 注重单元作业设计的生活化

在学科单元作业设计过程中，教师应注重单元知识的应用性和全面性，突出学科生活化特征，引导学生充分认识并利用单元作业的功能，注重学生良性思维模式的引导和培养。根据课程的实践性特征，教师应激发学生对信息知识探索的积极性，培养学生对问题的分析和解决能力，最终促进其实践能力的提升。

因此，在学科单元作业设计过程中，教师应注重联系生活，设计相对应的、更有针对性的实践性作业，使单元作业成为学科与生活联系的桥梁。一方面，学生能够在生活中进行学科知识的寻找和发现；另一方面，学生生活中的知识得到了丰富，语言环境不断优化。教师将学科通过单元作业的形式引入生活、引向社会，使课堂教学联系现实生活，教材内容联系社会实践，激发学生的学习热情。

2. 注重单元作业设计的多样化

大单元作业设计应结合学生的身心发展特征，既要紧密结合教学内容，又要满足学生的学习需求，提高学生完成单元作业的兴趣，使其积极主动地完成单元作业，提升学生单元学习状态。大单元作业设计的多样性既需要教师进一步拓展学科应用领域，又需要教师学习跨学科知识和应用现代技术手段。在相互渗透的多种内容和方法中，学生完成作业的质量得到提高，同时开阔视野，初步获得符合现代社会需求的学科实践能力。基于此，教师将大单元作业设计进行跨学科结合，通过交叉学科思维的运用，可拓展学生的思维，提高其知识整合能力，最终实现学生学科素养的提升。

3. 注重单元作业设计的层次性

由于先天环境和后天学习习惯的不同，学生的学习水平存在差异。大单元作业设计不能"一刀切"，需要对学生的阶段学习状态进行综合考虑，注重作业设计的合理性，尽量实现以学生的固有知识体系为基础，使知识巩固功能在作业完成过程中实现最大化。教师应注重大单元作业分层，且有针对性地设计。基于学情分层设计，让各层次的学生在作业完成过程中都能感受到收获的快乐，不断提升学习的主动性和积极性。

4. 注重单元作业评价的多元化

教师应该注重构建多元化的作业评价体系，使不同层次的学生在大单元作业完成过程中得到发展。教师对学生单元作业完成质量的评价应从课堂学习效果和育人视角出发，从学习行为习惯、语言运用能力、知识掌握情况等方面进行多元化、多样化评价，最终实现学生学科综合素养的提升。

四、大单元作业多元化设计的原则

（1）科学性与针对性原则。作业设计应基于学科本质的理解及其在具体情境中的应用，确保每项任务都有明确的教学目的和学习目标。

（2）整体性原则。从整个教学单元的角度出发，对课内外的学习活动进行整体规划，确保每次作业都与单元目标紧密相关，形成系统的知识网络。

（3）典型性与层次性原则。选择具有代表性的任务或问题作为作业内容，避免简单、机械的重复性练习，而是通过典型任务帮助学生深入理解和掌握核心概念。考虑不同学生的认知水平和学习能力，设计不同难度层次的作业，以适应所有学生的学习需求。

（4）兴趣激发与减负增效结合原则。创造真实的问题解决情境，并通过表现性任务和过程性评价来激发学生的兴趣，关注学生的全面发展。减少不必要的作业量，以少而精的高质量作业取代大量重复性作业，实现减轻学生课外负担的目标。

（5）跨学科与思维能力提升结合原则。鼓励跨学科的知识整合，设计能够结合不同学科知识和技能的作业，培养学生的综合应用能力。作业应包含足够的思维容量，挑战学生的思考和理解能力，推动他们在更高层次上进行认知加工。

综上所述，要通过作业的多元化设计，以确保作业设计的科学性和实施的有效性。大单元作业旨在实现"立德树人"的教育宗旨，体现学科核心素养要求，并最终达到提高教学质量和学习效果的目标。

主题 6

作业设计的反馈要及时有效

课堂教学过程是一个紧扣教学目标进行"反馈—矫正，再反馈—再矫正"的过程。在教师的"教"与学生的"学"的双向信息交换过程中，大单元作业设计反馈的成效关键在于"及时"——教学调整、学情把握、问题矫正、最优方法呈现等都需要"及时"。及时的大单元作业反馈在教学中具有重要作用，能帮助教师及时发现问题、解决问题，同时能改善教师的教学活动设计，提高学习者的学习动力与兴趣，提升课堂教学效率。

一、大单元作业及时反馈的意义

大单元作业及时反馈对于学生的学习具有极其重要的意义，它不仅有助于学生及时了解自己的学习状况，还能够促进学生的深度学习和长远发展。

1. 及时调整学习策略，深化学习理解

当学生在作业中得到及时的反馈时，他们可以根据反馈来调整自己的学习策略，以纠正错误或加强理解。这种及时性是提高学习效率的关键因素。及时的反馈能够帮助学生深化对知识点的理解，特别是在处理复杂问题和发展高阶思维技能时，及时的指导至关重要。

2. 促进教师教学调整，增强学习动机

通过对学生作业的及时反馈，教师能够更准确地掌握学生的学习情况，进而调整教学方法和内容，以满足学生的实际需求。正面的反馈可以激励学生，增强他们的学习积极性和自信心。而建设性的批评则可以鼓励学生面对挑战，持续进步。

3. 实现"教""学""评"一体化

及时反馈是"教""学""评"一体化的重要环节，它有助于将评价融入日

常的教学过程中，使教学更加贴近学生的实际学习状态。

　　总之，大单元作业的及时反馈对于学生的学习具有深远的影响，它不仅帮助学生及时了解和改进学习，还为教师提供了调整教学的依据，从而实现教学与学习的双向优化。

二、大单元作业及时反馈的有效策略

　　大单元作业及时反馈的有效策略涉及多个方面，旨在确保学生能够从作业中获得有价值的信息，并据此改进学习。以下是一些有效的及时反馈策略。

1．明确反馈目标，及时快速响应

　　确保反馈具体、明确，并针对学生的学习目标。告诉学生他们在何处做得好、哪里需要改进，以及如何改进。尽可能快地提供反馈，以便学生能在记忆犹新时反思和理解其错误和不足。

2．个性化反馈及使用多种渠道

　　根据每个学生的作业内容和学习状况提供个性化反馈，帮助学生了解自己的具体进展。可以通过不同方式提供反馈，比如书面评论、口头评价、电子邮件或在线平台等，以适应不同学生的需求。

3．鼓励自我评价，建立有效沟通

　　引导学生自己先评价自己的作业，再提供教师的反馈，这有助于培养学生的自我评估能力和自主学习能力。与学生建立起良好的沟通机制，让学生感觉舒适地提问和讨论反馈内容。

4．利用技术工具，提供改进建议

　　运用教育技术工具如学习管理系统（LMS）、即时评价工具等，可以更快捷地提供和记录反馈信息。不仅指出问题所在，还要给出具体的改进建议，帮助学生采取下一步行动。

5．跟进支持及定期总结

　　在提供反馈后，应跟进学生以确认他们理解了反馈内容，并在必要时提供进一步的支持。除了对单次作业的即时反馈外，还应定期提供对学生长期学习进展的总结性反馈。

6. 使用正面语言，激发学生反思

尽量使用积极、鼓励性的语言，即使是在指出错误和缺点时，也要注意表达方式，避免让学生感到沮丧或被批评。引导学生基于反馈进行深入反思，理解学习过程中的成功和失败，从而促进深层次的学习。

通过采用这些策略，教师可以确保大单元作业的及时反馈是高效的，有助于学生理解和吸收知识，最终提升学习成效。

三、大单元作业及时反馈的有效性原则

作业的反馈不仅仅面对学生，同时还可以面对家长，通过学生、家长、教师的有效指导形成合力完成教学目标。

1. 作业反馈形式多样化

在进行大单元作业反馈时形式应该多样化。个体作业反馈与集体作业反馈相结合；课内作业反馈与课外作业反馈相结合；作业等级评价与作业语言评价相结合等。例如，低年级的学生在每次进行作业反馈时，要多给予鼓励，可以给予小红花贴，通过小红花贴来兑换奖品；中高年级的学生通过摸底调查他们的小愿望，通过积分制来实现小愿望。另外，结合英语作业时间不同，小学英语作业有课前、课中、课后等不同类型作业，因此对学生英语作业的反馈形式也应多样化。

2. 作业反馈内容层次化

学生之间的个体差异性比较大，因此，学生之间的作业质量也存在一定的差异。有的学生作业准确率比较高，有的学生作业错误率比较高，教师在对学生的作业进行反馈时，既要兼顾优等生，也要兼顾学困生。对于优等生的作业反馈，教师在反馈过程中要有更高更严格的标准；对于学困生的作业，教师在反馈过程中要适当降低标准，多鼓励学生。

针对学生出现的整体问题进行整体反馈；针对个别学生反复出现的问题，对

学生进行个体反馈。

　　例如，在教授英文三年级下册第五单元教学时，可以布置以下作业（部分练习）。

Ⅰ．Look and choose.

（　　）1. —_____ were you last year? —I _____ 24kg last year.

　　　　A. How heavy, were 　　　　　　　　B. How tall, were

　　　　C. How heavy, was 　　　　　　　　 D. How tall, were

（　　）2. My sister _____ 12 kg two years ago.

　　　　A. were 　　　　 B. was 　　　　 C. is 　　　　 D. are

（　　）3. —_____ Jenny _____ ice-skating last year? —No, she _____ .

　　　　A. Does, like, doesn't 　　　　　　B. Was, like, wasn't

　　　　C. Did, like, didn't 　　　　　　　D. Do, like, don't

（　　）4. Last year I _____ short but now I _____ 133 cm tall.

　　　　A. was, was 　　 B. am, wa 　　 C. am, am 　　 D. was, am

（　　）5. —How tall _____ this year? —I'm 138 cm. But _____ only 134 cm last year.

　　　　A. were you, I'm 　　　　　　　　B. are you, I was

　　　　C. are you, I'm 　　　　　　　　 D. were you, I was

Ⅱ．Read and write.

Last Sunday Tom _____ （have） a picnic with his friends at the beach. They _____ （eat） sandwiches and chicken wings. They _____ （drink） orange juice and lemon tea. In the afternoon, Tom's friends _____ （swim） in the sea but he _____ （not go） with them. He _____ （make） sandcastles. They _____ （go） home before sunset. They _____ （have） a great time.

　　以上两个题型，学生第一大题完成情况良好，教师在课堂上进行反馈的时候可以整体反馈。第二大题，学生完成情况参差不齐，教师除了在课堂上进行整体讲解外，还要对部分薄弱学生一对一地进行讲解，帮助学生理解。

3. 作业反馈过程互动化

作业反馈的过程是教师与学生进行沟通互动的过程。教师在交流中要注重情感的传递、关爱学生，让学生在作业反馈中感受到教师的关心。正如夸美纽斯所说："孩子求学的欲望是教师激发出来的。"教师要在与学生作业反馈的互动过程中激励、唤醒、鼓舞学生，丰富学生的情感体验，促进学生改进和提高。同时，教师在给学生进行作业反馈时要关注学生的心理变化过程，引导学生用正确的态度对待每次作业反馈，帮助学生树立正确的价值观。

在对学生作业进行反馈时，要充分考虑到学生的实际情况。例如，教师在设计作业内容的时候要充分考虑到学生的实际情况，在反馈问题过程中，不仅仅是给学生的作业打一个等级，在学生的作业中给予一定的评价语，还可以让学生上讲台与其他学生分享自己的作业片段等。在作业反馈过程中，应充分调动学生积极参与作业反馈的意识。

4. 作业反馈对象全面化

教师的作业反馈应不仅仅面对学生，还要面对家长。作业反馈应为实时反馈，除了课堂上教师面对学生及时反馈作业情况，教师也会利用其他时间在班级QQ群里反馈当天的优秀作业情况。例如，在反馈听写情况时会从以下几个板块在班级QQ群里进行反馈：本次听写的范围；本次听写存在的主要问题；本次听写全对的学生名单；本次听写进步非常大的学生名单；结语：一段感谢家长的话语；优秀听写学生作业图片。

通过这种实时有效的反馈形式，家长会充分了解学生在校的学习情况，同时对学生存在的问题进行有效的指导。除了实时反馈，还要对每周作业进行反馈，其主要包括教学的重难点、作业完成情况、作业中存在的主要问题等，方便家长对学生本周情况有一个整体了解。针对学生作业中出现的阶段性问题，教师应该与家长面对面地进行反馈与沟通，让反馈更加有效。

参考文献

［1］孙朝晖. 任务驱动教学应把握好的几个环节［J］. 教育革新，2007（8）：25.

［2］李建民. 分析任务驱动教学法的内涵［J］. 时代教育：教育教学版，2012（24）.

［3］中华人民共和国教育部. 普通高中历史课程标准（2017年版2020年修订）［M］. 北京：人民教育出版社，2020.

［4］郭井升，赵艳兵. 主线·结构·问题·史料——统编高中历史教材教学中的点滴思考［J］. 课程与教学，2019（12）：67.

［5］陈志刚，杜芳. 基于主题教学的高中统编教材内容整合［J］. 历史教学，2020（3）：12.

［6］杨东明. 基于大概念的高中历史整体性教学设计路径［J］. 中学历史教学，2021（2）：27-28.

［7］［美］格兰特·威金斯，杰伊·麦克泰格. 追求理解的教学设计［M］. 闫寒冰，宋雪莲，赖平，译. 上海：华东师范大学出版社，2006.

［8］张奠宙，孔凡哲，黄建弘，等. 小学数学研究［M］. 北京：高等教育出版社，2010.

［9］李刚，吕立杰. 国外围绕大概念进行课程设计模式探析及其启示［J］. 比较教育研究，2018（9）.

［10］刘徽. "大概念"视角下的单元整体教学构型：兼论素养导向的课堂变革［J］. 教育研究，2020（6）.

［11］邵朝友，韩文杰，张雨强. 试论以大观念为中心的单元设计——基于两种单元设计思路的考察［J］. 全球教育展望，2019，48（6）：74-83.

[12] 崔允漷. 学科核心素养呼唤大单元教学设计 [J]. 上海教育科研，2019（4）.

[13] 许卫兵. 结构化学习：回归"本原"的课堂实践 [J]. 教师，2018（7/8）.

[14] 刘徽. 大概念教学 [M]. 北京：教育科学出版社，2022.

[15] 浙江省教育厅教研室. 浙江省中小学体育与健康课程指导纲要 [M]. 杭州：浙江教育出版社，2019.

[16] 张迪. 聚焦大单元主题 整合历史教学内容——以统编版教科书《中外历史纲要（上）》第九、十单元为例 [J]. 辽宁教育，2021（23）：92-96.

[17] 段晓东，邝莉. 概念为本的大单元教学优化策略——以《中外历史纲要（上）》第一单元为例 [J]. 中学历史教学，2021（11）：24-26.

[18] 赵启佳. 基于高中历史学科唯物史观下的大单元教学应用与策略——以《中外历史纲要（下）》第五、六单元为例 [J]. 新课程导学，2021（26）：54-55.

[19] 王祖浩主编. 普通高中课程标准实验教科书·化学反应原理 [M]. 南京：江苏教育出版社，2012.

[20] 钟启泉. 学会单元设计 [J]. 新教育，2017（14）.

[21] 王云生. 探索课堂学习活动设计 落实核心素养培养要求 [J]. 化学教学，2016（9）：3-6.

[22] 严育洪. 让学习真正发生——小学数学任务驱动式教学解读与实施 [M]. 济南：山东文艺出版社，2017.

[23] [英] 温·哈伦. 科学教育的原则和大概念 [M]. 韦钰，译. 北京：科学普及出版社，2011.

[24] 叶波. 为语文的教育还是为教育的语文——与温儒敏教授商榷 [J]. 全球教育展望，2020（8）：33-43.

[25] 叶青燕. 体育课中的"乐"——小学生和体育教师的诠释 [D]. 北京：北京体育大学，2016.

［26］陈丹. 浙江省义务教育体育教材（教师用书）的分析——以小学跑的内容安排为例［D］. 杭州：浙江师范大学，2015.

［27］朱建国. 浅谈情境教学在体育课中的运用——小学语文书中的那点体育事儿［J］. 小学教学参考（综合版），2018（27）：8-9.

［28］王开兰. 融创数学，"悦"学越"会"［J］. 四川教育期刊，2021.

［29］郑晖. 基于移动终端中职计算机课堂教学评价系统的应用研究——以APP"蓝墨云班课"为例［D］. 杭州：浙江工业大学，2016.

［30］詹泽慧，季瑜，赖雨彤. 新课标导向下跨学科主题学习如何开展：基本思路与操作模型［J］. 现代远程教育研究，2023，35（1）.

［31］中华人民共和国教育部. 义务教育体育与健康课程标准（2022年版）［M］. 北京：北京师范大学出版社，2022.

［32］周文叶，毛玮洁. 表现性评价：促进素养养成［J］. 全球教育展望，2022（5）：99.

［33］中华人民共和国教育部. 义务教育数学课程标准（2022年版）［M］. 北京：北京师范大学出版社，2022.

［34］周文叶. 中小学表现性评价的理论与技术［M］. 上海：华东师范大学出版社，2014.

［35］马兰. 整体化有序设计单元教学探讨［J］. 课程·教材·教法，2012（2）：23-31.

［36］国务院办公厅. 关于新时代推进普通高中育人方式改革的指导意见［J］. 西藏教育，2019（11）：3-6.

［37］张玉峰. 以大概念、大思路、大情境和大问题统领物理单元教学设计［J］. 中学物理，2020（3）：2-7.

［38］中华人民共和国教育部. 普通高中物理课程标准（2017年版）［M］. 北京：人民教育出版社，2017.

［39］张玉峰. 2014年基于学习进阶的物理单元学习过程设计［J］. 课程·教材·教法，2023（3）：57-65.

［40］邵朝友，韩文杰. "教—学—评"一致性何以可能：形成性评价课堂

技术及其应用［J］. 教育测量与评价，2020（3）：15-19，40.

［41］王月芬，张新宇，等. 透析作业：基于30000份数据的研究［M］. 上海：华东师范大学出版社，2014.

［42］钟启泉. 基于核心素养的课程发展：挑战与课题［J］. 全球教育展望，2016（1）：16.

［43］李润洲. 指向学科核心素养的教学设计［J］. 课程·教材·教法，2018（7）：39.

［44］陆伯鸿. 学科单元教学设计的研究和应用［J］. 上海课程与教学研究，2018（4）：8.

［45］冯光伟. 课堂教学设计理论与实践［M］. 北京：科学出版社，2016.

［46］教育部基础教育司义务教育高质量基础性作业体系建设项目组. 学科作业体系设计指引［M］. 北京：教育科学出版社，2022.

［47］王月芬. 重构作业：课程视域下的单元作业［M］. 北京：教育科学出版社，2021.

［48］孙玉玲. "双减"背景下小学数学作业设计的策略研究［J］. 天天爱科学（教学研究），2022（3）：49-50.

［49］秦天. "双减"背景下小学数学作业高质量分层设计浅析［J］. 读写算，2022（8）：195-197.

［50］黄庆松. "双减"政策视域下小学数学作业设计策略［J］. 江西教育，2022（8）：52-56.

［51］刘莉. "双减"政策下的小学数学作业设计［J］. 小学教学（数学版），2022（2）：12-16.

［52］史云会. 基于双减政策的小学数学作业设计探寻［C］. //对接京津：行业企业 基础教育论文集，2022：188-192.

［53］任喜相. "双减"背景下小学数学作业设计与评价新思路［J］. 新课程，2022（1）：163.

［54］陈小峰. 中职数学作业批改与反馈途径的研究［J］. 现代职业教育，2017（1）：142.

［55］兰月秋. 高效英语专业语音教学中的反馈途径新探［J］. 湖北成人教育学院报，2010（1）：91-93.

［56］赵雪. 初中英语教师作业反馈对学生学习动机影响的调查研究［D］. 西安：西安外国语大学，2018.

［57］周春美. 例析英语作业反馈对教师的调节作用［J］. 作文成功之路程（中旬），2017（4）：86

后 记

在撰写本书的过程中，我们借鉴和参考了国内外一些知名专家的著作和研究成果，引用了一些教师的案例和文章，在此向所有专家、教师致以衷心的感谢！受沟通渠道所限，我们未能与所有作者都取得联系，敬请相关作者与我们联系。电子邮箱：taolishuxi@126.com。

这样带出好班级：
名师带班60例

吴艳霞 著

新华出版社

图书在版编目（CIP）数据

教师如何练就好课.6，这样带出好班级：名师带班60例/
吴艳霞著.

北京：新华出版社，2025.7.

　　ISBN 978-7-5166-8009-4

Ⅰ.G451.2

中国国家版本馆CIP数据核字第20250HG978号

这样带出好班级：名师带班 60 例

著　　　者：吴艳霞
责任编辑：蒋小云　丁　勇
出版发行：新华出版社有限责任公司
　　　　　　（北京石景山区京原路 8 号　　邮　　编：100040）
印　　　刷：天津融正印刷有限公司

成品尺寸：170mm×230mm　1/16　　印张：13　字数：216 千字
版次：2025 年 8 月第一版　　　　　　印次：2025 年 8 月第一次印刷
书号：ISBN 978-7-5166-8009-4　　　　定价：49.80 元

前　言

带出一个好班级是每一位班主任的带班愿望。然而面对一个班级几十名来自不同家庭、接受不同的家庭教育模式、个性各异的学生，如何统一他们的思想，带领他们建设一个良好的班集体，则需要教师具备卓越的教育能力，不仅要运用教育智慧，还要学会运用教育技巧；不仅要自己用力，还要学会借力。因此一个好班级的形成和建设，考验着教师的专业技术和水平，更检验着教师的思维修养。

为了助力教师带出好班级，本书用8个专题24个主题，介绍了60位名师带班的典型事例，让班主任学习借鉴他们的带班经验，从而带出好班级。

专题一：营造良好的师生关系。良好的师生关系是带出好班级的重要前提。因此本专题从师生关系入手，围绕"给出真心关爱""放低自己的姿态""时刻不忘自己也曾是个孩子"3个主题，介绍了9个典型事例，为营造良好的师生关系提出方法和建议。

专题二：讲究奖惩艺术。教育是一张纸，正面写着奖励，反面写着惩戒。名师带班同样离不开奖惩艺术。本专题围绕奖惩艺术，用12个事例分别介绍了"把握奖惩的原则""让惩戒多些温情""发挥自我惩戒的作用""巧妙运用激励表扬"，表现了名师带班的智慧。

专题三：科学进行班级事务管理。班级管理就像一座桥，一头连接着学生，另一头连接着教师。科学地进行班级管理是带好班的一项重要内容。本专题用8个典型事例，分别指出科学管理班级事务就要"发挥学生的主体作用""和学生平等对话""把握好公正的天平"。

专题四：有效建设班风班纪。一个好的班级，必须有优良的班风和严格的班级纪律。本专题从班风班纪建设入手，用8位名师的具体事例，指出建设良好的班风班纪就要"唤起学生的服务意识""培养学生的自律品格""引导学生养成良好的学习习惯。

专题五：把握师生沟通的艺术。班级的管理是师生双向奔赴的过程。教师要带出一个好班级，就离不开与学生沟通。本专题围绕师生沟通，指出教师要促进良好的师生沟通，就要"做一个真实的人""了解你的学生""重视提升个人魅力"。

专题六：科学解决学生的心理问题。班级管理实际上是对人的管理和教育，而人是有血有肉、有自己的独立思想意识和情绪情感的。因此，教师带好班，还要科学解决学生的心理问题。本专题围绕学生的心理问题，用7个典型事例说明要解决学生的心理问题就要发挥出爱的力量，因为"爱的力量是无穷的"，要帮助学生"提升自我价值"，还要"让学生自己'认错'"。

专题七：科学处理学生行为问题。科学地处理学生的行为问题，直接决定着良好的班风班纪和学生良好品行的形成。本专题围绕问题行为学生，用6个典型事例指出处理学生行为问题要"用好'羊群效应'""给学生一个期望"，还要做到"望闻问切后对症下药"。

专题八：营造家校教育同盟。教师要成功地带出一个好班级，就需要在班级管理过程中协调各方面的关系，打造家校教育同盟。本专题从家校关系入手，用4个典型事例说明营造良好的家校教育同盟，教师就要认识到"教育学首先是关系学"，继而在协调各方关系的基础上，"巧妙引导亲子关系"。

总之要带出一个好班级，需要班主任不断地学习，积累丰富的教育经验，提升自己的教育智慧。希望本书中名师的带班经验和理论，能为一线班主任提供一定的方法和借鉴；希望本书中名师的带班智慧能够在一线带班中得到流传；更希望本书中名师的育人精神能在众多班主任的身上得到发扬光大。

目 录

专题一　营造良好的师生关系

良好的师生关系是带出好班级的重要前提。如果师生关系和谐融洽，那么整个班级的氛围都是积极向上、极具凝聚力的；如果师生关系剑拔弩张，那么整个班级就如同一盘散沙，问题层出不穷。在本专题中，我们跟着名师，学习怎样营造良好的师生关系。

专题二　讲究奖惩艺术

教育是一张纸，正面写着奖励，反面写着惩戒。教育需要更多的奖励，也需要适当的惩戒。怎样奖惩学生却大有学问：奖惩得当，事半功倍；奖惩不当，适得其反。名师们的奖惩艺术，让教育焕发出人性的光辉，让教师获益，从而带出好班级。

专题三　科学进行班级事务管理

　　班级管理就像一座桥，一头连接着学生，另一头连接着教师。做好班级事务管理，不仅仅是维护班级的正常秩序，营造一个积极向上的学习氛围，更是培养学生综合素质、促进良好师生关系的重要途径。因此要带出一个好班级，就应像名师一样科学进行班级事务管理。

专题四　有效建设班风班纪

班级文化建设是学校管理及课堂师生关系良好发展的重要保证。一个好的班级，必须有优良的班风和严格的班级纪律。这是建立良好班级文化的一项重要内容，也是带出一个好班的重要前提。因此，优秀的班主任总能有效建设班风班纪，以此促进良好班集体的形成。

专题五　把握师生沟通的艺术

　　班级管理是师生双向奔赴的过程。教师要带出一个好班级，就离不开与学生沟通。因此，把握师生沟通的艺术，与学生进行良好的沟通，促进和谐师生关系的建立，是教师要养成的教育能力，也是带好班的一个重要前提。

专题六　科学解决学生的心理问题

　　青少年学生正处于身心发展的重要时期，生理、心理正处于发育和发展过程中，社会阅历正在不断增加，思维方式也在不断变化。然而随着社会竞争的加剧，中小学生在学习、生活、人际交往、自我意识和升学等方面出现各种心理困惑和问题。因此，教师要带好班，还要向名师学习科学解决学生心理问题的方法和技巧。

专题七　科学处理学生的行为问题

教师在带班的过程中，会遇到学生出现的各种各样的行为问题。科学地处理这些行为问题，直接决定着对班风班纪的影响及学生良好品行的形成。名师们在研究学生心理的基础上，策略地运用多种方法，科学处理学生的行为问题。

专题八　构建家校教育同盟

教育学首先是关系学，班级就是一个小社会，教师要成功地带出一个好班级，就需要在班级管理过程中协调各方的关系，打造家校教育同盟。因此，教师除了要注意协调学生之间的关系、学生和教师之间的关系，还要注意协调学生与家长之间的关系、学校与家长之间的关系。

专题一

营造良好的师生关系

良好的师生关系是带出好班级的重要前提。如果师生关系和谐融洽，那么整个班级的氛围都是积极向上、极具凝聚力的；如果师生关系剑拔弩张，那么整个班级就如同一盘散沙，问题层出不穷。在本专题中，我们跟着名师，学习怎样营造良好的师生关系。

主题 1

给出真心关爱

师生关系虽然是一种"双向奔赴"，但归根结底还在于教师。而教师对学生付出真心的关爱是其中的关键因素。名师们用各自独特的表达爱的方式告诉我们：唯有付出真心关爱，才能营造良好的师生关系。

范例 01　叫出每一名学生的名字

学生唯有"亲其师"，方能"信其道"，这是教育的基本原则，也是建立良好师生关系的一个重要前提。如何才能让学生"亲其师"呢？北京四中原校长、全国名师刘长铭老师认为，在最短的时间里叫出每一名学生的名字，是一种重要而有效的方法。

1. 名字效应

简单地说，名字是语言中最重要的声音，是每个人在人间的称号。它代表着一个人的存在，代表着一个人的与众不同。因此当一个人出生，父母就会费尽心思地为其起个好名字。每个人都希望别人能记住自己的名字，在初次见面的时候就能说出自己的名字，因为这意味着自己被认可、被记住、被他人尊重。

人本主义心理学家马斯洛的需求理论表明，每个人由低到高都有五类需求，分别是生理需求、安全需求、社交需求、尊重需求和自我实现需求。从社交需求的角度来看，人人都需要有爱和归属，即人人都需要爱与被爱，都希望获得群体成员的认可，成为其群体的一分子。从尊重需求的角度来看，每个人都希望获得他人的认可和尊重。

一个人的名字如果被他人记住并叫出，这个人就会感觉自己被他人十分看重。尤其人与人初次见面时，一方就能叫出另一方的名字，被叫出名字的一方会感觉自己被他人接受、被他人喜欢、被他人尊重，因此会对对方产生亲近感，拉近双方的距离，为双方的进一步沟通交流打好基础。

美国钢铁大王安德鲁·卡耐基小的时候曾养了一只兔子，后来随着兔子的繁殖数量越来越多，拿什么东西喂这些兔子就成了问题。于是卡耐基对小伙伴们说，谁能找到足够的苜蓿和蒲公英喂饱那些兔子的话，就可以得到用自己的名字为那些兔子起名的权利。没想到这个方法太灵验了，不但兔子们都吃得饱饱的，而且每个小伙伴都特别开心，以拥有一只用自己的名字命名的兔子为荣。这个故事深深地刻在了他的心中，他由此认识到人们对自己的名字非常看重。多年之后，他就利用记住并叫出每一个初次相识的人的名字，获得了他人的好感，拉近了双方的距离。由此提升了自己与他人合作的成功率，最终建立了自己的商业帝国。因此后来他说："一个人的姓名是他自己最熟悉、最甜美、最妙不可言的声音，在交际中最明显、最简单、最重要、最能得到好感的方法，就是记住人家的名字。"

这个故事的背后就是交际心理学上著名的名字效应，反映了初次见面就能够叫出对方的名字，对促进良好的人际关系、提升沟通效果具有重要意义。因此，促进良好的人际关系的形成，就要在最短的时间内记住对方的名字并叫出来，让对方感受到别人对他的好感、感受到对他的重视。

2. 记住并叫出每个学生的名字

班级是个小社会，教师要拉近师生关系，促进良好的师生关系的形成，就要记住并叫出每一名学生的名字，让他们感觉到自己被教师关注，受到教师的重视。

某班一个女生，其貌不扬，安静地坐在教室的一个角落里，任课教师都不知道她的名字，她似乎成了教室里"被遗忘的角落"。这个女生就那样静静地坐着，一脸茫然，对学习毫无兴趣，成绩平平。新来的数学教师肖老师注意到了这个现象，于是在这个女生到办公室交作业时，准确无误地叫出了她的名字，那一刻她的眼睛里闪现出惊喜。肖老师及时表扬了她能按时完成作业，并鼓励她以后好好学习。这时，这个女生的眼睛里除了惊喜还有感动。从那之后，这个女生好像变了一个人，开始勤奋学习，学习成绩也向好的方向发展。

教师记住并叫出学生的名字，会让他们感到受重视和被尊重，有利于促进良好的师生关系的形成，提升学生对学习的热情，会收到良好的教育教学效果。因为当学生的名字被教师记住并叫出时，他们会认为自己在老师心目中有一定的位置，于是对教师产生亲近感，拉近了师生关系，对教师的教育教学产生兴趣，并在教育教学的过程中变得积极主动，从而不断提升教育教学的效果。

所以，营造良好的师生关系，从记住并叫出学生的名字开始，因为在你叫出学生的名字那一刻，你就散发出师者的魅力，你就带着独特的人格、专业的素养走进了学生的内心，就在学生的心目中占据了一个特殊的位置。

范例02　把爱给每一名学生

特级教师吴正宪认为，教师要尊重每一名学生，关注每一名学生，满足每一名学生的发展需要。用爱唤起每一名学生心底的学习热情是教师的重要责任。因此她指出，要营造良好的师生关系，教师就要把爱给每一名学生。

1. 没有平等就没有真爱

在从教40多年的吴正宪老师心中，教师的工作是一份值得奋斗的事业，师爱是一份大爱，是更加科学的爱，是责任，是尊重，是真情的流露。教师唯有给予学生真心关爱，才能营造良好的师生关系。

一次，吴老师到学校讲课。课堂上，吴老师注意到一个男孩安安静静地坐在那里，一直没有发过言，于是瞅准机会请这个男孩起来回答了一个问题。男孩回答后，吴老师表扬了他，男孩的脸上流露出了被老师和同学认可的喜悦。下课后，吴老师正在和其他学生交流，男孩走到了吴老师背后，用手轻轻敲打着她的背脊。吴老师很惊讶，但是对这个学生抱以亲切的微笑。旁边的学生告诉吴老师，这个男孩身患残疾，平时很少和同学交流，看样子因为被老师邀请发言，他非常激动，所以用敲打老师后背的方式表达喜爱和感谢，平时他就是这样为母亲敲背的。

吴老师用这件事提醒我们，没有平等就没有爱，教师只有对学生平等相待，才能走进学生的心灵深处，才能真正理解和读懂学生，真正走到学生中间，成为他们的朋友，进而建立真正良好的师生关系。

教师平等地对待每一位学生的行为，表现了教师对学生的全然接纳和无差别的爱。具体来说，这种平等对待学生的行为有着如下深刻内涵。

（1）意味着不对学生怀有任何形式的歧视或偏见

教师不会因为种族、性别、宗教信仰、经济背景和身体状况等的不同对学生区别看待，而是对每个学生平等对待。比如不因为学生的学习成绩、纪律行为、家庭背景等因素而歧视学生，不对学生运用侮辱性语言，不对学生做出攻击性的动作。

（2）意味着给予每个学生平等的资源和支持

人与人之间的智力、才能、学习成绩、性格特点、家庭经济情况等存在着客观差别，但每个人都有尊严，拥有绝对相同的权利。教师要在了解学生的基础上，根据不同学生的不同风格和特点，为其提供多样化的资源和支持服务，以满足每个学生的需求。比如针对学困生，教师可以根据他们的特点，为其提供相应的服务和适合他们的资源。

（3）意味着对所有学生给予平等的评价和适用同样的奖励机制

教师在班级管理中要建立公平公正的评价标准，而不是根据学生的背景或特殊需求对其进行偏差性评价。这样一来，每个学生都获得了展示能力和才华的机会，也得以在评价和奖励中得到公正对待。

2. 尊重每一名学生

要把爱给每一名学生，教师就要以平等的心对待学生，尊重每一名学生。怎么做呢？吴正宪说，教师必须站在儿童的立场上将心比心，一方面要以童心感受童心，另一方面也要把孩子当成大人去尊重。

（1）对学生一视同仁

教师对学生的爱，应该是理智与情感并存的爱，是道德范畴的爱，是建立在对学生需要的充分理解、承认、接受、尊重基础上的爱。因此教师要真正做到尊重每一名学生就要放弃差别心，公平地对待所有学生，把每个学生都看作自己的孩子，让每个学生都享受到教师的阳光雨露。如此才能像苏霍姆林斯基说的"要使孩子的心同你讲出的话发出共鸣，你自身就要同孩子的心弦对准音调"，才能做到爱学生，才能让学生感受到教师的真爱。

（2）体谅和宽容学生

教师要认识到学生是成长中的个体，其发展是不断向前的。在成长过程中，他们会出现这样或那样的错误，教师都要给予理解。这种理解体现在体谅学生的难处、宽容学生的错误上。亚里士多德曾说："在有些情况下，公平对待也就是体谅和宽容。宽容就是体谅，是对公平事物作出准确判定，准确判定就是对真理的判定。"所谓体谅学生的难处，是指当学生面对高于能力的问题时要理解他们当下的困难；所谓宽容他们的错误，是指当学生犯了错误的时候，教师不应该咆哮发怒，不应该指责呵斥，而应该温柔地对待、细心地引导。尤其是面对突发事件时，面对学生的过失，教师尤其是班主任，更不能简单、粗暴、冲动地处理，而应持全面、克制、宽容、忍让的态度，以理智控制自己的言行，用一颗慈母心体谅学生、宽容学生。

某一年级班主任每天走进课堂的时候，迎接她的经常是嘈杂的声音、满天飞的废纸，学生们不停地告状。刚开始的时候，这位教师很气愤，感觉胸中被点燃了一团火。但是想到学生只是一群孩子，她克制住自己的情绪，对他们温柔以待。这位教师先是利用班会课表扬表现好的同学，让他们先树立学习的榜样，接着以身作则，比如看到地面上有纸片，就主动捡起来扔进垃圾桶。开学第三天的课间，教师发现学生小 A 主动将地面的废纸捡起来扔进垃圾桶，于是即时表扬了他，小 A 的脸上有了光彩，腰也明显比平时直了很多，或许是小 A 的行为起到了带头作用，或许是教师的表扬让学生看到了应该怎样做，慢慢地，班级发生了变化，学生发生了改变。

上述案例中的教师，如果不能体谅一年级学生刚入学，尚未形成良好的纪律意识和习惯，就对学生严厉呵斥、大声批评，不但不利于学生养成良好的行为习惯，反而让学生对教师产生畏惧心理。教师对学生温柔以待，用激励表扬和以身作则的方式引导学生，让学生感受到教师的宽容和体谅，就会慢慢地自己改变。这是把爱带给每一名学生的正确方式之一。

（3）积极为每一名学生创造发展的机会

教师要把爱带给每一位学生，就要在学生出现问题的时候，依据学生的不同特点，运用相应的方式方法给予指导和教育。比如意志薄弱的学生受到挫折时，教师要注意将口头询问、书面谈心结合起来，让学生感到教师亲如朋友，愿意听教师的引导；比如对学困生，教师要借助和蔼可亲的问候、作业本上一两句鼓励的批语，让学生实实在在地感受到教师的爱，从而敢于且乐意说实话、亮思想。总之，教师要用发展的眼光看待学生，把微笑和关爱始终体现在脸上，使学生时刻能从自己的身上获得快乐和力量。

范例03　赏识你的学生

爱心是师德的灵魂，没有爱心就没有教育。"爱与责任"是当代教师的灵魂，"师爱"是师德之必备。针对教师如何给出真心关爱这一问题，特级教师孙双金老师指出，教师应该注重与学生之间的情感交流，建立师生之间的信任和理解。赏识学生是建立这种信任和理解的重要方式。

1.赏识的奥秘

孙双金老师曾说："我总是在口袋里揣满了'高帽子'走进课堂，因为我知道赏识能使人愉悦，赏识能使人快活，赏识能激发人的潜能，赏识能使人心智开启、灵感涌动。"孙双金老师的这种赏识学生的方式，也是教师给予学生真心关爱的表现，其背后是相应的心理机制对个体的影响。

（1）赏识是对个体的良好思想行为的强化

美国行为主义心理学家伯尔赫斯·弗雷德里克·斯金纳认为，当有机体出现某一种行为后，给予积极的强化，会提高行为的频率。赏识学生也是如此。赏识学生强调的是善于发现学生的优点，对学生多加鼓励，使之产生求知的欲望和情感，进而获得求知的成功。在教育教学过程中，教师反复强化学生的纵向行为或积极心态，就会使之向着良好的行为习惯发展，从而达到促进学生健康发展的目的。

（2）赏识是个体自我评价的提升

美国心理学家斯坦利·库珀史密斯研究发现，个体如果对自我评价比较高，那么就会更富创造性，能更快地被团体接受并成为领导者，也就更加自信、坦率，他愿意表达自己的意见，其学业成绩也相对较好。一个经常获得赏识的人，会提升自我价值，因此会表现更加良好。学生尤其是小学生，其自我评价或自我概念很大程度上是在别人对自己评价的基础上发展起来的。赏识有利于个体提升自我评价，发挥激励效应。

（3）赏识满足了个体的心理需求

美国心理学家威廉·詹姆斯曾说过："人性最深层的需要是渴望别人的赞赏，这是人类之所以有别于动物的地方。"人本主义心理学家马斯洛的需求层次理论表明，每个人都有安全、爱与归属、被尊重和自我实现的需求。赏识可以满足个体被尊重和自我实现的需求。当学生被教师肯定、赏识、鼓励，他们受尊重的需求得到了满足，就会相信自己的力量和价值，在生活和学习中也更具创造性，这样就能最大限度地激发出他们的积极能动性和潜能。

2. 用赏识表达爱

正是由于赏识有着如此大的心理作用，因此当教师赏识自己的学生时，学生就会获得被肯定、被尊重的心理满足。加之教师这一角色在学生心目中的特殊地位，教师的赏识对于学生来说更加重要——感受教师的爱的重要途径。教师要构建良好的师生关系，可以像孙双金老师那样赏识自己的学生。

一次，孙老师在执教"春联"时，用明朝解缙的故事引入补对联的环节。他绘声绘色地讲了明朝洪武年间进士解缙小时候被誉为"神童"，在诗文和书法方面颇有造诣的故事。因为看不惯一个员外辱骂经过自家竹林的人，先是故意写了一副对联："门对千竿竹，家藏万卷书。"后来看到员外一气之下把竹子全砍掉，又在对联下边各添一个字，修改对联。然后孙老师说："添一个什么字呢？看看咱们班有没有'神童'，今天我们要把神童的名字也写在黑板上，让所有人都记住他的名字。"在学生回答问题的过程中，孙老师不断地将他们的名字写在黑板上。随着黑板上"神童"名字的增多，学生回答问题的积极性越来越高，最后写了满满一黑板的"神童"名字。

这个案例相当形象地说明了孙老师在教育教学中是如何运用"赏识"这一工具增进师生的情感、激励学生的。一个"神童"的故事和一个"神童"的名称，让每一个回答问题的学生都会产生自己是神童的感觉，在提升其自我价值的同时，也让他们感受到教师对自己的肯定，拉近了师生关系，加深了情感。

这个案例提示我们运用"赏识"这一工具来表达对学生的关爱，建立良好的师生关系时，要注意以下几方面。

（1）包含真情实感

教师要赏识学生，必须尊重学生，即将每一位学生都看作一个独立的个体，认识到他们都具有独特的人格和自我意识，并从内心深处去肯定他们，发现他们每个人身上的闪光点，及时给予肯定和赞美。在肯定和赞美他们的时候，要对他们抱有期待，赏识之语要包含热爱、信任、鼓励、严格要求等复杂情绪。这种丰富而深刻的情感体验会让学生发自内心地感受到教师对自己的爱与关怀、肯定与信任，从而自觉产生向教师靠近的心理需求，也就拉近了师生关系。

（2）有针对性

教师要对学生表达赏识之情，不能采用千篇一律的赏识之语或赏识手段，而是要针对不同性格、不同能力、不同状态的学生，采取不同的赏识方式。比如，对性格较内向的学生，教师要多采用激励之语，激发其潜在动力；对过于调皮或外向的学生，教师则要把握好赏识的力度，不能过于频繁地表达赏识之情，避免赏识失效或起到负面作用——让学生产生骄傲情绪。同时，赏识之语或赏识行为要针对学生某一方面或某一点上的突出进步和表现，要让赏识有具体、明确的指向。

（3）从多角度、多方面赏识所有的学生

赏识学生，不是针对某一个学生，而是针对全体学生；不是针对学生的某一个方面，而是针对学生的全面发展。唯其如此才能让每个学生都获得教师的肯定，才能让学生的个性得到发展，才能对学生进行有针对性的指导，使所有学生都能获得进步。

主题 2
放低自己的姿态

营造良好的师生关系，不仅要给予学生真心的关爱，还要注意尊重学生，以平等的姿态对待学生，从内心深处将他们看作独立的个体、大写的人，让他们有"成人"感。因此，教师要像名师一样，放下师道尊严的传统思想，学会放低姿态，如此才能走近学生，走进学生的心灵。

范例 04　热情地和学生打招呼

刘长铭老师认为，师生关系决定着一个群体乃至一所学校的文化氛围和精神特质。教师与学生建立起亲密无间的关系，是使教育达到最佳效果的关键条件之一。因此他提出，平时见到学生，热情地和学生打招呼，唠叨几句温暖贴心的话，是增进师生关系的有效方法。

1. 沟通的五个层次

人际沟通由浅到深、从外到内，可以划分为五个层次：打招呼、谈事实、谈观点和见解、谈感受、敞开心扉。这五个层次表明关系由远到近、沟通由浅到深，如图1-1所示。

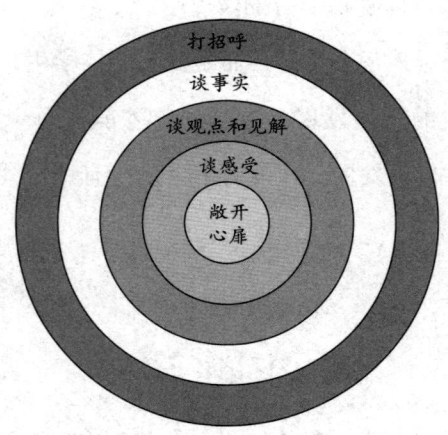

图1-1　人际沟通由浅到深、由外到内的五个层次

第一层次：打招呼。

这是最基本的沟通形式，一般指见面时的问候和寒暄。这一看似无关紧要的举动，却是建立友好关系和营造轻松氛围的关键。借助简单的问候，传达出友好和尊重的态度，为进一步的交流奠定基础。

第二层次：谈事实。

这一层次表示交流开始涉及具体的问题，交流双方开始分享彼此的观点、经验和观察结果。这样的交流内容有利于双方更好地相互了解，清楚对方立场，对对方产生新的认识和理解，是为接下来进入深入的情感表达而做的铺垫。

第三层次：谈观点和见解。

这是在明确事实之后交流的进一步加深。在这个层次，交流的双方开始在分享彼此的观点和看法之后，尝试向对方说明自己所持的观点或看法背后的理由和逻辑，希望与对方产生更深层次的联系。

第四层次：谈感受。

这一阶段是在明确事实之后的情感交流，是让对方清楚自己此时此刻的内在情感和情绪。进入这一阶段，人际交流就会更加深入而且真实，交流的真诚度会更深。

第五层次：敞开心扉。

此阶段沟通的双方开始分享个人梦想、价值观，甚至表达内心深处的恐惧，以及对未来的期望。这是最高限度的沟通，也是最具深度的说法。这是一种敞开心扉的沟通与交流，是双方建立了高度的信任和安全感的结果。处于这一层次的沟通，双方能真正感受到彼此的内心世界，从而建立深厚的情感。

由上述沟通的五个层次可知，打招呼作为沟通的第一个层次，是与人接触的第一步，也是沟通的基础。友善地与人打招呼，可以加强人与人之间的互动和沟通，让人际交往更加顺畅和自然，是营造和谐人际氛围的基本技巧，是一种简单而有效的人际互动方式。因为它可以消除陌生感，让两个初次见面的陌生人借助一个微笑、一个轻声的问候，产生亲切感，感受到善意，从而放下戒备心，建立信任。这是人际沟通进入安全区的重要一步。

2. 从"打招呼"到"敞开心灵"

没有低层次的打招呼，人际沟通中的谈事实、观点和见解是不可能展开的，人与人之间就不可能建立最深的情感连接。师生之间的情感交流，同样需要经历上述五个阶段，打招呼是师生沟通最基础的阶段，也是师生之间表达情感的开始。

每一次在楼道里遇到李老师，和他打招呼都是一件很开心的事情。李老师总会笑得很灿烂，用热情的声音大声回应，让人觉得老师好像在对你说：又是新的一天啊！从和我打招呼开始有个好心情吧！有一次在楼道相遇时，李老师叫住我询问，你是不是转班了呢？我说是。他又问我是否习惯，告诉我有什么困难都可以说。现在想起来，这可能只是老师当时顺口一问，也许他现在已经不记得了。但是于我而言，新到一个陌生班集体的慌乱与不适，都会因为这看似无心的一丝温暖而有所消减……我希望有更多的老师能不吝惜自己的这些小小的善举，也许您不知道什么时候，您不经意的举动会温暖一个学生的心。

这是一个学生在作文中写到的内容。从内容可以看到教师与他打招呼，对他的触动和影响。从学生的作文里可以看到，教师"总是会笑得很灿烂，用热情的声音"回应学生的问候，这让学生一整天都有一个好心情，也让学生感受到了教师的温暖，对班级产生了归属感。

由此可见，教师热情地和学生打招呼，这一看似不起眼的举动，对学生产生的影响多么深远。它有利于增进师生之间的感情，营造良好的师生关系。需要注意的是，在热情地和学生打招呼的时候，要注意以下几点。

（1）声音要清晰，有精神

清晰而富有精神的声音，给人以精力充沛的印象。萎靡不振且低沉的声音，会让人感到状态不佳。教师在与学生打招呼的时候或回应学生的问候时，一定要声音清晰，有精神，用自己良好的精神状态影响学生。

（2）面带笑容，看着学生

温暖的微笑能够让教师看起来更容易接近，瞬间拉近师生之间的距离。因此无论是教师主动向学生打招呼，还是回应学生打招呼，都要面带笑容，一方面帮助学生消除其紧张情绪，另一方面将自己的关心与善意传达给学生，让学生对教师产生亲近感。同时，教师还要看着学生，注视着学生的双眼，以此让学生感受到教师的真诚，缩短师生之间的心理距离。

（3）用温和的语调回应学生，并恰当地称呼学生

教师温和的语调会让学生感到亲切温暖，让学生愿意与其亲近。教师恰当地称呼学生，让学生感受到自己在教师心目中的地位。最理想的状态是，教师能准确地叫出学生的名字，如果对学生不熟悉，那么至少要在会意微笑的同时，亲切地称呼对方"同学"。

总之，打招呼这件师生关系中的小事，倘若教师能处理得好，就能发挥促进良好的师生关系的重要作用。

范例05 保持亲和力

特级教师孙建锋认为，教师的亲和力本质上是一种爱的情感。只有发自肺腑地去爱学生，才能真正地亲近学生、关心学生，才能激发学生对知识的追求。因此要促进良好的师生关系，教师就要提升自己的亲和力、释放自己的亲和力。

1. 亲和力

亲和力原本是一个化学术语，是指两种以上的物质结合成化合物时互相作用的力。后来被应用到人际关系中，用来指一个人在人际关系中从言谈举止、态度和情感等方面表现出的吸引和感染他人的能力。

亲和力是一个人综合素质的体现，可以帮助建立良好的人际关系，促进合作、协调和共赢，是一个人成功的关键因素之一。一个具有亲和力的人，表现为自信、礼貌、诚实、关心和幽默等良好的品质，因其自信，所以更容易赢得他人的尊重和好感，也就增强了吸引力；因为礼貌，所以更容易与他人建立良好的关系，让人际交流更加愉快和顺畅；因其诚实，所以更能赢得他人的信任和尊重，更受欢迎，更容易与他人建立真诚的关系；因其能表现出对他人的关心和关注，让他人感受到被重视，所以更容易与人建立亲密的关系；因其言语幽默，他人与之相处更加愉悦和轻松，也更容易建立轻松和谐的关系。由此可见，亲和力对建

立良好的人际关系有着极其重要的作用。

在教育教学工作中，教师的亲和力是指教师在教育教学中亲近学生、吸引学生、感染学生的一种能力指标，是教师在言传身教等育人行为中让学生感受到的亲切感及信赖感，是建立平等融洽的师生关系的重要能力。

师：亲爱的孩子们，你们看起来真精神——目光炯炯、情绪饱满！我们第一次见面，一起喊一遍我的名字。

生：（齐）孙建锋！

师：大庭广众之下，直呼我的姓名。你的想法是……（自然地蹲在一个学生面前，递上话筒）

生：我觉得老师很容易让我们亲近。

师：第二次，不喊姓，只喊最后两个字。

生：（齐）建——锋——

师：这和喊三个字，你有什么不一样的想法？

生：我觉得建锋两个字，是"爱称"。

师：你是不是现在"爱"我了？

生：可以这么理解！

（一阵笑声）

师：第三次，只喊最后一个字，一般情况下我是不允许别人当众喊我最后一个字的。今天开放了！

生：（齐）锋——

师：这回又有什么不一样的想法？

生：这样一喊你就留在了我们的心里！

……

这是孙老师应邀在重庆执教习作公开课——"天使，在身边"时的课堂导入环节。从节选的内容可以看到，孙老师能与学生在人格上保持平等，营造了平等和谐的师生关系，于是学生无拘无束，畅快呐喊，与他平等对话。随着师生感情越来越亲，自然达到了"亲其师，信其道"的教育目标。

由此可见，一个具有良好亲和力的教师，会以其自信、礼貌、诚实、关心和幽默等良好品质吸引学生，更能获得学生在情感上的认同，师生之间因此可以建立起轻松愉悦的关系，为教育工作的顺利进行打下坚实的基础。

2. 亲和力助力师生关系

教师良好的亲和力是教育活动的催化剂，教师应该如何提升自己的亲和力，助力良好师生关系的建立呢？孙建锋老师认为，教师要将目光放平，与学生人格保持对等，缔造平等合作的师生关系。

师：蛋里孵出的是什么？需要我们猜想。这是和美国三年级的小学生比想象。当然，猜想，在这里没有对错，每个猜想都是美丽的。

生：（同学们各自发挥想象）蛋里孵出的是小鸡、恐龙、手榴弹、龙、凤凰……

（这时一个学生突发奇想）

生：蛋里孵出的是一位名叫孙建锋的老师。

（惊呼！大笑！）

师：请（这位学生）站在自己的椅子上，"蛋里孵出的是……"

生：先孵出的是孙建锋，再孵出的是我自己。

（大笑）

师：（再请这位学生站在自己的课桌上）更上层楼（师蹲下身，伸长胳膊递过话筒，仰视学生），请告诉大家，蛋里先孵出来的是……

生：蛋里先孵出的是孙建锋老师。

师：蛋里又孵出……

生：又孵出了我。

师："双黄蛋"啊！

（哄堂大笑！）

上述案例仍然是孙建锋老师执教习作公开课——"天使，在身边"时的片段。从片段中可以看到，孙老师实实在在地与学生平等对话，比如"蹲下身，伸长胳膊递过话筒，仰视学生"，这种真诚的态度，对学生的尊重，让学生发自内心地感觉教师是"自己人"，于是无所顾忌，畅所欲言，勇于表达自己的所思所想，真正实现了生命与生命的温情对话。这正得益于亲和力带来的良好的师生关系。

孙老师用自己的实际行动提醒教师，要让亲和力助力良好师生关系的建立。教师在打造自己的亲和力时，不妨从以下几方面入手。

（1）由衷地关爱学生

教育的伟大之处就在于所面对的工作对象是活生生的人，因此教师对学生的教育应是充满感情、充满人性的，要由衷地、发自内心地爱学生。这是一种情怀，也是一种更高的境界。这种关爱，是将学生作为一个独立的"人"来尊重和珍视，是以一种民主、平等、无私的态度对待学生，能从心灵深处接纳每一名学生、热爱每一名学生，无论学生是聪明还是愚钝，无论学生来自怎样的家庭。过不了多久，学生必然对教师产生强烈的依恋。这样的教师自然具有良好的亲和力。

（2）能宽容学生

良好的亲和力要求教师具有宽容的美德。因此教师要提升亲和力，就不会采取简单、粗暴的方式对待学生的错误，而是以宽广的心胸和仁爱之心，在理解、尊重的基础上，从学生的角度出发，想学生之所想，原谅但不纵容他们的幼稚和冒犯行为，包容但不放任他们的种种错误，让学生感觉到自己是真的被放在心上，使他们在和风细雨中感受到教师的魅力，在自我心灵深处产生内省。

（3）能正确地评价每一名学生

教师在评价学生的时候，能坚持以事实为依据，做到客观公正、恰如其分；能以正面教育为主，多表扬和鼓励；能抓住学生的心理，用自己的语言和行为帮助学生树立信心，借助一个微笑、一个眼神传达出对学生的鼓励和期望。这样，学生会有美好的心境，留下美好的回忆，进而愿意走近教师、亲近教师，并激励自己不断前进。

（4）蹲下身子和学生平等对话

一个具有亲和力的教师，绝对不是高高在上的，而是能够蹲下来与学生平等对话。因为只有这样才能发现学生的"闪光点"，甚至看到最平庸的、智力发展最困难的学生的优点和长处。这样一来，每一名学生都能够感受到平等与公正，都愿意向教师打开自己的心扉，都敢于宣示自己的存在，从而获得强烈的自尊和自信，进而有勇气与教师对话，促进良好师生关系的形成。

范例06 勇于向学生认错

全国优秀班主任李镇西老师在谈到好教师的标准时曾说，是不是好教师，并不是以是否犯错为标准，而是看这位教师如何对待错误，是否因为犯错而感到后悔，并坦然地向学生认错，进而改正错误，尽可能少犯类似的错误。他的这个观点表明，教师不仅要放低自己的姿态，还要勇于向学生认错。这也是营造良好的师生关系的一项重要内容。

1. 认错精神

人非圣贤，孰能无过。教师在教育教学中，无论怎样严谨、精益求精，都难免出现错漏与失误。面对自己的错误，教师需要有认错的精神。优秀的教师大多敢于直面自己的错误，并能将纠正错误的过程转化为教育学生的一个契机。

李镇西老师在担任班主任期间，曾经和学生共同制定了班规，其中有一条就是"教师冲学生发火罚扫教室一天"。一天，学生参加学校"12·9"歌咏比赛排练的时候，担任领唱的杨玲玲不知何故"罢领"了，师生一起上阵做她的工作均无济于事。比赛迫在眉睫，临阵换将已不可能。一气之下，李老师猛拍钢琴，高声呵斥道："你不唱就给我滚出去！"杨玲玲当然没有真正"滚出去"，排练重新开始。事后，李老师为自己的出口伤人向杨玲玲承认错误，真诚道歉。杨玲玲也感到自己在非常时期使性子，很对不住老师与同学们，原谅了老师的"急不择言"。原以为这件事就这样过去了，然而第二天李老师一走进教室，见黑板上赫然写着："李老师昨日发火，罚扫教室一天！"李老师欣喜于学生执法的严格，于是心甘情愿地接受了处罚。在担任班主任两年多的时间里，李老师因"触犯班规"，曾五次被罚；但他甘愿受罚，学生也感到非常正常与自然，因为在学生们的心目中，李老师和他们都是班级的成员，是一家人。

李老师的经历表明，在学生眼里，坦然承认错误与知错不认错的教师相比，显然前者更可贵，更具有高尚的人格。因此当教师不小心出错，被学生指出来，或者自我反思意识到时，要向学生报以歉意的微笑，要真诚地向学生道歉并虚心接受学生的批评和建议。教师认错行为背后的认错精神，对师生双方、对班级管理都具有积极的影响。这种认错行为体现出的认错精神，对学生具有深远的意义。

（1）体现了教师的责任和担当

一个能够勇于承认自己的错误并承担后果的教师，更能让学生产生信任感，也更能让学生对教师产生亲近感。同时，这种担当精神会成为一粒珍贵的种子，植入学生的心灵，嵌入学生的血脉与灵魂深处，激发出学生的责任与担当意识，使之未来成为有担当、有作为、敢负责的人。

（2）体现了对学生的尊重和真诚的处事态度

教师勇于认错，表现了对学生的尊重，反映了教师能够将学生作为独立的个体来看待；同时，教师坦诚地向学生认错，让师生有了平等的意识和民主的精神，也让师生之间有了一种天然的亲近。这样一来，不但会在学生面前形成真理面前人人平等的民主气氛，而且这种真诚的态度还会提高教师的威信，使学生被教师的诚恳、大度折服，进而被教师的精神感召，师生关系就会处于良性的状态中，师生之间就能相互信任、相互尊重，心灵与心灵就有了交流的基础，于是教师的心灵就会深深地撼动学生的心灵，彼此都会在这一过程中得到成长。

总之，教师的认错精神，对师生双方的成长都发挥着积极的作用，同时有利于营造在真理面前人人平等的民主气氛，有利于学生接受教育，改正错误，促进班级良好教育氛围的形成，提高教育的效益。

2. 认错的注意事项

教师承担着传道、授业、解惑的重任，是为人师表，是正身垂范。教师的一言一行对学生的发展会产生深远的影响。为人师者一旦犯了错，就要勇于向学生认错，真诚地向学生道歉。为了确保认错行为发挥积极作用，教师在认错的过程中要注意以下几点。

（1）态度要真诚

教师在向学生道歉时，要就具体的事情分析并指出自己行为的不当之处，以及不当行为给学生造成的不良影响。这样一来，教师的道歉就极具针对性，且能让学生体会到教师道歉行为的真诚。

（2）化错误为资源

教师在向学生道歉时，不能只把错误当作错误，而要把自己的教育失误变成教育财产，要用自己的错误为学生树立敢于承担、勇于认错的榜样，用自己的认错精神激发学生的主动性、积极性和做好事情的决心和信心。比如在学生指出教师的错误之后，教师不要忘记向学生表达感谢之情，比如："你真了不起！能发现老师的错误，谢谢你！"这样一来，学生就会真正感受到教师和自己是平等的学习伙伴关系，而不是上下级的关系，认错行为就成为促进良好的师生关系的契机。

主题 3

时刻不忘自己也曾是个孩子

苏联教育家苏霍姆林斯基在《给教师的建议》一书中写道："一个好老师意味着什么？首先意味着他热爱孩子，感到跟孩子交往是一种乐趣，相信每一个孩子都能成为好人，善于跟他们交朋友，关心孩子的快乐和悲伤，时刻都不忘记自己也曾经是个孩子。"这句话道出了名师带班的又一经验：时刻不忘记自己也曾是个孩子。

范例 07　做长大的儿童

特级教师李吉林特别喜欢别人叫她"长大的儿童"。正是这种童心，让她能理解学生，想学生所想，急学生所急，始终与学生保持心与心的交流，保持和谐融洽的关系。这也是她带出好班级的奥秘之一。

1. 孩子心态

所谓孩子心态，就是能用儿童的眼睛去观察，能用儿童的耳朵去倾听，能用儿童的兴趣去探索，能用儿童的情感去热爱，总之就是能站在孩子的角度去思考问题、看待问题。孩子心态对教师做好教育教学工作相当重要。诚如李吉林老师说："儿童的眼睛，儿童的情感，儿童的心理，构筑了我的内心世界。是的，正是儿童，是童心，给了我智慧。我想说：爱会产生智慧，爱与智慧改变人生。"

（1）可以让教师更好地与学生沟通

教育需要教师通过言传身教来感染学生。然而，教师与学生毕竟是生活在不同的年代、有着不同生活经历的个体，在对待同一问题上会存在明显的差异。如果教师能拥有孩子心态，就能进入孩子的心灵世界，设身处地理解学生的言谈举止，能尊重他们的兴趣爱好、性格特点，能看到他们每个要求背后的心理需求，进而理解他们的一举一动，能宽容地对待他们的淘气、任性和顽皮，师生之间就能更好地沟通，减少隔阂与矛盾的产生，师生关系就会更加融洽。

（2）保持工作激情和梦想，避免职业倦怠

育人是一件持之以恒的事情，需要教师对它保持激情和梦想。相当多的教师之所以在执教多年后会产生职业倦怠，对教育教学失去兴趣和动力，究其原因就在于失去了孩子心态。教师如果能拥有孩子心态，就能保持初心，像孩子一样单纯、可爱、率真，对世界充满好奇心，习惯且乐于和学生相处，就会对教育事业保持热爱，坚持教育梦想，从而体验到职业幸福感。

（3）能拥有教育智慧

教育的核心是人，育人的首要前提是以人为本，以学生的健全、完善、和谐发展为目标。要实现这样的目标，教师必须在教育教学过程中尊重学生，尊重学生的身心发展规律。教师如果拥有孩子心态，就能更了解学生的身心发展水平，就能在教育教学中更准确地把握学生的"思想脉搏"，激发学生的学习兴趣，提升其学习效率，让教育触及学生的心灵，获得和展现自身的教育智慧。

2. 做长大的儿童

孩子心态可以让教师成为一个童心未泯的智者、一个富有好奇心的乐教者，收获孩子的笑，收获自己不老的青春，这正是教育工作者所要追求的境界。那么教师如何保持孩子心态，做长大的儿童呢？

（1）有一颗永恒的爱心

教师要做长大的儿童，保持孩子心态，首先就应对教育事业和学生有一颗永恒的热爱之心，因为唯有爱才能滋润童心。一个教师如果不能爱学生、爱教育事业，那么就不可能从事教育事业。因此教师要培养孩子心态，就应在实际工作中用爱心去育人，让爱心贯穿教育工作的始终，时刻站在学生的角度思考问题、处理问题。

一次，李老师所在的学校组织了一个高规格的情境教育研讨会，研讨会后是一个简短的汇报演出。当时正值初冬，天气已经有些凉意，而演出的场地没有空调设施，表演节目的学生因为穿着单薄的演出服，不得不在候场室里蹦跳着，搓着手取暖。李老师来看望孩子们，马上发现了这个问题，她大声地说："赶快让孩子们穿上外套！"一旁的指导教师说马上要上场了，来不及了。李老师果断地说："不行，穿着外套跳！"于是，那天的参会代表们就看到了一场独特的表演：随着欢快的音乐，一群里边穿着漂亮的演出服，外面罩着毛衣、毛背心，甚至夹克等各种外套的孩子们，脸上洋溢着最灿烂的笑容，欢快地跳着舞蹈。这一情景深深地感动和震撼了与会代表，会场里响起了热烈的掌声。

这是发生在李老师身上的一件小事，但恰好能看出李老师站在孩子的角度思考问题、处理问题，能把孩子的感受放在首要位置，究其原因就是她的内心有爱，能把每个学生都看作珍贵的生灵，能理解和尊重学生。

（2）经常回忆一下自己的童年时光

作为成年人，教师已经距离童年很远，生活的磨砺致使内心缺少了儿童的天真，也就无法理解儿童的言谈举止和心理。教师不妨经常回忆一下自己的童年时光，用自己童年时代的目光打量学生，以唤醒童心、理解学生。从某种程度上说，一名教师对自己童年生活的回忆有多深，就代表着对学生的理解有多深，就标志着其未来的成长空间有多宽广。

小时候，我们住的房子又矮又小。当我自个儿睡在床上时，我会呆呆地看着那斑驳的墙壁，想象着小屋里没有的世界：那是一个和尚披着袈裟飘飘欲仙地向我走来，那宽大的袖子里藏着什么呢？那是一棵长果子的大树，许多小鸟正向它飞来，回到自己的家……

这是李吉林老师回忆的童年时光。正是因为她对童年的回忆是那么清晰，她才能想学生所想，理解学生的所思、所想、所做，才能让自己的教育教学与学生紧密相联，才能打动学生的心，与学生一起走进童心世界，营造美好的教育空间。

（3）带着童心，与学生一起活动

要让自己保持孩子心态，做长大的儿童，教师还要试着与学生互换角色，带着一颗童心和学生一起摸爬滚打、欢畅大笑，体会他们的悲伤欢笑、喜怒哀乐。

一天下课时，一位教师看见一个小姑娘自己在一边玩剪刀石头布，就走过去对她说："咱俩一块儿玩吧。"小姑娘怯生生的，但又很高兴的样子。后来，这位教师接到小姑娘妈妈的电话，她说，小姑娘回家以后非常高兴地说老师和她玩剪刀石头布了，而平时，小姑娘很内向，也很沉默。

案例中的这位教师，之所以能走进孩子的心中，就是因为她放下了教师的身份，怀揣着一颗童心走到孩子身边与孩子共同游戏。如此一来，就达到了用最平易近人也最微小寻常的举动，默默影响着一个小小灵魂的拔节与成长的教育效果。

（4）坚持学习

教师要保持孩子心态、做长大的儿童，还要不断学习，提升自己对学生的感知能力。一方面，教师要坚持阅读儿童书籍，体味作家笔下的儿童世界，了解不同境遇、不同成长经历的孩子，知道他们都遇到了哪些困难，是如何克服的，沉浸在儿童的视角里观察书里书外的生活与社会，反思书里书外的人生与成长，琢磨其间的点滴差异与相同之处，哪些可以用在自己的课堂内外，哪些可能对自己的学生有益。另一方面，教师要阅读并学习儿童心理学、教育学知识，了解相关学科的前沿科研成果，订阅国内外儿童教育的报纸杂志，浏览与儿童教育学有关的文章资料，并将所阅读的理论知识和经验与自己的教育教学工作结合起来，真正让自己的经验与科学理论融会贯通，真正让所读、所学、所做的理论烙印在自己的心灵深处，化为自己的呼吸与心跳、血脉与灵魂。

范例08 变成孩子

学生的成长离不开教师的耐心教导。教师要教育好学生，就必须与学生保持亲密的关系，如此才能时时观察他们的言行和表情，倾听他们的话语，从微妙细节之间推测其心里的真实想法。因此陶行知先生说："我们必得会变小孩子，才配做小孩子的先生。"这是营造良好的师生关系的重要前提。

陶行知先生说："我们加入儿童队伍里去成为一员，不是敷衍的，不是假冒的，而是要真诚，在情感方面和小孩子站在一条战线上。"这表明，要想创设良好的师生关系，拉近师生的情感，教师就要在情感方面跟学生相通，走进学生的内心。

1.做知心朋友

（1）关爱学生

爱是打开学生心灵的钥匙，没有爱的教育是无法进行的。教师要从多方面给予学生关爱，用爱建立起师生之间的连接。一方面，教师要放下架子，走到学生中去，及时地为他们送上一份关爱。比如，学生生病时要带他们寻医问药，学生遭受挫折时要给予他们心灵的慰藉……总之，让学生感受到教师的悉心关怀，如此一来，学生才会在情感上亲近教师、接受教师，进而相信教师，愿意接受教师的谆谆教导。

（2）主动交流

要多与学生交流。唯有不断地交流，才能了解对方的所思所想，才能在情感上达到一致。陶行知先生说："真教育是心心相印的活动，唯独从心里发出来，才能打动心灵的深处。"成长中的学生天性好动爱玩，他们的自制力和控制力还不够强，经常不自觉地犯错。倘若教师能放下身段，以平等的姿态经常与学生沟通，就会加深对他们的了解，获知其内心的真实想法，知道他们还处于发展、尚未成熟的阶段，他们单纯正直、毫无恶意，错误的发生，只是他们没能控制住自己或在无意中做出的。如此一来就不会在他们产生新奇的想法、做出意外的举动时泼冷水、批评指责，而是能在理解的基础上给予针对性的引导。

一天，育才学校音乐组的壁报《小喇叭》又出刊了。其中的一首诗引发了同学们的议论。诗的内容是这样的："人生在世有几何？何必苦苦学几何。学习几何苦恼多，不如学习咪嗦哆！"对这首诗，同学们看法不一，议论纷纷。陶行知先生获知了这件事，先是到壁报前阅读了这首诗，然后在第二天邀请诗的作者促膝谈心。陶先生一点也没有校长的架子，和这个小作者随意地交流起来。他们从人生与数学的关系谈起，谈到吃饭、穿衣，甚至音阶频率的振动、国家大事，哪一件都少不了数学、离不开数学。可见人人要学数学，数学和人的关系就像人离不开空气、水分、阳光、营养元素一样。在陶校长的谆谆诱导下，小作者连连点头，表示自己理解了校长让同学们把学好语文、数学、外语、科学方法论这四门功课作为开启文化宝库的"四把钥匙"的道理。就在他刚要检讨自己写的那首歪诗时，陶校长打断了他，说他们是在民主讨论，不是开批判会，只要能够认识问题，提高思想就是进步。小作者表示要去说服那些和自己有同样想法的同学。陶校长眯着双眼放心地说："好啦！我们今天的民主探讨到此结束。"

从这个故事可以看到，陶行知先生面对学生的行为问题不是批评指责，而是从爱入手，从关爱学生的角度与学生沟通交流，获知其内心的真实想法，针对性地引导对方认识到问题所在，使之主动改变错误的看法，提升认知。整个交流过程完全是一个知心朋友的姿态，而非高高在上的教师。正是这种姿态，让学生能放下防御心理，主动打开心扉表达自己的看法，让沟通的目标得以达成。

2. 做"同龄伙伴"

（1）尊重学生

教师要满足学生作为独立的个体在成长过程中对尊重的需要，要经常对他们积极的行为给予肯定鼓励，使之获得和提升自尊感；要用平等的眼光看待他们的行为和想法；要抛开高高在上的姿态，与他们平等探讨问题……这样一来，在教师这位"同龄伙伴"的陪伴和激励下，学生就能充分发挥自身的主观能动性，敢说、爱说、乐说，于是融洽的师生关系得以形成。

1932 年，晓庄师范附属小学被迫停课。附小的学生自发办起了"儿童自动学校"，将整个学校的各项工作落实在每个学生身上，学校的各项工作得以井井有条地开展。陶行知先生获知这一消息，写了一首诗，称赞学生的举动："有个学校真奇怪，大孩自动教小孩；七十二行皆先生，先生不在学生在。"听到被陶先生表扬，学生都很高兴。一个八九岁的学生却找到陶行知先生，相当不客气地说："照先生的写法，我们学校算不上'真奇怪'。"陶行知先生没有生气，而是和颜悦色地问他，自己的诗错在什么地方，这个学生指着"大孩自动教小孩"说小孩就不能教大孩吗？在他们学校里就有年龄小却成绩好的同学做了年龄大的同学的老师，如果按陶先生说的只是"大孩自动教小孩"，那实在是没有什么"真奇怪"的。陶先生听后觉得非常有道理，不仅感谢他的指正，还诚恳地向他道歉，并马上把"大"字改作"小"字，于是"大孩自动教小孩"就变成了"小孩自动教小孩"。改完之后，他还谦虚地问这个学生，改得行不行。这个小学生笑了，夸他"改得真快、真好"！

陶先生能够真诚地接受一名小学生提出的意见，采纳对方的意见，就是因为他能将自己放在一个孩子的位置上，理解孩子的所思所想；能够尊重对方，与对方平等讨论，让学生感受到了被尊重。这种同龄朋友的感觉，使学生发自内心地接受和爱戴他。

（2）保持一颗纯真的童心

教师要用童心唤起爱心，用爱心滋润童心。教师要在平时的教育教学生活中，以学生的视角看学生，用学生的方式爱学生，用学生的心理推测领悟学生的思想活动。如此一来，教师的内心就能充满童心童趣，就能带着爱走在学生中间，走进学生的内心，就能让学生有存在感，有内在自信。在这一过程中，童心唤起了爱心，爱心滋润着童心，学生就拥有了勇气，有信心且乐于与教师交流，融洽的师生关系得以形成。

总之，正如陶行知先生所说"孩子的世界是简单、纯粹的，他们对善恶、美丑有最果决的判断和立场，他们拥有不可轻视的情感，拥有最天真烂漫的秉性。教育工作者要细心呵护可爱的幼苗，以诚相待，走进孩子的内心"。教师以孩子的心态从事教育教学工作，自然就可以完成陶行知先生说的"千教万教，教人求真"的育人重任。

范例09 站在学生的角度思考问题

特级教师、"书生校长"程红兵认为，教师的情感和理智是相互支撑的。爱是教育的根基，是理智的发动机，有了爱，教师才会千方百计调动自己的智慧去教育学生。因此，一个聪明的教师能够时刻不忘自己曾经也是个孩子，给予学生正确的师爱；能站在学生的角度思考问题，准确判断学生的情况，拿出切实可行的教育方法。

1. 换位思考

换位思考的背后是同理心的思维方式。它要求一个人在认识问题时能够脱离个人情况，尽量站在对方的角度去分析和思考，以便得到更全面、公正的解决方案。于教师而言，换位思考是指教师以学生的思维和身份来思考问题、制定规则，以满足未成年人在成长中的需要和对获取知识的渴求。

首先，换位思考可以让教师更好地了解学生，在教育教学中做到认真地聆听学生的心声，微笑面对每个学生，用爱浇灌他们，用更多的耐心、更多的尊重、更多的理解去陪伴他们。

其次，换位思考可以让教师更好地了解学生的需求和问题，针对性地教育学生，因材施教，避免教育教学工作偏离学生的需要，保证教育的公平性和教学的科学性，确保教育工作的价值和效力。

再次，换位思考可以让教师更好地理解学生的心理和情感，从而更好地处理学生的情感问题。当学生因为一些问题而感到焦虑或烦躁时，教师如果能够尝试站在学生的角度去理解这些感觉，并给予适当的支持和帮助，那么不仅能够培养学生的健康情感，也能够更好地帮助他们克服困难，增进师生的情感。

最后，换位思考可以让教师找到更适合学生的教育教学方法。在教育教学过程中，教师如果能尝试以学生的身份去思考教育教学的内容和方式，并从学生的角度去评估这些方法的效果时，就能够更好地调整自己的教育教学策略，让学生更好地提升思想认识，掌握学科知识，获得健康成长。

总之，换位思考的背后是古代先哲强调的"责人之心责己，恕己之心恕人"的人际关系处理准则，对营造良好的师生关系起到积极的作用。

2. 换位思考带来真正的理解

程红兵老师认为，课教得好的教师都是能够站在学生角度思考教学问题的人；反之，课堂教学有问题的教师多半是没有站在学生的角度思考问题。对其中的原因，他借用杨绛先生的话阐释："当你身居高位，看到的都是浮华春梦；当你身处卑微，才有机缘看到世态真相。"这句话提示我们，要营造良好的师生关系，教师就要站在学生的角度思考问题，学会换位思考，做到公平施教。

教师如何换位思考才能让学生体会到教师的真心关爱，促进良好的师生关系的形成呢？

（1）不把自己的判断标准强加于学生

教师个人的亲身实践体验在某种程度上是有利于提高其教育学效果的。但教师必须认识到自己的认知和体验也是有一定局限性的，因为自己即使承担起世界上所有的角色，也不会获得任何角色的内心体验和心理感受。所以教师要时刻提醒自己不要总是用自己的主观感受去感知学生，而应将个人的感受或经验判断作为借鉴而非标准去要求学生。

（2）蹲下来倾听学生的心声

做到换位思考的最重要的前提就是，教师能够尊重学生。教师要走进学生中间，把自己放在与学生平等的位置上。

学生周某成绩较差，课堂上虽然能遵守纪律，但注意力不集中，无精打采，老是趴在课桌上，有时影响上课纪律，同学们都不喜欢他。班主任马老师经过了解得知，周某不思进取是有原因的，他本身学习基础差，进入高中后随着学习模式的改变、学习强度的增加，加上紧张的寄宿生活让他很不适应，结果很多科目都跟不上，出现严重偏科。加之父母工作忙，对他放任不管，导致他在学校逐渐失去学习的兴趣，久而久之，失去了上进心和自信心，成为教师眼中名副其实的学困生。理解了周某的心理感受，加上换位思考，马老师在与周某交流中让他感受到了教师的理解和关心，于是周某向马老师敞开心扉，师生之间进行了很好的交流，马老师找到了帮助周某的方法，周某也找回了信心，树立了改变的决心。此后周某简直判若两人，课堂上不再趴着睡觉，虽然不能保证每一堂课他都能听懂，但是他开始在书本上记录笔记，自习课也经常能够看见他的身影出现在任课老师的办公室里，进步是显而易见的。

从案例可以看到，教师正是因为换位思考，才能理解学生的心理感受，才能让学生基于教师对他的理解而敞开心扉，才能听到自己无法想象的声音，才能获得学生的直接信息，进而对学生的心理需求、心理状态作出准确的判断，才能给予学生正确的引导，帮助他们运用自身的能力解决问题，克服困难，不断调整和提高。

（3）想想自己在相同年龄的经历和感受

教师要站在学生的角度思考问题，最重要的是在遇到问题的时候，把自己放到学生同龄人的角度去思考问题。学生时代曾经是一个学困生的教师，更容易理解学困生的困难；学生时代是一个问题学生的教师，更容易理解问题学生的心情。因为他们有相同的经历，有独特的个人体验，能理解和体会处于那个年龄的学生的内心感受，因此在解决学生问题的时候更能站在学生的角度思考问题，也就更能设身处地地理解学生，自然清楚该用怎样的方式进入学生的心中，成为学生心中的好教师，从而帮助学生，使之发生改变。

总之，站在学生的角度思考问题，体现的就是"以人为本""以生为本"的教育理念。这种换位思考的心态，更能表现出对学生的尊重和理解，也就更能给予学生积极的关心和支持，促使师生关系更加亲密，从而更好地帮助他们在学习和生活中获得成功、汲取快乐。

专题二

讲究奖惩艺术

教育是一张纸，正面写着奖励，反面写着惩戒。教育需要更多的奖励，也需要适当的惩戒。怎样奖惩学生却大有学问：奖惩得当，事半功倍；奖惩不当，适得其反。名师们的奖惩艺术，让教育焕发出人性的光辉，让教师获益，从而带出好班级。

主题1

把握奖惩的原则

适度的奖励和惩罚可以激发学生的自主意识，使其主动寻找光明，向着光明努力。物极必反，过度的奖励会使学生沾沾自喜，满足于当前的小进步裹足不前；过度的处罚则会导致学生丧失自信，自暴自弃，堕入深渊。我们要像名师一样，适度奖惩学生，让奖惩助力学生的成长。

范例10　表扬多多，批评适度

特级教师刘永宽认为，教育教学中表扬和批评看来很简单，但在实际生活中很难掌握好。教师要在多用表扬的同时，科学地对学生进行批评，把握好"适当"的尺度，在实践中不断地摸索，合理发挥表扬与批评两种教育手段的作用。

1.多多表扬

美国心理学家威廉·詹姆斯研究发现："人类本性中最深刻的渴求就是受到赞美。"获得他人的表扬和肯定是每个人正常的心理需求。成长中的学生同样如此。教师对学生的表扬，可以让学生的心中产生不可抹杀的肯定感，从而激发其信心和继续下去的渴望。

某学生在班里是赫赫有名的"闹生"，班主任老师为了教育他费尽心思，师生二人虽然在不断"斗法"，感情却越来越深，最终这个学生从"闹生"变成了老师的助手。一次，班级组织活动，教师发现这个学生很有领导才能，于是在同学们面前给予他一番表扬，大胆地让他当了班委，并在以后的班级管理和班级活动中尽量发掘他的能力，结果他所做的工作越来越出色。多年之后，这个已经拥有自己的一番事业的学生来学校看望老师，深情地说："我永远忘不了在成长过程中，老师给予我的表扬和肯定。正是这些表扬和肯定让我知道自己竟然有这么多优点，也有信心做到和别人一样好。"

这个案例中，这个学生之所以能够从"闹生"变成优生，关键的因素就在于教师能及时发现他的优点和长处，并用表扬肯定他的过人之处，肯定他的进步，由此使之获得了成长的信心和力量。这说明，表扬这一常用的教育方式，作用是巨大的。因此刘永宽老师认为，教育学生的方式是多种多样的，但应该以表扬为主，因为可以增强学生的上进心和自尊心，使之产生一种积极进取的动力。刘老师指出，尤其是犯了错误的学生，要在给予批评的同时，鼓励他们，肯定他们的积极因素，增强其克服困难、改正错误的信心和勇气。哪怕是言过其实的表扬，也会产生不可低估的效力。

刘老师曾教过一个学困生，长得很漂亮，但学习成绩实在糟糕，数学每次只考 10 来分，语文也不好，但是音乐、美术还不错。刚接手这个学生所在的班级时，看到她的学习成绩那么差，刘老师就判断这个学生的基础很差，在数感、学习方法方面都不会太好。刘老师对她进行了针对性的辅导，但效果并不理想。一次偶然的聊天，刘老师看到这个学生对自己很没有信心，于是就在每次辅导时让她先做自己会的，接着给予她大大的表扬。慢慢地，这个学生的自信心提升起来。刘老师在表扬之余还教会她科学的学习方法，比如先做自己会的，再做自己不会的，保护她的自信心。就这样，在屡次的表扬和肯定中，这个学生的数学成绩虽然还不是太好，但比原来有了很大的进步。

从上述案例中的学生身上，刘老师深刻地意识到快乐之于学生的重要性。因此刘老师在教育教学中始终以让学生获得快乐为原则，对学生总是多多地给予表扬。于是学生在他的表扬中获得了信心和快乐，因此哪怕是自己并不擅长的学科或事情也努力去做，更不用说自己擅长做的事情了。由此可见多多表扬学生的重要性。

总之，青少年学生正处在成长时期，有较强的自尊心和荣誉感，教师要充分运用表扬这一工具，使学生获得激励和学习的动力。需要提醒的是注意以下几点：一是表扬时要抓住学生的闪光点，让其闪光点在表扬中被放大，使之获得信心和力量；二是要认真观察学生，及时发现学生的每一点进步，并及时予以表扬，让表扬形成连续的动力，促使学生发生变化；三是表扬不能拘泥于一种形式，要多样化。

2. 适度批评

批评和表扬是提升教育教学效果的双翼，二者缺一不可。表扬不怕多，但批评要适度。刘永宽老师认为，只有把握好"适度"这一尺度，批评才能在教育教学过程中发挥其应有的作用。

刘永宽老师在提到自己的成长过程时曾说，小时候的自己很调皮，因此经常受到老师的批评，每次被老师批评过，自己就会马上改，改过之后又忘记；再犯错误，于是又受到老师的批评，又改正。就这样，"犯错—批评—改正—犯错"这一过程不断循环，在改来改去中长大了。因此他认为，除了个别学生，大多数学生犯错误都是无意识的，教师需要不断地用批评提醒他们，帮助他们改正。但批评要适度。怎样才能让批评适度呢？

（1）时机要适度

一是不要在早晨批评学生，因为早晨是学习的最佳时机，学生精力充沛，若在此时受到批评，他们就会心情变糟，影响接下来的学习效率；二是不要在学生刚取得进步的时候进行批评，对那些自信心差的学生，在刚开始取得进步时就批评他们，会使他们对自己彻底丧失自信心。

（2）时间要适度

一般来说，在人多的场合下不应该过多地批评学生，因为这会让他们感觉到失了面子，伤害到他们的自尊心，让他们产生抵触心理，甚至可能公然顶撞教师。同时还要注意批评学生的频率，要注意保持一定的间隔，不能频繁地抓住学生的某一点错误反复批评，这样做一方面只能会产生负强化作用，提高学生犯相同错误的可能性；另一方面，学生会因为教师一直揪着一个错误不放、不停地唠唠叨叨而产生反感和抵触情绪。

（3）语言要适度

批评学生时，尽量要用开放式语言，而不用封闭式语言，比如可以用"你为什么这样做"去询问原因，而不是用"你怎么一定要这样做"，相比于前者，后者多了指责的成分，是表达自己的不满，而不是促进学生反思，这样很难倾听到学生的心声。除此以外，批评要适度还包括批评学生时要对事不对人，不说"你是我见过的最差的学生""你怎么就是屡教不改"此类语言，因为这类语言不是就事论事，而是对学生自身进行指责，会引起学生的反感，触发抵触情绪。

总之，教师在教育教学过程中批评学生，要留有余地，点到为止，给学生反思和自我批评的余地，这样的教育效果会更好。

范例11　适度的惩罚是必要的

特级教师于永正认为，教师适当地惩罚学生不是害学生，而是爱他们，孩子需要成功，同时也需要失败的磨砺，要让他们从失败中体验到成功的快乐。适度的惩罚是必要的惩罚，是教育的一个重要组成部分。

1. 适度惩罚

惩罚，是教育的一个重要组成部分。必要的惩罚是让一个人健康成长必不可少的营养剂。一个始终在一片赞扬中成长的人，固然对其树立信心有好处，但如果没有受到过惩罚，很可能经不起挫折，不敢承担责任。

（1）适度惩罚可以促使学生认识错误

在学生犯错或者违规时，给予适度的惩罚可以使其意识到自己的不当行为，进行自我反省，有助其改正错误和调整行为。

（2）适度惩罚可以提高学生的自我约束能力

科学而合理的适度惩罚，可以让学生在惩罚过程中总结经验教训，逐渐形成对自己错误行为的认识，并为避免下一次受到相同的惩罚而约束自己的行为。如此一来，其自律和自信能力就得到提高。

（3）适当惩罚可以帮助学生树立正确的价值观念

惩罚是基于学生的错误行为做出的。而学生错误行为的背后是其错误的认知和不正确的价值观念。在对学生实施适当惩罚的过程中，学生会认识到自身行为的不当，从而形成正确的行为与价值观念，更好地融入社会。

2. 适度惩罚的实施

于老师认为，让孩子在失败中体验成功，这就是一种惩罚，也是他给教师的建议。换言之，他也在告诉我们，在注意保护学生人格、维护其自尊心的前提下，科学而合理地实施惩罚，可以对学生起到极大的教育作用。因此要确保惩罚适度，教师在实施惩罚的过程中要注意以下几个方面。

（1）依据学生问题行为的轻重实施

学生做出不良行为，往往是因为其对自己的情绪和行为缺乏控制能力。教师首先要明确学生行为背后的原因，看看他们的情绪受到了什么影响，还是他们缺乏某种技能或知识，在了解问题行为背后的真正原因后，再决定是否给予相应的惩罚。如果学生是明知故犯，那么就要依据问题的轻重给予适当的惩罚。这里的适当是指要与学生的年龄相符，与身体状况、认知程度相符。

某班主任和全班同学约定，如果学生忘带作业或作业多未写完，就约定一个时间让其完成。对这种弹性和人性的处理方式，师生都愿意接受。学生小哲老是丢三落四，今天又忘了带作业。他出现这种情况已经不是一次两次了，实在有必要给予相应的惩戒，不然他是不会长记性的。但问题是，错误不大，也不是故意的，于是教师就让他做一些"利己利人"的体力活——收作业，让他体会到自己行为的危害，获得改进的动力。第二天，他面对有的同学忘带作业、有的同学忘做作业的情况，花了很大力气才收上来并统计好。对于忘带作业的同学，他甚至有点不满意了。教师打趣地说："你也知道没带作业给课代表造成的麻烦了吧？"他深深点了点头。就这样，他艰难地干了一周。教师在全班同学面前和他开玩笑："小哲是咱班卖力最多的总课代表。"在同学们的哄笑中，他也笑了。此后，小哲丢三落四的毛病还真的改了不少。

在这个案例中，教师就是依据学生犯错误的性质，给予了相应的惩罚，既让他认识到问题行为对个人和他人的不良影响，也让他获得了改正的机会，这样的惩罚就是适度的处罚。

（2）方式要科学而恰当

青少年学生正处于成长过程中，其身心都在不断地发展和完善，对他们实施惩罚绝不能过量、过度，以免伤害其身心健康。因此，最好采用代偿式惩罚的方式。所谓代偿式惩罚，就是指把学生新的学习或劳动任务看作学生为自己的错误行为付出的代价和补偿，这种方法一般指学生犯了错误后，教师可以用惩罚学生背书、扫地或是抄写词语等方式，达到教育的目的。当然，要注意的是，这样的惩罚方式过于简单，或许会让学生产生畏学甚至厌学的情绪。因此只有"代偿媒介"的选择恰当，才能收到意想不到的效果。

（3）注意循序渐进

教师要根据学生错误程度的轻重给予轻重不同的处罚，而且要逐步进行。一般来说，可以采用轻重式惩罚和递进式惩罚两种。前者是指从问题的轻重考虑，不同层次的问题运用不同的惩罚方式；后者则是惩罚要保证连贯性，主要是针对经常犯错误的学生，比如对自习课说话的学生，第一次可以罚他为全班学生唱支歌；第二次可以罚他为班级做件好事；第三次就可以罚他写检讨书，分析自己的错误产生的原因，以便使其明确自己犯错误前、犯错误中和犯错误后的想法，达到深刻的自我反省。总之，这种递进式的惩罚合情合理，不留心理创伤，确保了惩罚的适度。

（4）注意不伤害学生的自尊心

很多情况下，对学生的惩罚过度就是因为没能将学生作为一个独立的个体来看待，没有注意保护学生的自尊心。因此要确保惩罚适度，教师在惩罚前就要与学生约定相应的不良行为要接受怎样的惩罚，比如制定相应的班规班纪，并以此为依据对学生的问题行为进行处罚，而不是在学生出现问题时，教师随心所欲地加以处罚。这样一来惩罚就有了科学的依据，获得了学生的允许，实施起来不但可以保证惩罚的效果，而且不会引发学生的抵触心理，也因此保护了学生的自尊心。

范例12 体罚近乎无能

教育家朱永新认为，体罚是最简单、最粗暴、作用最小的办法，会产生非常恶劣的副作用。因此他建议教师，在教育教学过程中，坚决不体罚学生，因为体罚近乎无能。

1.体罚的危害

带出好班级，离不开科学的奖惩。但这里的惩罚绝不是体罚或变相体罚。教师如果体罚或变相体罚学生，就会导致一系列问题的产生，除了危害学生的身心健康，还可能对整个教育环境和社会产生负面影响。

（1）从学生的角度来看，体罚或变相体罚会伤害学生的心理和情感，使之产生诸多心理问题，影响教育效果

首先，受到体罚或变相体罚的学生都会在心理上或情感上出现或大或小的问题，比如焦虑、抑郁、愤怒的情绪，以及因为自尊心受损产生严重的自卑感，等等。这些负面情绪长期存在会使学生产生心理问题，进而引发身体问题。其次，一些学生在受到体罚或变相体罚后遭到其他同学的排斥和孤立，从而出现许多社交问题，比如不合群、孤僻，长期下去会影响其心理健康。再次，受到体罚或变相体罚的学生，会对学校、教师乃至班级产生厌恶或抵触心理，进而对学习失去兴趣，在学业成绩下降的同时，还可能会出现回避学校、频繁请假和辍学等现象。最后，成长中的学生极易将身边的人的一些行为模式复制到自己的生活中。受到体罚或变相体罚的学生会把暴力当作解决问题最合适的方式，从而形成不良的价值观和行为模式，埋下参与犯罪活动或实施违法犯罪行为的隐患。

（2）从教师的角度来看，体罚或变相体罚影响了教师的形象以及教师的教育教学效果

首先，体罚或变相体罚学生会导致师生关系紧张，班内氛围紧张，影响良好教育环境的形成，引发家长的不满和学生的抗议，从而破坏师生关系，致使学生排斥教师，不愿意接受教师的教育和引导，进而影响教育教学效果。其次，体罚或变相体罚学生触犯了相关的法律，会导致教师走上违法犯罪之路，影响其教育

形象，甚至中断其教育生涯。最后，体罚或变相体罚学生其实反映了教师的无能。真正富有教育智慧的教师会用积极的教育方法、心理支持、冲突解决技巧，帮助学生改进行为、解决问题，维护积极的教育环境。如果一个教师一味采用体罚或变相体罚这种简单粗暴的方式教育学生，只能反映其缺少教育智慧，缺少相应的师德，不能承担起教书育人的重任，更不用说带出好班级了。

2. 如何避免体罚

禁止体罚或变相体罚学生是大、中、小学校不允许违反的国家法令条例之一。然而在教育一线，个别教师由于教育观念比较陈旧，将好成绩作为教育成功的标志，一味追求优异的成绩，在教育教学的过程中意识不断"触线"。这提示我们，教师在对学生实施惩罚的时候，要把握好处罚的界限，科学而合理地实施处罚。

（1）教师要不断学习，更新教育观念

传统教育观念认为，学生是被动接受教育的人，是接受知识的"容器"，是可以任意处置的"羔羊"，一切要以教师为中心，教师说了算，这种师生关系是教育与被教育、管理与被管理的控制型关系，也是导致教师体罚或变相体罚学生的根本原因。为了避免发生体罚或变相体罚学生的事件，教师要树立以人为本的教育理念，将学生看作独立的个体，明确师生之间在人格上是平等的，尊重学生的人格，尊重学生的生命权，如此才能在师生相处中将学生看作有血有肉的独立的生命体，热爱学生，尊重学生，关心学生，帮助学生，用自己的人格力量、平等的意识、民主的精神、渊博的学识去赢得学生发自内心的尊重，使学生对自己亲近，进而形成融洽的师生关系，为教育教学创设优良的环境。

（2）教师要提升自己的教育智慧，掌握多种教育方式

所谓"教而有法无定法"，强调的就是教育是一门科学也是一门艺术。教师不但要具有精深的专业知识，还要不断提升自己的教育智慧。众所周知，教育学

生的前提是了解学生的生理及心理特点、兴趣爱好、知识基础。教师唯有充分了解学生，才能在教育的过程中有的放矢、对症下药，灵活运用多种教育方式。对此，教师可从以下几方面入手，提升自己的教育智慧。

方法1：向书本学习。教师要和书籍交朋友，大量阅读一些关于教育管理的书籍，尤其是一些名师或优秀班主任成功育人的书籍，学习他们的育人方法和育人经验，将其与自己的实际工作相结合，灵活添加或减少，为我所用。

方法2：向周边学习。在平时的工作中，教师要观察和学习身边的同事是如何科学而合理地处罚学生的，借鉴这些方法，合理运用。比如，某班值日生很少在上课铃响前打扫卫生，因此影响了教学。班主任老师想出各种方法对值日生进行说服教育甚至是惩戒，都没有效果。班主任老师无意中从同一办公室的教师那里看到他们对没能完成值日的学生的处罚方式是打扫一周，于是，尝试运用到自己班级中，果然见效。教师要充分发掘和利用近在眼前的资源，通过请教或聊天的方式学习同事的智慧处罚方法，将其应用于自己的班级管理中。

方法3：在反思中提升。教育智慧的获得，除了学习还需要教师进行反思。教师在实际的管理工作中，要不时对自己的管理进行复盘，分析合理之处，发现不当之处。如此一来，教育智慧得以不断提升。

主题2

让惩戒多一些温情

《礼记·学记》有云："玉不琢，不成器。"教师对学生实施惩戒是为了让学生更好地发展。因此名师在对学生实施惩戒时，不是冷言冷语、生硬说教，而是让惩戒带有人情味，带有温情，使学生的改变就在这种满含人情味的惩戒中发生。

范例 13　惩戒是让学生"抬头"

特级教师李镇西认为，惩戒是教育的一种手段，要以传递善良的目的，要带着温情，让学生在最需要尊重的时候得到尊重，找回自尊，自觉改正错误，勇敢地抬头做人。因此教师要带出好班级，就需要在运用惩戒这一工具的时候带着爱与尊重，以情育人。

1. "第 19 根香烟"

相当多的人读到《第 19 根香烟》的故事时，会质疑李老师的这一惩戒方式，或者准确地说批评方式能否让这个学生最终戒烟。倘若抛开戒烟这个目的，单纯从教育惩戒这个角度来看，我们会感受到李老师的这种惩戒方式中洋溢着浓浓的爱与温情。

李老师教的高三班级有个男生抽烟，且戒不掉。一天，李老师专门在教室门口等这个男生。当这个男生走到教室门口时，李老师从他的口袋里掏出一包烟，抽出一支后把余下的 19 支给男生，说："今天你就抽 19 支。明天我还在这里等你。"第二天，李老师在同一时间等到了这位男生，将他兜里的那包烟香烟掏出来，抽出 2 支，又把其余的 18 支给男生，同时对他说："明天 17 支……19 天后就只有 1 支了。我希望你可以戒掉。"

不同于众多教师处理学生的抽烟行为，不是罚款就是找家长，甚至苦口婆心地说教，李老师只用简单的抽取香烟的动作，无声地告诉学生："我相信你，咱们慢慢一起戒掉。"这一无声的举动，表达了对学生的信任和尊重，结果不言自明。20 多年后，当年那个抽烟的学生已经成为一所高校的博士生导师。此时他是否戒烟已经不重要了，重要的是他找到了自我价值，找到了正确的人生方向，这不正是惩戒要达成的目标吗？

由此可知，教师在实施教育惩戒的时候，不是让学生服软，重要的是让学生重拾自尊和自信，勇于自我改正错误。这样的惩戒才是教育的终极目标。

2. 这样的惩戒让学生"抬头"

李老师用自己的亲身经历告诉我们。实施教育惩戒要多一些温情，要相信学生，保护学生的自尊心，唤起学生的自信心。具体来说教师该如何做呢？

（1）让学生在惩戒中看到希望

教师要认识到，惩戒学生的目的不是分胜负，而是为了帮助学生建构自我关系，融洽师生关系，如果师生关系处于对立的状态，那么任何惩戒都是失败的。因为在这样的关系中学生感觉自己受到了伤害、失去了自尊，生命也失去了意义，其人格或许会解体。因此教师在实施惩戒时，要让学生在惩戒中看到希望，最明显的表现就是让学生能在教师的惩戒中感受到教师对自己的关怀和尊重，而不是仇恨和打击，发泄个人情绪。要做到这一点，教师就需要在惩戒学生的时候带着爱与温情，从关怀的角度出发，采用人性化的惩戒方式，而不是简单粗暴地批评和打击。这样一来，学生会在惩戒中看到希望，有勇气"抬头"。

某教师要求自己在面对学生的错误行为时，不过于武断和绝对，给学生试错的机会。他对学生的要求是：同样的错误，允许犯四次。第一次犯错，提醒，不批评；第二次犯错，提醒，分析错误原因，督促改正，不批评；第三次犯错误，提醒、分析、督促、批评，但批评措辞必须正面，不可伤害学生的自尊；第四次犯错，公事公办，按规惩戒，对事不对人。即便学生真的犯了四次同样的错误，也不要随意惩罚学生，只有先把学生的思想工作做足、做透，学生心甘情愿了才会实施惩罚。

上述这位教师在实施惩戒前给予学生试错的机会，尊重学生的成长规律，让学生即使犯了错误也能看到改正的希望和成长的力量，进而在不断犯错和改错的过程中获得成长。

（2）带着爱惩戒

教育的对象——学生都是独立的个体，每个人的个性虽然不同，但每个人心中都有不能触碰的底线——自尊。因此无论学生出现了怎样的问题，教师在面对学生的问题选择或实施惩戒时都要带着爱，让学生在惩戒中"抬头"，即唤起学生的自尊心和自信心，而不是"低头"，丧失信心和自我。因此，教师在惩戒学生的时候要在尊重学生的人格的前提下，灵活运用多种方式，不搞"一刀切"，因人而异，采用不同的方法。

范例14　在惩戒中别忘奖励

著名教育家陶行知先生的四块糖的故事，相当形象地向我们传达了惩戒的过程中不忘奖励，方能让惩戒多一些温情、多一些鼓励。

有一天，陶行知先生看到一个男生在操场上拿着半块砖头要打另一个男同学，他马上出言制止了这个学生，男生立刻把砖头放到了地上。陶先生临走前，让那个拿砖头的男生10分钟后去自己的办公室。过了一会儿，这个男生来到了校长办公室。陶先生给了这个男生一块糖，说："这块糖是奖励给你的。"男生满眼问号，不敢接。陶先生说："这块糖奖励你尊重师长。我看到你要打人，制止你，你马上就把砖头放下了。你尊重师长。"接着，陶先生又拿出第二块糖说："这也是奖励给你的。"男生更加迷惑，不敢接。陶先生解释说："我刚才让你10分钟以后到校长室，现在还不到10分钟，这块糖奖励你的守时。"在男生将信将疑地接过第二块糖后，陶先生又拿出一块糖，说："据我了解，你打同学是因为他欺负女生，说明你很有正义感，我再奖励你一块糖。"这时，男生哭了，说："校长，我错了，同学再不对，我也不能采取这种方式。"陶先生于是又掏出一块糖，"你已认错了，我再奖励你一块糖。我的糖发完了，我们的谈话也结束了。"

从整个事情的发展来看，陶先生的惩戒是反其道而行之，是用奖来惩，不断地发现学生的闪光点并给予肯定：第一个闪光点是尊重师长，第二个闪光点是守时，第三个闪光点是富有正义感，正是因为前三个闪光点被看到、被肯定，唤起学生的自尊心，触发学生的自我反思和成长，才有了学生第四个闪光点的出现——主动认错。惩戒目标就这样在一步一步的表扬和肯定中达成了，这是最高明的惩戒，也是最人性化、最温情的惩戒。

怎样才能像陶行知先生这样寓惩戒于表扬和肯定之中呢？教师要练就一双善于发现的眼睛，如此才能在错误中发现正确的，在黑暗中发现闪光的，唤起学生的内省精神，激发其自我改正的动力。

1. 热爱学生

教师要练就一双善于发现的眼睛，及时发现学生的闪光点，首先必须培养热爱学生的情感。一个教师只要发自内心地热爱学生，将学生当成自己的孩子去爱，公平地对待每一位学生，不给学生贴标签，保护学生的尊严，就能发现他们有很多优点，哪怕是最不听话、最调皮捣蛋的学生也有他们的可爱之处。当教师付出了爱，学生就会回报以爱，久而久之，学生就会越来越多地展示出他们的闪光点，教师就会看到学生越来越多的闪光点。

2. 科学选定参照物

学生的优点是在比较和分析中发现的。教师只有科学地选定参照物，才能发现学生的优点。倘若一个教师将一名平时纪律表现差的学生和纪律好的学生相比，那么前者始终无法让教师看到其优点。相反，教师能将纪律差的学生本人前后变化进行对比，那么就能够发现学生身上的闪光点，因此要练就一双善于发现的眼睛。教师还要注意科学地选定参照物，在衡量学生时把他们身边不如其本人的人或事作参照，把他们过去的不足作为参照物，找出其长处所在、进步所在，确定其闪光点。

3. 辩证看待学生的错误

很多教师只盯着学生的错误之处，而忽略了学生错误行为背后的闪光点，更不会在错误中寻找闪光点。教师倘若能明确学生的错误行为是其成长的必经之路，每一个错误会推动学生的下一步成长，那么就能辩证地看待学生的错误，看到错误背后的希望。就像陶行知先生一样，不断发现错误背后的闪光点，而不是紧紧抓住错误行为。这样一来，学生就能感受到教师的公正、公平，就能感受到自己被教师看到，从而提升自我价值，自觉改正错误，向着光明前进。这就要求教师必须明确惩戒学生的目的是使其认识自己的错误，避免再犯类似的错误，不刻意放大学生的缺点和不足，而是放大他们身上的优点，当优点的光芒遮盖了缺点时，学生的成长就成为一种自发的行为，错误就会在教师的肯定和表扬中得到改正。

某天上午学生上完体育课后，丁老师刚走进教室，一个学生就生气地跑到她的面前说自己的手机丢了。出现这种情况，丁老师心里既着急又生气，甚至想大张旗鼓地追查这个"小偷"，但转念一想，如果把这个"小偷"当场找出来，学生会对此议论纷纷，这个学生的一生都会活在阴影中。于是丁老师冷静下来，对这个同学说："你再仔细找一找，或许无意中放错了位置。"随后，丁老师笑着对全班同学说："咱们班的同学都知道，再好的东西也是别人的，我相信没人会拿他人的东西。当然，如果是谁无意中拿错了或借用一下，那么，请放在我办公室的抽屉里。"随后，丁老师就让学生都回家了。下午，丁老师早早来到学校，拉开抽屉，没有看到丢失的手机。就在她一边向教室走，一边想着接下来如何处理这件事情的时候，丢东西的学生高兴地跑到她面前说他的手机找到了，就放在他的抽屉里，里面还有一张承认错误的小纸条。丁老师上课时高兴地对同学们说："我高兴的是这位同学能认识到自己的错误，并把东西还回来。这种勇气值得表扬。人一生当中难免犯错误，能及时改正就是好样的。就冲着这一点，老师也要为你鼓掌！"

在这个案例中，教师面对学生的错误，不是高喊"捉贼"，而是给了学生改正错误的机会，肯定学生内在的闪光点——知错能改的品质，这种对学生内在品质的肯定使问题得以解决，也给了学生成长的机会。这表明，有时候错误也是一种很好的教育资源。不成熟的学生摔跤在所难免，但是成功的教师能够看到摔跤背后他们内在的优良品质，引导他们不在同一个地方跌倒两次。其中的关键点就在于教师能辩证地对待学生的错误，在学生犯错的时候，巧妙地化惩戒为鼓励，引导学生在改正错误中学习、成长和进步。

4. 以赞赏的眼光对待学生

要练就一双善于发现学生的闪光点的眼睛，教师还要学会以赞赏的态度对待学生。教师要认识到，对与错、是与非的不同判断是由于看待问题的角度不同导致的，经常犯错的学生不一定就是一般意义上的坏学生，不犯错的学生也未必就是好学生，犯错或不犯错原本就不该成为教师衡量学生好与坏的标准，要一视同仁地对待学生，以欣赏的眼光看待学生。教师若能这样看待学生时，眼中看到的就都是闪光点。

范例 15　小心呵护学生的自尊

名师钱梦龙认为，学生的自尊心是很容易受伤的，一些成绩较差的学生尤其如此。有时候，教师不恰当的一句话、一个动作，甚至只是一个眼神，都可能对学生造成伤害，而学生一旦受到伤害，教师往往要付出十倍的努力才能弥补自己一时疏忽造成的伤害。因此教师要用心保护好学生的自尊，适当地给学生留一些成长的空间，这样才能保护学生成长的动力。这就提示我们，对学生进行惩戒的时候，要小心地呵护他们的自尊。

1. 自尊的重要性

自尊是人思想意识活动的一种本能反应，是做人的一个起码准则，是思想品德的一个基本要素，是人们自我尊重的心理活动，是做人的根本。青少年学生血气方刚，自我意识、自尊心理尤为强烈，表现在渴望被人理解、受人尊重，在生理、心理、行为上有缺陷的学生更是如此。一个学生拥有足够的自尊，那么就会相信自己有追求快乐、成功以及个人成就的权利，并且相信自己是有能力获得这些成功和成就的。一个学生如果丧失了自尊，轻则自暴自弃，不爱学习，重则人格扭曲，没有骨气、志气、锐气，或唯唯诺诺、胆小如鼠，如患了软骨病一般；或庸庸碌碌、平凡一生；或良心丧失、不知廉耻。由此可见，学生有了自尊心才能有自信心，自尊能够帮助学生抵抗挫折，因此教育教学中要注意维护学生的自尊。

2. 惩戒要保护学生的自尊

自尊之于学生非常重要。那么，教师在惩戒的过程中应该如何小心地呵护学生的自尊呢？

（1）以爱心为出发点

师爱作为一种积极的情感，最能让学生精神愉快，感受温暖，迸发出动力。成长中的学生渴望获得关心、支持和爱护，教师在惩戒学生的时候，就要带着爱心，让学生真切地感受到师爱，惩戒不但可以收到神奇的教育效果，而且可以避免伤害学生的自尊心。因此教师在学生犯错误时，要注意自己的心态，不要用敌对的态度对待学生，更不要吝啬自己的爱心，要让学生切实感受到教师依然爱他，对他的批评是出于关爱之心，使学生在愉快的情感体验中，悔悟自己犯下的错误，并积极地改正。

（2）注意时机与场合

对自尊心较强的学生，惩戒一定要注意时机和场合，否则极易伤害他们的自尊心，更会影响教育目的的实现。一般来说，对个别学生的惩戒宜单独进行，针对学生的性格特点，选择不同的批评场合与时机；对那些一时不能正确认识自己的错误、比较固执的学生，可以适当在办公室进行惩戒，借助环境的影响促使其及时认识并改正自己的错误；对自尊心很强又"爱面子"的学生，则应单独惩戒，而且要注意周围的环境和气氛，除非处罚的问题具有代表性，能够达到教育全班学生的目的，才可以对学生进行共同处罚，但在公开前要与被处罚学生进行沟通，使之明确公开惩戒的原因和目的。除此以外，对学生的一些小问题，要随机进行惩戒，切不可等问题积累到一定程度，才采取相应的惩戒措施。

（3）为惩戒包上"糖衣"

所谓包"糖衣"，就是针对学生的错误，讲究惩戒艺术，使学生心甘情愿地接受惩戒，明知其苦却心甘情愿地"吞下"。比如当学生作业完成质量较差时，教师在实施惩戒时可以说，"要想把作业写得干净、工整，是一件很不容易的事，再写几遍吧，我相信在你的努力下，你肯定会有所改变的"。感人心者，莫先于情。惩戒带着感情，就成了温柔的惩戒，这时，学生会发自内心地接受，于是惩戒就入情入理，令学生有所改变。

（4）惩戒要有"度"

教育实践告诉我们，教师对学生的惩戒要把握尺度，掌握分寸，做到适可而止，不能使学生感到过分羞愧和无地自容，否则，他们就会失望，那么惩戒就失去了效果，达不到预期的目的。恰到好处的惩戒不仅可以使学生认识到自己的不足，还能帮助他们明辨是非、克服缺点，但没有分寸、绝对化的惩戒往往会适得其反，把学生推向另一个极端。要做到这一点，教师一方面在惩戒学生时注意语言的艺术性，要真诚而准确，让学生心服口服且欣然接受；另一方面要情绪平和地指出问题，采取对事不对人的态度，客观公正地分析对与错，帮助学生明辨是非，令其改正。总之，要以尊重学生的人格、不伤害学生的自尊心为前提。

主题 3

发挥自我惩戒的作用

自我惩戒，也称道德惩戒或自我教育，是惩戒的最高形式，就是让学生在自我反思中发自内心地认识到自己的错误，无须外界压力就能主动就自己的问题行为实施相应的惩戒，进而做出改变。名师的高明之处就在于总能让学生在自我教育中成长，达到无为而为的教育效果。

范例 16　错误说明书

特级教师魏书生认为，教育的最高境界是让学生自育自学，因此他在管理班级的时候，对犯错误的学生实施惩戒时相当讲究惩戒艺术。写错误说明书是他最常用的惩戒方式之一。

1. 写错误说明书的意义

不同于通常学生犯了错误，教师要求学生写检讨书，魏老师让学生写的错误说明书，仅从名称上就反映了教师对待学生错误的不同态度。检讨书侧重于交代问题，会让学生产生被审判的感觉，学生处于被动地位；错误说明书则侧重于对错误进行解释说明，学生会感觉自己在问题的处理上处于主动地位，有一种平等感和被尊重感，更有利于激发学生对问题的反思和改正。由此可知，写错误说明书有以下几种作用。

（1）促进学生反思

书写错误说明书的过程就本质而言就是学生自我反思的过程。在书写错误说明书的过程中，学生要回顾错误发生的原因、过程、结果，以及自己犯错误时的内心想法和表现；在这一过程中，学生处于旁观者的地位，可以更清楚地看到当时当地的情况，觉察自己错在哪里，清楚下次遇到类似的事情该怎样做。因此，学生在一边书写一边回看自己的错误的过程中完成了自我反思。

（2）教学生真诚

不同于检讨书是写给教师和同学看的，错误说明书是写给学生自己看的。因此在书写的过程中，学生既不需要夸大，也不需要掩饰，可以将自己的错误毫无保留地表述出来，由此可以清楚地看到自己的内心世界，真正做到怎么想就怎么写，我手写我心。在这一过程中，学生学会了真诚做人。

（3）锻炼学生的能力

在书写错误说明书的过程中，学生需要理清整个事件的发生、发展过程及结局，这在一定程度上训练了学生的逻辑思维能力。在书写的过程中，学生需要清楚地写明整个事件，以及自己在事件中的所思所想，既能表达真情实感，又提升了学生的写作能力。

总之，无论从哪个角度来看，让学生写错误说明书这种惩戒方式都体现了教师的教育智慧，促进了学生的自主发展，提升了他们的综合素质与能力。

2. 错误说明书的写法

写错误说明书不但可以保护学生的自尊心，还体现了教师对学生的尊重，贯彻了以人为本的教育理念。在实际的教育过程中运用这种方法，要达到相应的效果，教师就要清楚错误说明书的要求和写法。

今天自习课，我做物理习题时，遇到一道难题，怎么也想不出解法，便想：向同桌请教吧！这时，好思想提醒我："不行，这个班自习课不让说话，不让出声问问题。"坏思想却说："不要紧，老师不在，干部又没注意，小点声不就行了吗？"好思想干着急，管不住坏思想。

坏思想果然指挥我张开了嘴巴，悄悄打听同桌这道题怎么做。同桌一开始不愿理我，好思想趁机说："停止吧！别问了！"坏思想不甘心，缠着同桌，弄得人家不好意思，只好用笔给我写怎样解。我还看不懂，又问，这时，好思想说："算了吧，别问了，下课再说吧，再不停止，老师来了，班长该注意了。"可坏思想正在劲头上，哪里停得住，说："不要紧，再问一问，问题就快弄清楚了。"

正在这时，我的行为被班长发现了。他走过来，向我伸出五个手指头。好思想一看就明白了，这是让写500字的说明书，便说："看看，上课说话，干扰同学自习，你问的那位同学的学习计划被打乱了，自己还受到了惩罚。"坏思想说："有什么办法，这次挨罚就挨罚吧，下次不再犯就是了。"

上述案例是一篇错误说明书，是一位转学到魏书生老师班上的学生犯了错误后写的。从说明书的内容可以看到，学生的所思所想借助于两种思想的争论表达出来，更能触及内心深处，更容易找到纠正错误的有效方法。错误说明书的写法如下。

（1）从表达方式上，要运用心理描写的方法

魏老师要求犯错误的学生在说明书中基本使用心理描写的表达方法，如此一来，学生在具体描写自己所思所想的过程中，就可以清楚地看到自己的内心，更容易认清自己行为背后的动机和危害。

（2）从写作顺序上，要描绘三幅画面

所谓三幅画面，就是要描写清楚错误行为发生前、发生中和发生后的具体内容。这样的描写实际上就是把事情的整个过程交代清楚，有利于学生站在旁观者的角度看整个事件。

（3）从描写内容上，要以两种思想争论的方式描绘三幅画面中的心理活动

如上所述，三幅画面描写的是事件发生前、发生中和发生后的具体过程。学生要对三幅画面所叙述的内容中的好思想和坏思想的争论进行描述。在问题行为发生前这一画面的描写中，学生要写出自己的两种思想进行的争论；在问题行为发生过程这一画面的描写中，学生要对自己犯错的过程进行交代，具体描绘清楚；在问题行为发生后这一画面的描写中，学生要写清楚两种思想都有怎样的感受。通过这样的具体分析，学生就对自己的思想感情有了更深刻的了解。

此外，从字数上，错误说明书少则 250 个字，多则 500 字、1000 字不等。

总之必须将具体的过程和思想感情描绘清楚，从内心深处剖析自己，寻找错误发生的根源，进而在这一过程中锻炼分析能力、思维能力，实现自我教育。

范例 17　激励学生自我教育

特级教师唐远琼认为，助人学会自助，激励学生自我教育的教育才是真正的教育。因此在教育惩戒的过程中，教师要注意运用专业智慧，唤醒学生成长的内驱力，帮助学生学会自我教育。

1. 自我教育的意义

1972 年，法国教育思想家埃德加·富尔在向教科文组织总干事勒内·马厄

递交的题为"学会生存"的研究报告中指出，未来的学校必须把教育的对象变成自己教育自己的主体，受教育的人必须成为教育自己的人，别人的教育必须成为这个人自己的教育。这句话强调了自我教育的重要性。

（1）拓宽知识面，提高竞争力

随着经济全球化，市场竞争越来越激烈，人才的需求也越来越广泛。仅靠外界的教育来提升人才的质量无法满足社会发展需求，唯有自我教育才可以帮助个体不断更新知识技能，以适应时代变革的需要，保持自身的竞争力。同时，自我教育是在个体自觉提升的基础上开展的，一个人能够做到自我教育，就能做到不断地学习，涉猎各种学科，接触多种知识领域，丰富自己的知识储备，培养综合运用知识的能力，开阔视野，提高文化修养。

（2）提高自我认知，培养自主学习能力

个体一旦学会自我教育，就能够更好地认识自己，并在不断学习和自我完善中清楚地认识自己的长处，发现自己的短处，知道自身的潜力，唤起内在的激情，确定人生目标和追求，提升自我领导力。同时，个体在自我教育过程中不断地学习，培养学习兴趣，激发学习热情，优化学习方法，提升自主学习能力。

（3）增强生命力

自我教育是个体依靠内心的教育力量，在外界环境的要求下取得一定的教育效果。在这样的自我教育过程中，学生不断成长、不断进步，其所获得的效果反过来加强了自己内心的教育力量，使其主动摆脱重复单调的生活，对新生活和新知识充满新鲜感和探索的力量，进而进入自我教育的良性循环，提高个体的生命力。

总之，个体一旦学会自我教育，养成自我教育的习惯，就能不断完善自己，追求更好的自己，进而避免或减少不当或错误的言行。

2. 激励学生自我教育

自我教育对个体的发展作用巨大，因此教师在对学生的问题行为实施教育惩戒时，要注意从激励其自我教育入手。下面几种激励学生自我教育的惩戒方式，教师不妨借鉴和运用。

（1）"自作自受"法

这种方法就是让学生承担自己的错误或不良行为的后果。比如，某教师发现两个学生在自习课上嗑瓜子，于是就将这两个学生请到办公室并为他们提供了一大袋原味瓜子，让他们嗑瓜子，条件是只许磕不许吃瓜子仁！结果两个学生持续磕了 25 分钟后腮帮子疼得不得了，从此再也不在自习课上嗑瓜子了。

运用这种方法需要注意的是，教师要找准学生问题的关键点，以其人之道还治其人之身，但要确保学生的健康和安全，并在学生承担相应的后果后与学生交流，了解其内心的想法，引导其端正思想态度，实现自我教育。

（2）"心理病历"法

针对某些学生的错误或不良行为有较深的思想根源，其错误或不良行为存在反复出现的现象，教师就可以运用心理病历的方式。心理病历包括疾病名称、发病时间、发病原因、治疗方法、几个疗程五部分内容。学生构建自己的心理病历时，其实就是在找自己的问题，分析问题产生的根源，找到解决问题的方法。学生改正错误是一个循序渐进的过程，心理病历恰好体现了这样的过程。在写心理病历的过程中，学生一步一步深入地剖析自己、觉察自己，实现自我教育。当然，运用这种方法的时候，教师既要具备引导学生承担错误的责任感，也要有耐心接受学生改正错误的时间。

（3）"行为替代"法

所谓行为替代，就是学生在做了错误的事情之后，用正向的行为为受其错误行为影响的个体或团体服务，以消除不良行为的不利影响。这种惩戒方式，对解决学生身上出现的一些小问题、引导学生自我教育很有效果。比如，有学生课间休息后上课迟到，受到教师的批评不以为意，此时与其批评迟到的学生不如让他为大家唱歌，这样一来，不但使之为错误行为承担了后果，也以此提醒学生自我教育，下次不再犯相同的错误。这种惩戒方式的本质就是用好的行为替代坏的行为，于是学生在做好事的过程中不但分散了犯错误的精力，而且增强了自尊心、自信心，自觉向着真善美的方向发展，发现一个新的、更强大的自我。

叶圣陶先生曾说过："教是为了不教。"借助于指向自我教育的惩戒方式，可以促使学生学会不断完善自我，实现自身价值，把握好自己，做好自己的事，培养出适合现代社会的有责任感、有理想、有抱负的新型人才。

范例18 科学引导促进自我教育

模范班主任郑英认为，在呼唤主体教育回归的当下，教育不是必须和风细雨、润物无声，教育中的惩戒也并非忽视学生的主体地位，而是教育的必要手段，是教育的必需品。诚如马卡连柯所说："在必须惩戒的情况下，惩戒不仅是一种权利，而且是一种义务。"因此郑老师提出对犯错误的学生实行惩戒，要让其为自己的错误行为付出代价，以激励他们自我惩戒，达到自我教育的目的。

1. 付出代价：惩戒

就本质而言，让学生为自己的错误行为付出代价，就是对其错误行为进行惩戒。郑英老师认为，以惩戒的方式让学生为其错误行为付出代价有其必要性，理由有以下两点。

（1）科学惩戒可以避免更多"破窗"现象出现

心理学上著名的"破窗效应"可以形象地说明对学生实施惩戒的必要性。所谓破窗效应，是指当一扇窗户被打破，如果没有及时得到修复，将会导致更多的窗户被打破，甚至整栋楼被拆毁。学生的错误行为也是如此。一个学生做出破坏性行为时，如果没能被及时制止和引导，没有认识到错误行为的问题并及时加以修正，那么他将做出更多的破坏性行为。甚至在这个学生的影响下，班级的其他学生也会做出错误行为，进而导致整个班级的风气为之改变。而为了纠正学生的错误行为，在正面说服柔性教育难以奏效时，就必须运用惩戒这一工具，以避免更多"破窗"现象出现。

（2）惩戒可以提升规则意识

教育在于对学生进行人格的引领，对其行为进行规范。就人格的引领而言，道德的濡染和熏陶起着主要作用；就行为规范而言，单纯的道德熏陶和感染则显得微弱无力，此时就需要借助一定的强制手段，对绝对违反规则的人施以适当的惩戒，以强制执行的方式规范其行为，使其遵守规则。成长中的学生正处于人生观、世界观和价值观的形成时期，他们的自控能力和规则意识还不够强，仅靠说教是不足以使其树立规则意识的，恰当而科学的惩戒就成为必要的手段。

2.科学引导，促进自我教育

是不是对学生的错误行为都可以采用一成不变的惩戒方式呢？当然不是。郑英老师主张，高明的教师能在明察秋毫的前提下，针对不同的时间、场合、错误程度以及学生的个性特点等，灵活机智地选择不同的惩戒方式，并努力将惩戒的副作用降到最低，使其出乎意料又合乎情理。因此，郑英老师指出，要让惩戒促使学生自我教育，教师要注意以下几点。

（1）在制定惩戒规则的时候要留有空间

如果规则过于生硬，不具备人性化，不考虑不同学生的个性特点和问题的轻重程度，就代表没给学生留下空间，会让学生产生前因后果的思维定式，一旦犯错就早早做好接受惩戒的思想准备，那么此时惩戒实际上已经失去了效果和意义。相反，如果规则留下了空间，不但可以维护规则的权威性，而且尊重了学生的自主权，那么学生在犯错误后就会首先考虑错误的严重程度，应该接受怎样的惩戒。这样的过程本身就是一种自我反思、自我教育。

1.为过错行为做好补救工作，并视情节轻重上交 300～600 字的心理感受一篇；

2.搜集相关的哲理故事 3 篇，并在课间、饭后流畅地讲给同学听，与同学分享；

3.将事情经过编写成情景剧并进行表演，也可以采用漫画等形式；

4.做一件有益的事情，或参加一项公益（文体）活动，记录过程并写下感触；

5.放学后被剥夺自由半小时，利用这段时间反省或背诵一些国学经典；

6.为相关工作贡献一个金点子或提出合理化建议；

7.制作小礼物送给受伤害者并表示歉意；

8.在班里讲述一则名人故事并说明其对自己的启示；

9.展示自己的拿手好戏，并教会全班同学。

（注：情节恶劣者将附带取消评优资格）

上述案例是郑老师和班上的学生经过讨论制定的惩戒"自助餐"，犯错误的学生可以根据错误的大小和严重程度，自主选择一种或几种惩戒方式。这种"自助餐"式的惩戒，给学生留下了弹性空间，在尊重学生自主权的同时，也让学生清醒地认识到自己所犯错误的严重程度，促进自我教育的发生。

（2）惩戒过程中要发挥语言的引导作用

在对学生实施惩戒的过程中，教师并非冷眼旁观，只按规则工作，而是要针对学生的问题行为发挥语言的引导作用。从一定角度来说，教师巧妙的语言同样可以达到惩戒的作用，也可以促使学生自我教育。

一次，郑老师为学生布置了做一套试卷的作业。结果在批改作业的时候，她发现一个学生在抄其他同学的作业时竟然将对方的名字都照抄过来。于是郑老师在班上不动声色地说："我们班有位同学的作业写得真是认真。"略微停顿之后，她看了看学生，只见学生个个挺起身子，期待郑老师说出自己的名字。郑老师微微一笑接着说："甚至能够一字不落，连人家的名字都不轻易放过。"同学们顿时笑得前仰后合，猜测着这个主人公到底是谁，而那位抄袭的学生则红着脸低头不语。

在这里，郑老师对学生实施的惩戒就是语言惩戒。幽默的语言发挥了当头棒喝的作用，达到了言在此而意在彼的惩戒效果，让学生在教师幽默的语言中自我领会、自我对照、自我反省、自我教育，在领会教师的良苦用心的前提下，认识到自己的错误。

（3）惩戒要起到震撼心灵的作用

要让惩戒起到引导学生自我教育的目的，惩戒绝不能蜻蜓点水，而要对学生的问题行为具有针对性的治疗。这就需要教师在面对学生的具体问题进行具体分析，运用最能达成教育目标的方法进行惩戒。

班里有个学生特别喜欢在教师上课时插嘴，而且说的内容基本是与上课内容无关的话题，授课教师的讲课思路经常被他打断和干扰。在他的影响下，一部分学生也做出类似的行为。任课教师和郑老师多次提醒他，与他谈话，这个学生依然我行我素。于是郑老师就为他量身定做了一套惩戒措施：一节课无端插话一次，写一篇作文描述事情的经过，作文可以是记叙文；第二次无端插话，则写一篇作文论述当时引发他做出该行为的原因及该行为的危害性，但这次须写议论文。从此之后，该生大有长进，随后郑老师逐步提高对他的要求，时间限度由一节课改为一天，再后来是一个星期，最后是一个月。经过这样的惩戒，这位学生基本改掉了上课插嘴的毛病。

在这个案例中，郑老师对问题学生的问题行为采用的就是因人而异、对症下药的方式。这种独具匠心的惩戒方式，让学生进行自我反省，并通过反思认识到自己的错误的不良影响，自觉地注意自己的行为举止，改正错误，达到了自我教育的效果。

主题 4

巧妙运用激励表扬

激励表扬作为一种班级管理的手段，是对学生主体能力展现的一种期待、信任和鼓励，也是一种最为融洽的情感交流方式。在某种程度上，激励表扬可以有效地约束学生，发挥管理和教育学生的作用。名师们在教育教学过程中总能准确地把握激励表扬的时机和方式，使之成为促进学生健康发展的重要手段。

范例 19 把握激励的最佳时机

特级教师李吉林认为，把握激励的最佳时机，适时地赏识、激励学生，对其实施发展性评价，往往会收到意想不到的效果，会让很多不起眼的学生找到自信，看到宝贵的自我价值，从而点燃内心从未熄灭的希望之火，奋发努力。

1. 激励时机的重要性

《学记》有云："当其可之谓时。"意即按照学生的特点，选择适当的时机进行教育，才能叫"及时"。激励学生，如同打仗要抓住天时、地利一样，不要拘泥于准确的时机，因为激励在不同时间进行，其作用与效果是有很大差别的。超前激励会使学生感到读书轻松，滞后激励可能让学生觉得画蛇添足，致使激励失去意义。

心理学研究表明，情绪在情感的表现形式方面具有较大的情境性、激动性和短暂性。恰逢其时的激励，可以充分调动学生积极向上的情绪，有助于提高学生的学习或行动效率，促使其忘我地学习。因此教师要发挥激励的最佳效用，就应把握激励学生的最佳时机，即充分利用学生所处的那种积极的情绪状态，促使学生内心的消极情绪转化为积极情绪，并使其外化为行为，进而实现预定的目标。

2. 激励学生的最佳时机

烹饪中，作料的添加时机直接影响着饭菜的口味。对学生实施激励，同样要把握好激励的最佳时机。具体来说，激励学生的最佳时机有以下几种。

（1）新学期或新班级开始时

相关研究表明，个体的思想、情感、行为等是其所处的客观环境与其主观意识活动交互作用的结果。学生所处的情境对其主动性与积极性有着极大的影响。学生刚刚进入一个新的情境时，比如进入一个新的学校，进入一个新的班级，进入新学年、新学期，其内心往往会有强烈的新鲜感和新奇感，这种新感受会激发其内在的自尊心，使之想将自己最优秀的一面表现出来。此时，教师要能及时给予热情的激励，表达对学生的美好期望，帮助学生明确新的目标，就可以点燃其内心的希望之光。

（2）获得成功时

个体的行为都是在某种动机的驱动下发生的，是为了达到的一定目标而进行的有目的的行动。行为修正激励理论认为，当行为的结果有利于个人时，行为就会重复出现，这就起到了强化、激励作用。如果一个良好的行为长期得不到积极的强化，动机的强度就会减弱甚至消失。因此当学生的行为是正向和积极的时候，教师及时给予相应的激励，就可以强化其正向行为。比如，学生通过努力获得了预期的好成绩，获得了某些奖项，就会特别迫切地想得到教师和同学的肯定与表扬。教师要抓住最有利时机，及时引导他们总结取得成功的经验，确立下一步前进的目标，给予恰如其分的肯定、表扬或奖励，激发学生获得进一步成功的高度热情，强化其学习的动机。

（3）陷于困境时

中小学生生活在学校中，生活相对比较顺遂。但并不代表他们不能体验到生活的艰辛。由于成长中的他们还不具备较强的抗挫折能力，如果遇到失败、受到挫折、遭到打击，其稚嫩的心灵就会承受巨大的压力，如同坠入深渊一般。此时，他们迫切希望获得他人的理解与关心，尤其是教师的支持与帮助。教师倘若能及时觉察到学生的情况，伸出援助之手，用关切和理解激励他们，在力所能及的范围内为其排忧解难，就会起到激励他们的作用，必然会收到较好的教育效果。

（4）悔悟之时

"人非圣贤，孰能无过"，况且是成长中的青少年学生。身心尚处于迅速发育成长过程中的中小学生极容易因为一时冲动而做出错误行为。在事情发生之后，经过激烈的思想斗争，他们往往会在内心产生强烈的悔悟之意。倘若教师能够审时度势，细心观察犯错误学生的各种表现，因势利导开展工作，及时给予激励，就会使学生进一步认识到自己思想和观念的错误之处，从而树立正确的人生观和价值观，提高明辨是非的能力。

（5）强烈愿望未达成时

个体因为需要而产生强烈的愿望，因为强烈的愿望而产生行为动机。在某些特定的时期，个体的某种需求会格外强烈，在特定时期成为主导力量，产生行为动机。当这种行为动机未能获得满足时，个体的热情就会受到影响，进而产生消极悲观的情绪。青少年学生在不同的时期会因其身心发展的需要，而产生某种强烈的愿望，倘若这些强烈的愿望未能获得满足，他们就会悲观失望，陷入负面情绪，影响其学习和生活的质量。此时，教师如果能够了解学生在特定阶段最强烈的愿望，尽可能地为其分析，指出理想与现实之间的距离以及实现愿望的途径，鼓励他们积极创造条件实现那些具有可能性的愿望，就有可能使学生在实现愿望的过程中，认清自身的条件，明确人生的奋斗目标，走上自主发展之路。

（6）面对严峻挑战时

学生作为班级的一员，其内心对班集体有着强烈的归属感。班集体的变化会直接影响他们的情绪。在班集体遇到困难或生死攸关的时刻，学生会因为自身的利益受到威胁，产生同舟共济的强烈愿望。此时教师倘若能抓住这一时机，巧妙地运用激励方法，激发学生的集体荣誉感，就能变消极因素为积极因素，化压力为动力，变被动为主动，强化学生的生存竞争意识，增强班集体的凝聚力。

范例 20　表扬因人、因时、因地而异

特级教师嵇明海认为，教师在表扬学生时，要因人、因时、因地采用不同的方式。教师要在严格区分不同的激励方式的作用下，根据学生的特点，巧妙地运用相应的表扬方式，才能使表扬发挥应有的效果。

1. 表扬的类型

教师高明的表扬可以激发学生的活动动机，使之产生积极向上的心理状态，进而做出积极的行为；可以最大限度地调动学生的积极性，帮助其充分建立自信，培养积极向上的世界观、人生观；对于班集体形成团结友爱积极进取的班风起到决定性作用。表扬的方法多种多样。

（1）口头表扬

口头表扬是最常见的一种形式，是班主任常用的方法。有时，教师对学生的影响是巨大的，教师的一句话就可能内化为学生积极向上的动力，改变一个学生的一生。这种表扬方法的操作极其简单，教师可以站在讲台前，对某个学生做了什么好事、取得了什么成绩、最近有哪些进步等加以介绍，然后引导学生向其学习。

（2）掌声表扬

掌声表扬和口头表扬都属于精神表扬，多用于班级活动或课堂教学之中，如某位学生的表现积极、问题回答得妙、爱动脑等，教师就可以让全班同学给予热烈的掌声，让其感觉到光荣而自豪。当掌声响起来时，学生就会感觉到教师和同学们的肯定，其积极性就会不断提高。

（3）书面表扬

书面表扬就是以文字的形式，对学生的突出表现进行表扬。常用的方式是表扬信、短信、光荣榜等。教师也可以依据学生和班级的实际情况设计其他书面表扬方式。

某教师设计了一种"荣誉银行"，在特定时间以书信形式发给学生，上面记录着该生的纪律表现、卫生表现、课间表现，每项表现都预存入若干个"利息星"，不佳项目被逐次减星，表现好的要增加1～5个星。这位教师还在班上举办了一个"快乐之星"展台，上面贴上每个学生的照片，得星内容包括"学习、纪律、卫生"三大项。每个学生只要进步了，教师就给"星星"奖励。刚开始可以奖得勤一点，难度低一点，让每个学生都有机会得到"星星"。当然，教师也设立了相应的依据，找准时机表扬。

上述案例中，这位教师运用的"荣誉银行""利息星"两种表扬学生的方式都属于书面表扬，前者以书信的形式，后者以光荣榜的形式，都是为了对学生发挥激励作用。

总之，对学生的表扬无论是精神激励，还是物质激励，都是在肯定或发掘其优点，不同之处在于物质激励是外在激励，精神激励是内在激励，教师要在明确不同的激励方式作用的前提下，有效运用激励手段，调动学生潜在的积极性，激发其奋发向上的内在动力，建设团结、和谐、进取的班集体。

2. 把握原则，巧妙激励

激励是带好一个班级的重要方法和手段，稽明海老师认为，在教育教学实际工作中，教师要让激励最大限度地发挥效力，就要因人、因时、因地灵活变化。总体来说，要坚持以下原则。

（1）激励要因人而异

学生的性格不同，教师在采用激励方法时也要不同，如此才能让激励真正发挥作用。就口头表扬和书面表扬的形式而言，经常调皮捣乱、破坏纪律、人缘不好的学生，比较适合当众表扬，以帮他"恢复名誉"，创造有利于学生树立优秀品质和行为的环境；对性格内向、成绩落后的学生，找他单独谈心，表扬他遵守纪律的优点，鼓励他上课大胆发言，积极参与活动，改进学习方法，提高学习效率。

（2）激励要因时而异

平时在对学生进行激励的时候，教师要经常对学生进行横向比较，即拿甲学生之长去比乙学生之短，于是能力强的学生就会得到更多的激励，能力弱的学生得到的激励就少。结果是能力强的学生在表扬声中长大，不知不觉滋生了优越感，长期发展下去就只能接受表扬，不能接受批评，心胸狭隘，见不得别人比他强；能力弱的学生则由于长期得不到教师的表扬，产生了严重的自卑心理。因此在表扬学生时要注意纵向比较，即给每个学生树立一个标尺，拿他们的今天同他们的昨天相比，着重表扬学生的"进步点"。这样一来，学生不但能学会正确地评价自己，促使自己不断努力，还能避免产生骄傲心理和自卑心理。在这一过程中，对能力强的学生一般的小进步可以不予表扬或轻描淡写地提一句，旨在获得重大的进步时采用光荣榜等正式的形式予以表扬；对能力弱的学生则要关注其每一个小的进步，及时予以表扬，尤其是学困生，对其表扬更应及时，以唤起他们的信心，使之克服缺点，不断进步。

学生小龙平时捣蛋，总是破坏纪律。教师找他谈话后，发现原来他这些行为都是为了引起大家对他的注意，哪怕是得到教师的批评也行。于是教师除了与其家长沟通，让家长平时对小龙多关心、多与其交流之外，还在学校安排小龙做一些力所能及的事，比如中午分发水果、为同学整理桌面等。在他干得很起劲、干得好的时候，教师就在全班同学面前及时给予小龙表扬。小龙收获了同学们肯定的目光，自信心慢慢提升起来。小龙的妈妈配合教师，将小龙在家做的点点滴滴好事写在小本子上，教师会在每周的午会课中给予及时的表扬。一段时间后，小龙的脸上露出了久违的笑容，能和大家愉快地相处。

在这个案例中，教师对学生的表扬就体现了因人而异、因时而异、因地而异的特点。因人而异是抓住了这个学生属于学困生，渴望获得大家的关注这一特点；因时而异是在他表现突出的时候，及时予以表扬；因地而异表现在对他的表扬是在学生面前公开进行的。三者相结合就对学生的进步发挥了极大的促进作用。

（3）恰当利用物质激励

物质激励对于学生来讲可起到相当大的促进作用，但处理不当就会产生负效应。奖励物质应是与学习相关的物品，如对考试进步大的学生，发几个作业本以示奖励，而不要奖励吃肯德基、巧克力，避免产生相当大的负效应。教师必须明确，班级管理工作重在激励学生的意志和精神，刺激学生强烈的学习欲望，鼓励学生为实现理想坚持不懈地学习，激励学生不断地改造自我、完善自我，因此除了要谨慎选择物品及物质奖励的内容，还要控制物质奖励的频率，过重或过频繁的物质奖励极易使学生养成追求物质的不健康心理。

范例 21　给学生"戴高帽"

特级教师管建刚老师极其擅长激励艺术，他在带班过程中最常用的一个招数就是给学生"戴高帽"，简单地说就是表扬学生。管老师将这种表扬方式进行细致的划分，充分挖掘其功能，合理运用到学生身上，达到了激励学生的效果。

1. "戴高帽"要巧

"戴高帽"的本质是对学生进行积极的心理暗示，肯定其优点，使之强化并发扬，进而由此焕发出自信心和自主性。管老师深深地明白这一道理，因此在运用这种方法时注意根据不同的情况、不同学生的特点给学生"戴"不同的"高帽"。

在一次大型公开课上，教学正在热烈地进行着，小男生皓然因为被同学说读错字而流泪，或许是因为自尊心受挫；或许是因为过于紧张。面对这种情况，听课的师生都为管老师捏了一把汗。然而管老师的做法，让大家感受到了他"戴高帽"的技巧。管老师来到皓然面前，先是弯下腰，继而蹲下身子，让自己和皓然的目光平视。这个态势语言已经给了学生一个无声的鼓励和支持。接下来管老师说："同学们，人都是会掉眼泪的。关键看你为什么哭泣。我相信，皓然同学正在为自己没有预习好而后悔，所以哭了。会因为懊悔哭泣的人，一定会成长！你很可爱！"一顶"高帽"轻轻地"戴"在了皓然的头上，他立刻得到了抚慰和激励。随后教学继续进行。在将几个重点易错字词以多种形式反复朗读后，管老师又对着皓然说："你来读一遍，好吗？"这个孩子清晰地读完这些字。在小结环节，管老师说："这节课，除了××外，皓然是留给我印象最深的同学。"

看，管老师的高帽戴得多么巧妙而艺术。在学生哭泣时，他抓住学生哭泣背后的后悔，借一句"因为懊悔哭泣的人，一定会成长"为学生戴了一顶"可爱"的帽子，让学生的闪光点被看到。在一节课结束时，管老师又结合学生经过学习，能够清晰地读出字词，为其戴上"留给我印象最深的同学"这顶高帽。相信这节课一定会给这个叫皓然的学生留下深刻的印象，也会激励他用心学习、努力学习。

由案例可知，管老师给学生戴高帽，戴得巧妙，戴得恰当，戴得艺术，原因就在于他注意到以下两点。

（1）对症下药，有的放矢，因地制宜

给学生"戴高帽"，关键这个"帽子"要适合学生，"帽子"过大，学生会遮住双眼，看不清自己需要努力的方向；"帽子"过小，学生感到不舒服，"帽子"就起不到鼓励学生前进的作用。因此在为学生"戴高帽"时要根据学生当时的表现，抓住突出之处。肯定或表扬其突出之处而选择合适的"帽子"，"帽子"选好之后，戴的时机也要恰当，也就是在学生最低迷的时候、表现最突出的时候、内心变化最大的时候戴，如此一来，"帽子"才能发挥作用。

（2）要有"戴帽子"的仪式感

所谓"戴帽子"的仪式感，就是让学生在戴这顶帽子的时候感受到被关注、被肯定。像上述案例中，管老师先后给皓然戴的两顶"高帽"都体现了仪式感，前者先用语言铺垫，肯定他的闪光之处，然后再"戴帽子"；后者先总结本节课的情况，用"除了"一词强调后面的这顶帽子是独特的。这样一来给足了仪式感，被"戴高帽"的学生自然会获得成就感，其自尊心和自信心就会油然而生。

2. "戴高帽"注意事项

管老师的教育教学实践表明，给学生"戴高帽"不是一味地夸奖，因为一味地夸奖就容易变成谬赞，如果不顾原则地给学生乱"戴高帽"，势必让学生飘飘然，还有可能对优秀学生起到不良的导向作用。因此，教师要恰当地运用好"戴高帽"这一激励学生的方式，必须以下三点为基础。

（1）要满怀爱心

只有心中有爱，教师才能平等地对待每一位学生，才能发现学生身上的诸多优点和可爱之处；才能摆正师生之间的关系，把学生当成自己的朋友、兄弟姐妹或子女来看待，从心底里摒弃"师道尊严"的传统观念，用欣赏的眼光去看待学生。如此一来，即使学生调皮，学习成绩平平，甚至有时还会违反班级纪律，但教师仍然能从他的身上看到闪光点，发现闪光点，并以此为理由，巧妙地为其送上"高帽"，让学生感受到教师对自己的关注，进而逐渐改正自己的缺点，在激励中进步与提高。

（2）要有诚心

教师给学生"戴高帽"，必须是发自内心的，让学生感觉戴得合适、舒服。倘若教师在给学生"戴高帽"时并非出于本心，而是敷衍了事，甚至口是心非，那么对于学生尤其是学困生来说，"高帽"只能让他们感到厌恶，觉得教师虚情假意，说风凉话讽刺自己。如此一来就降低了教师在学生心目中的地位，也达不到以"高帽"激励学生的目的，容易降低教师在学生心目中的地位。这就要求教师在为学生"戴高帽"时，不是一味地夸奖和赞誉，而要说实话、做实事，要对学生讲诚信，不说大话、空话、废话和不着边际的话，平时要多与学生交流，要善于捕捉信息，重视发生在学生身上的每一件事情，从而让学生感受到教师的"诚心"，愿意和教师推心置腹地交流，愿意向教师敞开自己的内心世界。这样一来，教师的"高帽"就会戴得准确，就能激发学生的内驱力，改变学生的思想观念，甚至改变学生的一生。

（3）要细心

所谓人无完人、金无足赤，每个人都有自己的优点和缺点。教师只有细心观察、全面了解，才能发现学生的优点，适时给学生戴上合适的"高帽"，从而调动学生的积极性，增强其自尊心与自信心。因此教师要细心观察学生，了解每一位学生的个性，然后针对学生的不同个性、心理特征及实际情况来选择"帽子"的"类型"和"尺寸"。在观察学生的过程中，教师不能忽略学生身上细微的变化，要分析其思想动向，明确其所思所想，才能掌握"戴高帽"的主动权；教师要有一颗宽容之心，能够包容学生不同于自己的价值观，发现学生的优点。

专题三

科学进行班级事务管理

班级管理就像一座桥，一头连接着学生，另一头连接着教师。做好班级事务管理，不仅仅是维护班级的正常秩序，营造一个积极向上的学习氛围，更是培养学生综合素质、促进良好师生关系的重要途径。因此要带出一个好班级，就应像名师一样科学进行班级事务管理。

主题 1

发挥学生的主体作用

学生作为班级的主人公，是教师进行班级管理的对象。发挥学生在班级管理中的主体作用，让学生自己管理自己，能够减轻教师的管理压力，也能够确保班级管理工作的顺利开展。

范例 22　发挥学生的主体性

特级教师张化万内心始终有一个坚强的信念："只要学生不是先天智力缺陷，我相信他们都能学好。"正是这种对学生的信任，这种坚定的信念，使得他在进行班级事务管理中，注重发挥学生的主体性，让学生做班级的主人。

1. 学生主体地位的体现

班级管理是一种组织活动，体现了教师和学生之间的双向互动，参与者是教师与学生双方。教师的管理与学生的自我管理合起来构成了班级管理。其中，学生是班级管理的主体之一。

（1）班风的建设由学生主体决定

班风指班级的作风、风气，是班集体大多数成员思想、情感、意志的综合反映。良好班风的形成，不是由教师强制完成的，而是在教师的引导下，学生共同认可并努力完成的，是学生群体的舆论，是学生共同作用的结果。一个班级的风气积极向上，是一个优秀班集体最明显的特征，也是检验学生群体的思想道德水平的重要标准。这就决定了学生群体的思想道德水平关系到良好班风的形成。由此可见，学生是班风建设的主体。

（2）班级的管理和建设由学生共同努力完成

辩证唯物主义认为，外因只是变化的条件，内因才是变化的根据，外因通过内因才能起作用。在班级管理中，学生作为班级的主体，是班级管理和建设成功的关键。这是因为班级管理的目的在于促使学生社会化，也就是要让学生认识社会、理解社会、适应社会。这是一个相当复杂的过程，仅靠班主任个人管理是远远不够的，甚至会出现负效应，比如责任感下降、自制力降低和逆反心理增强等。由此可见，在建设一个好的班集体的过程中必须发挥学生的主动性，确立学生的主体地位，如此才能让学生在自我教育和自我管理的过程中建设一个良好的班集体。

2. 这样做，发挥学生的主体性

张化万老师在教育教学中始终秉承以学生为主体、民主平等的教育理念，执着追求促进学生终身发展的教育目标。他的这种创新、开放、新颖、独特的教育理念和思想独树一帜，始终贯穿于他的教育教学实践。

（1）构建师生对话的平台

张化万老师深刻地认识到，班级管理工作是以促进学生的健康发展为基本任务的，在学生人生发展的过程中，教师担当的是引路人、学生的良师益友的角色。因此在教育教学工作中，他主张淡化教师作为教育者的角色痕迹，与学生平等对话，建立朋友般的师生关系，师生之间相互悦纳。这样一来，在学生自我意识的发展过程中，教师成为其自我发展的促进者，而不是决定者；是学生走向理想之路的引路人，而不是铺路人。在日常的班级管理工作中，教师要给予学生理解、信任，要与学生平等对话，为其答疑解惑，指导其自主成长、自主发展。

（2）充分放权

张化万老师认为，班级是学生的班级，教师只是管理者和引路人，因此要确立学生的主体地位，就要充分放权，调动学生参与班级管理的积极性和主动性，让学生把班级管理看作自己的事情。因此他充分放权，从班干部的选用到班级规章制度的制定，从学生的奖惩到班级活动的组织，从组织结构的设计到职责权限的划分，从活动的组织者到学生干部的教育……班级中的每件事他都放心地交给学生，自己只是在其中起到协助者和决策者的作用。即便是学生之间的矛盾冲突，他也交由学生干部处理，由大家讨论解决，因为在他看来学生与学生是处于同一层面的人，对问题的理解会更接近，也更容易沟通。正是因为他的充分放权，在班级管理中营造了宽松的环境、和谐的氛围。在这种开放的班级文化氛围中，学生受到熏陶和感染，变化悄然发生。

（3）让班级管理科学化

充分放权并不代表不闻不问，关键在于在班级管理中注重方式、方法，进行科学化的管理。比如打破班干部一个职位固定到底的制度，实行班干部轮流制，竞争上岗；班规班纪的制定由师生共同讨论，学生民主投票表决；班级各项工作实行量化考核制度，与个人评比直接挂钩；开展各种评比活动，发挥榜样示范作用，营造你追我赶的自主管理氛围……

总之，张化万老师认为，在班级管理过程中，教师是主导，学生是主体，必须发挥学生的主体作用，调动他们的积极性，使他们认识到个人在班级建设中有着不可推卸的责任。当学生有了这种责任感，他们就会产生极强的内驱力，激发一种自我完善的欲望，由"他律"逐渐变为"自律"，打造一个好班级。

范例23　唤醒儿童的内在机制

教育家苏霍姆林斯基认为："教育最最重要的任务之一，就是不要让任何一颗心灵里的'火药'未被点燃，而要使一切天赋和才能都最充分地发挥出来。"这句话可以用于教学中，同样可以用于班级管理中。它表明，教师要管理好班级就要唤醒儿童的内在机制，使他们发挥主体作用。

1. 儿童的内在机制

儿童的内在机制，也可以称为儿童的内在动力。要理解这一概念，首先要明确什么是内在动力。

所谓内在动力，是指位于人们内心深处、可以激发人的积极性和动力，使之对自己的生活和工作充满热情和干劲的驱动力。它是一种由内而外的力量，与个人内心深处的信念、价值观和自我激励有关。儿童作为实实在在的人，同样具有这种内在动力。一个儿童内在动力的强弱，直接决定着其做事的兴趣、信心、决心，对儿童的成长影响巨大。

（1）调动儿童做事的积极性

内在动力作为源于儿童内在需求的力量，会激发儿童做事的动力和热情，并且随着儿童内心的变化而不断地调整和改变。儿童的内在动力越强，做事的韧性就越强，长大后获得成功和成就的可能性就越大。

（2）激励儿童不断向前

内在动力是一种激励力量，它来自儿童内在的自我需求，不是外界强加的，表现了儿童内心深处的信念，因此可以激发儿童做事的积极性和主动性，所以它具有激励力量，可以使儿童战胜困难，勇敢地面对挑战从而获得成功。

（3）提升儿童的自信心

源于内心深处的内在动力，反映着儿童的心理素质，与儿童的自我认知密切相关。一个内在动力强的儿童，具备较强的自信心和较高的自我认知能力，这样的儿童具有较高的自我意识和较强的自我控制能力。

正是基于儿童的内在机制，苏霍姆林斯基认为，每一个儿童身上都蕴藏着某些尚未萌芽的素质。这些素质就像火花，要点燃它就需要火星，而这些火星就是教师能够在教育教学过程中发挥学生的主体地位，使之内在动力被唤醒，得以发展和提高。

2.唤醒儿童的内在机制

儿童的内在机制是如此重要，教师要激发和唤醒它，就要在深入研究学生的个性品质的基础上，将他们放到教育教学的主体地位上。班级管理是一项复杂的工作，能全方位地锻炼学生的各项能力。教师如果能将学生放在班级管理的主体地位上，就可以唤醒儿童的内在机制，促进儿童的全面发展，提升班级管理的质量和水平。

（1）教师要研究每一名学生，培养学生的个性

不同个性的学生在班级中的表现不同。教师唯有研究并了解学生的个性特点，才能理智面对学生做出的一些有碍班级管理的行为，才能找到解决问题的方法，引导学生，使之个性向良性发展，促进良好的班级管理氛围的形成。

苏霍姆林斯基重视研究每一名学生。他在帕夫雷什中学担任校长23年，一直坚持不脱离教学、不脱离学生。他同时担任一门课的教师，还兼任班主任，从一年级一直教到十年级学生毕业。23年中，经过他长期直接观察的学生达3700多人。

他了解每一名学生的个性，注意培养他们的个性。他提出学校要满足三项具体要求：

一是让每个学生都有一门特别喜爱的学科，鼓励他"超纲"；

二是让每个学生都有一样入迷的课外制作活动；

三是让每个学生都有他自己最爱读的书。

他提醒教师，如果一个学生到十二三岁在这三方面还没有明显的倾向，教师就应当为他感到焦虑，必须设法在精神上对他施以强有力的影响，以防止他在集体中变成一个默默无闻、毫无长处的"灰溜溜"的人。

从苏霍姆林斯基对学生的研究可以看到，他极其重视培养、保护和发展学生的个性，并强调教师要基于学生的个性发展，在精神上对学生产生强有力的影响，使之发展成具有鲜明个性、一技之长的人才。唯有如此，学生才能在班集体中找到专属感，才能尽其所能为班级的建设贡献力量。

（2）教师要发现学生的闪光点

怎样引导学生才能使其个性成为其发展的助力而非阻力呢？苏霍姆林斯基给出的答案是：最主要的是在每个孩子身上发现他最强的一面，找出他作为人发展机缘的"机灵点"。换言之，就是要发现学生独特个性背后的闪光点，发掘学生的潜能。对此，教师要给予学生充分的表达机会，让学生参与班级的事务，并能就相关事务发表自己的看法、提出自己的建议；要利用一切机会与学生沟通，必要的时候可以与学生个别交谈，以便更深入地了解学生，从而在班级事务中为学生找到展示才能的机会，唤起其参与班级事务的主动性和积极性，进而确立其班级主体地位。

范例 24　让学生自荐、自选班干部

班主任要做好学生工作，首先就应做好班级管理人员的培养和管理，以此促进这个群体发挥带头作用，形成良好的班风班纪。羊群走路看头羊，一支优秀的班干部队伍，是教师班级管理工作成功的关键。因此，要做好学生工作，班级管理人员的选择、培养和管理工作至关重要。特级教师李镇西采用的让学生自荐、自选班干部的方式给了我们许多借鉴和启示。

1. 自建组成临时班委

俗话说，一个好汉三个帮，要建设一个优秀的班集体，班主任就需要一支得力的班干部队伍，确立学生的主体地位，发挥学生的主体作用。如何选定得力的

班干部作为自己的助手呢？李镇西老师认为，教师指定班委会的方式，一方面不太民主，另一方面教师对学生不够了解，就算指定的班委是曾经有当班干部经历或经验的学生，也可能无法服众，而且未必适合新的班级；学生选举班干部的方式看似民主，但对于刚刚组成的班集体，学生之间缺乏互相了解，不能真正选出能代表全体学生利益、为大家做事的班委。因此，可以组建临时班委。

在高2004级新生入学第一天，李老师就和学生商量如何组建班委。先说出了自己对班干部的想法：一是班干部首先是义务而不是权利，更不是权力！人人都应该当班干部；二是今后班委干部不搞终身制，轮流"执政"；三是班干部由学生选举，选了谁就是谁。同学们经过讨论认可了李老师的想法。接下来就班委如何产生的问题，师生们确定了采用自荐的方式，凡是愿意担任临时班干部的同学要以书信的形式向老师表达自己的意愿。第二天共有6位同学交上了自荐信，于是一个六人临时班委会就成立了。这个临时班委会的任期是一个月，一个月后通过选举确定能否连任。课间休息时，李老师将担任临时班委的学生召集起来开会，提出了工作原则：一是要树立感染意识，发挥自身的带头作用，以身作则感染和带动其他同学；二是要有服务意识，要明白，班委的工作是提供服务，而不是管人；三是要有独立意识，即工作上要积极主动，富有创造性，要运用智慧管理班级，想方设法让班级与众不同。接下来的一个月里，李老师对临时班委进行了观察和了解，同学们也彼此熟悉起来。

从上述内容可以看到，李老师确定临时班委人选的方式是学生自荐。这种方式一方面避免了教师指定导致的学生不了解、不能服众；另一方面也避免了因为学生之间互相不了解，选举出的人员不合适。最重要的是学生自荐，唤醒了学生的自主意识，确立了学生的主体地位，也培养了学生的自信心和勇气，为下一阶段的班委人选的确定打下了良好的基础。

下面，看一下临时班委组建过程中的几个关键点。

（1）明确要求，做好铺垫

在临时班委组建之前，教师要首先向全体学生明确临时班委的要求及工作内容，让学生知道临时班委的标准、具体的工作内容，让学生清楚自己将面临怎样的工作。

（2）强调主动性

在提出具体的要求后，教师侧重于提议，由学生讨论决定。换言之，就是教师可以将自己的想法表达出来，但并不是"一言堂"，而是由学生对教师的提议进行讨论分析，决定是否采纳教师的建议。这样一来，最终的决定权就交到学生手里，突出了学生的主体性。而自荐的要求，将被动与主动相结合，先是借教师的要求，让学生处于被动地位，继而自荐，发挥了学生的主动性。

（3）必要的说明

在临时班委的组建过程中，教师的补充性说明相当重要。这样的说明，既确立了学生的主体地位，又不会喧宾夺主，还让学生找到了具体的行动方向，保障目标的达成。

最后需要提醒的是，如果自荐的学生人数超过了预定的人数，还要组织学生进行演讲，全班选举，以确定相应的人选。不过，就算是经过演讲和选举，此时成立的班委依然是临时班委。

2. 差额选举确定正式班委

临时班委虽然为班主任争取到了观察学生的时间，为学生之间互相了解赢得了时间、创造了条件，但毕竟是临时的，没有经过全体学生的选举，在某些时候不能获得全体学生的支持，甚至在一些特殊情况下，还可能引发学生之间的矛盾和冲突。因此，在临时班委运行一段时间之后，就要进行民主选举，确定正式班委。

一个月后，正式班委的选举如期举行。李老师同样首先交代了自己的工作原则：一是在三年里，班级的任何选举活动都由全体学生投票确定，无论是班委的选举，还是三好学生的选举，自己不会干涉，也不参与投票；二是当班干部是所有学生的义务，每个人都要承担起这份责任，因此班干部不搞终身制，每个人都有机会担任。接下来，李老师提醒同学们，7个班委必须确定9位候选人实行差额选举。经过几分钟的举手评议，9位候选人产生了。9位候选人在发表简短的演讲之后，正式投票确定班委人选的时刻到了。在正式投票之前，李老师就差额选举的特点鼓励候选人和全班学生要习惯这种民主选举的方式，意识到参与竞选是机遇，也是考验，更是自己的责任，要确立光荣的落选胜过虚假的"当选"这一信念。最后经过庄重的投票，第一届班委会的7个成员顺利选出。李老师又提议大家为落选的两位学生鼓掌，因为正是他们的热情参与和庄严落选，使班委选举的民主程序更加规范，选举更加公正，希望这两位学生继续参加下一届的班委选举。

从上述内容可以看到，正式班委的确定需要教师谨慎运作、多方提醒，更需要遵循科学的程序。具体来说包括以下几点。

（1）表明态度和立场

既然是让学生选举确定正式班委，将权力下放给学生，教师首先就要表明自己的态度和立场。比如像李老师一样强调班委选举保持三年不变，自己不参与投票。这样一来，教师就全然处于中立的地位，整个选举以及最后人员的确定都是由学生完成的，保证了选举的公平性、公开性。

（2）差额选举

这是学生民主选出班干部的关键。差额选举，顾名思义，就是在选举中，候选人得票数高者与低者之间的差距越大，获胜的可能性就越大。简单来说，就是在一定数量的候选人中，得票最高的人当选。这样一来，就增强了学生参与选举的意识，保证了选举的公平、公正，也激发了学生的竞争意识。

（3）维护学生的尊严

差额选举的结果必定是有人当选，有人落选。教师必须意识到落选的学生会产生挫败心理。在选举前要做好适当的铺垫，强调选举的意义所在；选举后要维护这些学生的尊严，让当选的学生和参与评选的学生都意识到自己在整个活动中的巨大作用，也让落选的学生意识到，即使落选了，自己也有所收获，从而激励他们下一次再参与竞选，表现出自己提升了能力。

当然，李老师的这一方法说起来容易做起来难。要促使学生自荐自选班干部这一形式的建立和顺利实施，教师要做的功课还有很多，比如做好周全的准备，对学生的情况和班级整体的状况有大致的了解，对选举的相关事宜有一定的了解。这是对教师综合管理能力的考查，但最重要的是教师能帮学生树立主体意识，能尊重学生，敢于放权，勇于放权。

主题 2

和学生平等对话

发挥学生的主体作用，确立学生的主体地位，是带出一个好班级的重要前提。要促成这样的结果，教师就要打破传统的师生观，树立师生平等意识，乐于与学生平等对话。在与学生平等对话方面，名师各有妙招。

范例 25　发挥班级日志的作用

教师要带好班，科学进行班级事务管理，就应确立学生的主体地位，建立一种平等和谐的师生关系。特级教师徐卫将班级日志用作班级管理的工具，让学生做班级管理的主角，在为自己"减负"的同时使班级管理做到了科学高效。

1. 认识班级日志

班级日志，简单地说就是班级记录，是一种重要的班级管理工具，是学生干部对班级日常进行记录，细化班级日常管理的各个方面，进而达到提高班级管理效率和质量的目的。具体来说，班级日志有如下作用。

（1）有利于班主任及时了解班级动态，预防重大问题发生

班级日志包括出勤、纪律、作业、卫生、宿舍等班级活动的内容，由班干部轮流负责填写，班主任只需及时查看班级日志，就可以掌握班内的情况。班级日志可以让班主任及时了解班内学生的思想动态，做好班级管理，最大限度地避免重大问题的发生，为班主任的班级管理工作带来了极大的便利。

（2）有利于培养班干部的能力，为班主任"减负"

班级日志的内容囊括了班级一天内各个方面的情况，是由班委轮流负责填写的，其中既有课代表对作业情况的记录，各值日小组组长对卫生情况的记录，也有纪律委员对班级一天纪律情况的记录。这些记录，最终由班长汇总后交给班主任。班主任只需要翻看班级日志，就可以全面了解班级一天的情况，以及班干部对所负责的内容出现的问题的处理情况，极大地减轻了班主任的工作负担。同时，班干部在记录班级日志的过程中，需要具有细心、耐心和责任心，还需要及时观察和发现班级一天中的异常情况，并有针对性地作出处理，由此获得了真正意义上的自主管理、表现自我的实践机会，从而培养了发现问题、认识问题、分析问题和解决问题的能力，进而成长为未来社会需要的综合素质的人才。

（3）有利于确立学生的主体地位，发挥学生管理班级的作用

班级日志是由学生记录的，体现了学生作为班级的主人参与班级管理，是学生主体地位的体现。班级日志最先触动的是记录者本人，他必须首先严格要求自己，同时仔细观察班上的人和事，对违纪现象和好人好事如实记录，扣分加分。这样一来，在观察、记录、计算的过程中就会明确怎样做才是为班级争光，哪些行为会给班级抹黑，进而在教育他人、警示自己的同时，培养自身正直、诚实的美德，一丝不苟的精神。由于几乎每一名学生都参与班级日志的记录，因此全班同学都能感受到自身的责任和义务，感受到自己的一言一行给班级带来的影响，从而形成人人自觉为班级着想、积极参与班级活动、为班级争光的群体效应。这既是学生主体地位的体现，也是学生参与班级管理的体现。

2. 运用方法

班级日志最大的作用在于充分发挥学生的主体作用，民主管理班级，能将问题消灭在萌芽状态，能及时对学生进行教育，因此在班级管理中发挥着积极的作用。如何巧妙地将班级日志运用于班级管理中呢？徐卫老师给出以下巧用班级日志细化班级管理的方法。

（1）管理学生表现

班级日志可以用来记录和管理学生的表现，包括学习、行为、纪律等方面。可以将学生的表现细化成各个具体的维度，如作业完成情况、课堂参与度、考试成绩、守纪守时等。在日志中记录学生的表现情况，并及时与学生和家长进行沟通，根据学生的表现情况采取相应的管理措施，如奖励表现优秀的学生、给予追踪辅导等。

（2）管理家校沟通

班级日志也可以用作家校沟通的工具，记录学生的家庭背景、家长的联系方式、家访情况等。在日志中记录家长与学校的沟通情况，包括家长参加的会议、

家长与教师的交流内容、家长对学生的意见等。通过查看和分析班级日志，教师可以及时了解家长的需求和关注点，提供更加个性化的家校沟通服务。

（3）管理班级活动

班级日志可以用来记录和管理班级的各项活动，包括课外辅导班、兴趣小组、主题讨论等。在日志中记录活动的目的、时间、地点以及参与人员等信息，及时总结活动的效果和问题，并进行改进。班级日志管理活动，可以提高班级的凝聚力和实践能力。

（4）培养学生的自我管理能力

班级日志也可以用来培养学生的自我管理能力。学生可以用日志来记录自己的学习过程、问题和解决方案，并对自己的学习方法和习惯进行反思和总结。教师可以定期检查学生的日志，给予鼓励和指导，帮助学生树立良好的学习和管理意识。

（5）评估班级管理情况

班级日志可以用来评估班级管理的效果和质量。教师可以通过日志的记录和分析，了解班级管理的短板和长板，并进行改进。教师可以通过观察和记录学生的集体活动参与情况和素质教育成果，从而评价班级活动组织能力和素质教育水平。

范例26　学会倾听学生的心声

特级教师李镇西老师认为，要管理好班级，师生之间就要平等对话。而教师要与学生平等对话，就要学会倾听，在倾听中获得学生的信任，在倾听中走进学生的心灵。怎么倾听呢？

一个课间，一个学生找到初一（13）班的副班主任李老师，一本正经地说自己面临一个困难，想找他谈一谈。李老师说："好呀，您有什么困难。"随后马上放下手中的书本，专注地看着她。这个学生却犹豫了，沉默了好一会儿。李老师等待了一会儿，然后问："怎么不说了？有什么顾虑吗？"学生小声说怕别人说她打小报告。李老师幽默地说她这是做"大报告"（因为当时李老师是校长兼两个班的副班主任），鼓励她大胆地说，并声明自己会为她保密。听了李老师的话，这个学生终于含着眼泪说出找李老师的原因：体育课上几个同学说她的坏话很难听，她很难受。李老师一边安慰着她，一边让她慢慢地说出事情的经过。这个学生滔滔不绝、情绪激动地说了很长时间，李老师一直在静静地听着。等她说完之后，李老师询问这个学生，是否希望自己去找那几个学生谈一谈。她摇摇头，看着李老师充满疑问的双眼，她说如果那样自己会被骂得更狠。李老师接着问她需要老师给予怎样的帮助。这个学生说，自己只是想找老师谈一谈，把话说出来，心里就不那么难受了。听了她的话，李老师很感动，表示自己会抽时间去初一（13）班讲讲尊重他人的道理。这个学生同意了，但请求李老师不要点名批评那几个同学，李老师答应了她。最后这个学生轻松地离开了。

上面是李镇西老师与学生的一次谈话。如果单纯从班级管理的角度来看，似乎并没有解决什么问题。但细细品来却可以感受到师生之间的那份平等，以及与学生平等对话的奥秘。

1. 带着接纳与尊重听

在班级管理过程中，教师的任务并不仅仅是管理好班级，重要的是班级中的人——学生。一个高明的教师会借助和学生的平等对话，让问题解决于无形之中。而这样的对话，必须是在接纳与尊重的基础上开展的。在上述案例中，这个学生找到李老师，并非要解决什么实际的问题，仅仅是要宣泄一下自己的情绪。此时李老师以全然接纳和开放的态度，静静地听她讲述整个事情的经过，给学生宣泄情绪的机会，心甘情愿地做学生的情绪"垃圾桶"。在整个谈话的过程中，既没有给予高高在上的指导，也没有满怀悲悯之情的安慰，只是倾听，耐心地倾听，静静地倾听。结果在倾听过程中，学生的问题就解决了。由此可见，科学管理班级事务，解决班级问题，教师要善于倾听，带着接纳与尊重去倾听。

2. 巧妙诱导和鼓励

要促进平等对话，教师在倾听过程中不仅要听，还要在学生倾诉的过程中给予巧妙的诱导和鼓励，使之勇敢地说出心声。这样一来，教师就能明确问题所在，就能清楚自己接下来能为学生做什么。在上述案例中，李老师在倾听中，时不时会给予学生诱导和鼓励，比如在学生沉默了好一会儿时，说"有什么顾虑"，表达对学生的共情，鼓励她勇敢地说出来。这就提示我们，在学生倾诉的过程中，教师要一边以诚恳的态度仔细倾听，一边通过眼神和点头、蹙眉等体态语言告诉学生："我是理解你的，你也完全可以信任我，我愿意分担你的一切苦闷！"从而使学生无所顾忌地继续讲下去。

总之，要做到倾听学生的心声，教师除了要带着接纳与尊重去听，用心、细心、耐心地听，不武断地打断学生的诉说，还要边听边想，思考学生说话的意思，关注讲述内容的重点和要点，边听边分析，洞察学生的内心，更细致地做好学生的思想工作。

范例 27 把自己当成班级的普通一员

名师孙维刚从做教师起就一直担任班主任工作，始终把自己当成班级的普通一员，和学生平等对话，用自己高尚的师德影响学生，送走了一批批优秀的学生，带出来一个又一个好班。他比较喜欢的一部电影是《带兵的人》，其中有一个情节他牢记不忘，且多次和他人提起"连长语重心长地对气哼哼的班长说：'这浇菜要浇根，这浇（教）人要浇（教）心'"。而他则认为，"教人要教心"，就要真正触动学生的心，教师必须把自己当作班级的普通一员，做到以身作则和关爱学生。这句话道出了和学生平等对话的重要前提。

1. 要求学生做到的，自己先做到

孙老师认为，班主任要管理好班级，就要让自己成为班级的一分子，使学生感受到班主任和整个班级是一体的，才能让学生愿意亲近教师，接受教师的引导。因此他强调教师要以身作则，要求学生做到的自己也要做到，要求学生不能做的自己坚决不做，如此才能将自己放在与学生一样的高度，才能让学生感受到教师是"自己人"，从行动上融入班集体，促进师生之间的平等对话。

一次，轮到孙老师的班负责擦教学楼楼道里的水池子，由于太脏，学生们迟迟不肯动手。这件事被孙老师知道后，他先是利用一个周末的时间将学生召集到学校，和他们聊了聊关于爱劳动、爱集体的问题，然后蹲在地上，亲自动手，和学生一起把油腻腻的水池擦得干干净净。而此时他还是带病之躯。

其实，当时的孙老师已经成为名师，无论师德修养还是影响力，都对学生起到极大的震撼作用。他完全没必要和学生一样动手劳动，只需指挥教育即可。但孙老师不顾自己的年龄和身体状况，仍旧和学生一起劳动，以自己的实际行动告诉学生"我和你们一样"。他要求学生诚实，一旦发现自己的错误便主动向学生做检查；他禁止同学迟到，自己由于路上助人迟到，就在风中罚站；他告诫同学朴素，自己经常穿多年以前的两套旧衣服。

不仅如此，为了营造良好的班级学习环境，让学生对课堂产生敬畏之心，他还始终强调"神圣的课堂永远安静"，这种尊重课堂的安静，他先从自身做起。在课堂上，除了讲课，他从不打破寂静，有事情要和学生沟通和交代，就做个手势请学生到室外交谈。他的这种想做法自然而然地影响了学生，学生也能自觉地

遵守课堂纪律，还课堂以安静，因而得以专注地学习。

2. 错误面前人人平等

在实际工作中，孙老师管理班级始终贯彻"德育第一"的思想，坚持三大原则——诚实、正派、正直做人。他注重学生的品德教育，以德育人，强调错误面前，人人平等，即使教师犯了错误，也要公开承认自己的错误。

1993 年 1 月的一天早晨，孙老师在上班途中因为帮助一位驮着鱼缸摔倒的小贩，结果比约定的到校时间晚了 5 分钟。当时，孙老师本可以说明原因，但他没有这样做，他认为不能让学生养成做错了事总为自己开脱的坏习惯，要培养学生正直做人的品格。于是，他在黑板上写下："今天我迟到了，对不起大家。"然后走出门外，在凛冽的寒风中站了一个小时。事后，有的同学在作文中写道："孙老师生病了，工作又那么繁忙，这我们都清楚……老师迟到了，他自惭自责，竟然在教室门口罚站。那一天风很大，望着门外的老师，同学们心里说不清楚是感动还是难过。"

从案例中可以看到，孙老师真的是要求同学们做到的，自己绝对以身作则，同样也要做到。要想使一个班级焕发勃勃生机，师生都要为一个正确的目标共同努力。因此教师要与学生对话，还要确立错误面前人人平等的观念，才能拉近师生间的距离，使双方为共同目标一起奋斗，进而建设一个好班级。

正因为孙老师以身作则，将自己当作班级的普通一员，学生才愿意与他平等对话，营造出良好的班风。而这种良好的班风也是一种无形的教育力量，对全体学生产生持久的、潜移默化的教育作用，使全班学生规范自己的行为，自觉抵制和改变自己那些不符合规范的行为和习惯，从而打造出一个好班级。

主题 3

把握好公正的天平

一个班级就是一个小社会，学生在此获得对社会、对世界的看法，其看法一旦形成，可能会影响终身。因此要管理好班级，就要多给予学生正面的引导，让学生感受到"公正"，即公平正直、没有偏私。名师们清楚班级管理成在公正，因此努力在班级管理中把握好公正的天平。

范例 28 把握好公正的天平

特级教师于漪认为，教师的不公可能引起学生之间的互相排斥，进而影响班集体的凝聚力。所以，教师要尽量做到公平，让每个学生都感觉到教师的关心，让每个学生都在教师的带领下团结一致。

1. 尊重生命，平等相待

于漪在其教育生涯中带过许多"乱班乱年级"，她将这些班级称为"拷问感情与责任"的难题。面对这些班级里形形色色的学生，于老师坚持"生命本来没有名字，没有高低贵贱之分，坏习气不是胎里带出来的"，认为做教师的责任就是帮助这些学生洗刷污垢，要像对其他学生一样付出满腔热情和关爱。

于老师的班级曾经接收过一名屡次逃学、偷窃、打群架的学生。一次，这名学生与父亲争执被打后离家出走。于老师没有因为事情不是发生在学校，更没有因为这名学生是一个问题生而不闻不问或在形式上敷衍一下，而是焦急万分地与几名学生找了一天。找到这名学生后，考虑到如果送他回家，他或者会再次离家出走或者"旧病复发"，依然故我，于老师干脆将他带回自己家中。有人提醒于老师引狼入室，于老师则认为，如果自己都对他抱有戒心，缺少起码的信任，那么教育就做不到公平，就做不到爱护。因此，她给予他充分的信任，师生二人同出同行，于漪上班，他上学。学校放学，他跟着于漪回家做作业。最终，经过于老师以心换心、以情激情、以理疏导，这名学生逐渐安下心来，走上正道。后来，于老师生了一场重病，住院治疗，这名已经工作的学生专程到医院探望于老师，反反复复哽咽地说："于老师，你不能死啊……"

正是由于于老师能公平公正地对待学生，学生才感受到她发自内心的爱与信任，以自己的改变回应她的爱与关怀。因为于老师把他们当宝贝一样来教育，不求他们显赫，但一定要成为社会的好公民，服务人民，服务国家，这份拳拳爱心深深地感动着他们。由此可见，教师要把握好公正的天平，首先就应做到尊重生命，对学生平等相待。教师唯有尊重学生作为独立的生命体，全心全意对待学生，不将学生分为三六九等，不以外在因素看待学生，方能促进良好的师生关系的形成，才能师生同心协力建设出好班级。

2. 不戴有色眼镜看待学生

于老师认为，人们总是不自觉地喜欢一些美好的事物，教师也是一样，对成绩好或守纪律的学生总是有些偏爱，这无可厚非，但是我们更要时刻提醒自己：不能戴上有色眼镜去看待成绩和表现不佳的学生。教师不应该在学困生表现差的时候只是一味指责，更不能在不问青红皂白的情况下将错误全部归于他们。于老师主张每位学生都应当成为"发光体"，教师要对每位学生不偏不倚，尽量发掘其潜能。因此教师要做到以下几点。

（1）因材施教

教师要认识到学生的差异，在管理班级的过程中，针对学生的个性特点和成长经历采用不同的教育方法。因此，教师绝不能高高在上，一定要目中有人，走进学生的世界。

当年，于老师班里的女生都成了"还珠格格"的粉丝，而百分之八十的女生同时又是周杰伦的粉丝。为了对学生进行针对性的教育，避免自己对这些追星的学生产生偏见，于老师专门研究了周杰伦和"还珠格格"，从侧面了解学生，研究学生的心理。她把周杰伦的磁带买回去听，还和学生们讨论。她对学生说，自己喜欢韩红的《青藏高原》，歌曲激昂高亢。可学生们却说"不好，太露了"；于漪老师说自己也喜欢听腾格尔的《天堂》，因为歌曲中带着浓浓的乡情，学生们多持反对意见。于老师不解地问学生周杰伦好在什么地方，学生给出的答案是："周杰伦的歌就是学不像，好就好在学不像。"看来，师生之间的思维差距很大。这件事让于老师进一步认识到，作为一名好教师，一定要了解学生，不要轻易对学生说"不"，如此才能避免误解学生和对学生产生偏见。

（2）融通师生的生活世界和心理世界

教师要目中有人，要认识到教育不能只是"育分（数）"，更要育人。因此，教师要坚持"以心教心"，做学生的指导员，了解学生，走进学生的世界，"要激情似火，要师爱荡漾，要开放创新"。因此，教师要认识到，一个学生就是一本内容丰富的书、一个多彩的世界。学生是活泼的生命体，每个人的成长都是独一无二的，要培养他们成人、成才，首先得尊重他们，从思想上、感情上尊重他们的人格，尊重他们的个性。因此，教师要练就敏锐的目光，善于发现每个学生身上的长处与潜力，善于"长善救失"，把他们隐藏的种种潜力变为发展的现实。

范例 29　班规面前人人平等

班规是班主任带好班级的重要举措。班主任要带好班就应在班规的制定和执行中把握好公正这一天平。特级教师李镇西在带班的过程中，通过班规把公平体现得淋漓尽致，不但树立了教师的威信，还拉近了师生关系，带出了好班级。

1. 不可或缺的班规

班规是班级管理中的一项重要内容。李镇西老师在带班的时候相当重视班规的制定。他认为，班规的制定不能是教师"一言堂"，而是经过师生双方讨论研究、一致认可的内容。因此他在带班之初都要和学生就班规的制定展开讨论，在讨论的过程中，让学生认识到班规的重要性，师生双方统一意见，确保班规的效力和公正。

一次，李老师向他所带班级的学生提出制定班规这一问题前，先向学生提出一系列问题：第一个问题是是否想让自己的班级成为一个优秀的班集体，得到的答案是"当然想"；第二个问题是在建设优秀班集体的过程中面对阻碍实现目标的许多困难和错误，是不是应该制定班规，要求学生在认真思考后发自内心地回答，结果学生在思考一阵子后纷纷回答"应该"。李老师并没有马上引导学生制定班规，而是进一步确认有哪些学生同意制定班规，要求同意制定班规的学生和不同意制定班规的学生分别举手。虽然大多数同学同意制定班规，但李老师并没有忽视少数不同意制定班规的学生，李老师首先表扬了他们的独立精神，接着请他们说一说不制定统一班规的原因。一个学生说班规会束缚学生，影响班级的和谐气氛；另一个学生说班规没必要，制定班规是教师不信任学生，教师完全可以直接批评犯错误的学生。李老师请同意制定班规的学生说一说自己的观点和看法，大家纷纷指出制定班规的重要性：国有国法，家有家规，班级必须有班规；

班规可以约束不守纪律的学生，引导大家明白怎样做才是最好的，让集体有统一的行为规范。听完大家的见解和看法，李老师才表达自己的观点，结合自己闯红灯和不闯红灯的变化，强调规则在教育人方面的意义和规范行为上的重要性。最终在全班学生一致认可的前提下，开始制定班规，形成了包括学习纪律、寝室纪律、清洁卫生、体育锻炼、值日生、班干部、班主任、其他，共8个部分40条内容。在"班主任"一项中对班主任定下许多约束规定，其中一条就是"教师冲学生发火，罚扫地一天"。

从上述制定班规的过程来看，李老师牢牢把握了公正这一天平。在制定前，他让学生充分讨论，每个人都可以发表自己的观点和看法，确保班规的制定是大家共同的决定，而不是教师的意志。当存在反对意见时，他不是用教师的权威压制学生，而是肯定学生的独立精神，鼓励学生表达自己的意见和看法，这又表现了处事的公正；在班规的内容上，不仅仅约束学生，还体现了对自身的约束，这体现了他对自己和学生一视同仁的公正。这样的班规将公正放在第一位，对班集体中每一个成员都发挥约束作用，因此是建设一个优秀的班集体不可或缺的内容。

2. 班规面前人人平等

班规制定之后，执行更为重要。因此李老师强调班规的每一部分中有若干具体细则，除了覆盖班级管理的各个方面、各个环节，还规定了每一条的执行者，并对执法不严者作出明确的惩罚规定，以确保班规能贯彻落实到位。结果学生真的做到了严格贯彻班规，做到班规面前人人平等。

一次，李老师因为学生在歌唱活动中表现不好，发火之后，向学生真诚地道歉。原以为这件事就这样过去了，没想到，第二天他就接到了学生的处罚通知：

"李老师昨日发火，罚扫教室一天！"李老师欣喜于学生的认真大胆，为学生具有敢于向老师挑战的精神而高兴，他故意和学生谈判，说班规中规定"发火超过一次"，可自己这个月并没有"超过一次"，学生们先是傻了眼，继而有学生反驳他："发火是没超过一次，但您昨天用不文明的语言侮辱了同学，所以应该受罚。"于是李老师故意做出无可奈何的样子接受了处罚。然而，当李老师真的要清扫班级卫生的时候，值日的学生纷纷抢过他的工具，不让他做。李老师坚决地说这是班规的规定，自己必须执行，一个人在教室里干得满头大汗。第二天清晨，他又早早地来到学校，继续接受处罚。当时，教室里灯火辉煌，学生书声琅琅；教室外，大雾弥漫，李老师在窗台上认真地擦拭着玻璃窗。学生们不时抬起头，向他投来敬佩的目光。就这样，由于李老师的表率作用，公平的种子在学生的心田埋下，良好的班风由此树立起来，师生之间形成了十分自然平等的相处模式。

在这个案例中，李老师用自己的实际行动向学生表明班规面前人人平等。他的这种以身作则的态度，再次强调了公正对师生关系的重要性，对班级管理的重要性。诚如他后来对学生所说："纪律面前，人人平等。既然同学们违纪都应该受罚，为什么老师可以例外？"这就提示我们，教师要想把握好公正的天平，就要让自己作为班级的普通一员，同样接受班级中相关规章制度的监督和制约，且要将这种接受班级规章制度监督和制约的行为看作理所当然的事情，是自己应该做的事情，这样可以培养学生民主与公正的精神，自然可以带出一个好班级。

专题四

有效建设班风班纪

班级文化建设是学校管理及课堂师生关系良好发展的重要保证。一个好的班级，必须有优良的班风和严格的班级纪律。这是建立良好班级文化的一项重要内容，也是带出一个好班的重要前提。因此，优秀的班主任总能有效建设班风班纪，以此促进良好班集体的形成。

主题 1

唤起学生的服务意识

学生的主人翁精神和服务意识可以推动一个优良班集体的建设。因此良好的班风和班纪，最突出的表现是能培养学生的主人翁精神，唤起学生的服务意识。因此名师在带班时采取多项举措，促使学生服务意识的形成。

范例 30　"一帮一，一对优"

一个优良的班集体，会洋溢着互帮互助、友爱互动的氛围。特级教师宋运来运用"一帮一，一对优"的方式，带出一个具有良好的班风班纪的优良班集体。

1. 班级协作的重要性

班级是学生进行学习的基本单位，而班级协作则是促进班级发展和学习成功的关键因素之一。班级协作不仅可以促进学生学习进步，培养学生的社交能力和团队意识，而且有利于形成互帮互助、友爱互动的班风。

（1）可以促进学生学习进步

一旦学生之间能够协作，他们就会在更深层次上思考问题，也就能更深入了解问题的本质。在一个班集体中，每一名学生都有其独立的个性和特点，都有其特有的潜能，一旦学生之间进行协作，就可以在交流合作的过程中，帮助他们更好地找到适合自己的学习方法，提高学习质量。

（2）有利于培养学生的多种能力

一旦班级中的学生能够互相协作，他们就能在合作解决问题、交流彼此的想法和观点的过程中取长补短，提升个人的知识与技能。一方面，他们在交流合作的过程中学会了如何与他人相处，更好地了解团队合作的重要性，掌握了合作交流的方法与技巧，提高和完善了相关的技能和经验；另一方面，他们在协作的过程中增强了自信、建立了友谊，形成了互帮互助的关系。

（3）有利于培养学生的服务意识

班级中的协作建立在共同目标和志愿者制度的基础上，每一个班级成员都必须在班级这个团队中扮演相应的角色，履行相应的义务。在此过程中，每个人都必须协调好与他人的关系，承担好自己的责任。在这一过程中，学生会认识到合作的重要性，学会认真听取和接受他人的意见，学生在主动帮助他人的过程中也会获得他人的帮助，从而可以培养学生的团队精神和服务意识。

总之，班级协作对于学生的发展和成功都至关重要。借助协作，学生不仅可以获得和提高相应的知识与技能，而且可以培养团队精神、服务意识，因此培养学生的协作精神是班级管理的应有之策，是建设良好的班风班纪的重要举措。

2．一帮一，一对优

宋运来老师深知班级协作的重要性，在带班的过程中，采用"一帮一，一对优"的方式有效地发动学优生帮助学困生，使学生之间互教互学、取长补短、共同进步，在增进学生之间友谊的同时，培养学生的服务意识，促进良好的班风班纪的形成。

（1）学习伙伴制度

这种方法旨在鼓励好学生、学优生，帮助学困生、问题生。好学生、学优生不仅在学习习惯、学习方法上都有其独到之处，而且具有一些良好的行为习惯和优良的品格。相比于他们，学困生、问题生不仅学习基础不牢，学习习惯不好，缺少科学的学习方法，而且由于长期不爱学习，养成了一些不良行为习惯，甚至存在一些不良的品格。教师可以在班级开展学习伙伴制度，采用一帮一的方式，让一个好学生带一个问题生，一个学优生帮扶一个学困生，如此一来，在互帮互学的过程中，学困生就消除了对学习的畏难情绪，问题生则在好学生的感染下逐渐减少或消除身上的问题行为。

（2）互助小组

这种方法是依据学生不同的兴趣爱好、个性特点，将学生划分为几个互助小组，每个小组负责不同的方向，比如学习互助小组、劳动互助小组等。在互助小组内，学优生为学困生讲解问题，学困生可以针对自己的学习困难之处，及时向学优生请教，让问题及时得到解决。在此过程中，学优生和好学生之间也可以形成互帮互学、取长补短的学习氛围。除此以外，一些问题学生则在互助小组中受到小组内互帮互助氛围的影响，慢慢地会改变自己。最重要的是，在小组同学的影响和帮助下，他们可以感受到同学之间的友谊和温暖，感受到班级的凝聚力，从而自觉约束自己的言行，为班级的荣誉而努力。

（3）学科辅导小组

学科辅导小组由擅长该学科的学生组成，定期组织学科辅导活动，为有需要的学生提供学习指导和解答疑惑。这样一来，不仅为擅长该学科的学生提供了展示自己的舞台，培养了其自信心，而且为不擅长该学科的学生提供了帮助，使他们的问题及时得到解决，既有利于学生学习成绩的提升，也有利于学生良好品格和心理素质的培养。

范例 31   责任到人，各司其职

唤起学生的服务意识，除了要培养协作精神，借助良好的班风影响学生，还要借助严格的班规约束学生。特级教师魏书生能在担任校长与书记的同时兼任两个班的班主任，在每年平均外出开会达 4 个月之久的情况下仍然能带出优秀班级，培养出优秀的学生，关键就在于他在班级管理中实行任务承包责任制，将责任落实到人，使学生各司其职。

1. 任务承包责任制的意义

魏书生老师根据自己在多年带班过程中对学生的观察发现，那些热爱集体、关心班级、对班级有深厚感情的学生，都是平时乐于为班级奉献、乐于为班级做事的学生。某些感情冷漠、薄情寡义、被同学称为"冷血动物"的学生，肯定是遇到集体的事想办法逃避、遇到为集体奉献的机会也想办法躲开的学生。而要让这样的学生感情升温，唤起他们的集体意识，有效的办法就是千方百计吸引他们，甚至是强迫他们为集体做事、为集体尽责任、为集体贡献出一些个人的东西，引导他们为集体倾注心血。心血倾注得多，感情自然就深。由此，魏书生老师提出了任务承包责任制的想法，以此培养学生对集体、对社会的热情和爱心。

2. 任务承包责任制的构成

一个班集体就像一个大家庭。家庭里有什么，一个班集体也可能有什么。既然是一个大家庭，就应该有相应的负责人、相关设备，以及相应的工作。魏书生老师从班级的构成出发，从空间范畴入手，采用由大到小的层级式管理方法，让每一项任务、每一件事都落实到人头上。具体来说，就是由大到小、由上到下分为三个层次。

第一层：班干部各司其职。

班级按空间范畴制定相应的规章制度，上到常务班长、团支部书记、班委会委员，下到值周班长、值日班长，明确他们各自的职责，做到凡事有人负责，凡事有人管理，凡事有人监督。

......

2. 学习委员：负责全班同学课内期末统考科目学习活动的组织、指导工作；负责指导各学科科代表开展工作；负责指导各学科兴趣活动小组的工作；负责考试前每位同学的考场安排；负责考试后统计各学科成绩，统计每个人的总成绩，统计全班各学科的平均分和总平均分；负责计算同学估算成绩与实际成绩的差距，对差距超出要求者予以惩罚；负责同学互助组的指导。

3.生活委员：负责协助班长维护班级纪律；负责检查班级承包人对工作是否认真，对不认真者可给予批评、惩罚甚至撤换；负责收取学杂费、书费、班费等班级各项费用，及时将需上交的费用于当日放学前上交学校；负责班费的保管及记好班费往来账目，并于必要时向同学们公开；负责班级卫生清扫的指导工作，组织好全班大扫除；协助负责服装、发型、零食等工作的同学开展工作；负责郊游的组织。

4.体育委员：负责全班各项体育活动，具体组织同学们的跑步、课间操、眼保健操、练气功、体育活动课、仰卧起坐、俯卧撑、队列体操比赛、运动会等各项活动的开展，可指定各项活动的临时或长期承包人，协助体育教师上好体育课；负责全班同学身体检查工作，协助医务室建立本班同学的健康档案；负责组织同学控制或降低常见病、多发病的发病率。

5.文娱委员：负责班级的文娱活动的组织与开展；负责课前一支歌活动，选定教歌人并协助其完成任务；负责"班班有歌声"比赛、国庆文艺会演等节目的编排，新年联欢会的编排导演工作。

从上述案例中班委会成员的相关职责可以看出，每个人各司其职。学习委员负责学习方面的组织与管理，生活委员协助班长做好生活方面的诸多管理，体育委员则负责全班的体育活动，引导同学锻炼身体，开展相应的体育活动；文娱委员则负责班级文娱活动的组织与开展，甚至细化到课前一支歌等活动。这样，班主任在遇到相关的事情时，就可以找到相关的负责人，负责人也能清楚地知道哪些是自己职责范围内必须完成的内容。

第二层：物有所管。

魏书生老师要求班级要做到"八有"，即教室里要养花；要养鱼；窗户上要有窗帘；教室前面要有脸盆、毛巾、香皂等洗手用具；要有暖壶、茶杯等饮水用具；要有推子、剪子等理发用具；要有纸篓；要有痰盂。加在一起是 8 种公用的备品。对于这些备品的管理，魏书生老师同样采用了责任到人——备品承包责任制，让班级的每一件备品都由专人负责，大到黑板，小到一盆花，每一个物品都能找到其负责人，都能被得到相应的管理与照看，以强化学生的集体观念，使学生产生把班级当作家的观念。

1.承包某项备品者须保持该项备品的清洁。例如，承包暖气片者，应按学校规定，定期擦拭，在校例行卫生备品大检查时，不得因该项不合格而扣分。

2.承包者要保证该项备品的合理使用。例如，承包窗户者，天热时负责开窗；承包灯具者，光线暗时及时开灯，日光明时及时关灯。

3.提高备品的使用率。例如，承包篮球、排球者，要使同学们在该玩的时间内有球可玩；承包暖壶者，要使需要喝开水的同学有水可喝；承包鱼缸者，要使愿观赏鱼的同学时刻有鱼可观赏。

4.保护备品不被损坏，损坏后及时加以维修，损坏严重的，查清责任人，及时赔偿或更新。

从上述要求可以看到关于备品的具体清洁、使用都有具体的要求，从暖气片的清洁，灯的开关，篮球、排球的使用，到观赏鱼的管理，都有相应的管理规定，可谓凡事有人做，不让一件小事落空。

第三层：专事专办。

魏书生老师说："一名好老师，必须永远相信自己的学生。不管多么笨的学生，脑子里其实都埋藏着无穷无尽的潜力。事实上，不是学生脑子里缺少资源，而是我们缺乏勘探这些资源的能力。"因此他给予学生信任，赋予学生权利，将关系学生的事务划分为思想、学习、纪律、体育四个方面，让事关学生的每一项内容都由专人负责。

（1）×××（负责检查日记。没按时完成者，当天补完，写 500 字说明书；每拖一天加 500 字。未经本人允许，私自看人日记者写 1000 字说明书。）

（2）×××（负责记录每位同学在校内外做的好人好事。做好事一件，操行评定可加 0.1 分。）

（3）×××（负责检查座右铭。座右铭未摆到桌上者，立即摆上，并擦玻璃一大扇。）

（4）×××（负责检查班级日报。凡在中午 12：00 前未出报者，罚写 3000 字说明书；本班内容不够 60% 版面者，撕掉重办；按日报 10 条规定不合其他要求者，主管人酌情惩罚。）

（5）×××（负责记录、整理班规班法。同学违反规定，忘记班法时，及时查阅班法，督促专项承包人执行班规班法。）

（6）×××（对犯了错误、挨批评时只顾流泪的同学，每滴眼泪，写 100 字说明书。）

（7）×××（负责各项违纪者说明书的登记、收取、归类、统计。每写 1000 字说明书，在该生操行总分中减去 0.1 分。）

（8）×××（负责检查黑板上每日一条格言写得是否认真。不认真者，擦掉重写。）

（9）×××（负责班会的准备工作。召开班会时可自己主持，也可指定其他同学主持。）

（10）×××（负责开展独来独往活动期间监督工作。违反规定者，扫操场45分钟。）

（11）×××（负责班级课外书的借阅保管工作。指导不同类型的学生看不同内容的对其有益的课外书；对将不适合中学生看的书籍带入班级者，书籍没收，并写1000字说明书。）

上述内容是关于学生思想方面的专项任务承包内容。从上述内容中可以看到，关于学生思想的方方面面都有相关的人负责，大到班会的组织，小到座右铭的检查，全班学生总动员，调动了每一名学生参与班级管理的积极性，唤起了他们的服务意识。

总之，任务承包责任制让班级中的每一名学生都有事可做，承担起相应的责任。诚如魏书生老师所说，学生在承担相应的责任的过程中，受到了磨炼，培养了毅力，并进一步认识到：一个人为集体、为别人多吃苦，多磨炼自己，不仅有利于他人，而且有利于自己的成熟与进步，唤醒了学生的服务意识。

范例32　要建立和形成班级的"场"

李镇西老师认为，打造优秀班集体的目的就在于力求让每一名学生都受到影响。这种影响从何而来，不是教师简单地谈话，而是教师要发挥班集体这个重要的"场"的影响力。于是他依据马卡连柯的教育理论"在集体中""通过集体""为了集体"，在科学管理中建立和形成班级的"场"。

1. 营造良好的班风

班集体是德、智、体、美、劳五育和谐统一的教育组织和教育系统，如果这个系统充满了互相友爱、互相帮助的良好氛围，每一个身处其中的成员就都会与集体荣辱与共，为集体的挫折感到真实的难过与忧虑，为集体中每个成员的成绩感到由衷的欢喜与自豪，进而形成良好的班级氛围，即特定的"场"，而这个特定的"场"内的动力又会影响着处在其中的每一个成员。那么如何建立这个良好的"场"呢？

（1）激起学生的期待心理

如何激起学生的期待心理？李镇西老师认为应该得从新生第一天报名开始，即班主任要借助和学生的初次见面，给学生留下难忘的第一印象。这个第一印象关系到日后班风的形成。因此，班主任要在学生还没进校时就开始谋划班级的建设，要思考、酝酿开学第一天怎么做。

20世纪80年代，那时候招生比较简单，一般来讲，在暑假里我就能够拿到班级学生名单，包括他们的家庭住址。我就给每一名学生写一封信，首先祝贺学生考上了高中或者初中，介绍一下我设想的未来班级的样貌，进而提出几点要求：一是每人准备一套运动服，男同学准备蓝颜色的运动服，女同学准备红色的，为以后开展集体活动统一服装做准备；二是每人准备一支口琴，为将来成立班级口琴乐队做准备；三是建议每个人买一本《现代汉语词典》。最后以亲切幽默的口吻表达自己期待与学生见面、成为好朋友的心情。当然这些语言都是很亲切、很通俗的，甚至是很风趣的，不是一种很死板的说教。

上述案例是李镇西老师利用第一印象激起学生的期待心理的过程。从中可以看到，对于素未谋面的师生来说，抓住学生的心理，要从第一印象入手。教师在学生心目中留下怎样的第一印象，势必决定着此后班风的营造效果。因此教师要重视给学生留下的第一印象，这是建立良好的师生关系和营造融洽的班级氛围的重要一步。

（2）送好"见面礼"

当学生满怀憧憬地进入新的学校，见到新的班主任时，教师要给学生送好"见面礼"。班主任所送的"见面礼"会直接影响师生关系，影响班风的营造。

李镇西老师给历届学生的"见面礼"是"让人们因我的存在而感到幸福"这句话。通常他会要求学生把这句话默读一遍，再大声朗读一遍，提醒学生这句话不是一个口号，而是要体现在生活细节中。然后他会想办法发现学生表现出来的哪怕一点点善良，然后对这句话作注释。在开学时，他就利用发书时的一个细节诠释了这句话。

那次开学，李镇西老师在对学生说了这句话后就开始发教材。其间有一个学生说自己的音乐书破了。李镇西老师看了看这本破了封面的书，然后在全班同学面前展示了一下说："这本书的封面是破的，但内容完好，我想问一下哪位同学愿意主动要这本书？"随后一个学生举起手，接下来有更多的学生举手，最后几乎所有的学生都把手举了起来。李镇西老师把书递给了第一个举手的学生，问清他的名字后，大声地说："你们看，此刻我们每一个人都由于有了于建忠而感到了班集体无比的温馨！不是吗？不仅由于于建忠，还有所有举手的同学。我们班有这么多随时想着别人的同学，我们班每个同学都感到无比的温馨，这就叫'让人们因我的存在而感到幸福'！"

在上述案例中，面对破了皮的书，李镇西老师本可以将这本书退回图书馆，换一本新的，也可以告诉这位学生封面破了不影响使用，但他利用这个机会巧妙地激发了学生服务于他人的意识，使学生深刻地理解"让人们因我的存在而感到幸福"这句话的内涵，从而达到以身边的榜样激励学生的目的。而事实也证明李镇西老师处理的这一特殊事件，给学生们留下了深刻的印象。学生们在周记中纷纷写到为自己能成为这个新班级的一员而感到很幸运，为自己能有这么好的老师、这么好的同学而感到幸运！

因此，开学第一天，师生第一次见面，大有文章可做。要想打造优秀的班级，形成具有感染力的班级的"场"，教师就应培养自己的教育敏锐性，运用自己的教育智慧在开学第一天和学生见面的过程中发现并挖掘学生心灵深处的美好，并把这份美好作为对班级学生实行教育的素材。

李镇西老师在接手一个高一新班级时，与学生第一次见面时说："让我们来做一个互相介绍吧，通过李老师给你们写的信，你们已经知道了李老师的大体情况，现在李老师也想了解你们啊！所以我希望同学们也给李老师写段文字，也算是写封回信吧。这封信应该有三个内容，第一，给李老师推荐一位你过去读小学、初中的时候遇到的你认为最好的老师，谈谈你认为他有什么优点值得李老师学习；第二，你自己有什么特长或者爱好，能够在新的班集体为大家做点什么，也就是说，给老师和同学们介绍自己有哪方面的爱好、有哪方面的能力、能给这个班集体提供怎样的服务；第三，你希望李老师怎样管理这个班级，怎样做班主任，给李老师出出主意。"

在这份给学生的"见面礼"中，李镇西老师提出了让学生写一封信或者一段文字的请求，一开始就把学生置于师生平等这样一种关系中，使他们意识到，师生之间是互相学习、互相促进的关系，借助让学生提建议，给他推荐优秀的教师，同时也在强化学生作为集体的主人的意识，接下来学生要思考自己有什么特长、爱好，能为集体提供什么服务，这唤起了学生的服务意识。这样的"见面礼"，就给学生播下对集体的爱和责任感的种子。

2.建立班级的规章制度

良好的班级的"场"的形成，除了可以借助师生的首次见面，建立一种平等、融洽、民主的师生关系，还可以借助规章制度的建立，营造班级法治管理之"场"。

李镇西老师在接手一个新班级后，首先和学生讨论并确定班级规章制度的必要性和重要性。接下来以学生为主、教师为辅，讨论制定班规的原则：一是广泛性，即班规要包括班级的方方面面，从学习纪律到清洁卫生，以及各种常规等，尽可能广泛；二是可行性，即班规要达到约束学生行为的目的，要切实有效而不是喊口号，要有明确的奖惩制度；三是体现互相制约性，即班规要体现对班主任和其他教师的制约。明确班规的制定原则后，每位学生都要起草一份班规，最后共同讨论确定班规。

从李镇西老师带领学生制定班规的过程中可以想象到这样的班规一经制定必定对师生均产生制约作用，也必定让班级形成法治的"场"。生活在这样的环境中的个体又怎么能不自觉地遵守相应的规章制度呢？良性循环就会在班级自然形成，一个优良的班集体自然就产生了。

从上述内容中可以看到李镇西老师在建立和形成班级的"场"这一过程中，让班级的管理"在集体中"开始，"通过集体"来完成，进而达到"为了集体"的目的。在这一过程中，学生的服务意识自然而然地形成。

主题 2

培养学生的自律品格

班级管理要强调"法治"，也要强调"人治"。无论是法治还是人治，根本目的是培养学生的自律品格。作为一种品格和习惯，自律一旦形成，就会对学生的一生产生深远的影响。因此名师在管理班级时都非常注重培养学生的自律品质。

范例 33　努力成为学生的审美对象

特级教师窦桂梅认为教师的儒雅所外显出的形象会化作无声的教育力量，熏陶每一个人。因此要培养学生的自律品格，教师首先要做一个自律的人，以自己的自律行为影响学生，努力让自己成为学生的审美对象。

1. 规范自身言行

窦桂梅老师认为，优雅不是指长得天生丽质，而是指不断修炼出的面对学生时的微笑，时常为学生竖起的大拇指，并能够低下身子、弯下腰，还学生一个鞠躬礼……这表明教师要成为学生的审美对象，要注意从以下几方面严格规范自身的言行，以自身自律的品格影响学生。

（1）衣着和妆容得体

衣着要体现教师的职业特点和健康的审美情趣，选择体现协调的体态美的服饰，衣料颜色以柔和悦目为宜，款式上以大方得体为佳，不穿奇装异服。妆容恰当适度，遵循弥补不足、完善形象而非刻意修饰的原则，不追逐流行时尚，更不能在日常生活中不修边幅、不注意卫生、邋邋遢遢、服装不整、不刮胡须等。

（2）注意语言美

无论是在教学过程还是日常生活中，教师都要使用规范的普通话。所谓规范，一是语音语调要准确，二是用词用语要准确，不用一些流行词语或方言用语，不用粗俗鄙陋的语言。教育学生的时候，注意从关爱学生出发，平等友善、善良和蔼地对待学生，措辞考虑学生的承受力，不用如"笨、讨厌、没出息"等负面的语言。

（3）重视教态美

教态是指教师传播知识过程中的体态、神态及情绪的自然流露，折射出教师的风度和气质，影响着学生的审美。教师在授课时要以一种健康文雅、颇富活力的神态，充沛的精力，良好的语言能力，优雅的体态动作感染学生，以自己良好的教态和广博的知识吸引学生，提升教育教学效果，影响学生。

（4）注意公德美

平时在工作之余，教师们在办公室内交谈时不聊一些学生不宜倾听的事，比如购物娱乐、婚纱照、老婆孩子等家长里短；不在公共场所大声喧哗、上课时间不在楼道中大声讲话、与会中不随意交谈、不在会场中接打电话或手机铃声大作等；在校园内不吸烟，尤其是在和学生谈话时绝对不吸烟，不随地吐痰、不乱扔杂物，不让这些素质低下的行为影响自身形象，同时影响学生自律品格的形成。

2. 在不断阅读中陶冶情操

窦桂梅老师认为，除了这些看得见的"优雅"，教师还要在不断阅读中陶冶自己的情操、拓宽自己的视野、丰富自己的知识、提升自己的人格魅力。一位出口成章的教师，把尴尬化为幽默的教师，晓之以理、动之以情的教师，内涵博雅的教师……学生从教师身上看到的是自律的结果。他们自然而然就会模仿教师，自觉培养自己的自律品格。

（1）在阅读中要拓宽自己的视野

教师除了要阅读自己所教学科的专业书籍，还要多读一点经典书籍，从更多角度了解人与社会，了解人类的历史和个体的人的发展规律，在不同类型书籍的阅读中增加对人性的了解，让自己变得心胸豁达、思想深刻、头脑睿智、学会包容，从而打破专业的局限，让思想走出狭小的校园，不为复杂的人际关系而烦恼，进而让自己"腹有诗书气自华"，用自己的纯正影响学生。

（2）坚持阅读，使阅读成为一种习惯

当教师沉醉于阅读，养成阅读习惯时，生命得以丰厚，心灵得以充实，精神世界就会变得丰富起来，并在日积月累的阅读中培养了持之以恒的毅力和决心。这些变化会在师生的接触中潜移默化地影响学生，进而成为学生学习的榜样。

范例 34　签订管理合同

学生自律品格的培养，除了受到来自教师的言传身教潜移默化的影响，还需要借助"人治"的力量，提升其自律意识，培养其自律品格。名师宋运来在管理班级时，就借助签订管理合同来培养学生的自律品格。

1. 契约管理

"契约"一词，强调的是一种自由平等的关系。契约管理是在平等自愿的基础上，以自由民主为基本理念，由师生双方签订的、共同遵守的契约，从而在班级管理中运用个体契约，促进学生身心发展。宋运来老师提倡的与学生签订管理合同，就本质而言是一种契约管理。这种管理方式具有以下优点。

（1）突出了学生在班级管理中的主体地位

契约管理打破了传统的以教师为中心的班级管理模式，使班级管理转向以学生为主体，进而使得教师从学生的保姆或警察转变为学生的朋友和导师，而学生则从班级管理的看客、被管理者转变为班级管理的主体、中坚力量，因而可以唤起学生对班级的归属感。

（2）可以培养学生的综合素质和能力

契约管理是建立在师生双方平等自由的基础上的，可以满足学生对自我个体的尊重和平等对话的要求，同时让学生在管理过程中学会承担责任，培养自我管理能力，提升学生的综合素质和多种能力。

（3）可以培养学生的自律品格

随着经济的发展和社会的演变，契约及其所包含的自由、民主、平等的契约精神贯穿市场经济的各个领域，渗透在社会生活的诸多方面。契约管理符合当代社会和未来社会的发展，让学生在校园中就培养起契约精神及实践能力，进而培养其自律品格。

2. 契约管理的类型

班级管理状态，直接影响着学生的身心健康发展水平。一个管理科学的班级，其学生必定具备较好的自律品格。学生的自律品格并非与生俱来的，而是需要教师给予科学的引导和培养。契约管理可以培养学生良好的自律品格。具体在班级管理过程中应该怎样实施？宋运来老师认为，教师要以口头或书面的形式为学生规定应尽的义务，明确学生在执行或未能执行合同要求的具体行为时应得的奖励或惩罚，在一定程度上有效地提高班级管理水平。由此可知，实行契约管理可以按以下几种方式进行。

（1）书面契约

书面契约，也称正式契约，反映的是师生之间的权利和义务，以文字的形式明确师生双方各自在人、事、物等各项业务中的权利与义务，进而达到相应的管理目标。体现在班级管理中，指的是班级公约、班委公约、班务承包合同、文明礼仪约定、仪容仪表约定、宿舍管理约定等。书面契约，一定要在全体学生充分参与讨论、充分发表意见和发扬民主的基础上制定。只有通过民主讨论制定的契约才能成为大家的公约，才具有合法性、科学性和公正性，才能得到有效的执行。

1. 不说脏话，不打架，不在教室、走廊追逐打闹。

2. 不看不健康的书刊、影像，不去网吧，不玩网络游戏。

3. 不抽烟，不喝酒。

4. 按时到校，不迟到，不早退，不旷课。

5. 上课遵守课堂秩序，不顶撞老师。

6. 讲究卫生，不随地吐痰，不乱扔垃圾，保持教室干净整洁。

7. 作业按时完成，按时交。

上述班级公约就属于书面契约。其中对学生在校内外的学习与生活进行了明确的规定，比如要讲究语言美、要守时、要认真完成作业……这些规定都是师生双方经过讨论确定的，是在自由平等的基础上确立的。

书面契约中有一个特殊的契约，即个体书面契约，是教师与学生个体之间在充分交流的基础上做出的约定。其中的内容条款要在双方都感到公平合理、清楚明确且签名盖章同意后方可生效。违规违纪学生写的保证书或检讨书不属于书面契约，因为此二者不是在公平合理的情况下确立的，其中的很多条款不符合学生的本意，存在不公平性。在实际的班级管理过程中，只有教师和学生个体之间在平等的基础上做出的承诺和约定，且双方都能恪守约定，如期应约，方能称为书面契约。

（2）口头契约

口头契约，也称心理契约，是指教师与学生群体或个体以口头承诺和心理默契的方式达成的约定，是教师与学生群体之间对彼此责任的期望。相比于正式契约，口头契约在用于班级管理时，能让班级充满温情、充满人性。在实际的班级管理中，这种契约经常是通过主题班会、开展活动、文字沟通等方式达成的。

在高考前的一个月，由于学校学习氛围紧张，学习压力大，学生小东找到班主任，提出想自己在家自学，照常完成教师布置的几套模拟题及课本复习的进度等请求。班主任老师经过充分的考虑，征求了任课教师的意见，加之小东是一个能为自己负责、成绩能让教师放心的学生，于是师生双方达成了口头协议：小东在家必须保证完成教师布置的学习任务和计划，并按约定的时间向各学科教师提交作业。在这一个月里，小东如约履行自己的责任和义务，还针对自己的情况查漏补缺，最终在高考中获得了理想的成绩。

在上述案例中，学生小东与班主任之间的这种口头协议其实就是口头契约。契约的内容明确了小东学习的地点、学习的内容和要履行的义务。这份契约是在师生双方平等沟通的基础上自由确立的。

3. 契约管理的注意事项

无论是哪种类型的契约，用于班级管理中都要求学生具有良好的自律品格，也都重在培养学生的自律性。教师运用它进行班级管理的时候，要注意以下几点。

（1）要在良好的沟通和理解的基础上开展

要对学生进行契约管理，教师需要在自己与学生甚至学生家长之间建立起良好的沟通渠道，从而了解其需求和期望，并在双方相互理解的基础上确立有效的契约，并按契约进行管理。

（2）必须在目标和价值观上获得统一

契约管理的重要前提是师生双方甚至包括家长，必须具有共同的目标和价值观。只有这样，才能确保双方都能在明确的目标要求下，制定出有意义的契约内容，并自觉遵守契约，共同为实现契约目标而努力。

（3）必须明确各自的责任

契约管理需要师生双方，甚至必要的时候包括家长三方共同参与。无论是师生还是家长在管理期间必须承担各自的责任。班主任应引导学生和家长积极参与契约的制定和执行，并确保双方都理解并愿意履行自己的承诺。

范例 35　依法治班

班级管理的最终目标是培养学生的自律性，提升其自律性。除了要实行"人治"，培养学生的自律意识还要借助"法治"，借助外力的干涉。这是学生自觉提升自控力、培养自律品格的重要环节。魏书生老师在班级管理上采用的依法治班，其目的就是培养学生的自律品格。

1. 依法治班的内涵

所谓依法治班，就是用班级制度衡量、评价学生的行为并形成监督、纠正班级管理的模式。这种管理班级方式，"法"即是底线要求，班级成员在其要求范围内做事，处理班级问题的基本精神是认可"合法性"的制度或规则，不因人、因事、因境的不同而轻易改变。

2. 依法治班的要求

（1）班主任必须具备班级制度文化建设的意识

依法治班就必须有法，需要制定"法"，这就需要班主任要具有"法"的意识，才能使班级管理和班级建设有法可依。班主任具备"法"的意识，并组织全班学生讨论，确定班级的相关法规，就会让"法"成为"人"管理行为的范围和尺度，处于支配地位；进行班级管理时，就可以把这些法规作为一种工具，而执行法规的人——师生则处于支配地位，从而约束执法者在进行班级管理时，能将自己的行为限定在"法"的范围和尺度之内，避免在管理班级事务时带有个人情绪和偏见，确保班级管理的公正。

（2）班级必须具备相对完备的制度

魏书生老师在管理班级的过程中一直坚持依法治班，全班学生根据本班实际制定了多达上百条的班规班纪，内容涵盖班级生活的方方面面，不仅有班级制度产生的决议制度，还包括制度的具体细则，更有保障制度实施的监督评价制度。这些班规班纪使得班级成员的行为得到全面的监督和最大的保障，极大地促进了学生参与班级事务的积极性，提升了他们的自律性，培养了他们的自律品格。

（1）蔡××（发现课前唱一支歌时手放在桌上者，一次罚写 500 字说明书；发现唱歌时明显东张西望或低头者，一次罚写 250 字说明书。）

（2）张×（发现课间操未穿运动服者，令其回家取；督促当天值日生打扫卫生。发现衬衣上数第二个扣及以下每有一个扣不扣者，一次罚写 100 字说明书。拉链式运动服，自脖子以下应拉开在 15 厘米以内，超过此数，每超过 10 厘米，一次写 100 字说明书。）

（3）吕×（负责监督眼保健操。发现睁眼者，罚写 250 字说明书。）

（4）值日班长（发现哪位同学附近的地面有纸屑，每平方厘米罚写 100 字的说明书。）

（5）李×（负责记录老师每次提醒大家"坐如钟"的年、月、日，平时负责提醒同学们写字距离本子一尺远。）

（6）值周班长（负责检查劳动工具。）

（7）周×（发现不请假又不参加跑步活动或课间操活动者，罚写 1000 字说明书。）

（8）郑××（负责提醒同学不吃零食。发现吃零食者，罚写 500 字说明书。对吃瓜子者加倍处罚，扔到地上一粒瓜子壳，写 1000 字说明书；再看衣袋里，每发现一粒加写 100 字说明书。）

上述内容是魏书生老师依法治班的相关规章制度中，关于专项任务承包人及责权的内容节选。从节选的内容中可以看到，其中包括要求及违反要求的相关处罚，保证执法者能做到有法可依，处罚得公平公正。

（3）班规班纪要具有相对合法性

一是班规班纪是在民主协商的基础上产生的，是班级成员协商讨论，并获得所有成员的认可和共识的。只有经过学生讨论协商的班规班纪，才能获得学生的认可和接受，也才能在班级管理中发挥最大的效用，在执行的过程中获得最大的效力。

二是班规班纪的内容要合理。班规班纪的内容是为了进行科学的班级建设与管理，是基于学生现实问题并约束学生行为的，而且是学生愿意接受的。比如，制度规则的具体、明确，可量化，便于执行，不空泛模糊，同时考虑班级具体场景的特点以及制度的发展性问题，进行适时改进和完善。

三是班规班纪的执行要公正。师生在执行班规班纪过程中要做到有法可依、执法必严、违法必究，确保班规班纪面前人人平等，这是依法治班的重要保证。

主题 3

引导学生养成良好的学习习惯

良好的学风是班级风气的重要内容。要形成良好的学风，就需要引导学生养成良好的学习习惯。名师在管理班级的过程中，重视运用多种方法引导学生养成良好的学习习惯，帮助学生更高效地学习和成长，以形成良好的学风。

范例 36　教室的墙壁会 "说话"

教育家苏霍姆林斯基曾说："要使学校的每一面墙壁说话，发挥出人们期望的教育功能。"这句话强调了校园文化建设的重要性，说明了环境对学生的影响。要使学生养成良好的学习习惯，就要注重环境对学生的影响。

1. 学风的影响因素

学风是班级在长期的学习过程中形成的一种相对稳定的学习风气与学习氛围，是学生总体学习质量和学习面貌的主要标志，是全体学生群体心理和行为在治学上的综合表现。学风既是一种氛围，同时又是一种群体行为。良好的学风不仅能使学生潜移默化地受到熏陶和感染，还能内化为一种向上的精神动力。

良好学风的形成受六个因素影响：学习目标、学习态度、学习纪律、学习方法、学习兴趣和学习效果。其中，学习目标是推动学生学习的动力，是学风建设的基础；学习态度是学风建设的前提，体现为学生对学习重要性的认同、对学习目标的追求、对学习知识的兴趣和情感的浓厚程度；学习纪律是促使良好学风形成的外部因素，是促进良好的学习环境和学习秩序的重要前提，也是形成良好学风的强有力的保证；学习方法是形成良好学风的关键，可以提高学生学习效率，增强学生学习的成就感；学习兴趣是学生学习的内在动力，体现为学生对知识学习的兴趣，是真正形成良好学风的前提；学习效果是判断学风好坏的终极标准，对学风的纠正和重塑起着反馈和调控作用。

2. 重视环境建设，建设良好学风

苏霍姆林斯基说过："校园应像伊甸园一样引人入胜。"这句话说明了优美舒心的校园环境对学生身心发展的重要影响。作为校园环境的重要组成部分，教室环境是培养学生良好道德品质的重要载体，对于形成良好的学风发挥着特殊的教育功能。这种教育功能"润物细无声"，让学生身处其中自然而然地受到感染、激励，对学习产生兴趣，获得愉快的情绪和强烈的求知欲望，让学习达到事半功倍的效果。

如何发挥环境在良好学风建设中的作用呢？

（1）重视环境的美化

干净、整洁、美观、大方的教室环境会使学生心情愉悦，提高其生活、学习的质量。生活在这样优美的环境中，学生的情操会受到陶冶，学习生活会得到美化，心灵会得到净化。学生处于这样的学习环境中，就不忍心打破教室的宁静，不忍心破坏教室的干净，会不由自主地沉静下来，自然而然地进入学习状态。

（2）重视环境的氛围营造

教室中发人深省的条幅、语句优美的板报、赏心悦目的学生作品，在装饰教室、美化环境的同时，也能启发学生的思维，提高学生学习、创作的积极性，增强其学习和上进的信心，让他们体验到成功的快乐，促进同学之间的学习和交流，培养学生的创新意识，提高学生动手实践的能力，使学生产生学习的欲望。尤其是展示在墙面上的学生作品，在无声中提醒学生学习可以提升自身价值，体验成功的快乐，从而激发学生内在的学习需求，促使每一名学生愿学、乐学、会学、善学。

范例37　创办《班级日报》

引导学生养成良好的学习习惯，激发学生的学习兴趣，是形成良好班风的重要前提。魏书生老师在管理班级时，组织学生创办《班级日报》，在提高学生能力的同时，培养学生的学习兴趣和良好的学习习惯。

1.办报源起

下述案例是一份《班级日报》的主要内容。

第一版头条是："要闻简报"四则，一版二条是特写：《今日三·七班》，接下来是通讯：《前进队伍中的路长——潘忠良名列榜首》，再下面的一个栏目是

"班级四方"；第二版上方是两个醒目大字标题——《品格》，副标题——班长二三事，第二版还有"人物趣谈"专栏三则；两个版面之间的中缝是《班级实事》：报道班级总人数、缺席人数及迟到、早退、违纪的人数，中缝里还有《箴言》。

这份《班级日报》就是魏书生老师组织学生创办的，是魏书生老师和学生共同讨论的结果。

1983 年 10 月，魏书生老师在阅读《营口日报》时，灵机一动产生了办一份班级报纸的想法，希望在办报纸的过程中提高班级学生的管理能力。在经过一段时间深思熟虑之后，他将自己的想法告诉了学生，学生就此话题展开了热烈的讨论，最终一致决定创办《班级日报》。1984 年 1 月 10 日，第一期《班级日报》办成。《班级日报》的前 6 期都是由班干部带头创办的。从第 6 期开始，班级学生按学号轮，每人办 1 期，每天轮到一个人。由于报纸的纸张是由学生自己提供的，因此《班级日报》色彩纷呈，不过篇幅却始终像《参考消息》那么大。

为了保证《班级日报》发挥积极的作用，魏书生老师和学生们共同讨论，制定了相应的规则。

1. 内容要求：直接反映本班学生学习生活的内容要占 60% 以上的版面，对班级纪律、卫生、出席、课间操得分状况，务必及时报道。

2. 栏目要求：主要设有班级新闻、学先进专栏、本班学生的学习方法说、好人好事、警钟专栏；务必设有文章病院专栏；开辟一小块工作失误及补救的分析园地，专门用于上一日值日班长及时分析班级工作失误的原因并写明补救措施。

3. 制作要求：每期报纸一定要有图画点缀，可以是黑白的，也可以是彩色的。

4.时间要求：报纸务必在当日上午12时之前夹到报夹子上方，不能拖为晚报。

这样的《班级日报》及时反映了班级学习生活：表扬好的苗头，激励学生向上；批评不好的苗头，给学生敲响警钟。在《班级日报》的创办过程中，学生创造性思维的火花时时闪亮，他们在创办日报的过程中学会了取长补短，认识到学习的力量，感受到了学习带来的成就感、愉悦感，培养了自信心，使得班里洋溢着浓郁的学习氛围。

2.办报启示

从魏书生老师办《班级日报》的经过中可以感受到，办《班级日报》，能够培养学生的综合潜质，如写作潜质、书法绘画潜质、版面设计潜质，可以加深学生对学习重要性的认识，唤起学生的学习意识和主动性。在办报的过程中，学生会为了积累相关的资源自觉养成读书看报的好习惯，养成乐于向他人学习的美好品德，在学会学习的同时也掌握了学习的方法与技巧。具体来说，创办《班级日报》需要经过以下几个程序。

（1）确定报纸主题，明确报纸内容

报纸主题是创办《班级日报》的重要的一部分。只有明确的主题才能为后面的内容选择奠定基础、确定范围。

（2）拟定栏目，收集资料

在确定主题、明确内容之后，就可以围绕相关的主题，拟定报纸的栏目，并围绕栏目有针对性地收集资料。比如可以开设"箴言集锦"专栏，精选励志格言，如勤奋、拼搏、惜时、坚持等，课前齐诵，激扬奋斗力量，传达拼搏心声；可以开设"今日要闻"专栏，记录当天班内的重要事件，寝室内务、小组积分、卫生保洁等评价等级；还可以开设"人物专访"专栏，报道班级中的好人好事。

（3）制定规则，明确要求

没有规矩，不成方圆。在办报的过程中，还要提出相应的要求，比如报纸的制作要求、出版时间等。

（4）随时总结，不断优化

创办报纸是一个逐步成熟的过程，因此在创办的过程中要随时总结、不断优化。教师要注意组织学生及时发现并总结办报实践中的不足和失误，研究改进的办法。这样一来，报纸就会越办越成熟，内容就会越来越丰富，对学风的建设就能发挥更大的作用。

专题五

把握师生沟通的艺术

班级管理是师生双向奔赴的过程。教师要带出一个好班级，就离不开与学生沟通。因此，把握师生沟通的艺术，与学生进行良好的沟通，促进和谐师生关系的建立，是教师要养成的教育能力，也是带好班的一个重要前提。

主题 1
做一个真实的人

真诚是人际沟通的一个重要的原则。"精诚所至，金石为开"是班级管理的至理名言。师生沟通的目的是实现心与心的交流，离开了真诚，沟通就成了信息的传递。优秀班主任用他们的带班经验告诉我们，要做好学生的思想工作，教师必须首先做一个真实的人，带着真诚与学生沟通。

范例 38　做一个真实的人

特级教师张化万主张教师首先要做一个真实的人，因为"真实的遗憾比虚假的完美更加动人，更加具有生命力"。无论是从教学还是从班级管理的角度来看，真实都是必不可少的。教师唯有坦率地以"真实的人"的形象出现在学生面前，才能以诚感人、以诚动人，赢得学生的尊重，促进师生间的良好沟通。

1. 心中存真爱

教育家陶行知有一句至理名言："千教万教，教人求真；千学万学，学做真人。"教师要做一个真实的人，首先就要心中存有真爱，并让其融入血液、深入骨髓，并让真爱成为一种习惯，时时在其指引下去热爱、关心每一名学生，关注他们成长的点点滴滴；对学生的错误及过失予以理解、宽容，与学生相处时能给以尊重，在学生遇到挫折时能真诚地给予鼓励，让真诚的爱犹如春风化雨，时时净化学生的心灵。具体表现在以下几方面。

（1）在生活上对学生予以关心与照顾

平时懂得关心学生、照顾学生。教师平时不是上完课或交代完事情就转身离开，而是能认真留意身边学生的细微变化，尤其是那些在生活上或学习上存在困难的学生，及时发现他们的问题和需求，及时给予安抚和关心。

（2）给予学生恰当的指导

相对于学生，教师作为成年人，拥有更多的知识、智慧、能力与经验。因此在师生相处的时候，一个有真爱的教师能从学生成长的角度出发，不仅能组织学生玩耍，安排学生生活，而且关注学生成长的关键时期，引导他们在活动或玩耍的过程中增长知识、提升能力、积累经验。这种对学生成长的关注是为之计深远的爱，是真正的爱。

2. 处世有真情

（1）在处世中表现出真情实意

这种真情实意表现为将爱奉献给学生的同时，能客观公正地对待每个学生，对学生一视同仁。尤其是对待学困生，不讥笑歧视，而是给予更多的关爱，能耐心教育，热情关怀，积极捕捉他们身上的闪光点；在学生出现问题的时候，不简单、粗暴地批评，而是从有利于学生成长、保护学生心理的角度，给予耐心的引导，欣赏、鞭策、感染学生，让每一名学生在陷入低谷时都能重拾自信，让全体学生都能得到发展。

（2）在师生相处时流露出真情实意

这种真情实意表现为能耐心地倾听学生的心声，并在倾听的过程中给予适当的回应，能站在学生的角度思考问题，而不是强硬地让学生接受自己的观点和看法；能尊重学生的感受，与学生交谈时注重自己的措辞和用语，不轻易贬低或嘲笑学生；能就问题发表自己真实的想法，而不是处处掩饰，虚伪地应付学生，只为了营造表面的平和，而是真正让师生双方在处理问题的过程中碰撞出思想的火花，促进学生的成长。

3.做人显真意

一个真实的教师，在做人的时候能表现出真情实意。这样的教师不仅在课堂教学中对学生能付出真情，在课外相处时同样对学生能实施真正的教育。

（1）在与学生相处时，能真诚地表达自己的内心感受

当学生出现问题或犯了错误时，不会因为问题过小而轻描淡写地一笔带过，不会以事不关己高高挂起的态度对待学生，而是能适时俯下身来给予善意的提醒、简单的鼓励、轻轻的抚摸、会意的微笑，让学生感受到自己在做事过程中存在的问题，能感受到来自教师的浓浓的爱。

（2）能适时表达自己的情绪和感受

人都是有血有肉的，很难想象一个没有七情六欲的教师能够在做人上表现出怎样的真诚。一个真诚的教师能够表现出自己对生活的热爱、对他人的感恩，会因天气晴朗而喜悦，也会因天气恶劣而担忧；会因学生的无措而担心，也会因学生的莽撞而生气，但这一切的情绪变化都是基于对学生的关心和爱护。

总之，在师生沟通的过程中，教师要做一个真实的人，在学生面前展示出自己的真诚，以真诚感动学生，以真诚打动学生，以真爱感染学生，如此才能以自己的人格魅力吸引学生，建立良好的师生关系，带出一个好班级。

范例39 做有内容无字的书

关于师生之间的沟通艺术，于永正老师认为，每个学生都很在意教师对他的态度，内心深处都渴望教师喜欢他。但要教师喜欢每位学生，难；可是，如果像美国教育家托德·威特克尔说的，"做出喜欢他的样子"，则比较容易。因此他主张，教师要做有内容无字的书，让学生在阅读自己的过程中读出尊重、宽容、开朗、乐观、关心、耐心、一丝不苟。

如何做呢？他给出的建议是让自己成为像甘草一样的教师，默默地关心，默

默地奉献，修炼自己的品格，做一个真实的人。

1.处世要温和

于永正老师认为，甘草性温、味甘，因此一名教师要涵养自己温和的脾性。这样不仅可以让学生感受到教师的关爱和关心，还可以让班级管理更加顺畅。

（1）要温和处事

"温"是所有学生对所有教师的第一期盼。班级管理工作琐碎繁杂，最考验教师的性格。教师要做有内容无字的书，就应修炼自己的情绪掌控能力，无论遇到多么紧急或严重的问题，无论面对学生多么令人可气的行为或举动，教师都不可火冒三丈、急不可待，轻率地处理问题、批评学生，而是要先处理好自己的情绪，再去处理问题。在处理问题的过程中，教师要注意温声细语地询问问题产生的原因，温和地看着学生，观察其言行举止，在细枝末节中，在客观分析中找到问题的根源，并以温和宽厚的态度处置问题、解决问题。

于永正老师班里的一个学生有一个不良习惯——偷东西，且屡教不改。一次，这个学生写了一篇十分精彩的作文，于永正老师让他在班里朗读。读到精彩处，于永正老师在一旁点评，并带头为他鼓掌。对于小学六年级的学生来说，能够在班里当众朗读自己的作文，实在是一种很高的荣誉。这个学生读完之后，于永正老师端详着他的作文，表现出一副爱不释手的样子，自言自语地说："真是出乎意料。写出这样好的文章，谁不喜欢！唉，如果不那个，该多好！"说到这里，于永正老师装作失言的样子说，"我怎么说出这样的话来了呢？人家已经改了，还说！"听到老师的这句话，这个学生的脸顿时变得通红。不久后，班里的一个学生捡到了别人的书包，于永正老师在班里郑重地表扬这位同学不为钱物所动的品质，教育大家要做"喻于义"的"君子"，不做"喻于利"的"小人"，最后在下午课间活动的时候请那个有偷盗习惯的学生陪同拾包的同学一起将书包送到失主所在学校。

在上述案例中，于永正老师面对具有偷盗行为的学生，没有讽刺挖苦，也没有歧视嘲讽，而是温和相待，变相地提醒学生，让学生意识到自己的问题，再通过榜样的作用给予学生以感染和引导。这种教育恰好反映了他处世温和的特点，这种教育方式远远要比惩罚学生来得真诚，效果必定更好。

（2）做事要温文尔雅

"温"还表现为言谈举止不急不躁，措辞用语温和有礼。教师要与不同性格的学生沟通，更要与不同类型的家长和同事沟通，因此教师要修炼自己的言谈举止，以礼貌的用语给予对方尊重，以平和的微笑传达出善意、表现出真诚，以此拉近双方之间的距离，消除沟通的障碍。

（3）待人要和蔼可亲

"温"还表现为待人谦和宽容，对人和蔼可亲。待人谦和是指教师在面对不同性格、不同家庭的学生时都能给予尊重，言行举止都表现得谦逊有礼，不以自己教师的身份而居高临下，而是能与学生平和、平等地交流。和蔼可亲是指教师在与学生交流时能照顾到学生的情绪感受，用一个可亲的微笑、一句温柔的话语或一个小小的举动消除学生的畏惧和紧张心理，打消学生的顾虑，学生在教师的真诚中敢于说真话、说实话、说心里话。

2. 待人要宽容

于永正老师认为，甘草的第二个特性是包容。包容就是宽容、大度、有气量、不计较。教师要知道学生就是在错误中成长的，教师需要做的是接纳、理解学生，宽容、正确地引导学生，因此教师能够包容学生，才能走近学生、影响学生。

（1）宽容对待学生的错误

苏霍姆林斯基说："教育是人与人心灵的最微妙的相互接触。"如果教师用一颗宽容的心对待学生，不对学生厉声斥责或变相惩罚，而是宽容对待学生的错误，那么宽容就成为一种充满人情味、充满生命力的教育方法，可以帮助教师打开学生的心扉，走进学生的内心，变成学生心目中可亲可敬的人，从而让师生沟通顺畅进行。

（2）宽容对待学生的指责

"人非圣贤，孰能无过？"教师作为有血有肉的人，也必然不可避免地会犯一些错误。同样地，学生也是有血有肉的人，对教师所犯的错误也会心存意见，甚至有些学生会口出怨言，此时教师就要对学生的指责宽容以对，站在学生的角度理解其心理，体会其感受，并就自己的错误和问题及时向学生道歉，在获得学生谅解的同时，以自己宽容的心胸获得学生的尊敬和爱戴，促进师生之间的良好沟通。

3. 做事要适度

于永正老师认为，甘草的第三大特性是调和，教师要在教育教学工作中掌握中庸之道，不过分严厉，也不会过分宽容，在一章一词中运用自己的教育智慧，给予学生适度的奖励、适度的成就，在助力学生健康成长的同时让学生感受到教师真诚的爱，从而拉近师生之间的距离，促进良好的师生沟通。

（1）要宽严结合对待学生

教师过度严厉地要求学生，会让学生产生窒息感和被控制感，进而可能激发学生的逆反心理，导致师生之间产生隔阂。教师要把握好宽严结合的度，在严格要求学生的同时，也要留给他们一定的宽松环境，允许他们发泄不良情绪，拥有自己独立的空间。

一次，一个学生因为没有完成家庭作业，早晨假装背着书包去上学，逃课了半天，中午又回到家。因此家长也被蒙在鼓里。于永正老师找到这个学生，一改以往温和的态度，严肃地对他说："老师十分生气！不完成作业已经不对了，再逃学，不是更错？你爸爸妈妈知道了，不更气？"听了于永正老师的话，这个学生低下了头。于永正老师接着说："我怎么也想不明白，你为什么会这样做。要知道，你失去的不只是一上午宝贵的时间，而是诚实。我感到痛心，希望不再出现第二次。当然，你爱面子，没完成作业怕被批评。但你忘了，逃学不更让老师难以原谅？"听到这儿，学生连忙向于永正老师发誓："老师，我绝不会再有第二次了。"于永正老师的语气缓和下来，说："我相信你言而有信，不会令我和家长失望。"从此之后，这个学生再也没有逃过学。

在处理学生逃课这件事上，于永正老师一改以往温和的态度，体现了他对学生的严格要求；在批评学生的过程中，重点表达的是自己对学生逃学这件事的内在感受，而不是指责学生，又表现了对学生的宽容。这种宽严结合的方式，触动了学生的心灵，使得学生主动承认自己的错误，自觉改正。

（2）要收放适度

教师对班级的管理，倘若大事小事一把抓，不但自己会过度劳累，因为无法兼顾全面而出现这样或那样的问题，而且会致使班干部和学生旺盛的精力无所宣泄而导致问题的发生。教师要对班级事务采用抓大放小的方式，调动学生们参与班级管理的积极性，在促进师生感情融合的同时，提升班级管理的效果。

（3）要缓急适度

事关学生的事情没有大小之分，但有缓急之分。面对传达的班级管理工作，面对学生频繁出现的问题，教师要分清问题的轻重缓急，科学调度，精心组织，将急事、重要的事放在前面处理，将不着急的事情、不那么重要的事情放在后面处理。如此一来，就能让班级的各项工作得到科学的解决，就能让学生在教师处理事情的过程中受到教育和启发，进而使学生对教师心生敬佩，愿意听从教师的教导，愿意与教师沟通。

主题 2
了解你的学生

教育家卢梭说："作为教师首先就要了解学生，我们对学生是一点也不了解，对他们的观念错了，所以越走越远……轻率地对学生们下断语的人，是注定会判断错误的！这种人反而比学生们更加幼稚。因此，就从你的学生开始好好地研究一番吧……"因此，要促进良好的师生沟通，教师除了要做一个真实的人，以真实打动学生，还要去了解自己的学生。

范例 40　了解你的学生

教师为什么要了解自己的学生？优秀班主任郑杰给出了答案："你了解了学生，就会体谅学生的苦衷；你更善良了，就会被学生从心底里接受，你就握着一把钥匙，一把让学生学业成功，也让你自己事业成功的钥匙。"由此可见，了解学生是促进师生之间有效沟通的重要前提。怎么了解学生呢？

1. 了解学生的思想状况

学生的思想状况，包括学生的价值观、信仰、道德观等内容。教师，尤其是班主任，在学生的成长过程中扮演着重要的角色，因此教师要了解学生的思想状况，以便掌握其心理变化，及时发现问题并给予相应的指导，使之树立正确的人生观、价值观和世界观，形成健康的思想意识。

（1）多与学生交谈

教师要尽可能利用一切可能的机会与学生交谈。比如，可以利用课间休息时间，在随意的交谈中了解学生对问题的看法；可以有计划地组织主题班会活动，在与学生就相关问题的讨论交流中，获知学生的人生观、价值观；还可以定期召开班干部会议或者不同层次的学生会议，在有意识的交流中了解不同层次学生的所思所想，清楚他们的思想状况。

（2）多与任课教师交流

任课教师是除班主任之外与学生交流最多的教师。相比于班主任，他们能更多地获知学生的其他情况，甚至由于某些学生在任课教师面前更能卸下伪装，使得任课教师对学生思想状况的了解更彻底。班主任可以有意识地多与任课教师交流，了解不同学生或者学生群体的思想状况。

（3）定期与家长交流

如果说学生身处学校是一名学生，那么学生在家庭就只是个孩子。在父母面前，孩子更多地呈现出和在校不同的一面。教师可以多与家长交流，获知学生对某些事情的看法，进而从侧面了解其思想状况。

总之，教师只有清楚地知道学生的思想状况，才能有针对性地与学生交流，在学生出现问题的时候扶一把、拉一把，引导其顺利地度过人生关键期。

2. 了解学生的学习状况

学习是学生的主要任务，教师应全面了解学生的学习状况，包括学习态度、学习方法、学习成绩等。了解学生的学习状况有助于教师分析学生的学习问题，提出针对性的指导意见，并制定有效的学习方案；从学生的个性发展角度出发，在尊重其兴趣爱好的基础上激发他们的学习热情和学习兴趣，提高学习效果。

（1）在教学活动中了解

在中小学阶段，班主任同时又是任课教师，因此得以在教学活动中观察学生的一举一动、一言一行，发现其在学习过程中的方法、态度，进而在有目的、有计划、有组织的观察和发现中获知学生的学习状况。

（2）从作业情况中了解

作业可以帮助学生及时巩固课堂所学知识，培养和发展学生的能力；同时，作业也可以帮助教师反馈教学效果，以及规划日后新课的教学内容和方法，因材施教，弥补教学不足。可以说，学生的作业完成情况，可以直接反映学生的学习状况。教师可以通过批改学生的作业，了解学生的学习态度、学习效果、思维误区，从而可以有针对性地引导和点拨学生。

（3）从交流中了解

这里的交流包括两个方面：一是和任课教师交流；二是和学生交流。教师可以分阶段有针对性地与不同学科的教师交流，通过学科教师的反馈，获知学生的学习态度、学习效果和学习方法。教师可以与学生本人或者其他学生交流，在与学生的直接交流过程中，师生之间可以建立朋友式的关系，教师宜采用关心和体贴的语言，向学生传达出对其学习的关心，或者借助引导性的问题获知学生在学习方面的困惑和困难。如此一来，通过有针对性的交流，教师就可以明确获知学生的学习情况，有利于教师对学生进行帮助和指导。

3. 了解学生的身心状态

青少年学生正处于人生的黄金期，其身心都在不断发展变化中。教师要了解自己的学生，就要了解其身心状态。

（1）了解学生的身体状态

健康的身体是学生学习的保障，也是成长的基础。教师可以通过观察学生或者与学生交流，了解他们的饮食营养、睡眠、运动锻炼等方面的情况。一旦发现学生在身体方面出现不良状况，比如过度疲劳等，就要及时给出建议，引导学生进行科学的锻炼和饮食，保证其身体健康。

（2）了解学生的心理状态

心理健康是学生全面发展的重要组成部分。教师应关注学生的心理状况，了解他们的情绪、情感、人际关系等方面的问题。教师可以通过组织班级活动观察学生在活动中的表现，从侧面获知其心理状态；可以结合学生一段时间内的情绪变化，了解其心理状况；也可以请学校的心理教师为学生定期开展心理健康测试，在与心理教师交流的过程中，获知学生群体或学生个体的心理健康情况。

总之，了解学生的身心健康情况，可以让教师及时针对学生的问题进行科学而全面的补救。教师在与学生沟通中能更有针对性地与其交流，把话说到学生心里，把心思用到学生身上，促进良好的师生关系的形成。

范例41　巧用个别谈话

特级教师李烈指出，个别谈话可以避免教师与学生发生正面冲突，同时也可以保护学生的自尊心，使教师容易进入学生的内心世界，加深对学生的了解和认识，提升师生沟通的效果，有利于学生从思想上做出转变。怎样用个别谈话去了解学生呢？

1. 带着目的去谈

任何谈话，如果没有明确的目的，就成了随意的聊天。教师要运用个别谈话的方式了解学生，首先就要确定谈话的目的，即了解学生的一般情况，或对学生进行表扬或批评。唯有确定了谈话的目的，教师才能做到心中有数，才能让谈话有重点、有侧重、有收获。一般来说，教师可以在找学生个体谈话前设想一下自己要了解的内容，甚至可以用一张空白的纸张列出谈话的方向及要了解的主要问题，也可以设想一下，当问到这些问题时学生会有怎样的反应或回答，并在内心准备好应对这些情况的方法。必要的时候可以在谈话前做一些相关材料的准备，以确保谈话顺利进行，达到谈话目的。

2. 选好谈话地点

与学生个体谈话，一定要根据学生的个性特点和谈话的目的确定谈话的地点。从了解学生的角度出发，与学生交谈时，因为可能涉及很多学生不愿意公开透露的情况，所以不妨选择一些较为隐蔽的场所，比如放学后的班级，下班后的教师办公室，甚至可以选择离教师或学生家比较近的一个放松的场所。但具体地点的选择，还要考虑学生的个性特点。

就学生的个性而言，与内向的学生交流要选择安静的场所或者没人打扰的地方。尤其是要了解学生的家庭情况及学生的成长经历时，更要选择有利于保护隐私的场所。与性格开朗、外向的学生交流，则可以将谈话地点的选择权交给学生，让学生选择其感到舒服或放心的地方。不过教师要提前提醒学生，明确此次谈话的目的和内容，以便学生在选择地点时综合考虑。

就谈话的内容而言，如果是较为隐私的谈话，比如了解学生的情感经历，那么就一定要选择比较隐秘的地方，比如校园的某个僻静的走廊。如果要了解学生近期的心理问题，那么最好选择一个相对放松的场地，而且在谈话之前要营造轻松的氛围，因此可以选择在休息日或班级自由活动的时间，在餐厅或学校操场，师生二人单独谈话，有利于消除学生的戒备心理，让学生坦诚相待，倾诉其真实的所思所想。

3. 选好谈话时间

在与学生个体谈话的时候，教师还要注意选择谈话时间。通常情况下，与学生个体谈话尽量选择比较放松的闲暇时光。在这样的情况下，学生会比较放松，自然而然就会倾诉自己内心真实的想法。尤其要注意的是，不要在学生写作业、参加课外活动的时候突然找学生谈话，一方面，此时学生的兴趣不在谈话上，会采取应付的态度，达不到谈话的目的；另一方面，会制造紧张情绪，使学生产生自己犯了什么错误的想法，进而在与教师沟通时满怀戒备，影响谈话的效果。

4. 运用相应的技巧

与学生个体谈话，还要注意运用相应的技巧，方能达到相应的目的。

（1）提前将谈话的内容用不同的方式通知学生

如果是了解性谈话，可以提前与学生预约时间和地点，并提前告诉学生要了解他的哪些情况，让学生有所准备；如果是表扬性或批评性谈话，不但不需要预约，而且不要选择在早晨找学生谈话，尤其在措辞上不要给学生造成心理负担，比如说"你到我办公室……一下"，这样的措辞就极容易使学生产生沉重的心理负担，因此忐忑不安，影响学习。

（2）营造平和的谈话氛围

无论在什么地点与学生个体交谈，首先要消除学生的戒备心理。如果是在办公室，要请学生坐下，给学生倒杯水；在谈话进入正题之前，可以谈一些与要交流的内容无关的话题，等学生逐渐适应了谈话的气氛时再慢慢切入正题。

（3）持平等的态度

教师与学生个体谈话，学生本身就有一种自己犯了错或出现了什么问题的心理。因此在与学生谈话时，教师要态度温和，对学生平等相待。即便是要对学生的问题进行批评，也要对学生平等相待，给予相应的尊重，以便引导学生说出其所思所想，并在学生认真的倾诉或申辩中了解问题的根源，促成有效沟通的达成。

主题 3
重视提升个人魅力

在师生交流过程中，有效的沟通，除了要建立在教师了解学生的基础上，还要建立在教师具备极高的个人魅力的基础上。可以说，一个具备较高的个人魅力的教师更能让学生向其敞开心扉，表达其所思所想，建立良好的师生关系。优秀的班主任都具有较高的个人魅力，都能巧妙地运用个人魅力提升师生沟通的效果。

范例 42　让你的眼睛会"说话"

特级教师聂在富认为，眼神是一种丰富的无声语言。在师生交流的过程中，一个恰当的眼神有时可胜过许多苦口婆心的长谈，达到"无声胜有声"的效果。因此他喜欢用眼睛和学生进行情感交流。这就提示我们，教师在管理班级的过程中，要学会用眼睛与学生进行情感交流。

1. 初次见面时

作为心灵的窗户，眼睛在师生的双向交流中起着不容忽视的作用。尤其在师生初次见面时，教师倘若能让自己的眼睛来"说话"，就可以起到胜却千言万语的作用。在新生入校第一天师生见面时，通常会有自我介绍环节。教师可以在自我介绍的时候，首先环顾四周，用饱含温暖、充满力量的眼神看着每一名学生，要与每一名学生对视。这样的眼神就会无声地告诉学生：我是你们的老师，可以相信我、依赖我，此后的日子里，我会与你们相伴。我会陪伴你们、关心你们、爱护你们，也会引导你们、鞭策你们。这样一来，无声的视觉语言，就会在学生的心目中树立教师的形象，教师就可以逐渐走进学生的内心，赢得学生的信任。

反之，在初次见面时，教师眼神飘忽，不与学生对视，甚至扫视学生一眼就迅速地转移视线，那么就会给学生以胆小怕事、不能信任和依赖的感觉，从而影响师生之间的良好沟通，进而影响良好的师生关系的建立。

2. 激励学生时

班级管理工作本质就是培育人、引导人。学生作为被培育的对象，内心充满了对教师的依赖。他们非常在乎教师对自己的评价，尤其在获得成绩或遭受挫折的时候，特别渴望得到教师的激励。教师要善于运用眼神这一无声的语言，充分发挥激励学生的作用。

（1）在学生获得成绩时

教师巧妙的眼神会让学生充满力量。怎样运用呢？教师可以面带微笑，用满怀欣赏的目光看着学生，用含笑的双眼告诉学生"老师欣赏你，你真棒"。这无声的语言，甚至在某些时候、某些学生的心中胜过教师的一句表扬的话语。当然，若此时教师能够辅之以恰当的肢体语言，比如竖起大拇指，则会加强眼神的力量。

（2）在学生遭遇挫折或面对挑战时

教师热切期盼的眼神，会让学生感受到被信任，获得抚慰，从而振作精神，努力战胜困难和挫折。此时教师也可以辅以相应的肢体语言，比如用手重重地拍男学生的肩膀，配合着期盼的眼神，会让学生感受到被信任和获得力量；用两个指尖轻点一下女学生的肩膀，配合着期盼的眼神，可以让女学生接收到教师的信任。

（3）在学生需要帮助时

教师用充满关怀、充满爱心的眼神看着学生，会让学生敞开心扉、袒露心声；在学生遭到冷落、感到悲伤的时候，教师用心疼的、抚慰的眼神看着学生，学生会感受到被理解和关怀。

3.批评学生时

教师眼神的巨大力量，还表现在发现学生犯了一些常见的小错误时，比如说谎、上课不遵守纪律等，教师严厉的眼神能够发挥无声的批评作用。教师需要注意的是，眼神用于表达批评、辅助批评的时候，要及时和犯错误的学生进行目光接触，不过此时的目光要有明显的变化。

学生的问题较小时，教师可以直接用严厉的眼神看着学生，无声地提醒学生"你这样做不对，请立即停止你的行为"；学生的问题较大时，教师可以先用严厉的眼神直视着学生，甚至在某些时候可以时间略长一些，让学生感受到一定的压力，感受到教师对他的行为的不满和愤怒，等到和学生充分交流，在学生意识到自己的问题并产生悔过之意的时候，可以将目光转变为宽容，用眼神告诉学生"人人都会犯错，只要改正就是好学生，老师依然喜欢你"；如果学生的问题较严重，严重违反校规校纪，比如打架等，此时教师同样可以运用眼神这一锐利的武器，长时间保持沉默的同时，用目光盯着"犯事"学生几秒钟，给学生造成沉重的心理压力，使之嚣张的气焰平息下来，使其情绪冷静下来，在细细"品味"教师的目光后反思自己的行为。接下来，教师再运用批评的语言就会增强教育效果。

总之，智慧的教师要学会用眼睛"说话"，而不是声色俱厉地呵斥学生，更不是采用多种手段惩罚学生，这些"以暴制暴"的方式并不能拉近师生之间的距离，反而会将学生推得更远。最重要的是，这种做法不仅伤人而且伤己，教师越生气，越在意学生的错误行为，学生可能就会越得意、越猖狂。如果用目光以不变应万变，和学生展开一场心灵的较量，那么学生就会在无声的对峙中逐渐安静下来。

当然，用眼睛"说话"，不仅需要教师眼里有学生，更需要教师心中懂学生，能拉近与学生心灵的距离，师生之间才能做到心心相通，才能实现一个眼神就理解对方意思的默契。

范例 43　点石成金的指头

作为中国现代史上一位伟大的人民教育家，陶行知先生的人格魅力和教育思想都是教育改革和发展的宝贵财富和重要资源。尤其是他的故事力，不但提升了他的个人魅力，也让道理变得通俗易懂，令学生可以接受。由此可见，教师要提升个人魅力，不妨从提升自己的故事入手。

1. 故事力的作用

世界著名的未来学家丹尼尔·平克提出了著名的"决胜未来的六大能力"，故事力是其中的"三力"之一。所谓故事力，又称写作能力或者讲故事的能力。教师如果具有较强的故事力，不但可以提高人际沟通能力，而且可以提升自己的魅力值和教育教学水平。

（1）提升个人魅力，融洽师生关系

无论是成人还是成长中的学生，都愿意听故事。在接手一个新班级或新学期开始的时候，教师倘若能围绕某一阶段或这一学期的教育目标，给学生讲一个或幽默或风趣或郑重的故事，启发学生思考，触动学生的心灵，不仅能让学生专注地倾听，还能让教育目标更直观生动，消除学生对生硬说理的厌恶和排斥，提升个人魅力值，让学生对教师感兴趣，喜欢上教师，为建立融洽的师生关系打下基础。

（2）有利于做好学生的思想工作

班风班规是管理班级的重要手段，教师在管理班级的过程中，用一个富有启发性的故事引导学生讨论，那么学生在听故事和讨论故事的过程中，就会明确故事中的道理，并由此接受教师的管理。

某教师每次接触一批新的学生，都会为学生讲两个故事："天堂和地狱"和

"赛车趣事"。前者重在让学生明白班级团结、合作的重要性，后者让学生认识到要珍惜时间和机会。在讲完故事后，这位教师会让学生根据故事展开讨论，设置讨论流程和标准，最终要达到讲故事的目的：形成一学期或者一学年的班纪班风、学科学习规则和学习之魂，形成学生自己团队和个人的学习行动规则和标准，同时要明确违反规则的底线和奖惩措施。

在上述案例中，这位教师在创建班风班纪班规的过程中发挥了极好的作用。而教师所讲的出色的故事则为达到讲故事的目的起到了重要的辅助作用。

2. 如何提升故事力

故事力是复杂教育中大道至简的一个做法，可以达到牵一发而动全身的效果，让教育教学变得生动和有生命力。教师如何提升故事力呢？

一段时间里，陶行知先生发现学生的学习方法比较死板，习惯死记硬背，教师教多少就学多少，不能主动拓展知识。于是在育才学校的一次晨会上，他给学生讲了一个故事：

一个道士具有点石成金的本领。一天，他被众徒弟围坐在中间，向徒弟演示自己的这项本领。只见他用手随意地指了一堆石块，石块马上变成了黄澄澄、亮光光的大小不等的金块。徒弟看了惊叹不已。道士慷慨地让每个徒弟各选一块金子拿去享用。徒弟们扑到黄金堆里翻捡着，有的挑最黄的，有的挑最大的，忙个不停。只有一个徒弟站在道士的身边边看边思考。道士问他为什么不去选自己最喜欢的，徒弟却说自己就想拥有师父那根点石成金的指头。

故事讲到这儿，陶校长突然停住了。急于知道故事结局的学生纷纷催促他快点讲下去，然而陶校长却一转话题，从故事谈到了在学校求学，指出死记硬背不思考是书呆子的学习方法，要想学有所成必须学会寻找学习知识的途径和方法，要让自己学会探求知识，才能超越老师，成为推动国家发展的栋梁之才。听到这里，学生们恍然大悟，明白了陶校长讲故事的意图，从此在学习中不再死记硬背，而是努力探索寻找学习知识的途径和方法。

从陶行知先生为育才学校的学生讲的这个故事中可以看到，陶行知先生的故事极具针对性，用金块和能力影射学生的知识和能力；极具吸引力，故事具有神话色彩，对于充满好奇心和富有想象力的学生来说极具吸引力；故事中的悬念设计得相当合理，在学生听得入迷的时候戛然而止，使学生的注意力高度集中为后面的说理做好铺垫。由此可见，陶行知先生具有极高的故事力。

教师怎样提高自己的故事力呢？

（1）学会积累和改编

要把故事讲得好，首先就需要有故事。因此，教师在平时要注意扩大阅读量，广泛阅读各种作品，在日积月累的同时，尝试改编自己需要的故事。当然，阅读的各种作品可以选择经典名著、专著、论文、网文和诗词，包括古今中外、不同题材的经典作品，以及一些理论经典作品。在阅读这些经典作品时要学会吸取其中的思想、观点，精简其中的故事，并依据自己的看法加以改编。

（2）提升自己的分析能力

故事人人都能讲出来，但是故事中的道理则是不同的人有不同的看法。具有较强的故事力的教师，总能从故事中提炼出发人深省的道理，这些道理是在独辟蹊径地对故事进行分析的过程中发现的。

（3）提升自己的语言表达能力

讲故事是最考验人的语言表达能力的。要把故事讲得形象生动、绘形绘色、引人入胜，教师就需要多多练习，提升自己的演讲能力。这样才能让平淡的故事变得有趣，达到讲故事的目的。

专题六

科学解决学生的心理问题

青少年学生正处于身心发展的重要时期，生理、心理正处于发育和发展过程中，社会阅历正在不断增加，思维方式也在不断变化。然而随着社会竞争的加剧，中小学生在学习、生活、人际交往、自我意识和升学等方面出现各种心理困惑和问题。因此，教师要带好班，还要向名师学习科学解决学生心理问题的方法和技巧。

主题 1

爱的力量是无穷的

众多存在心理问题的中小学生个案表明，缺爱是导致学生产生心理问题的根本原因。要科学解决学生的心理问题，教师首先要满怀爱心，以崇高的师爱疗愈学生的心灵。

范例 44　爱心能使学生更健康地成长

特级教师丁谷怡认为，美好的人生是为爱所唤起，并为知识所引导的，从这一角度讲，学生美好人生的开始掌握在教师手中，教师的爱心能使学生更健康地成长。因此要科学预防，避免学生产生心理问题，教师就应以爱育爱，用爱心浇灌学生的心灵。

1. 心理问题产生原因

学生心理问题产生的原因有很多，具体可概括为以下几方面原因。

（1）家庭原因

家长的期望过高、错误的教育思想和教育方式，以及不良的家庭关系，均会对学生的心理健康造成影响，尤其是家长关注孩子的学业成绩高于关注孩子的内心感受，导致孩子承受着较重的学习压力，从而出现厌学、情绪烦躁、失眠、焦虑等心理问题。

（2）社会原因

社会上存在的贪污、受贿现象，假冒伪劣产品的出现，卖淫嫖娼行为的产生，贫困人口失业现象以及抢劫、离婚率升高等，与学生接受的正面教育发生冲突，导致部分学生出现思想上的混乱，引发心理问题。

（3）学校原因

学校教育工作中出现的缺憾与不足，比如过分重视学生考试成绩，教师心理不健康和不恰当的教育管理方式等因素，造成学生出现厌学、焦虑或抑郁，甚至出现离家出走、伤害教师等心理问题，严重者甚至自杀。

（4）个人原因

中小学生，尤其是中学生由于正处于青春期，随着身高、体重的迅速变化，性器官迅速发育，生理上的变化打破了心理上的协调平衡。因此，这一时期学生的思维发生了变化，他们追求独立，喜欢以批判的眼光看待一切，但看待人和事又有较多的片面性和主观性。加之精力旺盛，做事冲动，行为不易预测，因此极易产生心理问题。

2. 用爱为学生心理健康保驾护航

学生心理问题是一个复杂的问题，要科学解决学生的心理问题，就需要教师用爱为学生心理健康保驾护航。给予学生爱与关心，为其枯竭的心灵注入爱的活泉。

（1）修炼平和的心态，做学生的朋友

丁谷怡老师说："要做孩子的朋友，不要对孩子太严厉，严厉有时会伤了孩子的自尊。"她认为，完全没有必要对学生太严厉，因为"大人还犯错呢，小孩子犯错算什么啊，好学生是表扬出来的，还是要多鼓励多表扬"。这就提示教师要在平时对学生宽容以待，注意保护学生的自尊心，不要动辄斥责学生，而要站在学生的角度考虑问题，与学生平等交流，做学生的朋友，让学生有问题能说出来、敢说出来，避免因情绪的过度压抑导致心理问题的产生。

（2）关爱学生，为学习"减负"

丁谷怡老师认为，理想的教育是欢乐的教育。学校的一切教育教学活动应该生动活泼、富有童趣、具有魅力，吸引学生积极参与，把学习当成乐事，体验学习成功的喜悦。学生很多心理问题的产生，最主要的原因是学习压力过大。解决这个问题的方法之一就是为学生"减负"，让学生体验到学习的快乐。教师在管理班级的过程中可以借助组织多种多样的学习活动，比如小组竞赛、讲故事大赛、脑筋急转弯游戏等，让学生在紧张的学习之余放松心情，并体验到学习的快乐，从而减少负面情绪，避免心理问题的产生。

（3）立足学生发展，培养学生多种兴趣，发掘其潜能

丁谷怡老师认为，"孩子们学习需要刻苦，但绝不是痛苦"，每一名学生都有自己的优势潜能，这种潜能使每个学生都可以成为优秀人才。因此教师要立足学生发展，培养学生多种兴趣，让学生在学习之余可以看到自己的闪光点，进而提升自我价值和自信心；要注意发掘学生的潜能，在细心观察的同时鼓励他们将自己的兴趣发展为特长，让他们体验成功的快乐，在快乐中健康成长。

（4）欣赏和鼓励学生

一方面，教师要经常保持微笑，用微笑表达自己的真诚和热情，感染学生，让学生内心感受到教师的帮助、激励和扶持，感受到教师的欣赏和鼓励；另一方面，教师要用鼓励性的话语、动作和表情激励学生，比如鼓励性的微笑、竖起的大拇指、轻拍学生的肩头……让学生从中获得力量。

范例45　教会学生从追求"赢"到学会"输"

现实中一些学生之所以产生心理问题，是因为他们习惯了"赢"，不能接受"输"。然而在学习与生活中，谁都不是常胜将军，必定遇到各种挑战和困难。李希贵老师认为，要科学解决学生的心理问题，就要教会学生从追求"赢"到学会"输"。

1. "输不起"心理

人与人之间的差别并不表现在顺境中，而表现在面对困境或逆境时。很多人

心理问题的产生就是缘于困境中的挫败。不能承受挫折的背后就是"输不起"心理。

"输不起"心理的背后是过度的自卑与过高的自尊心的冲突。他们一方面强烈渴望成功，另一方面又特别害怕面对挫折和失败，二者之间强烈的冲突致使个体产生撕裂感，引发心理问题。这种冲突产生的原因究竟是什么呢？主要就是个体从小被家人保护得过好，如同温室中的花朵一样，不曾经历挫折和失败；同时，家人对个体的过分宠爱、过多的赞美和无限的满足，导致个体认为凡自己想要的就一定要拥有，一旦得不到，就会产生挫败感。随着年龄的增长，随着个体的社会化，这种心理就表现为"输不起"心理。

"输不起"心理会致使个体在成长过程中遭遇很多挫折，甚至引发心理问题。一方面会致使个体与周围人的人际关系比较紧张。具有这种心理的人因为既想成功又怕失败，所以在与人相处中会处于矛盾的状态，而为了化解这种矛盾的心理，他们会在他人的身上投射情绪，比如失败的时候会将原因归咎于他人，谴责他人，引发人际冲突。另一方面，由于人际关系的恶劣，个体承受着孤独和寂寞，内在情绪会越来越不稳定，因而出现心理问题，严重者会在极度挫败的情绪之下做出冲动举止，甚至犯罪行为。

2. 科学引导学生接受失败

"输不起"心理会致使学生做出很多问题行为，比如在班级活动中一旦表现不好会冲着现场的围观者发怒；小组活动中，如果小组失败，就会将失败原因归咎于同伴，甚至对同伴恶语相向、大打出手。教师怎样指导学生调整心理，接受失败呢？

（1）对学生进行挫折教育

教师要有意识地在班级活动中组织挫折教育活动，让学生在不断遭遇挫折中培养耐挫折能力，并在活动过程中和活动结束后给予学生科学引导，让学生明白挫折和失败也是人生的宝贵财富，也是人生必经的成长过程。

玩游戏——"蛋的进化"

操作方法：开始时，大家都处于"蛋"的状态，然后，每两人一组，进行猜拳，赢的升为"小鸡"，输的继续处于"蛋"的状态。接着，赢了的队员再两两一组进行猜拳，赢的升为"小鸟"，输的回到"蛋"的状态，和同样处于"蛋"的状态的队员猜拳……依此类推，直到连赢五次，经历完从蛋—小鸡—小鸟—猴—人的"五步曲"，才算胜利，胜者均获纪念品一份。

游戏结束后，主持人访问一位最后一步输了的学生的心情。（只差一步就可以成功了，可是到最后却又得从头再来，真有种前功尽弃的感觉。有的人放弃了，有的人却不甘心，继续"抗战"……这就是差别了）

问：这游戏象征什么呢？（学生发言）

明确：象征着人生的曲折、坎坷。

小结：正如这个游戏的进化过程，很多时候，当我们付出了很多努力，却不得不从头再来时，你是否依然有勇气？命运完全掌握在你手中，抱怨与嫉妒只会让你意志消沉、萎靡不振；信心和勇气才会让你成功。其实，人的一生就是不断地寻找、认识、完善自我的过程。每一次挫折，都能帮助我们找到自己独特的位置和价值。

上述案例是某教师以主题班会的形式开展的题为"逆风飞扬——直面挫折"的挫折教育活动。这种主题鲜明、形式活泼的活动，不但可以调动学生参与活动的积极性，还能让学生在活动中亲身感受和体验，进而达到教育的目的。

（2）教师以身作则，发挥榜样的带头作用

一些教师在与学生相处时，尤其是在师生共同活动的过程中，总是将自己最强大的一面展现给学生，而不愿意将自己脆弱的一面展示出来。这样做虽然打造了一个超人形象，却不利于学生坦然地面对挫折和失败，接受自己的软弱。教师不妨适时低头，让学生看到自己也是有血有肉的人，也会失败，也会有软弱的一面。由此使学生提升认知，认识到世界上没有完美的人，每个人都有软弱的一面，要坦然接受。面对挫折和失败，最重要的就是能够吸取经验教训，拥有从头再来的信心和勇气。

每年的 10 月 12 日是北京十一学校的"道歉日"。这个日子就是学校和教师适时低头的示范。有一年秋天，校园绿化的步子越来越紧张。然而预定的几棵大树苗比原计划晚到了很久——深夜 12 点才到达学校。为了确保成活率，工人们马上就在学生公寓旁边栽起树来。结果吵闹声让很多学生没休息好。当天晚上，李老师就收到了学生的短信，反映这件事情。李老师找到总务部门，旁敲侧击地了解，委婉地启发，相关负责人终于意识到了问题，于是在学校的公寓楼门口贴了一封"道歉信"，向全校学生道歉。学生看到道歉信后态度马上就变了，认为自己过分计较，也得道歉，于是在前一封"道歉信"的旁边也贴上了一封"道歉信"。从此这一天就成为学校的"道歉日"。

在上述案例中，教师勇于道歉，承认自己的错误，这种示弱行为也在提醒学生，是人就会犯错误，这是在所难免的，只要能承认错误、改正错误就好。学生的表现也恰好证明了教师示范作用的影响。学生在教师的示范中学会了反躬自省，一个能够接受自己的错误、反躬自省的人，自然也能发现自己的问题，勇于接受并改正问题，当然也就"输"得起。

范例46 确立座右铭

预防学生产生心理问题，重点在于学生能够自我进行心态调整。魏书生老师在育人过程中采用让学生确立座右铭的方法，在提高学生的思想认识的同时，达到预防学生产生心理问题的效果。

魏书生老师在带班过程中，要求全班学生根据自己的实际情况，确立座右铭。座名铭包括三部分内容：一是自己最崇拜的人的名字或照片，二是自己要追赶的本班同学的名字，三是针对自己思想弱点写一句医治这一弱点的格言。第一个内容起到"精神充电"作用，第二个内容可以激发全班学生你追我赶的积极性，第三个内容是学生自我完善、实现第二个内容的最好办法。

座右铭能对学生的心理问题的预防起到怎样的作用呢？

1. 心理暗示

心理暗示是人或环境以非常自然的方式向个体发出信息，个体在无意中接收信息，从而在愿望、观念、情绪、判断、态度等方面做出相应的反应的一种心理现象。从心理机制上讲，心理暗示是一种被主观意愿肯定的假设，由于主观上已肯定了它的存在，心理上便竭力趋向于这项内容。当个体接收到积极的心理暗示时，其潜意识就会不断地服从于所接收到信息的命令，进而控制身体的各功能、感觉及状况，使之向着预期的目标发展；反之亦然。

实际上，座右铭就是环境对人施加的心理暗示。学生每天看着自己的座右铭并加以朗读的时候，就会在内心引起相应的反应。日久天长，座右铭上的提醒或激励就会发挥作用，使得学生在遇到问题的时候能够按座右铭上的暗示调整自己。

2. 巧借座右铭预防心理问题

从心理学的角度来说，确定座右铭，然后履行，会对学生产生积极的心理暗示作用。这种心理暗示可以发展为积极的心态，有助于学生产生巨大的精神动力，用坚定的信心和意志去战胜学习与生活中的种种困难与挫折，避免心理问题的产生。怎样做呢？魏书生老师的做法给了我们提示。

（1）学生根据自己的实际情况确定内容

学生的个性不同，需求不同，问题也不同。要让座右铭发挥预防学生产生心理问题、给予学生激励的作用，就需要学生根据自己的情况选取座右铭的内容，如此才能对每个人发挥作用。比如魏书生老师要求学生在选取座右铭的内容时，要针对自己思想弱点写一句医治这一弱点的格言，这其实发挥的就是心理暗示的作用，让学生自我引导、自我激励。

（2）学生每天默读或大声朗读座右铭

无论是默读还是大声朗读，其实都是在加深学生对座右铭上的内容的印象。在朗读和默读的时候，学生会在头脑中把内容回顾一遍，这个过程也是一种心理暗示和心理强化。日久天长，座右铭就会以潜意识的形式刻在学生的内心，在必要的时候提醒学生、激励学生。

（3）形式多样化

座右铭的形式多样化，心理暗示可以达到更好的效果。魏书生老师在让学生写座右铭的时候不但要求用文字，而且要求用图片。图片更形象直观，当学生看着自己崇拜的人物的时候，其实就是在用人物的品质来激励自己、暗示自己；当学生阅读以文字的形式出现的格言时其实也是在激励自己、提醒自己。

学生长期面对那些可以激发积极能量，焕发出积极情绪的座右铭，在能激励自己的人或文字的面前，心态怎么能够不积极向上？心理问题自然就会远离他们。

主题 2
提升自我价值

很多时候，学生心理问题的产生是缘于其内在的自卑感，这种自卑感会让学生产生极低的自我价值感，最终致使学生因为过低的自我价值而不自信，从而引发心理问题。名师在带班的过程中，会用多种方法提升学生的自我价值，这在无形中就预防了学生心理问题的发生。

范例47 找优点

魏书生老师认为，教育就是发现学生的优点、守住学生的优点，让生命开花结果。因此他在带班过程中，无论面对怎样的学生总能发现学生的优点，他不仅自己发现学生的优点，还要求学生发现自己的优点。这种找优点的做法，其实就是在提升学生的自我价值，本身就可以达到预防学生产生心理问题的作用。

魏书生老师在中学当教师的时候，曾经同时兼任两个班级的班主任，一个班级是全校最好的班级，另一个班级则是由各班级选拔出来的不听话的学生组成的，从某种角度上称之为全校最不好的班级并不为过。魏书生老师在这个成绩差的班级做的第一件事，就是让学生找优点。学生面面相觑，感觉自己和周围的同学都没有优点，要不然怎么会聚在这样一个班级呢？魏书生老师看了看，首先给大家找了三条优点：一是具备顽强的意志力，原因是在哪一学科都听不懂的情况下，还能天天坐在教室里听课；二是具备较强的抗挫折能力，原因是在屡考屡败的情况下，仍然屡败屡考；三是具备开阔的胸怀，原因是在没有人同情理解的情况下，甚至在他人讽刺、挖苦、打击下仍然能按时到学校来上学，坐在教室里听课。学生一听还真是这个道理。看着他们发亮的眼神，魏书生老师接着就要求他们去找自己的优点。而学生们在找自己的优点的过程中，慢慢地就提升了自我价值，开始有了改变的决心和信心。经过魏书生老师的科学管理和引导，他们提升了自我教育能力、班级管理能力，不但心态越来越好，而且成绩越来越好。

这个由 53 名男学生组成的班级，每个人在他原来的班级都是因为这样或那样的问题被"发配"到这个班级。然而通过找优点，他们纷纷看到了自己、接纳了自己，提升了自我价值，最终发生了翻天覆地的变化。

在实际的班级管理过程中，怎样运用"找优点"的方法提升学生的自我价值感、预防学生心理问题的发生呢？

1. 自我发现

所谓自我发现，就是学生自己找自己的优点。对于自我价值感较低，尤其是对于长期处于被忽视、被打击的状态的学生来说，发现自身的优点实在并非易事。这需要学生克服心理障碍，看向自己，接纳自己。教师可以以班会或小组活动的形式，组织学生寻找自己的优点。组织活动时，教师可以从以下几个方面引导学生发现自身优点。

（1）了解自己的兴趣

教师可以引导学生回忆在班级举办的各项活动中，哪些活动是自己比较感兴趣的。比如可以在写作活动中看自己的文字表达能力，在绘画活动中看自己对色彩和构图的敏感程度等，以此确定自己的兴趣。

（2）观察自己的优势

教师可以引导学生观察自己在班级活动中的表现和成就，找到自己在某个活动中的表现明显优于其他同学，那么这可能就是自己的一项优势。比如，在演讲比赛中表现出色，那么演讲能力就是自己的优势；在歌咏比赛中取得了很好的成绩，那么歌唱能力就是自己的优势。

在自我分析和自我发现之后，教师还要引导学生接受、欣赏自己，让学生意识到每个人都有自己的优点和缺点，成长是一个持续的过程，不必对自己很苛刻，只要不断努力，就能不断地提高自己。

2. 同伴肯定

有的时候，人往往很难认识自身的优点，此时教师就可以借助同伴肯定帮助学生找优点。教师可以借助班会活动或者小型的小组活动，让学生互相寻找对方的优点，肯定对方的长处。

1. 谈话。每个人都有自己的优点，你知道你自己的优点吗？你了解你的同学有哪些优点吗？今天，让我们一起来做一件有意义的事情：寻找你的同学的优点。

2. 介绍整个活动方案。我们先认真地为每个同学（包括自己）列出你所了解的他的优点，然后由教师进行汇总，将每个同学的优点输入电脑，最后为每个同学制成一张优点卡片，我们将它命名为"我的金卡"，即记载"我的像金子一样闪光的优点的卡片"。

3. 实施。由教师按顺序报学生姓名，每个学生实事求是地为他列出他的优点。强调为同学列举优点时要客观公正，不能随意捏造。

4. 教师利用其他时间将学生的优点进行汇总，输入电脑，同时也加入自己对学生的优点评价。

5. 到复印社制成塑封卡片。

6. 发放给学生，嘱咐学生妥善保管。

上述案例是一位教师组织学生为身边的同学找优点的活动。从活动中可以看出，一方面，学生在寻找他人优点的过程中学会欣赏和肯定他人；另一方面，被寻找优点的学生借他人的眼睛，以他人为镜子，看到了自己更多的优点和长处，增强了自信心，提升了自我价值感。

组织这种同伴找优点的活动时需要注意以下几点：一是活动目的要明确，要在组织活动时向学生明确讲明活动的目的；二是引导学生从不同的角度去看待同一个同学，使他们能寻找到他人更多的优点；三是可以采用一定的方法让学生归纳总结，组织恰当的语言赞美同学，进一步提升活动的效果。

范例 48　不要放大学生的缺点

教师对学生不恰当的教育方式是学生产生心理问题的原因之一。因此陶行知先生提示教师："你的教鞭下有瓦特，你的冷眼里有牛顿，你的讥笑中有爱迪生。"教师不要放大学生的缺点，而要练就一双善于发现学生的优点和长处的慧眼，要学会欣赏学生。

1. 教师的态度影响学生的心理

学生渴望得到教师的关心、理解和爱，因为他们对教师，尤其是对自己的班主任，有着天然的亲近感和崇拜感，将教师看作爱的化身、公平的代表。教师对他们的看法和评价，直接影响着学生的自尊心、自信心和自我价值感。个别教师认知存在偏差，导致他们不理解或不信任某些学生或某个学生，甚至歧视或打击他们，时间久了就导致学生出现心理问题。如果教师对待学生缺乏理解、耐心和爱，不能以热情的态度给予指导和帮助，学生就会失望。尤其是教师对学生缺乏尊重和贬低其价值的不良态度，会严重创伤学生的心理。学生，尤其是高年级学生，往往病态地感知这一切，产生压力和负面情绪，最后在紧张的师生关系中出现心理问题。

2.在欣赏中疗愈

要避免教师的态度或师生关系引发学生的心理问题，教师就要学会不去放大学生的缺点，而要去发现学生的优点，欣赏学生，肯定学生，在尊重学生的基础上，用欣赏和肯定引导学生矫正行为。具体怎么做呢？

（1）带着爱的眼光去看学生

陶行知说："爱是一种伟大的力量，没有爱就没有教育。"因此教师要欣赏学生，要用大胆的爱去看待学生的一举一动，看到他们的言行背后的内心力。一些教师无法接纳学生的缺点和错误，是因为他们用苛刻的眼光看待学生，用成人的标准要求学生。实际上，成长中的学生是在不断发展变化的，是具备极强的可塑性的，不要用挑剔的目光看待他们，而要用欣赏的眼光看待他们，就会让他们获得成长的力量。于是在教师的欣赏和肯定中，他们就会感受到自我价值，活出精彩人生。

（2）表达对学生的欣赏

心理学研究发现，如果着意知觉对方，有意或无意地寄以期望，对方就会做出相应的反应。如果教师对学生表示好感，学生就会在学业、品德、习惯方面进步；反之，如果教师对学生表示厌恶或失望，学生心理就产生负效应，表现为退步，一些内向的学生或原本心理存在问题的学生甚至会出现心理问题或心理问题加重。因此教师要看到每个学生都有他独特的优点，要站在学生的角度看待学生。教师俯下身子的时候，就会发现每一名学生都是一座宝藏，都有数不尽的优点。

总之，"横看成岭侧成峰，远近高低各不同"。富有灵气、生动活泼的成长中的学生有很多很多优点和长处。教师要用欣赏的眼光看待他们，用发展的眼光看待每一名学生的缺点，让学生感受到教师对他的关怀、爱护和肯定，健康成长，健康发展。

主题 3

让学生自己"认错"

最好的心理医生是自己。心理问题的疗愈，最终的解决之道在于个人能认识到自身存在的问题并主动调节。因此名师在管理班级过程中，要针对学生的心理问题重视引导学生内在成长，引导他们看到自己问题背后的情绪，接纳自己，学会自己"认错"。

范例 49　让学生自己"认错"

特级教师华应龙喜欢把一句话挂在嘴边，那就是"错不起的学生，对不了"。在他看来，成长中的学生不怕"错误"，教师要善于把"错误"当成"金矿"，在容错教育中让学生看到错误的价值。

1. "怕错"代表不能接纳自己

在教育教学和实际生活中经常可以看到这样的现象：教师让学生到黑板前板演，学生怕出错，畏畏缩缩不敢上前；教师安排学生去做某项工作，学生犹豫着说："老师，做错了怎么办？"是什么原因让学生怕出错呢？

（1）怕教师失望

在学生的心目中，教师对自己的看法至关重要，直接影响着学生的自我价值感和自信心。学生之所以在学习中或班级管理中怕出错，其原因就是不相信自己，不能接受自己犯错。这种心理的背后可能是教师不能接受学生犯错误，在学生犯错误的时候不是引导学生分析问题、找到问题的原因，调整思维方式和做事方式，而是严厉批评、指责，甚至表露出失望的态度。这种态度直接影响着学生的心理，致使学生产生强烈的愧疚感和自卑感，因而在教师安排他们做事情的时候会表现出怕出错的心理。

（2）怕家长失望

怕犯错的学生大多是在严厉型教养方式下成长起来的。从小父母的严格要求使得他们在潜意识中就要求自己不能犯错，因为他们从小就体验到了一旦犯错，父母就会加以责备、否定，甚至对他们失望。基于学生对父母的真诚和依恋，他们渴望获得父母的肯定，因此怕出错。

（3）完美情结的影响

怕犯错的人在内在都是追求完美的，这种追求完美的背后，就是希望大家只看到他的成功和优秀之处，而把真实的自己掩盖起来。但实际上人无完人，没有人不犯错误，重要的是在犯了错误之后能及时总结教训，不再重蹈覆辙。怕犯错的学生一方面存在完美情结，希望自己尽善尽美，满足大家的期望；另一方面又不善于总结自己的问题，导致错误不断发生，最终让情绪泛化，即在类似的事情面前总会怕出错，结果就在不断出错中产生强烈的自卑感进而否定自己，引发心理问题。

综合上述三个方面的原因可见，每一个怕出错的学生内在都不能正确地看待自己、全然接纳自己。他们过高地要求自己，致使自己在现实生活或学习中不敢前进，或在前进中一旦失败就陷入沮丧的情绪中。长期处于这种状态的学生就会形成严重的自卑心理，陷入自我否定之中。一旦遇到重大挫折或打击，就会产生心理问题。

2.引导学生在犯错中成长

让学生打破完美情结的束缚，全然接纳自己，能避免心理问题的产生。因此，教师要引导学生接受自己犯错误，让自己"认错"，并使之在犯错中成长。所谓"认错"，就是不为自己的错误找借口，接受自己所犯的错误。唯有接受自己所犯的错误，才能真正地从错误中成长、从错误中创新。让我们从华应龙老师的教学过程来看，他是怎样引导学生自己"认错"，并让学生在错误中成长的。

"$1000÷20+1000÷5$"，黑板上写着一道算式。一位学生不假思索，当即作答"$1000÷（20+5）＝40$"。可一看答案，怎么不对呢？华应龙微笑着示意学生坐下，说："现在我们来欣赏……"不待他说完，就有嘴快的学生接上："错得好！""错得好，好在哪里？"华应龙老师引导学生深入思考。原来，这是由乘法分配律引发的"想当然"。"喜欢思考的学生才这么做。这个差错，提出来一系列非常好的问题：除法有没有分配律？为什么乘法有？"迎着华应龙老师的目光，做错题的学生既感激，又格外认真。

上述案例是华应龙老师的一节课上的片段。从片段中可以看到，他引导学生自己认错，因为"差错只与正确相差一点，再拐个弯就对了。有的人之所以成功，就是因为常常能从差错中看到正确，寻觅到新的可能。就拿这道题来说，做对了，也许让这个学生满足于停在原地。但做错了，又弄懂为什么，他对乘法分配律的掌握就非常深刻了"。

由此可见，引导学生自己认错有多么重要，这种行为不但有利于培养学生犯错的勇气，也有利于学生接纳自己。具体怎么做呢？华应龙老师认为，解决之道就在于教师的"容错"教育。

（1）以宽容的态度对待学生

在很多情况下，学生之所以不能接纳自己的错误，是因为怕自己的错误引发教师的反感，遭到教师的批评和指责。学生能够有勇气自己认错，教师就要改变对学生的态度，即以宽容的心态对待学生，容许学生犯错。一方面，教师要认识到学生的成长过程就是犯错的过程，对学生在成长过程中犯的错误要持积极正面的态度，为学生成长营造轻松自在的氛围；另一方面，教师要认识到不完美是万事万物的特点，学生也是如此。教师不能苛刻地要求学生，要宽严相济地对待学生，要尊重学生的不同，允许不同的学生发出不同的声音，有不同的表现。正如华应龙老师的那句口头禅："还有不同的吗？"这样就给了学生成长的空间，让他们知道犯错误不是罪不可恕的问题，而是成长过程中的必然。

（2）对学生的错误予以引导

有时候，学生对自己所犯的错误是懵懂无知的。他们不清楚错在哪里，更谈不上自己"认错"。此时教师就要给予科学的引导，让学生认识到错在什么地方，当学生意识到自己的思维或观点所存在的问题时，认错就自然而然地发生了。错误就成了学生成长的养料，化为成长的机遇。因此，教师需要练就一双慧眼，能发现学生错误或者问题行为背后的本质；需要练就化腐朽为神奇的本领，充分挖掘学生错误行为背后的积极力量，让学生看到自己行为背后的美好，引导学生从错误中走出来。

范例50　要善于等待

很多时候学生之所以不能接纳自己，无法自己"认错"，原因在于教师的心态——不能等待，急于求成，甚至揠苗助长。特级教师霍懋征认为，一个学生的转变和成长需要一个过程，期待学生的成功要有耐心、有信心，教师要善于等待，善于寻找和挖掘学生的闪光点。这表明，教师保持良好的心态是避免学生出现心理问题的又一个重要的前提。

1. 教师的心态会影响学生的心理

罗森塔尔效应表明，教师把对学生的期望或明或暗地传递给学生，学生会朝着教师所期望的方向努力，提高自己，让自己取得成功。由此可见，教师持怎样的心态会直接影响学生的心理健康水平。

一个心态好的教师，会理性对待生活中的挫折与困难，面对学生的问题会不卑不亢、不愠不怒、宽严适度，既有激情，又很理智，表现出极强的心理稳定性。这种心理稳定性使得他们展现在学生面前的是自己最好的一面，使得他们具有较强的心理承受能力，心胸宽广，气量宏大，能容人之过，甘当人梯，欣喜于学生超越自己，高兴于学生敢于提出问题、敢于提出反对意见；他们举止大方得体，态度端庄沉静，时刻牢记自己为人师表的责任，严以律己，宽以待人，以身示范，做好学生的榜样；他们处事公平合理，不抱偏见，对学生一视同仁，不厚此薄彼，对每位学生的态度都一样，不以个人好恶，偏袒、庇护或鄙视、冷淡学生，尤其是面对学困生时更加和颜悦色；他们不随便发怒，不以威压人，而能认真倾听学生的心声，谦逊地接受学生提出的意见。可以说，一个心态好的教师和每个学生的心理距离都是一样的，能让学生在他管理的班级里感受到家的温暖，因而时时心向阳光，心理问题自然不容易产生。

然而，教师在本质上都是平凡而普通的人，教书育人只是他们的职责，但正是从事着教师这一职业，使得他们无可避免地承受着各种压力，也会像普通人一样因工作和生活而产生情绪问题，甚至个别教师会出现心理问题。当一个有情绪问题和心理问题的教师面对学生的错误行为或不当言行时，其负面情绪、不良心态甚至病态心理就会因此而被触发，学生就成了他们的发泄对象、投射对象。结果就是，粗暴的态度、不当或过激的处理方式导致学生产生诸多情绪问题和心理问题，甚至一些原本因为原生家庭就存在情绪问题或心理问题的学生的问题更加严重。

2. 放宽胸怀，学会等待

教师的心态对学生的影响是如此巨大。面对学生的错误或不当的言行，教师要避免触发个人的不良情绪，避免因个人情绪引发学生的情绪问题，最好的方式就是放宽胸怀，学会等待。

放宽胸怀是指教师要修炼自己的内涵。一方面要努力提升自己的师德修养，培养自己的宽容之心，允许学生犯错误，能接纳学生的错误，并在学生犯错误时能心平气和地对待，认真倾听学生的解释，看到学生行为背后的真正原因，用宏大的师爱包容学生、引导他们，使他们的心理需求真正得到满足，进而让学生在教师这里感受到被接纳和被肯定，从而促使学生健康成长。

在霍懋征老师眼里，所有的学生都是好学生。在她看来，好坏、先进、后进是成年人带着主观色彩进行的划分，并非学生自己的选择。实际上，教师没有理由，也没有权力将学生划分成三六九等，甚至辱骂、体罚学生。正是因为有着这样宽广的胸怀和对学生的尊重，有时即使被学生气到了极点，她也会采用多种方法，比如强制自己喝水、看东西、出门吸气、按摩胸口，提醒自己"教师不能说伤害学生的话"，让自己能理智地对待学生。在她的字典里，没有如"讨厌""走开""笨蛋""懒猪"这样的词汇，在面对学生的问题时，她不会说出"叫你家长来""中午别吃饭"等让学生害怕的语言。她总是给出现问题的学生以平复情绪的时间，也给自己冷静分析问题的时间，并在平静后让无知的学生有知。正是因为有着这样的育人思想和育人胸怀，她总是认为"孩子是可敬佩的"，尤其是问题学生。在她的眼里，这些学生创造力强，成年后会在科研、管理上有所成就，因此对这些学生不是呵斥、打骂与处罚，而是激励、赏识。

从上述案例中可以看出，霍懋征老师正是因为能放宽胸怀，才能允许学生犯错误，并在面对学生的问题或错误时冷静相待，给师生双方都留下冷静的空间、反思的余地，于是学生从教师的态度中感受到了被尊重，他们自然而然就会获得成长。

学会等待是指教师能看到学生是成长中的个体，能容错，能给学生成长的时间。如同植物的果实要经历冬天积蓄力量、春天生长、夏天茂盛、秋天结果这样的过程一样，学生的成长也需要经历相应的过程。没有知识的积累、能力的提升、认知的改变，最后又怎么能结出成功的果实呢？教师要学会等待，还要善于等待，并在等待的过程中温柔呵护学生的心灵，小心地慰藉他们在遭遇挫折和痛苦后伤痛的心，让他们的情绪在教师这里能得到良好的引导和发泄，让他们的心灵创伤在教师这里能得到抚慰和治疗。这样一来，学生出现心理问题的可能性就极小，即使出现心理问题也会被教师及时发现，得到正确的引导和解决。

专题七

科学处理学生的行为问题

教师在带班的过程中，会遇到学生出现的各种各样的行为问题。科学地处理这些行为问题，直接决定着对班风班纪的影响及学生良好品行的形成。名师们在研究学生心理的基础上，策略地运用多种方法，科学处理学生的行为问题。

主题 1

利用好"羊群效应"

"羊群效应"又称从众心理，是指每个人都会不由自主地跟随着集体中的大多数去行动。班级是一个小群体，有群体就会有从众现象的存在。巧妙地利用好学生的这种心理，可以避免学生行为问题的产生。

范例 51　利用"群众监督"的力量

特级教师孙双金认为，处理学生的行为问题，可以利用"群众监督"的力量。在班集体中，问题学生会在班级舆论的影响下，为了集体的归属感而自觉修正自己的行为，发生改变。

1. 班级舆论

班级舆论是指师生双方基于共同的班级建设目标，在班级范围内形成的有关是非曲直、高低尊卑等人生观、价值观的共识。它是一个班级存在和发展的灵魂和导向，直接关系到整个班级的水平与发展方向，决定着一个班级是朝着积极健康的方向发展还是沿着自私、消极甚至堕落的道路迈进。良好的班级舆论对班集体建设有着重要的作用。

（1）可以遏制、打击和消除班级中消极的因素

当整个班级的舆论导向积极向上时，那些有不良嗜好或问题行为的学生在班里就不会有市场，大部分学生在其他同学的感召下，会出于对归属感的需求而自觉走上积极健康的道路。

（2）是建设优良班集体的重要力量

当整个班级的舆论导向健康而积极的时，如果班集体中有人做出不良行为或危害班集体的利益，其他学生们就会群起而攻之。甚至这些问题学生的朋友也会指责他们。而这些学生特别重视同伴的友谊，同伴对他的评价会产生极其重要的作用。因此，在同伴的影响下，在班级舆论的影响下，他们会不自觉地产生对班级的热爱之心，会出于对班级的维护而多做好事，少做或不做违纪行为。这样一来，优良班集体的建设就会容易得多。

2. 把握舆论，利用好"群众监督"的力量

孙双金老师认为，一个人从生下来，对他影响最大的就是周围的环境，而学生最大的交往圈子就是班集体，学生犯错时他可能不怕被处罚，但是他一定在意大家对他的看法。如果大家一致"攻击"他，指责他的错误，那么学生受到的教育和制约就会远远大于教师的批评和说教。因此，在班级管理中，教师要抓住这一点，利用班级舆论和群众监督的力量，号召大家批评犯错的学生，使犯错的学生在"寡不敌众"中认清错误，进而修正自己的行为。

（1）抓好养成教育

在班级形成之初，教师就要运用多种形式组织学生学习学校的规章制度、学生守则和行为规范，并把其中的大部分内容具体化、情景化，使这些要求深入学生的生活，成为他们的行为习惯。

（2）积极表扬正向行为

在养成教育的过程中，教师要抓住学生的正向行为加以大力表扬和宣传，由此形成导向，并引导学生在实践中巩固，让学生在头脑中形成一种"好事争取做，坏事要远离"的意识，并成为一种下意识的举动和习惯。

（3）抓好思想教育

要形成积极向上的班级舆论，重要的是统一全班学生的思想，让健康的思想在学生的头脑中扎根。教师要运用主题班会、演讲、班级黑板报、手抄报等多种方式对学生进行人生观、世界观、价值观、审美观的教育，使学生初步具备判断是非、识别真假、辨别美丑、开拓进取的能力和素养。

（4）培养学生的主人翁意识和精神

教师可以依据学生的年龄特点，通过主题班会、游戏活动、专题讲座等方式，促使学生在生活化的情境中明确对他人、对班级、对社会的义务和权利，尤其要强调对班级应承担的义务，比如打扫卫生、监督卫生保持情况、爱护公物、监督班干部工作、爱护班集体的荣誉、为班争光、敢于与班内的坏人坏事做斗争、评优选模的被选举权和选举权、使用公物等，并鼓励大家履行自己的义务。

（5）发挥班干部和优秀学生的榜样作用

教师要培养一支思想端正、积极向上的班干部队伍，让他们成为教师的代言人、正确舆论的先锋和榜样。班级中一旦出现坏人坏事，班干部能挺身而出，带头制止坏人坏事坏言论，从而形成正确的班级舆论导向。除了班干部的榜样作用，教师还要确立具有正义感的学生的榜样地位，并在班级大力宣传他们的事迹，鼓励大家向他们学习，进而发挥他们的榜样力量。

（6）完善班级的管理制度

教师可以在班级专门设立一个"监督岗"，由班干部挑选遵规守纪、具有正义感的学生组成专门的监督小分队，在不同的时间和地点监督学生的日常行为，提醒学生规范自身的言行，发现不文明或违纪行为及时进行教育，进而杜绝问题行为的发生。

范例 52 榜样的力量是无穷的

特级教师华应龙指出，榜样的力量是无穷的。在班级管理过程中，树立榜样相当于在集体中确立了一个坐标系，使学生感觉到有压力也有动力，帮助他们明确努力的方向。

1. 榜样效应

所谓榜样效应，是指具有代表性的先进人物在影响和激励人们的过程中产生的效果。在班级管理中，榜样效应可以产生以下效果。

（1）营造班级积极向上的氛围

榜样是一个班级中表现优秀的学生。这种优秀或表现在学习方面，或表现在纪律方面，或表现在品德方面……教师在班级管理中不断树立这些学生的榜样形象，可以引导学生团体产生积极的思想震动，鼓舞大家共同进步，实现个人成长和班级发展，形成良好的学习及生活氛围。

（2）感染学生，传递责任及使命

在班级中被视为榜样的学生会对其他学生造成极大的影响。榜样积极向上的学习态度，会让大家对他产生崇拜之情，甚至会有意学习他的动作、语言、学习方法，并对他表示尊重和信任。这个时候榜样所传递的信息和价值观已经被其他学生所接受，并慢慢地内化为他们的价值观，让他们将养成这样的学习方法、行为习惯作为做人成功的标志，进而不自觉地被将其带入自己的学习和生活。在这一过程中，榜样是他们行为的表率。倘若榜样能在班级中尽职、负责、诚实，品行无懈可击，表现其过人的能力和优秀的品质，于是他们在影响其他学生的同时，也会在内在思考自己对班级的责任，从而在出现问题时感到自责，对班级持报效及感恩心理，这就使得他们能进一步严格要求自己，成为其他学生学习的标杆。如此周而复始，形成良性循环，班级中积极向上的氛围就得以形成。

（3）提升群体的约束力

当一个学生成为其他学生学习的榜样后，他就会开始注意自己的言行，以自己的言行来诠释自己所拥有的美德和公正，这就会进一步吸引到受他影响的学生，进而使得班级中形成正确的舆论导向，这种舆论导向可以建立和提升学生对整个班级的保护性和使命性意识，使他们以负责任的态度去管理班级内的事情。

2. 利用榜样力量教育问题学生

榜样的力量是无穷的，对于模仿能力比较强的学生来说，榜样存在既能够给他们压力，也能给他们动力。面对行为问题学生，教师可以借助在班级中树立榜样，利用榜样的力量影响他们。具体怎么做呢？

（1）选择好榜样

要让榜样发挥作用，达到影响他人的效果，首先就要求榜样的言行要具有先进性、权威性和生动性，同时其形象要让学生感到亲切，其行为要让学生感到钦佩。这就要求在面对学生的行为问题时，教师要树立榜样教育他们，就要选择行为上比较优秀的学生，同时要实事求是地宣传榜样的思想和事迹，要使榜样真正成为学生的奋斗目标，从而让学生虚心地向榜样学习，并能以实事求是的态度分析自己与榜样相比的主客观条件，明确向榜样学什么、怎样学，进一步变道德愿望为实际行动。

（2）多层次树立榜样

所谓多层次树立榜样，是指教师要针对学生的心理发展特点和学生间的差异，尽可能多地为学生树立学习模仿的榜样，让他们在众多的榜样中寻找适合他们自己的形象，设法适应他们多层次、多方面的需求。比如，树立学生身边的同学作为学生的榜样，同学可以是本班的也可以外班的，可以是本校的也可以是外校的；树立学生身边的教师作为学生的榜样，可以是本班的任课教师，也可以是外班的任课教师；树立学生耳熟能详的模范人物作为学生的榜样，也可以针对学生对明星的崇拜心理，寻找适合的明星作为学生的榜样……这样一来，学生就可以多方面受到教育，树立自己的理想，进而自觉改正行为问题。

（3）发挥榜样感染作用的同时，还要注意正确地对待榜样

这就要求教师在利用榜样的感染作用帮助问题学生时，要全面分析榜样，不能给予过高的评价，也不能完全忽视榜样身上的某些缺点；在引导其他学生向榜样学习时，也不能一味否定这些学生身上的优点，而是要在看到这些学生身上的闪光点的同时，让他们看到榜样身上值得学习和借鉴之处，如此才能让榜样真正发挥无穷的力量。

总之，榜样的激励作用远比说服教育更具说服力和号召力，更易引起学生在情感上的共鸣，激起学生模仿和追赶的愿望，在面对学生的行为问题时，可以发挥更为有效的教育作用。

主题 2
给学生一个期望

很多时候，学生做出问题行为是因为他们从教师和家长的眼里看到了失望，从周围的同学的眼里看到了鄙视，致使他们产生破罐子破摔的心理，由此行为问题变得更加严重。因此名师们面对学生的行为问题，总能注意给学生一个期望。

范例 53　给学生一个期望

特级教师李元功认为，教师热爱学生，对学生抱有期望，并把这种期望付诸

思想教育的过程中，经过一段时间的努力，这些学生常常会如教师所期望的那样不断进步。这就提示教师，在面对学生的行为问题时，要运用期望效应，让学生在期望中看到希望，产生改变的动力。

1. 期望效应

期望效应，又称皮格马利翁效应，是心理学上最重要的发现之一，被广泛应用于教育和管理等方面。它启示我们，如果你对他人有所期待，可以通过以真诚的态度对待对方，给予其由衷的赞赏，从而调动其积极性，促使其朝着自己所期望的方向发展，这份期待或许就会成真。

问题学生之所以成为问题学生，其背后的原因是复杂多样的。或是因失败后看不到希望，根本原因在于安全感的缺失和被忽视，从而为了寻求关注故意做出问题行为，爱与被爱、尊重与成功的心理需求无法获得满足，致使他们心灰意冷。而让他们在低谷中看到希望，则可以使他们重树向上的信心，扬起人生的风帆。因此，给学生一个期望，是从心理上根本解决学生行为问题的关键。

2. 用期望给学生希望

期望是一种要求满足良好需要的欲望，是一种积极向上的情感，是击败绝望和消沉的有力武器。它不仅是问题学生成长的动力，也是他们奋斗的方向和目标。所以，教师在班级管理过程中要注重用期望让问题学生看到希望的曙光，树立自信，激发潜能，更好地规划自己的人生，跨越学习障碍、品德障碍和心理障碍，全面发展自己，为实现自己的理想而奋斗。

（1）注意倾听学生的心声

人类是在倾听中逐渐成长起来的，学生也不例外。唯有平等地对待学生，给予他们发言权，他们才能说出自己真实的想法，教师才能听到他们的心声，进而看到他们内心真正的期望，才能让给出的期望符合他们的心理需求。

（2）给出的期望要能满足学生的情感需求

出现行为问题的学生，实际上在情感上是非常敏感而脆弱的，他们相当在意他人对自己的态度，并以此作为自我了解和采取相应行动的指南。所以教师在给出期望的时候首先要给予学生关心、尊重、信任，让他们从教师那里看到关注、看到爱，由此才能看到教师对他们的期望，并在教师的期望下产生希望，进而做出改变。

（3）给出的期望要能满足学生的成功需求

表面上看起来什么都不在意的问题学生其实对成功同样充满了渴望。教师认为他们最不在意的学业成功对他们来说却往往是最紧迫、最重要的。唯有让他们当下先获得学业的成功，才能让他们看到希望。教师可以针对他们的实际情况，为其制定合适的学习方案，指导他们采用适合自己的学习方法，以"一帮一"或"结对子"的方式，为他们提供恰当的支持，并依据"最近发展区"理论为他们设计有针对性的训练，在他们体验成功的基础上激发其学习和实践的意愿。

某班新转入的学生晨晨是被他原来学校开除的问题生。他来自单亲家庭，因此看不起自己，认为别人也看不起自己，在同学、教师和家长面前总觉得低人一等，处处表现出自卑，有自暴自弃、破罐子破摔的倾向。因此他课间经常和同学打架，课上扰乱课堂纪律，被任课教师和同学称为"害群之马"，致使班级不得安宁。黄老师深知每个学生都有他的发光点和发展潜力，于是耐心地、时时刻刻地观察他的发光点，有一次课间看见他把一个同学掉在地上的椅垫拾起放回那个同学的椅子上。上课后，黄老师及时表扬了他，并对学生说："同学们，最近晨晨同学进步很大，你们感觉到了吗？"此刻同学们都对他投去充满期待的目光。课下黄老师又向任课教师表扬了他，并告诉任课教师他是一个有发展潜力的学生。从此以后，同学和任课教师都对他有了信心，也都时时刻刻关注他。一个学期过去了，这个问题学生在各方面都有了很大的进步，和同学能友好相处了，对学习也感兴趣了。

在上述案例中，正是由于教师的细心观察，发现了他问题行为背后的真正心理需求，于是在教师和同学们的期待中，在大家充满期待的眼神、笑貌、话语的感召下，这个问题学生的心田得到了希望的滋润，他开始变得自尊、自信、自爱、自强，最终获得新生。

范例54　充分激发学生的潜能

对于存在行为问题的学生，普遍的称呼是"问题生"。其实这样的学生应该被称为"潜能生"。之所以称他们为"潜能生"，是因为他们问题行为产生的背后更多的是思维未觉醒、天赋呈隐性。因此教育家苏霍姆林斯基认为，解决所谓问题上的根本方法是充分激发他们的潜能，即教师要用心灵唤醒他们沉睡的思维，让其天赋得以显现。

小学生高里亚是一名问题生。他有一个不幸的家庭。他从小失去了父亲，两岁时母亲因犯罪被判处10年有期徒刑。因此他从小就在姨母家长大，被姨母看作额外的负担。在这样的环境里成长起来的高里亚就成了一个典型的问题生。上学后，仅仅在一个月里，他就给大家留下了懒惰成性、常常骗人、难教育的印象。秋天的时候，他故意破坏高年级学生栽下的树苗，以此向全班同学夸耀自己的"英雄行为"。一次课间，他故意把别人书包里的课本拿出来，用墨水弄脏后再放回原处，然后在教师审视的目光中表现得天真无辜、泰然自若。还有一次，班级组织森林远足考察，在教师向大家讲解山谷、丘陵、山和冲沟的有关知识时，他故意走到全体同学面前做出爬上山从峭壁上往下看的动作。当教师提醒大家不要走近冲沟边缘，以免跌下去时，他竟然高喊着"我不怕！这个冲沟我滚下去过"，卷起身子滚了下去……

一次，苏霍姆林斯基在高里亚单独玩耍的时候把他请到生物实验室，让他帮忙挑选苹果树和梨树的优良种子。尽管他装出一副不屑的样子，但好奇心占了上风，竟挑了两个多小时，直到很累才停下。没想到，这次挑种子让高里亚对生物学产生了极大的兴趣。他竟然开始在家里栽树施肥。这件事被教师知道后，教师在班级栽树活动中因势利导让他指导其他学生，并对他的行为给予及时的鼓励。这件事温暖了高里亚的心灵。后来他虽然反复出现不良倾向，但在教师给予的温暖下，在班集体的影响下，他变得越来越好，不但经常帮助有困难的同伴，还默默地为集体做了许多好事，好像变成了另一个人。

问题生高里亚之所以发生这么大的变化，原因就在于教师基于对他的爱和关心，在深入了解他的问题的基础上，发现了他的兴趣和爱好，在合适的时机激发其内在的潜能。于是他就发生了根本性的变化。这种变化是在充分激发潜能的基础上出现的。这就提示教师，要教育和管理问题学生就要充分激发他们的潜能。要充分激发学生的潜能，教师要遵循以下工作流程。

1. 多方了解

问题学生的产生原因是多种多样的。正是这些多种多样的原因，使得他们成为别具特点、与众不同的学生。因此，要改变这些与众不同的学生，激发他们的潜能，教师首先要多方了解他们。在高里亚的变化过程中，苏霍姆林斯基做了大量的工作。他采用家访的方式了解了高里亚的家庭背景和成长经历，知道这个学生有着不幸的家庭，成长过程中缺少爱，他人对他的不公致使他对人失去了信心和信任，而内在对爱的渴望又使得他想靠近人们，所以才做出那些问题行为。这说明要改变问题学生，教师就要多方入手，对学生进行深入的了解。了解学生最直接的方式是家访，能直观地看到学生的实际生活情况，并在与其监护人的交流中，了解学生的成长经历和监护人对他的教养方式；还可以采用调查问题学生的同学或玩伴的方式，从其他人的口中了解问题学生的经历。总之，只有做到深入了解，才能找到问题的根源，最终解决问题。

2. 要有耐心和爱心

苏霍姆林斯基一生中曾教育过178名问题生，这178名学生都经历了艰难的教育过程。苏霍姆林斯基每周都要走访问题生的家庭，以便深入了解形成问题的最初环境，他跟家长、家长的邻居、教过这些学生的教师进行交谈。例如上述案例中的高里亚，在了解了他的成长经历之后，苏霍姆林斯基又与教师共同分析他的问题行为产生的原因，指出他的这些行为的是故意装出来的，是因为长期的不良成长经历致使他对人们失去信心，对生活不再抱有希望，所以故意做出那些行为吸引人们的注意。但实际上，在他那恶劣、放肆的行为背后是渴望得到关心。可以想见，如果教师缺乏足够的耐心和爱心，是不可能做到深入了解和理解学生问题行为背后的那颗千疮百孔的心灵的。这就说明，要改变问题学生，教师需要付出足够的耐心和爱心，持之以恒地去做好学生的思想工作，持之以恒地带着爱去关心学生、温暖学生。

当然，在这一过程中，教师需要有一颗平等之心，不带着歧视的目光看待学生，不将问题学生划分为另类生；教师还要练就一颗敏锐之心，能敏锐地察觉到问题学生的心理变化，甚至通过他们的一言一行、一颦一笑，看透其内在的心理变化。只有对他们做到这样的了解，才能及时抓住机会，创造激发他们的潜能的可能。

主题 3

"望闻问切"后对症下药

问题学生的表现是多种多样的。并非学习差、不爱学习的学生才是问题学生。某些优秀生同样也存在问题。名师们总能对学生进行"望闻问切",由表及里地对他们对症下药,给予科学的引导和教育,改变他们的问题行为。

范例 55 优秀生的傲慢问题的处理

相当多的教师对班级中的优秀生宠爱有加,但万玮老师却认为优秀生固然学习成绩优异,遵守班规班纪,但他们最大的问题在于受到过多的宠爱,养成了对人态度傲慢的坏习惯。所以他针对优秀生的这个问题,在班级管理中对优秀生进行科学引导和教育,做好优秀生的品格教育,关注优秀生傲慢问题的处理。

1. 优秀生的标准

关于优秀生的标准,万玮老师给出了三个条件:感恩心、建设心、利他心。下面我们具体看一下他是怎样看待这三个条件的。

(1)感恩心

在他看来,具备感恩心的人比较容易满足,对待他人态度比较友善,也容易获得他人的帮助。这就使得这样的人更能感受到幸福,极少表现出嫉妒、愤怒、仇恨等负面情绪。因此他们也极少会指责他人,更不会在问题发生时总是向外归因,而是能主动反省自己,反省的过程中不断完善和提升自己,培养了自己优良的品行。

(2)建设心

他认为具备建设性的人具有建设心。他们对于自己、他人和周围的万事万物都存在着建设心。这样的人会乐于看到周围的人或事物的美好，愿意维护周围一切美好的事物。因此他们也乐于主动伸出援助之手，尽自己所能帮助他人。

（3）利他心

所谓利他心，就是能心里装着别人，而不是只想着自己。这样的人能在关注自己的同时关注他人，因此在做事情的时候会综合考虑自己和他人的利益，而不是只想自己的利益，打自己的小算盘。这就决定了他们在集体生活中能考虑他人和集体的利益，这种优良的品格使他们能很快地适应所在的环境。

2. 冷处理法解决优秀生的傲慢问题

优秀生的傲慢问题，背后投射的是他们"三心"建设的失当。当然，优秀生"三心"建设的缺失，大多是家长的养育方式、周围环境对他给予的特殊待遇造成的。因此，万玮老师对待优秀生的傲慢问题，采取的办法是冷处理。

所谓冷处理，就是故意冷漠对待，使之孤立。冷漠、孤立之后再给予温暖，优秀生就能学会尊重和感激。简言之就是：先制造痛苦，再出面拯救。

梅兰和菊花是班级里两个成绩非常好的女生，可是对这两个人万玮老师怎么也喜欢不起来，因为他发现这两个学生太傲慢了。众所周知，成绩好的学生都会有一点傲气，她们从心里认为好成绩是自己取得的，与教师关系不大，因此即使教师表扬她们，她们也会觉得这是自己应得的，不会很感激教师。反而是那些平时调皮捣蛋的学生，没少挨教师批评，和教师的感情却十分深厚。他们知道自己表现不好，长大之后为自己以前的过错而深感不安，他们是真的感激教师，因此毕业之后也时常记得回母校看望教师。正是因为清楚优秀生内在的这种心理，万玮老师对这两个优秀生的傲慢态度采取冷处理法。简单地说，就是先在班级中孤立这两个人，然后拼命地对其中的一个学生好，不断地给予关注，不断地加以赞赏，而对另一个学生则不闻不问，看到优点也不表扬，更不去赞赏。最后，当这个被忽视的学生对教师的关注和赞赏渴望到了极点时，再轻轻地稍微给予一点赞赏，给予一点关怀和温暖。结果两个学生都发生了改变，改掉了傲慢之气，多了谦逊之心。

细细分析万玮老师采取的这种教育策略，其中包含的原理就是去光环效应。优秀生的优秀如果只是本人的努力而不被外界看到，是不可能体现出来的。正是由于教师和同学看到了他们的优秀，对他们的优秀加以赞赏和肯定，才让他们的优秀凸显出来。教师和学生，尤其是教师对优秀生的肯定和赞赏，其实就是为他们加上了一层光环，在光环效应的影响下，其他学生对他们产生了崇拜和钦佩之心。但是如果去掉这层光环，让他们认识到光环的产生是由于自己的优点能够被他人看到和赏识，那么他们内在的傲慢之心就会减轻，直至消失，而代之感恩心，慢慢地还会培养出利他心和建设心。

由此可以把万玮老师处理优秀生的傲慢问题的方法，归纳为以下几个步骤。

（1）发现问题，确定方案

实际上优秀生身上的很多毛病，大多是由于傲慢心理产生的。为了让教育方式更准确，教师还要对学生进行仔细的观察，并以此决定是否采用冷处理的教育策略。教师可以从平时学习和生活中的一些细节去观察优秀生；可以调查班级中的其他学生，从他们的嘴里侧面了解优秀生平时为人处世的态度和方法。

（2）孤立期

所谓孤立期，也可以称为去光环期，就是教师一改平时对优秀生偏爱有加的态度，以平常的态度和方式对待他们。比如不再表扬他们，在遇到难题的时候不再让他们来解决，更不在学生出现问题的时候，以他们为榜样，要求学生向他们看齐……甚至在某些特殊的情况下把握尺度，适时对他们加以批评，打压他们的气焰。这样的做法，其他学生看在眼里就会慢慢减弱原来对他们的崇拜和钦佩之情，达到去光环的目的。

（3）扶此压彼

所谓扶此压彼，就是指将优秀生的光环去掉的同时，扶持一个优秀生，冷漠对待另一个优秀生。简单来说，就是对优秀生中那个已经出现了自我反思意识、开始有思想松动的那个学生，适时适度地加以表扬和肯定，而对那个仍旧处于傲慢之中、没能意识到自己问题的学生不予理睬。结果，优秀生之间形成对比，促进双方的反思和改变。

（4）谈话

在优秀生慢慢意识到自己的问题、开始改变的时候，教师就要适时与他们谈话。谈话的内容和方式要进行科学的选择，当然中心点就是围绕他们的傲慢，就具体的问题具体分析指出危害，并表达教师对他们的期望。

一个优秀生在毕业多年之后回到母校，谈到自己当年去掉傲慢之心的经历。他说当初一度因为自己学业优秀，常在课上挑教师毛病，搞得教师很尴尬。后来经过万玮老师的教育和引导，发生了改变。当万玮老师询问他对任课教师的看法时，他不再对每位教师挑三拣四，而是给每一位教师都做了正面评价，把每位教师的优点列了出来。甚至他还称赞其中一位比较缺乏经验的年轻教师特别好，经常在学校待到很晚，为学生答疑解惑。在万玮老师问到关于他个人的情况时，他也变得特别谦逊，因为自己给教师制造了不少麻烦，感到不好意思。

必须承认优秀生的理解能力是相当强的，一旦他们认识到自己的问题，认识到问题对自己的危害，他们很快就会主动调整、主动改变。

范例56　帮助学生赢得信心

在问题学生中有一类学生，他们对自己缺少信心，因此无论是学习还是做事情，都畏手畏脚，不敢尝试，很难获得成功。优秀班主任金荷华认为，对于这样的学生，最重要的是要帮助他们赢得信心，因为自信是人追求成功的一种意念，是坚持走向成功的一种意志，是一种巨大的潜能。

1. 给予信任和尊重

实践表明，学生能否持之以恒地学习，与教师的信任程度高低有密切的关系。因此，要让学生赢得信心，首先就要用信任使他们克服内在的自卑心理。一方面，教师内心要对学生充满信心，要相信学生拥有优势，只要这种优势得以发挥，方法得当，学生就能学得好、做得好。比如，在学生回答问题不流利的时候，用一个期待的目光、一句信任的话语，帮助他成功一次，那么学生就会对自己充满信心。另一方面，教师要让学生有自信心，就要注意发现这些学生身上的长处，找到他们行为中的闪光点，哪怕是细微的优点，也要及时给予肯定，引导学生看到自己身上的长处和优点。比如，在学生回答问题或作业中有可圈可点的优点时，教师及时地指出来，并加以肯定和赞赏，那么就会让学生对自己多一份信心，就会在学生的心里种下一颗自信的种子。

教师要注意到，那些自卑心比较严重的学生，其自尊心会格外强，特别希望受到教师的重视和尊重。教师在给予他们信任的同时还要重视他们，尊重他们的人格。一方面，教师要注意，在与他们相处的时候，以朋友和共同学习者的身份、以平等的态度让他们感受到被尊重；另一方面，教师在与他们相处时要付出真情实感，营造出融洽、和谐、协调的沟通氛围，让他们在轻松愉快的情境中放松自己，展示潜能。

2. 创造机会，展示才能

自信不是一味由外界给予的，而是经过自己的努力才能真正获得的，获得自信的过程是一种内在的成长过程。因此，教师除了要给予学生信任和尊重，还要刻意创造机会，让他们展示自己的才能，进而让他们在教师和同学的赞赏中获得自信。

　　一方面，教师要根据这些学生的特点，为他们设立科学的学习目标，使他们在学习过程中能看到"跳一跳摘桃子"的效果。科学的学习目标不会使他们在达成目标的过程中产生过于容易的感觉，也不会在反复努力后无法达成目标而产生挫败感，而能让他们在付出应有的努力后，获得成功的喜悦感和幸福感。

　　另一方面，教师要看到他们的长处和优点，创造机会让他们公开展示出自己的优点和长处，形成良好的自我意识，相信自己是一个好学生，对自己充满信心。在这一过程中，教师要及时对他们的进步，哪怕是微小的进步，予以肯定，使他们产生成功的喜悦感，从而形成积极的心理，相信自己的能力，产生自信。比如，在他们回答问题正确的时候，用"很好，居然和我的看法一样""你的答案比我的更好"等语言加以赞赏。

专题八

构建家校教育同盟

教育学首先是关系学，班级就是一个小社会，教师要成功地带出一个好班级，就需要在班级管理过程中协调各方的关系，打造家校教育同盟。因此，教师除了要注意协调学生之间的关系、学生和教师之间的关系，还要注意协调学生与家长之间的关系、学校与家长之间的关系。

主题 1

教育学首先是关系学

名师们深刻地意识到，没有关系就没有教育，因此教育学首先是关系学。关系涉及亲子之间、师生之间、家校之间的关系，处理好这些关系，尤其是家校之间的关系，可以为班级管理增添助力。因此，教师在班级管理中，要注重与家长进行交流与合作，努力使家校之间建立协同互助关系。

范例 57　家校之间是协同关系

在班级管理过程中，家校关系一直是一个比较敏感的话题。关于家校之间如何共同合作服务于学生的成长这一问题，李希贵老师认为，二者之间应该是协同关系，是伙伴关系。家校双方应该怎样去做呢？

1. 树立共同的目标

李希贵老师指出，家校之间要形成协同关系、伙伴关系，首先要有共同的目标。如果缺少共同的目标，协同就不可能实现。而这个共同的目标就是促进学生的成长。教师可以围绕促进学生的成长这一目标与家长协调，引导家长真正地关注学生，让学生将家长和教师联系起来，使双方为共同的目标而努力，并在这一过程中协同互助。

怎样让双方树立共同的目标呢？教师可以请家长参与班级的一些活动，让家长在观看活动的过程中。获得最为直观的感受和体验，认识到自己在家庭教育中的得失，唤起家长的情感共鸣，进而主动跟随教师的步伐，为共同的目标而努力。

北京市十一学校高三年级曾经设计并组织了一次成人礼。这次有家长参加的成人礼，包括两个重要的环节。一是爸爸妈妈穿上正装，挽着孩子一起跨过一道门槛。之后，校长会在每个孩子的肩膀上拍三下，意味着这个孩子从此要承担起对自己、对家庭、对社会的责任。二是孩子读爸爸妈妈写给孩子的一封信。在这个环节，很多孩子看了信后泪流满面，爸爸妈妈也非常激动，他们在情感上产生了共鸣，他们之间的关系由此跃升了一个台阶。通过这样的活动，家长和学校教师明确了共同的目标。家长愿意配合教师为了共同的目标而努力。

从上述案例中北京市十一学校组织的这个活动来看，既让家长成为旁观者，也让家长成为参与者，在观察和体验的过程中，家长深刻地认识到孩子成长的重要性，提升了他们对孩子成长的重视程度，进而能积极主动地配合学校和教师。

当然，借助活动使家长和教师树立共同的目标，活动要从传统的组织活动转变为设计体验活动，让家长真正深入活动中，才能产生切实的体会，也才能让他们在体验中有所感受、有所领悟，主动协同教师，为促进孩子的成长做出应有的最大努力。

2. 共同参与班级管理

真正的协同关系、伙伴关系不是一方在做，另一方只是看着。而是双方共同参与为目标的实现的努力过程。因此要促进家校之间的协同关系，教师就要让学生把家长请进来，共同参与班级管理，使家长的责任意识得以提升，让班级管理更有成效。

（1）家长会

家长会是家长参与班级管理最为直接、最为有效的方式。下述案例中的家长会，让家长真正参与班级管理，真正了解自己的孩子，真正能从促进孩子发展的角度，为班级的管理提出切实可行的建议，教师能与家长、学生三方面对面沟通，最后家长切实感受到自己是班级的一分子，学生听到了教师和家长的最真实的评价，教师了解了家长对学生教育的态度和方法，三方皆大欢喜，真正的协同互助的关系得以形成。

北京市十一学校的家长会，不是传统的所有家长坐在一起，听教师讲解和讨论，为了提振家长的信心，让一些家长分享育儿经验，把家长的某一句经验之谈作为金句进行推荐，或者请学生表达对爸爸妈妈的感恩，等等，而是采用一对一沟通的形式。一个家庭的三口人甚至五口人，一起来到学校和教师沟通。每次期中考试前后，教师都要工作到晚上11点多，虽然会花很多时间，但家长特别感动，学生也很开心。

当然，要让家长会达到这种效果，教师需要精心设计家长会的活动和环节，即以共赢为目标，如此才能让家长乐于参与、学生愿意召开、教师有所助力。

（2）家长教师委员会

所谓家长教师委员会，指的是教师和家长共同组成一个委员会。这样一来，他们在一起讨论重大问题时往往能够有同理心，能够换位思考，相互之间不断地沟通，可以解决家校协同中的绝大部分问题。借助家长教师委员会，教师从只是与家长保持联系，转变为与家长建立良好的关系，锚定目标，互相协同，真正实现家校共育。

范例58 与家长很好地交流与合作

关于家校之间的关系，于永正老师认为，教师要学会和家长相处，对所有学生家长都以礼相待，建立良好的家校关系，才能促进与家长很好地交流与合作，让双方共同为促进学生的发展服务。

　　于永正老师的女儿也是一名教师。她在解决学生小芹的问题时，就是借助和家长很好地交流与合作实现了教育目标。对于学生小芹，小于老师从档案材料中知道她多才多艺，是文艺骨干，很有号召力，组织能力强。在与家长的沟通中得知她是父母的骄傲，为父母在单位争得了很多脸面。由于担心女儿进入高中会早恋，她的父母不但把小芹珍爱的小提琴锁了起来，不给她买漂亮的衣服，还希望教师让她专心学好文化课，不当班干部。小于老师答应了家长的要求。于是在军训完后的第一次班会课，在小芹和另一名男生竞选文娱委员最后得票数相同时，小于老师就把文娱委员的职位给了那个男生。结果没过多久，小芹变得越来越沉默，学习成绩也急剧下降。小于老师和她沟通时，她大多数时候沉默以待。在和家长沟通后，家长认为是有些环节疏漏了，于是开始每天接送小芹上下学，结果小芹的学习成绩下降得更厉害。就在小于老师困惑的时候，小芹的一篇周记让她找到了答案：家长的教育理念出现了问题。怎么办呢？父亲的话给了她启发：要与家长进行良好的交流与合作。小于老师在学校里不断地和小芹聊天，知道了小芹的梦想、苦闷，以及对班干部竞选时小于老师裁决不公的不满，她还加强与小芹父母的沟通，让他们感受到孩子内心的痛苦，引导小芹父母调整教育方式，很快小芹不但情绪发生了变化，而且学习成绩又慢慢提升到原来的水平。

　　上述案例中，小于老师在处理与家长的关系过程中，一开始听从家长的单方面意见，导致学生出现了一系列的问题，继而在父亲的启发下，调整教育方式，在了解了学生的所思所想之后，加强与家长的沟通与合作，成功地解决了学生的问题。

　　由此可知，要与家长很好地交流与合作，需要注意以下几点。

1. 平等

于永正老师说："动辄请家长到学校来的做法不足取，更不要以告状者的身份和家长谈话。一个'请'字，就把家长推向了老师的对立面；'告状'等于宣布老师无能。解决问题的最好办法是老师到学生家里走走。老师一跨进学生家门槛，问题就解决了一半。先肯定对方正确的一面、好的一面，再指出其不对的一面、欠缺的一面；老师确有不合适之处，则先做检讨，而后指出学生的不足，这样才谈得拢。"这表明在与家长相处的过程中，教师首先要对家长平等相待，表现出对家长人格的尊重，对家长教育理念的尊重。

一方面，教师不要因为自己的身份，就在思想上凌驾于家长之上，在家长面前摆出一副高高在上的架势；另一方面，教师不要因为自己是教育从业者，自认为教育理念先进，对家长的教育理念和教育方法指手画脚，而要尊重家长的教育理念和教育方式，与家长平等探讨，共同服务于促进学生的成长。

2. 信任

教师与家长进行交流与合作，除了要平等相待，还要信任家长。心理学上的罗森塔尔效应强调信任的重要性。教师要明白这一效应对学生会起作用，对家长同样会起作用。因此，教师在与家长交流与合作的过程中，一方面不要在家长面前指责学生，对任何学生都要首先肯定他的长处，把优点放大，也要让学困生的家长树立对孩子的信心；另一方面尽量不要请家长到学校来，而应该主动到学生家里去，当教师踏进学生家门，与家长心平气和、推心置腹地交谈时，学生和家长会格外感动于教师的贴心，因此无论谈什么，学生和家长都会接受。

3. 用心

所谓用心，就是从"心"出发，共同关注学生的成长。苏霍姆林斯基认为，家庭和学校，"不仅要一致行动，要向儿童提出同样的要求，而且要志同道合，抱着一致的信念"。但是有很多家长，并不能意识到自己"教育者"的身份。因此，教师在与家长沟通与交流的过程中，要树立"成为学生学习和生活的帮助者"这一理念，并且要将家长引进教育中来，形成教育合力，以便更好地促进学生的成长。当然，这要求教师能够在与家长和学生沟通的过程中做到循循善诱，及时发现问题，及时解决问题，走近学生，走进学生的家庭，与家长建立良好的家校合作关系，对学生的问题原因进行准确的分析和判断，通过和家庭形成教育合力，提高教育效果。

主题 2

巧妙引导亲子关系

良好的亲子关系，对于学生的健康成长起着重要的作用。因此名师注重构建家校教育同盟，协调亲子关系，在促进家校之间协作的过程中，让家长参与学生的成长过程，让亲子之间多一些了解，促进良好的家庭关系的形成，让家庭教育与学校教育共同为学生的成长保驾护航。

范例 59　家庭关系修养课

苏霍姆林斯基认为，家长是孩子的第一任教师，家庭是孩子的天然学校。没有家庭教育只有学校教育和没有学校教育只有家庭教育都不能完成培养人这一极其重要的任务。因此，教师在教育学生的过程中要关注家长提升家庭教育能力的方法和技巧，协调亲子关系，上好家庭关系修养课。

1. 提升语言修养

苏霍姆林斯基认为，家庭是塑造学生智慧和思维的工厂。要真正发展学生的思维能力，就必须重视家长的教育修养。家长必须认识到语言的魔力，要在亲子沟通的过程中提升自己的语言修养，发挥语言对孩子的教育和引导作用。

很久很久以前，印度莫卧儿帝国有个阿克巴大帝，他要检验圣人们说的话是不是真理。因为圣人们说，印度人的孩子自然而然会说母亲的语言，中国人的孩子自然会说中国话，不论孩子童年生活在什么环境里，即使没有人教给他们自己祖先的语言。国王下命令，让准备一处与外界完全隔离的房子，住进了30个来自不同国家、处于哺乳期的婴儿。由几个割去舌头的仆人照顾这些婴儿生活起居。房子的钥匙由国王亲自收存挂在自己胸前。孩子们在那间房子里成长着，从来听不到人的语言。就这样，七年的时间过去了。一天，圣人陪着国王打开房门。迎接他们的不是人的语言，而是号叫声、不清晰的类似猫叫的声音……就这样，圣人颜面尽失。

上述案例是苏霍姆林斯基在家庭关系修养课上所讲的一个故事，其目的就是让家长认识到自己的语言对孩子的影响。这个故事提示教师，要让家长认识到自身语言对孩子的影响，应注意方式要委婉、方法要适当。比如苏霍姆林斯基采用的讲故事的方式，也可以采用游戏的方式，甚至可以采用看电影等娱乐的方式。

2. 重视精神教养

在亲子关系形成过程中，相当一部分家长仅重视对孩子的物质给予，而忽视了孩子的精神。因此，苏霍姆林斯基说："除建议要注意孩子的劳动、休息保健制度和多方面的活动外，应更多地注意对孩子的精神教养；尤其是在发展孩子的感觉方面，我们给了许多具体的建议。我要着重指出：这就是培养智慧财富的重要基础之一。"由此可知，教师为了促进良好的亲子关系的形成，要让家长认识到对孩子精神需求满足和精神教养的重要性。

（1）提醒家长注意培养孩子高尚、纯洁的心灵和情感

教师可以提醒家长借助与孩子沟通交流，分享自己在生活中的所见所闻，分享自己的成长历程，引导孩子学会分析对与错、优与劣、高尚与卑鄙，进而培养他们高尚、纯洁的心灵和情感。

（2）提醒家长，让学生参与家务劳动，培养他们的责任感

教师可以借助班级活动，让家长和孩子共同参与一些家务劳动，让家长指导孩子从事家务劳动的方法和技巧，让学生在参与家务劳动的过程中感受到为家庭做贡献的幸福与快乐。在活动之后要进一步延伸，提醒家长将这种幸福与快乐迁移到家庭生活中，科学安排孩子的作息时间，将家务劳动贯穿其中，以培养孩子对家庭的责任感。

范例 60　协调亲子关系

名师孙维刚特别重视学生的德育。他重视巧妙地引导亲子关系，并将这一关系的协调贯穿到对学生的德育中，在组织德育活动过程中培养良好的亲子关系。他是怎样做的呢？

1. 从细节入手教育学生

一位好教师，就是一面旗帜。他在学生身上延续的绝不仅仅是知识，还有理想、意志和做人的准则。孙维刚老师在教育教学的过程中，注重培养学生的品德与协调亲子关系。他将"不以事大而惧之，不以事小而轻之"这句话作为自己做人的原则，他也这样要求自己的学生。比如，在一次数学讲座后，孙维刚老师给学生布置了一项特殊的作业：回家后，向爸爸妈妈问一声好。这件事虽然小，却可以培养学生对父母的孝顺之情，协调亲子关系。

除此以外，在生活细节上，他更注重对学生的品德教育，进而影响亲子关系。一位学生家长清楚地记得自己参加家长会时，看到孙维刚老师班里的学生跟

别的学生不一样，他们懂礼貌，知道向收发室的大爷和电梯工问好，家长会期间为家长服务时站得笔直，双手接物，谦逊有礼。这些细节虽然小，却可以影响亲子关系，让家长为孩子感到幸福和骄傲。

2. 从大处着眼引导家长

除了在学生方面，从品德教育入手，提升学生对家长的爱戴之心，协调亲子关系，孙维刚老师还较早地认识到，家长集体的形成和家庭教育的改进对于学生教育的重要性。因此，他从大处着眼引导家长，利用家长会与家长进行沟通交流。

1999年6月20日，孙维刚老师召开了全体学生及其爸爸妈妈联席的建班会。学生们刚刚小学毕业，这可以说是他们进入初中后的第一节课。孙维刚老师要求学生以及他们各自的家长："做学问，先做人。不要只想着三年后考高中，六年后考大学，这些都先不要想，当务之急，是想想如何把孩子们培养成品德高尚的好人。"一位学生家长回忆起那次家长会时说："我们第一次参加这样的家长会，前面坐着42个学生，后面坐着84位家长，孙老师说，我们的班集体是包括所有的家长和他本人在内的127人组成的大集体。"学生则称之为"300%的家长学生联席会"。孙维刚老师的第四轮实验班只伴随了他短短20个月，在病魔缠身的情况下，他仍然召开了28次家长会，而且最长的一次居然开了7小时！

由上述内容可知，孙维刚老师高度重视家长会在家校沟通方面的重要作用。他在家长会上，主要是与家长沟通对孩子的教育计划，让家长更多地了解孩子的学习生活和学习目标，进而理解孩子，促进亲子关系的融洽。他从不把家长会当作棒子来敲打学生，而是把家长会当作与家长沟通教育计划，改进家庭教育环境，传播教育学、心理学知识，从而让家长成为教育同盟军的机会。

后 记

在撰写本书的过程中，我们借鉴和参考了国内外一些知名专家的著作和研究成果，引用了一些教师的案例和文章，在此向所有专家、教师致以衷心的感谢！受沟通渠道所限，我们未能与所有作者都取得联系，敬请相关作者与我们联系。电子邮箱：taolishuxi@126.com。

教师的
10项工作力提升

主　编　李　娜　张晓红
副主编　江　西　邹　凯　陈小明
编　者　曹馨玉　孙天鹏　张　艳　杨　锐
　　　　刘红梅　董　帅　张　展　王　雨
　　　　丛　爽　刘钊玮　赵阳茂　李晓宁
　　　　滕芬莹　马慧云

新 华 出 版 社

图书在版编目（CIP）数据

教师如何练就好课.3，教师的 10 项工作力提升/
李娜，张晓红主编；江西，邹凯，陈小明副主编.
北京：新华出版社，2025.7.
  ISBN 978－7－5166－8009－4

Ⅰ．G451.2

中国国家版本馆 CIP 数据核字第 2025J2H504 号

教师的 10 项工作力提升

主　　编：李　娜　张晓红
责任编辑：蒋小云　丁　勇
出版发行：新华出版社有限责任公司
　　　　　（北京石景山区京原路 8 号　邮　编：100040）
印　　刷：天津融正印刷有限公司

成品尺寸：170mm×230mm　1/16　　印张：13　　字数：228 千字
版次：2025 年 8 月第一版　　　　　印次：2025 年 8 月第一次印刷
书号：ISBN 978－7－5166－8009－4　　定价：49.80 元

前　言

在 AI 引领剧变的时代，社会发展的走向、行业的重构、育人体系的演变、哲学与伦理的发声、包括价值观的重塑，势必经历新的盘整。究竟一个行业、一个领域、一个岗位需要什么样的必备素养，将是一个持续动态流变的话题，值得我们无限渐进、深入地探讨。

在这样的背景下，总有一些核心要素需要我们持守，又总有一些迈进跨越需要我们整合。我们提取与扬弃教师必备工作力的传统表述，聚焦时代之变和岗位之需以及现实之困，配以精准的定语锚定，形成新的教师工作力的表述体系，并以此为框架，以"是何、为何、何以"的思路布局，依托心理学、教育学、管理学、社会学的理论支撑、行文架构，用理论与实践交互的方式向大家铺展好意的解说，进行全书的内容呈现。

这十项教师工作力提升的内容分别为：基于内驱激活的领导力、基于趋向把握的觉察力、基于合力建构的沟通力、基于至善的童真葆有力、基于危机应对的处置力、基于同频共振的学习力、基于悲悯的共情力、基于规范管理的组织力、基于认知重建的转化力、基于现实场域的适应力。

一是基于内驱激活的领导力。什么是领导呢？权力的掌控？决策的拟定？队伍的牵拉？结局的买单？还是如一个有光的灵魂，以激活他人及团队内驱为终极使命，使团队合力在持续的交互中，最终实现效能的 N 次方递增？本章将围绕"领导"及"内驱"两个关键词，为大家一一阐释。

二是基于趋向把握的觉察力。"变"字是教师一日的生活主题，"应变"是教师每日的工作常态。在以"应变"破"变局"的每日生活中，教师的敏锐觉察是目标达成的重要因素。且觉察不是指向对当时当下的片段关注，而是对趋向延展的全链条态势评估，站在历程河里看表象、查趋势，才可能前置性解决问题，将端倪消灭在萌芽状态。而这些觉察的指向既包括学生眉宇间的懵懂，又包含教育改革的风向。相信对"趋向"和"觉察"的分别论述、理论支撑以及实践案例探索，都会为教师此"力"的形成提供助益。

三是基于合力建构的沟通力。沟通之于教师的意义自不多言。然而若问及沟通的终极目的，又常令人瞬间语塞。是传递、交流、分享、告知？本章试图用一个崭新视角呈现观点——是为了"合力的建构"，即所有沟通应当以"合力建构"为终极目标，去促进关系的致密、行动的聚焦乃至目标的达成，否则就容易陷入匆忙完成沟通的行为，而忘却沟通的目标，导致密度、频度、角度、效度南辕北辙的结局，其连锁而来的困顿、困境生成，也往往成为教师职业生命搅扰的主要归因之一，而破解之道，一定是基于合力建构的有效沟通。

四是基于至善的童真葆有力。教师职业无论被他人怎样讴歌，而现实中的个体消耗甚至价值消解往往不容置辩，只有身临其境的教师才真的能深解其意。在此过程中，真正的支撑不是外界的美誉、媒体的弘扬，而是教师内在的童真。那种和阳光、春水能共鸣，和孩子的笑脸、成长能共情，那种基于人类最本真的善的柔软的唤起，是教师克服困难、职业生涯走得长久、轻盈且幸福的无穷动能。

五是基于危机应对的处置力。现实的纷繁复杂、压力的激增叠加、意外的层出不穷都会使教师的日常生活常常处于"危"和"急"的状态。而自主意识的弘扬、媒体渠道的通达、专业资讯的普及，一方面提升了家长的育人理念与素养自信，另一方面也挑战了学校及教师的学术权威，增加了管理的挑战和沟通的压力。教育固然不追求话语霸权，但终究是科学和艺术，在其专业属性的葆有下，教师对各种类型的危与急的处置，都关涉人与事的决策和协调，这既是必须讨论的重要话题，更是教师专业素养的必备能力。

六是基于同频共振的学习力。学习是教师专业发展的终身使命，学什么、向谁学、怎么学，更是一个与时俱进的话题。答案是，要向同频共振的人学习。那么与谁同频，与谁共振？在同频共振中，如何始终把握住时代脉搏，进而成为时代潮流的领跑者，是教师自我成长的重要使命。

七是基于悲悯的共情力。在这章的撰写中，我们提及的用意十分动情。所谓共情就是隔岸观火总不如身临其境，而恰恰是身临其境、心临其境，才使教师可以走进孩子的视野，从他们的位置相伴出发。所以，基于悲悯的共情力，恰恰是对人间苦难，或成长速率与坎坷最好的理解与接纳，使教师能深刻地理解人间万事的春风化雨、成长拔节都需要必然而艰辛的历程。教育过程中的静待花开有时让人难掩焦灼，但基于悲悯的共情力会瞬间将焦灼化解，当爱意流淌之时，恰是坚冰融化之刻。因此，基于悲悯的共情力是孩子成长最奢侈、最珍贵的礼物，某种意义上更是教师自我救赎不可或缺的良药。

八是基于规范管理的组织力。毕竟管理是学校教育教学实践不可或缺的手柄，"规范"是教师自始至终必须捍卫的成长领地。规范的管理，包含规则边界的划定与规则的执行，如何有边界不唯边界去进行文化建构，将公民意识的种子播撒进孩子心中是教师必须践行的使命。就如苏霍姆林斯基所说："教育上一个重要的目的就在于，使每个人在童年时代，就能体会到人对义务顶峰的追求是一种魅力和美。"

九是基于认知重建的转化力。在压力与矛盾聚焦的时空张力中，诸多不稳定因素随时蕴蓄着卡点甚至爆点的生成，无论是学生、家长还是教师都是如此。而所有情绪和变形的行动都发端于认知。认知的有效调整可以带来情绪和行动的重建，使得麻烦困扰和淤堵有机会修通甚至柳暗花明。因此，基于认知的行动转化力是教师问题解决的撒手锏，更是需要长期专业必修的功课。

十是基于现实场域的适应力。世事纷繁复杂，日新月异，教师在千头万绪中需要不断去适应发展、适应改革、适应规约、适应变迁，那些来自文件的、人际的、自我规约的种种事项，都需要教师沉浸于现实场域快速提高适应能力。这样的提及不是要时时置身教师于山雨欲来风满楼，而是要提示、指示、锚定教师应该安心深耕的现实位置。

对于这些"力"的提出、表述、解析、例证，饱含着多年来从事国培工作，面向不同培训对象，诸如校长、教研员、业务引领者、骨干教师、新教师、班主任老师等培训的需求俘获和观点凝聚，也包含着长期从事家庭教育、家长培训、青少年及家庭心理咨询，站在对岸处对需求的传递。在成稿过程中，我们以心"里"加油站来为教师赋能，用微言小故事来对应解说，通过实践案例对提高的方式和策略进行铺设。一方面对核心观点进行勾勒、拆解、厘析；另一方面，又将理论和实践完美结合，试图为教师送去直抵理论的礼物，看到策略应然的视角。因此，本书既适合初入职的教师尽快融入角色，也适合骨干教师为崭新的目标去拔节，甚至适合老教师，在新时代的背景下，再回看自己的职业生命焕发新的光彩、生成新的诉求。

本书在成书过程中得到了教育理论工作者、教育实践专家、各地各校优秀的高中、初中、小学一线教师的大力支持和倾心相助，尤其是孙天鹏和曹馨玉等参与了大量工作，在此一并表示感谢。其中孙天鹏、曹馨玉撰写文字量分别达到3万字以上。

总之，由心而生的用心理学及管理学、社会学、教育学等视角为大家传递好意是本书的一大特色。整书的架构和每一个文字点滴，是可以值得我们无数次地跳出来在实践中再回看的。这样的善意倾吐不是要在纷繁中再挑大旗，空泛地对教师使命"与时俱进"地规约与添加，而是基于理论护航，从科学效能的角度对教师职业生活的真诚呵护。

春，又要来了，衷心希望这些"力"能更深刻地在每位教师心中萌芽；衷心祝愿，本书能早日与各位亲爱的教师朋友谋面结缘；衷心期待，书中的好意能够成为陪伴和支撑教师生命情怀一路前行的美好力量。让我们共同在持续不断提升的历程中，一路向前，风轻云淡、笑语欢歌、不滞不竭！

目 录

专题一　基于内驱激活的领导力

"最好的领导者知道人的潜能是无限的，关键在于如何发掘和利用这些潜能。"一个高效的管理者或领导者，应当通过引导和激发团队成员的内在动机来提高整个组织的效能。教师的使命与职责已然超越了教科书的界限，他们不仅是知识的传递者，更是潜能的挖掘者、情志的激励者。

专题二　基于趋向把握的觉察力

基于趋向把握的觉察力的获得如同磨石。在教育中，教师具备基于趋向把握的觉察力至关重要。只有把握事物的发展趋向，觉察细微的变化，才能迅速而精准地发现问题、解决问题，使我们能够在浩瀚变幻的事物中灵活应对，推动事物朝着更有利的方向发展。

专题三   基于合力建构的沟通力

教师具备有效的沟通力对于教育的全链条流程意义重大。只有通过有效的沟通，教师才能更好地了解学生、家长、学校和社会各方面的需求和期望，同时有针对性地指导学生的学习和成长，从而形成政府、学校、家庭等多主体教育合力，进而推动教育事业的改革与发展。

专题四　基于至善的童真葆有力

童真是一份丰厚的礼物，是人们从自然中获取的珍贵而纯粹的资源。教师面对学生应永葆一颗童心，以自己的童心唤起学生的童心：用儿童的眼睛去观察；用儿童的耳朵去倾听；用儿童的兴趣去探索；用儿童的情感去热爱。基于至善的童真葆有力是教师成长发展的必备素养。

专题五 基于危机应对的处置力

从危机中找到转机，不仅需要教师具备应对危机的胆量和魄力，更需要教师有识别危机的慧眼和处理危机的智慧。只有经过理性思考后选择恰当的方式处理"危机"或"紧急"事件，才有可能将"危机"化为"转机"，而这转化的力量则来自理性生发出的智慧。

专题六 基于同频共振的学习力

学习力特指教师在学习和职业生涯中所展现的学习能力，是一种将知识资源转化为知识资本的能力。教师学习力是教师与学生、教学产生进一步有效关联的重要驱动力，是激活教育生命的原动力，表征着教师学习应与时代息息相关、与发展密切相连、与学生及家长的诉求始终呼应……

专题七　基于悲悯的共情力

共情以同理心感受、揣摩他人的想法和情绪，促进情感上与他人的积极共鸣，从而形成一种难能可贵的人格品质。基于悲悯的共情力是教师职业必备的关键素养。共情力强的教师面对差异性个体困境，会因共情而凝聚关系建构的合力，从而找到解决问题的最佳策略。

专题八　基于规范管理的组织力

　　基于规范管理的组织力，旨在厘清各因素间的根源线索，分析出多个因素交互的复杂因果关系，达到育人于无形。在班级规范管理中，对于"严格"与"弹性"的把控要更有针对性，把"严"聚焦到课堂管理中，把"弹"分散体现在每个管理的个例上，使班级管理更有温度、深度、力度和广度。

专题九　基于认知重建的转化力

在引领学生认知重建的旅途中，教师的转化能力不仅是一种教学策略，而且是一项卓越的引导艺术，即一种引导学生从已知走向未知、从困惑走向明晰的奇妙艺术。在这一认知转化的过程中，教师不再只是知识的传授者，更是学生思维的引导者和激励者，为学生实现认知层面的提升提供坚实支持。

专题十　基于现实场域的适应力

复杂的外部事物构成了我们所处的现实场域，对个体行为产生深刻的影响。教师既需要完成既定的教学任务，还需要面对来自社会、家长和学校等各方面组成的压力场。因此，教师必须时时审视、检视自己身处的场域，积极与之相适应，使个体发展和对应环境保持一致，以解决其显性与潜在的客观问题。

专题一

基于内驱激活的领导力

『最好的领导者知道人的潜能是无限的，关键在于如何发掘和利用这些潜能。』一个高效的管理者或领导者，应当通过引导和激发团队成员的内在动机来提高整个组织的效能。教师的使命与职责已然超越了教科书的界限，他们不仅是知识的传递者，更是潜能的挖掘者、情志的激励者。

优秀的领导者能够发掘和激励团队成员的内在动机，引导他们实现革命性的创新。

——克莱顿·克里斯滕森（美国，1952—2020）

彼得·德鲁克在《卓有成效的管理者》中提出："最好的领导者知道人的潜能是无限的，关键在于如何发掘和利用这些潜能。"① 这句话深刻地揭示了领导者以"内在动机"激发践行个体领导力的基本过程。正如本书所强调的，一个高效的管理者或领导者，应当通过引导和激发团队成员的内在动机来提高整个组织的效能。这一理念不仅适用于企业管理，同样适用于教育。在教育场域中，每个学生都是一颗尚未发光的原石；而教师则是找寻原石，并使其绽放光芒的探矿人。教师的使命与职责已然超越了教科书的界限，他们不仅是知识的传递者，更是潜能的挖掘者、情志的激励者。教师用他们的洞见与智慧，细致地打磨原石，从而使学生主体实现自我发现、自我激活，从而主体主动地发展自我、成就自我。

① 彼得·德鲁克. 卓有成效的管理者 [M]. Harper & Row，北京：机械工业出版社，1967.

主题 1

"内驱"是心中的那团火

罗尔夫·华尔多·爱默生有言："激情是所有伟大行动的真正基础。"爱默生所言的激情，实质是一种强烈的内驱力，是推动伟大成就的根本。在《社会心理学词典》的表述中，内驱力是由内部或外部刺激唤起，并引向某一目标的有机体的内部状态。它是一种自然而然、源于个体内部的动力，推动人们在从事某些活动时，不依靠外在奖励或压力，而依靠个体内在的追求与深切渴望。

在一定条件下，人们任何实践活动的有效性都取决于他们的动力、能力和精力。其中动力是积极行为的关键影响因素，缺乏动力，能力再强亦枉然；有精力也不会投入，即使有行动，也是为了应付；如果动力强劲，能力可以通过学习和锻炼逐步提高，精力可以积聚，毅力可以增强。有研究表明，"人们在一种或多种内驱力的基础上行动，往往可在事业上非常成功"[①]。

内驱力对个体的作用不容小觑，在激发热情和创造力、促进职业发展和持续学习、应对职业压力和挑战等方面具有巨大作用。因此，激活个体的内驱力至关重要。

一、心"里"加油站

1. 内驱理论

内驱理论由心理学家爱德华·德西（Edward Deci）和理查德·瑞恩（Richard Ryan）于 20 世纪 70 年代提出。内驱力是指人们从事某些活动的内在动

---

① ［英］波特·马金，等. 组织和心理契约：对工作人员的管理［M］. 北京：北京大学出版社，2000.

力，这种动力源于活动本身的有趣性或给人带来的满足感，而非外部奖励或避免惩罚的结果。内驱力对个体的发展起着关键甚至决定性的作用，是个体发展的关键驱动力，它能激发个体的好奇心和创新能力，增强实践的参与度和持久性，同时建立自我效能感和独立性。

具有强烈内驱力的个体更能适应变化，展现出高度的心理弹性，并积极地维护和发展社会关系。内驱力是个体发展的核心因素，它对推动个人学习、职业和社会参与的成功，以及个体心理健康、个人幸福感具有深远的影响。

2. 自我效能理论

加拿大心理学家阿尔伯特·班杜拉于 1977 年提出自我效能理论。自我效能指的是个人对自己在特定情境下成功执行某项行为或达成目标的能力的信念。自我效能对个人心理和行为的影响体现在三个方面：目标设定（提高自我效能的个体倾向于设定更高目标并坚定追求）、应对策略（面对挑战时采取更有效的应对方法）及持久性（在困难面前更有可能坚持到底）。

自我效能理论提供了理解和增强内驱力的重要视角。通过建立和维护强大的自我效能感，可以有效地激发和增强个体的内在动机。无论是内驱理论还是自我效能理论，都提供了增强个体内驱力的框架。自我效能理论强调通过个人的成功经验、榜样效应、社会劝说和情绪状态管理来培养个人的自信和行动力。内驱理论则建议提高自主性，提供适当挑战和支持，给予有意义的反馈，以及强化社会联系来增强个体的内在动机和参与度。

作为教育者，教师应该承担培养和激发学生内在动力的崇高使命，引领他们在知识的海洋中自由航行，激发他们对学习的热情和好奇心。引领学生成就自我，完善自我。

二、好车全在发动机

发动机属于车辆的核心组成部分，它决定了车辆的性能、效率和整体质量。其质量直接影响车辆的可靠性和使用寿命，其性能直接影响车辆的速度，其燃油效率决定了车辆的经济性，等等。因此，虽然一辆车的质量受设计、制造工艺、安全特性等多种因素的影响，但发动机无疑是定义一辆"好车"的核心要素之一。

发动机之于好车，就如同内驱力之于个体。个体依赖外力驱动，只能亦步亦趋；拥有内生动力，才能活力无穷。在教育中，强大且持续的内驱力是促使学生自觉学习的内在力量，也是学生持续有效学习的动力保障。对于教师而言，教育不仅仅是传道授业解惑，更要引领学生成就自我、实现自我。因此，教师在激活学生心中源源不断的内驱力方面承担着至关重要的任务。

正如约翰·杜威所言："教育不是灌输一桶水，而是点燃一把火。"教师应着眼于学生成长与发展，不仅做知识的传递者，更应成为学生心灵中点燃内驱之火的引路人。

三、微言小故事

最年轻的诺贝尔和平奖得主

马拉拉·优素福扎伊出生于巴基斯坦斯瓦特谢尔省的一个小镇，从小就表现出对教育的强烈渴望。但她的教育追求遭到了极端势力的反对和威胁。

她坚信每个女孩都有权接受教育，并坚持不懈地发表她的观点。她以匿名身份在 BBC 乌尔都语服务上写下博客，记录她在受到威胁的情况下对教育的渴望。2012 年，马拉拉在返回学校的途中遭到塔利班分子的残忍枪击，面临生命危险。她的头部受伤严重，不仅导致了生理上的痛苦，还对她的日常生活和学业造成了严重的影响。然而，尽管受到如此严重的袭击，马拉拉并没有被吓倒，反而以更加坚韧和勇敢的态度站了起来。她的事迹获得了国际社会的关注和支持，她成为全球女童教育的倡导者，致力于消除女性在受教育权利方面的障碍。2014 年，她成为最年轻的诺贝尔和平奖得主。

强大的内驱力支撑着马拉拉在面对危机，遭遇危险后仍能保持初心，坚持不懈追求自己的理想。马拉拉的故事告诉我们，当个体内心保持稳定而强大的内驱力时，即使面对人生困境也能从容迈过。内驱力不仅是克服逆境的动力源泉，更是驱使个体在困境中奋发向前、迈向成长的根本动因。

内在驱力塑造科技巨头：马克·扎克伯格的创新之路

马克·扎克伯格是社交媒体巨头脸书公司的创始人之一。在哈佛大学就读期间，他展现了出色的计算机编程技能。然而，他真正的成功并不仅仅来自天生的技术才华，更是源于他内在的追求和创新的动力。

马克·扎克伯格在大学时期，由于对社交网络感兴趣，所以他决心创建一个人与人联结的平台。他投入了大量时间和精力。然而，在取得阶段性成就时，马克并没有止步于此，而是不断探索，他积极寻求反馈，并对产品不断进行改进，用精益求精的精神驱使自己，立志带给用户更好的体验。最终，Facebook 成为全球最大的社交媒体平台之一。马克的内驱力驱使他超越了传统的学术成就，更专注于精益求精、超越自我。

正是由于内心强大稳定的内驱力引领着马克成为科技行业的领军人物，让他创造了一项伟大的成就。因此个体在成就自我的过程中并不仅仅依赖于天赋，更取决于强烈的内驱力，它是个体成功的重要支柱，支撑着个体保持对成功的渴望与追求，不断向上攀越，直至走向人生高峰。

向死而生：抗"冻"斗士蔡磊的故事

他说："我会战斗到最后一天，直到我死亡的那一天为止。"这句话来自京东前副总裁蔡磊，他的人生故事充满了信念和坚持。

2019 年蔡磊被确诊为渐冻症，目前世界上还没有成功治愈渐冻症的案例。但蔡磊并未向病魔妥协，他决定投入自己前半生积累的全部财富、人脉和资源，研发治疗渐冻症的药物并亲自试药，为攻克这一世界难题做一份贡献。蔡磊对医学一窍不通，所以他自学专业书籍和学术论文，组建研发团队，并成立"渐愈互助之家"收集患者数据。为了给药物研发提供资金支持，蔡磊和妻子捐款数千万元、辞职直播带货，成立慈善信托。尽管健康状况不佳，他仍然做好离世后的规划：找接班人、遗体捐献、写书。希望能用自己的力量为全球 50 万名渐冻症患者带来生的希望。

内驱力或许无法延伸生命的长度，但却可以无限地扩展生命的宽度。蔡磊抱着抗争到最后一刻的决心，给渐冻症患者带来坚持的勇气，同时助力科研工作者的抗"冻"之路。强大的内驱力是带领人们走出生命逆境的强大引擎，能够驱使人们坚持不懈，迎接生命的挑战。①

主题 2

领导是发光的那盏灯

领导的魅力在于其无处不在、无时不有的影响力。优秀的领导能够对追随者产生深远的影响，使其一生受益。在传统理念中，领导涉及领导者、追随者、共同目标、追随者的自我驱动力，以及为实现这些目标所采取的行动。这一框架通常将领导者视为指挥和引导者，而将追随者视为执行者。然而，在教育领域，教师对学生的领导不仅仅局限于目标设定和成就引导，更为重要的是激发学生的内在驱动力。如罗斯福所言："领导就是激励他人做他们本来认为做不到的事情。"而教师应当成为学生生命旅程中的引路人，通过激发他们的内在驱动力和潜能，成为点亮其璀璨人生之路的明灯。

一、心"里"加油站

1. 转型领导理论

转型领导理论最初由詹姆斯·麦克格雷戈·伯恩斯（James MacGrgor Burns）于 1978 年提出。转型领导理论是一种领导风格，强调领导者与追随者之间的互动和关系。它侧重于领导者通过激励和鼓舞追随者，进而激发追随者的内在驱动

① 案例提供：长春师范大学 赵阳茂。

力，使他们超越自我利益，共同实现更高的目标和价值观。

转型领导者通常是榜样，能激发追随者的积极性和创造力，同时还会关注每个人的成长和发展。这种理论与传统的、注重任务和奖惩的交易型领导形成对比，它更注重个人内驱力的激活和长远发展。转型领导被认为是提高团队士气、增强组织凝聚力和促进创新的有效方式。

2. 情境领导理论

情境领导理论由肯尼思·布兰查德（Kenneth Blanchard）和保罗·赫西（Paul Hersey）于20世纪60年代末期提出，主张领导者需要根据不同的情境灵活运用不同的领导风格。基于追随者的知识、技能、经验（能力）以及完成任务的动机和信心（意愿），提出四种领导风格：指导式领导，适用于能力低但意愿高的追随者，需要明确指示和监督；教练式领导，适用于能力不足但意愿不稳定的追随者，鼓励参与和创新；支持式领导，适用于能力强但意愿不稳定的追随者，强调听取和支持；授权式领导，适用于能力和意愿都强的追随者，领导者授权并信任他们自主完成任务。

在教育中，教师应根据学生的能力和意愿灵活调整领导风格，从而激发学生内驱力：对于基础薄弱但态度积极的学生采用更多的指导和监督；对于能力较强但缺乏动力的学生提供更多的支持和鼓励；对于自主能力强的学生给予更多的自由和授权。这种灵活多变的引领与指导方式，有助于更有效地满足不同学生的学习需求，促进他们的全面发展。

二、领导不是天下无敌

领导就是天下无敌吗？非也！何为领导？领导是一种影响力和指引力的综合体现，涉及领导者通过沟通、激励和战略规划，影响并指导一个团队或组织成员朝向共同的目标前进的过程。好的领导者能够确定方向，并引导、协助团队或组织成员沿着这个方向前进。领导不仅仅是一种职位或角色，更多的是一种责任，包括对目标的明确、对过程的引导，以及对成员的关怀和支持。

　　在更广泛的意义上，领导也是一种能力，涉及影响他人、激励团队、解决问题以及适应不断变化的环境的能力。领导之艺，深植于心灵与智慧之中，不是努力去做权力的行使，而是努力尝试对追随者内驱的激活。在教育中，教师不仅是学生成长路上的引路人，更应成为激发学生内驱力、点燃学生内驱之火的火炬手。

　　在这样的背景下，转型领导理论和情境领导理论为教师的角色提供了卓越的转变路径。它们引导教师从传统的指令和控制模式中解放出来，成为能够根据不同情境和时代变迁调整自己领导方式的智慧型领导者。这样的领导型教师才是真正实现了从优秀到卓越的蝶变，成为"天下无敌"的领导者。

三、微言小故事

自由作家团队的诞生

　　"记住，力量不在肉体中，而在意志中。"这句话来自电影《自由作家》，同时它也是根据艾莉恩·威根的真实教育经验改编而来。

　　艾莉恩·威根是一位美国的中学教师，她的教学方法激发了学生内在的潜力，并在困境中创造了奇迹。她在加利福尼亚的朗达市一所高中任教，学校的学生主要是来自低收入和多元文化背景的家庭。艾莉恩采用了一种独特的教学方法，她鼓励学生分享他们的个人故事，并将这些故事与文学作品联系起来。她创建了一个名为"自由作家团队"的学生小组，鼓励学生发表自己真实的声音和观点。这个教育项目的成功不仅体现在学生成绩的提高，更在于学生有了更多的机会与自信去追求自己的所愿所想。

　　正是因为艾莉恩的支持和激励点燃了学生的内驱之火，学生才能做谱写自己人生篇章的"自由作家"。一个成功的教师不仅仅扮演知识的传播者角色，更是学生生命的引领者，能够启迪学生内心，激发他们内在的动力，引领他们走向各自的人生高台。

海伦·凯勒的启明之光

　　海伦·凯勒（Helen Keller）的成功与她的教师安妮·沙利文（Anne

Sullivan）密不可分。

海伦·凯勒在幼年时因疾病失去了视力和听力，陷入了无法沟通的孤立状态。安妮·沙利文是她的教师，但更是她的导师和灵感来源。安妮·沙利文通过创造性的教学方法和耐心的引导，成功地激发了海伦·凯勒的内驱力。在安妮的帮助下，海伦学会了使用手语、读唇和触觉，逐渐重建了自己的沟通能力。这不仅帮助了她与外界建立联系，还使她培养了强大的意志力和学习欲望。如今，海伦·凯勒的名字已家喻户晓，她的故事在世界各地被广泛流传，成为激励人们克服困难、追求梦想的灵感之源。

海伦·凯勒的成功离不开她的教师安妮·沙利文。教育者应引导学生激发内在动力，找到个人兴趣和激情，使其释放创造力和成就。教师应如伯乐，引领千里马奔腾向前。

热血教师领导"问题学生"缔造教育奇迹

2000年，怀着教育热情的罗恩在一所暴力横生、教室拥挤不堪的东哈莱姆区（黑人区）任教。罗恩所带的是一个纪律和考试成绩在全校最差的班级。

罗恩到来时，学生试图用各种方式驱赶他——给他的汽车涂蓝色颜料、毁坏教室。然而，罗恩没有心灰意冷。他用"自虐"换学生安静听课，投其所好让学生爱上课堂。同时他也细心观察着班上的每一位学生，发掘出其特有的才能并对其进行引导。当家境困难但想要念书的女孩陷入两难时，他为其打通通往课堂的道路；当有着艺术天赋的男孩受到诱惑和威逼时，他对其加以引导，使其特长得以发展……罗恩在学生叛逆、顽皮的表象下看到了他们的潜质，用耐心指导和爱的激励引导学生。慢慢地，学生开始信任和接纳罗恩。最终，这群"问题学生"在小学毕业周统考中取得了班级成绩全区第一，罗恩也获得了美国"国家年度教师"奖。

罗恩的强大的教育信念指引着他带领"问题学生"突出重围，同时也赢得了学生的尊敬。学生不是坚韧的大人，大多没有成熟的心性，因此更需要教师的循循善诱、耐心教导与正确引导。教师应激发学生学习的内驱力，让他们健康苗壮成长！在教育这场修行里，用心教育，"带发修行"，度人、度己。①

主题 3

如何历练基于内驱激活的领导力

教师的领导力并非外在的强制、制度的规约，而是对人们内在世界的深刻洞察与理解，是对人们心灵的引导、内驱的唤起。内驱激活，宛如一场心灵的启蒙，它使人们充满梦想和激情，使人们对未来有着无限憧憬和追求。只有激活了内在驱动力，才能点燃内心的火焰，驱使人们不断前行。基于内驱激活的领导力，如同一把钥匙，能打开人们心灵的大门，让人们在成长的花季绽放绚丽的色彩。教师具备基于内驱激活的领导力，不仅能够深刻洞察人们的需求，还能用睿智和情感点燃他们内在的激情，进而实现对个体和团队的引领。

一、找准内驱点

鸡蛋从外打破，是食物；从内打破，是生命。这个简单的比喻道出了激发成长的核心秘密——内驱力。而在人的成长过程中，找准内驱点成为关键，它是激发内在动力的源泉。只有找准内驱点，我们才能知道激活的点位，进而牵一发动全身，释放潜在能量，促进个体不断前行，绽放璀璨光彩。

1. "心语"交流破关键

小小"愿望树"

在读完东野圭吾的《解忧杂货铺》后，王老师深受启发，为了拉近与学生的距离，她在班里放置了一个神秘的"初心信箱"，为学生提供一个绝对安全的

---

① 案例提供：长春师范大学 赵阳茂。

心灵交流空间。很快，王老师收到了学生的来信，各式各样的困惑、疑问和理想在信纸上展现。在回信的过程中，王老师发现，每个学生心中都有自己的小目标，有的学生希望改掉自己的坏习惯，有的对历史知识充满好奇，还有的志向是成为班级的冠军……因此，王老师在后面的黑板上绘制了一棵愿望树，她鼓励学生把自己每学期的小愿望贴在枝丫上，等到大家的愿望实现时，就可以摘下自己的愿望果，并会获得相应的奖励。学生为了实现自己的愿望，开始积极主动地学习，原本羞涩的孩子也敢于找王老师请教问题，班级的学习风气为之一变，学习气氛十分浓厚。

通过与学生书信交流，王老师不仅发现了学生内心深处的渴望，还巧妙地利用愿望树激发了他们的内在驱动力。这棵愿望树虽平凡，却是每个学生内心最深处的动能，成为他们成长道路上的指引之光。[①]

点燃星火，重拾动力

面对父母离异的丽丽最近情绪特别消沉，学习成绩急剧下滑，这让高老师感到十分担忧。通过交流，高老师了解到丽丽最在意的是父母的幸福。她便以此为内驱激活的点，引导丽丽明白虽然父母分开，但爱永不会减少。如果丽丽通过努力变得更优秀，反而是对他们不顺意人生最好的慰藉。同时，高老师鼓励丽丽要坚信生活中的磨难是成长的催化剂，是通向更好未来的阶梯。她给丽丽分享了J.K·罗琳创作《哈利·波特》的过程、贝多芬的音乐生涯等成功的故事，她向丽丽展示了那些在困境中勇往直前最终获得成功的人，激励丽丽坚定面对生活的艰辛，让她意识到自己也可以做到。逐渐地，丽丽的学习成绩有了明显的提高，变得更加积极向上。

通过高老师与丽丽的沟通交流，高老师不仅帮助丽丽逐渐走出心理困境，使之重拾自信和动力，更唤醒了她内在的学习激情，学业上变得更加努力，主动向前。[①]

---

① 案例提供：吉林省第二实验学校 岳丽洋。

2. 慧眼识珠抓要点

开启兴趣之门

一直以来，小明在学习上表现平平，对很多科目没有太大的兴趣。然而，崔老师观察到小明每次交的作业本上总是填满了各种生动而具体的图案，而且下课他也总是喜欢坐在教室进行绘画。崔老师发现小明对画画有着浓厚的兴趣。面对这一发现，崔老师并未束缚小明的爱好，而是让他参与班级板报的设计工作，同时不断鼓励小明，让他建立自信。为了进一步提高小明的绘画水平，崔老师与小明一起制定了小目标。这些目标既具体可行又具有挑战性，每当小明达到一个目标时，崔老师都会给予他相应的奖励。随着时间的推移，崔老师将小明这一个月的所有成果向全班同学进行展示，小明看到了自己的作品被同学们赞赏和惊叹的目光包围着，他感到了从未有过的成就感。这让他更加坚定了在绘画方面继续努力和追求更好的决心。最终，小明在美术方面取得了令人瞩目的成绩。他不仅在学校的美术比赛中获得了奖项，还受邀在艺术展览中展示了自己的作品。

崔老师通过耐心观察和巧妙引导，不仅发现了小明对绘画的热爱，还为其提供展示平台、制定目标和给予奖励，系列的做法成功地点燃了小明内在的激情，使他在绘画方面取得了优异的成绩，在自己热爱的领域中迅速成长。①

重拾斗志的胜利之舞

小强每次参与活动时总是斗志昂扬的，但陈老师观察到，每当小强未能获胜时，他的失落与沮丧都深深地写在脸上。随着时间的推移，陈老师发现小强曾经的斗志似乎在失败中消磨殆尽，他不再积极参与任何活动。因此，陈老师决定开展一次特殊的班会。在班会上，陈老师邀请每个学生分享自己的失败经历，以及从中学到的经验和教训。当轮到小强分享自己的失败经历时，他开始逐渐意识到，每个人都有失败，但失败并不可怕，关键在于如何从失败中吸取经验教训，进而更好地应对未来的挑战。同时，陈老师鼓励大家将失败看作通向成功的必经

---

① 案例提供：东北师大附中净月校区慧泽学校小学部 郝薇。

之路，而不是打击自己积极性的绊脚石。陈老师还给学生分享了一些成功人士的失败经历，以及在失败中如何获取启示的事例，进一步强调了失败是通往成功的过渡阶段。班会结束后，小强主动找到陈老师，表示自己重新找到了应对挑战的积极态度。逐渐地，小强更加积极参加各种活动，在面对失败时能够坦然接受，总结经验，不再气馁。

正是通过陈老师的引导，小强不再害怕失败，反而将其看作学习和成长的机会，使他能够坚韧、积极地应对生活中的挑战。[1]

二、身正总为范

美国作家乔·格兰维尔曾说："既然真理和坚贞均告徒劳，既然爱情、痛苦和理智的力量都不能将其说服，那么就让榜样作为儆戒吧！"这句话告诉我们，榜样是无声的力量，能够潜移默化地影响和改变人的思想和行为。教师作为学生成长道路上的引路人，其榜样示范的作用尤为重要。教师只有身正为范，才能真正激发个体的内在驱动力，引导学生在成长的道路上不断前行，从而更好地领导个体或团队。

1. 德之典范，润物无声

时代楷模——张桂梅老师

她把家访当常态，为的就是减轻"山里人出趟门不容易"的负担；她把自己的工资、奖金和社会各界的捐助全部投入教育事业，自己却甘守清贫……这就是时代教师楷模——张桂梅老师。张老师为了挽救一个不想上学的女孩，不辞辛劳地走进华坪山深处，亲自上门进行开导和劝说。她用真诚的语言对女孩说："跟我走吧，在我那里睡，在我那里吃。自己下定决心，把书读好。在山里面不走出去，这怎么生活？"面对张老师的言辞，女孩答应和张老师一起走。在华坪女子高中，张老师每天早上5点起床、凌晨1点休息，长期拖着病体还要坚守工

---

① 案例提供：外国语实验学校 王婉莹。

作岗位。她每天起早贪黑，亲自监督学生的作息，关心学生的衣食住行。她自掏腰包，提高学生伙食标准；拿着治病的捐款，为学生购置生活必需品。张桂梅老师不仅传授学生知识，更用实际行动展现了对学生的关怀，照顾学生的方方面面。逐渐地，张老师深深地影响了这个曾经不愿上学的女孩，她慢慢认识到学习的重要性，努力提高自己的学业水平。

张桂梅老师正是用她的坚守、奉献和对学生的深切关爱，深深地感染着学生，成功地激发了女孩内在的学习动力。最终，女孩克服困境，展现出对知识的渴望和追求。[①]

把爱传递下去

丁丁是班级的小学霸，虽然在学业上表现出色，但他却不愿意与他人分享知识、帮助同学。他总是以一副骄傲的样子示人，导致班里同学对他的印象并不好。但每天放学后，任老师总是主动留在教室，她愿意花费大量的时间和精力帮助学生答疑解惑。任老师经常告诉学生："这个世界上美好的事情就是人间的情，我们要用自己的力量去温暖他人。在这个过程中你会发现，让别人感到温暖，自己是非常幸福和开心的。"同时，任老师经常主动与学生分享她参与农村义教活动的经历，她详细讲述义教过程中的点点滴滴以及和学生之间的感人故事。除此之外，任老师也会带领学生一起参加公益活动，如探访孤寡老人、为贫困地区的孩子捐书捐物等。随着时间的推移，丁丁开始意识到，一个人的价值不仅仅体现在成绩上，更重要的是成为一个有爱心、乐于助人的人。在学习上，丁丁开始主动帮助同学们解决困惑；在生活上，他变成了"小暖男"，与同学的关系也逐渐融洽起来。

正是任老师的身体力行、身正为范，使丁丁改变了以往的骄傲态度，开始主动关心他人，乐于助人，成功地激发了丁丁的内在驱动力。[②]

---

① 案例提供：吉林省长春市德惠市第四中学　李德龙。
② 案例提供：吉林省长春市德惠市第四中学　李德龙。

2. 学之领航，永不止步

最可爱的人

李老师是学校里一位备受尊敬的教师，她不仅在教学上有着卓越的成就，更是一位始终保持学习热情的教育者，她从未停下追求知识的步伐。

得知学校将举办教学创新大赛时，李老师毫不犹豫地报名了。在备战的那些日子里，她每天早早抵达学校，每日放学后最后离开，将心血倾注于备课和学习之中。这些付出无不让学生深感李老师的专注与努力。李老师总是对学生说："虽然我现在的学习精力不及你们，但我坚信，只有不断学习，人才能真正成长，收获美好。"

经过一个月的艰苦努力，李老师在教学创新大赛上取得了优异的成绩。而学生也被她的行为深深影响，他们开始认真听讲、努力完成作业，甚至在课余时间主动找李老师请教问题。原本对学习不感兴趣的学生，也在李老师的影响下，逐渐找到了学习的动力。

正是李老师的身体力行，深深地影响着学生，为学生树立了努力奋斗的榜样，更在学生心中播下了激发内在驱动力的种子，使他们拥有了积极向上的学习劲头。①

点燃"阅读"之情

张老师在全校范围内堪称读书楷模，她思考如何利用个人优势去激发整个班级的动力。首先，张老师向学生发起了一场古诗词挑战活动，她信心满满地对学生说："你们出的题目，只要能难倒我，就算你们赢。"学生纷纷提出了各种古诗词题目，而张老师对答如流，出口成章。不仅如此，张老师还经常向学生展示她每个学期的读书笔记。那密密麻麻的摘录、心得和评注，让学生惊叹不已。她

---

① 案例提供：东北师范大学第二附属小学 王丽萍。

分享道："每一本书都有其独特的灵魂，值得我们去细细品味。"为了进一步激发学生的阅读热情，张老师还组织了一个特别的积累活动。学生可以记录自己的阅读心得，积累阅读成果，记录一篇阅读心得就可以得到一朵小红花，当每月累积达到 10 朵小红花时，学生就可以获得小奖励。随着时间的推移，学生对阅读充满了浓厚的兴趣，逐渐养成每天阅读的好习惯。学生不再将阅读当作一项任务，而是变成了一种享受。他们每天阅读不是为了完成作业，而是真正投入其中，体验书中的精彩世界。

张老师身体力行、身正为范，用实际行动激发了学生对知识的渴望。学生不仅爱上了阅读，更懂得通过阅读汲取知识的无限力量。[①]

三、扰动是关键

教师的扰动并非单纯的外在干预，而是塑造个体成长环境与氛围的重要手段。它凸显了教师的领导能力，是发挥教师领导力的重要因素。教师的扰动，如同一石激起千层浪，它能够引发个体之间的相互作用、相互给力、相互激发，进而唤起团体内在的潜力与活力。因此，教师的扰动是激活内驱的关键。一个善于"扰动"的教师，不仅能够激发个体间的内驱动力，更能激发整个团队的驱动力。

1. 点燃竞技之火，燃起内心激情

"挑战书"激斗志

孙老师这学期接手了二班，却发现学生陷入一种"卷又卷不赢，躺又躺不平"的尴尬境地。面对这样的困境，孙老师决定让学生"卷"起来。孙老师首先在年级中寻找了一个学习成绩稍强于二班的班级，向学生提出了挑战。这项挑战不仅是与其他班级的较量，更鼓励学生之间在班级内部相互发起挑战。孙老师鼓励学生主动在班级内部寻找自己的挑战对手，并制定一份"挑战书"。这个"挑战书"详细规定了对手、挑战内容、挑战宣言、具体努力措施、奖品等各个方面，并要求学生亲自"签名画押"，将挑战书贴在班级文化宣传栏或被挑战同

学的座位上，时刻提醒他们。逐渐地，学生从无所作为转变为充满斗志，积极响应挑战，争相发起挑战书。这场"卷"的狂潮不仅促使学生自我激励，更激发了学生学习的乐趣，使得整个班级焕发出一种活力。

孙老师的这种创新做法不仅激发了学生的内在驱动力，更使整个班级逐渐形成了一种向上向善的氛围。学生愿意付出更多努力，争先恐后地迎接各种挑战。①

榜上有名

周老师深谙班级中学生的差异，既有成绩优异的，也有成绩平平的；既有积极主动的，也有懒散懈怠的……但她感受到学生学习氛围不够浓厚，缺乏主动学习的热情。因此，她巧妙地根据学生的性格、学习能力、兴趣等多方面的差异进行分组，确保每个小组实力均衡，各具特色。同时，周老师在班级设立了一块引人注目的"英雄榜"，每周根据小组的综合表现，由教师和学生共同评选出位列前两名的小组，登上"英雄榜"。荣登"英雄榜"的学生可以选择自己喜欢的人物形象，为自己的"大头照"进行设计。每当课间，"英雄榜"前都是班级里最热闹的地方，上榜者不仅证明了小组成员共同努力的结果，展示了小组的风采，还实现了自己在真实生活中未能实现的小心愿，而未上榜者则既羡慕又渴望地望着榜上的"英雄"。逐渐地，周老师发现每个小组都变得充满活力，小组成员之间团结协作，为了共同的目标努力，整个班级的氛围焕然一新。学生不仅在学业成绩上有了显著提高，更重要的是他们对学习充满热情，对自己的能力充满信心。

以小组的形式上榜不仅可以展现整个小组的风采，更重要的是可以使小组内的每一个成员变得更加积极努力，小组成员之间互相促进，共同朝着"英雄榜"迈进。学生由被动变为主动，由单打独斗变为团结协作，真正激发了班级内驱力，使整个班级都变得主动努力，积极向前。②

---

① 案例提供：长春市力旺实验学校 娄殿秋。
② 案例提供：长春市力旺实验学校 娄殿秋。

2. 构筑夸赞之桥，内心火焰

被挖掘的"宝藏班"

王老师如今在学校可谓一战成名。她是怎样将一个成绩倒数的薄弱班转变成成绩名列前茅的班级呢？

三班在第一次考试中年级倒数第一，与上一名的差距很明显。面对这一局面，王老师对学生说："不要灰心，你们看一看别人付出了多少努力，而我们才刚刚开始。"尽管第二次考试仍是倒数第一名，但与上一名的差距缩小了 6 分。在总结时，王老师竭力夸奖学生，让学生认识到，初三共有五次大考，每次只要缩小 6 分，就足以在全校名列前茅。学生听后热血沸腾，随后王老师与学生制定了下一次考试的目标。学生表示下一次绝不再考倒数第一名，而王老师则鼓励他们要言出必行，信守承诺。

除此之外，王老师设立了"每周一夸"的必修课，让学生用真诚的眼光去发现同伴的闪光点，并予以表达。王老师还在班级设置了"夸夸条"，学生可以随时写下对同伴的赞美，然后贴在班级的夸夸墙上。逐渐地，在相互夸赞和鼓励中，学生感受到了成就感，自信心不断增强，同时能勇敢地迎接学习和生活中的各种挑战。最终，这个班级的成绩名列前茅。

通过王老师持续的鼓励以及学生间相互不断地夸奖，使得整个班级的内驱力被激发，学生的成绩从倒数逆袭为名列前茅。[1]

牵一发而动全身

以乐乐为首的五人小团体在班级备受欢迎，然而她们在学业上却显得较为被动，总是在教师的催促下才开始学习。因此，钱老师特意为乐乐设立了"学习小标兵"的荣誉称号。每天，乐乐担负起为同学讲解一个重点习题的任务，并作为同学学习的榜样。乐乐深知自己肩负着这个光荣的任务和使命，她开始变得勤奋

---

① 案例提供：长春市力旺实验学校 赵岩。

好学，她不仅主动向教师请教问题，而且作业质量也逐渐提高。

在乐乐的积极带动下，她所在的小团体也开始努力学习，不断进步。而这一变化也得到了钱老师的高度肯定与表扬。渐渐地，这个小团体成为班级的"领头羊"。她们主动为同学答疑解惑，同时许多同学都乐于与她们一起讨论问题，共同进步。在小团体的带动下，整个班级逐渐形成了良好的学习氛围，大家都变得勤奋好学，追求进步。

通过钱老师的巧妙引导和激励，乐乐的小团体成为整个班级学习的引领者。这种积极的内驱力在班级中传播开来，进而激发了整个班级的学习兴趣和主动性。①

---

① 案例提供：长春市力旺实验学校 赵岩。

专题二

基于趋向把握的觉察力

　　基于趋向把握的觉察力的获得如同磨石。在教育中，教师具备基于趋向把握的觉察力至关重要。只有把握事物的发展趋向，才能迅速而精准地发现问题、解决问题，使我们能够在浩瀚变幻的事物中灵活应对，推动事物朝着更有利的方向发展。

我们需要训练自己的观察能力，培养那种经常注意预料之外事情的心情，并养成检查机遇提供的每一条线索的习惯。

——威廉·贝弗里奇（英国，1879—1963）

在书籍《觉察力》中有这样的表述："觉察力是超前思维的具体体现……事物的出现与发展都有一定的迹象可循，觉察者善于运用心理、思维的力量去解开这些因果关系、相关环节，从细节看到整体，从琐碎看到简明，从表象看到本质……或取精去糙，或去伪存真，或未雨绸缪，或相机而动……"[1] 在教育中，教师具备基于趋向把握的觉察力至关重要，这是一种奇妙而敏锐的能力，它是能够"见到别人未见之处""发觉别人忽略之点"的"神奇之力"。在那些看似平常的细微变化中，也许是某个瞬间、某种情绪，或许是某句话语、某个动作……在教师的眼中，它们都是关键信息。基于趋向把握的觉察力的获得如同磨石，只有不断地研磨，时刻觉察事物的变化，把握事物发展的"趋向"，才能更有助于洞悉事物的本质，更有助于创造有温度的教育环境，引领学生走向更加美好的未来。

---

[1] 沈丹. 提高教育觉察力的"三心一力"[J]. 班主任之友（小学版），2023（Z2）：31-32.

主题 1

"趋向"是毫厘的挪移

"冰冻三尺""滴水石穿",并不是突如其来的飞跃,而是源于日积月累的毫厘改变。事物的变迁如同沧海微澜,微小的调整在时刻发生,或许是日复一日的努力,或许是微不可察的思考,这些看似微不足道的变化在时间的长河中渐次叠加,才得以形成"趋向"。把握事物的发展趋向至关重要,只有把握事物的发展趋向,觉察细微的变化才能迅速而精准地发现问题、解决问题,使我们能够在浩瀚变幻的事物中灵活应对,推动事物朝着更有利的方向发展。当然,在教育中,我们尤其需要敏锐地把握这种"趋向",时刻关注事物的变化,及时觉察问题,引导人们从迷茫中走向清晰,从蹒跚中走向坚定,在成长的过程中逐渐得到提升。

一、心"里"加油站

1. 由"量变"到"质变"的理论阐释

由"量变"到"质变"理论主要由德国哲学家、政治经济学家卡尔·马克思和弗里德里希·恩格斯基于辩证唯物主义的框架下合作提出的。这一理论在19 世纪 40 年代中期的《政治经济学批判》一书中有所体现,他们强调事物的发展变化不是简单的线性过程,而是一个复杂的、包含矛盾的、不断运动的过程。

马克思认为物质世界中的事物发展过程包括两个基本阶段,即量变和质变。量变是逐渐积累的过程;而质变则是在量变积累到一定程度时,由于内在矛盾的激化和相互作用而引起的飞跃性变化。从"量变"到"质变"的过程强调世间的一切事物无时无刻不在变化,而正是通过毫厘的变化,才得以形成事物发展的

"趋向"，进而实现由"量变"到"质变"的过程。

2. 荷花定律

荷花定律又称"三十天定律"。一个池塘里的荷花，每天都会以前一天2倍的数量开放。如果到第30天，荷花就开满了整个池塘。那么在第几天池塘中的荷花开了一半？是第15天吗？正确答案是第29天。也就是说，最后一天荷花绽放的数量，等于前29天的总和。之所以在最后一天荷花开满了整个池塘，是因为前期每天池塘里都有新的荷花在绽放，起初在这个过程中荷花绽放的数量相对较缓慢，但随着时间的推移，逐渐呈现出指数级的增长，发生了质的变化。

就像池塘中每天绽放的荷花一样，任何事物都是在不断变化的，在这看似微不足道的变化中，它们正在悄无声息地改变着，最终形成一定的发展趋向。

二、不变的永远是变化

一切事物经过时间的沉淀，或表面或内在都会改变它们原来的样子。虽然我们感受不到地球的自转与公转，其却构成了昼夜交替、四季更替的规律。在这看似不变的背后，实际上也蕴含着持续的细微变化，使得这世界的舞台永不停歇。

时刻关注事物的变化，洞悉事物发展的"趋向"显得尤为关键，就如同在海上驾驶船只，船行驶在大海中，环境变幻莫测。我们需要通过持续观察、审视海上各种细微的变化，唯有精准把握趋向，才能有效地应对海上变化的风浪，以确保船只安全而顺利地前行。同理，在教育中，教师也需要时刻关注教育方针政策、学生的学习状态、家长的期望、同行的发展等多方面细微的变化，把握其发展的趋向，不断觉察问题，以及时调整教学策略、优化育人方式，使教育过程更具针对性和灵活性。

同时，也正是基于这些"量变"到"质变"规律的昭示，充分向我们证明在宇宙的长河中，一切事物都在不断运动、流转、变化。而我们要时刻观察和分析周围的变化，通过对变化的敏感觉察，深入了解和把握事物的发展趋向，我们才能洞见问题、找准方向，做出明智的决策。

三、微言小故事

小纸条成了百宝囊

美国作家杰克·伦敦的房间里有着许多奇怪的装饰，在床头、镜子、窗帘、衣架、柜橱、墙等许多地方都贴满了形形色色的小纸条，初到他房间里的人还以为是一些什么特殊的饰品。实际上，这些小纸条上写满了各种各样搜集来的材料，美妙的词汇、生动的比喻、五花八门的语句。

杰克·伦敦从来不让时间白白地从眼睛下溜走。睡觉前，他默念贴在床头的小纸条；第二天醒来，他边穿衣，边读墙上的小纸条；刮脸时，看镜子上的小纸条；踱步休息时，边回忆小纸条的内容，边到处寻找启发创作灵感的词汇、资料。不仅在家这样，外出也一样，他把小纸条装在衣袋里，有空就掏出来看看、想想、记记。正是由于他这样点滴地积累材料，点滴地把材料装进自己的脑子，他的写作水平悄然提升，直到得心应手，写出像《热爱生命》《铁蹄》这样脍炙人口的作品。

杰克·伦敦的故事告诉我们，成功的"趋向"离不开日常生活中点滴细微的储备。所有循序渐进、量变到质变的过程，都是背后毫厘的累积，所以每日看似不变的生活，实则为日日改变的趋向。只有觉察并把握住趋向，才能不蹉跎时光、不贻误战机，进而实现"质"的飞跃。

杰米扬的鱼汤

《杰米扬的鱼汤》出自《克雷洛夫寓言》，由俄国寓言家、作家伊万·安德烈耶维奇·克雷洛夫编写，讲述的是热情好客的主人杰米扬和他的邻居菲卡之间发生的一段故事。杰米扬知道邻居菲卡喜欢喝鱼汤，特意用鲜美的鱼汤来款待菲卡。但由于杰米扬过度热情，一碗又一碗地请菲卡喝鱼汤，菲卡虽已经喝得大汗淋漓，但还是不好推却盛情。菲卡为了躲过这场灾难，赶紧抓起帽子和腰带，慌慌张张地逃回了家。从此以后，他再也不敢跨进杰米扬家的门槛了。

菲卡固然喜欢鱼汤，杰米扬固然十分热情，但是他不能觉察相处中对方微小的变化，逐渐使情境无法挽回，使结果事与愿违。其实生活中有太多细节觉察的缺失，直接导致了人际关系相处的转折，只有适切而敏感地觉察变化，洞见把握住事情的趋向，才能避免深陷被动而浑然不觉。①

主题 2

"觉察"是洞见的前提

英国学者达尔文曾说："我既没有突出的理解力，也没有过人的机智，只在觉察那些稍纵即逝的事物并对其进行精细观察的能力上，我可能在众人之上。"具备这样的能力，一方面可以促进我们自我觉察和反思，另一方面还可以觉察他人的情绪、状态、需求等，进而追根溯源、洞见本质。在教育中，教师应当拥有一双善于"觉察"的慧眼，具备敏锐的觉察力，在觉察与洞见的交织中，通过观察事物的点滴变化，教师才能更精准地把握事物发展的趋势和变化方向，透过表象看到本质，进而洞见问题的深层原因。这种洞见不能仅仅停留于问题的表面，而要深入挖掘，发现事物的本质，进而更有效地解决问题。

一、心"里"加油站

1. 信息加工理论

信息加工理论是由美国著名心理学家罗伯特·加涅于 20 世纪 70 年代在建构主义认知心理学和信息加工心理学基础之上提出的。基于信息技术的发展，他开始运用现代信息加工手段分析人类学习活动，并将人脑处理信息的过程同计算机处理信息的过程相比较，进而说明人类学习的过程是对外部环境刺激的反应过程。

---

① 案例提供：长春师范大学 曹馨玉。

加涅通过信息加工理论模型完整地描述了人类大脑进行信息加工的全过程，其主要可分为注意刺激、信息编码、储存信息和提取信息四个阶段。其中，在信息编码阶段存在两种信息编码方式：一是用原有的认知结构进行同化，将外界的刺激整合到已有的认知结构中；二是顺应建立新的认知结构，当原有认知结构无法同化新的刺激时，认知结构就会发生重组和改造。信息编码的过程既是对信息进行加工转化，也是对大脑原有认知结构进行改建或重组。而教师觉察的过程主要就体现了信息编码的过程，将接收到的外界刺激通过同化或重组建立新的认知结构，进而洞见问题，发现问题的本质。

2. 行为主义学习理论

行为主义学习理论是由美国心理学家约翰·华生于20世纪初创立的。它是基于心理学从主观的内在过程中解放出来，并强调可观察的行为和环境刺激之间的关系。

行为主义认为，学习是通过刺激和反应之间的关联建立的。在这个过程中，个体对于正面刺激和负面刺激的反应被塑造和加强，从而影响其将来的行为。这一过程被称为条件反射，其中最具代表性的是斯金纳的操作学习理论。该理论认为，行为不是由单一事件决定的，而是由观察到的行为与相应的反应后果相互作用而形成的。通过试错过程中的不断试验，个体会逐渐形成能够用于预测结果的特征。此时，这些特征就会形成一个稳定、可重复的习惯行为。这种习惯行为可以通过强化学习和惩罚来调节和加强。通过对刺激和反应的建立，观察个体的行为，可以发现个体的情况，把握个体的发展趋向，发现问题的根本所在，进而对症下药，调整个体的发展趋向。

二、每个发丝都是"谍报天线"

在教育中，教师应如同福尔摩斯一样具备敏锐的觉察力，仔细、全方位地观察事物每一个发丝般的细节，或者是一个不经意的表情、一丝微妙的情感波动，又或者是学习状态的细微变化……这些微小的变化如同"谍报天线"，能够连接到事物的最"深处"。通过觉察这些细微的变化，教师能够深入了解事物的发展趋向，进而发现问题的本质。

基于信息加工理论和行为学习理论，它们共同凸显了"觉察"在认知和行为层面的关键作用，认为"觉察"是洞见的前提。通过觉察细微的变化，教师不仅能够把握事物的发展趋向，更有助于教师洞悉事物的本质。教师具备觉察力能够使教师更精准地把握教学环境、同行合作、学生状态、学生家庭情况等多个方面的发展趋向，从而更好地适应多方面的需求。这种广泛而细致的觉察力不仅有助于优化教学策略、提高教学效果，还能够建立更密切的人际关系、增进家校合作，促进教育的发展。通过这种持续的觉察，教师才能更精准地把握事物发展的变化方向，进而更有效地解决问题。因此，基于趋向把握的觉察力对教师至关重要。

三、微言小故事

以觉察避免"灾难"

第56号教室的孩子大多来自贫困移民家庭，这些似乎注定平凡的学生却在一个充满爱心与智慧的教师的培养下，成绩高居全美标准化测试（AST）前5%-10%。雷夫·艾斯奎斯老师创造了轰动全美的教育奇迹，被《纽约时报》尊称为"天才与圣徒"，《每日新闻》则称誉他为"当代的梭罗"。

丽莎是雷夫老师的学生之一，她可爱却跟不上学习进度。一日，雷夫老师在收取作业时，遇到了想迫切有良好表现，但习惯不好又一次找不到作业，急得像热锅上的蚂蚁一样的丽莎。雷夫老师并没有惩罚或斥责她，而是觉察到丽莎有乱放东西的坏习惯，并开始了对她改变坏习惯的引导，随着时间的推移，丽莎改变了自己的坏习惯，再也不会忘记带作业了。

这个看似稀松平常的故事，却是全美最优秀教师雷夫教育秘密的一隅、教育生活的常态。他总是以细致敏感的觉察、巧妙微观的发现、科学艺术的引导，先人一步地发现学生的潜在问题，进而帮他们渡过难关。

贝索斯的智慧

亚马逊公司的创始人杰夫·贝索斯是一个典型的例子，他以惊人的觉察力和智慧，成功地将亚马逊从一家在线书店发展成全球最大的电商平台之一。

1994年，贝索斯意识到互联网的潜力，尤其是电子商务领域的机会。他敏锐地察觉到，互联网将会改变人们的购物方式，于是他利用互联网的便利性和广阔的市场，创办了一家在线书店。随后，贝索斯还洞察到电子商务的发展趋势和云计算的潜力。他不仅建立了在线书店，还看到了电子书市场的增长潜力，推动了电子书阅读器的开发和销售，将亚马逊发展成了全球最大的云服务提供商之一。

贝索斯除了在商业战略上拥有觉察力，还时刻觉察着消费者的心理和市场的需求。同时在科技和创新方面，他也展现了出色的洞察力和前瞻性。他致力于推动人工智能、无人机等尖端技术的发展，将亚马逊打造成一个电商巨头和科技创新引领者的科技巨头。

贝索斯的成功不仅源于对互联网时代趋势的敏锐觉察，更体现在对市场、技术和消费者需求的深刻理解。他正是通过一步步地觉察，发现一系列细微的变化，进而才能洞见问题，获得如此巨大的成功。

每桶4美元

美国标准石油公司曾经有一位小职员叫X·阿基勃特，他在出差住旅馆时，总是在自己签名的下方写上"每桶4美元的标准石油"字样，在书信及收据上也不例外，只要签了名就一定写上那几个字。因此他被同事叫作"每桶4美元"。公司董事长洛克菲勒知道这件事后说："竟有职员如此努力宣扬公司的声誉，我要见见他。"于是邀请阿基勃特共进晚餐。后来，洛克菲勒卸任，阿基勃特成为第二任董事长，但他仍然在签名时署上"每桶4美元的标准石油"字样。

阿基勃特初期的坚持断然不会想到日后颇丰的收益，但正是他日复一日地坚持，才能形成这样的行动趋向，最终赢得了公司领导的认可。而这种认可，也源自洛克菲勒天才般的觉察力。这种觉察为洞见提供了导向，更为行动发布了指南。领导者的决策力、洞见力不仅可见一斑，更让我们认识到：一切皆是以敏锐的觉察起步的。[①]

主题 3

如何历练基于趋向把握的觉察力

"趋向"是毫厘的挪移，"觉察"是洞见的前提。只有通过细致地觉察，我们才能捕捉到不易察觉的涟漪，洞察事物的真实趋向，进而揭示问题的核心本质。它犹如精准的罗盘，是我们在纷繁复杂的世界中稳步前行的关键指引。因此，教师拥有基于趋向把握的觉察力是其专业发展不可或缺的重要条件。

教师的觉察，不再是透过表面的观察和解析，而是内在生命的感召和能量的叠加，好似和你促膝谈心，直达心灵深处；又似一双指月之手，指引你直达明亮那方。在一日常规的观察中发现、在风轻云淡的交流中挖掘、在大事小情的表现中洞见，这不仅有助于教师更好地理解对方的需求，更有助于教师在教育教学中做出明智且精确的决策。

一、在一日常规的观察中发现

在平凡的日子里，教师独到的觉察力成为一把解锁奥秘的钥匙。他们独具慧眼，能从普通、常规的细节中发现问题的微光。或许是在一堂课的师生互动中，又或许是在日复一日的常规活动中，教师懂得觉察并发现问题的重要性，将觉察的重要性嵌入教育的精髓。他们以独特的视角，从常规中崭露头角，为真知的探寻赋予新的意义。

---

① 案例提供：长春师范大学 曹馨玉。

1."课"中察是基础——在平凡中发现非凡

明明的难题

明明平时沉默寡言，不太善于表达自己的情感和想法。细心的王老师发现明明在平时回答问题时总是犹豫不决，有些紧张害怕，似乎对数学缺乏信心。于是王老师主动与明明沟通、与他的家长沟通，慢慢地了解到明明的问题及表征是阅读障碍的表现。

在家长积极带领孩子就医的前提下，王老师也开始更加个性化地调整自己的教学方法。他不再单一地传授知识，而是更多地引导明明探索数学的世界，寻找数学的乐趣，先激活内驱，再引导他慢慢突破阅读障碍。同时，王老师也与明明的家长进行了深入的沟通，共同为明明制订个性化的学习计划。经过一段时间的努力，明明的变化逐渐显现出来。他的数学成绩有了明显的提高，更重要的是，他变得更加自信、开朗。每次数学课上，他也不再是那个低着头的小男孩，而是勇敢地站起身来，自信地回答问题。

这些日常看似稀松平常的基于课堂的观察，恰恰是充分地发挥了教师的优势，从而更便捷地发现和觉察到学生真正的特质与困境，捕捉到明明眉语间每一个细微的变化，不仅发现了明明学习数学的困境和焦虑，更帮助家长发现了明明的现实缺陷，得以及时就医且制定有针对性的措施，最终使得明明走出困境，迎接新的挑战，避免了其陷入自卑和学业的蹉跎。①

"夜空"中最亮的星

长期以来，慧慧一直是班县学习成绩中下水平的学生，平时缺乏学习的动力，也没有表现出上进心。然而，最近王老师发现，慧慧在上课时特别努力，与之前截然不同。王老师得知慧慧这些微观的改变源于母亲最近身体出现的变故，慧慧意识到了自己可能要步入人生艰难的独立自主的阶段，她自发地产生了努力学习的愿望，希望能够考上一所好的大学，这个积极的变化与趋向被王老师看在

---

① 案例提供：东北师大第二附属小学 宋军校。

眼里，欣慰的同时更有体恤和支持。

为了帮助慧慧更好地实现她的目标，王老师不仅为慧慧制订了一份合理的学习计划，还为慧慧提供了大量的学习资源和参考资料，帮助她更好地理解和掌握知识点。同时，王老师还时时关注和关心她的心理状态，并给予鼓励和支持。慧慧在这个过程中不仅学到了知识，更锻炼了坚持和不懈努力的品质。最终，慧慧在高考中取得了令人瞩目的成绩，成功考入了心仪的大学。

这个从平庸到优异的转变，不仅是慧慧个人努力的成果，更得益于王老师敏锐的觉察和精心的指导。王老师通过对学生状态的细致观察，发现了学生的变化，并及时给予她必要的帮助和引导，最终使学生获得了成功。[①]

2. "动"中察是关键——在活动中洞悉潜能

被点亮的"领导力"

小刚本来是班里资质平平的普通孩子，然而在一次分组植树的活动中，李老师从旁细心观察，发现他干活特别有门道，而且善于合作协调，比较会调动身边人的积极性。于是李老师决定让他成为班级的"小助手"，赋予了小队长到中队长的培养历程，无论任何工作，小刚都能欣然接受，并以饱满的热情全身心地投入。他以身作则，帮助同学解决学习难题；他精心组织班级活动，使得每个同学都能积极参与；他甚至主动承担责任，为班级解决了一些意想不到的困难。逐渐地，小刚的领导才能越发得到彰显和培养，他不仅具有卓越的组织和协调能力，还拥有极强的责任心。他的表现不仅得到了同学的赞赏，更让李老师深感欣慰。

教师通过觉察学生在活动中的每一个细微变化，进而挖掘学生的潜能，使学生能够得到个性化的关怀和引导，使他们在成长的道路上能够发挥自身优势，变得闪亮、耀眼。[②]

早查中的"大发现"

近期，赵老师通过每天早查，发现了一个让她略感担忧的问题——强强的衣

---

① 案例提供：东北师大第二附属小学 宋军校。
② 案例提供：东北师大第二附属小学 葛金岩。

服总是脏兮兮的。在与强强交流后，赵老师了解到，强强的父母工作繁忙，无暇顾及他的生活琐事，而强强的自理能力又相当差。于是，赵老师为强强特设了一个班级"卫生监督员"的称号。

强强身上肩负着这个光荣的任务和使命，逐渐认识到身边环境的整洁对他个人生活和学习的重要性。他开始主动保持个人卫生，每天早晨整理自己的座位，确保周围环境的整洁。班级"卫生监督员"的称号成为强强个人成长的催化剂，现在他的衣着总是干净整洁，整个人显得神清气爽。

强强的改变，源于赵老师敏锐的觉察，洞察到问题的本质。她并没有简单地对症下药，而是通过为学生创造机会，引导他们自主发现和解决问题。最后强强养成了良好的生活习惯，生活自理能力也得到了提升。①

二、在风轻云淡的交流中挖掘

在风轻云淡的交流中，教师的角色不仅仅是知识的传递者，更是问题的发掘者。教师通过与对方的深入交流，巧妙地挖掘出隐藏在表面之下的问题。这种轻盈的交流并非简单的对话，它是一门艺术，更是一场深入思想的碰撞。教师以敏锐的洞察力捕捉言语中的细微线索，从而发现可能忽略的疑问或难点。这种细致入微的观察不仅在于倾听言辞，更在于理解言外之意。

1. 心语交融：在语言交流中感知发展的趋向

被识破的"谎言"

玲玲是一名活泼开朗、成绩优异的学生，平时与人交流侃侃而谈，她很喜欢表达自己的想法，李老师非常欣赏她。有一天，李老师提议让玲玲参加学校即将举行的演讲比赛。而玲玲却坚决地表示不愿意参加，称自己不感兴趣。根据玲玲平时的表现和她的话语，李老师觉察到玲玲有些反常。他感觉玲玲似乎缺乏自信，害怕参加比赛。

---

① 案例提供：东北师大第二附属小学 葛金岩。

　　为了解决这一问题，李老师对玲玲说："你为什么对演讲比赛不感兴趣呢？你的表达能力很强，我相信你可以做得很出色。"同时，李老师还通过列举身边人成功的案例，鼓励她要相信自己的才华，认识到自身的优势。对话持续了一个多小时，从最初的心门尚未打开到最后将真实感受全盘托出，交流终于产生了意义。晚上放学后，玲玲主动找到了李老师，表达了自己想要参加演讲比赛的强烈愿望。她坦言自己之前的回应是因为内心的一些担忧和不自信，担心自己无法胜任，害怕面对舞台。最终，她在比赛中展现出了惊人的演讲才华，获得了优异的成绩，老师和同学纷纷对她表示祝贺，这一成功的经历也让玲玲逐渐克服了内心的不安和不自信，变得更加自信了。

　　李老师正是通过在与学生交流中的深入挖掘，敏锐地觉察到了玲玲的真实想法，并通过积极引导和支持，帮助她克服了心理障碍，实现了自我突破，增加了玲玲的自信。[①]

觉察点燃创造之光

　　一次，学校组织了户外写生活动。赵老师带着学生漫步在田间地头，谈笑风生，享受着和谐的自然氛围。赵老师注意到小丽一直默默地跟在队伍后面，低着头，显得有些失落。

　　通过与小丽沟通，赵老师得知，小丽在写生的时候总是感到无法融入，不知道该画什么，觉得自己没有创造力。听了小丽的回答，赵老师表达了对小丽真实感受的理解，并分享了一些自己在刚开始写作时的经历，说："在创作过程中，每个人都会遇到瓶颈，这并不代表自己没有才华。每个人的成功都是从一点一滴积累起来的。"同时，赵老师还与小丽一起探讨了大自然的美丽、身边的小事，甚至是她心中的梦想……帮助小丽找到自己感兴趣的主题，启发她的创造力。慢慢地，小丽的眼神变得明亮起来，开始融入创作的乐趣中。小丽的画作逐渐展现出独特的风格，充满了生机和创意。而更重要的是，她的自信心也得到了提升，开始在班上展示她的作品，和同学分享自己的见解。

---

　　① 案例提供：东北师大第二附属小学 郝明铭。

这看似普通的对话却是一次深刻的交流。小丽的转变正是缘于赵老师敏锐的觉察力，使他能够在学生的言语中深入挖掘细微的线索，从而发现学生存在的问题。并通过耐心引导和关怀，帮助学生发现自己的潜力，使学生在轻松的氛围中得以展现个性，促进学生全面成长。①

2. 笔墨悠长：在书信交流中体会心灵共鸣

心灵信箱中"消失"的信

随着孩子们长大，他们会有许多心事、秘密都无法说出口，为了让孩子们有一个安全的空间表达内心感受，石老师决定创建一个班级的心灵信箱。学生以匿名方式写下自己的心事、秘密、想法或遇到的困难，而后将信放进带锁的信箱。每天放学后，石老师都会开启信箱，认真阅读学生的来信。

随着时间的推移，石老师注意到了一位学生的来信，这位学生每次讲述的都是自己在学业中的焦虑和遇到的挑战，信中表达了内心深处的困扰和渴望得到帮助的愿望。而石老师看到这样的表述，很快就判断出给他写信的学生——小达。因此，石老师在课上经常提问小达，课后坚持督促他完成作业，还不时询问是否有不理解的问题；同时，石老师还将小达任命为学习小组长。逐渐地，他发现小达的学习成绩有所提高，同时也变得自信起来。而心愿箱中那封因学习而感到发愁的匿名信也随之"消失"了。

教师主动搜集线索，就是走近学生微观生命最大的真诚。正是通过石老师敏锐的觉察才锁定了那封信背后的主人——小达，了解到小达面对的困难，解决了小达的问题，并对学生给予充分的信任，对学生的成长产生了积极的影响。①

这封信，改变了我的世界

在一次作业中，彤彤选择了写一封书信给她的语文老师——龚老师。在信中，彤彤描述了她的日常，提及与父母的疏离感，以及在学校的孤独。她写道："每天，

---

① 案例提供：长春市宽城区实验小学 李钰。

我如同一个机器人,按时上学,按时回家。家,对我来说只是一个空洞的名词。"而龚老师看到了信中的内容后,决定亲自去了解这个平日里沉默寡言的学生。

通过面对面的交谈,她发现彤彤的家庭确实存在问题,父母忙碌的工作致使彤彤缺少关心和陪伴。于是,龚老师主动联系了彤彤的家长,指出孩子内心真正的需求。在龚老师的努力下,彤彤的父母开始调整工作,尽量抽出时间陪伴孩子。渐渐地,彤彤脸上的笑容多了起来,她开始主动参与课堂活动,与同学的关系也日渐融洽。一个学期后,彤彤的进步非常明显。在期末总结课上,她站了起来,感激地对龚老师说:"给您的一封信,改变了我的世界。"

正是因为龚老师敏锐地觉察到了彤彤内心的情感,做出了及时的干预,让彤彤发生了翻天覆地的变化,才使得彤彤从孤独中走出来,重新找到了生活的色彩。①

三、在大事小情的表现中洞见

在各种纷杂的事情中,教师需独具慧眼,才能独辟蹊径,通过微小的细节看到事物本质。教师在大事小情的表现中洞见问题,应不满足于寻常认知,而是从常规中崭露头角,勇敢颠覆旧有观念,追求真知的奥秘。教师以超越常规的洞见,深入大事小情之中。教师的觉察不仅是对表象的看见,更是对本质的把握。

1. 剧变前奏:教师对"大事"的洞见

化险为"夷"

每天中午学校的食堂都热闹非凡,孩子们在享受美味的同时,也充满了各种吃喝玩乐的情景。然而,突如其来的意外打破了这份安宁。一个孩子误食了东西,情况紧急,他突然间感到呼吸急促,喉咙里可能卡住了东西。幸运的是,就在紧急关头,孙老师看到孩子面红耳赤、努力挣扎,他果断、精准地判断出孩子是误食东西被卡住了。面对突发状况,她立刻采取紧急救援措施,同时迅速呼叫校医和相关工作人员,为孩子争取了宝贵的时间。经过大家的共同努力,孩子最终脱离了生命危险,被及时送往医院接受进一步的治疗。

这次危机事件的成功解救，得益于孙老师在日常工作中的敏锐观察和果断行动。就是这种敏锐的觉察力，使得孙老师得以把握趋向，能够精准而快速地洞见问题的本质，迅速做出正确的判断和应对，挽救了孩子的生命，成功避免了事故的发生。①

"单词小达人"计划的创建

期末考试后，杨老师发现自己班的英语成绩相对较低，通过敏锐的觉察，发现问题的根本原因在于学生在背单词时常常感到乏味和困扰。于是，杨老师决定设立一个"单词小达人"计划，将单词的学习融入有趣的游戏中。

于是，杨老师每周组织一次生动有趣的单词比赛，答对一个单词奖励一朵小红花，优先攒够50朵小红花的人就可以获得奖励。同时，杨老师还设计了一些图文并茂、有趣味性的单词记忆卡片帮助学生识记。出乎意料的是，学生积极参与到"单词小达人"计划中，争相展示自己掌握的单词量，学生的英语成绩也得到了提高。逐渐地，杨老师班级的"单词小达人"计划在学校小有名气，越来越多的教师开始效仿他的做法，而"单词小达人"计划也使学校的英语学科整体水平得到了提高。

"单词小达人"计划的成功不仅在于创新，更在于杨老师对问题敏锐的觉察、深刻的洞见，进而对症下药，通过有针对性的措施为学生提供更好的学习方式，进而促进学校教育的发展。②

2. 微光细节：教师对"小情"的觉察

有您在，真好

文文是个开朗活泼的孩子，但最近李老师发现他变得沉默寡言，学习状态也大不如前。李老师主动与文文沟通后，得知文文家庭发生了变故，父母因工作原因需要调动，这让文文感到无助和困扰。李老师深知家庭的变故对学生成长的影

---

① 案例提供：吉林省第二实验学校 张展。
② 案例提供：吉林省第二实验学校 赵宏娜。

响，于是她及时与文文的家长进行深入的沟通。在了解到一切后，李老师不仅在学习上给予文文更多的关怀和鼓励，同时，还使文文获得了更专业的心理支持。在李老师的关心和帮助下，文文逐渐走出了困境，学业也逐渐恢复了正常。事后文文找到李老师并向她深深地鞠了一躬，深情地说道："老师，谢谢您！有您在，真好。"

正是李老师的细致敏感觉察才使文文最终避免了学业蹉跎。教师的关注和觉察不仅仅局限在课堂上的学业表现，更要关心学生的生活和情感变化。通过在小事中的关怀，教师可以为学生创造更好的学习环境，让他们在成长的道路上更加坚定和有信心。[①]

爱，要换一种方式

青春期学生情感的波动和好奇心的膨胀让他们对世界充满了好奇。细心的王老师觉察到班里有两个学生似乎有早恋的趋向，而这也直接导致了他们的成绩下滑。因此，王老师决定开设一场班级座谈，以轻松愉快的氛围引导学生分享他们对友谊和感情的看法。同时，王老师用真实的案例和轻松的语言让学生明白，感情需要理智和成熟，而学业也同样重要。通过这样的引导，两个学生开始意识到问题的严重性，并逐渐调整了他们的态度。最终，这两个学生以相互赞赏的目光重新审视了彼此，将注意力集中在学业上。他们通过共同努力，最终考入了同一所中学，为自己的未来打下了坚实的基础。

正是王老师敏锐的觉察才能洞见问题，及时预防了学生的早恋趋向。这种能力的养成并非一蹴而就，而是需要教师拥有一双敏锐而富有洞察力的慧眼，善于去捕捉学生的每一个细微变化，觉察他们背后的故事和问题，为他们提供良好的教育环境，形成正确的价值导向。[②]

---

① 案例提供：吉林省第二实验学校 黄丽婷。
② 案例提供：吉林省第二实验学校 张展。

专题三

基于合力建构的沟通力

教师具备有效的沟通力对于教育的全链条流程意义重大。只有通过有效的沟通，教师才能更好地了解学生、家长、学校和社会各方面的需求和期望，同时有针对性地指导学生的学习和成长，从而形成政府、学校、家庭等多主体教育合力，进而推动教育事业的改革与发展。

单个的人是软弱无力的，就像漂流的鲁滨孙一样，只有同别人在一起，他才能完成许多事业。

——阿图尔·叔本华（德国，1788—1860）

在当今社会，高效的沟通力已成为人们不可或缺的一项重要能力，它在团队和组织中发挥着至关重要的作用，是推动工作顺利进行、实现集体共同目标，进而形成合力的关键因素。从国际大环境来看，各国之间通过交流合作，共同解决全球性问题，促进世界的和平与发展。在教育环境中也是如此，教师具备有效的沟通力对于教育的全链条流程意义重大，只有通过有效的沟通，教师才能更好地了解学生、家长、学校和社会各方面的需求和期望，同时有针对性地指导学生的学习和成长，从而形成政府、学校、家庭等多主体教育合力，进而推动教育事业的改革与发展。同时，教师也需要不断提高自身的沟通能力和素质，以更好地完成自身所肩负的教育使命。

主题1

合力是破局的重器

　　《商君书·画策》提出："天下胜，是故合力。"译为用天下人的力量之所以取胜，是有了合力的缘故。"合力"通常指多个力量或因素联合起来，共同作用以实现某个目标或解决某个问题。当面临一个复杂的局面或难以解决的问题时，通过联合不同的力量或因素，可以形成一种综合效应，从而推动局势朝着预期的方向发展，该过程可视为破局。在破局的过程中，合力成为重要的推动力，起着不可替代的作用，它可以提供所需的支持和资源，促进各方的沟通和协调，以及推动变革和创新。教师合力在破局中同样具有重要的作用，通过促进资源整合、教育教学改革创新、增强教师责任感和使命感以及促进家校合作等方式，合力为学生的成长和发展提供全方位的支持和引导。

一、心"里"加油站

1. 历史合力论

　　历史合力论（Historical Resultant Theory）是恩格斯提出的理论。该理论的基本观点是历史的结果是由无数个个人意志相互作用而产生的合力所致。在这个过程中，经济因素起着根本性和最终性的作用，但不是唯一因素。除了经济因素，政治、文化、社会等因素也对历史发展起着重要作用。

　　历史合力论的基本内涵主要包括以下两个方面：其一，社会历史的发展进步是诸多因素交互影响、交互制约起合力作用的结果；其二，历史的发展是由无数个人意志相互碰撞、汇聚融合而产生共同合力的结果。按照恩格斯的观点，社会历史的发展进程不是某个英雄、领袖等任何一个单个人意志就能决定的结果，而是一组由无数单个人意志相互碰撞、汇聚融合而产生最大合力作用的结果。同时，也不能抹杀单个人的意志对无数个人意志形成的最大合力的贡献。

2. 雁行理论

雁行理论（Flying Geese Pattern），由日本学者赤松要提出，它是指不同国家通过相互支持、相互依赖与共同进退的方式，进而促进各国经济的稳定发展。这一理论从管理学意义上来说，就是团队协作能够产生无尽的力量，只要进行合作，就有可能在与其他人的协作中实现凭借自己的力量无法实现的理想。雁行理论中的合作精神被视为团队成功的关键因素之一。

雁行理论的核心思想为团队协作，其"雁行"的基本概念源于大雁迁徙的行为。① 在大雁迁徙过程中，大雁们以人字形飞行，头雁领飞，其他大雁依次跟飞。通过相互借力、协同合作，大雁就能够轻松完成长途飞行。这种合作模式强调不同个体之间的相互配合、共同进步，以达到共同目标。教师在教育过程中运用雁行理论，通过培养学生的团队精神与合作意识，可以使学生更好地发挥各自优势，进而实现资源共享、优势互补，提高教学效果。

在教育领域，教师间的合作同样至关重要。雁行理论有助于提高教师专业素养，通过教师间的团队合作和交流，教师可以分享经验、互相学习、取长补短，不断提高自身的专业素养和教学能力，形成积极向上的学习氛围，增强教师的归属感和职业成就感。教师通过雁行理论促进学校内部各种资源的沟通与协调，也可以提高学校教育质量，推动学校的整体发展。

二、世间一切皆资源

世间的万事万物都是相互联系的，没有任何一个事物处于孤立存在的状态。各种资源相互作用、相互影响，形成了一张复杂的"网"——"合力的网"。这种联系并不是随机的，而是有一定的规律和逻辑。

在生态系统中，各种生物之间相互依存、相互制约，形成了一种自我调节体

---

① 胡俊文. 论"雁行模式"的理论实质及其局限性［J］. 现代日本经济，2000（2）：1-5.

系，在这个体系中，各种生物通过食物链竞争、共生等方式，达到一种平衡的状态。如果其中一个环节出现问题就会导致整个生态系统失衡。在人类社会中，经济、政治、文化、科技等方面的因素相互作用与整合，经济发展推动政治变革，政治稳定促进文化传承，文化交流推动科技创新。这种合力机制推动人类社会的整体发展。

世间的种种资源之所以有机会形成合力，正是因为它们相互依赖、相互促进，而这些合力发挥作用，关键在于我们认识到各种资源之间的互补性和共享性，进而采取有效措施来整合和利用资源，从而真正实现资源的最优配置、发挥合力的最大价值。

三、微言小故事

彩球逃生小实验

一位外国的教育家邀请中国的几个小学生做了一个实验。[①] 一个小口瓶里，放着七个穿线的彩球，线的一端露出瓶子。这只瓶子代表一幢房子，彩球代表屋里的人。房子突然起火了，只有在规定的时间内逃出来的人才有可能生存。他请学生各拉一根线，听到哨声便以最快的速度将球从瓶中提出。实验即将开始，所有的目光都集中在瓶口上。哨声响了，七个孩子一个接着一个，依次从瓶子里取出了自己的彩球，总共用了 3 秒钟！在场的人情不自禁地鼓起掌来。这位外国专家连声说："真了不起！真了不起！我在许多地方做过这个实验，从未成功，至多逃出一两个人，多数情况是几个彩球同时卡在瓶口，我从你们身上看到了一种可贵的合作精神。"

彩球逃生实验取得成功的关键是，目标一致、协调配合。首先，目标是团队合作的基础，在这个实验中，所有参与者都对共同目标达成了共识，并在整个过程中保持对该目标的关注和努力。其次，分工明确是合作中的重要环节，每个人都有自己的角色和任务，因此避免了混乱和冲突，提高了团队的整体效率。这些

---

① 彩球实验 ［J］. 中文自修，2013（25）：52-53.

要素不仅在实验中发挥着重要的作用，也为我们日常生活中的合作提供了指导原则。通过遵循这些道理，我们可以建立有效的团队关系，实现共同目标并获得成功。

"左手"加"右手"的成功

弗里德里希·维勒和尤斯图斯·冯·李比希是19世纪德国杰出化学家。[①]他们两人性格迥异，李比希激烈、爽朗，像一团烈火；维勒平和、沉稳、文文静静，像一盆冷水。但两个人感情很好，亲密无间。他们密切配合，致力于科学研究，共同对无机化学、有机化学做出了贡献，同是有机化学的创始人。李比希在自传中写道：我最好的运气，就是有位志同道合的朋友。多年来我和这位朋友真诚合作，毫无隔阂……手携手地向前，这一位行动时，那一位已经准备好。由于两人的团结合作，如同左手和右手配合得致密有加，才创造出科学研究上的辉煌。同样地，马克思和恩格斯也是因为他们之间伟大的友谊才锤炼出了导引方向的光明思想。

维勒和李比希的合作模式在科学界产生了重大影响。但"左手"加"右手"的成功绝非偶然，而是互补的结果。他们通过互补性的知识和技能，互相支持、互相补充，取得了巨大的科研成果，这种模式打破了科学研究中各自为战的局面，推动了科学家之间的交流与合作。同时，该合作模式也强调了平等、尊重和信任的重要性。他们之间没有明显的地位差异，只有对知识的共同追求和对彼此工作的尊重。这种合作模式促进科学家之间的互信和合作，并为后来的科研人员提供了宝贵的经验和启示。

猴子实验中的"合力奥秘"

美国加利福尼亚大学的学者曾做过这样一个实验[②]：把猴子分别关在了几间空房子里，每间2只，房子里分别放着一定数量的食物，但放的位置高度不一

---

① 何法信，毕思玮. 化学史上的双子星座李比希与维勒 [J]. 化学通报，2000 (8)：60-64.
② 猴子实验 [J]. 基础教育，2005 (12)：59.

样。第一间房子的食物就放在地上，第二间房子的食物分别从易到难悬挂在不同高度的适当位置上，第三间房子的食物悬挂在房顶。数日后，他们发现第一间房子里的猴子一死一伤，伤得缺了耳朵断了腿，奄奄一息。第三间房子里的猴子也死了，只有第二间房子的猴子活得好好的。究其原因，第一间房子里的猴子为了争夺唾手可得的食物而大动干戈，结果伤的伤、死的死。第三间房子里的猴子虽做了努力，但食物太高，难度过大，够不着，被活活饿死了。只有第二间房子里的两只猴子先是凭借自己的本能蹦跳取食，最后，随着悬挂食物的高度增加，难度增大，两只猴子只有协作才能取得食物。于是，一只猴子托起另一只猴子跳起取食。这样，每天都能取得够吃的食物，很好地活了下来。

猴子实验中的"合力奥秘"主要体现在猴子们为获取食物而形成的合作机制，即通过合作，个体能够实现单凭自身无法达成的目标，实现"1+1>2"的效果。这强调了合作精神的重要性，并指出合作是推动个体和群体进步的关键因素。此外，实验中的合作精神对社会的发展也有积极影响，在当今社会，许多问题和挑战都需要人们共同努力才能解决，我们都需要学会与他人协作，以达到更高的目标。[①]

主题 2

沟通是联动的法宝

沟通是人与人之间通过信息交流，进而相互影响、相互作用的动态过程。所有的沟通，不是观点上的交锋，而是心灵上的交流。在许多复杂的系统中，联动是促进各部分协调运作的关键，而沟通则是实现联动的基础和先决条件。只有通过良好的沟通，联动对方后才能建立联系、增进理解、解决问题、达成共识并形成有效的反馈机制。

---

① 案例提供：长春师范大学 李晓宁。

随着全球化进程的加快，国际合作变得愈加重要，它不仅有助于提高各国的综合国力，而且能够推动世界和平与繁荣。团队部门间的合作对于资源共享、知识交流、创新发展和增强凝聚力等方面也具有重要意义。在当今的教育环境中也是如此，教师的沟通能力对联动各种教育资源来说至关重要，通过有效的沟通，教师能够与同事、学生、家长和社区建立起积极的关系，从而促进教育工作的顺利进行。因此，教师应该不断提高自己的沟通能力与技巧，以更好地履行自身的职责并实现更高效的联动过程。

一、心"里"加油站

1. 沟通分析理论

沟通分析理论（Transactional Analysis Theory），又称交互作用分析理论。由心理学家埃里克·伯恩提出，他指出，任何时候，一个人确认出另一个人出现之时，不管是口头语言的或身体语言的，沟通即已发生，沟通经常被定义为人们对话的一个单位，或者是两个人自我状态之间的刺激—反应的联结。

沟通分析理论主要关注的是沟通过程中各要素之间的关系和作用，其中包括信息发送者、信息接收者、信息内容、沟通渠道等要素。这些要素之间的关系和作用可以通过不同的方式进行分析和理解。① 从沟通目标的角度来看，沟通可以分为多种类型，包括指令性沟通、说服性沟通、协商性沟通、情感性沟通等。指令性沟通是指发送者明确传达指令或要求接收者执行特定任务；说服性沟通是指发送者试图说服接收者接受某种观点或行为；协商性沟通是指双方就某个问题进行讨论并达成共识；情感性沟通是指双方表达情感和感受，建立情感联系。

2. 社会渗透理论

社会渗透理论（Social Penetration Theory），由美国社会心理学家欧文·奥尔特曼和达尔马斯·泰勒提出。该理论认为个体之间的沟通是一个从表面化交流到

---

① 杨瑞仙，许帆，沈嘉宁，等. 基于社会渗透理论的社交网络用户隐私披露行为研究 [J]. 图书情报工作，2023，67（6）：84-95.

亲密交流的发展过程。它强调人际交往的深度和广度，以及在交往过程中各种行为和态度如何相互影响。

根据社会渗透理论，人际交往主要有两个维度①：一是交往的广度，即交往或交换的范围；二是交往的深度，即亲密水平。关系发展的过程是由较窄范围的表层交往，向较广范围的密切交往发展。而亲密性不仅表现在身体上，还包括智力上、感情上以及共同参加活动等方面。因此，社会渗透过程必然包括语言行为（我们的用词）、非语言行为（身体姿势、表情等）和环境导向行为（传播者和受众的距离等）。

同时，人际关系的发展遵循三个发展阶段：一是关系会由不亲密向亲密发展；二是关系发展具有系统性和可预测性；三是关系的发展也包括逐渐恶化和终止。社会渗透理论为教师提供一种有用的框架，教师可以通过运用社会渗透理论来确定沟通目标、了解沟通对象、建立信任关系、发掘共同点、倾听和回应，以及保持开放心态等方面来提高与他人的沟通效果。

二、沟通不是"沟而未通"

沟通是一个双向互动的过程，它涉及人与人之间、人与群体之间的思想与感情的传递及反馈。但沟通不仅仅指信息传递，也不等同于简单的交流，更重要的是形成真正的理解与共识。

有效的沟通对形成合力来说至关重要。良好的沟通有助于建构合力，增强各主体之间的相互信任并提高其合作能力，从而进一步理解彼此的观点和内心需求，以此来形成巨大合力、实现共同目标。反之，沟通不良则会破坏合力。很多时候，个体与个体在沟通过程中可能出现"沟而未通"的情况，即表面上交流通畅，但实际上信息未被正确理解，这就会导致各主体间产生误解、低效合作，甚至发生冲突，使得合力的作用没有得到充分发挥。

总之，"沟"是"通"的前提，"通"是有成效的"沟"的结果。只有通过正确的"沟"的行为达成"通"的结果时，真正意义上的有效沟通才得以发生，

---

① 曹蕊，睢密太. 人际沟通分析理论的历史演进研究 [J]. 决策探索（中），2021（1）：84-85.

而不是惯常我们所说的"沟而未通"。有效的沟通力也是教师不可或缺的专业能力。教师需要注重沟通的有效性、用心去讲求沟通的艺术，以确保与学生、家长等主体之间相互交流的信息被准确理解和接受，进而形成强大的教育合力，实现教育效果的进一步优化。

三、微言小故事

拿燃料的小男孩

一天，美国知名主持人哈米什·林克莱特访问一名小朋友，说："你长大后想干什么呀？"小朋友天真地回答："嗯……我要当飞机驾驶员！"林克莱特接着问："如果有一天，你的飞机飞到太平洋上空所有引擎都熄火了，你会怎么办？"小朋友想了想，说："我会先告诉坐在飞机上的人系好安全带，然后我挂上我的降落伞跳出去。"

现场的观众笑得东倒西歪。林克莱特继续注视着孩子，想看他是不是自作聪明的小家伙。没想到，孩子的两行热泪夺眶而出，这才使得林克莱特发觉这孩子的悲悯之情远非笔墨所能形容。于是林克莱特问他说："为什么要这么做？"答案透露出一个孩子真挚的想法："我要去拿燃料，我还要回来！"

当所有人都以为孩子自作聪明时，林克莱特却深入、耐心地倾听孩子的回答，他试图去理解孩子的真实想法，而不只是从表面上看问题，因此，沟通不是简单的言语交换，而是一种深层次的情感交流和理解。真正的沟通需要用心倾听和表达，尊重并理解对方的感受。

张骞出使西域

公元前 139 年，张骞奉汉武帝之命出使西域，联合月氏抗击匈奴。在出使过程中，张骞需要与不同国家和民族的人进行交流，因此他使用了口头、书面、手势等多种沟通方式。不仅涉及政治、军事方面的沟通，还涉及经济、文化等方面的交流。他向西域各国介绍了汉朝的文化和制度，同时也学习了西域各国的文化和风俗，最终取得了显著的成果。他成功地联合了月氏、乌孙等国夹击匈奴，消除了北方的威胁。同时，他也开辟了中西交通的新道路，促进了东西方经济文化的交流和发展。

张骞出使西域不仅促进了不同文化、不同民族之间的交流和互动，同时体现了沟通在政治、经济、文化等各领域中的重要作用。沟通是促进不同地域、不同文化之间相互了解、共同发展的重要途径，也是解决国际争端、增强民族团结、促进社会和谐的有效手段。因此，我们应该注重沟通，尊重差异，努力消除隔阂和误解，促进不同文化、不同民族之间的相互理解与合作。①

主题 3

如何历练基于合力建构的沟通力

沟通，是心灵之桥，它打开了人与人之间的交流之门，让彼此的情感与思想得以交织。在团队合作中，沟通更如润滑剂，它能够让团队成员流畅地协作，共同追求卓越。它是实现团队目标的关键，是消除误解、化解矛盾的良方。通过有效的沟通，团队成员能够清晰地了解彼此的需求和期望，从而更好地协调合作。教师作为教育的引领者，拥有基于合力建构的沟通力至关重要，它不仅能够使教师更好地与学生、家长、同行等多方建立信任关系，增进感情，还能使教师更加敏锐地捕捉到各方的情感变化和需求，进而促进教育教学发展。因此，教师应当不断历练基于合力建构的沟通力，运用智慧的语言搭建心灵的桥梁，让教育之路更加宽广、顺畅。

一、表达是基础

将内在思想、逻辑、情绪诉之于口，实现"输入"向"输出"的转化就是表达。有效的表达不仅是信息传递的媒介，更是顺畅沟通、理解对方意图的纽

---

① 案例提供：长春师范大学 李晓宁。

带。而"沟通"需要双方表达的交互与倾听，只有通过沟通，人与人之间的关系才能得以加强，感情才能得以牢固，最终形成合力。因此，表达是建构沟通力的基础，想要通过沟通建构合力，就要敢表达、能表达、会表达，不断提高表达能力。

1. 先扬后抑，言中有"甜"

我相信你下次会做得更好

辰辰比较调皮，爱打闹，但是个自尊心强的孩子。开学初，邵老师进行了小组长的重新选拔，将更多机会给予那些比较调皮的学生，辰辰也成为小组长之一。起初，他非常努力地学习、认真工作，时间久了，他开始出现一些疲态，对老师布置的工作敷衍了事，作业完成的质量也有所下降，与同学间的争执也时有发生。

因此，邵老师决定找辰辰聊聊。邵老师说："辰辰，觉得当组长累不累？"辰辰很骄傲地回答不累，但当邵老师深入询问，他是否真的不觉得累时，他显得有些犹豫。邵老师说："老师发现你刚上任时特别努力，哪怕做不到也会全力以赴，让老师感动不已。但最近一段时间，你似乎有点松懈，是不是觉得老师的要求对你来说有些辛苦呢？如果真是这样，我们可以一起想想办法，看看如何帮助你坚持下去。"面对邵老师的表述，辰辰的眼中闪现出泪光，他向老师保证会做一个合格的小组长，认真学习，努力提高自己。而邵老师则露出欣慰的笑容。

正是邵老师先表扬后指出问题的表达方式，才使辰辰能主动意识到自己的问题，改正自身错误，最终促使辰辰在学习和生活中更上一层楼。①

王妈妈的独特"夸夸"

王老师是小学六年级的班主任，从教十数年来，她带的班级永远是师生关系最融洽的班级，她被人亲切地称为"王妈妈"，她的教学方法也被人称为"夸夸式教育"。

---

① 案例提供：吉林省第二实验学校 黄丽婷。

每次批改作业时，她都会在本子上留下一句独特的"夸夸"：你的作业真用心！老师相信你下次一定会比这次的准确率更高；你的想法真特别！如果你的字再漂亮一点就更完美了。平日里，王老师也以同样的方式减少对学生的批评，学生不害怕和王老师沟通，不管是有疑问需要请教还是有困难需要帮助，大家都会自然而然地扑向"王妈妈"的怀抱。一次，学生考试成绩不理想，班上的同学以为王老师终于要"发火"了，没想到王老师笑着对大家说："我看到好多同学记住了我课上讲的生词，别的班都没写上来呢！但是我们还要把熟悉的字词掌握了，老师相信你们下次会写出更多我们学过的字词。"王老师用独特的表达激发学生心中求知的种子萌生，到了期末时，王老师班级的平均成绩提高了一大截。

正是王老师特殊的"夸夸"，使得学生更加上进，在增加学生自信的同时，也使学生愿意改进自己的缺点和不足。另外，这也促进师生之间良好感情的建立，在师生的合力下，班级井然有序、成绩优异。①

2. 清晰明了，语中藏"暖"

一句温暖的问候

李老师是四年级的班主任，一直以来，她都深受学生的喜爱。小刚是李老师班上的学生，他每天早上都迟到，但是李老师没有进行批评和惩罚。每当小刚迟到时，李老师总是用最关切的语气问候："你今天怎么又来晚了呢？是遇到什么困难了吗？需要我的帮助吗？你今天早上吃早餐了吗？"

通过一系列温暖的问候，李老师表达了对小刚的关心，并且李老师每次都会将自己的早餐分享给小刚。起初，小刚并没有改变迟到的习惯，但李老师一直坚持用这种温暖的表达方式关心他。经过一周的时间，小刚被李老师的真挚关怀所感动，深深地体会到老师的关爱之意。于是，小刚主动对李老师表达了感激之情，并郑重承诺以后不再迟到。

李老师正是通过这种直接、清晰明了又温暖的表达，不仅解决了小刚迟到的问题，更增强了师生之间的感情，使得教师与学生之间的情感联结更加牢固。②

---

① 案例提供：吉林省第二实验学校 赵宏娜。
② 案例提供：吉林省白城市镇赉县第四中学 王红亮。

温情对话，巧解误会

"为什么这次活动不让雯雯参加？"雯雯妈妈怒气冲冲地跑来学校质问郝老师。面对愤怒的家长，郝老师耐心地进行了疏导："雯雯妈妈，您先喝口水，我下节课没课，您慢慢说，我看看是什么情况。"家长的愤怒心情慢慢平复下来了。面对雯雯妈妈的质疑，郝老师非常耐心地向雯雯妈妈说明情况："消息已经在群里提前通知了，并给予了足够的时间供家长们确认。"而雯雯妈妈这时才意识到自己没有核实比赛报名的时间，因而闹了个大乌龙。面对这样的情况，郝老师没有生气，并对雯雯妈妈说道："您放心，我会亲自给孩子报上名的。"同时郝老师反过来借此机会和雯雯妈妈沟通了许多雯雯在校的学习情况。在郝老师以柔克刚的疏导下，雯雯妈妈的心情得以平复，而二人的沟通也进行得非常顺利。

郝老师在面对家长的不满时，正是通过温暖的表达方式，详细地解释事情的原委，不仅使教师与家长之间的误会得以消除，还增进了教师和家长之间的感情。[①]

二、情感是内核

表达是沟通的基础，而教师之所以能通过有效沟通，与学生、学校及家长建构合力，实现教育教学效果的"化虚为实"，正是因为我们由共同的情感所驱动。它就像丝线一样，将我们与对方紧紧联结在一起。有了情感，我们才能在沟通中建立更深层次的联结，形成良好的合力。只有在情感上产生共鸣，才能让我们在教育教学过程中携手前行，共同成长。

1. 不为荣誉与利益的"只为"

我只为给孩子们建第一座图书馆

李老师深知阅读对孩子们成长的重要性，然而，面对学校有限的资源，她决心为孩子们打造一间全市第一的图书馆。在获得学校同意后，她着手计划，试图在经费有限的情况下，以每本书1元钱的价格寻找书源。

---

① 案例提供：吉林省白城市镇赉县第四中学 王红亮。

首先，李老师主动联络当地的慈善组织，使他们深刻理解了这个图书馆对孩子的重要性，并亲自编写了一份详尽的计划书，包括图书馆的设计、书籍的选择以及日常维护和管理等内容。随后，李老师积极联系多家出版商，通过精心策划，李老师向他们展示了孩子们对阅读的迫切渴望，以及图书馆将如何改变他们的生活。在图书馆建设过程中，李老师不仅与慈善组织、出版社密切合作，还与当地社区居民、学生家长等各方展开广泛沟通。她向大家传达了这座图书馆对孩子成长的积极影响，并鼓励大家积极参与建设。最后经过数月的努力，图书馆终于如期建成。李老师欣慰地看着墙上整齐排列的书籍，以及孩子们在书架间兴奋穿梭的场景，由衷地说："这也许就是这世间最美好的事情。"

正是李老师通过与慈善组织、出版商、社区居民以及学生家长的深入沟通，增进了与各方之间的合作，才使图书馆的建设得以顺利完成。她不计个人利益得失，一心只为给孩子们提供一个充满知识和希望的学习场所。[1]

我愿为你付出一切

丁丁是个留守儿童，家庭经济困难，爷爷奶奶年事已高，无法细心照看孙子。

郑老师是一位新入职的教师，了解到丁丁的情况后，尽管她工资微薄，还毅然决定从自己的工资中每月抽出一部分钱，为丁丁购买衣物和生活必需品。每逢冬天来临，郑老师便特意为他购置一些防寒备品。与此同时，郑老师主动联系社会相关资金支持机构，她详细介绍了丁丁的家庭状况、学习困境和生活需求。她用真实的数据和事例，让机构负责人深入了解丁丁的困境，并充分表达了自己对教育的执着和对学生的关爱。同时，郑老师还积极联系当地的慈善机构，详细介绍了丁丁的身体状况和学习需求以及家庭的困难，强调丁丁对学习的渴望和努力。此外，郑老师还通过社交媒体、在线平台发布小视频，使更多人了解丁丁的生活境况。最后，郑老师通过努力，成功地争取到了社会各界的支持，也为丁丁创造了更好的生活条件。

---

[1] 案例提供：吉林市昌邑区第一实验小学校 杨锐。

而这一切的背后，既离不开郑老师的默默付出，也离不开郑老师通过与各方之间的沟通交流，汇聚了更强大的力量，进而才能为丁丁带来更好的生活和学习条件。

2. 只为爱与奉献的"无畏"

是谁挽救了那个叛逆少女

萌萌是一个在学校里以"社会小太妹"为代表的学生，她目无尊长，顶撞老师，逃课上网，爬楼翻墙，聚众打群架……学习不会，恶习一堆。随着时间的推移，和萌萌一起混日子的伙伴都相继退学打工了，班级里愿意学习的好学生也看不上萌萌这等脾气古怪的学困生，于是，萌萌产生了辍学的想法。

苏老师得知萌萌想要辍学时，她并没有责备或指责萌萌，而是第一时间选择了安抚和关心。苏老师询问萌萌是否身体不适，接着分享了自己在中学和大学的趣事，而萌萌也为此第一次没有设防地和苏老师讲述自己的故事。同时，苏老师对萌萌说："可能有很多人觉得女孩子读书没有多大意义，可是你只有走到更远的地方，才能检验出读书是否有价值，社会不要求女孩子大富大贵，但会更加善待有自我思想和社会学识的人，而老师一直觉得你是有灵性的女孩子。"苏老师的话语中没有蔑视或厌恶，而是充满真挚和信任。萌萌面对苏老师的话语瞬间清醒，她重新回到学校，乖乖地穿上校服，拿出教科书，她变得谦虚好学，安静沉稳。最终，萌萌考上了高中，顺利地走过高中三年。

整个过程中，苏老师通过与学生之间真挚的沟通和交流，增进了师生之间深厚的情感，同时激发了学生的潜力，最终成功地改变了萌萌的人生际遇。①

我得到了最好的教育

李老师在乡村的一所高中任教，丽丽是她班里的学生。丽丽一直都非常努力学习，她乖巧懂事，但她的家庭很贫困。尽管丽丽通过辛勤努力取得了理想的成

---

① 案例提供：吉林市昌邑区第三实验小学 李迎。

绩，但她的分数只是刚刚超过新二本线。由于家里无法支付民办学校的学费，回乡复读又因年龄原因不被看好，这致使丽丽的选择变得异常艰难，导致丽丽每日失眠。

李老师了解到这些情况，毫不犹豫地给予丽丽无条件的支持。她鼓励丽丽说："别怕，只要你想去，就去民办学校，钱的事情会有办法的。"这番话语让丽丽感动不已。然而，丽丽发现民办学校并没有她理想的专业，于是她做出了一个艰难的决定，选择复读一年。而李老师感受到了丽丽眼中的不甘，于是再次鼓励她："再回去试一试吧，你那么努力，老师相信你，这一次肯定有更好的选择。"在丽丽复读的一年中，李老师对丽丽的关心无微不至，如同母亲一般。她的细心指导、鼓励与支持，让丽丽感受到了前所未有的温暖。最终，在李老师的呵护下，丽丽取得了骄人的成绩，如愿考上了心仪的专业。

这一切都离不开李老师与学生间的那份真挚的沟通和交流。正是这样的沟通交流，让师生间的情感更加深厚，促使师生之间的合作更加紧密，最终丽丽取得了优异的成绩。[①]

三、行动是关键

拿破仑·希尔曾说："行动是最为关键的一步，因为如果没有行动，即使是最好的计划和目标也是毫无价值的。"沟通之力，在于聚合众力；教育之升华，在于行动。行动，是教师沟通力的试金石，是实现教育目标的坚实基石。教师若欲与学生、家长、同行等各方建立真实而深层次的沟通，必须以行赋予言辞真实之意。教师只有通过行动，才能破浪前行，引领学生、家长、同行等各方共筑教育之梦。

三会并举，共创奇迹

新学期伊始，蔡老师肩负起了一个重要使命——接手二班，这是个一直以来

---

① 案例提供：吉林市昌邑区第三实验小学 李迎。

成绩都相对较为薄弱的班级。然而，蔡老师并没有感到烦躁和苦恼，反而以坚定的信念和积极的态度迎接了这个挑战。

首先，蔡老师潜心研究班级中每一位学生的特性，他不仅关注学生的学习状况，还利用课余时间与学生进行一对一的交流，了解他们的家庭背景、兴趣爱好以及学习上的困难。同时，蔡老师特意在班级召开了"老师心里话"的主题班会，在班会上，他不仅分享了自己对每个学生的了解，还与学生一起制定了切实可行的学习目标，这些目标既实际又富有挑战性。不仅如此，他还在全班面前逐一赞扬和鼓励每一个学生。蔡老师还通过列举身边人成功的案例，鼓励学生要相信自己，认识到自身的优势。

为了更好地理解学生的过去与现状，蔡老师又主持了一次家长会。他不仅询问学生在家中的表现，还反馈了他们在学校的点滴进步。同时，蔡老师还与家长特别强调每个孩子的特长与优势，使家长们看到了孩子潜藏的无限可能。此外，他还特意组织了一次教师会，邀请所有任课教师共同参与。在这次会议上，他详细介绍了班级的整体情况和学生的进步。蔡老师通过分享经验和观点，使任课教师对二班有了全新的认识，对孩子们充满了更高的期待。经过蔡老师一系列的改进，随着时间的流逝，二班开始悄然发生变化。蔡老师发现，学生的学习热情日益高涨，他们也勇于展现自己的才华与优势。不仅如此，学生在各种活动中屡获佳绩，这使他们信心倍增。

这一切的转变，都源于蔡老师卓越的沟通能力。正是蔡老师与学生、家长、教师之间深入而真诚的沟通与交流，才使得这个曾经薄弱的班级焕发出新的生机。他不仅点燃了学生内心的火焰，还调动了家长与教师的力量，形成了强大的教育合力。[1]

多方互动，成就个人华章

明明是刘老师班上一个特别的孩子，他虽有学习障碍，但对绘画有着极高的天赋，一直未能充分发挥自己的才华。王老师看在眼里，急在心里。

---

[1] 案例提供：长春市第十七中学 白婵娟。

在交流中，王老师得知，明明对自己在绘画上的表现感到极度不自信，他觉得自己画得并不好，缺乏想象力，有时甚至不知道画什么。听了明明的回答，王老师表达了对明明真实感受的理解，并分享了一些自己的坎坷经历。王老师说："每个人都会面临各种挑战，但这并不代表自己没有才华。每个人的成功都是从一点一滴积累起来的。"同时，王老师还与明明一起探讨了身边的小事，甚至是他心中的梦想……王老师还鼓励明明参加学校和社会举办的各类绘画比赛和展览，让他有机会展示自己的才华和作品。同时，王老师还在班上向学生展示明明的才华。他组织了一次班级展览，让学生欣赏明明的作品，并鼓励他们一起为明明加油打气。

接着，王老师主动联系了明明的家长。他与家长分享了明明在绘画方面的天赋和才华，希望家长能够给予孩子更多的支持和鼓励。他建议家长为明明提供更好的学习环境和资源，如参加绘画培训班、购买绘画材料等。同时，王老师也与家长说了明明面临的困境和挑战，希望家长能够和自己一起努力，促进明明的发展。为了更好地支持明明的发展，王老师主动与其他教师合作，探讨如何将绘画与其他学科结合起来。他们共同设计了一些跨学科的项目和活动，让明明有机会将绘画与文学、历史、科学等其他领域的知识结合起来，从而激发他的创造力和想象力。此外，王老师还积极与校领导沟通，不仅向他们详细介绍了明明在绘画方面的天赋和才华，还分享了明明面临的困境和挑战。因此，学校为明明提供了许多资源和平台，如专门的绘画教室、材料和展览机会等，让明明能够充分发挥自己的才能。通过王老师的不懈努力和各方的大力支持，在省举办的一次绘画比赛中，明明凭借自己的实力获得了一等奖。

通过王老师与各方深入的沟通、联动的合力，乃至相互磨合，才得到了各方的共同支持，进而使明明激发了潜能，获得了成功。[①]

---

① 案例提供：长春市第十七中学　白婵娟。

专题四

基于至善的童真葆有力

　　童真是一份丰厚的礼物，是人们从自然中获取的珍贵而纯粹的资源。教师面对学生应永葆一颗童心，以自己的童心唤起学生的童心：用儿童的眼睛去观察；用儿童的耳朵去倾听；用儿童的兴趣去探索；用儿童的情感去热爱。基于至善的童真葆有力是教师成长发展的必备素养。

善之本在教，教之本在师。

——宋·李觏《广潜书》

　　童真是一份丰厚的礼物，是人们从自然中获取的珍贵而纯粹的资源。童真的"真"是如赤子般真纯而自然的，是以本性的至纯至善建构的"美"。

　　对童心的认识，在中国古代早已有之。老庄、孔孟都曾推崇过这种弥足珍贵的纯真的"童心"。而作为中国古代重要美学观点的李贽的"童心说"更显示出"童心"对于文章乃至做人的现代意义："天下之至文，未有不出于童心焉者也。"陶行知曾说"我们要变作小孩子"，这与李贽所追求的"纯真之心"是相通的。教师应当常怀童心，不忘童真，面对学生应永葆一颗童心，以自己的童心唤起学生的童心，用儿童的眼睛去观察；用儿童的耳朵去倾听；用儿童的兴趣去探索；用儿童的情感去热爱。而善良是一个价值判断，推崇善良是中华民族的心理需求和社会的主导道德价值，是社会主义道德建设的基石，也是每一个人都应该具备的道德品质。因此，基于至善的童真葆有力是教师成长发展的必备素养。

主题 1

善是爱的本源

　　"善"是伦理学乃至整个哲学中极为重要的词语，"善良意志"是康德伦理学的基础和核心概念。他从形而上学和本体论意义解读，自由不为外在事物所决定，而是自己决定自己；以自由规律为宗旨的伦理价值与意义，就是善良意志。有了"善良意志"，爱才有可能成为一个命题。爱是一种积极的情感，它源于对他人的关心和关爱。而这种关心和关爱往往是从内心深处的"善"产生的。爱学生是教师的天职，苏霍姆林斯基说："教师技巧的全部奥秘就在于如何爱学生。"陶行知先生曾说："谁不爱学生，谁就不能教育好学生。"因为只有对学生发自内心真挚的爱，才能给他们以鼓舞，才能使他们感到无比的温暖，才能点燃学生追求上进、成为优生的希望之火。

　　由此看来，善良是教育的根本动力。教师若具备善良品质，便能以充满爱的视角发现学生的优点，对所承担的教育任务充满信心，从而培养卓越和创新的精神。

一、心"里"加油站

　　性善论，是战国时期孟子提出的人性论述，孟子认为人性本善，人之为善，是他的本性的表现，人之不为善，是违背其本性的。在孟子的性善论中认为人的本性是善良的，每个人都有内在的仁、义、礼、智等美德。这些美德是人生而具有的，而不是后天习得的。因此，在孟子看来，人的本性是趋向于善的。作为教师，他们是社会中的知识分子和道德楷模，他们的角色是引导学生朝着正确的方向发展。因此，教师应该具备至善的品质，成为学生的榜样和引领者。

　　在孟子的性善论中，善良是一种内在的品质，而不是外在的表现。因此，教师的至善不仅仅是外在的行动表现，更是内心深处所具备的高尚的道德品质。他们应该具备仁爱、公正、诚实、谦虚等美德，让学生感受到善良的力量和美好。此外，孟子认为人的本性是平等和相似的，每个人都应该被视为有价值的个体。因此，教师应该关注每个学生的个性和需求，尊重他们的差异和特点，并根据学生的情况因材施教。这种关注和尊重也会让学生感受到善良的力量和美好。

总之，孟子的性善论是一种强调人性本善、注重内省和修养的哲学思想。它要求人们相信自己的善良本质，并通过修养将这种善良本质发扬光大，以实现个人和社会的和谐与进步。

二、人之初，性本善

人之初，性本善，这是一个深植于中华传统文化中的理念，强调人性本善，而非本恶。这一理念对于人类的成长、教育乃至社会的和谐发展具有深远的影响。

人们普遍相信"人之初，性本善"，是因为这一观点从心理学和社会学的角度具有其合理性。从心理学的角度来看，人类的成长是一个从无到有、从未知到已知的过程。儿童在初生之时，心灵是一片纯净的空白，具有巨大的潜力和可塑性。他们的善良和纯真，是我们在成长过程中逐渐失去的宝贵品质。社会学则认为，人类之所以能够形成社会，是因为我们具有基本的善良和道德观念。如果人性本恶，那么人类社会将无法维系。善的思想维持了人与人之间的基本信任，维持了这个世界的美好，也维持了我们内心对于这个世界依赖的基点。

著名教育家叶圣陶说过："教育工作者的全部工作是为人师表。为人师表首先必须具有高尚的人格做保证，教师作为神圣而光荣的职业，肩负着培养祖国未来的重任，理应以自己高尚的人格去塑造自己的学生和自己本身。"真正的好教师，都应当具有陶行知先生所说的"捧着一颗心来，不带半根草去"的品格，并在教育教学活动中用善行感化学生，用心灵滋养生命。只有这样，教师的善行才能展现出应有的力量，教师也才能真正展现其"为人师表"的形象。

三、微言小故事

俘虏"死而复生"

"二战"初期，有一次，英军打了一场胜仗，俘虏了大批德国兵。首相丘吉尔飞往前线慰问官兵，早就恨透了德军的英国官兵向他建议，处决这些德国兵。丘吉尔没有发表意见，而是讲了一个故事。前不久，希特勒组织了一个16人的特别行动小组，要刺杀一个国家的领导人。这16个人成功地接近了那位领导人的住处。可就在这时，他们看到一个小孩掉进了河里，其中一个成员不顾队长的警告，跳下河将孩子救了上来。他的行为使他们的行迹暴露，计划破产，救小孩的士兵也被警卫活捉。可就在那个纳粹分子等待枪决的时候，一个孩子跳出来，高声大喊："是他救了我，他是一个好人！"听了这个故事，官兵们沉默了。丘吉尔继续讲道：那位领导人就是我。当你们作战的时候，你们在履行战争的责任；当他们放下武器时，他们在履行善良的责任。如果你们用最极端的方式去惩罚战俘，就是在惩罚善良。官兵们被丘吉尔说动，最后选择宽待德国俘虏。

人之初，性本善。这种善良是对生命的感激之情，是一种至善至美的心灵状态。在人生旅途中，若能以一颗善良之心对待生命的各种遭遇，生活将处处呈现明媚的景象。

两只狼的交战

一位年迈的北美切罗基人教导孙子们人生真谛，他说："在我内心深处，一直在进行着一场鏖战。交战是在两只狼之间展开的。一只狼是恶的——它代表恐惧、生气、悲伤、悔恨、贪婪、傲慢、自怜、怨恨、自卑、谎言、妄自尊大、高傲、自私和不忠；另一只狼是善的——它代表喜悦、和平、爱、希望、承担责任、宁静、谦虚、仁慈、宽容、友善、同情、慷慨、真理和忠贞。同样，交战也发生在你们的心灵深处，所有人的内心深处。"听完他的话，孩子们静默不语，若有所思。过了片刻，其中一个孩子问："那么，哪只狼能获胜呢？"饱经世事的老者回答道:"你喂给它食物的那只。"

内心的"善狼"是我们内心最美好的部分,它的力量在于持久和纯洁。在教育中,这些积极的价值观和情感不仅能够改变自己的内心世界,也可以影响周围的人。通过行为和决策,可以传播这些积极的价值观,为世界带来更多的爱、和平和善良。①

主题 2

"童真葆有"是奢侈的内力

明代著名思想家李贽提出"童心"说,认为"夫童心者,真心也"。他所提倡的"童心"是指人的自然本性和率真性情,不受伪善的封建礼教束缚的自由个性。冰心说:"小孩子!他细小的身躯里含着伟大的灵魂。"童真是人类共同的精神故乡,是每一个人都曾经拥有或试图拥有的精神泉源。对于个体而言,童真是人类种族历史演化馈赠给人类的一份丰厚的礼物,是人们从自然那里所能获取的最珍贵的人生资源,是人生之源。对于人类整个社会而言,它是最珍贵的、最应值得呵护的人文资源、思想资源,是人类的精神渊薮,是最动人的人性之光,是文明之根。哲学家卢梭说:"儿童有独特的观察视角、思考方式和心理感受,把成人的心理强加给儿童是愚蠢至极的事。"

因此,教师应该具有一份童真,这样才能把握学生的心理,使学生亲其师,信其道而乐其业。

一、心"里"加油站

20 世纪美国人本主义心理学家马斯洛提出了"第二次天真"和"健康的儿

---

① 案例提供:长春师范大学 滕芬莹。

童性"的概念，对已经社会化了的成人的"自我实现"者在创造性时刻的心理做了描述和讨论。按心理学的研究，原初过程最初只是在精神病患者那里看到，随后是在儿童身上，只是到最近才在健康人身上发现。这就是说，创造的时刻，不是单纯的二级过程，也有原初过程参与；不仅有理性，也有非理性参与；不仅有成人的成熟，也有儿童的天真。这就是马斯洛所说的"第二次天真""健康的儿童性"，实际上也就是李贽所说的成人身上的"童心"。

教育的本性就意味着要求教师从各种各样的角色后面走出来，重新回到"人之初"，回到"心之初"，重新获得"童心"，或者得到"第二次天真"，做一个既不成熟又成熟的人，是一个既深刻又有诗意的人，既保持人类的诗性智慧又能批判社会的人，总之是做一个有"童心"的"真人"。

正是"第二次天真"或者"童心"，使作为成人的教师"既是非常成熟的，同时又是非常孩子气的"。这看起来是对立的，但教师需要的就是这种双重视角。他以十分成熟的、深刻的、理性的眼光看待生活，能够把生活的底蕴揭示出来，但同时他又以儿童般的天真的、陌生的、非理性的眼光看待生活，充分地展现生活中充满情趣的方面。

二、永远十八岁

十八岁，标志着从青少年向成年的过渡。十八岁，并非人生旅途中一段时光，也并非粉颊红唇和体魄的矫健，它是心灵中的一种状态，是头脑中的一个意念，是理性思维中的创造潜力，是情感活动中的一股勃勃朝气，是人生春色深处的一缕清新。岁月可以在皮肤上留下皱纹，却无法为灵魂刻上一丝痕迹。有人说过这样的话："教育教学成功的真谛有千千万万，其中当属心态最为重要。"所以，只有具备了如阳光般的"十八岁"心态，教师才会培养出一批又一批有理想、有道德、守纪律、有文化的心理健康的一代新人。

美国心理学家卡尔·罗杰斯的人本主义理论强调了教师情感的真诚性和同理心对学生发展的重要性。保持青春期的心理状态有助于教师更好地理解学生的感受和需求，从而创造一个支持性和鼓励性的学习环境。教师保持这种心理状态，能够更有效地促进学生的全面发展，包括认知、情感和社交技能。

苏联心理学家维果茨基的社会文化理论强调了社会互动在学习过程中的关键作用。教师作为学习过程中的重要社会参与者，其与学生的互动方式对学生的学习和发展具有深远的影响。教师如果能够展现出类似青少年的开放性、好奇心和灵活性，就更有可能激发学生的学习兴趣，促进他们的主动探索和思维发展。教师保持青春的心理状态，有助于建立一个鼓励探索和创新的教学环境，同时也能够促进学生在情感和社交方面的成长。

三、微言小故事

糕饼换奇石

苏轼与佛印是至交好友。佛印擅诗文、书法，尤好收集奇石。某年，二人同游赤壁，发现齐安江中有被水流冲刷得宛如彩玉的卵石，在江边戏水的儿童，都喜欢捞出来玩。这些卵石上的花纹一圈一圈的，就像手指上的螺纹，红、黄、白各色错杂，五彩斑斓，拿在手里把玩，让人觉得圆融而润泽，类似我们熟知的雨花石。东坡用糕饼和孩子们交换，攒得298枚，大的如梨、桃，小的像枣、栗、菱、芡，有一枚异形的则像虎豹，头上竟然还有口、鼻、眼的模样，东坡就把它当作这些石头的头领。煞有介事地当作礼物赠与佛印，还专门做了一篇《怪石供》，直言："齐安小儿浴于江，时有得之者。戏以饼饵易之。"如此童心未泯，惹得佛印拊掌大笑。

明代李贽说："若失却童心，便失却真心，若失却真心，便失却真人。"每个人的心中，都住着一个孩子。若失去童心，也就丢掉了天真的自己。为人教师者，若能守护好一颗童心，便是守住了最珍贵的财富。

扬童心，葆童真

苏联著名教育实践家和教育理论家苏霍姆林斯基说："童心使我们能够和孩子融为一体。"常怀童心，不忘童真，用童心贯穿教育工作的始终，才能真正理解儿童。"道如清水芙蓉立，我看世界用童心"，留份童心给生活，留点童心给自己，带着兴趣看学生，带着单纯看问题。意大利教育家蒙台梭利说，"自己是作为教师的儿童"；陈鹤琴希望"重新做一回儿童"；李吉林自认"我是一个长大的儿童"。每个孩子心中最隐秘的一角，都有一根独特的心弦，教师只有将自己的心弦同孩子的心弦对准音调，才有可能与孩子的心产生共鸣。童心不只是儿童心理的一种单一的特质，而且是"丰富的单纯"；教师也不能只是教师，更应是儿童世界的学习者、探索者、研究者。

所以，面对儿童，教师需要怀着一颗童心，去化解一颗颗亟须成长的童心，成为孩子的心灵导师，用这颗童心给孩子们最珍贵且生动的美育和人生体验。①

主题 3

如何历练基于至善的童真葆有力

"大学之道，在明明德，在亲民，在止于至善。"学习与修身的关系，放大到师生不同行为主体的生活与发展、个体成长和生命历程、自然人到社会人的顺利过渡，同样成立有效。

人之为人最美好、最可贵、最暖心的是爱，为师则是师爱。而爱，源于善，止于至善。所谓人之初，性本善。葆有童真，就是葆有人最初的善，传承绵延不绝的爱，构成师之为师的本。形成基于至善的童真葆有力，对于一个人当前"立鸿鹄志"、健康成长，未来"不忘初心"、有所作为，是一项童子功和软技能。时时抱持处子之心，见山、见水、见万物始终牢记"为什么出发"，自主、自律且自觉；刻刻提高自体境界，增强安身立命的看家本领，"不必扬鞭自奋蹄"，自制自信更自强；常常回归个体反思，做一只黄昏才起飞的"密涅瓦的猫头鹰"，自驱自省竞自由。

---

① 案例提供：长春师范大学 滕芬莹。

一、抱持处子之心

处子之心，贵在秉持和坚守一切良善的东西，向上拔节高贵精神、向下回归个体内心，求真至纯又美丽可人。教师是"人样子"，需要时时不忘寻找善的本源，用悲悯的情怀生发出前进的力量，以己向上的恒久状态当好学生终身成长的"引路人"。为人师者时时抱持处子之心，既可以学习于漪、陶行知这些教育大家求真路上的念兹在兹；也可以在平凡如你我的凡人小事中，感受高尚师德、人文情怀、专业素养、艺术濡染和自我反思等元素的巨大引力，葆有童真，释放魅力。

1. 树高千尺、根深叶茂——教育大家的生命历程

爱我所爱，渐进深入

"我的梦想就是做一名好老师。"90岁的于漪老师坚定地讲出这句话，她胸中的处子之心、拳拳之爱便荡溢而出。年轻的她得知学历史的自己要被调整去教授语文，坚持每天晚上9点之前完成学校教育教学工作，之后开始自主学习。

三年下来，她把中学语文老师该具备的语法、修辞、逻辑、文史哲知识，该了解的中外名家、名著通通学了一遍，立下"不抄教学参考书，不吃别人嚼过的馍"的规矩，躬耕教学事业七十载，从"不入门"到"行家里手"，她对教育事业爱得纯粹，爱得深挚，持久而强大。她时时用这种爱去助推心中的使命感，如今，她依然活跃在语文教学改革的第一线。她说，学好语文才能学好如何去做一个中国人；她说，我们的教育一定要有中国的特色；她说，中国一定要有自己的教育学、教师学……

时时抱持，刻刻践行，是处子之心点燃了于漪的教育人生，使她成为带着韧劲终身学习、用大爱点亮学生、自我生命高度觉醒的人民教育家。

弃我所弃，万古长青

"只带一颗心来，不带半根草去"，1917年，一直在美国哥伦比亚大学主修教育的陶行知谢绝了美国导师约翰·杜威的一再挽留，回国了。彼时的他本可以

转身进阶上流社会，成为人上之人，本可以享受大学教授的优渥待遇，谈笑于鸿儒之间，然而那份名利和高贵却没能打动他的处子之心。他怀着对国家、对民族最深沉的爱，将目光盯住中国的最底层社会，治病治根推展平民教育，为中国培养 100 万名农村教师，才能点燃国家振兴的火炬。一次，他得到 1 万多元的稿费，回家便锁在柜子里，操持家务的妹妹希望他留四分之一作为家用，他却说："我要去劳山脚下办晓庄师范，这钱要作为办学的经费。我们家虽穷，粗茶淡饭还能维持。中国 34000 万农民非但没饭吃，还没有文化。"他说，真教育是心心相印的活动，唯独从心里发出来，才能打动心灵的深处。

审视传统，缔造未来，是处子之心促使陶行知开创了具有启世意义的教育理想国，进而开启了中国平民教育的新纪元，让受教育成为基本人权。①

2. 青笋拔节、日进云霄——身边偶像的平凡坚守

守一方净土，用生命润泽生命

柳一老师毕业就进了重点高中当体育教师。充裕的时间、不错的薪水和优越的平台一度让柳一对工作很满意。可日复一日，身处舒适圈的他渐渐感到空虚和迷茫：我要的只是安逸生活吗？教师的价值和幸福在哪里？

他想起"传道授业解惑"，想起"一棵树摇动另一棵树"，这些句子让他感到充满力量，也让他为之前茫然重复的日子惭愧。体育课不能只是完成任务和自由活动，应该让学生拥有强健的体魄、坚韧的品格、报效祖国的理想和创造美好生活的能力。于是他设计丰富的课堂情境，组织竞技活动、趣味运动会，为学生量身定制提高不同素养的训练课程，他成了学生心中的明星。学生的喜爱又促使他立下新的目标：让学生从爱上体育课到爱上体育，让机械重复的教学脱胎换骨，为人生赋能。那颗茫然空洞的心也变得坚定有力。

用纯粹的热爱唤醒工作的热情，用业务的精进润泽学生的心灵，处子之心驱散了一位年轻教师的职业困顿，守住生命教育的净土。

---

① 案例提供：长春市实验中学 牛丽芳。

习惯成品格，平凡绘就诗与画

王老师即将退休，在这所乡镇中学一干就是 38 年，来时尚年少，临别鬓已霜。让农村孩子考出去见世面，过上富裕的生活，有能力了也回来建设家乡……这些愿望让他几次推掉了县城中学的邀请，拒绝了丰厚的工资和便捷的生活，一辈子守在这里。

他总是最早一个到班里，最晚一个离开。生炉子、扫地、修门窗桌椅，一边备课一边陪着住校生自习，从不多的工资里拿出钱给班里添置报刊栏。一辆"二八"自行车陪他家访了上千个家庭，让只懂务农的家长支持孩子学习，让粗心的父母给青春期的孩子理解和温暖，给萌生辍学念头的家庭讲解教育的意义，他把误解、疲惫和辛酸统统掸进乡间土路的尘埃里，一心只想把孩子留在神圣的课堂。

树人好比树谷、树木，但却更漫长、更复杂、更艰巨。经困难磨砺而不改，历岁月洗礼而不变，处子之心让平凡人生绽放出大气和从容，书写教育事业的高贵。①

二、提高自体境界

自律的人，时常关注所从事领域达到的等级程度和获得的高峰体验，评估自己处于何种境界。作为教育工作者，如何时刻提高自体境界，也是需要持续研究的课题，操作维度可以包括外在的方针政策、行政导向、组织氛围、同伴影响，内在的理想信念、使命召唤、发展需求、自我精进。世界是一本大书，广阔天地让涵养境界泛在化；人人是可学之人，处处是可学之所，同侪共济中让成长常态化；让阅读和求索成为发展方式，促进学习和提高的课程化。

1. 大事业在书中，大学问在路上

正午阳光，书香四溢

午休时间，阳光正好，学校一楼大厅"正午阳光讲书堂"开课了。牛老师

---

① 案例提供：长春市实验中学 朱琳琳。

正在给学生分享《额尔古纳河右岸》，她娓娓道来，呈现了一幅鄂温克族人的生活画卷。学生听到了对自然的欣赏与敬畏、对渺小生命的感叹、对开阔胸襟的奇效、对生命化归的感怀。收尾时，牛老师说："无数的人和事，最后都在这火光里消失殆尽了。当然死亡不是这本书的全部，爱与生存才是。书籍未完，感想未完，希望大家捧起这本书，因为书还是要自己亲自去读的。"

三毛说：读书是最好的化妆品。牛老师读书，天文地理、科学文化、古今中外、风物人事都有涉猎，她的博学，学生仰慕，同事敬佩，自我疗愈。

阅读是触发系统思考、扩展认识边界、提高人生境界的方式，从"有字书"到"无字书"，带来的不只是"自信人生二百年"，更是广阔的"万类霜天竞自由"。

大道如砥，行者无疆

王老师是语文教师，多年的教学让她感受到教材中蕴藏的大千世界，于是决定来场"课本游"：带着《茅屋为秋风所破歌》驻足成都杜甫草堂，带着《沁园春·长沙》健步湖南橘子洲，带着《孟子》亲近江苏徐州……她把所见、所闻、所感融入作品、描述给学生，这样的课堂亲和立体，带着温度的文字推开了人类文明的大门。

王老师相信，教师能给学生多广的视野，取决于自己的见识，行万里路是她自我丰盈的过程。生活中，勇于实践才会得到面对一切的力量，从而实现内在的升华。壮阔的自然，辽远的天地，人在世界上自由地游走，路上有比书本上更鲜活的内容：杜甫忧国忧民的济世情怀，毛泽东意气风发的革命情怀，孟子浩然正气的人文情怀……用双脚丈量世间，用身心感受万物。

教师的工作是言传身教，更是追求真知、超越自我、成就他人且为社会做贡献的职业。读万卷书，行万里路，与时偕行，是教师精神境界涵养的不二法门。[①]

---

① 案例提供：长春市实验中学 王虹。

2. 规划引领前程，精进赋能发展

规划前行，一路追光

少年易学老难成，一寸光阴不可轻。教育的最大幸福是站在巨人肩膀上获得成长，是努力靠近光、追随光、成为光、散发光的过程。

小刘老师是新入职的青年教师。在参加了学校举办的职业规划培训会后，他对未来的专业发展有了清晰的规划，其他人还在职业适应期徘徊，他已经为自己描绘了"一三五七"蓝图。一年站住讲台，三年站稳讲台，五年成为校级骨干教师，七年成为市级骨干教师。注重日常教学常规工作的扎实与提升，利用网络资源学习教育教学方面的新思想，向前辈取经和问道，思考教育教学相关问题，在实践中提高研究水平。为了让自己时时坚持、刻刻提升，他给自己制定了打卡任务单，假期也毫不松懈，每日手写一篇详案、每周精做一套高考题、每半月录制一个微课。一个学期下来，小刘老师的课堂洋溢着教育自信。

有规划的人生是蓝图，按照时间节点绘就职业发展的路线图。规划仿佛提高自体境界的一束光，有目标、有行动、有节奏地稳步前进是教育者走向教育家的必由之路。

宵衣旰食，研读根本

付老师善于学习和思考，他捕捉到"三新"带来的变化，尝试研读新课标、接受新理念、迎接新挑战，不断更新迭代自己的教育观、教学观、教师观和学生观。

付老师认真阅读了大量教育文献和论述，并做了历年高考试题分析，在"立德树人一套卷"中感受了教育方针政策和新课标的变化。一路坚持下来，他积极将研究成果融入教学，形成学科学习案；将收获和感悟诉诸笔端，撰写论文和研究课题。他深刻体会到：注重学科基础性，更要因材施教，促进学生个性和潜能的发展，引导学生学会学习。专业发展没有完成时，念念不忘必有回响，未来他还会从骨干教师成长为"大先生"，用专业、精准、个性化的教学成就学生。

"卓尔不群，越而胜己，幸从慧来，福由创生"，教师刻刻不忘提高自体境界，一定能当好学生的"领路人"，在为学为师为人的路上专心躬耕、爱智求是、师生共进。①

三、回归个体反思

《浮士德》有言，"善良的人在追求中纵然迷惘，却终将意识到有一条正途"。个体反思，以自我为对象，向内追问，向上拔节，重视校正对比，直面教育正道，走向人间通途。反思的过程需要静下来、安下心来，从仰望星空到脚踏实地，日省月修，在和谐民主的基调中把学生作为"合伙人"共同建设班集体，在变革育人方式中发挥课上课下的协同效应；每日三省吾身，洞察真谛放下炫技，日积月累中明晰学科本质，追逐新知，跳出舒适激发潜能后走向至真至善。

1. 日省月修，促师生共同成长

向上向善，行而有思

李老师从教以来一直担任尖子班班主任，极度关注学生的学习成绩，对学生各方面都是从"严"要求、从"严"管理。学生表面上恭敬从命，学习成绩很出色，但对她敬而远之，毕业后更是很少联系。甚至一次她生病不能来上班，学生毫不掩饰内心的欢喜。

对此，李老师反思班级管理中的问题：机械教条，简单说教，没有触及学生灵魂；育分不育人，得理不饶人，没有走进学生内心。她开始研读教育学、心理学的相关理论，及时地调整管理和教育方式，投入精力与学生进行情感沟通，组建学生管理评议小组营造民主氛围，抓住一切契机不吝啬表达对学生多方面成长的欣赏。她变了，学生对她也有了理解和尊敬，和谐民主的师生关系也使得班级各方面更加出色。

教育需要及时反思，教师要以人为本，常常思考和对比不同教育观念带来的

---

① 案例提供：长春市实验中学　于明波。

育人成效，真正把学生看成平等的教育主体，以"合伙人"的关系定位来建设班集体。

与生为伴，行而致远

魏老师所教班级学生的英语成绩差距非常大，有几个男同学的分数更是次次"惨不忍睹"。每次在上课提问时，他们往往是憋得脸红脖子粗，甚至引来同学的哄堂大笑。后来魏老师也不再提问他们，这些孩子也失去了学习英语的信心。渐渐地，魏老师感受到班级学习英语的热情在降低，学生也与她越来越疏远。她开始反思自己的教学方式和学科素养的落实方法，借助学生喜欢的网络技术开展"线上"培优补弱。与学生一起约定业余时间，用 App 打卡背单词、录制英文歌曲、表演经典作品片段和分角色配音等。课下的成效也调动了课上的热情，学生在英语学科的快乐学习中不断提高兴致和能力。

教师葆有童真，一定是源于对学生深沉的爱，目中有人，心里有数，与学生联手奔赴成长的同一片"天空"，沐浴阳光同向同行，让学习真正发生，彼此成就成全！①

2. 三省吾身，做日新教学实践

实践历练，反求诸己

李老师很博学，但是备课和课上精力多放在如下种种：徐志摩是一个既有才华又多情的诗人、杜甫是李白的"超级粉丝"、李白是唐朝"剑客排行榜第二名"等。收集和分享"学习周边"成为他最大的爱好，但是语文学科最重要的……却被忽略掉，导致很多学生只能选择"微微一笑，做其他题"，久而久之学生的语文成绩和学习兴趣一落千丈。痛定思痛，李老师找师父谈心，也去听其他教师的课，慢慢领悟了作为"养成系"学科的学习要领。

博学是教师的资本，但不可成为课堂上"炫技"的筹码。教师常常反思自

---

① 案例提供：长春市实验中学 初海丰。

己的行为是否偏离课堂"主旋律"，及时在实践中纠正，用人文积淀、底蕴内涵与学生共鸣，真正培养学生的理解能力和思维品质，在学科素养的提升中塑造内省通达的个体。

探索发现，反躬自省

教育不仅仅是传授知识、提高能力、形成素养，更是引导个体走向至善和完满的过程。綦老师 20 年的职业生涯中上过无数节公开课，是"久经沙场的老将"。

记得一次示范课，规定的内容是苏轼的名篇《赤壁赋》，过往比较稳妥的教学方式都是从情感入手，由"喜—悲—喜"的变化过程阐释苏轼豁达乐观的人生。綦老师认为要有新意，就应该大胆突破"日日新"，苏轼的思想正是他集"儒释道"三家于一体，面对人生苦难的时候才能达观对待，与自己、与他人、与周遭大千世界达成和解。听课当天，教室里的加椅坐满了同行，大家耳目一新，感受"语文之大"，大在透过语言文字看到一个个活生生的大写的人，大在社会存在与思想文化对人的深刻影响。教师常常反思自己"曾经的教学是否有瑕疵""这一次学习比以往有什么突破""主人公的阅历对我们有什么启发"，求新求变中回归学科本质。

作为反思、探索和不断进阶的教师，需要跳出思维定式，审视自己的教育行为，走出认知误区、盲区和舒适区，增强向内反躬和自我超越的能力。①

---

① 案例提供：长春市实验中学 綦娜。

专题五

基于危机应对的处置力

从危机中找到转机，不仅需要教师具备应对危机的胆量和魄力，更需要教师有识别危机的慧眼和处理危机的智慧。只有经过理性思考后选择恰当的方式处理「危机」或「紧急」事件，才有可能将「危机」化为「转机」，而这转化的力量则来自理性生发出的智慧。

所 有的危机都是转机。

——李光耀（新加坡，1923—2015）

在这个瞬息万变的世界中，我们不可避免地会面临各种危机。危机是生活的常态，无论是个人还是组织，危机都是成长和进步的催化剂。它可能来自外部环境的变化，也可能源于内部的矛盾和冲突。

无论是经济危机、自然灾害、疾病还是人际关系问题，每一次危机都是一次挑战和考验。然而，正是这些危机让我们更加成熟和坚强。教师承担着"育人"的职责，处理危机对于教师而言更是意义重大。如何从危机中找到转机？这不仅需要教师具备应对危机的胆量和魄力，更需要教师有识别危机的慧眼和处理危机的智慧。只有经过理性思考后选择恰当的方式处理"危机"或"紧急事件"，才有可能将"危机"化为"转机"，而这转化的力量则来自理性生发出的智慧。面对危机时，及时处置、智慧处置，及时止损，方可化险为夷。

主题 1

"危"与"急"是困境的双生子

"危急"一词最早出自《东周列国志》，其含义是"危险而急迫"。"危"指的是危险、不安全的状态，而"急"则是指紧迫、亟须处理的情况。"危"与"急"是困境的双生子，它们有时单独出现，有时又会一同出现。当我们在面临困境时，无非是遇到了危险、紧急或者危险又急迫的情况，以此带给我们巨大的压力和挑战。在教师的工作当中，面对充满个体差异性的学生群体时，教师所遇到的各种不确定的或危或急的情况更是对教师工作能力的巨大考验。教师在面对层出不穷的问题和挑战时，弄清事发是危是急，抑或是危且急，依据事发的轻重缓急来采取措施进行和预防和解决是十分重要的。

一、心"里"加油站

危机管理的"4R 理论"是由美国危机管理专家、危机管理大师罗伯特·希斯（Robert Heath）在《危机管理》一书中率先提出的，由缩减力（Reduction）、预备力（Readiness）、反应力（Response）、恢复力（Recovery）四个阶段组成。

危机管理的"4R 模型"的第一阶段是缩减力。这个阶段的目标是尽可能减少危机发生的可能性。这涉及对组织内外环境的深入分析，识别可能引发危机的因素，并采取相应的预防措施来降低这些因素引发危机的概率。

第二阶段是预备力。这个阶段关注的是当危机可能发生时，如何提前做好准备。这包括制定应急预案，培训成员应对危机，确保必要的资源和设施随时可用。

第三阶段是反应力。这个阶段主要关注的是在危机发生后，如何迅速、有效地应对。这需要有一个灵活、高效的应急响应机制，能够迅速地调动所有可用的资源来应对危机。

第四阶段是恢复力。这个阶段的目标是在危机得到控制后，尽快恢复正常运营。这需要有一个详细的恢复计划，包括重建受损的设施、恢复成员的信心，以及总结经验教训，防止类似的危机再次发生。

罗伯特·希斯认为，有效的危机管理就是要积极计划和充分准备，即要按照"4R模型"开展危机管理工作。他认为，一个组织的生存能力从根本上依赖于该组织的管理者和组织成员应对危机的能力。

教师作为班级的管理者，面对工作中随时可能出现的各种危机，应该基于危机管理理论的"4R模型"，提前做好观测和预防，面对突发危机时及时采取有效措施应对危急情况。这需要教师具备敏锐的观察力、快速的反应能力、强大的心理承受能力、果断的决策能力、良好的组织协调能力和人际交往能力。

二、界说"危"与"急"

让我们从概念、性质、影响、压力、处置方式等五个方面尝试进行"危"与"急"的解说。

1. 概念

"危"，源自小篆。字形上面是人，中间是山崖，下面腿骨节形，表示人在高处而畏惧，故有"在高而惧也"的解释。它的词义主要有：不安全、损害、高的、陡的等含义，如危险、危殆、危言耸听等。

"急"，通常用来描述某种迫切或紧急的状态。例如，临床急危重症是指病情在多因素作用下发展到了危险严重阶段的综合表现，其特点为迅如闪电，突然发生，变化迅速，瞬间病情即告危急。

2. 性质

"危"指的是一种潜在的威胁或危险，可能导致不良后果或损失。它通常是由某种不确定性风险或挑战引起的。"急"指的是一种紧迫的情况，需要立即采取行动来解决。它通常是由于某种突发的事件、紧急情况或危机引起的。

3. 影响

"危"的影响指危情可能对个人、组织或社会产生严重的影响，包括财务损失、健康问题、声誉损害等。它可能导致人们感到焦虑、恐惧或不安。"急"的影响指急情，通常需要迅速行动，以减少损失或避免进一步的问题。它可能导致人们感到紧张、压力大或焦虑。

4. 压力

"危"所带来的压力指面对危险时，人们可能面临巨大的压力和挑战。他们需要冷静思考、做出决策，并采取适当的行动来应对危险。"急"所带来的压力指在紧急情况下，人们可能需要迅速做出决策和采取行动，以解决眼前的问题。他们需要保持冷静、集中注意力，并迅速行动。

5. 处置方式

在"危"的情境下，可以采取评估风险和潜在后果、制订应急计划、寻求专业帮助、与他人合作、保持冷静和理性思考。应对"急"的情境时，可以采取快速评估情况、确定优先事项、采取行动解决问题、与他人合作、保持冷静和专注。

总之，"危"与"急"是两种不同的情境与形势，有时截然不同，有时又融为一体。

三、微言小故事

居安思危防"危""急"

比尔·盖茨有一句名言："微软离破产永远只有 18 个月。"企业要避免"温水煮蛙"现象，首先要求其最高管理层具备危机意识，企业才不致在战略上迷失方向，在不经意之间滑入危机的泥潭之中。

值得重视的是，危机管理并不仅仅是针对企业最高管理层或某些职能部门，如安全部门、公关部门的事情，而应成为每个职能部门和每个员工共同面临的课题。在最高管理层具备危机意识的基础上，企业要善于将这种危机意识向所有的员工普及，每位员工都要具备居安思危的思想，提高员工对危机发生的警惕性，使危机管理能够落实到每位员工的实际行动中，做到防微杜渐、临危不乱。只有具备"危机意识"，在应对危急事件时才可以做到沉着冷静、不乱阵脚。

居安思危，提前行动，能够避免不良事件的发生，让事情有条不紊，逐渐达到成功。

面对危机积极应对

盖茨的微软公司曾面临反垄断诉讼的经历。当时，美国政府指控微软公司利用其在操作系统市场上的垄断地位，将 IE 浏览器与 Windows 操作系统捆绑销售，违反了反垄断法。这个危机对微软公司的声誉和业务造成了很大的影响。然而，盖茨采取了一系列积极的措施来应对这个危机。他亲自出面，向媒体和公众解释微软公司的立场和做法，并承诺将尊重用户的自由选择权。同时，他也与政府进行了积极的谈判，寻求解决方案。最终，经过数年的诉讼和谈判，微软公司与政府达成了一项和解协议，避免了被拆分的命运。这个危机也促使微软公司更加注重用户的权益和自由选择权，推动了公司的健康发展。

这个故事告诉我们，危机并不可怕，只要采取正确的应对措施，就能够化险为夷。

事发紧急积极响应

2010 年 8 月 7 日 22 时许，甘南藏族自治州舟曲县突发强降雨，县城北面的罗家峪、三眼峪泥石流下泄，由北向南冲向县城，造成沿河房屋被冲毁。泥石流阻断白龙江、形成堰塞湖，对民众的生命财产安全造成巨大影响，政府及民间组织积极响应，经过数日紧张的抢险救援工作，舟曲堰塞湖堰塞体已消除，溃坝险情也已消除。针对舟曲灾区未来可能发生的强降雨有再次引发滑坡、泥石流灾害的风险，当地政府已制定应对预案。1991 年，舟曲设立了"长江上游滑坡泥石流预警系统舟曲二级站"，并建立县、乡、村三级群测群防网络，至今累计成功预报滑坡 7 处，最近一次预报是 2008 年 6 月 8 日。汶川地震后成功预报舟曲县硬山滑坡灾害，未造成人员伤亡。

紧急事件具有突发性的特点，稍有耽搁事件的危害性就会增大，因此在权衡之后需要重点优先处理。[①]

主题 2

处置得力可化危为机

《庄子·则阳》曰："安危相易，祸福相生，缓急相摩，聚散以成。"意为平安与危难相互倚伏、转换，祸患与幸福彼此依存、转化。处置得力可化危为机，实现危机与安稳的转化、祸患与幸福的转化。身处困境时，要用辩证的思维来看待，并积极把握其中的机遇和挑战。家喻户晓的"田忌赛马"就是一个典型的化危为机的故事，田忌利用智慧和谋略巧妙布局，将劣势化为优势，实现了局势的逆转。同样，由于危急事件具有突发性、情绪性和破坏性等特点，若处理不当，可能产生不良的后果。因此，处理突发事件被看作教师工作的一门艺术。

一、心"里"加油站

心理韧性理论是由美国心理学家塞利格曼首次提出的。心理韧性是指个体在面对压力和挫折时，能够保持积极心态，迅速恢复和调整自己的心态，从而更好地应对困难和挑战。

一是意志力。心理韧性理论认为，意志力是一个人保持坚韧不拔的关键因素。意志力可以帮助人们克服困难和挑战，保持积极的心态和行动。

二是自我效能感。自我效能感是一个人保持心理韧性的重要因素。自我效能感可以帮助人们相信自己能够克服困难和挑战，从而保持积极的心态和行动。

三是情绪调节能力。情绪调节能力是一个人保持心理韧性的重要因素。情绪

---

① 案例提供：长春师范大学 马慧芸。

调节能力可以帮助人们在面对挫折和困难时，保持冷静和理智，从而更好地应对挑战。

四是社会支持。社会支持是一个人保持心理韧性的重要因素。社会支持可以帮助人们在面对挫折和困难时，得到他人的支持和鼓励，从而更好地应对挑战。

五是成长心态。成长心态是一个人保持心理韧性的重要因素。成长心态可以帮助人们在面对挫折和困难时，从中吸取经验和教训，不断成长和进步。

教师在工作中可以积极运用心理韧性理论，采取合适的措施化危为机，不断提高教师的工作能力。

二、不靠胆量靠智慧

理性的化危为机，这个过程本身就是智慧的体现。所以，关键时刻的决断，除了要有果断的勇气和胆量，更需要的是我们基于理论引导的智慧。

教师在工作中不可避免地会遇到各种突发"危机"，在应对危机时，作为教师，不仅可以通过教育和培养学生的心理韧性，帮助他们在面对挫折和困难时能够保持积极的心态和坚韧不拔的品质；而且可以培养自身的心理韧性，面对教育工作中的挑战和压力。事发危急时不可避免地会让人感到措手不及，但智慧的生发往往离不开理性的加持。教师在面对危机时除了要冷静应对，更要积极动用智慧，用理性去化解危机。另外，教师在面对自身无法处理的危机时，也可积极寻求外部的帮助，家、校、社合力突破困境。

总之，教师处理危机需要智慧而非仅仅依靠胆量。只有通过不断提高自身素质、善于倾听和理解、注重团队合作以及保持冷静理智等方式，才能更好地化解危机，维护班级的稳定和谐。

三、微言小故事

以智取胜化危机

宋代五大名窑（汝窑、官窑、哥窑、钧窑、定窑）是备受世人传颂称赞的，而人们却不知道，"哥窑"的成名却是一场化解危机的智慧对决。说到"哥窑"

就不得不提到"弟窑"，因两个窑口分别由两兄弟负责而得名。

哥哥烧窑兢兢业业、一丝不苟，弟弟烧窑就爱投机取巧。后来哥窑又被皇室选为御窑，产品价钱高、销量大，弟弟的产品只能在民间销售，收入不尽如人意，因此弟弟对此心怀不满，便想加害哥哥。弟弟趁哥哥外出时，将哥哥正在烧的窑门打开了，冷空气进入窑内，由于胎和釉冷缩的速度和系数不一样，瓷器上产生了很多裂纹。正常来讲，瓷窑烧到 1400 摄氏度以后需要停火，等冷却到常温以后才能打开窑门。可是，弟弟嫉贤妒能，妄图加害哥哥，所以提前将窑门打开了。

哥哥回来一看十分震惊，御窑如果误期有杀头之罪，但是时间已经不够重新烧制了，在经过一番冷静思考之后，哥哥认为或许事情还有转机，于是哥哥大着胆子把带裂纹的产品送到京城，直陈这样的作品烧制的时机和过程，万万没有想到皇帝和大臣们都赞不绝口，这批作品反而受到皇上的嘉奖。于是，带着冰裂纹的瓷器，就因为其奇特的裂纹而更显别致，"哥窑"也因此闯出了一片自己的天地。

在面对危机时，哥哥保持冷静，没有被危机吓退，积极寻求解决的办法，最终将一场危机成功化解，并转化成了一场成名的"机遇"，这种化危为机的智慧也是值得我们学习的。

巧将危机化转机

南宋绍兴十年，杭州城内最繁华的街区发生了火灾，火势迅猛蔓延，数以万计的商铺、房屋于火海中顷刻间化为黑土残砖。一位裴姓富商的几间当铺和珠宝店都在这个街区。火势越来越猛，眼看他大半生的心血都将毁于一旦，但他却并没有命伙计和仆人冲进火海抢救财产，而是不慌不忙地安排他们迅速撤离，一副若无其事的神态令众人大惑不解。随后，他不动声色地马上组织所有人员沿长江两岸平价采购大量木材、毛竹、砖瓦、石灰等建筑材料。当这些材料都采集完成，像小山一样存放好后，他又归于沉寂，整天品茶饮酒，逍遥自在，好像失火的事压根就和他没半点关系。

大火足足烧了数十日才被扑灭，曾经车水马龙天堂般的杭州，如今大半个城已变成一片狼藉。几天后朝廷颁旨：要重建杭州城，凡生产和销售建筑用材者一律免税。于是杭州城内顿时大兴土木，建筑用材供不应求，价格直线飙升。裴老板趁机抛售自己所有的建材存货，获利极丰厚，数额远大于被火焚毁的财产。裴老板不让员工涉险抢救资产，并依靠自身经验对市场进行洞察，团结员工的力量悄悄备下木材，最终成功化解了一场危机。

这虽然是一个古人的特例，但其中蕴含的化危为机的智慧却是亘古不变的。

沉着冷静对危机

故事的主角是美国前总统亚伯拉罕·林肯。在美国内战期间，林肯总统面临着巨大的压力。他的军队在战场上遭遇了连续的失败，国家的经济也陷入了困境。然而，林肯并没有因此而慌乱，他始终保持冷静，用智慧和勇气化解了危机。

首先，林肯决定改变自己的军事策略。他任命了一位名叫尤利西斯·辛普森·格兰特的将军作为新的总指挥。格兰特将军是一位经验丰富的将领，他的战术与之前的将领截然不同。在格兰特的指挥下，北方军队开始取得了一系列的胜利。其次，林肯还采取了一系列的政治手段来稳定国家。他签署了《解放奴隶宣言》，宣布所有叛乱州的奴隶都自由了。这一举措不仅赢得了广大黑人的支持，也使得南方的一些奴隶主开始对战争产生了怀疑。最后，林肯还积极寻求国际援助。他向英国和法国发出了求援信，希望他们能够支持北方的战争。最终，这两个国家都给予了美国大量的援助。

通过这些措施，林肯成功地化解了危机，带领美国走出了内战的阴影。他的故事告诉我们，面对危机，我们要保持冷静，用智慧和勇气去应对。只有这样，我们才能成功地化解危机，走向成功。[①]

---

① 案例提供：长春师范大学 马慧芸。

主题 3

如何历练基于危机应对的处置力

我们身处的世界每天都会发生各种各样的"危机"，它们来自外界复杂的环境变化、不经意间的行为活动和彼此交错的人际关系等。每一个细小的"隐患"都可能在之后的某一刻爆发出"大麻烦"，从而给我们增添很多困难和阻碍。发生"危机"并不可怕，只要我们妥善处置、合理安排，总能做到"转危为安"。教师对于危机的处置力是其工作力提升的重要体现，它总能在关键时刻"大显身手"，从而"化险为夷"。这要求教师不仅要有正视"危机"的自觉、找准"危机"的慧眼和应对"危机"的实招，更要做到在"危机"发生前做好前置经验和预案、发生时反应机敏做出决断、发生后做好事后弥合并多次复盘总结经验。

一、前置经验加预案

《礼记·中庸》中有句古训："凡事预则立，不预则废。"这句话的意思是，人面对任何事提前做好准备总是容易获得成功，反之就会出现问题。综观我们所听闻的各种"转危为安"的案例总能在其中发现"预先准备"的作用，它在很大程度上能够规避、削弱"危机"带给我们的负面作用。教师在面对纷繁复杂的各种工作时难免会陷入"危机四伏"的境地，这不仅需要教师通过大量的"前置经验"做出充足准备，还需要设立各种应对"危机"的预案以帮助教师快速应对"转危为安"。

1. 居安常思危：前路万难必应避"险"而行

以"武"会友的"危机"

王老师十分注重安全教育，所以他的班级很少出现"意外事故"。一次偶然的机会，他惊讶地发现班级出现了玩塑料"兵器"的苗头。这引起了王老师的高度重视，这些玩具制作得十分逼真且尖锐，存在重大安全隐患。

在深入调查后，王老师竟发现全班约有一半男生都有这样的玩具，不仅如此，课下还常用自己的"兵器"以"武"会友。这让王老师意识到了事情的严重性，这种危险的玩具稍不注意就会酿成大祸。王老师第一时间将发现报告学校，学校领导高度重视，在校内进行了排查和宣讲，随后也将问题申报了上级领导部门，采取部门联动的方式加强对学校附近商店各种塑料"兵器"的出售管控。紧接着，他召开了一次主题为"危险的玩具"的班会。会上，王老师模拟了塑料"兵器"极易造成的几种危险，同时向学生展示"危险"玩具的案例和视频并详细讲解了其中的"潜在危机"。学生受益匪浅，以"武"会友的危机在潜移默化中悄然化解了。

教师的工作不会一直风平浪静，而是与各种"暗潮涌动"的危机交织，这种危机会随时间推进而不断激增，这就要求教师要有一双及时发现"危机"的慧眼，及时预防，止于"未然"。[1]

赵老师的"危机"预案

隔壁班级有个学生因为在楼梯中打闹不小心受了伤，班主任为了预防再次发生危险，在班级开展了"文明出入，你我共行"主题活动，并设置了学生之间的监督职能，效果斐然，班级里学生的文明出入行为等明显多了。

这让"初来乍到"的赵老师心里暗自点赞，随即着手设置班里的"预案"。从流程的设置，到围绕安全主题的系列"情景剧"排演，各种学生讨论的相关规范与规则制定；包括班级设置的"急救箱"，里面储备的各种意外受伤的医疗药品，还有学生和家长联系方式的健全、更新；多次进行安全问题的演练，不仅使得学生的生命安全得到有效的保障，而且学生的行为习惯得到了较好的培育，还组织学生成立了班级的"危机"预防小组，及时汇报班级的"意外情况"并协助教师预防，学生的安全得到了有效保障。

---

[1] 案例提供：长春市第十七中学 白婵娟。

"防患起于未然""居安在于思危",解决"危机"最好的方式并不是完美地处理,而是做好"潜在危机"的预案,从而从根本上杜绝"危机"的发生。[1]

2. 未雨总绸缪:行囊整备更显远行之能

从作业"难"到"分层"作业的实践

最近经常出现家长在"12345 市长热线"对教师的投诉。最让教师头疼的是家长们的诉求"良莠不齐",有的觉得作业布置得太多导致学生压力过大,而有的却嫌弃作业太少了孩子回到家就"放羊"。"两难"的境地让教师十分压抑,有着十多年教学经验的李老师认为这个现象很正常,缘于社会进步和人们对教育的多样化需求增加。

为了预防这种情况出现,李老师在班级里搞起了富有创造性的"分层作业"实践,根据学生对知识的掌握程度和家长的各式诉求设置了不同的"作业套餐",同时设置"阶段小测验"识别学生知识掌握水平,家长可以在教师的协助下选择最适合孩子的作业内容,李老师则会定期将优秀作业贴在班级里进行展览。这样的作业形式满足了多样化需求,作业难度也更适合学生现有水平,学生成绩普遍得到了提高,"分层作业"得到了家长的一致好评。

在危机不断接近的时候只有保持冷静和镇定、进行缜密思考并做好充足的准备和预案,才能真正做到"有备而无患"。[2]

二、战时机敏加决断

"危机"两个字,一面意味着危险,另一面意味着机会,我们不要畏惧任何一次困难,也不要放弃任何一次努力。当危机发生的时候,我们不应陷入紧张和慌忙交织的旋涡中。手足无措和坐以待毙解决不了任何问题,只会让事件变得更糟。我们需要做的是充分调动一切积极因素在危急时刻来临时迅速做出决断。教师对危机发生的处置方法是其工作智慧的集中体现,这就要求教师应该保持机敏

---

① 案例提供:长春市天津路小学 于茜。
② 案例提供:长春师范大学 孙天鹏。

与冷静的处置态度，抓住一切机会将危机化为转机。

1."危机"之时方显本色

学生家长的"登门问罪"

一天早上，赵老师竟然看见班里出现了一个怒目而视的中年男人，他面前的小亮被吓哭了。赵老师快速冲过去，一边将学生掩在自己身后，一边掏出手机准备随时拨打保卫室电话："我是这个班的老师，有任何事请跟我说！"男人十分气愤地说道："欺负我们家孩子，没门！"原来男人是小美的家长，小美和小亮是同桌，因为一点摩擦小美的额角挂了彩，所以家长来"登门问罪"了。

赵老师意识到了事情的严重性，在安抚小亮的情绪后将两人座位分开。随即把家长带到了接待室，一方面许诺会妥善处理孩子的事，另一方面与两个学生的家长约在明天见面。第二天两个家长刚会面就"火药味"极浓，好在赵老师提前安排了几位教师和保卫室人员一起协调，在大家的安抚下冷静了下来，赵老师首先当面处理了同桌间的小摩擦，并表示以后会更加关注学生；同时向小美父亲讲明道理，"孩子在学校的事应该在老师的协调下解决，家长不应该私自找到学生"，郑重声明了学校禁止校外人士随意出入，如有下次将第一时间通知公安机关。随后赵老师向小亮的家长致歉并保证会杜绝这种事，并告诫双方家长不要影响了孩子间的友谊和童真。在调解下，小美父亲认识到了自己的错误，真挚地向小亮家长道了歉。事后，赵老师将完整经过汇报给了学校，相关领导加强了对校外人员出入的严格管理。

面对家长，教师处理任何事都要"晓之以理"地解决，激化冲突只会让"危机"恶化，所以最好方式就是让矛盾的双方在教师的调解下和平解决。①

重组家庭下的"危机"

"老师，我看到小梅用钢笔划自己的手臂！"听到学生的汇报，周老师震惊

---

① 案例提供：长春市天津路小学 于茜。

且心疼，在深入了解后才知道小梅家是重组家庭，母亲带着小梅改嫁，后来小梅有了妹妹，就觉得母亲"不爱"自己了。长期的压抑致使孩子心理出现偏差，便出现了极端的行为。

小梅的母亲在电话里边哭泣边颤抖，她没想到自己的孩子会选择伤害自己并恳求周老师"救救"小梅。周老师一边用心理学的专业知识回应家长的困惑，一边嘱咐小梅母亲一定要多关心孩子。同时，周老师劝诫小梅"伤害自己是最愚蠢的行为，只会让爱你的人伤心"，随后让同桌帮忙监督，不让小梅做傻事。

第二天，周老师特意抽出一节课的时间，为学生召开了"母亲为了我们遭受的痛苦和付出"主题班会，并在课下找到小梅："你的母亲很爱你，只是照顾新生儿很辛苦，所以你要帮助母亲，因为姐姐同样有照顾妹妹的职责。"从那天起，善良的小梅开始帮助母亲一同照顾妹妹，而她的母亲也更加关心小梅。不久后，在温馨的氛围下，小梅又一次体会到了家的温暖，再也没有了之前愚蠢的行为。

重组家庭的孩子考虑问题容易偏激，教师只有及时给予正确的指引和疏导才能帮助孩子走向"光明"，阻止"危机"的蔓延。[1]

2."决断"之际更显沉着

刘老师的"急救指南"

刘老师正在上课，小兰突然面露痛苦，一下子失去意识昏倒在了地上，学生都被吓得手足无措了。刘老师尝试唤醒却没有反应，她没有丝毫犹豫，立即拨打了120急救电话，而后十分镇定地开展了救援。刘老师平时自学过自救知识，她知道心脏休克的抢救最佳时间是4分钟，超过这个时间就会非常危险，于是她当机立断组织急救争取时间。

她一边让班长稳定班级秩序，一边让同学开窗通风并通知相关领导。随后指挥学生将衣物垫在了小兰身下，摆正了她的身体，半伏着跪在了她身旁仔细确认着小兰的心跳情况。于是刘老师一边用双手按压小兰的胸部，一边交替着进行人

---

[1]　案例提供：长春市天津路小学　黄晓琳。

工呼吸不敢有一丝松懈。大概过了2分钟，小兰的面色开始有了红润，刘老师仿佛看见了一线希望，一直按压坚持到120急救车赶到。在路上，刘老师第一时间通知了学生家长。

经过长时间的抢救，小兰终于醒了过来。接诊的医生说，休克最重要的就是抢救时间，如果没有刘老师及时组织的急救措施后果将不堪设想。

"危机"来临之际更考验人在应对时的沉着和冷静，教师要调动一切积极因素迅速做出正确决断从而"化危为机"。①

敏锐觉察，当机立断

一天早上，李老师像往常一样来到班级清点人数，却发现小明的座位是空的。李老师立即给小明的家长打去了电话，惊讶地发现他父母的电话都打不通。这让工作多年的李老师觉察到了不对劲儿，在向学校报备后当机立断第一时间赶去学生家中。

到达后却发现怎么敲门都无人回应且门口飘散着淡淡的异味，李老师没有犹豫，第一时间拨打了消防急救电话。10分钟左右消防人员破开了门，一股刺鼻的味道涌出，急救人员第一时间将昏迷的小明和家人送往了医院。原来小明父亲在准备早餐时在沙发上休息却不小心睡着了，锅中的食物被烧焦，室内产生了一氧化碳导致中毒。幸运的是发现及时，在医生的抢救下脱离了危险。李老师以他的敏锐和果断挽救了一家三口的生命。

面对"危机"的每一个决定都是至关重要的，只有时刻保持敏锐观察并迅速做出正确"决断"，才能化险为夷、转危为安。②

三、事后弥合加复盘

"危机"发生并不可怕，可怕的是重复发生的时候我们依旧手足无措。古人讲"吃一堑，长一智"，度过"危机"只是一个开始，只有真正从中吸取到了宝

---

① 案例提供：长春市天津路小学 黄晓琳。
② 案例提供：长春师范大学 孙天鹏。

贵的经验，才能在面对新的"危机"的时候做到临危不惧、无往不利。教师在历经"危机"过后的弥合和复盘就如同对当时决策的审视和反思，一方面教师应该在"转危为安"后对其中的优劣审慎分析，充分吸取经验教训；另一方面回顾我们应对"危机"的决策并重新复盘，以此剖析出解决问题的"最优方案"。

1．"历经危难"是最好的"教科书"

地理教师的"震后生涯"

周老师是一位地理教师，一天他在批改作业，突然屋子里发生了猛烈的震动，周老师第一时间意识到发生了地震，随之迅速组织学生撤离。在周老师有序的安排下，学生很快完成了紧急避险，所幸学校并没有师生受伤。

周老师知道事故后的反思更为重要。他根据学校成功避险的经过进行了一次深入总结与思考，提出应该加强学生自我撤离能力和提高整体避险效率等，并根据多年以来对地震灾害的研究为学校的防控措施提出了许多建设性的意见。为了将这份宝贵的经验传递下去，他特意开展了有关地震防控的讲座，希望通过自己的亲身经历让更多人在地震发生时能够转危为安。

十年后，周老师的一位学生也做了教师，他时常提起周老师的事迹，同时分享起他当时教给自己的自救措施。一次在与周老师的师生聚会上，他深情地说："老师您当年教授我们防震知识，如今您的教诲依然在传递，比起当年的我们，这群孩子镇定多了。"

历经危机后的弥合和内省是为了更从容地应对下次"危机"，面对转危为安，我们不应该沉浸在幸运中而自得自满，而是需要保持更为审慎的态度负重前行。①

依水而"巡"的教师

郑老师的家坐落在一条蜿蜒的河水岸边，他看着这条大河的眼神总透着忧心

① 案例提供：长春市天津路小学 薛胜男。

忡忡。原来他曾有个学生经常喜欢到那条河里抓鱼、玩水，一次暴雨后水位突然上涨，竟被河水吞没……这件事在郑老师心里始终挥之不去，他不愿再让悲剧重演，随之在全校甚至全镇宣传儿童防溺水的各种常识，包括险境的甄别、自救和救人等等。

就算如此，每年夏天他依旧能看见自己学校的学生在河里嬉戏，这让郑老师十分痛心。于是他做出了个惊人的决定——骑着自行车去河边巡河，看见有学生在河里玩他就第一时间上去劝阻，风雨不误。夏天最热的时候将近40摄氏度，郑老师孤单巡河的身影让人心疼，可一转眼他竟坚持了5年。

因为郑老师的努力，他的家乡再也没有发生过学生溺水的事故。他所在的学校积极地宣传着他的事迹，越来越多的人加入关注学生溺水防控的行列。

依水而"巡"是郑老师对那段"危难"的"弥合"，愈合伤痛最好的方式就是防微杜渐，从而不再让悲剧重演。[①]

2. 诚以待人是心灵的"滋养剂"

抑郁女孩的心灵日记

刘老师班级里有一个患上抑郁症的女孩，但随着刘老师对她的耐心沟通和无微不至的关爱，她逐渐好转了，还交了很多朋友。毕业那天女孩将自己的日记送给了刘老师当作礼物，这是她第一次以第一人称的身份深入抑郁症学生的心境。

原来，女孩不是不爱说话，相反十分渴望与人交往，但常常因为得不到他人的关注和回应令她越发没有自信，所以逐渐患上了疾病，但刘老师经常给予她关切与鼓励，在课下的时候还经常主动找女孩聊天，甚至时常送她糖果和贴纸作为小礼物，让女孩深刻体会到了陪伴和温暖。她在日记的最后一页写着："谢谢您刘老师，能遇见您，是我三年来最幸福的事。"刘老师十分感动也深受启发，她反思自己只是出于对学生的关切，而没有真正从抑郁症患者的角度关注学生，这是她的遗憾。

---

① 案例提供：长春市天津路小学 薛胜男。

从那以后，刘老师大量阅读学生心理调节的书籍，同时学习各种心理疾病的疗愈方式。最后，她将自己的故事改编成了一本关于预防青少年抑郁的书，她希望能让更多的学生远离困境，走向光明。

当学生走出困境时，回过头复盘那些过往你就会发现，如果多些温暖的关切和耐心，"危机"就会消散在萌芽里。①

发现恋爱，正视恋爱

赵老师的班里有了"早恋"的现象，幸好发现及时。在她的细心教导和交谈后两个学生终于收起了自己的"小心思"，同时也把精力重新投入学习中。

针对此事，赵老师觉得孩子大了，开始对恋爱有所向往是一件好事，这正是其人格不断健全的一个过程，但学生的主要任务是学习，更何况他们还是即将参加高考的孩子。为了让学生的"小心思"有所节制，赵老师趁着晚自习的时间讲了一节关于"爱"的课。她提到"爱"是人类最美好的情感，但要树立正确的恋爱观，两个人在一起是为了共同进步，人在奋斗的年纪选择了玩乐，最终也会被这个社会所淘汰。最后她说："喜欢是放肆，而爱是克制。相信大家在足够优秀的时候，也会遇到那个同样优秀的人！"班级响起了热烈的掌声，真诚对待学生情感和问题的教师一定会被学生尊重。

一味地阻止和管制解决不了问题，复盘是为了让教师更好地把握学生的情感。我们要做的是让学生能够正视"早恋"，同时传递给学生正确的恋爱价值观，让"危机"焕发"生机"。②

---

① 案例提供：长春市解放大路学校 刘爽、马来。
② 案例提供：长春师范大学 孙天鹏。

专题六

基于同频共振的学习力

学习力特指教师在学习和职业生涯中所展现的学习能力，是一种将知识资源转化为知识资本的能力。教师学习力是教师与学生、教学产生进一步有效关联的重要驱动力，是激活教育生命的原动力，表征着教师学习应与时代息息相关、与发展密切相连、与学生及家长的诉求始终呼应……

学习是一个人真正的看家本领，是人的第一特点、第一长处、第一智慧、第一本源。其他一切都是学习的结果、学习的恩泽。

——王蒙

　　学习力，对于个人、企业或组织而言是学习动力、毅力和能力的综合体现。它是一种将知识资源转化为知识资本的能力。在教师语境下，学习力特指教师在学习和职业生涯中所展现的学习能力。学习力是一种综合力量，包括情感、认知、意愿、行动、品性、价值观和态度等维度。教师学习力是教师与学生、教学产生进一步有效关联的重要驱动力，是激活教育生命的原动力。[①] 同频共振的学习力，表征着教师学习应与时代息息相关、与发展密切相连、与学生及家长的诉求始终呼应……这种与时俱进的学习力，赋能教师与外部世界持续相连，鼓励教师不断探索、尝试和反思，进而以更加崭新的姿态和面貌助力教育之舟乘风远航。

---

　　① 毛菊. 教师学习力：核心要义、受限表征及培育路径 ［J］. 课程·教材·教法, 2018, 38（7）：106-111.

主题 1

与谁同频

优秀的教师在教育的乐堂中操琴谱曲，其心灵流淌的音符，总在期待能奏响和谐共鸣的乐章。这种共鸣，是对话、是点燃，更是对未来的无限向往的同频呼应。教师的学习通过这样的共鸣，实现了生命与生命的交响，达成心灵与心灵的交融。与学生同频是对学情的真实靠近与感知；与文件同频是对教育方向的体悟与把握；与时代同频是对时代精神的触摸与回应。不能有效地同步同频即意味着断裂、脱节，无法形成和谐的交响，无法达成对学生发展的导向与支撑。教师持续不断地自我提升和学习，与各方保持同频，才能始终站在适切的坐标点上为学生提供更优质的教育服务。

一、与学生同频——师生的共进与相长

作为被教育对象的学生，其身处的位置是教师思想和心灵需抵达的地方。与学生在知识、情感等方面实现双向互动与交流，是提高教育针对性和有效性的必要手段。从走近学生到走"进"学生，不仅是教师教育的智慧与气度，更是与时俱进持续成长的必然选择。

1. 心"里"加油站

子曰："后生可畏，焉知来者之不如今也？"（《论语·子罕》）孔子以开放的心态对待后辈（学生），秉持着对年轻人的敬畏之心。孔子也提倡弟子应该"当仁不让于师"（《论语·卫灵公》）。这些思想后经《礼记》的《学记》篇用"教学相长"一词加以概括，强调了教与学之间相互依存、相互作用的辩证关系。韩愈进一步发展了"教学相长"的思想，提出了"相互为师"的观点。他

认为："师者，所以传道受业解惑也。人非生而知之者，孰能无惑？惑而不从师，其为惑也，终不解矣。"（《师说》）。

这些先师的理念与现代教育的观念相结合，意味着在教学过程中，教师和学生应该共同参与、相互交流、相互学习。当教师和学生处于同一频率，才能在互动中实现互学互促。

教师应视孔子如一面镜子，保持谦逊和开放的态度，尊重学生的观点和见解，积极倾听学生的反馈和建议。从学生的问题中得到启示，发现自己的不足，从而不断完善自己的知识和技能。当教师具备了这样的学习力和同频意识时，才能够真正成为学生的良师益友，共同探索和学习新的知识和技能，实现教学相长的目标。

2. 微言小故事

以琴为媒

新转来的明明在原来的学校被称为"吉他王子"，然而陌生的环境让他失去了原本的光环，本就内向的他由于叠加的不适应逐渐变得沉闷，成绩也跟着直线下降。

王老师得知明明的优势便以此为契机，先通过在网络上学习吉他的相关术语，与明明唠家常，建立关系；再通过向音乐教师请教，借来吉他进行简单的上手练习，进而创造和明明深入请教的契机。在一次班会上，王老师特意搭建平台，给了明明展示才华的机会，并且用自己有限的"功力"以蹩脚的展示，自曝家丑、娱乐"大众"，进而得以拜明明为师。慢慢地，师生间以吉他为媒，开始了更多深入的交流，明明也逐渐敞开心扉，通过师生教学相长，不仅建立了深厚的情谊，也使明明的转学阴霾一扫而光。①

二、与文件同频——文件的解读与对标

教师深入把握教育文件精神、对标文件导向、运用文件政策，有助于深入理

---

① 案例提供：长春师范大学 董帅。

解教育政策和指导思想，指引教育教学实践的方向；有助于促进教师根据文件精神调整教学方法和策略，提高教学质量；有助于通过对文件政策的把握，促进教师专业发展和职业素养提升。

1. 心"里"加油站

马克思的社会发展理论认为，社会发展是在人的参与和能动性发挥的前提下进行的。在此过程中，人的社会活动和交互作用构成了社会生活各领域间的联系和统一。① 教育作为社会进步的产物和推动社会发展的动力，应对标社会发展方向和目标。在注重人的参与和能动性发挥的前提下，深入理解和把握文件的精神实质和具体要求，并在实际工作中加以贯彻落实。在文件解读与对标过程中，应站在全局的高度，全面、系统地理解和把握文件的核心思想与要求，充分发挥人的主观能动性，深入挖掘其内在的思想、精神和具体要求。

各层级文件与指导意见的基本思想为教育发展提供了指引与方向。为培养出更多具备良好素质的人才，推动社会的进步与发展，教师要积极关注各层级文件精神，包括各层级的教育政策、各级各类行政指导意见，乃至课程标准及其具体实施方案等。教师需解读文件背后的社会期望和目标，并在此基础上对标文件精神，结合工作实际调整自己的工作方向及思路。这种同频意味着教师要顺应政策方向、贴合政策要求，确保教育的前瞻性和适切性，以确保教师教育教学朝向正确的方向发展，避免偏离预设的轨道。

2. 微言小故事

"减负"，才能前行

《中小学生减负措施》明确指出，"小学一、二年级不布置书面家庭作业"，而刚上岗的王老师唯恐自己资历尚浅，希望通过反复的巩固实现学生学习成效的达成。后来，在学校三令五申下，王老师带着情绪极其不情愿地接受了这样的规约。

---

① 方世南. 马克思社会发展理论的深刻意蕴与当代价值——试论全面、协调、可持续的发展观 [J]. 马克思主义研究，2004（3）：9-10.

假期时，学校请来的专家讲座让王老师茅塞顿开，她反思后不断研读并理解文件的精髓，尝试增加实践性和创新性的学习活动来替代纸笔检验。她发现，文件的规约不仅仅是对学生作业数量的限制，更是对教育质量的追求和保障，也是对教师效能的追问和检验。同时，王老师还研读了《全面加强和改进新时代学生心理健康工作专项行动计划（2023—2025年）》，借助心理手段疏导学生的各种压力。此后，学生的学习兴趣和动力明显增强，学校还为她的班级授予了"先锋班"的荣誉称号，这一荣誉不仅是对王老师个人的肯定，更是对全校落实文件精神、关注学生心理健康工作的鼓励和推动。[①]

三、与时代同频——信息的挖掘与驾驭

苏轼有言："盖将自其变者而观之，则天地曾不能以一瞬。"瞬息万变中蕴含着无尽风险与机遇，唯有与时俱进，挖掘资源紧握信息之舟，才能稳控、驾驭，乘风破浪而行。

1. 心"里"加油站

德国社会学家和政治学家哈特穆特·罗萨提出的共鸣理论十分强调主体与世界的多元化互动，包括人与人之间的心灵交流、人与物质的相互影响、人与自然的和谐共处。在信息时代，这种多元化互动表现为信息传播的多渠道、多角度和多层次。与时代同频就需要关注各种社会现象和热点话题，从政治、文化等多个方面进行信息的挖掘。利用多种媒介和平台，以不同的方式传递信息。同时，更加需要不断更新自己的观念和知识储备；灵活运用各种传播手段和媒介，以符合时代特点的方式呈现信息；具备跨领域整合的能力，挖掘出具有跨领域价值的信息，以创造出更加丰富和多样的内容。

对教师来说，信息的深度挖掘与灵活驾驭是时代赋予的双重使命。若无法敏锐地捕捉、解析并有效运用前沿信息，教育者可能面临与时代脱节、与学生需求背离的危机。教育者需要持有一种开放、包容的心态，主动地去寻找、去建立与

---

① 案例提供：长春师范大学 董帅。

他人、与时代、与信息技术的多种合作与互动。通过持续的学习和不断的自我提升，注入新的活力并增强自己的教学能力和专业素养。只有这样，教师才能有效地应对教育环境的不断变化以及学生需求的日益多样化。

2. 微言小故事

舞动的智慧

正当大家都在热议人工智能（AI）究竟是教育的"阿拉丁神灯"还是"潘多拉魔盒"时，张老师却看到了其中的机遇，她开始使用人工智能工具，如AIGC类智能绘图和生成式对话工具。过去，她需要花费大量时间搜索合适的图片或手动绘制课件。而现在利用智能绘图工具，她只需输入诗歌的内容和场景描述，就能快速生成精美的图片。这不仅节省了时间，还提高了课件的视觉效果。

在一次教学大赛讲解古诗词时，张老师运用智能绘图工具绘制古代文人生活场景和诗词意境，既帮助学生深入理解了词意，又激发了学生对古代文化的兴趣。同时，她还利用 AI 工具生成与课文相关的文章，引导学生思辨。评委们对张老师的课堂表现给予了高度评价，并颁发奖项，这不仅是对她个人努力的认可，更是对信息技术在教育领域潜力的有力证明。[1]

主题 2

与谁共振

在教育的广袤天地中，教师要想获得持续的发展，不能单纯局限于个人的努力，而应与名师名家心灵共振，汲取教育智慧，领悟教育真谛；应关注教学领域的最新动态，与日新月异的教育变革共振，进而不断更新自己的教育观念与方法；还应不断反思和自我更新，以开放的心态面对自己的不足，不断深化对教育

---

[1]　案例提供：长春师范大学 董帅。

的理解，提高自己的教育实践水平。

一、名师名家的见贤思齐

遇贤者，则深思其卓越之处，以求自我提升。开启与贤者共振的智慧之旅不仅是一种学习的方式，更是教师专业成长发自内心渴求的共鸣。

1. 心"里"加油站

共振源于物理学中的固有频率概念，揭示了物体振动的内在规律。每个物体都有其独特的振动频率，当受到外部力的作用时，便会引发振动。当两个物体的振动频率相近或相同时，它们会产生共振，相互加强。"当一处声波与另一处频率相同的声波相遇，会产生更强的声波振荡"。这一原理同样适用于教育领域，当教师遇到与其教育理念、价值观相契合的教育理念或教学方法时，便会产生强烈的认同感，并愿意付诸实践。这种认同与实践的过程如同声波的共振，能够激发教师的内在潜能，提高其教学水平。

"见贤思齐"（《论语·里仁》）这一古老的智慧正是教师"共振"学习力的核心体现。教师通过对名师、名家的深入学习和模仿，不断完善自己的教学理念和方法。关注并学习名师名家与自己理念相契合的部分，通过对比反思，逐渐形成自己的教学风格。同时，这种学习不仅仅停留在表面，更需要教师在实践中不断尝试和创新，勇于调整自己的教学方法和策略，以满足学生的学习需求。另外，持续保持对理论与技能的学习热情，不断在与名师同向而行的同频中，持续地更新自我的教育理念与方法。

2. 微言小故事

隔着屏幕拜师

李老师在微信公众号上看到了王崧舟老师的《文学阅读与任务情境创设》讲座，对情境教学理念产生了浓厚的兴趣。通过深入学习，他了解到情境教学是通过创设真实的语境来引导学生学习和探索，以此激发学生的学习兴趣。李老师深受启发，决定在自己的课堂上尝试应用情境教学。

在教授《诫子书》这篇课文时，李老师让学生想象自己是漂泊在外的游子，假设弟弟、妹妹年纪小，贪玩恶学，该如何读出文中的句子；让学生设想自己是旅居的游子，该如何撰写一封家书……学生纷纷沉浸于情境中，认真思考并创作。

这堂充满趣味又生活化的课让学生兴奋和满足。大家惊诧于李老师的教学设计水平突飞猛进的同时，李老师揭秘了隔着屏幕拜王崧舟老师为"师"的故事。[①]

二、教学领域的日新月异

学如逆水行舟，不进则退，教育变革的浪潮汹涌而至，唯有与之产生共鸣，才能在这浩渺的教学海洋中稳住航向，不断超越自我、实现自我。

1. 心"里"加油站

学习型组织理论是一种现代组织管理理论，它强调组织的持续学习和变革能力，以适应不断变化的环境和市场需求。该理论由美国学者彼得·圣洁提出，其核心是通过五项修炼——自我超越、改善心智模式、建立共同愿景、团体学习、系统思考，构建一种有机的、高度弹性的、扁平化的、符合人性的、能持续发展的组织。学习型组织理论的核心是系统思考，它强调通过系统基模进行定性分析，以确定新的需要并满足这些需要来提高其价值。同时，学习型组织还强调学习和创新，以适应不断变化的环境和市场需求。这种组织形式能够促进个人和组织的成长和发展，提高组织的竞争力和适应能力。

学习型组织理念中最根本、最核心的理念就是自我超越，只有实现组织内部成员的自我超越，才能够从根本上实现整个组织的自我超越。在教师专业发展的过程中也是如此，只有使每个教师都完成自我超越，整个教师专业才能最大限度地实现自身的发展。[②] 这种自我超越不仅体现在教学技能和知识的更新上，还在

---

① 案例提供：长春师范大学 董帅。
② 胡瑞波. 教师专业发展的新思考：基于学习型组织理论的视角 [J]. 中国成人教育，2016（23）：137-139.

于教育观念的转变和深化。教师需要具备与日新月异的教育变革产生共振的能力，积极探索新的教育模式和手段，不断提高教学质量。

2. 微言小故事

变革之潮与教学之锚

在教育领域，各种创新教学模式不断涌现，为教师带来了挑战与机遇。

有一次，刘老师尝试引入"高效课堂"教学模式，通过小组合作、互动讨论等方式来提高学生的学习效率。然而，在实践过程中，他发现这种模式并不适合自己的学生。于是，他开始思考如何将这种模式的优点与自己的教学方式相结合。经过一段时间的实践和摸索，刘老师逐渐找到了适合自己的教学方式。他强调学生独立思考和自主学习能力的培养，同时也注重课堂氛围的营造和师生互动的增强。这种教学方式不仅让学生在课堂上更加活跃和主动，也让他们在轻松愉快的氛围中掌握了知识。

案例告诉我们，面对教学的变革不能墨守成规，也不能盲目跟风，而应在变革中寻找与自身、学生和教育趋势的共鸣，以此选择合适的教学模式。同时，教师也要不断学习和研究新的教学方法和理念，吸取有益的元素与自身教学相融合，以此提高教学水平。[1]

三、反思自省的吐故纳新

反思与自省，是心灵的琴弦与智慧的共鸣。在静默中唤醒深层的智慧，在自我对话中寻找前进的动力。

1. 心"里"加油站

班杜拉的自我调节理论是一种认知行为理论，它认为人们可以通过自我观察、自我评价和自我反馈来调节自己的行为和学习。

自我调节是一种主动的、有目的的自我指导的过程，它涉及对自己的目标、

---

[1]　案例提供：长春师范大学 董帅。

策略、动机和结果的监控和调整。自我调节的过程包括三个阶段：自我观察、自我评价和自我反馈。自我观察是指对自己的行为和表现进行系统的记录和检查；自我评价是指根据一定的标准或期望来评价自己的行为和表现的优劣；自我反馈是指根据自我评价的结果给予自己适当的奖励或惩罚，以增强或减弱自己的行为和表现。班杜拉的自我调节理论不仅适用于行为，还适用于情绪和欲望。人们可以通过自我调节控制和改变自己的情感状态，也可以通过自我调节抑制或满足自己的本能和欲望。

　　教师反思教学实践的过程，更强调教师与自己教学实践的内在对话。教师需要深入剖析自己，正视自己的不足和短板，勇敢面对问题，并积极寻找改进的方法。这样的反思自省过程，实际上是教师与自己教学实践的同频共振，即教师通过反思与自己过往的教学实践产生共鸣，深入理解自己的教学行为和效果，从而找到改进的方向。

2. 微言小故事

迷失与回归

　　李老师观察到，近来课堂气氛有些沉闷，学生也心不在焉。他决定深入探究这一现象的根源。课间，他偶然读到大禹因罪犯而愧疚自责的故事，陷入了深思。他想："连君主都需要自我反思，我作为教师又怎能例外？"

　　李老师决定从自己开始寻找问题的根源。他回想起自己的职业初衷是源于对教育的热爱和自我成长的追求。然而，在日复一日的教学中，他似乎迷失了方向。李老师开始回溯自己的教学，在审视自己"潦草"的教育随笔时，他意识到，他的迷失不仅仅是对教育初心的偏离，更是与自我、与学生之间的一种"失谐"。李老师试图找到那把能够重启与自我共振的钥匙，开始尝试引入新的教学方法，细心记录每次教学后的自我反思，分析自己的不足。通过不断的实践与反思，李老师逐渐找回了教育的初心，越来越厚重的随笔不仅是教学的记录，也是他与学生之间成长的见证。[①]

---

　　① 案例提供：长春师范大学　董帅。

主题 3

如何历练基于同频共振的学习力

王蒙曾说："学习是一个人的真正看家本领，是人的第一特点、第一长处，第一智慧、第一本源。其他一切都是学习的结果、学习的恩泽。"这句话深刻揭示了学习在个体生命中的至高地位。而对于教师而言，学习力更是成就教师卓越人生的关键。同频共振对于教师而言，就如同调谐自己的频率，以便能在多元的教育背景中，与时代、学生、同行以及其他领域专家不断调谐，共同奏响教育的协奏曲。因此，基于同频共振的学习力进一步明确了教师学习力提高的内在需求，以促进教师时刻洞察教育诉求，既有助于教师个体成长，又能助推教育教学质量不断提高。

一、谦卑之心

任何人拥有的一切，与有大美而不言的天地相比，与浩瀚无垠的宇宙相比，都如同沧海之一粟，实在是微不足道。人誉我谦，又增一美；自夸自败，又添一毁。无论何时何地，人都应当保持一颗谦卑之心。作为教育引路人的教师更应该抱持终身学习的信念，以谦卑之心持续学习。这不仅有助于教师的专业成长和知识更新，更能推动教学创新和质量提高。唯有保持一颗谦卑之心，才能在学习的路上不断前行，不断超越自我。

1. 三人行，则必有我师

返老还童的"学生"体验

孙老师是一位从事语文教学事业数十载的资深专家，也是当地比较有名气的语文教师。然而，随着时代的变迁，教育发展日新月异，智能化的教学工具也成为课堂中的新宠。尽管孙老师年事已高，对于这些现代化的教学设备常感到力不从心，但孙老师并没有因为不擅长就选择放弃，而是主动向同行请教、向学生请教，零起点拜师，让年轻一代的数字原住民来传授她新技能。公益视频课、专家讲座、信息技术培训……孙老师尽管年事已高，排位在可以免修的教师之列，但是她依然宵衣旰食，不仅学会了基本操作，还能自己开发课件，甚至付费使用年轻人都不掌握的 3D 技术为学生的形象教学提供崭新的助力。年轻教师不仅叹为观止，无论发展到哪一步，师父就是我们的师父；学生也深受激励，孙老师永远是我们的榜样；家长们更是逢人就夸，我孩子的班主任，那真是……

尽管孙老师在教育的生涯中已经可以称为功成名就，但正是孙老师的一颗谦卑的学习之心，使她敢于正视自己的不足，不断虚心地学习和请教，不停地成功融入现代化的教学手段，不仅提高了自身的学习力，同时也为学生创造了更为丰富、趣味的学习体验，圆满地践行着自己的职业使命。[1]

成功的"秘密"

刘老师是一名新入职的数学教师，转眼间一学期结束了，她所带的班取得了年级平均分第一名的好成绩。学校要求她进行一次汇报，为其他教师分享她的教学方法。

刘老师虽然为班级取得的好成绩感到自豪，但面对这项任务，却深知自己的教龄仅有一年，甚至自己也很难说清楚自己成功的秘密是什么，对汇报不仅没有把握，反而忐忑不安。因此，她决定向那些有着丰富经验且优秀的老师请教，对方不仅仅倾听了她的诉求，更是陪她一起将过往的行动提升为行动流程，并通过梳理、整合、深度复盘，提升自己的经验。她将自己在课堂上的实践与老教师的提示、分享以及经验相结合，形成了更加系统和有效的教学方法。最终，刘老师的分享得到全校教师的认同与肯定，她那谦虚、认真的态度也引起了大家的共鸣。

刘老师并没有因为自己的优异成绩而骄傲自满，而是用实际行动证明了，通

---

① 案例提供：长春市解放大路学校 刘爽。

过虚心请教、以他人为师，真正实现自我提升。用他人的视角做自己行动的明镜，有时甚至比自己看得更清楚。[1]

2. 博采众长，补己所短

取长补短，破茧而出

宋老师原本是一位教学水平一般的教师，过去的教学成绩并不出众。然而新来的年轻教师赵老师，不到一年时间，教学成绩就达到全学年第一。宋老师惊讶至极，不仅没有产生嫉妒或抵触，反而特别想向这个年轻人学习一下。

每当赵老师上课，宋老师总会在一旁认真聆听，他带着笔记本，详细记录赵老师的教学方式、课堂管理技巧以及与学生互动的细节。他不仅关注赵老师的教学内容，更注意她的语言表达、肢体动作以及课堂氛围的营造。除此之外，宋老师并未止步表面的观摩，还用手机录制赵老师的每一节课，并且向她请教某个地方为什么要这样处理，了解她课堂设计背后的深意，并且逢人就夸，名校来的大学生就是不一样。课后，他不仅反复观看视频，还结合课堂笔记，深入分析每个教学环节，思考如何将技巧融入教学中。慢慢地，宋老师的课不仅越来越受学生欢迎，而且教学效果显著提高。

宋老师没有畏惧自己的局限性，而是善于发现他人优点，通过取长补短，提高了自身的学习力，使得自己的教学水平更上一层楼。[1]

教学相长、人无完人

李老师是小学语文教学领域的翘楚。一天，她发现自己教过的毕业学生丹丹每天都会晨跑，并且天天路过自己家的楼下，而据说这个习惯已经坚持了几年没有中断过，李老师不禁对这个上学时其貌不扬的孩子肃然起敬。

有一次，李老师请她到家里聊天，丹丹说跑步是一场旅行，也是一场心的修行，可以通过不断感受沿途风景和聆听不同的声音来丰富自己的内心，是一种大

---

① 案例提供：长春市解放大路学校 李威。

美的修炼和滋养，让身体心灵都得到提升。丹丹的见解让李老师深为动容，她决定拜学生为师，通过跑步打开视域，丰富自己的感受，并且提示自己在教学工作中也需要用心去感受和聆听，更要引导学生去体验、去感悟，使学生在学习的过程中获得更丰富的精神滋养。

李老师尽管已经是一位优秀的教育者，但她依然保持着一颗谦卑的心，善于敏锐地发现生活中的美好，学习他人优长，弥补自身不足，努力提高自体生命境界，把自己活成一束光，也把别人的生命照得亮亮堂堂。①

二、成长之愿

教育之路漫漫，若心无炽热之情，岂能越过万重山？若心无探求之志，岂能深挖知识之泉？教师的成长，如同磨石成锋，非自发之力难破茧成蝶。唯有怀揣向上、进取之愿，才能在学习的道路上不断前行。只有自发的炽热情感，才能保持对教育的热情和执着，通过不断学习提高自身的教育水平和专业素养；只有自发地寻求进步，不断探索知识，才能真正实现自我提升和自我超越，进而提高自身的学习力。

1. 携一份炽热之情，踏上学习之旅

课标中的新感悟

在教育改革的浪潮下，赵老师始终站在前沿，主动对新课标进行深入的学习和分析。他不满足于对课标内容的简单学习，而是带着一系列问题去研究。对于基础型学习任务群，赵老师深入挖掘其内涵，并思考如何在四年级这一关键学段中具体体现。赵老师将每一节课都融入了自己对新课标的独到见解。在教授四年级下册《猫》的第二课时，他巧妙地将学习任务与实践活动相结合，让学生在实践中掌握知识，真正做到了学以致用。而学生在赵老师的引导下，对知识的理解更加透彻，学习效果显著。同时，赵老师的授课方式也得到了其他教师的广泛赞扬和认可。

教育改革日新月异，教师的成长也需与时俱进，这种进步和成长与规约无

关，与志向有益。赵老师通过主动深入学习和分析新版课程标准，将新理念融入对旧教材的开掘，以自己学习力的提高使教学焕发新生、实现理念再升级。

因爱而舞

在班级风采比赛中，为展现出班级的生机与活力，尽管李老师是一位年纪较大的教师，但她还是主动提出要与学生一起学习跳舞。

于是，李老师开始利用课余时间，与学生一起练习舞蹈。在练习过程中，李老师时刻关注着自己的每一个动作和表情，她从不放过任何一个细节，从手部的动作、脚步的移动到身体的姿态，都要求自己做到精益求精。课后，李老师还向舞蹈教师和学生请教，并利用网络资源查找相关资料和视频，不断充实自己的舞蹈知识。就这样，经过李老师的努力学习和引导，最终班级展示在活动中惊艳亮相，学生在李老师精神的引领之下，更是绽放出青春的活力与生机，鼓荡起无比的自豪感，团体表演最终在学校获得了第一名。

李老师以自己的成长之愿，鼓荡了学生的发展之能。她不仅学会了跳舞，而且向学生展示了学必有所成的坚韧，善用自身学习力，打破了师生间的界限，拉近了与学生的距离，更缩短了自己与未知的差距，成为学生眼中进步的典范。[1]

2. 怀一颗探索之心，展开寻知征程

"三案三环主体课堂"模式的创建

彭柯是广东省惠州市大亚湾第一中学校长，也是惠州市语文首席教师。自2014年起，彭柯就深知课堂是教育的主战场，而"精神成长"应当成为教育的原点。他坚信应该通过教育，让学生发现自己的兴趣，激发学生的最大潜能，促进学生的个性发展。

为了找到课堂低效的症结，彭柯主动进行深入调研，并与学校教师共同寻找解决之道。基于"学习金字塔"理论，他们进行了课堂重建、课程重构、小组

---

[1] 案例提供：长春市解放大路学校 苏雪。

重组。以"合作学习小组"为学习载体，以"导学案"为学习路线图，以"自主生疑、互动解疑、内化迁疑"为学习环节，主动创立、梳理、总结出了"三案三环主体课堂"模式，形成了学校的原创成果。这些课堂改革不仅为学校带来了新的理念，更激发了学生的潜能。

正是通过彭柯的主动探索、挖掘，他得以总结出"三案三环的主体课堂"模式。这一成果的创新不仅是自身持续学习力提升的表征，更是与教改同向同行、同频共振的结果。他的探索，为当地教育事业的发展注入了新的活力。[1]

经验中的"新"发现

李老师是小学语文阅读教学领域的专家，也是当地市区的语文名师。多年的教学让她积累了许多宝贵的经验，因此，她决定将这些经验整理、总结，形成自己的独特教学体系。

李老师花费了很多时间和精力，整理了多年的教学笔记和教案，结合自己的教学实践，总结出了许多实用、有效的教学方法。她将传统的教学方式与现代的教育理念相结合，形成了一套富有创新性的教学体系。这套教学体系不仅让学生更加容易理解、掌握知识，还激发了他们的学习兴趣和创造力。学生纷纷表示，在李老师的课堂上，他们不仅学到了知识，更学会了如何思考、如何发现问题并解决问题。

李老师的独特教学体系得到了学校领导的高度评价和认可，很快在全校、全区、全市范围内推广开来。同时，她还受到了其他教师的纷纷效仿和借鉴。许多教育专家也对她的教学体系给予了高度评价，认为她的教学体系具有很高的推广价值和借鉴意义。

在此过程中，李老师通过主动、自愿地整理和总结自己的教学经验，不仅提高了自身的学习力，还提高了自己的教学水平，并且为学生和教师的成长提供了更好的指导。[1]

---

[1]　案例提供：吉林省第二实验学校　赵雅姝。

三、学习之能

教师的学识与智慧，如同明灯，熠熠生辉。而点亮这盏灯的，正是教师卓越的学习能力。这种能力如同船桨，能够助力教师在知识的海洋中破浪前行，将丰富的教育资源深植于灵魂深处。拥有卓越的学习能力，能使教师不断精进，与时俱进。而学习能力的高低，则在于是否巧妙运用方式方法。只有运用恰当之"法"，教师才能真正提高自身的学习力，实现与时俱进的成长。

1. 紧跟名师脚步

名师工作室的魅力

孙老师从事化学教学多年，但一直以来对自己的教学成绩平平感到苦恼。因此，孙老师毅然决定加入本校的名师工作室。

孙老师积极参与了教学观摩、专题讲座、读书交流、教学问题辅导答疑等工作室内的多种活动，增加了与其他教师进行学习和交流的机会。在一次工作室内的教学观摩活动中，她观摩了一位在学校备受赞誉的化学名师课堂。她发现这位教师通过生动有趣的方式引导学生自主探索问题，注重培养学生的思维能力和创造力。因此，孙老师深受启发，他认识到自己的教学方式相对传统，亟须注入创新元素。随后，孙老师积极尝试将新的教学理念和方法融入自己的课堂。她鼓励学生提出疑问、自主探究，引导他们从多个角度思考问题。渐渐地，孙老师的课堂氛围变得活跃起来，学生对化学产生了更浓厚的兴趣。

正是由于加入校名师工作室，孙老师获得了更多的学习机会，通过与同行的深入交流和借鉴先进的教学经验，最终提高自身学习力和教学水平。[①]

国培浸润

刘老师是当地市区的语文名师，她不仅在教学上不断努力，追求进步，更是

---

① 案例提供：吉林省第二实验学校 赵雅姝。

国培计划的积极参与者。每一次国培计划都成为她拓宽教学视野、提高学习能力的宝贵机会。国培计划为刘老师提供了丰富多彩的学习资源，涵盖了最新的教学理念、成功案例分享以及前沿教育技术的应用。

刘老师不仅积极参加培训，而且以饱满的热情投入其中。她深谙在这个学习的殿堂里，能够取到丰富的教学经验和先进的教学方法。在国培中，刘老师通过观摩名师的教学，学习他们的教学方式和方法，尤其关注前沿教育技术的应用。与此同时，刘老师还通过与名师深入交流，分享彼此的教学心得和经验。这不仅拓展了她的教学思路，也使她对新颖教学工具有了更深刻的理解。

正是刘老师每次积极参与国培计划，与名师进行深入交流，通过学习他们的先进经验，自身的学习力得以不断提高。[①]

2. 巧用工具方法

巧用的"智慧"

叶老师是一位有着多年数学教学经验的资深教师。然而，在他的课堂上，师生互动的效果却一直不尽如人意。叶老师往往陷入自己的讲解中，而忽略了调动学生的积极性。因此，虽然学生的数学成绩普遍偏高，但是学习积极性却一直并不高涨。尽管叶老师付出了很多努力，包括向同行请教、深入分析自身存在的问题等，但效果并不显著。

面对这一困境，叶老师决定利用中国知网，对师生互动这一相关问题进行深入的文献检索。通过查阅相关文献，叶老师吸取了其他研究者面对相似问题时的经验和思路。通过不断学习和研究，他逐渐找到了解决师生互动问题的关键。同时，叶老师将这些通过文献研究得到的新思路运用到自己的课堂中，结果出乎意料地好。

叶老师成功改善了师生互动效果，激发了学生的积极性，进而提高了学生的数学成绩。更为重要的是，通过对文献的搜集和查阅，叶老师不仅解决了具体的

---

① 案例提供：吉林省第二实验学校 李丹丹。

教学难题，还提高了自己对知识的总结和提取能力，使得他的学习能力得到了明显的提高。

叶老师主动利用知网进行学习和研究，不仅解决了自己的教学问题，还为自身的专业成长和学习力的提升创造了机会。借助适当的工具，往往成为教师成长的重要助力。①

王老师的独家秘方

王老师善于将好的学习方法传递给学生，注重他们的能力培养，形成了自己独特的教学艺术。比如，他深谙费曼学习法，将其巧妙地应用于每一个知识点的理解。通过这一独特的学习方式，不仅能够生动而清晰地传达给学生，而且能够在短时间内使学生深刻领悟各个知识点。每当遇到难以理解的知识点时，他都能用浅显易懂的语言将这些复杂的概念讲解得清晰明了，通过学生的反馈可知，他们在自己的课堂上能够轻松理解并掌握知识。而学生对王老师的授课也充满喜爱，感受到知识的乐趣。不仅如此，面对其他教师难以理解的知识点，王老师也能够清晰地阐述，使其他教师恍然大悟。因此，其他教师也纷纷向王老师请教这一独家秘方，希望能够像王老师一样提高教学水平。

优秀的教师往往善用最先进的科学方法、科研成果为自己所用，在行动中如虎添翼，提高自身的学习力，让自己的学习效果翻倍，也使学生的学习效能不断提高。②

---

① 案例提供：吉林省第二实验学校 李丹丹。
② 案例提供：吉林省第二实验学校 刘红梅。

专题七

基于悲悯的共情力

共情以同理心感受、揣摩他人的想法和情绪，促进情感上与他人的积极共鸣，从而形成一种难能可贵的人格品质。基于悲悯的共情力是教师职业必备的关键素养。共情力强的教师面对差异性个体困境，会因共情而凝聚关系建构的合力，从而找到解决问题的最佳策略。

我 在工作和生活中发现了一个绝对的真理——共情就是那束光，能穿透痛苦和恐惧的漫漫黑暗，找到我们生而为人的共通之处。

——约瑟夫·坎贝尔（美国，1904—1987）

共情，不仅是一种态度、一种修养，更是一种能力。它发端自我们最柔软、善良的内心深处，呈现于与他人换位思考的意识与能力之中。共情以同理心感受、揣摩他人的想法和情绪，促进情感上与他人的积极共鸣，进而形成一种难能可贵的人格品质。

当我们见到"推着行李步履蹒跚的老人""寒风刺骨的衣着单薄的女子""孤身一人默默哭泣的孩童"时，总会陷入神伤。对于身处逆境和苦难的人们，我们会不自觉地感同身受体验到这种悲苦的情绪，产生救助与帮扶的动能，这种情绪就是悲悯。以悲悯之心体会感受他人困境，共情就由此产生。共情力强的人总能敏锐地体验到他人的情绪、理解其行动的缘由，而基于悲悯的共情力则是教师职业必备的关键素养，在面向全体的教书育人生涯中，总有差异性个体困境需要我们识别、悦纳、包容与帮扶，以无限宽厚的热忱与能力，快速觉察到学生、家长、同事、领导包括所在教育共同体各自角色的状态与心境，因为共情而凝聚关系建构的合力，从而找到解决问题的最佳策略。

主题 1

悲悯是人类与生俱来的

英国浪漫主义诗人珀西·比希·雪莱曾说："悲悯与同情都是与别人共享痛苦的感觉，但悲悯更多地带有一种温暖的爱。"也许在雪莱眼中"悲悯"不同于处在浅层地位的"同情"，而是潜藏在人类内心深处、与生俱来的一种美好情感，它默默诠释着人们的纯洁和善良，并通过无私地对他人施以援助之手的方式向人间播撒爱意。当代著名教育家顾明远提出"没有爱就没有教育"，"悲悯"之心正是教育工作者爱的体现，这种爱不同于"母亲喂养自己的孩子"，它不局限于单向，而是更多表现为一种"博爱"和"兼爱"。人生本是一场充满苦难的历练，佛家有言"众生无不都在世间的痛苦里悲鸣"，这更需要教师用悲悯的胸襟，使学生健康地迈向成长，使家长安心地给予托付，使社会充满爱和善意。

一、心"里"加油站

1. 悲悯情怀

悲悯情怀（Compassionate Feelings）这一概念形成于 20 世纪中期，起源于美国人本主义心理学家卡尔·罗杰斯，他通过各种以"悲剧"为主题的文学创作逐渐形成了"悲悯是人类道德和伦理观念的中心"这一观点。他认为悲悯情怀是一种深入人心的情感体验，常常被描述为对他人痛苦的感同身受，以及对人类苦难的同情和关怀。

悲悯之情可以被认为是对他人的苦难感到悲伤和同情，也可以是对生命的脆弱和易损之性质的触动。在发展演变的过程中，悲悯也被提出作为一种社会责任的观念，倡导应对所有生命形式给予关怀和尊重。悲悯是一种能够深化人类关系的情感体验。当我们看到他人正在遭受痛苦和苦难，悲悯就随之激发了我们对他人的关切和同情。悲悯情怀可以让我们更加关注他人的感受和需要，从而培养出对他人的关心和友善。

2. 无条件积极关注

无条件积极关注（Unconditionally Actively Following）起源于 20 世纪中叶，提出者是美国心理学家、人本主义心理学代表人物卡尔·罗杰斯，"共情"的概念也是由他首次提出。罗杰斯认为"无条件积极关注"是开展心理疗愈的前提，它主要表现为心理咨询师对来访者的态度。无论来访者的品质、情感和行为怎样，咨询师对其都不做任何评价和要求，始终对来访者保持细心倾听、关怀备至，并表现出相应的感同身受和接纳，使来访者觉得他自己是一个被关注的、有价值的人。

从教育领域来看，无条件积极关注本质上是以一种正向、积极、热情的方式看待每个独立的个体。与其说是一种理论，不如说更像一种与不同学生、家长和社会人士之间交互的方式和态度。不因个体的年龄、外貌、智力、性格特点、家庭背景等各种因素对个体产生固化的偏见和排斥，而是设身处地地给予正向的指引和评价，体现了教师为人师表的博爱胸襟和悲悯胸怀。

二、爱需要流动

"在这个世界上，爱是循环流动的，给出爱只完成了循环的一半，另一半则是接受爱。"这句话出自罗比特的《灵魂的礼物》，深刻地描述了"爱"所具有的流动性的意义。而悲悯作为一种内隐于心的本然的道德力量，一旦与悲悯者产生共鸣，爱就瞬间完成了由此及彼的流动。这种流动是一种亲和、柔软、持续本然的内在状态，也是人与人良性沟通的内在前提。接受他人的善意，本身就是一种善意，这个过程中善意的播撒形成了爱的流动。

教师是一个比其他行业更需要悲悯情怀的职业，它面对的是一个个具有独立灵魂和独特感情的个体。所有人都有其背负的苦难，时常面临着离别、辛酸、困苦和劳累，默默承担着生活带来的压力，而悲悯就会成为照亮他人困境的光芒，激励人们可以有勇气寻找爱的方向。

教师通过对学生的细心周到、对工作的认真负责、对陌生人的谦逊礼貌、对国家的赤诚热爱等，可以将这份浓烈的"爱意"传递给其他人，完成对整个社会爱的传递和悲悯的教化。教师对他人的悲悯是其工作力提高的重要体现，这不仅需要教师怀有一颗恻隐之心，能够理解他人的处境和情感，也是在工作中促进人与人之间爱的流动及一切育人工作开展的前提。

三、微言小故事

在窗外拼命挥手的男人

一个偏远的农村通了火车，村民们好奇地看着一趟趟列车飞驰而过。有个孩子特别热情，每天等到火车到来，都会站在高处向车上的乘客挥手致意，可惜没有一个乘客注意到他。挥了几天手孩子非常疑惑：是我长得太难看？还是我的手势错了？或是站的位置不对？天真的孩子郁郁寡欢，居然因此而生病，这让他的父母十分担忧。

孩子的父亲是个老实巴交的农民，决定到遥远的城镇问药求医。一连问了好几家医院，所有的医生都纷纷摇头。农民夜宿在一个小旅馆里，一声声长吁短叹吵醒了同室的一位旅客。农民把孩子的病由告诉了他，这位旅客呵呵一笑又重新睡去。

第二天农民醒来，那位旅客已经离开了，他在无可奈何中凄然回村。刚到村口就见到兴奋万状的妻子，妻子告诉他，孩子的病已经好了。今天早上第一班火车通过时，有一个男人把半个身子伸出窗外，拼命地向我们的孩子招手。孩子跟着火车追了一程，回来时不仅"怪病"霍然而愈，而且小脸上挂满了渴盼已久的微笑。

悲悯向来是疗救的良药。男人的善举，以人性的光辉传递着理解与关爱。这种对于"求之不得"的苦的洞见与理解，以及发出的"心回应"，就是一种源于灵魂深处最美好的悲悯。

范仲淹和"范氏义庄"

幼年时期的范仲淹生活艰难、饱受苦难，经历了父亲早逝、母亲改嫁的重大变故，所以他从小就深知贫穷和无依无靠的艰辛。于是他从小立志将来要用自己的能力让更多穷人摆脱挨饿受冻的命运。

到了晚年，范仲淹自散家财，在原籍苏州购买田地1000多亩建立了"范氏义庄"。他亲自给义庄制定章程，除救济范氏族人外，对于外乡的苦难之人也适当施以援手。曾有人规劝范仲淹：设立义庄不如到洛阳修建别院和园林，还可做养老享福之所。范仲淹十分淡然地回答："人苟有道义之乐，形骸可外，况居室乎？"

范仲淹去世后，他的子孙继续捐赠田地、钱款供以义庄的维持。"范氏义庄"是我国史料记载的第一个非宗教性的民间慈善组织，虽不断面临朝代更迭和战火的洗礼，但是直到清朝末年还保有良田5300多亩，且依然运作良好，持续了800年之久。

范仲淹如自己所说"先天下之忧而忧，后天下之乐而乐"，不仅极具君子勇于担当的坚贞品质，更展现了他无愧历史、无愧时代的悲悯情怀。[1]

主题 2

共情是道德行为的决定因素

美国心理学家亚瑟·乔拉米卡利在其著作《共情的力量》中有这样一段阐述："共情和同情有什么不同？同情是为了安慰别人，共情则是为了理解他人。"对于迷失在人生旅途的人们，给予他们情感上的被理解绝对更能给人安抚和慰藉，这种心灵上的抚慰比任何言语都更有价值，就像一种人与人之间心灵的紧密贴合，更是作为人所有道德行为的先决条件。对陌生人一次温柔的关切、向陷入

---

[1] 案例提供：长春师范大学 孙天鹏。

困境的朋友施以援手，或危急时刻挺身而出，这些基于高尚人格的道德行为都是出自同等情感和心境的坚定抉择。《圣经》记载，耶稣在生命的最后一刻还在为迫害他的人默默祈祷以求天父的原谅，因为在他看来，备受蒙蔽的人们在了解真相后受到的痛苦远比他身体上的伤痕更令人心痛。

"立德树人"作为教师为之奋斗终身的职业目标，像一面鲜明的旗帜指引着教师不断地砥砺自己的德行，而修炼这种德行的关键就在于设身处地地理解他人，教师需要在工作中不断提高自己的共情能力，只有跟人民的心意紧密相贴，切实了解他们的祈愿和向往，才能更好地树立人民教师的诉求。

一、心"里"加油站

1. 镜像神经元

"镜像神经元"（Mirror Neuron）这一名词出现于 20 世纪末期，由意大利帕尔马大学教授贾科莫·里佐拉蒂首先发现。他以恒河猴为实验研究对象，证明了猴脑存在一种特殊神经元，能够通过内部模仿辨认出所观察对象动作行为的潜在意义，并且做出相应的情感反应。随着实验的深入，研究者发现人脑中有与猴子相似的一种叫作"镜像神经元"的细胞，它的功能正是反映他人的行为，就像"镜子"一样映射到大脑中，使人们学会从简单动作到更复杂的模仿，并由此逐渐发展语言、音乐、艺术、使用工具等等。

心理学研究者认为"镜像神经元"为我们提供了一个内在的模仿网络，能够第一时间察知别人表情和情绪的改变，帮助我们知晓他人意图，了解他人心智状态。人们透过镜像式的模仿，得以跟他人分享情绪、经验、需要和目标——它使我们能够在心灵上和情绪上与别人结合在一起。对于脑神经科学家而言，"镜像神经元"的发现，为人的"共情"提供了实质基础，也改变了我们对人类理解方式的认知。

2. 情绪共享理论

情绪共享理论（Emotional Sharing Theory）形成于 20 世纪末期，主要代表人物是美国心理学家伊莱恩·哈特菲尔德。该理论主要认为人们可以通过对他人的情感捕捉来感知周围人的情感变化，以达成有意和无意的情感传递的目标。她在研究过程中给情绪分享理论奠定了严密的生理学基础，她认为个体在知觉到他人的动作、表情或声音等外部信息时，会自动地、同步地模仿，此时大脑中相应的动作或情感部位也会被激活从而使个体产生同形的表征共享。

该理论对共情现象做出了详细的解释。首先，当个体在面对他人的情绪情感或处境时，认知和情绪情感系统被唤醒并建立与他人的共享。其次，在认识到自我情绪源于他人的前提下，产生与他人同向同行的情绪情感，个体随之对他人的实际处境进行认知评估，同时结合自身价值观、道德准则等高级认知来考察"我"共情他人的理由是否成立。若不成立，则过程中止；若成立，那么认知就会和所产生的情绪情感相结合，使个体产生独立的情绪情感或伴有相应的行为。最后，将自己的认知和情感外投指向他人，即共情发生。

二、关系是一切的前提

马克思在其著作《关于费尔巴哈的提纲》中说："人是一切社会关系的总和。"在现实生活中，我们总是活在各种关系的相互交织下，在面对夫妻关系、血缘关系、共事关系、利益关系、人与环境的关系等各种复杂的关系时总是会陷入一种盲目的手足无措，从而不清楚该怎样经营一段长久且稳定的关系，往往是因为我们没有用心去体会每段关系的情感共鸣——没有共情很难产生一段深刻的关系。因此，共情的价值就在于与不同的人和事物之间关系的建立，没有通过共情而建立的关系也只是浮于表面。

教师在工作中需要处理很多纷繁复杂的关系，如果没能和关系的主体产生情感的相依，就无法透过表象探寻内心，从而失去"育人"的意义。一位坚守贫困山区四十余载的乡村教师，以自己累计超过 11 万公里行程的家访，让一个又一个山区孩子通过教育走出大山，孩子们总是亲切地称呼她"张妈妈"。这位教师做到了与学生心意相通，深刻地理解他们所经历的辛酸和无奈，真正把学生当作了自己的孩子，"不是母子，胜似母子"，这种关系正是建立在教师对学生的深刻理解和共情中的一种极高赞美。

　　任何关系都不是一成不变的，而是取决于两颗心之间的距离或理解，教师只有拥有这种对世间万物悲悯的共情力，才能构建起更和谐、更真挚的关系，才能与工作中遇到的一切人和事融为一体，这是作为教师得以专业成长的重要前提。

三、微言小故事

共情是人际关系的"良药"

　　我有一位朋友人缘特别好，还很会照顾人。我们问他是怎么"修炼"的，他讲了这样一个故事。朋友初中时搬了新家，隔壁的男主人是位警察。直到一次意外，这位警察因公殉职，留下了妻子和 10 岁的儿子相依为命。以前朋友放学回家从不拿钥匙，会喊爸爸来开门。但邻居警察过世后，爸爸特别嘱咐他以后要自己带钥匙开门，别喊爸爸开门了。朋友觉得奇怪从而提出疑问，爸爸对他说："你喊爸爸，隔壁小男孩听见会不好受的。"父亲的共情传递给了他。从此以后，他知道别人有什么不愿提起的东西或者某个不好受的点都会刻意地避开，即便不小心提起也会立刻道歉。渐渐地，他习惯了为别人着想，身边的朋友也越聚越多，事业也越来越顺。

　　真正的高情商不是虚伪，而是真诚。仔细想想，那些相处起来舒服的朋友，可能并非有多善谈，而是不需要太多言语他们就会理解对方，与对方共情，一举一动都让人如沐春风。

"最仁慈的皇帝"——宋仁宗赵祯

　　宋仁宗赵祯是宋朝的第四位皇帝，为政仁德，待人宽厚和善。有一次用餐，他突然吃到了一粒沙子，牙齿一阵剧痛，他赶紧吐出来，还不忘对身边的宫女说："千万别声张我吃到了沙子，这可是死罪。"赵祯不光对人仁慈宽厚，身为九五至尊，对自己的要求也是非常严格，吃穿住行非常简朴。有一次赵祯在散步的同时不断回头看，随从们都不知道为什么。赵祯回宫后着急地对嫔妃说道："朕渴坏了，快倒水来。"嫔妃觉得奇怪："陛下为什么在外面的时候不让随从伺候饮水而要忍着口渴呢？"赵祯说："朕屡屡回头，但没有看他们准备水壶，如果朕要是问的话肯定有人要被处罚，所以就忍着口渴回来再喝水了。"这样的事例还有很多，正是他这种经常站在他人立场上考虑问题的人格品质，令他获得了"历史上最仁慈的皇帝"的美誉。

作为九五之尊的赵祯总是把他人的处境和得失放在第一位，这不仅体现了他海纳百川的共情心境，更展现了他作为统治者高尚的道德情操和耀眼的人性光芒。①

主题 3
如何历练基于悲悯的共情力

悲悯根植于人更深层次的形而上学的本性中，它是一种人与人的——共通感，我们通过对他人的悲悯体悟到他们曾经历的痛苦和磨难，这是一种情感上的积极共鸣，进而形成一种难能可贵的人格品质。对于教师而言，共情力帮助我们更好地吸纳工作中的各种诉求和差异，使得教师对他人的情绪与情感进行设身处地地体会与思考，从而在理解的基础上积极调整自身的教育行动，进而以更适合的方式引领学生的生命成长。

基于悲悯的共情力的历练，是作为教师的一门必修课，只有不断深入他人最隐秘、最脆弱的内心深处，给予他人呵护与陪伴，才能解开人与人之间相互理解的奥秘。这就需要教师在不断实践中砥砺自己的德行，在生活中时常表达关切之意，在他人面对危难之时我们永远不会做旁观者而是坚定地施以援助之手。

一、常修好善之德

"上善若水，水善利万物而不争"。这句话的意思是善意的最高形态就像水

---

① 案例提供：长春师范大学 孙天鹏。

一样，心中所想只是滋养和灌溉万物而不是与万物相争。它体现了人身上那种最纯粹、最光辉的善良品质，这种品质也如水一般在我们生命的每个瞬间时常流淌着。我们每一次问候、每一句欣赏、每一份挂念都是对于善意的修炼。人要做到"常修好善之德"，重心在善，关键在常，核心是修。"教书育人"是一个需要善意的职业，能够深入理解他人的共情力正是善意的集中表现，所以教师既要学会细处体悟、以正为人之品，还要学会身体力行、以常修好善之德。

1. 毅然自善始，亦然为善末

"十一万公里"是对教育的善意

她是百名孩子口中的"妈妈"，是山区女孩的一线曙光。她以忘我的精神在教育扶贫战线上辛勤奉献 37 年，用心血和汗水为扶贫事业谱写着新篇章，她就是张桂梅。

张桂梅自己就是从农村走出去的孩子，所以她深刻理解农村孩子对教育的渴望。乡村教育的落后不仅在于教育设施和环境的落后，主要还在于思想。这里都是世世代代"靠山吃山，靠水吃水"的农民，没有接受过多少教育，所以自然而然地不重视子女的教育。为了让更多孩子能够通过教育走出大山，张桂梅以家访的方式了解到不同家庭的教育困难和具体情况。她的学生来自丽江市四个县的各大山头，多年教育生涯使她的家访行程近 11 万公里。不管山路多么艰险，张桂梅从未退缩。车子到不了的便步行；行走艰难的爬也要爬到。每次家访回来她都要重病一次。对 63 岁身体长期有病的张桂梅来说，这无疑是一次次"长征"！

对张桂梅老师来说，11 万公里不仅是一座座贫瘠的山与山之间的距离，还是能将自己的善良传递并孕育无数希望的距离，她迈出的每一步都是对教育最深的善意。①

我以"善"的翅膀，护你展翅"翱翔"

2008 年的一天，谭千秋老师正在上课。突然，教室一阵剧烈摇晃。地震了！

---

① 案例提供：吉林省第二实验学校 刘红梅。

他意识到情况不妙，大喊着让学生往操场上跑。几秒钟后教学楼开始坍塌，看着身侧的孩子，谭千秋将他们护在课桌下，然后他张开双臂紧紧地趴在课桌上，用血肉之躯铸成了一道钢铁长城。当搜救人员从废墟中搬走压在谭千秋身上最后一块水泥板时，所有人都禁不住潸然泪下。他跪仆在地伸开双臂，在他的身下蜷伏着4名学生，而他却宛如一座雕塑矗立在人们面前。

在同事们眼中，谭千秋老师致力于学校的教学改革和创新，同时又为人谦和；在学生眼里，他是在校园里看到一块石头都要捡起来，生怕学生受伤的好教师；在家人眼中，他是"模范丈夫""慈父""孝子"。为了学生的未来，他放弃了自己的未来，那张开双臂的身躯成为人们心中一座永不倒塌的丰碑。

在天灾面前，人类的血肉之躯总是显得那么渺小，但是人之所以伟大就是因为他拥有超越一切的爱和善。灾难能夺走我们生活中的一切，但唯独无法带走人们的善良，也无法带走宛如钢铁般"羽翼"下的那些希望与未来。[①]

2. 遇人德为先，待事德为源

以师德挑起未来

大山深处的叶兴旺老师，被人称为"扁担老师"。他的家乡坐落在平均海拔900多米的高山之巅，山路坎坷崎岖，出行只能靠徒步。书送不到学校，叶兴旺就用一根扁担，把五六十斤的教材挑回去，这一趟要花费两三个小时。

一次去乡里挑课本遇到下雪，同事劝他第二天再回村，但想到晚一天会耽误孩子的课程，他坚持要当天赶回去，他说："按时上课，这是我作为教师必须做到的。"当时天已经黑了，他在路上重重地摔了一跤，而他的第一反应是"我的课本"。在确认课本没问题后，叶兴旺忍着疼痛回到了村里，到家时他满头大汗，衣服已经湿透。

学校只有叶兴旺一个老师，除了教学，他还要帮孩子修理桌椅、自己动手做教具、帮学生看病，他甚至还提着火盆到学校帮孩子热饭。叶兴旺说，即便是一个年级只有一个学生，他也要教好。

---

① 案例提供：长春市宽城区教师进修学校 郭凌燕。

他把学生的事奉为"头等大事"，用自己的"扁担"一头连着乡村，一头系着希望，以自己高尚而坚定的道德品质，挑起了远山最美好的明天。[①]

大师者谓之德

有这样一位教师，他开课从不以教务处安排的时间为准，他说："开课的时间只能按课程难度和学生需求来定，只有站在学生的立场上教师才能教出一堂好课。"他就是阮图南——中国自主培养的第一位物理学博士生导师。

他的课堂氛围十分融洽，经常讲到有趣的点就会放声大笑起来。面对迟到的学生，他从来都是笑眯眯地关切是否有困难而没有苛责。他常骑着自行车向和他打招呼的学生露出孩子般的微笑，熟悉阮老师的学生总是说"他礼貌得让人不好意思"。

有一年春节前夕，传言阮老师被检查出了血癌。他就一个人跑到学校的教室，把自己要讲的课都录了下来，他说这是作为一名教师的责任。直到退休那年，阮老师依旧跟他的学生说："以后空余时间多了，大家什么时候有需要，我就出来讲，讲什么都行。"

正是因为他对学生葆有一份虚怀若谷、待人以德的宽厚心境，才让他的教育事业熠熠生辉，大师的德行总是能春风化雨般浸润人们的心灵。[②]

二、常表关切之意

人与人之间的情感羁绊总是在细微之处慢慢滋养生根。很多时候，我们需要的都不是多慷慨的赠予和多深刻的言语，而一个温柔的眼神、一句礼貌的回应、一句晚安、一声挂牵反而是对人最温暖的关切和最长情的告白。能够让人全部身心都体会到被人关注、被人爱戴其实是一种能力，这不仅需要深入他人的生活和情景，更要体会他人的情感变化。

能够时常发自内心地关切他人，才能从真正意义上去理解他人，这是教师共

---

① 案例提供：长春市宽城区教师进修学校 郭凌燕。
② 案例提供：长春师范大学 孙天鹏。

情力培养的重要路径。教师只有"常表关切之意"才能了解到他人的困苦和孤独，更好地把自己的温度分享给其他人。

1. 我驻留的目光，是予你的温柔

我清澈的眸，是关切与温柔

大家都说刘老师的目光总是很温柔，这得益于她那双时常挂牵他人的眼睛。一次刘老师布置了一个复杂的几何题，大家都陷入了愁闷，默不作声地思考着。

数学一向垫底的小天胆怯地四处张望着，刘老师知道那是因为他不自信。于是刘老师十分温柔地看向了他，又看了看正在埋头思考的其他同学，小天害羞极了，于是他低着头拿出了草纸。这道题目很难，学生陆陆续续地放弃了。刘老师在众多沮丧的目光中观察到了小天，他的眼神中透露出一种渴望和纠结，仿佛有种力量呼之欲出又缺乏足够的自信。她当然明白，朝着小天的位置缓步走了过去，看了看他的草纸，随之用带着欣喜和笑意的目光看向小天，透露出的温暖和关怀在阳光的照射下闪闪发亮，刘老师向小天竖起了大拇指，并笑着向他点了点头。那是一种小天从未见过的肯定和信任，给予了他极大的勇气和力量。

渐渐地，刘老师班里的孩子们变得非常爱学习，连几个任课教师都好奇地询问刘老师有什么"独门秘诀"。"可能我的眼睛里有魔法吧。"刘老师笑着说。

燃起学生希望之火的不仅仅是她温暖的目光，更多的是她时常关切学生的爱和心意，带给学生的不只是成长上的陪伴，更是心灵上的温柔慰藉。[①]

感恩节的礼物

一位小学一年级的教师布置了这样一个作业——让学生画出感恩节的东西。孩子们多数来自农村的贫苦家庭，所以她料想他们多半会画丰盛的佳肴或者一只香喷喷的烤鸡。但看到小艾斯的作品后，她惊讶不已：上面画了一只手！这是谁的手？班上的小朋友开始猜测："这一定是赐给我们食物的上帝的手。""是农民，他用这手养出大鸡。"……在一阵猜测后，小朋友们陆续回到座位继续画画。

---

① 案例提供：长春市宽城区教师进修学校 李艳巍。

这时，教师走到小艾斯身旁，她弯下腰问他那是谁的手。"那是你的手，老师。"他怯生生地回答。

原来小艾斯个子矮小，样貌也不讨人喜欢，教师为了给他自信，总会在下课的时候过去牵牵他的手。这虽然是微不足道的举动，但对小艾斯来说却是一种极大的温暖和关注。

也许感恩节的真正意义并不是物质上的收获和享受，而是让我们有机会将最真挚的感恩赠予那些默默关切着、爱护着我们的人。①

2. 我予你的陪伴，是长情的告白

我以"笑声"伴你，愿你走出过去

王老师班里转来了一名沉默寡言的女生心怡，大家一起说笑聊天时她常常躲在一边。原来心怡之前非常爱笑，但因为长得瘦弱经常受到其他学生的欺负，长久以来竟让她患上了抑郁症，经过一段时间治疗已初步康复，之后家长选择了转学。

第二天王老师设置了一条班规：每天早自习负责带读的同学，需要提前准备一个笑话讲给大家听。于是班级总是在一片欢声笑语中开始每天的学习，每次晨读王老师都会准时参加，并且参与指导比如加入表情、动作或演绎等。很快就轮到心怡带读了，她对此十分紧张，因为她很久没在那么多人面前说过话了，为此踌躇了好久，最终聪明的心怡想到了属于自己的"办法"。

那天早上，心怡与同桌为大家表演了一段精彩的双簧，看得出他们排练了很久，也很用心。虽然她也只是害羞地躲在桌子后面进行配音，但从她轻松的语调感觉到，她演得十分开心。从那以后心怡交到了很多朋友，慢慢地也变得爱笑了，就像她从前一样。

三年时光匆匆而过，这条班规也延续了整整三年，毕业那天心怡找到王老师并向他深深地鞠了一躬，她眼圈红红地对王老师说道："感谢您三年来的陪伴，您用最温暖的方式帮助我度过了那段阴暗的日子。"

---

① 案例提供：长春市宽城区教师进修学校 李艳巍。

爱是长久的陪伴，关注也是，当我们回过头，那些曾经的坚持最终总会化为孩子们一段段美好而令人怀念的青春。①

我的笔迹是最长情的告白

李老师有一本非常厚重的笔记本，每次上课总是随身携带，休息的时候还总要在上面添上几笔。很多教师不明白向她询问，她总是笑着说这是她的"宝贝"可不能随便给人看。大家也就习惯了捧着厚厚笔记本去上课的李老师，直到去年，她才解开了笔记本的"秘密"。

李老师怀孕了。尽管她一直坚持想要多陪陪孩子们，可预产期不等人，校长给的"强制产假"也随之来临。临走的那天李老师眼圈红红地把笔记本交给了接替她的老师，上面新旧字迹交织，却异常工整地记录着班里每一个学生的脾气秉性、家庭情况，甚至详细到了人际关系和日常表现。李老师说："我时常关心班里每一个孩子，每当他们进步了我就立即记录下来，现在我走了，我希望您帮我继续完成它。"

如果说李老师的陪伴宛若她的笔迹，真切而致密，那么能记录下来的不仅是她与学生的那些欢笑和感动，更是潜藏在那每一个字符和每一个标点背后的最长情的告白。②

三、变隔岸观火为身临其境

"隔岸观火"一词出自乾康的《投谒齐己》，后演化为战国时期赵国向秦国制造内乱，从而隔岸观火，使自己免遭灭亡的典故。但这样一种缺乏关怀、互助、友爱的处世方式在现实社会恰恰是我们嗤之以鼻的。人的一生中会遇到许多磨难，各种逆境也总会让人深陷其中。当下活得顺风顺水，难免有一天会举步维艰。教师的关怀和善意就在于总能在他人危难之际身临其境，体会他人的境遇和情感，从而坚定地伸出援助之手。

---

① 案例提供：吉林省第二实验学校 刘立华。
② 案例提供：长春师范大学 孙天鹏。

变隔岸观火为身临其境，是教师必备的职业修养，同时也是与他人共情的一种培育和修炼。

1. 我走过你的路，予你鲜花一束

愿临其"境"，伴你同行

天气阴沉，外面下着细雨。孙老师听见外面传来了敲门声，打开门发现是一个女人和一个孩子，那孩子随之用清脆的声音问候"老师好"，这个孩子正是他以前的学生。

原来女人是孩子的母亲，因为没有文化，孩子高考分数出来后竟不知道该给孩子报哪所学校，孙老师是全村唯一填报过高考志愿的人——三年前给自己的孩子报考。孙老师面露难色，因为他清楚志愿填报的责任和风险性，不仅整个过程极其复杂且烦琐，而且一旦出现了什么差错，这是关乎孩子一辈子的大事啊！但心地善良的孙老师面对母子俩近乎恳求的目光，最终还是答应了她们。

之后的日子孙老师将志愿填报当作他的头等大事，就像曾经对待自己的孩子一样。他经常纠结报得高了或低了，担心学校环境不好，因而向目标院校打了很多咨询电话。他知道自己肩负的责任有多重大，所以心里绷着的弦始终不敢放松。邻居常常看见孙老师屋子里的灯光整夜不息，无论走到哪儿包里总揣着一本报考书，填报的时间过得很快，但对孙老师来说却极其漫长。终于到了公布录取的那天，孩子成功地被心仪的重点大学录取。

那一天窗外伴着稻子清香的微风吹拂着孙老师的脸庞，在阳光的照耀下脸上满是灿烂的笑意，那种发自内心的欣慰就像三年前一样。

我愿尽我所能伴你同行、与你同境，无论萍水相逢、无论匆匆而过，我从不索图你的报答。只因我走过你来时的路，也曾经历与你同样的泪和苦。①

雨中的陪伴

启明小学坐落在离市区很远的开发区，放学的时候难免有一些家长因堵车的

---

① 案例提供：吉林省第二实验学校　刘立华。

情况而迟到，总有孩子需要在校门口的门卫室等待父母的到来。郑老师的班级就经常会遇见这样的情况，但与其他教师不同的是，郑老师将孩子送到门卫室之后，总是会留下来陪着这些孩子，无论刮风下雨始终如一。

有一次罕见地下了场暴雨，郑老师陪着一个男孩子在门卫室等待着，雨水很大，以致流进了屋子。男孩害怕得哭了，郑老师就把他抱了起来，帮他擦去泪水的同时跟他解释为什么男孩子要坚强一点。雨还在下着，郑老师一边跟家长通着电话叮咛着"不要着急，孩子很好，要注意安全"，一边就那样一直抱着男孩……家长赶到时天色已经暗了。据说那天人们已经忘了雨是什么时候停的，但依稀记着门卫室里微弱的灯光亮了很久，里面有位教师抱着一个孩子，雨水浸湿了他的裤脚，但怀里的孩子却睡得香甜。

郑老师常说："我的孩子小时候很胆小，我总是害怕让他一个人等着，所以我常陪在他身边，换作我的学生也一样。"

他首先是家长然后才是教师，因为走过的那段路，他总能"身临其境"地理解孩子的担忧和孤独，义无反顾地以自己最深情的陪伴温暖每一个孩子的成长。①

2. 我愿伴你身旁，陪你岁月漫长

我以微笑奔向你

陈老师是一名特殊教育教师，为人乐观、热情且善谈。但是在从事特教工作之初，她还是一个内向、不善言语的女孩。

刚参加工作的时候，陈老师的班里有个患有自闭症的小女孩，第一次上课的时候，她一边哭一边说找爸爸，陈老师有些不知所措了。这时陈老师翻看她的强化物评估，上面写的是喜欢《熊出没》，随后她找到动画片给她看，女孩慢慢地安静下来，陈老师开始尝试与她进行简单的交流。陈老师十分理解自闭症孩子的心境，她们比一般孩子更渴望与人交往，但碍于心理的壁垒阻断了很多情感的表达。所以她努力寻求一种与女孩同等境遇的交流方式，时常向女孩表达关切和鼓励，使得两颗心逐渐走到了一处。以后的日子她依旧不爱说话，但她每次见到陈

---

① 案例提供：长春市宽城区实验学校 王雪。

老师时总是十分开心。有一次她送给了陈老师一束她自己叠的粉红色的纸花，这是女孩第一次送给别人东西。

当孩子们遇到困难无法主动走向他人的时候，她总是选择义无反顾地奔向孩子们，"身临其境"地帮助他们面对生活的困难，陪伴他们度过那段漫长的人生岁月。[2]

陪你奔跑，以你为傲

宋老师的班里有一个身材很胖的男孩子叫文文，不仅体育运动不达标，还经常受到同学们的嘲笑，给他取了一个"八戒"的外号，这让他幼小的心灵逐渐变得很自卑。

为了帮助文文，宋老师每天给他设定相应的跑步计划。但刚过了不到一周，文文就开始背着宋老师"偷工减料"。不是跑着跑着就坐下了，就是比计划少跑一圈。宋老师得知之后决心换一种方式，"身临其境"地与文文共同面对"改变"。从第二周开始，宋老师开始天天与文文一起跑步锻炼，文文跑几圈，宋老师也是一样。

有了宋老师的参与，文文的锻炼明显顺利多了，但过程终究还是艰苦的。有几次文文累得气喘吁吁、满头大汗地直接坐在了操场上。宋老师语重心长地对他说："其实老师也是一个不愿意锻炼的人，但为了我的学生，我愿意面对同样的境遇，那你呢？就不愿意为自己而改变吗？"文文若有所思地看了看宋老师，随之重新站了起来，眼神无比坚定地看着前方的跑道。

从那以后，班里的同学很少有人再提"八戒"的外号，随之而来的是班里出现了一个"长跑小将"，每年运动会他总能在全校取得优异的成绩，成为宋老师的骄傲。

宋老师以陪伴的方式帮助孩子完成了"八戒"到"长跑小将"的华丽转变，这不仅是教师潜心育人的坚持和毅力，更多的是为了"与人同行"而改变自己的胸怀和勇气。[1]

---

[1] 案例提供：长春师范大学 孙天鹏。

专题八

基于规范管理的组织力

基于规范管理的组织力，旨在厘清各因素间的根源线索，分析出多个因素交互的复杂因果关系，达到育人于无形。在班级规范管理中，对于『严格』与『弹性』的把控要更有针对性，把『严』聚焦到课堂管理中，把『弹』分散体现在每个管理的个例上，使班级管理更有温度、深度、力度和广度。

组织的功能，在聚合安人的力量，协同一致。

——曾仕强（中国台湾，1935—2018）

如果把一节课的全程看作一个"体"，那么里面就是由学生与教师所组成的密密麻麻的点，这些点的交互与联动所组成的一条条线就是课堂风貌，再加以规范管理所形成的边界秩序就组成了一个个面，从而形成一个完整的课堂呈现。而这样一个复杂的系统不仅是各部分之和，而且是各部分及其相互作用的 N 次方递增，如果能探索出点、线、面三个因素之间繁而有序的组态路径，那么所形成的每一个"体"都将是和而不同的完美组合。基于规范管理的组织力旨在厘清各因素间的根源线索，从而分析出多个因素交互的复杂因果关系，进而达到育人于无形。因此，对于教师而言，在班级规范管理中对于"严格"与"弹性"的把控要更有针对性，把"严"聚焦到课堂管理中，把"弹"分散体现在每个管理的个例上，可以真正做到让班级管理更有温度、有深度、有力度、有广度。

主题 1

严格而有弹性地划定规范的边界

俗话说"无规矩不成方圆"。任何一个完善组织都要有自己的标准与规则，但划定规则与标准并不是束缚与禁锢，而是帮助学生更好地形成自我意识，培养自我约束能力。严而有度的规矩意识在充分调动个体主观能动性的同时，又能帮助学生形成一定的道德边界感，使其可以在一个相对自主又相对有界限的学习氛围中判断和管理自己的行为举止，从一种"他组织"转向"自组织"，进而达到育人于无形。

一、心"里"加油站

规范激活理论（Norm Activation Model，NAM）是于 1977 年提出的，该理论包括责任意识、后果归属与个人规范三个核心变量，认为个人的亲社会行为是在个体规范的驱动下产生的，这种规范使个体基于自身价值观和道德准则对行为进行考量，而个人规范的激活取决于后果意识与责任归属的综合作用，NAM 试图通过分析其他变量对个人规范的激活，从而预测个体的利他或者说是亲社会行为，认为内化的个人规范是推动个人实施利他行为的直接动因，即个体意识到有道德义务实施利他行为时，为了使自身行为与内化个人规范保持协同，从而降低自身不适感和内疚感，个人会倾向于实施亲社会行为。

该理论在规范管理的组织力上具有很强的适用性，在班级管理中通过对班级每一个体个人规范的激活，使之产生利他的亲社会行为，以个人内化驱动集体从而达到有效组织的目的。而其中的亲社会行为在班级管理中可以理解为学生在集体中通过自我约束管理对整个集体产生正向影响的行为，也就是说通过规范的内化作用，促使班级个体形成榜样模范力量。

如此，如何将个人规范的激活融于班级规范管理制定中，则是我们要借鉴该理论思想的关键所在。因此，规范激活理论能很好地解释班级管理划定规范边界的重要意义。

二、边界即秩序

何为边界？如果说国与国之间的边界是由地理位置划定的物理界限，那么人与人的边界则是由其内在的道德标准所决定的心理界限，这些心理界限所形成的集合也就构成了一个群体乃至一个社会的边界底线。任何组织只有在一定的界限划定内，才能持续保持在一个真正自由而又独立有序的平衡状态中。

因此，一个班集体的边界划定对于班级管理有序开展的重要意义就不言而喻了。学生行为的可为与不可为需要教师通过边界加以调控，才能使这些非线性互动达到一个和谐稳定的状态，甚至要细化于在研究教育问题的个例上去探索"边界方法"，通过有效的协同与竞争促进班级管理成为一个自组织的演化过程。故如何基于理论视角划定"严而有弹性"的边界意识对于学生行为导向的意义和价值，则是我们所要思考和探索的。

三、微言小故事

"升米恩，斗米仇"

从前，有两户人家是邻居，其中一家比较富裕。有一年，天灾导致田中颗粒无收。穷的一家没了收成，只能等死。富的一家有很多粮食，就给穷人家送去了一升米，救了急。穷的一家非常感激救命恩人！熬过最艰苦的日子后，穷人就前去感谢富人。

说话间，谈起明年的种子还没有着落，富的一家慷慨地说："这样吧，我这里的粮食还有很多，你再拿去一斗吧。"穷人千恩万谢地拿着一斗米回家了。回家后，家里人说："这斗米能做什么？根本就不够明年地里的种子，他们太过分了，既然这么有钱，就应该多送我们一些粮食！"这话传到了富人耳朵里，他很生气，心想："我白白送你这么多的粮食，你不仅不感谢我，还把我当仇人一样嫉恨！"于是，本来关系不错的两家人，从此成了仇人，老死不相往来。

任何关系再亲密，分寸不可差失，人与人之间最舒服的关系，是熟不越距、恰如其分的边界感。

一条线

有位武术大师隐居于山林，听闻其名，人们都来找他询问武术窍门。

一日，他们到达深山时发现大师正在从山谷里挑水，挑的水不多，两只木桶里都没有装满。按他们的想象，大师应该能够挑更大更满的桶。他们不解地问："大师，这是什么道理？"大师说："挑水之道不在于挑多，而在于挑得够用。一味贪多，适得其反。"众人越发不解，大师从中选了一个人，让他重新打了两满桶水，那人挑得非常吃力，没走几步就跌倒在地，水洒了不说，膝盖也摔破了。"水洒了，岂不是还得回头重打一桶吗？膝盖破了，走路艰难，岂不是比刚才挑得还少吗？"大师说。人们问大师具体挑多少水合适，大师在桶里画了一条线，笑道："这条线就是底线，高于它就超过了自己的能力和需要。挑的次数多了就不用看那条线了，凭感觉就知道合适的水量。"

这个故事提醒我们，制定边界是为了日后不用边界也能做到心中有数。

"有边界但无围墙"的小米

2014 年的互联网创新交互大会上，海尔张瑞敏提出了互联网时代企业无边界的话题。同年，小米雷军指出，小米是有边界的，即手机、电视与盒子、路由器三大核心品类；但同时雷军也强调小米没有围墙。企业边界的本质是组织与它周围环境之间的界限，不妨也让我们将视角转入课堂管理中，有秩序地制定边界，但弹性与软性的结合可以无围墙。

从案例中我们可以了解到，无论在心理学领域还是企业管理领域，无处不边界，边界为其稳定发展提供了前提条件。当不再需要边界加以条框时边界感就形成了，这使得教师在课堂管理中意识到边界的重要性，那么在制定边界培养边界感时就能心有所谋，言有所依，行有所止。

主题 2

温柔而坚定地抓住管理的缰绳

德国教育家约翰·菲力德利赫·赫尔巴特曾说："如果不坚决而温和地抓住管理的缰绳，任何功课的教学都是不可能的。"一个有智慧的教师在课堂中要做到手执缰绳，心有路径。

如果说课堂是一匹马，那么教师要学会在驯化这匹马的过程中用好这根"权力"的缰绳，何时松弛、何时拉紧需要教师"严而有弹性"地控制好力度。缰绳的一头是规范的边界，另一头是随时可能发生的班级动态，作为手握缰绳的教师要在关键时刻恰当出击，在危险即将来临时悬崖勒马，防患于未然，宽严并济，渐次使其从"规则化"到"自觉化"，让教育在无形中生长。但缰绳要张弛有度，过于严厉的管理方式不能解决根源问题，温柔而坚定的边界划定更讲究方法。如何巧妙地把握机会、找准关键、抓出成效才能真正做到手握准绳，心已铺路。

一、心"里"加油站

群体动力理论是由美国社会心理学家库尔特·勒温（Kurt Lewin）提出的。他认为在一个群体影响下个体所表现出的思想和行为与独处时所表现的有所不同，该理论指出群体是个体之间联结的纽带，给予他们集体的力量来满足他们自己无法满足的需求，提供他们无法获得的信息与身心支持，并帮助他们实现自己的目标，从而达到"1+1>2"的群体效果。

群体动力系统一般包含三大因素：凝聚力、驱动力与驱散力，其中凝聚力作为保证群体动态稳定运行的关键因素，也是该理论重点研究的指向，通过研究群体规范，分析如何提高群体凝聚力，协调彼此之间的关系，营造良好的班级氛围。群体作为一个共同体，超越了个体单独行为的总和，从图 8-1 模型中可以看出，群体的发展受各方面因素共同作用，从而确保各因素之间协同发展，才能保障群体动力稳定运行。

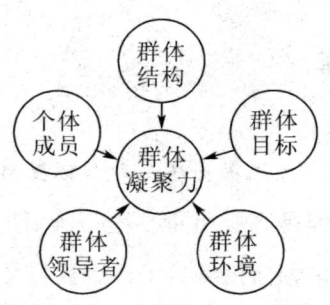

图 8-1　群体动力理论框架模型

该理论在教育领域的研究已经得到广泛的关注，主要侧重于对教师角色、学习动机的研究，认为教师作为群体领导者其角色应根据群体发展的不同时期进行转变，不断寻找和揭示班级群体行为与每个学生个体行为的动力源，从心理及社会环境两方面去寻找对群体以及个体行为的推动力量，从而保证整个班级群体稳定发展与动态演化。

二、组织重在协调

有人说高明的教师在组织管理中能做到即使乱云飞渡，也能从容应对。之所以能从容，因其有足够的智慧能协调各方力量去把控事态动向。可以说，组织能力是一名教师最基本，也是最重要的职业技能。

一节课的好坏并不单单看教学内容的设计精彩与否，更多的在于教师对整节课中学生学习状态、进度等综合形势的组织与把握。一节课如果出现预设之外的情况，那么它往往是一个机遇，如若教师能借助培养过程中所生成的规范，严格而又有弹性地执行，处理协调好各因素，巧妙地将其融入设计轨道中并将其内容升华于更高层次的学习中，那么它将成为本节课的点睛之笔。一节课如此，一个班级的管理亦然。

因此，一名教师要学会将各方力量有序协调，不断优化组织的规范，激发内在动力，才能真正将教育教学管理各个要素拧成一股绳，从外部环境、内部矛盾、各部分要素间的相互作用着手，用系统思维从多个维度在整体上进行把控与协调，进而促使组织管理效应的螺旋上升。

三、微言小故事

汉王虽弱，却有万里江山

刘邦有自知之明，他是底层出身，懂得唯贤唯才：萧何懂得如何筹措粮草，就放心交给他；韩信懂得如何招募兵士，统兵打仗，就把帅印交给他；张良懂得审时度势，分析天下形势，就听取张良的建议和谋略。因为刘邦具有资源的整合协调能力，所以才有"汉王虽弱，却有万里江山"。

反之，老天把韩信送给项羽，而韩信看不起项羽，不用其才华；把武力送给项羽，但他单凭个人武力，每一次都单独险境冲锋，而不是培养他人；把智谋无双的范增送给项羽，却感情用事，不用其谋，不会整合协调已有资源。由此看被刘邦打败的项羽，可以知道这些就是他大败的根源所在。

管理的"双重人格"

若提到为 2008 年北京奥运会建设的场馆、别名为"水立方"的国家游泳中心，想必是无人不知。而"水立方"的建设却是出于一个原本名不见经传的小公司。

之所以能拿下建设"水立方"这个大单并能够出色完成，要归功于管理中的统筹协调能力。该公司的前身是国有企业，但随着互联网时代的到来，很多国有企业面临转型、裁员等问题，这家公司也不例外，不过他们的管理者提出了一个概念——"终责人"，即寻找决定团队成员计划、组织、领导和控制一系列管理工作，并最终能对结果负责。每个人同时至少两种人格，一是作为原部门人员的人格，二是作为临时项目成员的人格，将组织架构为一个"矩阵式"的交叉管理模式，平日各司其职，有临时项目时则能稳定输出，这样的优势可以让公司平台化。人才流动制充分实现能者多劳多得，将部门各人的能力充分协调发挥，使得公司运转有条不紊。

协调力常见于身边每天正在发生的事，如果能有效统筹，合理协调，无论多么复杂、多么困难的问题都能迎刃而解，关键在于是否物尽其用、各司其职。如果在教师的日常管理工作中也能像案例所述，平时各司其职，有临时任务时每个人都能按照自己所能协调分配，那么课堂生成也会如行云流水般顺畅无阻。

主题 3

如何历练基于规范管理的组织力

企业管理中常说沟通要有温度，做事要有力度，反馈要有准度，将其视角转换到教师行动日常上，更觉得这三个维度帮我们明确了组织力历练的三大方向，即文化的建构、制度的规约、行为的反馈。

如前所述，严格而有弹性地划定规范边界与制度的规约相互配合，使得教师组织管控"心中有数"；温柔而坚定地抓住管理的缰绳与行为的反馈相得益彰，使得学生做事问学"行有所止"；而两者中的"弹性"与"温柔"恰恰又相互促进了课堂文化的建构，使得课堂设计"脚下有路"。

因此，一名教师要以统筹兼顾之谋、组织实施之能，有方法、有步骤地做到让组织具有赋能的能力，具有跟更多成员共生的能力，具有跟同伴协同、提高效率的能力，做好教育的"明白人"、管理的"实干家"、学生的"贴心者"。

一、文化的建构

文化的建构包括班级风范、师生关系、课堂氛围等，是影响校内管理效果的重要因素。积极的组织管理文化会悄然形成一种自我管理的氛围，不仅能激发学生投身道德规范的兴趣和意志，还能使其主动内化规范，并外化于行为实践中。这种文化有利于学生归属感的形成，通过共享的目标和价值观，使得学生在文化的浸染之中获得角色认同。

1. 教师是文化建构的"布道者"

用心用情，让方向倏然明晰

以某高职学校的电子信息专业为例。他们设定了以"培养具有创新精神和实践能力的电子信息专业人才"为愿景，并确定了以"诚信、勤奋、团结、创新"为核心价值观，并在日常管理中，将这些愿景和价值观融入教学、活动、评价等各个环节。

在课程设置和教学方式中，高职院校首先鼓励学生参与到项目实践中，培养他们的实践能力和创新精神，同时将诚信、勤奋、团结、创新等价值观作为评价学生的重要标准，使学生在实践中自觉遵循这些价值观；其次，在组织各类班级活动时，也充分考虑到愿景和价值观的实现，比如举办了一系列以"创新挑战"为主题的活动，鼓励学生团结协作，勤奋创新，以达到既定的挑战目标。

在这种管理下，学生对于班级的愿景有了清晰的认识，明确了行动方向，在实践中不断强化并传承了班级的核心价值观。经过一段时间，该班级的凝聚力明显提高，学生的行为规范性和积极性也有显著提高，这无疑证明了设定明确的愿景和核心价值观对于组织文化建设的重要性。（摘自刘甲《高职学生管理中的组织文化建设与班级凝聚力提升》）

任何一个育人的空间都是一个文化系统，系统中明确的愿景能有效激励学生向着同一目标努力，继而提高集体凝聚力。而核心价值观则是学生内化的行动准则，正向引导学生的学习行为。因此，营造一个积极和谐的文化氛围，有利于课堂设计和教学任务的稳定开展。

不急不缓，让文化悄然生成

新学期来到了新楼层，对于新的环境、新的邻班同学，小朋友们充满了好奇，看看这儿，抠抠那儿，每分每秒都在探索"底线"在哪里。在上第一节课时，教师强调了走廊内三不准原则：不准跑跳、不准打闹、不准喊叫。

开学第一周，经常会听到有人告状某个学生挑战规则，教师对此并没有严厉批评，而是对于表现好的学生当着全班的面进行嘉奖表扬。在周末进行总结时，意料之中班级没有得到流动红旗，一个个小家伙失落地低下了头。

新的一周开始，班级却呈现出截然相反的景象，小朋友们在走廊有秩序地靠右侧行走，不推不搡、不大声喧哗，尤其是年级有名的小"淘气包"还受到了流动督查老师的表扬。当听到班级得到本周唯一的流动红旗时，每个小家伙都很激动地互相击掌、拥抱。

基于两次不同的结果，教师召集开了班会，小朋友们表示：努力就会有收获，在一个班集体中，我们每一个人的言行都代表着班级，所以一定要规范好自己，努力为班级争光。随着时间的推移，小朋友们不但时刻约束着自己，越来越多的小朋友会在其他人犯错时进行提醒，督促他改正错误。

在班级中实施科学有效的管理方法，不急不缓、循序渐进地引导学生，让学生挖掘出潜在的班级文化，通过这种凝聚力，学生更愿意融入班级、依恋班级，培养学生的全面素质，才能为社会培养出更多的优秀人才。①

2. 学生是文化传播的"传教士"

你就是"和"文化的代言人

正在班会上侃侃而谈的学生，就是以最高票数被同学们推选为"和"文化代言人的宁宁。她作为班长，成绩优异、热爱班级、关爱同学。她总是积极主动调节班级同学间的小矛盾；当有同学遇到困难时，便会第一时间来帮助他们，在同学们对她表达谢意时，她也总会说"应该的"。宁宁始终不求回报地扮演着"暖心大姐姐"的角色，默默温暖着大家、影响着大家。她所做的一点一滴，同学和教师都看在眼里，暖在心里。

今天，小豪不小心弄倒水桶，把水洒到了正要下楼玩的宁宁身上，面对小豪愧疚的眼神，宁宁并没有生气，反而是"牺牲"自己玩耍的时间帮助小豪把地面的水拖干净，并且又帮他重新打了一桶水。她说："作为班级的一分子，帮助

---

① 案例提供：长春市宽城区实验小学　程朗熠。

同学是我的责任与义务。"教师在大家雷鸣般的掌声中将"和"文化代言人的小奖杯颁发给宁宁，这个小代言人真是实至名归！

培养学生的文化意识有利于学生个体身份认同的形成，而真正的文化是践行在学生内化的过程中。因此，要创设文化氛围、弘扬文化，致力于培养孩子作为"和"文化的传播者，才是宣扬文化的重要支撑。

不是文化规约了你们，而是你们创生了文化

在一次年级组的思维训练竞赛中，唯有我们班公认的"小博士"小恒取得了满分，他的卷子被整个年级的同学传看。得知此情况，他红着小脸蛋儿喜滋滋地说："老师，我喜欢做这种有挑战的题，我以后还会继续努力。"在课余时间，教师发现小恒经常和一些"崇拜"他这位大师的同学在研讨思维题。小恒的妈妈也和教师反映孩子回家总是让她找一些思维题，乐此不疲地做到很晚，题目基本上得靠抢下来，孩子才恋恋不舍地去睡觉。她给小恒买了一本思维训练书，让他在课余时间和同学们进行研究探讨。随着时间的推移，陆陆续续有家长反映孩子近期爱上了做题与思考。几个小朋友找到教师提出每日思维训练的建议，教师予以采纳并且鼓励他们自行去安排每日训练的细则，班级里勤于思考、爱钻研的气氛日益浓厚。

文化从不是设立出的品牌，它是学生自发创设出的一种风潮，是学生自我成长的一种体现。学生是班级的主人，文化在学生言行中悄然成风，潜移默化每一个人。所以，选择相信学生，给足学生发展空间，凝聚起这众星之火，伴随着文化风潮吹响整片天空。①

二、制度的规约

"课堂管理是教师运用组织和程序，把课堂建设成为一个有效学习环境的先期活动和策略"。那么推而广之，在有限的课堂时间内，最大限度地完成教学任

---

① 案例提供：长春市宽城区实验小学 程朗熠。

务并使教学效果最大化都离不开有效的课堂管理制度。通过制度的规约，教师可以明确表达哪些行为和成就是被鼓励的，哪些是符合组织文化的，这样既可以激励学生的积极行动，同时又能强化他们对学科文化的认同和理解，从而使教学活动更有序、顺利地进行。

1. 设置"内化"规范

创建"奖励认可"制度

高中 A 班设立了"创新之星""团队协作奖""社会实践优秀奖"等一系列奖励和认可制度，强化学生的创新能力、团队协作精神和社会实践经验，这些都是班级制度的核心部分。"创新之星"奖励的是那些在课程项目或学术研究中展现出优秀创新能力的学生，以鼓励学生独立思考、勇于创新；"团队协作奖"则是为了鼓励和表彰在团队项目中展现出优秀团队协作能力的团队或个人；"社会实践优秀奖"则是对那些积极参与社会实践、通过实践活动提升专业技能和社会经验的学生的认可。

在这样的奖励和认可制度下，学生更愿意积极参与各类学习和实践活动，努力提高自己的能力和素质，近看是为达到奖励的标准，远看更是一种荣誉感和团队协作能力的凝聚和历练。

教师在整个制度的规约中要当好"总枢纽"，凝聚向心力；学生则当好"督察员"，打造铁闭环，从而使制度的规约为课堂划定好边界线，使得学生的学习活动在一定的界限内能够最大化地发挥自己的主观能动性，帮助课堂文化形成"争"的意识、"拼"的干劲、"赢"的决心。

划定"行为失范"边界

周五的班会课上，一场题为"行为失范，罚与不罚"的主题班会由四年五班班长组织召开，教室的后面还坐着五位家长代表。三名学生先进行了《老师，我忘带了》情景剧表演，将大家引入"罚还是不罚"的民主讨论中。剧中，课代表正在收取前一天布置的语文作业卷，刘明怯懦地说："我又忘带了……"无奈,王老师只能留下一声叹息。

同学们脱口而出:"老师,他总是忘带,必须惩罚他!您可以给予惩戒教育。"王老师故作为难,请大家帮她想想如何惩戒才合适。

教室里"炸开了锅"。大家说,一次不带,扣班币一张;午休重新罚写;抄写课文;罚写十遍……可王老师说,如果他真有特殊情况呢,我们不能一概而论。

大家给出了建议:"在学校内补完作业的同时可以选罚抄班级惩戒细则一遍,或选写300字以下的情况说明,还可以选用接下来一次小考的满分来免除本次惩戒。"王老师和在座的家长十分赞同。

教师必要时施以惩戒,这并非教育目的,而是教育手段。王老师利用班会让学生明确"行为失范"的边界,让学生能够被共情理解的同时面对更有温度的"选择",这种惩戒温柔而坚定、开放而有力量,也达到了班级管理中的自管和他管的和谐共鸣。[①]

2. 达成群体"驱动"

"灯光师"和"卷帘大将"

在小张老师的班里人人都是班级管理者,从"灯光师"到"卷帘大将",小张老师让每个孩子都有了自己特定的称谓。

"'卷帘大将',是不是该把窗帘放下来了?""灯光师,请你帮老师履行你的职责,教室现在看起来有点暗。"诸如此类的话语每天充斥在这个充满欢声笑语的班级里。

"张老师,你也给我个职位呗。"

"可是你平时上课总是溜号,总是忍不住和其他同学说话。"

"老师,我保证能管住自己。"

"那这样,你就当'被管理管理者'怎么样?"

---

① 案例提供:长春南湖实验中海小学 王灿灿。

"嗯……行，老师我保证认真听讲。"

从此以后，班里便多了"馒头管理员""书包卫士""扫帚守护者"……

每个孩子都是自己的"课堂守护者"，从"灯光师"到"卷帘大将"，张老师让孩子们在管理与被管理的氛围中共同成长，增强了学生的责任感和参与感，也有助于学生理解规则的目的，更愿意遵守。通过这种趣味的方式，可以更全面地得到学生的反馈并及时进行班级动态的调整，确保规则管理的实时适应性。

讲台下的"百宝箱"

每周五最后一节班会课，是四班学生的积分兑换时刻，也是孩子们每周最期待的时刻。大家议论纷纷，张老师的"百宝箱"里又有哪些新的小奖品出现。

小刘与身边热闹的氛围显得那么格格不入。

"这周咱们班级没有获得流动红旗，是什么原因大家知道吗？"

学生窃窃私语，也有几个学生的眼睛不时地瞟向小刘："老师，好像是小刘大课间的时候踩了草坪，被值周生扣分了。"小刘的脸涨得通红"老师，我，我只是想去捡草坪上的垃圾，您不是说我们要爱护校园环境吗。只是……"

"可是老师不会批评你呀！"

所有学生的目光一齐投向讲台上的张老师，"老师要肯定你刚才所说的，校园环境需要我们共同维护，这也是小学生守则中提到的一点，你能记住履行并实践老师很高兴，只不过这次方式欠妥，以后我们用更妥帖的方式去行动会更好。"

小刘脸上的阴霾一扫而空，"我会的，张老师。"小刘高兴地点点头。

张老师拿出讲台下的"百宝箱"："那么，今天谁先来兑换积分？"

"让小刘先来！""向小刘学习！""……"

"谢谢大家！我们还是按顺序来吧！"小刘不好意思地挠了挠头。

"哇！今天的'百宝箱'里有我最喜欢的奥特曼！"

"唉，我的积分不够兑换那个……"

"下周我要更努力获得积分了！"

"李韬，你积分真高，我也要向你学习，多帮助别人！"

"……"

日常教学生活中使用积分制或奖励系统来激励学生，学生可以通过展示积极规范的行为和努力来获得积分，在这个过程中学生既感受到了遵守制度带来的喜悦，进而也会继续持久地保持这种积极性和奋发性。这种温柔而又有弹性的管理方式也是教师能力提升的一个重要方式。[①]

三、行为的反馈

反馈作为承载师生交流的重要课堂教学环节，直接关系到管理的有效性。教师对学生行为的反馈能够让我们回观和检视管理的效能。因此，反馈要遵循及时性、连续性、真实性、多向性的原则，教师要通过有效反馈灵活调控管理行为，给予学生适切的反馈信息，从而强化和拓展班级规范。

1. 及时是实效的前提

开放式沟通，持续反馈的智囊团——班级大使

某校在课堂中引入了"班级大使"制度，这个做法在提高班级凝聚力方面产生了显著效果。该制度是指每个班级会选出几名"班级大使"，由他们形成的智囊团不仅需要协助班主任进行日常管理工作，还需要在班级中发挥模范引领作用，积极塑造和传播班级文化制度，营造积极的班级氛围。在"班级大使"的帮助下，他们制定了一系列积极的班级活动，包括定期的"班级大会"。大会上，所有的学生都可以分享自己的学习成果和生活感悟，同时也可以提出对班级管理和活动的建议，教师也会积极采纳吸取建议，并提出有效的反馈。

除此之外，他们还有"班级团队挑战"等活动，鼓励学生通过团队合作，共同完成挑战，这不仅能让学生在活动过程中增强团队协作能力，也有助于加强班级成员间的关系，提高班级凝聚力。"班级大使"还负责收集和反馈学生对于

---

① 案例提供：长春市尚德学校 曹皓晗。

班级文化和氛围的意见和建议，以便班级能够及时调整，使班级文化更加符合学生的需求和期望。这样持续反馈下的开放式沟通，能充分调动学生能动性，对自己与他人的行为进行反馈，同时也在无形中营造一个积极良性运行的课堂氛围。

行为反馈体现在生生之间，也体现于师生之间。一节完满的课堂不仅是内容设计与流程管控，更是体现于师生之间的互动反馈与交流。教师在课堂中更要注重反馈的多样性，采用评价性反馈、言语性反馈与肢体性反馈等不同形式并赋予其不同的意义，使得学生行为的反馈化有形于无形。

是规则也是红线

化学实验室的很多规则都是用血换来的，而学生在实验室中遵守的最基本的规则就是要在教师指导下使用实验设备。张老师在实验室组织学生进行的一次实验课上，发现有个学生在没有弄清楚酒精灯应该给什么药品加热之前就点燃了酒精灯，并且在老师发现时该学生已经偷偷地划了好几根火柴，在学生看来只是浪费几根火柴而已，而且教材中对酒精失火也有处理方法，总之是没有克制自己的好奇心，怀有侥幸的心理，也有对规则的藐视和对生命安全的无视。这次张老师没有讲情面，及时叫停了该同学的实验，并且不允许他继续参与本次实验，同时也和他的班主任说明了他的表现，建议班主任按照班规对他进行惩罚。

即使是在校园也有一些刚性规则是必须遵守的，而教师作为规则的监督者和维持者，更应该即刻反馈、坚决地执行，防止事态蔓延，及时保护红线。[①]

2. 弹性是高效的关键

空白的第十条

在杨老师的班里，班级规范的第十条是空白的。杨老师想把这个位置留给学生，所以第十条是集体制度也是个人空间，是班级规范也是每个人的小目标，这个小目标是以每周为一个周期进行调整。学生有了可以发挥的空间，都是非常积

---

① 案例提供：吉林省前郭县教师进修学校 张丹。

极的，比起模糊的目标，他们制定得非常具体；比起好好学英语，他们的小目标是本周内每天背 20 个单词；比起每天要早起，他们的小目标是本周内每天 6：30 起床……虽说是简单的小目标，但作为班级一员参与小目标的制定是在培养孩子们的集体意识，而制定小目标的过程是在培养孩子们的规划意识，在兑现承诺完成本周小目标后又养成了诚信意识，也提升了孩子们的自信心，正所谓日拱一卒，由小目标见大志向。

规范是广义的，既要有刚性规范，也要有弹性规范。刚性规范是用来遵守的，弹性规范是用来打破的，灵活制定并且灵活应用弹性规范，才能更好地促进学生的发展。①

有温度的惩罚

某校规定不允许学生坐电梯，一天德育老师将一位坐电梯的男生交给他的班主任处理，班主任申老师是一位语文教师，她想了想，觉得劳动是最光荣的事，不能拿最光荣的事来惩罚他，也不能把跑圈当惩罚，因为那样的话她自己也要跟着去操场数圈，于是结合自己学科特点，让男生从不同角度说出 10 个坐电梯的理由。男生或说自己太累，或说自己使电梯运行是为了更好地维护电梯，或说自己可以作为反面教材让其他学生警醒……虽是惩罚却有温度，这种弹性的处理方法，既让男生为自己的错误买单，也让男生甚至全班同学都收获了描述问题的不同角度，不可谓不机智啊！

文化建构也好，制度规约也罢，都是为了使整体和个体变得更好，有了这样的出发点，才会有人性化的管理，也才会使一个组织更有生命力！①

---

① 案例提供：吉林省前郭县教师进修学校 张丹。

专题九
基于认知重建的转化力

在引领学生认知重建的旅途中，教师的转化能力不仅是一种教学策略，而且是一项卓越的引导艺术，即一种引导学生从已知走向未知、从困惑走向明晰的奇妙艺术。在这一认知转化的过程中，教师不再只是知识的传授者，更是学生思维的引导者和激励者，为学生实现认知层面的提升提供坚实支持。

改

变你的想法，你就能改变你的生活。

——戴尔·卡耐基（美国，1888-1955）《人性的弱点》

认知，是人类心智对信息的处理和理解的过程。它蕴含着知觉、思考、记忆、学习等多个方面，构建着个体对世界的认知图景。而认知的转化，犹如心智重建，是一场深刻的变革，是一个引领个体超越已知领域、勇敢探索未知星辰的旅程。学生认知的重建犹如一场启迪心智的精彩探索，犹如透过显微镜窥探未知星辰的奇妙旅程。教师是领航星际船只的舵手，悉心引领学生驶向知识的深邃之境。在引领学生认知重建的旅途中，教师的转化能力不仅是一种教学策略，而且是一项卓越的引导艺术，即一种引导学生从已知走向未知、从困惑走向明晰的奇妙艺术。它超越了简单的知识传递，更注重于深刻变革学生的思维结构。在这一认知转化的过程中，教师不再只是知识的传授者，更是学生思维的引导者和激励者，为学生实现认知层面的提升提供坚实支持。

主题 1

认知是行动的导引

认知，犹如罗盘，指引方向，为行动提供依据。行动则是基于认知的实际操作，是实现目标或完成任务的关键步骤。没有行动，认知难以转化为现实。认知和行动的关系，是思想与实践、理解与执行的相互关联。

在教育环境中，教育不仅仅是传授知识，更是引导学生发展思维、培养情感、塑造品格的过程。学生的认知水平和发展状况直接影响学习效果和成长。然而，我们必须认识到认知并非一成不变，而是一个动态发展的过程。

因此，教育者要对学生的认知进行积极的引导和转化，帮助学生建立正确的认知结构和思维方式，以及积极的人生观和价值观。只有将正确的认知和积极的行动相结合，才能真正实现教育的目的和效果。

一、心"里"加油站

情绪 ABC 理论是由美国心理学家阿尔伯特·埃利斯于 20 世纪 60 年代提出的，它揭示了情绪、行为和事件之间的连锁反应。该理论认为，人们的情绪和行为并不是直接由外部事件或刺激引起的，而是由人们对事件的认知和评价所决定的。该理论用 ABC 三个字母来表示这一过程，其中：

A（Activating Event）指激发事件，即发生在人们身上的外部或内部的事情或刺激；

B（Belief）指信念，即人们对激发事件的看法、解释和评价；

C（Consequence）指后果，即人们由于信念而产生的情绪和行为。

根据该理论，人们的消极情绪和行为障碍结果（C），不是由于某一激发事件（A）直接引发的，而是由于经受这一事件的个体对它不正确的认知和评价所产生的错误信念（B）所直接引起的。因此，如果想要改变 C，就必须改变 B，即改变人们的非理性信念，使之变成理性信念。

A 指事情的前因，C 指事情的后果。有前因必有后果，但同样的前因 A，却能引发不同的后果 C1 和 C2。原因在于，从前因到后果之间，必定会经过一座桥梁 B，这座桥梁就是我们的信念和对情境的评价与解释。正因如此，面对相同的情境 A，不同的人会有不同的信念 B1、B2，从而得到不同的结果 C1、C2，如图 9-1 所示。

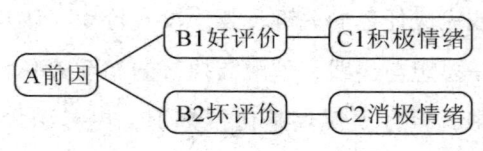

图 9-1　情绪 ABC 理论

可见，一切的根源在于我们的信念，即人们对事件的看法、解释和评价。这些信念往往是由于人们的个人经历、教育背景、文化环境等因素所形成的，有些信念是有益的，有些信念是有害的。因此，我们需要通过自我反思和他人的帮助，来识别和修改我们的非理性信念，从而改善我们的情绪和行为。

二、大脑司令部之谜

在灵动的思维之海中，大脑被誉为"司令部"，它接收、处理并发出各种指令，让我们的身体舞动、思维飞翔。在这个过程中，认知是大脑决策和指挥的重要"砝码"，是我们理解、解释和对待世界的方式，引导着我们的行为。

教师作为知识的引路人，他们的认知在教学活动中具有至关重要的作用。他们的信念、态度和教学理念犹如一面镜子，映射着学生的学习成果。同样地，在教育和引导学生的过程中，对于学生的认知转变是学生教育的重中之重。真正的认知不仅是停留在头脑中的理解，而且是要付诸实践，通过行动来体现。行动不是盲目的行动，需要明晰的认知和精心的观察。这种认知转化的重要性在于，只有将认知转化为行动，才能真正实现知识的价值和意义；只有通过行动的验证和体验，才能深入理解和掌握知识。

在教育实践中，教师需要不断反思和更新自己的认知，以适应学生需求，并通过帮助学生重建认知，在有效提高教师的转化力的同时，更有效地引导学生发展。

三、微言小故事

重新捕获人生的珍珠

有一个年轻人，自认为很有才华，但在生活上遇到很多波折，于是便觉得活着没有意思。有一天他决定跳海，但当他刚跳下去时就被一个老渔民用渔网捞了起来。他很生气，冲着老渔民嚷道："你什么意思，把我捞起来干什么？"老渔民说道："年轻人，为什么跳海呀？你这么年轻多可惜呀！"于是，年轻人就对老渔民诉说了自己怀才不遇的苦衷。老渔民听完，说道："哎呀，你今天遇到我，运气来了。我正好是治怀才不遇的专家，我帮你治治吧。"年轻人很诧异，急忙问老渔民医治之法。老渔民说："我有秘诀，如果你想知道，就必须答应我一个条件。"老渔民说着，顺手从沙滩上捡起一粒沙子，往旁边一扔，说："年轻人，去帮我把我刚才扔掉的那粒沙子捡回来，然后我就告诉你。"年轻人听了很生气，说道："你想要我呀？这么多沙子，我怎么知道哪粒是你扔掉的呀？"老人听了，笑着说："别生气，我这还有个条件，如果你满足了我这个条件，我也告诉你。我这里有一颗珍珠，我把它扔到沙滩上，你去帮我找回来。"很显然，年轻人轻而易举地就把珍珠捡了过来，交给了老渔民，并很虔诚地说："老人家，我把珍珠捡回来了，可以告诉我秘诀了吧？"老渔民一脸安详，说道："年轻人，秘诀我已经讲完了。"年轻人在老渔民的比喻中，意识到了自己过去的认知误区。他深深鞠躬："我明白了，真正的才华需要经过挑战和困难才能显现。谢谢您让我有了新的认知。"

这个故事告诉我们：有些人之所以有怀才不遇的感觉，是因为自己是无数沙子中的一粒，跟旁边的沙子没有太大的区别；但如果自己是一颗珍珠，那么伯乐就会更容易地发现我们。认知的转化带来了积极的变化。年轻人不再将注意力放在外界的评价和认可上，而是开始关注提升自己的内在品质和才华。他意识到，要成为一颗珍珠，需要经历磨砺和历练，不断提高自己的能力和素质。

放下名师的"紧箍咒"

李老师是一位在本地享有盛誉的名师，年轻时便在教育界崭露头角。她深受学生和家长的尊敬，影响力深远。在她的教育观念中，学生的成绩无疑占据着举足轻重的地位。然而，在她的班里，有一位名叫小王的"特殊"学生。从一年级到五年级，小王的学习成绩始终没有明显的提高。在李老师眼中，小王就像一幅美丽画卷上的瑕疵，难以抹去。这使得她深感内疚，认为自己作为名师也未能成功地改变小王。

在一次教育培训中，李老师与教育专家探讨了小王的问题。专家的见解让李老师茅塞顿开。首先，专家引用了布朗芬布伦纳的生态系统理论，指出个体的发展受到多方面因素的影响，包括社会、家庭、学校和同伴等宏观和微观的因素。这使李老师意识到，小王的困境并不完全是她一人造成的，从而初步解开了长久以来的心结。

接着，专家反问李老师，为什么要将小王塑造成她心目中理想的孩子呢？李老师开始深刻地自我反思。她原本认为，理想的孩子应该是成绩优秀的孩子，这也是她作为优秀教师的首要任务。但在专家的不断追问下，她意识到过去仅仅以成绩作为衡量"优秀孩子"标准，这种错误的认知导致自己在教育过程中忽略了小王的闪光点。她坦言自己受到了"优秀教师"这一称号的束缚，对成功和优秀的认知过于狭隘，教育的真谛并非成绩高低，而是关注个性和潜能，帮助学生找到属于自己的成长道路。

最终，专家建议李老师每日撰写教育叙事，在日常教育中不断反思自己的行为。在李老师的引导下，小王在音乐方面取得了骄人的成绩，逐渐变得自信和开朗。[①]

李老师通过与自己达成和解，放下了优秀教师的"紧箍咒"，不再执着于将

---

① 陈向明. 实践—反思性行动研究的意涵和路径 [J]. 人民教育，2023（Z3）：109-112.

小王塑造成一个符合她理想的孩子，完成了认知的转化。这种转化源于教师自我认知的深化，而学生的认知转化更加依赖教师的引导。因此，教师应将转化力视为推动学生认知重建的关键能力。①

主题 2

转化是成人的功德

转化是一种能力，也是一种艺术，是将糟粕化为美玉，是将危机化为机遇，是将困境化为契机，是将弱点化为优势，是将问题化为挑战，是将失败化为成功的过程。《论语》中说："君子不器。"（《论语·为政》）意思是说，君子不拘泥于一种形式或方法，而是能够根据不同的情况或对象，变通地运用各种形式或方法，从而达到最佳的效果。这就是转化的智慧，也是转化的境界。

在现象学的视角下，转化呈现为一个动态且不断演变的过程，这一过程伴随着个体心理与生理状态的持续变化。为实现有效的转化，我们需要明确的目标定位、合理的方法论指导、持续的行动力、积极的心态、坚定的意志、及时的反馈机制、灵活的调整策略、有效的评估体系以及适当的奖励机制。

一、心"里"加油站

行为转变理论模式也称为行为阶段转变理论模型，是美国心理学教授詹姆斯·奥·普罗察斯卡于 1984 年提出的。它着眼于行为变化过程及对象需求，理论基础是社会心理学。它认为人的行为转变是一个复杂、渐进、连续的过程，在不同的行为阶段，每个改变行为的人都有不同的需要和动机，对目标行为会有不同的处理方式，这样的改变流程可分为五个不同的阶段。

---

① 案例提供：长春师范大学 刘钊玮。

1. 打算转变前阶段

此阶段是指人们根本没有打算近期改变行为。这个阶段的人们往往对自己的行为问题缺乏认识，认为改变的必要性和紧迫性不高、改变的难度和风险太大，或者认为改变的效果和收益不明显。

2. 打算转变阶段

此阶段是指人们在某种程度上想到过改变行为，但不在近期。这个阶段的人们开始对自己的行为问题有了一定的认识，对改变的必要性和紧迫性有了一定的感受，对改变的难度和风险有了一定的克服，或者对改变的效果和收益有了一定的期待。

3. 准备行动阶段

此阶段是指人们已经形成坚定的想法在近期改变行为，并进行一些最初尝试。这个阶段的人们已经对自己的行为问题有了清晰的认识，对改变的必要性和紧迫性有了强烈的感受，对改变的难度和风险有了有效的克服，或者对改变的效果和收益有了明确的期待。

4. 行动阶段

行动阶段是指人们已经实验新的行为。这个阶段的人们已经开始执行自己的改变决定和计划，已经采取了一些明显的改变行为，或已取得了一些改变效果。

5. 巩固阶段

巩固阶段是指新的行为已坚持了最低限度的期限。这个阶段的人们已经成功地实现了自己的改变目标，已经保持了一段时间的改变行为，或者已经巩固了自己的改变效果。

二、一念天堂一念地狱

"一念天堂一念地狱"源自佛教禅宗的教义，这个概念强调了思想的强大影响，以及一个人的心态和观念如何决定他们的体验和境遇。具体而言，一个人的心念、思想和态度可以影响他们的精神状态和周围环境。如果一个人能够保持正面、平和、善良的心境，那么他们就会体验到一种如同天堂般的幸福和宁静；相反，如果一个人的心念充满负面、执念、烦恼，那么他们就会陷入地狱般的痛苦和困扰。不管是天堂还是地狱，最重要的在于一个人的"念"。一个人的"念"可以促使他改变自己的态度、行为、习惯等，从而实现自我转化；一个人的"念"也可以影响他对外界的看法、判断、反应等，从而实现事物的转化。所以，"念"是"转化"的一种动力和途径，也是"转化"的一种结果和体现。

对于教师而言，"转化"是一种特殊的能力和使命。它要求教师不仅具备扎实的专业知识和教学技能，更需要教师拥有敏锐的洞察力、耐心、责任心以及灵活应变的能力，体现在知识、技能和态度三个层面。教师的"转化"不仅要求教师帮助学生掌握知识和技能，更要求教师引导学生形成正确的学习态度和价值观。教师的"转化"也不仅要求教师关注学生的学习成绩，更要求教师关心学生的学习过程和体验。教师的"转化"不仅要求教师对待学生公平和尊重，更要求教师个性化和差异化地对待学生。同时，教师的转化最为核心的是实现学生认知的转化。

三、微言小故事

从"外星人"到"小可爱"

每个班都有这样的"外星人"，他们对待作业不认真，也不善于交际。在张老师的班里，小喜就是这样的学生，在人际交往中的疏离，对待作业和听课的漫不经心，仿佛已经成为小喜的标签。作为班主任的张老师，曾经尝试过与家长沟通，以表扬甚至适度惩罚的方式来引导他，但小喜似乎成了一个难以攻克的"武林高手"，一一化解了老师的招数。

在一次心理活动中，张老师无意间观察到小喜在玩沙盘。他忙碌地搭建桥梁、铺设道路，试图修复那个沙盘中的"家"。这一幕触动了张老师的心弦，她开始明白小喜内心的无助与压力，原来小喜并不是班里的"外星人"，而是一个被忽视的"隐形人"。

针对这个发现，张老师决定帮助小喜纠正错误的认知，重建他的自信心。小喜的作文上交得最慢，于是老师决定不再限制小喜的写作主题，给他更多的自由和选择，让他写自己感兴趣的东西。小喜的写作态度逐渐发生了变化，他开始积极交作业，而且写作质量也有了明显的提高。看到小喜的进步，张老师趁热打铁在班级中开展"作文分享"活动，让小喜有机会在同学面前分享自己的作文。起初小喜有些紧张和害羞，但是在张老师的鼓励和同学的掌声中，他逐渐放松，变得越来越自信。一次语文课代表生病了，张老师鼓励小喜承担收作业的工作，同学也纷纷赞同。从这一刻起，小喜意识到原来自己并不是无人问津的被班级抛弃的"外星人"，而是一个有着独特兴趣和才华的孩子，原来过去自己的行为都不是无法改变的事实，而是可以通过努力和积极的心态去改变的。他从未想过自己有一天会摆脱问题学生的标签，每当他回忆起曾经的"外星人"称号，都会心一笑。逐渐地，小喜成了班级中备受喜爱的"小可爱"。①

张老师的认知转化之旅

张老师是一位经验丰富的初中语文教师，当学校将一个普遍被认为是"问题班级"的初二班交给她时，她深感压力巨大。这个班的学生普遍对学习缺乏兴趣，课堂纪律差，成绩也一直不尽如人意。

张老师认为，这个班级的问题不仅仅是表面上的学习态度问题，更是深层次的认知问题。许多学生持有消极的学习观念，认为学习是为了应付考试，而不是为了增长知识和提高能力。这种错误的认知导致他们对学习失去兴趣，甚至产生抵触情绪。

为了从根本上改变学生的认知和行为，张老师决定采取一系列的措施。

首先，她着重于帮助学生重新认识学习的目的和意义。她并没有直接灌输知识，而是组织了一系列关于学习观念的讨论会。在讨论会上，张老师鼓励学生分

---

① 案例提供：陈向明《破茧成蝶：化解教育实践中的两难困境心灵的转化》2024 年 1 月 12 日讲座。

享自己的看法和体验，同时引导学生认识到学习是为了提高自己的素质和能力，而不仅仅是为了考试。

其次，张老师采用引导式的教学方法，帮助学生从被动接受知识转变为主动探究知识。她通过提问、小组讨论和角色扮演等形式，激发学生的好奇心和求知欲，促使他们主动思考问题、发现问题并寻求解决方案。

此外，张老师还特别注重培养学生的自我效能感。她通过个性化教学和差异化辅导，帮助学生认识到自己的潜力和优势。她会根据每个学生的学习特点和需求，制订不同的教学计划和辅导方案，让学生在学习过程中体验到进步和成就感。

在这个过程中，张老师也注重与学生的情感交流。她不仅关注学生的学习情况，还关心学生的生活和情感状态。她会定期与学生谈心，了解他们的困惑和需求，给予他们关心和支持。这种情感交流让学生感受到教师的温暖和信任，也让他们更加愿意接受教师的指导和帮助。

经过一个学期的努力，张老师发现班级的氛围有了明显的改善。学生的学习积极性提高了，课堂纪律也得到了改善。惊喜的是，学生的成绩也有所提高。

这个案例告诉我们，作为教师，我们需要有转化的意识和能力。通过引导学生转变学习观念、培养主动探究精神与自我效能感、加强情感交流等方式，可以帮助学生实现认知重建，激发学习的潜力。同时，我们也需要有足够的耐心和信心，相信每个学生都有成长的可能。①

主题 3

如何历练基于认知的转化力

转化力是指将事物从一个形态转化为另一个形态的能力。基于认知的转化力能够让行为发生实质性位移。现实中，教师拥有基于认知的转化力是处理学生问

---

① 案例提供：长春师范大学 刘钊玮。

题的秉要执本，既能化腐朽为神奇，又能化困境为契机。拥有这种转换力，不仅需要深具成人的功德，更需强大的认知转化的能力。

要想历练基于认知的转化力，就需遵循情绪理论的规律，把握由知及行的转化流程，按事物动态演变的规律促进目标的达成。首先，启动关系的营建，即让良好的关系成为互动的基础，共铸牢固而稳定的关系体；其次，要锚定问题的关键，即通过对于问题的精准判定、利用关系营建的基础，摸清问题的关键所在；最后，要进行合力的扰动，即通过多方联动，形成良好的转化场域，进而促进认知的重建。

一、关系的营建

关系是人们在社会交往中建立的一种相互联系，其价值在于提供了互相支持、合作和发展的机会。好的关系就是好的教育，关系先于教学，关系大于教育。建立良好的关系就像打通了信任通道，让知识流动，让交流顺畅，让我们基于信任安全的环境中打破认知局限，接受雕琢，转化行为。因此我们常把关系的营建看作互动的基础和前提，更是完成认知重建的第一步。

1. 由外向内地走进，悄然无声

一步一步靠近你的心

小杨是一名刚毕业的数学教师，由于工作经验不足，时常焦虑紧张，她的课堂风格有些严肃，渐渐地，学生开始出现畏难情绪。小杨老师开始寻找"法宝"。

从巡堂时温柔抚摸学生圆圆的小脑袋开始；她为数学课上踊跃发言的"精彩瞬间"做下记录，发在班级群里"大肆"宣扬；她还设置了专属数学课的"秘密奖励"，受到表扬累计超过五次的学生可以领取数学主题小盲盒，里面除了文具还有小杨老师签名的励志明信片；在每本数学作业的批改评语后面画一个可爱的笑脸；此外，小杨老师还请班主任帮助自己完成"天使计划"，每节课课后班主任都会向学生反馈一名让小杨老师感动、欣赏的"天使"，也许是他在课堂上积极发言，也许是他在操场上拾起垃圾，也许是他主动帮助同学解决问题，也许是他面对教师洋溢的笑脸……

小杨老师用发展、积极的目光看待他们，并把每个孩子的优点通过班主任反馈出来。渐渐地，学生紧张的情绪得到了缓解，学习的信心越来越足，课堂上交托的笑脸越来越多，课堂氛围越来越好，是的，他们爱上数学了。

一点一点赢得你的爱

五年十二班是个合班，走进新班级的孩子个个无精打采。如何抚慰这些失望的心、重燃希望是合班班主任当下最重要的任务。

为了让合班的学生能够迅速融合，纪老师利用自习课开展团辅活动帮助学生"破冰"，增进彼此的了解；发起守护行动：通过抽签抽取自己要守护的对象，守护人要暗自守护，不可以被人发现，学生每周末要写两句鼓励的话，一句送给守护的对象，另一句送给守护自己的人，由纪老师宣读同学们的温暖；实践类的课程纪老师全程参与并陪伴，帮助孩子们发现团体中的温暖，进行鼓励和引导；组建家庭小组，以小组为单位每两周进行一次实践活动，让孩子们在校外的活动中实现关系的不断深入……

"老师，我爱你，是你让我知道自己还有希望。""老师，我也爱你，我是24号。""老师，我爱'幸运五十二'！"……一个周五的下午，一张小小的"联名"纸条压在纪老师的书桌下。

好的教育是一阵春风，巧妙地使用一套"组合拳"，一步步地贴近和引导，让孩子们的内心得到了放松，实现关系的营建。①

2. 由内向外地引爆，一"件""中"情

叩开心门的"神奇钥匙"

悦悦是一名留守儿童，他总是低着头沉默寡言，很少跟人说话，做起事来拖拖拉拉，经常受到批评，同学总是有意无意地和他保持距离。有一天我在课间巡

---

① 案例提供：辽源市第一实验连阳分校 纪海茹。

视教室时，被他桌子上放的一个泥塑作品吸引了目光，我蹲下来仔细看并转头问他："是你做的吗？"他害羞地点点头，我不经意地说："不错，也许你以后会成为一个泥塑大师呢！"那个下午他格外开心。

在后面的学习中，我也总是抓住他的小小进步和闪光点，常常用"大师"的身份表扬他。两周之后美术老师告诉我，悦悦进步明显，课上表现得非常好，还经常做作品送给同学和老师，跟之前简直判若两人。我惊叹于他的变化并且开始暗中观察，发现孩子们也开始愿意和他交朋友，他的头逐渐昂起来，脸上出现了笑容，上课时默默举起的小手和端正的坐姿让我知道我真正地触动了他的心弦……

学期末的某一天，在以"我想对你说……"为主题的班会课上，我在一叠叠纸条中看到了悦悦写得有点歪扭的一行字：我想对你说："杨老师，我爱您。"

引爆"我可以"只需要"小约定"

小延是一个英语"困难户"。五年级了，英语的26个字母还念不全，更不要说背单词、读课文交流了。究其原因，除家长从孩子开始学英语时的不重视外，更多的是孩子的逃避心理，所以英语课自然成了他的呼呼大睡课。这样的自暴自弃，如果置之不理，其后果可能由英语蔓延到语文、数学的学习，甚至可能累及今后的学习之路。李老师决定找一个支点，撬动"困难户"。

李老师找到小延谈心，并把第二天要小考的事情提前告诉了他，帮他划出范围，告诉小延自己要从这15个单词中抽考8个单词，让小延做好准备。果然这次小考中遵守约定的小延考取了满分，李老师向全班同学宣告这个"传奇"改变。这样的引导对同学们来说是"惊天动地"的新闻，在雷鸣般的掌声和眼圈中的一股暖流里，小延第一次感受到"也许自己可以"。在之后的一段时间里，李老师每次都会提前把要考的内容告诉小延，从20个里面考10个，从30个里面考15个……到了期末，小延已经不再需要李老师的提示，可以主动挑战背记单词，听写的准确率得到了大幅提高。

如果说信任和爱是一阵微风，那么良好关系的启动就是"一点星火"，不经意的一次扰动足以引发聚变，引爆内驱力。①

二、合力的扰动

系统是由多个相互作用的部分组成的整体。这些组成部分之间存在着相互关系和相互作用，协同工作以实现特定的目标或功能。我们可以把"育人"理解为一个完整系统。家庭、学校、社会就是组成系统的各部分。人的转化并非一日之功，促进各部分深层联动才能唱好"同台戏"。共建一个有序、向心的家校社联动系统，有助于我们获取多维度视角，并能够基于对问题的精准把握，在合力推动下有的放矢地解决目标问题。

1. 校内巧共融，合力育人

跨学科主题教学，协同育人

"怎样种植一棵桃树？""怎样种植一片桃林？""植树造林都需要什么？""植树费用如何计算？"

这些问题的提出不是在环保部门的招标会上，而是仪老师根据广东省深圳市盐田区乐群实验小学的"建桥之约"跨学科主题学习项目，结合本校实际情况引申出来的课题。由于学校附近的大片荒地没有风景观赏带，仪老师发起了"桃李计划"跨学科主题学习项目。作为语文教师，他首先带领学生学习古诗《桃花》，从古诗中感受桃花淡雅清新之美，勾起对桃林景观的向往；由数学教师带领学生制作工程造价的统计图表；由科学教师为学生解答与植树相关的问题……在劳动教师的带领下，学生走出校园，来到空地考察植树的可能性。最后，仪老师发起"桃李计划策划组"，以小组为单位汇报：如何带领大家完成"桃李计划"。

在实践和思考中，教师通过精心设计，完成对"跨学科"资源的吸纳和融合。

---

① 案例提供：辽源市第一实验连阳分校 杨斯涵。

"术业有专攻"，资源整合才能优势互补

"红领巾，赞吉林，争做新时代好队员！大家好，我叫轩轩……"一段充满了自信和力量的声音从比赛会场传出……

程老师负责学生德育工作，带领学生参加活动。在一次演讲比赛的筹备过程中，轩轩迟迟难以进入演讲的状态，情绪和信心也逐渐低落下来。程老师针对轩轩的问题请来了演讲社团的张老师。经过范读与讲解，轩轩虽然进入了情绪，可是在面对个别生僻字和多音字时发音依然不准确。回到班级，程老师和班主任说明了轩轩的情况，班主任有针对性地听了轩轩的演讲，找到了轩轩的问题所在，并用她更熟悉的语文知识帮助她找到正确的发声方法。

看到班主任能站在不同角度为轩轩分析问题，程老师受到了启发，她邀请了班主任和社团教师组成培训小组，让两位老师的专业知识形成资源互补。此后定期为语言类节目的选手们进行双师培训，从语文、演讲两个方面双管齐下，帮助学生转变认知，提高专业能力。

2022年版义务教育课程方案明确提出，义务教育课程应遵循"加强课程综合，注重关联"的原则，开展跨学科主题教学，强化课程协同育人功能。①

2. 家校深联动，无间合作

变"学生的家长"为"教师的朋友"

阳光洒在书桌前，映在一张张"愿望字条"上：我想陪伴孩子每天坚持读书打卡！我希望诺诺能做个既开心又敢于表达的小朋友！我要做好杨老师的"同盟军"……

家长会是学校与家长之间的一种沟通和合作机制，在促进家校合作、加强家长参与和促进家庭教育等方面发挥着重要的作用和意义。

这次杨老师选用沙龙分享的形式开展家长会。变"一言堂"为"同台戏"。她发起"问题清单"活动，每组写出一个育儿问题，经过激烈的思维碰撞发现

---

① 案例提供：辽源市第一实验连阳分校 杨斯涵。

最具有共性的问题是：孩子为什么不喜欢读书？怎么办？在杨老师和各组共同的头脑风暴下，我们探寻到不爱读书的背后也许是没有建立良好的习惯，也许是家长还没做出表率和模范，也许是家里读书机制的设立不合理……针对不同的成因，各组也总结出了独到的见解。在这样一场双向奔赴的活动中，家长之间的黏性得到了提升，解决问题的积极性和能动性更高。活动的最后每位家长都要写一个"愿望字条"，以一学期为限，上面写清楚要帮助孩子达成的目标，将碰撞出的方法付诸实践。

搭起一座"桥"，传递一份"爱"

"奶奶，寒假什么时候结束？我想上学了！"这是昕昕对奶奶说的话。

昕昕是一个内向的孩子。在一次"把祝福送给你的爸爸妈妈"主题口语交际活动中，昕昕的目光瞬间黯淡下来。这已经不是她第一次因为父母的话题而黯然了。

付老师在进行了一次家访后才知道，原来前不久昕昕的父亲病重在外地住院，而妈妈选择了离婚，家里只有老两口靠打工照顾孩子。"我们没啥能力，就希望能拉扯孩子健康长大！"看着拉住自己的老人家，付老师决定为这个孩子做些什么。除了经济上的帮扶，付老师提前和任课教师打好招呼，做好约定，在课堂上尽量为昕昕创造更多的话题参与空间，保护孩子内心关于父母问题的创伤；平时他会更关注这个内向孩子的表情动态，经常准备小糖果、小文具以她表现优异为由"奖励"给她。经过一段时间的呵护，付老师发现昕昕比以前爱笑了，和同学的话题也越来越多，敢于表达自己的情绪了。寒假来临，学校发起了"赴冰雪之约，乐享雪假"活动，他呼吁昕昕所在的家庭小组能够带上昕昕共同完成一次出行，在其他家长的帮助下，昕昕的寒假没有让冰雪项目缺席。

交互作用理论认为，"虽然家庭、学校和社会都有自己的活动范围和领域，但对于儿童的个体成长三者之间是相互重叠并相互影响的"。深度联动才能实现温暖的传递、教育的推动。[①]

---

① 案例提供：辽源市第一实验连阳分校 杨斯涵。

专题十

基于现实场域的适应力

复杂的外部事物构成了我们所处的现实场域，对个体行为产生深刻的影响。教师既需要完成既定的教学任务，还需要面对来自社会、家长和学校等各方面组成的压力场。因此，教师必须时时审视、检视自己身处的场域，积极与之相适应，使个体发展和对应环境保持一致，以解决其显性与潜在的客观问题。

既然不能驾驭外界，我就驾驭自己；如果外界不适应我，那么我就去适应他们。

——米歇尔·德·蒙田（法国，1533—1592）

大千世界，气象万千。许许多多复杂的外部事物构成了我们所处的现实场域，对个体行为产生深刻的影响。现实场域中元素众多，所产生的效果也大相径庭，有的推动成长、有的敦促改变、有的激发情绪、有的阻碍进展……场域的存在可以帮助我们更好地分析现实情境，以找到最佳的生活和工作状态。但有时候也因其错综复杂的内在联系，为我们探求教育的"真理"制造了困扰和阻碍。教师的工作相对烦琐，既需要完成既定的教学任务、应对学校及上级单位的各种检查，还需要面对来自家长和学校等各方面组成的压力场，这些都是教师置身场域复杂的客观呈现。若想摆脱这样的压力，教师必须时时审视、检视自己身处的场域，积极与之相适应，使个体发展和对应环境保持一致，① 进而解决其显性与潜在的客观问题。

---

① 杨元元. 场域视域下教师的适应性发展探究［J］. 教育理论与实践，2021，41（14）：37-40.

主题 1

现实场域有什么

电影《楚门的世界》中有一句经典的台词："我们不知道活在一个什么样的世界，但我们都接受现实。"这里所说的现实实质上是一个容纳了众多外部因素的集合体，个体始终居于这个集合体的核心位置，通过与外部事物相互联系，自然就会形成其独特的现实场域。

教师的现实场域总是包含着许多复杂因素。学生、家长、社会成员的诉求相互交织，给教师的工作带来困扰；教材、教法、教育政策的不断更新，催促着教师紧跟时代的步伐。教师场域的复杂性还体现在其肩负着不同的责任：面对学生要做到"教有所得"，面对社会要做到"为人师表"，面对国家则要做到"立德树人"。

虽然教师身处的场域错综复杂，但若能静下心来以旁观者的角度重新审视我们所处的环境，就一定能找到提高教师适应力的"金钥匙"。

一、心"里"加油站

1. 场域理论

场域理论（Domain Theory）起源于 19 世纪中叶，提出者是美籍德裔的心理学家库尔特·考夫卡，格式塔心理学的主要代表人物之一。该理论认为人的每一个行动均被行动所发生的场域所影响，而场域并非单就物理环境而言，也包括他人的行为以及与此相联系的许多因素。在考夫卡看来，人的行为产生于行为的环境，受行为环境的调节。但是，行为环境在受地理环境调节时以自我为核心的心理场也在持续运作，它表明有机体的心理活动是一个由自我与行为环境、地理环境等进行动力交互作用的场。① 场域理论不仅强调了人的主体性，同时也把社会生活环境描述成富有活力的社会空间，进而揭示了人与环境的相互作用。

2. 生态系统理论

生态系统理论（Ecological Systems Theory）是于1979年由美国著名心理学家尤里·布朗芬布伦纳提出的，该理论认为个体的发展不是在真空中进行的，其所处的整个生态系统会对个体的发展产生重要影响。发展的个体都处在从日常触手可及的直接环境到间接环境的几个环境系统的中间。每一个系统都与其他系统及个体进行着显性或隐性的交互，从而影响到个体发展的许多方面。② 教师每日的工作始终置身于巨大的生态系统之内，学生的表现、家长的关切、主管部门的评价和社会各界的期望等共同构成了教师职业生涯的独特场域。教师应该积极从现实场域中汲取有利于其职业发展的养分，从而充分运用"环境的力量"提高教师的自我效能感。

二、人间一切皆课堂

黑格尔曾说过"存在即合理"，我们身边看似最微不足道的事物，总是蕴含着指引我们前进的人生哲理。外部环境中的各种事物彼此关联，每一次微小的接触和联络都会对行动的主体产生影响，所以我们要细心观察、"虚心求教"，就会找到属于自己的"小课堂"。教师的"小课堂"存在于一个维度和跨度都十分复杂的场域综合体中，这归因于教师工作的复杂性。

总体来看，教师在工作上具有创造性，在空间上具有广延性，在时间上具有持续性，三者共处在一个复杂的场域中，密切影响着教师的成长和发展，所以教师应该加强对自身场域的适应。教师场域是多元化的，从物理空间来说，就是对工作场所的适应；从社会关系来说，就是对各种关系的适应；从文化环境来说，就是在工作情境和问题中适应；从新型学习形式来说，教师通过工作来适应。③

---

① 吴梅. 论信息化教学场域下的交互关系——基于场域分析的视野 [J]. 高教学刊, 2021, 7（12）: 46-51.

② 关于布朗芬布伦纳发展心理学生态系统理论见中国健康心理学杂志2009年第17卷第2期.

③ 郑胜梅. 教师工作场域学习探究 [J]. 基础教育研究, 2023（12）: 6-9, 13.

这就需要我们在复杂的外部环境中甄别"有利因子",以便更好地提高适应能力;同时,深入分析不同的工作,突出主体在不同环境下的特点和优势以创设适合教师长足发展的"教育工作生态"。

总而言之,无论是教师对环境的适应,还是对环境中诸多元素的运用,其实都告诉了我们这样一个道理——人间一切皆课堂,而在"研习与参悟"这门课时,越细心、越投入就越容易揭开成长的奥秘。

三、微言小故事

跨过"康斯坦斯湖"的男人

美籍德裔的心理学家考夫卡为了论证行为产生于行为所处的环境,曾用一个生动的例子来说明这个问题。

在一个冬日的傍晚,外面风雪交加,有一男子骑马来到一家客栈。他在铺天盖地的大雪中奔驰了数个小时,大雪覆盖了一切道路和路标,找到这样一个安身之处使他格外高兴。店主诧异地迎接这位陌生人,并问客从何来。男子指了指客栈外面的方向。看着这个方向,店主惊恐地问道:"你知道你已经骑马穿过了康斯坦斯湖吗?"闻及此事,男子满脸恐惧,随即倒毙在店主脚下。[①]

我们周围的场域源于我们对它的认识。当外界场域十分危险的时候,就会采取相应措施,以保证自己的安全;而当外界场域十分安全的时候,就会放松警惕。这就是场域对我们心理和行为的影响。

"孟母三迁"的故事

"孟母三迁"的故事见于西汉刘向的《列女传·邹孟轲母》。孟子很小的时候父亲就去世了,母子二人相依为命。孟子非常聪明,看见什么就学什么,而且模仿本领特别强。

起初孟子的家在墓地附近,每隔几天,就会有送葬的队伍经过他家门口。孟子就好奇地学着送葬的队伍吹喇叭,引得一群孩子跟他玩送葬的游戏。孟母非常

---

① 库尔特·考夫卡. 格式塔心理学原理:上册 [M]. 黎炜,译. 杭州:浙江教育出版社,1935.

重视孟子的教育问题，赶紧把家搬到了城里，恰巧住在了一个屠宰场的旁边。搬到城里后，孟子经常看见屠夫在杀猪，手脚利落，十分熟练，孟子看在眼里记在心上。没过多久，他竟然能帮着杀猪了。孟母非常着急，又急忙把家搬到了学堂附近。于是每天早晨孟子都跑到学堂外面学着大家一起读书，并且变得守秩序、懂礼貌。后来，勤奋好学的孟子果然没有辜负母亲的期望，成为战国时期的思想家和儒家学派主要代表人物。[①]

"近朱者赤，近墨者黑"，世间万物的发展都是人与场域的相互影响和相互制约。忽略场域的作用，我们就会被其拖累陷入困境；重视场域的作用，它就会为主体赋能，指引我们走向成功。[②]

主题 2

适应是创造的前提

《吕氏春秋·恃君览》中提出："圣人不能为时，而能以事适时，事适于时者其功大。"其原意为圣哲之人不会去改变时令，而是顺应时令，顺势而行就会获得较大成效。顺应时令放在今天其实就是一种"适应"，而适应恰恰是个体发挥创造能力的前提，它促进个体认知和行为方式的转变，给人的创造力提供了强大的内因支持。

对于教师而言，想要充分发挥自身的创造能力，则需要不断适应，以在促进个人与环境的紧密结合中明确四个自我：适应课堂教学，觉醒自我；适应学校环境，确立自我；适应人际交往，完善自我；适应工作创新，超越自我。教师在其成长和发展过程中，要面临许许多多复杂的场域变化，每一次的适应不仅是摆在教师面前的机遇和挑战，也是对教师自我价值的一次升华。通过适应为教师的发展提供源源不断的动力，使其在工作岗位上能够创造无限可能。

---

① 苏春梅编著. 中华成语故事经典全集 第1卷［M］. 长春：北方妇女儿童出版社，2015.
② 案例提供：长春师范大学 孙天鹏。

一、心"里"加油站

1. 环境适应论

环境适应论（Environmental Adaptation Theory）起源于 20 世纪初，提出者是意大利著名幼儿教育家玛利娅·蒙台梭利，她蒙台梭利教育法的创始人。该理论主要认为"适应环境"是万物的一种本能。人一生下来就不断掌握适应环境的能力，帮助人类生存甚至驱使自身去发展尚未掌握的、潜在的、更高阶的生理或心理机能。

蒙台梭利从幼儿教育入手，她提出了儿童的成长最重要的是使其在适宜的环境中得到自然而然的发展，教师要为儿童创设适宜的环境，同时提供可操作的活动材料，儿童随之在与周围环境的积极作用中促进认知的发展。[①] 心理学家逐渐发现了个体与环境的紧密联系，他们指出人类的各种智能与体能都是因为适应环境而获得增长的，人的内在潜能是在环境的刺激帮助下发展起来的，也就是说人的创造力本质上是个体与环境之间相互作用的结果。

2. 认知发展理论

认知发展理论（Cognitive-developmental Theory）是瑞士著名的发展心理学家让·皮亚杰所提出的，被公认为 20 世纪发展心理学上最权威的理论。所谓认知发展是指个体自出生后在适应环境的活动中对事物的认知及面对问题情境时的思维方式与能力表现，这是一个由低级向高级发展的建构过程，由此他还创造性地提出了图式、同化、顺应、平衡四个基本理论概念。[②] 皮亚杰认为，智力具有动力性的特点，随着环境和有机体自身的变化，智力的结构和功能必然不断变化以适应变化的条件。[③]

将认知发展理论带入教育领域可以更清晰地了解到教师的发展。教师在工作

[①] 李小飞，张萌萌. 有准备的环境：蒙台梭利的环境观述评 [J]. 教育观察，2020，9（20）：18-19，22.

[②] 周宗奎. 现代儿童发展心理学 [M]. 合肥：安徽人民出版社，1999.

[③] 郎筠. 皮亚杰认知发展理论简析 [J]. 科技信息，2011（15）：160，159.

中面对不同的工作内容、社会关系和文化环境，经常出现现有认知的"处置不灵"。这就要求教师改变原有的"图式"，修改或重建形成某些适合新经验的"新图式"，促使认知结构发生变化，以做到对身边环境的顺应。为了应对复杂情景的发生，教师要根据不同的环境进行自我调整，将适应作为教师的一种职业本能。

二、适应是最高级的智慧

皮亚杰曾说过，"智慧就是适应，是一种最高级形式的适应"。个体在成长过程中，所有行为和思维的目的都是使有机体以更好的方式适应外部环境，因而发展的本质被看成一种适应。个体正是在对外部的不断适应中使思维和智力发生相应变化从而获得个体机能的提升。能够巧妙地通过对外部的适应来获得自身发展是一种能力，更是一种智慧。

教师对其自身场域的适应程度是其工作能力的集中体现。很多时候教师需要将外部环境化繁为简，充分了解哪些因素对自身行动的影响更大，哪些因素则不会造成太大影响，从中选取最重要的因素组合成自身场域中的"最优方案"将会极大促进日常工作的开展。但有些时候教师恰恰欠缺的是提取这些因素的能力，或者很难在复杂的场域中建立起与周围事物的联系。很多时候，适应就是与周围场域的一种"融入"的过程。在教师"融入"复杂环境的过程中，自身对教育工作的认知不断发生重组和构建，从而超越原有的思想和观念走向更高层次，创造能力也由此产生。

教师在面对复杂场域时激发出自我改变的心向，通过推动自我内驱力促使个体行为发生转变，从而达成与场域的同频共振。在充分适应后，自身工作效率得到大幅提高，教师的日常工作开始变得得心应手，进而开始追求工作质量。当低层次的平衡被冲破以后，教师的认知水平随之被推向更高阶段。

三、微言小故事

枯萎的特内雷"神树"

地处赤道附近的尼日尔特内雷地区是一片大沙漠。那里气候条件非常恶劣，终年干旱并伴有风沙，有时还会下起冰雹。就是在这样的环境里却生长着一棵300年的金合欢树，它的主干已经弯曲，树身上满是冰雹撞击的伤痕，但枝头上却有些许绿意，年年生枝发芽，以此昭示自己的生命力。但很遗憾，在一次遭遇汽车撞击后，特内雷"神树"枯萎了。当雨季再次来临的时候，它也没有长出嫩叶，直到有一天轰然倒地。

人们很疑惑，那次汽车的撞击的威力并不大，怎么可能带给"神树"致命之伤呢？原来，自从特内雷"神树"出名后，过往的车队都自发地维护它，帮它修剪残枝败叶，拿出珍贵的饮用水来浇灌它。同时为了帮"神树"遮挡沙漠中的风沙和冰雹，人们在"神树"的周围建起屏障。因此它所受到的自然灾害可以忽略不计了，对"神树"来说，这已经是最精心的爱护了。

所以每个人都想知道"神树"枯萎的答案。其实很简单，因为枯枝败叶有人修剪，所以"神树"不再长出更多枝叶；因为脚下有肥沃的泥土和足够的水，所以"神树"的根部不再向深处蔓延；因为人工的屏障挡住了风沙冰雹，所以面对伤害它变得很脆弱。如果说"神树"活了300年是个奇迹，那么这个奇迹产生的原因就是适应，因为它已经适应了在恶劣环境下生长。而现在，人们给予它的善意和爱护，让它不必再与恶劣的环境抗争，最后它变得连一点小小的伤害都难以应付。①

我们从降生的那一刻起，每时每刻都在学习适应。不管是食物还是空气，甚至人与人交往的方式，只有适应才能生存，才能更好地创造一切。但当我们放弃适应的那一刻，就意味着也将被这个世界所抛弃。

顺水而生的智慧

一次孔子到吕梁山游览，那里的瀑布有几十丈高，流水水花远溅出数里，各种鱼类都难以通过，却看见一个男人在那里游水。孔子以为他想要"轻生"，急忙让自己的学生去救人，但不一会儿的工夫男人游了上来。

孔子赶上去问他："刚才我看见你在湍急的水里，我还以为你是要去寻死，

---

① 彭飞. 老树枯荣 [J]. 基础教育，2007（5）：59.

便让我的学生来救你，但你却游出了水面，请问你在急流中游水是有什么特殊的技巧吗？"男人回答说："没有什么方法，我起源于自己的本质，形成于生活的习性，成长于对环境的适应。急流回旋，我随之跟着回旋进入水中；急流涌出，我就跟着涌出于水面。顺水而行不自作主张。"孔子说："什么叫作起源于本质，形成于习性，成长于适应呢？"男人回答说："我出生在陆地，以陆地为安，这便是原来的本质；从小到大都与水为伴，便安于水，这就是习性。我努力按照河水流动的方式生存，这是适应。"

"适者生存"，这是人类一切问题的答案。试图让一切适应自己，这是很幼稚的举动。但当个人在向成长不断迈进的时候，我们选择主动适应它，就不失为一种大智慧的体现。①

主题 3

如何历练基于现实场域的适应力

我们生活的世界是复杂的，各式各样的外部事物之间彼此关联、相互交织，每一个细微的元素变动都对个体行动产生深刻的影响，积极或消极、阻碍或推动、提升或降低都是对于个人自身发展的一种机遇和挑战。只有在"千变万化"的现实场域中不断适应环境的变迁，从而转变自我、提升自我、超越自我，才能更好地依靠人与场域的交互获得自我发展。

教师只有加强及加速自身与场域的沉浸式互融，才能更好地激活教师的创造力，并以此为动力源处理和化解工作中的各种难题，进而形成教师专业发展强大的向心力。教师适应力的培育是一个长期转化的过程，它需要经历场域文化的浸润与创造、主体情绪的把控与调动及对自身所处逆境的适应与反转。

---

① 案例提供：长春师范大学 孙天鹏。

一、文化的浸润与创造

文化是流淌在每个人骨血里的激荡和沉淀，对个人的成长和发展具有重要的浸润和启迪作用。它源于人与整个社会交互实践过程中所获得的物质、精神的生产能力和创造物质、精神财富的总和，它通过自身强大的意识形态驱使人类迈向更好的生存和发展。

文化是现实场域中的重要元素，它存在于我们身边看不见、摸不着却随处可及的各种物质综合体中，如春雨般悄无声息、潜移默化地影响着我们，所以教师要通过主动对"无形"文化的投身、浸润来提高对场域的适应力，进而逐步达成对场域的适应、把控，直至创建。

1. 以"融"境之法滋养生芽

"新教师"成长日记

跟许多"初出茅庐"的大学生一样，小文老师刚步入工作岗位时十分不适应。第一次上台讲，课后听课的教师指出了很多问题，"要注意教态""言语组织松散不紧密"等让她不知所措。回到家后，她十分委屈，她觉得因为自己是"新人"所以故意为难自己，最后一个人蒙着被子大哭了一场。

第二天，她怀着忐忑的心情来到了学校，没想到竟然被昨天来听课的教师热情地邀请一起去听组长的公开课，这让她十分惊讶。更让她没想到的是组长的课简直无可挑剔，但其他教师还是能挑出很多问题。随着与几位教师的沟通，她得知了"真相"，原来学校的教研工作十分坦诚，大家常以听课讨论的方式提高自己的教学能力，对他人提出的问题和建议更是十分看重，大家经常聚在一起讨论课程与教学，不唯书、不唯上、只唯实是这个集体的风尚。大家对教育工作的认真和热情深深打动了她，能进入这样的集体让她感到无比的欣幸，之前的"阴霾"也随之一扫而空。

从那以后小文经常找老教师求教经验，常与几个新教师一起互相分析彼此班级的学情特点和教学体会，一时间她沉浸在学校"严谨"的治学氛围里，对未来充满了憧憬。

"近朱者赤"，环境对人的浸润是悠长且深刻的。当我们发觉自身与周边环境氛围更融洽的时候，自身能力也在悄然增长。①

闪闪发光的"大提琴"

小林是著名高校音乐系的硕士毕业生，对大提琴有极高造诣的他怀着满腔热情踏上基础教育的岗位。然后，在教师"区属片管校用"的统筹机制之下，他工作的第一站来到了一所农村学校。现实的客观条件尚可以接受，但是学校的课程理念、周遭教师的整体素质、对分数成绩的单一追求，都让他俨然成为一名被边缘的小科教师，一腔抱负无所依。

原本自己牺牲休息时间，以公益方式进行的大提琴"午间琴韵声声慢"教学欣赏与指导，也被老教师普遍认为把精力放在音乐上"耽误"了主课学习，甚至本然的课程也常因教师占用而被讲授语文和数学。时间长了，工作的挫败感让他十分沮丧，他连同他的大提琴都好似蒙上了一层厚厚的"灰尘"。

一段时间后，省里资深的音乐教研员来乡考察，了解到几乎中断又还在坚持的"午间琴韵声声慢"公益课，很动容。他深切地对小林说："古人讲独善其身，是指不论外界环境如何同，我们都能坚守自己的信念和原则，乡村需要悠扬的音乐来滋养，孩子们也需要你给予他们希望和力量……"高老师的话像一盏明灯重新燃起了小林对教育的热情。小林仔细思考乡村音乐的教授方式，不仅继续坚持午间音乐的欣赏设计，还利用课后时间开始了大提琴的技法教授。长期不计得失的坚持，使他获得更多人的认同、家长的需要和领导的支持。最终省内第一个乡村乐团成立了，还在全省大赛中获了奖。校长激动地对小林说："你弹奏的不仅是闪亮的大提琴，更是孩子们奔向明天的希望。"

"出淤泥而不染"，在我们面对逆境时，要切记始终"融"于自己的"境界"，坚守初心方能将"育人"沁润于周身的万物之中。①

2. 行变"化"之道焕发新机

一出"大戏"

赵老师班里的学生的学习成绩一直名列前茅，但各式活动和演出的成绩永远

---

① 案例提供：东北师范大学附属实验学校 孙榕璐。

垫底。赵老师无法改观，甚至也不那么在乎。

在一次建校 100 周年的文艺汇演中，赵老师班的节目却一反常态地让人眼前大亮。学生全都着古人长衫，在清脆的"路漫漫其修远兮"的开场中将屈原创作《离骚》的故事创造性地改编成了现代舞台剧，并获得学校展演特等奖。同事们都好奇这场翻身仗请了何方高人，赵老师笑着拿出演员表，上面的导演、编剧和演员竟然都是学生自己。

原来假期学校组织培训的教育部印发的"教育教学改革意见"给了他很大触动，意识到只有促进学生全面发展，才是教育的真正意义。过去的自己给孩子带"偏食"了，这是一种隐形的"罪过"。而学生听说要"自主"筹赛，积极性非常高，教师则完全隐在了幕后，最终为全校师生也为生命中的孩子自己呈现了一场"人生大戏"。

从"教师"到"观众"的转变是对"全面育人"的坚定决心，它始终激励无数教师以更饱满的"育人"态势投身自己热爱的教育事业。[①]

适时而"动"，初心致"教"

窦桂梅是清华附小校长和全国特级教师，她的整个教育生涯真正做到了"适时而动、渐进深入"。最初为能登上讲台，她做了长达五年的代课教师，总是全力以赴地做好每项工作。为能不断提升自己、增长学识，她从专科一直进修到教育学博士，不断提升自身认知。与日精进、紧随教改脉动，始终在教育改革路上领跑。从一名教师逐渐成长为一名校长，从自己的家乡吉林，逐渐走向了首都北京清华的附小执印。从"主题教学"和"1+X 课程"等教育理念到"核心素养"培育，勇立"教育潮头"的敏锐与毅力使得她的理念与实践成为全国教改的风向标。

育人是一个"适时而动、渐进深入"的过程，只有敢于迎着时代浪潮，行积极的"变化之道"才能一直坚持好"立德树人"的教育初心。[①]

二、情绪的把控与调动

所有人都会随时生成情绪，它源于我们面对欣喜的欢愉、面对幸福的感动、

---

① 案例提供：长春市第五十九中学 尹丽华。

面对困难的愁眉和面对悲伤的眼泪。现实场域复杂万千，在所面对的各种事项交错的情况下总是会在第一时间滋生出情绪和情感。负面情绪不利于日常社会实践，影响对事物的正确判断；反之，积极情绪也可激发人的无穷动能。同样的一件事情会让人产生不同情感，若教师不能及时调动心境以适应情绪所带来的影响，那势必会对工作和生活带来不利影响。所以，情绪的把控和调动至关重要。

1. 任其万象流转，我心依然

自我"调节"是负面情绪的良药

小杨老师是一名幼儿教师。最近由于学校的重视和培养，参与了诸多校务分担，工作量激增让她喘不过气来，是每天来得最早却走得最晚的那一个，巨大的压力长期堆积甚至在心里萌生了辞职的念头。

在交心的谈话中，园长分享了自己年轻时被委以重任的心路历程。自己当时也不理解，为什么别人三天的工作任务，只给我一天的时间。直到后来自己也逐渐步入管理岗位，也开始培养和提拔干部才明白，人总要经历一个从不胜任到胜任的循环，而担子往往是加给那些能担当的人，用以在实践中磨炼和培养人，人只有超越自己才能提升。

小杨老师茅塞顿开，心也亮了起来。她开始深入思考、迅速转变、时时提高、日日反思，"量"的积累，终究带来"质"的提升。

面对负面情绪，我们要学会及时察觉、妥善调节，始终保持稳定的心境，这是走向成功的前提。①

大山里的"教育改革"

张老师是一名乡村教师，在大山教了 20 年。最初接触乡村教育，用他自己的话来说就是"条件异常艰苦，几乎是从零开始"。破旧的校舍和简陋的环境，导致他一度陷入困顿和沉闷，也带来了极大的心理压力。但张老师没有气馁，他

---

① 案例提供：浙江路小学 赵军梅。

下定决心"没有条件也要创造条件"。张老师始终坚持国家"三全育人"的教育方针，20年来积极推进学校的教育改革工作。每个班只有几名学生，那就充分发挥他们的"主体性"。他给每个学生都安排了适合他们的"工作"，所有人都是班干部，不仅锻炼了学生的实践能力，还激发了他们的学习动力。在校长的支持下，张老师每年都组织"乡村小学文艺晚会"，虽然整个小学的学生也才三十几人，但对各式活动的热爱丝毫不减，每年总是吸引周围村庄的人们"慕名"前来观看。他以自己坚定的教育情怀让孩子们在艰苦的条件下获得了更好的发展。

人在面对困难的时候，变化的是环境、不变的是心态，只有自身的情怀和心境始终如一，才能更好地迎接一切，克服"万难"。[①]

2. 体察天下之变，心随境转

"好脾气"的李老师

不知道是不是到了更年期，学生犯的"小错误"常导致李老师的情绪像过山车一样起伏，欣慰于学生进步，也苦恼于屡教不改。一次学校举办关于"教师情绪管理"的心理讲座，主讲人介绍了教育部出台的《中小学心理健康教育指导纲要》，并讲述了学生"脆弱且敏感"的内心极易被教师的"消极情绪"所影响。李老师感受到自己起伏的情绪不仅不利于学生成长，同时也影响自身工作状态，于人于己都是有害的，所以她下定决心要做出改变。

李老师随即开始学习各种情绪调节方法，同时积极把控自身情绪的大波动，将重心放在问题的解决上而非"暗自神伤"。一次处理"同桌吵架案"，她不像以前那样表现出满脸愁容，而是仔细问询，用十分温和的语气进行调解，令她惊讶的是过程相当顺利，二人很快重归于好。渐渐地，她开始习惯了主动控制自己的情绪，发生任何事李老师总能十分镇定地考虑问题，并且能够心平气和地与学生沟通交流，学生也越来越喜欢她了。

---

① 案例提供：浙江路小学 赵军梅。

保持一个良好的情绪是教师的"必修之课",当我们的情绪不利于工作开展的时候,只有及时转变心态才能更好地促进学生健康成长。①

从作业"帮"到"双减"先锋

陈老师是一位认真负责的小学教师,她班里的学习成绩在年级组一直名列前茅。2021年"双减"政策正式出台,突如其来的变化让陈老师忧心忡忡,情绪一度陷入"低谷"。原来她为了让学生成绩更稳定,在作业布置上十分花心思,覆盖的知识点全面且量很大,现在担心作业量的减少会影响孩子们的成绩,这让她十分忧虑。直到她参加了市里召开的"基础教育教师培训会",会上的讲师强调学生作业要创新类型方式并提高质量,以及不能这样做的极大危害,不仅她原来信奉的使命职责未曾践行,甚至成为学生知能、心态、情意最大的破坏者,这令她锥心刺骨、不寒而栗。

陈老师的心态与行动即刻开始转型,她开始主动减少作业量,将作业重心转向了能够启迪学生智慧和思维的开放性作业,比如课后随笔描写自己喜欢的事物或在生活中寻找与课后生词相近、相反的词汇。慢慢地,她发现学生成绩不仅没有退步反而发散性思维更强了,陈老师长时间的压抑心境得到了"解放",她的转变也让她成了学校的"双减"先锋。

随着教育改革的不断推进,教师只有紧跟时代发展的潮流和态势,积极调动自己的心境才能屹立于"教育潮头"以提供更优质的教育服务。②

三、逆境的适应与反转

《菜根谭》中说:"居逆境中,周身皆针砭药石,砥节砺行而不觉。"这句话的意思是,人身处逆境的时候,虽遍体鳞伤、遭受苦难,但总能在不知不觉中磨炼我们的意志。

人生从来不会一帆风顺,我们在奔向未来的路上总会充斥着很多痛苦和磨

---

① 案例提供:浙江路小学 陈淑敏。
② 案例提供:长春师范大学 孙天鹏。

难。而当我们处于逆境的时候，不要抱怨、不要感叹世事艰难，我们要做的是收起眼泪，调整好心态，努力在逆境中不断挣扎、不断适应，获得"反转"从而获得新生。终有一天我们会发现，那些曾经让我们"闻之却步"的困难再次回望也只剩淡然，宛若"轻舟已过万重山"。

1."逆"水行舟更显毅力维坚

走向"深山"，走向你

泥洋村小学是一所乡村学校，恶劣的环境让来到这里的教师走了一拨又一拨。但有位教师却始终朝着逆境前行，默默执教 40 年，她就是"最美教师"支月英。

那时的支月英的工资只有几十元钱，有些孩子家里交不起学费，她就经常帮着垫付。为了改善孩子们的学习环境，支月英弄来薄膜和钉子，自己动手把教室门窗整修好。每逢开学，孩子们的课本、教学用具等都要靠支月英和同事步行 20 公里的山路，肩挑手提运上山来，用她自己的话说就是"有困难就要克服"。2012 年，支月英又一次迎着逆境前行，她不顾身体上的疾病和家人的劝阻，毅然申请去更偏远的山村支教，她说："那里更需要我，我不能让那里的孩子没有书读。[①]"

一直到了 2016 年，已到退休年龄的支月英本可安享晚年，但她却选择继续任教。她说："我是大山的女儿，如果身体允许，我就一直教下去"。在支月英的精心培育下，1000 多个孩子得以怀揣着梦想走出大山，奔向了更美好的明天。

在大山深处，无数教育者无悔地奉献着他们的青春。也许乡村教育考验的不仅仅是人面对恶劣环境时展现的毅力，更多的是坚定不移向"逆境"而生的勇气。[②]

---

① 央视网. 全国三八红旗手标兵支月英：扎根山村讲台 40 年 一生只为一事来［EB/OL］. https：//news. cctv. com/2020/11/03/ARTImk8PYbrDZCE1wsTRHsaf2 01103. shtml#.
② 案例提供：浙江路小学 陈淑敏。

教师的10项工作力提升

朝着逆境前行

"教师节你最想要什么礼物？""无灾无难就是最好的礼物。"兰州大学教师陈冠这样回答道。[1] 在过去的10多年工作中，他参与过10余起重大地质灾害应急处置工作，对于自然灾害总是选择朝着逆境前行。

他印象最深刻的是2018年的一次大型山体滑坡。当时滑坡体总量达到500万立方米，滑坡还造成河道堵塞、民房被埋，情况十分危急，同时存在二次滑动风险，陈冠还是不顾危险与团队第一时间赶到了现场。

滑坡灾害体上碎石遍地，车辆无法行进，怎么办呢？陈冠当机立断"靠人搬"。他们就手搬肩扛着将各种设备运上山。抵达观测点后，陈冠顾不上满身泥土，第一时间对山体的变形滑动情况开展了观测。经过30多天的观测，最终摸清了滑坡的成因并提出了治理措施，为抢险救灾方案的制订提供了第一手资料，有效保障了救灾人员的安全，实现了次生灾害的"转危为安"。如今陈冠和他的团队还在不断前行，前路越是艰难，他们越能以强大的适应力向逆境而生。

在自然灾害面前人类固然是渺小的，但在面对不可抗力而产生的勇气和毅力却是巨大的。人们总是敢于直面眼前的困难，始终朝着逆境前行。[2]

2. 情势之"转"总存于一念之间

我愿冲破逆境，只为护你前行

1995年，42岁的叶志平任四川安县桑枣中学校长，自他上任以后最大的逆境就是教学楼的修缮。教学楼始建于20世纪80年代，当时因为资金不足，建成后的质量严重不合格，于是维修加固教学楼就成了压在他心上的一块石头。从危楼到安全楼，整整10年，他几乎每一个假期都在修修补补中度过。多年来他遭受了很多质疑，甚至还有人怀疑他"吃了回扣"。

到了2005年，通过多年来对地震频发地区的学校考察，他的观念发生了转

---

[1] 兰州新闻网. 灾害之下，逆行而上——一名青年教师的无悔选择 [EB/OL]. https://www. lzbs. com. cn/zbxw/2022-09/09/content_ 5033901. htm.

[2] 案例提供：浙江路小学 尹丽峰。

变。光有"安全楼"还远远不够，更重要的是让师生时常葆有安全意识。说干就干，他组织起了全校的防震演练，对2300多名师生的疏散方式和路径都做了具体的规定。很多家长不理解，认为叶志平不务正业，不抓升学率天天搞这些虚头巴脑的工作。对他来说，"因为很多人不理解，那段日子过得比修建校舍还要艰难"。

直到2008年汶川地震的发生，所有人都对这位校长生出了敬佩之心，地震发生后多年修补的实验教学楼安然无恙。当教师告诉他"全体师生从地震发生到撤离到操场总共用了1分36秒"时，他内心十分欣慰。①

叶校长面对逆境不肯认输、不愿妥协的意志，最终帮助他冲破"阻碍"获得"反转"，也为他的学生赢得了希望。②

"浴火重生"的教师

庄老师是一名中学教师，1996年他经历了人生中最大的逆境：为了处理打架事件，他急匆匆地出门竟忘记了正在生火的煤气。当他反应过来回家去关闭的时候意外发生了，煤气被点燃，庄老师受到了严重的烧伤。那段时间他的身体不能接触任何东西，夜晚只能坐着睡觉，肉体的伤痛和精神的折磨让他备受煎熬。③

学校为了照顾庄老师伤势，安排他到校图书馆任职，其间他接触到了苏霍姆林斯基的各种书籍，开始钻研教学与学生发展，教育思想的浸润渐渐愈合了他内心的伤痛，也让他的教育观念发生了转变。

经过一年多的恢复性治疗，他终于再次登上讲台。他开始重视学生的全面发展，鼓励学生参加竞赛，看重思维能力的养成，同时对学习困难的学生积极给予辅导。第二年中考，庄老师带的班升学人数跃居年级第一名，他完成了自己教育事业的"浴火重生"。

驱使人在逆境中不断前行的是我们抱有的强大意志，这种力量始终支撑着我们面对人生中的每一个困难，也帮助我们完成每一个华丽的转身。④

---

① 网易新闻.1分36秒，救下全校2300名师生，从"不务正业"校长到最牛校长［EB/OL］. htps：//m. 163. com/dy/article/H78RUV4C055310UI. html.
② 案例提供：浙江路小学 尹丽峰。
③ 大众网. 用爱诠释美，逆境中坚守教师梦［EB/OL］. https：//www. dzwww. com/2012/sdhrmzzx/73/jyfx/201804/t20180404_ 17225300. htm.
④ 案例提供：长春师范大学 孙天鹏。

参考文献

[1] 德鲁克·P. F. 卓有成效的管理者［M］. Harper & Row，北京：机械工业出版社. 1967.

[2] ［英］波特·马金，等. 组织和心理契约——对工作人员的管理［M］. 北京：北京大学出版社，2000.

[3] 沈丹. 提高教育觉察力的"三心一力"［J］. 班主任之友（小学版），2023（Z2）.

[4] 胡俊文. 论"雁行模式"的理论实质及其局限性［J］. 现代日本经济，2000（2）：1-5.

[5] 何法信，毕思玮. 化学史上的双子星座李比希与维勒［J］. 化学通报，2000（8）：60-64.

[6] 杨瑞仙，许帆，沈嘉宁，等. 基于社会渗透理论的社交网络用户隐私披露行为研究［J］. 图书情报工作，2023，67（6）：84-95.

[7] 曹蕊，睢密太. 人际沟通分析理论的历史演进研究［J］. 决策探索（中），2021（1）：84-85.

[8] Ruth Deakin Crick. Learning How to Learn：the Dynamic Assessment of Learning Power［J］. The Curriculum Journal，2007，18（2）：139.

[9] 胡爽，陈秉初. 学习力"六要素"的解析与分层［J］. 教育现代化，2015（1）：55-59.

[10] 毛菊. 教师学习力：核心要义、受限表征及培育路径［J］. 课程·教材·教法，2018，38（7）：106-111.

[11] 方世南. 马克思社会发展理论的深刻意蕴与当代价值——试论全面、协调、可持续的发展观［J］. 马克思主义研究，2004（3）：9-10.

［12］胡瑞波. 教师专业发展的新思考：基于学习型组织理论的视角［J］. 中国成人教育，2016（23）：137-139.

［13］陈向明. 实践—反思性行动研究的意涵和路径［J］. 人民教育，2023（Z3）：109-112.

［14］杨元元. 场域视域下教师的适应性发展探究［J］. 教育理论与实践，2021，41（14）：37-40.

［15］库尔特·考夫卡. 格式塔心理学原理：上册［M］. 黎炜，译. 杭州：浙江教育出版社，1935.

［16］苏春梅编著. 中华成语故事经典全集 第1卷［M］. 长春：北方妇女儿童出版社，2015.

［17］李小飞，张萌萌. 有准备的环境：蒙台梭利的环境观述评［J］. 教育观察，2020，9（20）：18-19，22.

［18］周宗奎. 现代儿童发展心理学［M］. 合肥：安徽人民出版社，1999.

［19］郎筠. 皮亚杰认知发展理论简析［J］. 科技信息，2011（15）：160，159.

［20］彭飞. 老树枯荣［J］. 基础教育，2007（5）：59.

后 记

在撰写本书的过程中，我们借鉴和参考了国内外一些知名专家的著作和研究成果，引用了一些教师的案例和文章，在此向所有专家、教师致以衷心的感谢！受沟通渠道所限，我们未能与所有作者都取得联系，敬请相关作者与我们联系。电子邮箱：taolishuxi@126.com。